wk

Die Religionen der Menschheit

Begründet von

CHRISTEL MATTHIAS SCHRÖDER

Fortgeführt und herausgegeben von

HUBERT CANCIK, PETER EICHER,
BURKHARD GLADIGOW und MARTIN GRESCHAT

Band 25,2

VERLAG W. KOHLHAMMER
STUTTGART BERLIN KÖLN MAINZ

Der Islam

II Politische Entwicklungen und theologische Konzepte

von

W. MONTGOMERY WATT · MICHAEL MARMURA

VERLAG W. KOHLHAMMER
STUTTGART BERLIN KÖLN MAINZ

Umschlagbild: Emaillierte Moscheeampel mit Namen des Mamlukensultans Nāßir ad-Dīn Muhammad und dem ‚Lichtvers' (Sure 24, 35). Syrien, Aleppo, um 1300 n. Chr. Bildarchiv Preußischer Kulturbesitz, Berlin.

CIP-Kurztitelaufnahme der Deutschen Bibliothek

Die Religionen der Menschheit / begr. von Christel Matthias Schröder.
Fortgef. u. hrsg. von Hubert Cancik ... –
Stuttgart; Berlin; Köln; Mainz: Kohlhammer.
Teilw. mit Erscheinungsort Stuttgart
NE: Schröder, Christel Matthias [Begr.]; Cancik, Hubert [Hrsg.]
Bd. 25. → Watt, William Montgomery: Der Islam

Watt, William Montgomery:
Der Islam / von W. Montgomery Watt; Michael Marmura.
[Von d. Verf. autoris. Übers. aus d. engl. Orig.-Ms. von Sylvia Höfer]. –
Stuttgart; Berlin; Köln; Mainz: Kohlhammer
(Die Religionen der Menschheit; Bd. 25)
Bd. 1 verf. von W. Montgomery Watt; Alford T. Welch
NE: Welch, Alford T.; Marmura, Michael:
2. Politische Entwicklungen und theologische Konzepte. – 1985.
ISBN 3-17-005707-3

Von den Verfassern autorisierte Übersetzung der englischen Originalausgabe bzw. des englischen Originalmanuskripts von Dr. Sylvia Höfer.

Titel der englischen Originalausgabe: W. Montgomery Watt, The Formative Period of Islamic Thought. Edinburgh University Press (1973), Edinburgh, Scotland. (= S. XV–XX, 1–319 des vorliegenden Bandes.)

Stuttgart Berlin Köln Mainz
Verlagsort: Stuttgart
Gesamtherstellung:
Druckerei W. Kohlhammer GmbH + Co. Stuttgart
Printed in Germany

Inhalt

Teil I Die Anfänge

Teil II Das Jahrhundert des Kampfes (750–850)

Teil III Der Triumph des Sunnismus (850–945)

Teil IV Die islamische Philosophie des Mittelalters

Teil V Die islamische Theologie 950–1850

Vorwort

Da Religion in der islamischen Kultur alle Lebensbereiche umfaßt, ist es naheliegend, daß Unterscheidungen zwischen ‚religiös' und ‚nicht religiös', zwischen ‚theologisch' und ‚politisch' für eine wissenschaftliche Sicht der Kultur eher unscharf und verwirrend sind. Für die ersten drei Jahrhunderte des Islam gilt dies gewiß. Danach haben die Muslime selber eine Reihe von Disziplinen voneinander getrennt, haben dabei aber zugleich Dinge voneinander geschieden, die der zeitgenössische, abendländische Gelehrte lieber zusammenhalten würde.

In den ersten drei Teilen des vorliegenden Bandes werden die meisten Bereiche islamischen Denkens der ersten drei Jahrhunderte in ihrem politischen Kontext behandelt, mit dem Schwerpunkt des Interesses auf der Entwicklung der theologischen Lehren. Zu beachten ist allerdings, daß die zentrale Disziplin islamischen Denkens, die Rechtslehre, dabei ausgelassen ist; sie wurde bereits im ersten Band behandelt. Diese drei Teile sind im wesentlichen eine Übersetzung meines Buches „The Formative Period of Islamic Thought" (Edinburgh 1973). Wenige Seiten, die sich mit der Entwicklung der Rechtswissenschaft beschäftigen, wurden ausgelassen, und einige kleine Änderungen nehmen auf neuere Forschungsergebnisse Bezug. Wichtige Beiträge stammen von Professor Josef van Ess, Tübingen, vor allem seine Publikation einiger sehr früher Texte: Kitāb al-irǧā' und Ar-Risāla fī r-radd ʿalā l-Qadariyya von al-Ḥasan b. Muḥammad b. al-Ḥanafiyya, und das Sendschreiben ʿUmar's II an die Qadariyya.

Das neue Material paßt zum größten Teil ohne Schwierigkeiten zu den in meinem Buch früher entwickelten Perspektiven; die Verweise in den Fußnoten legen darüber Rechenschaft ab. Viele Einzelfragen sollten in einem weiteren Rahmen diskutiert werden, doch hätte das den Umfang dieses Bandes unangemessen vergrößert.

Im vierten Teil liefert Professor Michael Marmura, Toronto, einen Überblick über die wichtigsten islamischen Philosophen bis zur Zeit von Averroes. Der Gesichtspunkt der Darstellung ist auf den Beitrag beschränkt, den diese Philosophie zum islamischen Denken geliefert hat, zumal da ihre Wirkung, obwohl von den Theologen als häretisch angesehen, an bestimmten Punkten weitreichend war. Andere philosophische Schriften sind im nun wieder von mir verfaßten fünften Teil vorgeführt, der verschiedenen Bereichen islamischen Denkens in der Zeit von 950 n. Chr. bis ins 19. Jahrhundert gewidmet ist. Islamische Mystik in ihrer Gesamtheit und neuere intellektuelle Reaktionen, die muslimische Denker auf den Einfluß des Westens gezeigt haben, werden im dritten Band behandelt.

Unser Dank gilt Professor Burkhard Gladigow für seine Hilfe als Herausgeber.

Ebenso möchten wir wiederum Frau Dr. Sylvia Höfer für die leicht lesbare Übersetzung eines schwierigen Textes und Frau Professor Annemarie Schimmel für das Mitlesen der Übersetzung und ihre Ratschläge zu vielen fachlichen Problemen danken.

W. Montgomery Watt

Vorbemerkung

Der Ausdruck „formative Periode“ im ersten Teil des vorliegenden Buches deutet auf ein Interesse für die Entwicklung hin, das von der zeitgenössischen westlichen Gelehrtenwelt geteilt wird. Dieses Interesse steht in völligem Widerspruch zu dem Anliegen der muslimischen Verfasser jener Bücher, die die hauptsächlichen Quellen darstellen; denn sie nahmen an, daß der wahre Islam sich nicht ändere, und neigten dazu, jede Entwicklung der Doktrin zu verschweigen. Hier wird daher der Versuch unternommen, nach einer gründlichen Kritik – vom westlichen Standpunkt – an der häresiographischen Tradition die Linien anzudeuten, denen eine Geschichte der Entwicklung des islamischen Denkens folgen sollte.

Das herausragende Werk in der häresiographischen Tradition ist aš-Šahrastānīs (gest. 1153) *Buch der Sekten und Parteien*. Muslimische und europäische Gelehrte haben es in gleicher Weise als die grundlegende Arbeit auf diesem Gebiet betrachtet. Ihm vorausgegangen war das Buch der Sekten von (Abū-Manṣūr ʿAbd-al-Qāhir) al-Baġdādī (gest. 1037) mit dem Titel *Al-farq bayn al-firaq*, das das früheste Werk zu sein scheint, in dem die Tradition Gestalt annahm. Natürlich gibt es viele frühere Werke, die Informationen über sektiererische Meinungen enthielten. Eine einmalige Stellung haben die *Maqālāt al-islāmiyyīn* von al-Ašʿarī (gest. 935), und Hellmut Ritter führt ein Dutzend früherer Autoren an, die Informationen über Sekten liefern: al-Yamān ibn-Ribāb, Ǧaʿfar ibn-Ḥarb, Sulaymān ibn-Ǧarīr, al-Karābīsī, Abū-ʿĪsā al-Warrāq, al-Ǧāḥiẓ, Ibn-Qutayba, Ibn-ar-Rāwandī, al-Ḫayyāṭ, Zurqān, an-Nawbaḫtī und al-Kaʿbī[1]. Die meisten von diesen werden im Rahmen dieses Buches erwähnt werden. Mehrere werden von al-Ašʿarī zitiert; sie sind aber in der Hauptsache polemische Autoren. An-Nawbaḫtīs Buch *Die Sekten der Šīʿa* existiert noch. Es ist sowohl häresiographisch als auch ein Beispiel für die schiitische Apologetik[2].

Das besondere Kennzeichen, das die ausgereifte Form der häresiographischen Tradition bei al-Baġdādī prägt, ist, daß die Sekten um ihrer selbst willen oder zumindest zum Zwecke ihrer Verwerfung in den Mittelpunkt des Interesses

1 „Philologika III: Muhammedanische Häresiographen“, Isl., xviii (1929), 35–59. Andere frühe Autoren: Wahb b. Ǧarīr schrieb über Azāriqa (*Wellhausen*, Oppositionsparteien, 26; nach Ṭab., ii. 185f. und Aġānī, i. 11. 28); Ḥ. b. Ziyād al-Luʾluʾī (gest. 819/204) (Ibn-Quṭlūbuġā, Nr. 55; vgl. S. 283 unten).

2 Was im wesentlichen ein abweichender Text desselben Werkes zu sein scheint, wurde von Dr. *M. J. Mashkur* 1963 herausgegeben als *Kitāb al-maqālāt wa-l-firaq* von Saʿd al-Ašʿarī al-Qummī. Die Unterschiede sind hier nicht in Einzelheiten untersucht worden.

gerückt werden. Al-Ašʿarī hingegen ordnet sein Material größtenteils nach Themen, und obwohl er an ein paar wenigen Stellen die Doktrinen einer Sekte als ganze darlegt, bringt er unter jede Überschrift die Ansichten mehrerer Sekten und einzelner Denker. Auch wenn die neue Konzeption der Häresiographie, wie sie bei al-Baġdādī und aš-Šahrastānī gesehen wird[3], ihre Wurzeln zweifellos im 9. Jahrhundert hat, scheint sie eng mit den Ḥadīṯen über die 73 Sekten verbunden zu sein. Der Version zufolge, die von al-Baġdādī an den Beginn seines Buches gestellt wird, sagte Mohammed: „Die Juden sind in einundsiebzig Sekten geteilt und die Christen in zweiundsiebzig, aber meine Gemeinde wird in dreiundsiebzig Sekten geteilt sein." Es werden auch andere Versionen angegeben.

Ignaz Goldziher scheint der erste europäische Gelehrte gewesen zu sein, der die Bedeutung und den problematischen Charakter dieser Überlieferung richtig einschätzte. Er argumentiert plausibel, daß sie sich von einer anderen Überlieferung ableite, der zufolge Mohammed sagte, daß „der Glaube siebzig-und-soundsoviel Zweige habe"[4]. Man kann verstehen, daß ein Muslim auf die Tugenden seiner religiösen Gemeinschaft stolz ist, aber die Menge von Sekten ist kaum ein Grund zum Stolz. Wie kam es dann, daß die Überlieferung über die dreiundsiebzig Sekten unter Muslimen akzeptiert wurde? Vielleicht konnte eine Gruppe extremer Rigoristen von sich behaupten, daß sie zu der einen „geretteten Sekte" *(firqa nāǧiya)* gehörten, während die übrigen zweiundsiebzig Sekten in die Hölle kommen würden. Es hat aber den Anschein, daß es zwischen dieser Überlieferung und dem Studium der Sekten eine enge Verbindung gab. Muslimische Gelehrte haben immer gezögert, die Ansichten eines Gegners zu studieren und zu erklären, es sei denn in dem Maße, das notwendig war, um sie zu widerlegen. Von den Büchern in der großen vorislamischen Bibliothek in Alexandria soll der Kalif ʿUmar gesagt haben: „Wenn sie mit dem Koran übereinstimmen, sind sie überflüssig, und wenn sie im Widerspruch zum Koran stehen, sind sie gefährlich, und aus diesem Grunde können sie im einen wie im anderen Fall vernichtet werden." Es ist daher bemerkenswert zu sehen, daß einige der Häresiographen vollständige und mehr oder weniger objektive Darstellungen von häretischen Sekten liefern. Wir ziehen also den Schluß, daß das Studium der Sekten irgendein Interesse in

3 Diese Werke werden analysiert in: *Henri Laoust*, „La classification des sectes dans le *Farq* d'al-Baghdadi", REI, xxix (1961), 19–59; *D. Sourdel*, „La classification des sectes islamiques dans le Kitāb Al-Milal d'Al-Šahrastānī", Studia Islamica, xxxi (1970) 239–248.

4 „Le dénombrement des sectes mahométanes", RHR, xxvi (1892), 129–137, und *Goldziher*, Gesammelte Schriften, ii. 406–414; vgl. seine Vorlesungen, 188f., 352 mit weiteren Literaturhinweisen. S. auch Baġ. (Seelye), 2f., 21f. Dieses Ḥadīṯ und andere Fragen, die in dieser Vorbemerkung aufgeworfen werden, werden erörtert in *Watt*, „The Great Community and the Sects", in Theology and Law in Islam, hrsg. von *G. E. von Grunebaum*, Wiesbaden 1971, 25–36, und „The Study of the Development of the Islamic Sects", in Acta Orientalia Neerlandica, hrsg. v. *P. W. Pestman*, Leiden 1971, 82–91.

diesen Männern befriedigt haben muß. Vielleicht bestand der wesentliche Punkt darin, daß diese irrigen Ansichten dadurch, daß sie einen Kontrast darstellten, eine präzisere Formulierung der wahren Doktrinen ermöglichten.

Solche Spekulationen sind zwar unterhaltsam, doch es ist wichtiger zu beachten, daß die Häresiographen sich innerhalb eines Rahmens bewegten, der auf bestimmten Annahmen beruhte. Diese können wie folgt zusammengefaßt werden:

1. Die islamische Doktrin und das islamische Dogma wurden im Koran ausgedrückt und waren von Anfang an in der Gemeinschaft der Muslime vollständig vorhanden. Es konnte keine Entwicklung der Doktrin geben. Höchstens könnte man einräumen, daß ein Gelehrter wie Aḥmad ibn-Ḥanbal aufgrund der zeitgenössischen Situation mehr Nachdruck auf die Doktrin des ungeschaffenen Koran legte als die meisten seiner Vorgänger; aber es wurde auch behauptet, daß die Doktrin von vernünftigen Gelehrten (zumindest implizite) immer verfochten wurde[5].

2. Es gab keine ernsthaften Meinungsverschiedenheiten innerhalb der Hauptrichtung der „sunnitischen" Gelehrten, sondern alle vertraten die Hauptelemente dessen, was später als sunnitische Lehre akzeptiert wurde. Abgesehen von der verhältnismäßig geringen Anzahl derer, deren merkwürdige Auffassungen überliefert sind, gab es keine Abweichler. Im Gegensatz zu dieser Annahme wird der westliche Gelehrte der Meinung sein, daß es viele der Denkrichtungen, die in diesem Buch zu untersuchen sein werden, selbst in der angeblich monolithischen Hauptrichtung gab, und daß die Häresiographen über diese Unterschiede hinweggingen. Er wird auch die Auffassung vertreten, daß man vor dem späten 9. Jahrhundert eigentlich nicht von Sunnismus sprechen kann.

3. Das Hauptanliegen der Häresiographen besteht darin zu fragen, ob eine bestimmte Ansicht richtig oder falsch ist. Sie können niemals die Frage aufwerfen, ob eine bestimmte Sekte zur allgemeinen Entwicklung des Denkens beigetragen hat.

4. Ein gemeinsames Ziel der Häresiographen ist die Klassifizierung oder Zusammengruppierung von Sekten nach Ähnlichkeiten, die zwischen den vertretenen Doktrinen bestehen. Manchmal mag dies grob den organischen oder historischen Verbindungen zwischen Sekten entsprechen, aber in anderen Fällen kann es, wie z.B. bei den Zaydiyya, sehr irreführend sein.

Zu den falschen Darstellungen, die sich aus diesen Annahmen ergeben, kommen noch gewisse irreführende Verfahrensweisen hinzu, die man bei einer Auswertung berücksichtigen sollte.

1. Al-Baġdādī und aš-Šahrastānī wandten verschiedene Kunstkniffe an, um

5 Vgl. al-Pazdawī (gest. 1099), Ḥanafite – s. Anm. 13 in Kapitel 9), 242.17 – der *maḏhab* der Ahl as-Sunna wa-l-Ǧamāʿa war der „des Gesandten Gottes, seiner Gefährten und nach ihnen der Anhänger und dann der zuverlässigen Imame".

sicherzustellen, daß die Anzahl der häretischen Sekten genau zweiundsiebzig betrug. Einzelne Muʿtaziliten wurden, weil ihre Ansichten sich in Detailpunkten unterscheiden, als Sekten behandelt. So spricht al-Baġdādī dort, wo al-Ašʿarī die Einzelperson erwähnt hatte, von den Sekten der Iskāfiyya, Ṯumāmiyya, Ǧāḥiẓiyya, Šaḥḥāmiyya udgl. An bestimmten Punkten verringerte al-Baġdādī die Anzahl der Sekten, indem er behauptete, die Auffassungen einer Gruppe seien so häretisch, daß sie außerhalb der Gemeinschaft der Muslime stünde.

2. Jeder Autor, der die Auffassungen anderer Leute darstellt, neigt dazu, diese in den Begriffen neu zu formulieren, in denen er gewöhnlich denkt. Gleichzeitig kann er die entgegengesetzte Meinung leicht verdrehen, um die Widerlegung offensichtlicher zu machen. Selbst wenn die Darstellung ehrlich gemeint ist, kann die Änderung der Terminologie die Meinung in einer kaum merklichen Art und Weise verändern.

3. Es war unter muslimischen Gelehrten üblich zu behaupten, daß ihre Ansichten sich von anerkannten Autoritäten früherer Generationen herleiteten. Selbst der rationalisierende Abū-l-Huḏayl behauptete, seinem Schüler Zurqān zufolge, er habe seinen Muʿtazilismus („was ich von *ʿadl* und *tawḥīd* glaube") von ʿUṯmān aṭ-Ṭawīl erhalten, der ihn nacheinander von Wāṣil, von Abū-Hāšim, von dessen Vater Muḥammad ibn-al-Ḥanafiyya, von dessen Vater ʿAlī, von dem Gesandten Gottes, gehabt habe, dem er durch Gabriel von Gott gebracht worden war[6]. Die Häresiographen akzeptierten einige dieser Behauptungen ohne weiteres, auch wenn sie die extravaganteren zurückwiesen. Der moderne Gelehrte wird alle solche Behauptungen mit Sorgfalt untersuchen.

4. Die Behandlung der Sektennamen durch die Häresiographen muß ebenfalls sorgfältig überprüft werden. Ursprünglich waren viele dieser Namen Spitznamen, die von Opponenten mit Geringschätzung verwendet wurden. Und wir wissen aus eigener Erfahrung, daß politische und religiöse Spottnamen oft gedankenlos benutzt werden, um einen Gegner, den man nicht leiden kann, verächtlich zu machen, und daß sie von verschiedenen Leuten in verschiedener Bedeutung benutzt werden. In wenigstens einem modernen Staat hält die regierende Partei „liberal" und „kommunistisch" für praktisch identisch, während sie anderswo diametral entgegengesetzt sein können. In der islamischen Welt findet man, daß der Begriff „Qadarit" in den entgegengesetzten Bedeutungen von „Verteidiger der Willensfreiheit" und „Verteidiger der Vorherbestimmung" verwendet wird (s. Kapitel 4, Abschnitt 5 unten).

Aš-Šahrastānī dagegen spricht von den „reinen Ǧabriyya", die ableugnen, daß der Mensch handele oder die Macht zum Handeln habe, und den „gemäßigten Ǧabriyya", die meinen, daß der Mensch zwar die Macht zum Handeln habe, diese aber unwirksam sei[7]. Es ist zweifelhaft, ob jemals irgend jemand derartige

6 Fihrist (Arberry), 31.
7 Šahr., 59 (= i. 112).

Ansichten vertrat, aber sie sind eine nützliche Einbettung für die aš'aritische Konzeption von *kasb*, ‚Erwerb', und ermöglichen es aš-Šahrastānī zu behaupten, daß die aš'aritische Auffassung ein Mittelding sei zwischen der der Ǧabriyya und der der Qadariyya. So scheint die Behandlung der Ǧabriyya weitgehend von einer apologetischen Absicht beeinflußt zu sein. Weil diese häresiographische Tradition nunmehr allgemein akzeptiert und in gewisser Hinsicht „der Standard" ist, ist es leicht, sie als objektiv zu behandeln und zu vergessen, daß sie ursprünglich nur die Meinung eines Teils selbst der Sunniten war. Sie leidet tatsächlich an dem mu'tazilitisch-aš'aritischen Vorurteil und muß durch einen Hinweis auf die ḥanafitische und ḥanbalitische Tradition und in gewisser Hinsicht auch durch die verschiedenen schiitischen Traditionen korrigiert werden.

Im Lichte dieser Kritik an der hauptsächlichen häresiographischen Tradition, die im nachfolgenden ausreichend illustriert wird, können gewisse Verfahrensregeln festgelegt werden, die denjenigen, der sich mit dem frühen islamischen Denken beschäftigt, leiten sollen. Dies sind die Regeln, die in diesem Buch in der Tat befolgt werden.

1. Im Mittelpunkt sollten, soweit wie nur möglich, bestimmte Einzelpersönlichkeiten und ihre Anschauungen stehen. Allgemeine Feststellungen über Sekten, wie diese soeben zitierten über die Ǧabriyya, haben wenig Sinn, solange man nicht die Personen identifizieren kann, an die der Autor denkt. Der präziseren, aber immer noch anonymen Feststellung des Ḫušayš über „eine Gruppe von ..." wird selbstverständlich mehr Beachtung geschenkt werden als den allgemeinen klassifikatorischen Feststellungen aš-Šahrastānīs.

2. Man muß einsehen, daß die Sektennamen nicht objektiv sind, und muß immer fragen, *wer* diesen Namen auf *wen* anwendet. Wenig ist gesagt, wenn wir eine Sektenbezeichnung auf eine Person anwenden; denn dies kann in keiner absoluten oder objektiven Weise getan werden. Meistens ist es am besten, die Sektennamen zu vermeiden. Im nachfolgenden haben wir es gelegentlich für angebracht gehalten, einen Sektennamen zu verwenden, aber wir hoffen, daß die präzise Verwendung, derer wir uns bedienen, immer deutlich geworden ist.

3. Frühes Material ist allgemein späterem vorzuziehen, da es wahrscheinlich eher die ursprüngliche Form des Ausdrucks beibehält; aber hin und wieder findet man, daß in den späten Quellen frühes Material in relativ unveränderter Form enthalten ist.

4. Während des im nachfolgenden untersuchten Zeitabschnittes ist es wünschenswert, Feststellungen in bezug auf die Doktrin mit der zeitgenössischen politischen und historischen Situation in Verbindung zu bringen, da oftmals scheinbar abstrakte theologische Behauptungen politische Bedeutung haben.

Vielleicht ist an dieser Stelle die Bemerkung angebracht, daß das Wort „orthodox" in einem islamischen Kontext fehl am Platze ist. Die strikte Bedeutung des Wortes ist „einwandfreie oder richtige Glaubensvorstellungen zu haben". Aber trotz der von al-Ma'mūn eingeleiteten Inquisition und abgesehen von der Akzeptierung der Šahāda oder des Glaubensbekenntnisses ist die Richtigkeit intellektuellen Glaubens niemals ein Kriterium gewesen, das darüber entschied, ob ein Mensch ein Muslim ist oder nicht. Tatsächlich hat der Islam keine Maschinerie besessen, die den ökumenischen Konzilen der christlichen Kirche vergleichbar wäre, die autoritativ sagen konnten, was die „richtige Doktrin" darstelle. Dennoch wurde schließlich aufgrund des typisch islamischen Prozesses des *iǧmāʿ* oder Konsens eine weitgehende Übereinstimmung erzielt (nach dem Jahr 1000), und darauf könnte der Begriff „Orthodoxie" angewendet werden, gäbe es nicht die Tatsache, daß diese Übereinstimmung mehr Fragen der Praxis betraf als die Doktrin im strengen Sinne – – „Sunnismus" und „sunnitisch" sind genauer. Sogar beim Tode von al-Ašʿarī im Jahr 935, als Ḥanafiten, Ḥanbaliten und Ašʿariten in bezug auf die Doktrin näher zueinander rückten, waren sie nicht bereit, sich gegenseitig als Sunniten anzuerkennen.

Die große und ständig anwachsende Fülle an Material, die für diese Untersuchung verfügbar war, hat eine rigorose Auswahl notwendig gemacht. Der Versuch, ein klares und ausgewogenes Bild von den Hauptlinien der Entwicklung zu entwerfen, hat es mit sich gebracht, daß viele interessante Dinge, die als peripher erachtet wurden, nach einer flüchtigen Erwähnung beiseite gelassen wurden.

Abkürzungsverzeichnis

Aġānī	Abū-l-Farağ al-Iṣfahānī, Kitāb al-Aġānī
AIUON	Annali dell' Istituto Universitario Orientale di Napoli
Aš.	al-Ašʿarī, Maqālāt al-Islāmiyyīn
Baġ.	al-Baġdādī, Al-Farq bayn al-firaq
Beiträge	S. Pines. Beiträge zur islamischen Atomlehre, Berlin 1936
BSOAS	Bulletin of the School of Oriental and African Studies (London)
EI^1, EI^2	Encyclopaedia of Islam
EI(H)	Handwörterbuch des Islam
Epitome	Ibn Rušd, Talḫis Kitāb an-Nafs, hrsg. von F. Ahwani, Kairo 1950
Faṣl	Ibn Rušd, Kitāb Faṣl al-Maqāl, hrsg. von G. F. Hourani, Leiden 1959
Fihrist	Ibn-an-Nadīm, Kitāb al-Fihrist
GAL	Brockelmann, Geschichte der arabischen Literatur
GALS	Supplementbände zu GAL
GAS	Sezgin, Geschichte des arabischen Schrifttums
Ǧawāmiʿ	„Synopse der platonischen Dialoge.“ (Ǧawāmiʿ), im, G. B. Bergsträsser, Hunayn Ibn Isḥāg über die syrischen und arabischen Galen-Übersetzungen, Leipzig 1952
Ilāhiyyāt	Ibn Sina, aš-Šifāʾ, al-Ilāhiyyāt, hrsg. von G. C. Anawati, S. Dunya und S. Zayid, revidiert von I. Madkur, Kairo 1960
Isl.	Der Islam
JAOS	Journal of the American Oriental Society
JRAB	Journal of the Royal Asiatic Society London
Kašf	Ibn Rušd, al-Kašf ʿan Manāhiğ al-Adilla im Falsafat Ibn Rušd, Kairo o. J.
Madḫal	Ibn Sīnā, aš-Šifāʾ, al-Madḫal (Isagoge), hrsg. von G. C. Anawati.
MSOS	Mitteilungen des Seminars für orientalische Sprachen
MW	Muslim World
Nawb.	an-Nawbaḫtī, Firaq aš-Šīʿa
Opera Philosophica	Knaus, P. al-Razi's Opera Philosophica, Kairo 1939
Rasāʾil	Al-Kindi, Rasāʾil al-Kindi al-Falsafiyya, hrsg. von A. A. Abu Rida, Kairo 1950
RdM	Die Religionen der Menschheit, Stuttgart 1960 ff.
REI	Revue des études islamiques
RHR	Revue de l'histoire des religions
RSO	Rivista degli studi orientali
Šahr.	aš-Šahrastāni, Kitāb al-milal wa-n-nihal
Siyāsa	al-Fārābī, al-Siyāsa al-Madaniyya, hrsg. von F. M. Najjar, Beirut 1964
Tab., Tabarī	aṭ-Ṭabarī, Taʾrīh
TF.	Al-Ġazālī, Tahāfut al-Falāsifa, hrsg. von M. Bouyges, Beirut, 1964
TT.	Ibn-Rušd, Tahāfut at-Tahāfut, hrsg. von M. Bouyges, Beirut 1930
ZA	Zeitschrift für Assyriologie
ZDMG	Zeitschrift der deutschen morgenländischen Gesellschaft

Teil I
Die Anfänge. 632–750

KAPITEL 1 DIE ḪĀRIǦITEN

1. Die Ermordung ʿUṯmāns und ihre Motive

Der Kalif ʿUṯmān wurde 656 in seinem Haus in Medina ermordet. Dieses Ereignis bietet sich als Ausgangspunkt für eine Betrachtung des islamischen Denkens, und insbesondere der Ḫāriǧiten, an. Die Ḫāriǧiten behaupteten, in der Nachfolge der revolutionären Gruppen zu stehen, die für den Mord verantwortlich waren, doch die genaue Art oder Bedeutung dieser Kontinuität wird nicht deutlich. Auch unzählige spätere Denker diskutierten darüber, ob die verschiedenen Standpunkte, die die Muslime in der Zeit zwischen dem Aufstand gegen ʿUṯmān und dem Tod ʿAlīs 661 bezogen hatten, richtig oder falsch gewesen waren. Diese Erörterungen sind dafür verantwortlich, daß dies wahrscheinlich die dunkelste und umstrittenste Phase in der ganzen islamischen Geschichte ist. Dennoch lassen sich jene politischen Gruppierungen und Richtungen schon klar erkennen, aus denen die „religiös-politischen" Parteien hervorgingen, mit denen wir uns hier befassen[1].

Im Frühjahr 656 zogen Gruppen Unzufriedener aus Ägypten, Basra und Kufa nach Medina, um über verschiedene Dinge Klage zu führen[2]. Aus den wenigen überlieferten Namen von Beteiligten wird deutlich, daß jede Gruppe nur gewisse Teile der örtlichen Garnison der Araber vertrat. Es besteht aber kein eindeutiger wirtschaftlicher oder sozialer Unterschied zwischen denen, die mit ʿUṯmān unzufrieden waren, und jenen, die bereit waren, ihn zu tolerieren. Die meisten dieser Männer gehörten Nomadenstämmen an, und es ist möglich, daß Stammesrivalitäten darüber mit entschieden, welche Gruppe ʿUṯmān unterstützten und welche in der gegen ihn gerichteten Bewegung aktiv wurden. Die Qurayš von Mekka

1 Wir folgen hier dem wichtigen Werk von *Laura Veccia Vaglieri*; vgl. EI^2, Art. „ʿAlī b. Abī Ṭālib", mit Hinweisen auf ihre grundlegenden Artikel in AIUON, iv (1952), 1–94; v (1953), 1–98. Die Komplexität des Themas wird sehr deutlich anhand der früheren Behandlung durch *J. Wellhausen*, Das arabische Reich und sein Sturz, Berlin 1902, Kap. 2.

2 Ṭabarī, i. 2954f.; weitere Hinweise: 2908, 2917, 2920, 2928, 2943f., 2986, 2991, 3017–3021, 3034.

unterschieden sich von den ersterwähnten Nomaden, und es scheint so, als ob unter ihnen Mitglieder jener Klane, die früher mit ʿUṯmāns Klan (Umayya) verbündet gewesen waren, dazu neigten, ihn zu unterstützen, während die Leute aus der rivalisierenden Gruppe, die mit dem Klan der Maḫzūm verbündet war, zur Opposition gegen ihn neigten. Die Muslime, deren Beschwerde am eindeutigsten wirtschaftlicher Natur war, waren die Anṣār, die alten Einwohner Medinas: Obwohl sie Mohammed in den schwierigen Jahren seines Kampfes gegen die Mekkaner geholfen hatten, ging es ihnen schlechter als manchem, der zu seinen Hauptwidersachern gehört hatte. Dennoch schlossen sie sich den aus den eroberten Provinzen stammenden Leuten in der Bewegung gegen ʿUṯmān nicht an. Zwar heißt es einmal von ihnen, sie hätten selbst einen Angriff auf ʿUṯmān unternommen, aber zumeist hielten sie sich im Hintergrund und gewährten den Aufständischen weder ihre Unterstützung, noch stellten sie sich ihnen in den Weg[3].

Zu den Klagen, die zu der Bewegung geführt haben sollen, gehörte die Tatsache, daß ʿUṯmān bestimmten Leuten Land im Irak zugewiesen hatte. Dem gewöhnlichen Muslim muß dies als Bruch des Abkommens erschienen sein, dem zufolge eroberte Gebiete nicht unter jenen aufgeteilt werden sollten, die an ihrer Eroberung beteiligt waren, sondern vielmehr für die Muslime treuhänderisch verwaltet werden sollten. Dem Abkommen gemäß sollten die Pachtzinsen in den Staatsschatz abgeführt werden. Eigentlich war ʿUṯmān in den besonderen, genannten Fällen im Recht; denn die Schenkungen waren aus bestimmten Kategorien von Land vorgenommen worden, die von Anfang an dem Kalifen und nicht den Muslimen generell gehört hatten[4]. Aber der Sache haftete ein wenig der Anschein von Ungerechtigkeit an, selbst wenn die Schenkungen wohl gemacht worden waren, um Stabilität und Sicherheit zu erhöhen, was ja im Interesse aller Muslime gelegen war. In den Quellen finden sich auch Hinweise auf eine allgemeine Forderung nach Aufteilung sämtlicher Gebiete. Es ist unwahrscheinlich, daß irgendein verantwortlicher Führer eine derartige Forderung unterstützt haben sollte. Doch kommen hierin wohl die Gefühle des Durchschnittsmuslim nomadischer Abkunft zum Ausdruck, die dieser angesichts der Methoden empfand, mit denen die ehemaligen mekkanischen Kaufleute und ihresgleichen bei der Organisation der eroberten Provinzen auf einen größtmöglichen „Nutzeffekt" hinarbeiteten.

Eine andere spezielle Beschwerde lautete, ʿUṯmān habe einige der wichtigsten (und lukrativsten) Gouverneursposten mit Leuten aus seinem eigenen Klan oder irgendwelchen Verwandten besetzt. Dies traf teilweise zu[5], aber ʿUṯmān hatte

3 Mekkanische und medinische Gegner des ʿUṯmān werden erwähnt in Ṭabarī, i. 2943, 2961, 2980f., 3004f., 3029f., 3048.

4 Al-Balāḏurī, Futūḥ al-Buldān, Leiden 1866, 272–274; vgl. 351; Abū-Yūsuf, Kitāb al-Ḫarāǧ, Bulaq, (1885)/1302, 24–26.

5 Vgl. Liste der Gouverneure, Ṭabarī, i. 3057f.

seine guten Gründe dafür. Wenn er Verwandte ernannte – sie sind nicht alle von ihm ernannt worden! –, dann geschah das, weil sie administrative Fähigkeiten und Zuverlässigkeit in sich vereinigten. Obwohl er auch hier das Wohlergehen aller im Auge gehabt haben mag, schien seine Politik wieder einmal etwas unfair.

Eine Klage anderer Art wird auch noch erwähnt. Es wurde behauptet, ʿUṯmān habe es in gewissen Fällen unterlassen, vom Koran vorgeschriebene Strafen zu verhängen. Einer der schwerwiegendsten Fälle war der al-Walīd ibn-ʿUqbas, des Gouverneurs von Kufa, der betrunken angetroffen wurde, den zu bestrafen ʿUṯmān sich aber weigerte[6]. Es ist gut möglich, daß solche Dinge erst zu einem etwas späteren Zeitpunkt vorgebracht wurden, nämlich, als die Frage, ob ʿUṯmān zu Recht oder zu Unrecht getötet worden war, offiziell erörtert wurde. Es ist unwahrscheinlich, daß derlei in den Köpfen der tatsächlichen Rebellen eine hervorragende Rolle gespielt haben sollte.

Die besonderen Beschwerden, von denen die Rede war, scheinen allein nicht auszureichen, um die Heftigkeit der Bewegung gegen ʿUṯmān zu erklären. Den Klagen lag aber die allgemeine, bereits kurz erwähnte Tatsache zugrunde, daß sich die Lebensweise derjenigen, die zuvor Nomaden gewesen waren, grundlegend verändert hatte. Die Vorfahren dieser Leute und sie selbst in ihren jüngeren Jahren, hatten ihren Lebensunterhalt damit bestritten, Kamele in der Wüste zu hüten und bisweilen andere Nomaden und besiedelte Gebiete in der Umgebung zu überfallen. Man kann sagen, daß sie spätestens ab 656 zu Berufssoldaten geworden waren. Die militärischen Expeditionen in die Grenzbezirke ähnelten Nomadenüberfällen, waren aber größeren Umfangs. Doch nach den Expeditionen kehrten die Männer nicht in ihre schwarzen Zelte zurück, sondern in das vergleichsweise luxuriöse Leben der Lagerstädte. Auch gab es im Wüstenleben wenig formale Disziplin, wenngleich unter dem allgegenwärtigen Einfluß der Stammestradition eine gewisse Ordnung aufrechterhalten wurde. Der Häuptling eines Stammes war dessen formelles Oberhaupt; er war zwar mit bestimmten Verantwortlichkeiten ausgestattet, konnte aber nicht über alle Angelegenheiten so verfügen, wie es ihm paßte. In dem neuen islamischen System mußte es aber wegen des größeren Ausmaßes der Operationen und der höheren Anzahl von Beteiligten eine striktere Disziplin und eine komplexere Organisation geben. Aus der Ungebundenheit der Wüste waren die Menschen unter die Kontrolle einer mächtigen Bürokratie geraten, und zweifellos hatten viele das Gefühl, in den Maschen eines riesigen administrativen Netzes gefangen zu sein, aus dem es kein Entrinnen gab.

Wenn es bei all dem einen Mißstand gab, so war es nicht einer, der durch irgendwelche denkbaren Maßnahmen irgendeines verfügbaren Führers hätte in Ordnung gebracht werden können. Die Schwierigkeit lag darin, daß die Men-

6 Vgl. al-Masʿūdī, Murūǧ aḏ-ḏahab, hrsg. mit französischer Übersetzung von *G. Barbier de Meynard* und *Pavet de Courteille*, 9 Bände, Paris 1861–1877, iv. 259–261.

schen die Vorteile wollten, die das Leben in einem organisierten Staat mit sich brachte, aber einige Aspekte dieses Lebens sehr beschwerlich fanden. Nur einige waren bereit, zum Nomadenleben zurückzukehren. Aber unter diesen wenigen finden wir eine Ehefrau des Kalifen Muʿāwiya, mit dem Namen Maysūn, von der ein Gedicht überliefert ist, das so beginnt:

Ein Zelt, an das der Wüste Winde schlagen,
Ist lieber mir als des Palastes Ragen[7].

Aber offensichtlich hätte kein Führer vorschlagen können, daß alle Araber in die Wüste zurückkehren sollten. Viele, die sich nach der alten Freiheit sehnten und keine Möglichkeit sahen, sie zu erlangen, müssen sich also sehr frustriert gefühlt haben. Andere mögen eher von einem Gefühl der Unsicherheit befallen worden sein. Welcher Natur auch immer ihre Gefühle gewesen sein mögen, die Wurzel des Problems war die neue wirtschaftliche, soziale und politische Struktur, in der sie sich wiederfanden, der sie sich aber noch nicht angepaßt hatten. Unter diesen Bedingungen mußten sich die emotionalen Spannungen bis zum Bersten anstauen. Der Mord an ʿUṯmān kann als erste einer Reihe von Explosionen betrachtet werden. Im nachfolgenden wird die Behauptung aufgestellt, daß die ursprünglich ḫāriǧitische und schiitische Bewegung weitere, nur etwas weniger explosive Methoden waren, mit denselben Spannungen fertig zu werden.

2. Die ersten Ḫāriǧiten

a) Die Ereignisse bei Ṣiffīn, Ḥarūrā' und an-Nahrawān

Nach dem Tod ʿUṯmāns ernannten die Muslime in Medina ʿAlī zum Kalifen, doch dieser wurde nicht allgemein anerkannt. Obwohl er den Mord mißbilligte, hatte ʿAlī starke Sympathien für die Aufständischen – oder „Königsmörder", wie sie oft genannt werden – an den Tag gelegt, und er ergriff keine Maßnahmen, um jene zu bestrafen, die für das Blutvergießen verantwortlich waren. Auf diese Weise hatte er seine Position gefährdet. Es geschah also wahrscheinlich in erster Linie aus religiösen Motiven, daß ʿAbd-Allāh ibn-ʿUmar und ähnlich gesinnte Männer die Anerkennung ʿAlīs dadurch umgingen, daß sie Medina verließen. In Syrien blieb ʿUṯmāns Gouverneur und Verwandter, Muʿāwiya, an der Macht und verweigerte ʿAlī die Gefolgschaft. Als ʿAlī von einer Bestrafung der Königsmörder absah, behauptete er, er sei der *walī*, der nächste Verwandte, dem es obliege, den Tod zu rächen. Eine dritte Gruppe, die unter der Führung von Mohammeds Witwe ʿĀ'iša und zwei wohlhabenden Mekkanern, Ṭalḥa und az-

7 Vgl. *R.A. Nicholson*, A Literary History of the Arabs, Cambridge 1930, etc., 195. Dt. Übers. des Zitates: *F. Rückert*.

Zubayr, stand, unternahm nach einigen Monaten eine offene Rebellion. Aber sie wurden im Dezember 656 in der sog. Kamelschlacht in der Nähe von Basra besiegt. Obwohl diese Gruppe behauptete, für die unparteiische Anwendung gesetzlicher Strafen auf alle Missetäter einzutreten, scheint sie keinen eigenen religiösen Standpunkt vertreten zu haben, und vielleicht waren ihre Motive in erster Linie eigennützig.

Nach der Kamelschlacht, in der Ṭalḥa und az-Zubayr den Tod fanden, konnte ʿAlī ungehindert gegen Muʿāwiya ziehen. Die beiden Armeen standen sich den größten Teil der Monate Juni und Juli 657 bei Ṣiffīn, nahe Raqqa am Oberlauf des Euphrat, gegenüber. Es kam zu kleineren Gefechten, die von einem Waffenstillstand unterbrochen wurden. In einigen Quellen wurden die Verluste aber weit übertrieben. Nach einem nächtlichen Zusammenstoß, als es so aussah, als ob beide Armeen in vollem Einsatz wären, gingen schließlich einige religiösgesinnte Männer aus Muʿāwiyas Armee zum Feinde; an ihre Lanzen hatten sie Abschriften des Koran geheftet. Auf diese Weise sollten ihre Gegner aufgefordert werden, die Auseinandersetzung durch ein Urteil im Sinne des Koran beizulegen, und religiösgesinnte Männer in ʿAlīs Gefolge drängten diesen, den Schiedsspruch zu akzeptieren. An dieser Geschichte sind einige Elemente fragwürdig. Es ist unwahrscheinlich, daß es zu jener Zeit viele Abschriften des Koran gab, eine einzige hätte zudem hingereicht. Wie auch immer die Einzelheiten ausgesehen haben mögen, fest steht, daß die Armeen den Rückzug antraten und daß es zu einem Schiedsspruch kam.

Mittlerweile traten unter den Anhängern ʿAlīs Meinungsverschiedenheiten zutage. Als sie noch in Ṣiffīn waren, aber schon nach der Übereinkunft mit Muʿāwiya, erhoben einige von ihnen den Ruf: „Die Entscheidung steht Gott allein zu!" *(lā ḥukm illā li-llāh)* und behaupteten, es sei eine Sünde, den Streit menschlichen Richtern zu unterbreiten. Diesen Leuten schlossen sich andere an, und nach der Rückkehr nach Kufa zogen sich mehrere tausend in einen in der Nachbarschaft gelegenen Ort namens Ḥarūrāʾ zurück. ʿAlī gelang es aber, mit den Anführern zusammenzutreffen, und nachdem er ihnen Provinzgouverneursposten angeboten und andere Zugeständnisse gemacht hatte, überredete er sie alle zur Rückkehr nach Kufa. Trotz dieser Versöhnung kam es aber zu einem zweiten Auszug, als klar wurde, daß das Schiedsgericht fortgesetzt würde. Dieser Auszug führte nach an-Nahrawān; an ihm beteiligten sich drei- oder viertausend Menschen. In der Zwischenzeit scheinen sich die beiden Schiedsrichter zweimal getroffen zu haben – das erste Mal in Dūmat al-Ǧandal. Von den beiden Männern war ʿAmr ibn-al-ʿĀṣ ein aufrichtiger Anhänger Muʿāwiyas, während Abū-Mūsā al-Ašʿarī ʿAlī zwar vertrat, aber kein ganz so überzeugter Anhänger von ihm war. Die erste Frage, um die es ging, war offensichtlich die, ob ʿUṯmān zu Recht oder zu Unrecht getötet worden war. Vermutlich entschieden die Schiedsrichter, daß die Taten, deren er bezichtigt wurde, keine Verstöße gegen das Gesetz Gottes waren, die seine Hinrichtung gerechtfertigt hätten. Dies implizierte vielleicht, daß Muʿāwiya ʿUṯmāns *walī* oder Erbe war, und zwar nicht nur, um Rache für dessen Tod zu fordern, sondern auch in anderer Hinsicht. Zumindest dürfte Muʿāwiya im April 658 von seinen Anhängern zum Kalifen ausgerufen worden sein. Die Frage, ob ein Recht auf das Kalifat bestehe, wurde wahrscheinlich von den beiden Schiedsrichtern im Januar 659 in Aḏruḥ untersucht, und dabei soll ʿAmr Abū-Mūsā überlistet haben. Dieses Ereignis ist aber für die vorliegende Untersuchung von geringer Bedeutung.

Nachdem es ʿAlī gelungen war, einige von jenen, die nach an-Nahrawān gezogen waren, zurückzugewinnen, unternahm er im Juli 658 einen Angriff auf die Übriggebliebenen. Was folgte, war eher ein Massaker als eine Schlacht. Die Abwanderungen nach Ḥarūrāʾ und an-Nahrawān kann man als die erste Phase der ḫāriǧitischen Bewegung unter ʿAlī ansehen, doch damit war sie noch nicht zu Ende.

b) Die grundlegende Doktrin

Das Motto dieser frühen Ḫāriǧiten muß näher untersucht werden; denn es muß ihre grundlegende Doktrin umfassen oder enthalten. Die Worte: „Die Entscheidung steht Gott allein zu!" *(lā ḥukm illā li-llāh)* beruhen auf mehreren Koranversen (insbesondere 6.57; 12.40, 67 usw.), wenn sie diesen auch nicht genau entnommen sind. Das Verbum *ḥakkama* kann u. a. bedeuten, dieses Motto zu äußern (wie *kabbara* bedeutet, die Phrase *Allāhu akbar* zu äußern); dabei steht das Verbalnomen *taḥkīm* für seine Äußerung und das Partizipialnomen *muḥakkima* kollektiv für jene, die es äußern. Diejenigen, die dieses Motto als erste benutzten, wurden „die ersten Muḥakkima" genannt.

Selbstverständlich kann der Satz unterschiedlich verwendet werden. Generell muß er so interpretiert werden: Wo es eine eindeutige Vorschrift des Koran gibt, müssen die Menschen diese einfach befolgen. Für die Ḫāriǧiten war es vermutlich „klar", daß ʿUṯmān gegen einige unmißverständliche Vorschriften des Koran verstoßen hatte. Es ist möglich, daß sie erst dann gegen den Schiedsspruch protestierten, als sie merkten, daß die Rechtmäßigkeit oder Unrechtmäßigkeit von ʿUṯmāns Tod untersucht werden sollte. Man konnte das Prinzip aber auch auf den fortgesetzten Kampf ʿAlīs gegen Muʿāwiya anwenden. Sie verließen sich dabei auf den folgenden Vers:

> „Und wenn zwei Gruppen von den Gläubigen einander bekämpfen, dann stiftet Frieden zwischen ihnen! Wenn dann aber die eine der anderen (immer noch) Gewalt antut, dann kämpft gegen diejenige, die gewalttätig ist, bis sie wiedereinlenkt und sich der Entscheidung Gottes fügt." (49.9)

Sie meinten, die gewalttätige Partei sei die des Muʿāwiya, und ʿAlī habe gegen diese Vorschrift verstoßen, weil er den Kampf gegen ihn eingestellt hatte. (ʿAlī selbst soll diesen Vers in der Kamelschlacht auf seine Gegner gemünzt haben;

aber vielleicht hat er einfach die Meinung einiger seiner Anhänger übernommen, von denen es heißt, sie hätten den zweiten Teil des Verses bei Ṣiffīn verwendet[7a]). Zur Untermauerung desselben Standpunktes könnten verschiedene andere Verse zitiert werden, vor allem 9.29:

> „Kämpft gegen diejenigen, die nicht an Gott und den Jüngsten Tag glauben und nicht verbieten, was Gott und sein Gesandter verboten haben, und nicht der wahren Religion angehören ... bis sie kleinlaut aus der Hand Tribut *(ǧizya)* entrichten!"

Einige westliche Gelehrte haben vermutet, das „Gottesurteil" sei das, was die Europäer „den Schiedsspruch des Kriegsglücks" genannt haben mögen. Diese Denkweise mag der islamischen näher scheinen, als sie tatsächlich ist. Für den Europäer ist die Frage offen, und der Sieg im Krieg wird zeigen, wer recht hatte. Das ist nicht die islamische, oder zumindest nicht die ḫāriǧitische Vorstellung. Der Ḫāriǧite ging von der Voraussetzung aus, daß seine Partei recht und ihre Gegner unrecht hatten, und daß es seine Pflicht sei, die letzteren zu bekämpfen. In einem Vers (7.87) heißt es:

> „seid geduldig (und wartet zu), bis Gott (dereinst) zwischen uns entscheidet!",

und dies legte man dahingehend aus, daß sie geduldig weiterkämpfen sollten, bis Gott ihnen den Sieg schenkte, was er am Ende sicher tun würde[8]. In all dem findet sich kein Hinweis darauf, daß der Ausgang einer Schlacht einen Zweifel oder eine Unsicherheit lösen würde. Für die Ḫāriǧiten ist die Entscheidung Gottes klar und bereits bekannt, und was zu tun bleibt, ist, sie herbeizuführen, sofern dies eine Aufgabe für menschliches Handeln ist.

Die soeben skizzierten Interpretationen helfen uns, den Übergang von dem Motto: „Die Entscheidung steht Gott allein zu!" zu den anderen charakterisierten Doktrinen der Ḫāriǧiten zu verstehen. In dem Motto – oder zumindest in der mit ihm verbundenen Praxis – ist die Vorstellung von einer rechtgeleiteten Gemeinde impliziert, die das Gesetz Gottes kennt und es praktiziert und die solche Gemeinschaften und Einzelpersonen bekämpft, die das Gesetz entweder nicht kennen oder es nicht praktizieren. Die Doktrin, auf die am häufigsten hingewiesen wird, nämlich die, daß der große Sünder aus der Gemeinde ausgeschlossen werde, ist eine Folgerung aus der obenerwähnten Aussage; denn der große Sünder ist ein Mensch, der das nicht verbietet (im Sinne von: für sich selbst verbieten), was Gott und sein Gesandter verboten haben (vgl. 9.29, oben). Deswegen wird der Kampf gegen ihn zur Pflicht, und daher wird auch sein Ausschluß aus der Gemeinschaft verlangt.

7a *L. Veccia Vaglieri* in Cambridge History of Islam (Hrsg. *P.M. Holt*, etc.), Cambridge 1970, i. 71.

8 Vgl. *M. Guidi*, „Sui Ḫārigiti", RSO, xxi (1946), 1–14, insbes. 8.

c) Die Bedeutung der Bezeichnung „Ḫāriǧiten"

„Ḫāriǧiten" ist eine eingedeutschte Form des arabischen Ḫawāriǧ oder Ḫāriǧiyya, was man als einen Plural bzw. ein Kollektivnomen bezeichnen kann. Ein einzelner ist dann ein Ḫāriǧī. Hierbei handelt es sich um Ableitungen des Verbums *ḫaraǧa*, ‚ausziehen', ‚herausgehen'. Dieses Wort hat jedoch verschiedene Bedeutungen, von denen vier für die Erklärung der Bezeichnung „Ḫāriǧiten" relevant sind. Diese lauten[9]:

1. Die Ḫāriǧiten sind jene, die aus dem Lager ʿAlīs ‚auszogen' oder ‚sich abspalteten'.
2. Es sind jene, die aus der Mitte der Ungläubigen ‚auszogen' und „die Hiǧra zu Gott und seinem Gesandten machten" (4.100), d. h. sie lösten alle gesellschaftlichen Bindungen mit den Ungläubigen.
3. Es ist jene, die gegen ʿAlī in dem Sinne ‚ausgezogen' *(ḫaraǧa ʿalā)* sind, daß sie gegen ihn rebellierten.
4. Es sind jene, die ‚ausziehen' und aktiv am *ǧihād* teilnehmen – im Gegensatz zu denjenigen, die ‚daheimbleiben'. Die beiden Gruppen und die Begriffe *ḫurūǧ*, ‚Ausziehen', und *quʿūd*, ‚Daheimbleiben', werden im Koran einander gegenübergestellt (z. B. 9.83).

All diese Interpretationen sind insofern gerechtfertigt, daß einige Leute sie irgendwann einmal verwendeten. Die Schwierigkeit besteht darin herauszufinden, welche Personen sie wann benutzten. Klar zu sein scheint, daß die vierte Bedeutung zur Zeit ʿAlīs selbst nicht vorherrschend gewesen sein kann, da er, abgesehen von der kurzen Zeit, in der er das Schiedsgericht akzeptierte, bereit war, auszuziehen und gegen Muʿāwiya zu kämpfen. Andererseits steht die vierte Bedeutung in den Doktrinen Ibn-al-Azraqs im Vordergrund. Von den übrigen Bedeutungen könnte die erste eine neutrale Bezeichnung sein, die sich auf die „Abwanderungen" nach Ḥarūrāʾ und an-Nahrawān bezieht. Es ist auch wahrscheinlich, daß so etwas wie die zweite Bedeutung in den Vorstellungen jener mitgeschwungen hat, die diese „Spaltungen" vornahmen; sie versuchten, sich von einer Gruppe von Leuten zu trennen, die sie für nicht rechtgläubig hielten. Vom Standpunkt ʿAlīs und der Umayyadenkalifen wäre dagegen die Bedeutung ‚Rebellen' zutreffend.

Es ist aber wichtig, nicht nur auf die Anwendbarkeit der verschiedenen Bedeutungen, sondern auch auf die frühesten tatsächlichen Verwendungen des Begriffs zu achten. Das ist vor allem angesichts der Tendenz der Häresiographen notwendig, „Sekten" zu schaffen. Unglücklicherweise gibt es wenig frühe Informationen, die mit Sicherheit datiert werden können. Daher ist es auch erforderlich, sich die

9 Das beruht auf *L. Veccia Vaglieri*, „Sulla denominazione ḫawāriǧ", RSO, xxvi (1951), 41–46. Von den vier Interpretationen stammt die zweite von *R.E. Brünnow*, Die Charidschiten unter den ersten Omayyaden, Leiden 1884, und die vierte von *M. Guidi* in RSO, xxi (zitiert in der vorangehenden Anmerkung).

Schlußfolgerungen anzusehen, die aus dem Sprachgebrauch etwas späterer Autoren zu ziehen sind.

Die früheste Quelle ist wahrscheinlich das Sendschreiben Ibn-Ibāḍs an den Kalifen ʿAbd-al-Malik, das authentisch zu sein scheint[10]. Ihm zufolge scheint der Kalif unter dem Begriff „Ḫawāriǧ" all jene Gruppen verstanden zu haben, die sich aktiv an den Aufständen gegen die Regierung beteiligten (damit schloß er die Ibāḍiten aus). Für Ibn-Ibāḍ hingegen schloß der Terminus alle Dissidenten seit der Zeit der Bewegung gegen ʿUṯmān ein, einschließlich seiner eigenen Anhänger, doch die Azraqiten, die für Ungläubige gehalten wurden, schloß er aus. Mit anderen Worten, aus diesem frühen Text geht hervor, daß die Regierung „Ḫawāriǧ" in der dritten Bedeutung verwendet, nämlich im Sinne von Rebellen gegen die Regierung, während Ibn-Ibāḍ bereit ist, den Begriff auf sich selbst und seine Partei anzuwenden, vermutlich im vierten Sinn. Die Bedeutung ‚Dissident' oder ‚Rebell' wird durch den Gebrauch des Wortes *ḫāriǧa* für ‚Rebellenbande' unterstrichen, das ʿAlī in einer Rede benutzte, über die aṭ-Ṭabarī berichtet[11].

Aus den Häresiographen und anderen Quellen wird ersichtlich – wie später zu zeigen sein wird –, daß es in Basra von den letzten Jahren des siebten Jahrhunderts an eine beträchtliche intellektuelle Unruhe gab. Aus dieser Unruhe gingen drei Hauptgruppen (Ibāḍiyya, Bayhasiyya und Ṣufriyya) und einige kleinere Gruppen hervor, die als „Ḫāriǧiten" bezeichnet werden. Es wird der Eindruck vermittelt, daß diese Gruppen anfänglich fast ausschließlich miteinander Streitgespräche führten. Die Unterschiede zwischen ihnen haben im allgemeinen theologischen Denken der damaligen Zeit wenige Spuren hinterlassen, da die Argumente dazu tendierten, gegen „die Ḫāriǧiten" insgesamt gerichtet zu sein. In einem frühen Hinweis auf die Ibāḍiyya heißt es ausdrücklich von ihnen, sie hätten behauptet, daß ein Gelehrter namens Ǧābir ibn-Zayd (gest. 711 oder 721) zu ihnen gehörte, obwohl dieser das abstritt[12].

Zu einem etwas späteren Zeitpunkt – wahrscheinlich von ungefähr 770 an – treten eine Reihe von Männern in Erscheinung, die *mutakallimūn* oder ‚Theologen' der Ḫāriǧiten genannt werden. Der bedeutendste war al-Yamān ibn-Ribāb, der ein von al-Ašʿarī und anderen zitiertes Buch über die Untergruppen der Ḫāriǧiten schrieb, und von dem es heißt, er sei zuerst ein Ṯaʿlabī und dann ein Bayhasī gewesen[13]. Wann er lebte, wird annähernd aus der Tatsache deutlich, daß er eine

10 RSO, xxvi. 46, aus al-Barrādī, vgl. *E. Sachau* in MSOS ii/2, 47–82 bei der Behandlung von Kap. 27 von Kašf al-Ġumma (GAL, ii, 539).

11 Ṭabarī, i. 3372; zitiert aus RSO, xxvi. 43. Wie *Veccia Vaglieri* bemerkt, ist *ḫāriǧa* der *ḫawāriǧ* entsprechende Singular (vgl. Lane, s.v.). Die Authentizität ist keineswegs sicher. Eine ähnliche Verwendung durch ʿUmar ibn-ʿAbd-al-ʿAzīz: Ibn-Saʿd, v.264.5.

12 Ibn-Saʿd, vii/1.132; aber *T. Lewicki*, EI², Art. „al-Ibāḍiyya", hält ihn für den tatsächlichen Organisator der Sekte.

13 Al-Masʿūdī, v. 442; Aš., 103, 119f.; Šahr., 95; Fihrist, 182; vgl. *Ritter*, Isl., xviii. 34ff. (Nr. 1).

Widerlegung Ḥammād ibn-Abī-Ḥanīfas verfaßte, der 781 oder 792 starb. Eine andere ähnliche Persönlichkeit war Yaḥyā ibn-Abī-Kāmil (oder ibn-Kāmil), ein Ibāḍī und ein Gefährte des Bišr al-Marīsī (gest. 833), der auch mit dem Muʿtaziliten Ǧaʿfar ibn-Ḥarb einen Briefwechsel unterhielt[14]. Diese ḫāriǧitischen *mutakallimūn* nahmen zu dieser Zeit sicherlich an den allgemeinen Kalām-Diskussionen teil. Von den Titeln ihrer Bücher her zu urteilen sowie aus allgemeinen Gründen, scheinen sie die Muʿtaziliten bekämpft zu haben, zumindest im Hinblick auf ihre Doktrin vom Handeln Gottes und der Menschen.

Im Zusammenhang mit diesem letzten Punkt ist vielleicht ein Blick auf die Darstellung jener Anschauungen angebracht, die dem frühen Muʿtaziliten Wāṣil von al-Ḫayyāṭ zugeschrieben werden, der in der zweiten Hälfte des neunten Jahrhunderts schrieb. Wāṣil verteidigt die Doktrin von der „Zwischenstellung" *(al-manzila bayn al-manzilatayn)* gegen die Auffassungen, der große Sünder sei ein Ungläubiger (Ḫāriǧiten), ein Gläubiger (Murǧi'iten) oder ein Heuchler (al-Ḥasan). Obwohl dieses Material, soweit wir wissen, erst kurz vor Ende des neunten Jahrhunderts aufgezeichnet wurde, legt die Tatsache, daß es Wāṣil (gest. 748) zugeschrieben wurde, besonders nahe, daß derartige Argumente zu Lebzeiten al-Ḥasan al-Baṣrīs (gest. 728) oder kurze Zeit später benutzt wurden. Was für uns in diesem Zusammenhang am wichtigsten ist, ist die Tatsache, daß die Ḫāriǧiten hier als eine Einheit behandelt werden.

Einige andere kleine Einzelheiten sind beachtenswert. In den Biographien Ibn-Saʿds (gest. 845) von Männern, die Material über Mohammed überlieferten, finden sich mehrere Hinweise auf *Ḫawāriǧ* oder *Ḫāriǧī* (s. Index). Diese scheinen sich hauptsächlich auf Rebellen aus der Zeit Ibn-az-Zubayrs oder aus früherer Zeit zu beziehen, mit Ausnahme eines Hinweises auf Männer, die gegen ʿUmar ibn-ʿAbd-al-ʿAzīz ‚auszogen'[15]. Als einzige Untergruppe der Ḫāriǧiten scheint die Ibāḍiyya erwähnt zu werden, und zwar im Zusammenhang mit Ǧābir ibn-Zayd (s. o). Ein paarmal verwendet Ibn-Saʿd die Phrase „vertrat die Ansichten der Ḫāriǧiten", und das bedeutet vielleicht, daß der Betreffende kein eigentlicher Rebell war[16]. In al-Ašʿarīs (gest. 935) *Maqālāt* oder Häresiographie finden sich in dem Abschnitt über die Ḫāriǧiten (86–131) viele Berichte, die sich auf jene Zeit zu beziehen scheinen, als gewisse, als „Ḫāriǧiten" bezeichnete Personen, mit muʿtazilitischen Kreisen in Verbindung standen. Ein wenig früher sehen wir, wie Ibn-Qutayba (gest. 889) bestimmte „Ḫāriǧiten" – vermutlich aus den Reihen der Traditionarier (Ḥadīṯsammler), denn sie argumentierten auf der Grundlage von Ḥadīṯen – offensichtlich dem *qā'id* oder ‚Daheimbleiber' gegenüberstellt[17]. Das impliziert, daß der Autor *ḫaraǧa* in der vierten Bedeutung interpretierte, nämlich als aktive Teilnahme am *ǧihād*.

14 Aš., 108, 120, 540; Šahr., 103; Fihrist, 182.
15 Ibn-Saʿd, v. 264.
16 Z. B. v. 216.6; vi. 126.22, 204.9.
17 Ibn-Qutayba, Ta'wīl Muḫtalif al-Ḥadīṯ, Kairo 1326/1908, 3.

Dieses ganze Material zielt etwa auf folgenden Schluß hin: Spätestens von 685 an, und vielleicht früher, benutzten Regierungskreise und andere Gegner der Ḫāriǧiten den Begriff *ḫawāriǧ* im Sinne von ‚Rebellen' oder ‚Rebellenbanden'. Gleichzeitig aber konnten ihn Sympathisanten in der ungefähren Bedeutung von ‚Aktivisten' verwenden. Zu diesem Zeitpunkt hatte er nicht unbedingt einen eindeutig doktrinären Inhalt. Eine Zeitlang ist der doktrinäre Aspekt wohl eher durch die „Sekten"-Bezeichnungen Ḥarūriyya und Wahbiyya angedeutet worden. Die erste Bezeichnung kommt von Ḥarūrā', dem Ort der frühen Abspaltung, und wurde bis nach 750 verwendet[18]. Der zweite Name leitet sich möglicherweise von dem Anführer der bei an-Nahrawān Getöteten, ʿAbd-Allāh ibn-Wahb ar-Rāsibī, ab[19].

Was die gemeinsamen Doktrinen anbelangt, so erwähnt al-Ašʿarī nur zwei: Sie meinten, ʿAlī sei ein Ungläubiger, weil er das Schiedsgericht akzeptierte, und sie waren der Auffassung, jeder große Sünder sei ein Ungläubiger und aus der Gemeinschaft ausgeschlossen[20]. Das erste impliziert, daß – zumindest für einen Führer – Ungehorsam gegen ein Korangebot (wie das des Weiterkämpfens gegen die Feinde Gottes) dem Unglauben *(kufr)* gleichkommt. Der zweite Punkt kann als eine Generalisierung davon verstanden werden. Zu beachten ist jedoch, daß der zweite Punkt in seiner expliziten Form zu einem frühen Zeitpunkt kaum ein Grundsatz aller Ḫāriǧiten gewesen sein kann, höchstens im Hinblick auf Männer in führenden Positionen. Naǧda, einer der frühen Ḫāriǧiten, der im Zusammenhang mit der Doktrin von Bedeutung war, und der ein ausgedehntes Gebiet in Arabien beherrschte, sah bald ein, daß der (zu Tod oder Exil führende) Ausschluß aus der Gemeinschaft keine Strafe war, die für jedes Vergehen verhängt werden konnte. Es scheint also, daß die Charakterisierung, ein Ḫāriǧit sei ein Mensch, der den großen Sünder für einen Ungläubigen hält, nicht auf einer Beobachtung der Phänomene beruhte, die sich in der Bewegung als ganzer bis ungefähr zur Zeit von Naǧdas Tod im Jahr 692 zeigten. Wahrscheinlich entstand sie als Ergebnis der theoretischen Diskussionen, die sich im frühen achten Jahrhundert um al-Ḥasan al-Baṣrī konzentrierten. Sie wurde dann im späten achten und im frühen neunten Jahrhundert in den Diskussionen zwischen den Muʿtaziliten und anderen *mutakallimūn* weiter ausgebaut. Trotz der frühen Verwendung von *ḫawāriǧ* ist es wahrscheinlich, daß die Vorstellung, die Ḫāriǧiten seien eine „Sekte", von den Häresiographen seit al-Yamān ibn-Ribāb zum großen Teil deswegen ins Leben gerufen wurde, damit sie als eine Form für bestimmte Erscheinungen diente, selbst wenn diese Erscheinungen überhaupt nicht in diese Form hineinpaßten.

Vielleicht rechtfertigt das bislang zitierte Belegmaterial diese Hypothese

18 Vgl. RSO, xxvi. 43 Anm.; vgl. al-Masʿūdī, v. 318, 440.

19 Vgl. EI(H), Art. „Ibāḍīya" *(Lewicki)*, ad. fin.; aber nicht erwähnt in Art. „al-Ibāḍiyya" in EI². Vgl. EI², Art. „ʿAbd-Allāh b. Wahb" *(Gibb)*.

20 Aš., 86.

kaum, doch sie wird wahrscheinlicher, wenn man auch die eindeutigeren Beweise für die „Schaffung“ von „Sekten“ (s. u.), wie der Murǧi'a und Ǧahmiyya, heranzieht.

3. Doktrinäre Entwicklungen bei bestimmten „Aufständischen“

a) Die Aufstände gegen ʿAlī und Muʿāwiya

Die vorliegende Untersuchung befaßt sich nur mit den Entwicklungen der Doktrin; dennoch muß das von den Häresiographen stammende Material mit dem in Verbindung gebracht werden, das von den Historikern stammt. Das historische Material allein wurde von Julius Wellhausen in *Die religiös-politischen Oppositionsparteien im alten Islam* (Göttingen, 1901) sorgfältig untersucht, und in bezug auf das Kalifat wurde dies nun von Laura Veccia Vaglieri und ihren Mitarbeitern in Neapel unter Auswertung von Ibāḍī-Quellen ergänzt.

Nach der Schlacht von an-Nahrawān sind fünf kleine Aufstände gegen ʿAlī überliefert, an denen jeweils ungefähr 200 Mann beteiligt waren. Für die Zeit zwischen 661 und 680 sind jedoch die Namen von sechzehn Männern bekannt, die Aufstände gegen Muʿāwiya anführten, auch wenn einige offensichtlich mit den Anhängern eines früheren Führers, der getötet worden war, weiterkämpften. An einigen der Aufstände gegen Muʿāwiya nahmen 300 bis 500 Mann teil, an anderen nur zwischen 30 und 70 Mann[21]. In den Quellen werden diese Leute als Ḫāriǧiten identifiziert, aber im Grunde wird über ihren Glauben nichts ausgesagt. Es ist anzunehmen, daß sich die ḫāriǧitische Doktrin unter ihnen nicht weiterentwickelte. Andererseits akzeptierten die meisten von ihnen wahrscheinlich in bezug auf die Doktrin einen Standpunkt, der dem der Männer von Ḥarūrā' und an-Nahrawān ähnelte. Eine kleine Gruppe soll das Motto: „Die Entscheidung steht Gott allein zu!“ in der Moschee von Kufa ausgerufen haben. Eine Überprüfung der Namen in den Listen macht weiter deutlich, daß es sich manchmal um dieselben Personen handelte.

Die Tatsache, daß es sowohl gegen ʿAlī als auch gegen Muʿāwiya zu ḫāriǧitischen Aufständen kam, beweist, daß diese keine spezifisch gegen die Umayyaden gerichteten Bewegungen waren. Sie bestätigt eher die oben (3–4) geäußerte Vermutung, daß die Ḫāriǧiten gegen den großen Umfang des Organisationsgefüges protestierten, in dem sie nunmehr gefangen waren. Alle Führer waren ehemalige Nomaden und keine Städter. Es ist daher um so bedeutsamer, daß sie bei ihren Aufständen das Leben in kleinen Gruppen, mit dem sie von der Wüste her vertraut waren, wieder aufnehmen sollten. Nachdem eine dieser

21 Für eine Liste und ausführliche Hinweise s. *Watt*, „Khārijite thought in the Umayyad period“, Der Islam, xxxvi (1961), 215–231, insbes. 215–217. Im folgenden halten wir uns weitgehend an diesen Artikel.

Gruppen von Ḫāriǧiten ‚ausgezogen' war, bestritten sie ihren Lebensunterhalt vermutlich durch Raubüberfälle oder Beschlagnahme von Lebensmitteln aus der Gegend. Genau wie die Angehörigen eines Nomadenstammes die Angehörigen aller anderen Stämmen für ihre potentiellen Feinde hielten – außer denen, mit denen sie verbündet waren –, so neigten die ḫāriǧitischen Gruppen dazu, alle Außenstehenden, selbst Muslime mit abweichenden Meinungen, als Feinde zu betrachten, deren Blut vergossen werden durfte. Damit war nicht nur die Razzia nach Wüstenart gerechtfertigt, sondern auch Handlungen, die kaum etwas Besseres waren als Räuberei. Die Ḫāriǧiten scheinen einen Gruppenstolz gehabt zu haben, und wie einige Wüstenstämme wurden auch sie für ihre meisterhafte Beherrschung der arabischen Sprache, sowohl in der Dichtung als auch in der Redekunst, berühmt[21a].

Die ḫāriǧitischen Gruppen unterschieden sich aber insofern von Wüstenklanen, als sie eine islamische Grundlage besaßen. Mit abstrakten, allgemeinen Erklärungen hatten sie nicht viel im Sinn, und sie begnügten sich damit, von bestimmten Sünden bestimmter Führer zu sprechen. Darin war jedoch der Glaube impliziert, daß der Staat auf den Grundsätzen und Vorschriften des Koran beruhen sollte. So merkwürdig es dem abendländischen Beobachter auch vorkommen mag, aber ihr organisiertes Banditentum war mit einem starken religiösen Glauben verbunden. Ja, gerade in diesem Punkt liegt der große Beitrag, den die ḫāriǧitische Bewegung zum islamischen Denken und Leben leistete: Sie bestand darauf, daß Staat und Gesellschaftsstruktur auf dem Koran beruhen sollten. In ihrer Praxis war auch ein Begriff von Gruppensolidarität einbezogen. Die spätere Geschichte des ḫāriǧitischen Denkens zeigt, wie diese impliziten Vorstellungen allmählich explizit gemacht wurden.

b) Ibn-al-Azraq und die Azraqiten (oder Azāriqa)

Die erste Entwicklung der Doktrin über die Position der frühesten Ḫāriǧiten hinaus wird im allgemeinen Ibn-al-Azraq (mit vollem Namen: Nāfiʿ ibn-al-Azraq) und seinen Anhängern, den Azraqiten oder Azāriqa, zugeschrieben. Ibn-al-Azraq war kein akademischer oder theoretischer Denker, sondern als politischer und militärischer Führer tief in die Tagespolitik verwickelt. Aus den ausführlichen Berichten über den äußeren Hergang der Dinge kann das folgende Bild konstruiert werden[22]. Von 675 bis 684 hielt der Gouverneur von Basra, ʿUbayd-Allāh ibn-Ziyād, im großen und ganzen die Ordnung aufrecht, obwohl es aufrührerische ḫāriǧitische und schiitische Parteien gab, deren gegenseitige Haß-

21a Vgl. *F. Gabrieli*, „La poesia ḫarigita nel secolo degli Omayyadi" RSO, 20/1942–1943. 331–372.

22 Vgl. *Julius Wellhausen*, Die religiös-politischen Oppositionsparteien im alten Islam, Göttingen 1901, 27–41 über die Geschehnisse, an denen Ibn-al-Azraq und Naǧda beteiligt waren; auch EI², „Azāriḳa" *(R. Rubinacci)*.

gefühle vielleicht noch durch Stammesrivalitäten verstärkt wurden. Nach dem Tod des Kalifen Yazīd im Jahr 683 verloren die energischen Maßnahmen des Gouverneurs ihre Wirksamkeit, und 684 wurde er zum Rücktritt gezwungen[23]. Bald darauf beschlossen die Leute von Basra, die Sache Ibn-az-Zubayrs zu unterstützen, der sich zu jener Zeit in Mekka niedergelassen hatte und Anspruch auf das Kalifat erhob.

Um den Zwangsmaßnahmen des Gouverneurs zu entgehen, waren einige Ḫāriǧiten nach Mekka gezogen, um Ibn-az-Zubayr zu helfen. Als die Lage in Basra unübersichtlich wurde, kehrten sie dorthin zurück. Aber es ist nicht klar, ob sie hofften, von der Verwirrung profitieren zu können, oder ob sie einfach erkannt hatten, daß Ibn-az-Zubayr keine Sympathien für ihre politischen Ideale hegte. Das letztere ist wahrscheinlicher, da Ibn-az-Zubayr nicht beabsichtigte, eine Auflösung der Struktur des Reiches zuzulassen. Zu jenen, die aus Mekka zurückkehrten, gehörte Ibn-al-Azraq. Als Basra begonnen hatte, die Sache Ibn-az-Zubayrs zu unterstützen, leisteten einige Ḫāriǧiten, unter ihnen Ibn-al-Azraq, gegen den Einzug eines zubayridischen Gouverneurs gewaltsamen Widerstand. Sie wurden schließlich besiegt, doch Ibn-al-Azraq weigerte sich, den Kampf aufzugeben und zog sich mit einer großen Anzahl von Anhängern nach Osten, in die Provinz al-Ahwāz oder Chusistan, zurück. Eine zubayridische Armee verfolgte sie, und Ibn-al-Azraq wurde 685 besiegt und getötet. Aber die Azraqiten blieben auch unter anderen Führern eine Gruppe von Rebellen und Terroristen. Wo immer sie stark genug und ihre Gegner schwach waren – und das war in der Gegend zwischen Basra und al-Ahwāz und auch anderswo mehrmals der Fall –, waren Plünderung, Brandschatzung und Massenmord an der Tagesordnung, und nur diejenigen wurden verschont, die die Azraqiten aktiv unterstützten. Mehrere zubayridische Armeen wurden dann und wann gegen sie ausgesandt, und diese brachten sie unter größter Anstrengung vorübergehend unter ihre Kontrolle. Die Rückeroberung des Irak durch die Umayyaden 690 brachte wenig Änderung bis nach 694, als al-Ḥaǧǧāǧ nach der Befriedung Westarabiens das Gouverneursamt im Irak übernahm. Die restlichen Azraqiten wurden schließlich im Jahr 698 in einer Schlacht in Ṭabaristan vollkommen vernichtet. Auf ihren Namen stößt man später gelegentlich[24].

Ibn-al-Azraqs dogmatische Position war sehr stark vom Begriff der Gruppensolidarität geprägt[25]. Er akzeptierte das Motto: „Die Entscheidung steht Gott allein zu!“ in dem Sinne, daß der Staat auf dem Koran beruhen müsse. Dies wurde aber dahingehend interpretiert, daß diejenigen, die ‚daheimblieben‘ und

23 Vgl. *Charles Pellat*, Le milieu baṣrien et la formation de Ǧāḥiẓ, Paris 1953, 268f., 277f.
24 Al-Masʿūdī, viii. 31; der Anführer einer Zenǧ-Revolte im Jahr 868 „vertrat die Meinung der Azāriqa“, insbes. über das Töten von Frauen und Kindern. Yāqūt, Muʿǧam al-buldān, i. 348; Nachkommen der aufgeriebenen Armee zwischen Ghazna und Kabul im heutigen Afghanistan.
25 Aš., 86–89; Baġ., 62–66; Šahr., 89–91 (i. 179–186).

nicht ‚auszogen', oder sich nicht aktiv der Gruppe anschlossen, die den Kampf gegen die Ungläubigen führte, gegen ein göttliches Gebot verstießen und deshalb Ungläubige seien. (Dies stimmt mit der vierten obenerwähnten Bedeutung von ‚ausziehen' überein). Im wesentlichen bedeutet das, daß die einzigen wahren Muslime die Leute im azraqitischen Lager waren. Infolgedessen durften alle anderen Menschen – mit Ausnahme der Juden, Christen usw., die von der islamischen Gemeinde insgesamt offiziellen „Schutz" *(ḏimma)* erhielten – rechtmäßig beraubt oder getötet werden. Das war die religiöse Rechtfertigung ihres Terrorismus. Darüber hinaus galt das auch für die Frauen und Kinder nichtazraqitischer Muslime, da ihrer Auffassung von Gruppensolidarität entsprechend die Familien von Ungläubigen ebenfalls Ungläubige waren. Weil sie bei der Begegnung mit anderen Muslimen diese nach ihrem Glauben fragten, erhielt das Wort *istiʿrāḍ*, das eigentlich ‚Fragen' bedeutet, die Konnotation von ‚wahlloses Töten' theologischer Widersacher. Ehe sich jemand den Azraqiten anschloß, wurde auch ein Test *(miḥna)* durchgeführt; dieser soll darin bestanden haben, daß man dem Kandidaten einen Gefangenen zur Tötung übergab. Willigte der Mann ein, würde er stärker an die azraqitische Gruppen gebunden sein, da er, insbesondere dann, wenn der getötete Mann aus seinem eigenen Stamm kam, bestehende Bindungen verletzt hatte und zu seinem eigenen „Schutz" auf die Azraqiten angewiesen sein würde. Dieser Test wurde aber vielleicht eher sporadisch als regelmäßig durchgeführt.

So versuchten die Azraqiten, eine kleine Gruppe zu bilden, die bei der Einhaltung koranischer Prinzipien (so wie sie sie interpretierten) Solidarität übte, und die sich mit allen anderen Muslimen in einem potentiellen Kriegszustand befand. Sie dachten vielleicht von sich, sie würden eine neue Gemeinde von „Gläubigen" gründen, etwa in der Weise, wie Mohammed es in Medina getan hatte. Zumindest sprachen sie davon, daß die Gläubigen die Hiǧra zu ihrem Lager machen sollten. Mohammeds Gemeinde in Medina hatte aber den Vorzug gehabt, daß Mohammed sie mit der ihm eigenen Weisheit und Autorität und mit den neuen Offenbarungen leitete, die er empfangen hatte und die den neu entstandenen Verhältnissen angepaßt waren. Die Azraqiten hingegen gründeten ihre Gemeinschaft auf ein starres System streng definierter Prinzipien, das für eine Anpassung an sich ändernde Verhältnisse wenig Raum ließ. Man kann wohl sagen, daß Ibn-al-Azraq und seine Anhänger die Hoffnung aufgegeben hatten, unter zubayridischer oder umayyadischer Herrschaft den koranischen Prinzipien entsprechend leben zu können, und daß sie beschlossen, es solle wenigstens eine kleine Gruppe geben, in der das von Gott gegebene Gesetz richtig befolgt werde.

c) Naǧda und die Naǧditen oder Naǧadāt

In der Zeit, als die ḫāriǧitische Doktrin durch Ibn-al-Azraq und seine Anhänger ihre extremste Prägung erhielt, bekam sie in Teilen Arabiens unter der

Führung von Nağda ibn-ʿĀmir (oder ibn-ʿĀṣim) al-Ḥanafī ein gemäßigteres Gesicht. Nağda, dem sich Ḫāriğiten aus dem Bezirk al-Yamāma in Zentralarabien angeschlossen hatten, scheint zu jenen gehört zu haben, die 683 Ibn-az-Zubayr in Mekka unterstützt hatten. Es ist nicht klar, ob er nach Basra, von wo er gekommen war, zurückkehrte. Jedenfalls trat er 686 in al-Yamāma als Führer einer Gruppe von Ḫāriğiten wieder in Erscheinung, und er wurde ein tatkräftiger Herrscher über ein großes Gebiet, das Bahrein am Persischen Golf und (eine Zeitlang) Oman im Osten sowie Teile des Jemen und Hadramauts im Süden umfaßte. Als er auf dem Gipfel seiner Macht stand, war sein Einfluß größer als der des Ibn-az-Zubayr. Aber unter seinen untergeordneten Beamten brachen im Hinblick auf die Doktrin Streitigkeiten aus, und diese führten 692 zu Nağdas Absetzung und Tod. Damit waren die Auseinandersetzungen nicht beendet. Eine Gruppe, die in Arabien blieb, wurde 693 von den Umayyaden besiegt; sie verschwand. Andere entkamen über den Persischen Golf, verschwanden aber ebenfalls. Die Anschauungen einiger nağditischer Führer haben vielleicht die gemäßigten Ḫāriğiten beeinflußt, die nach wie vor in Basra lebten.

Die Auffassungen Nağdas und seiner Anhänger in bezug auf die Doktrin[26] waren dadurch geprägt, daß diese ihre Verantwortung für die Aufrechterhaltung der Ordnung in einem großen Gebiet akzeptierten und sich nicht einfach nur um eine kleine Gruppe von Leuten in einem „Lager" kümmerten. Unter diesen Umständen war es unmöglich, Tod oder Exil (die der Ausschluß aus der Gemeinschaft mit sich brachte) zur Strafe für jeden Fall von Diebstahl oder Ehebruch zu machen. Das veranlaßte Nağda, zwischen Grundsätzlichem und Nichtgrundsätzlichem in der Religion zu unterscheiden. Grundsätzlich war es für Nağda, Gott und seinen Gesandten zu kennen, die geoffenbarten Schriften zu akzeptieren, und anzuerkennen, daß Leben und Besitz jedes Muslim sakrosankt sind. Unwissenheit in dieser Hinsicht wurde nicht verziehen. In allen anderen Punkten aber wurde Unwissenheit entschuldigt, insbesondere wenn es um eine Tat ging, zu der es im Koran keine eindeutige Vorschrift gibt. Eine solche Tat war z. B. die Aneignung weiblicher Gefangener durch die Führer eines Streifzuges, nachdem der Wert einer jeden festgesetzt, die Beute als ganze aber noch nicht verteilt war. Als bei Nağda über diesen Vorfall Klage geführt wurde, entschied er, daß die Führer zwar falsch gehandelt hatten, doch aus Unwissenheit, und daß sie daher entschuldigt seien. Aus diesem Grund wurden Nağda und seine Anhänger manchmal die ʿĀḏiriyya oder ‚Entschuldiger' genannt.

Im Hinblick auf alltägliche Sünden wie Diebstahl und Ehebruch wurde ein weiteres theoretisches Prinzip aufgestellt: Diebe und Ehebrecher mußten nicht aus der Gemeinschaft ausgeschlossen werden, weil einzelne Taten sie nicht zu den „Leuten der Hölle" abdrängten. Andererseits machte das Verharren in der Sünde – sogar in geringeren Sünden als Diebstahl und Ehebruch – einen Men-

26 Aš., 89–93; Baġ., 66–70; Šahr., 91–93 (i. 187–196).

schen zum *mušrik*, ‚Götzendiener', und das schloß ihn aus der Gemeinschaft aus und bedeutete, daß er in die Hölle kommen würde. Derjenige, der gelegentlich sündigt und nicht in der Sünde verharrt, konnte dagegen von Gott gemäß dem Ausmaß seiner Sünde bestraft werden, aber die Strafe wäre weder die Hölle, noch würde sie ewig sein, so daß er letzten Endes ins Paradies eingehen würde. Diese Diskussion über den Status von Sündern hängt mit dem Begriff von Gemeinschaft zusammen. Vermutlich akzeptierte Naǧda das den Azraqiten zugeschriebene Prinzip: „Wir sind Zeugen bei Gott, daß jene, die sich im Lager *(dār al-hiǧra)* zum Islam bekennen, alle von Gott gutgeheißen werden"[27]. Die letzte Phrase kann so interpretiert werden, daß sie sich insofern auf Gelegenheitssünder bezieht, als diese schließlich ins Paradies eingehen sollten.

Über Naǧda sind noch ein paar andere Dinge überliefert. So wies er die Meinung Ibn-al-Azraqs zurück, das „jene, die daheimbleiben" Ungläubige seien; er betrachtete sie vielmehr als ‚Heuchler' *(munāfiqūn)*. Er scheint seinen Anhängern die Praxis von *taqiyya* oder ‚religiöse Vorsicht' gestattet zu haben, d.h. das Verborgenhalten seines wahren Glaubens, wenn man sich unter Feinden befindet, die einen töten würden, wenn sie ihn erführen[28]. Dies bezieht sich wahrscheinlich auf Ḫāriǧiten, die unter Azraqiten lebten, oder vielleicht ist es nur ein Ausdruck der Gegnerschaft zu Ibn-al-Azraq.

In mancher Hinsicht legen Naǧda und seine Anhänger Einstellungen an den Tag, die für die nomadischen Araber typisch sind. Über die Frage der Aneignung gefangener Frauen soll Naǧda selbst entschieden haben. Aber seine Anhänger sind wohl nicht bereit gewesen, ihm in dieser Angelegenheit irgendein besonderes Recht zuzugestehen, denn es heißt, die Naǧditen hätten einen Imam für entbehrlich gehalten – in Wirklichkeit änderten sie ihre Meinungen häufig – und die Ansicht vertreten, daß alle Menschen einzig dem Koran zu gehorchen hätten[29]. Das erinnert an den Egalitarismus der Nomaden und die Bereitschaft jeden Mannes, seine Auffassungen im Rat des Klans oder Stammes zu äußern. Im Gegensatz zu den Azraqiten, die glaubten, der *ẓāhir* oder ‚offenkundige Sinn' des Koran befriedige alle praktischen Bedürfnisse[30], waren die Naǧditen sich der Schwierigkeiten des wirklichen Lebens bewußt und anerkannten die Notwendigkeit von *iǧtihād*, ‚persönliche Anstrengung', bei der Anwendung von Koranregeln auf bestimmte Situationen. Vielleicht ist es auch lohnend, die Frage zu untersuchen, ob das Tolerieren gelegentlichen Diebstahls, Ehebruchs und Weingenusses durch die Naǧditen teilweise darauf zurückzuführen ist, daß die vorislamischen Nomaden dies – zumindest unter bestimmten Umständen – geduldet hatten, so

27 Aš., 89.4.
28 Eine Erklärung darüber, daß Leben und Eigentum bestimmter Leute in der *dār at-taqiyya* nicht als heilig behandelt werden, ist zweifelhaft (Aš. 91.2, *ahl al-maqām*); es ist unwahrscheinlich, daß dies für *ḏimmī* gelten könnte wie in Šahr., 92.1.
29 Aš., 125.
30 Aš., 127.

daß die vom Koran vorgesehenen Strafen in mancher Hinsicht eine Neuerung waren. Naǧdas Einstellung zum Weintrinken in der Praxis ist nicht klar. In einem Bericht heißt es, er sei kritisiert worden, weil er es nicht bestrafte, während ein anderer zu behaupten scheint, er sei strikt gewesen[31]. Sind diese Punkte richtig, so untermauerten sie die allgemeine Behauptung, die frühen Ḫāriǧiten hätten versucht, auf einer religiösen Grundlage jene kleine, eng miteinander verbundene Gruppe wiederherzustellen, mit der sie vom ehemaligen Leben in der Wüste her vertraut waren.

d) Spätere Aufstände gegen die Umayyaden

Es gab verschiedene spätere Aufstände gegen die Umayyaden, die für ḫāriǧitisch gehalten werden[32]. Der bedeutendste war der von Ṣāliḥ ibn-Muṣarriḥ. Obwohl er selbst 695 im Kampf fiel, galt er lange Zeit als Held. Der Aufstand wurde ein Jahr oder länger von Šabīb ibn-Yazīd aš-Šaybānī weitergeführt, bis dieser ertrank. Auch wenn Ṣāliḥ der Sekte der Ṣufriyya zugerechnet wird, kam es im Zusammenhang mit diesem oder irgendeinem anderen tatsächlichen Aufstand zu keinen bedeutsamen Entwicklungen auf dem Gebiet der Doktrin.

4. Die theoretische oder gemäßigte Entwicklung der ḫāriǧitischen Doktrin

a) Die Sektenteile und die mit ihnen verbundenen Männer

Vor und während des Aufstandes des Ibn-al-Azraq blieben viele gemäßigte Ḫāriǧiten in Basra. Es waren religiösgesinnte Männer, die den islamischen Staat und die Gemeinschaft auf den Prinzipien des Koran gegründet sehen wollten, die aber die *istiʿrāḍ*-Praxis der Azraqiten mißbilligten, d.h. das Töten solcher Muslime, die in bezug auf Lehrmeinungen von ihnen abwichen oder die sich weigerten, ihnen zu folgen. Der Führer derjenigen, die also (aus azraqitischer Sicht) ‚daheimblieben‘, war Abū-Bilāl Mirdās ibn-Udayya at-Tamīmī. Obwohl er Aufständen generell ablehnend gegenüberstand, wurde er offensichtlich kurz nach dem Tode Muʿāwiyas 680 dazu provoziert, mit vierzig Mann gegen den Gouverneur von Basra, ʿUbayd-Allāh ibn-Ziyād, zu rebellieren. Nach einem Erfolg in al-Ahwāz wurde er 681 besiegt und getötet[33]. Ein Bericht besagt, daß die angeblichen Begründer der Sekten, von denen gleich die Rede sein wird, der Ansicht Abū-Bilāls zustimmten[34], und aus diesem Bericht kann man den Schluß

31 Aš., 91.12; Baġ., 68.14; Šahr., 92.5. Vgl. auch *Wellhausen*, Oppositionsparteien, 31.
32 Vgl. *Wellhausen*, Oppositionsparteien, 41–54.
33 Ṭabarī, ii. 76, 91, 185–187, 390f.; Ibn-al-Aṯīr, iii. 255f., 303f.; vgl. *Wellhausen*, Oppositionsparteien, 27; *Pellat*, Milieu, 208f.
34 Ṭabarī, ii. 517.

ziehen, daß man glaubte, die späteren Entwicklungen leiteten sich von Abū-Bilāls Standpunkt her.

Viele Details unserer Informationen zeigen, daß es in Basra von ungefähr 680 an bedeutende theologische Diskussionen gab, und die Ḫāriǧiten spielten dabei eine Rolle. Aber hier begegnen wir einem Phänomen, das in der islamischen Häresiographie beinahe einmalig ist, nämlich, daß die Existenz der Sekten besser belegt ist als die Existenz ihrer Gründer. Aus dem Chaos in Basra gingen drei Sekten gemäßigter Ḫāriǧiten hervor: die Ibāḍiten (Ibāḍiyya), die Ṣufriten (Ṣufriyya) und die Bayhasiten (Bayhasiyya). Die Existenz der beiden ersten ist von zahlreichen Erwähnungen bei den Geschichtsschreibern her bekannt. Die Ibāḍiten gibt es noch heute, und über sie existiert viel Material, u. a. Schriften ibāḍitischer Gelehrter. In einem wichtigen Bericht über die Begründer der drei Sekten heißt es, daß zu jenen, die Ibn-az-Zubayr in Mekka halfen und dann ungefähr 684 mit Ibn-al-Azraq nach Basra zurückkehrten, ʿAbd-Allāh ibn-Ibāḍ (aus B. Ṣarīm, einer Unterabteilung von Tamīm), ʿAbd-Allāh ibn-Ṣaffār as-Saʿdī (ebenfalls aus B. Ṣarīm) und Ḥanẓala ibn-Bayhas gehörten[35]. Das ibāḍitische Material entwirft nun so etwas Ähnliches wie ein Portrait des Ibn-Ibāḍ, doch von den beiden anderen Gründern sind selbst die Namen umstritten. Von den Bayhasiyya heißt es gewöhnlich, sie hätten ihren Namen von Abū-Bayhas al-Hayṣam ibn-Ǧābir abgeleitet, der bekanntlich 713 vom Kalifen hingerichtet wurde[36].

Die Ṣufriten sollen auch von Ziyād ibn-al-Aṣfar oder ʿUbayda begründet worden sein, während einige Gelehrte die Meinung vertraten, daß der Name überhaupt nicht auf eine Person zurückgehe[37]. Der Häresiograph al-Baġdādī nennt die Ṣufriten zwar Anhänger des Ziyād ibn-al-Aṣfar, hält aber Abū-Bilāl für ihren ersten Imam. Da Abū-Bilāl von al-Ašʿarī nicht erwähnt wird, muß al-Baġdādī eine unabhängige Informationsquelle gehabt haben, und diese scheint in vielen Punkten exakt gewesen zu sein. Die beiden Personen, die als Begründer der Ṣufriten genannt werden, sind aber ansonsten unbekannt, und aus ihren Namen würde sich normalerweise nicht die Form *ṣufriyya* ergeben. Deshalb können sie ausgeklammert werden. Wahrscheinlich war der Name ursprünglich ein Spottname – vielleicht sogar *ṣifriyya*, was soviel wie ‚leer (an Religion)' bedeutet –, und die erwähnten Ableitungen sind Versuche, ihm etwas von seiner Anstößigkeit zu nehmen. Es ist üblich, für die frühen Namen von Sekten mehrere Erklärungen zu finden, und das geschieht zweifellos, weil jene, denen ein Name zugeschrieben wurde, ihn achtbarer machen wollten, während ihre Widersacher bestrebt waren, ihren üblen Ruf zu vermehren. Es scheint daher so, daß der Begriff „Ṣufrit" auf frühe Ḫāriǧiten angewandt wurde, die weder Naǧditen noch Azraqiten waren. Wenn das zutrifft, so wäre die natürliche Schlußfolgerung die,

35 Ibid.
36 Vgl. EI², Art. „Abū Bayhas" *(Houtsma)*.
37 *Lane*, Lexicon, s. v. *ṣufriyya*.

daß es keine klar definierte ṣufritische Doktrin gibt, und dies ist der Fall. Es wäre ebenfalls natürlich, Abū-Bilāl als Imam der Ṣufriten zu betrachten.

Großes Gewicht muß der Äußerung al-Ašʿarīs (101.10) beigemessen werden: „Die Quelle der ḫāriǧitischen Doktrin ist die Doktrin der Azraqiten, der Ibāḍiten, der Ṣufriten und der Naǧditen. Und alle Unterabteilungen, bis auf die Azraqiten, die Ibāḍiten und die Naǧditen, zweigen sich von den Ṣufriten ab." Dies wird aber aus seinen Detailaussagen ganz und gar nicht deutlich. Die größte Anzahl von Sekten wird auf die Anhänger des Ibn-ʿAǧarrad zurückgeführt, der selbst der Anhänger eines Nachfolgers des Naǧda war. Wo dabei Abū-Bayhas stand, ist unklar, aber da Ibn-ʿAǧarrad ein Anhänger von ihm gewesen sein soll[38], gehörte er wahrscheinlich zu jenen, die nach Basra zurückkehrten. In der Tat standen nach 684 die meisten der Ḫāriǧiten in Basra unter dem Einfluß des Naǧda. Eine Behauptung, daß ein Sendschreiben Naǧdas an die Leute von Basra gemeinsam von Ibn-Ibāḍ und ʿUbayda (dem Führer der Ṣufriyya) gelesen worden sei, scheint eine authentische frühe Information zu sein. Das ist der Beweis dafür, daß es die Ṣufriten vor 692, Naǧdas Todesjahr, gab. Das paßt zu Berichten, denen zufolge der Rebell Ṣāliḥ ibn-Musarriḥ (gest. 695) ein Ṣufrit war.

Neben diesen spärlichen und unsicheren Informationen über die Ursprünge und frühen Entwicklungsstufen der Unterabteilungen nichtaufständischer Ḫāriǧiten gibt es Informationen über einzelne Gelehrte, die ḫāriǧitische Auffassungen vertraten. Ein früher Gelehrter war Ǧābir ibn-Zayd al-Azdī mit der *kunya* (‚Vatername') Abū-š-Šaʿṯāʾ. Aus ibāḍitischen Quellen wird deutlich, daß er als der Mann galt, der als Nachfolger Ibn-Ibāḍs den bedeutendsten Beitrag zur Entwicklung eigenständiger ibāḍitischer Doktrinen leistete[39]. Andererseits halten ihn die Sunniten für einen wichtigen Traditionarier[40], wenn auch manchmal hinzugefügt wird, daß die Ibāḍiten behaupteten, er sei einer der Ihren, er dies aber abstritt[41]. Für diesen offenkundigen Widerspruch gibt es zwei Erklärungen. Die erste ist, daß er vielleicht wirklich ein Ibāḍit war (insbesondere, weil er gegen Ende seines Lebens nach Oman verbannt worden sein soll), doch der Zeitpunkt seines Todes steht nicht ganz sicher fest, und daß die sunnitischen Biographen möglicherweise versucht haben, diese Tatsache zu verheimlichen, weil sie ihn als Traditionarier brauchten. Im großen und ganzen ist dies vielleicht am wahrscheinlichsten. Es gibt aber eine zweite Möglichkeit, nämlich, daß seine Ansichten zwar denen der Ibāḍiten nahekamen, er sie aber nicht völlig akzeptierte, daß sie aber später behaupteten, ihm zu folgen, um ihren Doktrinen in den Augen der Hauptgruppe der Sunniten größere „Achtbarkeit" zu verleihen.

Ein anderer bedeutender Gelehrter, der ḫāriǧitische Auffassungen vertrat, war ʿIkrima (gest. ca. 725), ein Schüler des Ibn-ʿAbbās und im Hinblick auf den

38 Aš., 95.11.
39 Vgl. EI², Art. „Djābir b. Zayd" *(R. Rubinacci)*.
40 Z. B. aḏ-Ḏahabī, Taḏkirat al-Ḥuffāẓ, i. 72.
41 Ibn-Saʿd, vii/1.132; vgl. Abū-Nuʿaym, Ḥilya, iii. 89.

Korantext eine Autorität[42]. Seine häretischen Ansichten scheinen weder verleugnet noch verheimlicht worden zu sein, aber es heißt, daß Mālik ibn-Anas und Muslim keine Ḥadīṯe von ihm anerkannten[43]. Andere Gelehrte, die von al-Ašʿarī (109) zusammen mit ihm als Verfechter ḫāriǧitischer Auffassungen genannt werden, sind Muǧāhid (gest. 721) und ʿAmr ibn-Dīnār (gest. 743). Aber andere Autoren scheinen diesen Punkt stillschweigend übergangen zu haben, und die beiden Gelehrten genossen hohes Ansehen. Zu einem späteren Zeitpunkt war der große Philologe Abū-ʿUbayda (gest. 824) ein Ḫāriǧit, und insbesondere ein Ṣufrite, aber dies sollte den Wert seiner Sammlung von Material über das vorislamische Arabien nicht schmälern[44]. Auch andere ḫāriǧitische Gelehrte werden namentlich genannt, die sich im späteren achten und im frühen neunten Jahrhundert an den Erörterungen mit den Muʿtaziliten beteiligt zu haben scheinen[45].

All diese Fakten deuten darauf hin, daß viele von denen, die nach ungefähr 690 in Basra ḫāriǧitische Ansichten vertraten, Mitglieder der „allgemeinen religiösen Bewegung" (s. 56) waren, die mit anderen Gelehrten debattierten und gewöhnlich mit der Regierung auf gutem Fuß standen. Die Berichte über einige der Dispute, die zu den Spaltungen führten, insbesondere unter den ʿAǧārida, lassen auf die inneren Streitigkeiten einer kleinen Clique schließen, aber dieser Eindruck kann täuschen, denn über die beteiligten Personen gibt es wenig historische Informationen. Die ḫāriǧitischen Theoretiker aus Basra waren sicherlich keine Rebellen, sondern sie engagieren sich bei den religiösen Diskussionen genauso wie andere Mitglieder der allgemeinen religiösen Bewegung.

b) Allgemeine Kennzeichen der Entwicklung der Doktrin

Das charakteristische Merkmal der ḫāriǧitischen Theoretiker war, daß sie bereit waren, unter einem Herrscher zu leben, der ihre Prinzipien nicht im einzelnen teilte. Sie hielten nach wie vor an dem Ideal eines Staates fest, der gemäß dem Koran verwaltet wird und nur aus denjenigen besteht, die den (in ihren Augen) wahren Glauben vertreten. Aber es war nicht die Rede davon, daß dies durch eine tatsächliche Rebellion sofort in die Praxis umzusetzen sei. Als die umayyadische Regierung offensichtlich ins Wanken geriet, waren allerdings

42 Aš., 109, 120; Ibn-Saʿd, v. 216; Ibn-Ḥaǧar, Tahḏīb, i. 267, verbreitete Ansichten über Ṣufriyya im Maġrib.

43 Aḏ-Ḏahabī, Taḏkirat al-Ḥuffāẓ, i. 95f.

44 Aš., 120; wahrscheinlich nicht ein Ibāḍī wie behauptet in Yāqūt, Iršād, vii. 165.15. Sein Name ist Maʿmar b. al-Muṯannā.

45 Aš., 120 erwähnt: ʿAbd-Allāh b. Yazīd, Muḥammad b. Ḥarb, Yaḥyā b. Kāmil, Saʿīd b. Hārūn (alle Ibāḍī) und al-Yamān b. Ribāb (Ṯaʿlabī, dann Bayhasī); einige von diesen und andere werden aufgezählt in Fihrist, 182f. Meinungen, über die in Aš., 106–109, usw. berichtet wird, scheinen aus Diskussionen mit Muʿtaziliten erwachsen zu sein; vgl. die Buchtitel in Fihrist.

einige von ihnen einem Versuch nicht abgeneigt, sie – zumindest in einem Teil des Kalifats – durch eine ḫāriǧitische Herrschaft abzulösen. Abgesehen von dieser Zeit jedoch fügten sie sich in Wirklichkeit völlig in den islamischen Staat, versuchten aber zweifellos, ihn islamischer zu machen. Zur Rechtfertigung der Tatsache, daß sie weiterhin unter nicht-ḫāriǧitischer Herrschaft lebten, verwendeten sie eine seltsame Terminologie. Einige sagten, sie lebten ihr Leben „unter den Leuten des Krieges", oder sie befänden sich in ‚der Sphäre kluger Vorsicht' (*dār at-taqiyya*) oder dergleichen[46]. Ihre tatsächliche Position wurde also in Gegensatz gesetzt zur ‚Sphäre des Islam' (*dār al-islām*) oder der ‚Sphäre der Offenheit' (*ʿalāniya*), d. h. zu einem Staat, in dem die wahren Prinzipien vom Herrscher befolgt werden. Zwischen dem, was in der „Sphäre der klugen Vorsicht" zulässig war, und dem, was in der „Sphäre der Offenheit" oder der „Sphäre der Hiğra" statthaft war, konnte ein Unterschied bestehen[47]. In der ersten gab es, genau genommen, keinen Imam, d. h. keinen politischen Souverän, der die Grundsätze des Koran befolgte. Aber es war möglich, jemanden zu ernennen, der die Angelegenheiten der wahren Gläubigen wahrnehmen sollte, und der so etwas wie ein Imam wäre – die Ibāḍiten sprachen von ihm als vom *imām ad-difāʿ*, dem ‚Imam zur Verteidigung', im Gegensatz zu dem wirklichen Imam, dem man Gehorsam schuldete (*imām al-bayʿa*)[48].

Wie bereits erwähnt, sind die Anschauungen der Ṣufriten nicht klar definiert. In Übereinstimmung mit der Tatsache, daß sie einen nichtḫāriǧitischen Herrscher akzeptierten, wird berichtet, daß sie „Daheimbleiben" nicht für Unglauben hielten, und daß sie es „muslimischen" (d. h. ṣufritischen) Frauen erlaubten, „Ungläubige" (d. h. Nichtṣufriten) ihres eigenen Stammes zu heiraten[49]. Abgesehen von diesen Punkten beschäftigen sich die meisten der Berichte über ihre Auffassungen mit der Frage nach dem großen Sünder oder Verbrecher. Einige Ṣufriten hielten an der ursprünglichen ḫāriǧitischen Meinung fest, daß die schwere Sünde einen Menschen zum Ungläubigen oder Götzendiener (*kāfir, mušrik*) mache. Einige meinten, daß im Fall von Sünden oder Vergehen wie Ehebruch und Diebstahl, für die vom Koran eine Strafe vorgeschrieben wird, der Sünder solange kein *kāfir* sei, bis er vom Gouverneur bestraft werde. Andere wiederum versuchten, zwischen solchen Sünden und jenen zu unterscheiden, für die keine Strafe festgesetzt ist, wie z. B. das Unterlassen des vorgeschriebenen Gottesdienstes (*ṣalāt*) oder des Ramaḍānfastens. Sie glaubten, daß das letztere aus einem Menschen einen *kāfir* mache, während das erstere aus ihm zwar einen Ehebrecher bzw. einen Dieb, aber keinen *kāfir* mache[50]. Dieser letztgenannten Ansicht zufol-

46 Z. B. Aš., 101, 111; vgl. ii. 463f.
47 Aš., 111.8, 120.1.
48 Vgl. EI², Art. „Ibaḍīya" *(T. Lewicki)*, Doktrin; die Sphären sind *kitmān* und *ẓuhūr*, ‚Verborgenheit' und ‚offenes Auftreten'.
49 Šahr., 102 (i. 217).
50 Šahr., ibid.; Baġ., 70; vgl. Aš., 116, 119.

ge hatte der Verbrecher aufgehört, ein Gläubiger zu sein, war aber kein Ungläubiger geworden, d. h. mit anderen Worten: Ehebruch und Diebstahl führen nicht zum Ausschluß eines Menschen aus der Gemeinschaft.

Frühe ibāḍitische Anschauungen, wie sie von den Häresiographen dargestellt werden, verfeinerten die Diskussion, ob der Dieb oder Ehebrecher nun ein *kāfir* oder ein *mušrik* sei, weiter, indem sie zwischen diesen Begriffen unterschieden. Sie betonten, daß der zweite Begriff (‚Götzendiener') nur dort angewendet werden könne, wo eine Unkenntnis oder Leugnung Gottes vorliege[51]. Dieser Unterscheidung entsprechend räumten sie ein, daß andere Muslime ‚Monotheisten', wenn auch keine ‚Gläubigen' (*muwaḥḥidūn*, keine *mu'minūn*) seien, und daß sie sich in der ‚Sphäre des Monotheismus' (*dār at-tawḥīd*) und nicht in der der „klugen Vorsicht" befänden[52].

Dieses eingeschränkte Akzeptieren von Muslimen anderer Sekten warf mit der Zeit weitere Fragen auf, so z. B. ob es rechtmäßig sei, „gläubige" Sklavinnen an „Ungläubige" (andere Muslime) zu verkaufen. Es gibt eine Geschichte darüber, wie eine Sklavin einen Mann namens Ibrāhīm warten ließ und wie dieser dann schwor, sie an den Beduinen zu verkaufen; ein anderer Ibāḍite namens Maymūn habe bezweifelt, ob dies Rechtens sei[53], weil die Beduinen Muslime, aber keine Ibāḍiten waren. Es kommt nicht darauf an, ob diese Geschichte wahr ist oder nicht. Sie stellt in einer anschaulichen Weise die Frage nach der Anwendung einer Koranvorschrift auf die Sektengemeinschaft. Der Koran verbietet die Ehe zwischen einem Muslim oder einer Muslimin und einem Götzendiener, aber er gestattet einem Muslim, eine Frau von den „Leuten des Buches" zu heiraten[54]. Die striktere Vorschrift für Frauen mag einem tiefverwurzelten Gefühl entsprechen, das es einer Frau nicht erlaubt, aus ihrem Stamm herauszuheiraten. Da eine an einen „Ungläubigen" verkaufte Sklavin wahrscheinlich eheartige Beziehungen zu ihm haben würde, bedeutet ihr Verkauf, einer Muslimin die Ehe mit einem „Ungläubigen" zu gestatten, und das war gegen den Koran. Mit der Erörterung dieses Falls wird also die Frage nach dem Verhältnis der Ibāḍiten zum Rest der Gemeinschaft der Muslime gestellt. Sollten sie sich ganz abseits halten und sich von ihren Mitbürgern absondern, oder sollten sie in bestimmten Formen Umgang mit ihnen pflegen? In Orten wie Basra scheinen die meisten Ibrāhīm gefolgt zu sein, und sie blieben trotz theologischer Differenzen Mitglieder der größeren Gemeinschaft.

Neben denjenigen, die sich dem Verkauf von Sklavinnen an „Ungläubige" widersetzten, gab es eine Partei, die die Entscheidung dieser und einiger ähnlicher Fragen offenließ (*waqafa*), und die von einigen Gegnern ‚die Partei, die die

51 Aš., 102–112; Baġ., 82–87; Šahr., 100–102 (i. 212–216).
52 Z. B. Aš., 104.14, 105.4.
53 Aš., 110.
54 Koran, 2.221; 5.5

Entscheidung offenläßt', Wāqifa oder Wāqifiyya, genannt wurde[55]. Aus dem wenigen, was die Häresiographen berichten, läßt sich folgende Hauptkonzeption erkennen: Wenn die Menschen in der ‚Sphäre des Vermischens' (*dār al-ḫalṭ*) leben[56], kann nicht alles genau dargelegt werden, und deshalb ist es nötig, in gewissem Umfang Kompromisse einzugehen oder vielmehr mit einer gewissen Unbestimmtheit und Ungenauigkeit zu leben.

Dieser Konzeption der Wāqifa liegt die Neigung der frühen Muslime zugrunde, in kommunalistischen und nicht in individualistischen Kategorien zu denken, d.h. man stellt sich vor, daß das Heil nicht Individuen, sondern einer Gruppe oder Gemeinschaft zuteil werde. Im Hinblick auf das Jüngste Gericht enthält der Koran sowohl kommunalistisches als auch individualistisches Denken. Der in der Einleitung behandelte Ḥadīṯ, dem zufolge Mohammeds Gemeinde in dreiundsiebzig Sekten aufgeteilt werde, von denen nur eine das Heil erlangt, knüpft an die Vorstellung an, daß man der Erlösung durch Mitgliedschaft in der ‚geretteten Sekte' (*al-firqa an-nāǧiya*) teilhaftig wird. In Darstellungen der ḫāriǧitischen Anschauungen wird die Phrase ‚Leute des Paradieses' (*ahl al-ǧanna*) oft benutzt, und dies ist eine genau definierte Gruppe, der eine andere genau definierte Gruppe gegenübergestellt wird, nämlich die ‚Leute der Hölle' (*ahl an-nār*)[57]. Für einen Menschen war es von größter Bedeutung, zu den „Leuten des Paradieses" zu gehören und mit den „Leuten der Hölle" nichts zu tun zu haben. Und so erleben wir, daß die Ḫāriǧiten fortwährend vor der Entscheidung stehen, ob sie sich mit bestimmten Personen ‚zusammentun' oder sich von ihnen ‚absondern' (*tawallā, tabarra'a*) sollten. Wenn man sich mit den Leuten der Hölle ‚zusammentat' und sie als Mitglieder der eigenen Gruppe akzeptierte, dann gefährdete man die Chancen der ganzen Gruppe, ins Paradies einzugehen. Beim Ausschluß großer Sünder aus der Gemeinschaft spielte diese Überlegung vermutlich eine Rolle.

Die frühen ḫāriǧitischen Rebellen waren offensichtlich bereit, in einer kleinen Gruppe von Leuten des Himmels zu leben und alle anderen Menschen, die Leute der Hölle, als Feinde oder potentielle Feinde, zu betrachten. Friedliche Ḫāriǧiten aber, die bereit waren, dort zu leben, wo die meisten ihrer Nachbarn nicht zu den Leuten des Paradieses gehörten, mußten große Anstrengungen unternehmen, um Theorie und Praxis miteinander in Einklang zu bringen. Mit der Entscheidung,

55 Aš., 110–115, von Bayhasiyya auf Gegner angewendeter Terminus; vgl. Baġ., 87f., wo gesagt wird, daß dieser Maymūn nicht der Führer der Maymūniyya von ʿAǧārida war; Šahr., 93. Der Name Wāqifa wird auch mit einem völlig anderen Hinweis benutzt; vgl. S. 162, 275, 279. Einige der ḫāriǧitischen Wāqifa werden Ḍaḥḥākiyya genannt, wahrscheinlich weil sie Ḍaḥḥāk b. Qays aš-Šaybānī unterstützten, der 745–746 einen Aufstand unternahm.

56 Aš., 112.1.

57 Für den Gebrauch der Termini vgl. *A.J. Wensinck*, The Muslim Creed, Cambridge 1932, 129–131 (Waṣiyya); vgl. ibid., 55, Ḥadīṯ über Qadar aus Muslim (Qadar, 11), und ähnliche Ḥadīṯen in al-Buḫārī, Qadar, und Muslim, Qadar.

unter nichtḫāriǧitischen Muslimen zu leben, hatten sie implizite aufgehört, diese als potentielle Feinde zu behandeln, und mit der Zeit gingen sie so weit, Ehen mit ihnen zu billigen. Die Änderungen der Praxis führten zu einer Änderung der Bezeichnung der „Sphäre“, in der sie lebten. Sie hörte auf, die „Sphäre des Krieges“ zu sein. Sie die „Sphäre der religiösen Vorsicht“ zu nennen, war ebenfalls unzulänglich, denn das legte nahe, daß die Nachbarn potentielle Feinde seien. Deshalb wurden andere Begriffe üblich, wie z. B. „die Sphäre des Unglaubens“ (im Unterschied zur Götzendienerei), „die Sphäre des Vermischens“ und sogar „die Sphäre des Monotheismus“. Einige Leute machten auch einen Unterschied zwischen „Absonderung“ und „Feindseligkeit“[58].

In der Hauptsache also scheinen die Wāqifa darauf bestanden zu haben, daß es nicht wünschenswert, ja vielleicht unmöglich sei, eine feste Grenzlinie zwischen den „Leuten des Paradieses“ und den „Leuten der Hölle“ zu ziehen. In Wirklichkeit hatten die meisten Ḫāriǧiten eingesehen, daß natürliche Gefühle und nüchterne Überlegungen sie daran hinderten, Übeltäter aus ihrer Gemeinschaft auszuschließen. Aber sie hatten auch erkannt, daß es schwierig war, Missetäter als zu den „Leuten des Paradieses“ gehörig zu betrachten, denn der Koran lehrte, daß Sünder in der Hölle bestraft würden. Diese Schwierigkeit wurde von Naǧda dadurch beseitigt, daß er behauptete, Gott könne Mitgliedern seiner Sekte, die schwere Sünden begingen, verzeihen, und wenn er sie bestrafte, würde das nicht in der Hölle sein, und sie würden dann ins Paradies gelassen werden. Damit wurde das fortgesetzte „Zusammentun mit“ Sündern gerechtfertigt und „Absonderung“ verboten[59]. Man hätte vielleicht argumentieren können, daß eine Einstellung wie die Naǧdas die Menschen dazu ermunterte, Verbrechen und andere Formen asozialen Verhaltens herunterzuspielen. Die Wāqifa waren offensichtlich ängstlich darum bemüht, daß Verbrechen ernst genommen werden sollten, und deshalb meinten sie, daß Missetäter bestraft, aber nicht aus der Gemeinschaft ausgeschlossen werden sollten. Dieses Nichtausschließen gründeten sie darauf, daß sie das Urteil offenließen bzw. sich weigerten, über das endgültige Schicksal des Übeltäters zu entscheiden.

Im Gegensatz zu den Wāqifa standen die Anhänger des Abū-Bayhas, die weiter doktrinär an der Idee einer Gemeinschaft, die auf dem Koran beruhte, festhielten[60]. Abū-Bayhas soll ein Anhänger Abū-Fuḍayls gewesen sein, der nach Naǧdas Tod einen Teil der Naǧditen anführte und 693 getötet wurde. Er selbst wurde 713 in Medina hingerichtet. Seine eigene Position wurde in den Diskussionen über den Verkauf von Sklavinnen deutlich. Er glaubte, Ibrāhīm habe recht, wenn er diesen für rechtmäßig hielt, daß er aber irrte, als er sich nicht von den Wāqifa absonderte, die das Urteil über die Angelegenheit offenließen. Er argu-

58 Aš., 97.8.
59 Aš., 91; Šahr., 92 (i. 191).
60 Aš., 113–119; Baġ., 87f.; Šahr., 93–95 (i. 196–201).

mentierte: „Es gibt keinen Grund für das Offenlassen der Entscheidung im Hinblick auf Körper (d. h. äußerliche Handlungen), sondern nur im Hinblick auf die Entscheidung (*ḥukm*) selbst, solange sie kein Muslim verkündet hat. Hat ein Muslim einmal die Entscheidung verkündet, müssen die Anwesenden den Mann anerkennen, der die Wahrheit erklärt und danach gehandelt hat, und den Mann, der die Unwahrheit erklärt und danach gehandelt hat (und zwischen den beiden unterscheiden)". In diesem Argument ist die Idee mit enthalten, daß die Gemeinschaft des Islam nur diejenigen umfaßt, die den wahren Glauben besitzen und entsprechend handeln, sowie die egalitäre Vorstellung, daß beinahe jeder Muslim die Lösung eines Problems für die ganze Gruppe finden könne. Einige Gruppen behaupteten, Anhänger des Abū-Bayhas zu sein, aber sie waren weniger klar definiert als andere Untergruppen der Ḫāriǧiten und scheinen allmählich ausgestorben zu sein.

Abū-Bayhas wurde wahrscheinlich noch zu seinen Lebzeiten von einem seiner Anhänger, Ibn-ʿAǧarrad, wegen bestimmter Dinge kritisiert, und dieser entwickelte abweichende Meinungen. Ibn-ʿAǧarrad hält man für den Begründer der ʿAǧārida-Sekte, der die Häresiographen etwa fünfzehn Sektenteile zurechnen[61]. Fast das einzige, was man über ihn weiß, ist, daß er von Ḫālid ibn-ʿAbd-Allāh al-Qasrī, dem Gouverneur des Irak (723–738), ins Gefängnis geworfen wurde und wohl auch im Gefängnis starb. Der Bruch mit Abū-Bayhas ging auf die Meinungsunterschiede bezüglich der Haltung gegenüber den Kindern von Widersachern zurück. Vorher hatten die Ḫāriǧiten Kindern gewöhnlich den Status ihrer Eltern zugewiesen. Die Kinder von Ungläubigen waren von der Wiege an ebenfalls Ungläubige und mußten als solche behandelt werden. Dies war eine kommunalistische Denkweise, und Ibn-ʿAǧarrad protestierte von einem individualistischen Standpunkt dagegen. Das Grundprinzip war, daß Kinder weder Gläubige noch Ungläubige seien, ehe sie volljährig und aufgefordert worden sind, den Islam anzunehmen, und ehe sie ihn daraufhin entweder akzeptiert oder ihn für sich abgelehnt hätten. Innerhalb der ʿAǧārida gab es unterschiedliche Auffassungen darüber, welche Haltung man Kindern gegenüber einnehmen solle. Einige Leute glaubten z. B., man solle sich sogar von seinen eigenen Kindern „absondern", ehe sie sich zum Islam bekannten, während andere zwar zugaben, daß ihre Kinder keine Muslime seien, aber meinten, „Absonderung" sei nicht angebracht; sie schlugen eine Haltung zwischen „Zusammentun" und „Absondern" vor.

In den Berichten über ḫāriǧitische Auffassungen taucht der Individualismus noch in ein paar anderen Zusammenhängen auf. Man kann daher sagen, er habe der Doktrin einiger Gruppen insofern zugrunde gelegen, als sie sich nur mit „denjenigen Bekennern des Islam oder Leuten der *qibla*" „zusammentaten", von denen sie wußten, daß sie Gläubige waren[62]; denn die Form der Worte impliziert

61 Aš., 93–100; Baġ., 72–82; Šahr., 95–100 (i. 201–212). Sein Name war ʿAbd-al-Karīm.
62 Aš., 97.12 (ʿAǧārida); 111.15, 112.1 (Ibāḍiyya).

„jene Individuen", und bekanntlich meinten einige Sekten, daß Glaube und Unglaube in den Bereich des freien Willens des Menschen fielen. Im allgemeinen waren jene Gruppen, die die Willensfreiheit betonten, auch in ihren Anschauungen individualistisch. Einige Ḫāriǧiten scheinen sich an den frühesten Diskussionen über die Willensfreiheit und ähnliche Themen beteiligt zu haben. Aber davon wird in Kapitel 4 die Rede sein. Die späteren ḫāriǧitischen Gelehrten, die mit den Muʿtaziliten Streitgespräche führten, scheinen keine eigenständigen Beiträge zu der wesentlichen Entwicklung des islamischen Denkens geleistet zu haben, und deshalb müssen sie hier nicht ausführlich behandelt werden.

c) Die spätere Geschichte der Ḫāriǧiten

Die wichtige schöpferische Phase des ḫāriǧitischen Denkens fand während des intellektuellen Wandels in und um den Kreis von al-Ḥasan al-Baṣrī statt. Später spielten die Ḫāriǧiten eine kleine Rolle in der Politik, ohne aber irgendwelche bemerkenswerten Beiträge zur Theologie zu leisten.

Vor dem Fall der Umayyaden war es im Nordirak zu Aufständen gekommen, und Flüchtlinge aus Basra hatten die Anschauungen der Ibāḍiten und Ṣufriten zu den Berbern Nordafrikas gebracht und mit Erfolg propagiert. Es gab Ibāḍiten in Oman, im Jemen und in anderen Teilen Arabiens. In der östlichen Hälfte des Kalifats gab es, abgesehen von Überresten der Azraqiten und Naǧditen, die sich nach Osten zurückgezogen hatten, Enklaven gemäßigter Ḫāriǧiten, die sich dort zu einem späteren Zeitpunkt niedergelassen hatten[63]. Einige Gruppen scheinen gewisse persische Ideen übernommen zu haben. So gestattete ein Mann namens Maymūn, ein Anhänger Ibn-ʿAǧarrads, Heiraten mit bestimmten nahen Verwandten; diese Verbindungen entsprachen der persischen Sitte, wurden von den Arabern aber als inzestuös angesehen[64]. Derselbe Mann betonte bei einem Disput über die Willensfreiheit die Worte: „Wir heften Gott nichts Böses an" auf eine Weise, die vielleicht an den zoroastrischen Dualismus von Gut und Böse anknüpfte[65]. Ein Ibāḍit namens Yazīd ibn-Unaysa glaubte, es gebe einen persischen Propheten (*rasūl min al-ʿaǧam*), der eine Offenbarung von Gott habe, die Mohammeds Offenbarung außer Kraft setze[66].

Die Bereitschaft der Berber und Perser, ḫāriǧitische Doktrinen zu akzeptieren,

63 Vgl. *L. Veccia Vaglieri*, „Le vicende del ḫariǧismo in epoca abbaside", RSO, xxiv (1949), 31–44; *T. Lewicki*, Art. „Ibāḍiyya" in EI². *W. M. Watt*, The Significance of Khārijism under the ʿAbbāsids, in Recherches d'Islamologie (Anawati-Gardet Festschrift), Löwen, 1978, 381–387. Die zeitgenössischen Ibāḍiten werden in Band III beschrieben.

64 Baġ., 264 f.

65 Aš., 95.

66 Aš., 103; Baġ., 263; Šahr., 102 (i. 216); vgl. *I. Goldziher*, Muhammedanische Studien, Halle 1889–1890, i. 138 f. ʿAǧam heißt vielleicht nur „Nichtaraber".

kann man vielleicht damit erklären, daß diese ihre Aufstände gegen die Zentralregierung, und auch ihren Glauben, anderen Muslimen überlegen zu sein, rechtfertigten. War einmal die ḫāriǧitische Doktrin akzeptiert, erkannten die Gemeinschaften, die eine relative Isolierung von ihren Nachbarn wünschten, daß sie ihnen diese ermöglichte. Wo kleine Staaten auf ḫāriǧitische Prinzipien gegründet wurden, geschah dies in der gemäßigten ibāḍitischen bzw. ṣufritischen Form[67]. Im Lauf der Jahrhunderte wurde die Doktrin in diesen Staaten ausgearbeitet, doch dies hat zur Hauptrichtung des islamischen Denkens nichts beigetragen. Das allmähliche Verschwinden der ḫāriǧitischen Bewegung in den Kerngebieten des Kalifats kann vielleicht auf zwei Ursachen zurückgeführt werden: Zum einen wurde von anderen Schulen das akzeptiert, was am ḫāriǧitischen Standpunkt wohlbegründet war, d. h. das Beharren darauf, daß die islamische Gemeinschaft auf der geoffenbarten Wahrheit beruhen sollte, lebte in der allgemeinen religiösen Bewegung weiter; die Sorge um Gerechtigkeit und die Bestrafung von Sündern wurde von der Muʿtazila übernommen, während die Anschauungen der Wāqifa nicht weit von denen der Murǧi'iten abweichen[67a]. Der andere Grund war, daß in der Unruhe der frühen ʿAbbāsidenzeit immer neue Probleme auftauchten, auf die von der spezifisch ḫāriǧitischen Position her kein Licht geworfen wurde, und daß diejenigen, die an dieser Position festhielten, sozusagen in Stagnation verharren mußten.

5. Die Bedeutung der ḫāriǧitischen Bewegung

Nach dieser Untersuchung einiger der wichtigeren Details der ḫāriǧitischen Bewegung ist es vorteilhaft, innezuhalten und die Bewegung als ganze mit ihrem Stellenwert für die Entwicklung des islamischen Denkens zu betrachten.

Als erstes muß beachtet werden, daß es ein wesentliches Element der ḫāriǧitischen Position war, darauf zu bestehen, daß die islamische Gemeinschaft auf dem Koran beruhen müsse. Vermutlich gab es auch noch andere Muslime, die dies in irgendeiner Form glaubten. Aber diese haben es vielleicht nicht einmal für sich selbst ausdrücklich formuliert, und sie waren wahrscheinlich nicht darauf gefaßt, Widerstand zu leisten, als sie sahen, daß die Chance einer Koranpolitik durch die Maßnahmen jener, die die Macht in Händen hatten, immer geringer wurde. Wenn jedermann sich damit abgefunden hätte, daß ʿUṯmān es versäumt hatte, vom Koran vorgesehene Strafen zu verhängen, und daß man beim Streit zwischen ʿAlī und Muʿāwiya mit der Bestellung von Schiedsrichtern offenbar zu vorislamischen Prinzipien zurückkehrte, dann hätte es vielleicht niemals ein wirklich islamisches Reich gegeben. Es ist schwer, die zahlenmäßige Stärke und

67 Al-Masʿūdī, i. 369f.; Yāqūt, Buldān, i. 815 (die beiden verbündeten Sekten).
67a Abū-Muqātil (gest. 823) sagte, *irǧā'* bedeute, das Urteil dort aussetzen *(wuqūf)*, wo man nicht Bescheid wisse (*J. Schacht*, „An early Murci'ite Treatise", Oriens, vii (1964). 96–117, § 28).

den Einfluß dieser vermutlich gemäßigt religiösgesinnten Muslime abzuschätzen. Aber ohne das Wirken der Ḫāriǧiten hätte man es wahrscheinlich geschehen lassen, daß aus dem Kalifat ein weltlicher arabischer Staat geworden wäre. In ihrem eifrigen Streben nach einer Gemeinschaft, die auf dem Koran beruhte, gingen die Ḫāriǧiten manchmal zu weit, so z. B. wenn sie behaupteten, der große Sünder werde aus der Gemeinschaft ausgeschlossen. Andere Sekten als die Schiiten jedoch akzeptierten, wenn sie die Ḫāriǧiten kritisierten, die Idee einer auf koranischen Prinzipien beruhenden Gemeinschaft (auch wenn diese Prinzipien um die Ḥadīṯe erweitert waren), und sie zielten darauf ab, die Exzesse der früheren Ḫāriǧiten zu korrigieren. Während es offenbar unmöglich war, Menschen wegen jeder schweren Sünde aus der Gemeinschaft auszuschließen, stimmte man allgemein darin überein, daß die Mitgliedschaft in der islamischen Gemeinschaft ein Mindestmaß an Glauben und Verhalten voraussetzte.

Eng damit verbunden ist ein zweiter Punkt, nämlich daß die eigenständigen ḫāriǧitischen Anschauungen zu einer kommunalistischen und nicht zu einer individualistischen Denkweise gehören. Obwohl es kein allgemein benutztes Wort für „Gruppe" oder „Gemeinschaft" gab, erörterten sie die meisten Angelegenheiten unter dem Aspekt von Gruppen und Gemeinschaften. Sie selbst waren ‚die Gläubigen' (*mu'minūn*) oder „die Leute des Paradieses", während die andere Seite ‚die Ungläubigen' (*kāfirūn*), ‚die Götzendiener' (*mušrikūn*) oder „die Leute der Hölle" waren. Die Anspielung auf Paradies und Hölle zeigt zudem, daß die Ḫāriǧiten glaubten, die letztliche Erlösung oder Verdammnis sei an die Mitgliedschaft in der Gruppe geknüpft. Wegen dieses Zusammenhangs waren die Ḫāriǧiten so sehr bemüht, sich nur mit „den Leuten des Paradieses" „zusammenzutun" und sich von „den Leuten der Hölle" „abzusondern". Einige gingen noch weiter und glaubten, daß nicht alle schweren Sünden zu einer ewigen Verdammnis in der Hölle führen würden. Naǧda z. B. unterschied zwischen dem, was in der Religion fundamental ist, und dem, was nicht fundamental ist, und er beharrte darauf, daß für Sünden im Bereich des Nichtfundamentalen Gottes Strafe nicht die Hölle sei und nicht ewig dauere, d. h. ein Mensch, der ein einziges Mal einen Diebstahl oder einen Ehebruch beging, würde deswegen nicht zu einem der „Leute der Hölle" werden. Kurzum, von diesem kommunalistischen Standpunkt her betrachtet, führte die Mitgliedschaft in der Gemeinschaft zum Heil, vorausgesetzt, ein Mensch glaubt und tut nichts, von dem die anderen Mitglieder glauben, es sei mit der Mitgliedschaft unvereinbar.

Die so konzipierte Gemeinschaft kann man eine „charismatische Gemeinschaft" nennen. Ihr Charisma besteht darin, daß sie jenen das Heil verleihen kann, die ihre Mitglieder werden. Sie besitzt dieses Charisma, weil sie von Gott begründet wurde (durch die Offenbarung, die Gott dem Mohammed zuteilwerden ließ), und weil sie auf der von Gott gegebenen Lebensregel oder Šarīʿa (die aus dem Koran und dem Vorbild Mohammeds entwickelt wurde) beruht und diese befolgt. Mit anderen Worten: Dadurch, daß jemand der Gemeinschaft angehört, wird sein Leben sinnvoll. Die Gemeinschaft ist Träger der Werte, die einen Sinn ergeben, und so überträgt sie einiges von diesem Sinn auf die Mitglieder. Während die Ḫāriǧiten dachten, daß dieses Charisma ihrer kleinen Sekten-Gemeinschaft anhaftete, bestand ein Ergebnis ihres Strebens darin, daß sich schließlich die ganze islamische Gemeinschaft (oder zumindest ihr sunnitischer Teil) für eine charismatische Gemeinschaft hielt. Viel von der Stärke und Solidarität der islamischen Gemeinschaft heute rührt von dem Glauben der sunnitischen Muslime an deren charismatischen Charakter her[68].

Dieses kommunalistische Denken in bezug auf die islamische Gemeinschaft, das sich bei den Ḫāriǧiten findet, ähnelt sehr dem Denken der vorislamischen Araber über den Stamm. Für die Nomaden war der Stamm der Träger der Werte, die sie anerkannten, und die im Begriff *muruwwa*, ‚Mannhaftigkeit', zusammengefaßt wurden, und es war die Stammesherkunft, über die die Befähigung zur Mannhaftigkeit vererbt wurde. Wenn ein Araber eine edle Tat vollbrachte, so geschah dies, weil er edler Abkunft war, d.h. aus einem edlen Stamm kam, und seine Tat gereichte dem Stamm zu Ruhm und Ehre. Diese Ähnlichkeit zwischen dem kommunalistischen Denken im Islam und dem bei den vorislamischen Arabern legt zudem die oben bereits erwähnte Annahme nahe, daß die frühen Ḫāriǧiten versucht haben, unter neuen Bedingungen und auf islamischer Grundlage jene kleinen Gruppen wiederherzustellen, mit denen sie von der Wüste her vertraut gewesen waren. Wenn das so ist, dann brachten die Muslime durch die ḫāriǧitische Bewegung das Gefühl, das der Wüstenaraber für seinen Stamm empfindet, der islamischen Gemeinschaft als ganzer gegenüber auf. Dieses Gefühl umfaßte eine tiefe Loyalität und Ergebenheit gegenüber der Gruppe, dem Träger der Werte, und auch ein Bewußtsein, ihr wirklich anzugehören.

Insofern als man von den Ḫāriǧiten annimmt, sie hätten den charismatischen Charakter der Gemeinschaft hervorgehoben, besteht implizite ein Gegensatz zu den Schiiten, die großes Gewicht auf den charismatischen Charakter des Führers legten. Natürlich trifft es zu, daß bei den verschiedenen ḫāriǧitischen Aufständen die Führer tatsächlich wichtig waren. Der Erfolg hing von einer starken Führung ab, und wenn der starke Führer getötet wurde, brach oftmals die Rebellion in sich zusammen. Aber die Ḫāriǧiten unterschieden sich insofern von den Schiiten, als sie dem Führer niemals irgendein besonderes Charisma zuschrieben. Der Führer mochte in der Praxis unentbehrlich sein, in der Theorie war er das nie. Im Gegenteil, wie der arabische *sayyid* war er lediglich *primus inter pares*. Bei dem echten nomadischen Egalitarismus konnte der Führer aus jedem Stamm gewählt werden, ja er konnte sogar ein Nichtaraber sein. Die Familie Mohammeds oder

68 Vgl. *W.M. Watt*, Islam and the Integration of Society, London 1961, 102f., 142, 202–204, 217–219.

das Geschlecht der Hāšim oder die Qurayš insgesamt nahmen keine Sonderstellung ein[69].

Schließlich scheint ein besonderer Zusammenhang zwischen der ḫāriǧitischen Bewegung und einigen nordarabischen Stämmen, insbesondere Tamīm, Hanīfa und Šaybān, zu bestehen. Über diesen Punkt läßt sich aber am besten dann sprechen, wenn auch die schiitische Bewegung untersucht worden ist. Deshalb verweisen wir ihn in das nächste Kapitel.

KAPITEL 2 PROTOSCHIITISCHE PHÄNOMENE UNTER DEN UMAYYADEN

1. Die Art der Probleme

Im Hinblick auf den Gebrauch der Wörter *šīʿa* und *tašayyuʿ* während der Umayyadenzeit und bis zum letzten Viertel des neunten Jahrhunderts gibt es eine besondere Schwierigkeit. Sie kommt zu den üblichen Schwierigkeiten hinzu, die auf die Tatsache zurückzuführen sind, daß verschiedene Gruppen von Menschen bestimmte Wörter auf verschiedene Weise verwenden. Die besondere Schwierigkeit besteht nun in der Tatsache, daß die imāmitische oder iṯnāʿašaritische Form des Schiismus eine Propaganda betrieb, in der sie auf einer Darstellung der Ereignisse in den beiden ersten islamischen Jahrhunderten beharrte, mit der zwar ihre Position in bezug auf die Doktrin gestützt wurde, die aber nicht unbedingt mit den Tatsachen übereinstimmt. Diese Darstellung der Ereignisse wurde größtenteils von den Sunniten akzeptiert, da sie nicht so sehr gegen sie wie gegen andere Formen des Schiismus gerichtet war. Der verzerrende Einfluß, den diese Propaganda auf historische Konzeptionen ausübte, wurde von westlichen Gelehrten, und insbesondere von Claude Cahen[1], Schritt für Schritt nachgewiesen. Und deshalb scheint es am besten zu sein, in der vorliegenden Arbeit die generelle Richtigkeit dieser Quellenkritik einmal vorauszusetzen und die späteren Erörterungen, die sie bestätigen, ausführlich darzustellen. Es wird aber nützlich sein, eine kurze Darlegung der wichtigsten Punkte vorauszuschicken.

Der erste wichtige Punkt ist, daß es den Schiismus, wie er von den Häresiographen beschrieben wird, nicht vor dem letzten Viertel des neunten Jahrhunderts gab. Es liegt auf der Hand, daß die imāmitische Theorie von den zwölf Imamen

69 Vgl. *Elie Adib Salem*, Political Theory and Institutions of the Khawārij, Baltimore, 1956, 56.

1 *Claude Cahen*, „Points de vue sur la ‚Révolution ʿabbāside'", Revue historique, 1963, 295–338; mein Artikel, „Shīʿism under the Umayyads", JRAS, 1960, 158–172 befaßt sich teilweise mit dem Thema, und ich berufe mich hier darauf.

nicht vor dem Tod des elften Imam im Januar 874 und dem Verschwinden des zwölften Imam um etwa dieselbe Zeit hätte aufgestellt werden können. Andere Überlegungen zeigen, daß die imāmitischen Imame von dem vierten an nicht die Position innehatten, die die imāmitische Theorie für sie postuliert. Um Verwirrungen zu vermeiden, erschien es uns also am besten, den Begriff „schiitisch" für die Zeit vor 874 möglichst zu meiden. Als Ersatz verwenden wir „protoschiitisch" mit der Absicht, damit nicht nur all die Phänomene zu erfassen, die von den Häresiographen unter das Stichwort „Schiismus" geordnet wurden, sondern auch einige mildere Formen der Ehrerbietung vor „der Familie".

Der zweite Punkt ist, daß, wie Claude Cahen behauptete, bestimmte andere Männer als die imāmitischen Imame zu verschiedenen Zeiten, und zumindest von wichtigen Teilen „der Familie", in gewisser Hinsicht als Oberhaupt „der Familie" anerkannt wurden. D. h., „die Familie" kann in einem engeren und in einem weiteren Sinn begriffen werden. So kann man darunter nur die Nachkommen ʿAlīs und Fāṭimas verstehen, bzw. alle Nachfahren ʿAlīs, bzw. alle Nachkommen Hāšims (der Klan von Hāšim). Die Umayyaden scheinen sogar versucht zu haben, sich selbst in „die Familie" einzuschließen, indem sie behaupteten, diese bestehe aus allen Nachfahren des ʿAbd-Manāf, des Vaters des Hāšim. In der Umayyadenzeit haben vielleicht jene, die von der Verehrung für „die Familie" ergriffen waren, zwischen diesen Behauptungen nicht klar unterschieden. Hier wird versucht, die Begriffe präzise zu verwenden. Die Nachkommen ʿAlīs werden ʿAliden genannt, die al-Ḥasans Ḥasaniden, die al-Ḥusayns Ḥusayniden und die von al-ʿAbbās ʿAbbāsiden. Diejenigen, die ihnen folgten und sie unterstützten, werden ʿalidische Anhänger genannt usw.

Da die Nachfahren Hāšims mit „Hāšim-Klan" in angemessener Weise bezeichnet werden können, wird der Begriff „hāšimitisch" hier für diejenigen verwendet, die glaubten, daß innerhalb des Hāšim-Klans irgendwelche besonderen Qualitäten weitervererbt würden. Fast die gesamte Umayyadenzeit hindurch wurde diese Ansicht in einer vagen Form vertreten, d. h. sie wurde nicht auf die Nachfahren ʿAlīs beschränkt, und unter den „besonderen Qualitäten" verstand man nicht unbedingt das Charisma, das die Schiiten später ihren Imamen zuschrieben. In ʿabbāsidischer Zeit konnten mit Hāšimiyya entweder die Nachkommen des Hāšim gemeint sein (und vor allem die ʿAbbāsiden insofern, als sie das Kalifat als Mitglieder „der Familie" innehatten) oder jene, die die ʿAbbāsidenherrschaft billigten. Doch findet sich noch ein dritter Gebrauch, nämlich für die Sekte, die glaubte, der Imam nach Muḥammad ibn-al-Ḥanafiyya sei dessen Sohn Abū-Hāšim gewesen. Aber hier handelt es sich wahrscheinlich um eine spätere ḥusaynidische oder imāmitische Propaganda, die den ʿabbāsidischen Anspruch auf das Kalifat entkräften sollte, indem sie diesen Anspruch auf Abū-Hāšims Testament und nicht auf die Zugehörigkeit zum Hāšim-Klan gründete. Diese dritte Verwendung findet sich bei dem imāmitischen Schriftsteller an-Nawbaḫtī (frühes zehntes Jahrhundert); aber der Dichter Kumayt (gest. 743) verwendete den Begriff *Hāšimiyyāt* für Preisgedichte auf Mohammed, ʿAlī und die ʿAliden, so daß die dritte Verwendung zu seiner Zeit nicht allgemein üblich gewesen sein kann[2].

2. Der arabische Anteil am Protoschiismus

Auf Grund späterer Geschehnisse wird manchmal angenommen, der Schiismus sei eher eine persische als eine arabische Orientierung, aber eine sorgfältige Überprüfung der frühen historischen Quellen beweist, daß viele der Phänomene des Protoschiismus sich zuerst bei den Arabern finden. Insbesondere machten die meisten Anführer von nichtẖāriǧitischen Aufständen in der Umayyadenzeit die Rache für „die Familie" zu einem Punkt in ihrem Aktionsprogramm, und dies ist eine typisch arabische Idee. Damit wurde üblicherweise die weitere Vorstellung verknüpft, daß „die Familie" besondere Qualitäten besitze – eine Vorstellung, die mit dem allgemein verbreiteten arabischen Glauben übereinstimmt, daß gute und schlechte Eigenschaften wie Vornehmheit und Schlechtigkeit sich über die Familienabkunft genetisch vererbten. Aus den außergewöhnlichen Begabungen, die man an Mohammed erlebt hatte, konnte geschlossen werden, daß es mit dem Hāšim-Klan etwas Außergewöhnliches auf sich hatte.

Die für den späteren Schiismus typischste Vorstellung war jedoch die vom Imam oder charismatischen Führer. Sie implizierte, daß eine Reihe von Männern, von denen jeder gewöhnlich von seinem Vorgänger bestimmt wurde, ein besonderes Charisma habe, das über das generelle Charisma des Hāšim-Klans hinausging, wenn es auch zweifellos damit verknüpft war. Diese Vorstellung fand (wenn wir dem Bericht eines Historikers glauben dürfen) 658 zum erstenmal ihren Ausdruck, als nämlich einige von ʿAlīs Anhängern zu ihm gingen und sagten, sie seien „Freunde von jenen, mit denen er befreundet sei und Feinde von jenen, für die er ein Feind sei"[3]. Dies bezeugt eine Bereitschaft, ʿAlīs Urteil in diesen und vermutlich auch in anderen Dingen zu akzeptieren und impliziert somit – zumindest in einem geringen Ausmaß – den Glauben, ʿAlī sei ein charismatischer Führer. Ein solcher Glaube kann nicht immer klar von dem Glauben unterschieden werden, daß in einer Krisenzeit ein Angehöriger „der Familie" der weiseste Führer sei. Wenn man aber die Phänomene der Umayyadenzeit untersucht, wird man feststellen, daß die Vorstellung vom charismatischen Führer eine immer größere Rolle spielte, bis sie schließlich das Denken der Anhänger „der Familie" beherrschte.

2 Nawb., 27.13; 46.11; Art. „Hāshimiyya" *(B. Lewis)*, EI², iii. 265. Für Kumayt vgl. GAL, i. 61 (S. 96) und Ibn-Qutayba, Kitāb aš-šiʿr wa-š-šuʿarā', Hrsg. *M. J. de Goeje*, Leiden 1904, 369.

3 Ṭabarī, i. 3350f.

Als ʿAlī im Januar 661 von einem Ḫāriǧiten aus Rache für dessen bei an-Nahrawān niedergemetzelten Gefährten ermordet wurde, unternahm sein Sohn al-Ḥasan mit hāšimitischer Unterstützung aus Kufa einen halbherzigen Versuch, einen Anspruch auf das Kalifat anzumelden. Er wurde von Muʿāwiya besiegt, durfte sich aber nach Medina, in ein Leben im Luxus, zurückziehen. Zehn Jahre später, 671, scheiterte in Kufa ein Aufstand unter der Führung des Ḥuǧr ibn-ʿAdī al-Kindī. Dann bewarb sich nach dem Tod Muʿāwiyas und dem Machtantritt Yazīds 680 al-Ḥusayn, der leibliche jüngere Bruder al-Ḥasans, um das Kalifat. Obwohl er nur einen Teil der Unterstützung erhielt, mit der er gerechnet hatte, weigerte er sich aufzugeben, und seine kleine Schar von etwa 100 Mann, zumeist Mitglieder „der Familie", wurde bei Kerbela, auf halbem Wege zwischen Kufa und der Stelle, wo später Bagdad gegründet wurde, niedergemetzelt. Dieses Martyrium „der Familie" hat in späteren Zeiten die Phantasie der Schiiten beherrscht. Während der vier beschwerlichen Jahre, die auf Kerbela folgten, hört man nichts über die Hāšimiten im Irak, vielleicht weil die antiumayyadischen Gefühle sich auf Ibn-Zubayr in Mekka konzentrierten, der Anspruch auf das Kalifat erhob.

Der Tod Yazīds 684 schuf eine neue Situation; denn sein Sohn Muʿāwiya war zwar in Damaskus zum Kalifen ausgerufen worden, war aber minderjährig, und in der vorislamischen arabischen Praxis hatten Minderjährige nie eine Nachfolge angetreten. Einige der älteren Hāšimiten aus Kufa rüsteten sich deshalb für eine militärische Aktion unter der Führung des Sulaymān ibn-Ṣaraḍ al-Ḫuzāʿī. Diese Bewegung verfolgte zweierlei Ziele: Die an ihr beteiligten Männer wollten beweisen, daß sie ihren Betrug an al-Ḥusayn bereuten (daher sind sie als *tawwābūn* oder ‚Büßer' bekannt), und sie versuchten, sein Blut zu rächen. Die meisten von denen, die für das Massaker bei Kerbela verantwortlich waren, lebten in Kufa, aber der Gouverneur, der die Armee gegen al-Ḥusayn ausgesandt hatte, ʿUbayd-Allāh ibn-Ziyād, war gezwungen worden, sich zur syrischen Grenze zurückzuziehen. Nach einigem Hin und Her beschlossen die Büßer mit ihren 4000 Mann, gegen die Armee des Ex-Gouverneurs zu marschieren, aber sie wurden im Januar 685 besiegt, und mehrere ihrer Führer wurden getötet. Vor Ende des Jahres gab es einen weiteren Aufstand in Kufa, aber in diesen waren auch Nichtaraber verwickelt (S. 37 unten).

Aus den Listen jener, die an diesen Aufständen beteiligt waren, wird deutlich, daß beinahe alle ehemalige Angehörige von Nomadenstämmen waren. Zu seinen Lebzeiten war ʿAlī tatsächlich von vielen der Anṣār oder Muslime von Medina unterstützt worden[4]. Sie waren gemeinsam mit ihm daran interessiert, das Prinzip von *sābiqa* oder ‚Priorität' (d.h. bei der Annahme des Islam und im Dienste der Gemeinschaft) hervorzuheben. Dieses Prinzip war zur Grundlage für die

4 Über historische Einzelheiten vgl. *Wellhausen*, Das arabische Reich, Kap. 3; auch seine Oppositionsparteien, 55ff.

Abstufung im *dīwān* (Soldliste) gemacht worden und hatte ʿAlī und die Anṣār über jene Gruppen der Qurayš gehoben, die nunmehr die höchste Macht anstrebten, nämlich die Umayyaden und die Partei, die sich zuerst um Ṭalḥa und az-Zubayr und später um Ibn-az-Zubayr bildete. Die Anṣār aber finden sich nicht unter jenen, die an den frühen ʿalidischen oder hāšimitischen Aufständen teilnahmen, vermutlich weil sie als Städter keinen so großen Wandel in ihrem Leben verspürt hatten wie die Nomaden und deshalb nicht dieselben Spannungen erlebten. So gingen also beide Bewegungen, die ḫāriǧitische wie die protoschiitische, nicht von den Muslimen Mekkas und Medinas aus, sondern von ehemaligen Nomaden.

Im Grunde waren die protoschiitischen Aktivitäten wohl ebenso wie die der Ḫāriǧiten Reaktionen auf den plötzlichen Übergang vom Nomadentum zum Leben als überlegene militärische Kaste eines großen Reiches. In dieser Situation suchten diejenigen, die als erste ʿAlī als charismatischen Führer zu behandeln begannen, nach einem Mann, von dem sie voller Vertrauen annehmen konnten, er besitze die Weisheit, sie durch ihre Schwierigkeiten hindurchzuführen. Im Gegensatz zu denjenigen, die also nach einer Person mit Charisma Ausschau hielten, meinten die Ḫāriǧiten, es gebe ein Charisma, das unter der ganzen Gruppe der „Leute des Paradieses“ verbreitet sei. Gleichzeitig bezweifelten sie, ob irgendein Führer ein solches Charisma habe, wie man es forderte, und glaubten, daß ein Führer allein die Gemeinschaft leicht in die Irre führen könne. Ähnlich stritten jene, die auf einen Führer bedacht waren, ab, daß irgendein Charisma von gewöhnlichen Mitgliedern der Gemeinschaft geteilt werde, und sie hoben hervor, daß Entscheidungen, die von gewöhnlichen Leuten und nicht von einem charismatischen Führer getroffen würden, mit Sicherheit zu einer Katastrophe führen würden. Protoschiiten und Ḫāriǧiten standen sich also diametral entgegen, und jeder fühlte sich durch den anderen bedroht. Dennoch – beide Gruppen reagierten auf dieselben Spannungen, und es ist verlockend, nach weiteren Unterschieden zu suchen, die den Gegensatz erklären könnten.

Zuerst also scheint es aus bestimmten Stämmen mehr Protoschiiten und weniger Ḫāriǧiten zu geben, und aus bestimmten anderen Stämmen weniger Protoschiiten und mehr Ḫāriǧiten. Bei der ersten Gruppe von Stämmen handelt es sich um jene, die jemenitisch genannt wird, während die zweite die „nördliche“ genannt werden kann; ihre genaue Identität muß aber näher untersucht werden. Wir fügen einige statistische Aufstellungen an. In einer Liste von zwölf Männern, die 671 mit Ḥuǧr rebellierten, kamen sechs aus jemenitischen Stämmen: Baǧīla (2), Ḥaḍramawt (1), Ḫaṯʿam (1), Kinda (2); die übrigen stammten aus ʿAbs (1), ʿAnaza (2), Šaybān (1) und Tamīm (2)[5]. Unter den Büßern und ihren Bundesgenossen in den Jahren 684–685 waren wiederum neun von sechzehn Jemeniten:

5 Vgl. *Rudolf Veselý*, „Die Anṣār im ersten Bürgerkriege“, Archiv Orientální, 26/1 (1958), 36–58.

al-Aš'ar (1), Azd (1), Bağīla (3) und je einer kam aus Hamdān, Ḥimyar, Ḫuzā'a und Kinda; die übrigen waren 'Abd-al-Qays (2) und je einer aus 'Abs, Asad, Bakr b. Wā'il, Fazāra und Muzayna[6]. Einen deutlichen Unterschied in den Proportionen gibt es in den Listen von Ḫāriğiten. In einer Liste der Ḥarūriyya aus ḫāriğitischen Quellen sind nur sieben Männer eindeutig jemenitisch (drei aus Azd, zwei aus Ḫuzā'a, einer aus Ṭayyi', ein Anṣārī) gegenüber zwanzig, die eindeutig aus anderen Stämmen kommen[7]. Ähnlich waren von neunzehn Führern von Aufständen gegen 'Alī und Mu'āwiya, deren Stamm bekannt ist, nur fünf Jemeniten (drei aus Ṭayyi' und je einer aus Bağīla und Azd); von den übrigen sind sechs aus Tamīm, und es gibt je einen aus acht anderen Stämmen[8]. Es scheint auch der Fall zu sein, daß die Hauptanführer späterer Revolten und jene, die in der Geschichte der Doktrin von Bedeutung waren, in erster Linie aus den „nördlichen" Stämmen Tamīm, Ḥanīfa und Šaybān stammten[9].

Diese Angaben verdeutlichen, daß ein höherer Anteil von Leuten aus jemenitischen Stämmen Anhänger „der Familie" waren, während die meisten der führenden Ḫāriğiten aus einigen wenigen „nördlichen" Stämmen kamen. Hilft uns das, die Frage besser zu verstehen, weshalb einige Nomaden auf die damalige Situation im protoschiitischen Sinne reagierten, während andere die ḫāriğitische Richtung einschlugen? Es scheint keine großen wirtschaftlichen Unterschiede zwischen den beiden Gruppen zu geben. Im großen und ganzen begannen die „nördlichen" Stämme zu einem früheren Zeitpunkt mit Überfällen auf Nichtaraber, aber unter den Teilnehmern an den ersten Überfällen gab es auch eine große Zahl von jemenitischen Bağīla[10]. Obwohl 'Alī um 631 in Südarabien administrative Funktionen ausübte, gibt es keine Beweise dafür, daß er dort besondere Sympathien gewonnen hätte[11]. Eine andere Möglichkeit ist, daß die beiden Gruppen vielleicht irgendwie mit dem Gegensatz zwischen jüdischen und christlichen Einflüssen oder nur mit dem zwischen Nestorianern und Monophysiten verbunden waren. Es besteht ja eine gewisse Ähnlichkeit der Anschauungen zwischen Ḫāriğiten und Nestorianern und auch zwischen Schiiten und Monophysiten. Doch letzten Endes läßt sich nicht feststellen, daß solche Verbindungen im bedeutsamen Maße bestanden hätten. Es mag auch andere Faktoren geben,

6 Ṭabarī, ii. 136, 497, 559, 566, 599, 601.

7 Al-Barrādī, Kitāb al-Ǧawāhir, 118, zitiert nach *Veccia Vaglieri* in AIUON, v (1953), 19–23; mehrere Männer sind nicht zu identifizieren und wurden in der Aufzählung weggelassen.

8 Der Islam, xxxvi (1961), 215–217; der 'Adī, der in No. 2 erwähnt wird, ist wahrscheinlich der *baṭn* von ar-Ribāb.

9 Tamīm: Azāriqa (aber nicht der Führer), 'Abd-Allah b. Ibāḍ, Abū-Bayhas, Ṣāliḥ b. Musarriḥ. Ḥanīfa: Ibn-al-Azraq, Nağda und verschiedene seiner Anhänger. Šaybān: Anhänger von Ṣāliḥ b. Musarriḥ, Šabīb b. Yazīd.

10 Al-Balāḏurī, Futūḥ al-buldān, Hrsg. *M. J. de Goeje*, Leiden, 1863–1866, 253 (englische Übersetzung i. 405).

11 Vgl. *W. M. Watt*, Muhammad at Medina, Oxford 1956, 124, 343, 366 und Hinweise.

die zu dem Ergebnis beigetragen haben, wie z. B. die Zufälle, die einige Stämme dazu veranlaßten, sich in Kufa niederzulassen, während andere nach Basra gingen; denn Kufa war das Hauptzentrum des Protoschiismus, so wie Basra das des Ḫāriǧismus war.

Da es für die beiden gegensätzlichen Reaktionen keineswegs eine hinreichende Erklärung gibt, können wir vielleicht eine Hypothese aufstellen, daß ein Unterschied in der traditionellen Kultur der beiden Gruppen letzten Endes eine wichtige Rolle spielte. Die Jemeniten kamen aus Südarabien, dem Land einer alten Zivilisation, wo nach einem dynastischen Prinzip tausend Jahre lang Könige aufeinandergefolgt waren, von denen man geglaubt hatte, sie besäßen übermenschliche Qualitäten[12]. Auch wenn die Araber des siebten Jahrhunderts persönlich keine Erfahrungen mit dem Königtum hatten, so kamen die Jemeniten doch aus einem Land, wo die Zivilisation auf charismatischen Führern beruht hatte, und sie müssen irgendwie von der Tradition beeinflußt gewesen sein. Die „nördlichen" Stämme waren hingegen unter keinen vergleichbaren Einfluß geraten. Obwohl einige die Laḫmidenherrscher von al-Ḥīra gekannt hatten, standen diese in der nomadischen egalitären Tradition, der zufolge alle erwachsenen Männer eines Stammes in etwa gleichberechtigt waren und ein Recht darauf hatten, bei Stammesangelegenheiten mitzureden. Diese nomadische Tradition herrschte zu jener Zeit in den arabischen Wüsten vor, und im Irak gibt es, in ferner Vergangenheit, Spuren von „demokratischen Gemeinden"[13]. Die hier aufgestellte Hypothese läuft also nicht darauf hinaus, daß es irgendeinen bewußten Versuch gab, eine frühere politische Ordnung wiederherzustellen, sondern daß in einer Zeit der Belastung das Verhalten der Menschen von tiefeingewurzelten Impulsen beherrscht wurde, die mit der Tradition variierten, der sie in erster Linie zugehörten. Bei einigen Menschen bestand das unbewußte Verlangen darin, auf den charismatischen Führer zu vertrauen, und sie suchten ungeduldig nach einem solchen Mann, und wenn sie glaubten, ihn gefunden zu haben, dann begrüßten sie ihn begeistert, ohne sich zu sehr um irgendein Zeichen seiner Untauglichkeit zu kümmern. Andere hatten eher die charismatische Gemeinschaft im Auge und glaubten wiederum zu schnell, sie gefunden und begriffen zu haben, wie sie konstituiert werden sollte.

3. Al-Muḫtār und die Mawālī

Bis etwa 685 hatte es protoschiitische Phänomene nur bei Arabern gegeben, aber mit dem Aufstand al-Muḫtārs wurden Nichtaraber hineingezogen. Al-

12 Vgl. *J. Ryckmans*, L'institution monarchique en Arabie avant l'Islam, Löwen 1951, 329 ff., u. a.

13 Vgl. *H. Frankfort*, Kingship and the Gods, Chicago 1948.

Muḫtār ibn-Abī-ʿUbayd aṯ-Ṯaqafī war ein Mann mit ʿalidischen und hāšimitischen Sympathien, der sich 684 nicht den Büßern angeschlossen hatte. Wegen seiner Beteiligung an einer Bewegung zugunsten al-Ḥusayns hatte er kurz vor der Schlacht von Kerbela ins Exil gehen müssen. Aber 684 oder 685 war er zurück in Kufa und organisierte Ähnlichgesinnte. In einem Brief an die übriggebliebenen Büßer sagte er, er würde seine Politik auf „das Buch Gottes, die Sunna des Propheten, die Rache für ‚die Familie', die Verteidigung der Schwachen und den *ǧihād* gegen die Sünder" gründen[14]. Al-Muḫtār behauptete also, nicht nur dem Buch und der Sunna – den Hauptprinzipien jeder islamischen Herrschaft – zu folgen, sondern auch die Ziele der Büßer zu verfolgen, und als er Kufa unter seine Kontrolle brachte, ließ er tatsächlich jene hinrichten, die für die Ermordung „der Familie" bei Kerbela verantwortlich waren. Die Phrase „Verteidigung der Schwachen" bezog sich insbesondere auf die Aktivität zugunsten der Klienten, *mawālī*. Hinzu kam – und das war neu –, daß al-Muḫtār behauptete, als Vertreter eines Sohnes von ʿAlī zu handeln, nämlich von Muḥammad ibn-al-Ḥanafiyya (‚der Sohn der Frau von Banū Ḥanīfa'; dieser war wahrscheinlich unter dieser Form bekannt, um ihn von einem anderen Sohn ʿAlīs, der ebenfalls Muḥammad hieß, und auch von den Söhnen der Fāṭima zu unterscheiden). Ibn-al-Ḥanafiyya hatte wahrscheinlich nichts mit der Entstehung von al-Muḫtārs Bewegung zu tun. Aber als er nach dem Bruch zwischen al-Muḫtār und Ibn-az-Zubayr von dem letzteren verhaftet wurde, nahm er die Hilfe seines „Vertreters" an. Nach dem Fehlschlag der Revolte lebte er friedlich im Hidschas.

Irgendwann im Jahr 685 hatte al-Muḫtār eine ausreichend große Armee zusammengestellt, um erfolgreich zu versuchen, die Kontrolle über Kufa zu gewinnen. Zwar wurden seine Truppen im Juli 686 von einer umayyadischen Armee aus Syrien geschlagen, aber im darauffolgenden Monat besiegte eine zweite Armee aus Kufa den früheren Umayyadengouverneur, ʿUbayd-Allāh ibn-Ziyād, in der Ḫāzir-Schlacht und tötete ihn. Al-Muḫtār weigerte sich auch, Ibn-az-Zubayr als Kalifen anzuerkennen. Dieser wurde im Irak durch seinen Bruder Muṣʿab vertreten, der al-Muḫtār besiegte und ihn schließlich – wahrscheinlich in der ersten Hälfte des Jahres 687 – tötete. Angesichts seiner Behauptung, „die Schwachen zu verteidigen", erscheint es wahrscheinlich, daß al-Muḫtār von Anfang an beträchtliche Unterstützung seitens der *mawālī* erhielt, doch aus dem Interessenkonflikt zwischen Arabern und *mawālī* erwuchsen ihm Schwierigkeiten. Die *mawālī* beschuldigten ihn, die Araber zu begünstigen, und die Araber protestierten dagegen, daß die *mawālī* überhaupt einen Teil der Beute erhielten[15].

14 Ṭabarī, ii. 569f. Für messianische Elemente in al-Muḫtār, s. *B. Lewis*, „Regnal Titles of the First Abbasid Caliphs", Zakir Husain Volume, New Delhi 1968, 13–22, insbes. 17 (Neudruck in *Lewis*, Studies in Classical and Ottoman Islam, London 1976). Vgl. auch *K. A. Fariq*, „The Story of an Arab Diplomat", Studies in Islam, iii (1966), 53–80, 119–142, 227–241; iv (1967), 50–59.

15 Ṭabarī ii. 634, 649.

Einige einflußreiche Araber nahmen ihre Unterstützung zurück, und in den späteren Phasen des Aufstandes mußte al-Muḫtār sich immer mehr auf die *mawālī* verlassen. Bemerkenswert ist, daß seine Anhänger von den Häresiographen zwar manchmal Muḫtāriyya genannt werden, häufiger aber als Kaysāniyya bezeichnet werden. Für diese Bezeichnung werden, wie für mehrere ältere Sektennamen, verschiedene Erklärungen geliefert. Aber der bewußte Kaysān war fast mit Sicherheit der Mann mit der *kunya* Abū-ʿAmra, der berühmteste jener *mawālī*, die al-Muḫtār unterstützten, und der Chef seiner Leibwache[16]. Den Namen Kaysāniyya erhielten allgemein die Männer mit ʿalidischen Sympathien während des letzten Abschnitts des Umayyadenkalifats. Vermutlich war es ein pejorativer Spitzname, der zuerst von Gegnern verwendet wurde, um die Gruppe in Verruf zu bringen[17].

Es ist von Julius Wellhausen behauptet und von anderen Gelehrten akzeptiert worden, daß ein wichtiges Ergebnis von al-Muḫtārs Aufstand darin bestand, das Bewußtsein der *mawālī*, eine politische Kraft darzustellen, gestärkt zu haben[18]. Rechtlich gesehen gab es drei Kategorien von *mawālī*: *mawlā raḥim*, *mawlā ʿatāqa* und *mawlā l-ʿahd*; d.h. ein Mensch wurde durch Verwandtschaft, durch Freilassung aus der Sklaverei oder durch Vertrag zum *mawlā* (Singular von *mawālī*)[19]. Von diesen ist die erste eine Art und Weise, matrilinear verwandte Personen in eine patrilineare Gesellschaft zu integrieren. Der zweite Typus ist der Freigelassene, der oft als freier Mensch geboren, aber durch Kriegsgefangenschaft versklavt wurde, während der dritte Typus der Mann ist, der mit einem Pakt oder einem Vertrag freiwillig die Position eines „Klienten" gegenüber einem „Patron" akzeptiert. In der Umayyadenzeit gab es kaum je Vertreter der ersten Kategorie. In den biographischen Hinweisen, die Ibn-Saʿd[20] auf die zahlreichen *mawālī* in Mekka, Medina, Kufa, Basra und anderswo macht, heißt es nur von wenigen, sie hätten diesen Status durch Freilassung erworben, und man nimmt an, daß die meisten zur dritten Kategorie gehören. Anscheinend wurde das Kalifat als eine Föderation arabischer Stämme betrachtet, so daß ein Nichtaraber Klient eines

16 Ṭabarī ii. 634. Vgl. *I. Friedlaender*, „The Heterodoxies of the Shiites in the presentation of Ibn Ḥazm", JAOS, xxviii (1907), 1–80; xxix (1909), 1–183; insbes. xxix, 33f. Vgl. auch Nawb., 20f.

17 Vgl. *Friedlaender*, „The Heterodoxies of the Shiites", JAOS, xxviii. In Aš., 18–23 werden einige kleine Sekten als Unterabteilungen der Kaysāniyya betrachtet; vgl. Baġ., 27–38. In Šahr., 109f. (i. 236) heißt es, al-Muḫtār sei ein Kaysānī geworden. Andere Hinweise: Ṭabarī, ii. 598ff., insbes. 634, 636, 662, 671, 673, 702, 721; al-Masʿūdī, v. 180ff., 226f., 268, 475; vi. 58; vii. 117; Ibn-Ḥazm, Kitāb al-fiṣal, Kairo 1345/1926, iv. 94.2, 179.20, 180.7, 182.7, 17, 184.10–12.

18 *Wellhausen*, Oppositionsparteien, 87–95 (aber man beachte, daß er die Sabāʾiyya irrtümlich als die Quelle schiitischer Anschauungen betrachtet und nicht erkennt, daß die Kaysāniyya Anhänger al-Muḫtārs sind).

19 Vgl. *Goldziher*, Muhammedanische Studien, i. 106, der aus Ibn-ʿAbd-Rabbi-hi, Al-ʿiqd al-farīd, Bulāq, ii. 334 zitiert.

20 Ibn-Saʿd, v, vi, vii.

arabischen Stammes werden mußte, ehe er nach einem Bekenntnis zum Islam als Bürger des Kalifats akzeptiert wurde. Dies konnte am einfachsten durch einen Vertrag bewerkstelligt werden. Nichts konnte einen Araber daran hindern, Klient eines anderen Arabers zu werden, und dafür finden sich Beispiele[21].

Die *mawālī*, deren Unzufriedenheit mit ihrem Status zum Untergang der Umayyaden beitrug, waren also Muslime nichtarabischer Herkunft, die vertraglich an arabische Stämme gebunden waren. In einer Geschichte des islamischen Denkens interessieren uns vor allem die *mawālī* aus dem südlichen Irak. Hier war die Bevölkerung bei der arabischen Eroberung vorwiegend aramäisch gewesen, aber mit einer Oberschicht persischer Grundbesitzer und Beamten. In verschiedenen Gegenden hatten die Bauern die Muslime gegen die Perser unterstützt[22]. Viele der *mawālī* hier müssen aramäischer (und auch christlicher) Herkunft gewesen sein. Die bedeutenden Gelehrten, die *mawālī* waren, hatten zweifellos Verbindungen zu den höheren christlichen Bildungseinrichtungen im Irak gehabt. Einige protoschiitische Ideen ähneln vorchristlichen Vorstellungen, z.B. dem Tod von Tammuz oder Adonis[22], und daraus läßt sich schließen, daß viele Protoschiiten eher aus der alten Bevölkerung des Landes (und den ihr Assimilierten) stammten als aus den Reihen der rezenteren persischen Einwanderer. Aramäisch-christlicher Einfluß läßt sich im Fall Abū-Manṣūrs (des Oberhauptes der Manṣūriyya), eines des Lesens und Schreibens unkundigen Wüstenarabers, erkennen, der wahrscheinlich aus dem Stamm von ʿAbd-al-Qays kam. Er hatte Gott auf Syrisch (*suryānī*) zu ihm sprechen hören und räumte in seiner Kosmologie ʿĪsā und der *kalima*, ‚Wort Gottes', einen besonderen Platz ein[23].

Obwohl also die Annahme plausibel ist, die *mawālī* des südlichen Irak seien hauptsächlich aramäischer und christlicher Herkunft, so muß bemerkt werden, daß es auch ein persisches Element gab. Ein Mann soll die persische Sitte, die eigenen Töchter zu heiraten, erlaubt haben[24]. Der Vater eines anderen Sektierers soll ein *zindīq* gewesen sein, was wahrscheinlich impliziert, daß er ein Perser oder persianisierter Aramäer war[25]. Die persianisierende Tendenz wird auch durch die Aussage illustriert, ein Teil des Stammes von ʿIǧl sei „gänzlich in der persischen Nation aufgegangen"[26]. Dies gewinnt an Bedeutung, wenn man bedenkt, daß gegen Ende der Umayyadenzeit mehrere Führer von hāšimitischen Anhängern aus ʿIǧl stammten. Al-Muġīra ibn-Saʿīd stammte aus ʿIǧl, auch wenn er ein Klient des Ḫālid al-Qasrī (aus Baǧīla) geworden war. Von Abū-Manṣūr heißt es

21 Vgl. *Watt*, JRAS, 1960, 164 mit Hinweisen auf Ibn-Saʿd, v. 208, 209, 220, 222, 228.
22 Vgl. al-Balāḏurī, Futūḥ al-buldān, Hrsg. *M. J. de Goeje*, Leiden, 1863–1866, 242f.
22a Vgl. Hesekiel, 8.4; RdM 26.86 u.a.
23 Nawb. 34. Wie *Friedlaender*, JAOS, xxix. 90, bemerkt, gibt es eine persische Fassung in al-Kaššī, Maʿrifat ar-Riǧāl (Bombay 1317/1899), 196.
24 Nawb., 25 (Ḥamza der Karbiyyasekte).
25 Nawb., 31.6.
26 *Goldziher*, RHR, xliii. 23; vgl. JAOS, xxix. 80 Anm.

einmal, er stamme aus ʿIǧl, bald von ʿAbd-al-Qays, und Abū-Muslim, der Architekt des ʿabbāsidischen Sieges, war ein *mawlā* aus ʿIǧl und soll persischer Abstammung gewesen sein. Man darf auch nicht vergessen, daß der persische Einfluß sich lange Zeit vor der Eroberung des Irak durch die Muslime unter den Arabern verbreitet hatte. Ein Beleg für diesen Einfluß findet sich in den persischen Wörtern, die im Koran und in der vorislamischen Dichtung vorkommen[27]. In dem halben Jahrhundert vor der Auflösung des Persischen Reiches waren in mehreren Kleinstaaten am Persischen Golf propersische Gruppen an der Macht, während eine persische Armee den Jemen besetzte. Bekanntlich wurden die zuletzt genannten Gebiete arabisiert, doch von ihnen muß auch ein gewisser persischer Einfluß ausgegangen sein[28]. Mekka unterhielt Handelsbeziehungen mit dem Perserreich, und ein mekkanischer Heide behauptete, eine Kenntnis persischer Geschichten zu haben, die dem Koran vergleichbar sei[29]. Unter den an der Badr-Schlacht beteiligten Muslimen befanden sich zwei oder drei *mawālī* persischer Abstammung[30].

Die Unzufriedenheit der *mawālī* wurde ihnen selbst zwar durch al-Muḫtār bewußt gemacht, aber sie wurde erst viel später zu einer wirksamen politischen Kraft.

4. Die Zeit der Ruhe

Es gibt keinen Bericht darüber, daß es zwischen dem Tod al-Muḫtārs und dem Jahr 737 irgendwie hāšimitische Rebellion gegeben habe, aber dieses halbe Jahrhundert der Ruhe umfaßt wichtige protoschiitische Phänomene. Der Begriff „Kaysānit" kommt in frühen Quellen oft vor, und von den Häresiographen werden verschiedene Untersekten aufgezählt[31]. Das beweist wohl nicht nur, daß am Glauben an das Imamat Ibn-al-Ḥanafiyyas festgehalten wurde, sondern auch daß al-Muḫtārs Bewegung in gewisser Weise weiterlebte[32]. Lassen wir für den Augenblick die politischen Aspekte außer acht und richten wir unsere Aufmerk-

27 Vgl. *A. Jeffery*, The Foreign Vocabulary of the Qur'ān, Baroda 1938, 14–16.
28 Vgl. *Watt*, Medina, 118, 128–132.
29 Ibn-Hišām, 191 f., 235.
30 *Watt*, Medina, 344, No. 2, 5 und vielleicht 11.
31 Aš., 18–23; Baġ., 27–38; Šahr., 109–113; Nawb., 21 f., 24–29, 37, 42. *Wadād al-Qāḍī*, Al-Kaysāniyya fī t-ta'rīḫ wa-l-adab, Beirut 1974; Dieselbe, „The Development of the Term Ghulāt in Muslim Literature with special reference to the Kaysāniyya", Akten des VII. Kongresses für Arabistik und Islamwissenschaft (1974), Göttingen 1976. *W. Madelung*, Art. „Kaysāniyya" in EI² hält sich an die Häresiographen. In einem Beispiel vermutlich frühen Materials (aḏ-Ḏahabī, Ḥuffāẓ, i. 81) scheint ein Kaysānī, der sich an aš-Šaʿbī (gest. 722) wendet, in erster Linie an der Einstellung gegenüber ʿUṯmān interessiert zu sein.
32 Vgl. *Cahen*, „Révolution ʿabbāside", 308.

samkeit auf das Erscheinen neuer religiöser Ideen über den charismatischen Führer.

Vermutlich nach dem Tod Ibn-al-Ḥanafiyyas im Jahr 700 begannen sich messianische Vorstellungen über ihn zu verbreiten. Wir kennen die Namen zumindest eines Mannes, der in diesen Messianismus hineingezogen wurde. Das war der Dichter Kuṯayyir. Von ihm wird berichtet, er habe am Hof des Kalifen ʿAbd-al-Malik (685–705) und dessen Sohnes Yazīd (720–724) in Damaskus geweilt, obwohl er hauptsächlich in Medina lebte. Sein Todesjahr wird mit 723 angegeben[33]. Bisweilen heißt es von ihm, er habe zu einer Untersekte der Kaysāniyya gehört, die Karbiyya oder Karibiyya hieß und über deren Begründer nichts bekannt zu sein scheint. Die von Kuṯayyir propagierte Meinung ging dahin, daß Muḥammad ibn-al-Ḥanafiyya nicht gestorben sei, sondern in Verborgenheit am Berge Raḍwā lebe, eine Siebentagesreise von Medina entfernt. Wasserquellen und Honig seien seine Nahrung und ein Löwe und ein Leopard seine Beschützer. Zur rechten Zeit werde er zurückkehren und die Erde so mit Gerechtigkeit erfüllen, wie sie jetzt mit Ungerechtigkeit erfüllt sei. Es gab andere Darstellungen, denen zufolge der Ort, an dem er sich verborgen hielt, unbekannt war.

Das scheint das erste Mal gewesen zu sein, daß unter Muslimen Ideen dieser Art auftraten, auch wenn solche Vorstellungen später in vielen Formen von schiitischen Gruppen vertreten wurden. Gegenwärtig, so glaubte man, befinde sich der Imam oder charismatische Führer in der Verborgenheit (*ġayba*), aber seine Rückkehr (*rağʿa*) wurde mit Zuversicht erwartet. Wenn er zurückkehrte, würde er der Mahdī, ‚der Rechtgeleitete' (eine Art Messias) sein, der aus allem Unrecht Recht machen und Gerechtigkeit auf Erden einführen werde. Auf die Ähnlichkeit dieser Vorstellungen mit jüdisch-christlichen Messiasvorstellungen ist oft verwiesen worden, aber es handelt sich dabei nicht um bloße Nachahmung. Solche Vorstellungen gaben den Menschen in einer fast unmöglichen Situation eine gewisse Hoffnung, und sie halfen ihnen, die Situation insofern zu akzeptieren, als sie unumgänglich war. Wer an einen „verborgenen Imam" glaubt, braucht in der Gegenwart nichts zu tun – nicht einmal für die Reform eines besonderen Mißstandes zu arbeiten. Unter muslimischen Gelehrten hat es immer einen Hang zum Quietismus gegeben, der sich in einer Neigung äußerte, jegliche bestehende oder *de-facto* Autorität zu akzeptieren, ohne nach deren Rechtmäßigkeit zu fragen. Eine gute Illustration ist Ibn-Ḥazms Bericht über die Pflicht, „zum Billigen aufzufordern und vom Verwerflichen abzuhalten" (*al-amr bi-l-maʿrūf wa-n-nahy ʿan al-munkar*). Vielen Gelehrten zufolge sollte diese Pflicht zuerst nur im Herzen eines Menschen erfüllt werden, obwohl es hierbei Ausnahmen gab. Wenn sich eine Gelegenheit bot, sollte er die Pflicht mit seiner Zunge erfüllen; aber

33 Ibn-Qutayba, Šiʿr, 316–329; Dīwān al-Mufaḍḍalīyāt, hrsg. und übers. von *C. J. Lyall*, Oxford 1918–1921, i. 174.7; *Friedlaender,* JAOS, xxix. 38f.; Ibn-Ḫallikān, ii. 529–535 (Rāfiḍī; der Messianismus wird nicht erwähnt). Aġānī, viii. 27–44.

niemals sollte er das mit seinen Händen und dem Schwert tun. Ibn-Ḥazm fügt dann hinzu, daß alle „Rāfiḍiten" glaubten, daß dies so sei, auch wenn alle getötet werden sollten. Aber sie beschränkten es auf die Zeit, bevor der „sprechende (*nāṭiq*) Imam" seine Fahnen erhoben hatte. Wenn er das tat, mußte er mit dem Schwert verteidigt werden[34]. Es gibt merkwürdige Berichte darüber, wie einige der Kaysāniyya, die vor dem Erscheinen des Imam handeln wollten, sich mit Holzkeulen statt mit Schwertern bewaffneten[35].

Man kennt nicht viele Namen von tatsächlichen Personen, die messianische Vorstellungen vertraten. Einer von ihnen war Ḥamza ibn-ʿUmāra (oder ʿAmmāra) aus Medina, der sowohl in Medina als auch in Kufa Anhänger hatte. Generell waren seine Ansichten die der Kaysāniyya und Karbiyya, aber er soll angeblich auch geglaubt haben, daß Muḥammad ibn-al-Ḥanafiyya Gott und er selbst sein Prophet sei[36]. Das letztere ist wahrscheinlich eine böswillige Übertreibung irgendeiner seiner Aussagen über sein Verhältnis zu Muḥammad ibn-al-Ḥanafiyya. Ähnliche Ansichten wie Kuṯayyir vertrat ein anderer späterer Dichter, as-Sayyid al-Ḥimyarī (723–789)[37]. Während die beiden Dichter glaubten, ihr Imam sei bei Raḍwā verborgen, meinte Ḥamza, der Ort, an dem er sich verborgen halte, sei nicht bekannt.

Wenn die Sabaʾiyya wirklich mit ʿAbd-Allāh ibn-Sabaʾ in Verbindung standen, so sollte dieser in das halbe Jahrhundert der Ruhe placiert werden. Ibrāhīm an-Naḫaʿī (von dem gleich die Rede sein wird) soll abgestritten haben, Sabaʾit zu sein[38], und der Rebell al-Muġīra, der 737 hingerichtet wurde, soll ursprünglich einer gewesen sein[39]. Das beweist, daß der Name vor dieser Zeit benutzt wurde. Der Bericht bei al-Ašʿarī über die Sabaʾiyya stellt nur fest, daß diese glauben, ʿAlī sei nicht tot, sondern werde vor dem Tag der Auferstehung wiederkehren, um ein Reich der Gerechtigkeit zu errichten. Nach dem Hinweis, daß die Sabaʾiyya an die „Wiederkehr" von den Toten glauben, folgt ein Hinweis darauf, daß as-Sayyid al-Ḥimyarī diesen Glauben vertrat[40]. Die Verbindung der Berichte und die Ähnlichkeit der Sichtweise legen nahe, daß die Sabaʾiyya zeitlich nicht zu weit von as-Sayyid al-Ḥimyarī entfernt waren.

Die soeben erwähnten Personen mit messianischen Anschauungen sind gewissermaßen Vorläufer des späteren Schiismus. Protoschiitische Phänomene aber schließen auch die „Aktivisten" ein, mit denen wir uns unten (S. 45) befassen, sowie

34 Ibn-Ḥazm, iv. 171; „Rawāfiḍ" sind hier diejenigen, die an den „verborgenen Imam" glauben. Vgl. *Friedlaender*, JAOS, xxix. 92.

35 Ḫašabiyya; vgl. Ibn-Qutayba, Kitāb al-Maʿārif, Hrsg. *F. Wüstenfeld*, Göttingen 1850, 300 und *H. Ritter*, Art. „Kaisānīya" in EI[1]. Wahrscheinlich vermittelt die Geschichte nicht den wahren Ursprung des Namens.

36 Nawb., 25 und Index.

37 Nawb., 26f., Index. Aġānī, vii. 2–23.

38 Ibn-Saʿd, vi. 192.

39 Ibn-Qutayba, Maʿārif, 300.

40 Aš., 15.

gewisse „Quietisten", die nicht schiitisch im späteren Sinne sind, die aber Ibn-Qutayba in seine Liste der „Šīʿa" aufgenommen hat. Auf die Bedeutung der Liste als ganzer werden wir später eingehen (S. 52). Vorläufig wird es genügen, jene Männer auf der Liste zu betrachten, die in der Umayydenzeit lebten. Wie die späteren sind auch sie alle geachtete Traditionarier oder, wie wir sagen, Mitglieder der allgemeinen religiösen Bewegung. Einer wird von Ibn-Saʿd als *šīʿī* bezeichnet, aber dies geschieht wahrscheinlich nur im Hinblick auf seine enge Verbindung mit ʿAlī bei der Administration des Kalifats[41]. Ein anderer schloß sich 701 dem Aufstand des Ibn-al-Ašʿaṯ gegen al-Ḥaǧǧāǧ an, floh nach Chorasan und geriet in Gefangenschaft. Als er aufgefordert wurde, ʿAlī zu verfluchen, weigerte er sich und wurde bestraft[42]. Ein anderer stand al-Ḥaǧǧāǧ kritischer gegenüber, pflegte aber weiterhin so gute Beziehungen zum Regime, daß der Kalif Hišām 724 die Trauerrede für ihn hielt[43]. Abgesehen von diesen eher unwichtigen Punkten erfahren wir über die politischen Ansichten der in Frage stehenden Personen nichts – mit einer einzigen Ausnahme.

Bei der Ausnahme handelt es sich um Ibrāhīm an-Naḫaʿī (gest. ca. 714), den ersten bedeutenden Vertreter der Gelehrten von Kufa. Wenn wir einige ihm zugeschriebenen Aussprüche als authentisch akzeptieren dürfen, so geben diese eine Vorstellung von dem Wesen des ihm zugeschriebenen Schiismus. Im allgemeinen ist er dafür bekannt, daß er in erbitterter Opposition zu den Murǧi'iten stand und al-Ḥaǧǧāǧ nicht leiden konnte. Einmal war ein Schüler angesichts der Diskussionen über ʿAlī und ʿUṯmān verwirrt und fragte ihn nach seiner Meinung. Er erwiderte darauf, daß er weder Saba'it noch Murǧi'it sei. Dies bedeutet einerseits wahrscheinlich, daß er ʿAlī nicht für eine messianische oder irgendwie charismatische Persönlichkeit hielt, und andererseits, daß er ʿUṯmān kein besonderes Verdienst zuschrieb. Diese Interpretation stimmt mit zwei anderen Aussprüchen überein. Er tadelte einen Mann, der sagte, daß ihm ʿAlī lieber sei als Abū-Bakr und ʿUmar, und er behauptete, daß diese Auffassung selbst ʿAlī unangenehm gewesen wäre. Er sagte auch, daß ihm seinerseits ʿAlī zwar lieber sei als ʿUṯmān, daß er aber eher auf den Himmel verzichten würde, als über ʿUṯmān schlecht zu reden[44]. Das scheint darauf hinzudeuten, daß er die ersten vier Kalifen akzeptierte, aber ʿAlīs Verdienste für größer hielt als die ʿUṯmāns. Die Bedeutung dieser Ansichten kann nur dann sichtbar werden, wenn die Geschichte der ʿAbbāsidenperiode untersucht wird. Im Augenblick veranschaulichen Ibrāhīms Ansichten, wie komplex die Einstellungen gegenüber ʿAlī waren.

41 Ibn-Saʿd, vi. 157 (al-Aṣbaġ b. Nubāta); die Liste befindet sich in Ibn-Qutayba, Maʿārif, 301.
42 Ibn-Saʿd, vi. 212f. (ʿAṭiyya b. Saʿd al-ʿAwfī, gest. 729/111).
43 Ibn-Saʿd, v. 391–395 (Ṭā'ūs).
44 Ibn-Saʿd, vi. 188–199, insbes. 192.

5. Die hāšimitischen Aufstände während des Niedergangs der Umayyaden

Eine Reihe von Revolten ab etwa 737 kann man als den „aktivistischen" Aspekt protoschiitischer Phänomene betrachten. Den Einsichtigeren wurde die zunehmende Schwäche der Dynastie zweifellos immer klarer. Einige Leute hofften, diese Situation zu ihrem persönlichen Vorteil zu ändern; andere scheinen, ohne sich tatsächlich zu verschwören, ihrer Unzufriedenheit genügend Ausdruck gegeben zu haben, um den Argwohn der Autoritäten in ihrem unruhigen Staat zu erregen. Mehr als zuvor suchte der einfache Mann in dieser Krise nach einem Mitglied „der Familie", das ihm neuen Mut machen könnte. Mehrere Männer aus dem Hāšim-Klan werden als tatsächliche oder angebliche Führer von Aufständen genannt, doch die Berichte widersprechen sich. Das Material wird in diesem Abschnitt kurz dargestellt, und die Glaubwürdigkeit der imāmitischen Version wird im nächsten Abschnitt (6) erörtert werden.

Einer der ersten, der hingerichtet werden sollte, auch wenn seine Aktivität nicht zu einem eigentlichen Aufstand führte, war Bayān ibn-Simʿān, ein Strohhändler aus Kufa, der dem jemenitischen Stamm Nahd (oder Tamīm) angehörte. Er war ein Anhänger des quietistischen Ḥamza ibn-ʿUmāra und behauptete zuerst, ein Abgesandter Abū-Hāšims zu sein, von dem einige glaubten, er sei seinem Vater Muḥammad ibn-al-Ḥanafiyya als Imam nachgefolgt[45]. Einem Bericht zufolge schrieb er, vielleicht später, dem Ḥusayniden Muḥammad al-Bāqir (gest. zwischen 731 und 737) und forderte ihn auf, ihn (Bayān) als Propheten zu akzeptieren. An anderer Stelle – wohl nach al-Bāqirs Tod, falls dieser vor Bayān starb –, behauptete er, daß al-Bāqir ihn zu seinem Gesandten ernannt hatte. Es wird aber auch berichtet, daß er al-Bāqir feindlich gesinnt war. Anderen Darstellungen zufolge plante er einen Aufstand, vielleicht in Verbindung mit al-Muġīra (von dem gleich noch die Rede sein wird), und dies sei im Namen entweder von al-Bāqirs Sohn Ǧaʿfar aṣ-Ṣādiq oder von an-Nafs az-Zakiyya geschehen, einem Ḥasaniden, der im Jahr 762 tatsächlich einen Aufstand unternahm[46]. Ein Teil seiner Aktivitäten kam dem Gouverneur von Kufa zu Ohren, und dieser entschied, sie seien schwerwiegend genug, um Bayān und al-Muġīra festnehmen und sie dann 737 durch Verbrennen hinrichten zu lassen.

Der volle Name dieses mutmaßlichen Bundesgenossen Bayāns war al-Muġīra ibn-Saʿīd al-ʿIǧlī[47]. Ihm wird ein anthropomorpher Schöpfungsbericht zugeschrieben, und er behauptete auch, den größten Namen Gottes zu kennen und

45 Aš., 23.

46 Nawb., 30, 25; vgl. Baġ., 227f.; Šahr., 113f. (i. 246f.); in der Cureton-Ausgabe findet sich die unrichtige Lesart Banān. Auch Art. „Bayān b. S." *(M. G. S. Hodgson)* in EI²; *Cahen*, „Points de vue sur la ‚Révolution ʿabbaside'", Revue historique, 1963, 315; *W. F. Tucker*, „Bayān … and the Bayāniyya", MW, lxv (1975). 241–253.

47 Aš., 6–9; Nawb., 52–55; u. a. Auch *W. F. Tucker*, „Rebels and Gnostics: al-Muġīra … and the Muġīriyya", Arabica, xxii (1975). 33–47.

aus diesem Wissen verschiedene Kräfte abzuleiten. Er soll eine Zeitlang Muḥammad al-Bāqir als seinen Imam angesehen und sich nach dessen Tod an-Nafs az-Zakiyya zugewandt haben. Der letztere kann, da er 737 erst 19 Jahre alt war, al-Muġīra auf keinen Fall als seinen Vertreter anerkannt haben. Ǧābir ibn-Yazīd al-Ǧuʿfī (gest. 745) soll ein Anhänger al-Muġīras gewesen sein. Einige schätzen ihn als Traditionarier sehr hoch, während andere ihn scharf kritisierten[48].

Doch es gab einen dritten Mann, der sich selbst zum Anhänger Muḥammad al-Bāqirs erklärt und behauptet haben soll, dessen Erbe zu sein. Das war Abū-Manṣūr aus dem Stamm ʿIǧl oder ʿAbd-al-Qays, der in Kufa lebte[49]. Vor seiner Hinrichtung durch den Gouverneur des Irak 742 scheint er ein paar Jahre an der Verbreitung seiner Lehren mitgewirkt zu haben. Von den Anhängern, die er gewann, praktizierten einige die Erdrosselung von Gegnern, um zu vermeiden, daß das Schwert vor dem Auftreten des Imam benutzt wurde. Seine Lehre erlebte um 780 eine Wiederbelebung. Wie die beiden vorhergehenden Führer zeigte er ein besonderes Interesse für die Nachkommen al-Ḥusayns. Er gab sich nicht damit zufrieden, nur ein Vertreter zu sein, sondern behauptete, er sei der *waṣī* oder ‚Erbe' des Muḥammad al-Bāqir und somit sein Nachfolger. Er untermauerte diesen Anspruch, indem er behauptete, er habe eine Himmelfahrt erlebt, in deren Verlauf er von Gott als Prophet und Gesandter bevollmächtigt worden sei. Er scheint der erste gewesen zu sein, der „der Familie Mohammeds" kosmische Bedeutung beimaß; denn auf merkwürdige Weise identifizierte er „die Familie Mohammeds" mit dem Himmel und „die Partei" (*šīʿa*) – vermutlich seine eigene Anhängerschaft – mit der Erde. Er war wahrscheinlich nur ein Klient des arabischen Stammes; denn Gott soll ihn während seiner Himmelfahrt auf Syrisch angesprochen haben (s. 40). Die letzten Punkte seiner Lehren erinnern hingegen an die alte mesopotamische Mythologie.

Wenn die Berichte über Bayān, al-Muġīra und Abū-Manṣūr authentisch sind, beweisen sie, daß es spätestens seit 737 ein wachsendes Interesse an der Familie al-Ḥusayns gab, zumindest unter einigen Gruppen von Protoschiiten. Man darf aber nicht vergessen, daß diese Berichte möglicherweise spätere imāmitische Erfindungen sind, die die Behauptung untermauern sollten, daß Muḥammad al-Bāqir zu seinen Lebzeiten als Imam anerkannt worden sei. Es ist schwer festzustellen, ob Muḥammad al-Bāqir persönlich der Politik gegen Ende seines Lebens eine gewisse Aufmerksamkeit schenkte. Die Propaganda für die ʿAbbāsiden hatte zu jener Zeit wahrscheinlich schon eingesetzt, und sein Sohn Ǧaʿfar aṣ-Ṣādiq hat vielleicht ebenfalls seine eigenen Ansprüche angemeldet. Im letzteren Fall haben Bayān und die beiden anderen möglicherweise versucht, den Forderungen Ǧaʿ-

48 Ibn-Saʿd, vi. 240; vgl. al-Baġdādī, Farq (engl. Übers. von *A. S. Halkin*, Moslem Schisms and Sects, Part II), Tel Aviv 1935, 55 Anm.; *Goldziher*, Muhammedanische Studien, ii. 112, 140.

49 Aš., 9f.; Nawb., 34; Baġ., 234f.; Šahr. 135f. (i. 297–300).

fars und der ʿAbbāsiden entgegenzutreten, und die Geschichte, daß Bayān Muḥammad al-Bāqir aufforderte, ihm zu folgen und schroff zurückgewiesen wurde, kann eine Erfindung sein (vielleicht eines Bundesgenossen des Ǧaʿfar), um Bayāns Anspruch abzuwehren.

Der erste Nachkomme des Propheten, der persönlich einen Aufstand anführte, war Muḥammad al-Bāqirs Bruder Zayd ibn-ʿAlī, der 740 gegen die Umayyaden rebellierte, aber gleich zu Beginn getötet wurde. Die Sekte der Zayditen, die nach diesem Zayd benannt wurde, existiert noch heute, aber ihre Bedeutung und ihr eigenes Doktrinensystem erlangte sie in der frühen ʿAbbāsidenzeit (vgl. 164), und es ist nicht klar, inwieweit diese späteren Doktrinen mit Zayds persönlichen Ansichten übereinstimmten. Sicher scheint, daß er und seine Anhänger jegliche Vorstellung von einem ruhenden oder verborgenen Imam ablehnten und behaupteten, der Imam dürfe keine Treue verlangen, bevor er nicht öffentlich Anspruch auf sein Imamat erhoben habe. Er soll geglaubt haben, daß der Imam ein Nachkomme von ʿAlī und Fāṭima sein müsse, obwohl dies vielleicht eher die Lehre späterer Zayditen ist. Im allgemeinen bemühte sich Zayd, einen großen Teil der protoschiitischen Gefühle für seinen Versuch zu mobilisieren, die Kontrolle über das Kalifat zu gewinnen, nachdem dieses den Umayyaden aus den Händen geglitten war. Die soeben erwähnten messianischen Bewegungen waren irrational und Ventile für materielle Klagen und spirituelles Verlangen gewesen, verfügten aber über keinen durchdachten Plan zur Übernahme der Administration des Kalifats. Zayd war hingegen überrational. Er sah ein, daß er dann, wenn er das Kalifat erfolgreich regieren wollte, den wichtigsten Teil der muslimischen Meinung hinter sich haben mußte, und deshalb mußte er die Auffassungen dieser Gruppe akzeptieren. Insbesondere vertrat er die Ansicht, daß Abū-Bakr und ʿUmar rechtmäßige Kalifen und Imame gewesen seien. Um die Verteidiger von ʿAlīs Rechten zu besänftigen, modifizierte er das aber, indem er hinzufügte, ʿAlī sei zwar bevorzugt, doch dies sei ein Fall, wo „das Imamat des Geringeren" (*mafḍūl*) statthaft ist, um gewisse unmittelbare Vorteile zu sichern. Aber selbst diese modifizierte Anerkennung Abū-Bakrs und ʿUmars erschien einigen so, als ob sie eine teilweise Leugnung der Charismata ʿAlīs und des Hāšim-Klans beinhaltete, und wahrscheinlich entzogen viele, die an diese Charismata glaubten, Zayd ihre Unterstützung.

Der letzte Hāšimite, der eine erfolglose Rebellion gegen die Umayyaden anführte, war ʿAbd-Allāh ibn-Muʿāwiya, der Urenkel von ʿAlīs Bruder Ǧaʿfar. Der Aufstand begann 744 in Kufa und dauerte bis zur Ermordung ʿAbd-Allāhs durch Abū-Muslim, wahrscheinlich im Jahr 747. Über die mit diesem Mann verbundenen theologischen Doktrinen herrscht große Verwirrung. Offensichtlich hatte ein Anhänger Bayāns namens ʿAbd-Allāh ibn-ʿAmr ibn-Ḥarb al-Kindī, der mit dem quietistischen Teil der Kaysāniyya in Verbindung stand, in Kufa Ideen über den verborgenen Imam und die Seelenwanderung propagiert. Einige von denen, die diese Ideen akzeptierten, wurden dann Anhänger von ʿAbd-Allāh ibn-Muʿāwiya und wandten sie auf ihn an, insbesondere nach seinem Tod[50]. Die Verbindung mit den Kaysāniyya wird weiterhin durch die Behauptung gestützt, ʿAbd-Allāh ibn-Muʿāwiya sei der Erbe Abū-Hāšims, des Sohnes des Muḥammad ibn-al-Ḥanafiyya. Es ist nicht klar, inwiefern ʿAbd-Allāh ibn-Muʿāwiya selbst die für ihn zu seinen Lebzeiten erhobenen Forderungen guthieß. Er scheint für seine Bewegung keine klaren Vorstellungen als Grundlage gehabt zu haben, und das trug zweifelsohne zu seinem Mißerfolg bei. Zunächst sollen die Reste von Zayds Truppen einen wichtigeren Teil seiner Armee ausgemacht haben als jene, die messianische Ideen vertraten, welche sich von den Kaysāniyya herleiteten. Später, als er von Kufa nach Persien ziehen mußte und dort ein großes Gebiet unter seiner Kontrolle hatte, fand sich unter seinen Anhängern fast jede Schattierung von muslimischer religiöser und politischer Meinung.

Schließlich gab es einen Aufstand, der die Umayyaden vernichtete und die ʿAbbāsidendynastie auf den Kalifenthron brachte. Davon wird in Kap. 6 eingehender die Rede sein.

6. Die Bedeutung protoschiitischer Phänomene

a) Die verschiedenen Aspekte der Phänomene

Unter dem Begriff „protoschiitisch" wurde hier eine Reihe von Phänomenen zusammengefaßt, die bisher als die Anfänge der schiitischen Bewegung bezeichnet wurden. Aber mit einer solchen Bezeichnung würde man eine größere Einheit in die Phänomene hineinlesen, als die, die sie zur Umayyadenzeit tatsächlich hatten. In Wirklichkeit haben wir es mit mehreren Gruppen grundverschiedener Phänomene zu tun. Es mag wohl sein, daß sie auf gemeinsame Faktoren zurückgehen und daß die meisten von ihnen zum Schiismus des zehnten (vierten islamischen) Jahrhunderts beitragen, wie dieser von den Häresiographen verstanden wird. Bis nach dem Jahr 750, ja eigentlich bis nach 874, sollte man nur dann von der Existenz von Verbindungen zwischen den Phänomenen ausgehen, wenn es dafür einwandfreie Beweise gibt.

Die Mindestform des Glaubens, der protoschiitisch genannt werden kann, ist ein Glaube an die persönliche Würdigkeit ʿAlīs. Einen solchen Glauben kann man, wie wir sahen, Ibrāhīm an-Naḫaʿī zuschreiben. Man darf auch wohl annehmen, daß dieser Glaube von vielen jener vertreten wurde, die ʿAlī zu seinen Lebzeiten unterstützten. Diesem Glauben fehlt vermutlich das Element eines besonderen Charismas.

Von diesem Mindestglauben muß jede Form jenes Glaubens unterschieden

50 Aš., 6, 22; Baġ., 233f., 235f.; Šahr., 112f. (= i. 244f.); *Wellhausen*, Das arabische Reich, Index; Nawb., 29, 31; Ibn-Ḥazm, iv. 187f.; *A. S. Tritton*, Muslim Theology, London 1947, 23 Anm.

werden, dem zufolge der Hāšim-Klan bzw. einige seiner Angehörigen über charismatische Qualitäten verfügten. Diese charismatischen Qualitäten können verschieden aufgefaßt werden. Sie variierten von einem sehr hohen Grad an menschlicher Vorzüglichkeit, einschließlich eines Führungstalentes, bis hin zu einer übernatürlichen oder gottgegebenen Begabung. An ein Vererben besonderer menschlicher Größe durch Abstammung zu glauben, würde mit den Vorstellungen der vorislamischen Araber übereinstimmen, während der Gedanke, daß übermenschliche Qualitäten sich in Menschen offenbarten, eher von den aramäischen und persischen Elementen unter den Muslimen stammen könnten. In der einen oder anderen Form übte der charismatische Führer aus dem Hāšim-Geschlecht jedoch in der Zeit zwischen 700 und 850 und später eine Anziehungskraft auf die muslimischen Massen aus. Nur allmählich setzte sich der Glaube durch, die Charismata seien auf die Nachkommen al-Ḥusayns beschränkt. Mehrere Jahrzehnte lang zogen Muḥammad ibn-al-Ḥanafiyya und dessen Sohn Abū-Hāšim mehr Aufmerksamkeit auf sich. Der Dichter Kuṯayyir spricht von ʿAlī und seinen drei Söhnen, die selbstverständlich al-Ḥasan, al-Ḥusayn und Muḥammad ibn-al-Ḥanafiyya sind, und dabei wird der Eindruck vermittelt, daß die drei einander ziemlich ebenbürtig seien. Freilich ist es der dritte, der nicht gestorben sein, sondern in der Verborgenheit leben soll, und daraus kann geschlossen werden, daß der Dichter und zweifellos auch andere Menschen an den Nachkommen al-Ḥusayns nicht interessiert waren. Darüber hinaus konnte man in den Jahren um 750 noch für andere Mitglieder des Hāšim-Klans Charismata postulieren, insbesondere für ʿAlīs Bruder Ǧaʿfar und Mohammeds Onkel al-ʿAbbās. Diese weite Ausdehnung der Charismata ist ein spezifisches Merkmal des Protoschiismus.

Allgemeine Überlegungen dieser Art lassen Zweifel an der imāmitischen Darstellung der Ereignisse während der Umayyadenzeit aufkommen. Dieser Darstellung zufolge wurde seit der Zeit von Kerbela immer einer der Nachfahren al-Ḥusayns als „Imam“ anerkannt, und es wird angedeutet, bzw. es ist impliziert, daß durch den Gebrauch dieses Begriffs gemeint werde, er sei das Oberhaupt „der Familie“ und in gewisser Hinsicht der Führer einer Bewegung. Viele anerkannte Tatsachen widersprechen aber dieser Auffassung. Sogar in den imāmitischen Berichten ist klar, daß die Imame sich nicht ernsthaft mit Politik befaßten, zumindest nicht bis gegen Ende der Umayyadenherrschaft[51]. Der erste vertrauenswürdige Bericht über die politische Aktivität eines Ḥusayniten ist der von der Rebellion Zayd ibn-ʿAlīs im Jahr 740. Die späteren Imāmiten und Ismāʿīliten glaubten aber, daß vor diesem Zeitpunkt drei Männer „als Imame anerkannt“ worden seien: (1) ʿAlī, bekannt als Zayn-al-ʿĀbidīn (‚Zierde der Anbeter‘), der ältere überlebende Sohn al-Ḥusayns, der 712 starb, (2) dessen ältester Sohn

51 Eine Zusammenfassung imāmitischer Berichte findet sich in den ersten Kapiteln von *D. M. Donaldson*, The Shīʿite Religion, London 1933.

Muḥammad, bekannt als al-Bāqir (‚die Leuchte', d. h. im Wissen), der zwischen 731 und 737 starb, (3) der Sohn des letzteren, Ǧaʿfar, bekannt als aṣ-Ṣādiq (‚der Wahrhafte'), der bis in die ʿAbbāsidenzeit hinein lebte und 765 starb.

Der erste von diesen Männern, ʿAlī Zayn-al-ʿĀbidīn, war bekannt für seine Frömmigkeit und Rechtschaffenheit im Leben, aber selbst in der späteren Literatur wird er selten in einem Zusammenhang erwähnt, der irgendeine Art von Führerschaft implizierte. Eine der spärlichen Nachrichten über ihn findet sich aber bei al-Ašʿarī. Sie steht im direkten Widerspruch zur imāmitischen Darstellung, denn sie spricht von einer Sekte, die als Imame zunächst Muḥammad ibn-al-Ḥanafiyya, dann dessen Sohn Abū-Hāšim, und erst dann Zayn-al-ʿĀbidīn anerkannte[52]. Dies ist um so bemerkenswerter, als damit die Anerkennung zweier nichtḥusaynidischer Imame durch ḥusaynidische Anhänger impliziert wird. Das stützt die übrigen Argumente für Claude Cahens Auffassung, daß der Mann, der nach dem Tod al-Ḥusayns von „der Familie" und ihren Anhängern allgemein als Imam oder Oberhaupt anerkannt wurde, Muḥammad ibn-al-Ḥanafiyya war[53]. Diese Sicht erklärt eine ganze Reihe von Einzelheiten: Er war der fähigste von den überlebenden Söhnen ʿAlīs; zahlreiche Sekten werden mit seinem Imamat in Verbindung gebracht, nämlich die Sektenteile der Kaysāniyya, und die Kaysāniyya waren lange Zeit die bedeutendste protoschiitische Gruppe; messianische Vorstellungen wurden offensichtlich zuerst mit seinem Namen assoziiert.

Angenommen, diese Meinung ist richtig, dann ist es auch wahrscheinlich, daß nach ibn-al-Ḥanafiyyas Tod viele, die ihn als Imam anerkannt hatten, seinem Sohn Abū-Hāšim eine ähnliche Anerkennung zuteil werden ließen. Aber diese Anerkennung kann kaum mehr gewesen sein als seine Anerkennung als offizieller Vertreter und Sprecher „der Familie" (hier vermutlich der Nachkommen ʿAlīs) in besonderen Familienangelegenheiten. Sie kann keinerlei politische Rolle impliziert haben, denn weder der Vater noch der Sohn wurden von den Umayyaden belästigt. Die Tatsache, daß die ʿAbbāsiden 750 behaupteten, die oberste Leitung der Familie sei von Abū-Hāšim auf einen der Ihren übergegangen, beweist, daß Abū-Hāšim einmal in weiten Kreisen anerkannt gewesen sein muß (wenngleich nur in einer nichtpolitischen Rolle), und daß diese frühere Anerkennung immer noch von einer gewissen Bedeutung war.

Gegen Ende der Umayyadenzeit kam es insofern zu Veränderungen, als hāšimitischen Sympathien politischer Ausdruck verliehen wurde. Niemand wurde in einem politischen Sinne allgemein als Imam anerkannt, aber viele, die nach der Macht strebten, versuchten, hāšimitische Sympathien für ihre eigenen Zwecke auszunutzen und Unterstützung für ein politisches Programm zu gewinnen, indem sie an diese Sympathien sowie an die Unzufriedenheit mit der Umayya-

52 Aš., 23.7–9. Man beachte die Kürze von Nawb., 47.
53 *Cahen*, „Révolution ʿabbāside", 304f.

denherrschaft appellierten. Das schwerwiegendste Problem war vielleicht, die Aufsplitterung einer potentiell bedeutsamen politischen Kraft in viele kleine aufständische Bewegungen zu verhindern, die von fast jedem Mitglied des Hāšim-Klans oder von irgend jemanden angeführt wurden, der behauptete, der Vertreter eines Mitgliedes zu sein. Eine der Methoden, die angewandt wurden, um diesen Verlust an Schlagkraft auszugleichen, bestand darin, die Vorstellung in die Welt zu setzen, daß es jeweils nur einen Besitzer hāšimitischer Charismata im vollen Sinne gebe, und daß diese Person einen Nachfolger bestimme oder designiere (*naṣṣa*). Das Wort *awṣā*, ‚zum Erben [*waṣī*] bestimmen', wurde ebenfalls verwendet. Die auf diese Weise ernannte Person war selbstverständlich der *imām* oder Führer.

Es läßt sich schwer erkennen, wie verbreitet diese Praxis, einen Nachfolger zu bestimmen, in der früheren Umayyadenzeit war. Sowohl die Zeitgenossen der Umayyaden als auch spätere Schiiten behaupteten in zahlreichen Fällen, daß Soundso Den-und-Den zu seinem Erben gemacht habe, und solche Behauptungen konnten lange Zeit nach den Ereignissen aufgestellt werden. Wir müssen also unterscheiden: (a) die Behauptung, daß eine besondere Ernennung stattgefunden hatte, b) der Zeitpunkt, zu dem die Behauptung öffentlich bekanntgegeben wurde, c) die Frage, ob eine solche Ernennung tatsächlich stattgefunden hatte. In einem wichtigen Fall, der angeblichen Ernennung eines ʿAbbāsiden zum Erben Abū-Hāšims etwa 716, steht fest, daß die Behauptung bzw. der Anspruch um 750 öffentlich bekanntgegeben wurde. Zu dieser Zeit muß also die Vorstellung, daß der Imam seinen Nachfolger bestimmt, weithin akzeptiert gewesen sein. Der Erfolg der ʿAbbāsiden bei der Erlangung der höchsten Macht legt nahe, daß sie wohl entweder die Urheber oder die ersten herausragenden Vertreter dieser Vorstellung gewesen sind.

Ein anderer Aspekt von protoschiitischen Phänomenen, die messianischen Vorstellungen, war im Irak und in den angrenzenden Gebieten seit Jahrhunderten bekannt gewesen. In der Art und Weise, wie die Muslime sie vertraten, hatten diese Ideen eine spezifisch islamische Prägung und sind ein neues Phänomen, aber man kann sie auch für eine umgearbeitete Version älterer Vorstellungen halten. Für denjenigen jedoch, der sich mit dem islamischen Denken befaßt, konzentriert das Interesse sich eher auf die Funktion dieser Ideen innerhalb der islamischen Gesellschaft und ihren Beitrag zu den späteren Formen des Schiismus. In der Umayyadenzeit war die Idee vom Mahdī oft mit politischem Quietismus verbunden sowie mit der Anerkennung bestehender Verhältnisse trotz verschiedener Schattenseiten. Doch war es immer möglich – zumindest theoretisch –, daß der Mahdī oder sein Vertreter in Erscheinung trat und die Männer zu den Waffen rief, so daß diese vom Quietismus zum aktiven Aufstand übergingen. Ob diese Möglichkeit in irgendeinem bestimmten Fall in die Tat umgesetzt wurde, hing vom Temperament derjenigen ab, die an den Mahdī glaubten. Es kann auch bemerkt werden, daß zugleich mit der Vorstellung vom Mahdī andere alte

Vorstellungen aus dem Vorderen Orient und aus Indien in den Islam Eingang fanden, z. B. die von der Seelenwanderung *(tanāsuḫ)*.

b) Die Verwendung von Namen

Der spätere und heute übliche Gebrauch von Šīʿa wird von aš-Šahrastānī gut definiert: „die Šīʿa sind jene, die im besonderen ʿAlī – Friede ruhe über ihm – ‚folgen' *(šāyaʿū)* und behaupten, daß er entweder offen oder geheim durch Bestimmung und Delegierung *(naṣṣ, waṣiyya)* zum Imam und Kalifen gemacht worden ist, und die glauben, daß das Imamat bei seinen Nachkommen verbleibt"[54]. Dies ist eine sorgfältigere und umfassendere Definition als die von al-Ašʿarī, der lediglich sagt, daß „sie die Šīʿa genannt werden, weil sie ʿAlī ‚folgen' *(šāyaʿū)* – möge Gott ihn billigen – und ihn den anderen Gefährten des Gesandten Gottes vorziehen". Al-Ašʿarī verwendete diesen Begriff aber selten, und in seiner Überschrift benutzt er den Plural *šiyaʿ*, ‚Parteien', obwohl ihm auch das abstrakte Substantiv *tašayyuʿ* bekannt war, das mit ‚Schiismus' übersetzt werden könnte[55]. Der spätere Ašʿarit al-Baġdādī vermeidet in *Al-farq bayn al-firaq* Šīʿa fast völlig, abgesehen von tatsächlichen Zitaten, und statt dessen verwendet er Rāfiḍa oder Rawāfiḍ[56]. Ähnlich verwendet der Muʿtazilit des neunten Jahrhunderts al-Ḫayyāṭ Šīʿa nur dann, wenn er aus Ibn-ar-Rāwandī zitiert[57]. Etwa um dieselbe Zeit benutzt Ibn-Qutayba, wie oben bemerkt, Šīʿa nur in einem besonders abgemilderten Sinne. Diese beiden Autoren sprechen normalerweise von den Rāfiḍa. Vielleicht ist diese Abneigung, von den Šīʿa als von Häretikern – was sie ja in der Tat sind – zu sprechen, auf die Tatsache zurückzuführen, daß es ein „gutes" Wort ist. Aḥmad ibn-Ḥanbal z. B. wollte die Behauptung aufstellen, daß die Ahl as-Sunna wa-l-Ḥadīṯ die echte *šīʿa* ʿAlīs seien, da sie für die Familie Mohammeds gebührende Zuneigung empfanden und die Rechte ʿAlīs anerkannten[58]. Der Ḥanbalit al-Barbahārī (gest. 940) unterschied zwischen dem *šīʿī* als dem Mann, der Abū-Bakr und ʿAlī anerkennt und sich nicht zwischen ʿAlī und

54 Šahr., 108 (i. 234f.)

55 Aš., 5, 64.

56 Baġ., 114 unten (an-Naẓẓām), 230 (al-Muġīra b. Saʿīd), in 106 schreibt er, „unsere Freunde glauben, zusammen mit den meisten der Šīʿa ...", wo es unangebracht wäre anzudeuten, daß seine Schule mit den häretischen Rāfiḍa übereinstimmte. In Uṣūl (277.14; 278.6; 281.18) benutzt er Šīʿa im „üblichen" Sinne.

57 Al-Ḫayyāṭ, Intiṣār, Hrsg. *Nyberg*, Kairo 1925, s. Namensregister; eine teilweise Ausnahme ist 164 oben, aber hier mag er entweder das Wort seines Gegenspielers aufnehmen oder an einen Hinweis auf eine Gruppe anknüpfen, die jenen ähnelt, die Ibn-Qutayba Šīʿa nennt.

58 *Henri Laoust*, La profession de foi d'Ibn Baṭṭa, Damaskus 1958, 44 Anm. Die Anekdote (ibid. 74f.), die ʿAlī eine Definition seiner *šīʿa* als Asketen zuschreibt, ist zweifellos ein weiterer später Versuch, Anspruch auf den Terminus zu erheben.

ʿUṯmān entscheidet, und dem *rāfiḍī*, der ʿAlī über ʿUṯmān stellt[59]. Das stimmt mit Ibn-Ḥanbals Bemerkung überein. Etwa um dieselbe Zeit findet sich die „übliche" Bedeutung von Šīʿa bei Ibn-an-Nadīm und, zumindest gelegentlich, bei al-Masʿūdī[60].

Diese Belege zeigen, daß *šīʿa* ursprünglich ein Begriff war, der in erster Linie bei einigen protoschiitischen Gruppen benutzt wurde, wenngleich bestimmte Traditionarier darauf Anspruch erheben wollten. Es ist wahrscheinlich, daß ʿAlī gewisse, ihm nahestehende Bundesgenossen – oder vielleicht alle, die ihm gegen Ṭalḥa und az-Zubayr folgten –, gewöhnlich *šīʿatī*, ‚meine Partei', nannte[61]. Ein nichtspezifischer Gebrauch – d. h. *šīʿat N* im Sinne von ‚die Partei des N' – scheint unter Protoschiiten verbreitet gewesen zu sein. An-Nawbaḫtī verwendet den Begriff in *Firaq aš-šīʿa* manchmal auch in einer nichtspezifischen Weise, obwohl er die spätere, allgemeine Bedeutung übernimmt[62]. Auch wenn an-Nawbaḫtī und andere Häresiographen die Šīʿa als die Anhänger ʿAlīs definieren, rechnen sie unter die Šīʿa auch die Sekten, die mit den Nachkommen des Ǧaʿfar ibn-Abī-Ṭālib und des al-ʿAbbās in Verbindung stehen. Ein frühes Beispiel für den allgemeinen Gebrauch des Terminus findet sich in einem Zitat des Schiiten Ibn-ar-Rāwandī, wo dieser feststellt, daß die *umma* oder islamische Gemeinde aus fünf Sekten bestehe: Šīʿa, Ḫawāriǧ, Murǧiʾa, Muʿtazila und Aṣḥāb al-Ḥadīṯ[63]. Damit kann eine Aussage verglichen werden, die Ibn-al-Mubārak (gest. 797) zugeschrieben wird, nämlich daß die vier Grundsekten Qadariyya, Murǧiʾa, Šīʿa und Ḫawāriǧ seien[64]. Ibn-al-Mubārak kann sich selbst nicht als zu den Šīʿa gehörig betrachtet haben, auch wenn er mit Männern Verbindungen hatte, die sich auf Ibn-Qutaybas Šīʿa-Liste finden, denn er soll die Frömmigkeit Muʿāwiyas gepriesen haben[65]. Vermutlich also hielt er alle vier Sekten für häretisch.

Aus diesem Material wird offenkundig, daß Šīʿa nicht, wie die meisten frühen Sektennamen, ursprünglich ein Spottname der Gegner war, sondern gewöhnlich von den Betreffenden selbst benutzt wurde. Er wurde häufig in einem nichtspezifischen Sinne verwendet. Die meisten der Traditionarier hatten außerdem keine Einwände; das beweisen Ibn-Qutaybas Liste und die Tatsache, daß Ibn-Saʿd in seinen *Ṭabaqāt* von allen auf der Liste stehenden Personen Biographien liefert.

59 Ibid., 74, Anm. 5.

60 Fihrist, 175–177, u. a. Al-Masʿūdī, Murūǧ, v. 80; u. a.

61 Fihrist, 175; vgl. Ibn-Saʿd, vi. 157 – al-Aṣbaġ b. Nubāta, *ṣāḥib šuraṭ ʿAlī* und einer seiner *aṣḥāb*, war ein *šīʿī*.

62 Z. B. Nawb., 55, 15, 17. Vgl. Baġ., 230; *šīʿa* wird in einem weiten Sinne verwendet in der Darstellung der Ansichten al-Muġīra b. Saʿīds und ist vielleicht der Terminus des zuletzt Genannten und ein früher Beleg für diesen Gebrauch.

63 Al-Ḫayyāṭ, 139.

64 *Laoust*, Profession, 17 Anm. (aus al-Barbahārī); *Louis Massignon*, Essai sur les origines du lexique technique de la mystique musulmane, 2. Auflage, Paris 1954, 173 Anm. (aus Ġulām Ḫalīl).

65 Ibn-Ḫallikān, ii. 12f.

Ignaz Goldziher führte aus, daß *tašayyuʿ*, nämlich ‚Liebhaberei' für das Geschlecht ʿAlīs entweder gut oder schlecht *(tašayyuʿ ḥasan, qabīḥ)* sein konnte, und erst dann „durch die Übertreibung" häretisch wurde[66]. Der Begriff Šīʿa wurde nach und nach auf die Anhänger ʿAlīs und der ʿAliden beschränkt, und im späteren neunten Jahrhundert war Ibn-ar-Rāwandī bereit, sie als einen fundamentalen Teil der islamischen Gemeinde zu akzeptieren, und dies implizierte, daß er bereit war, alle oder die meisten der merkwürdigen protoschiitischen Gruppen in gewisser Hinsicht als Vorläufer von sich und seinen Gefährten zu betrachten.

Während der Umayyadenzeit wurde der Begriff „die Šīʿa" also nicht in der umfassenden Bedeutung gebraucht, die er später erhielt. Dieser kam wahrscheinlich der Begriff Kaysāniyya am nächsten. Obwohl die meisten Häresiographen Kaysāniyya auf die Anhänger des Muḥammad ibn-al-Ḥanafiyya beschränken, wird der Begriff von an-Nawbaḫtī zumindest einmal ohne irgendeinen Hinweis auf diesen verwendet[67]. Möglich ist auch, daß Saba'iyya ein anderer früher allgemeiner Terminus war; sein Gebrauch durch Ibrāhīm an-Naḫaʿī legt dies nahe (s. 44). Der Begriff Rāfiḍa hingegen wurde wahrscheinlich nicht vor 750 verwendet; mit ihm befassen wir uns später.

Anhang. ʿAbd-Allāh ibn-Saba' und die Saba'iyya

Die zu Beginn des Jahrhunderts über ʿAbd-Allāh ibn-Saba' verfügbaren Belege wurden von Israel Friedlaender in einem langen Artikel mit dem Titel „ʿAbdallāh b. Sabā, der Begründer der Šīʿa, und sein jüdischer Ursprung" sorgfältig untersucht[68]. Mit Recht meinte er, daß die grundlegenden Teile dieser Belege Auszüge aus aṭ-Ṭabarī (i. 2858f., 2922, 2944, 2954, 3163f.), sowie der Bericht aš-Šahrastānīs (132 oder i. 289–291) und der in al-Baġdādīs *Farq* (223–226) seien. Er wies auf die Ungereimtheiten und Widersprüche dieses Materials hin und argumentierte auch, daß die besondere Form messianischer Vorstellungen, um die es ging, der der Juden im Jemen und der der Falascha Abessiniens ähnelte. Auffassungen anderer Europäer werden in dem Artikel von Marshall Hodgson in EI² (ʿAbd Allāh b. Saba') kurz erwähnt. Seit der Zeit, als Friedlaender seinen Artikel verfaßte, wurde weiteres Material zugänglich gemacht, vor allem die Berichte von al-Ašʿarī[69], an-Nawbaḫtī[70], al-Malaṭī (der Ḫušayš zitiert)[71] und an-Nāši'[72].

66 *Goldziher*, Muhammedanische Studien, ii. 110f. Ibn-Saʿd verwendet den Begriff für Männer auf Ibn-Qutaybas Liste (z. B. vi. 261, *mutašayyiʿ*; vii/2.22, 44, *yatašayyaʿ*), aber sein Vorkommen bzw. Nichtvorkommen erscheint etwas zufällig.

67 Nawb., 37.11–14.

68 ZA, xxiii (1909), 296–327; xxiv (1910), 1–46.

69 Aš., 15, als vierzehnte Sekte der Ġāliya.

70 Nawb., 19f.

71 Al-Malaṭī, Kitāb at-tanbīh, Hrsg. *S. Dedering*, Leipzig 1936, 14f.

72 An-Nāši', Zwei Werke, Hrsg. *Josef van Ess*, Beirut 1971, § 1/33, S. 29 (nur Rušayd wird erwähnt).

Außerdem wurden Ibn-Saʿds *Ṭabaqāt* vervollständigt und der nützliche Index angefügt. Der Zweck dieses Anhangs hier ist es zu erklären, weshalb bei der hauptsächlichen Darstellung der protoschiitischen Phänomene die Saba'iyya vernachlässigt wurden, und es wird genügen, einige der Folgerungen hervorzuheben, ohne das zu wiederholen, was von anderen Verfassern beschrieben wurde.

1) Verdächtig ist, daß kein Angehöriger der Sekte namentlich bekannt ist – außer ʿAbd-Allāh ibn-Saba', einem gewissen Ibn-Sawdā' (der derselbe sein könnte) und einem unbekannten Gefährten, Rušayd al-Haǧarī. Auch deshalb läßt sich keine Kontinuität zwischen den Saba'iyya und anderen protoschiitischen und späteren schiitischen Phänomenen aufzeigen. Daraus folgt, daß die Saba'iyya nicht als Beginn des Schiismus betrachtet werden können. Daher sind sie oben vernachlässigt worden.

2) Al-Ašʿarī weiß nichts von einem frühen Datum. Er erwähnt (i. 15) die Sabā'iyya, die Anhänger des ʿAbd-Allāh ibn-Sabā', als die vierzehnte Sekte der Ġāliya oder extremen Šīʿa. Als jemanden, der einige derselben Ansichten vertrat (aber nicht unbedingt als Mitglied der Sekte) erwähnt er auch as-Sayyid al-Ḥimyarī, der von 723 bis 789 lebte. Aus allgemeinen Gründen läßt sich annehmen, daß die Ansichten, die den Saba'iyya zugeschrieben werden, zum erstenmal um das Jahr 690 vorgetragen wurden. In dem um 695 verfaßten *Kitāb al-irǧā'* greift al-Ḥasan ibn-Muḥammad ibn-al-Ḥanafiyya die Saba'iyya an und schreibt ihnen Ansichten zu, die denen der Kaysāniyya ähneln (vgl. S. 121 Anm. 16). Auch der Bericht bei Ibn-Saʿd (vi. 192), daß Ibrāhīm an-Naḫaʿī (gest. ca. 714) sagte, er sei weder ein Sabā'ī noch ein Murǧi'ī, beweist, daß die Bezeichnung ungefähr im Jahr 700 gebräuchlich gewesen sein muß. Ein anderer Punkt, der den Namen mit dem frühen achten Jahrhundert in Verbindung bringt, ist, daß az-Zuhrī (gest. 742) sagte, Abū-Hāšim (gest. 716), der Sohn des Ibn-al-Ḥanafiyya, habe eine Sammlung von *aḥādīṯ as-sabā'iyya* angelegt[73].

3) Der Name muß nicht unbedingt auf eine tatsächliche Person von Bedeutung zurückgehen. Eine ähnliche Unklarheit besteht bei der Herkunft des Namens Kaysāniyya. Friedlaender bemerkt, daß Saba' als Name ungewöhnlich ist. Saba'ī könnte das zu (dem Stamm) Saba' gehörige Adjektiv sein. Yāqūt (Buldān, iii. 27) sagt, der Stamm sei dafür sprichwörtlich geworden, daß er in verschiedene Richtungen gegangen sei (als der Staudamm von Ma'rib brach und die Sabäer ihre Hauptstadt verließen. Daher eine arabische Redewendung).

4) An-Nāšī' (I/§ 33), der wahrscheinlich Material aus dem frühen neunten Jahrhundert benutzte, schildert die Saba'iyya als jene Leute, die ʿAlīs Tod leugneten und ihn für eine messianische Gestalt hielten.

5) Angesichts dieser Punkte können die folgenden Hypothesen aufgestellt werden. (a) Der Name ist ein Spottname und kann sich gut mit anderen Namen,

73 Ibn-Ḥaǧar, Tahḏīb, vi. 16, zitiert von *W. Madelung,* Der Imām al-Qāsim ibn Ibrāhīm ..., Berlin 1965, 35.

wie z.B. Kaysāniyya decken. Er könnte sich von dem Stamm ableiten und möglicherweise auf das Sprichwort anspielen oder jemanden bezeichnen, der extreme Meinungen vertritt. In diesem Falle könnte die Person erfunden worden sein, um den Namen weniger anstößig zu machen. Möglich ist auch, daß den Namen der Sekte und der Person ein Körnchen Wahrheit zugrunde liegt. In den Varianten Sabā' und Sabā'iyya scheint keine Bedeutung zu liegen. In arabischen Texten kommt meistens Saba', Saba'iyya vor, aber manchmal Sabā', Sabā'iyya. Sabā bei Friedlaender ist vermutlich eine ungenaue Transliteration. (b) Die Geschichte von der Bestrafung des Ibn-Saba' durch ʿAlī ist wahrscheinlich eine spätere Erfindung von Anhängern ʿAlīs, die extreme schiitische Meinungen in Verruf bringen wollten. Die Schiiten projizierten ständig spätere Behauptungen in die Vergangenheit zurück. An-Nawbaḫtī spricht z.B. davon (S. 2), daß ʿAlī an dem Tag als Bewerber um das Kalifat aufgetreten sei, an dem Mohammed starb, auch wenn die üblichen historischen Quellen nichts darüber erwähnen. (c) Diese Meinung wird durch die Tatsache etwas gestützt, daß Abū-l-ʿAbbās in der ersten Freitagsansprache nach seiner Proklamation zum Kalifen die Anhänger des Ibn-Saba' heftig attackiert haben soll[74].

KAPITEL 3 DIE ALLGEMEINE RELIGIÖSE BEWEGUNG

1. Intellektuelle Aspekte der Bewegung

Die übliche muslimische Meinung und die abendländische Kritik

Die übliche muslimische Meinung über die frühe Zeit des islamischen Denkens wird von der Auffassung beherrscht, daß die wahre Religion unveränderlich sei, sowie von der spezifisch arabischen und islamischen Konzeption von der Natur des Wissens. Der letzteren zufolge ist das für die Lebensführung wichtige Wissen – und das ist Wissen im eigentlichsten Sinne – in den geoffenbarten Worten Gottes und in den Aussprüchen der Propheten und anderer besonders begabter Menschen enthalten. Aus dieser Konzeption von Wissen folgt, daß die Aufgabe des Gelehrten darin besteht, den geoffenbarten Text und die anderen weisen Sprüche genau zu überliefern. Wie dies in der Praxis aussah, wurde in Band I., in der Geschichte des Korantextes (S. 176–184) und in der Darstellung der Ḥadīṯ-Sammlung (S. 235–241), erläutert.

Zu den Dingen, die in bezug auf die Umayyadenperiode zu beachten sind, gehört die Tatsache, daß es noch nicht eine solche Systematisierung und Spezialisierung gab wie später. Dieselben Menschen konnten die Interpretation des

74 *H. Laoust*, Les schismes dans l'Islam, Paris 1965, 58.

Koran sowie die Prinzipien der Rechtswissenschaft erörtern und auch – sofern dies vor dem Ende dieses Zeitabschnittes geschah – den Ḥadīṯ überliefern. Obschon es keine Spezialisierung gab, waren doch alle führenden Männer der Gemeinde religiös orientiert. Diejenigen, die tief in politische und administrative Angelegenheiten involviert waren, hatten wenig Zeit für religiöse Gelehrsamkeit übrig, aber koranische Auffassungen bildeten den Hintergrund ihres praktischen Denkens. Einige dieser Männer aber und viele, die über weniger Macht oder Reichtum verfügten, verwendeten viel Zeit und Kraft auf die Erörterung religiöser Fragen. Diese letzteren sind es, die hier als „allgemeine religiöse Bewegung" bezeichnet werden. Mit dem Begriff sind alle religiösgesinnten Menschen der Umayyadenzeit gemeint, auf welcher Seite auch immer ihre politischen Sympathien lagen. Manchmal wurde vermutet, daß um 750 die meisten von denjenigen, die der allgemeinen religiösen Bewegung angehörten, gegen die Umayyaden eingestellt waren. Gewiß kritisierten viele von jenen, die über die Rechtswissenschaft diskutierten, die Rechtspraxis der Umayyaden, während andere die Dynastie aus politischen Gründen mißbilligten. Man hat auch angenommen, daß diese Mehrheit eine gemäßigte oder zentrale Partei darstellte, die die ʿAbbāsiden begünstigte, ohne sie militärisch zu unterstützen. Andererseits vermitteln muslimische Quellen den Eindruck von einem großen monolithischen Block der Gelehrsamkeit – im wesentlichen alle Sunniten, die im Gegensatz zu einer kleinen Zahl sektiererischer Häretiker gestanden hätten. Aber ein aufmerksames Studium der Quellen hat jetzt deutlich gemacht, daß es unter den religiösen Gelehrten viele Gruppen oder Parteien gab, die sich sowohl in bezug auf die theologischen Doktrinen als auch im Hinblick auf ihre politischen Einstellungen unterschieden. Im nachfolgenden wird die politische Sympathie als Schlüssel zu den Meinungsverschiedenheiten der Gelehrten betrachtet.

2. Politische Einstellungen in der Bewegung

a) Die zubayridische Partei

Der Bürgerkrieg oder *fitna* Ibn-az-Zubayrs soll nach dem Tod des ersten Umayyadenkalifen Muʿāwiya 680 begonnen haben, als (ʿAbd-Allāh) Ibn-az-Zubayr nach Mekka ging und sich weigerte, dem neuen Kalifen, Yazīd I., den Treueid zu leisten. Der Krieg dauerte bis 692, als die Umayyaden Mekka zurückeroberten. Von etwa 684 bis 691 regierte Ibn-az-Zubayr auch einen großen Teil des Irak. Es gab also einen ausgedehnten, wenngleich kurzlebigen zubayridischen Staat, in dem zahlreiche Angehörige der allgemeinen religiösen Bewegung lebten, von denen zumindest einige Ibn-az-Zubayr unterstützten. Zudem war diese *fitna* kein isoliertes Ereignis. Sie war gewissermaßen die Fortsetzung des Versuchs derselben Gruppe, ʿAlī im Jahr 656 die Macht abzuringen, als der

Vater, az-Zubayr, im Bündnis mit Ṭalḥa und ʿĀʾiša in der Kamelschlacht besiegt wurde. Die Gruppe scheint hauptsächlich einigen kleineren Klanen des Stammes von Qurayš, insbesondere Taym und Asad, zu entstammen[1].

Ein interessantes Beispiel für einen Gelehrten, der Ibn-az-Zubayr unterstützte, ist Ibn-Abī-Mulayka (gest. 735) aus dem Klan von Taym, der unter dem Gegenkalifen *qāḍī* von Mekka war. Zu dem Material, das er überlieferte, gehört die Geschichte, daß Abū-Bakr, als er als *ḫalīfa* Gottes angesprochen wurde, Protest einlegte und betonte, daß er nur *ḫalīfa* (hier vermutlich: ‚Nachfolger') des Gesandten Gottes sei[2]. Die Geschichte wurde zweifellos zuerst in Umlauf gebracht, um auf die Behauptung der Umayyaden zu entgegnen, ihre Herrschaft sei von Gott sanktioniert, was sie mit dem Titel „Kalif Gottes" zum Ausdruck bringen wollten.

Andere Gelehrte, die zu dieser Gruppe gehören, sind ʿUrwa ibn-az-Zubayr (gest. ca. 712), dessen Sohn Hišām ibn-ʿUrwa (gest. ca. 763) und az-Zuhrī. ʿUrwa war ein Bruder des Gegenkalifen ʿAbd-Allāh, und nach dessen Tod soll er zu dem Umayyadenkalifen ʿAbd-al-Malik geeilt sein, um im Namen ihrer Mutter darum zu bitten, den Leichnam für die Bestattung ausgehändigt zu bekommen. Zusammen mit anderen zubayridischen Anhängern söhnte er sich mit den Umayyaden aus und lebte friedlich in Medina. Eine seiner Beschäftigungen war, Materialien für die Biographie Mohammeds zu sammeln. Teile eines seiner Sendschreiben an ʿAbd-al-Malik bezüglich dieser Biographie sind in aṭ-Ṭabarīs Geschichte bewahrt und stellen eine wertvolle frühe Quelle dar. Zu den anderen von ihm übermittelten Materialien gehören Anekdoten über seine eigene Familie (z.B. Abū-Bakr, seinen Großvater mütterlicherseits) und Personen, die mit dieser Umgang pflegten. Es gab auch Geschichten, die darauf abzielten, Mitglieder von Klanen, die Taym und Zuhra gegenüber feindlich eingestellt waren, in Verruf zu bringen, und dazu gehörten auch Angehörige von Umayya. Selbst der Brief an ʿAbd-al-Malik übertreibt vielleicht das Ausmaß der Verfolgung von Muslimen vor der Wanderung nach Abessinien; denn diese Verfolgung war größtenteils das Werk dieser feindlichen Klane[3]. Sein Sohn Hišām überlieferte Material von seinem Vater, scheint aber sonst ein vernünftiger und gemäßigter Gelehrter gewesen zu sein[4].

Az-Zuhrī (Muḥammad ibn-Muslim … ibn-Šihāb) war der Sohn eines Mannes, der den Bruder und Stellvertreter des Gegenkalifen, Muṣʿab ibn-az-Zubayr, unterstützt hatte[5]. In verschiedenen Studienrichtungen wurde er seinerzeit zum bedeutendsten Gelehrten von Medina. Da er 670 oder 671 geboren wurde, muß er

1 Vgl. *Watt*, Mecca, 180f.
2 Aḏ-Ḏahabī, Ḥuffāẓ, i. 101; vgl. auch S. 74.
3 *Watt*, Mecca, 179–181.
4 Ḥuffāẓ, i. 144f.; Ibn-Ḥaǧar, Tahḏīb, xi. 89.
5 Ibn-Ḫallikān, ii. 581–583; vgl. Ḥuffāẓ, i. 108–113; *J. Schacht*, The Origins of Muhammadan Jurisprudence, Oxford 1950, 246f.; GAS, i. 280–283.

die ihn prägenden Jahre seines Lebens in Medina unter zubayridischer Herrschaft verbracht haben. Obwohl er später den Umayyaden die Treue hielt, übermittelte er einige Materialien, die diesen nicht sehr günstig sind, u. a. einige von ʿUrwa[6]. Andererseits ist seine Darstellung im Hinblick auf die Auseinandersetzungen zwischen ʿAlī und Muʿāwiya weitgehend pro-umayyadisch[7]. Er soll gesagt haben, daß er von den Gelehrten der vorhergehenden Generation Saʿīd ibn-al-Musayyab (Medina, gest. 709 oder später), aš-Šaʿbī (Kufa), al-Ḥasan (Basra) und Makḥūl (Syrien) bewunderte[8]. Von diesen standen zumindest die drei zuletzt genannten den Umayyaden etwas kritisch gegenüber, so daß der Bericht, selbst wenn er eine spätere Erfindung sein sollte, zeigt, daß die Menschen ihn für einen von denjenigen hielten, die die Umayyaden mißbilligten. In der ʿAbbāsidenzeit war dies selbstverständlich ein Pluspunkt. Das spezifisch zubayridische Element war aber lange vor az-Zuhrīs Tod im Jahr 742 verschwunden.

b) Aufrichtige Anhänger der Umayyaden

Mit Fortschreiten des achten Jahrhunderts wurden diejenigen, die mit der ehemaligen zubayridischen Partei assoziiert waren, zu Anhängern der Umayyaden, wenn auch vielleicht zu lauen Anhängern. Es gab aber andere Gelehrte und Literaten, die halfen, die Umayyaden zu rechtfertigen und ihre Herrschaft zu verteidigen und dies der Öffentlichkeit darzulegen. Diese Leute kann man als die aufrichtigen Anhänger der Umayyaden bezeichnen. Eine ausführliche Darstellung der umayyadischen Rechtfertigung wird auf das nächste Kapitel verschoben, aber einige typische Gestalten unter den betreffenden Gelehrten können hier erwähnt werden. Da die qadaritische Häresie in ihren Anfängen eine politische Bewegung gegen die Umayyaden war mit einer Tendenz, sich aktiv an einer Rebellion zu beteiligen, erhoben die pro-umayyadischen Gelehrten Einwände gegen die qadaritische Doktrin.

Der Kalif ʿUmar II. ibn-ʿAbd-al-ʿAzīz (717–720) war selbst so etwas wie ein Gelehrter und machte Einwendungen gegen die Qadariten. Wenig später, unter dem Kalifat Hišāms (724–743), wurden die Argumente für den offiziellen Standpunkt gegen einen qadaritischen Führer namens Ġaylān von Maymūn ibn-Mihrān (gest. 735) und al-Awzāʿī (gest. 773) gelenkt. Dieser Maymūn war unter ʿUmar II. mit der Rechtsprechung und der Besteuerung in der Dschasira beauftragt und soll von Ġaylān getadelt worden sein, weil er unter den Umayyaden solche Ämter übernahm. Dennoch genoß er bei späteren Gelehrten Ansehen, und bei einem ḥanbalitischen Autor findet sich ein Zitat von ihm, aus dem hervorgeht, daß Maymūn das Prinzip akzeptierte, in schwierigen Fällen die Schrift und die

6 *Watt*, Medina, 352f.

7 *Erling Ladewig Petersen*, ʿAlī and Muʿāwiya in early Arabic tradition, Kopenhagen 1964, 36f.

8 Ibn-Ḫallikān, loc. cit., u. a.

Sunna zu Rate zu ziehen[9]. Al-Awzāʿī war in der späteren Umayyadenzeit der prominenteste Rechtsgelehrte von Damaskus, und seine Meinungen scheinen mehr oder weniger offiziell akzeptiert worden zu sein, ja, ihr Einfluß war auch noch unter den Umayyaden Spaniens bis ungefähr zum Ende des achten Jahrhunderts wirksam. Er hatte u. a. unter Maymūn studiert. Nach dem Fall der Umayyaden im Jahr 750 versöhnte er sich nach außen mit den ʿAbbāsiden und zog sich nach Beirut zurück, wo er friedlich und ohne viel Einfluß gelebt zu haben scheint[10]. Er ist genau der Typ des Gelehrten, von dem man erwarten würde, daß er durch seine Gelehrsamkeit die Umayyaden unterstützte.

c) Aktive Gegner der Umayyaden

Viele der gegen die Umayyaden gerichteten Aufstände beruhten angeblich auf der ḫāriǧitischen Doktrin. Einige der Protoschiiten waren zwar potentielle Revolutionäre, blieben aber bis nach 740 passiv. Es gab jedoch einige andere Aufstände, denen in bezug auf die Doktrin zwar eine klare Basis fehlte, die aber dennoch in der Entwicklung der Doktrin eine wichtige Rolle spielten.

Unter diesen hebt sich der Aufstand des Ibn-al-Ašʿaṯ heraus, der von ungefähr 701 bis 704 (81 bis 84/5 A.H.) dauerte[11]. Der Hauptgrund für den Aufstand war laut Wellhausen der, daß die irakischen Streitkräfte die syrischen Truppen nicht leiden konnten und meinten, die letzteren würden auf ihre Kosten bevorzugt. Abgesehen davon war die strenge Herrschaft von al-Ḥaǧǧāǧ allgemein verhaßt, und die Qurayš und andere, die auf ihre Abstammung stolz waren, blickten auf ihn, den Angehörigen des Stammes von Ṯaqīf, von oben herab. Andere materielle und soziale Faktoren mögen eine Rolle gespielt haben. Obwohl Ibn-al-Ašʿaṯ keine klare Aussage von religiöser Grundsätzlichkeit formulierte, sprach das Militär von al-Ḥaǧǧāǧ gewöhnlich als vom „Feind Gottes", während er seinerseits nach seinem Sieg nur jene Gefangene begnadigte, die bekannten, daß sie „Ungläubige" gewesen seien. Dies war insofern gerechtfertigt, als Ibn-al-Ašʿaṯ von Männern unterstützt wurde, die sich in theologischen und anderen religiösen Diskussionen hervorgetan hatten. Aber die Angelegenheit wird durch die Tatsache kompliziert, daß diese Gelehrten untereinander verschiedener Meinung waren. Einer war Maʿbad al-Ǧuhanī, der angebliche Begründer der qadaritischen Sekte, und seine Beteiligung ist verständlich. Zumindest aber drei andere hält man für Murǧiʾiten, während einer der hervorragende Gelehrte aš-Šaʿbī war, der keinerlei Häresie bezichtigt wird.

9 *Laoust*, Profession, 31. Auch Ibn-Saʿd, vii/2.177f.; aḏ-Ḏahabī, Ḥuffāẓ, i. 98f.; Ibn-al-ʿImād, i. 154. Vgl. auch S. 78.

10 Ḥuffāẓ, 1.178–183; Ibn-Ḫallikān, 11.84–86. Andere Hinweise in EI², Art. „(al-) Awzāʿī" *(J. Schacht)*.

11 Vgl. *Wellhausen*, Arabisches Reich, Kap. 4; *Redwan Sayed*, Die Revolte des Ibn al-Ašʿaṯ und die Koranleser, Freiburg 1977.

Ein wenig ähnlich war der kurze Aufstand des Yazīd ibn-al-Muhallab im Jahr 720[12]. Persönliche Faktoren spielten eine Rolle, aber Yazīd rief die religiösen Männer Basras im Namen der Schrift Gottes und der Sunna des Propheten zum heiligen Krieg gegen die Syrer auf. Viele reagierten auf die Aufforderung, doch al-Ḥasan al-Baṣrī widersetzte sich ihr öffentlich. Unter den Teilnehmern werden ein Ḫāriǧit und ein Murǧi'it genannt, aber kein Gelehrter von Bedeutung. Yazīd wurde im August 720 getötet, doch setzten andere Mitglieder der Familie den Aufstand eine Zeitlang fort. Dieser Aufstand war, wie der des Ibn-al-Aš'aṯ – wenngleich in einem geringeren Ausmaß – insofern wichtig, als er religiösgesinnte Männer, die den Umayyaden kritisch gegenüberstanden, zwang, sich zu entscheiden, ob sie sich dem Aufstand anschließen oder die Regierung weiterhin unterstützen sollten.

d) Die Frage einer gemäßigten oder zentralen Partei

Der Gedanke, daß es während der Umayyadenperiode eine gemäßigte oder zentrale Partei gab, der die meisten Mitglieder der allgemeinen religiösen Bewegung angehörten, liegt zwar nahe, aber es ist schwierig, ihn im Detail auszuarbeiten. Vielleicht können wir sagen, daß diese Partei Männer umfaßte, die weder Ḫāriǧiten noch extreme Schiiten, weder hundertprozentige Anhänger noch hundertprozentige Gegner der Umayyaden waren. Aber können wir sie irgendwie zutreffend beschreiben? Woran glaubten sie? Vertraten sie die grundlegende sunnitische Doktrin? Wenn ja, wie war diese aber zu jener Zeit formuliert? Wenn wir sagen, daß der Staat „nach dem Buch Gottes und der Sunna des Propheten" verwaltet werden sollte, gab es eine eindeutige Interpretation von dem, was dies in der Praxis bedeutete? Ehe wir versuchen, diese Fragen zu beantworten, wird es nützlich sein, ein paar besondere Männer näher zu betrachten.

Einer, der als Vertreter einer neutralistischen Position oft erwähnt wird, ist 'Abd-Allāh ibn-'Umar (gest. 693), der Sohn des zweiten Kalifen[13]. Er blieb in der Auseinandersetzung zwischen 'Alī und Mu'āwiya nach dem Tod 'Uṯmāns neutral. Später wies er Mu'āwiyas Forderung, seinem Sohn Yazīd als dem rechtmäßigen Erben einen Treueschwur zu leisten, zurück; denn er hielt dies für eine Innovation. Aber nach Mu'āwiyas Tod legte er, im Gegensatz zu Ḥusayn und Ibn-az-Zubayr, den Eid ab. Im großen und ganzen lebte er unauffällig in Medina, und seine Neutralität scheint in der Hauptsache darin bestanden zu haben, daß er vermied, in die Politik hineingezogen zu werden. Dies ist in der Tat eine Haltung, die in der ganzen islamischen Geschichte für richtig gehalten wird. Der

12 *Wellhausen*, Arabisches Reich, Kap. 6, Anfang; vgl. Ibn-Ḫallikān, iv. 192–196.
13 EI², Art. „'Abdallāh b. 'Umar b. al-Khaṭṭāb" *(L. Veccia Vaglieri)*, mit weiteren Hinweisen, vgl. Nawb., 5.2–8, zitiert S. 218.

wahre Gelehrte muß vermeiden, sich in der Politik „die Hände schmutzig zu machen". Er muß sogar Ernennungen zum Richter und Geschenke von zweifelhaften Herrschern ablehnen. Selbstverständlich gab es immer andere, die die Notwendigkeit eines politischen Engagements erkannten; das war ihre Art und Weise, die Pflicht zu verstehen, „zum Billigen aufzufordern und vom Verwerflichen abzuhalten".

Als nächstes können wir auf zwei Gelehrte aus Kufa eingehen. Der eine, Ibrāhīm an-Naḫaʿī (gest. ca. 714), kommt in Ibn-Qutaybas Šīʿa-Liste vor, und seine Ansichten sind oben beschrieben worden (S. 44). Der andere, aš-Šaʿbī (gest. 722), taucht in Ibn-Qutaybas Liste nicht auf, obwohl er ähnliche Meinungen vertritt. Von ihm heißt es, er habe aufgehört, ein Schiit zu sein[14]. Seine Auffassungen gehen aus einer Äußerung hervor, die Ibn-Saʿd von ihm überlieferte: „Liebe den Aufrechten der Gläubigen und den Aufrechten von Banū-Hāšim, doch sei kein Schiit; ‚schiebe auf', was du nicht weißt, doch sei kein Murǧi'it; wisse, daß das Gute von Gott und das Böse von dir selbst kommt, doch sei kein Qadarit, und liebe denjenigen, den du aufrecht handeln siehst, selbst wenn er ein Sindī ist." Mit dem ersten Punkt soll vermutlich abgeleugnet werden, daß es im Hāšim-Klan irgendein besonderes Charisma gibt. Diese Leugnung ist der Ibrāhīms, ein Saba'it zu sein, vergleichbar. Die Qadariten und Murǧi'iten werden in den beiden folgenden Kapiteln erörtert, und die Konklusionen müssen hier vorausgesetzt werden. Wenn Ibrāhīm sagte, er sei kein Murǧi'it, meinte er wahrscheinlich, ʿAlī nicht unter ʿUṯmān zu stellen, und aš-Šaʿbī meinte zweifellos etwas Ähnliches, vielleicht mit der weiteren Implikation, daß in der Politik gewisse moralische Urteile möglich sind. Mit „kein Qadarit sein" meinte aš-Šaʿbī vermutlich, nicht gegen die Umayyaden zu rebellieren.

Noch ein paar andere Tatsachen, die sich in dieses Bild einfügen, sind über aš-Šaʿbī bekannt. Er scheint eine Zeitlang mit dem Kalifen ʿAbd-al-Malik und dem Gouverneur al-Ḥaǧǧāǧ auf gutem Fuß gestanden zu haben[15]. Aber er muß seine Haltung geändert haben; denn beim Aufstand des Ibn-al-Ašʿaṯ spielte er eine aktive Rolle und lehnte auch das Amt des *qāḍī* ab[16]. Im Jahr 721, gegen Ende seines Lebens, als ein neuer Gouverneur, Ibn-Hubayra, mit Entschiedenheit den umayyadischen Anspruch, von Gott ernannt zu sein, vortrug, äußerte er keine

14 Ibn-Saʿd, vi. 173; er ist Abū-ʿAmr ʿĀmir b. Šarāhīl al-Ḥimyarī aš-Šaʿbī. Daß er aufhörte, ein Schiite zu sein, läßt sich vielleicht auf solche Berichte gründen wie die in *Laoust*, Profession, 44, 69 (Text 27, 42), wo er die Rāfiḍa und die Ḫašabiyya bekämpft; das erstere ist zweifelhaft, da es früh ist für diesen Gebrauch von *rafḍ*, doch das letztere erscheint wahrscheinlich und bedeutet vermutlich soviel wie Quietismus und Glauben an die Wiederkehr des Imam (vgl. Ibn-Ḥazm, iv. 185 unten; *Friedlaender* in JAOS, xxviii, 63; Ibn-Qutayba, Maʿārif, 300; *A. S. Tritton*, Muslim Theology, London 1947, 21 Anm.).

15 *Goldziher*, Muhammedanische Studien, ii. 200; Ibn-Ḫallikān, ii. 4–7.

16 *Goldziher*, Muhammedanische Studien, ii. 40.

Kritik, sondern erklärte seine Zustimmung und erhielt eine Belohnung[17]. Im Hinblick auf diese Zustimmung ist bemerkenswert, daß er gesagt haben soll: „Wenn die Menschen ihrer Autorität *(sulṭān)* im Fall einer von dieser verordneten Neuerung gehorchen, vertreibt Gott den Glauben aus ihren Herzen und setzt dort die Furcht fest“[18]. Wenn dies authentisch ist, und wenn aš-Šaʿbī seine Übereinkunft mit Ibn-Hubayra für gerechtfertigt hielt, dann kann er die Behauptung, die Umayyaden seien von Gott bestimmt, nicht als eine „Neuerung“ (oder „Häresie“) betrachtet haben. Den Glauben *(īmān)* zu verlieren, implizierte aufzuhören, ein Gläubiger *(muʾmin)* zu sein. Dieser flüchtige Blick auf seine Geschichte zeigt aber, mit welchen Anfechtungen und Schwierigkeiten ein Gelehrter im frühen achten Jahrhundert fertig werden mußte.

Eine andere Informationsquelle über aš-Šaʿbīs politische Einstellung ist das Material von ihm, das in die Werke späterer Historiker, insbesondere von aṭ-Ṭabarī, aufgenommen wurde. Aš-Šaʿbī ist der früheste Vertreter der historischen Tradition von Kufa. Sein Bericht über den Kampf zwischen ʿAlī und Muʿāwiya[19] weist spezifische Merkmale auf, die mit seinen bereits beschriebenen Einstellungen übereinstimmen. Er betont, daß ʿAlī von den Emigranten und Anṣār in Medina rechtswirksam zum Kalifen gewählt worden sei und daß seine angebliche Mitschuld an der Ermordung ʿUṯmāns nicht der Wahrheit entspreche. Ferner hebt er hervor, daß Muʿāwiyas Behauptung, er habe als tatsächlicher nächster Verwandter des ʿUṯmān ein Recht, ʿAlī als den teilweise für den Mord Verantwortlichen zu bekämpfen, unbegründet war. Es folgte, daß Muʿāwiya dem Oberhaupt der islamischen Gemeinschaft mit Waffengewalt Widerstand geleistet hatte, und das rückte die Umayyadendynastie in ein schlechtes Licht und rechtfertigte in gewisser Hinsicht die Rebellion gegen sie. In bestimmten Punkten steht aš-Šaʿbīs Darstellung der Ergebnisse im Gegensatz zu der in Syrien und Medina verbreiteten, die von az-Zuhrī (gest. 742) und Ṣāliḥ ibn-Kaysān (gest. 758) vertreten wurde. In dieser Version wurde ʿAlīs Mitschuld am Mord zugegeben, so daß Muʿāwiya berechtigt erschien, Rache für ʿUṯmān zu suchen. Darüber hinaus verlangte Muʿāwiya nur als Gouverneur *(amīr)* Huldigung, und nicht als Kalif[20]. In diesem historischen Material wird also gezeigt, daß aš-Šaʿbī das Kalifat ʿAlīs akzeptierte, ohne jedoch ʿAlī oder dem Hāšim-Klan irgendwelche speziellen Begabungen zuzuschreiben, und daß er der Umayyadendynastie kritisch gegenüberstand.

17 Al-Masʿūdī, v. 458f.; vgl. *Goldziher*, Muhammedanische Studien, l. c. Lane führt die erforderliche Bedeutung von *safsafa* nicht an, aber sie ist gerechtfertigt durch die letzte Bedeutung von *safsāf*.

18 *Laoust*, Profession, 59 (Text 34).

19 Untersucht von *E. L. Petersen*, ʿAlī und Muʿāwiya (s. Anm. 3/7), insbes. 28–31. Mit *tulaqāʾ* auf S. 29 sind hier nicht Freigelassene gemeint, sondern jene, „brought into Islam against their will“ (Lane).

20 *Petersen*, ʿAlī und Muʿāwiya, 36–38.

Schließlich können wir al-Haṣan al-Baṣrīs politische Einstellungen kurz skizzieren, auch wenn unten (S. 67) ausführlicher von ihm die Rede sein soll. Die beiden zu beachtenden Hauptpunkte sind, daß er erstens mit mehreren Gelehrten, die die Umayyaden kritisierten, ja aktiv gegen sie Widerstand leisteten, freundschaftlich verkehrte, daß er aber zweitens die bewaffneten Aufstände des Ibn-al-Aš'aṯ und des Yazīd ibn-al-Muhallab nachdrücklich mißbilligte und die Menschen aufforderte, nicht an ihnen teilzunehmen. Wenn wir einem Bericht Glauben schenken dürfen, dann setzte er sich andererseits nicht dafür ein, daß der Obrigkeit unter absolut allen Umständen gehorcht werden müsse; denn er sagte: „Es gibt keinen Gehorsam, dem man einem Geschöpf im Hinblick auf eine Sünde gegen den Schöpfer schuldig wäre“[21]. D.h. es besteht keine Verpflichtung, einem Herrscher zu gehorchen, der etwas Sündhaftes befiehlt. Vermutlich bezog sich aber seine Kritik an den Umayyaden auf weniger schwerwiegende Dinge, und er meinte, sie hätten selten oder niemals ungesetzliche Befehle erteilt.

Im Lichte dessen, was über die verschiedenen genannten Gelehrten gesagt wurde, läßt sich ein klareres Bild von der zentralen oder gemäßigten Partei entwerfen. Selbstverständlich gab es keine organisierte Partei, aber verschiedene Fakten (wie z.B. Yazīd ibn-al-Muhallabs Aufforderung zum Kampf) zeigen, daß viele der Meinung waren, der islamische Staat solle auf „dem Buch Gottes und der Sunna (übliche Praxis) des Propheten“ beruhen. Während des größten Teils der Umayyadenperiode wurde die letztere Phrase wahrscheinlich großzügig ausgelegt und bezog sich nur auf die Praxis, die von den Gelehrten der betreffenden Stadt gutgeheißen wurde. Einige scheinen die Sunna mit der Befolgung der Koranvorschriften gleichgesetzt zu haben[22]. In dieser Hinsicht waren die Ḫāriǧiten anderer Meinung, da sie versuchten, die politische Praxis allein auf die Schrift Gottes zu gründen. Einige wenige Extremisten unter den Protoschiiten neigten dazu, die Schrift Gottes zu vernachlässigen und den charismatischen Imam – zumindest theoretisch – zur Quelle jeglicher Praxis zu machen. In diesem zentralen Strom der Meinung war man also besonders bemüht, den islamischen Charakter des Kalifats und des Reiches aufrechtzuerhalten. Dieser sollte, in Übereinstimmung mit dem Koran und der früheren Praxis, auf den Grundsätzen von Rechtschaffenheit und anständigem Verhalten beruhen; aber es sollte keinen Perfektionismus geben. Über diese übereinstimmenden Punkte hinaus gab es innerhalb der Mitgliederschaft der „gemäßigten Partei“ viele Unterschiede. Man mußte entscheiden, inwiefern man bereit war, diese Konzeption des Staates aktiv zu unterstützen. Einige zogen es vor, sich völlig aus der Politik herauszuhalten, und mit einem genügsamen und untadeligen Leben Zeugnis für die islamischen Ideale abzulegen. Einige waren bereit, für den Staat zu arbeiten, sofern es dort keine krasse Sündhaftigkeit gab.

21 Al-Mas'ūdī, v. 459.
22 Vgl. *Josef van Ess*, Zwischen Ḥadīṯ und Theologie, Berlin 1975, 185.

Man kann sagen, daß der grundlegende positive Zug der „zentralen Partei" ihre Einstellung zu Gemeinschaft und Staat war. Ihre allgemeine Einstellung war die einer Gebundenheit an den Staat und an die ihm zugrundeliegenden islamischen Prinzipien, und diese Treue führte gewöhnlich zu ergebener Loyalität oder sogar zu einem praktischen Wunsch, die Gemeinschaft aufrechtzuerhalten und vorwärtszubringen.

e) Die ʿUṯmāniyya

Die ʿUṯmāniyya hätten gut unter die Anhänger der Umayyaden eingereiht werden können, aber da sich im Zusammenhang mit ihnen besondere Probleme ergeben, ist es angebracht, sich gesondert mit ihnen zu befassen. Sie sind wohl kaum eine Sekte, und es gibt wenig genaue Informationen über sie, auch wenn feststeht, daß das Adjektiv *ʿUṯmānī* zu verschiedenen Zeiten unterschiedlich verwendet wurde.

Gleich nach der Ermordung des Kalifen 656 wurde eine Gruppe seiner Anhänger in Ägypten tätig; sie war als „die Partei ʿUṯmāns" *(šīʿat ʿUṯmān)* bekannt[23]. Einzelne Personen in dieser Gruppe werden als ʿUṯmānī bezeichnet[24]. Derselbe Terminus wird auf den Dichter Ḥassān ibn-Ṯābit angewandt, der eine Elegie für ʿUṯmān verfaßte, die die folgenden Zeilen enthält:

> Sie ermordeten den alten Mann, von dessen Stirn die Frömmigkeit leuchtete,
> der die Nacht mit Gebeten und Litaneien verbrachte.
> Bald wird in ihrem eigenen Land der Ruf zu vernehmen sein,
> „Gott ist groß! Auf, rächet ʿUṯmān!"[25]

In diesen Fällen steht der Begriff ʿUṯmānī offensichtlich für jemanden, der ʿUṯmān für den rechtmäßigen Kalifen hielt und der glaubte, seine Ermordung sei zu verurteilen, und der entweder abstritt, daß ʿAlī jemals Kalif war, oder ihn zumindest nicht unterstützte[26]. Man muß jedoch beachten, daß sie nicht notwendigerweise Anhänger Muʿāwiyas waren.

Eine ähnliche Position wurde ein wenig später wahrscheinlich von zwei anderen Männern eingenommen. Ṣuḥār al-ʿAbdī, als Autor und Redner zur Zeit

23 Muḥammad b. Yūsuf al-Kindī, Wulāt Miṣr, Beirut 1959, 39. 1, 42. 2; Hinweise auf andere Ausgaben und andere Werke in *Veselý*, „Die Anṣār im ersten Bürgerkriege", 43–49. Vgl. *Wellhausen*, Arabisches Reich, Kap. 2.

24 Ibn-Saʿd, vii/2, 130.9 (Busr b. Abī-Arṭā), 195. 7 (Muʿāwiya b. Ḥudayǧ).

25 Al-Masʿūdī, iv, 284, 295–297; Aġānī, Boulac, 1285, xv. 30.10 (27.24, Kaʿb b. Mālik). Vgl. *Alfred von Kremer*, Geschichte der herrschenden Ideen des Islams, Leipzig 1868, 355.

26 Vgl. EI², Art. „Imāma" *(Madelung)*, ad init.

Muʿāwiyas bekannt, wird sowohl als Ḫāriǧit als auch als ʿUṯmānī bezeichnet[27]. Das ist verwirrend, da die meisten Ḫāriǧiten die Mörder ʿUṯmāns für ihre geistigen Ahnherren hielten, aber es ist denkbar, daß er an einem der „ḫāriǧitischen" Aufstände gegen ʿAlī teilnahm, und daß er vielleicht später aufgrund seiner anti-ʿalidischen Ansichten von ʿUṯmān Gutes redete. Ebenfalls als ʿUṯmānī wird etwa um dieselbe Zeit Kaṯīr ibn-Šihāb al-Ḥāriṯī bezeichnet, der unter Muʿāwiya Ämter bekleidete. Er sprach in beleidigender Weise von ʿAlī und hielt die Menschen von al-Ḥusayn fern; er wurde seinerseits von al-Muḫtār in Versen verspottet[28]. Obwohl Kaṯīr ein Anhänger der Umayyaden war, scheint die Bezeichnung ʿUṯmānī eher darauf hinzudeuten, daß er zu ʿAlīs Ungunsten ihn mit ʿUṯmān verglich.

Von dieser Zeit an war „die Sache von ʿAlī und ʿUṯmān" ein gängiges Diskussionsthema[29], und dem ʿUṯmānī wurde regelmäßig der ʿAlawī oder Anhänger ʿAlīs gegenübergestellt[30]. Nachdem Muʿāwiya einmal als Kalif fest im Sattel saß, ist es unwahrscheinlich, daß irgendein ʿUṯmānī ihn nicht voll unterstützte. Die Bezeichnung ʿUṯmānī wurde aber vermutlich nicht auf alle Anhänger der Umayyaden angewendet, sondern nur auf jene, die viel von den Verdiensten ʿUṯmāns und den Fehlern ʿAlīs sprachen. Zu den wenigen Leuten, die in den Quellen als ʿUṯmānī bezeichnet werden, gehören ein Gelehrter in Ägypten, der die Informationen über die *šīʿa* des ʿUṯmān sammelte[31], sowie ein Anhänger des Ibrāhīm an-Naḫaʿī in Kufa, der ʿAlī angriff, obwohl Ibrāhīm diesen höher geschätzt hatte als ʿUṯmān[32]. Eine Unterstützung der Umayyaden scheint durch den Bericht angedeutet zu werden, daß ein gewisser ʿUṯmānī einen Qadariten nicht grüßte; denn qadaritische Auffassungen waren – wie im nächsten Kapitel deutlich werden wird – mit Feindseligkeiten gegen die Umayyaden gekoppelt[33].

Der letzte Punkt bezieht sich auf die frühe ʿAbbāsidenzeit, da der betreffende Mann bis in diese Zeit hinein lebte. Freilich muß es nach dem Übergang zur ʿAbbāsidendynastie etwas anderes bedeutet haben, ein ʿUṯmānī zu sein. Da keine Möglichkeit zu einer Restauration der Umayyaden bestand, wies es wahrscheinlich auf eine kritische Einstellung gegen die an der Macht befindliche Dynastie

27 Fihrist, 90.5, 6. Vgl. *Goldziher*, Muhammedanische Studien, ii. 119; Ibn-Qutayba, Maʿārif, 172f.

28 Al-Balāḏurī, 308.3; *Goldziher*, Muhammedanische Studien, ii. 120.

29 Ibn-Saʿd, vi. 192.15f.

30 Vgl. Berichte über Abū-ʿAbd-ar-Raḥmān (ʿAbd-Allāh b. Ḥabīb) (gest. 63 in Kufa) und Ibn-ʿAṭiyya in al-Buḫārī, Ǧihād (56), 195 (= ii. 268). Auch spätere Berichte von al-Aṣmaʿī (gest. 813/216), daß Basra *ʿuṯmānī* sei, Kufa *ʿalawī*, Syrien umayyadisch und Medina *sunnī* (nach *Goldziher*, Muhammedanische Studien, ii. 119 Anm.).

31 Aḏ-Ḏahabī, Ḥuffāẓ, i. 129 (Yazīd b. Abī-Ḥabīb, Mufti von Ägypten; gest. 128).

32 Aḏ-Ḏahabī, Ḥuffāẓ, i. 143 (Muġīra b. Miqsam; gest. 136, und nicht wie in Ibn-Abī-l-Wafāʾ). Vgl. *van Ess*, Zwischen Ḥadīṯ und Theologie, 10.

33 Ibn-Saʿd, vii/2.24.23 (ʿAbd-Allāh b. ʿAwn; gest. 151). Ein früherer Gelehrter in Basra war ʿAbd-Allāh b. Šaqīq al-ʿUqaylī (Ibn-Saʿd, vii/1.91.23).

hin. Auf das Wiedererscheinen des Begriffs in Verbindung mit al-Ǧāḥiẓ werden wir später eingehen (S. 168). Hier soll einfach festgestellt werden, daß es im ersten halben Jahrhundert der ʿAbbāsidenherrschaft in Basra eine Reihe von ʿUṯmānī-Gelehrten gab[34].

Diese Untersuchung eines wenig gebrauchten Begriffes ermöglicht uns also einen tieferen Einblick in den komplexen Charakter der allgemeinen religiösen Bewegung und in die Vielfalt politischer Einstellungen, die sich darin findet – selbst unter Menschen, die sonst miteinander verbunden waren.

3. Al-Ḥasan al-Baṣrī

Zu seinen Lebzeiten war al-Ḥasan al-Baṣrī nur einer von mehreren berühmten Gelehrten, aber in späteren Generationen erkannten viele, daß er all seinen Zeitgenossen turmhoch überlegen war. Dies bedeutet, daß es eine Fülle von Quellenmaterial und eine Reihe moderner Untersuchungen gibt[35]. Ohne den lobendsten Äußerungen unbedingt beipflichten zu wollen, ist es hier angebracht, ihm einen eigenen Abschnitt zu widmen.

a) Sein Leben und seine politische Einstellung

Al-Ḥasan – mit vollem Namen Abū-s-Saʿīd al-Ḥasan, Sohn des Abū-l-Ḥasan Yasār, – wurde 642 (21 A. H.) in Medina geboren und starb im Oktober 728 in Basra. Sein Vater war ein Perser oder persianisierter Einwohner des Irak, der 635 von den Muslimen gefangengenommen und nach Medina gebracht worden war, wo er schließlich die Freiheit erlangte und heiratete. Al-Ḥasan wurde höchstwahrscheinlich in Wādī l-Qurā in der Nähe von Medina erzogen. Er soll etwa 657, während des ersten Bürgerkriegs, nach Basra gezogen sein, wo er den größten Teil seines restlichen Lebens verbrachte. Er war zu jung, um eine

34 Ibn-Saʿd, vii/2.42.7 (Ḥammād b. Zayd; gest. 179), 44.19 (Yazīd b. Zurayʿ; gest. 182), 45.5 (Bišr b. al-Mufaḍḍal; gest. 186). Vgl. *Petersen*, ʿAlī and Muʿāwiya, 112f. Andere Hinweise auf ʿuṯmānī: Aġānī, xi. 122.9; xv. 27–29; xiii. 38.2 (nach *Goldziher*, Gesammelte Schriften, Hildesheim 1967, i. 346 Anm.).

35 *Louis Massignon*, Essai sur les origines du lexique technique de la mystique musulmane, 2. Aufl. Paris 1954, 174–201 (hier haben wir uns weitgehend daran gehalten); *H. H. Schaeder*, „Ḥasan al-Baṣrī...", Isl., xiv (1925), 1–75 (handelt vom Leben; unvollendet); *Hellmut Ritter*, „Studien zur Geschichte der islamischen Frömmigkeit: I. Ḥasan al-Baṣrī", Isl., xxi (1933), 1–83; enthält Text der *Risāla;* dto. Art. in EI², iii; *J. Obermann*, „Political Theology in Early Islam: Ḥasan al-Baṣrī's Treatise on Qadar", JAOS, lv (1935), 138–162; *Michael Schwarz*, „The Letter of al-Ḥasan al-Baṣrī", Oriens, xx (1967), 15–30. *Josef van Ess*, Zwischen Ḥadīṯ und Theologie, mit vielen Hinweisen. Auch Ibn-Ḫallikān, i. 370–373; aḏ-Ḏahabī, Ḥuffāẓ, i. 71f. Für andere biographische Quellen, u.a., s. GAS, i. 592.

eigenständige persönliche Meinung über Recht und Unrecht von ʿAlīs Position zu besitzen, aber wie viele andere in Basra bezog er beim Aufstand von Ṭalḥa und az-Zubayr eine neutrale Haltung. Zu jenen, mit denen er in Berührung kam und die ihn beeinflußten, gehörte der *qāḍī* ʿImrān ibn-Ḥuṣayn al-Ḫuzāʿī (gest. 672), der für sein geduldiges Ertragen von Leiden und für seine seelische Gelassenheit bekannt war[36]. Etwa drei Jahre lang, von 663 bis 665, nahm al-Ḥasan an einem Feldzug in der Gegend des heutigen Afghanistan teil. Kurze Zeit danach diente er auch als Sekretär eines Gouverneurs von Chorasan, woraus geschlossen werden darf, daß er mit der persischen Schrift vertraut war.

Wann er nach Basra zurückkehrte, ist nicht bekannt. Es war möglicherweise kurz vor dem Tod Muʿāwiyas im Jahr 680; denn er soll dagegen protestiert haben, Yazīd, als dem rechtmäßigen Erben, den Treueid zu leisten[37]. Er scheint im Kampf oder in den politischen Debatten, die auf den Tod Yazīds im Jahr 684 folgten, keinerlei Rolle gespielt zu haben. Al-Ḥaǧǧāǧ wurde 694 Gouverneur des Irak, und al-Ḥasan scheint ihm eine Zeitlang loyal gedient und mit ihm auf gutem Fuß gestanden zu haben. Insbesondere leistete er einen Beitrag zur Verbesserung der Interpunktion des Korantextes, mit der al-Ḥaǧǧāǧ begonnen hatte. Zu dieser Zeit fand der Aufstand des Ibn-al-Ašʿaṯ (701–704) statt, und al-Ḥasan blieb nicht nur selbst loyal, sondern forderte seine Freunde nachdrücklich auf, sich dem Aufstand nicht anzuschließen. 705 aber geschah etwas, was der guten Beziehung zwischen dem Gouverneur und dem Gelehrten ein Ende setzte, und al-Ḥasan hielt sich bis zum Tod al-Hāǧǧāǧs im Juni 714 versteckt. Die Ursache des Bruchs war wahrscheinlich al-Ḥasans Kritik an den Übereinkommen, die man im Zusammenhang mit der Gründung der neuen Stadt Wasit getroffen hatte[38]. Aber das mag ein irritierendes Beispiel dafür gewesen sein, wie er seine Pflicht erfüllte, jene zu kritisieren, die die Gewalt in Händen hatten.

Die Jahre von etwa 684 bis 705 waren, wie Massignon behauptet, zweifellos die wichtigsten Jahre in seiner Laufbahn. Zu seinem Diskussionszirkel zählten die wichtigsten Mitglieder der allgemeinen religiösen Bewegung in Basra, wie z.B. Muṭarrif[39]. Vermutlich in dieser Zeit erlebte sein Denken eine völlige Ausformung. Die Jahre von 705 bis 714 haben jedoch wohl auch zu einer Vertiefung geführt. Nach 714 war er eine Art „elder statesman", und 717 wurde er für eine kurze Zeit *qāḍī* von Basra, und zwar als ʿUmar (II.) ibn-ʿAbd-al-ʿAzīz das Kalifat übernahm. Als ʿUmar Anfang 720 starb und ihm Yazīd II. nachfolgte, unterstützte al-Ḥasan den Gouverneur bei seiner Behandlung der Muhallabiden. Nachdem Yazīd ibn-al-Muhallab die Kontrolle über Basra gewonnen und alle Männer zum Kampf gegen die Umayyaden aufgerufen hatte, kritisierte er ihn

36 Ibn-Saʿd, vii/1.4–6; *Massignon*, Essai, 161f.
37 *Goldziher*, Muhammedanische Studien, ii. 32.
38 *Schaeder*, „Ḥasan al-Baṣrī ...", Isl., xiv (1925), 59.
39 Ibn-Saʿd, vii/I. 103–106 (gest. nach 87); aḏ-Ḏahabī, Ḥuffāẓ, i. 64f. (gest. 95).

öffentlich und rief seine Mitbürger auf, diesen Appell nicht zu befolgen. Trotz dieser Demonstration von Feindseligkeit ergriffen die Muhallabiden keine repressiven Maßnahmen gegen ihn, vermutlich deshalb, weil er in Basra in so weiten Kreisen respektiert wurde. Al-Ḥasan wurde nach der Niederwerfung des Muhallabidenaufstandes gegen Ende des Jahres 720 öffentlich geehrt. Es gibt auch eine Geschichte über ihn, wonach er dem neuen Gouverneur, Ibn-Hubayra, eine mutige Antwort gab und ihn aufforderte, Gott mehr als den Kalifen zu fürchten, da Gott ihn vor dem Kalifen, der Kalif ihn aber nicht vor Gott schützen könne[40]. Über al-Ḥasan wird bis zu seinem Tod am 10. Oktober 728 im Alter von 86 (Sonnen-) Jahren sonst nichts weiter berichtet.

b) Sein allgemeiner Standpunkt in bezug auf die Doktrin

Auch wenn al-Ḥasan einer der besten Universalgelehrten bzw. Intellektuellen seiner Zeit war, der sich in allen im Anfangsstadium befindlichen Disziplinen der neuen Gedankenwelt des Islam übte, so sind es doch seine asketischen und mystischen Äußerungen, die am besten erhalten blieben. Die vollständigste Sammlung dieser Aussprüche ist die, die in dem Artikel von Hellmut Ritter enthalten ist. Obwohl sich die Äußerungen nicht in erster Linie mit seiner dogmatischen Position befassen, erhellen sie sie doch etwas.

Das eschatologische und jenseitsorientierte Interesse dominiert bei al-Ḥasan. Dies impliziert keine völlige Ablehnung weltlicher und materieller Dinge, obwohl er sich dafür einsetzt, solche Dinge sparsam zu benutzen, und z.B. einen Mann kritisiert, der solange ißt, bis er nicht mehr kann. Exakter wäre es zu sagen, daß er sich ständig der eschatologischen Bedeutung diesseitiger Handlungen bewußt ist, d.h. der Möglichkeit, sie zur Erfüllung von Gottes Geboten zu benutzen. Also hebt al-Ḥasan – bei sich selbst wie bei anderen Leuten – fortwährend das rechtschaffene Verhalten hervor. Gleichzeitig ist er realistisch genug, um zu wissen, daß menschliche Handlungen oft hinter Gottes Maßstäben zurückbleiben, und er warnt einen Menschen davor, seine Erfüllung von Gottes Gebot nicht so lange aufzuschieben, bis die anderen ihre Pflichten vollkommen erfüllt haben. Wenn die Menschen aber einer definitiveren „Neuerung" oder Häresie schuldig waren, weigerte er sich, zusammen mit ihnen an verschiedenen Gebeten teilzunehmen. Man kann sagen, daß er in dieser und in anderer Hinsicht sich völlig der Brüderschaft aller Muslime bewußt war, und er war immer großzügig, wenn es darum ging, anderen materielle Unterstützung zukommen zu lassen. Er hielt es auch für eine Pflicht des muslimischen Gelehrten, seine muslimischen Glaubensbrüder, selbst jene, die sich in Machtpositionen befanden, vor der Gefahr zu warnen, in das Feuer der Hölle zu kommen.

40 Al-Masʿūdī, v. 458f.; vgl. S. 62. Über seinen Protest gegen Yazīd ibn-al-Muhallab s. Ṭabarī, ii. 1400.

Seine Haltung gegenüber Kalifen und Gouverneuren steht mit seiner allgemeinen Position in Einklang: Selbst wenn sie schlecht sind, muß man ihnen gehorchen. Einige Männer sprachen mit ihm über verschiedene Missetaten, die al-Ḥaǧǧāǧ zur Zeit des Aufstandes des Ibn-al-Ašʿaṯ begangen hatte und fragten ihn, was er davon halte, wenn man die Waffen gegen den Gouverneur ergriffe. Seine Antwort war, daß sie, wenn die erwähnten Dinge eine Strafe von Gott wären, mit ihren Schwertern Gottes Strafe umbiegen könnten, und daß sie, wenn sie eine Probe wären, geduldig auf Gottes Urteil warten sollten. Sie sollten also in keinem Falle kämpfen[41]. Ein Zugeständnis machte er (s. S. 64): Wenn die Machthaber den Menschen befehlen, etwas zu tun, was gegen Gottes Gebot verstößt, besteht keine Pflicht, ihnen zu gehorchen[42]. Er scheint die Pflicht des Gelehrten ernstgenommen zu haben, die an der Macht Befindlichen zu warnen, und er hielt bei verschiedenen Gelegenheiten al-Ḥaǧǧāǧ und seinen Nachfolgern eine Predigt. Man hat darauf hingewiesen, daß es bei muslimischen Herrschern als gute Sitte gegolten haben mag, zuzulassen, daß bei bestimmten Anlässen eindringliche und aufrüttelnde Predigten an sie gerichtet wurden[43]. All das steht im Zusammenhang mit al-Ḥasans tiefem Sinn für die Einheit und Brüderschaft aller Muslime. Seine Bemerkung, daß ein Ḫāriǧit, der versucht, ein Unrecht *(munkar)* wiedergutzumachen, ein größeres Unrecht begeht[44], sollte wahrscheinlich dahingehend verstanden werden, daß das letztere den Bruch der Gemeinschaft bedeutet.

Zwar war al-Ḥasan in dem Sinne unpolitisch, daß er vermied, aktiv an der Politik der damaligen Zeit teilzunehmen, doch wie die Dinge in der Umayyadenzeit nun einmal lagen, hatte seine religiöse Lehre notwendigerweise politische Implikationen. Von einer Kritik an den Ḫāriǧiten war soeben die Rede. Eine andere findet sich in seiner Doktrin, wonach derjenige, der eine schwere Sünde begeht *(ṣāḥib kabīra)*, ein ‚Heuchler' *(munāfiq)* sei[45]. Diese Doktrin steht im Gegensatz zu der der Ḫāriǧiten, der zufolge ein solcher Sünder ein Ungläubiger und aus der Gemeinschaft ausgeschlossen sei. Ebenso steht sie im Gegensatz zu der der Murǧiʾiten (s. 115ff.), die besagt, daß dieser ein Gläubiger oder als solcher zu behandeln sei. Die ursprünglichen „Heuchler" waren, zu Mohammeds Lebzeiten, jene Leute in Medina, die sich zum Islam bekannt hatten, aber politisch gegen Mohammed opponierten und ihn aus der Stadt vertreiben wollten. In einer (von Ritter zitierten) Passage beschreibt al-Ḥasan den Heuchler als den Mann, der sagt: „Es gibt insgesamt viele Menschen, deshalb wird mir verziehen werden, und nichts wird mir geschehen", und der daraufhin Böses tut und hofft, Gott werde ihm das geben, was er möchte. Al-Ḥasan hält also den Heuchler für

41 Ibn-Saʿd vii/i. 119.7–13; vgl. *Ritter,* Isl., xxi (1933), 61.
42 Al-Masʿūdī, v. 459; vgl. 64.
43 *Ritter,* Isl., xxi (1933), 55f.
44 Zitiert von *Ritter,* Isl., xxi (1933), 52, nach Ibn-al-Ǧawzī.
45 *Louis Massignon,* La passion d' … al-Hallaj, Paris 1922, 706–708, 2. Aufl., Paris 1975, iii. 188–191; Essai, 186; *Ritter,* Isl., xxi (1933), 43.

jemanden, der das Feuer der Hölle riskiert, weil er sich nicht um Rechtschaffenheit im Leben bemüht (und es an Reue fehlen läßt). Gleichzeitig ist der Heuchler aber ein Mann, der in Äußerlichkeiten als Mitglied der Gemeinschaft akzeptiert wird.

Während al-Ḥasan also die moralische Laxheit kritisiert, die einige Murǧi'iten an den Tag legten, kommt er an anderen Stellen der murǧi'itischen Lehre nahe. Er glaubte, es sei wichtig, daß ein Sterbender den ersten Teil der Šahāda wiederhole, daß es „keine Gottheit außer Gott" gibt, und er selbst soll dies als sein letztes Vermächtnis diktiert haben[46]. Das erinnert an die Auffassung einiger Murǧi'iten, daß der Mensch, der seinen Glauben an Gott von jeglicher Spur von *širk* oder Polytheismus freihalte, des Paradieses versichert sei. Jeglicher Gedanke dieser Art lag al-Ḥasan fern, der ja immer hervorhob, daß innere Einstellungen wichtiger seien als bloße Äußerlichkeiten. Für ihn diente die letzte Wiederholung der Šahāda vermutlich zur Stärkung und Erneuerung des inneren Glaubens. Sicherlich kann er nicht gemeint haben, daß dadurch die nicht bereute Sünde getilgt werde.

Von al-Ḥasan kann man nicht sagen, er habe im Hinblick auf den politischen Schiismus irgendeine Haltung eingenommen, da dieser (wie das letzte Kapitel zeigte) zur Zeit seines reifen Wirkens kein wirklicher Streitpunkt war. Aber er konnte nicht umhin, zur Frage von ʿAlī und ʿUṯmān eine Meinung zu haben. Massignon zufolge[47] vertrat er die Ansicht, daß ʿUṯmān zu Unrecht getötet worden war und ferner, daß ʿAlī zwar rechtswirksam gewählt worden war, aber zusammen mit Ṭalḥa und az-Zubayr schuld daran sei, daß der Bruderkrieg in die Gemeinschaft hineingetragen wurde, und daß er, weil er rechtsgültig gewählt worden war, im Unrecht war, als er den Schiedsspruch akzeptierte, daß er aber im Recht war, als er die Rebellen bei Nuḫayla tötete.

Das Problem von al-Ḥasans Beziehung zur qadaritischen Häresie ist schwierig und wird am besten für das nächste Kapitel aufgespart. Hier mag aber ein Wort zu Massignons Behauptung gesagt werden, er sei „der erste gewesen, der die ‚sunnitische' Lösung der Krise der Jahre 656–661 formulierte"[48]. Diese Behauptung ist übertrieben; denn der Sunnismus wurde sich erst frühestens ein Jahrhundert nach al-Ḥasans Tod seiner selbst voll bewußt (vgl. Kap. 9). Aber die abgeschwächte Behauptung, daß seine Formulierung „eine Manifestation des Sunnismus" war, ist gerechtfertigt. Die gemäßigte oder zentrale Partei in der allgemeinen religiösen Bewegung war der Vorläufer des späteren expliziten Sunnismus. Und al-Ḥasan ist beides: ein typisches Beispiel für jene Bewegung und auch ein formativer Einfluß in derselben, so wie sie sich entwickelte, insbesondere dadurch, daß er die Pflicht unterstrich, die Gemeinschaft nicht zu spalten

46 *Massignon*, Essai, 188; *Schaeder*, „Ḥasan al-Baṣrī ...", Isl., xiv (1925), 71.
47 *Massignon*, Essai, 188.
48 *Massignon*, Essai, 180; *Schaeder*, Isl., xiv (1925), 53f.

und dadurch, daß er sowohl die vier rechtgeleiteten Kalifen als auch die Umayyaden als rechtmäßige Herrscher anerkannte.

KAPITEL 4 DIE BESTIMMUNG DER EREIGNISSE DURCH GOTT

In der Umayyadenzeit wurde unter Muslimen viel über das diskutiert, was man im Westen heute die Frage nach der Willensfreiheit und Vorherbestimmung nennt. Aber die Bedingungen, unter denen die Diskussion stattfand, waren ziemlich anders. Im Mittelpunkt stand der Begriff von Gottes *Qadar* oder Macht, Ereignisse – einschließlich menschlicher Handlungen – zu bestimmen. Die übliche sunnitische Doktrin entwickelte sich schließlich dahin, daß Gott durch seinen *Qadar* alle Ereignisse und Handlungen bestimme. Etwas unlogisch ist jedoch, daß im üblichen Sprachgebrauch der Name „Qadarit" nicht auf jene angewandt wurde, die diese Doktrin vertraten, sondern auf diejenigen, die sie ablehnten. Ein Qadarit ist also, grob gesprochen, einer, der an die Willensfreiheit des Menschen glaubt. Wie all die frühen islamischen theologischen Diskussionen war aber auch diese nicht rein akademisch, sondern mit politischen Belangen verknüpft, nämlich mit der umayyadischen Rechtfertigung für ihre Herrschaft und den entgegengesetzten Argumenten ihrer Widersacher. Insofern als der Qadarismus Opposition gegen die Herrschaft der Umayyaden bedeutete, mußte sich sein Charakter mit dem Machtantritt der ʿAbbāsidendynastie im Jahr 750 ändern. Dieses Kapitel wird sich auf die Qadariten der Umayyadenzeit und des ersten halben Jahrhunderts der ʿAbbāsidenzeit beschränken. Zwar wurde die Bezeichnung Qadarit von einigen Autoren, wie z. B. dem Häresiographen al-Baġdādī, weiterverwendet, aber sie ist dann praktisch mit Muʿtazilit synonym und erfordert keine gesonderte Betrachtung.

1. Der politische Hintergrund

a) Der Anspruch der Umayyaden auf göttliche Autorität

Abendländische Gelehrte haben bemerkenswert wenig Interesse an der Art und Weise bekundet, in der die Umayyaden ihre Herrschaft verteidigten und rechtfertigten, obschon sich, insbesondere in Ǧarīrs und al-Farazdaqs *Dīwān*[1],

1 Das Folgende gründet hauptsächlich auf der Untersuchung des Materials durch *Dr. ʿAwn al-Šarīf Qāsim* aus Khartum in einer Dissertation der Universität Edinburgh mit dem Titel „Main Aspects of the Social and Political Content of Baṣrī Poetry until the end of the Umayyad Era". Ich habe das Thema ausführlich dargestellt in „God's

ausreichend Material findet. Das Hauptargument war, daß die Umayyadenfamilie, und vor allem die marwānidische Linie, die von 684 bis 750 regierte, das Kalifat von ihrem Blutsverwandten ʿUṯmān geerbt hatte. Das läuft teilweise der Beschuldigung entgegen, sie hätten das Kalifat mit Gewalt erworben, und sie betonten ferner, ʿUṯmān sei auf die Entscheidung einer Beratung *(šūrā)* hin Kalif geworden. Die Nachfolge Muʿāwiyas wurde damit gerechtfertigt, daß er bereit gewesen sei, die Aufgaben eines Bluträchers zu übernehmen, als ʿAlī sich weigerte, ʿUṯmāns Mörder zu bestrafen; denn altarabischen Vorstellungen zufolge war der Erbe idealerweise der Bluträcher. Man behauptete auch, die Umayyadenfamilie hätte ihrer vielen edlen Taten wegen das Kalifat verdient[2]. Man versuchte sogar, der Propaganda über das besondere Charisma des Prophetenklans (von dem man für gewöhnlich annahm, es handele sich um Hāšim) dadurch zu begegnen, daß man vom größeren Klan des ʿAbd-Manāf sprach, der sowohl Umayya als auch Hāšim umfaßte.

> „Ihr habt den Stab des *mulk* [‚Herrschaft‘] nicht als entfernte Verwandte von den beiden Söhnen (ʿAbd-) Manāfs, ʿAbd-Šams und Hāšim, geerbt“[3].

Eine zweite Beweisführung ist von größerer theologischer Bedeutung, nämlich daß das Kalifat der Umayyadenfamilie von Gott verliehen sei:

> „Die Erde gehört Gott; er hat sie seinem *ḫalīfa* anvertraut; der, der auf ihr der Herrscher ist, wird nicht besiegt werden“[4].
> „Gott hat dich mit der *ḫilāfa* und der Rechtleitung geschmückt;
> bei dem, was Gott bestimmt *(qaḍā)*, da gibt es keine Änderung“[5].

Andere Verse zeigen, daß das nicht bloße verbale Komplimente waren; denn den Kalifen werden wichtige religiöse Funktionen zugeschrieben:

> „Für uns sind die Söhne der Marwān Säulen unserer Religion,
> so wie die Erde die Berge zu ihren Säulen hat“[6].
> „Wäre es nicht für den Kalifen und den Koran, den er rezitiert,
> die Leute hätten keine festen Urteile und keinen gemeinsamen Gottesdienst“[7].

Caliph“, in Iran and Islam (Minorsky Memorial Volume), Hrsg. *C. E. Bosworth* (Edinburgh 1971), 565–574.

2 Vgl. al-Farazdaq, Dīwān, hrsg. Beirut 1960, i. 25, 285, 62; ii. 210.

3 Al-Farazdaq, ii. 309. *Goldziher* kannte das Material zwar, (ZDMG, lvii [1903], 394), bediente sich dessen aber nur selten, z. B. in seinen Vorlesungen, 91 f.

4 Al-Farazdaq, i. 24.

5 Ǧarīr, Dīwān, Beirut 1960, 380.

6 Al-Farazdaq, ii. 76.

7 Ǧarīr, 278.

Die logische Folge solcher Erklärungen ist, daß Ungehorsam gegen den Kalifen oder seine Vertreter eine Weigerung ist, Gott anzuerkennen und damit dem Unglauben gleichkommt. Sich an al-Ḥaǧǧāǧ wendend, sagt der Dichter:

„Du hältst die Unterstützung des Imam für eine dir auferlegte Pflicht ...“[8].

Wir haben auch gesehen, daß al-Ḥaǧǧāǧ, als er mit jenen Männern zu tun hatte, die bei dem Aufstand des Ibn-al-Ašʿaṯ gefangengenommen worden waren, sich weigerte, sie freizulassen, ehe sie nicht bekannt hatten, Ungläubige zu sein, und daß er jene hinrichten ließ, die dies nicht bekannten[9]. In einem Gedicht heißt es von seinen Feinden, sie seien „gegen die Religion der Muslime“[10], während verschiedene Wörter, die Unglauben implizieren – *mulḥidūn, munāfiqūn, mušrikūn, kuffār* – auf Gegner des Regimes gemünzt werden[11].

In diesem allgemeinen geistigen Klima überrascht es nicht, wenn man sieht, daß Ǧarīr und eine Reihe von anderen Personen die Phrase ‚Kalif Gottes‘ *(ḫalīfat Allāh)* benutzen. In Übereinstimmung mit der soeben zitierten Behauptung, daß Gott die Erde seinem *halīfa* anvertraute *(wallā)*, wurde die Phrase vermutlich in der Bedeutung von „Stellvertreter Gottes“ interpretiert. Diese Interpretation wird durch den Bericht bestätigt, dem zufolge al-Ḥaǧǧāǧ behauptete, der Kalif stehe über den Engeln und Propheten. Zum Beweis dafür zitierte er die Passage im Koran (2.30), in welcher Gott Adam zu einem *ḫalīfa* auf Erden macht und ihm die Fähigkeit verleiht, den Engeln die Namen der Dinge kundzutun[12]. Dieser Bericht impliziert, daß *ḫalīfa* zur Zeit al-Ḥaǧǧāǧs – zumindest von Freunden der Umayyaden – im Sinne von ‚Stellvertreter‘ interpretiert wurde. Andere Korankommentatoren jedoch wandten eine große Erfindungskraft auf, um diese Interpretation zu umgehen: al-Ḥasan al-Baṣrī z. B. behauptete, in 2.30 bedeute *ḫalīfa* „eine Nachkommenschaft, die aufeinanderfolgen wird“, während andere ‚Nachfolger‘ vorschlugen[13].

Spätere Gelehrte diskutierten über die Angemessenheit des Titels „Kalif Gottes“ und meinten zuerst, daß dieser nicht verwendet werden sollte. Unter den ʿAbbāsiden wurde er weniger benutzt als unter den Umayyaden, doch er kommt vor, und auch andere Titel mit einer Bezugnahme auf Gott sind üblich, wie z. B. „der Schatten Gottes auf Erden“[14]. Wie S. 58 erwähnt, wurde eine Geschichte über Abū-Bakr in Umlauf gesetzt, der zufolge er gegen die Anrede *„ḫalīfat Allāh“* protestiert und betont habe, daß er nur der *ḫalīfa* des Gesandten Gottes sei. Es ist

8 Ǧarīr, 21.
9 *Wellhausen*, Arabisches Reich, Kap. 4, § 3. Ibn-Ḥaǧar, ii. 210f.
10 Ǧarīr, Dīwān, 355.
11 Al-Farazdaq, i. 22, 47; ii. 312; Ǧarīr, 195; u.a. Die Gegner hielten sich selbst für *mu'minūn* (Ṭabarī, ii. 1066).
12 Ibn-ʿAbd-Rabbihi, Al-ʿIqd al-farīd, hrsg. al-ʿUryān, Kairo 1940, v. 332f.
13 Ṭabarī, Tafsīr, zum Vers. Vgl. *Watt*, God's Caliph, 566.
14 Vgl. *Watt*, God's Caliph, 571.

fast sicher, daß diese Geschichte erfunden wurde, um die Interpretation von *ḫalīfa* im Sinne von ‚Nachfolger' und nicht von ‚Stellvertreter' zu untermauern. Die früheste Version davon scheint die im *Musnad* Aḥmad ibn-Ḥanbals zu sein, und es ist bedeutsam, daß der erste Name im *isnād* des Berichtes der des Ibn-Abī-Mulayka ist, eines zubayridischen Anhängers, der ein Gegner der Umayyaden gewesen sein muß[15].

Abgesehen von dem Material, das sich bei den Dichtern findet, gibt es einige andere Hinweise ähnlicher Art. Der Kalif ʿAbd-al-Malik soll, nachdem er zu ein paar ḫāriǧitischen Gefangenen gesprochen hatte, gesagt haben, sie hätten ihn beinahe davon überzeugt, daß sie „Leute des Paradieses" seien und er für die Hölle bestimmt sei, bis er sich darauf besonnen hätte, daß Gott sowohl über diese als auch über die andere Welt herrscht und ihn zum Herrscher auf Erden gemacht hat. Und so folgerte man, daß ʿAbd-al-Malik deshalb, weil er streng genommen kein Erbe Muʿāwiyas war, dazu neigte, die Entscheidung Gottes als Legitimation seiner Herrschaft zu betrachten[16].

Wir besitzen auch den Text eines Sendschreibens *(kitāb)*, das der Kalif ʿUmar (II.) ibn-ʿAbd-al-ʿAzīz an eine Gruppe von Leuten mit qadaritischen Anschauungen gerichtet hat (auch wenn der eigentliche Terminus nicht benutzt wird). Die Argumente, die er verwendet, beruhen, wie jene al-Ḥasans, auf Koranversen[17].

Die Bedeutung des hier erwähnten Materials liegt darin, daß es zeigt, wie die Umayyaden theologische Argumente benutzten, um ihre Herrschaft zu rechtfertigen. Die Vorstellung, die Umayyaden wären schlechte Muslime, die sich um die Theologie oder den religiösen Aspekt überhaupt nicht kümmerten, ist in erster Linie eine Übertreibung der ʿabbāsidischen Propaganda und sollte mit Vorsicht behandelt werden. Es war insbesondere der theologische Standpunkt der Umayyaden, der ihre Gegner auch dazu zwang, verschiedene theologische Doktrinen zu formulieren.

b) Die erste qadaritische Opposition

Ibn-Qutayba behauptete, daß Maʿbad al-Ǧuhanī der erste war, der das theologische Qadar-Problem erörterte[18], und diese Meinung wird häufig wiederholt. Über den Menschen Maʿbad ist relativ wenig bekannt, obgleich in jüngerer Zeit

15 i. 10; vgl. auch S. 58.

16 Al-Mubarrad, Kāmil, 573; zitiert nach *Madelung*, Zaiditen, 231. Man sollte aber beachten, daß die Marwāniden manchmal behaupteten, das Kalifat von ʿUṯmān geerbt zu haben.

17 Text in Abū-Nuʿaym, Ḥilyat al-awliyāʾ, Bd. v. 346ff. Vgl. *J. van Ess*, „ʿUmar II and his Epistle against the Qadarīya", Abr Nahrain, xxi (1971), 19–26; auch EI², Art. „Ḳadariyya".

18 Ibn-Qutayba, Maʿārif, 244 (484).

Josef van Ess durch gründliche Forschung dazu beigetragen hat, unser Wissen wesentlich zu erweitern und in verschiedene Ungewißheiten Licht zu bringen[19]. Sein voller Name lautet Maʿbad b. ʿAbd-Allāh b. ʿUkaym, und er kann nicht nach ungefähr 640 geboren worden sein, da er ein Ḥadīṯ von ʿUṯmān (gest. 656) übermittelte. Wegen seiner Gelehrsamkeit wurde er weithin geachtet und war eine Zeitlang mit der Erziehung eines Sohnes ʿAbd-al-Maliks, Saʿīd, beauftragt. Er übte auch andere Ämter am Kalifenhof aus. Schließlich ließ er sich in Basra nieder und schloß sich 701 dem Aufstand des Ibn-al-Ašʿaṯ an. Als dieser scheiterte, wurde er gefangengenommen und hingerichtet – wahrscheinlich im Jahr 704.

Über Maʿbads Ansichten sind keine Einzelheiten überliefert, aber es ist bekannt, daß er und mehrere andere ähnlichgesinnte Männer, die sich ebenfalls dem Aufstand anschlossen, mit al-Ḥasan al-Baṣrī in Kontakt gestanden hatten. Deshalb muß angenommen werden, daß diese Männer eine Form des Qadarismus vertraten, der der nicht unähnlich war, die al-Ḥasan in seiner *Risāla* zum Ausdruck brachte. Es scheint aber ferner so, daß die qadaritische Doktrin zwar mit der Opposition gegen die Umayyaden verknüpft war, aber erst dann zum aktiven Aufruhr führte, als sie mit spezifischen politischen Beschwerden gekoppelt war.

Dieser letzte Punkt wird von van Ess bekräftigt, der die Quellen von Ibn-Qutaybas Behauptung über den Vorrang Maʿbads untersuchte. Diese Behauptung scheint in dem Jahrzehnt nach al-Ḥasans Tod (728) von Antiqadariten in Basra in Umlauf gebracht und in Syrien wiederholt worden zu sein. Es wurde auch behauptet, Maʿbad sei von einem zum Islam bekehrten Christen (oder Magier) beeinflußt worden, der später abtrünnig wurde. Auf diese Weise wurde der Qadarismus mit der Behauptung in Verruf gebracht, er führe zu revolutionärer Aktivität (da Ġaylān ebenfalls erwähnt wurde), während die Aufmerksamkeit von den beinahe-qadaritischen Auffassungen des weithin respektierten al-Ḥaṣan abgelenkt wurde.

c) Ġaylān ad-Dimašqī

Der zweite wichtige Name in der Qadariyya ist der des Ġaylān oder, mit vollem Namen, Abū-Marwān Ġaylān ibn-Muslim (oder ibn-Marwān) al-Qibṭī ad-Dimašqī. Fast mit Sicherheit bedeutet Qibṭī hier ‚Kopte', obwohl das Wort auch für ein Mitglied von Qibṭ, einer Unterabteilung von Ḥimyar, stehen kann[20]. Sein Vater war ein Freigelassener des Kalifen ʿUṯmān, und er selbst hatte in der umayyadischen Verwaltung in Damaskus eine Stelle als Sekretär inne[21]. Er

19 „Maʿbad al-Ǧuhanī", in Islamwissenschaftliche Abhandlungen (Meier-Festschrift), Hrsg. *R. Gramlich*, Wiesbaden 1974, 49–77.

20 Ibn-Qutayba, Maʿārif, 244; as-Suyūṭī, Lubb al-Lubāb, s. v.

21 Vgl. Art. in EI² *(C. Pellat)*, aber der Zusammenhang mit al-Ḥāriṯ ibn-Surayǧ ist etwas zweifelhaft.

hinterließ eine Sammlung von Briefen oder Sendschreiben *(rasā'il)*, die sehr bekannt wurde, und die aus über 2000 Blättern bestand. Von ihr nimmt Massignon an, sie sei mit jenen *rasā'il* „amalgamiert" worden, die al-Ḥasan al-Baṣrī zugeschrieben werden[22]. Die Häresiographen haben gewisse Schwierigkeiten, Ġaylān zu klassifizieren und rechnen ihn sowohl den Qadariyya als auch den Murǧi'a zu, während al-Ḫayyāṭ ihn für die Muʿtazila in Anspruch nimmt. Auf die Bedeutung dieser Punkte werden wir später eingehen.

Ġaylāns Opposition gegen die Regierung der Umayyaden scheint schon zur Zeit der Herrschaft von ʿUmar (II.) ibn-ʿAbd-al-ʿAzīz (717–720) offenkundig gewesen zu sein. Er soll in einer kritischen Stimmung an den Kalifen geschrieben haben, vermutlich, um ihn zu drängen, gewisse Reformen durchzuführen[23]. ʿUmar, der als erbitterter Gegner der qadaritischen Doktrin bekannt ist[24], soll Ġaylān nach dessen Meinung befragt und ihn vor ihrer Gefährlichkeit gewarnt haben, und er soll auch andere davor gewarnt haben, Ġaylāns Qadar-Doktrin zu vertreten[25]. Unter dem Kalifat Hišāms (724–743) brachten ihn seine Anschauungen wieder in Schwierigkeiten, und er soll mit einem Freund nach Armenien geflohen sein[26]. Schließlich wurde er, wahrscheinlich gegen Ende der Regierungszeit Hišāms, gefangengenommen und hingerichtet[27].

Zu seinen politischen Überzeugungen gehörte die Doktrin, wonach die wesentliche Qualifikation für das Kalifat darin bestehe, gottesfürchtig zu sein, Kenntnis vom Koran und der Sunna zu besitzen, und in den Augen derjenigen der beste Kandidat zu sein, die die Investitur vornehmen, während die Zugehörigkeit zum Stamm Qurayš von keiner Bedeutung sei. Die Gemeinschaft habe die Pflicht, einem anmaßenden und korrupten Kalifen Widerstand zu leisten und ihn aus dem Wege zu räumen. Ġaylān unterstützte auch die Sache der *mawālī* und griff die Privilegien der Araber an sowie den Mißbrauch öffentlichen Geldes für die Familie des Kalifen[27a]. Lediglich die Pflicht, einen schlechten Kalifen abzusetzen, scheint mit qadaritischen Prinzipien zusammenzuhängen.

Von den gegen ihn ins Feld geführten Argumenten sind kurze Darstellungen erhalten. Der Kalif ʿUmar II. ließ ihn die ersten neun Verse von Surāt Yā-Sīn

22 Fihrist, 117; *Massignon*, Essai, 177. Die Ġaylāniyyāt, die erwähnt werden in aḏ-Ḏahabī, Ḥuffāẓ, i. 154, 319, 323, 392, 580 sind wahrscheinlich eine Sammlung, die nach Ibn-Ġaylān benannt wurde; vgl. GALS, i. 274.

23 Ibn-al-Murtaḍā, Kitāb al-Munya (Wiesbaden 1961), 25–27.

24 *Laoust*, Profession, 54; vgl. *van Ess*, „ʿUmar II and his Epistle ..." (s. Anm. 17 in Kapitel 4).

25 *Josef van Ess*, Traditionistische Polemik gegen ʿAmr b. ʿUbaid, Beirut 1967, Arab. Text, §§ 20, 21; Ibn-Saʿd, v. 284.27 (auf Makḥūl).

26 Ibn-al-Murtaḍā, Munya, 25–27.

27 In *van Ess*, Traditionistische Polemik, § 21, heißt es, daß az-Zuhrī (gest. 742) Zeuge seines Todes war; aber es gibt Schwierigkeiten bezüglich des *isnād*.

27a Vgl. *J. van Ess*, Les Qadarites et la Gailānīya de Yazīd III, Studia Islamica, xxxi (1970). 269–286, insbes. 279–282. Auch Nawb., 9; Šahr., 106.

(36) rezitieren, die mit den Worten enden: „Und wir haben (gleichsam) vor ihnen einen Wall errichtet, und ebenso hinter ihnen, und sie (damit von vorne und von hinten) zugedeckt, so daß sie nichts sehen." Dies soll Ġaylān von seinem Irrtum überzeugt haben – und das ist höchst unwahrscheinlich[28]. Debatten gegen Ġaylān in Gegenwart von Hišām sollen von Maymūn ibn-Mihrān (gest. 735) und al-Awzāʿī (gest. 773) geführt worden sein. Die mit Maymūn soll mit einer Frage des Ġaylān begonnen haben: „Will Gott, daß Sünden begangen werden?", und darauf erwiderte Maymūn: „Werden sie gegen seinen Willen begangen?" Der Bericht endet mit der Aussage, Ġaylān sei hier zum Schweigen gebracht worden, aber das erscheint wieder unwahrscheinlich. Der allgemeine Tenor des Berichts wird jedoch von al-Ašʿarīs Bericht über al-Faḍl ar-Raqāšīs Meinung zu dieser Frage bestätigt, der, wie er sagt, Ġaylāns Meinung ähnelte[29]. Al-Faḍl scheint Maymūns Frage dahingehend zu beantworten, daß er einen Unterschied macht zwischen einem vorherigen Wollen menschlicher Handlungen (das er ableugnet) und einem gleichzeitigen Wollen; er räumt auch ein, daß Gott selbst dann Dinge schaffen *(yafʿal)* könne, wenn er sie nicht gewollt habe.

Die Behauptung der Muʿtaziliten, der Kalif Yazīd III. an-Nāqiṣ, der im Jahr 744 einige Monate lang die Herrschaft ausübte, sei ein Anhänger Ġaylāns gewesen, scheint zuzutreffen. Ġaylān soll gesagt haben, daß „die einfachen Leute Syriens denken, Missetaten geschähen durch Gottes Vorherbestimmung *(qaḍāʾ wa-qadar)*", und Yazīd gab zu, daß die Taten der Umayyaden unrechte Taten *(maẓālim)* waren, und er versuchte, sie gutzumachen[30]. Die Gruppe der Qadariten in Damaskus, Anhänger Makḥūls, die Yazīd bei dem Aufstand unterstützten, der diesen auf den Thron brachte, werden manchmal Ġaylāniyya genannt, und Yazīd scheint beabsichtigt zu haben, eine Politik zu verfolgen, die der ähnelte, die zuvor von Ġaylān befürwortet worden war[31]. Als er al-Ḥāriṯ ibn-Surayǧ einen Geleitbrief gab, versprach er, dem Buch und der Sunna gemäß zu handeln, und vor allem das konfiszierte Eigentum von al-Ḥāriṯs Anhängern zurückzugeben[32].

Bestimmte andere Meinungen, die Ġaylān zugeschrieben werden, sollen kurz erwähnt werden. Seine Ansichten über den Glauben *(īmān)* ähneln denen der Murǧiʾa und werden im Zusammenhang mit diesen ausführlicher erörtert wer-

28 *van Ess*, „Umar II and his Epistle …"
29 Ṭabarī, ii. 1733 (zitiert in al-Ḫayyāṭ, 213f.); Aš., 513. Über Maymūn und al-Awzāʿī vgl. S. 59.
30 Ibn-al-Murtaḍā, Munya, 121.3–8.
31 *van Ess*, Les Qadarites …, insbes. 279–282. Auch Nawb., 9; Šahr., 106. vgl. *Wellhausen*, Arabisches Reich, Kap. 6, § 4. Andere Hinweise in Ṭabarī auf politisch aktive Qadariten über diese Periode scheinen keine neuen theologischen Probleme aufzuwerfen.
32 EI², Art. „al-Ḥārith b. S." *(M. J. Kister)*.
33 Nawb., 9; vgl. Šahr., 106. Ġaylān hat das Wort *imāma* vielleicht nicht benutzt.

den. Ġaylān glaubte, der Glaube sei unteilbar und könne nicht zu- oder abnehmen[34]. Er unterschied auch zwischen dem primären Wissen, das ein Mensch zwangsläufig haben müsse *(iḍṭirār)*, und dem sekundären Wissen, das etwas Erworbenes *(iktisāb)* sei, doch diese Unterscheidung wurde nicht allgemein akzeptiert[35].

Schließlich darf bemerkt werden, daß Ibn-Qutayba die Erklärung, „der erste, der das theologische Problem des Qadar diskutierte, war Maʿbad al-Ǧuhanī und nach ihm Ġaylān", al-Awzāʿī zuschreibt[36]. Die Verwendung des Namens von al-Awzāʿī, eines treuen Anhängers der Umayyaden, mag als Erklärung dafür dienen, weshalb diese beiden Männer herausgehoben wurden, um als Häretiker gebrandmarkt zu werden, während viele andere doch nicht unähnliche Ansichten vertraten. Diese beiden waren Rebellen, oder angebliche Rebellen, gegen die Umayyadenkalifen, und daher war es für einen Gegner der Qadariten natürlich zu versuchen, eine Verbindung zwischen ihrer Doktrin und der Rebellion herzustellen, um sie in ein schlechtes Licht zu rücken. Zu den wichtigsten Diskussionen über den Qadar scheint es innerhalb der allgemeinen religiösen Bewegung gekommen zu sein, da die Diskussionen unter den Ḫāriǧiten (von denen weiter unten die Rede sein wird) wahrscheinlich abseits der Hauptströmung verliefen. Als spätere Generationen das Bild von der Einheit der allgemeinen religiösen Bewegung stärken und aufwerten wollten, spielten sie die qadaritischen Sympathien anderer Mitglieder der allgemeinen religiösen Bewegung herunter und ließen zu, daß die Schmach sich hauptsächlich über diese beiden ergoß[37]. Ferner bestärkten sie die Vorstellung, daß ihre Häresie eher auf christliche Einflüsse als auf politisch-religiöse Differenzen innerhalb der Bewegung zurückgehe. (In einer neueren ausführlichen Studie über das, was als historisches Material über Ġaylān gilt[37a], hat Josef van Ess in überzeugender Weise nachgewiesen, daß das meiste davon Legende ist und zum Teil auf die Theologen von Basra zurückgeht. Im großen und ganzen bestätigen seine Schlußfolgerungen die in diesem Abschnitt geäußerte Ansicht.)

34 Aš., 136f. Die Geschichte in aḏ-Ḏahabī, Ḥuffāẓ, i. 147, bezieht sich wahrscheinlich darauf.

35 Aš., 136f.; Baġ., 194 (Halkin, 7); al-Baġdādī, Uṣūl, 32, 257.

36 Ibn-Qutayba, Maʿārif, 244; eine Diskussion zwischen Ġaylān und al-Awzāʿī wird beschrieben von Ibn-Nubāta (gest. 1366), Sarḥ al-ʿUyūn, zitiert in *Morris Seale*, Muslim Theology, a Study of Origins with reference to the Church Fathers, London 1964, 17f.

37 Ibn-Qutayba, Ta'wīl, 102, § 122, weiß, daß von einigen Qadariten Überlieferungen akzeptiert werden.

37a *van Ess*, Anfänge muslimischer Theologie, Beirut 1977, 177–245.

d) Der Qadarismus unter den Ḫāriǧiten von Baṣra

Von bestimmten Unterabteilungen der Ḫāriǧiten Basras heißt es, sie hätten qadaritische Anschauungen vertreten. Dies hat jedoch keine politische Bedeutung; denn die früheste Gruppe geht etwa auf den Beginn des achten Jahrhunderts zurück[38], und zu dieser Zeit hatten die Ḫāriǧiten von Basra schon aufgehört, Revolutionäre zu sein. Die Gelehrten, denen man ḫāriǧitische Sympathien nachsagt, waren oft angesehene Mitglieder der allgemeinen religiösen Bewegung, die sich an den vielen Diskussionen beteiligten, die in Basra abgehalten wurden[39]. Von den Ḫāriǧiten mit ihrem moralischen Eifer und ihrer Betonung dessen, daß Gott der gerechte Richter sei, kann man wohl erwartet haben, daß sie einige Formen des Qadarismus attraktiv finden würden. Doch unter den Ḫāriǧiten waren jene, die gegen ihn waren, ebenso zahlreich wie jene, die ihn akzeptierten[40]. Obwohl es einige Darstellungen der Argumente dieser qadaritischen Ḫāriǧiten gibt[41], handelt es sich größtenteils um unbekannte Personen, und nicht alle von ihnen lebten in Basra.

2. Der Hintergrund der Diskussionen

a) Der vorislamische Hintergrund

Die Erörterungen über qadaritische Anschauungen im Islam fanden in einer Umgebung statt, in der zuvor der Fatalismus bzw. der Glaube an die Vorherbestimmung eine große Rolle gespielt hatte. Dieses Thema ist von vielen Wissenschaftlern untersucht worden, in jüngerer Zeit insbesondere von Helmer Ringgren in *Studies in Arabian Fatalism*[42]. Die wichtigsten Punkte mögen deshalb hier ganz kurz skizziert werden.

Die vorislamische Dichtung ist voller Anspielungen auf die Bestimmung oder Kontrolle des menschlichen Lebens durch die „Zeit" *(dahr, zamān)*. Alles, was einem Menschen widerfährt, wird durch die „Zeit" bewirkt. Von der „Zeit" kommen seine Erfolge und, mehr noch, seine Mißerfolge. Die „Zeit" schießt Pfeile ab, die niemals das Ziel verfehlen. Obwohl in einem Satz wie dem letzten eine Personifizierung vorgenommen wird, handelt es sich nur um eine dichteri-

38 S. S. 90.
39 Vgl. S. 20f.
40 Aš., 93, 96, 97 erwähnt vier Sekten von antiqadaritischen Ḫāriǧiten; vgl. Šahr., 96–100.
41 Vgl. S. 88–90.
42 Uppsala 1955. Vgl. auch: *W. L. Schrameier*, Über den Fatalismus der vorislamischen Araber, Bonn 1881; *Th. Nöldeke*, Art. „Arabs (Ancient)" in Encyclopaedia of Religion and Ethics, 1908, i. 659–673; *W. Caskel*, Das Schicksal in der altarabischen Poesie, Leipzig 1926.

sche Form. Die „Zeit" wurde als eine im wesentlichen abstrakte, unpersönliche Kraft angesehen. Die arabischen Wörter könnten mit ‚Schicksal' oder ‚Los' übersetzt werden, es sei denn, man findet als Varianten „die Tage" und sogar „die Nächte". Darüber hinaus war diese unpersönliche Kraft, wie die Schwerkraft, einfach eine natürliche Gegebenheit, mit der gerechnet werden mußte. Sie war nicht etwas, das zu verehren war. Zwar hängt der Name der Göttin Manāt mit einem Wort zusammen, das „Schicksal" bedeutet, aber bei der eigentlichen Verehrung herrscht wahrscheinlich der Gedanke an die spendende Mutter vor[43].

Diese Konzeption von der „Zeit" hatte in der iranischen Konzeption von Zurvan ihre Parallelen und verdankt dieser wohl einiges, obwohl es auch spezifisch arabische Elemente gibt. Die Auffassung paßt auch zum Leben von Nomaden in der Wüste: Weiß ein Mensch, daß alles vorherbestimmt ist und das Endresultat durch sein Handeln unbeeinflußt bleibt, so ist er von übermäßiger Angst befreit – einem Faktor, der unter den in der Wüste herrschenden Bedingungen zur Katastrophe führt. Die Lebenserfahrung in der arabischen Wüste legt auch nahe, daß es sinnlos ist, sich vor künftigen Wechselfällen zu schützen. In anderen Gegenden der Erde fassen die Menschen mit der Zeit Vertrauen in die regelmäßigen Abläufe der Natur, aber in Arabien sind selbst Naturerscheinungen wie Regen höchst unregelmäßig. Wenn jemand versuchte, sich vor jedem möglichen Unglück zu schützen, würde er zu einem Nervenbündel. Wenn aber jemand die Haltung entwickelt, das zu akzeptieren, was „die Tage" bringen, so hat er eine gewisse Hoffnung auf Glück. Auf diese Weise hilft der Fatalismus dem Nomaden, daß aus seinem Versuch, in der Wüste zu leben, ein Erfolg wird.

Der Fatalismus des arabischen Nomaden war in dem Sinne begrenzt, daß in erster Linie das Ergebnis der Handlungen des Menschen festgelegt war, nicht die einzelnen Handlungen selbst. Er konnte entscheiden, ob er an einem Kampf teilnahm oder sich davon fernhielt – doch, was immer er beschloß, er würde sterben, wenn es der vorherbestimmte Tag seines Todes war. Was also vor allem vorherbestimmt war, war das Wohl und Wehe eines Menschen sowie seine ‚Frist' *(ağal)*, d.h. der Zeitpunkt seines Todes. In einem Land, wo die Menschen oft Hunger litten, schien es gewöhnlich auch so, daß der *rizq*, ‚Lebensunterhalt', ‚Auskommen' eines Menschen jenseits seiner Kontrolle liege und von der „Zeit" vorherbestimmt würde.

Selbstverständlich machte dieser Fatalismus nicht die ganze Weltanschauung der vorislamischen Araber aus, auch wenn er bei einer Betrachtung des Qadarismus der wichtigste Aspekt ist. Es gab ein rudimentäres Heidentum, das aber wahrscheinlich wenig Einfluß auf das Leben der Menschen hatte, wenngleich Mohammeds Gegner bei ihren Bemühungen, die Mekkaner gegen ihn aufzuhetzen, versuchten, daran zu appellieren. Einige der nachdenklicheren Leute in

43 Vgl. *Watt*, What is Islam? London 1968, 1980, 26 und Anm. 6; auch *Ringgren*, Studies in Arabian Fatalism, 15, 29, 41.

Mekka bewegten sich auf eine Art Monotheismus hin. Für die Masse der Nomaden war aber der wesentliche religiöse Faktor das, was ich den „tribalen Humanismus" genannt habe, d.h. ein Glaube an den elementaren Wert menschlicher Vorzüglichkeit. Dabei wurde diese Vorzüglichkeit aber nicht als Besitz des Individuums betrachtet, sondern vielmehr als der des Stammes. Mit anderen Worten: Ein Mensch kann nur dann eine edle Tat vollbringen, wenn er einem edlen Geschlecht entstammt. Im Mittelpunkt dieser Quasi-Religion des tribalen Humanismus stand der Begriff der Stammesehre.

b) Der Koran

Das Kerygma oder die Kernbotschaft des Koran setzte die Gedankenwelt der vorislamischen Araber voraus, selbst wenn er versuchte, ihre Vorstellungen zu modifizieren. Das Kerygma selbst ist oft beschrieben worden und kann hier kurz zusammengefaßt werden. In seiner frühesten Form besteht es hauptsächlich aus den folgenden fünf Punkten[44]: (1) Gott ist gut und allmächtig. (2) Der Mensch kehrt zu Gott zurück, um am Jüngsten Tag gerichtet zu werden. (3) Der Mensch soll sich Gott gegenüber dankbar erweisen und ihn verehren. (4) Dies sollte den Menschen weiter dazu führen, mit seinem Reichtum großzügig umzugehen. (5) Mohammed ist von Gott beauftragt worden, diese Botschaft seinen Mitmenschen zu übermitteln. Der wichtigste Punkt, der in späteren Passagen hinzugefügt wurde, war der, der mit der Zeit in den Mittelpunkt des islamischen religiösen Denkens rückte, nämlich daß „es keine Gottheit außer Gott" gibt.

Der erste Kommentar, der hier anzubringen ist, geht dahin, daß man sagen kann, der Gottesbegriff des Koran schließe den vorislamischen Glauben mit ein, daß das Leben eines Menschen von einer Macht kontrolliert wird, die außerhalb von ihm selbst wirkt. So wie die „Zeit" die Quelle von Wohl und Wehe eines Menschen war und zum vorgeschriebenen Zeitpunkt seinen Tod herbeiführte, so werden einige Aktivitäten, die im Grunde dieselben sind, nunmehr Gott zugeschrieben. In einem Passus wird die heidnische Auffassung beschrieben, wonach der Tod von der „Zeit" verursacht werde, und dann wird behauptet, der Tod komme von Gott:

> Und sie (die Ungläubigen) sagen: „Es gibt nur unser diesseitiges Leben. Wir sterben und leben (in diesem Rahmen), und nur die Zeit *(dahr)* läßt uns zugrunde gehen." Sie haben aber kein Wissen darüber und stellen nur Mutmaßungen an …
> Sag (zu ihnen, Mohammed): Gott (allein) macht euch lebendig und läßt euch hierauf sterben. Und er versammelt euch hierauf zum Tag der Auf-

44 Vgl. *Watt*, Mecca, 62–72; Ders., Muhammad Prophet and Statesman, London 1961, 22–34.

erstehung, an dem nicht zu zweifeln ist. Aber die meisten Menschen wissen (es) nicht. (45. 24, 26).

Ähnlich kommt das Unglück von Gott:

Kein Unglück trifft ein, weder (draußen) im Land noch bei euch selber, ohne daß es in einer Schrift (verzeichnet) wäre, noch ehe wir es erschaffen (57.22).

Aus der Sicht des Koran besteht das größte Glück bzw. Unglück für die Menschen darin, dem Himmel bzw. der Hölle übergeben zu werden, und die Entscheidung hängt davon ab, was ein Mensch verdient, und dies wiederum hängt davon ab, ob Gott ihn rechtleitet oder ihn irreführt, und Gott „führt irre, wen er will, und leitet recht, wen er will" (16.93).

Die Ähnlichkeit der Funktion zwischen der „Zeit", wie sie von den vorislamischen Arabern aufgefaßt wurde, und dem Gott des Koran wurde in einem Ḥadīṯ zum Ausdruck gebracht, das in leicht voneinander abweichenden Fassungen vorkommt. Die einfachste lautet so: Der Gesandte Gottes sagte, Gott sagte: Die Söhne Adams beleidigen *dahr*; ich aber bin *dahr*; in meiner Hand liegen Tag und Nacht[45]. Dieses Ḥadīṯ sieht so aus, als ob es zur Zeit az-Zuhrīs (gest. 742) im Umlauf gewesen wäre, da sein Name in mehr als einem *isnād* (Überliefererkette) auftaucht. Diese Gleichsetzung Gottes mit der „Zeit" hat spätere Gelehrte verwirrt, und sie bedienten sich verschiedener Tricks, um sie zu umgehen. Einer bestand darin, *anā d-dahra* statt *anā d-dahru* zu lesen und diese Variante mit „Ich bin ewig" zu übersetzen[46]. Ibn-Qutayba zog es vor, sich eine Episode auszudenken, wo die Phrase „Zayd ist Fatḥ" bedeutete, daß Zayd für einen Mord verantwortlich war, da er seinem Sklaven Fatḥ befohlen hatte, ihn zu vollbringen. Auf diese Weise wird die „Zeit" sozusagen zu einem Vertreter Gottes[47].

Die koranische Gottesidee enthält außer dem Aspekt der höchsten Kontrolle über die Ereignisse selbstverständlich den Aspekt der Güte oder des Wohlwollens dieser höchsten Macht gegenüber der Menschheit sowie den Aspekt, daß dieses höchste Wesen sich um das rechte Verhalten kümmert (und zwar dadurch, daß er Gebote erläßt und am Jüngsten Tag Gericht hält). Dieser Glaube gibt dem ganzen menschlichen Leben einen völlig anderen Charakter und wird zu einem der typischen Merkmale des Islam.

Trotz dieses neuen Akzentes leben viele alte Vorstellungen im Koran weiter, sowohl jene, die sich in der vorislamischen Dichtung finden, als auch andere, die

45 Al-Buḫārī, Adab (78) No. 101 (iv. 155); cf. Tawḥīd (97), No. 35 (iv. 478). Weitere Hinweise in *Wensincks* Concordance. Ein Ḥadīṯ, in dem etwas berichtet wird, was Gott gesagt hat, was sich aber nicht im Koran findet, ist als *Ḥadīṯ qudsī* bekannt. Ein neuer und weniger skeptischer Ansatz zu solchen Ḥadīṯen stammt von *William A. Graham*, Divine Word and Prophetic Word in Early Islam, Den Haag 1977.

46 *Ignaz Goldziher*, Die Ẓāhiriten, Leipzig 1884, 153f.

47 Ibn-Qutayba, Ta'wīl, 281–284 (§§ 249, 250).

dort selten oder nie in Erscheinung treten. Da die letzteren vom Koran vorausgesetzt werden und nicht Teil seines Kerygmas sind, müssen sie wohl in der „mündlichen Kultur" Mekkas oder wenigstens einigen Leuten dort bekannt gewesen sein. Ein Beispiel für diese letzte Gruppe ist die Vorstellung, daß das, was einem Menschen vorherbestimmt worden ist, irgendwo niedergeschrieben wird – in dem (S. 83) zitierten Vers (57.22) „in einer Schrift". Ähnlich wird Mohammed angewiesen zu sagen: „Uns wird nichts treffen, was nicht Gott uns vorherbestimmt (verschrieben) hat" (9.51). Die Vorstellung von einer solchen Schrift ist insbesondere mit dem Ende des Lebens verbunden. „Und keiner bleibt lang am Leben, und keinem wird seine Lebenszeit verkürzt, ohne daß es in einer Schrift (verzeichnet) wäre" (35.11): „Keiner kann sterben außer mit Gottes Erlaubnis und nach einer befristeten Vorherbestimmung (Schrift)" (3.145, *kitāb muʾağğal*). In einem Vers wird die Vorstellung von einer verzeichneten Lebensfrist mit dem vorislamischen Glauben gekoppelt, der Mensch könne seiner Frist nicht dadurch entgehen, daß er irgendeine „Handlung vermeidet". Mohammed soll denjenigen, die die Entscheidung bei Uḥud zu kämpfen, kritisierten, sagen: „Wenn ihr (noch) in euren Häusern gewesen wäret, wären diejenigen (von euch), über die die (Vorher)bestimmung ergangen ist, (trotzdem) zu der Stätte, an der sie (jetzt) liegen, herausgekommen (um hier zu kämpfen und zu sterben)" (3.154)[48].

Eine weitere im Koran übliche Vorstellung ist die von der festgesetzten Lebensfrist oder dem Todestermin, *ağal*. In allgemeinen sozialen Kontexten kann *ağal* jede vorgeschriebene Frist bedeuten, z. B. die für die Rückzahlung einer Schuld (2.282). Meistens aber ist *ağal* das Ende von etwas, obwohl der hervorgehobene Aspekte manchmal der Tod, manchmal die zeitliche Strafe (wie im Fall der ungehorsamen Völker) und manchmal das Jüngste Gericht ist[49]. Was hier von Bedeutung ist, ist *ağal* als die für den einzelnen festgesetzte Lebensfrist. Ein Beispiel ist 63.11: „Aber Gott wird niemanden Aufschub gewähren, wenn seine Frist kommt." Man muß aber beachten, daß im Koran Gott nicht nur derjenige ist, der den Tod des Menschen herbeiführt, sondern auch derjenige, der das Datum von vornherein festlegt: „Er ist es, der euch aus Lehm geschaffen und hierauf (für euer Leben) eine Frist bestimmt hat" (6.2).

Eine andere Idee, deren prädestinatianische Bedeutung nicht so offenkundig ist, die aber in späteren Diskussionen zusammen mit *ağal* erwähnt wird, ist die von *rizq*, ‚Auskommen', ‚Lebensunterhalt' und ungefähr so etwas wie „tägliches Brot". „Gott ist es, der euch geschaffen und euch hierauf (den Unterhalt) beschert hat *(razaqa)*, und (der) euch dann sterben läßt und darauf (bei der Auferweckung wieder) lebendig macht" (30.40). „Haben sie denn nicht gesehen,

48 Vgl. *Ringgren*, Arabian Fatalism, 94–97; er fand nur einige unsichere vorislamische Beispiele für ein „niedergeschriebenes" Schicksal, ibid., 39, Anm. 5; 40, Anm. 11; 48 (Ṭarafa).

49 Für Einzelheiten s. *Ringgren*, Arabian Fatalism, 87–94.

daß Gott den Unterhalt *(rizq)* reichlich zuteilt, wem er will, und (ihn auch wieder) begrenzt?" (30.37; und acht weitere Verse). Die Vorstellung, daß der Unterhalt reichlich oder spärlich sein kann, kommt im Koran häufig vor und hängt vermutlich mit der Erfahrung des unberechenbaren Charakters des Lebens in der arabischen Wüste zusammen. Obwohl die Konzeption in der vorislamischen Dichtung eher impliziert ist als ausdrücklich erwähnt wird, beweist ihr häufiges Vorkommen im Koran und in späteren Diskussionen, daß sie im Denken des Arabers eine hervorragende Rolle spielte[50].

Auf diese Weise also, und vielleicht auch auf andere, bewahrt der Koran einige der prädestinatianischen Vorstellungen des vorislamischen Arabers, auch wenn er sie insofern modifiziert, daß die letztliche Kontrolle nicht der unpersönlichen und „gefühllosen" „Zeit" überlassen wird, sondern Gott, der vor allem barmherzig ist. Diese Ideen werden von einem anderen Wesenszug des koranischen Kerygma noch entschiedener modifiziert, nämlich dadurch, daß Gott am Jüngsten Tag über die Menschen urteilen wird, und daß dieses Urteil auf der moralischen Qualität ihres Verhaltens beruhen wird. Dies ist zu gut bekannt, als daß es einer Erklärung bedürfte[51]. In einigen der frühesten Passagen ist von einer Waage die Rede, mit der die guten und die bösen Taten eines Menschen gewogen werden, und es wird impliziert, daß die Entscheidung über seinen Fall einzig von der Waage abhängt. Später aber wurde schließlich eingeräumt, daß Gott einem Menschen von sich aus vergeben kann oder deswegen, weil irgendeine privilegierte Person Fürsprache für ihn eingelegt hat. In einer Erörterung des Qadarismus ist an dem ganzen Ideenbündel im Zusammenhang mit dem Jüngsten Gericht die Tatsache am wichtigsten, daß die Verantwortung des Menschen impliziert wird. Ein Mensch wird für seine Taten bestraft oder belohnt, weil sie *seine* Taten sind. Verantwortung oder Verantwortlichkeit ist gewissermaßen in der Idee von Strafe und Belohnung impliziert. Auf diesen Punkt pochten die Qadariten, doch ihre Widersacher mußten ihm ein gewisses Gewicht beimessen und waren nicht bereit, ihn von vornherein abzuleugnen.

In den späteren Diskussionen wurde es immer mehr zur wichtigsten Frage des Verhaltens, ob ein Mensch an Gott glaubte, oder dem Götzendienst oder Polytheismus *(širk)* verfallen war und Gott andere Wesen „beigesellt" hatte. Doch es gibt Verse im Koran, die suggerieren, daß der Glaube oder Unglaube des Menschen insofern von Gott bestimmt sei, als dieser ihn entweder „rechtleiten" oder „irreführen" könne.

> Und wenn Gott einen rechtleiten will, weitet er ihm die Brust für den Islam. Wenn er aber einen irreführen will, macht er ihm die Brust eng und bedrückt (so daß es ihm ist) wie wenn er in den Himmel hochsteigen würde (6.125).

50 Vgl. *Ringgren*, Arabian Fatalism, 60.
51 Einige Einzelheiten finden sich in *Watt*, What is Islam?, 48–53.

> Und wenn Gott gewollt hätte, hätte er euch zu einer einzigen Gemeinschaft gemacht. Aber er führt irre, wen er will, und leitet recht, wen er will. Und ihr werdet sicher (dereinst) über das, was ihr (in eurem Erdenleben) getan habt, zur Rechenschaft gezogen werden (16.93).

Andererseits gibt es Verse, in denen Gottes Rechtleiten oder Irreführen nicht das bloße Fiat seines Willens ist, sondern in den vorhergehenden guten oder bösen Taten eines Menschen begründet ist:

> Diejenigen, die nicht an die Zeichen Gottes glauben, werden von Gott nicht rechtgeleitet (16.104).
> Er führt damit [(mit einem Gleichnis)] viele irre. Aber er leitet damit (auch) viele recht. Und nur die Frevler führt er damit irre (2.26).
> Wie sollte Gott Leute rechtleiten, die ungläubig geworden sind, nachdem sie gläubig waren, und (nachdem sie) bezeugt haben, daß der Gesandte (Gottes und seine Botschaft) wahr ist, und (nachdem sie) die klaren Beweise erhalten haben! Gott leitet das Volk der Frevler nicht recht (3.86).

Ein anderes in praktischen Angelegenheiten anwendbares Begriffpaar ist „Helfen" und „Im-Stich-lassen" *(naṣara, ḫaḏala)*:

> Wenn Gott euch zum Sieg verhilft, gibt es für euch niemanden, der (über euch) siegen könnte. Und wenn er euch im Stich läßt, wer könnte euch dann, nachdem er (als Helfer) ausgefallen ist, zum Sieg verhelfen? (3.160).

Es gibt andere ähnliche Begriffe im Koran, aber diejenigen, die erwähnt wurden, insbesondere Rechtleitung und Irreführung *(hudā, iḍlāl)* werfen die in diesem Zusammenhang wichtigen theologischen Fragen auf.

3. Die Argumente der Qadariten und ihrer Gegner

a) Aufzeichnungen früherer Diskussionen

Es ist schwer, über die frühesten Formen der Erörterung der qadaritischen Frage Sicherheit zu gewinnen. Die hauptsächlichen qadaritischen Doktrinen wurden von der bedeutenden Sekte und theologischen Schule der Muʿtaziliten übernommen und ausgearbeitet, und die Häresiographen neigten dazu, die Ansichten früher Gelehrter mit Begriffen zu beschreiben, die erst zu einem späteren Zeitpunkt in Gebrauch kamen. Es scheint etwas vormuʿtazilitisches Material über die Qadariten zu geben, und zwar in den Schriften al-Ašʿarīs und eines etwas älteren Gelehrten, Ḫušayš (gest. 867), und es bietet sich an, damit zu beginnen.

Bei Ḫušayš findet sich ein langer Abschnitt über die Qadariyya, aber es handelt sich fast gänzlich um ihre Widerlegung. Die wichtigsten deskriptiven Punkte sind[52]:

1) Eine Gruppe (der Qadariyya) meint, daß edle Taten *(ḥasanāt)* und Güte *(ḫayr)* von Gott, Niedertracht und schlechte Taten aber von ihnen selbst seien; auf diese Weise brauchen sie Gott keine böse Tat oder Sünde zuzuschreiben.

2) Ein Teil der Qadariyya wird Mufawwiḍa genannt. Sie behaupten, mit sich selbst so beauftragt *(muwakkal)* worden zu sein, daß sie fähig *(yaqdirūna)* sind, durch dieses Delegieren (der Macht – *tafwīḍ)*, von dem sie reden, ohne Gottes Hilfe und Rechtleitung alles Gute (zu tun).

3) Ein Teil von ihnen glaubt, daß Gott in ihnen die Handlungsfähigkeit *(istiṭāʿa)* vollkommen und vollendet gemacht *(ǧaʿala)* habe, so daß sie darin keinerlei Steigerung bedürfen, sondern fähig sind, zu glauben und nicht zu glauben, zu essen und zu trinken, zu stehen und zu sitzen, zu schlafen und zu wachen – ja, in der Tat, das zu tun, was sie wollen. Sie meinen, daß die Menschen (von sich aus) fähig seien zu glauben. Wenn dies nicht so wäre, würden sie (wenn sie für Unglauben usw. bestraft würden) für etwas bestraft, was zu tun sie nicht fähig wären.

4) Eine Gruppe von ihnen, die Šabībiyya, streitet auch ab, daß Gott vorher wisse, was die Menschen tun und was aus ihnen wird.

5) Eine Gruppe von ihnen leugnet, daß Gott das Kind aus dem Ehebruch erschafft oder es bestimmt *(qaddara)* oder es will oder es (? zuvor) kennt. Sie streiten ab, daß der Mensch, der sein ganzes Leben lang stiehlt oder das ißt, was verboten ist, sein Auskommen von Gott erhält. Sie behaupten, daß Gott kein Auskommen liefere außer dem, was rechtmäßig ist.

6) Eine Gruppe von ihnen meint, Gott habe den Menschen ihren Lebensunterhalt und ihre Frist für eine festgesetzte Zeit bestimmt *(waqqata … li-waqt maʿlūm)*, so daß wer auch immer einen Menschen umbringt, dessen Frist und Auskommen zuvorkommt, weil er zu einer Zeit stirbt, die nicht sein Termin ist, und weil von seinem Lebensunterhalt das übrigbleibt, was er nicht bereits empfangen und ganz bekommen hat.

Der erste dieser Punkte scheint im Grunde die Leugnung eines umayyadischen Argumentes zu sein. Die Umayyaden argumentierten vermutlich dahingehend, sie seien die Kalifen oder Stellvertreter Gottes und deshalb seien ihre Handlungen – wie immer sie auch aussahen – in Wirklichkeit von Gott befohlen. Ihre Gegner meinten, daß einige ihrer Handlungen in der Tat böse Taten wären, und daraus würde aus umayyadischer Sicht folgen, daß diese bösen Taten von Gott befohlen worden seien. Wenn man also den allgemeinen Grundsatz aufstellte, daß gute Taten von Gott und böse Taten von den Menschen stammen, so hieß das, einem wichtigen Teil der umayyadischen Rechtfertigung für ihre Herrschaft

52 Zitiert in al-Malaṭī, Tanbīh, 126–135; die übersetzten Stellen finden sich auf S. 126, 133, 134. Für Ḫušayš vgl. GAS, i. 600; aḏ-Ḏahabī, Ḥuffāẓ, ii. 251.

zu widersprechen. Das Argument wurde zweifellos als um so stärker empfunden, als dieser Grundsatz weitgehend von Christen vertreten wurde[53], und jene, die ihn gegen die Umayyaden ins Feld führten, können gut vom Christentum Bekehrte gewesen sein.

Die Umayyaden machten sich möglicherweise eine Doppeldeutigkeit von „bestimmt" oder „gewollt" zunutze. In einem Sinne ist alles, was geschieht, von Gott gewollt oder bestimmt; in einem anderen Sinne werden nur gute Taten des Menschen von Gott gewollt oder bestimmt. Diesen Sinn kann man verdeutlichen, indem man sagt, daß es diese guten Taten sind, die Gott den Menschen zu tun „geboten" hat. Unten (S. 93) wird davon die Rede sein, daß al-Ḥasan al-Baṣrī behauptet, Gottes *qadar* sei sein ‚Gebot'. Etwas Ähnliches findet sich in einer frühen Geschichte über einige Ḫāriǧiten aus Basra, die al-Ašʿarī überliefert hat:[54]

> ... die Šuʿaybiyya, die Anhänger des Šuʿayb. Er war ein Mann, der sich von Maymūn und dessen Doktrin lossagte. Er meinte, daß niemand etwas tun könne außer dem, was Gott wolle, und daß die Taten der Menschen von Gott geschaffen seien.
> Die Spaltung zwischen den Šuʿaybiyya und den Maymūniyya ging darauf zurück, daß Maymūn dem Šuʿayb etwas Geld geliehen hatte und dessen Rückzahlung verlangte. Šuʿayb sagte zu ihm: Ich gebe es dir, so Gott will. Maymūn sagte: Gott hat gewollt, daß du es mir jetzt geben sollst. Šuʿayb sagte: Wenn Gott gewollt hätte, könnte ich nicht anders gehandelt haben, als es dir zu geben. Maymūn sagte: Gott hat gewollt, was er befahl; was er nicht befahl, wollte er nicht, und was er nicht wollte, befahl er nicht. Dann folgten einige Maymūn und andere Šuʿayb, und sie schrieben an ʿAbd-al-Karīm ibn-ʿAǧarrad, der im Gefängnis festgehalten wurde ..., um ihn über die Ansichten des Maymūn und des Šuʿayb zu informieren.
> ʿAbd-al-Karīm schrieb: Unsere Doktrin ist, daß das, was Gott wollte, geschah und das, was er nicht wollte, nicht geschah, und wir heften Gott kein Übel an. Dieser Brief erreichte sie ungefähr zur Zeit von ʿAbd-al-Karīms Tod. Maymūn behauptete, Ibn-ʿAǧarrad habe seine Meinung übernommen, als er sagte: „Wir heften Gott kein Übel an". Šuʿayb hingegen sagte, er habe vielmehr seine Ansicht übernommen, indem er sagte: „Das, was Gott wollte, geschah und das, was er nicht wollte, geschah nicht". So schlossen sich zwar beide ʿAbd-al-Karīm an, doch untereinander trennten sie sich.

Die beiden hier erwähnten Disputanten waren Mitglieder der ʿAǧārida bzw. Anhänger des Ibn-ʿAǧarrad, der von Ḫālid al-Qasrī, dem Gouverneur des Irak

53 Vgl. *C. H. Becker*, „Christliche Polemik und islamische Dogmenbildung", Islamstudien, Leipzig 1924, i. 439 (Neudruck nach ZA xxvi [1911], 175–195); auch *Ritter*, Isl., xxi (1933), 58; *van Ess*, Art. „Ḳadariyya" in EI², ad. fin.; *W. Madelung*, Der Imām al-Qāsim ibn Ibrāhīm und die Glaubenslehre der Zaiditen, Berlin 1965, 239.

54 Aš., 93–95; vgl. Anm. 55 in Kapitel 1.

von 723 bis 738, ins Gefängnis geworfen wurde. Selbst wenn die Geschichte geschönt wurde, ist es gut möglich, daß der Brief authentisch ist und somit vergleichsweise frühe Informationen liefert. Da alle drei Männer Ḫāriǧiten waren, kann die Behauptung von der Allmacht (wenn auch nicht unbedingt von der *Vorher*bestimmung) Gottes nicht aus Liebe zu den Umayyaden aufgestellt worden sein; sie läßt vielmehr eine Rückkehr zu vorislamischen Denkweisen erkennen. Die Phrase „Gott kein Übel anheften" mag aber in erster Linie gegen die Umayyaden gerichtet sein.

Die im zweiten Punkt erwähnten Mufawwiḍa sind unbekannt. Sie unterscheiden sich sicherlich von den schiitischen Mufawwiḍa, die in der Hauptsache politisch waren[55]. Der Gebrauch des Wortes muß auch von jenem unterschieden werden, das bei den Ḥanbaliten vorkommt, und zwar im Zusammenhang damit, daß Gott allein das volle Verständnis bestimmter Geheimnisse überlassen werde[56]. Hier müssen mit dem Wort jene gemeint sein, die behaupten, daß Gott den Menschen Macht und Autorität übertragen hat, damit sie unabhängig von ihm handeln können. Wenn dies auf die Politik der Umayyaden gemünzt wird, mag es sich um die Meinung handeln, die von Leuten vertreten wurde, die den Umayyaden kritisch gegenüberstanden und deren Behauptung abstritten, ihre Taten seien von Gott befohlen. Das würde implizieren, daß ihre Herrschaft insofern legitim sei, als Gott ihnen Macht übertragen hat, aber es würde nicht implizieren, daß sie über Kritik erhaben wären. Früh findet sich das Wort in dem Sendschreiben ʿUmars II. an die Qadariten, und *lā ǧabr wa-lā tafwīḍ* war ein Motto der Imāmiyya[57]. Es ist denkbar, daß ein vereinzelter Hinweis bei Ibn-Qutayba[58] sich auf dieselbe Gruppe bezieht, obwohl er den *mufawwiḍ* dem Qadarī gegenüberzustellen scheint. Die Auffassung des *mufawwiḍ* findet ihren Ausdruck in dem Ḥadīṯ: „Handle, denn jeder erreicht mit Leichtigkeit das, wofür er erschaffen wurde."

Der dritte Punkt, nämlich daß der Mensch die Macht oder Fähigkeit hat, eine Tat oder ihr Gegenteil zu tun, hilft vielleicht, den Begriff von der Delegierung weiter zu erklären. Aber der letzte Satz läßt eher darauf schließen, daß er mit der Frage nach der Strafe, insbesondere der Strafe Gottes im künftigen Leben, zusammenhängt. Ein Mensch kann nicht zu Recht bestraft werden, wenn die Tat, für die er bestraft wird, nicht seine eigene Tat ist. Dies kann man als eine Form von „Gott kein Übel anheften" bezeichnen, aber sie drückt nicht direkt eine

55 Aš., 16; Nawb., 71; *A. A. A. Fyzee*, A Shiʿite Creed, London 1942 (I. R. A. series, 9), 100.

56 *Laoust*, Profession, ci, 105; vgl. al-Kalābāḏī, Taʿarruf, übers. *A. J. Arberry* („The Doctrine of the Ṣūfīs"), Cambridge 1935, 55. Diese beruhen zweifellos auf Sure 40.44, *ufawwiḍu amrī ilā llāh.*

57 *Massignon*, Essai, 194; Ders., Passion, 612, u.a., beruht auf aṭ-Ṭabarsī (gest. 1153). Das Wort wird auch von Maymūn verwendet in Aš., 93, von Aṣḥāb as-Su'āl in Šahr., 94, und in *Fyzee*, A Shiʿite Creed, 32. *Van Ess*, Anfänge, 119f., u.a. (arabischer Text, §§ 7, 36); Ders., Zwischen Ḥadīṯ und Theologie, 117, 152.

58 Ibn-Qutayba, Ta'wīl, 5 (§ 7).

anti-umayyadische Einstellung aus. Der Gedanke von Gott als dem gerechten Richter wird am passendsten mit bestimmten Untersekten der Ḫāriǧiten in Verbindung gebracht, die eine qadaritische Auffassung übernahmen; denn die Ḫāriǧiten kümmerten sich im allgemeinen sehr stark um die Unterscheidung zwischen „den Leuten des Himmels" und „den Leuten der Hölle". Die betreffenden Untersekten sind: die Maymūniyya (Anhänger des eben erwähnten Maymūn), die Ḥamziyya, die Maʿlūmiyya, die Anhänger des Ḥāriṯ al-Ibāḍī und die Aṣḥāb as-Su'āl[59]. Die zuletzt genannten sind vielleicht die frühesten; denn es handelt sich um die Anhänger des Šabīb an-Naǧrānī, der um 718 lebte, und der nicht mit Šabīb ibn-Yazīd aš-Šaybānī (gest. 697) verwechselt werden darf[60]. Wie bereits erwähnt, fand Maymūns Streitgespräch mit Šuʿayb wahrscheinlich zwischen 723 und 738 statt, und es gibt keinerlei Anzeichen dafür, daß eine der anderen Untersekten früher bestanden hätte, während die Ḥamziyya zur Zeit des Hārūn ar-Rašīd gehören. All diese Ḫāriǧiten waren Gegner der Umayyaden, aber der grundlegende Einwand der Ḫāriǧiten gegen die Umayyaden ging über den umayyadischen Anspruch auf göttliche Autorität hinaus. Und es gab ebenso viele ḫāriǧitische Untersekten, die Gegner der qadaritischen Auffassungen waren, wie solche, die diese übernahmen[61].

Der vierte Punkt ist eine Art Konsequenz aus der Freiheit des Menschen. Wenn ein Mensch in seinen Handlungen wirklich frei ist, dann kann Gott nicht im voraus wissen, was er tun wird. In einer der wenigen Passagen, wo al-Ašʿarī den Begriff Qadariyya verwendet, sagt er von ihnen, sie verträten die Ansicht, Gott könne ein Ding nicht kennen, ehe es existiere[62], und das wurde später von den meisten Rāfiḍiten geglaubt[63]. Die Šabībiyya scheinen die Anhänger des soeben erwähnten Šabīb an-Naǧrānī zu sein.

Die Punkte 5) und 6) sind etwas unlogische Weiterentwicklungen der Idee, daß „Gott kein Übel angeheftet" werde. Der wichtigste Kommentar, der hier anzubringen ist, ist der, daß Johannes Damaszenus bei der Beschreibung seines „Sarazenen" diesen dieses Argument gegen einen Christen (der in gewisser Hinsicht ein Qadarit ist) vorbringen läßt[64].

Ob diese sechs von Ḫušayš erwähnten Punkte nun von verschiedenen Leuten vertreten wurden oder nicht – jedenfalls spiegelt sich in ihnen eine frühe Phase der Entwicklung der qadaritischen Doktrin wider, bevor diese noch durch die großen Muʿtaziliten wie Abū-l-Huḏayl erweitert und verfeinert wurde. Das heißt, sie

59 Aš., 93, 96, 104, 116. Šahr., 94–97 ist ähnlich, führt aber eine Sekte von Aṭrafiyya an und läßt die Anhänger des Ḥāriṯ weg.
60 EI², Art. „Ḳadariyya" *(van Ess)*, 369B; auch *van Ess*, Anfänge, 128f.
61 Aš., 93.12, 94f. (Šuʿayb), 96.3, 11, 107f.; vgl. S. 80.
62 Al-Ašʿarī, Kitāb al-ibāna, Hyderabad 1321/1903, 85; (engl. Übers., 125).
63 Aš., 37, 489.9, 490.10 u. a.
64 Migne, Patrologia Graeca, 94.1592; vgl. *Becker*, „Christliche Polemik ...", 440; *Ritter*, Isl., xxi (1933), 58.

entstammen einer Zeit, als die Qadariyya eine oder mehrere Gruppen mit eigenständigen Ansichten waren und nicht eine heterogene Masse von Leuten, die an die Willensfreiheit glaubten.

Ungefähr dasselbe scheint für den Begriff Qadariyya in dem Sinne zu gelten, wie ihn al-Ašʿarī verwendet. In den *Maqālāt* wurde dieses Wort nur dreimal registriert. Wenn al-Ašʿarī die Auffassung der Ḫāriǧiten über die Kinder von Gläubigen und Ungläubigen erörtert, gibt er die Meinungen zweier Gruppen wieder, ohne diese beim Namen zu nennen, und er sagt dann, „die dritte Gruppe von ihnen, die Qadariyya" glaube, daß beide im Paradies seien[65]. In einer zweiten Passage ist von der Verwendung des Namens die Rede; darauf kommen wir später noch zurück (S. 113). In der dritten heißt es, daß die Qadariyya „zusammen mit den Muʿtazila, außer aš-Šaḥḥām, glaubten, daß Gott keine Macht über ein Ding hat, über das er den Menschen Macht gegeben hat"[66]. Die Qadariyya werden hier – ob es sich nun um Ḫāriǧiten handelt oder nicht – als von den Muʿtazila verschieden betrachtet, obwohl das von den Ahl al-Qadar, drei Zeilen weiter oben, nicht so klar ist. Sowohl in der *Ibāna* als im *Lumaʿ* werden die Qadariyya weniger oft als die Muʿtazila erwähnt, und hierbei wird der Eindruck vermittelt, daß diese sich gänzlich von ihr unterschieden[67]. Es scheint jedoch auch der Fall zu sein, daß die in diesen beiden letzten Büchern beschriebenen Auffassungen weniger primitiv sind als die von Ḫušayš geschilderten.

Das von Ḫušayš und al-Ašʿarī bewahrte Material entwirft also ein Bild von einer Reihe von Gruppen, die relativ simple Ansichten vertraten, die sich zwar voneinander unterscheiden, aber alle als qadaritisch bezeichnet werden können. Für die Übernahme qadaritischer Auffassungen sind zwei Motive zu unterscheiden, und diese Motive waren zunächst in getrennten Gruppen wirksam. Einige waren gegen den Anspruch der Umayyaden, aufgrund göttlicher Bestimmung zu herrschen; andere waren darum besorgt, Gerechtigkeit in der Gemeinschaft zu haben und in dem, was von Gott behauptet wurde. Die qadaritische Opposition gegen die Umayyaden war eine Zeitlang von historischer Bedeutung, doch diese Bedeutung verlor sie, als die ʿAbbāsiden an die Macht kamen. Das zweite Motiv behielt im Laufe der Zeit seine Bedeutung, ja sie wuchs noch weiter. Als die Muʿtaziliten die Hauptvertreter der Doktrin von der Willensfreiheit wurden, spielte die Vorstellung von der Gerechtigkeit Gottes in ihrem Denken eine hervorragende Rolle.

Ein Wort mag noch über den christlichen Einfluß auf die Entwicklung des islamischen Dogmas angefügt werden. Carl Heinrich Becker (1876–1933) stellte in einem 1911 veröffentlichten Artikel eine Reihe von Punkten zusammen, die

65 Aš., i. 126.8.
66 Aš., ii. 549.9; vgl. auch 477.9, wo es heißt, daß Abū-Šimr ein Qadarī gewesen sei.
67 Al-Ašʿarī, Ibāna, engl. Übers., 46 (Ahl al-Qadar), 47, 49, 74, 96, 107, 111, 113, 125, 128. Ders., Kitāb al-lumaʿ (in *Richard J. McCarthy*, The Theology of al-Ashʿarī, Beirut 1953), §§ 58, 116 (Ahl al-Qadar), 118, 120f.

seiner Argumentation zufolge bewiesen, daß christliche Einflüsse eine bedeutende Rolle gespielt hatten. In jüngerer Zeit wurde eine ähnliche These von Morris Seale aufgestellt[68]. Gewiß, die Parallelen, auf die die Aufmerksamkeit gelenkt wurde, bestehen tatsächlich. Doch aus dem, was hier bereits über die Beziehung von Theologie und Politik gesagt wurde, sowie aus dem, was im Rest dieses Buches gesagt werden wird, sollte deutlich werden, daß die Entwicklung des Dogmas im Islam in der Hauptsache auf innere politische Zwänge zurückzuführen ist. Mit anderen Worten: Die Muslime übernahmen die Doktrin von der Willensfreiheit nicht, weil sie Christen davon reden hörten und sie sie für intellektuell richtig hielten. Im Gegenteil, wenn sie in ihrer Auseinandersetzung mit den Umayyaden oder mit anderen Ḫāriǧiten erkannten, daß irgendeine christliche Vorstellung oder ein christliches Prinzip ein Knüppel war, mit dem sie auf diese Gegner wirksam einschlagen konnten, so zögerten sie nicht, nach ihm zu greifen. Einige von denen, die das als erste taten, waren jetzt zwar Muslime, waren aber vielleicht als Christen oder in einer christlichen Umgebung großgezogen worden. Die christlichen Vorstellungen, die also die Richtung der Entwicklung des islamischen Denkens beeinflußten, waren jene, die in der islamischen Gemeinschaft (im Denken ihrer Mitglieder) gewissermaßen bereits vorhanden waren, und die auch bei den hauptsächlichen Spannungen der Gemeinschaft eine Rolle spielten. Als sie in die islamische Gedankenwelt aufgenommen wurden, nahmen sie natürlich eine islamische Gestalt an, und diejenigen, die nicht mit koranischen Vorstellungen gekoppelt werden konnten, wurden hier selten auf Dauer heimisch. Auf den ersten Blick ist das Wort *fawwaḍa (mufawwiḍ, tafwīḍ)* eine vielversprechende Möglichkeit, die Doktrin von der Willensfreiheit auszudrücken. Doch leider hat das vereinzelte Beispiel im Koran nichts mit Gottes Delegieren der Macht an die Menschen zu tun, sondern handelt davon, wie der Mensch seine Sache Gott anvertraut, und das trug zweifellos dazu bei, daß dieser Begriff letztlich verworfen wurde.

b) Die Behandlung des Themas durch al-Ḥasan al-Baṣrī

Daß al-Ḥasan ein Qadarit oder beinahe ein Qadarit war, ist sowohl mit Bestimmtheit behauptet als auch vehement bestritten worden, und die Debatte darüber setzte noch zu seinen Lebzeiten oder kurze Zeit später ein. In Abschnitt 7 seines Artikels über al-Ḥasan behauptet Hellmut Ritter, er sei fast mit Sicherheit ein Qadarit gewesen. Der etwas früher schreibende Louis Massignon sagte: „Je pense qu'on peut aller plus loin, et affirmer que le ‚qadarisme' prétendu de Ḥasan

68 *Becker*, „Christliche Polemik ...“; erörtert von *Jean-Jacques Waardenburg*, L'Islam dans le miroir de l'occident, Paris 1963, 88–92, 250f.; auch von *Massignon*, Essai, 69 Anm. und *Seale*, Muslim Theology, a Study of Origins with Reference to the Church Fathers, London 1964.

est une légende"[69]. Es scheint, daß die Entscheidung über diesen Punkt davon abhängt, was man unter Qadarismus genau versteht. Ehe wir das Sendschreiben zu diesem Thema betrachten, das al-Ḥasan zugeschrieben wird und das fast mit Sicherheit echt ist[70], wird es angebracht sein, sich einige Erklärungen von Beinahe-Altergenossen al-Ḥasans anzusehen.

Der Ehrenplatz gebührt der wichtigen Erklärung des Ibn-Qutayba[71]:

> Er bekannte sich in irgendeiner Hinsicht zur Qadar-Doktrin *(takallama fī šay' min al-qadar)*, doch später rückte er davon ab. ʿAṭā' ibn-Yasār, ein Geschichtenerzähler und Verfechter der Qadar-Doktrin, der beim Sprechen Fehler machte, pflegte al-Ḥasan zusammen mit Maʿbad al-Ǧuhanī zu besuchen. Sie fragten: „Oh Abū-Saʿīd (d.i. al-Ḥasan), diese Fürsten haben das Blut von Muslimen vergossen und eignen sich ihre Güter an; sie tun (verschiedenerlei) und sagen: ‚Unsere Taten geschehen nur gemäß Gottes Bestimmung *(qadar)*'". Al-Ḥasan erwiderte: „Die Feinde Gottes lügen."

Dies ist einer von mehreren Belegen für den Kontakt zwischen al-Ḥasan und Maʿbad al-Ǧuhanī. ʿAṭā' kommt auch in Ibn-Qutaybas Qadariyya-Liste vor, gilt aber als ein sehr zuverlässiger Traditionarier. Da Maʿbad spätestens 704 starb, muß al-Ḥasan die „Fürsten" wohl vor seinem Bruch mit al-Ḥaǧǧāǧ im Jahr 705 kritisiert haben. Es sollte beachtet werden, daß im Lichte von al-Ḥasans Gleichsetzung von Gottes *qadar* mit seinem *amr* oder ‚Gebot' seine Bemerkung am Schluß des Gespräches bedeutet, daß die Taten der Umayyaden nicht mit Gottes Gebot in Einklang stehen.

Die Behauptung, al-Ḥasan habe einmal einem qadaritischen Standpunkt zugeneigt und sich dann später von ihm abgewandt, entspricht der einer anderen frühen Darstellung. Ayyūb as-Siḫtiyānī (gest. 748) sagte: „Ich tadelte al-Ḥasan immer wieder wegen der Qadar-Frage, so daß ich ihm Angst vor den Behörden einjagte und er sagte: ‚Von nun an werde ich mich da heraushalten.'" Ayyūb bemerkte auch, daß dies das einzige sei, für das al-Ḥasan getadelt werden konnte, während einer seiner jüngeren Freunde, Ḥumayd aṭ-Ṭawīl (gest. 759), sehr betrübt war, weil al-Ḥasan eine solche Doktrin verfocht[72]. Ein anderer Mann aus derselben Gruppe, Yūnus ibn-ʿUbayd (gest. 756), soll gesagt haben, daß zuerst al-Ḥasan Maʿbad rügte, daß aber später Maʿbad ihn durch List überzeugte[73]. All diese Berichte sind etwas verdächtig, aber trotzdem implizieren sie, daß man von al-Ḥasan zumeist annahm, er habe eine gewisse Vorliebe für qadaritische Auffassungen gehegt. Der letzte Bericht ist unwahrscheinlich, da al-Ḥasan einer Form

69 *Massignon*, Essai, 198f. (erste Ausgabe, 1922, 176f.); vgl. 175.
70 *Ritter*, Isl., xxi, 1–83.
71 Ibn-Qutayba, Maʿārif, 225.
72 Ibn-Saʿd, vii/i. 122.2–9; vgl. *Ritter*, Isl., 60.
73 Ibn-ʿAsākir, Ta'rīḫ Dimašq, s.v. Maʿbad (zitiert in *Ritter*, Isl., 60). Für Yūnus s. Ibn-Qutayba, Maʿārif, 242f. und aḏ-Ḏahabī, Ḥuffāẓ, i. 145f.

des Glaubens an die Verantwortlichkeit des Menschen immer positiv gegenüberstand, sich aber niemals zu Maʿbads Glauben an die Rebellion bekehrte. Der Bericht scheint darauf hinzudeuten, daß sein Qadarismus auf leicht betrügerische Methoden zurückzuführen war.

Eine andere Leugnung von al-Ḥasans Qadarismus, die überliefert ist, verdient es, zitiert zu werden. Die Übermittler sind unbekannte Personen, aber aus diesem Grunde ist es wahrscheinlicher, daß sie al-Ḥasans Lehre so wiedergeben, wie sie von seinen Zeitgenossen verstanden wurde[74]. Ein *mawlā* namens ʿUmar sagte:

> Die Qadariten nahmen Ḥasan für sich in Anspruch, aber seine Lehre widersprach ihnen. Er pflegte zu sagen: O Menschenkind, sei niemand günstig gesinnt um den Preis des Mißfallens Gottes, gehorche niemandem in einer Sünde gegen Gott. Lobe niemanden wegen etwas, das er Gottes Gnade verdankt und tadele niemanden wegen etwas, womit Gott dich verschont hat. Gott hat die Schöpfung geschaffen und die Geschöpfe, und sie sind so davongegangen (geworden), wie er sie geschaffen hat. Und wer glaubt, daß er durch seine Gier *(bi-ḥirṣi-hi)* Vermehrung seines Lebensunterhalts *(rizq)* bewirken könne, der möge durch seine Gier sein Leben verlängern oder seine Farbe verändern oder seine Gliedmaßen oder seine Finger verlängern.

Das meiste hiervon könnte man aus unserer Kenntnis von al-Ḥasans allgemeinen Ansichten heraus erwarten. Die verschiedenen Punkte sind Fragen der individuellen Frömmigkeit, und doch haben zumindest die beiden ersten Gebote auch eine politische Bedeutung. Aus an anderer Stelle gemachten Äußerungen läßt sich vielleicht schließen, daß al-Ḥasan glaubte, der Lebensunterhalt eines Menschen sei vorherbestimmt[75], aber während dies der Aktivität eines Menschen Grenzen setzt, impliziert es keine vollständige Leugnung seiner wesentlichen Freiheit.

Diese Aussagen von Beinahe-Zeitgenossen al-Ḥasans eignen sich als Hintergrund für eine Betrachtung der ihm zugeschriebenen *Risāla*, deren Text von Hellmut Ritter in seinem Artikel über al-Ḥasan veröffentlicht wurde. Daß die *Risāla* von al-Ḥasan verfaßt worden sein sollte, wurde von aš-Šahrastānī bestritten[76]. Aber das war eine Schlußfolgerung aus seiner Überzeugung, al-Ḥasan sei kein Qadarit gewesen, während die Auffassungen der *Risāla* ja im wesentlichen qadaritisch sind. Die moderne Wissenschaft sieht keine triftigen Gründe dafür, die Urheberschaft al-Ḥasans in Frage zu stellen. Aber selbst wenn sie nicht von ihm stammte, wäre sie doch ein bedeutendes frühes Dokument der qadaritischen Kontroverse.

Das erste, was bei der *Risāla* zu beachten ist, ist, daß praktisch die gesamte

74 Ibn-Saʿd, vii/i. 127.20–25; *Ritter*, Isl., xxi (1933), 60.
75 Vgl. *Ritter*, Isl., xxi (1933), 26.
76 Šahr., 32.

Argumentation auf dem Koran beruht. Aš-Šahrastānī spricht in der Tat von einem Argumentieren aufgrund von „Koranversen und Vernunftsbeweisen", aber es scheint nur einen Passus[77] mit rein rationalen Argumenten zu geben. Es handelt sich um die Stelle, wo gesagt wird, daß der Glaube, ihr Lebensunterhalt sei vorherbestimmt, jene, die daran glaubten, nicht hindere, ihre Felder zu bewässern; und gleichermaßen schützten sie ihr Vieh vor wilden Tieren, bänden sie ihre Pferde an, um sie am Weglaufen zu hindern, und verschlössen ihre Häuser und Geschäfte. Es ist also für jene Leute unlogisch, die Vorherbestimmung dafür verantwortlich zu machen, daß sie nicht an Gott glauben. Al-Ḥasan geht soweit zu behaupten (68.13), daß „jede Meinung, für die es in der Schrift Gottes keinen Beweis *(burhān)* gibt, falsch ist", und zur Untermauerung zitiert er zwei Verse. Dieses ausschließliche Vertrauen auf den Koran ist größtenteils auf die Tatsache zurückzuführen, daß dieser den Qadariten die besten Argumente lieferte. Solche Ḥadīṯe, wie sie bereits im Umlauf waren, enthielten praktisch sämtliche vorislamischen prädestinatianischen Vorstellungen, und sie wurden von den Gegnern des Qadarismus weiterentwickelt[78].

Die prädestinatianische Partei argumentierte ebenfalls auf der Grundlage des Koran, und al-Ḥasan entgegnete auf ihre Argumente dieser Art. So zitierten sie einen Teil von 13.27: „Gott führt irre, wen er will", und al-Ḥasan erwiderte, indem er betonte, daß diese in Übereinstimmung mit anderen Versen, wie z.B. 14.27, interpretiert werden müsse: „Aber die Frevler führt er irre"[79]. Mit anderen Worten: All solche Verse sind nach dem Grundsatz zu interpretieren, daß Gottes Tun immer auf die freie Wahl des Menschen zwischen Gut und Böse folgt, und daß es einen Menschen nicht zu einer guten oder bösen Handlungsweise vorherbestimmt. Im Hinblick auf 6.35 („Und wenn Gott so gewollt hätte, hätte er sie (alle) zur Rechtleitung vereint") räumt al-Ḥasan ein, daß Gott die Macht hat, die Menschen zum Glauben zu zwingen, aber er meint, daß er das nicht tue[80]. Ähnlich hält er die Behauptung der Gegner für falsch, Gottes Wissen davon, daß eine Gruppe nicht glauben werde, halte diese davon ab zu glauben; was Gott wisse, sei, daß sie durch ihre freie Wahl *(iḫtiyār)* Ungläubige sein werden[81]. Hochinteressant ist al-Ḥasans Behandlung von 57.22: „Kein Unglück trifft ein, weder (draußen) im Land noch bei euch selber, ohne daß es in einer Schrift

77 *Ritter*, Isl., xxi (1933), 75.6–76.2; vgl. *Schwarz*, Oriens, xx (1967), 15–30, insbes. 21.
78 Die Feststellung von *Wensinck*, Muslim Creed, 51, daß es keine qadaritischen Ḥadīṯe gebe, wurde jetzt von *Josef van Ess*, Zwischen Ḥadīṯ und Theologie, 64–74, widerlegt. Aber *van Ess* räumt ein, daß die qadaritischen Ḥadīṯe sekundäre Bildungen sind, die als Reaktion auf antiqadaritische Argumente entwickelt wurden (op. cit., 119–122).
79 Risāla, Isl., xxi. 72.15–73.6 (*Schwarz*, Oriens, xx (1967), 24). Andere Verse, die behandelt werden, sind: 39.19/20 in 73.6–11; darin werden zitiert: 40.6 und 10.33/34; 10–100 in 73.11–14; 11.105 in 74.20–75.6. Vgl. *Schwarz*, Oriens, xx (1967), 27–29.
80 Risāla, Isl., xxi, 72.15–73.6: *Schwarz*, Oriens, xx (1967), 25.
81 Risāla, Isl., xxi (1957), 77.4–19.

(verzeichnet) wäre, noch ehe wir es erschaffen." Er argumentierte, daß dies sich nicht, wie die Gegner behaupten, auf Glaube, Unglaube, Gehorsam und Ungehorsam beziehe, sondern nur auf den Reichtum der Menschen, ihre Körper und ihre Ernten[82]. Im Hinblick auf diese materiellen Dinge akzeptiert er eine prädestinatianische Sichtweise.

In der *Risāla* wird der positiven Darstellung von al-Ḥasans eigenen Auffassungen breiter Raum gegeben. So leitet er aus 51.56 („Und ich habe die Dschinn und den Menschen nur dazu geschaffen, daß sie mir dienen") das Argument ab, daß die Menschen fähig sein müssen, Gott zu dienen, da Gott den Menschen keinen Schaden zufügt und ihnen nicht befehlen würde, etwas zu tun, und sie dann davon abhalten würde, es auszuführen[83]. Das kann man als eine Leugnung von Widersprüchlichkeit in Gott auffassen, und es erscheint in verschiedenen Formen, z. B. als „nicht gutheißen dessen, was er verboten hat"[84]. Auf der Grundlage von 33.38 *(wa-kāna amru llāhi qadaran maqdūran)* behauptet er, daß Gottes Gebot *(amr)* seine Bestimmung oder *qadar* sei und umgekehrt, und damit implizierte er, daß Gott menschliche Handlungen nicht bestimme, außer durch Gebote und Verbote[85]. Er zitiert auch eine Reihe von Versen, in denen vom handelnden und wollenden Menschen die Rede ist[86], und betont, daß der Mensch das wirklich tue und nicht einfach vorherbestimmt sei. Er meint, daß die Rechtleitung von Gott sei (dabei zitiert er 92.12), daß aber das Gegenteil, ‚Irrtum' *(ḍalāl)* oder Blindheit, von den Menschen stamme[87].

Aus diesen kurzen Hinweisen mag man – wie es ein Autor jüngst ausdrückte – ersehen, daß die *Risāla* „ein Ausdruck eines aufrichtigen, echt religiösen Protests gegen den Glauben an die göttliche Vorherbestimmung menschlicher Handlungen [ist], weil diese im Widerspruch zur göttlichen Gerechtigkeit steht und eine negative Wirkung auf die Ethik der Menschen hat"[88]. Kurz gesagt: Viele der in ihr geäußerten Auffassungen sind in gewisser Hinsicht qadaritisch. Die wichtige Frage lautet also: In welcher Hinsicht sind diese Ansichten qadaritisch?

Es ist aufschlußreich, die *Risāla* mit den sechs von Ḫušayš aufgezählten qadaritischen Auffassungen zu vergleichen. Der erste Punkt, wonach das Gute von Gott und das Böse von den Menschen komme, ähnelt der Behauptung, daß der „Irrtum" von den Menschen komme. Josef van Ess zufolge soll dies al-Ḥasans Standpunkt gewesen sein: „from [the *Risāla*] the moderate wing of the Ḳadariyya drew its argument: God creates only good; evil stems from man or from Satan; man chooses freely between the two; but God knows for all eternity what man will

82 Risāla, Isl., xxi (1957), 74.5–19; *Schwarz*, Oriens, xx (1967), 22.
83 Risāla, Isl., xxi (1957), 68.6–9; *Schwarz*, Oriens, xx (1967), 16; vgl. 22.
84 Risāla, Isl., xxi (1957), 69.7–10; *Schwarz*, Oriens, xx (1967), 18.
85 Risāla, Isl., xxi (1957), 70.3f.; *Schwarz*, Oriens, xx (1967), 20.
86 Z.B. 41.40 („Tut was ihr wollt!") und 18.29 auf S. 70.1; 32.17 auf 70.15.
87 Risāla, Isl., xxi (1957), 71.15–72.4; *Schwarz*, Oriens, xx (1967), 23.
88 *Schwarz*, Oriens, xx (1967), 30.

choose"[88a]. Diese Interpretation impliziert, daß Gottes „Rechtleitung" der Menschen sich nicht auf das Erlassen von Geboten beschränkt, sondern eine Form von Hilfe oder Beistand *(tawfiq)* einschließt. Im Hinblick auf den zweiten Punkt, die Übertragung *(tafwīḍ)* aller Taten an die Menschen, weicht al-Ḥasan insofern ab, als hier davon ausgegangen wird, der Glaube eines Menschen sei ganz ihm allein und nicht zum Teil Gottes Rechtleitung oder Beistand zu verdanken. Al-Ḥasan verwendet das Wort *tafwīḍ* nicht. Die Doktrin des dritten Absatzes kommt der al-Ḥasans nahe, und wir sehen, daß er vom Menschen sagt, er habe die ‚Macht' *(qudra)* zu handeln[89]. Der vierte Punkt handelt von Gottes Wissen, und hierin weicht al-Ḥasan ab; denn er räumt zwar ein, daß Gott Wissen hat, hält es aber für deskriptiv und nicht für determinativ. Vom fünften und sechsten Punkt ist er weit entfernt. Obschon er vom „Kind der Unzucht" spricht, vertritt er einen ganz anderen Standpunkt und erklärt, daß der Mensch für den Akt des Ungehorsams bestraft werde, weil er einen Ehebruch beging, aber nicht für das Kind, das durch natürliche Prozesse gewachsen ist[90].

Wenn wir nur solche Beschreibungen der Qadariten wie die des Ḫušayš betrachten, wird deutlich, daß al-Ḥasan ihnen nahesteht, insbesondere der ersten und dritten Gruppe. Wir wissen auch, daß er den Umayyaden kritisch gegenüberstand, wenn er auch nicht bereit war, sich, wie Maʿbad und Ġaylān, dem Aufstand gegen sie anzuschließen. Andererseits brachte ihn sein moralischer Eifer dahin, Positionen einzunehmen, die gewöhnlich nicht mit den Qadariyya assoziiert werden. Diese Dualität bei al-Ḥasan bedeutet, daß er mit Recht als ein Vorläufer von zwei einander gegenüberstehenden Gruppen späterer Gelehrten angesehen werden kann. Die erste dieser Gruppen ist die, die mit ʿAmr ibn-ʿUbayd verbunden war, dessen Lehren später in die der Muʿtazila eingegliedert wurden. Unter den Ahl al-Ḥadīṯ in Basra befand sich eine gegen ihn opponierende Gruppe von Gelehrten, die man vielleicht als Vorläufer der späteren Ahl as-Sunna betrachten kann. Aus dem, was oben über die *Risāla* gesagt wurde, ist einfach zu ersehen, wie al-Ḥasans Hervorhebung der Gerechtigkeit Gottes und der Verantwortung des Menschen in die späteren muʿtazilitischen Doktrinen hineinverarbeitet werden konnte, und wie diese den Anspruch erheben konnten, in seiner Nachfolge zu stehen[91]. Doch die andere Seite seiner Lehre darf nicht vernachlässigt werden. Er hob die Bedeutung des Jüngsten Gerichtes und der Akte des Gehorsams oder Ungehorsams hervor, die dabei in Betracht gezogen werden, und bei der Festlegung der Normen sowohl des privaten als auch des öffentlichen Verhaltens wies er dem Koran eine zentrale Rolle zu. Darüber hinaus drängte er seine muslimischen Glaubensbrüder, Unglücksfälle als eine

88a EI², Art. „Ḳadariyya"; vgl. *van Ess*, Zwischen Ḥadīṯ und Theologie, 116, u. a.; Ders., Anfänge, 119f., u. a.

89 Risāla, Isl., xxi (1957), 70.9.

90 Risāla, Isl., xxi (1957), 19.

91 Ibn-al-Murtaḍā, Munya, 18, u. a.

gottgegebene Probe oder Prüfung hinzunehmen. Dieser letzte Punkt war derjenige, der nach al-Ḥasans Tod bei den Ahl al-Ḥadīṯ weiterentwickelt wurde.

Zu al-Ḥasans Lebzeiten unterschieden sich die beiden einander entgegengesetzten Linien in seiner Lehre nicht klar voneinander. Dies ging (wie jetzt erörtert werden wird) größtenteils auf die Tatsache zurück, daß jede starke Hervorhebung von Gottes Kontrolle über die Ereignisse von vielen so empfunden worden wäre, als ob damit eine Zustimmung zur gesamten Politik der Umayyaden ausgedrückt werde. Doch die Bereitschaft, alle Umstände – seien sie günstig oder ungünstig – ohne Murren zu akzeptieren, war eine der starken Seiten der arabischen Weltanschauung, wie sie sich in der Wüste herausgebildet hatte; denn sie versetzte die Menschen in die Lage, mit den Schwierigkeiten des Lebens ohne Angst fertig zu werden. Nach dem Machtantritt der ʿAbbāsiden im Jahr 750 konnten einige der Ahl al-Ḥadīṯ diesen religiösen Wert, der für den Islam kennzeichnend geblieben ist, allmählich zurückgewinnen bzw. wiederherstellen[92].

c) Die Stützung der prädestinatianischen Auffassungen durch das Ḥadīṯ[92a]

Gewichtige Argumente gegen den qadaritischen Standpunkt finden sich in den Sammlungen von Überlieferungen über Mohammed. Da al-Ḥasan nicht versucht, sie in der *Risāla* zu widerlegen, darf man schließen, daß die Ḥadīṯe zu dieser Zeit nicht weit verbreitet waren. Man darf auch vielleicht den Schluß ziehen, daß die allgemeine religiöse Bewegung solchen Ḥadīṯen, wie sie existierten, keine besondere Gültigkeit beimaßen. Mit Sicherheit waren sie noch nicht zu einer der „Wurzeln des Rechts" *(uṣūl al-fiqh)* geworden. Im folgenden Abschnitt wird ein Versuch unternommen, durch eine Überprüfung des *isnād* jenen Gelehrten zu ermitteln, der in erster Linie dafür verantwortlich war, daß ein Ḥadīṯ in Umlauf gebracht wurde. Doch zuvor ist es dienlich, eine Auswahl von prädestinatianischen Ḥadīṯen vorzustellen.

Eine Konzeption, die sich in verschiedenen Formen findet, ist, daß das Schicksal des Menschen oder bestimmte Aspekte davon dadurch vorherbestimmt werden, daß sie zu einer frühen Zeit niedergeschrieben werden:

> Al-Walīd, der Sohn des ʿUbāda ibn-aṣ-Ṣāmit, sagte: Mein Vater befahl mir und sagte: Mein Sohn, ich befehle dir, an (Gottes) Bestimmung des Guten wie des Bösen zu glauben; denn wenn du nicht glaubst, wird Gott dich dem Feuer überantworten. Er fuhr fort: Ich hörte den Propheten sagen: Das erste Ding, das Gott erschuf, war die Feder. Dann sagte er zu ihr: Schreibe. Sie

92 Vgl. *Watt*, What is Islam?, 27–31.

92a Das Thema dieses Abschnittes wird ausführlich und mit vielen neuen Erkenntnissen im Bereich der Entwicklung behandelt von *Josef van Ess* in seinem Buch, Zwischen Ḥadīṯ und Theologie, Berlin 1975.

sagte: Was soll ich schreiben. Er sagte: Schreibe, was sein wird und was besteht, bis die Stunde kommt[93].

Bei einer anderen Kategorie von Ḥadīṯen ist von bestimmten Dingen die Rede, die aufgeschrieben werden, während das Kind sich im Schoß der Mutter befindet:

> Der Prophet sagte: Gott hat einem Engel den Schoß anvertraut, und er sagte: Schau! Herr, ein Tropfen ... Schau, Herr, ein Blutklumpen ... Schau, Herr, ein Stück Fleisch; und wenn Gott seine Natur (oder die Art und Weise seiner Existenz) bestimmen will, sagt er: Schau, Herr, ist es männlich oder weiblich? Ist es glücklich oder unglücklich? Was ist der Lebensunterhalt *(rizq)*? Was ist die Lebensfrist *(ağal)*? Und so wird (das Kind) aufgeschrieben im Schoß seiner Mutter[94].

Der Gedanke, daß ein Mensch von seinem Buch oder seinem Schicksal eingeholt wird, wird bald unabhängig zum Ausdruck gebracht, bald dem soeben zitierten Ḥadīṯ angefügt:

> (Der Prophet sagte:) ... Bei Gott, einer von euch wird solange am Werk der Leute des Feuers wirken, bis es zwischen diesem und ihm weniger als eine Armeslänge gibt, und die Schrift wird ihn einholen, und er wird am Werk der Leute des Gartens wirken und darin eingehen. Und ein anderer Mensch wird solange am Werk der Leute des Gartens wirken, bis es zwischen diesem und ihm weniger als eine Armeslänge gibt, und dann wird die Schrift ihn einholen, und er wird am Werk der Leute des Feuers wirken und darin eingehen[95].

Etwas anders sind einige Punkte, die in der folgenden, dem Prophetengefährten Ubayy ibn-Kaʿb zugeschriebenen Anekdote vorkommen. Als er über die Vorherbestimmung befragt wurde, sagte er:

> Wenn Gott die Bewohner seiner Himmel und seiner Erde strafen sollte, würde er damit keine Ungerechtigkeit begehen. Und wenn ihr auf dem Weg Gottes einen Betrag ausgeben solltet, der größer als der Berg Uḥud ist, er würde ihn von euch nicht annehmen, wenn ihr nicht an die Vorherbestimmungen glaubt und anerkennt, daß das, was euch erreicht, euch nicht möglicherweise hätte verpassen können, und daß das, was euch verpaßt,

93 Ibn-Ḥanbal, Musnad, v. 317; vgl. Abū-Dāwūd, Sunna, bāb 16 (zitiert von *Wensinck*, Muslim Creed, 108f.).

94 Al-Buḫārī, Qadar (82), 1 b (= iv. 251); vgl. ibid., 1 a; auch Tawḥīd (97), 28 (= iv. 469); Muslim, Qadar, 3 (*Wensinck*, Muslim Creed, 54) und bāb 1 allgemein; al-Ašʿarī, Ibāna, 66, u.a; „Tropfen“, „Blutklumpen“ und „Fleisch/Gewebe“ sind die Phasen des Embryos, die in Sure 23.14 erwähnt werden.

95 Zweiter Teil von al-Buḫārī, Qadar, 1 a; vgl. ibid., 5; auch Muslim, Qadar, 11 (in *Wensinck*, Muslim Creed, 55).

euch nicht möglicherweise hätte erreichen können. Und wenn ihr mit einer anderen Überzeugung sterben solltet, würdet ihr in die Hölle eingehen[96].

Die Formel am Ende dieser Anekdote ist eine, die sich in gewissen späteren Glaubensbekenntnissen, z. B. in *Al-fiqh al-akbar I* und im Glaubensbekenntnis aṭ-Ṭaḥāwīs, findet. Der erste Satz des Zitates kann auf verschiedene Art und Weise interpretiert werden. Denkbar ist die Deutung, daß Gott nicht ungerecht ist, wenn er einen Menschen bestraft, dessen Taten überwiegend gut sind; denn es gibt keine Notwendigkeit, daß er gute Taten belohne. Das wäre eine Leugnung der Auffassung, daß Strafe hauptsächlich böse Taten impliziert, für die ein Mensch verantwortlich ist. Andererseits könnte der Satz bedeuten, daß die Menschen zu Recht bestraft werden, weil sie für ihre bösen Taten verantwortlich sind. Die erste dieser Interpretationen ist vielleicht die wahrscheinlichere, da in den Ḥadīṯen im allgemeinen eine Neigung vorherrscht abzustreiten, daß ein Mensch für Handlungen verantwortlich ist, die für ihn vorherbestimmt worden sind. Ein anderes Beispiel ist eine Geschichte über eine Begegnung zwischen Adam und Moses, die Mohammed erzählt haben soll. Moses beschuldigte Adam, er sei die Ursache für die Vertreibung der Menschheit aus dem Paradies. Aber Adam erwiderte, daß er von Gott nicht solche Vergünstigungen empfangen habe wie Moses, und daß er nicht für das beschuldigt werden könne, was ihm vierzig Jahre vor seiner Geburt vorherbestimmt worden sei. Auf diese Weise entschied Adam den Streit für sich[97].

Fest steht, daß unter den Traditionariern etwa vom Jahr 700 an die Tendenz vorherrschte, hervorzuheben, daß ein Mensch über sein Schicksal keine volle Kontrolle habe, und daß Gottes Allmacht nicht geschmälert werden könne. Abgesehen davon aber gibt es im Detail viele Abweichungen. Es haben sich sogar ein paar Ḥadīṯe eingeschlichen, die in bestimmten Punkten gegen den Prädestinatianismus gerichtet sind. So gibt es einen Prophetenspruch des Inhalts, daß jeder, der in eine Vertrauensposition eingesetzt (oder zum Kalifen gemacht) wird, zwei intime Freunde hat: Der eine befiehlt ihm das Gute und treibt ihn dazu an; der andere befiehlt ihm das Böse und treibt ihn dazu an. Die abschließende Phrase: „Der Geschützte ist der, den Gott schützt" hebt die Notwendigkeit der Wahl nicht auf[98]. Es gibt auch Ḥadīṯe, die fatalistische Tatenlosigkeit verurteilen.

Der Prophet sagt: Es gibt niemanden, dessen Platz im Paradies oder in der Hölle nicht festgeschrieben ist. Irgendeiner sagte: Sollen wir dann nicht resignieren (d.h. und nichts tun)? Er sagte: Nein, vollbringt Taten; denn jeder hat es für ihn leicht gemacht. Dann rezitierte er: Wenn nun einer (von

96 Abū-Dāwūd, Sunna, bāb 16 (abgekürzt nach *Wensinck*, Muslim Creed, 107f.).
97 Al-Buḫārī, Qadar, 11; Tawḥīd, 37 a (= iv. 255, 485); auch Al-Ašʿarī, Ibāna, 85 (Übers. 125).
98 Al-Buḫārī, Qadar, 8.

dem, was er besitzt, anderen etwas ab-) gibt und gottesfürchtig ist und an das (Aller)beste glaubt, werden wir es leicht machen, des Heils (des Paradieses) teilhaftig zu werden ...[99]

Ein anderes, sehr interessantes Ḥadīṯ ist das folgende:

ʿĀʾiša fragte den Gesandten Gottes über die Pest. Er sagte: Sie war eine Strafe, die Gott herabsendet, über wen er strafen will, aber er hat sie zu einer Gnade für die Gläubigen gemacht. Wenn ein Mensch in einer Stadt, wo die Pest ist, eine Zeitlang Aufenthalt nimmt und die Stadt nicht verläßt, sondern geduldig ist und (mit einer göttlichen Belohnung) rechnet in dem Wissen, daß ihm nichts geschehen wird außer dem, was Gott für ihn festgeschrieben hat, so wird er die gleiche Belohnung wie für den Martyrertod erhalten[100].

Aus dieser Äußerung wird ersichtlich, daß die Frage, ob etwas für einen Menschen ein Glück oder ein Unglück sei, weniger von dessen eigentlichen Natur abhängt als von der Einstellung des Menschen zu Gott. Wenn er Gott ungehorsam gewesen ist, ist es eine Strafe. Wenn er aber auf Gott vertraut, wird es zum Segen für ihn. Eine solche Vorstellung ist vielleicht im viel späteren islamischen Denken mit enthalten, wird allerdings nicht oft klar zum Ausdruck gebracht. Sie ist der christlichen Glaubensvorstellung vergleichbar, daß „alle Dinge zum Besten dienen mit denen, die Gott lieben"[101].

4. Die Transformation des Qadarismus

Während im siebten Jahrhundert und im ersten Viertel oder Drittel des achten Jahrhunderts einige Qadariten zur Rebellion gegen die Umayyaden neigten, waren die meisten Qadariten geachtete Mitglieder der allgemeinen religiösen Bewegung. Aber etwa um die Mitte des neunten Jahrhunderts, oder vielleicht früher, war der Qadarismus in den Augen der meisten religiösen Gelehrten etwas Verwerfliches geworden. Es ist zu hoffen, daß diese Transformation durch eine Überprüfung von Ibn-Qutaybas Qadariten-Liste und einiger anderer relativ früher Belege etwas erhellt wird. Im Auge behalten werden sollte, daß die Ablösung der Umayyaden durch die ʿAbbāsiden die Bedeutung der Doktrin für die Tagespolitik modifiziert haben muß. Sie war nicht mehr ein Zeichen für die Gegnerschaft gegen die Regierung, sondern vielmehr für deren Unterstützung, insbesondere in der Zeit, als al-Maʾmūn und seine Nachfolger gewisse muʿtazilitische Doktrinen offiziell unterstützen. Von etwa 800 an wurden die meisten Leute,

99 Al-Buḫārī, Qadar, 4e, zitiert Sura 92.5ff. Ein ähnliches, aber längeres Ḥadīṯ (Muslim, Qadar, 6) ist übersetzt in *Wensinck*, Muslim Creed, 56.
100 Al-Buḫārī, Qadar, 15.
101 Römerbrief, 8.28.

die den zentralen qadaritischen Standpunkt vertraten, vermutlich zu Muʿtaziliten. Spätere Autoren wie al-Baġdādī, der Häresiograph, machten aus Qadarit und Muʿtazilit beinahe Synonyme. Aber im achten Jahrhundert gab es gewiß Qadariten, die keine Muʿtaziliten waren. Das sind die Leute, die wir jetzt untersuchen. Ihnen wird ʿAmr ibn-ʿUbayd zugerechnet, auch wenn die Muʿtaziliten auf ihn als einen Begründer Anspruch erhoben (davon wird unten die Rede sein). Zu seinen Lebzeiten verkehrte er gewöhnlich mit Mitgliedern der allgemeinen religiösen Bewegung, und eine Zeitlang wurde er als Übermittler von Ḥadīṯen akzeptiert[102].

a) ʿAmr ibn-ʿUbayd und die Gelehrten von Basra

ʿAmr ibn-ʿUbayd wurde etwa 699 geboren und war ein Mitglied des Kreises um al-Ḥasan al-Baṣrī, wenn auch vermutlich erst nach 713, als al-Ḥasan 70 Jahre alt war. Zweifellos war er auch Hörer bei anderen hervorragenden Gelehrten. Später pflegte er freundschaftlichen Umgang mit al-Manṣūr, ehe dieser Kalif wurde. Er weigerte sich, Geschenke vom Kalifen anzunehmen, aber dieser respektierte ihn nach wie vor und schrieb nach seinem Tod, der ungefähr 761 erfolgte, eine Elegie. Wie viele Gelehrte jener Tage widmete er dem Studium des Koran viel Zeit und ist als Übermittler des *tafsīr* oder ‚Kommentars' zum Koran von al-Ḥasan bekannt[103].

Ein interessantes Licht auf ʿAmrs Position im Kreise der Anhänger al-Ḥasans wirft ein Text ad-Dāraquṭnīs (gest. 995), der nebst begleitenden Untersuchungen in jüngerer Zeit von Josef van Ess veröffentlicht worden ist[104]. Der Text besteht aus neunzehn Anekdoten über ʿAmr und zwei über Ġaylān, und in allen wird Kritik an diesen beiden Männern und ihren Meinungen geäußert. Von den Anekdoten über ʿAmr sollen Nummer 3, 7, 11 und 16 kurz umrissen werden. (3) Es wird von ʿAmr behauptet, er habe in einem Gespräch gesagt, wenn zwei Koranverse (111.1; 74.11), die die Sünde des Abū-Lahab und eines anderen Mannes zum Gegenstand haben, in *al-lawḥ al-maḥfūẓ* (der ewigen Urschrift des Koran) stehen, dann könnten die Männer nicht für ihre Sünden verantwortlich gemacht werden. (7) ʿAmr bestritt die Authentizität eines angeblichen Ḥadīṯ; darin befahl ein Mann (der ein schlimmes Leben gelebt hatte) seinen Freunden, seinen Leichnam nach seinem Tode zu verbrennen und seine Asche zu verstreu-

102 Vgl. *van Ess*, Traditionistische Polemik gegen ʿAmr b. ʿUbaid, 43; s. dagegen, Ibn-Qutayba, Ta'wīl, 11.

103 Vgl. GAS, i. 592. Über ʿAmr s., GAS, i. 597; Ibn-Qutayba, Maʿārif, 243; Ibn-al-Murtaḍā, Munya, 35–41; al-Masʿūdī, vi. 208–212, 223; vii. 234–236; al-Ḫayyāṭ, 67, 97f., 134; Ibn-Saʿd, vii/2.33; Ibn-Ḫallikān, ii. 393–396; Yāqūt, Iršād al-arīb, London 1908–1927, vi. 70; *Massignon*, Essai, 168, 175, 177, 180, 184, 200.

104 Vgl. *Josef van Ess*, Traditionistische Polemik gegen ʿAmr b. ʿUbaid, arab. Text §§ 20, 21; Ibn-Saʿd, v. 284.27 (auf Makḥūl).

en, damit Gott ihn nicht bestrafen könne; aber Gott sammelte seine Asche ein und vergab dann dem Mann. (16) Etwas ähnlich ist die Pointe eines Streitgespräches zwischen ʿAmr und dem Philologen Abū-ʿAmr ibn-al-Aʿlā (gest. ca. 770). ʿAmr meinte, wenn Gott es unterlasse, einen Menschen zu bestrafen, dann habe er „sein Wort gebrochen". Der Philologe wies darauf hin, daß die Araber nur dann von „Wortbruch" sprechen, wenn man etwas Gutes zu tun versprochen hat. (11) Eine andere Geschichte war die von einem Traum, in dem ein Mann ʿAmr gesehen hatte, wie er in einen Affen mit einer Kette um den Hals verwandelt war, und als er ihn fragte, was der Grund dafür sei, hatte er die Antwort erhalten: „Mein Glaube an den Qadarismus."

Diese Argumente sind auf keinem hohen Niveau angesiedelt. Das letzte (11) ist nur der Ausdruck einer Abneigung gegen den Qadarismus. Das zweite und dritte sind nicht gegen den Qadarismus, sondern gegen den damit verbundenen Glauben gerichtet, daß Sünden mit Sicherheit in der künftigen Welt bestraft werden – ein Glaube, der im Denken al-Ḥasans mit enthalten ist. Wichtiger als die Argumente als solche ist die Identität der Personen, die in erster Linie für die Kritik an ʿAmr verantwortlich sind. Van Ess hat bemerkt, daß von den dreizehn in den Geschichten namentlich erwähnten Personen sechs der acht älteren Anhänger al-Ḥasans waren, nämlich Qatāda (gest. 735), Ayyūb as-Siḫtiyānī (gest. 748), Yūnus ibn-ʿUbayd (gest. 756), Sulaymān at-Taymī (gest. 760), Hišām ibn-al-Ḥassān al-Qardūsī (gest. 763) und Ibn-ʿAwn (gest. 768). Der siebte war der soeben erwähnte Philologe, während der achte fast unbekannt ist. Die fünf jüngeren Männer waren alle Schüler der oben genannten. Daraus, sowie aus verschiedenen anderen Hinweisen auf diese und andere Personen schloß van Ess, daß es innerhalb der Schule al-Ḥasans zu einer Spaltung gekommen war, daß diese aber wenigstens eine Generation lang nicht durchweg vollzogen gewesen war. Eine Zeitlang akzeptierten eine Reihe von Menschen nach wie vor ʿAmr als zuverlässigen Ḥadīṯ-Übermittler. Selbst unter seinen Kritikern gab es einige wie Qatāda und den jüngeren Nūḥ ibn-Qays, die man in gewisser Hinsicht als Qadariten bezeichnen könnte. Um so bemerkenswerter erscheint die Bitterkeit der Attacke gegen ʿAmr. Zweifellos mit Recht meint van Ess, daß sie sich auf zwei Tatsachen zurückführen lasse: Darauf, daß ʿAmr seine Ideen mit größerem Eifer und größerer Energie propagierte, und darauf, daß er von den Muʿtazila in die Position eines ihrer Begründer erhoben wurde[105].

Diese Schlußfolgerungen beruhen auf der Annahme, daß das Material bei ad-Dāraquṭnī authentisch ist. Aber es scheint keine Gründe dafür zu geben, diese Authentizität in Zweifel zu ziehen. Das Bild, das van Ess daraus von den Diskussionen über den Qadarismus und andere Dinge innerhalb der allgemeinen religiösen Bewegung ableitet, wird durch das frühere Material bestätigt, dem wir uns jetzt zuwenden.

105 *Josef van Ess*, Traditionistische Polemik gegen ʿAmr b. ʿUbaid, 39–45.

b) Ibn-Qutaybas Qadariyya-Liste

Ibn-Qutayba (gest. 889) wußte etwas über die Muʿtazila, aber der geringen Anzahl seiner Belege nach zu urteilen, muß er ihnen wenig Bedeutung beigemessen haben[106]. Er erwähnt Abū-l-Huḏayl, an-Naẓẓām und Ṯumāma, spricht aber von ihnen nicht als Muʿtaziliten, nennt sie aber auch nicht Qadariten[107]. Er kennt die Geschichte, der zufolge ʿAmr ibn-ʿUbayd die Muʿtazila begründete, indem er sich von al-Ḥasan abspaltete *(iʿtazala)*, aber Wāṣil ibn-ʿAṭāʾ kennt er offensichtlich nicht. Die zu betrachtende Liste enthält also nur Qadariten, die keine Muʿtaziliten waren. ʿAmr ibn-ʿUbayd ist eine Ausnahme, aber nur scheinbar, denn wenn von den Muʿtaziliten die Rede sein wird, wird argumentiert werden, daß die Geschichte vom Rückzug sowie die Behauptung, er sei ihr Begründer gewesen, spätere Erfindungen sind. Ibn-Qutaybas Liste, die ungefähr nach den Todesdaten geordnet ist, wird in den Anmerkungen wiedergegeben, während hier die relevanten Informationen kurz erwähnt werden sollen[108].

106 Ibn-Qutayba, Maʿārif, nur 243 (ʿAmr); Derselbe, Taʾwīl, nur 76, 159. Vgl. *Gérard Lecomte*, Ibn Qutayba ... l'homme, son œuvre, ses idées, Damaskus 1965, 320f.

107 Ibn-Qutayba, Taʾwīl, Index zur französischen Übersetzung.

108 Die Liste findet sich in Ibn-Qutayba, Maʿārif, 301 (Kairo 1960, 625). Wo mehrere Todesdaten angegeben sind, wurde willkürlich eines ausgewählt. Die Hinweise sind ebenfalls nur eine Auswahl.

1) Maʿbad al-Ǧuhanī (703/84); vgl. Anm. 19.
2) Naṣr b. ʿĀṣim (708/90): GAS, 4.24; Ibn-Qutayba, Maʿārif, 254; Fihrist, 39, 23, 27; 41.12; Ibn-Ḫallikān, i. 359; *Pellat*, Milieu, 77f.
3) ʿAṭāʾ b. Yasār (721/103): Ibn-Saʿd, v. 129; Ibn-Qutayba, Maʿārif, 233; Fihrist, 27.20; 37.13; aḏ-Ḏahabi, Ḥuffāẓ, i. 90; *Massignon*, Essai, 176.
4) Ḫālid b. Miʿdān (721/103): Ibn-Saʿd, vii/2.162; Fihrist, 31.4; 37.22; aḏ-Ḏahabī, Ḥuffāẓ, 93.
5) Wahb b. Munabbih (729/110): GAS, 305–307; Ibn-Saʿd, v. 395; Ibn-Qutayba, Maʿārif, 233; Fihrist, 22; aḏ-Ḏahabī, Ḥuffāẓ, i. 100; Yāqūt, Iršād, vii. 232; Ibn-Ḥaǧar, xi, No. 288.
6) Makḥūl (731/113): GAS, i. 404; Ibn-Saʿd, vii/2.160; Ibn-Qutayba, Maʿārif, 230; Fihrist, 227; aḏ-Ḏahabī, Ḥuffāẓ, i. 107; Ibn-Ḫallikān, iii. 437–439; *Massignon*, Passion, 190 Anm.; S. 78 oben.
7) Qatāda (735/117): GAS, 31; Ibn-Saʿd, vii/2.1–3; Ibn-Qutayba, Maʿārif, 234f.; Fihrist, 34.3, 4; 41.10; Ibn-Ḫallikān, ii. 513f.; Yāqūt, Iršād, vi. 202f.; aḏ-Ḏahabī, Ḥuffāẓ, i. 122–124.
8) Ġaylān (742/125): GAS, i. 595; Anm. 21–30 in Kapitel 4.
9) ʿAwf b. Ǧamīla (–): aḏ-Ḏahabī, Ḥuffāẓ, i. 137 (keine Einzelheiten).
10) (ʿAbd-Allāh) Ibn-ʿAbd-Naǧīḥ (749/132): GAS, 29, 37; Ibn-Saʿd, v. 355.
11) Ṯawr b. Zayd (752/135): Ibn-Ḥaǧar, ii. No. 55 (wahrscheinlich irrtümlich statt Ṯ. b. Yazīd, 18a) unten).
12) ʿAmr b. Fāʾid al-Uswārī (–): Ibn-Qutayba, Taʾwīl, 11, 37, 102; *Massignon*, Essai, 168, 194; *Pellat*, Milieu, 110f.
13) Al-Faḍl (b. ʿĪsā) ar-Raqāšī (–): Fihrist, 163; Aš., 118f., 513, 514; Nawb., 9; Šahr., 103, 106; Ibn-Qutayba, Taʾwīl, 99 unten; *Massignon*, Essai, 167, 169, 171; *Pellat*, Milieu, 113.

Über Maʿbad al-Ǧuhanī (1) und Ġaylān (8) ist schon genug gesagt worden. Die nach Maʿbad älteste Person auf der Liste ist Naṣr ibn-ʿĀṣim (2), der 708 starb. Er war Philologe und Koranleser. Es heißt von ihm, er habe auf Bitten al-Ḥaǧǧāǧs das System der einfachen und doppelten Punkte ersonnen, um ähnlich aussehende Buchstaben voneinander zu unterscheiden. ʿAṭā' ibn-Yasār (3; gest. 721 oder früher), der überwiegend in Medina lebte, studierte ebenfalls den Koran und zählte u. a. die Verse, Wörter und Buchstaben. Er soll an dem Aufstand des Ibn-al-Ašʿat̲ teilgenommen haben, lebte aber danach noch eine Zeitlang. Ein anderer Gelehrter, der sich mit der Einteilung des Koran in Verse befaßte, war Ḫālid ibn-Miʿdān (4) von Homs (gest. 721), dessen viele Prostrationen beim

14) ʿAmr b. ʿUbayd (761/144): Anm. 103 oben.
15) ʿAbbād b. Manṣūr (762/145): Ibn-Saʿd, vii/2.31, 63.9; Ibn-Qutayba, Maʿārif, 243; *Pellat*, Milieu, 289f.
16) Kahmas (766/144): Ibn-Saʿd, vii/2.31; Aš., 214; Šahr., 76f.; ad̲-D̲ahabī, Ḥuffāẓ, i. 174; *Massignon*, Essai, 115, 167.
17) (Muḥammad) b. Isḥāq (767/150): GAS, i. 288–290; EI², Art. „Ibn Isḥāḳ" *(J. M. B. Jones)*.
18) Hišām ad-Dastuwāʾī (770/153): Ibn-Saʿd, vii/2.37; ad̲-D̲ahabī, Ḥuffāẓ, i. 164; Ibn-Qutayba, Maʿārif, 256; *Massignon*, Essai, 163, 168. Für die *nisba*, vgl. as-Suyūṭī, Lubb, s. v., im Anschluß daran *Dozy*, Supplement; in Yāqūt, Buldān, s. v., der zweite Vokal scheint eine Vermutung des Herausgebers zu sein.
18a) T̲awr b. Yazīd (770/153): Ibn-Saʿd, vii/2.170; Ibn-Qutayba, Maʿārif, 253; Fihrist, 29.19; ad̲-D̲ahabī, Ḥuffāẓ, i. 175; Ibn-Ḥaǧar, ii. No. 57.
19) Saʿīd b. Abī-ʿArūba (773/156): GAS, i. 91 f.; Ibn-Saʿd, vii/2.33 (vgl. 1, Zeile 16); Ibn-Qutayba, Maʿārif, 254; Fihrist, 226; ad̲-D̲ahabī, Ḥuffāẓ, i. 177; *Pellat*, Milieu, 88–90.
20) Ismāʿīl b. Muslim al-Makkī (–): Ibn-Saʿd, vii/2.34.
21) ʿUt̲mān b. Miqsam (776/160): Ibn-Saʿd, vii/2.41.
22) Ṣāliḥ al-Murrī (776/160): Ibn-Saʿd, vii/2.39; Fihrist, 183.23; *Pellat*, Milieu, 95, 107, 111; *Massignon*, Essai, 133 Anm., 167.
23) Hammām (oder Humām) b. Yaḥyā (780/164): Ibn-Saʿd, vii/2.39; Ibn-Ḥaǧar, xi, No. 108.
24) ʿUt̲mān (b. Ḫālid) aṭ-Ṭawīl (–): Ibn-al-Murtaḍā, Munya, 42; Šahr., 33f., 40.
25) ʿAbd-Wārit̲ (b. Saʿīd) at-Tannūrī (796/180): Ibn-Qutayba, Maʿārif, 256; Ibn-Saʿd, vii/2.44; ad̲-D̲ahabī, Ḥuffāẓ, i. 257; Ibn-Ḥaǧar, vi., No. 923; *Massignon*, Essai, 168; *van Ess*, Traditionistische Polemik gegen ʿAmr b. ʿUbaid, 43–45.
26) Ġundar (809/194): Ibn-Saʿd, vii/2.49.
27) Nūḥ b. Qays aṭ-Ṭāḥī (818/203): Ibn-Saʿd, vii/2.44; Ibn-Ḥaǧar, x. 485; *van Ess*, Traditionistische Polemik gegen ʿAmr b. ʿUbaid, 23, u. a.
28) ʿAbbād b. Ṣuhayb (827/212): Ibn-Saʿd, vii/2.50.
29) Saʿīd b. Ibrāhīm (–): wahrscheinlich Saʿd b. Ibrāhīm (vgl. Ibn-al-Murtaḍā, Munya, 133).
30) Ḫālid al-ʿAbd: nicht identifiziert.
31) Andere frühe Namen aus Ibn-Sa'd:
   a) ʿAṭā' b. Abu-Maymūna (748/131); vii/2.13.4.
   b) Saʿīd b. Bašīr (786/170); vii/2.170.14.
   c) Yazīd b. Abān ar-Raqāšī (748/131): vii/2.13.9. (vgl. *Massignon*, Essai, 167; *Pellat*, Milieu, 95, 101).

Gebet auf seiner Stirn ein Mal hinterlassen haben sollen. Ganz anders war der berühmte Verfasser historischer und anderer Werke, Wahb ibn-Munabbih (5), der in Sanʿa als Sohn eines Angehörigen der persischen Besatzungsarmee im Jemen geboren wurde und der dort im Jahr 728 als Richter starb. Er soll ein *Kitāb al-Qadar* geschrieben haben, aber später von seinen qadaritischen Auffassungen abgerückt sein. Seinen Qadarismus darf man mit seiner Kenntnis der Schriften anderer Religionen in Zusammenhang bringen, insbesondere der jüdischen, auch wenn es eine Darstellung gibt, die in die gegenteilige Richtung zielt. Als er dem Qadarismus abschwor, muß er auch von jeglicher Feindseligkeit abgelassen haben, die er gegenüber den Umayyaden empfunden hatte.

Als nächste kommen zwei Männer, die eindeutig bedeutende Gelehrte waren. Makḥūl (6) stammte aus dem Osten; wahrscheinlich war er ein Sindi, und er konnte das Arabische nicht richtig aussprechen. Doch einem Bericht zufolge hielt az-Zuhrī ihn für den größten Gelehrten seiner Zeit in Damaskus, vergleichbar al-Ḥasan in Basra, Saʿīd ibn-al-Musayyab in Medina und aš-Šaʿbī in Kufa. Er war in erster Linie ein Rechtsgelehrter. Es hieß von ihm – wie von Wahb, wenn auch nicht so definitiv –, daß er sich vom Qadarismus losgesagt habe, und er kann gegenüber dem Regime nicht offen feindschaftlich oder sehr kritisch gewesen sein. Qatāda (7), ein Mann rein arabischer Herkunft, war in verschiedener Hinsicht der bedeutendste Schüler al-Haṣan al-Baṣrīs – bis zu seinem Tod im Jahr 735 vielleicht der Führer der Hauptgruppe seiner Schüler. Mit ʿAmr ibn-ʿUbayd war er der wichtigste Übermittler der Koraninterpretationen des Meisters. Er war aber auch in Geschichte, Genealogie und Dichtung gründlich bewandert. Ein Gelehrter von geringerer Bedeutung war Ibn-Abī-Naǧīḥ (10), ein Klient, der in Mekka lebte (gest. 749) und als Übermittler des Korankommentars des Muǧāhid (gest. 722) bekannt ist.

Keine Todesdaten werden für ʿAmr ibn-Fāʾid (12) und al-Faḍl ar-Raqāšī (13) genannt; aber sie sind wahrscheinlich an dieser Stelle einzuordnen, obwohl der letztere vielleicht mehr oder weniger ein Altersgenosse al-Ḥasans war. Von den eben erwähnten Männern unterscheiden sie sich insofern, als sie in erster Linie Prediger waren. ʿAmr ibn-Fāʾid wurde wegen seiner qadaritischen Auffassungen als Übermittler von Ḥadīṯen weitgehend abgelehnt. Al-Faḍl entstammte einer persischen Familie, die für ihre große Ausdrucksfähigkeit in der arabischen Sprache bekannt war. Seine Meinungen ähnelten in verschiedener Hinsicht denen des Ġaylān; aber es ist vielleicht von Bedeutung, daß Sulaymān at-Taymī (gest. 760), eine der Säulen der zentralen Partei in Basra, sein Schwiegersohn wurde[108a]. Wieder etwas anders ist ʿAbbād ibn-Manṣūr (15), und zwar insofern, als er sowohl vor als auch nach dem Dynastiewechsel im Jahr 750 zeitweilig Richter in Basra war; aber er soll auch al-Ḥasans Koranexegese überliefert haben. Ibn-Isḥāq (17) ist der große Historiker der Karriere des Propheten, der

108a Weitere Einzelheiten in *van Ess*, Zwischen Ḥadīṯ und Theologie, 121 f.

zuerst in Medina und dann in Bagdad lebte, der aber auch auf der Suche nach Informationen Reisen unternahm (gest. 767). Man beschuldigte ihn, sowohl Schiit als auch Qadarit zu sein, und er wurde viel kritisiert, insbesondere in Angelegenheiten, die außerhalb des Bereiches der Geschichte lagen.

Die übrigen Männer auf der Liste sind von geringerer Bedeutung, und einige sind verhältnismäßig unbekannt. Kahmas (16) und Hišām ad-Dastuwāʾī (18) waren Traditionarier in Basra; der erstere vertrat Ansichten, die zum Anthropomorphismus neigten. Ṯawr ibn-Yazīd (18a) aus Homs war in Koran- und Rechtsstudien gut bewandert und hatte eine Abneigung gegen ʿAlī. Saʿīd ibn-Abī-ʿArūba (19) war in verschiedener Hinsicht der Nachfolger Qatādas in Basra, vor allem auf dem Gebiet der Koranstudien, und er soll auch der erste gewesen sein, der die Ḥadīṯe in Kapitel ordnete. Als nächste kommen vier unbedeutendere Persönlichkeiten aus Basra: Ismāʿīl ibn-Muslim al-Makkī (20), ʿUṯmān ibn-Miqsam (21), Ṣāliḥ al-Murrī (22), der auch ein Prediger war, und Humām (oder Hammām) ibn-Yaḥyā (23). Der erste hieß deshalb „der Mekkaner“, weil er einige Jahre dort verbracht hatte. Er stand mit Yūnus ibn-ʿUbayd, einer anderen Stütze des Zentrums, in enger Verbindung und war für seine Entscheidungen in juristischen Fragen bekannt. Der unauffällige ʿUṯmān aṭ-Ṭawīl (24) ist von muʿtazilitischen Quellen her hauptsächlich als Bindeglied zwischen Wāṣil und Abū-l-Huḏayl bekannt. ʿAbd-al-Wāriṯ at-Tannūrī (25) aus Basra (gest. 796) galt weithin als zuverlässiger Übermittler, obwohl seine Verbindung zu ʿAmr ibn-ʿUbayd bekannt war. Ġundar, Nūḥ ibn-Qays und ʿAbbād ibn-Ṣuhayb (26–28) waren unbedeutendere Gelehrte in Basra. Ibn-Saʿd scheint zu bemerken, daß er eine Erklärung dafür zu liefern habe, weshalb der zuletzt Genannte (gest. 827) zu einem so späten Zeitpunkt noch Qadarit war.

Die Resultate, die sich aus diesem Überblick ergeben, sind vielleicht nicht gerade aufregend, aber ihnen kommt eine gewisse Bedeutung zu. All die namentlich erwähnten Männer können als Mitglieder der allgemeinen religiösen Bewegung angesehen werden – entweder als Gelehrte auf irgendeinem Fachgebiet oder als Prediger. Es ist noch nicht besonders darauf verwiesen worden, aber eine große Zahl von ihnen waren auch Asketen. Wir gewinnen auch einen gewissen Eindruck davon, wie vielfältig die Interessen innerhalb der Bewegung waren, und daß es an extremer Spezialisierung mangelte. Daß das Koranstudium eine zentrale Rolle spielte – ein Kennzeichen der *Risāla* al-Ḥasans –, läßt sich aufgrund der Tatsache als allgemeines Merkmal erkennen, daß häufig auf einen Aspekt davon verwiesen wird. Die Liste bestätigt auch Josef van Ess' Schlußfolgerung, daß es nach dem Tod al-Ḥasans eine Generation lang keine schwerwiegende Spaltung unter seinen Anhängern in Basra gab, und daß die meisten der angeblichen Qadariten unbeschwerten Umgang mit den anderen pflegten. Das wichtigste Ergebnis der Untersuchung besteht aber darin, aufgezeigt zu haben, daß der Qadarismus größtenteils ein Phänomen war, das sich – zumindest nach 750 – auf Basra beschränkte. Anfänglich hatte er einige Vertreter in Syrien: Ḫālid ibn-

Miʿdān, Makḥūl und Ġaylān, und, etwas später, Ṯawr ibn-Yazīd. Wahb war im Jemen, ʿAṭāʾ ibn-Yasār in Medina, Ibn-Abī-Naǧīḥ in Mekka und Ibn-Isḥāq teils in Medina, teils in Bagdad. Aber alle übrigen waren in der Hauptsache Basrier. Diese seltsame Tatsache verdient eine nähere Betrachtung, doch diese soll bis nach der Untersuchung weiteren Materials zurückgestellt werden.

c) Einige prädestinatianische Traditionarier

Beispiele für das prädestinatianische Ḥadīṯ sind bereits angeführt worden (98–101). Diese finden sich in sehr vielen Fassungen, von denen jede gewöhnlich einen anderen *isnād* hat. Die eingehende Untersuchung dieser Varianten und der Isnāde, die Josef van Ess in *Zwischen Ḥadīṯ und Theologie* vorgenommen hat, führte zu wertvollen Ergebnissen, von denen die wichtigeren an geeigneter Stelle in die vorliegende Arbeit aufgenommen werden. Die detaillierten Argumente sind aber zu komplex, als daß sie einfach zusammengefaßt werden könnten, und deshalb wird die Darstellung hier auf einige elementare Fakten beschränkt.

Daraus, daß in al-Ḥasans *Risāla* keine Hinweise auf das Ḥadīṯ gemacht werden, kann man schließen, daß dieses nicht allgemein akzeptiert wurde, selbst wenn man einige Ḥadiṯe zur Verteidigung der prädestinatianischen Position in Umlauf gesetzt hatte. Eine Zeitlang holten die Prädestinatianer auch ihre Argumente aus dem Koran, und wahrscheinlich erkannten sie erst später, daß sie ihre Argumente stärken konnten, wenn sie die vorislamischen Vorstellungen einbrachten, die bereits als Aussprüche von Prophetengefährten oder des Propheten selbst zirkulierten. Die Qadariten, die oftmals nichtarabische *mawālī* waren, konnten dieses Material nicht verwenden und konzentrierten sich daher auf Argumente, die dem Koran entnommen waren. Vielleicht bewirkte eine Erwiderung auf die *Risāla* al-Ḥasans angesichts seines großen Einflusses, daß das prädestinatianische Ḥadīṯ allgemein in Umlauf gebracht wurde. Sicherlich muß man die „fruchtbarste Phase der Ḥadīṯentwicklung" in die Zeit zwischen etwa 725 und 775 legen[109]. Es folgt, daß ein Blick auf jene Gelehrten aufschlußreich sein wird, die in den Isnāden genannt werden, und deren Todesdaten in den erwähnten Zeitraum fallen; denn von ihnen darf angenommen werden, daß sie sowohl die prädestinatianischen Ansichten gutgeheißen haben, als auch bei der vermehrten Zirkulierung des Ḥadīṯ behilflich gewesen sind.

Ein interessanter Punkt kommt mit dem zweiten der oben zitierten Ḥadīṯe ans Licht – dem Ḥadīṯ über die vier Dinge, die von dem Engel niedergeschrieben werden, während das Kind sich im Schoß der Mutter befindet. In der ersten Form dieses von al-Buḫārī zitierten Ḥadīṯ ist der Tradent, der im ausgewählten Zeitraum starb, al-Aʿmaš (gest. 765). Vom gleichen Gelehrten ist auch in al-Ašʿarīs *Ibāna* die Rede, und in Muslims Sammlung werden nicht weniger als sechs

109 *Van Ess*, Zwischen Ḥadīṯ und Theologie, 181, u. a.

(oder, mit Varianten, zehn) verschiedene Isnāde angegeben für die Weitergabe dieses Ḥadīṯ von al-Aʿmaš an Muslim. Auf jeden Fall aber soll der Ḥadīṯ von einem gewissen Zayd ibn-Wahb an al-Aʿmaš gekommen sein, der es wiederum von (ʿAbd-Allāh) Ibn-Masʿūd hatte. Al-Aʿmaš ist ein berühmter Gelehrter aus Kufa, während Zayd ibn-Wahb, der ebenfalls aus Kufa kam, eine sehr unbedeutende Gestalt ist. Außerdem soll er 703 gestorben sein, als al-Aʿmaš ungefähr dreizehn Jahre alt war, und obwohl ein junger Mann von zwölf Jahren sich an Geschichten erinnert haben kann, die er damals gehört hatte, fragt man sich doch, ob al-Aʿmaš sich tatsächlich an etwas erinnerte, was zu der Zeit, als er es hörte, nicht von großer Bedeutung gewesen sein kann[110].

Andere Gelehrte, deren Name als Übermittler prädestinatianischer Ḥadīṯe genannt werden, sollen kurz erwähnt werden[111]. Manṣūr ibn-Muʿtamir (1) von Kufa lebte etwas früher als al-Aʿmaš; denn er starb 749. Aber Basra war auch vertreten. Außer Šuʿba (2), der Ḥadīṯe von al-Aʿmaš übermittelte und 776 starb, gab es Dāwūd ibn-Abī-Hind (3), der 757 starb, sowie den bedeutenden Historiker Maʿmar ibn-Rāšid (4). Der zuletzt Genannte war in erster Linie als der Mann bekannt, der das von az-Zuhrī (5) gesammelte historische Material weiterreichte, und dies enthielt ein paar prädestinatianische Ḥadīṯe. Er hatte auch Verbindungen nach Sanʿa und erhielt einige Ḥadīṯe von Hammām (6), dem Bruder des Wahb ibn-Munabbih. Az-Zuhrī (gest. 742), der im vorigen Kapitel erwähnt wurde, lebte überwiegend in Medina, und in der Qadarismusfrage unterstützte er

110 Al-Aʿmaš (Abū-Muḥammad Sulaymān b. Mihrān); GAS, i. 9, 310f., 560; aḏ-Ḏahabī, Ḥuffāẓ, i. 154; Ibn-Ḫallikān, i. 587–589. Zayd b. Wahb; aḏ-Ḏahabī, Ḥuffāẓ, i. 66. Das fragliche Ḥadīṯ wird ausführlich erörtert bei *van Ess*, Zwischen Ḥadīṯ und Theologie, 1–32.

111 Ausgewählte Literaturhinweise:
1) Manṣūr b. Muʿtamir (749/132); GAS, i. 404; Ibn-Saʿd, vi. 235; Ibn-Qutayba, Maʿārif, 240; aḏ-Ḏahabī, Ḥuffāẓ, i. 142.
2) Šuʿba (776/160); GAS, i. 92; Ibn-Saʿd, vii/2.38; Ibn-Qutayba, Maʿārif, 251; aḏ-Ḏahabī, Ḥuffāẓ, i. 193–197.
3) Dāwūd b. Abī-Hind (757/140); GAS, i. 595 (Streitgespräch mit Ġaylān); Ibn-Saʿd, vii/2.20; Ibn-Qutayba, Maʿārif, 243; aḏ-Ḏahabī, Ḥuffāẓ, i. 146–148.
4) Maʿmar b. Rāšid (770/154); GAS, i. 290; Ibn-Saʿd, v. 397; Ibn-Qutayba, Maʿārif, 253; aḏ-Ḏahabī, Ḥuffāẓ, i. 190.
5) az-Zuhrī (742/124); s. Anm. 5–8 in Kapitel 3.
6) Hammām b. Munabbih (747/130); Ibn-Saʿd, v. 396; aḏ-Ḏahabī, Ḥuffāẓ, i. 100 (in der Bemerkung über Wahb).
7) Yūnus b. Yazīd al-Aylī (769/152); Ibn-Saʿd, vii/2.206; aḏ-Ḏahabī, Ḥuffāẓ, i. 162.
8) al-Aʿraǧ (ʿAbd-ar-Raḥmān b. Hurmuz) (735/117); Ibn-Saʿd, v. 209; Ibn-Qutayba, Maʿārif, 236; aḏ-Ḏahabī, Ḥuffāẓ, i. 97.
9) Abū-z-Zinād (ʿAbd-Allāh b. Ḏakwān) (747/130); GAS, i. 405; Ibn-Qutayba, Maʿārif, 235; aḏ-Ḏahabī, Ḥuffāẓ, i. 134.
10) Abū-Ḥāzim (Salama) (757/140); GAS, i. 634; Ibn-Qutayba, Maʿārif, 252; aḏ-Ḏahabī, Ḥuffāẓ, i. 133.
11) Abū-z-Zubayr al-Makkī (745/128); aḏ-Ḏahabī, Ḥuffāẓ, i. 126.

vermutlich die Umayyaden. Einige seiner prädestinatianischen Ḥadīṯe wurden auch von Yūnus ibn-Yazīd al-Aylī (7) überliefert, der 769 starb. Ein anderer Gelehrter aus Medina war al-Aʿraǧ (8), der später nach Alexandria zog und 735 dort starb, während Teile seines Materials von Abū-z-Zinād (9) weitergereicht wurden, der in erster Linie als Jurist in Medina bekannt ist (gest. 748). Ein weiterer medinischer Gelehrter war Abū-Ḥāzim (10), der mit dem Kalifen Hišām auf gutem Fuß gestanden hatte und bis 757 lebte. Als einen Gelehrten aus Mekka können wir schließlich Abū-z-Zubayr al-Makkī (11) erwähnen, der 745 starb und dessen Material sowohl in Basra als auch in Kufa weiterüberliefert wurde.

Diese Liste reicht aus, um aufzuzeigen, daß im frühen achten Jahrhundert in allen geistigen Zentren der islamischen Welt prädestinatianische Ḥadīṯe im Umlauf waren. Die Opposition gegen den Qadarismus scheint sich zuerst in Kufa entwickelt zu haben, aber später verbreitete sie sich in andere Zentren. Selbstverständlich unterscheiden die Ḥadīṯe sich in der Einstellung zur Prädestination graduell voneinander. Einige, z. B. die beiden oben zuletzt erwähnten, wenden sich gegen Passivität und Tatenlosigkeit und betonen, daß ein Mensch „arbeiten" müsse. Diese sind vielleicht – zumindest teilweise – von al-Ḥasan gebilligt worden. Der Gegensatz zwischen Qadariten und Prädestinatianer darf also nicht überpointiert werden.

d) Schlußfolgerung

Um den Wandel zu begreifen, der sich im Laufe des achten Jahrhunderts in der Einstellung der Muslime vollzog, muß man die verschiedenen Phasen überprüfen, die durch die vorislamischen Araber, den Koran, das Umayyadenregime und al-Ḥasan al-Baṣri repräsentiert werden. Unter den vorislamischen Arabern also gab es einen Glauben an die Unvermeidbarkeit dessen, was man den Rahmen des menschlichen Lebens nennen könnte – Dinge wie die verfügbare Menge an Nahrung und die Lebensfrist. Wenn er wirklich akzeptiert wurde, hatte dieser Glaube den positiven Wert, daß er von Angst befreite; denn vorherbestimmte Dinge ließen sich nicht dadurch ändern, daß man ihretwegen „Angst hatte". Selbstverständlich konnte dieser Glaube leicht mißbraucht werden, insbesondere wenn er nicht von Nomaden, sondern von städtischen Siedlern vertreten wurde; denn er konnte zu einer Entschuldigung für die Untätigkeit werden, die durch das Klima noch weiter begünstigt wurde. Der Koran akzeptierte den vorislamischen Glauben an den unvermeidlichen Rahmen des menschlichen Lebens, hielt diesen aber letztlich für das Werk Gottes, der gnädig und barmherzig ist. Gleichzeitig war für ihn aufgrund seiner Doktrin vom Jüngsten Gericht das ewige Schicksal des einzelnen Menschen von der moralischen Qualität seiner Handlungen abhängig.

Die Behauptung der Umayyaden, sie seien die Kalifen Gottes und ihre Herrschaft sei von Gott vorherbestimmt, stellte bis zu einem gewissen Grad einen

Mißbrauch prädestinatianischer Auffassungen dar; doch da dies größtenteils mit der altarabischen Vorstellung übereinstimmte, bewahrte es etwas von dem positiven Wert und trug zweifellos dazu bei, in einer Zeit des raschen sozialen Wandels die Angst zu mindern. Die Kritiker der Umayyaden waren auf der theoretischen Seite darüber besorgt, daß diese mit prädestinatianischen Vorstellungen Mißbrauch trieben. Al-Ḥasan stimmte in diese Kritik ein, als er im Hinblick auf die umayyadische Behauptung, ihre Handlungen seien von Gott bestimmt, sagte: „Die Feinde Gottes lügen." Er war jedoch noch mehr darüber besorgt, daß der gewöhnliche Mensch dazu neigte, die Vorherbestimmung zum Vorwand für Inaktivität und Sichtreibenlassen zu nehmen. Daher hob er, insbesondere im Bereich der Sittlichkeit, die Verantwortung des einzelnen hervor und glaubte – oder implizierte zumindest –, daß der Mensch generell imstande sei, Gottes Gebote zu erfüllen. Dieses letztere war die zentrale These der Qadariten, und in dieser Hinsicht war al-Ḥasan ein Qadarit. Er glich das aber dadurch wieder aus, daß er Gottes Gnade herausstrich und betonte, daß bei ihm die letztliche Kontrolle darüber liege, was dem Menschen geschehe. In dieser Hinsicht also war er kein Qadarit. Eine Gefahr aber gab es in al-Ḥasans Lehre, ob sie nun in seinen eigenen Predigten enthalten war oder nur in denen seiner Anhänger. Diese Gefahr bestand darin, daß gewöhnliche Menschen zu großes Gewicht darauf legen könnten, ein angenehmes ewiges Schicksal könne nur *durch eigene Anstrengungen* erreicht werden. Die Überbetonung der moralischen Qualität der Taten eines Menschen führt im Lauf der Zeit zu dem, was man „moralische Besorgnis" nennen könnte, und diese bewirkt ein Ausschlagen des Pendels in die andere Richtung.

Sicherlich hörte nach dem Dynastiewechsel von 750 die Verwendung prädestinatianischer Vorstellungen zur Rechtfertigung der Umayyadenherrschaft auf, ein relevanter Faktor zu sein. Aber selbst vor diesem Zeitpunkt haben diese Ideen vielleicht schon langsam an Bedeutung verloren. Es mag sinnvoll sein, sich zu vergegenwärtigen, daß die Dichter Ǧarīr und al-Farazdaq etwa um dieselbe Zeit starben wie al-Ḥasan. Diese neue Situation mochte einige der Einwände gegen das Zirkulieren prädestinatianischer Ḥadīṯe aus dem Wege räumen. Es ist auch zu beachten, daß sich auf der Grundlage von Ḥadīṯen schwieriger für die Herrschaft der Umayyaden argumentieren läßt als auf der einzelner Koranverse. Auf diese Weise sollte die allgemeine Tendenz, den Koran durch Ḥadīṯe zu ergänzen, die Opposition gegen den Qadarismus erleichtern, ohne deshalb proumayyadisch zu sein. Tatsächlich standen im frühen neunten Jahrhundert einige der Muʿtaziliten, die eine höherentwickelte Form des Qadarismus sowie andere Doktrinen verfochten, der ʿAbbāsidenregierung nahe und übten Einfluß auf ihre Politik aus.

Es mag hilfreich sein, an dieser Stelle zwei „Stufen" prädestinatianischer Doktrin zu unterscheiden. Die erste „Stufe" ist die Auffassung, daß das, was einem Menschen widerfahre, von Gott bestimmt sei, daß aber die Reaktion des

Menschen auf die Umstände nicht notwendigerweise bestimmt sei. Dies spiegelt sich in der Behauptung wider: „Was euch erreicht, hätte euch nicht möglicherweise verpassen können, und was euch verpaßt, hätte euch nicht möglicherweise erreichen können."[112] Im Gegensatz dazu ist die zweite „Stufe" der Glaube, wonach die Reaktion eines Menschen auf die Umstände ebenfalls vorherbestimmt sei. Dies wird dadurch zum Ausdruck gebracht, daß man sagt, sein Platz im Himmel oder in der Hölle sei vorherbestimmt und bekannt. Es kommt auch im Ḥadīṯ über den Mann vor, der den größten Teil seines Lebens gute Taten vollbringt und dann „von seiner Schrift eingeholt wird" und in den letzten Jahren und Monaten seines Lebens Böses tut und sich so einen Platz in der Hölle verdient. Die erste dieser „Stufen" ist nicht weit vom Standpunkt al-Ḥasans entfernt; die zweite und extremere „Stufe" kann als Versuch betrachtet werden, der moralischen Besorgnis entgegenzuwirken.

Es bleibt noch, die Klärung der Frage zu versuchen, weshalb bestimmte Angehörige der allgemeinen religiösen Bewegung von Ibn-Saʿd und Ibn-Qutayba mit dem Namen „Qadariten" belegt wurden. Diese beiden Autoren lebten im neunten Jahrhundert, als die meisten Angehörigen der allgemeinen religiösen Bewegung die erste „Stufe" der prädestinatianischen Doktrin und wahrscheinlich auch die zweite – wenn auch in abgemilderter Form – akzeptiert und auch eingeräumt hatten, daß der Mensch für seine Taten verantwortlich ist. Wurde jemand als Qadarit bezeichnet, so muß das weitgehend eine Frage der Akzentsetzung gewesen sein. Die Qadariten, so dürfen wir annehmen, waren jene, die, wenn sie von der Verantwortung des Menschen sprachen, die Abhängigkeit des Schicksals des Menschen von seinen eigenen Anstrengungen hervorhoben, und gleichzeitig zur ersten Form der prädestinatianischen Doktrin wenig zu sagen hatten und zur zweiten überhaupt nichts. Wenn das die Grundlage des Namens ist, dann ist die Behauptung, al-Ḥasan sei kein Qadarit, in gewisser Hinsicht berechtigt. Das Verschwinden des echten Qadarismus im neunten Jahrhundert geht zweifellos auf die Tatsache zurück, daß die Menschen entweder die prädestinatianischen Ḥadīṯe akzeptierten oder sich sonst dem Muʿtazilismus zuwandten.

Das Verschwinden des Qadarismus bedeutete nicht, daß die Diskussion der Probleme auf diesem Gebiet zu Ende war. Bei den Muʿtaziliten und den Ašʿariten wurde eine genauere Analyse des menschlichen Handelns entwickelt. Der moralischen Besorgnis begegnete man mit der Ausarbeitung der Doktrin von Mohammeds Fürsprache für Muslime am Jüngsten Tag und mit einigen Aspekten der murǧiʾitischen Doktrin, obwohl mit der Zeit allgemein akzeptiert wurde, daß es falsch sei zu behaupten, die moralische Qualität von Handlungen habe keine letztliche Bedeutung. Spätere Denker versuchten auf verschiedene Weise, zwischen der Vertrauenswürdigkeit Gottes und der Notwendigkeit moralischer Anstrengung ein Gleichgewicht aufrechtzuerhalten.

112 Vgl. S. 99.

5. Der Name „Qadariyya": Verwendung und Begriffsbestimmung

In einem kurzen Artikel erörterte Carlo Nallino, wie es dazu kam, daß das Wort „Qadarī", von dem man doch annehmen könnte, es beziehe sich auf einen, der an Gottes *qadar* glaubt, in Wirklichkeit das Gegenteil bedeutet. Seine Hypothese lautete, daß der Begriff auf die Menschen angewendet wurde, die viel Zeit mit Diskussionen über den Qadar verbrachten und ihn auf diese Weise zu einem bedeutenden Problem machten – ungeachtet der Meinung, die sie genau vertraten[113]. Die Hypothese kann bis zu einem gewissen Grad stichhaltig sein; wichtiger aber ist zu bemerken, daß „Qadarit" schon bald zu einem Schimpfnamen wurde, mit dem jede Seite die andere zu belegen versuchte. So schrieb ʿAmr ibn-ʿUbayd, den man zwar seiner qadaritischen Auffassungen wegen allgemein angegriffen hatte, eine „Widerlegung der Qadariyya", während al-Ǧāḥiẓ, der Muʿtazilit war, vom Kalifen ʿUmar ibn-ʿAbd-al-ʿAzīz sagte, er habe Bücher über den *Qadar* in der Art der Ǧahmiyya geschrieben[114]. Die korrekte Verwendung des Namens wird von al-Ašʿarī wie folgt erläutert:

> Die Qadariten glauben, daß *wir* den Namen Qadar verdienen, weil wir sagen, daß Gott das Böse und den Unglauben bestimmt *(qaddara)* hat, und wer immer den Qadar bestätigt *(yuṯbit)*, ist ein Qadarit, und nicht jene, die ihn nicht bestätigen. Ihnen ist zu entgegnen: Der Qadarit ist derjenige, der bestätigt, daß der *Qadar* sein eigener und nicht der seines Herrn ist, und daß er selbst und nicht sein Schöpfer seine Handlungen bestimmt. Das ist der richtige Sprachgebrauch ...[115].

Eine Überprüfung der Art, wie al-Ašʿarī das Wort *qadar* benutzt, zeigt, daß er ihm die Bedeutung von ‚Bestimmung' (in einem aktiven Sinne) oder ‚Macht zur Bestimmung' gibt; manchmal benutzt er *taqdīr* als Alternative, wie in der Phrase *man aṯbata t-taqdīr li-llāh*, ‚derjenige, der die Bestimmung als von Gott bestätigt'[116]. Der Glaube an die Willensfreiheit wird auch „die Qadar-Doktrin nach der Auffassung der Muʿtaziliten" genannt[117]. Die entgegengesetzte Meinung wird, wie in der soeben zitierten Phrase, durch *aṯbata* oder durch das Verbalnomen *iṯbāt*, ‚Bestätigen', ausgedrückt, und zwar in Phrasen wie: *qālū fī-l-qadar bi-l-iṯbāt* oder *bi-ṯbāt al-qadar*, ‚sie hielten die Bestätigung des Qadar (d.h. als zu Gott gehö-

113 RSO, vii (1916–1918), 461–466, „Sul nome di ‚Qadariti'"; auch in Raccolta di Scritti, ii, Rom 1940, 176–180. *Van Ess*, Zwischen Ḥadīṯ und Theologie, 122–128.
114 Ibn-Ḫallikān, ii. 395; *van Ess*, Traditionistische Polemik gegen ʿAmr b. ʿUbaid, 37, und Oriens, 18–19 (1967). 127.
115 Al-Ašʿarī, Ibāna, 73 (Übers. 113); vgl. Ders., Lumaʿ, §§ 120, 121; Ibn-Qutayba, Ta'wīl, 97 f.; *Ignaz Goldziher*, Die Richtungen der islamischen Koranauslegung, Leiden 1920, 124; Madelung, Zaiditen, 76, 119.
116 Al-Ašʿarī, Ibāna, i. c.
117 Aš., 93.7, 14; 116.2; 124.9.

rig)'[118]. Wenn al-Aš'arī die Phrase „die Qadar-Doktrin" in der Bedeutung von „die Doktrin von der Willensfreiheit" benutzt, fügt er immer eine Einschränkung an, und dasselbe gilt wahrscheinlich für spätere Aš'ariten wie aš-Šahrastānī[119]. Dieser verwendet manchmal eine erweiterte Form der Phrase, die jeden Zweifel ausschließt: *iṯbāt al-qadar ḫayri-hi wa-šarri-hi min al-ʿabd*, ‚Bestätigung des Qadar, seines Guten wie seines Bösen, als von den Menschen kommend'; *aḍāfū l-qadar ḫayra-hu wa-šarra-hu ilā llāh*, ‚schrieb den Qadar, sein Gutes wie sein Böses, Gott zu'[120].

Andererseits verwendet al-Aš'arī *iṯbāt* nur für diejenigen, die bestätigen, daß der *Qadar* von Gott ist, während aš-Šahrastānī (wie in einem der angeführten Beispiele) es für diejenigen benutzen kann, die bestätigen, daß der *Qadar* der des Menschen ist. Al-Aš'arī verwendet auch den Namen Ahl al-Iṯbāt in einem absoluten Sinne für jene, die an Gottes Qadar glauben, wie z. B. in der folgenden Passage:

> Die Qadariyya schmähen jene, die im Hinblick auf den Qadar gegen sie sind; die Ahl al-Ḥaqq (‚die Leute der Wahrheit' bzw. diejenigen, die er selbst guthieß) nennen sie Qadariyya, und die letzteren nennen sie (die Ahl al-Ḥaqq) Muǧbira, obwohl sie selbst zutreffender als die Ahl al-Iṯbāt Qadariyya genannt werden[121].

Ibn-Qutayba spricht sowohl von *iṯbāt* als auch von Ahl al-Iṯbāt in diesem Sinne[122]. Die einzigen von al-Aš'arī namentlich genannten Mitglieder der Ahl al-Iṯbāt sind Ḍirār, al-Kušānī und vielleicht Muḥammad ibn-Ḥarb. Da al-Kušānī ein Anhänger an-Naǧǧārs war, und an-Naǧǧārs Ansichten denen ähneln, die den Ahl al-Iṯbāt zugeschrieben werden[123], sollte er wahrscheinlich diesen zugerech-

118 Aš., 96.4; 97.2; vgl. 93.13; 124.9.
119 Šahr., 96.10a; 97.2a, 12a, 2b.
120 Šahr., 96.3b; 97.2a.
121 Aš., 430 oben; es gibt ungefähr zwanzig andere Beispiele in Aš. und ein Beispiel für die Variante Muṯbita (488.2).
122 Ibn-Qutayba, Ta'wīl, 37 unten, 158 unten, 159 oben (Muṯbita), 160 (§§ 40f., 165, 166, 166b); in §§ 165, 166 übersetzt *Lecomte*: „ceux qui affirment l'existence des attributs", was unrichtig ist. Er folgt *Louis Gardet* und *M. M. Anawati*, Introduction à la Théologie Musulmane, Paris 1948, 54 Anm., aber sie weisen nur darauf hin, daß dies die Bedeutung ist in Ibn-'Asākir, Tabyīn kaḏib al-muftarī, Damaskus, 1347/1928, 163 (nicht 153). *Van Ess*, Zwischen Ḥadīṯ und Theologie, 123, Anm. 12, akzeptiert die Meinung im Text. Es besteht kein Grund abzustreiten, daß die Phrase zu verschiedenen Zeiten unterschiedlich verwendet wurde. Vgl. *Michel Allard*, Le problème des attributs divins dans la doctrine d' al-Aš'arī, Beirut 1965, 78 Anm., 135 Anm. Ibn-Ḥanbal (Ibn-Abī-Ya'lā, i. 35.16) führte darüber Klage, daß die Qadariyya den Namen Muǧbira den Ahl as-Sunna wa-l-Iṯbāt gaben, wobei er den Begriff vermutlich im Hinblick auf den Qadar verwendete, da er an der Attributenfrage nicht interessiert war.
123 Aš., 383, 408, 540, 541, u. a.

net werden, zusammen mit einem anderen Anhänger, Burġūṯ, ebenso wie die verwandte Gruppe von Ḫāriǧiten um Muḥammad ibn-Ḥarb und Yaḥyā ibn-Abī-Kāmil.

Während Ahl al-Iṯbāt ein Name war, den diese Leute für sich selbst zu verwenden bereit waren, nannten ihre Gegner sie – wie oben im Zitat – Muǧbira, ein Name, der auch von Ibn-Qutayba verwendet wurde, und zwar mit der Variante Ǧabriyya (weniger korrekt: Ǧabariyya)[124]. Der Sunnit al-Malaṭī (gest. 987) sagt: „Jemand, der einen anderen einen *muǧbir* nennt, ist ein Qadarit"[125], und das wird durch die Tatsache bestätigt, daß der Muʿtazilit al-Ḫayyāṭ im *Kitāb al-Intiṣār* ungefähr ein dutzendmal auf Muǧbira hinweist. Der der Doktrin entsprechende Name ist *ǧabr*, ‚Zwang', oder *iǧbār*, ‚Zwingen', der hauptsächlich von Qadariten und Muʿtaziliten benutzt wird, obwohl ein māturīditischer Autor die Ašʿariten des *ǧabr* bezichtigte[126]. Zu einem späteren Zeitpunkt entwickelten die Ašʿariten eine Theorie, der zufolge ihre Doktrin – die von *kasb*, ‚Erwerb', – ein Mittelding zwischen *ǧabr* und *qadar* sei; und Ǧabriyya wurde dann für die Zwecke von Häresiographen wie al-Baġdādī und aš-Šahrastānī zu einem griffigen klassifikatorischen Terminus. Diese Punkte verdeutlichen, daß es niemals eine Sekte namens Ǧabriyya gegeben hat. Ǧabriyya und Muǧbira waren Spitznamen, die die Muʿtazila u. ä. auf diejenigen anwendeten, die im Vorgriff gemäßigte Sunniten genannt werden können. Wie der Terminus von aš-Šahrastānī verwendet wird (der übrigens noch weiter unterscheidet zwischen ‚reinen' und ‚gemäßigten' Ǧabriyya, *ḫāliṣa, mutawassiṭa*), so scheint er sich nur auf unechte Sekten wie die Ǧahmiyya zu beziehen (von denen im nächsten Kapitel die Rede sein wird). Wenn der Begriff „Qadarit" in diesem Buch benutzt wird, dann selbstverständlich grob gesprochen in dem ašʿaritisch-sunnitischen Sinne, und nicht in dem ihrer Gegner.

KAPITEL 5 GLAUBE UND GEMEINSCHAFT

Die Themen, die in diesem Kapitel zu erörtern sind, werden – zumindest in einem islamischen Kontext – durch die Überschrift unmißverständlich angedeutet, doch die Konnotationen unseres Wortes ‚Glaube' (oder *foi* bzw. *faith*) müssen dabei vermieden werden. Überdies wird der Ausgangspunkt für die Betrachtung

124 Ibn-Qutayba, Ta'wīl, 96f., §§ 109, 110.
125 Al-Malaṭī, Tanbīh, 144. Daß die korrekte Vokalisierung *muǧbir* ist, wird durch das Vorkommen von *iǧbār* bewiesen, z. B. al-Ḫayyāṭ, 145; Ibn-al-Murtaḍā, Munya, 93.4.
126 Al-Māturīdī, Šarḥ al-fiqh al-akbar, Hyderabad, 1321/1903, 12. Andere Hinweise finden sich in meinem Art. „Djabriyya" in EI².

dieser Themen die Sekte der Murǧi'a sein. Im Lauf der Untersuchung wird man jedoch sehen, wie die Sekte allmählich dahinschwindet.

1. Die Verwendung des Begriffs „Murǧi'a"

a) Die gängige Sichtweise des Abendlandes

Die Art und Weise, wie die Murǧi'a in westlichen Büchern der jüngeren Zeit behandelt werden, hat den Eindruck vermittelt, als ob man es mit einem einzigen, klar umrissenen Trend im islamischen Denken zu tun habe. Wohl habe darin eine gewisse Entwicklung stattgefunden, doch im großen und ganzen handle es sich um einen einheitlichen Trend. Diese gängige Meinung wird auch von Arent Jan Wensinck in *The Muslim Creed* vertreten. Er spricht von den Murǧi'iten als den „extremen Gegnern" der Ḫāriǧiten, weil sie bereit waren, weltliche Herrscher selbst dann zu akzeptieren, wenn deren Verhalten in gewisser Hinsicht sündhaft war. Sie glaubten auch, daß Taten für den Glauben von zweitrangiger Bedeutung seien, und dies implizierte, daß der Glaube eine gewisse Stabilität hat und durch Sünde nicht beeinträchtigt wird[1]. Eine ähnliche Ansicht äußerte früher Duncan Black Macdonald[2]. Ignaz Goldziher war sich der Vielschichtigkeit bewußt, die durch einen Teil des Materials bei Ibn-Saʿd eingeführt worden war, aber er formulierte keine klare Alternative zu der Standardmeinung[3]. Es wird gleich deutlich werden, daß diese Standardmeinung zwar nicht ganz und gar falsch, aber bestenfalls nur ein Bruchteil der Wahrheit ist.

Die Vielschichtigkeit des Themas wird ferner durch die Schwierigkeiten verdeutlicht, die bestimmte muslimische Autoren erlebten. Eine der Schwierigkeiten besteht darin, daß Abū-Ḥanīfa, von dem die ḥanafitische Rechtsschule oder *maḏhab* ihren Namen ableitet, zuweilen als Murǧi'it bezeichnet wird. Da es undenkbar ist, daß eine der sunnitischen Rechtsschulen nach einem Häretiker benannt worden sein sollte, streiten verschiedene Autoren späterer Zeit ab, daß er ein Murǧi'it war. Aš-Šahrastānī räumt ein, daß man ihn einen Murǧi'iten der Sunna nennen könnte. Aber seine Schwierigkeiten werden dadurch offenkundig, daß er die Murǧi'a schon in vier Gruppen unterteilt hatte: in die Ḫawāriǧ, die Qadariyya, die Ǧabriyya und die reinen Murǧi'a[4]. Wenn die Probleme gelöst

1 Muslim Creed, 38, 45; vgl. auch seinen Artikel „Murdji'a" in EI[1]; *Madelung* (Zaiditen, 228–241) folgt im großen und ganzen *Wensinck* und bringt hilfreiches zusätzliches Material.

2 Development of Muslim Theology, Jurisprudence and Constitutional Theory, New York 1903, 122–127.

3 Vorlesungen, 79–81.

4 Šahr., 104f.; vgl. Baġ., 190, wo die letzten drei Klassen (ungefähr) unterschieden werden.

werden sollen, muß zuerst unterschieden werden, auf welche Art und Weise verschiedene Kategorien von Autoren diesen Begriff verwenden.

b) Die ašʿaritisch-sunnitische Sichtweise

Es nimmt nicht wunder, daß die muslimische Auffassung, die der abendländischen Sicht am nächsten kommt, die ašʿaritische Auffassung ist. Und zwar deshalb, weil die führenden Häresiographen in späteren Zeiten Ašʿariten waren, und vor allem aš-Šahrastānī die abendländischen Gelehrten beeinflußte. Man muß die ašʿaritische Version spezifizieren, denn in bezug auf die Dinge, um die es in diesem Kapitel geht, unterschieden sich ihre Theologen-Kollegen, die Māturīditen, als Anhänger des Abū-Ḥanīfa, manchmal ebenso von ihnen wie auch die Ḥanbaliten. Al-Ašʿarī selbst berichtet nichts über die von den Murǧiʾiten vertretenen Anschauungen. Aš-Šahrastānī unterscheidet zwischen zwei Bedeutungen des Wortes *irǧāʾ*, des Verbalnomens, das dem Partizip Murǧiʾa entspricht: erstens ‚Aufschieben' oder ‚Zurückstellen' und zweitens ‚Hoffnunggeben'. Das erste trifft dann zu, wenn die Murǧiʾiten Handeln (*ʿamal*) hinter Absicht und Zustimmung (zu Doktrinen – *ʿaqd*) zurückstellen, und das zweite findet sich, wenn sie behaupten, „wo der Glaube ist, richtet die Sünde keinen Schaden an". Ferner behauptet er, daß *irǧāʾ* auch das Aufschieben einer Entscheidung über den großen Sünder bis zur Auferstehung bedeuten könne sowie das Zurücksetzen ʿAlīs vom ersten Platz (in der Nachfolge Mohammeds) auf den vierten. Al-Baġdādī scheint *irǧāʾ* in erster Linie im Sinne von ‚Zurückstellen' von Taten hinter den „Glauben" zu verstehen[5].

c) Die Muʿtaziliten

Eine eindeutige Aussage zum muʿtazilitischen Standpunkt nimmt al-Ḫayyāṭ vor. Sie hängt mit der muʿtazilitischen Auffassung von *al-manzila bayn al-manzilatayn* zusammen. Während die Ḫāriǧiten sagen, der große Sünder sei ein Ungläubiger *(kāfir)* und al-Ḥasan al-Baṣrī meint, er sei ein Heuchler *(munāfiq)* und die Murǧiʾiten glauben, er sei ein Gläubiger *(muʾmin)*, behaupten die Muʿtaziliten, er sei weder das eine noch das andere, sondern nehme eine Zwischenstellung ein[6]. Das ist vielleicht eine etwas unfaire Charakterisierung jener, die das Urteil über große Sünder aufschoben, da sie ja nicht behaupteten, diese seien Gläubige, sondern nur, daß sie in dieser Welt als Gläubige behandelt werden sollten. Aber andererseits glaubten viele von denjenigen, die das Urteil aufschoben, indem sie auch die Taten hinter den Glauben zurückstellten, weiterhin, daß große Sünder Gläubige seien, ja sogar, daß diese letzten Endes in den Himmel eingehen

5 Šahr., 103; Baġ., 190f.
6 al-Ḫayyāṭ, 164–168.

würden. Wie dem auch sei, was von den Muʿtaziliten hervorgehoben wurde, war, daß diejenigen, die sie Murǧiʾiten nannten, den großen Sünder für einen Gläubigen hielten. Nicht zuviel Gewicht darf der Aussage aš-Šahrastānīs beigemessen werden, die er zur Verteidigung Abū-Ḥanīfas gegen die Anschuldigung macht, er sei ein Murǧiʾit, nämlich, daß die Muʿtazila und die ḫāriǧitische Sekte der Waʿīdiyya diesen Namen jenen gaben, die sich ihnen in ihrem Qadarismus widersetzten. Dies stimmt mit den frühen, uns nunmehr zugänglichen Texten nicht überein.

d) Die Šīʿa

Ein wichtiger früher schiitischer (imāmitischer) Text ist das Buch der Sekten, das an-Nawbaḫtī zugeschrieben wird. Darin findet sich ein Passus, in dem festgestellt wird, daß es vier grundlegende Sekten der Gemeinschaft gibt: die Šīʿa, die Muʿtazila, die Murǧiʾa und die Ḫawāriǧ. Das scheint plausibel zu sein, bis man bemerkt, daß die Sunniten nicht erwähnt werden, und des weiteren, daß der Autor sich selbst ja nicht für einen Sunniten gehalten haben kann. Daraus folgt, daß jene, die in der Regel Sunniten genannt werden, irgendwo unter den vier erwähnten Gruppen eingeordnet werden müssen. Es ist denkbar, daß Menschen, die man gewöhnlich für Sunniten hielt, die aber ʿAlī gewogen waren (wie z. B. Aḥmad ibn-Ḥanbal), den Šīʿa zugerechnet worden sein können. Aber sonst wären ja die meisten Sunniten den Murǧiʾa zugeordnet worden. Diese Folgerung wird durch eine andere Feststellung im gleichen Buch bestätigt, wo es von den Murǧiʾa heißt, sie hätten vier Untersekten: (1) die Ǧahmiyya, die Anhänger des Ǧahm ibn-Ṣafwān, (2) die Ġaylāniyya, die Anhänger des Ġaylān ibn-Marwān, (3) die Māṣiriyya, die Anhänger des ʿAmr ibn-Qays al-Māṣir, zu denen auch Abū-Ḥanīfa gehörte, (4) die Šukkāk oder Batriyya, die Aṣḥāb al-Ḥadīṯ, denen Sufyān aṯ-Ṯawrī, Šarīk, Ibn-Abī-Laylā, aš-Šāfiʿī und Mālik ibn-Anās angehörten und die auch als die Ḥašwiyya bekannt sind. Zuvor hatte der Autor gesagt, „sie werden die Murǧiʾa genannt, weil sie sich mit beiden widerstreitenden Seiten zusammentun und alle Leute der Qibla aufgrund ihres öffentlichen Glaubensbekenntnisses für Gläubige halten und weil sie hoffen, daß sie alle Vergebung erlangen werden“[7].

Aus all dem scheint sich zu ergeben, daß für an-Nawbaḫtī der charakteristische Zug des Murǧiʾiten darin besteht, daß dieser ʿAlī nicht über ʿUṯmān stellt. Das wird an einer Stelle bei Ibn-Saʿd impliziert: Dort berichtet er von einem gewissen Muḥārib ibn-Diṯār (der um 734 starb), er habe „zu den ersten Murǧiʾa [gehört], die ʿAlī und ʿUṯmān ‚zurückstellten' und die für (ihren) Glauben oder Unglauben kein Zeugnis ablegten“[8]. Die natürliche Schlußfolgerung daraus wäre, daß jeder,

7 Nawb., 15,6f., u. a. In al-Ḫayyāṭ, 139, erwähnt der Schiit Ibn-ar-Rāwandī die vier Sekten zusammen mit den Aṣḥāb al-ḥadīṯ.

8 Ibn-Saʿd, vi. 214.

der ʿAlī über ʿUṯmān stellt, in das andere Lager gehört. Ein Beispiel für diese antimurǧiʾitische Position ist Ibrāhīm an-Naḫaʿī, von dem Ibn-Saʿd berichtete, daß er die Murǧiʾa nicht leiden konnte und sie für schlimmer hielt als die Azraqiten und die Leute des Buches, und ferner, daß er ʿAlī lieber mochte als ʿUṯmān, aber über ʿUṯmān nicht schlecht reden wollte. Seine Bemerkung, er sei weder Sabaʾit noch Murǧiʾit, ist also in dem Sinne gemeint, daß er eine hohe Meinung von ʿAlī hatte, ohne ihm irgendwelche übernatürlichen Kräfte zuzuschreiben, und daß er ʿUṯmān zwar niedriger einordnete, ihn aber weder verurteilte (wie die Ḫāriǧiten) noch die Entscheidung über ihn „aufschob"[9]. Ibn-Saʿd scheint den Namen Šīʿa nicht auf eine Position wie die des Ibrāhīm anzuwenden, aber er erwähnt sechs Brüder in Kufa, von denen zwei Schiiten *(yatašayyaʿān)* und zwei Murǧiʾiten waren, während zwei die Doktrinen der Ḫāriǧiten vertraten[10]. Und daher darf man annehmen, daß dies die drei Gruppen waren, in die die Leute von Kufa sich aufteilten.

Nicht ohne Bedeutung ist, daß von achtzehn Personen, die von Ibn-Saʿd als Murǧiʾiten bezeichnet werden, elf aus Kufa sind. Von den anderen war einer aus Medina (al-Ḥasan ibn-Muḥammad ibn-al-Ḥanafiyya), einer aus Mekka, einer aus Basra, einer aus al-Madāʾin sowie drei aus Chorasan[11]. Daraus scheint zu folgen, daß die Murǧiʾa besonders mit den Disputen zu tun hatten, zu denen es innerhalb der Muslimgemeinde in Kufa kam. Kufa war immer eine Hochburg von Menschen gewesen, die in gewisser Hinsicht Gefolgsleute ʿAlīs waren, und es würde nicht verwundern, wenn eine Opposition gegen eine derartige Parteigängerschaft sich ebenfalls in Kufa herausbildete. Man mag auch noch weitergehen und sich fragen, ob Ibn-Saʿd nicht in gewisser Hinsicht schiitische Sympathien hegte. Zu den Lehrern seines älteren Kollegen und Freundes al-Wāqidī (gest. 823) hatte Sufyān aṯ-Ṯawrī gehört, einer der führenden Antimurǧiʾiten in Kufa (im üblichen Sinne), und Ibn-Saʿd selbst war ein Klient eines Angehörigen der ʿAbbāsidenfamilie[12]. Es ist also möglich, daß er selbst Ansichten vertrat, die denen des Ibrāhīm an-Naḫaʿī ähnelten.

Ibn-Qutayba hat vielleicht auch mit dieser Position sympathisiert. Er unterscheidet klar zwischen Rāfiḍiten und Šīʿa: Für ihn sind die Rāfiḍiten jene, die die ersten drei Kalifen auf irgendeine Weise ablehnen, während die Šīʿa jene zu sein scheinen, die über diese Kalifen zwar nicht schlecht reden, doch ʿAlī mehr schätzen[13]. Seine Liste der Šīʿa umfaßt aber einige der Männer, die an-Nawbaḫtī den Murǧiʾa zurechnete, nämlich Sufyān aṯ-Ṯawrī und Šarīk. Sie enthält auch

9 Ibn-Saʿd, vi. 191f.
10 Ibn-Saʿd, vi. 204.
11 Hinweise: vi. 204, 205, 214, 232, 236(2), 252, 253, 263, 273; v. 67, 362; vii/1.166; vii/2.66, 105, 106, 109.
12 Ibn-Ḫallikān, iii. 61–64, 64f.
13 *Lecomte*, Ibn Qutayba (Anm. 106 in Kapitel 4), 315–318; vgl. Ibn-Qutayba, Maʿārif, 300f., erwähnt Sektenteile der Rāfiḍa, dann führt er eine Liste der Šīʿa an.

viele geachtete Namen aus den Reihen der Gelehrten von Kufa, wie z. B. Ibrāhīm an-Naḫaʿī, al-Aʿmaš und Wakīʿ, sowie Šuʿba aus Basra.

e) Die Ḥanbaliten

Ein Hinweis auf eine frühe ḥanbalitische Kritik an den Murǧi'iten wird hier angebracht sein, denn der Ašʿarismus entwickelte sich aus der ḥanbalitischen Form des Sunnismus (wenn dieser Begriff für das neunte Jahrhundert überhaupt benutzt werden darf). Die kritischen Urteile finden sich in dem Appendix zu jenem Dokument, das von Henri Laoust *ʿAqīda I* genannt wurde, und das aus Material besteht, das Aḥmad ibn-Ḥanbal selbst zugeschrieben wird und mit Sicherheit aus früher Zeit stammt. Die Thesen, die zu verurteilen sind, lauten: daß Glaube Wort *(qawl)* ohne Taten sei; daß der Glaube eines Gläubigen keinen höheren Grad habe als der eines anderen, und daß der Glaube nicht zu- oder abnehme, und daß es keine Ungewißheit über den Glauben gebe (d. h. daß es unrichtig sei zu sagen: „Ich bin gläubig *[mu'min]*, so Gott will")[14]. Wir werden gleich sehen, wie diese Punkte sich aus den Diskussionen herauskristallisierten.

f) Die Ḫāriǧiten

Aḥmad ibn-Ḥanbal klagte auch darüber, daß er und seine Freunde von den Ḫāriǧiten Murǧi'a genannt wurden. Es ist leicht zu sehen, wie es dazu gekommen war. Die Ḫāriǧiten glaubten, daß ʿUṯmān ein großer Sünder war, während es ein Merkmal des Murǧi'ismus war, die Entscheidung über ihn „zurückzustellen" und ihn praktisch als einen Gläubigen zu betrachten.

2. Die Rekonstruktion der Entwicklung

Nach dieser Übersicht über die unterschiedliche Art und Weise, wie der Name Murǧi'a angewendet wurde, kann man eine Rekonstruktion des Verlaufs der Entwicklung versuchen, um aufzuzeigen, wie die verschiedenen Verwendungsweisen des Wortes miteinander zusammenhängen. Der offensichtliche Ausgangspunkt ist ein Koranvers, von dem bislang noch nicht die Rede war.

a) Die koranische Grundlage

Muslimische Gelehrte gehen im allgemeinen davon aus – und diese Ansicht scheint gerechtfertigt zu sein –, daß der Begriff Murǧi'a von der Koranphrase

14 *Laoust*, Profession, 48 Anm., faßt Ibn-Abī-Yaʿlā zusammen, i. 31.23–32.4; für den folgenden Punkt vgl. Ibn-Abī-Yaʿlā, i. 36.6.

„und mit anderen wird zugewartet, bis Gott über sie entscheidet" (9.106) abgeleitet ist. Das mit „zugewartet" übersetzte Wort ist entweder *murǧawna* oder *murǧa'ūna*, aber die Kommentatoren (z. B. aṭ-Ṭabarī) glauben, daß die Bedeutung dieser beiden Wörter identisch sei und daß sie von *arǧa'a*, ‚zurückstellen', ‚später setzen', komme. Das Verbalnomen *irǧā'* wird, zumindest seit der Zeit Ibn-Sa'ds, in der Bedeutung von ‚der Glaube der Murǧi'a' verwendet; aber *irǧā'* kann auch das Verbalnomen von *arǧā*, ‚Hoffnunggeben', sein. Der betreffende Vers soll sich auf drei Männer beziehen, die dem Feldzug nach Tabūk 631 fernblieben und die daraufhin auf Mohammeds Geheiß von den Muslimen gesellschaftlich geschnitten wurden. Obwohl die Männer zugaben, daß sie im Unrecht waren, wollte Mohammed ihnen nicht vergeben; vielmehr sagte er, er müsse auf eine Offenbarung dessen warten, was Gott befehle, d. h. auf die Entscheidung Gottes darüber, ob sie weiter zu bestrafen seien oder nicht. Der Vers 118 wurde später geoffenbart, und ihnen wurde verziehen. Es gibt keine genaue Parallele zwischen den Verhältnissen von 631 und jenen späterer Zeiten, aber der Vers bringt klar die Idee zum Ausdruck, daß der Mensch in einigen Fällen nicht über eine Frage von Schuld oder Unschuld entscheiden solle.

b) Al-Ḥasan ibn-Muḥammad ibn-al-Ḥanafiyya

Aš-Šahrastānī erwähnte einen Bericht, dem zufolge al-Ḥasan ibn-Muḥammad ibn-al-Ḥanafiyya als erster *irǧā'* übernommen habe, doch das von ihm benutzte Wort *(qīla)* weist darauf hin, daß er dem Bericht keinen Glauben schenkte[15]. Erst seit kurzem widmen westliche Wissenschaftler diesem große Aufmerksamkeit. Die Position ist aber durch Wilferd Madelungs Diskussion von al-Ḥasans Ansichten modifiziert worden, ebenso wie durch die Veröffentlichung des Textes des *Kitāb al-irǧā'* durch Josef van Ess und seine Argumentation für dessen Authentizität[16]. Das Werk ist eigentlich nichts anderes als ein kurzer Brief, der von einem Klienten al-Ḥasans öffentlich verlesen werden sollte. In der ersten Hälfte wird die Heilsgeschichte resümiert, und dann wendet er sich, wie van Ess es ausdrückt, „den aktuellen Problemen" zu. Die Probleme ergaben sich aus den Nachwirkungen des Bürgerkrieges. Wahrscheinlich wurde der Brief kurz nach der Niederlage und dem Tod 'Abdallāh ibn-az-Zubayrs 692 geschrieben, nach ungefähr zwölf Jahren inneren Zwistes. Al-Ḥasan soll versucht haben, sich dem schiitischen General, al-Muḫtār, anzuschließen, soll aber erst nach dem Tod des letzteren im Jahr 687 in Kufa eingetroffen sein. Er schloß sich jedoch einigen Anhängern al-Muḫtārs in Nisibis an und wurde von zubayridischen Truppen gefangengenommen. Es gelang ihm aber zu entkommen. Lange zuvor hatte er sich – möglicher-

15 Šahr., 106 (i. 228).
16 *Madelung*, Zaiditen, 228–232; *van Ess*, Das Kitāb al-irǧā' des Ḥasan b. Muḥammad b. al-Ḥanafiyya, Arabica, xxi (1974). 20–52; xxii (1975). 48–51.

weise aus finanziellen Gründen – zusammen mit seinem Vater und anderen Familienmitgliedern mit den Umayyaden ausgesöhnt. Al-Ḥasan scheint aber nach den langen Kriegsjahren auch wirklich um die Einheit und Aussöhnung unter den Muslimen besorgt gewesen zu sein. Kern seiner Aussage ist, daß „wir" – außer an Gott und den Koran zu glauben – Abū-Bakr und ʿUmar als Imame gutheißen, da die Muslime sich ihretwegen nicht zerstritten und nicht bekämpft haben, und wir „vertagen" *(nurǧī)* die ersten Protagonisten der Spaltung *(ahl al-furqa al-uwal)* und bilden uns kein Urteil über sie. Er erklärt *irǧāʾ* weiter, indem er auf Moses' Erwiderung auf eine Frage des Pharao über „die früheren Generationen" Bezug nimmt: „Über sie weiß mein Herr Bescheid" (Koran 20.51 f.). Da nur Gott über sie Bescheid weiß – so wird impliziert –, können die Menschen nicht über sie urteilen, sondern müssen das Gott, beim Jüngsten Gericht, überlassen[17]. Dann folgen kritische Bemerkungen über eine Sekte, die hier Saba'iyya genannt wird, und die, der Darstellung ihrer Auffassungen nach, mit den Kaysāniyya (den Anhängern al-Muḫtārs) entweder identisch ist oder ihnen sehr ähnelt.

Die politische Relevanz der Sache besteht darin, daß jede der drei in den Bürgerkrieg verwickelten Parteien – die Schiiten, die al-Mūḫtār folgten, die Zubayriden und die Umayyaden – mit Persönlichkeiten des früheren Bürgerkrieges von 656–661 verbunden war, nämlich mit ʿAlī, az-Zubayr (nebst Ṭalḥa) und ʿUṯmān. So konnten zeitgenössische Spannungen durch Auseinandersetzungen über die Vergangenheit verschärft werden. Wenn solche Auseinandersetzungen „zurückgestellt" würden, schienen die Aussichten auf Eintracht sich zu vergrößern. Die mit *irǧāʾ* umschriebene Position war auch in diesem Zusammenhang insofern pro-umayyadisch, als sie den Bürgerkrieg mißbilligte, selbst wenn sie ʿUṯmān „zurücksetzte". Daß für die Kritik die Saba'iyya herausgegriffen wurden, liegt fraglos daran, daß die schiitisch geprägte Gefühlshaltung weiterlebte, während die prozubayridische Haltung wahrscheinlich geschwunden war. Man sieht also, daß die *irǧāʾ*-Doktrin zur Situation nach 692 paßte, als ʿAbd-al-Malik versuchte, dem Reich eine gewisse Einheit zurückzugeben, und es ist von großer Bedeutung, daß wir dieses Dokument mit seiner ziemlich sicheren Datierung besitzen. Doch es gibt nach wie vor Rätsel. So können wir nicht sicher sein, daß al-Ḥasan ibn-Muḥammad ibn-al-Ḥanafiyya der erste war, der auf diese Weise von *irǧāʾ* dachte[18], obwohl sein Brief fast mit Sicherheit einen Beitrag zur Verbreitung der Idee leistete. Und wir wissen auch nicht im einzelnen, wie die von den Häresiographen beschriebenen Entwicklungen mit al-Ḥasan zusammenhängen. Als Gelehrter war er sehr berühmt, und die Namen einiger Schüler sind bekannt,

17 *Van Ess*, Arabica, xxi (1974), 23.

18 Der erste, der den Begriff Murǧi'a benutzt haben soll, ist der Ḫāriǧite Nāfiʿ ibn-al-Azraq (Maḥmūd Ismāʿīl, Al-Ḥarakāt as-sirriyya – mehr Einzelheiten sind nicht erhältlich).

einschließlich einiger weniger, die mit Kufa in Verbindung standen[19]. Wenn die Murǧi'iten überhaupt eine Sekte sind, so wurden sie in Kufa dazu. Man darf auch festhalten, daß al-Ḥasan die Ḫāriǧiten nicht ausdrücklich kritisiert.

c) Das Zurückstellen eines Urteils über ʿAlī und ʿUṯmān

Etwa im letzten halben Jahrhundert der Umayyaden wurde der Begriff *irǧāʾ* anscheinend am häufigsten im Hinblick auf die Entscheidung über ʿAlī und ʿUṯmān verwendet. Dies ist in der oben zitierten Aussage Ibn-Saʿds impliziert, wonach „die frühen Murǧi'a" (die Entscheidung über) ʿAlī und ʿUṯmān „zurückstellten" und kein Zeugnis für (ihren) Glauben oder Unglauben ablegten. Er bezog sich vermutlich darauf, ob der betreffende Mensch als Gläubiger dem Himmel oder als Ungläubiger der Hölle zugewiesen würde. Auf einer diesseitigen Ebene impliziert „Zurückstellen" eine Ablehnung der ḫāriǧitischen Behauptung, ʿUṯmān sei ein Ungläubiger und deshalb aus der Gemeinschaft ausgeschlossen gewesen. Einige Ḫāriǧiten hatten eine Zeitlang auch ʿAlī für einen Ungläubigen gehalten und gegen ihn gekämpft. Es gibt Belege dafür, daß es zur Zeit des Aufstandes des Yazīd ibn-al-Muhallab (720) zwischen Gruppen von Ḫāriǧiten und Murǧi'iten eine Opposition gegeben hat[20].

Ein Gedicht des Ṯābit Quṭna (gest. 728), der von Yazīd ibn-al-Muhallab mit der Kontrolle über eine der Regionen Chorasans beauftragt worden war, als dieser dort Gouverneur war, illustriert, wie allmählich andere Punkte mit dem Begriff *irǧāʾ* assoziiert wurden[21]. Das Gedicht ist stellenweise schwierig zu übersetzen und interpretieren, aber in bezug auf die Doktrin scheinen folgende Aussagen klar zu sein: (a) wir stellen (Entscheidungen in) zweifelhafte(n) Angelegenheiten zurück; (b) alle Muslime folgen dem Islam *(al-muslimūn ʿalā l-islām kullu-hum)* – was wahrscheinlich heißt, daß alle, die sich Muslime nennen, wirklich Muslime sind; (c) keine Sünde kann so groß werden wie *širk* (Götzendienerei), solange die Menschen Gottes Einheit bekennen; (d) wir vergießen (muslimisches?) Blut nur zur Selbstverteidigung; (e) derjenige, der in dieser Welt Gott fürchtet, erhält die Belohnung für seine Frömmigkeit am Jüngsten Tag; (f) etwas von Gott Bestimmtes kann nicht umgekehrt werden, und was er bestimmt *(qaḍā)*, ist richtig *(rušd)*; (g) jeder Ḫāriǧit irrt sich in seiner Meinung, selbst wenn er aufrichtig und gottesfürchtig ist; (h) ʿAlī und ʿUṯmān sind zwei Diener Gottes, die ihm keine (Gottheit) beigesellten; sie werden gemäß ihrem Streben, das Gott bekannt ist, belohnt werden; aber kein Vers wurde geoffenbart, (der über ihre Verdienste entscheidet).

19 *Van Ess*, Anfänge, 10.
20 *Wellhausen*, Das arabische Reich, Kap. 6, § 1; Ṭabarī, ii. 1399, u. a.
21 Ibn-Qutayba, Šiʿr, Leiden 1904, 400f. Das Gedicht findet sich in Aġānī, xiii. 52, und wird erörtert von *G. van Vloten*, „Irdjā", ZDMG, xl (1891), 161–171; insbes. 162f.; *Wellhausen*, Das arabische Reich, Kap. 6, § 1; *Tritton*, Muslim Theology, 45.

Dieses Material zeigt, daß die frühe Murǧi'a sowohl ʿAlī als auch ʿUṯmān als rechtmäßige Herrscher der Gemeinschaft akzeptierten und sich weigerten, beide ihrer Sünden wegen abzulehnen. Sie weigerten sich wahrscheinlich auch, über die jeweiligen Verdienste der beiden Männer zu urteilen. In all dem kommt eine Sorge um die Einheit der Gemeinschaft zum Ausdruck sowie die Weigerung, die ḫāriǧitische These zu akzeptieren, wonach der große Sünder durch seine Sünde aus der Gemeinschaft ausgeschlossen werde. Diesem Gedicht zufolge hört ein Mensch nur aufgrund von *širk* auf, ein Muslim zu sein, also aufgrund von Götzendienerei oder genauer gesagt, aufgrund der Tatsache, daß er Gott in dem Gottesdienst, der ihm allein gebührt, andere Wesen beigesellt. Die Behauptung (f) scheint gegen die Qadariten gerichtet zu sein.

Die politischen Einstellungen der Murǧi'a sind nicht ganz klar. Ein Gelehrter aus Kufa (gest. 746) behauptete, daß „die Murǧi'a der Religion ihrer Könige folgten", und der Kalif al-Ma'mūn (813–833) soll etwas Ähnliches gesagt haben[22]. Das stimmt damit überein, daß sie jeden Kalifen, der nicht des *širk* schuldig war, anerkannten, sowie mit der Behauptung (d), daß kein Blut vergossen wurde. Andererseits nahmen einige Personen, von denen es heißt, sie seien Murǧi'iten, am Aufstand des Ibn-al-Ašʿaṯ (701–704) teil[23]. Ġaylān ad-Dimašqī, der sowohl als Murǧi'it als auch als Qadarit angesehen wird, stand im Verdacht einer Verschwörung gegen die Regierung. Zur Zeit des Muhallabidenaufstandes 720 standen Murǧi'iten unter Waffen, und al-Ḥāriṯ ibn-Surayǧ, der in den letzten Jahren der Umayyadenherrschaft einen Aufstand an den nordöstlichen Grenzen anführte, tat das auf der Grundlage einer murǧi'itischen Doktrin[24]. Die Murǧi'a waren also nicht immer hundertprozentige Anhänger der Umayyaden.

Das „Zurückstellen" eines Urteils über ʿAlī und ʿUṯmān ist, wenn es von Menschen, die mehr als ein halbes Jahrhundert später lebten, mit Bedacht übernommen wurde, selbst Kennzeichen einer politischen Einstellung. Insofern, als es die ḫāriǧitische Behauptung, ʿUṯmān sei zu Recht getötet worden, ablehnt, impliziert es, daß die Herrscher der Umayyadendynastie als Erben ʿUṯmāns rechtmäßig waren. Die Bedeutung ihrer Ansichten über ʿAlī sind bis ungefähr 740 nicht so ganz klar, außer daß sie keine Unterstützung für die Versuche al-Ḥasans, al-Ḥusayns und anderer enthalten, das Kalifat zu gewinnen. Als die ʿAbbāsiden mit ihrer Bewerbung um das Kalifat auf der Grundlage begannen, daß dieses auf den Hāšim-Klan und eigentlich auf ihre eigene Linie beschränkt sei, da stand die murǧi'itische Theorie dem entgegen. Das heißt, sie wollten nicht zustimmen, daß der Anspruch der ʿAbbāsiden auf das Kalifat mehr Gewicht habe als der der

22 Ruqaba b. Maṣqala in *Laoust*, Profession, 67; vgl. *Massignon*, Essai, 170, wo er Schüler eines Mannes ist, der 767/150 starb.

23 Z. B. Ḏarr b. ʿAbd-Allāh al-Hamdānī (gest. 701/82; Ibn-Saʿd, vi. 205; Šahr., 108; Ibn-Ḥaǧar, Tahḏīb, iii. 218; Ibn-Qutayba, Maʿārif, 301). Saʿīd b. Ǧubayr (gest. 713/95; Murǧi'ite nur in Šahr., 108; vgl. Ibn-Saʿd, vii/1.166; Ibn-Qutayba, Maʿārif, 227).

24 Siehe 144.

Umayyaden. Aber nachdem die ʿAbbāsiden die Kontrolle über das Reich erlangt und die Umayyadenfamilie ausgeschaltet hatten, hatten die Murǧiʾiten keine Gründe, sie nicht zu akzeptieren. Im allgemeinen galt ihre Hauptsorge der Bewahrung der Einheit der Muslim-Gemeinschaft.

d) Das „Zurücksetzen" von ʿAlī an die vierte Stelle

Auch wenn der eben erörterte Punkt auf etwas Bestimmtes Bezug nimmt, so entspricht er doch aš-Šahrastānīs dritter Anwendung von *irǧāʾ*, nämlich der im Sinne von ‚Zurückstellen' der Entscheidung über den großen Sünder bis zur Auferstehung. Seine vierte Möglichkeit, den Begriff zu verwenden, war, ʿAlī von der ersten Stelle nach Mohammed auf die vierte herabzusetzen. Wie nachher zu sehen sein wird, kristallisierte sich die sunnitische Standardmeinung heraus, die dahinging, daß die chronologische Reihenfolge der ersten vier Kalifen auch die Reihenfolge der Vorzüglichkeit war. Aber es ist nicht klar, inwiefern diese Meinung in der ersten Hälfte des achten Jahrhunderts akzeptiert wurde. Die meisten Gelehrten in der allgemeinen religiösen Bewegung hätten Abū-Bakr und ʿUmar an die erste bzw. zweite Stelle placiert. Die Zayditen (von denen später die Rede sein wird) glaubten, ʿAlī sei der Reihenfolge der Vorzüglichkeit nach der erste, behaupteten aber, er habe sich mit dem „Imamat des Geringeren" *(imāmat al-mafḍūl)*, d.h. Abū-Bakrs und der anderen, abgefunden. In der ersten Hälfte des achten Jahrhunderts war die Position ʿUṯmāns nicht klar; denn sie war manchmal mit kritischen Urteilen über die Umayyadendynastie verbunden. Aus diesem Grunde scheint es unwahrscheinlich, daß *irǧāʾ* zu dieser Zeit die Herabstufung ʿAlīs auf die vierte Stelle konnotierte. Jene Konnotation bzw. Sprachverwendung wurde erst dann bedeutsam, als die spätere sunnitische Auffassung weitgehend akzeptiert worden war.

e) Die Einschätzung des großen Sünders als Gläubigen

Das „Zurückstellen" des Urteils über den großen Sünder hat natürlich die Meinung zur Folge, daß es sich um einen Gläubigen handele. Daß er wie ein Gläubiger *behandelt* werden sollte, ist die erste Konsequenz des „Zurückstellens"; aber bei den alten Arabern gab es eine Neigung zum gemeinschaftsorientierten Denken. Das heißt, man hielt „die Gläubigen" in erster Linie für eine soziale Einheit. Der Begriff „Glaube" war für diejenigen, die so dachten, nebensächlich und leitete sich vom Begriff der sozialen Einheit her. „Glaube" oder *īmān* war einfach das, was einen Menschen zu einem Mitglied dieser Gruppe von „Gläubigen" oder *muʾminūn* machte. Ähnlich konnte *irǧāʾ* einen Hinweis darauf geben, was einen Menschen zu einem Mitglied der Murǧiʾa machte, ebenso wie aus *iʿtizāl* hervorging, was ihn zu einem der Muʿtazila machte. Für jene nun, die die Entscheidung „zurückstellten", war der große Sünder ein Mitglied der sozialen

Einheit, und sie mußten sich dann dem Problem stellen, *īmān* so zu definieren, daß er dem entsprach, was aus einem Menschen ein Mitglied dieser sozialen Einheit machte. All das steht im Gegensatz zur modernen europäischen Auffassung, für die der Begriff des Glaubens (oder *foi* bzw. *faith*) von primärer Bedeutung ist, und die erst auf dieser Grundlage zur Definition der Gemeinschaft kommt. Aus diesem Grund haben alle europäischen Übersetzungen von *īmān* irreführende Konnotationen. Das wird deutlich, wenn im nächsten Abschnitt muslimische Auffassungen ausführlich erläutert werden.

Da der große Sünder ein Mitglied der Gemeinschaft sein soll, müssen „Taten" von *īmān* ausgeschlossen werden, und deshalb wird dieser als intellektuelle Zustimmung zu bestimmten Doktrinen samt einem öffentlichen Bekenntnis dazu definiert. Der Opponent ist also bis zu einem gewissen Grad berechtigt zu sagen, daß die „Taten" hinter den *īmān* gestellt oder „zurückgesetzt" würden. Dies war eine der von aš-Šahrastānī erwähnten Verwendungen des Terminus. Eine andere seiner Bedeutungen, das Verleihen von Hoffnung, kommt über einen etwas anderen Weg aus derselben Gedankenrichtung. Mit der Zeit wurde weithin angenommen, daß jeder mit *īmān* – im Sinne der intellektuellen Zustimmung und des öffentlichen Bekenntnisses – fest auf das Paradies hoffen könne.

f) Die frühesten Murǧi'iten

Die frühesten Murǧi'iten waren im wesentlichen Leute, die die Einheit der islamischen Gemeinschaft bewahren wollten, und ein Ursprung von *irǧā'* scheint die Gegnerschaft zu den spalterischen Tendenzen der Ḫāriǧiten zu sein. Es überrascht nicht, daß solche Männer von den Ḫāriǧiten als unmoralisch kritisiert wurden, weil sie schwere Sünden auf die leichte Schulter zu nehmen schienen. Doch die meisten Muslime lehnten die ḫāriǧitische Auffassung vom großen Sünder ab. Sie meinten, daß er zwar bestraft, aber nicht aus der Gemeinschaft ausgeschlossen werden sollte, und wegen kleinerer Glaubensstreitigkeiten schlossen sie niemanden aus der Gemeinschaft aus.

Jede solche Darstellung der Anfänge des Murǧi'ismus unterläßt es aber, die Tatsache zu erklären, daß eine überwiegende Anzahl der Menschen, die von Ibn-Saʿd bzw. Ibn-Qutayba als Murǧi'iten bezeichnet werden, aus Kufa kamen[25]. Es

25 Folgende frühe Murǧi'iten sind aus Kufa: Ḏarr b. ʿAbd-Allāh und Saʿīd b. Ǧubayr (Anm. 23); Ibrāhīm b. Yazīd at-Taymī (gest. ca. 718/100); Muḥārib b. Diṯār (gest. 734/116); ʿAmr b. Murra (gest. ca. 735/117); Ḥammād b. Abī-Sulaymān (gest. 737/120); ʿAmr (ʿUmar) b. Qays al-Māṣir (gest. ca. 737/120); Mūsā b. Abī-Kaṯīr (gest. ca. 737/120); ʿAlqama b. Marṯad (gest. 737/120). Die einzigen anderen vergleichbaren Datums sind: Ṭalq b. Ḥabīb von Basra (gest. zwischen 708–718/90–100); al-Ḥasan b. Muḥammad b. al-Ḥanafiyya von Medina (gest. ca. 718/100); und Ḫāriǧa b. Muṣʿab aus Chorasan (gest. 737/120). In „Early Sunnite Doctrine concerning Faith as reflected in the Kitāb al-īmān of Abū-ʿUbayd al-Qāsim b. Sallām (died 224/839)" (Studia Islamica, xxxii [1970]. 233–254) spricht *Wilferd Madelung* vom Murǧi'ismus in Kufa

ist denkbar, daß unsere Quellen, insbesondere Ibn-Saʿd, voreingenommen sind, oder daß der Name in Kufa mehr als anderswo benutzt wurde. Doch in Basra gab es sicherlich Spannungen zwischen Ḫāriǧiten und denjenigen, die das vertraten, was *irǧāʾ* genannt werden könnte, und die muʿtazilitische Doktrin wird als ein Mittelding zwischen diesen beiden Gruppen dargestellt. Im großen und ganzen ist es wohl am wahrscheinlichsten, daß der *irǧāʾ* von Kufa sich ursprünglich von dem von Basra und anderer Orte unterschied. In Kufa gaben viele Menschen ʿAlī den Vorzug, und das mag impliziert haben, daß sie zur Rebellion gegen die Umayyaden neigten, wenn sich eine gute Gelegenheit dazu ergab. Andere Menschen sahen in dieser Einstellung eine potentielle Spaltung der Gemeinschaft und arbeiteten darauf hin, die Einheit zu bewahren. Der Gebrauch von *irǧāʾ* durch al-Ḥasan ibn-Muḥammad ibn-al-Ḥanafiyya mochte, zusammen mit seiner Kritik an den Anhängern ʿAlīs, für diese zuletzt genannte Gruppe in Kufa attraktiv erscheinen, und es wäre natürlich, wenn ihnen der Spitzname Murǧiʾiten gegeben würde. Dennoch – als Gegner der spalterischen Tendenzen sowohl der Schiiten als auch der Ḫāriǧiten – waren all diese frühen Murǧiʾiten Vorgänger der Sunniten und verdienen es, als solche anerkannt zu werden. Auf das weitere Problem, nämlich, wieso ein Teil des Murǧiʾismus mit der Zeit als häretisch galt, werden wir später eingehen.

3. Zugehörigkeit zur Gemeinschaft

a) Die ursprüngliche Grundlage der Mitgliedschaft

Zu Mohammeds Lebzeiten scheint es zweierlei Wege gegeben zu haben, die Mitgliedschaft in der islamischen Gemeinschaft zu erwerben, wobei die eine mehr auf Gruppen und die andere auf Einzelpersonen anwendbar war[26]. Die erste Methode wird im Koran illustriert, wo *ṣalāt* und *zakāt* häufig zusammen in Kontexten vorkommen, die suggerieren, daß diese die wesentlichen Kennzeichen der Zugehörigkeit zur Gemeinschaft seien[27]. Das Durchführen der *ṣalāt* oder des Gottesdienstes war normalerweise eine gemeinschaftliche Aktivität, und die Einsammler der *ṣadaqāt*, von denen in den Berichten über Mohammeds Administra-

(238f.) und nennt als Opponenten dort: al-Aʿmaš, Sufyān aṯ-Ṯawrī, al-Ḥasan b. Ṣāliḥ b. Ḥayy und Wakīʿ b. al-Ǧarrāḥ. Abū-ʿUbayd wurde von Aḥmad b. Ḥanbal bewundert, obwohl seine Auffassungen bei bestimmten Punkten abwichen. Vgl. *J. Merig Pessagno*, The Murjiʾa, Īmān und Abū ʿUbayd, JAOS, xcv (1975). 382–394; auch *M. Talbi*, Al-Irǧāʾ ou de la théologie du salut à Kairouan au IIIᵉ/IXᵉ siècle, Akten des VII. Kongresses für Arabistik und Islamwissenschaft (Hrsg. *A. Dietrich)*, Göttingen, 1976, 348–363.

26 Vgl. *Watt*, „Conditions of Membership of the Islamic Community", Studia Islamica, xxi (1964), 5–12.

27 Z. B. 2.277; 4.162/160; auch von den Juden in 2.43/40, 83/77.

tion die Rede ist, und die zu diesem Zeitpunkt wahrscheinlich mit dem zu tun hatten, was im Koran *zakāt* genannt wird, wurden zu Stämmen oder Stammesteilen geschickt[28]. Es scheint, daß in den Kriegen der *Ridda* oder Abtrünnigkeit unter dem Kalifat Abū-Bakrs der Akt, mit dem ein Stamm dem Kalifen in Medina sein Bündnis öffentlich aufkündigte, darin bestand, sich zu weigern, die üblichen Geldzahlungen an ihn zu senden. Es steht also praktisch fest, daß Mohammed an die Stämme oder Gruppen, die sich seinem Bündnis anschließen wollten, im Hinblick auf *ṣalāt* und *zakāt* bestimmte Forderungen richtete. Es gibt tatsächlich einige Beispiele aus späterer Zeit dafür, daß das öffentliche Abhalten des Gottesdienstes durch einen einzelnen Abtrünnigen als ein Beweis für die Aufgabe seiner Abtrünnigkeit galt. Das widerspricht aber nicht dem allgemeinen Grundsatz, wonach das Verrichten der *ṣalāt* eine gemeinschaftliche Pflicht war.

Die individualistischere Art und Weise, ein Mitglied der islamischen Gemeinschaft zu werden, bestand in der Wiederholung der *šahāda*, des Glaubensbekenntnisses: „Es gibt keine Gottheit außer Gott, Mohammed ist der Gesandte Gottes." Dies wird im Ḥadīṯ bezeugt. Einem heidnischen Araber, dessen Name auf der Liste von Personen stand, die bei der Eroberung von Mekka verurteilt wurden, gelang es, dadurch dem Tod zu entgehen, daß er sich insgeheim bei Mohammed einschlich und dann, ehe er festgenommen werden konnte, das Glaubensbekenntnis wiederholte[29]. Der genaue Wortlaut des ganzen Bekenntnisses findet sich nicht im Koran, obschon man sagen kann, es sei darin enthalten[30]. Die erste Hälfte jedoch kommt (einschließlich Varianten) viele Male vor, aber nicht als eine zu wiederholende Formel. Es ist gut möglich, daß zu Mohammeds Lebzeiten nur diese erste Hälfte verwendet wurde, da es in den meisten Fällen irgendeinen Akt oder eine Geste persönlicher Loyalität zu geben pflegte. Das Bedürfnis nach der ganzen Formel empfand man vielleicht erst um das Jahr 700, als viele *ḏimmī*, die an Gott, aber nicht an die Gesandtschaft Mohammeds geglaubt hatten, Muslime werden wollten. Und das ist alles, was das Material im Ḥadīṯ beweisen könnte, auch wenn es vielleicht ein paar authentische Erinnerungen an die Praxis vor 632 enthält.

In späteren Zeiten waren nur noch wenige Muslime Neubekehrte, da die Mehrheit in den Islam hineingeboren war, und aus diesem Grund gibt es auch mehr Diskussionen darüber, wie ein Mensch den Status eines *mu'min* oder *muslim* verliert, als darüber, wie er diesen erwirbt. Das letztere geschah in erster Linie durch öffentliches Bekenntnis zum Glauben. Der Verlust des Status zog schwerwiegende rechtliche Konsequenzen nach sich und wurde deshalb von den Rechtsgelehrten erörtert. Sie unterschieden zwischen *takfīr* und *tabdī*ʿ. Das letztere war die Erklärung, daß ein Mensch dann ein *mubtadi*ʿ sei, wenn er der *bid*ʿ*a*, wörtlich:

28 Vgl. *Watt*, Medina, 366–368.

29 *Watt*, Medina, 69; vgl. al-Buḫārī, Istitābat al-Murtaddīn (88).3 (iv. 330); *Wensinck*, Muslim Creed, 29f.

30 Vgl. *Wensinck*, Muslim Creed, 1–5.

'Neuerung', schuldig sei, was allerdings der „Häresie" gleichkam. Das erstere *(takfīr)* war die Erklärung eines Menschen zum *kāfir*, 'Ungläubiger', der des *kufr*, 'Unglauben', schuldig war. Unter Theologen und anderen gab es eine Neigung, Gegner mit derlei Bezichtigungen viel zu bereitwillig zu verfolgen, und al-Ġazālī schrieb ein kleines Buch, um darzulegen, wann eine *kufr*-Anklage gerechtfertigt sei[31]. Der hier zu beachtende Punkt ist, daß *kufr* mehr oder weniger das Gegenteil von *īmān* ist, und daß beide mehr der zweiten Art und Weise, ein Muslim zu werden, entsprachen als der ersten.

b) Der Unterschied zwischen *īmān* und *islām*

Genauso wie *īmān* gewöhnlich als das verstanden wurde, was einen Menschen zu einem *mu'min* machte, so konnte *islām* das sein, was einen Menschen zu einem *muslim* machte. Manchmal nahmen abendländische Gelehrte an, daß es zwischen dem *mu'min* und dem *muslim* einen graduellen Unterschied gebe. Sicherlich gab es einen gewissen Unterschied zwischen den beiden, aber eine sorgfältige Untersuchung zeigt, daß es sich nicht um einen graduellen Unterschied handelt.

Wir dürfen eine Meinungsäußerung von A. J. Wensinck näher betrachten[32]. Er behauptet, daß es ein Ḥadīṯ gebe, das „seeks to state that there is a difference between faith and acceptance of the official religion; that faith, though expressing itself in rites and duties, lies deeper than these". Hier scheinen fremde, europäische Konnotationen des Wortes „faith" eingeflossen zu sein. In dem Ḥadīṯ gibt Mohammed in Erwiderung auf entsprechende Fragen drei Definitionen: *īmān* ist Glaube an (*taṣdīq* – Für-Wahrhalten) Gott, seine Engel, seine Schrift, seine Begegnung (die Begegnung mit ihm am Jüngsten Tag), seine Apostel und die Auferstehung am Ende; *islām* ist Gott dienen, ohne ihm etwas beizugesellen, Verrichten der befohlenen *ṣalāt*, Zahlen der obligatorischen *zakāt* und Fasten während des Ramaḍān; *iḥsān* (Wohltun) ist Gott dienen, wie wenn er einem gegenüberstehe[33]. Zwar ist *islām* in diesem Ḥadīṯ eine Sache von „Riten und Pflichten", aber *īmān* scheint in erster Linie eine intellektuelle Zustimmung zu gewissen Doktrinen zu sein. Dasselbe ist die richtige Schlußfolgerung aus einer Aussage Mohammeds, die Wensinck nach Aḥmad ibn-Ḥanbal zitiert: „*islām* ist äußerlich (*ʿalāniyatan*), *īmān* im Herzen"[34]. Den Vorstellungen der alten Araber zufolge war das Herz der Sitz des Verstehens. In diesen beiden Ḥadīṯen gibt es einen Unterschied zwischen *īmān* und *islām*; dieser aber besteht nicht, wie Wensinck zu suggerieren scheint, zwischen der Tiefe der Überzeugung oder der inneren Erfahrung und einer bloß nach außen gerichteten und förmlichen Observanz.

31 Fayṣal at-tafriqa bayn al-Islam wa-z-zandaqa.
32 *Wensinck*, Muslim Creed, 23.
33 Muslim, Īmām (1), 1.
34 Musnad, iii, 134 unten.

Anderes Material aus etwa derselben Zeit führt zu etwas anderen Schlußfolgerungen. Der medinische Gelehrte az-Zuhrī (gest. 742) soll gesagt haben, *islām* beziehe sich auf das Wort *(kalima)* und *īmān* auf das Tun *(ʿamal)*[35]. Wahrscheinlich bezieht das „Wort" sich hier auf das Glaubensbekenntnis; denn an anderer Stelle wird *islām* als Wiederholung des Glaubensbekenntnisses definiert[36]. Es wäre verlockend, auf der Grundlage solcher Auffassungen anzunehmen, der große Sünder sei ein *muslim*, aber kein *muʾmin*. In der islamischen theologischen Literatur gibt es zahlreiche Diskussionen über den Unterschied zwischen *islām* und *īmān*[37], und von einigen könnte man sagen, sie kämen dem nahe, was soeben geäußert wurde. Letztlich aber stützt sich keine Form der Unterscheidung auf den Konsens der Theologen, und auch der Koran liefert keine Anhaltspunkte für die Annahme, daß *īmān* höher oder niedriger als *islām* sei. Die Hauptsorge der Theologen scheint darin zu bestehen aufzuzeigen, wie die wichtigsten Behauptungen über diese Dinge im Koran und im Ḥadīṯ mit ihren eigenen besonderen Ansichten in Einklang gebracht werden können.

Der vielleicht wichtigste Beleg aus dem Koran ist die Tatsache, daß Mohammeds Anhänger dort am häufigsten *muʾminūn* genannt werden. Einer Zählung zufolge, die auf Flügels *Concordantiae Corani Arabicae* beruht, kommt dieses Wort 179mal vor, während *muslimūn* 37mal erscheint. Erst im Jahr 634 übernahm ʿUmar den Kalifentitel *amīr al-muʾminīn*, ‚Befehlshaber (oder Fürst) der Gläubigen'. Andererseits gibt es einen Passus (49.14f.), der *islām* auf einer niedrigeren Stufe anzusiedeln scheint als *īmān*:

> Die Beduinen sagen, wir sind gläubig *(āmannā)*. Sag: ihr seid nicht (wirklich) gläubig *(lam tuʾminū)*: Sagt vielmehr: Wir haben den Islam angenommen *(aslamnā)*; (denn) der Glaube *(īmān)* ist euch noch nicht ins Herz eingegangen …
>
> (15) Die wahren Gläubigen *(muʾminūn)* sind diejenigen, die an Gott und seinen Gesandten glauben *(āmanū)*, und hierauf nicht (wieder unsicher werden und) Zweifel hegen, und die mit ihrem Vermögen und in eigener Person um Gottes willen Krieg führen …

Die Kommentatoren bemerken, daß *īmān* hier Handeln mit einschließt, und einige (wie aṭ-Ṭabarī) nehmen eine Unterscheidung vor, indem sie *aslamnā* (wie

35 In Ṭabarī, Tafsīr zu 49.14; vgl. al-Malaṭī, Tanbīh, 117.16; auch Abū-Ṭālib al-Makkī, Qūt al-qulūb, Kairo 1961/1381, ii. 270.

36 Aš., 293; übersetzt in *Mc Carthy*, Theology, 243, § 25.

37 Z.B. *Laoust*, Profession, 82 (vgl. 77f.); al-Bāqillānī, Tamhīd, Hrsg. *McCarthy*, Beirut, 1957, 346–348; al-Kalābāḏī, Taʿarruf (Übers. *Arberry*), Cambridge, 1935, Kap. 17; Abū-Ṭālib al-Makkī, Qūt, ii. 250–282 (Kap. 35); al-Ġazālī, Iḥyāʾ, Buch 2, Abschnitt 4; as-Subkī, Ṭabaqāt aš-Šāfiʿiyya al-kubrā, Kairo 1324/1906, i. 41–70. Das zitierte Ḥadīṯ wird offensichtlich erörtert von al-Ḥakīm at-Tirmiḏī in einem Werk mit dem Titel Šarḥ qawli-hi mā l-īmān wa-l-islām wa-l-iḥsān. Vgl. auch *Wilfred Cantwell Smith* in Historians of the Middle East, Hrsg. *B. Lewis* und *P. M. Holt*, London 1962, 484–502.

in der obigen Übersetzung) als äußerliches Bekenntnis zum Glauben interpretieren. Andere aber erkennen, daß eine derartige Unterscheidung nicht mit dem üblichen Sprachgebrauch des Koran übereinstimmt, und interpretieren *aslamnā* daher in der Bedeutung von *istaslamnā*, was wahrscheinlich mit „wir haben Frieden durch Unterwerfung gesucht" übersetzt werden sollte[38]. Einer der nachfolgenden Verse (49.17), der wahrscheinlich nicht Teil derselben Offenbarung war, scheint *īmān* und *islām* als untereinander austauschbare Begriffe zu verwenden.

> Sie rechnen es dir gegenüber als ihr Verdienst an, daß sie den Islam angenommen haben *(aslamū)*. Sag: Rechnet es euch mir gegenüber nicht als euer Verdienst an, den Islam *(islām)* angenommen zu haben! Nein, Gott ist es, der es sich euch gegenüber als sein Verdienst anrechnen kann, daß er euch zum Glauben *(īmān)* geführt hat.

Man kann diese Verse natürlich auch anders verstehen; aber wir haben genug angeführt, um darzulegen, daß es im Koran nicht – wie Wensinck meint – eindeutige Beweise für einen niveaubezogenen oder graduellen Unterschied gibt[39].

Aus diesen Erörterungen muß dann gefolgert werden, daß *īmān* und *islām* sich in der Bedeutung zwar etwas voneinander unterscheiden, daß dieser Unterschied aber nicht festgelegt und starr ist, sondern von Mal zu Mal variiert. Man wird sehen, daß *īmān* in den theologischen Auffassungen, die als nächstes zu betrachten sind, dem „Akzeptieren der offiziellen Religion" nahekommt.

c) Murǧi'itische und ḥanafitische Meinungen zu *īmān*

An dieser Stelle ist es angebracht, sich die Meinungen anzusehen, die al-Aš'arī in seinem Abschnitt über die Murǧi'a zusammengestellt hat[40]. Die Frage, weshalb sie als häretisch galten, heben wir für später auf. Vorläufig nehmen wir die merkwürdige Tatsache zur Kenntnis, daß viele dieser Murǧi'iten bedeutungslose Persönlichkeiten sind, die nur in den Berichten der Häresiographen über die Murǧi'iten auftauchen, während Abū-Ḥanīfa, der nicht als Häretiker betrachtet werden kann, die herausragende Ausnahme darstellt[41]. Ein weiterer Punkt ist,

38 Z.B. Qatāda, apud Ṭabarī: diese Interpretation würde mit der Ansicht al-Ḥasan al-Baṣrīs übereinstimmen, wonach der große Sünder nicht ein *mu'min*, sondern ein *munāfiq* ist. Az-Zamaḫšarī, Kaššāf (ad. loc. – iii. 127) definiert *islām* als „Eintreten in den Frieden und Verlassen eines Kriegszustandes".

39 Der obige Ansatz beruht auf der Diskussion des Themas in *Watt*, „The Conception of īmān in Islamic Theology", Isl., xliii (1967), 1–10, insbes. 8.

40 Aš., 132–154, insbes. 132–141.

41 Zu den unbedeutenden Persönlichkeiten gehören: Abū-l-Ḥusayn aṣ-Ṣāliḥī; Ṣāliḥ b. 'Amr aṣ-Ṣāliḥī; Yūnus b. 'Awn; Abū-Šimr; Abū-Ṯawbān; Muḥammad b. Šabīb; Abū-

daß es schwierig ist, in den Schriften der Häresiographen Diskussionen über dieselben Fragen zu finden, während ḥanafitische, ḥanbalitische und aš'aritische Theologen sie sich zu eigen machen. Deshalb wollen wir das heiße Eisen anpakken und Abū-Ḥanīfa und die Ḥanafiten in den Mittelpunkt unserer Untersuchung der Ansichten über *īmān* stellen. Die gegen ihn vorgebrachte Beschuldigung der Häresie wollen wir dabei als Auswuchs des *odium theologicum* und als nicht besonders ernstzunehmend ansehen.

In der Darstellung, die al-Aš'arī über Abū-Ḥanīfa (gest. 767) anfertigte, wird festgestellt, daß dieser glaubte, *īmān* sei die Erkenntnis Gottes *(ma'rifa)* zusammen mit seiner Anerkennung und die Erkenntnis des Gesandten (Mohammed) zusammen mit der Anerkennung der von ihm gebrachten Offenbarung, und diese sollte allgemein und ohne Interpretation *(tafsīr)* geschehen, wie durch ein Beispiel veranschaulicht wird. Ferner glaubte er – und das ist der Punkt, auf den wir später eingehen werden –, daß *īmān* unteilbar sei und nicht zu- oder abnehme[42]. Diese Darstellung wird durch ḥanafitische Dokumente des achten Jahrhunderts und aus späterer Zeit in etwa bestätigt.

Das älteste wird von Wensinck *Al-fiqh al-akbar I* genannt. Vielleicht sind darin die tatsächlichen Ansichten Abū-Ḥanīfas enthalten; es kann nicht allzu lange nach seinem Tod entstanden sein. In Artikel 5 wird das Grundprinzip von *irǧā'* erklärt: „Wir geben (die Entscheidung über) die Sache von 'Uṯmān und 'Alī an Gott zurück." Artikel 1 ist eine Ablehnung der wichtigsten ḫāriǧitischen Doktrin: „Wir erklären niemanden aufgrund von Sünde zum Ungläubigen *(nukaffiru)*, und wir schließen niemanden von *īmān* aus"[43]. Das ist keine Definition von *īmān*, sondern impliziert, daß Taten kein Teil von *īmān* sind. Artikel 9 ist folgenden Inhalts: „Wer auch immer sagt: ‚Ich weiß nicht, ob Gott im Himmel oder auf Erden ist', ist ein Ungläubiger." Das ist den in al-Aš'arīs Bericht von der „Interpretation" angeführten Beispielen nicht unähnlich. Abū-Ḥanīfa soll über den Mann befragt worden sein, der sagte: „Gott hat die Pilgerreise zur Ka'ba befohlen, aber ich weiß nicht, ob er diese Ka'ba an dieser Stelle meinte oder irgendeine andere." Er habe darauf erwidert: „Er ist ein *mu'min*." Die Ähnlichkeit in der Form zwischen diesen beiden Berichten und Artikel 9 bestätigt wohl, daß der Bericht echt ist, während der Unterschied darin besteht, daß es in Artikel 9 nicht um eine Frage der „Interpretation" geht. Zusammen betrachtet scheinen uns der Bericht und *Al-fiqh al-akbar I* unverfälschte Meinungen über die Position Abū-Ḥanīfas zu vermitteln.

Im Lauf der Entwicklung scheint als nächstes das *Glaubensbekenntnis* von aṭ-

Mu'āḏ at-Tūmanī; Gassān al-Kūfī; Muways. Die folgenden werden in anderen Zusammenhängen erwähnt: Ǧahm, an-Naǧǧār, Ġaylān, Bišr al-Marīsī, Ibn-Karrām.

42 Aš., 138f.

43 Der Text ist aufgenommen in al-Māturīdī, Šarḥ. Übersetzt von *Wensinck*, Muslim Creed, 103f. Seine Numerierung der Artikel ist übernommen, nicht aber seine Übersetzung.

Ṭaḥāwī zu kommen, der hauptsächlich in Ägypten lebte und 933 starb[44]. Chronologisch ist es vielleicht später einzuordnen als die *Waṣiyya* (die als nächste untersucht werden wird), doch sein konservativer Charakter bedeutet, daß es eine frühere Stufe in der Entwicklung verkörpert. Artikel 10 dieses Glaubensbekenntnisses wiederholt Artikel 1 des vorherigen: „Wir halten von den Leuten der Qibla niemanden aufgrund von Sünde für einen Ungläubigen, solange er sie (die Sünde) nicht für erlaubt hält." Artikel 11 schildert *īmān* ähnlich wie Abū-Ḥanīfa: Es ist „Bekenntnis *(iqrār)* mit der Zunge und Für-Wahr-Halten *(taṣdīq)* mit dem Herzen". Zum anderen findet sich in diesem Glaubensbekenntnis nichts über die „Sache von ʿUṯmān und ʿAlī", außer daß ʿUṯmān als dritter und ʿAlī als vierter der rechtgeleiteten Kalifen anerkannt werden (§ 24). Obwohl es heißt, *īmān* sei einer, wird nicht darüber gesagt, ob er zu- oder abnimmt.

Das Glaubensbekenntnis, das als die *Waṣiyya* oder Testament Abū-Ḥanīfas bekannt ist, kommt seinen Ansichten in vielen Punkten nahe, aber in seiner bestehenden Form enthält es Sätze, die einer Zeit nach den Diskussionen entstammen, zu denen die großen Muʿtaziliten den Anstoß gegeben haben; dabei ging es um solche Dinge wie die Analyse des menschlichen Handelns und die Geschaffenheit des Koran, und daher kann es kaum aus der Zeit vor 850 stammen[45]. Einige der Artikel enthalten einen kurzen, gewöhnlich dem Koran entnommenen Beleg für die verfochtene Doktrin. Artikel 4 hält die grundlegende antiḫariǧitische Position fest: „Die Sünder *(ʿāṣūn)* aus der Gemeinde Mohammeds sind alle Gläubige, nicht Ungläubige." Artikel 1 hat denselben Wortlaut wie Artikel 11 bei aṭ-Ṭaḥāwī: „*Īmān* ist Bekenntnis mit der Zunge und Für-Wahr-Halten mit dem Herzen." Im Hinblick auf die Kalifen wird nicht nur in Artikel 10 festgestellt, daß sie der Reihe nach anerkannt werden, sondern auch, daß die chronologische Reihenfolge die Reihenfolge der Vorzüglichkeit ist, und das impliziert, daß ʿUṯmān über ʿAlī steht.

Ein anderes ḥanafitisches Dokument ist das von Wensinck *Al-fiqh al-akbar II* genannte, das dieser in das zehnte Jahrhundert datiert[46]. Wensincks Argumente für dieses Datum werden dadurch hinfällig, daß er sich nicht des Gegensatzes zwischen ašʿaritischen und ḥanafitischen Doktrinen bewußt ist. Seine Bemerkung: „it would appear that we do not possess sufficient data to ascribe it to himself" (d. h. al-Ašʿarī) ist irreführend, weil es im Glaubensbekenntnis mehrere

44 Der Text wurde 1344 in Aleppo gedruckt. Die Numerierung der Artikel folgt etwa den Hinweisen in *Wensinck*, Muslim Creed. Es gibt eine Übersetzung von *E. E. Elder* in Macdonald Presentation Volume, 1933, 107–127. Vgl. GAS, i. 441 (No. 7).

45 Vgl. GAS, i. 416f. (No. iv); der verwendete Text ist der des Kommentars (2), Hyderabad 1321. Übersetzung in *Wensinck*, Muslim Creed, 124–131.

46 Text gedruckt zusammen mit Šarḥ von Abū-l-Muntahā al-Maǧnīsāwī, Hyderabad 1321. Übersetzung in *Wensinck*, Muslim Creed, 188–197.

Dinge gibt, die beweisen, daß es nicht von al-Ašʿarī stammt[47]. Die Unterscheidung zwischen essentiellen und aktiven Attributen (§ 2) läßt auf einen Zeitpunkt im späten zehnten Jahrhundert schließen. Der Vorrang von ʿUṯmān gegenüber ʿAlī wird akzeptiert (§ 10). Der Artikel über *īmān* (§ 18) ist kurz, wie wenn die Fragen, um die es geht, ihre Aktualität bereits verloren hätten. Die Definition von *īmān* ist zu „Bekennen und Für-Wahr-Halten" verkürzt; er nimmt weder ab noch zu; die Gläubigen sind im *īmān* und im *tawḥīd* (Bekräftigung der Einheit Gottes) gleich; *islām* ist Unterwerfung (*taslīm*, d.h. unter Gott) und das Befolgen (oder Einhalten) von Gottes Geboten; *īmān* und *islām* sind sprachlich voneinander verschieden, gehören aber untrennbar zusammen und ergänzen einander.

Wie al-Ašʿarī berichtet, bestand der andere Aspekt von Abū-Ḥanīfas Meinung darin, daß „*īmān* nicht in Teile aufteilbar ist und nicht zu- oder abnimmt, und daß die Menschen im Hinblick darauf einander nicht übertreffen". Diese Meinung leitet sich vermutlich von der Vorstellung her, daß *īmān* das ist, was einen Menschen zu einem Mitglied der Gemeinschaft macht, und daß es zwischen dem Mitgliedsein und dem Nichtmitgliedsein keine Zwischenstufe gibt. Der Punkt wird in *Al-fiqh al-akbar I* nicht erwähnt und von aṭ-Ṭahāwī nicht deutlich gemacht, obwohl er feststellt, daß die Gläubigen eins sind, selbst wenn die Praxis des einen Menschen der eines anderen überlegen ist. Die *Waṣiyya* und *Al-fiqh al-akbar II* stellen ausdrücklich fest, daß *īmān* nicht zu- oder abnimmt, aber das zuletzt genannte Werk räumt ein, daß die Menschen sich im Hinblick auf die Praxis oder das Handeln voneinander unterscheiden können. So kann man sehen, wie spätere Ḥanafiten sich eng an die Position anlehnen, die Abū-Ḥanīfa zugeschrieben wird.

Die anderen Meinungen über *īmān*, die al-Ašʿarī in seinem Bericht über die Murǧi'a erwähnt, sind größtenteils leichte Abweichungen von Abū-Ḥanīfas Standpunkt und stammen wahrscheinlich aus der ersten Hälfte des neunten Jahrhunderts. Einige der genannten Personen sollen Schüler des Muʿtaziliten an-Naẓẓām (gest. zwischen 835 und 845) gewesen sein[48]. Eine der erörterten Fragen drehte sich um das Ausmaß der Erkenntnis *(maʿrifa)*, das für *īmān* erforderlich ist. Abū-Ḥanīfa hatte gesagt, es sei die Erkenntnis Gottes und des Gesandten; aber einer wollte das auf die Erkenntnis Gottes allein reduzieren, während andere es auf die Erkenntnis aller Propheten und religiöser Pflichten ausweiteten. Die meisten glaubten, das Bekenntnis *(iqrār)* sei ein wesentliches Element von *īmān*, aber einige übergingen es. Manche, u.a. auch Abū-Ḥanīfa selbst, scheinen hervorgehoben zu haben, daß die Erkenntnis Gottes von angemessenen Gefühlen wie Demut und Liebe begleitet werden müsse. Aber über diesen Punkt wurde wahrscheinlich wenig diskutiert, und später neigte man dazu, jegliche Erwäh-

47 *Wensinck*, Muslim Creed, 246. Abgesehen von den Unterschieden im Hinblick auf *īmān*, unterscheiden sich die Auffassungen über *lafẓ al-Qur'ān*.

48 Šahr., 18.41; Abū-Šimr, Ibn-Šabīb, Muways.

nung von Gefühlen zu unterlassen. Es gab auch eine interessante Abweichung von der Doktrin, daß *īmān* weder zu- noch abnimmt, nämlich daß er zwar zu-, aber nicht abnehme[49]. Dies beruht vermutlich z. T. darauf, daß im Koran (in ungefähr einem halben Dutzend Versen) Phrasen vorkommen wie *zāda-hum īmānan*, „es ließ sie im *īmān* wachsen". Aber zweifellos wurde das fallengelassen, weil es, zumindest vom ḫāriǧitischen Standpunkt her gesehen, zu keiner kohärenten Auffassung führt.

Aus dem hier kurz vorgestellten Material kommt man vor allem zu dem Schluß, daß in den Erörterungen über *īmān* der Einfluß Abū-Ḥanīfas und der ḥanafitischen Tradition vorherrschte und daß die übrigen Leute, die als Murǧi'iten erwähnt werden, vollkommen unbedeutend waren.

d) Die Kritik an den Ḥanafiten

Die früheste Kritik an den Ḥanafiten war möglicherweise die der Muʿtaziliten. Wie bereits bemerkt (S. 117), waren sie dagegen, den großen Sünder einen Gläubigen zu nennen; denn sie behaupteten, er befände sich in einer „Zwischenstellung". Dieser Einstellung entsprechend lehnen sie die Definition von *īmān* als Erkenntnis (oder innere Zustimmung) und äußeres Bekenntnis ab und glauben statt dessen, *īmān* sei die Erfüllung aller – obligatorischen und supererogatorischen – religiösen Pflichten, obschon in vielen Fällen die Nichterfüllung einer Pflicht nicht *kufr* oder ‚Unglaube' darstellt. An-Naẓẓām äußerte eine ähnliche Meinung in negativer Form. Er sagte, *īmān* sei das Vermeiden dessen, für das eine Androhung (*waʿīd*, d. h. von Strafe) besteht, unter der Bedingung, daß diese entweder der Auffassung des Menschen oder des Gottes entspreche. Al-Ašʿarīs Bericht zeigt die verschiedenen Feinheiten auf, die in die Diskussionen dieser Angelegenheiten eingebracht wurden, aber der Gegensatz zur ḥanafitischen Auffassung war klar[50].

Die Kritik der Ḥanbaliten an den Ḥanafiten wurde auch schon zuvor erwähnt (S. 120). Die bereits hervorgehobenen Punkte können durch einen anderen ḥanbalitischen Verfasser, Ibn-Baṭṭa (gest. 997), verdeutlicht werden. Er definiert zuerst *īmān* als das Für-Wahr-Halten *(taṣdīq)* all dessen, was Gott in seinen Offenbarungen an den Gesandten gesagt, befohlen, bestimmt und verboten hat. Und dann sagt er in einer Definition, der im Vergleich zu dem der Ḥanafiten (wie z. B. im Artikel 11 von aṭ-Ṭaḥāwīs Glaubensbekenntnis) ein Satzglied hinzugefügt wird, dieser *taṣdīq* sei *qawl bi-l-lisān wa-taṣdīq bi-l-ǧinān wa-ʿamal bi-l-arkān*, ‚mit der Zunge Reden, mit dem Herzen Für-Wahr-Halten (oder Zustimmen) und die Pflichten ausführen (oder erfüllen)'. Als nächstes widerspricht er der ḥanafiti-

49 Aš., 136.2 (an-Naǧǧār); 139.10 (Bericht von Ġassān). Auch al-Baġdādī, Uṣūl, 252.
50 Aš., 266–271.

schen Doktrin, der zufolge *īmān* einer sei, indem er behauptet, er nehme aufgrund guter Taten und Worte zu und aufgrund von Ungehorsam oder Sünde ab[51].

Es überrascht nicht, daß al-Ašʿarī, als erklärter Anhänger Aḥmad ibn-Ḥanbals, einen ähnlichen Standpunkt vertrat. In seinem Glaubensbekenntnis stellt er dies lakonisch fest: „*īmān* ist Sprechen und Handeln; er nimmt zu und ab“[52]. Die kurze Diskussion über *īmān* im *Kitāb al-lumaʿ* richtet sich gegen die muʿtazilitische Doktrin von der Zwischenstellung. Sie enthält die Feststellung, daß ein Mensch im Hinblick auf seinen *īmān* ein *muʾmin* ist, obwohl er gleichzeitig im Hinblick auf eine Sünde ein Sünder sein kann[53]. In bezug auf diese Fragen halten sich al-Ašʿarīs Schüler nicht genau an ihn. Al-Baġdādī berichtet sogar, al-Ašʿarīs Auffassung sei dahin gegangen, daß *īmān* das Für-Wahr-Halten *(taṣdīq)* Gottes und seines Gesandten sei, ohne daß Taten irgendwie erwähnt würden, obschon er behauptet, er könne zu- und abnehmen[54]. Spätere Ašʿariten wie al-Ġazālī (gest. 1111) und al-Īǧī (gest. 1355) zeigen sich an diesen Fragen über *īmān* wenig interessiert, auch wenn sie die ḫāriǧitische Doktrin vom großen Sünder in Abrede stellen[55]. Andererseits hält sich der mālikitische Rechtsgelehrte Ibn-Abī-Zayd al-Qayrawānī (gest. 996) in seinem Glaubensbekenntnis eng an Aḥmad ibn-Ḥanbals *īmān*-Doktrin.

Innerhalb des sunnitischen Islam gibt es also eine starke Gruppe, deren Meinung sich klar gegen die ḥanafitischen Ansichten über bestimmte Dinge bezüglich des *īmān* richtet. Einige der späteren Ašʿariten sind in der Tat dafür, *ʿamal* oder Handeln aus der Definition von *īmān* auszuklammern und kommen damit den Ḥanafiten näher. Über die Frage nach seiner Zu- und Abnahme jedoch bleiben sie, wenn sie darüber diskutieren, bei ihrer eigenen Meinung. Die Ḥanbaliten zeigen wenig Änderungen. Doch trotz der kritischen Urteile blieben die Ḥanafiten fest, und spätere Glaubensbekenntnisse definieren *īmān* immer noch als *taṣdīq* und *iqrār* und behaupten, daß er weder zu- noch abnehme[56]. Selbstverständlich stammen diese Glaubensbekenntnisse aus einer Zeit, die Jahrhunderte nach der „formativen Periode“ liegt, um die es im Hauptteil dieses Buches geht. Aber im Zusammenhang mit Abū-Ḥanīfas *īmān*-Doktrin spielen sie eine bedeutsame Rolle.

51 *Laoust*, Profession, 77f.
52 Aš., 293.14 (§ 29 in *McCarthy*, Theology, 244f.; vgl. § 31 des Glaubensbekenntnisses aus Ibāna).
53 *McCarthy*, Theology, §§ 180–185.
54 Al-Baġdādī, Uṣūl, 248, 252f.; vgl. al-Baġdādī, Farq, 343.
55 Al-Ġazālī, Iḥyāʾ, Buch 2, Abschnitt 1 (übersetzt von *Macdonald*, The Development of Muslim Theology, 300–307). Al-Īǧī, die sog. ʿAḍudiyya.
56 Z.B. Naǧm-ad-Dīn an-Nasafī (gest. 1142); ʿAqāʾid, S. 3; Abū-l-Barakāt an-Nasafī (gest. 1310), ʿUmda, S. 23 (beide herausgegeben von *W. Cureton* als Pillar of Faith of the Sunnites, London 1843).

4. Das Problem der „moralischen Besorgnis“

a) Die scheinbare Neigung zu moralischer Laxheit

Während der Umayyadenzeit gab es unter den frömmeren Mitgliedern der allgemeinen religiösen Bewegung unzweifelhaft einen tiefen moralischen Eifer. Al-Ḥasan al-Baṣrī ist ein Beispiel dafür. Aber es gab noch viele andere. Moralischer Eifer, verbunden mit einem hohen sittlichen Ideal, ist jedoch immer in Gefahr, zu einem Gefühl des Versagens oder der Schuld oder, allgemeiner, der Besorgnis zu führen. Wenn ein Mensch ein hohes Ideal hat, wird er fast zwangsläufig dahinter zurückbleiben, und er wird dann schließlich so weit kommen, daß er sich für einen unzulänglichen Menschen hält und sein Selbstvertrauen einbüßt. Bei einem Muslim wird das natürlich auf die Frage hinauslaufen, ob er ins Paradies eingehen oder die Ewigkeit in der Hölle verbringen wird. Wenn ein Mensch derlei Gedanken häufig hegt, wird er dazu neigen, in einem Zustand unablässiger Besorgnis zu leben, und das wird seine Fähigkeit, mit den Grundproblemen des Lebens fertig zu werden, vermindern. Daher erfordert übertriebener moralischer Eifer ein Korrektiv.

Ein solches Korrektiv scheint die islamische Welt in der Person des Gelehrten Muqātil ibn-Sulaymān (gest. 767) erhalten zu haben, der überwiegend in Basra und Bagdad lebte, und der als Korankommentator hoch angesehen war[57]. Die Äußerung, deretwegen er Berühmtheit erlangte, lautete: „Wo *īmān* ist, richtet die Sünde keinen Schaden an.“ Das soll heißen: Wenn ein Mensch seine Zugehörigkeit zur Gemeinschaft nicht durch *širk* verwirkt hat, wird er für die Sünde nicht auf ewig bestraft werden. Vielen Gelehrten erschien diese Auffassung wie eine Ermunterung zu moralischer Laxheit. Sie wurde in verschiedenen Glaubensbekenntnissen, z.B. in dem von aṭ-Ṭahāwī (§ 10) ausdrücklich verworfen: „Wir sagen nicht: ‚wo *īmān* ist, fügt die Sünde dem Täter keinen Schaden zu‘; wir erhoffen das Paradies für die Gläubigen, die Gutes tun, aber wir sind dessen nicht sicher.“ (Es spielt vielleicht eine Rolle, daß Muqātil kein Ḥanafit war, sondern zur Sekte der Zaydiyya gehörte.)

Aber trotz des moralischen Eifers vieler Gelehrter, oder vielleicht gerade deswegen, gelangte man mit der Zeit weithin zu der Ansicht, daß letzten Endes jeder Muslim das Paradies erlangen werde, vorausgesetzt, er hatte nicht die eine unverzeihliche Sünde, *širk*, begangen. Diese Ausnahme wurde im Koran klar festgehalten: „Gott vergibt nicht das Beigesellen (von irgendeinem Wesen) mit ihm (*an yušraka bi-hi* – im Gottesdienst), aber er vergibt, was darunter liegt“

57 GAS, i. 36f.; Aš., 151–153, 209; Ibn-Ḫallikān, iii. 408–411; Šahr., 106; Ibn-Ḥazm, Kitāb al-fiṣal, Kairo 1345/1926, iv. 205; Fihrist, 179 (von Zaydiyya); *Massignon*, La passion … d' al-Ḥallāj, 2 Bände, Paris 1922, ii. 666, 671, u.a. (mit einer anderen Interpretation des Ausspruches über *īmān* und Sünde); *Paul Nwyia*, Exégèse coranique et langage mystique, Beirut 1970, 25–108, erörtert den Tafsīr von Muqātil.

(4.48). Selbst der ernste Prediger al-Ḥasan al-Baṣrī glaubte, daß der Mensch, der bei seinem Tod die *šahāda* bekräftigt, ins Paradies eingehen werde[58]. Zur Zeit aṭ-Ṭahāwīs war der Punkt bereits sehr ausgefeilt worden; denn er stellt fest (§ 13): „Jene, die schwere Sünden begehen, sind in der Hölle, aber nicht ewig, vorausgesetzt, daß sie bei ihrem Tode Monotheisten *(muwaḥḥidūn)* waren." Nachdem er den gerade erwähnten Vers zitiert hat, fährt er fort: „Wenn er will, bestraft er sie in seiner Gerechtigkeit in der Hölle in dem Maße ihres Vergehens; dann nimmt er sie in seiner Gnade und auf die Fürbitte von Fürsprechern aus den Reihen derer, die ihm gehorchen, aus der Hölle und erhebt sie ins Paradies." In *Al-fiqh al-akbar II* (§ 14) findet sich, nach einer Verwerfung von Muqātils Behauptung, eine Aussage über die künftigen Aussichten derjenigen, die Sünden (außer *širk* und *kufr*) begangen haben, aber als Gläubige gestorben sind. Das Ergebnis ähnelt dem in aṭ-Ṭahāwīs Glaubensbekenntnis – es gibt eine gewisse Hoffnung für sie, das Paradies zu erlangen, aber das hängt von Gottes Willen ab.

Diese Äußerungen über das letztliche Schicksal des großen Sünders der Gemeinschaft stimmen mit den ḥanafitischen *īmān*-Definitionen überein. Da sie *īmān* als innere Zustimmung und äußeres Bekenntnis, ohne irgendwelches *ʿamal* oder Erfüllen von Pflichten, definieren, machen sie es für einen Menschen leicht, Mitglied der Gemeinschaft zu bleiben, und damit eine Hoffnung auf das Paradies zu haben (und auf diese Weise ist ihr *irǧāʾ* ‚Hoffnung-Geben'). So helfen sie, die moralische Besorgnis zu vermindern, die durch übertriebenen sittlichen Eifer verursacht wurde. Andererseits haftet ihnen das Element der Furcht an; denn der große Sünder kann noch eine unangenehme Bestrafung erleiden. In der Praxis haben solche Glaubensvorstellungen in muslimischen Ländern oft zu einem verhältnismäßig hohen sittlichen Niveau geführt. Aber theoretisch dürfen sie kritisiert werden, da ihnen das negative Motiv der Furcht anhaftet, statt daß man es (wie in anderen Systemen) durch das positive Motiv der Hingabe an eine große Sache oder an einen inspirierenden Führer ersetzte.

In manchem vergleichbare Auffassungen finden sich bei den Ašʿariten. Al-Ašʿarī selbst glaubt, die Hölle sei für große Sünder der Gemeinschaft nicht unumgänglich, da Gott, wenn er wolle, ihnen vergeben könne, und er hält es für sicher, daß einige, die schwer gesündigt haben, auf die Fürsprache des Gesandten Gottes hin aus der Hölle herausgeholt werden[59]. Al-Baġdādī und al-Ġazālī waren über diese Dinge ähnlicher Meinung, ebenso die Ḥanbaliten[60]. Da die früheren Berichte suggerieren, daß die Ḥanafiten als erste solche Vorstellungen vertraten, haben sie in diesem Punkt wohl andere Gruppen zu ihren Ansichten bekehrt.

58 Ibn-Saʿd, vii/1.126.22.
59 As., 293f. (§§ 31, 32, 27); vgl. Ibāna, §§ 28, 29 (Numerierung wie in Aš., Theology, 235–254).
60 Al-Baġdādī, Farq, 339; Ders., Uṣūl, 242. *Laoust*, Profession, 100; vgl. unten, S. 291f., § 3,7.

b) Die Fürsprache des Gesandten

Von der Fürsprache *(šafāʿa)* Mohammeds für Mitglieder seiner Gemeinschaft war schon beiläufig die Rede, und wir können sie hier kurz abhandeln. Die Vorstellung von einer Fürbitte findet sich im Koran. Offensichtlich glaubten einige von Mohammeds Zeitgenossen, daß ihre Idole sich am Jüngsten Tag wahrscheinlich beim höchsten Gott für sie verwenden würden. – Der Koran stellt das in Abrede, räumt aber ein, daß mit Gottes Erlaubnis eine Fürsprache stattfinden könne[61]. Nirgendwo im Koran wird ausdrücklich festgestellt, daß Mohammed das Recht habe, am Jüngsten Tag Fürbitte einzulegen, obschon es einige Verse gibt, die dahingehend interpretiert wurden. Aber in einer Reihe von Ḥadīṯen ist von der Fürsprache Mohammeds die Rede, und sie wurde allmählich zum allgemein akzeptierten Glaubensartikel. Wahrscheinlich kommt sie in *Waṣiyyat Abī-Ḥanīfa* zum erstenmal vor (§ 25).

Wensinck meinte, daß die sunnitische Gemeinschaft die Idee von der Fürsprache übernommen habe „due to the need for something to counterbalance predestination, as well as the influence of Christian ideas". Dafür spricht wenig. Zum einen findet sich die Idee, daß Gott den Engeln und anderen erlaubt, am Jüngsten Tag Fürsprache einzulegen, im Koran. Zum anderen, wenn man etwas als Gegengewicht zur Vorherbestimmung brauchte, dann deswegen, weil es einem Menschen vorherbestimmt sein kann, entweder *kufr* oder *īmān* zu haben, und folglich die Ewigkeit in der Hölle bzw. im Paradies zu verbringen. Der Grund der Besorgnis liegt also in der Möglichkeit, daß ein Mensch auf ewig in der Hölle sein kann und daß nichts, was er jetzt tun kann, das verhindern wird. Wo der moralische Eifer vorherrschte, wie unter den Ḫāriǧiten und Muʿtaziliten, glaubte man, Gott müsse Sünder in Ewigkeit bestrafen. Folglich diente die Doktrin von der Fürsprache Mohammeds für Sünder seiner Gemeinschaft dem Zweck, die Verzweiflung zu mildern, die übermäßiger moralischer Eifer verursacht hatte.

c) Gewißheit über den eigenen Status

Ein anderer Punkt, in welchem sich Ḥanafiten einerseits und Ḥanbaliten und einige Ašʿariten andererseits unterschieden, ist als die Frage von *istiṯnāʾ*, ‚Ausnahme-Machen', bekannt. Die Ḥanbaliten und andere Gelehrte, die es mit der Sittlichkeit ernst meinten und die ihre Gedanken auf die Vorstellung von *īmān* als etwas von Gott Bestimmtes gründeten, glaubten, ein Mensch habe nicht das

61 *Watt*, Bell's Introduction to the Qur'ān, Edinburgh 1970, Index A, s. v. „intercession". *Wensinck*, Muslim Creed, 61, 130, 180–182. Die *isnād* der von *Wensinck* (182) erwähnten Ḥadīṯe könnten eine klarere Vorstellung davon vermitteln, wo und wann die Idee akzeptiert wurde. Vgl. auch *Fr. Kern*, „Murǵitische und antimurǵitische Tendenztraditionen ...", ZA, xxvi (1912), 169–174; *Watt*, „The ‚High God' in pre-Islamic Mecca", Journal of Semitic Studies, xvi (1971), 35–40 und Actes du Vᵉ Congrès International d'arabisants et d'islamisants, Brüssel 1971, 499–505.

Recht zu sagen: „Ich bin ein Gläubiger", sondern nur: „Ich bin gläubig, so Gott will"[62]. Ein Mensch mag ehrlich der Meinung sein, er gebe im gegenwärtigen Augenblick seine volle Zustimmung zu den unter *īmān* zusammengefaßten Doktrinen, und doch mögen in seiner Zustimmung Unvollkommenheiten enthalten sein, deren er sich nicht bewußt ist. Mit der Praxis soll man unter gottesfürchtigen Gelehrten ziemlich früh begonnen haben, und Ibn-Baṭṭa stellt eine Liste von ihnen auf. Diejenigen, die diese Praxis kritisierten, nannten solche Leute Šukkāk oder ‚Zweifler'[63], und es ist leicht einzusehen, daß die Praxis, wenn sie gewöhnlichen Menschen aufgezwungen wurde, zu einem Anwachsen der moralischen Besorgnis führen würde. Diejenigen, die an die Praxis glaubten, waren sich dieser Kritik bewußt und versuchten, ihr zu entgegnen. Ibn-Baṭṭa sagte, es sei ein „Ausnahme-Machen", das Gewißheit impliziere *(istiṯnāʾ ʿalā l-yaqīn)*, und daß die Person, die die Phrase benutzt, dies wissen und nicht glauben solle, daß es eine aus Zweifel entstandene Ausnahme sei[64].

Gegen all das wandten sich die Ḥanafiten. Die *Waṣiyya* (§ 3) drückt die Sache positiv aus: „Der Gläubige ist wirklich ein Gläubiger, und der Ungläubige ist wirklich ein Ungläubiger." Eine ausdrückliche Ablehnung von *istiṯnāʾ* findet sich bei späteren Ḥanafiten, wie z. B. bei den beiden mit dem Namen an-Nasafī[65]. Die enge Verbindung, die im ḥanafitischen Denken zwischen *īmān* und der Zugehörigkeit zur Gemeinschaft bestand, bedeutete, daß es unlogisch wäre, hier den Anschein von Zweifel einzuräumen. Zu sagen: „Ich bin ein Mitglied der Gemeinschaft, so Gott will" ist für sie ebenso sinnlos wie zu sagen: „Ich lebe, so Gott will". Die Sache ist unerheblich, wirft aber ein wenig Licht auf die Konzeption von *īmān*. Auch in dieser Hinsicht zielte die ḥanafitische Doktrin darauf ab, den Druck zu vermindern, in den einer gerät, wenn er ein fast unerreichbares Ideal verfolgt.

5. Der Murǧiʾismus als Häresie

Wir haben gesehen, daß der Begriff Murǧiʾa sehr unterschiedlich verwendet werden kann. Tatsächlich kann er auf fast jedes Mitglied der islamischen Gemeinschaft, außer auf die Ḫāriǧiten und Schiiten, angewendet werden, und selbst einige von jenen, die von Ibn-Qutayba als Šīʿa bezeichnet werden, nennt an-Nawbaḫtī Murǧiʾa. Es hat keinen Sinn zu sagen, daß es eine Sekte von Murǧiʾiten

62 Al-Baġdādī, Uṣūl, 253; *Laoust*, Profession, 79f.; *Massignon*, Passion, 585 Anm.; Ders., Essai, 265, Anm. 4; *Madelung*, „Early Sunnite Doctrine" (Anm. 25 in Kapitel 5), 238–243.

63 Ibn-Abī-Yaʿlā, i. 35.14; Nawb., 7.3 (offensichtlich auch Butriyya und Ḥašwiyya genannt). Al-Māturīdī, Šarḥ, 10, 14, spricht von Šakkākiyya in einem ähnlichen Sinne. Vgl. *Kern* in ZA, xxvi. 172; *van Ess*, Zwischen Ḥadīṯ und Theologie, 130f.

64 *Laoust*, Profession, 80; vgl. ʿAqīda I, § 1 (S. 291, § 1).

65 s. Hinweise in Anm. 56).

gab, die von allen Sunniten als häretisch betrachtet wurde. Einige von denen, die von Häresiographen wie z. B. al-Baġdādī und aš-Šahrastānī den Murǧi'a zugerechnet wurden, galten tatsächlich für die Ḥanbaliten, Ašʿariten und Ḥanafiten gleichermaßen als Häretiker. Aber diese Männer waren unbedeutende Leute, die in der Entwicklung des islamischen Denkens keine bedeutsame Rolle spielten – mit Sicherheit keine Rolle, die der Aufmerksamkeit, die dem Murǧi'ismus gezollt wurde, entspricht. Ihre Meinungen weichen auch nur leicht von denen Abū-Ḥanīfas ab.

Ein nützlicherer Ansatz besteht darin, den Begriff *irǧā'* oder Murǧi'ismus – wie auch immer die Sektenbezeichnungen der Träger lauten mögen – in den Vordergrund zu stellen und zu fragen, wie die verschiedenen Akzente in bezug auf die Doktrin, die mit dieser Konzeption verknüpft waren, zur Entwicklung des Sunnismus beitrugen. Die beiden Punkte, in denen zuerst eine *irǧā'*-Haltung eingenommen wurde, sind Dinge, bei denen diese Haltung von den Sunniten generell akzeptiert wurde. Das eine war die Ablehnung der ḫāriǧitischen Doktrin, wonach der große Sünder aus der Gemeinschaft ausgeschlossen werde, und das andere die Ablehnung des protoschiitischen Glaubens an den Vorrang ʿAlīs.

Die ḫāriǧitische Doktrin vom Ausschluß des großen Sünders aus der Gemeinschaft ließ sich in der Praxis nicht durchhalten. Da der Ausschluß aus der Gemeinschaft bedeutete, daß ein Mensch keine Sicherheit mehr für Leben und Eigentum hatte, lief diese Doktrin auf das Gleiche hinaus, wie wenn man sagte, die Strafe für jede Sünde sei Tod oder Verbannung –, und das war unannehmbar. Politisch rechtfertigte die Doktrin militärische Aktionen gegen jeden Herrscher, den man einer schweren Sünde für schuldig erklärt hatte. Insbesondere stellte sie die Rechtmäßigkeit der Umayyadenherrschaft in Abrede, da diese auf dem Anspruch beruhte, daß die Dynastie Erbe und Rächer ʿUṯmāns sei, den die Ḫāriǧiten zum Sünder erklärten. Diejenigen, die als erste ʿUṯmān und anderen gegenüber die *irǧā'*-Haltung bezogen, waren Menschen, die eifrig um das Wohl der Gemeinschaft besorgt waren, und die glaubten, daß Rebellion gegen die verfassungsmäßige Autorität generell falsch sei. In bezug auf diese Dinge nahm der Sunnismus die *irǧā'*-Haltung ein, wies die ḫāriǧitische Doktrin zurück und glaubte, daß kein Mensch aufgrund irgendeiner Sünde (mit Ausnahme von *širk* oder *kufr*) den Status eines *mu'min* verliere. Der Sunnismus akzeptierte auch die *irǧā'*-Haltung nicht nur gegenüber ʿUṯmān, sondern auch allen Sündern der Gemeinschaft gegenüber. Beispiele dafür wurden in der Diskussion darüber angeführt, wie große Sünder bestraft werden könnten bzw. wie ihnen vergeben werden könnte. Dieselbe Haltung wurde teilweise sogar von den Muʿtazila akzeptiert, wie aus einer Passage bei al-Ḫayyāṭ ersichtlich wird[66]. Der angebliche Begründer der Muʿtazila, Wāṣil, soll die Entscheidung im Hinblick auf ʿUṯmān und seine Gegner offengelassen haben *(wuqūf)*, und al-Ḫayyāṭ bemerkt: „Das war

66 Al-Ḫayyāṭ, 97.

die Art der frommen Gelehrten, in zweifelhaften Angelegenheiten die Entscheidung offenzulassen, und da in seinen (Wāṣils) Augen ʿUṯmān in den letzten sechs Jahren Verbrechen begangen hatte, war (die Entscheidung über) sein(en) Fall schwierig für ihn, und er stellte ihn zurück *(arǧaʾ a-hu)* für den einen, der sie (die Entscheidung) kennt (d. h. Gott)."

Die zweite Angelegenheit (die chronologisch wahrscheinlich früher anzusetzen ist), war bei jenen vorherrschend, die von den Šīʿa aus Kufa Murǧiʾa genannt wurden. Ihre Ablehnung, über die Frage von ʿAlī und ʿUṯmān zu entscheiden, implizierte eine Weigerung, ʿAlī über ʿUṯmān zu stellen, wie die Šīʿa es für richtig hielten. Dieser Punkt wurde auch von späteren Sunniten übernommen. In der Tat gingen diese weiter und stellten ʿUṯmān über ʿAlī, wie aus al-Ašʿarīs Glaubensbekenntnis (§ 36/33) ersichtlich wird, in welchem die chronologische Reihenfolge der ersten vier Kalifen auch der Reihenfolge der Vorzüglichkeit entsprechen soll. Spätere ḥanafitische Glaubensbekenntnisse, wie z. B. die *Waṣiyya* (§ 10) und *Al-fiqh al-akbar II* (§ 10), vertreten einen ähnlichen Standpunkt.

Hinsichtlich der Definition von *īmān* scheint der ursprüngliche Unterschied zwischen den Ḥanafiten und den Ḥanbaliten darauf zurückzugehen, daß die Ḥanafiten *īmān* nur für das hielten, was einen Menschen zum Mitglied der Gemeinschaft macht, während die Ḥanbaliten ein Element von moralischem Idealismus mit einbezogen. Im Lauf der Zeit jedoch wuchsen die beiden Flügel des Sunnismus enger zusammen. Ibn-Baṭṭa (gest. 997), der ḥanbalitische Autor, zitiert beifällig einen Ausspruch, der den Traditionariern Sufyān aṯ-Ṯawrī (gest. 778) und Ibn-al-Mubārak (gest. 797) zugeschrieben wird: „Die Menschen sind im Hinblick auf das Erben (von Gläubigen) und den rechtlichen Status in unseren Augen Gläubige *(muʾminūn)*; aber wir wissen nicht, wofür Gott sie hält, noch in welcher Religion sie sterben werden."[67] Als praktische Einstellung ist dies fast mit der Abū-Ḥanīfas identisch. Es muß auch festgehalten werden, daß al-Baġdādī nicht so wie al-Ašʿarī darauf beharrt, daß *ʿamal* (Handeln) Teil von *īmān* ist, und daß er es nicht erwähnt, wenn er al-Ašʿarīs Definition anführt, obschon es in dem dritten der Teile, in welche er „unsere Partei" *(aṣḥābunā)* aufteilt, mittelbar vorherrscht[68]. Hier sind also wieder spätere Sunniten Abū-Ḥanīfa nahe, selbst wenn sie gewisse Punkte anders darstellen.

Ähnlich ist die Frage nach der ewigen Bestrafung von schweren Sünden. Die Ḫāriǧiten glaubten, daß derjenige, der schwer gesündigt hat, auf ewig in der Hölle sein würde, und daß diese Strafe für Gott verbindlich sei und somit mehr oder weniger automatisch erfolge. Die Ablehnung dieser Meinung erhält einen extremen Ausdruck, wenn festgestellt wird: „Wo es *īmān* gibt, richtet die Sünde keinen Schaden an", und diese Behauptung wurde vom Sunnismus allgemein zurückgewiesen. Die gemäßigtere Form der Ablehnung bestand aber in der

67 *Laoust*, Profession, 81.
68 al-Baġdādī, Uṣūl, 248 f.

Annahme, daß für den großen Sünder der Gemeinschaft die ewige Bestrafung in der Hölle nicht unvermeidlich sei, da Gott, so er will, ihm auf die Fürbitte des Gesandten hin vergeben kann. Auch hier kamen spätere Sunniten der Übernahme des frühen ḥanafitischen Standpunktes nahe.

Die Ideen, die aus der zentralen Konzeption von *irǧāʾ* oder ‚Zurückstellen' erwuchsen, spielten also in verschiedener Hinsicht eine wichtige Rolle in der Entwicklung des Sunnismus und wurden mit der Zeit weithin akzeptiert. Zuweilen übernahm der eine oder andere Denker eine Formulierung eines Punktes, der sehr extrem ausfiel und für häretisch erklärt wurde. Die wichtigste von diesen war wahrscheinlich die Äußerung, daß die „Sünde keinen Schaden anrichtet". Die meisten der anderen Behauptungen, die man übereinstimmend für häretisch erklärte – und es gab kaum solche –, befaßten sich mit Belanglosigkeiten. Für den modernen Gelehrten stellt sich deshalb das Problem, warum den Murǧiʾiten bei den Häresiographen und in anderen theologischen Schriften eine so große Bedeutung beigemessen wird. Die folgende Darstellung darf als eine wahrscheinliche Erklärung vorgeschlagen werden.

Als al-Ašʿarī seine Werke verfaßte, gab es noch keine klare Konzeption des Sunnismus. Es gab Ḥanafiten und Ḥanbaliten und vielleicht andere identifizierbare Gruppen, deren Nachkommen alle als Sunniten bekannt werden sollten, und zumindest gegen einige von diesen waren die Muʿtaziliten eingestellt. Es gibt jedoch keinen Hinweis darauf, daß Ḥanafiten und Ḥanbaliten sich bewußt gewesen wären, irgend etwas miteinander gemeinsam zu haben. Al-Ašʿarī war zuerst Muʿtazilit, und als er von Abū-Ḥanīfa als von einem murǧiʾitischen Häretiker sprach, brachte er damit ein muʿtazilitisches und nicht ein sunnitisches Urteil zum Ausdruck[69]. Später, als erklärter Anhänger Aḥmad ibn-Ḥanbals, sollte er nicht abgeneigt sein, den Führer einer rivalisierenden Rechtsschule so zu kritisieren. Um das elfte Jahrhundert hatten die übrigen Sunniten sich den Ḥanafiten angenähert, und es gab ein gewisses Zusammengehörigkeitsgefühl, so daß al-Baġdādī und aš-Šahrastānī Abū-Ḥanīfa nicht mehr so kritisieren konnten, wie al-Ašʿarī es getan hatte. Beiden aber ging es, wie wir in der Einleitung festgestellt haben, darum, zweiundsiebzig häretische Sekten zu haben. Um diese Zahl erreichen zu können, hielten sie jene unbedeutenden Leute für Murǧiʾiten, die von al-Ašʿarī erwähnt werden, und die zu verteidigen nun niemand mehr interessiert war. Ǧahm und Ġaylān waren zwar keine bedeutungslosen Menschen, aber sie waren schon aus anderen Gründen Häretiker, während Bišr al-Marīsī bei seinen Mit-Ḥanafiten in schlechtem Rufe stand. Auf diese Weise erhielten die Murǧiʾa einen festen Platz unter den Sekten.

Schließlich ist zu bemerken, daß man sich von Abū-Ḥanīfas Beitrag zur Entwicklung des islamischen Denkens eine bessere Vorstellung machen kann, wenn die Pseudosekte der Murǧiʾiten aus der Religionsgemeinschaft des Islam

69 Vgl. *Allard*, Attributs, 58–72 und S. 307 unten mit Anm. 120.

ausgeklammert wird. Abū-Ḥanīfa stand im Mittelpunkt einer großen Bewegung, die in erster Linie für die Formulierung wichtiger Aspekte der sunnitischen Doktrin verantwortlich war. Wohl konnten einige von denen, die am Rand dieser Bewegung standen, Ansichten vortragen, die häretisch zu sein schienen, aber Abū-Ḥanīfa selbst war niemals ein Häretiker. Er war einer der großen Denker der formativen Periode des Islam, und sein Beitrag beschränkte sich nicht auf die in diesem Kapitel diskutierten Fragen. Später werden wir auf seine Konzeption von *ra'y* eingehen.

6. *Die angebliche Sekte der Ǧahmiyya*

Die Häresiographen beschreiben eine Ǧahmiyya-Sekte, und in theologischen Abhandlungen finden sich viele Argumente gegen diese. Es gibt sogar eine Reihe von „Widerlegungen der Ǧahmiyya". Doch wenn man sich das Material über die Sekte näher besieht, so ist es unmöglich, den Namen einer einzigen Person ausfindig zu machen, die ihr angehört hätte – mit Ausnahme von Leuten, die gewöhnlich irgendeiner anderen Sekte, hauptsächlich den Muʿtazila, zugerechnet werden. Es liegt hier also ein Problem vor, das bei der Beurteilung der Methoden der Häresiographen eine wichtige Rolle spielt. Ehe wir diese Methoden betrachten, muß das Material aber kurz überprüft werden.

a) Ǧahm ibn-Ṣafwān

Über die Historizität des Mannes, von dem die Sekte ihren Namen hat, nämlich Ǧahm ibn-Ṣafwān, besteht kein Zweifel. Unter al-Ḥāriṯ ibn-Surayǧ, einem Heerführer im östlichen Chorasan, der in aṭ-Ṭabarīs Geschichte häufig auftritt, bekleidete er untergeordnete Ämter, u.a. das eines Sekretärs. Al-Ḥāriṯ, der die Menschen zur Schrift Gottes und der Sunna seines Propheten aufrief, war ein Verteidiger der persischen Rechte und genoß die Unterstützung der *dihqān* und der persischen Bevölkerung im allgemeinen. Einen bedeutenden Teil der Zeit zwischen 734 und 746 kämpfte er gegen die lokalen umayyadischen Befehlshaber. Um 737, als er von den umayyadischen Truppen hart bedrängt wurde, schloß er ein Bündnis mit einem türkischen Fürsten und später kämpfte er zusammen mit den Türken gegen die Muslime[70]. Ǧahm wurde 746 gefangengenommen und hingerichtet und al-Ḥāriṯ kurz darauf in der Schlacht getötet.

Es läßt sich nicht mit Sicherheit sagen, worin sich die Ansichten des Ǧahm selbst und jene, die seiner Sekte zugeschrieben werden, voneinander unterscheiden. Beide, er und al-Ḥāriṯ, werden als Murǧi'iten bezeichnet, was in diesem Fall

70 Vgl. Art. „al-Ḥārith b. Suraydj" *(M. J. Kister)*, EI²; auch *Wellhausen*, Arabisches Reich, Index; Ṭabarī, Index, u.a.

wahrscheinlich bedeutet, daß sie (im Gegensatz zu den Šīʿa) der Familie des Propheten kein besonderes Verdienst beimaßen, und daß sie (im Gegensatz zu den Ḫāriǧiten) den Umgang mit großen Sündern nicht ablehnten. Sie meinten allgemein, für Gott und den wahren Islam zu kämpfen, aber es ist nicht klar, wie sie das mit ihrem Eintreten für die Rechte der Nichtaraber verbanden. Es ist denkbar, daß eine Ansicht, die Ǧahm in bezug auf die Natur von *īmān* zugeschrieben wurde, ihr Bündnis mit den Türken rechtfertigen sollte: „*Īmān* ist allein die Erkenntnis Gottes im Herzen, und wenn ein Mensch Judentum oder Christentum oder andere Arten von *kufr* mit seiner Zunge und in seinem Gottesdienst zum Ausdruck bringt, während er zugleich in seinem Herzen Gott erkennt, dann ist er ein *muslim*."[71] Das paßt genau auf die Situation, in der Ǧahm sich befand. Als al-Ḥāriṯ zu dem türkischen Fürsten überlief, nannte ihn einer der muslimischen Führer „den Feind Gottes", während ein anderer ihn in einem Gedicht angriff, in welchem er u.a. sagte, daß sein (al-Ḥāriṯs) *irǧāʾ* ihn dem *širk* verband[72]. Für Menschen, die eine große Treue zum Islam bekundeten, war sein Übertritt zu den Türken ein ungewöhnlicher Schritt, und es ist gut möglich, daß „Ǧahmit" gerade deshalb für spätere Generationen ein Schimpfwort wurde.

b) Die Ǧahmiyya aus der Sicht der Ḥanbaliten

Wenn man die früheren Hinweise auf Ǧahm und die Ǧahmiyya näher untersucht, wird deutlich, daß viele von ihnen von Ḥanbaliten oder Leuten mit ähnlichen Auffassungen stammen. Werke mit Titeln wie „Die Widerlegung der Ǧahmiyya" wurden von Aḥmad ibn-Ḥanbal selbst[73], von Abū-Saʿīd ad-Dārimī (gest. 895)[74] und verschiedenen anderen Ḥanbaliten[75] verfaßt. Ein Werk, das sich teilweise gegen die Ǧahmiyya wendet, wird Ibn-Qutayba zugeschrieben, dessen Standpunkt nicht weit von dem der Ḥanbaliten entfernt ist[76]. Die Ǧahmiyya wurden auch in Werken allgemeinerer Art kritisiert, so von Ḫušayš[77], al-

71 Ibn-Ḥazm, iii. 188; vgl. Aš., 132, 279; Šahr., 61. Ibn-Ḥazm schreibt dieselbe Ansicht al-Ašʿarī zu und wird unterstützt durch al-Baġdādī, Uṣūl, 248. Doch diese Zuschreibung steht im Gegensatz zu den Glaubensbekenntnissen in *McCarthy*, Theology. Einige von den Auffassungen, die Ǧahm zugeschrieben werden in Aš., 279f., können echt sein, aber es ist schwer, etwas mit Sicherheit zu sagen.

72 Ṭabarī, ii. 1605, u.a.; 1575. *Van Vloten* (ZDMG, xli, 167f. – vgl. Anm. 21 in Kapitel 5).

73 Ar-radd ʿalā z-zanādiqa wa-l-Ǧahmiyya, Kairo, o.J., und Dārülfünun Ilâhiyat Fakültesi Mecmuasi, v–vi (1927), 313–327. Über Ibn-Ḥanbals Kritik an den Ǧahmiyya siehe Ibn-Abī-Yaʿlā, i. 32, 35, 62, u.a.

74 Hrsg. *G. Vitestam* (mit Einleitung und Kommentar), Lund und Leiden 1960.

75 GALS, i. 281 (p), 310 (3a); Ibn-Raǧab al-Baġdādī, Histoire des Ḥanbalites, Damaskus 1951, i. 38, 40; ZDMG, liii (1899). 73. GAS, i. 133 (xii – al-Buḫārī), 598, u.a.

76 Al-Iḫtilāf fī-l-lafẓ wa-r-radd ʿalā l-Ǧahmiyya wa-l-mušabbiha, Kairo 1349 (1930).

77 In al-Malaṭī, Tanbīh, 75–110.

Aš'arī (der behauptete, Ibn-Ḥanbal zu folgen)[78] und Ibn-Ḫuzayma[79]. Zahllose andere Hinweise auf den Gebrauch des Begriffs „Ǧahmit" durch die Ḥanbaliten lassen sich finden.

Der Kern der ǧahmitischen Auffassungen, der kritisiert wurde, war die Doktrin vom Geschaffensein des Koran. Da die Diskussion sich weiter verfeinerte und schließlich auch die Frage nach dem Sprechen oder Ausdrücken *(lafẓ)* oder Rezitieren *(qirā'a)* des Koran durch den Menschen einschloß, soll Aḥmad ibn-Ḥanbal gesagt haben: „Wer annimmt, daß das Rezitieren des Koran geschaffen ist, ist ein Ǧahmit, und ein Ǧahmit ist ein Ungläubiger"[80]. Ein anderer Punkt, der häufig angegriffen wird, ist die ǧahmitische Leugnung der Attribute Gottes[81]. Die Ǧahmiyya sollen auch gewisse Anthropomorphismen abgestritten haben, z. B. daß Gott sich auf dem Thron befinde, sowie verschiedene Fragen der Eschatologie.

Es ist auch wichtig zu bemerken, wem nachgesagt wird, Mitglieder der Ǧahmiyya gewesen zu sein oder Kontakte mit ihnen gehabt zu haben. Nur eine Person soll sich selbst als Ǧahmit bezeichnet haben, und bei ihm handelt es sich um die Ausnahme, die die Regel bestätigt, denn er machte seine Bemerkung erst, nachdem er aufgehört hatte, ein Ǧahmit zu sein. In der Tat starb er 843 in Samarra im Gefängnis, weil er sich geweigert hatte zu sagen, daß der Koran geschaffen war, und es heißt, er habe „die Ǧahmiyya mit Vehemenz widerlegt"[82]. Aḥmad ibn-Ḥanbal behauptete, daß einige Anhänger Abū-Ḥanīfas sowie einige von 'Amr ibn-'Ubayd (d. h. einige Ḥanafiten und einige Mu'taziliten) Ǧahm in seiner Gotteslehre folgten[83], und die Namen von Leuten, die der Sekte zugerechnet werden, gehören in diese beiden Kategorien. (Die Kategorien überschneiden sich, da Leute, die in der Theologie Mu'taziliten waren, auf dem Gebiet des Rechtes Ḥanafiten sein konnten.) In einer ḥanbalitischen Liste der Anhänger Ǧahms kommen zwei Ḥanafiten (Bišr al-Marīsī und Burġūṯ) und vier Mu'taziliten (al-Murdār, al-Aṣamm, Ibn-'Ulayya und Ibn-Abī-Du'ād) vor[84]. Man hat auch bemerkt, daß eine große Ähnlichkeit besteht zwischen den Auffassungen, die von dem Mu'taziliten Abū-l-Huḏayl vertreten wurden, und solchen, die den Ǧahmiyya und vielleicht Ǧahm selbst zugeschrieben wurden[85]. Ein anderer Ḥanafit, der als al-Ḫaṣṣāf (gest. 874) bekannt ist, soll Ǧahmiten gefördert und das

78 In Ibāna, aber nicht in Luma'.

79 Kitāb at-tawḥīd.

80 Ibn-Qutayba, Iḫtilāf, 54; vgl. Ibn-Abī-Ya'lā, i. 142, oben, unten.

81 *Laoust*, Essai sur les doctrines sociales et politiques de Taḳī-d-dīn Aḥmad b. Taimīya, Kairo 1939, 261; ad-Dārimī, 58–71; vgl. al-Aš'arī, Ibāna, 54–59 (Übers. 94–99).

82 Nu'aym b. Ḥammād: aḏ-Ḏahabī, Ḥuffāẓ, ii. 419; Ibn-Abī-l-Wafā', ii. 202, No. 630; Ibn-'Asākir, Tabyīn, 387 f.; GALS, i. 257; GAL, 1.104 f.

83 Radd (Anm. 63 in Kapitel 5), 315; cf. *Madelung*, Zaiditen, 242.

84 *Laoust*, Profession, 167 f.

85 *Salomon Pines*, Beiträge zur islamischen Atomenlehre, Berlin 1936, 124–133.

„Reich" Ibn-Abī-Du'āds erneuert haben[86]. Es scheint also klar zu sein, daß diejenigen, die von den Ḥanbaliten wegen ǧahmitischer Auffassungen angegriffen werden, entweder Muʿtaziliten oder Ḥanafiten sind. Eine Verbindung zwischen ihnen und dem historischen Ǧahm ist nicht nachzuweisen. Derjenige, der als erster „die ǧahmitische Doktrin" *(maqāla ǧahmiyya)* verbreiten sollte, war (einem Ḥanbaliten zufolge) Bišr al-Marīsī, der Ḥanafit, und diesen wählte ad-Dārimī sich als Zielscheibe für seinen Angriff[87].

c) Die Ḥanafiten und die Ǧahmiyya

Soeben wurde bemerkt, daß es unter den Anhängern Abū-Ḥanīfas angebliche Ǧahmiten gab. Der bedeutendste war ohne Zweifel Bišr ibn-Ġiyāṯ al-Marīsī (gest. 833), der im Bereich des Rechtes als Ḥanafit gilt, da er unter Abū-Yūsuf studiert hat. Oftmals heißt es von ihm, er habe als erster offen gesagt, daß der Koran erschaffen sei, und das ist gut möglich. Obwohl Ǧahm ihm darin vorangegangen sein soll, ist das unwahrscheinlich, da die Frage zu Ǧahms Lebzeiten nicht erörtert wurde. Der Kalif Hārūn ar-Rašīd (786–809) soll gedroht haben, ihn dafür zu töten, so daß er sich während dessen Herrschaft etwa zwanzig Jahre lang versteckt hielt. Aber am Hofe al-Ma'mūns wurde er (vermutlich zwischen der Rückkehr des letzteren nach Bagdad im Jahr 819 und seinem Tod 833) willkommen geheißen und war bei einigen der Diskussionen über das Geschaffensein des Koran zugegen, die dazu führten, daß dieses als offizielle Doktrin akzeptiert wurde[88]. Der ḥanafitische Biograph Ibn-Abī-l-Wafā' (gest. 1373) sagt, er sei dafür berühmt gewesen, daß er sich in die rationale Theologie *(ʿilm al-kalām)* „gestürzt" habe, und aus diesem Grunde wurde er von Abū-Yūsuf und anderen kritisiert.

Dieser letzte Punkt ist wichtig, da er zu klären hilft, warum unter den Ḥanafiten eine Opposition gegen die Ǧahmiyya entstand. Zu denjenigen, von denen es heißt, sie hätten die Ǧahmiyya leidenschaftlich widerlegt, gehörten Ibrāhīm ibn-Ṭahmān (gest. ca. 780), ein Gelehrter aus Chorasan, Nūḥ ibn-Abī-Maryam (gest. 789), der als al-Ǧāmiʿ bekannt und unter al-Manṣūr *qāḍī* von Merw war, sowie Ibrāhīm ibn-Yūsuf (gest. ca. 854)[89]. Die Informationen Ibn-Abī-l-Wafā's

86 Fihrist, 206; die Anmerkung in Ibn-Abī-l-Wafā', i. No. 161 übergeht die Beschuldigung im Hinblick auf die Ǧahmiyya.

87 Ibn-Taymiyya, ʿAqīda Ḥamawiyya, zitiert von *M. Schreiner*, „Beiträge zur Geschichte der theologischen Bewegungen im Islam", ZDMG, liii (1899), 72f.; lii (1898), 544. Ad-Dārimī, Naqd ʿalā l-Marīsī al-Ǧahmī; vgl. GAS, i. 601.

88 GAS, i. 616; EI² von *Carra de Vaux, A. Nader* und *J. Schacht*; al-Ḫayyāṭ, 201f. (Anmerkung); *Walter M. Patton*, Aḥmed ibn Ḥanbal and the Miḥna, Leiden 1897, 48f. (er zitiert Ibn-al-Ǧawzī); Yāqūt, Iršād, vi. 383.14, 19; Ibn-Abī-l-Wafā', i. No. 371, cf. No. 1146; u.a.

89 Ibn-Abī-l-Wafā', i. No. 24, 394, 61. Vgl. *M. Tahir Mallick*, The Life and Work of Ibrāhīm b. Ṭahmān, Journal of the Pakistan Historical Society, xxiv (1976), 1–30.

über die beiden ersten in bezug auf diesen Punkt stammt von Aḥmad ibn-Ḥanbal persönlich, und in dem dritten Fall von einem späteren Ḥanbaliten (der seine Informationen von einem Enkel des zuerst genannten Mannes hatte). Manchmal wird ausdrücklich festgestellt – und andernfalls kann gefolgert werden –, daß ihre Heftigkeit sich in erster Linie gegen die Doktrin von dem Geschaffensein des Koran richtete; aber das ist vielleicht hauptsächlich auf das besondere Interesse der ḥanbalitischen Quellen zurückzuführen.

Schließlich muß angemerkt werden, daß die Ǧahmiyya in *Al-fiqh al-akbar I* (§ 10) für ihre Leugnung der Grabesstrafe namentlich kritisiert wird[90]. Falls dieser besondere Satz auf Abū-Ḥanīfa (gest. 767) selbst zurückgeht, so zeigt diese Tatsache, zusammen mit den Angaben der beiden ersten eben erwähnten Männer, daß die Kritik an den Ǧahmiyya eingesetzt hatte, ehe Bišr al-Marīsī aktiv wurde (was nicht viel früher als 790 gewesen sein dürfte), und daß sie sich nicht auf die Doktrin von dem geschaffenen Koran beschränkte. Die Pointe des Artikels ist nicht klar. Ein moderner Gelehrter wäre geneigt, ihn für einen Generalangriff auf einen rationalistischen Versuch zu halten, gewisse pittoreske Details der Eschatologie zu leugnen. Aber diese Meinung ist zwar verlockend, erklärt die Bitterkeit des Angriffs gegen diesen bestimmten Punkt allerdings nicht völlig. Ein alternativer Vorschlag wäre, daß konservative Ḥanafiten an diesem Punkt interessiert waren, weil er es ihnen ermöglichte zu sagen, daß die „Gläubigen" zwar für das Paradies bestimmt seien, daß es aber eine Bestrafung für ihre Sünden geben werde.

d) Die Muʿtaziliten und die Ǧahmiyya

Im *Kitāb al-intiṣār* des Muʿtaziliten al-Ḫayyāṭ, das in der zweiten Hälfte des neunten Jahrhunderts geschrieben wurde, gibt es ein paar wichtige Hinweise auf Ǧahm. Obwohl von Ǧahm selbst die Rede ist, bezieht sich das Gesagte hauptsächlich auf die späteren Ǧahmiten. Aus al-Ḫayyāṭs Bemerkungen und aus anderen Tatsachen kann der Schluß gezogen werden, daß der Begriff Muʿtazila bis zu seiner Zeit auf viele Menschen angewandt worden war, die sich in der Theologie rationaler Methoden bedienten, die aber die ganze muʿtazilitische Doktrin, wie sie schließlich in den „fünf Prinzipien" definiert worden war, nicht akzeptierten. Zu denjenigen, die auf diese Weise volkstümlich den Muʿtazila zugerechnet wurden, gehörten Ǧahm selbst und eine Gruppe, die aus Ḍirār, Ḥafṣ al-Fard, an-Naǧǧār, Sufyān ibn-Saḫtān und Burġūṯ bestand[91]. Im Hinblick auf die beiden ersten zitiert er ein Gedicht von Bišr ibn-al-Muʿtamir, in dem es heißt,

90 Al-Māturīdī, Šarḥ, 19ff., sagt, die Auffassung sei auch die der Qadariyya und Muʿtazila und gibt keinen weiteren Hinweis auf die Ǧahmiyya. Über die Grabesstrafe, vgl. *Massignon*, Passion, 679f.

91 Al-Ḫayyāṭ, 126; 133f.; auf S. 12 streitet er eine Ähnlichkeit zwischen Ǧahm und Abū-l-Huḏayl ab; aber Aš., 163, zeigt, daß er in seinen Behauptungen zu weit geht.

sie seien Anhänger des Ǧahm und von den Anhängern des ʿAmr (ibn-ʿUbayd), d. h. den Muʿtaziliten im engen Sinne, weit entfernt. Diese Hinweise scheinen sich so erklären zu lassen: Als Bišr ibn-al-Muʿtamir und seine Zeitgenossen als „ǧahmitisch" bezeichnet wurden, versuchten sie, dieser Brandmarkung dadurch zu entgehen, daß sie den Muʿtazilismus sorgfältig definierten und dann behaupteten, daß „ǧahmitisch" nur auf solche Personen anzuwenden sei, die außerhalb dieser Definition des Muʿtazilismus stehen.

e) Die Methoden der Häresiographen

Es ist nun an der Zeit, die Schlußfolgerungen vorzutragen, die aus dieser Untersuchung früher Äußerungen über Ǧahm und die Ǧahmiyya zu ziehen sind. Die einzige Hypothese, die alle Fakten abzudecken scheint, ist, daß „Ǧahmit" ein reines Schimpfwort war, und daß es nie eine Gruppe von Menschen gegeben hat, die tatsächlich Anhänger Ǧahms waren und sich zu solchen erklärten. Der Terminus bedeutete vermutlich soviel wie „Renegat" oder „Quisling". Die frühesten Beispiele für seine Verwendung stammen von einigen Ḥanafiten in Chorasan (vorausgesetzt, der Terminus wurde nicht von Aḥmad ibn-Ḥanbal in die Berichte eingeführt), und das könnte dadurch erklärt werden, daß den östlichen Provinzen das abscheuliche Verhalten von al-Ḥāriṯ ibn-Surayǧ und Ǧahm besser bekannt war, und daß diese die schmähende Kraft von „Ǧahmit" wahrscheinlich besser einschätzen konnten. Es sind nicht nur keine unmittelbaren Anhänger Ǧahms bekannt, sondern jene, die von den Muʿtaziliten als seine Anhänger bezeichnet wurden, ja selbst Bišr al-Marīsī, vertraten bezüglich vieler Dinge ganz andere Ansichten[92]. Obwohl al-Ašʿarī in seiner Häresiographie den Muʿtaziliten folgte, mußte er zwischen den Auffassungen der Ǧahmiyya und denjenigen von Ḍirār und an-Naǧǧār und ihren Anhängern unterscheiden[93].

Diese Hypothese liefert auch eine Erklärung für die Geschichte des Terminus. Er wurde wahrscheinlich zuerst für solche Personen benutzt, die in der Eschatologie bestimmte rationalistische Ansichten vertraten. Als einige dieser Leute, insbesondere Bišr al-Marīsī, schließlich glaubten, daß der Koran geschaffen sei, wurde der Begriff „ǧahmitisch" auch auf diese Meinung angewandt, und für einige (die Ḥanbaliten) war dies seine hauptsächliche Verwendung. Die Muʿtaziliten, die an das Geschaffensein des Koran glaubten, wurden Ǧahmiten genannt und protestierten dagegen. Anstatt ihre Verbindung mit Ǧahm direkt abzustreifen, betonten sie, daß „Ǧahmit" nur auf Leute wie Ḍirār korrekt anzuwenden sei. Es ist auch zu beachten, daß Ḍirār und die anderen zu ihrer Zeit einen wichtigen Beitrag geleistet, aber keine weiterlebende Schule hinterlassen hatten, die mit

92 *Madelung* (Zaiditen, 242 unten) akzeptiert diesen Punkt, nimmt aber an, daß es andere, ungenannte Männer gibt, die sich enger an Ǧahm (nicht al-Ǧahm) anlehnten.
93 Aš., 279–285.

ihren Namen verbunden wäre und die sie gegen die Verleumdungen der Muʿtazila hätte verteidigen können. Etwa in dieser Phase der Diskussion traten die Häresiographen auf die Bühne. Ḫušayš greift acht Doktrinen heraus, die als „ǧahmitisch" bezeichnet werden und spricht von jeder als von „einer Sekte". Dann widerlegt er „Ǧahm" nach einer Liste mit besonderen Punkten. Es ist bemerkenswert, daß dieser ḥanbalitische Autor den Determinismus, dem in al-Ašʿarīs Darstellung größter Vorrang eingeräumt wird, nicht erwähnt. Für al-Baġdādī und aš-Šahrastānī sind die Ǧahmiyya hauptsächlich als Beispiel für extremen Determinismus von Interesse. Aš-Šahrastānī spricht von einer Gruppe von Sekten als Ǧabriyya oder Deterministen und unterteilt diese in reine Deterministen (die Anhänger Ǧahms und keine anderen) und modifizierte Deterministen (die Anhänger an-Naǧǧārs und Ḍirārs), während er behauptet, die spätere ašʿaritische *kasb*-Doktrin sei überhaupt kein Determinismus[94]. Es ist zweifelhaft, ob irgend jemand einmal den reinen Determinismus der Ǧahmiyya, wie er hier geschildert wird, vertrat, aber der Begriff ist insofern nützlich, weil man ihn in Gegensatz zu anderen Ansichten bringen kann. Kurzum, die Häresiographen scheinen dadurch, daß sie einen populären Schimpfnamen übernahmen, die Sekte der Ǧahmiyya geschaffen zu haben, um ihre Klassifikation zu erleichtern. (Die Existenz von Ǧahmiten in Tirmiḏ im elften Jahrhundert ist mysteriös[95], aber die Informationen reichen nicht aus, um eine Erklärung zu wagen. Es ist jedoch unwahrscheinlich, daß irgendeine Erklärung eine Änderung des hier generell vertretenen Standpunktes erforderlich machen würde.)

94 Šahr., 59–64 (i. 112–123).
95 Baġ., 200.

Teil II

Das Jahrhundert des Kampfes. 750–850

Der Zeitabschnitt zwischen 750 und 850 wird zutreffenderweise als „Jahrhundert des Kampfes“ bezeichnet. Der Machtantritt der ʿAbbāsidendynastie kennzeichnete eine tiefgreifende Änderung im Machtgleichgewicht innerhalb des Kalifats. In einem so großen und komplexen Gefüge, wie es das Kalifat mittlerweile geworden war, gab es ein Geflecht bald aufeinanderprallender, bald parallel verlaufender Parteiinteressen. Die Wiederherstellung des Gleichgewichts war also keine einfache Sache, und dieses ganze Jahrhundert hindurch waren die Kalifen in erster Linie bestrebt, eine Politik zu formulieren, mit der sie die Mehrheit der Einwohner hinter sich bringen könnten. In einer islamischen Umgebung mußte dieser politische Kampf zwangsläufig religiöse Implikationen haben, und deshalb muß derjenige, der sich mit der Entwicklung des islamischen Denkens beschäftigt, der Politik dieses Jahrhunderts eine gewisse Aufmerksamkeit schenken.

A. D.	Die ersten ʿAbbāsidenkalifen	A. H.
750–754	Abū-l-ʿAbbās as-Saffāḥ	132–136
754–775	al-Manṣūr	136–158
775–785	al-Mahdī	158–169
785–786	al-Hādī	169–170
786–809	Hārūn ar-Rašīd	170–193
809–813	al-Amīn	193–198
813–833	al-Maʾmūn	198–218
833–842	al-Muʿtaṣim	218–227
842–847	al-Wāṯiq	227–232
847–861	al-Mutawakkil	232–247

KAPITEL 6 DER MACHTANTRITT DER ʿABBĀSIDEN

1. Die theoretische Grundlage der ʿAbbāsidenherrschaft

a) Die ʿAbbāsiden und ihre Gegner

Offensichtlich um das Jahr 718 begannen Angehörige der ʿAbbāsidenfamilie versuchsweise Pläne zu ersinnen, die Macht im Kalifat zu ergreifen. Diese Familie hatte ihren Namen von Mohammeds Onkel al-ʿAbbās, der eigentlich ein Gegner seines Neffen gewesen und ungefähr bis zur Zeit der Eroberung Mekkas 630 Heide geblieben war. Sein Sohn ʿAbd-Allāh, der hervorragende Koraninterpret, tat sich in der Politik wenig hervor, wenngleich er zu Beginn von ʿAlīs Herrschaft diesem eine gewisse Unterstützung gewährte. ʿAbd-Allāh hatte einen Sohn ʿAlī (gest. ca. 736), der für seine Frömmigkeit bekannt war, doch die ersten Verschwörer waren der Sohn und der Enkel dieses Mannes, Muḥammad (gest. 743) und Ibrāhīm (gest. 748). Nichts deutet darauf hin, daß diese Männer irgendeinen tiefen Glauben an ein dem Hāšim-Klan anhaftendes Charisma gehabt hätten. Aber sie erkannten, daß die öffentliche Sympathie für die Hāšimiten groß war, und sie waren bereit, diese für ihre Zwecke auszunutzen. Wie es scheint, waren sie sogar bereit, einen Extremisten wie Ḫidāš (gest. 736) in ihre Dienste zu stellen[1], auch wenn sie zuletzt wieder von ihm abrücken mußten.

Die Propaganda für die ʿAbbāsiden in Chorasan hat vielleicht schon 718 eingesetzt, sie wurde aber verstärkt, als Ibrāhīm ibn-Muḥammad nach dem Tod seines Vaters im Jahr 743 Oberhaupt der ʿAbbāsiden wurde. Um 744 sandte er zuerst Abū-Salama als Emissär nach Chorasan und dann, ein Jahr darauf, Abū-Muslim. Abū-Salama spielte eine aktive Rolle in der Bewegung in Chorasan und wurde nach der Eroberung von Kufa 749 zum Gouverneur der Stadt und zum „Wesir der Familie Mohammeds“ ernannt. Man nahm aber von ihm an, daß er anstelle des Abū-l-ʿAbbās einen ʿAliden als Kalifen haben wollte, und er wurde einige Monate nach der Proklamation des letzteren liquidiert[2]. Abū-Muslim gelang es, die Umstellung von einer generellen Sympathie für die Bewegung zum aktiven Aufstand zu organisieren. Seit der Zeit, als im Juni 747 die schwarzen Banner aufgepflanzt wurden, scheint er mit den militärischen Operationen beauftragt gewesen zu sein. Diese gipfelten in der völligen Niederwerfung des Umayyadenkalifen Marwān II. in der Schlacht am Großen Zab 750. Bald darauf wurden Syrien und Ägypten besetzt, und Marwān und die meisten Angehörigen der Umayyadenfamilie hingerichtet. Auf diese Weise wurde die ʿabbāsidische

1 Vgl. *Henri Laoust*, Les schismes dans l'Islam, Paris 1965, 55f., und *Cahen*, „Points du vue sur la ‚Révolution ʿabbāside'“, Revue historique, 1963, 295–338, insbes. 324f.

2 EI², Art. „Abū Salama“ *(S. Moscati); D. Sourdel*, Le vizirat ʿAbbāside de 749 à 936, 2 Bände, Damaskus 1959, i. 65–69.

Herrschaft über den größten Teil des Kalifates von Ägypten aus nach Osten errichtet.

Nach einer so großen Umwälzung wie diesem Dynastiewechsel und der gleichzeitigen Verlegung des Machtsitzes von Damaskus in den Irak dauerte es natürlich eine gewisse Zeit, bis der Frieden wiederhergestellt war. Während der nächsten zwanzig Jahre, ja das nächste halbe Jahrhundert lang, werden zahlreiche Aufstände registriert. Von diesen soll kurz die Rede sein, weil sie einen Teil des Hintergrundes bilden, vor dem die ʿAbbāsiden ihren Herrschaftsanspruch rechtfertigen mußten.

Als erstes sollen eine Reihe von ḫāriǧitischen Aufständen erwähnt werden[3]. Eine Truppe in Oman (ʿUmān), die unter der Führung al-Ǧulandās stand, hielt man nach Kämpfen mit einer anderen Gruppe von Ḫāriǧiten für gefährlich genug, um das Aussenden einer kombinierten Land- und See-Expedition durch die ʿAbbāsiden zu rechtfertigen, und die Region wurde von dieser für eine gewisse Zeit befriedet (752). Ein anderer ḫāriǧitischer Führer in der Dschasira (Nordostsyrien) erwies sich bis zu seiner Niederwerfung 755 über ein Jahr lang als sehr lästig. Der gefährlichste Ḫāriǧitenaufstand aber war der der nordafrikanischen Berber, die zu der ibāḍitischen Sekte unter Abū-l-Ḫaṭṭāb al-Maʿāfirī gehörten. Sie hatten sich um 758 in Tripolis und Kairouan niedergelassen, und selbst noch nach ihrer Niederwerfung durch eine ʿabbāsidische Armee im Jahr 761 gründete ein anderer Führer von ihnen, Ibn-Rustam, in Tahert (Tiaret) ein selbständiges Emirat, das bis 909 existierte. Etwa um die gleiche Zeit gründeten Berber der ṣufritischen Sekte einen kleinen Staat in Tlemcen. Die beiden Gruppen schlossen sich zusammen, um 770 Kairouan zurückzuerobern, aber nach einer katastrophalen Niederlage 772 verloren sie die Stadt wieder. Die hauptsächliche Bedeutung dieser ḫāriǧitischen Aufstände liegt darin, daß sie die ʿAbbāsiden daran hinderten, ihre Herrschaft über Tunesien hinaus nach Westen auszudehnen, und daß sie die Etablierung des Umayyadenemirats in Spanien ermöglichten. Theologisch hatten sie keinen Einfluß im Irak.

In größerer Nähe, in Medina, kam es Ende 762 zum Aufstand des Muḥammad an-Nafs az-Zakiyya (‚die Reine Seele'), der mit dem seines Bruders Ibrāhīm in Basra gekoppelt war. Im Verlauf von zwei oder drei Monaten wurden beide von den ʿabbāsidischen Streitkräften besiegt und getötet. Obwohl sie ʿAliden (Urenkel al-Ḥasans) waren, waren viele ihrer Anhänger keine Schiiten. In einer Rede in der Moschee zu Medina soll „Die Reine Seele" behauptet haben, daß die Nachfahren der Emigranten und der Anṣār (die frühesten Muslime) am besten geeignet seien, über die Gläubigen zu herrschen, und dementsprechend zählten die Nachkommen des Kalifen ʿUmar und von az-Zubayr zu ihren Anhängern[4]. Auf

3 Vgl. *Laoust*, Les schismes dans l'Islam, Paris 1965, 70–72; Aḥmad Amīn, Ḍuḥā l-islām, iii (Kairo 1943), 337–340.

4 Ibn-al-Aṯīr, v. 3 (Jahr 145); al-Masʿūdī, vi. 188. Vgl. *Laoust*, Les schismes dans l'Islam, Paris 1965, 64–66.

das besondere Charisma des Hāšim-Klans wird kein Nachdruck gelegt, aber viele Aufständische sollen Zayditen gewesen sein, d. h. Anhänger eines Nachkommens von ʿAlī, der als Imam mit dem Schwert an die Öffentlichkeit getreten war (eine Meinungsrichtung, von der weiter unten die Rede sein wird). Zu den Aufständischen gehörten u. a. die Überreste der Partei des 737 hingerichteten Muġīra, der behauptet hatte, ein Anhänger der „Reinen Seele" zu sein[5].

Eine andere Gruppe von Gegnern, die erwähnt werden muß, ist die, die Abū-Muslim ein besonderes Charisma zuschrieb. Er besaß wahrscheinlich eine Führungsqualität, die auf jene, die mit ihm in Berührung kamen, große Anziehungskraft ausübte. Als der Kalif al-Manṣūr ihn für gefährlich hielt und ihn 755 töten ließ, weigerten sich in Chorasan und im Osten viele zu glauben, daß er tot sei und verbanden seinen Namen mit messianischen Glaubensvorstellungen. Diese Leute sind als Abūmuslimiyya bekannt[6]. Daß sie überhaupt auftreten konnten, beweist, welche Mischung an Meinungsrichtungen innerhalb jener Bewegung bestand, die die ʿAbbāsiden an die Macht brachte. Abū-Muslim wird auch im Zusammenhang mit anderen Sekten erwähnt, insbesondere mit den Rizāmiyya oder Ruzāmiyya von Merw[7], aus denen anscheinend al-Muqannaʿ und die Muqannaʿiyya hervorgingen, die dort um 778 rebellierten[8]. Von den letzteren heißt es, sie seien antinomistisch gewesen, hätten an die Seelenwanderung geglaubt und altpersische revolutionäre Doktrinen und Sitten wiederbelebt. Daher sind sie für den Religionswissenschaftler von einem gewissen Interesse, doch zum Hauptstrom des islamischen Denkens trugen sie nichts bei.

b) Der Anspruch auf „Rechtmäßigkeit"

Zu irgendeinem Zeitpunkt vor dem Jahr 750 stellten die ʿAbbāsiden die Behauptung auf, daß Abū-Hāšim, der Sohn des Muḥammad ibn-al-Ḥanafiyya, die Stellung des Imam oder Oberhauptes „der Familie" dem Muḥammad ibn-ʿAlī (einem Urenkel von al-ʿAbbās) anvertraut habe. Muḥammad ibn-ʿAlī war der Vater Ibrāhīms (der seit dem Tod seines Vaters 743 bis zu seinem eigenen Tod 748 Anführer der ʿabbāsidischen Bewegung war) und der beiden ersten Kalifen, as-Saffāḥ und al-Manṣūr. Dieser Anspruch impliziert, daß nach al-Ḥusayn die Leitung der Familie an Muḥammad ibn-al-Ḥanafiyya und dann an Abū-Hāšim überging. In Kapitel 2 hat man gesehen, daß es auch unabhängig davon Gründe gibt, dies für zutreffend zu halten[9]. Wir haben auch gesehen, daß der Anspruch

5 Nawb., 52; vgl. S. 45.
6 Nawb., 41f.; Aš., i. 21f.; Baġ., 242, auch genannt Barkūkiyya, und vielleicht Baslamiyya (Halkin).
7 Nawb., 42; Aš., 21; Baġ., 242 (und Halkins Anmerkungen); Šahr., 114 (i. 247).
8 Baġ., 243f. (Halkin, 75f.); Šahr., 115 (i. 248); *Laoust*, Les schismes dans l'Islam, Paris 1965, 74.
9 S. 49f. und Anm. 53.

zugleich folgendes impliziert: (1) Zu jedem Zeitpunkt gibt es immer nur einen Imam, und (2) die Übertragung des Imamats erfolgt durch Ernennung oder Bestimmung von seiten des vorhergehenden Imam. Es ist aber unwahrscheinlich, daß diese Prinzipien selbst bis 750 allgemein akzeptiert wurden. Es herrschte noch viel Verwirrung, und viele verschiedene Leute behaupteten von sich, Imam zu sein. Ferner sieht es so aus, als ob unter den ʿAliden keine einheitliche Meinung darüber bestanden habe, wer denn nun das Oberhaupt sei. Als 749 Abū-Salama in Kufa „Wesir der Familie Mohammeds" war und, wie es heißt, lieber einen ʿAliden als einen ʿAbbāsiden zum Kalifen ausrufen wollte, befand sich kein einziger ʿAlide, an den er sich hätte wenden können, in einer Autoritätsposition, und er schickte tatsächlich an mehrere führende Männer Botschaften[10]. Aus dieser Geschichte geht hervor, daß der ʿabbāsidische Anspruch nicht allgemein publik gemacht worden war, auch wenn er vermutlich bekannt war und von Leuten wie Abū-Muslim akzeptiert wurde.

Nachdem as-Saffāḥ zum Kalifen erklärt worden war, muß die Behauptung, das Imamat über den von Abū-Hāšim abgeleiteten Anspruch angetreten zu haben, selbstverständlich bis zu einem gewissen Grad bekannt gemacht worden sein. Einige Quellen legen jedoch nahe, daß der Hauptakzent auf der Tatsache lag, daß dieser ein Mitglied der Prophetenfamilie war[11], und man sollte sich vor Augen halten, daß der Anführer bei nomadischen Araberstämmen üblicherweise die am besten qualifizierte Person aus einer bestimmten Familie war. Aus den Reihen „der Familie" kam die Opposition in der erster Linie von der „Reinen Seele", die behauptete, niemand habe mehr hāšimitisches Blut als er. Und gegen diese Behauptung mochte der von Abū-Hāšim abgeleitete Anspruch ein gewisses Gewicht haben[12]. Die ʿAbbāsiden scheinen die Leute dazu ermuntert zu haben, „die Familie" als Hāšimiyya oder Hāšimiyyūn zu bezeichnen. Unglücklicherweise konnten mit Hāšimiyya auch die Anhänger Abū-Hāšims gemeint sein. Über die Beziehung der beiden Bedeutungen des Begriffs sind aber zwei Auffassungen möglich. Einige Autoren neigten zu der Ansicht, daß der Begriff zunächst für die Anhänger Abū-Hāšims benutzt wurde und später dann, nachdem die Kalifen dazu aufgefordert hatten, auf sämtliche Mitglieder des Hāšim-Klans angewandt wurde. Doch die andere Möglichkeit hat viel für sich, nämlich, daß der Begriff zunächst im Verlauf der Bewegung für den Sturz der Umayyaden in dem weiteren Sinne benutzt wurde, und daß die Gegner des Regimes erst nach 750 versuchten, seinen Anspruch dadurch zu entkräften, daß sie den Begriff im Sinne von „Anhänger des (nunmehr relativ unbedeutenden) Abū-Hāšim" einengten. Insofern als die ʿAbbāsidenkalifen als Führer des ganzen Hāšimitenklans akzeptiert wurden, konnten sie von Leuten mit protoschiitischen Sympathien als Imame

10 Vgl. al-Yaʿqūbī, Taʾrīḫ, ii. 349 (Beginn der Regierung as-Saffāḥs).
11 Al-Yaʿqūbī, Taʾrīḫ, ii. 350 (Rede des Dāʾūd b. ʿAlī).
12 Vgl. EI², „Hāshimiyya" *(B. Lewis)*; er zitiert Ṭabarī, ii. 29 ff., 209 ff.

betrachtet werden. Dies mag erklären, weshalb Ibn-Qutayba angesehene Traditionarier in seine Šīʿa-Liste mit aufnimmt[13], und vielleicht auch, weshalb Aḥmad ibn-Ḥanbal versucht, den Begriff auf sich selbst anzuwenden[14]. Wenn die Kalifen Imame der Hāšimiten waren, konnte man zur Šīʿa gehören, ohne imāmitisch oder anti-ʿabbāsidisch zu sein. Vermutlich war es erst die Formulierung der Doktrin von den zwölf Imamen kurz nach 874, die es wünschenswert machte, die Bedeutung von „Šīʿa" einzuengen.

Unter dem Kalifen al-Mahdī (775–785) wurde ein anderer Anspruch geltend gemacht, nämlich, daß der Imam nach Mohammed eigentlich dessen Onkel al-ʿAbbās war, und daß das Imamat danach innerhalb der Familie von al-ʿAbbās weitergegeben wurde[15]. Wenn diese Darstellung richtig ist – wie es den Anschein hat –, dann muß sie ein Hinweis darauf sein, daß ein bedeutender Teil der öffentlichen Meinung sich den ʿAliden zuwandte und sich von den ʿAbbāsiden abkehrte oder vielmehr hervorhob, daß das hāšimitische Charisma nicht über den ganzen Klan gleichmäßig verteilt, sondern allein bei den ʿAliden in besonderem Maße vorhanden sei. Dies mag z. T. ein Ergebnis der Bemühungen Ǧaʿfar aṣ-Ṣādiqs (gest. 765) sein, des sechsten der Imame, die später von den Imāmiten anerkannt wurden; denn er scheint in Gelehrtenfragen aktiv gewesen zu sein, die zweifellos etwas mit Politik zu tun hatten. Doch bei den ʿAbbāsiden erregte seine Aktivität keinerlei Verdacht. Die Behauptung, das Imamat sei auf sie gekommen, nachdem es zuvor in den Händen mehrerer ʿAliden gewesen war, bedeutete für die ʿAbbāsiden, bis zu einem gewissen Grad anzuerkennen, daß die ʿAliden einen höheren Anspruch auf Charisma hatten. Gewöhnliche Menschen mochten insbesondere den Eindruck erhalten, daß sie die Behauptung akzeptierten, wonach der Mann, der sich nach dem Tode des Propheten am besten zur Herrschaft über die Gläubigen eignete, ʿAlī war. Und dies war, wie im nächsten Abschnitt zu sehen sein wird, im Kalifat zu einem Parteimotto geworden[15a].

Schließlich sei darauf hingewiesen, daß die Anhänger der ʿAbbāsiden, vor allem in Chorasan, bisweilen als Rāwandiyya bezeichnet werden. Der Name soll sich von einem ʿAbd-Allāh oder Abū-Hurayra ar-Rāwandī herleiten[16], aber über diesen ist nichts bekannt. Von den Rāwandiyya heißt es, sie hätten sich aus einem Zweig der Kaysāniyya entwickelt, und damit wird ungefähr angedeutet, was sich

13 Ibn-Qutayba, Maʿārif, 301; vgl. *Lecomte*, Ibn-Qutayba, 315–317.

14 *Laoust*, Profession, 44 Anm.

15 Nawb., 43; Saʿd b. ʿAbd-Allāh al-Ašʿarī al-Qummī, Kitāb al-maqalāt wa-l-firaq, Teheran 1963, 65; vgl. al-Masʿūdī, vi. 55f. und *Charles Pellat*, The Life and Works of Jāḥiẓ, London 1969, 17.

15a Ein Streitgespräch zwischen al-Awzāʿī (gest. 773) und einem Onkel as-Saffāḥs scheint zu implizieren, daß die ʿAbbāsiden zu diesem Zeitpunkt glaubten, Mohammed habe ʿAlī zu seinem Nachfolger bestimmt (aḏ-Ḏahabī, Ḥuffāẓ, i. 181).

16 Nawb., 46,17; Rēvand ist in der Nähe von Nišapur. An-Nāšiʾ nennt sie Hurayriyya (in *van Ess*, Frühe muʿtazilitische Häresiographie, Beirut 1971, § 1/47 und Einleitung S. 35).

ereignet zu haben scheint, obwohl die anderen Kaysāniyya zwar messianische Hoffnungen, aber keinen wirklichen Imam haben[17]. Al-Ašʿarī beschreibt den Wechsel von dem Anspruch, der sich von Abū-Hāšim herleitete, zu dem von der direkten Ernennung von al-ʿAbbās. An-Nawbaḫtī behandelt im Hinblick auf die Rāwandiyya die beiden Ansprüche getrennt, und den zweiten bringt er vor allem mit einer Hurayriyya-Sekte in Verbindung, die auch die reinen *(ḫullaṣ)* ʿAbbāsiyya sind[18]. Beide Autoren machen aus den Abūmuslimiyya und den (oben erwähnten) Rizāmiyya Untersekten der Rāwandiyya, und an-Nawbaḫtī erwähnt andere extreme Ansichten der Rāwandiyya, insbesondere diejenige, wonach al-Manṣūr Gott und Abū-Muslim sein Prophet sei. Als 758 eine Gruppe der letzteren den Palast in der zeitweiligen Hauptstadt al-Hāšimiyya umzingelte, ließ al-Manṣūr sie durch seine Truppen niedermetzeln[19]. Unter dem Blickwinkel einer Untersuchung der allgemeinen Entwicklung des islamischen Denkens sind die Rāwandiyya nicht wichtig, größtenteils, weil sie einigen „extremen" Auffassungen zuneigten, die eher persisch als islamisch waren. Sie spiegeln aber auch die offiziellen ʿabbāsidischen Einstellungen wider, und diese sind für die vorliegende Untersuchung von zentraler Bedeutung.

2. Geschichte und zeitgenössische Politik

Ein bemerkenswertes Kennzeichen der mittelalterlichen islamischen Welt ist, daß Fragen der zeitgenössischen Politik in geschichtlichen Kategorien abgehandelt werden. Beispiele dafür sind die soeben erörterten Punkte, nämlich die Behauptungen, Abū-Hāšim habe das Imamat Muḥammad ibn-ʿAlī übertragen, und der Prophet habe al-ʿAbbās zu seinem Nachfolger ernannt. Mit beiden Behauptungen läßt sich feststellen, daß die Herrschaft der ʿAbbāsiden in der Gegenwart gültig und rechtmäßig ist. Anders ausgedrückt, zu dieser Zeit definierten die Muslime eine zeitgenössische Einstellung üblicherweise durch genau die Auffassung, die in der Vergangenheit zu verschiedenen historischen Ereignisse vertreten worden war. Daß dies so ist, kann als axiomatisch aufgefaßt werden. Das Problem besteht darin zu entdecken, was genau die zeitgenössische Bedeutung ist.

a) Einstellungen in der späteren Umayyadenzeit

Es wird hilfreich sein, mit einer Zusammenfassung dessen zu beginnen, was in vorangegangenen Kapiteln über die Beziehungen zwischen politischen Einstel-

17 Aš., 21–9–13; Nawb., 32, 3–5. Vgl. al-Masʿūdī, vi. 54.
18 Nawb., 43.7–10.
19 Nawb., 46.15–47.9; vgl. 30.1.

lungen und historischen Ansprüchen unter den Umayyaden festgestellt worden ist. Was die Menschen über diese Dinge dachten, konzentrierte sich auf das, was als die Frage von ʿUṯmān und ʿAlī bekannt war. Es können vier wesentliche politische Positionen unterschieden werden, und man wird dann sehen, daß jeder von ihnen eine bestimmte historische Auffassung entspricht.

1) An dem einen Extrem stehen die parteigängerischen oder aufrichtigen Anhänger der Umayyaden. Für diese war ʿUṯmān rechtmäßig Kalif gewesen und zu Unrecht ermordet worden, und die Umayyaden waren seine Erben und Nachfolger. Solche Leute wurden oft ʿUṯmānī genannt[20], und daraus läßt sich schließen, daß sie nicht nur die Vorzüglichkeit ʿUṯmāns hervorhoben, sondern auch die Unwürdigkeit ʿAlīs herausstrichen. ʿAlī wurde insbesondere deshalb kritisiert, weil er die Mörder nicht bestraft, sondern sich mit ihnen verbündet hatte. Einige dieser Parteigänger der Umayyaden scheinen abgestritten zu haben, daß ʿAlī jemals Kalif war. Im letzten Abschnitt der Umayyadenzeit wurden diese historischen Ansichten mit der vollen Unterstützung der gesamten umayyadischen Politik gekoppelt.

2) Andere können als gemäßigte Anhänger der Umayyaden bezeichnet werden. Sie standen der umayyadischen Politik zwar nicht unkritisch gegenüber, hielten aber die Umayyaden für rechtmäßige Kalifen und meinten, alle Muslime seien verpflichtet, ihre Herrschaft zu akzeptieren. Dabei wurden viele von der Sorge um die Einheit der islamischen Gemeinschaft motiviert. Der Standpunkt ist in der Tat der, der oft als „murǧi'itisch" beschrieben wird. Dem entspricht die historische Position zu glauben, daß sowohl ʿUṯmān als auch ʿAlī rechtmäßige Kalifen waren. Und dem entspricht es auch, die Frage „zurückzustellen" oder Gott zu überlassen, ob einer von den beiden ein Sünder sei und zur Hölle fahren werde[21].

3) Als nächstes kommen die vorsichtigen Regimekritiker, für die Ibrāhīm an-Naḫaʿī als Beispiel genannt werden kann[22]. Wenn er sagte, er sei weder Saba'it noch Murǧi'it, meinte er wahrscheinlich, daß er ʿAlī kein übernatürliches Charisma oder keine messianische Qualität zuschrieb, aber ʿUṯmān nicht mit ihm auf eine Stufe setzte. Hier scheint das Akzeptieren der Umayyaden mit der Vorstellung verbunden zu werden, daß andere und bessere Herrscher gefunden werden könnten. Als die ʿAbbāsiden sich um die Macht bewarben, erhielten sie große Unterstützung von vielen Leuten aus der allgemeinen religiösen Bewegung.

4) Ein größeres Maß an Kritik an den Umayyaden scheint mit dem Standpunkt jener verschiedenen Gruppen verbunden zu sein, die unter dem allgemeinen Namen Kaysāniyya zusammengefaßt werden. Nach dem Tod Muḥammad ibn-al-Ḥanafiyyas im Jahr 700 glaubten sie, er sei noch am Leben und werde als Mahdī zurückkehren, um die Dinge zurechtzurücken. Diese Doktrin beinhaltete

20 Vgl. S. 65–7.
21 Vgl. S. 123–5.
22 Vgl. S. 44, 62.

ferner, daß ʿAlī nach dem Propheten der rechtmäßige Imam und der beste der Muslime war, und daß er Muḥammad ibn-al-Ḥanafiyya zu seinem Nachfolger bestimmt hatte. Die zeitgenössische politische Einstellung hier ist die einer tiefen Unzufriedenheit mit den Umayyaden – sie sind anderen möglichen Herrschern unterlegen: aber es bestand keine Absicht, in der absehbaren Zukunft etwas gegen sie unternehmen. Dieses Verhalten drückt keine Akzeptanz, sondern Resignation aus.

b) Die Rāfiḍiten oder Imāmiten

Im späten achten und im ganzen neunten Jahrhundert finden sich verschiedene Personen und Gruppen, die Rāfiḍiten genannt werden. Dies ist ein von Gegnern verliehener Spitzname, auf dessen Bedeutung wir gleich eingehen werden. Seit ungefähr dem Jahr 900 gab es Menschen, die zwar ebenfalls mit dem Beinamen Rāfiḍiten bezeichnet wurden, die sich selbst aber Imāmiyya nannten und der Ansicht waren, daß die vorhergehenden Rāfiḍiten zu den Imāmiyya gehörten. Das am ehesten angebrachte Vorgehen ist, Äußerungen früher Autoren über jene Rāfiḍiten zu untersuchen, die vor etwa 870 starben, d. h. noch bevor die Frage nach dem zwölften Imam sich stellte. Die wichtigsten frühen Werke sind: *Kitāb al-intiṣār* von al-Ḫayyāṭ, die *Maqālāt* von al-Ašʿarī, der *Fihrist* von Ibn-an-Nadīm, *Murūǧ ad-ḏahab* von al-Masʿūdī und vielleicht der *Fihrist* von Šayḫ Ṭūsī (gest. 1066). Der zuletzt genannte enthält, obwohl er selbst nicht aus früher Zeit stammt, Bücherlisten aus relativ frühen Quellen, die ibn-an-Nadīm ergänzen. Andere späte schiitische Autoren sollten nur mit großer Vorsicht behandelt werden, da sie dazu neigen, die Geschichte neu zu schreiben, um sie mit der imāmitischen Doktrin in Einklang zu bringen.

Die erste theologische Darlegung der Doktrin vom Imamat soll von ʿAlī ibn-Mīṯam stammen, der ein ungefährer Zeitgenosse der Muʿtaziliten Abū-l-Huḏayl und an-Naẓẓām gewesen sein muß, da er mit ihnen Streitgespräche führte[23]. Andere frühe Theologen waren Abū-Ǧaʿfar al-Aḥwal, dem Gegner den Spottnamen Šayṭān aṭ-Ṭāq gaben, sowie Hišām ibn-Sālim al-Ǧawālīqī[24]. Der Mann aber, der die Aufmerksamkeit späterer Autoren am meisten auf sich zog, war Hišām ibn-al-Ḥakam[25]. Das lag zweifellos daran, daß er viele Fragen erörterte,

23 ʿAlī (b. Ismāʿīl b. Šuʿayb) b. Mīṯam, auch bekannt als Ibn-at-Tammār: Fihrist, 175.19–21; *Tusy*, List of Shyʿah Books, Hrsg. *A. Sprenger*, u. a., Kalkutta 1853–55, 212 (No. 458); Nawb., 9; al-Ḫayyāṭ, 99 führt ein Streitgespräch mit ʿAlī al-Aswārī, einem Schüler des Abū-l-Huḏayl.

24 Abū-Ǧaʿfar Muḥammad b. an-Nuʿmān al-Aḥwal: Fihrist, 176.9–13; *Tusy*, List of Shyʿah Books, Hrsg. *A. Sprenger* u. a., Kalkutta 1853–55, 323, No. 698; Aš., 37 f., 43–45, u. a.; al-Ḫayyāṭ, 6.58; Nawb., 66. Hišām: Tusy, 356; Nawb., 66; Aš., 34, 41, 43–45, 349; al-Ḫayyāṭ, 6, 57.

25 Aš., ungefähr vierzig Hinweise; Nawb., 66; Fihrist, 175 f.; *Tusy*, List of Shyʿah Books,

mit denen die Muʿtazila sich beschäftigten, und im Hinblick auf bestimmte griechische philosophische Vorstellungen war er in der Tat der Vorläufer an-Naẓẓāms[26]. Er meinte u. a., daß Mohammed denjenigen, der sein Nachfolger sein sollte, eindeutig bezeichnet habe, auch wenn die meisten Muslime diesen nicht anerkannt hatten[27]. Die freundschaftlichen Beziehungen zwischen Muʿtaziliten und Rāfiḍiten schildert al-Masʿūdī in seiner bezaubernden Beschreibung des Symposiums über die Liebe, das der Wesir Yaḥyā ibn-Ḫālid al-Barmakī arrangiert hatte[28].

Unter den Teilnehmern an diesem Symposium werden Abū-l-Huḏayl, an-Naẓẓām, Bišr ibn-al-Muʿtamir, Ṯumāma und ein weiterer Muʿtazilit mit Namen genannt sowie vier weitere „Imāmiten", einschließlich ʿAlī ibn-Mīṯam und Hišām ibn-al-Ḥakam.

Die politischen Einstellungen dieser frühen Rāfiḍiten spiegeln sich wahrscheinlich in der Äußerung wider, die an-Nawbaḫtī ʿAlī ibn-Mīṯam (Ibn-at-Tammār) zuschreibt[29]. Er meinte, daß ʿAlī das Imamat verdiente, daß er nach dem Propheten der beste der Menschen *(afḍal an-nās)* war, und daß die Gemeinschaft sich irrte, wenn sie sich mit Abū-Bakr und ʿUmar zusammentat (d. h. sie als Kalifen anerkannte); sie irrte sich nicht durch Sünde, sondern dadurch, daß sie den Besten übergeht oder im Stich läßt; sie rückten von ʿUṯmān und jenen ab, die gegen ʿAlī kämpften und halten sie für Ungläubige. Hier finden sich zwei Hauptpunkte (die von al-Ašʿarī in seiner allgemeinen Darstellung der Rāfiḍiten wiederholt werden[30]): Der Prophet bestimmte ʿAlī ausdrücklich zu seinem Nachfolger, aber die meisten Gefährten gehorchten dem Propheten nicht. Der erste Punkt oder Ähnliches wurde von allen Schiiten vertreten. Es ist jedoch zu beachten, daß zur Zeit ʿAlī ibn-Mīṯams, also um das Jahr 800, die Behauptung nur in bezug auf ʿAlī allein aufgestellt wird; von einer Imamenreihe ist nicht die Rede. Selbst wenn ein Freund Hišām ibn-al-Ḥakams namens as-Sakkāk eine „Widerlegung derjenigen, die die Notwendigkeit des Imamats durch Ernennung leugnen" verfaßte[31], sollte dies nicht dahingehend verstanden werden, daß damit

hrsg. *A. Sprenger* u. a., Kalkutta 1853–55, 355, No. 771; al-Ḫayyāṭ, häufig. Vgl. S. 188–91.

26 *Josef van Ess*, in Isl., xliii (1967), 257.

27 Al-Ḫayyāṭ, 6.

28 Al-Masʿūdī, vi. 369–376; „Hayṯam" ist zu „Mīṯam" korrigiert worden; ʿAlī b. Hayṯam war ein Zaydī, kein Imāmī (vgl. Anm. 32a unten).

29 Nawb., 9.

30 Aš., 16f.

31 *Tusy*, List of Shyʿah Books, Hrsg. *A. Sprenger* u. a., Kalkutta 1853–55, 292 (No. 634), Muḥammad b. Ḫalīl; die Anmerkung hier schreibt den Namen orthographisch und leitet ihn von *sikak* (wahrscheinlich Stempel für Münze) ab; die Formen „Šakkāl" (Fihrist), 176 und „Sakkāl" (al-Masʿūdī, v. 374) sollten korrigiert werden; und möglicherweise Sakaniyya (al-Ḫayyāṭ, 126: vgl. Kap. 8, Anm. 77); vgl. *Nyberg* in al-Ḫayyāṭ, 178.

irgendeine allgemeine Anerkennung einer bestimmten Imamenreihe impliziert sei. Im Gegenteil, es scheint wohl festzustehen, daß es fast immer mehrere Männer gab, die um die Anerkennung als Führer der ʿAliden oder der Hāšimiten kämpften. Wie im letzten Abschnitt (s. oben S. 152) bemerkt wurde, sandte Abū-Salama 749 an eine Reihe von führenden ʿAliden Botschaften, und aus an-Nawbaḫtīs Darstellung der Šīʿa-Sekten wird ein Gewirr rivalisierender Gruppen deutlich, die miteinander im Wettstreit lagen (obschon er bisweilen auch zeitlich später liegende Streitigkeiten in die Vergangenheit zurückprojiziert).

Die Vorrangstellung und Überlegenheit ʿAlīs beinhalteten gewöhnlich eine Ablehnung der *šayḫayn*, d.h. Abū-Bakrs und ʿUmars. Der Name Rāfiḍa oder Rawāfiḍ kommt vom Verbum *rafaḍa*, das wahrscheinlich die Bedeutung ‚desertieren', ‚im Stich lassen', hat, und könnte also mit ‚Deserteure' übersetzt werden. Es ist ein von Gegnern benutzter Spottname, der von al-Ḫayyāṭ z.B. dann verwendet wird, wenn das von ihm kritisierte schiitische Werk [das Wort] *šīʿa* benutzt. Der Spottname wurde in mindestens fünf Bedeutungen angewandt[32]. Z.B. wurde er jenen verliehen, die Zayd ibn-ʿAlī, der 740 rebellierte, ‚im Stich ließen'. Unter Nichtschiiten jedoch bezog sich, wie al-Ašʿarī feststellt, der grundlegende Gebrauch auf die ‚Desertion' Abū-Bakrs und ʿUmars. Welcher Grund auch immer angeführt wurde, der Begriff wurde jedenfalls immer auf diejenigen angewandt, die später als Imāmiten bekannt waren.

Eine schwierige Frage ist: Was bedeutete dies für die zeitgenössische Politik? Al-Masʿūdīs Beschreibung des Symposiums macht, zusammen mit vielen anderen Tatsachen, deutlich, daß Männer wie ʿAli ibn-Mīṯam, Hišām ibn-al-Ḥakam und as-Sakkāk mit dem damaligen Wesir auf freundschaftlichem Fuß standen. Daraus folgt, daß sie sich nicht haben verschwören können, um die Dynastie zu stürzen und diese durch eine ʿalidische zu ersetzen. Es folgt auch, daß in ihren Büchern über das Imamat zwar festgestellt wurde, daß der Prophet ʿAlī zu seinem Nachfolger ernannt habe, sie aber nicht so weit gingen zu erklären, daß Ǧaʿfar aṣ-Ṣādiq und Mūsā al-Kāẓim rechtmäßige Herrscher der islamischen Welt waren, auch wenn sie darauf bestanden, daß ein Imam seinen Nachfolger durch Ernennung *(naṣṣ)* bestimmen müsse. Aus der Verhaftung Mūsā al-Kāẓims durch Hārūn ar-Rašīd läßt sich schließen, daß irgend etwas begonnen hatte, den Argwohn der herrschenden Institution zu erregen. Aber nichts weist darauf hin, daß Autoren von Büchern über das Imamat irgendwie in Verruf standen. Die Freundschaft dieser Rāfiḍiten mit dem Wesir kann sogar als Beweis dafür verstanden werden, daß es keine ernsthafte Kritik am Regime gab, und daß der Wesir ihrer Meinung ein gewisses Wohlwollen entgegenbrachte. Zu einem späte-

32 *Tritton*, Muslim Theology, 20; Aš., 16. In an-Nāšiʾ, a. a. O., § 1/72 wird es auf die Anhänger des Ǧaʿfar aṣ-Ṣādiq angewendet, und zwar von Muġīra (vgl. Nawb., 54) und Zayd b. ʿAlī.

ren Zeitpunkt konnte der Imamismus sogar in Gegenwart al-Ma'mūns verteidigt werden[32a].

Unter diesen Umständen ist die Hypothese am wahrscheinlichsten, daß diese Rāfiḍiten sich für eine besondere Konzeption des Kalifats stark machten, nämlich für eine absolutistische. Das Beharren auf der „Ernennung“ des Imam oder Kalifen bedeutet, daß er Autorität von oben, und nicht von unten hat, nicht von irgendwelchen menschlichen Wählern, und gewiß nicht kraft der *bayʿa* oder des Treueakts des gewöhnlichen Volkes. In diesem Zusammenhang ist es bedeutsam, daß einer der Punkte, die al-Ašʿarī in seiner allgemeinen Darstellung der Rāfiḍiten erwähnt, ist, daß sie *iǧtihād* oder das unabhängige Urteil der Rechtsgelehrten in rechtlichen Belangen gänzlich ablehnen[33]. Vermutlich waren sie der Ansicht, daß diese wichtige Funktion dem inspirierten Imam vorbehalten sein müsse und von einem gewöhnlichen Menschen nicht richtig ausgeführt werden könne, wie umfassend seine Kenntnisse in der Rechtswissenschaft auch immer sein mögen.

Die Hypothese, der zufolge die Rāfiḍiten in erster Linie mit der Verteidigung einer Form des Absolutismus befaßt waren, muß der Schwierigkeit gerecht werden, daß über die Identität des rechtmäßigen Imam weiterdiskutiert wurde. Während feststeht, daß schiitische Autoren zeitgenössische Dispute oft in die ferne Vergangenheit projizierten, ist sicher, daß andere Dispute tatsächlich zu dem angegebenen Zeitpunkt stattfanden. Zu den Gruppen, die man eines eigenen Namens für würdig erachtete, gehörten die Fuṭḥiyya (oder Afṭaḥiyya), die Wāqifa (oder Wāqifiyya) und die Qaṭʿiyya (oder Qiṭṭiʿiyya). Der Name Fuṭḥiyya leitet sich von dem Spottnamen al-Afṭaḥ (Breit- oder Plattfüßiger) ab, den ʿAbd-Allāh, der älteste überlebende Sohn Ǧaʿfar aṣ-Ṣādiqs, im Jahr 765 erhielt. Er starb ein paar Monate nach seinem Vater und hatte keinen Sohn, der seine Nachfolge hätte antreten können; deshalb erkannten die meisten Bundesgenossen Ǧaʿfars Mūsā al-Kāẓim als nächsten Imam an. Dies an sich war wahrscheinlich von geringer Bedeutung, doch es warf eine Grundsatzfrage auf. Wenn al-Afṭaḥ und dann Mūsā Ǧaʿfars Nachfolge antraten, bedeutete das, daß (abgesehen von dem Ausnahmefall von al-Ḥasan und al-Ḥusayn) ein Bruder einem Bruder nachfolgen konnte. 818 hätten dem ʿAlī ar-Riḍā entweder sein Bruder Aḥmad oder sein Sohn Muḥammad al-Ǧawād nachfolgen können; 874 hätte Ǧaʿfar die Nachfolge seines Bruders al-Ḥasan al-ʿAskarī antreten können, so daß in beiden Fällen der Präzedenzfall von Bedeutung war[34]. Diese Sekte allein liefert also Beweise für echte Meinungsverschiedenheiten, zumindest in den Jahren 818 und 874, was auch immer 765 geschehen war.

32a Z.B. Yāqūt, Iršād, v. 457; Muḥammad ibn-Abī-l-ʿAbbās aṭ-Ṭūsī verteidigte den Imāmismus und ʿAlī b. Hayṯam den Zaydismus in Anwesenheit von al-Ma'mūn, Ṯumāma und Bišr al-Marīsī.

33 Aš., 17; vgl. *Nöldeke*, Isl., xiii (1923), 73f.

34 Nawb., 65f., u.a.; Šahr., 126 (i. 274); *Tusy*, List of Shyʿah Books, Hrsg. *A. Sprenger* u.a., Kalkutta 1853–55, 188 (No. 405), 235 (No. 509), 93f. (No. 191), 211 (No. 456).

Die Wāqifa und Qaṭʿiyya lassen eine andere Art von Kontroverse erkennen. Die Wāqifa glaubten, Mūsā al-Kāẓim werde eines Tages zurückkehren und alles zurechtrücken[35], während die Qaṭʿiyya „mit Entschiedenheit" behaupteten, er sei tot und sein Sohn ʿAlī ar-Riḍā habe seine Nachfolge angetreten[36]. Es sieht so aus, als ob dieser Disput einer von denen sei, die in dem Jahrzehnt nach al-Kāẓims Tod (wahrscheinlich 799) tatsächlich stattfanden. Hišām ibn-al-Ḥakam, der vermutlich um 803 und mit Sicherheit nicht nach 815 starb, soll ein Qaṭʿī gewesen sein[37]. Daß die Wāqifa darauf bestanden, es habe nach al-Kāẓim keinen Imam gegeben, könnte auf einen Wunsch hindeuten, eine Doktrin vorzulegen, die der der späteren Imāmiten ähnlich war – wenngleich mit sieben statt mit zwölf Imamen. Es ist auch bemerkenswert, daß noch Abū-Sahl an-Nawbaḫtī, der Hauptvertreter des späteren Imāmismus, es für notwendig hielt, die Doktrinen der Wāqifa zu widerlegen, wie diese von aṭ-Ṭaṭarī (gest. ungefähr 835) beschrieben wird[38]. Im Gegensatz dazu müssen die Qaṭʿiyya Gegner des Messianismus der Wāqifa gewesen sein, und da sie keine Revolutionäre waren, waren sie vermutlich Anhänger des Kalifats Hārūns, wenngleich sie darauf drängten, daß dieses in einem absolutistischen Sinne zu interpretieren sei. Da Hišām ein Qaṭʿī war, muß die Position der Sekte vor den Ereignissen von 817 und 818 definiert worden sein, auch wenn spätere Mitglieder ʿAlī ar-Riḍā zum letzten Imam machten.

Diese Sekten sind also Beispiele für einige der zahlreichen Kontroversen unter den Hāšimiten zu dieser Zeit. Worum ging es bei diesen Debatten denn wirklich? Es muß noch einmal darauf hingewiesen werden, daß es nicht um die Identität des rechtmäßigen Herrschers des Kalifats gegangen sein kann; denn das hätte unmittelbar zum Tode jeder genannten Person in einem ʿabbāsidischen Gefängnis geführt. Es mag versuchsweise angedeutet werden, daß die wirkliche Frage darum ging, wer das Oberhaupt der ʿAliden sei. Ein gewisses Gruppenbewußtsein scheint weiterbestanden zu haben; denn es wurde im frühen zehnten Jahrhundert offiziell anerkannt[39]. Um 800 sollte dies in der Hauptsache nominell sein, aber es wäre eine Position, von der aus ein weiser Staatsmann politischen Einfluß

35 Nawb., 68f., 80f.; Aš., 28f. Vgl. Studia Islamica, xxxi (1970). 295f.

36 Nawb., 67; As., 17, 29; al-Ḫayyāṭ, 136; Šahr., 17; al-Masʿūdī, v. 443. Aber al-Malaṭī, Tanbīh, 26.11–15, unterscheidet eine größere und eine kleinere Qaṭʿiyya, von denen die zuletzt genannten aus ʿAlī ar-Riḍā den letzten Imam machen.

37 Aš., 63.11; al-Masʿūdī, v. 443f. *Tusy*, List of Shyʿah Books, hrsg. *A. Sprenger* u.a., Kalkutta 1853–55, 355 (No. 771) sagt, daß er 199/814 nach Bagdad ging und kurz danach starb. Dies paßt besser als ein früheres Datum zu seiner Beziehung zu Abū-l-Huḏayl und an-Naẓẓām. Als Qaṭʿī muß er nach dem Tode al-Kāẓims noch gelebt haben. Vgl. *van Ess* in Oriens, xviii (1967), 115.

38 Fihrist, 177.1; vgl. *Tusy*, List of Shyʿah Books, 216f. (No. 470); ein Schüler (*Tusy*, No. 205) starb 877.

39 Vgl. *L. Massignon*, Opera Minora, Beirut 1963, i. 263.

hätte gewinnen können, wenn er jene mit ʿalidischen oder hāšimitischen Sympathien vereinigt hätte.

Der zweite der beiden grundlegenden Punkte der rāfiḍitischen Doktrin war die gegen die meisten Prophetengefährten vorgebrachte Beschuldigung des Unglaubens. Dies versetzte Männer wie Aḥmad ibn-Ḥanbal und Ibn-Qutayba in große Unruhe[40]. Der Grund dafür war zweifellos, daß es an die Wurzel der „religiösen Institution" als ganzer rührte; denn diese beruhte nun einmal auf den Ḥadīṯen, und diese gingen in erster Linie auf die Prophetengefährten zurück. Der erste, der systematisch auf Überliefererketten bestand, an deren Anfang ein Gefährte stand, war aš-Šāfiʿī (gest. 820), und vielleicht aus diesem Grunde war aš-Šāfiʿī bei den Rechtsgelehrten unter den Rāfiḍiten des neunten Jahrhunderts sehr umstritten. Zusammen mit der Ablehnung von *iǧtihād*, der interpretativen Tätigkeit gewöhnlicher Juristen, legt dieser Punkt nahe, daß die Rāfiḍiten versuchten, die Position der Ulema zu schwächen. Anders ausgedrückt: Die Rāfiḍiten arbeiteten nicht auf eine Revolution in der unbestimmten Zukunft hin, sondern nahmen am zeitgenössischen Kampf teil, der weiter unten in diesem Kapitel beschrieben wird.

c) Die Zayditen

Wenn man sich der Betrachtung der Zayditen zuwendet, hat man zunächst den Eindruck, daß es verhältnismäßig einfach sein sollte, ihren historischen Standpunkt zu verstehen, da sie in viele Aufstände verwickelt waren, die in den Geschichtswerken beschrieben werden. Aber der erste Eindruck ist falsch. Eine befriedigende Darstellung der Zayditen zu liefern ist schwerer, als irgendeine andere islamische Sekte zu beschreiben. Das einzige, was hier getan wird, ist, einen Aspekt des Zaydismus herauszugreifen, der für das Thema des Verhältnisses zwischen Vergangenheit und zeitgenössischer Politik von Bedeutung ist.

Wenn die Häresiographen Sekten als zayditisch klassifizieren, halten sie es für das Grundprinzip des Zaydismus, daß das Imamat auf die Nachkommen Fāṭimas (d.h. auf die Ḥasaniden und Ḥusayniden) beschränkt ist, aber daß dann, wenn so ein Mann mit den erforderlichen geistigen und charakterlichen Eigenschaften von sich behauptet, Imam zu sein, und zum Schwert greift, um seinen Anspruch zu bekräftigen, eine Verpflichtung besteht, Gehorsam zu leisten[41]. Dieses Prinzip soll von Zayd ibn-ʿAlī, einem Enkel al-Ḥusayns, vertreten worden sein, dessen Aufstand gegen die Umayyaden im Jahr 740 bereits geschildert worden ist[42]. Andere Aufstände, von denen es heißt, sie seien zayditisch inspiriert gewesen, sind die von Muḥammad ibn-ʿAbd-Allāh, der „Reinen Seele", im Jahr

40 *Laoust*, Profession, 44 Anm.; Ibn-Qutayba, Ta'wīl, 6, 295.
41 Šahr., 115 (i. 249).
42 Vgl. *Laoust*, Schismes, 34f.; auch S. 47.

762, von Muḥammad ibn-al-Qāsim in Chorasan 834 und von Yaḥyā ibn-ʿUmar in Kufa 864[43].

Im vorliegenden Zusammenhang sind die Zayditen, mit denen wir uns befassen, eben jene, die nicht in Aufstände verwickelt waren, und genauer: die Untersekten der Batriyya (oder Butriyya) und die Sulaymāniyya (oder Ǧarīriyya). Die Batriyya-Sekte leitet ihren Namen von Kaṯīr (oder Kuṯayyir) an-Nawwā' ab, der mit dem Spitznamen al-Abtar (‚mit gestutztem Schwanz') belegt wurde[44]. Aber ihr bedeutendstes Mitglied war al-Ḥasan ibn-Ṣāliḥ ibn-Ḥayy (gest. ca. 783), der als Traditionarier allgemeine Anerkennung genießt[45]. Die Batriyya-Sekte war der Auffassung, daß ʿAlī nach dem Propheten der ‚beste der Menschen' *(afḍal an-nās)* war, aber daß es richtig war, Abū-Bakr und ʿUmar anzuerkennen, da ʿAlī ihnen die Position vermacht hatte. Der Unterschied zwischen den Batriyya und den Sulaymāniyya ist nicht klar. Die letzteren sind nach Sulaymān ibn-Ǧarīr benannt, der oft az-Zaydī genannt wird und über den wenig bekannt ist. Obwohl er selbst von an-Nawbaḫtī erwähnt wird, wird die Sekte nicht mit Namen genannt. Es wird aber festgestellt, daß einige Anhänger Ǧaʿfar aṣ-Ṣādiqs, die von gewissen Argumenten der Batriyya und Sulaymāns beeindruckt waren, den Glauben an das Imamat Ǧaʿfars aufgaben und den Ansichten Sulaymāns zuneigten[46]. Eine weitere der spärlichen Aussagen über ihn geht dahin, daß einige seiner Anhänger in al-ʿĀnāt (südöstlich von Raqqa am Euphrat) von Ǧaʿfar ibn-Mubaššir zum Muʿtazilismus bekehrt wurden. Da Ǧaʿfar 848 starb, muß Sulaymān spätestens kurz vorher aktiv gewesen sein[47].

Die Ansichten der Sulaymāniyya sind denen der Batriyya sehr ähnlich, aber der Gebrauch der Phrase *imāmat al-mafḍūl* wird bei al-Ašʿarī und späteren Autoren speziell mit Sulaymān in Verbindung gebracht. *Mafḍūl* ist in dieser Phrase oft mit ‚bevorzugt' übersetzt worden, aber das liefert keine passende Bedeutung, während Lexika hinlänglich zur Übersetzung ‚übertroffen' oder ‚überragt' (d. h. von anderen) berechtigen, ganz zu schweigen von einem Passus, wo al-Ašʿarī davon spricht, daß der Imam *mafḍūl* sein könne, weil es unter seinen Untertanen *(raʿiyya)* einen Besseren *(ḫayr)* als ihn gebe[48]. Ähnlich bedeutet *tafḍīl ʿAlī* soviel wie ‚ʿAlī für *afḍal*, für (alle anderen) übertreffend halten'. Eine passende Übersetzung der

43 Die erwähnten Männer waren messianische Gestalten für Gruppen von Ǧārūdiyya (Aš., 67). Vgl. *Laoust*, Schismes, 64f., 101, 131; und über andere zayditische Aufstände, 93f., 100, 131–135.

44 Aš., 68; Nawb., 9, 12, 50f.; *Laoust*, Schismes, 136. As-Suyūṭī, Lubb al-Lubāb, vokalisiert als Batriyya, aber die *nisba* könnte aus dem Plural *butr* gebildet sein, so wie Fuṭḥiyya aus *afṭaḥ*; an-Nāši', a. a. O., § 1/72, sagt, der Name komme daher, weil sie ʿUṯmāns letzte sechs Jahre „wegschnitten" *(batarū)*.

45 Fihrist, 178; Ibn-Saʿd, vi. 261; Ibn-Qutayba, Maʿārif, 225.

46 Nawb., 55–57; vgl. 9.

47 Al-Ḫayyāṭ, 89.

48 Aš., 461; 68; andere Hinweise: *Massignon*, Passion, 725, „qualifiziert"; *Pellat* (Studia Islamica, xv [1961], 45, 52) „bevorzugt, wenngleich nicht eindeutig überlegen".

ersten Phrase ist „das Imamat des Geringeren". Der springende Punkt ist, daß das Imamat Abū-Bakrs und ʿUmars anerkannt wird, wenngleich diese zugegebenermaßen geringer sind als ʿAlī. Sulaymān soll ferner der Meinung gewesen sein, daß Abū-Bakr und ʿUmar nicht unrecht handelten, als sie die Position des Herrschers akzeptierten, daß aber die Gemeinschaft etwas für sie Vorteilhaftes übersah, als sie diese beiden Männer als Kalifen anerkannte. Im Hinblick auf ʿUṯmān waren die Zayditen sich nicht einig, doch viele neigten dazu, sein Kalifat während der ersten sechs Jahre anzuerkennen, in denen er, wie man allgemein meinte, gut regiert hatte[49].

Obwohl der Zaydismus eng mit der Unterstützung aufrührerischer Führer der Familie ʿAlīs verknüpft war, waren nicht alle Zayditen Revolutionäre. Wohl mußte ein Traditionarier wie al-Ḥasan ibn-Ṣāliḥ ibn-Ḥayy sich vor den Agenten des Kalifen al-Mahdī verstecken, doch dies geschah wahrscheinlich, weil seine Tochter einen ʿAliden geheiratet hatte[50]. Beiläufige Beachtung verdient die Tatsache, daß er die Quelle eines Berichtes ist, dem zufolge Ǧaʿfar aṣ-Ṣādiq seine Hochachtung vor Abū-Bakr ausgedrückt hat. Dies deutet selbstverständlich darauf hin, daß Ǧaʿfar eher zayditische als rāfiḍitische Sympathien hegte[51]. Ibn-an-Nadīm behauptet, daß die meisten Traditionarier Zayditen waren. Er meint wahrscheinlich, zu einem relativ frühen Zeitpunkt; denn die einzigen Namen, die er, abgesehen von al-Ḥasan ibn-Ṣāliḥ und seinem Vater, erwähnt, sind Sufyān aṯ-Ṯawrī (gest. 778) und Sufyān ibn-ʿUyayna (gest. 813)[52]. Von diesen Männern tauchen al-Ḥasan und aṯ-Ṯawrī in Ibn-Qutaybas Šīʿa-Liste auf[53], und zweifellos waren andere, die auf der Liste stehen, ähnlicher Auffassung. In diesen Fällen bedeutete Zaydismus vermutlich wenig mehr als Hochachtung vor ʿAlī nebst einer Anerkennung der beiden ersten Kalifen. Eine andere, in diesem Zusammenhang wichtige Teilinformation ist die Feststellung Ibn-Qutaybas, daß al-Ǧāḥiẓ einmal die ʿUṯmāniyya gegen die Rāfiḍa verteidigte, und ein andermal die Zaydiyya gegen die ʿUṯmāniyya und die Ahl as-Sunna[54]. Dieses Beweismaterial ist nicht umfassend, aber selbst die Tatsache, daß Sufyān ibn-ʿUyayna und al-Ǧāḥiẓ dem Zaydismus zugeordnet werden, reicht aus, um aufzuzeigen, daß es eine Form dieser Doktrin gab, die keine revolutionäre Aktivität implizierte.

Das Verhältnis der Zaydiyya zu den Muʿtazila ist eine schwierige Frage. Zweifellos bestehen viele Ähnlichkeiten. U. a. können wir sehen, daß der zayditische Imam und Gelehrte al-Qāsim ibn-Ibrāhīm ar-Rassī (gest. 860) seine Lehre unter fünf Rubriken ordnete, die den fünf Prinzipien der Muʿtazila sehr stark

49 Aš., 454.
50 Ibn-Saʿd, vi. 261; Ibn-Qutayba, Maʿārif, 255.
51 *Laoust*, Profession, 72 (Ar. 43).
52 Fihrist, 178.
53 Ibn-Qutayba, Maʿārif, 301.
54 Ibn-Qutayba, Taʾwīl, 71 (Französ. Übers., 65).

ähneln[55]. Zum anderen scheint Wilferd Madelung recht zu haben, wenn er meint, ar-Rassī unterscheide sich in mehrfacher Hinsicht wesentlich von den Muʿtaziliten, auch wenn seine Schriften entscheidend dazu beitrugen, daß die muʿtazilitische Doktrin von den späteren Zayditen des Jemen und anderer Randgebiete akzeptiert wurde[56]. Die letzteren liegen außerhalb des Blickfeldes der vorliegenden Untersuchung, und al-Qāsim selbst hatte, obschon er eine faszinierende Persönlichkeit war, aus deren Werken viel zu lernen ist, mit zeitgenössischen Denkern im Irak keine engen Kontakte, und von späteren Autoren innerhalb des Hauptstromes wird er nicht erwähnt. Aus diesem Grunde wird hier wenig über ihn gesagt.

Andere Tatsachen sind verwirrender. So wird die Phrase „Imamat des Geringeren", die bei al-Ašʿarī und späteren Autoren fast ausschließlich für Sulaymān ibn-Ǧarīr und dessen Anhänger benutzt wird, von dem etwas früheren Muʿtaziliten an-Nāšiʾ nicht auf Sulaymān, sondern auf Bišr ibn-al-Muʿtamir und die Muʿtaziliten von Bagdad angewendet. Außerdem findet sich bei Ibn-an-Nadīm ein Bericht, wonach der Rāfiḍit Šayṭan aṭ-Ṭāq gegen die Muʿtazila eine Widerlegung der Doktrin vom Imamat des Geringeren verfaßte, während al-Malaṭī aus den Muʿtazila von Bagdad eine Sekte der Zaydiyya macht. In einer späten Quelle heißt es, die reinen Muʿtaziliten oder Wāṣiliyya hätten sich zunächst Zayditen genannt[57]. Es ist klar, daß es die scharfen Unterscheidungen späterer Häresiographen bei den Zeitgenossen noch nicht gab. Im frühen neunten Jahrhundert wurde der Begriff Muʿtazilit, der später auf jene beschränkt wurde, die die „fünf Prinzipien" akzeptierten, allgemein auf viele angewendet, die sich mit der Art von rationalen Diskussionen befaßten, die als Kalām bekannt ist, obgleich er ursprünglich vielleicht einen politischen Bezug gehabt hatte (auf das Sich-Zurückziehen sowohl von ʿUṯmān als auch von ʿAlī). Zaydit war in erster Linie ein politischer Begriff, wenngleich beide Bezeichnungen von unterschiedlichen Gruppen zweifellos auch unterschiedlich verwendet wurden. Die Sache wurde, wie wir gleich sehen werden, dadurch weiter kompliziert, daß die Politik al-Maʾmūns und seiner Verwaltung etwas wie die zayditische Lehre implizierte.

Das Ziel des modernen Wissenschaftlers besteht bei der Untersuchung dieser Dinge nicht darin, eine genaue Definition der Gruppenbezeichnungen zu liefern, da diese variiert, sondern das Verhältnis von Individuen und ihren Glaubensvorstellungen zueinander und zu den damaligen Ereignissen zu begreifen. So ist es nicht besonders aufschlußreich, wenn man vom Übertritt der Leute von ʿĀnāt vom Zaydismus zum Muʿtazilismus hört (s. 165); denn wir wissen nicht, was diese dürre Tatsachenfeststellung bedeutet. Aber wir gewinnen größere Einsicht,

55 *Madelung*, Zaiditen, 104ff.
56 *Madelung*, Zaiditen, 110ff., u.a.; 152.
57 An-Nāšiʾ, § 1/86, 94–98; al-Iskāfī soll die Doktrin vertreten haben; vgl. *Pellat*, Milieu, 190. Fihrist, 176.12. Al-Malaṭī, Tanbīh, 27, nennt die Ǧaʿfars und al-Iskāfī; *Massignon* in Isl., iii (1912), 409.

wenn wir die Bekehrung interpretieren können als eine von Sulaymāns Auffassung zu der Ansicht der Muʿtaziliten von Bagdad, d. h. von der Meinung, daß die Ernennung Abū-Bakrs auf mißverstandenem *iǧtihād* oder *ta'wīl* beruhte, zu der Auffassung, der zufolge die Ernennung durch eine besondere Ursache (*ʿilla*) gerechtfertigt würde[58]. Auf diese Punkte werden wir ausführlicher zu sprechen kommen, nachdem die Politik al-Ma'mūns und die Auffassungen einzelner Muʿtaziliten erörtert wurden.

Generell kann der Schluß gezogen werden, daß der nichtrevolutionäre Zaydismus im wesentlichen eine Form politischen Kompromisses ist. Die Unterstützung der rāfiḍitischen Richtung versucht er dadurch zu gewinnen, daß er der Ansicht zustimmt, ʿAlī sei 632 für das Kalifat am besten geeignet gewesen. Gleichzeitig aber versucht er, die Kritiker der Rāfiḍiten dadurch zu besänftigen, daß er Abū-Bakr und ʿUmar als echte Imame anerkannte, wenngleich es sich um ein „Imamat des Geringeren" handelte. Zumindest in einigen Formen hat der letzte Punkt zur Folge, daß die überwiegende Mehrheit der Gefährten sich nicht im Irrtum befand. Doch wie die meisten Kompromisse war auch dieser nicht befriedigend. Die Rāfiḍiten behielten ihren Imam, doch daß dieser seine Autorität von oben habe, wurde nicht eingeräumt –, und das war wahrscheinlich der Aspekt, an dem sie am meisten interessiert waren; denn die Zayditen neigten zu der Auffassung, daß der Imam durch eine *šūrā* oder Beratung ernannt oder sonst auf andere Weise von der Gemeinschaft gewählt werden sollte. Andererseits waren die traditionarischen Kritiker nicht davon überzeugt, daß im islamischen Staat das geoffenbarte Gesetz über alles gehen sollte, da selbst ein Imam, wie ihn die Zayditen sich vorstellten, sich vermutlich über die Interpretation der Rechtsgelehrten hätte hinwegsetzen können. Die Behauptung, daß die Zayditen das Imamat auf die Nachkommen Fāṭimas beschränkten, ist wahrscheinlich ein Schluß, den spätere Autoren von jenen Personen ableiteten, die als „zayditisch" bezeichnete Aufstände anführten. Es steht praktisch fest, daß ein nichtrevolutionärer Zaydit wie Sulaymān ibn-Ǧarīr die ʿAbbāsiden unterstützte. Er konnte argumentieren, daß al-Ma'mūn ein Mitglied des Hāšim-Klans war, der das Imamat sowohl öffentlich beanspruchte als es auch aktiv ausgeübt hatte. ʿAlī ibn-al-Hayṯam, der in Gegenwart von al-Ma'mūn für den Zaydismus und gegen den Imāmismus stritt, war gleichzeitig einer von al-Ma'mūns Sekretären[58a].

d) Die ʿUṯmāniten

In einem früheren Kapitel wurde beschrieben, auf welche Weise man bis 800 die Bezeichnung ʿUṯmānī benutzt hatte. Gegen 850 taucht der Name aber wieder auf und ist insbesondere mit al-Ǧāḥiẓ (gest. 869) assoziiert. Das Engagement des

58 An-Nāši', § 1/69 (*iǧtihād*), 98; Aš., 68.6 (*ta'wīl*).
58a Yāqūt, Iršād, v. 453; vgl. Anm. 32a.

letzteren bei den ʿUṯmāniyya ist von der oben zitierten Aussage Ibn-Qutaybas her bekannt und auch aus einer Darstellung seiner Werke, *Kitāb al-ʿUṯmāniyya* und *Kitāb masāʾil al-ʿUṯmāniyya* durch al-Masʿūdī sowie aufgrund der Tatsache, daß das ersterwähnte Werk noch existiert. Es ist auch bekannt, daß ein muʿtazilitischer Gelehrter, al-Iskāfī (gest. 854/5), eine Widerlegung des *Kitāb al-ʿUṯmāniyya* verfaßte[59]. Al-Iskāfī soll an das „Imamat des Geringeren" geglaubt haben, aber das bedeutet vermutlich, daß er die allgemeine Auffassung der Muʿtaziliten von Bagdad vertrat. Mit den Aussagen, daß er ein Schiit war, kann nicht mehr als irgendeine Form des Zaydismus gemeint sein. Es wäre interessant zu wissen, ob al-Ǧāḥiẓ seine Verteidigung der ʿUṯmāniyya gegen die Rāfiḍa vor oder nach seiner Verteidigung der Zaydiyya gegen die ʿUṯmāniyya und die Ahl as-Sunna verfaßte. Das erstere muß spätestens ein paar Jahre vor dem Tod al-Iskāfīs gewesen sein. Das letztere könnte (wenn der Bericht stimmt) vielleicht sehr viel früher gewesen sein, aber wahrscheinlich ist (insbesondere weil die Ahl as-Sunna erwähnt werden), daß es nach al-Mutawakkils politischem Kurswechsel war, als die Muʿtaziliten ihre Macht verloren und der Sunnismus offizielle Unterstützung erhielt. Es ist bekannt, daß eine Familie mit ʿuṯmānitischen Sympathien erst nach der Änderung der Politik zur Macht gelangt ist[60].

Im vorliegenden Zusammenhang geht es in erster Linie darum zu verstehen, inwiefern Äußerungen über die ersten vier Kalifen für die Politik des neunten Jahrhunderts von Bedeutung waren. Tatsächlich ist das *Kitāb al-ʿUṯmāniyya* größtenteils ein Argument für die Überlegenheit Abū-Bakrs gegenüber ʿAlī[61]. Impliziert wird, daß ʿUṯmān rechtmäßig Kalif war, doch der einzig ausdrücklich festgestellte Punkt ist, daß seine Wahl durch eine Beratung eine rechtswirksame Form des Antritts des Imamats darstellte. Die Uṯmāniten waren also vorwiegend daran interessiert, gegen die unangemessene Erhöhung ʿAlīs durch die Rāfiḍiten zu kämpfen; dabei wurden sie von keiner nostalgischen Sehnsucht nach der Rückkehr der Umayyaden getrieben, gegen die al-Ǧāḥiẓ einige heftige, kritische Bemerkungen vorbringt[62]. Eine Zeitlang neigten einige von denjenigen, die das Imamat Abū-Bakrs, ʿUmars und ʿUṯmāns akzeptierten, zu der Ansicht, daß die Reihenfolge der Vorzüglichkeit die folgende sei: Abū-Bakr, ʿUmar, ʿAlī, ʿUṯmān. Aber schließlich akzeptierte die große Mehrheit der Muslime die Auffassung, wonach die chronologische Reihenfolge auch die der Vorzüglichkeit war. Das war zweifellos ein Ergebnis von Argumenten der Art, wie sie von al-Ǧāḥiẓ vertreten worden waren[63].

59 Al-Masʿūdī, vi. 56–58; vgl. GAS, i. 620; *Pellat*, Milieu, 190. Das Kitāb al-ʿUṯmāniyya (Kairo 1955), 281–343, bringt Auszüge aus al-Iskāfī.
60 EI², Art., „Ibn Abiʾ l-Shawārib" *(J. C. Vadet)*, ad init.
61 *Pellat*, Milieu, 190–192, Zusammenfassung eines Abschnittes; auch Life and Works of Jāḥiẓ, 72–82, Auszüge.
62 *Pellat*, Life and Works of Jāḥiẓ, 84.
63 Vgl. *Pellat*, „L'imamat dans la doctrine de Gāḥiẓ", Studia Islamica, xv (1961), 23–52, insbes. 51.

Aus dieser Beschreibung sollte deutlich werden, daß die ʿUṯmāniyya nicht eine zweifelhafte und häretische Sekte waren, sondern die Vorläufer – oder zumindest ein Teil der Vorläufer – derjenigen, die als Ahl as-Sunna oder Sunniten bekannt werden sollten. Sunnitische Glaubensbekenntnisse enthalten einen Artikel, der die chronologische Reihenfolge der ersten vier Kalifen auch zu der der Vorzüglichkeit macht[64]. Al-Ǧāḥiẓ bemerkt, daß die ʿUṯmāniten viele Rechtsgelehrte und Tradionarier besaßen, daß es aber unter den letzteren kaum irgendwelche Parteigänger ʿAlīs gab[65]. Es überrascht, al-Ǧāḥiẓ, einen Muʿtaziliten, unter den Traditionariern zu finden. Aber seine Meinung wurde keineswegs von allen Muʿtaziliten geteilt; denn die fünf Prinzipien des Muʿtazilismus setzten keinerlei politische Meinung voraus. Die meisten ʿUṯmāniten waren Leute, die glaubten, daß der islamische Staat auf den im Koran und im Ḥadīṯ enthaltenen Prinzipien beruhen solle. Ihr Beharren auf dem Imamat Abū-Bakrs entwickelte sich ganz natürlich als Reaktion auf das rāfiḍitische oder imāmitische Beharren auf der Überlegenheit ʿAlīs. Im Denken solcher Menschen wurde diese mit der Überlegenheit der Imame verknüpft, die von ʿAlī abstammten, und mit deren Gefeitheit *(ʿiṣma)* gegen Sünde und Irrtum. Einige gingen so weit zu sagen, daß der Imam den Koran abrogieren könne[66], und selbst die Gemäßigteren meinten, daß die Entscheidungen des Imam über allen Methoden der Koraninterpretation stünden, die die Sunniten gebilligt hatten[67]. Die Debatte, ob nun Abū-Bakr oder ʿAlī dem Propheten nachfolgte, stand also in engem Zusammenhang mit der Streitfrage, ob Koran und Ḥadīṯ in ihrer Bedeutung für das Leben der Gemeinschaft durch die allgemein akzeptierten Methoden der Gelehrten oder durch die bloße Entscheidung des Imam interpretiert werden sollten. Und dies war in der Politik des neunten Jahrhunderts eine zentrale Frage.

Hatte man einmal das Imamat Abū-Bakrs bestätigt, dann war es schwer, die Imamate ʿUmars und ʿUṯmāns nicht ebenfalls zu bestätigen; denn wenn man sie ablehnte, würde man die Auswahlmethode angreifen und den Imāmiten in die Hände spielen. Ein anderer Faktor, der manche veranlaßte, ʿUṯmāniten zu werden, war wahrscheinlich die bei Muslimen starke Neigung, im Interesse der Aufrechterhaltung der Einheit der Gemeinschaft *de-facto*-Herrscher zu akzeptieren.

64 Vgl. *Wensinck*, Muslim Creed, 127 (Waṣiyya), 192 (Fiqh Akbar II); *McCarthy*, Theology, 246f.

65 ʿUṯmāniyya, 176.

66 Aš., 611.

67 ʿAllāma-i-Ḥillī, Al-Bābu 'l-Ḥādī ʿAshar, Übers. *W. McE. Miller*, London 1928, insbes. §§ 179, 183f.; das ist viel später, aber nach dem frühen elften Jahrhundert gab es vermutlich nur wenig Entwicklung in den imāmitischen Ansichten über diesen Punkt.

e) Die Bewunderer Muʿāwiyas

Diese Betrachtung der Diskussionen über ʿAlī, Abū-Bakr und ʿUṯmān kann durch einen kurzen Hinweis auf den merkwürdigen „Muʿāwiya-Kult" abgerundet werden, dem man im neunten Jahrhundert begegnete[68]. Die aufschlußreichste Teilinformation liefert die Geschichte von ʿAbd-Allāh, dem Sohn Aḥmad ibn-Ḥanbals. Als er ein Knabe war, nahm ihn sein Vater zur Moschee von ar-Ruṣāfa mit, und es verblüffte ihn zu sehen, wie ein Mann „um die Liebe Muʿāwiyas" Wasser feilbot. Sein Vater erklärte, der Mann tue das, weil er ʿAlī hasse. Daraus und anhand anderer Bruchstücke von Informationen wird in der Tat deutlich, daß das öffentliche Äußern von Bewunderung für Muʿāwiya eine Methode war, die äußerste Gegnerschaft gegen die Erhöhung ʿAlīs zum Ausdruck zu bringen. Der Muʿāwiya-Kult ging insofern über die Auffassungen der ʿUṯmāniyya hinaus, als er impliziert zu haben scheint, daß ʿAlī überhaupt niemals Kalif war. Eine derartige Behauptung hätte, wäre sie offiziell akzeptiert worden, selbstverständlich einen großen Teil der relativ gemäßigten Meinung der Regierung abgeneigt gemacht, und das war etwas, was zu tun für die Kalifen nicht ratsam war. Bei mindestens zwei Gelegenheiten faßten die Kalifen die öffentliche Verfluchung Muʿāwiyas ins Auge[69]. Aber auch das hätte zu einem Verlust an Rückhalt geführt. Gelehrte Kritik an Muʿāwiya, wie sie al-Ǧāḥiẓ übte, war auf lange Sicht wirksamer, und am Ende des neunten Jahrhunderts stimmte man (mit Ausnahme der Imāmiten) weitgehend darin überein, daß ʿAlī Kalif und in der Reihenfolge der Vorzüglichkeit der vierte war.

Möglicherweise mit diesem Kult verknüpft war der Glaube an eine Art Mahdī oder Messias, der als der Sufyānī (d.h. ein Nachkomme von Muʿāwiyas Vater, Abū-Sufyān) bekannt war. Der Name wurde zunächst einem bestimmten umayyadischen Aufständischen gegeben, der 751 besiegt wurde. Aber später wurde er, insbesondere unter syrischen Muslimen, zum Zentrum eines eschatologischen Glaubens[69a].

f) Schlußbemerkung

Im neunten Jahrhundert wurden außer den erwähnten noch andere historische Fragen erörtert, wie z.B. Recht und Unrecht in der Kamelschlacht und des

68 Das Nachfolgende beruht auf *Charles Pellat*, „Le culte de Muʿāwiya au IIIe siècle de l'Hégire", Studia Islamica, vi (1956), 53–66. Vgl. Ibn-al-Murtaḍā, Munya, 56f. (al-Aṣamm). Ibn-Ḫallikān, ii. 12f. (Ibn-al-Mubārak, gest. 189/797, zog Muʿāwiya ʿUmar II. vor).

69 Vgl. *Goldziher*, Muhammedanische Studien, ii. 46f.

69a *Wellhausen*, Das arabische Reich Kap. 9, § 4, ad fin.; *H. Lammens*, „Le ‚Sofiānī', héros national des arabes syriens", in Études sur le siècle des Omayyades, Beirut 1930, 391–408. Auch *P. M. Holt*, The Mahdist State in the Sudan², Oxford 1970, 25; *van Ess*, Oriens, 18/19.94; Sourdel, REI, 30.45.

Schiedsgerichts. Doch was gesagt worden ist, genügt wahrscheinlich schon, um aufzuzeigen, daß alle derartigen Auseinandersetzungen sich tatsächlich um die zeitgenössische Politik drehten. Dies war die Gestalt, die politische Argumente zu dieser Zeit und an diesem Ort annahmen. Selbstverständlich hat es andere Zeiten und Orte gegeben, wo die Geschichte in die Tagespolitik hineinspielte, aber wahrscheinlich waren die historischen Diskussionen sonst nirgends so umfassend und so offensichtlich tatsachenbezogen. Dies hat vielleicht etwas mit der arabischen und semitischen Vorliebe für das Konkrete gegenüber dem Abstrakten zu tun, und in gewisser Hinsicht waren die abstrakten Prinzipien in den konkreten Ereignissen mit enthalten.

Für den modernen akademisch gebildeten Geschichtsforscher besteht das Problem darin, daß jede Partei sich im Interesse ihrer eigenen These an eine umfassende Neuschreibung der Geschichte machte. An einigen Stellen wurden sie durch das in die Schranken gewiesen, was die Gegenspieler oder ungebundene dritte Parteien zuzugestehen bereit waren. Doch es ist erstaunlich, wie sehr schließlich die reine Erfindung akzeptiert werden sollte, nachdem man sie nur oft genug wiederholt hatte. Die Behauptung, ʿAlī sei von Mohammed zu dessen Nachfolger ernannt worden, ist in den Augen nichtmuslimischer Historiker eine derartige Erfindung. Was nicht so klar erkannt wird, ist, daß die Imāmiten und andere Schiiten nicht nur diese Grundbehauptung wiederholten, sondern mit der Zeit auch eine große Fülle an Material konstruierten, um diese zu untermauern. Dieses Material ist nicht von A bis Z Erfindung. Viele, vielleicht die meisten Namen sind die von tatsächlichen Personen, aber die Berichte über ihre Beziehungen zu den schiitischen Imamen, vom vierten bis zum elften, sind kunstreich verändert worden, damit sie eine Anerkennung des Imamats implizierten, die nicht geschichtlich ist. Der moderne Wissenschaftler sollte sich dem Labyrinth des schiitischen Materials über das achte und neunte Jahrhundert nur mit großer Skepsis nähern.

Es lohnt sich auch, darauf hinzuweisen, daß die politischen Implikationen einer historischen Behauptung zu verschiedenen Zeiten variieren können. Die Behauptung von der Überlegenheit ʿAlīs bedeutete in der Umayyadenzeit etwas anderes als in der ʿAbbāsidenzeit. Zayditische Doktrinen waren im neunten Jahrhundert die Grundlage einer Kompromißpolitik im Irak. Später aber bildeten sie die Grundlage für die Unabhängigkeit eines kleinen Staates im Jemen. Am faszinierendsten sind die Gesichtswechsel des Ismāʿīlismus von den Fāṭimiden und den ursprünglichen Assassinen bis zu den modernen Anhängern des Āġa Ḫān.

3. Der politische Kampf

a) Die Selbstbehauptung der Perser

Ein Faktor, der im politischen Kampf unter den frühen ʿAbbāsiden Bedeutung erlangen sollte, war die Selbstbehauptung der Perser. In verschiedenerlei Hinsicht beeinflußte sie auch die allgemeine Entwicklung des islamischen Denkens. Doch bis zu al-Ašʿarīs Zeit waren die persischen Einflüsse hauptsächlich peripher, und hier mag eine kurze Darstellung genügen.

Es ist zwar praktisch, von „den Persern" zu sprechen, aber es gab kein Bewußtsein von Gemeinschaft, das dem Nationalismus, wie man ihn heute versteht, vergleichbar gewesen wäre. Man kann sagen, daß Anfang des elften Jahrhunderts ein gewisses persisches Selbstbewußtsein in einem islamischen Kontext durch das *Šāhnāmeh* des Firdawsī geweckt worden ist. Zuvor hatte es eine Reihe lokaler Traditionen gegeben, die nicht miteinander verschmolzen, obwohl zumindest die oberen Schichten ein gewisses Bewußtsein von ihrer gemeinsamen Vorliebe für die Kultur des Sassanidenreiches besaßen. Diese Kultur war selbst eine Mischung. Die persischen Invasoren des Irak hatten dem Reich ihre Sprache (Mittelpersisch oder Pahlawi) aufgedrängt. Aber im Gegenzug hatten sie viele Wesenszüge der alten Zivilisationen des Euphrat-Tigris-Beckens akzeptiert, und die Sassanidenzeit war durch die Ausbreitung der Stadtkultur des Irak nach Osten hin gekennzeichnet. In vielen Fällen werden die Einwohner des Irak am besten als „persianisierte Aramäer" bezeichnet. Unter diesen Persern und „persianisierten Aramäern" gab es in der Umayyadenzeit einen höheren Prozentsatz an zum Islam Bekehrten als in irgendeiner anderen Provinz – teils deshalb, weil die Mobads oder Geistlichen der offiziellen Religion sich zu sehr der herrschenden Institution unterworfen und dadurch das Vertrauen des Volkes verloren hatten.

Wie andere nichtarabische Muslime waren die Konvertiten aus dem ehemaligen Sassanidenreich „Klienten" *(mawālī)* von arabischen Stämmen geworden, und sie empfanden diese Unterlegenheit im Status als Ärgernis. Viele unterstützten die Bewegung, die die ʿAbbāsiden an die Macht brachte, und die ʿAbbāsiden erfüllten die Wünsche der *mawālī* zur richtigen Zeit dadurch, daß sie aufhörten, zwischen Araber und Nichtaraber irgendeine juristische Unterscheidung vorzunehmen. Gleichzeitig erhielten viele Perser und persianisierte Aramäer Posten als „Sekretäre" oder Beamte. Dies war nicht nur eine Belohnung für ihre Unterstützung, sondern man tat das auch, weil diese Männer als Nachfahren der sassanidischen „Sekretäre" einen Stamm ausgebildeter Administratoren und das Herzstück jener jahrhundertealten Kunst des Regierens darstellten, die in dieser Weltgegend entwickelt worden war. Gegen Ende der Umayyadenzeit erkannten diejenigen, die die Macht in Händen hatten, daß das alte arabische System, das den Kalifen wie einen arabischen *šayḫ* lediglich zum *primus inter pares* und für alle zugänglich machte, in der Verwaltung eines Riesenreiches zur Ineffizienz führte.

Vom letzten Umayyadenkalifen, Marwān II. (744–750), und seinem Chefsekretär heißt es, sie hätten die Geschichten früherer persischer Könige studiert – wahrscheinlich, um etwas über die traditionellen Verwaltungsmethoden zu erfahren[70]. Die ʿAbbāsiden orientierten sich mit Bedacht an den Persern und benutzten das Hofzeremoniell dazu, den Unterschied zwischen dem Kalifen und dem Durchschnittsmenschen hervorzuheben und den Zugang zum Kalifen zu erschweren. Viele verwaltungstechnische Einzelheiten wurden von den Persern übernommen bzw. persischen Grundsätzen gemäß gestaltet. Diese neue Einstellung der ʿAbbāsiden zur persischen Tradition wirkte sich auf das islamische Denken in dreierlei Hinsicht aus.

Erstens wurde die persische Tradition des Regierens über Sammlungen historischer Anekdoten und ratgebende Handbücher in die arabische Literatur eingeführt. Der Prozeß wurde ein paar Jahre nach der Machtübernahme durch die ʿAbbāsiden von einem „Sekretär" persischer Abstammung, Ibn-al-Muqaffaʿ (gest. 756 oder später), in Gang gesetzt. U. a. übersetzte er eine Geschichte der persischen Könige, ein Werk über das Hofzeremoniell und ein Buch mit Herrschaftsmaximen ins Arabische[71]. Obwohl diese Werke nur in Bruchstücken erhalten sind, scheint ein Großteil ihres Inhalts von anderen Autoren wie Ibn-Qutayba, aṭ-Ṭabarī und al-Masʿūdī wiederholt worden zu sein. Das bekannteste Werk Ibn-al-Muqaffaʿs ist *Kalīla und Dimna*, eine Sammlung indischer Fabeln, die auch als die Fabeln des Bidpai und des Panchatantra bekannt sind. Darin wird in Form von Tiergeschichten viel praktische Weisheit vermittelt. Obzwar das Werk ursprünglich aus Indien stammt, hatte es in seiner Pahlawi-Fassung im Sassanidenreich Einfluß ausgeübt und gehört somit gewissermaßen zur persischen Tradition. Ibn-al-Muqaffaʿs Bücher führten im Arabischen und Persischen schließlich dazu, daß ein besonderes Genre aufkam, das als „Fürstenspiegel" bekannt ist. Verschiedene Beispiele davon sind ins Deutsche und in andere europäische Sprachen übersetzt worden[72]. Es sei auch darauf hingewiesen, daß die persische Geschichte, einschließlich der legendären, in großem Umfang in die Weltgeschichten aṭ-Ṭabarīs und anderer aufgenommen wurde und auf diese Weise einen festen Platz in der islamischen historischen Tradition erhielt. Dies steht im Gegensatz zu der Vernachlässigung der griechischen und römischen Geschichte (abgesehen von einer kleinen Menge hauptsächlich chronologischen Materials) und läßt sich zweifellos damit erklären, daß die große Mehrheit der Perser zu einem frühen Zeitpunkt Muslime wurden.

Zweitens trat eine Form häretischen Glaubens auf, die als *zandaqa* bekannt ist. Die Person, die sich dessen schuldig macht, ist ein *zindīq* (im Plural *zanādiqa)*. Das

70 Al-Masʿūdī, vi. 64; *H. A. R. Gibb*, Art. „ʿAbd al-Ḥamīd b. Yaḥyā", in EI². Über die Unterabteilung vgl. *Watt*, Islamic Political Thought, the Basic Concepts, Edinburgh 1968, 78–82.

71 GALS, i. 235, No. 2, 3, 4; vgl. *F. Gabrieli*, Art. „Ibn al-Muḳaffaʿ" in EI².

72 Vgl. *Watt*, Political Thought, 81 f. und Anm.

Wort ist ungenau und wird vielleicht am besten mit ‚Gottesleugnung', ‚Gottlosigkeit', übersetzt. In einer Äußerung eines frühen Gelehrten aus Kufa, Manṣur ibn-al-Muʿtamir (gest. 750), scheint *zandaqa* die „Verwerfung des geoffenbarten Gesetzes" zu sein[73]. Diese Aussage beweist, daß die Menschen schon vor dem Machtantritt der ʿAbbāsiden begonnen hatten, über *zandaqa* beunruhigt zu sein. Die letzteren erklärten es schon bald zu einem todeswürdigen Vergehen. Wahrscheinlich wurde Ibn-al-Muqaffaʿ von al-Manṣūr wegen *zandaqa* hingerichtet, wenngleich das Datum nicht feststeht, und es noch 772 sein könnte[74]. Ibn-al-Muqaffaʿ wird als Autor eines Werkes genannt, das Mohammed, den Islam und den Koran von einem manichäischen Standpunkt aus kritisiert. Eine Widerlegung davon, die von dem späteren zayditischen Imam al-Qāsim ibn-Ibrāhīm (785–860) verfaßt wurde, existiert noch[75]. Um dieselbe Zeit und ein wenig später fanden weitere Hinrichtungen statt, und von 782 bis 786 kam es unter dem Kalifen al-Mahdī zur systematischen Verfolgung von *zanādiqa*[76]. Viele der Angeklagten und Verurteilten gehörten zur Klasse der Sekretäre und waren persischer Abstammung. Ihre Bekehrung zum Islam war vermutlich ohne viel Überzeugung und hauptsächlich in der Absicht erfolgt, ihre Stellungen zu behalten. Eine Art, ihre Unzufriedenheit mit der neuen Situation zum Ausdruck zu bringen, bestand darin, manichäische Glaubensvorstellungen und asketische Praktiken zu übernehmen. Im Kalifat gab es traditionelle manichäische Gemeinden; aber diese waren ruhig und blieben von Verfolgung verschont, sofern sie nicht die Neomanichäer unterstützten. Es waren die letzteren, gegen die die *zandaqa*-Anklagen vorgebracht wurden; denn man fühlte, daß der Staat durch mündliche oder schriftliche Kritik an seinen Grundlagen, wie im Buch Ibn-al-Muqaffaʿs, gefährdet wurde. Die Existenz einer *zandaqa* dieser Art zwang die Theologen dazu, Apologien gegen sie zu verfassen, doch in den Büchern der Sekten wird ihr nicht viel Aufmerksamkeit geschenkt. Dies geschieht zweifellos deshalb, weil *zandaqa*, im Gegensatz zum Manichäismus, etwas Verschwommenes und Unbeständiges war. Zu einem späteren Zeitpunkt wurde sie juristisch als eine Form staatsgefährdender Häresie definiert[77]. Es ist auch wahrscheinlich, daß unzufrie-

73 Zitiert in *Laoust*, Profession, 58; vgl. Schismes, 72f. Für andere frühe Fälle vgl. Fihrist, 338; *Massignon*, Passion, 186.

74 Vgl. *D. Sourdel*, „La biographie d'Ibn al-Muqaffaʿ d'après les sources anciennes", Arabica, i (1954), 307–323.

75 Herausgegeben und übersetzt von *M. Guidi* als La lotta fra l'Islam e il Manicheismo, Rom 1927.

76 Vgl. *I. Goldziher*, „Ṣāliḥ b. ʿAbd-al-Ḳuddūs und das Zindīḳthum während der Regierung des Chalifen al-Mahdī", Transactions Congr. Or. London, ii (1892), 104–129; Ders. Gesammelte Schriften, iii. 1–26. Auch *Georges Vajda*, „Les zindīqs en pays d'Islam au début de la période ʿAbbāside", RSO, xvii (1938), 173–229. *Watt*, Integration, 119–122.

77 *Massignon*, Passion, 188f.

dene Sekretäre infolge der Verfolgungen sich vom Manichäismus ab- und einer Form des Schiismus zuwandten (davon wird gleich die Rede sein).

Drittens gab es die šuʿūbitische Bewegung. Diese war in erster Linie eine literarische Bewegung, deren Erzeugnisse Kritik an den Arabern und ihren Beiträgen zur Kultur enthielten sowie Lob für die nichtarabischen Völker *(šuʿūb)* des Reiches, insbesondere die Perser. Für die Sekretärsklasse war dies ein sichererer Weg als *zandaqa*, Gefühlen der Unzufriedenheit mit der bestehenden Situation freien Lauf zu lassen. Die Bedeutung der šuʿūbitischen Bewegung in der Geschichte des islamischen Denkens liegt darin, daß sie den negativen Aspekt der grundsätzlichen Entscheidung illustriert, die während der frühen ʿAbbāsidenzeit getroffen bzw. bestätigt wurde – nämlich, daß der islamische Staat auf der Mohammed gemachten Offenbarung (dem Koran und der Sunna) beruhen solle, und daß folglich das Arabische die Sprache der Kultur im Staate sein müsse. In gewisser Hinsicht war diese Entscheidung bereits in der umayyadischen Praxis enthalten, aber der Machtantritt der ʿAbbāsiden bot eine Gelegenheit, die Sache neu zu überdenken. Die Sekretärsklasse des Irak fand, als ihre Macht zunahm, die dominierende Stellung des Arabischen ärgerlich und sah in den Ulema, als den Trägern der „arabischen Geisteswissenschaften", ernsthafte Rivalen. Es überrascht also nicht, daß der Koran und der arabische literarische Stil zu den Hauptzielscheiben ihres Spottes gehörten. Die Herausforderung, die diese Kritik darstellte, war um so schlimmer, als einer aus ihren Reihen, Ibn-al-Muqaffaʿ, der herausragendste Vertreter des arabischen Prosastils der damaligen Zeit war. Schließlich entgegneten auf die Herausforderung Männer wie al-Ǧāḥiẓ (gest. 869) und Ibn-Qutayba (gest. 889), die šuʿūbitische Argumente nicht nur widerlegten, sondern damit auch nachwiesen, daß guter literarischer Stil durchaus mit der Verteidigung eines traditionellen arabischen und islamischen Standpunktes kombiniert sein konnte[78].

Die tiefe Bedeutung dieser Angelegenheit wird recht plastisch, wenn man die Folgen der Eroberung des Fruchtbaren Halbmondes durch die Araber mit der Eroberung der Gebiete griechischer Kultur durch die Römer vergleicht. Wie Horaz sagte: „Das gefangene Griechenland nahm seinen rohen Eroberer gefangen", d.h. die Kultur des römischen Reiches wurde griechisch, während die griechische Sprache das Vehikel jener Kultur blieb, da es praktisch keine Übersetzungen aus dem Griechischen ins Lateinische gab. Im Kalifat war die Situation ganz anders. In der Literatur besaßen die Araber, als sie aus Arabien herausdrängten, nichts als den Koran und eine dichterische und rhetorische Tradition. Doch wurde Arabisch nicht nur die Sprache der Regierung und der

78 Vgl. *Goldziher*, Muhammedanische Studien, i. 147–216; *H. A. R. Gibb*, „The Social Significance of the Shuʿūbīya", Studia Orientalia Ioanni Pedersen ... dicata, Kopenhagen 1953, 105–114 (=Ders., Studies on the Civilization of Islam, London 1962, 62–73); *Watt*, Integration, 120–122.

Religion, sondern auch der Wissenschaft, Philosophie und Belletristik. Die traditionelle Kultur des Fruchtbaren Halbmondes wurde in gewisser Hinsicht von den Arabern akzeptiert, doch während man sie akzeptierte, wurde sie einer Kultur anverwandelt, die auf dem Koran beruhte. Ein Aspekt dieses Prozesses war die šuʿūbitische Bewegung. In den Worten von Sir Hamilton Gibb:

> The issue at stake was no superficial matter of literary modes and fashions, but the whole cultural orientation of the new Islamic society – whether it was to become a re-embodiment of the old Perso-Aramean culture into which the Arabic and Islamic elements would be absorbed, or a culture in which the Perso-Aramean contributions would be subordinated to the Arab tradition and the Islamic values[79].

Was schließlich erreicht wurde, ist zum großen Teil jenen Gelehrten zu verdanken, die persisches Material in arabischer Sprache wiedergaben und mit Hilfe ihrer philologischen Studien aus dem Arabischen ein geeignetes Instrument für eine große Kultur machten.

b) Die einander bekämpfenden Interessengruppen

Es ist klar, daß während des ersten Jahrhunderts des ʿAbbāsidenkalifats eine Auseinandersetzung zwischen gewissen Gruppen oder Parteien stattfand, aber die Identität dieser Gruppen steht nicht eindeutig fest. Klar ist ebenfalls, daß die Sache kompliziert ist, weil viele Gruppen darin verwickelt waren und in ihren Beziehungen eine gewisse Unbeständigkeit vorherrschte. Einige Aspekte jedoch sind noch nicht ausreichend untersucht worden, und deshalb können wir hier nicht mehr tun, als einige Hinweise allgemeiner Art zu geben. Es scheint am angebrachtesten zu sein, die verschiedenen Gruppen im Hinblick auf ihre Interessen zu definieren.

Auf der intellektuellen Ebene kann der politische Kampf in erster Linie als ein Kampf zwischen zwei Gruppen von Intellektuellen betrachtet werden: den Sekretären oder Beamten einerseits und den Ulema oder religiösen Gelehrten andererseits. Unter Ulema werden hier die führenden Männer jener Bewegung verstanden, die wir die allgemeine religiöse genannt haben. Sie bestanden darauf, daß das staatliche und gesellschaftliche Leben auf islamischen Prinzipien beruhen sollte, d. h. auf dem Koran und der Sunna. Sunna bedeutet ‚ausgetretener Pfad' und im übertragenen Sinne daher ‚übliche Praxis'. Diese kann aber unterschiedlich verstanden werden. Z. B. kann sie die übliche Praxis des Propheten sein, wie sie sich in den fortbestehenden Gewohnheiten der Gemeinschaft widerspiegelt. Um 800 wurde schließlich akzeptiert, daß die Sunna durch *ḥadīṯ*, d. h. Anekdoten über Mohammed, kennenzulernen war. Wenn der Staat also auf dem Buch und

79 *Gibb*, Studies, 66.

der Sunna beruhen sollte, war es notwendig, daß diese autoritativ interpretiert wurden. Eine solche Interpretation war die Aufgabe der Ulema, und dies verlieh ihnen eine bedeutende Stellung im Kalifat. Diese besondere Position der Ulema wurde von den ʿAbbāsidenkalifen teilweise anerkannt, weil die allgemeine religiöse Bewegung sie ja während ihres Kampfes um die Macht unterstützt hatte.

Angesichts dieser Situation wird deutlich, daß viele der häretischen Einstellungen, die unter den Sekretären verbreitet waren, alles andere als doktrinär und akademisch waren und in Wirklichkeit auf die Verteidigung und Verbesserung ihrer Stellung im Kalifat abzielten. Ihre Kritik am Koran war indirekt ein Angriff auf die Ulema, und das war auch – wenngleich weniger augenfällig – ihre Kritik am arabischen Stil. Was diesen anbelangt, so wäre es schwierig gewesen, die Koraninterpretation als eine rationale Disziplin aufrechtzuerhalten, wenn es kein formales philologisches Studium der arabischen Sprache und keine Prosaliteratur im Arabischen gegeben hätte. Wenn aber einmal Philologie und Literatur mit hineingezogen werden, dann berührt die Kontroverse einen größeren Kreis von Interessen. Auf der einen Seite stehen jene, die den kulturellen Formen verhaftet sind, die mit der arabischen Sprache assoziiert sind, und auf der anderen jene, die der persischen oder perso-irakischen Kultur verhaftet sind. Diese sind zwar größere Gruppen als die Ulema und die Sekretäre, aber sie dürfen nicht einfach mit arabischem und persischem Nationalismus gleichgesetzt werden. Abgesehen von der Tatsache, daß der Nationalismus, wie man ihn heute begreift, zu dieser Zeit nicht existierte, muß beachtet werden, daß sich im Lager der Sekretäre Personen arabischer Abstammung finden, während es bei den Ulema Männer persischer Herkunft gibt.

Die Gegnerschaft der beiden Gruppen von Intellektuellen wirkte auch in den Bereich der politischen Theorie hinein. Es ist oben angedeutet worden, daß die Personen, die Rāfiḍiten genannt werden, zumindest bis etwa 870 keine Revolutionäre waren, die sich zum Sturz der ʿAbbāsiden verschworen, sondern Verfechter einer absolutistischen oder autokratischen Regierungsform. Diese politische Haltung wäre den Sekretären offensichtlich sympathisch gewesen; denn ein autokratischer Kalif hätte die Interpretationen der Ulema über den Haufen werfen können, und infolgedessen würden seine Beamte auf Kosten ihrer Rivalen an Einfluß gewinnen. Außer den Sekretären teilten selbstverständlich viele andere diese Einstellung. Man darf vermuten, daß sie solche Menschen wie die aus Südwestarabien ansprach, die aufgrund ihrer Tradition dann, wenn sie in Zeiten der Bedrängnis Sicherheit brauchten, nach der Führung eines inspirierten oder charismatischen Führers Ausschau hielten[80]. Die gegensätzliche politische Haltung, die für ihre Sicherheit die kollektive Weisheit einer charismatischen Gemeinschaft suchte, wurde ebenfalls weithin vertreten. Diese Einstellung war den Ulema eindeutig sympathisch, da der Koran als ein Beweis für die charismatische

80 Vgl. S. 48f. und *Watt*, Integration, 104–106, 168f., u.a.

Natur der Gemeinschaft betrachtet wurde bzw. betrachtet werden konnte[81], und die Ulema wurden die Träger der Weisheit der Gemeinschaft. Diese zweite Einstellung kann „konstitutionell“ genannt werden[82].

Diese einander bekämpfenden Interessengruppen sind wahrscheinlich auch mit wirtschaftlichen Interessen verbunden sowie mit den Interessen von gesellschaftlichen Gruppen, die nicht zu den Sekretären und den Ulema gehören. Dieses Gebiet ist jedoch wenig erforscht worden, und es hat nicht den Anschein, daß dem, was bereits gesagt wurde, irgend etwas sinnvoll hinzugefügt werden könnte. Mehrere verhältnismäßig isolierte Fakten sind bekannt, aber ihre Interpretation ist unsicher. So ist z. B. bekannt, daß der lautstärkste Teil des Volkes von Bagdad die Konstitutionalisten unterstützte, aber warum das so war, ist nicht klar.

c) Al-Ma'mūns Bemühungen um einen Kompromiß

Die Auseinandersetzung zwischen dem autokratischen und dem konstitutionalistischen Block zeichnete sich bereits im ersten halben Jahrhundert der ʿAbbāsiden ab. Al-Mahdī verfolgte *zanādiqa*, versuchte aber auch, die ʿAliden zu beschwichtigen[83]. Unter Hārūn ar-Rašīd unterhielten die Barmakiden viele enge Beziehungen mit Persern und Šuʿūbiten[84], und ihre Politik neigte zu einer Begünstigung des autokratischen Blocks. Nach dem Fall der Barmakiden im Jahr 803 scheint ihr Nachfolger al-Faḍl ibn-ar-Rabīʿ (der Sohn des Wesirs von al-Manṣūr) eine Politik unterstützt zu haben, die der der Konstitutionalisten näherkam[85]. Unter seinem Einfluß soll ar-Rašīd Bišr al-Marīsī eingekerkert haben, weil dieser die antikonstitutionalistische Doktrin von der Geschaffenheit des Koran verteidigte[86]. Al-Amīn behielt al-Faḍl ibn-ar-Rabīʿ als Wesir und verfolgte vermutlich eine ähnliche Politik. Der Irak, al-Amīns Machtbasis, hatte eine konstitutionalistische Tendenz, während Chorasan, das seinem Bruder al-Ma'mūn unterstand, mehr autokratisch war. Aber all diese Staatsmänner waren realistisch genug, um zu begreifen, daß sie sich nicht völlig an einen der Blöcke binden konnten, und daher zielte ihre ganze Politik darauf ab, Ansätze zum Gleichgewicht zu finden, d. h. eine Politik, die ihnen die Unterstützung der Mehrheit beider Blöcke einbringen würde. Die Verfolgung dieses Zieles läßt sich in der Regierung al-Ma'mūns deutlich erkennen, insbesondere im Zusammenhang mit zwei wichti-

81 Vgl. S. 29f. und Anm. 68.
82 Vgl. *Watt*, „The Political Attitudes of the Muʿtazilah“, JRAS, 1963, 45. Für eine ähnliche Unterscheidung zu einem etwas späterem Zeitpunkt, vgl. *Massignon*, Passion, i. 204.
83 *D. Sourdel*, „La politique religieuse du calife ʿAbbaside al-Ma'mun“, REI, xxx (1962), 27–48, insbes. 28.
84 *Sourdel*, Vizirat, i. 175–180.
85 *Watt*, „Political Attitudes“, 45.
86 *Sourdel*, „La politique ... al-Ma'mun“, 32.

gen Entscheidungen, nämlich der Erklärung ʿAlī ar-Riḍās zum gesetzmäßigen Erben und der Einrichtung der Miḥna oder Inquisition.

Im März 817, als er noch in Merw in Chorasan residierte, ernannte al-Ma'mūn ʿAlī ar-Riḍā zum Erben des Kalifats. ʿAlī war der Sohn des Ḥusayniden Mūsā al-Kāẓim (gest. 799), des siebten Imams der späteren Imāmiten, und er selbst wurde ihr achter Imam. 817 kann er kaum als Führer irgendeiner politisch bedeutsamen Gruppe anerkannt worden sein, obwohl er ohne Zweifel als Oberhaupt der Ḥusaynidenfamilie akzeptiert wurde. Er war nicht der Typ, der eine Revolte gegen die ʿAbbāsiden hätte anführen können. Doch mit seiner Ernennung beabsichtigte al-Ma'mūn vermutlich, die Unterstützung der Mehrheit jener zu gewinnen, die auf das Auftreten eines inspirierten ʿalidischen Führers hofften, oder sie zumindest daran zu hindern, aktiv die Partei irgendeines solchen Führers zu ergreifen, der gegen die ʿAbbāsiden rebellierte. Al-Ma'mūns Politik hatte jedoch, wie Dominique Sourdel in seinem Artikel „La politique religieuse du calife ʿabbaside al-Ma'mun" aufgezeigt hat, auch einen subtileren Aspekt[87]. Sourdel vermerkt wiederholt, daß das Denken al-Ma'mūns dem der Zayditen sehr nahekam, aber die Natur des Zaydismus zu diesem Zeitpunkt untersucht er nicht weiter. Es wird daher dienlich sein, damit zu beginnen, daß man das näher betrachtet, was mit Zaydismus gemeint sein konnte, wenn man einmal voraussetzt, daß dieser die Politik al-Ma'mūns beeinflußte.

Eine wesentliche zayditische Auffassung war, daß ʿAlī zwar nach Mohammed der ‚Vorzüglichste' *(afḍal)* der Gemeinschaft war, die Herrschaft Abū-Bakrs und ʿUmars aber voll akzeptierte. Die Rāfiḍiten wichen insofern davon ab, als sie das Kalifat Abū-Bakrs und ʿUmars nicht anerkannten und mehr Gewicht auf ʿAlīs ‚Ernennung', *naṣṣ*, zum Nachfolger Mohammeds legten. Al-Ma'mūn war sich der Unterschiede sicherlich bewußt; denn er ermunterte Gelehrte dazu, diese in seiner Gegenwart zu erörtern. Seine Erklärungen, wonach ʿAlī *afḍal* und den anderen Prophetengefährten überlegen war, müssen daher für bedeutsam gehalten werden. Im allgemeinen scheint er Abū-Bakr und ʿUmar anerkannt zu haben, wenngleich einige wenige Anekdoten erhalten sind, aus denen sich schließen läßt, daß er sie manchmal kritisierte[88]. Es ist auch zu beachten, daß er bei der Ernennung ʿAlī ar-Riḍās zum Erben behauptete, dieser sei *afḍal*. Dies kann eine Vorbereitung auf die Verteidigung der Herrschaft der ʿAbbāsiden als der der Vorzüglichsten aus dem Hāšim-Klan gewesen sein. Es gab keine Absichtserklärung, wonach ʿAlī ar-Riḍās Nachkommen diesem nachfolgen sollten, und es mag sein, daß – wie Sourdel meint – die Idee bestand, daß in Zukunft der Kalif der

87 S. Anm. 83. Es erschien etwa um die Zeit wie *Watt*, „Political Attitudes"; unabhängig voneinander gelangten sie zu ähnlichen Schlußfolgerungen von der häresiographischen Seite, während Sourdel sich mehr mit der politischen Geschichte befaßte. Vgl. Anm. 32a in Kapitel 6. Der Zaydismus wird von al-Ma'mūns Sekretär verteidigt, vermutlich mit Zustimmung des Kalifen.

88 *Sourdel*, „La politique ... al-Ma'mun", 40f.

Vorzüglichste unter den ʿAliden und ʿAbbāsiden sein solle. Zweifellos implizierte die Erklärung, daß jemand der Vorzüglichste war, auch, daß er am besten geeignet war, zu regieren und Entscheidungen für die Gemeinschaft zu treffen. Gewiß handelte al-Ma'mūn in verschiedener Hinsicht so, als ob er persönliche Autorität habe, und er war der erste ʿAbbāside, der den Titel „Imam" benutzte, den Zayditen und Rāfiḍiten häufig im Munde führten. Auf diese Weise versuchte er, die Unterstützung des autokratischen Blocks zu gewinnen, während er mit der Anerkennung Abū-Bakrs und ʿUmars die Konstitutionalisten beschwichtigen wollte.

Der Zaydismus implizierte auch, daß der Imam sein Recht auf Herrschaft aktiv geltend machen sollte. Nun hatte al-Ma'mūn, als sein Bruder ihn seines Erbfolgerechtes beraubte, sich selbst an die Spitze eines Aufstandes gestellt und war erfolgreich gewesen. Als Nachkomme von ʿAlī und Fāṭima wäre er fraglos ein zayditischer Imam gewesen. Zu dieser Zeit waren aber noch viele Dinge im Fluß, die von der späteren schiitischen Apologetik endgültig formuliert wurden, und es steht so gut wie fest, daß al-Ma'mūn von vielen Menschen, die allgemein als Zayditen bezeichnet werden können (wie z. B. ʿAlī ibn-al-Hayṯam), als ein aktiver Imam akzeptiert wurde. Bemerkenswert ist, daß an-Nawbaḫtī sagt, bestimmte Zayditen hätten bei der Erklärung ʿAlī ar-Riḍās zum Erben diesen als Imam akzeptiert[89]. Doch damit läßt sich nicht allzuviel anfangen, da an-Nawbaḫtī bei der Interpretation seiner Quellen seine Vorurteile einfließen ließ.

Unbeständigkeit beeinträchtigte zu dieser Zeit auch die Beziehungen zwischen Zaydismus und Muʿtazilismus; denn der Name Muʿtazilit wurde noch allgemein verwendet, und seine Beschränkung auf jene, die die fünf Prinzipien vertraten, war noch nicht endgültig (s. 218). Die wesentlichen zayditischen Doktrinen waren jene, die für die Politik von Bedeutung waren. Aber viele Zayditen interessierten sich für die intellektuelle Verteidigung und Ausformung der Doktrin, da bei allen Formen des Protoschiismus eine Tendenz bestand, nicht, wie die Gegner, auf die Schriften zu vertrauen, sondern sich rationaler Überlegungen zu bedienen. Die Muʿtaziliten Bišr ibn-al-Muʿtamir und Ṯumāma, die 817 das Dokument beglaubigten, das ʿAlī ar-Riḍā zum Erben erklärte, dürfen aus gutem Grund Zayditen genannt werden[90]. Einige Zayditen aber waren antirationalistisch und können daher nicht einmal im weitesten Sinne Muʿtaziliten gewesen sein. In der ersten Hälfte des neunten Jahrhunderts hing der wesentliche Unterschied zwischen Muʿtaziliten und Zayditen vielleicht mit der Doktrin vom Geschaffensein des Koran zusammen. Andererseits befinden wir uns vielleicht im

89 Nawb., 73.

90 *Sourdel*, „La politique ... al-Ma'mun", 31. 33. In dem Abschnitt in Aš., 451–467, über politische Einstellungen wird Bišr besonders zweimal erwähnt (453, 456), und er befindet sich bei jeder Gelegenheit in Übereinstimmung mit den Zayditen; bei dem Vorfall in Yāqūt, Iršād, v. 457 (Anm. 32a in Kapitel 6) ist nicht die Rede davon, daß Ṯumāma ein Gegner des Zaydismus war.

Irrtum, wenn wir nach einem wesentlichen Unterschied suchen. Um 850 hatte man al-Ma'mūns Kompromißpolitik aufgegeben, und in Bagdad gab es keine politische Gruppe, auf die der Spottname „Zaydit" paßte, während die Muʿtazila sich zu einer klar umrissenen theologischen Schule konstituierten. Wahrscheinlich war nunmehr auch im Irak bekannt, daß der Zaydismus im Jemen die spezifische Doktrin einer isolierten Randgruppe geworden war. Im Herzen des Kalifats scheint der Zaydismus ausgestorben zu sein.

Die Politik, die in der Ernennung ʿAlī ar-Riḍās impliziert gewesen war, wurde durch seinen Tod 818 und durch die Tatsache zunichte gemacht, daß sein Sohn noch ein Kind war. Doch sie wurde nicht gänzlich aufgegeben. Mit der Zeit aber fühlte al-Ma'mūn sich von der Möglichkeit des Kompromisses angezogen, die in der Doktrin von der Geschaffenheit des Koran enthalten war, und die von den Muʿtaziliten und anderen vertreten wurde. Diese führte zur Miḥna oder Inquisition. Im Hinblick auf die Doktrin nahm al-Ma'mūn 827 eine gewisse Überprüfung vor, aber mit dem eigentlichen Untersuchungsverfahren wurde offensichtlich nicht vor 833 begonnen, einige Monate vor seinem Tod. Ungefähr im April 833 wies er den Gouverneur von Bagdad an, von den *qaḍī* und anderen prominenten Personen eine öffentliche Erklärung zu der Doktrin zu verlangen, der zufolge der Koran die geschaffene Rede Gottes sei. Ähnliche Befehle wurden an andere Provinzgouverneure gerichtet, aber die Gouverneure folgten den Befehlen mit unterschiedlichem Eifer. Anfang August, als die Nachricht vom Tod al-Ma'mūns eintraf, war nicht viel geschehen. In Bagdad kam es zu verschiedenen Gerichtssitzungen in Gegenwart des Gouverneurs. Einige von denjenigen, die verhört wurden, stimmten sofort zu. Einige antworteten ausweichend, gaben aber schließlich unter der Anordnung von Folter und Tod nach. Nur ein paar wenige – unter ihnen Aḥmad ibn-Ḥanbal – weigerten sich entschlossen, ihren Glauben an die Ungeschaffenheit des Koran aufzugeben. Diese letzteren wurden eingekerkert und grausam behandelt, und einige von ihnen starben in der Folge, auch wenn niemand offiziell hingerichtet worden zu sein scheint. Die Inquisition wurde unter den beiden nächsten Kalifen sporadisch weiter betrieben, aber ungefähr 849, kurz nach dem Beginn der Regierung al-Mutawakkils, eingestellt, zu einer Zeit also, zu der sich in der Politik eine Wende vollzog[91].

Den modernen Leser erstaunt es zunächst, daß man es für notwendig gehalten haben sollte, wegen einer haarspalterischen theologischen Streitfrage eine Inquisition einzuführen. Der Streitpunkt war, ob der Koran, den alle übereinstimmend für Gottes Wort hielten, geschaffene Rede oder ungeschaffene Rede sei. Die Auffassung, daß er ungeschaffene Rede sei, hatte ihren Ursprung wahrscheinlich im Interesse vieler Gelehrter zu behaupten, daß die Ereignisse durch Gottes Qadar oder Bestimmung stattfinden. Da gewisse historische Ereignisse im Koran erwähnt werden, müssen sie – so lautete ein Teil ihres Argumentes – von Gott

91 Vgl. *Walter M. Patton*, Aḥmed ibn Ḥanbal and the Miḥna, Leiden 1897.

ewig gewußt und daher für den anscheinend Handelnden vorherbestimmt worden sein. In der Tat wurde die Möglichkeit in Erwägung gezogen, daß Gottes Wissen bloß deskriptiv sei, d.h. daß Gott ewig wisse, was die Menschen zu bestimmten Zeiten tatsächlich frei wählten; doch dies wurde allgemein verworfen. Der klaren Entgegnung auf diese Doktrin von der Ungeschaffenheit, nämlich, daß der Koran in der Zeit erschienen war, wurde dadurch erwidert, daß man den Koran als einen Ausdruck von Gottes Wissen auffaßte. Einige Verteidiger der menschlichen Freiheit hielten es deshalb schließlich für den besten Weg, ihren Standpunkt zu verteidigen, wenn sie darauf beharrten, daß der Koran geschaffen sei. Ihre Auffassung untermauerten sie, indem sie solche Verse wie 43.3 zitierten: „Wir haben sie [die Schrift] zu einem arabischen Koran gemacht" und hervorhoben, daß ‚gemacht' *(ǧaʿalnā)* dasselbe sei wie ‚geschaffen'.

Unter den damaligen Umständen hatte diese einander gegenüberstehenden Auffassungen politische Implikationen. Wenn man sagte, der Koran sei die geschaffene Rede Gottes, implizierte man wahrscheinlich, daß er ihn auch anders hätte schaffen können, genauso wie er einen Menschen groß oder klein oder mittelgroß schaffen könne. Ungeschaffene Rede hingegen würde irgendwie das Wesen Gottes zum Ausdruck bringen und somit unveränderbar sein. Mit diesem unveränderlichen Charakter des Koran wurde z. T. die Tatsache gerechtfertigt, daß er zur Grundlage des Reiches gemacht wurde, und er mehrte auch die Autorität der Ulema als seiner autorisierten Interpreten. Ein geschaffener Koran hätte nicht dasselbe Prestige, und es könnten nicht dieselben Einwände dagegen erhoben werden, wenn seine Bestimmungen durch einen Erlaß eines inspirierten Imam umgestoßen würden. Die Doktrin vom Geschaffensein vermehrte also die Macht des Kalifen und der Sekretäre, während die von der Ungeschaffenheit die Macht der Ulema stärkte.

KAPITEL 7 DER REIZ DES RATIONALISMUS

In der Vorstellung westlicher Gelehrter wird der Rationalismus oder Einsatz der Vernunft im Islam gerne mit dem Studium griechischer Philosophie in der islamischen Welt und deren teilweiser Akzeptierung durch die Theologen in Verbindung gebracht. Hervorgerufen wird dieser falsche Eindruck durch die arabische Gewohnheit, die Menschen in Kategorien – wie Theologen und Rechtsgelehrte – einzuteilen, sowie durch die relative Vernachlässigung der Rechtswissenschaft von seiten westlicher Gelehrter. Wahrscheinlich wurde die Anziehungskraft der griechischen philosophischen Konzeptionen und Methoden auf die Theologen dadurch verstärkt, daß diese bereits Rechtswissenschaft studiert und dabei die rationalen Formen der Argumentation kennengelernt hatten.

Die Rivalität zwischen den Ahl ar-Ra'y und den Ahl al-Ḥadīṯ wurde in Band I, Abschnitt D „Islamisches Recht", S. 241–249, beschrieben.

1. Die Anfänge des Kalām

Das arabische Wort *kalām* bedeutet gewöhnlich ‚Rede', so z. B. wenn der Koran *kalām Allāh*, ‚Gottes Rede', genannt wird. Aber es hat auch eine fachspezifische Bedeutung, die mit ‚spekulative oder rationale Theologie' übersetzt werden kann; das entsprechende Partizip ist *mutakallim*. Zweifellos war dies einst ein Spottname, der vielleicht das Bild von Leuten entwarf, ‚die immerfort reden'. Schließlich aber wurde er als neutraler Begriff akzeptiert. In späteren Jahrhunderten gab es wenig Unterschied zwischen der Anwendung systematischer Beweisführung auf die Rechtswissenschaft und der auf die Theologie. Doch um das Jahr 800 war das nicht so, und einige, die im Recht *iǧtihād ar-ra'y* guthießen, billigten Kalām nicht. Dazu kam es, weil Kalām nicht nur rationale Argumente verwendete, sondern auch nichtkoranische Konzeptionen einführte und diskutierte, die größtenteils der griechischen Naturwissenschaft und Philosophie entnommen waren. Kalām war eine interessante und aufregende Entwicklung, und es ist wichtig, die Gründe dafür zu untersuchen.

Als die Araber kurz vor der Mitte des siebten Jahrhunderts den Irak eroberten, kamen sie mit einer lebendigen Tradition hellenistischer Gelehrsamkeit in Berührung. Im Irak und in den benachbarten Gebieten des ehemaligen Perserreiches gab es eine Reihe christlicher Schulen und Kollegien. Die bedeutendste scheint die von Gondēšāpūr gewesen zu sein, wo sowohl Medizin als auch religiöse Fächer von nestorianischen Christen gelehrt wurden. Der Lehrplan umfaßte griechische Medizin und Philosophie; die Unterrichtssprache aber war Syrisch, und die erforderlichen Bücher waren ins Syrische übersetzt worden[1]. Es gab auch nichtchristliche Schulen der hellenistischen Gelehrsamkeit, insbesondere die der sog. Ṣābi'aner in Ḥarrān. Das sassanidische Perserreich war mit dem indischen Denken einigermaßen vertraut, und etliche Bücher waren ins Pahlawi oder Mittelpersische übersetzt worden. Eine Zeitlang vermutete man, daß Aristoteles vom Persischen ins Arabische übersetzt worden war, aber man weiß jetzt, daß diese Annahme unbegründet ist[2]. Die lebendige geistige Tradition, mit der die Araber im Irak in Berührung kamen, wurde also aus verschiedenen Quellen gespeist. Das hellenistische Element in seiner syrischen Ausprägung stellte die vorherrschende Richtung dar, aber es gab Elemente zweitrangiger Bedeutung aus Indien, die hauptsächlich über das Pahlawi eindrangen.

1 Vgl. *De Lacy O'Leary*, Arabic Thought and its Place in History, London 1922, Kap. 1; auch sein How Greek Science passed to the Arabs, London 1949; EI², Art. „Gondēshāpūr" *(Aydin Sayili)*.

2 Vgl. *P. Kraus*, „Zu Ibn al-Muqaffaʿ", RSO, xiv (1933–34), 1–20.

Die genaue Form des Kontaktes läßt sich bis zu einem gewissen Grad nur vermuten. Wir müssen annehmen, daß es zwischen arabischen Gouverneuren und Administratoren und den Leitern der verschiedenen Bildungseinrichtungen zu Begegnungen kam. Wichtiger als dies jedoch war die Anzahl jener Angehörigen der gebildeten Schichten, die zum Islam übertraten. Im letzten Abschnitt der Umayyadenzeit waren viele der führenden muslimischen Gelehrten des Irak Nichtaraber. Selbst wenn sie nicht persönlich an einer der Schulen gewesen waren, müssen diese Männer etwas von der hellenistischen intellektuellen Ausrichtung der Umgebung, in der sie aufgewachsen waren, mit sich in den Islam eingebracht haben. Solche Menschen waren keiner Form der griechischen Philosophie verpflichtet, sondern griffen die Ideen heraus, welche ihnen gerade in ihren augenblicklichen Kontroversen von Nutzen waren. Um die Mitte des neunten Jahrhunderts entwickelten einige Männer sich zu aufrichtigen Verehrern irgend eines Zweiges der griechischen Philosophie. Aber damit schnitten sie sich selbst vom Hauptstrom des islamischen Denkens ab (s. 208–10).

Der Einfluß des Hellenismus auf das islamische Denken muß hauptsächlich im Irak gesehen werden, zuallererst in Basra und Kufa und später in Bagdad. Vielleicht waren die Menschen im Irak oder gewisse Gruppen von ihnen für das spekulative Denken besonders begabt. Die hellenistische Gelehrsamkeit hatte zwar in Ägypten eine Blüte erlebt, doch dem Anschein nach fast ausschließlich unter Menschen griechischer Abstammung wie Origenes. Die Literatur der einheimischen Ägypter oder Kopten ist, abgesehen von ein paar Ausnahmen wie Athanasios, eher konkret als abstrakt. Es überrascht nicht, daß die Schule von Alexandria 718 nach Antiochia verlegt wurde, nachdem die arabische Invasion sie von einem leichten Kontakt mit dem Byzantinischen Reich abgeschnitten hatte. Das islamische Recht wurde in Ägypten zwar in gewissem Umfange studiert, doch zur theologischen Diskussion leistete Ägypten praktisch keine Beiträge. In Syrien herrschte während der Umayyadenzeit eine gewisse intellektuelle Unruhe, die z. B. in der politischen Theologie Ġaylāns und in der Rechtswissenschaft al-Awzāʿīs ihren Niederschlag fand. Aber nach 750 leistete das islamische Syrien einige Jahrhunderte lang wenig. In Mekka und Medina gab es hervorragende Gelehrte, doch der Einfluß griechischer Ideen auf sie war gering. Die östlichen Regionen des Kalifats waren lange Zeit der hellenistischen Kultur ausgesetzt gewesen, und dort wirkten rationalisierende islamische Theologen. Über die Zeit vor al-Māturīdī (gest. 944) ist jedoch wenig bekannt.

Die Kontakte zwischen Muslimen und Nichtmuslimen führten zu polemischen Kontroversen, und diese stellten für die islamische Theologie einen Stimulus zum rationalen Denken dar. Die Doktrin von der sprachlichen Korruption der Bibel schützte den Durchschnittsmuslim vor den Angriffen intellektueller Christen und anderer[3]; aber die gebildeteren Muslime schreckten vor Diskussionen nicht

3 Vgl. *Watt*, Integration, 260–265; „The Early Development of the Muslim Attitude to

zurück. Belege dafür, daß solche Diskussionen stattfanden, finden sich in den Werken des Johannes Damaszenus (gest. 749), eines orthodoxen christlichen Theologen, der unter den Umayyadenkalifen eine Sekretärsstelle innehatte[4], sowie in denen seines Schülers Theodor Abū-Qurra (gest. ca. 826)[5] und des nestorianischen Katholikos Timotheos I., der 823 im Alter von 95 Jahren starb. Zu den Werken des letzteren gehört eines, das ein Bericht über eine Diskussion zwischen dem Katholikos und dem Kalifen al-Mahdī etwa um das Jahr 782 sein soll[6]. Hauptzweck dieser Werke ist es wahrscheinlich, die Christen zu ermutigen, und die Diskussionsform ist vielleicht ein literarischer Kunstgriff. Sicherlich aber sind sie Hinweise auf die Art von Argumenten, auf die muslimische Denker zu antworten hatten. Das früheste noch existierende Werk gegen die Christen scheint das von ʿAlī aṭ-Ṭabarī (gest. 855) zu sein[7]; aber frühere Autoren wie Ḍirār[8] sollen eine „Widerlegung der Christen" geschrieben haben.

Es gab auch viele Argumente gegen andersdenkende Muslime, ob sie nun Beinahe-Außenseiter waren wie die Zanādiqa, oder rivalisierende Theologen, von denen man nur in verhältnismäßig belanglosen Punkten abwich. Für solche Auseinandersetzungen gibt es eine Fülle von Belegen in den Listen von Büchern, die von Ibn-an-Nadīm, Šayḫ Ṭūsī und anderen aufbewahrt wurden. Selbstverständlich hatte es, zumindest seit der Zeit der Ermordung ʿUṯmāns, innerislamische Debatten gegeben; aber diese fanden innerhalb eines abgesteckten Rahmens von Ideen statt, die in der Hauptsache aus dem Koran stammten. Wenn man aber gegen Christen, und bis zu einem gewissen Grad auch gegen Zanādiqa, argumentiert, konnte man sich nicht mehr auf den Koran stützen, und genau an diesem Punkt wurden griechische Konzeptionen nützlich. Auf diese Weise führte die Polemik zur Entwicklung des Kalām. Nachdem Kalām sich einmal etabliert hatte, wurde er in innerislamischen Debatten natürlich bei passenden Gelegenheiten angewendet.

Während griechische Vorstellungen zunächst über verschiedene Arten des Kontaktes mit der lebendigen Tradition hellenistischer Gelehrsamkeit in den Islam Eingang fanden, wurde die Szene später von den Übersetzungen griechi-

the Bible", Transactions of the Glasgow University Oriental Society, xvi (1967), 50–62.

4 Migne, Patrologia Graeca, xciv. 1585ff. und xcvi. 1335–48, Diskussionen mit einem „Sarazenen".

5 Vgl. *Graf*, Geschichte der christlichen arabischen Literatur, 5 Bände, Vatikan-Stadt 1944–53, ii. 7–23.

6 Hrsg. und übers. von *A. Mingana* in Woodbrooke Studies, ii, Cambridge 1928. Für eine allgemeine Darstellung der muslimischen Polemik gegen Christen vgl. *Erdmann Fritsch*, Islam und Christentum im Mittelalter, Breslau 1930.

7 Kitāb ad-dīn wa-d-dawla, Hrsg. *A. Mingana*, Manchester 1923. Al-Hāšimīs Risāla stammt wahrscheinlich aus späterer Zeit; vgl. *Graf*, Geschichte der christlichen arabischen Literatur, ii. 135–145.

8 Isl., xliv. 18, No. 30, aus Ibn-an-Nadīm.

scher Werke ins Arabische beherrscht. Mit der Übersetzung medizinischer Werke soll man in der Tat schon unter den Umayyaden begonnen haben[9]. Die frühen ʿAbbāsidenkalifen interessierten sich für die hellenistische und andere fremde Kulturen und förderten Übersetzer. Al-Maʾmūn bzw. seine Berater aber waren es, die die Bedeutung der griechischen Naturwissenschaft und Philosophie erkannten und im Bayt al-Ḥikma, das zugleich auch eine Bibliothek war, ein Team von Übersetzern etablierten[10]. Bis zur Zeit Ibn-an-Nadīms (gest. ca. 996) war eine große Anzahl von Büchern der griechischen Philosophie und Wissenschaft übersetzt worden, und viele Muslime hatten, wie aus dem siebten Abschnitt seines *Fihrist* oder Katalogs (S. 238–303) ersichtlich ist, Originalwerke über ähnliche Themen verfaßt. Im neunzehnten Jahrhundert studierten mehrere europäische Autoren den *Fihrist* sorgfältig und verglichen ihn mit vorhandenen Manuskripten. Die Ergebnisse ihrer Bemühungen wurden von Moritz Steinschneider zusammengetragen und zwischen 1889 und 1896 in verschiedenen Zeitschriften veröffentlicht[11]. Seitdem ist die Forschung vorangetrieben worden, und es sind noch viele Manuskripte ans Tageslicht gekommen. Auf den Umfang dieses Übersetzungswerkes lassen sich aus der Tatsache Rückschlüsse ziehen, daß Steinschneiders Index die Namen von über achtzig griechischen Autoren enthält, von denen zumindest je ein Werk übersetzt worden war, und daß es für Männer wie Aristoteles, Hippokrates, Galen und Euklid viele Eintragungen gibt. Dies war ein Teil des Nährbodens, dem die Kalām-Bewegung entsproß.

Die Verfechter von Kalām waren voller Begeisterung, und es herrschte eine Atmosphäre intellektueller Spannung. Es gab aber auch Gegner des Kalām, die bei der Verkündung ihrer Ansichten ebenso beeindruckend waren. Der ḥanafitische Richter Abū-Yūsuf (gest. 798) sagte, Erkenntnis (oder ‚Religion', *dīn*) durch Kalām zu suchen, sei eine Form von *zandaqa*[12]. In seinem Buch über „Die Divergenz der Ḥadīṯe" widmet Ibn-Qutayba das erste Kapitel den Ahl al-Kalām und versucht nachzuweisen, daß sie untereinander ebensowenig übereinstimmten wie – ihrer Ansicht nach – die Traditionarier[13]. Die Opposition gegen Kalām dauerte, insbesondere unter den Ḥanbaliten, Jahrhunderte an, und wir sehen, daß z. B. auch al-Ašʿarī eine Verteidigung von Kalām verfaßte[14].

9 GALS, i. 106.
10 EI², s. v. *(D. Sourdel)*; die Bibliothek ist vielleicht schon früher eingerichtet worden.
11 Wiederveröffentlichung in einem Band: Die arabischen Übersetzungen aus dem Griechischen, Graz 1960. Die Übersetzer werden aufgeführt in GAL, i. 219–229 und GALS, i. 362–371. In diesem Bereich hat es vielleicht auch Übersetzungen aus dem Pahlawi gegeben. Einer der Übersetzer aus dem Pahlawi, Abān al-Lāḥiqī (gest. 815), verfaßte ein arabisches Gedicht über Kosmologie (GALS, i. 239).
12 Aḏ-Ḏahabī, Ḥuffāẓ, i. 205 *(dīn)*; vgl. *Sourdel*, „La Politique Religieuse d'al-Ma'mun", 32 Anm. *(ʿilm)*; er zitiert nach Wakīʿ (Anm. 83 in Kapitel 6).
13 Ibn-Qutayba, Ta'wīl, §§ 23–96.
14 Risāla fī stiḥsān al-ḫawḍ fī ʿilm al-kalām, in *McCarthy*, Theology, 85–97 (arab. Text), 117–134 (Übersetzung).

2. *Frühe Vertreter des Kalām*

Es steht fest, daß Kalām als Disziplin sich schon zur Zeit des Kalifats Hārūn ar-Rašīds (786–809) fest etabliert hatte; denn wir hören z. B. davon, daß im Salon der Barmakiden Diskussionen stattfanden. Zu dieser Zeit gehören auch die ersten Männer, von deren Auffassungen wir uns eine angemessene Vorstellung machen können. Die Bezeichnung *mutakallim* wird eigentlich schon auf Männer aus einer früheren Zeit angewendet, aber die Informationen über sie sind derart spärlich, daß sich unmöglich sagen läßt, inwieweit diese griechische Ideen verwendeten und inwieweit sie sich auf die in der Rechtswissenschaft bereits benutzten rationalen Methoden beschränkten. Die beiden herausragenden frühen Namen sind Hišām ibn-al-Ḥakam und Ḍirār ibn-ʿAmr, die ungefähre Zeitgenossen gewesen zu sein scheinen.

a) Hišām ibn-al-Ḥakam

Hišām ibn-al-Ḥakam wurde als ein Klient des Kindastammes in Wāsiṭ geboren, lebte aber lange Zeit in Kufa, wo er gemeinsam mit einem ibāḍitischen *mutakallim*, ʿAbd-Allāh ibn-Yazīd, ein Geschäft besaß[15]. Hier muß er einen hervorragenden Rang in den gelehrten Kreisen eingenommen haben, weil an-Naẓẓām, der Muʿtazilit, bei einer Gelegenheit nach Kufa kam, Hišām traf und in „die Bücher der Philosophen" eingeführt wurde[16]. Später ging Hišām nach Bagdad, freundete sich mit Yaḥyā al-Barmakī an und beteiligte sich an den philosophischen und theologischen Diskussionen der Gelehrten, die sich in dessen Salon versammelten[17]. Hārūn ar-Rašīd soll seine Auffassungen für gefährlich gehalten und seine Verhaftung angeordnet haben, worauf er sich versteckte und kurze Zeit später starb. Die Daten, die für seinen Tod genannt werden, schwanken zwischen 795 und 815. Die Argumente für das früheste Datum[18] sind nicht ganz überzeugend, und, wenn die Geschichte von seiner befohlenen Verhaftung wahr ist, wäre ein zutreffenderes Datum kurz nach dem Fall der Barmakiden 803 anzusetzen; denn diese hatten sich vermutlich für seine Ansichten erwärmt. Mit Sicherheit wird nach der Barmakidenzeit keine Aktivität von ihm registriert.

Abgesehen davon, daß er sich in der intellektuellen Atmosphäre Kufas bewegte, war hinsichtlich seiner Bildung die Tatsache am wichtigsten, daß er unter den Einfluß Abū-Šākir ad-Dayṣānīs gelangte[19]. Dieser Mann wurde, wie die *nisba*

15 Art. „Hishām" in EI² *(W. Madelung)*; al-Masʿūdī, v. 443f.
16 Ibn-al-Murtaḍā, Munya, 44.8.
17 Al-Masʿūdī, vi. 370–374; Fihrist, 175.
18 *Van Ess* in Oriens, xviii (1967), 115; *Madelung* in EI² und Isl., xliii (1967), 46. Vgl. S. 163, Anm. 37.
19 Al-Ḫayyāṭ, 40f.; Fihrist, 338.8; *G. Vajda*, „Le témoinage d'al-Māturīdī sur la doctrine des Manichéens, des Dayṣānites et des Marcionites", Arabica xiii (1966); 1–38, 113–

andeutet, der Dayṣāniyya-Sekte zugerechnet, deren Name von Bardesanes abgeleitet ist, einem christlichen Häresiarch des zweiten Jahrhunderts[20]. In einer Darstellung der Entwicklung des islamischen Denkens muß nicht versucht werden, die Geschichte nachzuzeichnen, aufgrund derer dieser Name schließlich auf Menschen im Irak des achten Jahrhunderts angewendet wurde. Bedeutsam ist die Tatsache, daß es im Irak zu dieser Zeit Menschen gab, die „sich zum Islam bekannten, insgeheim aber an *zandaqa* glaubten", obwohl die Liste, die Ibn-an-Nadīm unter dieser Überschrift anführt, „sehr heterogen" ist. Insbesondere gab es Gruppen, die als „Manichäer" (Mānawiyya, Manāniyya), „Dayṣāniten" und „Markioniten" (Marqūniyya) bezeichnet wurden. Aus Darstellungen ihrer Auffassungen bei al-Aš'arī, al-Māturīdī, dem *qāḍī* 'Abd-al-Ǧabbār[21] und anderen wird deutlich, daß sie dualistische Spekulationen und hellenistische Vorstellungen miteinander vermengten. Daß aufrichtige muslimische Gelehrte mit einer solchen Herausforderung konfrontiert wurden, gab ihnen nicht bloß ein Beispiel von einer Art von praktischem Kalām, sondern zwang sie, darin rasch eine gewisse Fertigkeit zu erwerben.

Von Hišāms Meinungen über wissenschaftlich-philosophische Angelegenheiten sind uns nur Bruchstücke erhalten, und diese zumeist in Verbindung mit seinem Einfluß auf an-Naẓẓām. So glaubte Hišām, daß Körper unendlich teilbar seien, und daß es so etwas wie ein Atom nicht gebe *(al-ǧuz' allaḏī lā yataǧazza')*, und an-Naẓẓām folgte ihm hierin[22]. Hišām vertrat gewisse Auffassungen über die Probleme von *mudāḫala* und *kumūn*, ‚Interpenetration' und ‚Verborgensein'; d.h. die Interpenetration zweier Wesen in einem Ort, wie Hitze und Licht, bzw. das Verborgensein von Feuer im Holz, ehe das Holz verbrennt[23]. In seiner Monographie über Ḍirār hat Josef van Ess nunmehr nachgewiesen, daß an-Naẓẓāms Vorstellungen über diese Dinge sowohl von Hišām als auch von Ḍirār stammen[24]. Es ist vielleicht nur ein Zufall, daß Hišām eine „Ablehnung der Meinung des Aristoteles über Gottes Einheit *(tawḥīd)*" schrieb, während an-Naẓẓām die verschiedenen Punkte in einem der Bücher des Aristoteles in Gegenwart Ǧa'fars des Barmakiden mündlich widerlegt haben soll[25]. Von Hišāms Büchern trägt eines den Titel „Der Beweis von der Entstehung der Dinge" *(Kitāb ad-dalāla 'alā ḥudūṯ al-ašyā')* und ist wahrscheinlich philosophisch[26]. Er scheint einer der ersten gewesen zu sein, die den Begriff *ma'nā* (wörtlich: ‚Bedeutung') in einem fachspezi-

128, insbes. 114, 127; Ders., RSO, xvii (1937), 181, 192; *Massignon*, Opera Minora, i. 627–639, „Esquisse d'une bibliographie qarmate", insbes. 628f., wo der Name als Maymūn b. al-Aswad angegeben wird; *van Ess*, Isl., xliii. 258.

20 Vgl. *Armand Abel*, Art. „Dayṣāniyya" in EI².

21 Vgl. *Vajda*, in Arabica (s. Anm. 19).

22 Aš., 59; Bag., 50.

23 Aš., 60, 329.

24 Isl., xliii. 256–261.

25 Fihrist, 175; *van Ess* in Isl., xliii. 256 (er zitiert Ibn-al-Murtaḍā, Munya, 50).

26 *Tusy*, List of Shy'ah Books, 355, No. 771.

fischen Sinne benutzten. Aus Beispielen in den *Maqālāt* von al-Ašʿarī scheint es so, als ob er ihn auf untrennbare Aspekte eines *ǧism* (für ihn etwas wie „Substanz") anwendete, wie z. B. Bewegung, Ruhe und Handlungen, und sogar auf ‚Körper' und ‚Geist' *(badan, ruḥ)*[27].

Hišām erörterte auch die meisten Themen des damaligen innerislamischen Kalām, wie z. B. die Attribute Gottes und die Frage, ob der Koran geschaffen sei[28]. In bezug auf die Frage nach dem menschlichen Handeln und der Vorherbestimmung vertrat er eine Auffassung, die der Ḍirārs ähnelte, von der gleich die Rede sein wird. Über dieses Thema soll er ein Buch geschrieben haben, ferner auch Widerlegungen der Zanādiqa, Dualisten und Aṣḥab aṭ-ṭabāʾiʿ[29]. Wegen seiner Verwendung des Wortes *ǧism* wurde er von muslimischen Gelehrten stark kritisiert. Wie soeben erwähnt, war es für ihn ungefähr gleichbedeutend mit „Substanz", da er es auf jedes existierende Wesen anwendete. Als er aber Gott als *ǧism* bezeichnete, wurde er des ‚Korporealismus' *(taǧsim)* und des ‚Anthropomorphismus' *(tašbīh)* bezichtigt[30].

Politisch war Hišām ein Rāfiḍit, genauer, er gehörte zu den Qaṭʿiyya[31]. Die letzteren waren, wie oben bemerkt, eine Gruppe von Rāfiḍiten, die nach dem Verschwinden des Imam Mūsā al-Kāẓim im Gefängnis seinen Tod mit Festigkeit bestätigten und (späteren imāmitischen Darstellungen zufolge) seinen Sohn ʿAlī ar-Riḍā als Imam anerkannten. Ihnen entgegen steht die Gruppe der Wāqifa oder ‚Unentschiedenen', die Mūsā nicht für tot hielten und auf seine Wiederkehr warteten. Zu dieser Zeit war der Rāfiḍismus wahrscheinlich Ausdruck eines Glaubens an eine autokratische oder absolutistische Regierungsform, d. h. an eine, in der der Kalif die höchste Gewalt besaß, und in der diese Gewalt dahingehend interpretiert wurde, daß sie durch „Ernennung" oder „Vermächtnis" von seiten des Vorgängers von oben kam, und in der der Kalif „der Vorzüglichste" der Gemeinschaft war. Die Barmakiden hegten für die Auffassung wahrscheinlich Sympathien. Als Qaṭʿī mochte Hišām ein Gegner des Messianismus der Wāqifa und ein Anhänger des Kalifats Hārūn ar-Rašīds gewesen sein. Vermutlich akzeptierte er auch die rāfiḍitische Kritik an den Gefährten, da er gegen den Zaydismus und „das Imamat des Geringeren" schrieb. Es ist merkwürdig, daß sowohl Ibn-an-Nadīm als auch Šayḫ Ṭūsī über Hišāms Altergenossen ʿAlī ibn-Mīṯam sagen, er sei der erste gewesen, der der Doktrin vom Imamat bzw. dem Imāmismus *(awwal man takallama fī maḏhab al-imāma / al-imāmiyya)* theologischen Ausdruck verlieh[32]. Die Belege reichen nicht aus, um zu zeigen, ob dies der Fall war, weil Hišām jünger war, oder weil seine Ansichten für spätere Imāmiten weniger

27 Aš., 369, 44, 331; vgl. 59–61, 213, 336, 345.
28 Aš., 37f., 40; vgl. auch S. 248–51.
29 Fihrist, 175; *Tusy*, List of Shyʿah Books, 355.
30 Aš., 207–211; Šahr., 141, u. a.
31 Siehe oben S. 162.
32 Siehe S. 159, Anm. 23, S. 160, Anm. 29.

akzeptabel waren, oder weil sein Spezialgebiet eher Kalām war. Seine Bücher gegen zwei seiner Mit-Rāfiḍiten, Abū-Ǧaʿfar al-Aḥwal und Hišām ibn-Sālim al-Ǧawālīqī[33], beschäftigten sich vielleicht eher mit philosophischen als mit politischen Fragen.

b) Ḍirār ibn-ʿAmr

Hauptzielscheibe der islamischen Ausprägung von Häresiographie ist möglicherweise Ḍirār ibn-ʿAmr nebst seinen Anhängern gewesen. Über ihn hat Josef van Ess unter dem Titel „Ḍirār b. ʿAmr und die ‚Cahmīya': Biographie einer vergessenen Schule" eine ausführliche Untersuchung angestellt[34], und auf diese greifen wir bei unseren Aussagen über Ḍirār zurück. Insbesondere ist deutlich geworden, daß dieser einen wesentlichen Beitrag zur Entwicklung des islamischen Denkens leistete und wahrscheinlich mehr als jeder andere einzelne Denker dazu beitrug, daß die Muʿtazila in der ersten Hälfte des neunten Jahrhunderts eine Blüte erleben konnte. In den Büchern der Sekten erinnert man sich an ihn wegen einiger der ungewöhnlichen Meinungen, die er vertrat, doch über sein Leben sind nur wenige Einzelheiten überliefert. Die späteren Muʿtaziliten wollten ihn nicht als einen der Ihren anerkennen (obschon andere Leute ihn einen Muʿtaziliten nannten), weil er in der Frage nach der Willensfreiheit von ihnen abwich. Und ebensowenig konnten die Ašʿariten, die zwar die offensichtlich von ihm erarbeitete Konzeption von *kasb* oder ‚Erwerb' akzeptierten, ihn als einen ihrer Vorläufer betrachten, weil er ein paar Auffassungen vertrat, die sie nicht billigten. So wurde er mehr oder weniger mit Stillschweigen übergangen. Da er ein Wegbereiter in einer Übergangszeit war, war sein Beitrag zur Entwicklung des Denkens sehr groß. Aber für die Häresiographen, die sich hauptsächlich für die Klassifizierung und Bezeichnung von Irrlehren interessierten, waren die einzigen Dinge, die im Hinblick auf ihn erwähnenswert waren, die Ideen, die von späteren Denkern verworfen wurden.

Ḍirārs *floruit* kann in die Regierungszeit Hārūn ar-Rašīds gesetzt werden. Er soll zur Zeit Wāṣil ibn-ʿAṭā's (gest. 749) gelebt haben[35], des angeblichen Begründers der Muʿtazila, doch dies kann einfach nur ein Teil des späteren muʿtazilitischen Image gewesen sein (von dem im nächsten Kapitel die Rede sein wird). Er soll aber auch ein Schüler des Yazīd ibn-Abān ar-Raqāšī (gest. 748) gewesen sein[36], der der ḫāriǧitischen Sekte der Waʿīdiyya zugerechnet wird, die der Auffassung war, daß Gott den Sünder auf ewig in der Hölle bestrafe, und deren

33 Siehe S. 159, Anm. 24.
34 Isl., xliii (1967), 241–279; xliv (1968), 1–70, 318–320.
35 Al-Baġdādī, Farq, 16; weitere Hinweise in Isl., xliv. 7.
36 *Massignon*, Essai, 167. Über seinen Neffen al-Faḍl b. ʿIsā vgl. Anm. 108 in Kapitel 4, No. 13.

Doktrin z. T. von den Muʿtazila übernommen wurde[37]. Es scheint also, daß Ḍirār nicht später als ungefähr 730 geboren wurde. Sein voller Name wird mit Abū-ʿAmr Ḍirār ibn-ʿAmr al-Ġaṭafānī al-Kūfī angegeben, was besagt, daß er aus dem Stamm von Ġaṭafān stammt und vermutlich in Kufa zur Welt kam. Er scheint jedoch überwiegend mit Basra verbunden zu sein. Sowohl Wāṣil als auch Yazīd ar-Raqāšī gehörten zu dem Kreis von al-Ḥasan al-Baṣrī, während Ḍirār in Basra die Kalām-Diskussionen als Vorläufer von Abū-l-Huḏayl geleitet haben soll[38]. Er muß auch Bagdad einen Besuch abgestattet haben, aber das ist vielleicht nur für eine kurze Zeit gewesen. Während er dort war, nahm er an Diskussionen in Anwesenheit von Yaḥyā al-Barmakī teil, zusammen mit Sulaymān ibn-Ǧarīr, ʿAbd-Allāh ibn-Yazīd al-Ibāḍī, Hišām ibn-al-Ḥakam, dem Oberhaupt der zoroastrischen Geistlichen und der Rēš Galūṯā[39]. Es war wahrscheinlich auch zu dieser Zeit, daß er vor dem *qāḍī* Saʿīd ibn-ʿAbd-ar-Raḥmān al-Ǧumaḥī (gest. 790/2?) der *zandaqa* beschuldigt und zum Geächteten erklärt wurde. Aber offensichtlich war das Urteil nicht wirksam, wahrscheinlich, weil er von Yaḥyā al-Barmakī versteckt gehalten wurde[40]. Er soll selbst ein *qāḍī* gewesen sein.

Über seine Beziehungen zu anderen Gelehrten gibt es einige Berichte, und weitere Einzelheiten lassen sich aus solchen Belegen wie Buchtitel schließen. Man kann die Feststellung akzeptieren, daß er mit Hišām ibn-al-Ḥakam über die jeweiligen Vorzüglichkeiten Abū-Bakrs und ʿAlīs diskutierte, aber es ist nicht glaubhaft, daß Ḍirār, wie der späte schiitische Urheber der Feststellung ebenfalls behauptet, von Hišām überzeugt wurde; denn er ist der Autor einer Widerlegung der Rāfiḍiten[41]. Obwohl sie in der Politik unterschiedlicher Meinung waren, gab es im Denken der beiden Männer viele Ähnlichkeiten. Ein anderer Gelehrter, der ungefähr ein Zeitgenosse war, war der Muʿtazilit Muʿammar, der sich mit der Verteidigung des Islam gegen die indischen Sumaniyya und den materialistischen Dahriyya beschäftigte. Ḍirār verfaßte ein Buch, in dem er Kritik an ihm übte[42]. Hinsichtlich bestimmter politischer Einstellungen jedoch stimmte Ḍirār sowohl mit Muʿammar als auch mit dem etwas späteren Abū-l-Huḏayl überein[43], und dies läßt auf eine gewisse Verbindung schließen. Die Tatsache, daß Ḍirār nicht gegen Abū-l-Huḏayl und Bišr ibn-al-Muʿtamir schrieb, obwohl diese beiden Männer gegen ihn schrieben, weist vermutlich darauf hin, daß sie eine Reihe von Jahren jünger waren als er[44]. An-Naẓẓām spricht davon, daß Ḍirār die

37 Šahr., 4. 17; Aṣḥāb al-Waʿīd „von den Muʿtazila" in Aš., 274.7 und 276.4 scheinen die gleichen zu sein.
38 Al-Malaṭī, Tanbīh, 30.
39 Isl., xliv. 7.
40 Isl., xliv. 6.
41 Isl., xliv. 1, 19.
42 Isl., xliv. 18.
43 Aš., 457; aber vgl. Isl., xliv. 2.
44 Isl., xliii. 274.

kumūn-Doktrin ablehnte, aber dies ist nicht unbedingt an-Naẓẓāms eigene Doktrin, da zu einem früheren Zeitpunkt einige Manichäer eine Doktrin von *kumūn* vertreten hatten[45], und deshalb muß Ḍirār nicht später als an-Naẓẓāms Veröffentlichung seiner Doktrin datiert werden. Die Quellen sagen, daß er siebzig oder neunzig Jahre alt wurde, aber es ist nicht wichtig festzustellen, ob er gegen 800 oder 820 starb; denn auch nach dem Kalifat Hārūn ar-Rašīds gibt es keine Beweise für irgendeine Aktivität von seiner Seite. Ḍirār gehört ungefähr zur gleichen Generation wie Hišām ibn-al-Ḥakam und Muʿammar und lebte eine Generation vor Abū-l-Huḏayl und Bišr ibn-al-Muʿtamir, doch etwas Genaueres zu sagen, ist unmöglich.

Ein Aspekt der politischen Einstellung Ḍirārs bestand darin, daß er im Hinblick auf den Streit von ʿAlī und Muʿāwiya zwar meinte, der letztere sei im Unrecht, daß er aber hinsichtlich der Kamelschlacht nicht entschied, welche Seite unrecht hatte, sondern sich mit beiden getrennt, (aber nicht mit beiden zusammen,) verbündete[46]. Dies bedeutet, daß er die extreme Opposition jener Zeitgenossen gegen ʿAlī vermied, die Muʿāwiya über ihn stellten, ʿAlī aber nicht unbeschränkt unterstützten. Dies ist eine Art Kompromiß zwischen den Absolutisten und Konstitutionalisten des späten achten Jahrhunderts, und es erstaunt nicht, daß Muʿammar und Abū-l-Huḏayl mit ihm darin übereinstimmten, wenngleich die muʿtazilitische Einstellung mit der Zeit präziser formuliert wurde. Die Titel von Ḍirārs Büchern bestätigten, daß er einen gemäßigten Standpunkt vertrat. Er schrieb gegen die Zanādiqa (Nr. 20 und vielleicht 17, 18, 19), gegen die Rāfiḍiten (Nr. 35) und gegen die revolutionären protoschiitischen Sekten der Muġīriyya und Manṣūriyya (Nr. 36). Im Fall der beiden zuletzt genannten richtete sich der Haupteinwand gegen die Behauptung, es gebe nach Mohammed Propheten. Es bestand die Gefahr, daß charismatische Führer dieser Art die Basis des Staates grundlegend hätten verändern können. Die Muġīriyya hatten auch messianische Auffassungen vertreten, während die Manṣūriyya unter der Herrschaft al-Mahdīs eine Wiederbelebung erfahren hatten[47].

Andererseits unterstützte Ḍirār die „Konstitutionalisten“ nicht. Er verfaßte mehrere Bücher gegen die Murǧi'a, die Ḥašwiyya und die Mušabbiha (Nr. 25–31, 35), und dies sind die Namen, die er natürlich auf gewisse „Konstitutionalisten“ seiner Zeit anzuwenden pflegte. Er war aber nicht weit von ihnen entfernt, da er selbst von dem Muʿtaziliten al-Ḫayyāṭ als *mušabbih* bezeichnet wird[48]. Sein Buch (Nr. 11) über die ‚Zwischenstellung‘ *(al-manzila bayn al-manzilatayn)* ist vermutlich eine Verteidigung dieser Doktrin und damit ein Zeichen seiner Gegnerschaft gegen jene „konstitutionalistisch“ orientierte Gruppe, die den großen

45 Isl., xliii. 245; xliv. 8.
46 Aš., 457.
47 Vgl. S. 45f. Die Ziffern beziehen sich auf *van Ess'* Buchliste, Isl., xliv. 16–21.
48 Al-Ḫayyāṭ, 133 unten.

Sünder als Gläubigen behandelte, und die daher von anderen als moralisch lax empfunden wurde.

Während Ḍirār mit den späteren Muʿtazila über die „Zwischenstellung" und den Gebrauch rationaler Argumente übereinstimmte, hielt er es insofern mit der Mehrheit der allgemeinen religiösen Bewegung, als er glaubte, daß alle Ereignisse, einschließlich der menschlichen Handlungen, von Gott bestimmt oder kontrolliert würden. Dies drückte er mit Hilfe der Konzeption von ‚Erwerb' oder ‚Aneignung' *(kasb, iktisāb)* aus, die er wahrscheinlich als erster in diesem Sinne benutzte. Al-Ašʿarī schreibt:

> Der Punkt, in dem Ḍirār ibn-ʿAmr von den Muʿtazila abwich, war seine Lehre, daß die Handlungen der Menschen geschaffen seien, und daß eine einzelne Handlung von zwei Handelnden komme: Der eine, Gott, schaffe sie, während der andere, der Mensch, sie ‚erwerbe' *(iktasaba-hu)*. Und ferner war er der Ansicht, daß in Wirklichkeit Gott der Handelnde der Handlungen der Menschen sei und (auch) die Menschen in Wirklichkeit die Handelnden von ihnen seien[49].

Daß die Konzeption des „Erwerbens" für diesen besonderen Zweck gewählt wurde, geht zweifellos darauf zurück, daß sie im Koran häufig in einem metaphorischen Sinne vorkommt[50]. Die ursprüngliche Bedeutung ist, Lane zufolge, erstens ‚to collect' (Reichtum oder Eigentum), und dann ‚to gain', ‚to acquire' oder ‚to earn' (Reichtum u.ä.). Joseph Schacht machte den Vorschlag, daß das Bindeglied zwischen der ursprünglichen Bedeutung und dem koranischen Sprachgebrauch die Verwendung des Wortes im Handelswesen, in der Bedeutung von ‚to engage, pledge one's credit' sei[51]. Schacht scheint recht zu haben, wenn er die Verbindung mit dem Handel herstellt, doch seine erste Bedeutung paßt eigentlich nur auf 52.21, während die zweite passiv ist, wo etwas Aktives erforderlich wäre. Vielleicht würde ‚als Haben oder Soll erwerben' sowohl der kommerziellen Bezug als auch die Aktivität enthalten. Die knappe Feststellung in 2.286 könnte dann folgendermaßen übersetzt werden: „Ihm kommt (von der Haben-Seite) zu, was er (als Haben) erworben hat, und gegen ihn (auf der Soll-Seite) steht, was er (als Soll) erworben hat" – *la-hā mā kasabat, wa-ʿalay-hā mā ktasabat.* Die Textstelle bezieht sich auf *nafs*, ‚Person'. Das Bild ist also das von einem Menschen, der durch seine Handlungen in einem himmlischen Bestandsbuch Haben- und Soll-Eintragungen ‚sammelt'. Obwohl es in diesem Passus

49 Aš., 281.

50 Vgl. *P. Boneschi*, „Kasaba et iktasaba, leur acception figurée dans le Coran", RSO, xxx (1955), 17–53; auch *M. Schwarz*, „Acquisition" *(kasb)* in early *Kalām*, in Islamic Philosophy and the Classical Tradition (Essays presented ... to *Richard Walzer*), Hrsg. *S. M. Stern* u. a., Oxford 1974, 355–388.

51 „New Sources for the History of Muhammadan Theology", Studia Islamica, i. (1953), 23–42, insbes. 29–33.

(seiner üblichen Interpretation zufolge) einen Unterschied zwischen *kasb* und *iktisāb* gibt, hat man die Unterscheidung sonst nirgendwo beibehalten, und die beiden sind so gut wie synonym.

Das Problem, das Ḍirār hier zu lösen versuchte, war, Gottes Allmacht mit seiner Gerechtigkeit bei der Bestrafung von Sündern in Einklang zu bringen. Es wäre ungerecht, jemanden für eine Tat zu bestrafen, für die er nicht verantwortlich ist. Ḍirār geht von der üblichen islamischen Doktrin aus, wonach alle äußeren Ereignisse, und somit der gesamte Verlauf der Geschichte, von Gott bestimmt seien. Einem großen Teil dieser Doktrin könnte jeder moderne Gelehrte zustimmen, denn, wenn man nachdenkt, wird klar, daß menschliches Handeln ohne die fortgesetzte Wirkung der Natur gemäß ihren Gesetzen nicht möglich wäre, und natürliche Vorgänge sind, zumindest für islamische Theologen, Schöpfungen Gottes. Die meisten Muslime gingen jedoch weiter und meinten, daß Gott menschliche Handlungen bestimme. Zayd könne ʿAmr nur dann töten, wenn Gott es wolle. Dies führt zu der Frage: Wenn Gott Zayds Handlungen bestimmt, wie kann Zayd dann gerechterweise bestraft werden? Die Konzeption von *kasb* ist eine Möglichkeit zu sagen, daß ein Mensch für seine Taten verantwortlich ist, zumindest in dem Maße, als er dann für sie gerecht bestraft werden kann, wenn sie unrecht sind. Ḍirār meinte, die Handlung gehe von einem ‚Vermögen' *(istiṭāʿa)* aus, das Gott im Menschen schuf. Dies war vermutlich etwas anderes als die bloße physische Fähigkeit, da es ein Zeichen für den Unterschied zwischen freiwilligen und unfreiwilligen Handlungen war. Das Verbum wird im Koran mehrmals im Sinne von „fähig sein" verwendet. Aber manchmal (z.B. 5.112) ist auch die Idee von „einen Wunsch erfüllen" mit enthalten[52], und vielleicht aus diesem Grunde zogen die Ašʿariten *istiṭāʿa* den Termini *qudra* und *quwwa* vor, auch wenn die beiden letzteren von den Muʿtaziliten in einem ähnlichen Sinne verwendet wurden[53].

Die Bedeutung der Konzeption von *kasb* läßt sich von der Tatsache her beurteilen, daß sie zu einem der typischen Merkmale der ašʿaritischen Theologie wurde. Die Beispiele für diesen fachspezifischen Gebrauch der Wurzel in al-Ašʿarīs *Maqālāt* geben einige Hinweise auf die frühe Entwicklung des Begriffs und lassen es wahrscheinlich erscheinen, daß Ḍirār sein Urheber war[54]. In einigen Fällen ist das Wort *kasb* bzw. seine Derivative vielleicht von al-Ašʿarī oder seiner unmittelbaren Quelle in den Bericht eingefügt worden, aber meistens scheint *kasb*

52 Vgl. *Lane*, Arabic-English Lexicon, s.v. Die Idee von „einen Wunsch erfüllen" ist in der Wurzel impliziert und wird nicht einfach eingeführt, um ein exegetisches Problem zu lösen; vgl. *Goldziher*, Koranauslegung, 23.

53 Vgl. Aš., 230–233, wo *qudra* und *quwwa* (232.14) in solchen Passagen benutzt werden, die mit *istiṭāʿa* überschrieben sind.

54 Vgl. *Watt*, „The Origin of the Islamic Doctrine of Acquisition", JRAS, 1943, 234–247. Die Verwendung im Zusammenhang mit Wissen, die in Aš., 136, Ġaylān zugeschrieben wird, wird hier nicht berücksichtigt. Aš. lieferte eine eigene Definition in 542.8f.

von den Theologen selbst benutzt worden zu sein. Anfänglich sehen wir, daß die Konzeption von Ḍirārs beiden Zeitgenossen Hišām ibn-al-Ḥakam und Muʿammar benutzt wurde. Für den letzteren gibt es nur zwei flüchtige Hinweise, in denen *kasb*, offensichtlich ‚freiwillige Handlung', in Gegensatz zu „Schöpfung" gesetzt wird[55]. Hišāms Theorie ähnelt der Ḍirārs, aber er scheint eine andere Ausdrucksform vorzuziehen:

> Hišām ibn-al-Ḥakam glaubte, daß die Handlungen der Menschen von Gott geschaffen seien, und, Ǧaʿfar ibn-Ḥarb zufolge, auch, daß die Handlungen eines Menschen in einer Hinsicht für ihn Wahl *(iḫtiyār)* und in anderer Hinsicht Zwang *(iḍṭirār)* seien – Wahl insofern, als er sie gewollt und ‚erworben' *(arāda, iktasaba)* hat, Zwang insofern, als sie von ihm nur dann ausgehen, wenn die Ursache *(sabab)* entsteht, die sie anreizt[56].

Mit *sabab* meinte Hišām wahrscheinlich das, was andere *istiṭāʿa* nannten, obwohl er das letztere in einem weiteren Sinne verstand, der verschiedene notwendige Voraussetzungen einer Handlung umfaßte[57]. Während es also Belege dafür gibt, wie Hišām ursprünglich über diese Dinge dachte, gibt es keine Beweise dafür, daß er der Konzeption von *kasb* besondere Bedeutung beimaß.

Die anderen Männer, von denen al-Ašʿarī sagt, sie hätten den Terminus *kasb* benutzt, stammen alle aus späterer Zeit. Verschiedene kamen aus den von Ḍirār beeinflußten Gruppen, nämlich die Ahl al-Iṯbāt[58], Muḥammad ibn-ʿĪsā[59], an-Naǧǧār[60], Yaḥyā ibn-Abī-Kāmil[61] und Aḥmad ibn-Salama al-Kūšānī[62]. Dann gab es mehrere Muʿtaziliten, die, wenn sie selbst den Begriff benutzten, darunter nicht mehr als lediglich „freiwillige Handlung" verstanden haben dürften. Die Muʿtaziliten im allgemeinen leugneten ab, daß Gott irgendeine Handlung, die als *kasb*, d.h. „freiwillig" bezeichnet werden könne, schaffen könne bzw. darüber Macht habe[63]. Aš-Šaḥḥām, zwischen Abū-l-Huḏayl und al-Ǧubbāʾī Oberhaupt der Muʿtaziliten von Basra, scheint versucht zu haben, Ḍirārs Theorie umzukehren, indem er einräumte, daß sowohl Gott als auch der Mensch einer Handlung fähig sein könnten – wahrscheinlich eine Bewegung, die entweder unfreiwillig oder freiwillig sein konnte –, aber wenn Gott sie im Menschen erzeugte, war es Zwang, während sie dann, wenn der Mensch dementsprechend handelte, „Erwerb" war[64]. Aš-Šaḥḥām wird als Schüler Muʿammars bezeichnet und ist auch

55 Aš., 406.4; 417.3.
56 Aš., 40.12–41.3.
57 Aš., 42.12–43.4.
58 Aš., 540f., 551, 554; vgl. oben S. 114f.
59 Aš., 553; vgl. unten S. 207.
60 Aš., 566; vgl. unten S. 202–5.
61 Aš., 540; vgl. unten S. 207.
62 Aš., 540; Anhänger an-Naǧǧārs, 541.
63 Aš., 550, von Baġdādiyyūn; vgl. al-Ǧubbāʾī, 551.
64 Aš., 549f.

die Quelle eines Berichtes über Ḍirār[65]. Sein Nachfolger al-Ǧubbā'ī jedoch lehnte den fachspezifischen Gebrauch von *kasb* als unpassend ab[66]. Es wurde noch von einem anderen Muʿtaziliten verwendet, einem ungefähren Zeitgenossen, an-Nāšī' al-Akbar (gest. 906). Dieser Mann ist in seinen Auffassungen al-Ašʿarī vielleicht etwas verwandter und hat ihn möglicherweise persönlich gekannt, da al-Ašʿarī Diskussionen mit seinem Sohn führte[67]. Abgesehen von den oben genannten Personen, die sich mit der Frage nach dem menschlichen Handeln im allgemeinen befaßten, wurde die *kasb*-Konzeption von Ibn-Kullāb (gest. 854) auf das Aussprechen des Koran durch den Menschen angewandt, wobei er vielleicht Ḍirār selbst folgte[68]. Im ganzen gesehen hatte die Konzeption eine wichtige Rolle im islamischen Denken gespielt, noch ehe sie von al-Ašʿarī und den Ašʿariten übernommen wurde.

Die philosophischen Aspekte von Ḍirārs Lehre sollen nur kurz erwähnt werden; denn sie wurden von van Ess ausführlich behandelt. Ḍirārs Ablehnung der *kumūn*-Doktrin – der Doktrin, der zufolge Substanzen ihre Potentialitäten haben, wenngleich in sich verborgen –, ging, wie van Ess andeutet, wahrscheinlich auf seinen Wunsch zurück, Gottes Supremat über die natürlichen Vorgänge aufrechtzuerhalten. Wenn natürliche Vorgänge allein von der Natur der betreffenden Substanzen abhingen, dann waren sie, nach seinem Gefühl, Gottes Kontrolle entzogen. Daher neigte er zu einer Auffassung, die als „Atomismus" betrachtet werden könnte, obwohl er den Begriff „Atom" ablehnte. So glaubte Ḍirār, daß die Akzidentien *(aʿrāḍ)*, die keine Körper sind, nicht für zwei Male oder Augenblicke weiterbestünden *(zamānayn)*[69]. Damit impliziert er, daß sie in jedem Augenblick von Gott getrennt geschaffen werden. Damit verbunden war seine Darstellung vom Körper im allgemeinen und auch vom Menschen, bestehend aus zusammengefügten Akzidentien. Es ist schwierig, die Punkte, die er hier hervorhob, genau zu erkennen; denn die kurzen Darstellungen bei al-Ašʿarī sind durch spätere Kritiken gefärbt[70]. Er spekulierte auch über Gott und behauptete, daß er eine *māhiyya* oder ‚Quiddität' (wörtlich: ‚was ist es?', ‚Washeit') habe, die der Mensch in dieser Welt nicht begreifen könne, die zu erkennen er aber am Tage der Auferstehung fähig sein werde, und zwar durch die Erschaffung eines sechsten Sinnes[71]. Er behauptete ferner – zweifellos als Teil dieser selben Gedankenrichtung –, daß Gottes Namen oder Attribute uns keine positiven Informationen über ihn gäben, sondern negativ zu interpretieren seien: Zu sagen, er ist wissend und

65 Al-Ḫayyāṭ, 53; Ibn-al-Murtaḍā, Munya, 72.
66 Aš., 542; vgl. unten S. 297.
67 Aš., 501, 539; über den Sohn an-Nāšī' al-Asġar (gest. 975) vgl. Yāqūt, Iršād, v. 235–244, insbes. 237.
68 Aš., 602, 605; *van Ess* (Isl., xliii. 275) weist darauf hin, daß Aš., 594.4–13, sich im Hinblick auf Kaḏālika (Zeile 14) auf Ḍirār bezieht.
69 Aš., 359f.
70 Aš., 281, 305f., 317, 328, 330, 345; al-Baġdādī, Uṣūl, 46f.
71 Aš., 216 *(mā huwa)*, 282, 339; vgl. 154.

mächtig (*ʿālim, qādir*) bedeutet, er ist nicht unwissend und nicht machtlos (*ǧāhil, ʿāǧiz*)[72]. Ḍirār war weit davon entfernt, in irgendeiner Hinsicht ein Dualist zu sein, aber es gab genügend philosophische Vorstellungen, die in den Augen eines Mannes wie Abū-Yūsuf eine Beschuldigung von *zandaqa* rechtfertigten.

Abschließend muß ein Wort über die Beziehung Ḍirārs zu den Ǧahmiyya gesagt werden, auch wenn diese schon in der Diskussion über diesen Namen angesprochen worden ist, und bemerkt wurde, daß die Muʿtaziliten, wie z. B. Bišr ibn-al-Muʿtamir, ihn, wahrscheinlich wegen seines Determinismus, einen Anhänger des Ǧahm nannten[73]. Andere hier relevante Punkte sind, daß Ḍirār eine „Widerlegung der Wāqifiyya, der Ǧahmiyya und der Ġaylāniyya" verfaßte, und daß er die Grabesstrafe ableugnete, die Auffassung, die in *Al-fiqh al-akbar I* den Ǧahmiyya zugeschrieben wird[74]. Der letztgenannte Punkt muß wahrscheinlich mit Ḍirārs Übernahme der „Zwischenstellung" in Verbindung gebracht werden – mit ihrer Implikation, daß der große Sünder in die Hölle komme. Daß man ihn mit dem Spottnamen Ḥarūrit belegte, ist wahrscheinlich eine Art und Weise zu sagen, daß er diese Doktrin vertrat, und es das Werk von einem war, der – wie die Ḥanafiten – dachte, daß alle Gläubigen letzten Endes ins Paradies eingingen[75]. Es scheint unmöglich zu sein, über diese Angelegenheit mehr zu sagen, ohne weitere Informationen über die „antiǧahmitischen" Gruppen unter den frühen Ḥanafiten und über die genauen Punkte, die sie kritisierten. Was das Buch gegen die Ǧahmiyya anbelangt, so kann man über sein Thema nicht sicher sein. Bei den Wāqifiyya konnte es sich um jene handeln, die sich im Hinblick auf eine von mehreren Fragen „einer Entscheidung enthielten". Höchstwahrscheinlich sind es jene, die hinsichtlich „der Verheißung und der Drohung", d. h. der Frage nach der ewigen Strafe, unentschlossen waren[76]. Die Kombination von Ǧahmiyya und Ġaylāniyya würde vielleicht am besten zu ihren Vorstellungen über den Glauben als „zweites Wissen" und seine Unteilbarkeit passen. Die Unterscheidung zwischen dem Wissen durch Zwang und dem Wissen durch Erwerb (*iktisāb*) war zwar nicht mit Ḍirārs Fachtermini identisch, könnte aber denkbarerweise von seiner Kritik an der Sache herrühren. Während also viele Einzelheiten unklar sind, steht fest, daß Ḍirār dem Mittelpunkt verschiedener lebhafter Diskussionszirkel nahestand.

72 Aš., 166, 174 (anonym), 281, 487.
73 S. 148.
74 Isl., xliv. 18 (No. 30); Ibn-al-Murtaḍā, Munya, 72.
75 Zitiert von *Madelung*, Zaiditen, 243 von einem schiitischen Autor des neunzehnten Jahrhunderts.
76 Aš., 136f.; vgl. 132.

c) Bišr al-Marīsī

Während die Frage nach dem Geschaffensein des Koran zur Zeit von Ḍirārs Wirken nicht aktuell geworden zu sein scheint, wird dem etwas jüngeren Bišr (ibn-Ġiyāṯ) al-Marīsī ein hervorragender Rang zuerkannt bei der Veröffentlichung der Doktrin, wonach der Koran das geschaffene Wort Gottes sei[77]. Obwohl Bišr als Theologe angesehen werden muß, sind von ihm keine typischen Ansichten überliefert, und er scheint hauptsächlich deshalb berüchtigt gewesen zu sein, weil er in die politische Anwendung theologischer Doktrin verwickelt war. Daher muß ein Versuch unternommen werden, seine Karriere in all ihren Aspekten auszuleuchten.

Er kann nicht später als 760 zur Welt gekommen zu sein, da er bei Ḥammād ibn-Salama (gest. 781 oder 784) Ḥadīṯ studiert haben soll[78]. Dazu ist er vielleicht nach Basra gegangen, doch die frühe Phase seines Lebens war größtenteils mit Kufa verbunden. Dort wurde er geboren, wie es heißt, als Sohn eines jüdischen Goldschmiedes, und dort studierte er Rechtswissenschaft und Ḥadīṯ bei Abū-Yūsuf (gest. 798), dem berühmten Ḥanafiten, und Ḥadīṯ bei Sufyān ibn-ʿUyayna (gest. 813). Es wird nicht berichtet, wo er in Kalām eingeweiht wurde, doch in dieser Disziplin fiel er früh genug auf, so daß ein Traditionarier aus Basra, Ḥammād ibn-Zayd (gest. 795), ihn einen Ungläubigen nennen konnte[79]. Irgendwann, möglicherweise während der Regierung Hārūn ar-Rašīds, ging er nach Bagdad und machte dort u.a. mit aš-Šāfiʿī (gest. 820) Bekanntschaft. Seine Mutter soll aš-Šāfiʿī gebeten haben, ihren Sohn zu überreden, Kalām aufzugeben, aber Bišr blieb unerschütterlich und drängte den anderen, ein *mutakallim* zu werden[80].

Hinsichtlich der Datierung dieser Geschichte gibt es Schwierigkeiten, aber es ist gut möglich, daß sie wahr ist, vor allem dann, wenn sie in einem politischen Sinne verstanden wird. Gewiß waren Bišrs theologische Auffassungen dergestalt, daß sie die Regierung mehrmals Verdacht schöpfen ließen. Zum ersten Mal geschah das unter der Herrschaft Hārūn ar-Rašīds. Einem Bericht des Ḥanbaliten Ibn-al-Ǧawzī (gest. 1200) zufolge drohte ar-Rašīd, ihn auf grausame Weise hinrichten zu lassen, weil er den Koran für geschaffen hielt. Dann habe er sich zwanzig Jahre lang, bis nach dem Tod ar-Rašīds 809, versteckt gehalten[81]. Während der Kern dieser Geschichte wahrscheinlich der Wahrheit entspricht, ist

77 GALS, i. 340; GAS, i. 616; al-Ḫayyāṭ, 89, 180, 201f.; Aš., 140, 143, 149, 515; al-Baġdādī, Farq, 192f.; Ders., Uṣūl, 25, 256, 308; Šahr., 63, 106f.; Nawb., 13; Ibn-Ḫallikān, i. 206f.; EI², s.v. *(Carra de Vaux, A. N. Nader, J. Schacht)*; *van Ess* in Isl., xliv. 30–40 ist viel ausführlicher als die EI².

78 Ibn-Ḫallikān, i. 260; über Ḥammād s. Ibn-Saʿd, vii/2.29; aḏ-Ḏahabī, Ḥuffāẓ, 197f.

79 Ad-Dārimī, Ar-radd ʿalā l-Ǧahmiyya, 98; über Ḥammād b. Zayd, vgl. Ibn-Saʿd, vii/2.42; aḏ-Ḏahabī, Ḥuffāẓ, 228f.

80 Vgl. Isl., xliv. 31.

81 Aus einer Passage von al-Maqrīzī zitiert bei *Patton*, Miḥna, 48f.

die Anzahl von zwanzig Jahren vermutlich eine Übertreibung, und während der Regierung ar-Rašīds ist die spezielle Anklage wegen des Koran weniger wahrscheinlich als eine allgemeine Beschuldigung, mit Kalām befaßt zu sein. Diese letztere Anklage aber kann kaum zu der Zeit erhoben worden sein, als die Barmakiden an der Macht waren, und deshalb besteht Anlaß zu der Annahme, daß der ganze Vorfall sich erst nach dem Fall der Barmakiden im Jahr 803 ereignete.

Das zweite und das dritte Mal sind von Josef van Ess aufgedeckt worden[82]. Als die Truppen al-Ma'mūns 813 Bagdad als Eroberer betraten, gab es einen Volksaufstand, der sich u. a. gegen die *mutakallimūn* richtete, und der General Harṯama scheint Bišr und andere in der Hoffnung verhaftet zu haben, das Volk damit zu besänftigen. Zwischen 817 und 819, als al-Ma'mūns Onkel Ibrāhīm an der Spitze einer Rebellion gegen diesen stand und Bagdad zwei Jahre lang beherrschte, wurde Bišr wieder ins Gefängnis geworfen und konnte nur mit knapper Not seine Haut retten. Als al-Ma'mūn aber Ende 819 in Bagdad eintraf, stand Bišr in hoher Gunst bei Hofe, und das blieb vermutlich so bis zu al-Ma'mūns Tod. Eine unklare Geschichte, der zufolge al-Ma'mūn mit ihm Streit hatte und ihn kreuzigen ließ, muß reine Erfindung sein[83]. Das früheste und wahrscheinlichste Datum für Bišrs Tod ist 833 – andere sind 834 und 842 –, und es ist undenkbar, daß al-Ma'mūn ihn in den ersten paar Monaten nach der Errichtung der Miḥna hätte hinrichten lassen können, die ja auf der mit Bišr assoziierten Doktrin beruhte. Hätte er dies getan, hätte es einen Schrei der Entrüstung gegeben, und darüber hätten wir unbedingt etwas erfahren.

Aus all dem scheint hervorzugehen, daß Bišr al-Marīsī ein prominenter Anhänger und intellektueller Verfechter der allgemeinen politischen Linie war, die von den Barmakiden und dann später von al-Ma'mūn verfolgt wurde, und die als „absolutistisch" bezeichnet werden kann. Diese steht im Gegensatz zu der „konstitutionalistischen" Politik von al-Faḍl ibn-ar-Rabīʿ, al-Amīn und Ibrāhīm. Van Ess äußert sogar die Ansicht, Bišr habe al-Ma'mūn näher gestanden als die Muʿtaziliten, von denen man gemeinhin annimmt, sie hätten ihn dahingehend beeinflußt, die Politik der Miḥna einzuführen; denn Ibn-Ṭayfūr bezeichnet al-Ma'mūn als einen „Ḍirāriten", was vermutlich u. a. bedeutet, daß er die muʿtazilitische Qadar-Doktrin oder Doktrin von der Willensfreiheit ablehnte, und Bišr hat bekanntlich in diesem Punkt gegen die Muʿtaziliten Stellung bezogen[84]. In Anwesenheit al-Ma'mūns fanden Diskussionen zwischen Bišr und Abū-l-Huḏayl sowie Ṯumāma ibn-Ašras statt, und Bišr ist die Quelle eines Berichtes über eine Diskussion zwischen einem Imāmiten und einem Zayditen, die ebenfalls vor dem Kalifen ausgetragen wurde[85]. In Bagdad hatte Bišr seinen eigenen *maǧlis* oder

82 Isl., xliv. 32f.
83 Al-Pazdawī, Kitāb uṣūl ad-dīn, Kairo 1963, 54.
84 Isl., xliv. 34f.
85 Yāqūt, Iršād, v. 457; er diskutierte auch mit Ǧaʿfar b. al-Mubaššir (al-Ḫayyāṭ, 89).

Salon für intellektuelle Debatten[86]. All dies macht es wahrscheinlicher, daß man die Feststellung in verhältnismäßig späten Quellen, der zufolge Bišr als erster die Doktrin vom geschaffenen Koran vorgetragen habe – was wahrscheinlich nicht der Fall ist –, als Verdrehung der Tatsache interpretiert werden muß, daß er hauptsächlich dafür verantwortlich war, daß sie von al-Ma'mūn offiziell akzeptiert wurde.

Die Geschichte von Bišr und seiner Umgebung liefert Beweise dafür, daß die Anhängerschaft Abū-Ḥanīfas tief gespalten war. Sein Lehrer Abū-Yūsuf soll ihn wegen seiner Bindung an Kalām kritisiert und angegriffen haben[87]. Die Untersuchung seines Falles unter Ibrāhīm wurde von einem ḥanafitischen Richter, Qutayba b. Ziyād, geleitet[88]. Seine Leugnung der Grabesstrafe[89] wurde von einigen Ḥanafiten, in Übereinstimmung mit *Al-fiqh al-akbar I*, für „ǧahmitisch" gehalten. Es gibt eine Äußerung von Ibn-Taymiyya, der zufolge die als ǧahmitisch bekannte Doktrin am Ende des zweiten Jahrhunderts (815 u.Z.), als die griechischen Bücher übersetzt wurden, von Bišr al-Marīsī und seiner Generation verbreitet wurde[90]. Von einem Ḥanbaliten kann das nur heißen, daß Bišr die Doktrin von der Geschaffenheit des Koran verteidigte; aber die Äußerung könnte auf einer früheren ḥanafitischen Quelle beruhen, die Bišrs allgemeine Beschäftigung mit Kalām kritisierte. All dies ist ein Hinweis darauf, daß es unter den Ḥanafiten eine bedeutende Gruppe mit „konstitutionalistischen" Sympathien gab, die eine Gruppe von „Absolutisten" angriff und sie als Ǧahmiten bezeichnete. Zunächst waren es in der Hauptsache die rationalen Methoden des Kalām, die angegriffen wurden – wenngleich es unter unseren spärlichen Aufzeichnungen keinen Beleg dafür gibt, daß Bišr selbst griechische Konzeptionen verwendete –, aber später ging dies in einer Attacke gegen die offizielle Koran-Doktrin auf. Doch die Angelegenheit ist vielschichtig; denn einigen „Konstitutionalisten" gelang es, unter al-Ma'mūn hohe Stellungen beizubehalten[91].

Über die eigentlichen von Bišr vertretenen Doktrinen haben die Häresiographen wenig zu sagen. Vielleicht unterscheiden sich seine Glaubensvorstellungen nicht sehr von denen der meisten Ḥanafiten. Die wesentlichen Punkte, die al-Aš'arī über ihn berichtet, sind, daß er *imān* oder ‚Glaube' definierte als *taṣdīq* oder ‚Für-Wahr-Halten', und zwar sowohl mit dem Herzen als mit der Zunge, und daß er glaubte, Gott werde Sünder aus den Reihen „der Leute der Qibla" nicht auf ewig in der Hölle behalten. Den letzten Punkt untermauerte er mit dem Vers:

86 Ibid., v. 383. Zu seinen Schülern gehörten: Yaḥyā ibn-(Abī-) Kāmil al-Ibāḍī (S. 207 unten); und Sulaymān ibn-Ḥafṣ al-Ifrīqī, gest. 269/882 (Ibn-al-Aṯīr, Jahr 269 ad. fin.).

87 Ibn-Abī-l-Wafā', i. 164; anderen Versionen zufolge wegen des Geschaffenseins des Koran, aber das erscheint vor 798 unwahrscheinlich.

88 Isl., xliv, 33, 54f.; Ibn-Abī-l-Wafā', i. 413 (No. 1146).

89 Isl., xliv, 39.

90 Al-'aqīda al-Ḥamawiyya, zitiert von *Martin Schreiner*, „Beiträge zur Geschichte der theologischen Bewegungen im Islam", ZDMG, liii (1899), 72f.; vgl. lii. 544.

91 Isl., xliv. 54f.

„Wenn dann einer (auch nur) das Gewicht eines Stäubchen an Gutem getan hat, wird er es zu sehen bekommen“ (99.7)[92]. Die beiden Dinge hängen miteinander zusammen; denn der Sünder, der Gottes Existenz und Mohammeds Gesandtschaft weiterhin „für wahr hält“, hat noch *īmān* und verdient eine Belohnung dafür. In diesen beiden Punkten kommt Bišr späteren ḥanafitischen Auffassungen nahe, wie sie sich selbst in einem so konservativen Dokument wie dem Glaubensbekenntnis von aṭ-Ṭaḥāwī widerspiegeln[93]. Die einzige wirkliche Häresie, die al-Ašʿarī und andere hier bemerkten, war eine Schlußfolgerung, die er aus seiner Definition zog, nämlich, daß das Sich-Niederwerfen vor der Sonne oder einem Idol nicht *kufr*, ‚Unglaube‘, sondern nur ein Zeichen dafür sei. Für ihn bestand der wesentliche *kufr* in der Leugnung oder Verwerfung einer verbalen Erklärung[94]. Der „Widerlegung des Bišr al-Marīsī“ von ad-Dārimī (gest. 895) läßt sich ferner entnehmen, daß er sich an den Diskussionen über die Attribute Gottes in ihrer Frühphase beteiligte und von diesen vier – vermutlich als allein theologisch bedeutsam – anerkannte: Wille *(mašīʾa)*, Wissen *(ʿilm)*, Macht *(qudra)* und Kreativität *(taḫlīq)*. Die im Koran und in den Überlieferungen erwähnten anthropomorphen Attribute Gottes interpretierte er weg[95]. Eine kurze Darstellung bei al-Ašʿarī läßt die spätere Unterscheidung zwischen essentiellen und aktiven Attributen *(ṣifāt aḏ-ḏāt, ṣifāt al-fiʿl)* bereits ahnen[96].

Aus dem wenigen, was wir über Bišr al-Marīsī wissen, lassen sich also spannende Einblicke in eine Phase der Entwicklung von Kalām gewinnen. Was am deutlichsten wird, ist die enge Verbindung, die zu dieser Zeit zwischen Theologie und Politik bestand.

d) Ḥusayn an-Naǧǧār

Ein weiterer früher *mutakallim*, der sich von den Muʿtazila unterschied, war an-Naǧǧār – Abū-ʿAbd-Allāh al-Ḥusayn ibn-Muḥammad. Er war in gewisser Hinsicht ein Schüler des Bišr al-Marīsī[97] und war deshalb vermutlich jünger. Aber er ist möglicherweise um dieselbe Zeit gestorben, falls die Geschichte stimmt, wonach er nach der Niederlage in einer Diskussion mit dem Muʿtaziliten an-Naẓẓām (gest. 836 ?) starb[98]. Ein Passus bei al-Ḫayyāṭ scheint zu implizieren, daß Abū-l-Huḏayl zumindest mit seinen Auffassungen vertraut war, während die Muʿtaziliten al-Murdār und al-Iskāfī (gest. ca. 854) Bücher gegen ihn verfaß-

92 Aš., 140f., 149; vgl. 143.
93 Vgl. 137 oben.
94 Aš., 141; Baġ., 193; Šahr., 107.
95 Radd ʿalā Bišr –, Kairo 1358/1939, zitiert nach Isl., xliv. 36–39.
96 Aš., 515.
97 Ibn-Abī-l-Wafāʾ, i. 164.
98 Fihrist, 179.

ten[99]. Er muß also in den letzten Jahren der Regierung al-Ma'mūns tätig gewesen sein.

Bei al-Ašʿarī werden seine Anschauungen ausführlich geschildert, und es lohnt sich, diese Schilderung hier als ein Beispiel für die Art von Position zu zitieren, wie sie viele anti-muʿtazilitische *mutakallimūn* der ersten Hälfte des neunten Jahrhunderts vertraten[100].

1) Die Handlungen der Menschen sind von Gott geschaffen; die Menschen sind ihre Ausführenden.
2) In Gottes Reich gibt es nur das, was er will. Gott will unablässig, daß das, von dem er weiß, daß es zu seiner Zeit sein werde, [auch] wirklich zu seiner Zeit sein wird, und daß das, von dem er weiß, daß es nicht sein werde, nicht sein wird.
3) Das Vermögen *(istiṭāʿa)* kann der Handlung nicht vorausgehen; Hilfe *(ʿawn)* von Gott wird in der Zeit *(ḥāl)* der Handlung zusammen mit der Handlung erzeugt, und das ist das Vermögen.
4) Zwei Handlungen werden nicht durch ein einziges Vermögen vollzogen, sondern für jede Handlung wird ein Vermögen erzeugt, wenn (die Handlung) erzeugt wird; das Vermögen dauert nicht an (über ein „*ḥāl*" hinaus); wenn es existiert, existiert die Handlung, und wenn es nicht existiert, dann existiert die Handlung nicht.
5) Das Vermögen des Glaubens (d.h., das ihn erzeugt) ist Beistand, rechte Richtung, Gnade, Gunsterweis, Nutzen und Rechtleitung *(tawfīq, tasdīd, faḍl, niʿma, iḥsān, hudā)*; das Vermögen (, das) Unglauben (erzeugt) ist Irrtum, Im-Stich-lassen, Betrübnis, das Böse *(ḍalāl, ḫiḏlān, balāʾ, šarr)*.
6) Ein (Akt des) Gehorsam(s) kann existieren zu der Zeit der Sünde, die das Unterlassen davon ist insofern als (der Akt) nicht die Sünde ist, die das Unterlassen (des Aktes) in dieser besonderen Zeit ist, und insofern ist die Zeit nicht die Zeit der Sünde, die das Unterlassen (des Aktes) ist.
7) Der Gläubige ist ein Gläubiger und rechtgeleitet, dem Gott beisteht und den er führt; der Ungläubige ist ein Im-Stich-Gelassener, den Gott im Stich gelassen und in die Irre geführt hat, auf dessen Herz er ein Siegel gelegt hat, den er nicht rechtgeleitet und nicht beachtet hat; (Gott) hat seinen Unglauben geschaffen und hat ihn nicht gut *(aṣlaḥa)* gemacht; würde er ihn beachten und ihn gut machen, so wäre er gut *(ṣāliḥ)*.
8) Gott kann Kindern im künftigen Leben Leid zufügen, oder er kann ihnen

99 Al-Ḫayyāṭ, 9; *J. Fück*, Some hitherto unpublished texts on the Muʿtazilite movement from Ibn-al-Nadīm's Kitāb al-Fihrist, Muhammad Shafi Presentation Volume, Lahore 1955, 51.76, insbes. 62.12; 67.3. Vgl. Isl., xliv. 59. In Aš., 415, ist er die Quelle von Berichten über Angelegenheiten, die u.a. von Abū-l-Huḏayl und an-Naẓẓām erörtert wurden.

100 Aš., 283–285; Anmerkungen über Burġūṯ, die sich an Art. 11 anschließen, sind weggelassen worden (*Ritters* Punktierung folgend).

(unverdiente) Gunst erweisen *(yatafaḍḍal)* und ihnen keinen Schmerz zufügen.

9) Wenn Gott allen Ungläubigen Gunst *(laṭafa)* erweisen würde, würden sie glauben; er kann solche Gunsterweise *(alṭāf)* für sie leisten, so daß sie dann, wenn er das täte, glauben würden.

10) Gott hat den Ungläubigen (Pflichten) auferlegt, die zu erfüllen sie unfähig sind, nicht aufgrund irgendeiner inneren Schwäche oder eines zufälligen Fehlers, sondern weil sie sie ungetan lassen.

11) Der Mensch handelt nicht in einem anderen, sondern vollbringt Taten nur in sich selbst, wie z.B. Bewegungen, Ruhe, Willensbekundungen, Wahrnehmungen, Unglaube, Glaube; der Mensch schafft keinen Schmerz, noch Wahrnehmung oder Vision; er schafft überhaupt nichts durch ‚sekundäre Erzeugung' *(tawallud)*.

12) Gott ist unaufhörlich freigebig, so daß Geiz ihm nicht zugeschrieben werden kann, und er spricht in dem Sinne unablässig, daß er unablässig nicht der Rede *(kalām)* unfähig ist; die Rede Gottes ist erzeugt und geschaffen.

13) Im Hinblick auf die Einheit (Gottes) vertrat er die Doktrin der Muʿtazila, mit Ausnahme dessen, was den Willen und die Freigebigkeit anbelangt; er wich von ihnen im Hinblick auf den Qadar ab und vertrat die Doktrin von der ‚Zurückstellung' *(irǧāʾ)*.

14) Gott kann das Auge in das Herz verwandeln und (?) dem Auge die Macht des Herzens geben, so daß der Mensch Gott mit seinem Auge sieht, d.h. ihn mit ihm erkennt; Gott kann nur auf diese einzige Weise mit den Augen gesehen werden.

15) Der Mensch, der stirbt, stirbt zu seiner Frist *(aǧal)*, und der Mensch, der getötet wird, wird zu seiner Frist getötet.

16) Gott gibt Lebensunterhalt *(yarzuq)* dem, der sich an die Gesetze hält wie dem, der sich nicht an die Gesetze hält; der Lebensunterhalt *(rizq)* ist von zweierlei Art: Lebensunterhalt der Nahrung und Lebensunterhalt des Eigentums.

Trotz der Verbindung zwischen an-Naǧǧār und Bišr al-Marīsī sind die hier beschriebenen Auffassungen in fast jeder Hinsicht die des Ḍirār, wenngleich in einer ausgefeilteren Form, wie es nach einer Generation natürlich wäre[101]. Satz 12) spiegelt Ḍirārs Auffassung vom negativen Charakter unseres Wissens von Gottes Attributen wider[102]. Er vermeidet Ḍirārs Neuerung eines „sechsten Sinnes", mit dem Gott bei der Auferstehung zu „sehen" ist, bringt aber den alternativen Vorschlag (Satz 14), daß das Auge das Vermögen des Erkennens erhalten könne. Offensichtlich vertrat er weiterhin die Konzeption von Gottes *māhiyya* oder

101 Vgl. *van Ess*, Isl., xliv. 57, und im Vergleich dazu *Madelung*, Zaiditen, 243.
102 Vgl. Aš., 514, auch von „Wollen"; Wiederholungen in 82, 507.

Quiddität[103]. Er akzeptierte auch die Konzeption von *kasb*, auch wenn sie in diesem Bericht nicht ausdrücklich vorkommt[104]. Aber er interpretierte sie in einer deterministischeren Weise. Z.B. betonte er, daß das „Vermögen" zum Handeln nur zusammen mit der Handlung existiere (Satz 3, 4), während es Ḍirār wahrscheinlich nicht in den Sinn gekommen ist zu fragen, was für ein zeitliches Verhältnis zwischen dem „Vermögen" und der Handlung bestand. Von den anderen Sätzen sind mehrere stark deterministisch (2, 7, 9, 15, 16). Aus anderem Material läßt sich erkennen, daß an-Naǧǧār in vielen seiner Spekulationen über Körper und Akzidentien Ḍirār gefolgt ist, ohne allerdings alle Ansichten Ḍirārs sklavisch zu akzeptieren[105].

e) Andere ähnlich orientierte Männer

Die Schlußfolgerung, auf die die Nachforschungen von van Ess hinauslaufen, ist, daß es gewissermaßen eine „Schule" gab, die all jene umfaßte, die unter dem Einfluß des Ḍirār gestanden hatten[106]. Das bedeutet nicht, daß all diese Männer die gleichen Anschauungen vertraten oder auch nur, daß sie sich in allen fundamentalen Punkten einig waren. Obschon sie in verschiedenen Punkten nicht übereinstimmen, herrscht unter ihnen eine Verwandtschaft, die von einem gewissen Kernbestand an Ideen und einem gemeinsamen Interesse am Aufwerfen bestimmter Fragen herrührt. Obwohl an-Naǧǧār unter Bišr al-Marīsī studierte und Murǧi'it war, hielt ihn das nicht davon ab, sich tief von Ḍirār beeinflussen zu lassen, der ja Bücher gegen die Murǧi'iten verfaßte.

Aber die Gruppe von Ḍirār, Bišr al-Marīsī und an-Naǧǧār wurde mit der Zeit klar abgegrenzt von den Muʿtaziliten in dem späteren, eingeengten Sinne, von denjenigen, die die „fünf Prinzipien" akzeptierten. Ursprünglich war der Begriff Muʿtazila in einem weiten Sinne benutzt worden, der alle einschloß, die sich mit Kalām beschäftigten, und einige spätere Autoren (z.B. al-Pazdawī) sprechen von Ḍirār immer noch als von einem Muʿtaziliten. Irgendwann jedoch kam es zum Bruch. Möglicherweise dann, als Abū-l-Huḏayl von Ḍirār die Leitung der Diskussionen in Basra übernahm, und es scheint um die Frage gegangen zu sein, ob menschliche Handlungen von Gott bestimmt würden oder nicht. Von dieser Zeit an gab es eine relativ geschlossene „Schule" von Muʿtaziliten, die alle – zumindest nominell – die „fünf Prinzipien" vertraten und sich selbst für anders hielten als die in diesem Kapitel beschriebenen Personen.

In diesem Zusammenhang ist eine Bemerkung von Aḥmad ibn-Ḥanbal zu beachten, die beinahe aus der gleichen Zeit stammt. Von Ǧahm sprechend sagte er, daß „er viele Leute irreführte und unter den Gefährten Abū-Ḥanīfas und ʿAmr

103 Al-Ḫayyāṭ, 133f.
104 Aš., 566.
105 Aš., 317f., 359f.
106 Isl., xliv. 21–23, u.a.

ibn-ʿUbayds in Basra Anhänger fand"[107]. Die Muʿtaziliten im strengen Sinne sind beinahe alle geistige Nachkommen ʿAmrs, während die meisten der *mutakallimūn*, die die Muʿtaziliten ablehnten, in irgendeiner Weise mit Abū-Ḥanīfa in Verbindung standen. Ḍirār soll von Abū-Ḥanīfa dessen Konzeption von Gottes Quiddität übernommen haben, und die Konzeption von *kasb* oder ‚Erwerb', deren erster prominenter Vertreter Ḍirār ist, wird manchmal besonders mit Abū-Ḥanīfa in Verbindung gebracht (womit vermutlich seine Anhänger gemeint sind), und die Phrase „subtiler als Abū-Ḥanīfas *kasb*" tritt an die Stelle der Phrase „subtiler als al-Ašʿarīs *kasb*"[108]. Obwohl zwischen verschiedenen Gruppen von Ḥanafiten tiefgreifende Rivalitäten bestanden, scheint es so etwas wie eine gemeinsame Ausrichtung gegeben zu haben, die sie von anderen abgrenzte[109]. Die Bedeutung der Ḥanafiten wird deutlicher werden, wenn wir uns kurz einige der anderen Freunde Ḍirārs und Bišr al-Marīsīs ansehen.

1) Ḥafṣ al-Fard. Der engste Vertraute und Schüler Ḍirārs, Ḥafṣ al-Fard, war gleichzeitig auch Schüler des Abū-Yūsuf[110]. Aus Ägypten, wo er geboren wurde, kam er als junger Mann nach Basra und hörte eine Zeitlang die Vorlesungen des Abū-l-Huḏayl. Bei der Datierung seiner Kontakte mit Abū-Yūsuf (gest. 798) und seiner Disputationen mit aš-Šāfiʿī ergeben sich Schwierigkeiten. Aber es bestehen so viele Lücken in unserem Wissen, daß die Schwierigkeiten an den wesentlichen Punkten unüberwindbar sind. Abū-Yūsuf befand sich zuletzt in Bagdad, obwohl er 792 und 796 Basra besucht haben soll. Aber es ist gut möglich, daß Ḥafṣ eine gewisse Zeit in Bagdad verbracht hat. Aš-Šāfiʿī war von 814 bis 820 in Ägypten, und Ḥafṣ kehrte schließlich nach Ägypten zurück. Die Meinungen des letzteren lassen auf einen gewissen Kontakt zwischen Ḍirār und Ḥafṣ schließen. Aus den Titeln der von Ibn-an-Nadīm angeführten Bücher wird klar, daß Ḥafṣ zum Sprecher ḍirāritischer Ansichten gegen Abū-l-Huḏayl wurde, nachdem Ḍirār seine Tätigkeit eingestellt hatte. Zu dieser Zeit und aufgrund solcher Dispute grenzte sich die muʿtazilitische Schule im eingeengten Sinne von der allgemeinen Gruppe der *mutakallimūn* ab.

2) Sufyān ibn-Saḫtān. Ḍirārs Anschauungen über Gottes Quiddität, den sechsten Sinn und andere Dinge wurden von Sufyān ibn-Saḫtān geteilt[111]. Er wird als den Aṣḥāb ar-Ra'y zugehörig beschrieben, was im Grunde genommen eine

107 Ar-radd ʿalā z-zanādiqa wa-l-Ǧahmiyya, zitiert nach *Morris Seale*, Muslim Theology, a Study of Origins with Reference to the Church Fathers, London 1964, 98.

108 *A. de Vlieger*, Kitāb al-qadr, Leiden 1902, 171 Anm.; vgl. Isl., xliv. 23.

109 Schlußfolgerungen über die Ḥanafiten, die diejenigen von *van Ess* ergänzen, werden gezogen von *M. O. Abu Saq* in einer Ph. D.-Arbeit über „The Politics of the Miḥna" (Universität Edinburgh, 1971).

110 Ibn-Abī-l-Wafā', i. 223. Ibn-ʿAsākir, Tabyīn, 339–341, Gründe für aš-Šāfiʿīs Mißbilligung. Allgemeine Hinweise: *van Ess* in Isl., xliv. 24–30; Fihrist, 180; Aš., 216, 282, 317, 339, 370, 407, 515; al-Ḫayyāṭ, 133f.

111 Al-Ḫayyāṭ, 133f.; Aš., 339; Fihrist, 205; *van Ess* in Isl., xliv. 41f.

Bezeichnung für die Ḥanafiten ist. Er half auch dem Ḥanafiten ʿĪsā ibn-Abān, ein Buch gegen aš-Šāfiʿī zu verfassen[112].
3) Burġūṯ. Über das Leben des Muḥammad ibn-ʿĪsā, mit dem Spitznamen Burġūṯ, ‚Floh', der wahrscheinlich mit Muḥammad ibn-ʿĪsā as-Sīrāfī identisch ist, ist eigentlich nichts bekannt[113]. Er soll ein Schüler an-Naǧǧārs gewesen sein, wich aber hinsichtlich seiner Auffassung über die „sekundär erzeugten Wirkungen" von diesem ab. Im Hinblick auf die Doktrin von Gottes Quiddität stimmte er mit Ḍirār überein. Er soll sechs Monate nach al-Iskāfī gestorben sein, d. h. 854 oder 855.
4) Aḥmad ibn-Salama al-Kūšānī. Dieser Mann war ein Anhänger an-Naǧǧārs, der mit dem Muʿtaziliten aṣ-Ṣāliḥī disputierte und den Ahl al-Iṯbāt oder Muǧbira zugerechnet wurde[114].
5) Ibn-aṯ-Ṯalǧī. (Muḥammad ibn-Šuǧāʿ) Ibn-aṯ-Ṯalǧī (gest. 880) war ein ḥanafitischer Richter, der einmal mit Bišr al-Marīsī diskutiert hatte, nachher aber behauptete, er sei anderer Meinung gewesen als er. Das war kein Hinderungsgrund dafür, daß er von ad-Dārimī in dessen Buch gegen Bišr angegriffen wurde. Dies geschah vermutlich, weil er sowohl den Wāqifa oder Wāqifiyya als auch den Lafẓiyya zugerechnet wurde. Die ersteren versuchten, der Frage auszuweichen, ob der Koran geschaffen sei oder nicht; die letzteren meinten, die Äußerung des Koran sei geschaffen[115].

Außer diesen Männern gab es noch ein paar andere, die sich um dieselbe Zeit mit Kalām beschäftigten, doch diese wurden nicht als Muʿtaziliten akzeptiert und gelten statt dessen als Ḫariǧiten. Diese letztere Zuweisung muß keine besondere Trennung von den soeben beschriebenen Männern bedeuten, da von diesen bekannt ist, daß sie mit den betreffenden Ḫariǧiten in Kontakt waren, während Ḍirār gelegentlich als Ḥarūrit und Burġūṯ als Ḫāriǧit bezeichnet werden[116].
6) ʿAbd-Allāh ibn-Yazīd. Dieser Mann, der zur ibāḍitischen Untersekte gehörte, war in Kufa ein Geschäftspartner des Hišām ibn-al-Ḥakam und nahm mit ihm und anderen an Diskussionen teil[117].
7) Yaḥyā ibn- (Abī-) Kāmil. Obwohl zuletzt ein Ibāḍit, war Yaḥyā ursprüng-

112 ʿĪsā b. Abān war in der Hauptsache Jurist; vgl. Fihrist, 205 und *van Ess*, Isl., xliv. 41 f.
113 „Burġūṯ": Aš., 235, 238, 284, 330, 540; al-Ḫayyāṭ, 133f.; Ibn-al-Murtaḍā, Munya, 46; Muḥammad b. ʿĪsā' (allein): Aš., 552. „Muḥammad b. ʿĪsā as-Sīrāfī": Aš., 168, 488 (fügt an-Naẓẓāmī hinzu); vgl. Ibn-al-Murtaḍā, Munya, 47 („Muḥammad b. ʿĪsā an-Naẓẓām"). Abū-ʿAbd-Allāh as-Sīrāfī: al-Ḫayyāṭ, 53. Für eine Erörterung der Identitäten s. *van Ess* in Isl., xliv. 60f.
114 Aš., 262, 540f.; Fihrist, 181.23; vgl. Isl., xliv, 60f.
115 Aš., 583, 586; Ibn-Abī-l-Wafāʾ, ii. 60f.; Isl., xliv, 40f.; vgl. 280 und Anm. 17.
116 Vgl. S. 198, Anm. 75 (Ḍirār); Šahr., 103 (i. 219).
117 Vgl. S. 188, Anm. 15; Aš., 120; Fihrist, 182.13; Šahr., 103.

lich ein Schüler des Bišr al-Marīsī. Er vertrat viele der Ansichten der Ahl al-Iṯbāt, einschließlich der Konzeption von *iktisāb*[118].
8) Muḥammad ibn-Ḥarb aṣ-Ṣayrafī. Dieser Mann stand ebenfalls den Ahl al-Iṯbāt nahe, galt aber als Ibāḍit[119].

Der in diesem Kapitel gegebene Abriß über die Anfänge von Kalām ist keineswegs vollständig. Aber er zeigt doch die Breite der Bewegung. Obgleich es Opposition gab, übte Kalām auf ein breites Spektrum der gebildeteren Muslime eine Anziehungskraft aus, insbesondere auf die aus den Reihen der „Absolutisten"; doch die Anziehung war nicht auf diese beschränkt, und schließlich wurde Kalām zu einem Kennzeichen für einen großen Teil der islamischen Theologie beinahe jeder Schule. Dies ist der Hintergrund, vor dem die Leistung der Muʿtaziliten zu verstehen ist.

3. Al-Kindī und die Falāsifa

Aus dem Nährboden der Übersetzungen aus dem Griechischen, dem Kalām entsproß, ging auch eine philosophische Bewegung hervor. Aus dem griechischen *philosophos* bildeten die Araber das Wort *faylasūf* (mit dem Plural *falāsifa*). Das entsprechende abstrakte Substantiv ist *falsafa*, ‚Philosophie'. Da die Vertreter der arabischen oder islamischen Philosophie zuweilen ein wenig den Charakter einer Sekte hatten, werde ich sie als die Falāsifa bezeichnen. Mit diesem Begriff läßt sich die Tatsache leichter zum Ausdruck bringen, daß diese Männer sich nicht auf die Philosophie im heutigen engen Sinne beschränkten, sondern gewöhnlich auch Fachleute in einer oder mehreren der Wissenschaften waren, die die Griechen betrieben hatten.

Mit den neuplatonischen und aristotelischen Philosophen, die Arabisch schrieben (und die im Teil IV beschrieben werden), leistete die islamische Zivilisation einen bedeutsamen Beitrag zur Entwicklung der Philosophie in der westlichen Welt, und diese Tatsache könnte diejenigen, die mit dieser Zivilisation nicht vertraut sind, zu der Annahme führen, daß die philosophische Bewegung eine herausragende Richtung in der Strömung des islamischen Denkens ausmachte. Doch das ist keineswegs der Fall. Die Wahrheit ist vielmehr, daß die Falāsifa niemals Teil der Hauptrichtung waren, sondern höchstens ein unbedeutender Seitenkanal – d. h. unbedeutend für die große Mehrheit der Muslime. Obwohl die Falāsifa abseits standen, hatte der Gedankenkomplex, den sie repräsentierten, einen ungeheuren Einfluß auf das islamische Denken, vor allem in Hinblick auf zwei Zeitabschnitte.

118 Aš., 108, 120, 540; Fihrist, 182.13; Šahr., 103.
119 Aš., 108, 120, 383; Fihrist, 182.18; Šahr., 103. Trotz ähnlicher Ansichten darf er nicht mit Muḥammad b. ʿĪsā as-Sīrāfī gleichgesetzt werden (s. Anm. 113).

Der erste Belang war der Zeitabschnitt, der von ar-Rašīd und al-Ma'mūn beherrscht war, als die Falāsifa bzw. ihre Vorläufer, die Übersetzer, griechisches Gedankengut unter gebildeten Muslimen verbreiteten. Wie bereits erklärt wurde, war dies ein wichtiger, zur Entwicklung von Kalām führender Faktor, und im Denken jener Menschen, die im letzten Abschnitt (S. 188–208) beschrieben wurden, tauchten verschiedene griechische Vorstellungen auf. Wenn man das erste Eindringen griechischer Vorstellungen auf die Generation des Hišām ibn-al-Ḥakam und Ḍirār, zusammen mit der nachfolgenden Generation – der des Abū-l-Huḏayl – datiert, dann wird aus einer Untersuchung theologischer Schriften deutlich, daß bis zur Zeit al-Ġazālīs (gest. 1111) keine weiteren griechischen Vorstellungen in den Hauptstrom einflossen. Um 900 mag es ein paar kleinere Zusätze durch Muʿtaziliten wie al-Ǧubbāʾī und Abū-Hāšim gegeben haben, aber ansonsten nichts. Bis 1100 beschäftigten sich spekulative Diskussionen unter *mutakallimūn* nach wie vor mit den Problemen, die um 800 zum erstenmal aufgeworfen worden waren – nur, daß diese durch die Entwicklung der islamischen Theologie bzw. durch neue Erfahrungen innerhalb des Islam (z. B. das Auftreten eines Mannes wie al-Ḥallāǧ) ausgeweitet worden waren. Der zweite Zeitabschnitt, in dem die Falāsifa Einfluß ausübten, war durch al-Ġazālī und seine Anhänger beherrscht. Zwischen diesen beiden Perioden wurde die griechische Tradition der Wissenschaft und Philosophie von Männern gepflegt, die beinahe völlig vom Hauptstrom des sunnitischen Denkens abgeschnitten waren.

Einer der Gründe für diese Trennung der Falāsifa von anderen religiösen Denkern (ob sie nun Anhänger oder Gegner von Kalām waren) bestand darin, daß der fromme Muslim glaubte, die ganze essentielle Wahrheit sei von Gott geoffenbart worden. Das Äußerste, was der fromme Denker tun konnte, war, griechische Konzeptionen und Methoden zur Verteidigung der geoffenbarten Wahrheit und gelegentlich vielleicht zu ihrer weiteren Erklärung zu verwenden. Er konnte der Argumentation nicht überall dorthin folgen, wohin sie ihn führte. Folglich blickte er mit Mißtrauen auf die Falāsifa; denn diese glaubten in erster Linie an die Philosophie und Wissenschaft und versuchten dann – aber eben erst in zweiter Linie –, die geoffenbarte Wahrheit mit der Philosophie in Einklang zu bringen[120]. Ohne Zweifel wurde diese Haltung durch das tiefverwurzelte arabische Mißtrauen gegenüber allem Nichtarabischen noch verstärkt. Im Gegensatz zu den arabischen und islamischen Wissenschaften waren die Studien der Falāsifa immer als die „fremden" Wissenschaften oder Disziplinen bekannt. Um das Vorurteil gegenüber griechischen Ideen abzubauen, wurde u. a. von al-Kindī behauptet, daß Yūnān, der angebliche Stammvater der Griechen, ein Bruder des Qaḥṭān sei, des legendären Ahnherrn der südlichen Araber. Doch diese Behaup-

120 Vgl. *G. von Grunebaum*, Islam. Essays in the Nature and Growth of a Cultural Tradition (American Anthropologist Comparative Studies of Cultures and Civilisation, 4), Menasha 1955, insbes. 11–126.

tung wurde von den traditioneller Orientierten mit Entschiedenheit zurückgewiesen[121].

Ein weiterer Grund für die Isolierung der Falāsifa war die Form, die das Bildungswesen angenommen hatte. Fromme Muslime waren aufgrund der soeben erwähnten Einstellung nicht bereit, die christlichen Kollegien zu besuchen, die in den von ihnen eroberten Ländern existierten. Um das höhere Bildungswesen der Christen aus dem Feld zu drängen, arbeiteten die Muslime für sich selbst schrittweise eine ganze Reihe von Geisteswissenschaften aus. Die Methode, diese Disziplinen zu verbreiten, war zunächst formlos: Ein anerkannter Gelehrter pflegte in einer Moschee neben einer Säule Platz zu nehmen und den interessierten Personen, die sich um ihn versammelten, sein Spezialgebiet zu erläutern. Mit der Zeit wurde diese Bildungsmethode formalisierter, bis sie im elften Jahrhundert die Institution der *madrasa* hervorbrachte, ein Kollegium, das eine Art Universitätsstatus besaß. In der Zwischenzeit lehrten die christlichen Kollegien weiterhin die griechischen Wissenschaften. Da die Medizin zu diesen gehörte und von den Kalifen geschätzt wurde, sehen wir, daß die ʿAbbāsiden noch bis 870 einen Christen zum Hofarzt hatten. In einer gewissen, nicht ganz geklärten Weise begannen aber ein paar Muslime (die nicht zu den frömmsten gehörten), eine gewisse Einsicht in die griechische Wissenschaft und Philosophie zu gewinnen. Zu ihnen gehörten die Übersetzer, sofern sie Muslime waren. Obwohl nach der Zeit al-Ma'mūns wenig Kontakt zwischen den *mutakallimūn* und den Exponenten des griechischen Denkens bestand, waren die letzteren nicht völlig von den intellektuellen Kreisen in der islamischen Welt abgeschnitten. Gewöhnlich waren sie in den Salonen des Kalifen und der Provinzgouverneure gern gesehen, wo sie mit Dichtern und anderen Schriftstellern zusammentreffen konnten. Auch zu christlichen Intellektuellen hatten sie wegen ihrer gemeinsamen Interessen oftmals gute Beziehungen.

Die Trennung der Falāsifa vom Hauptstrom des islamischen Denkens wird durch die Tatsache belegt, daß al-Kindī, dessen Anschauung nicht weit von der der Muʿtaziliten entfernt war, in den auf den Muʿtazila beruhenden *Maqālāt* von al-Ašʿarī nicht erwähnt wurde. Es gibt nichts, was bewiese, daß selbst die größten der Falāsifa, wie al-Fārābī (gest. 950) und Muḥammad ibn-Zakariyyā' ar-Rāzī (gest. 923 oder 932) irgendeinen Einfluß auf die Theologen ihrer eigenen oder der nächsten Generation ausübten.

121 Al-Mas'ūdī, ii. 244f.; die Widerlegung ist in Versen, von an-Nāšī' al-Akbar (vgl. S. 197 oben).

KAPITEL 8 DIE GROSSEN MUʿTAZILITEN

Die Schule rationaler, und in mancher Hinsicht liberaler Theologen, die zusammengefaßt als die Muʿtazila bekannt ist, erregte im neunzehnten Jahrhundert die Aufmerksamkeit europäischer Gelehrter, weil sie der geistigen Orientierung des Abendlandes näher zu sein schien als die vorherrschende sunnitische Theologie späterer Zeiten. Dieses Interesse war berechtigt, wenngleich gründlichere Forschungen deutlich machten, daß die Muʿtaziliten weniger ausschließlich rational und weniger liberal waren als man ursprünglich angenommen hatte. Heute läßt sich erkennen, daß ihr Beitrag zur Entwicklung des islamischen Denkens von größter Bedeutung war, doch man darf auch die Frage nicht vergessen, weshalb so viele ihrer charakteristischen Auffassungen von der überwiegenden Mehrheit der sunnitischen Muslime verworfen wurden.

1. Die Ursprünge des Muʿtazilismus

a) Kritik an der üblichen Darstellung

Die von aš-Šahrastānī verfaßte Darstellung der Ursprünge des Muʿtazilismus wird weithin als die übliche akzeptiert, nicht zuletzt unter den Islamisten des Westens[1]. Dieser Darstellung zufolge wurde al-Ḥasan al-Baṣrī einmal gefragt, ob man den großen Sünder für einen Gläubigen oder für einen Ungläubigen halten solle. Während al-Ḥasan zögerte, platzte Wāṣil ibn-ʿAṭā', einer von denen im Kreise, mit der Behauptung in die Diskussionen hinein, daß der große Sünder keines von beiden sei, sondern sich in einer Zwischenstellung *(manzila bayn al-manzilatayn)* befinde, wörtlich, ‚eine Stellung zwischen den beiden Stellungen'. Wāṣil habe sich daraufhin zu einer anderen Säule der Moschee zurückgezogen; ihm folgten einige aus dem Kreise, woraufhin al-Ḥasan bemerkte: „Wāṣil hat sich von uns zurückgezogen *(iʿtazala)*". Der Name Muʿtazila gehe auf diese Bemerkung zurück.

Hinsichtlich dieser Darstellung bestehen viele Schwierigkeiten, nicht zuletzt die Existenz wichtiger Varianten. Etwa ein Jahrhundert vor aš-Šahrastānī lieferte al-Baġdādī eine Fassung, der zufolge es fünf verschiedene Auffassungen über den großen Sünder gebe und Wāṣils Behauptung dahin gegangen sei, daß dieser in einer Zwischenstellung zwischen Unglauben und Glauben *(manzila bayn manzilatay al-kufr wa-l-īmān)* sei[2]. Es gibt keinen Hinweis auf einen dramatischen Bruch, aber al-Ḥasan schloß ihn aus, und er ‚zog sich zurück', nämlich zu einer anderen

1 Šahr., 33 (i. 64); Übersetzung von *A. K. Kazi* und *J. G. Flynn* in Abr-Nahrain, viii (1968–69), 40.

2 Baġ., 98.

Säule, wo ʿAmr ibn-ʿUbayd sich ihm anschloß. Dazu sagten die Leute: „Die beiden haben sich von der Meinung der Gemeinschaft zurückgezogen *(iʿtazalā)*". Diese ist der üblichen Darstellung noch ähnlich, auch wenn das entscheidende Wort nicht von al-Ḥasan gesprochen und auch anders verwendet wird. Schon im neunten Jahrhundert bringt al-Ḫayyāṭ eine ähnliche Version[3]. Er antwortet auf die von Ibn-ar-Rāwandī geäußerte Beschuldigung, Wāṣil sei mit seiner Doktrin von der Zwischenstellung vom Konsensus der Gemeinschaft abgewichen *(ḫarağa min)*, die darin übereingestimmt hatte, daß der große Sünder entweder ein Gläubiger, ein Ungläubiger oder ein „Heuchler" sei (das letztere war die Meinung al-Ḥasans). Zur Verteidigung Wāṣils hebt al-Ḫayyāṭ hervor, daß Wāṣil den Punkt, in dem die drei Gruppen übereinstimmten, akzeptierte, nämlich, daß der große Sünder ‚sündig' *(fāsiq, fāğir)* sei, und daß er Dinge vermied, in denen sie nicht übereinstimmten. Und er führte Argumente aus dem Koran und der Sunna an, um die anderen drei Auffassungen zu verwerfen.

Andere Versionen bringen eine ähnliche Geschichte, doch der Mann, der sich zurückzieht, ist nicht Wāṣil, sondern ʿAmr ibn-ʿUbayd. Um dieselbe Zeit wie al-Ḫayyāṭ schrieb Ibn-Qutayba über ʿAmr, daß „er die Qadar-Doktrin vertrat und Propaganda dafür machte; und er und seine Gefährten zogen sich von al-Ḥasan zurück *(iʿtazala)* und wurden die Muʿtazila genannt"[4]. Im darauffolgenden Jahrhundert erzählte Ibn-an-Nadīm die Geschichte nicht von al-Ḥasan, sondern von Qatāda: „Als al-Ḥasan starb und Qatāda seinen Kreis *(mağlis)* leitete, zog ʿAmr sich, zusammen mit einer Gruppe, von diesem zurück, und Qatāda nannte sie die Muʿtazila ..."[5]. Etwas, was wie ein Versuch aussieht, die beiden letzten Versionen miteinander in Einklang zu bringen, findet sich bei Ibn-Ḫallikān in der Bemerkung über Qatāda: ʿAmr und andere zogen sich von al-Ḥasan zurück; aber Qatāda, der blind war, ging auf sie zu, und als er erkannte, daß sie nicht aus al-Ḥasans Kreis waren, machte er die Bemerkung, von der der Name abgeleitet wurde[6]. Es ist jedoch zu beachten, daß Ibn-Ḫallikān als seine Quelle Abū-ʿUbayda Maʿmar ibn-al-Muṯannā (gest. 824/9) angibt, einen Gelehrten aus Basra, der es von einem berühmten Philologen aus derselben Stadt, Abū-ʿAmr ibn-al-ʿAlāʾ (gest. 770/6), erfahren hatte. Wenn diese Angaben richtig sind, wäre dies die älteste Darstellung von allen.

Außer diesen Versionen der Namensgeschichte, die ʿAmr in den Mittelpunkt rücken, gibt es andere Berichte, die ihm eine führende Stellung zuschreiben oder etwas Derartiges suggerieren. Die bemerkenswerteste Fassung ist das Gedicht des Bišr ibn-al-Muʿtamir, das von al-Ḫayyāṭ zitiert wird (von dem schon im Zusammenhang mit Ğahm die Rede war), und in welchem er sagt, daß Ḍirār und

3 Al-Ḫayyāṭ, 164–168.
4 Ibn-Qutayba, Maʿārif, 243 (483).
5 *Arberry*, New Material on the Kitāb al-Fihrist (Einl., Anm. 6), 30.
6 Ibn-Ḫallikān, ii. 513; wiederholt in iii. 644 (Bemerkung über Wāṣil), wo auch festgestellt wird, daß Wāṣil wegen der *manzila* von al-Ḥasan vertrieben wurde.

Ḥafṣ Ǧahm für ihren Imam halten und sich von den Anhängern ʿAmrs völlig unterscheiden[7]. Wenn die übliche Darstellung richtig wäre, ist es bemerkenswert, daß Bišr nicht Wāṣil als Führer erwähnt haben sollte. Eine andere Tatsache ist, daß es, dem Index zufolge, in den ganzen *Ṭabaqāt* des Ibn-Saʿd nur zwei Hinweise auf die Muʿtazila gibt, und einer von diesen spricht von ʿAmr ibn-ʿUbayd als einem Muʿtaziliten[8], während Wāṣil überhaupt nicht erwähnt wird. Ähnlich hat Ibn-Qutayba (gest. 889) einige Informationen über ʿAmr und bringt ihn in einem seiner spärlichen Hinweise auf diese Sekte mit den Muʿtazila in Verbindung, aber über Wāṣil berichtet er nichts[9]. Selbst im zehnten Jahrhundert erwähnt der Ḥanbalit Ibn-Baṭṭa (gest. 997) ʿAmr sowie mehrere Muʿtaziliten aus der Generation des Abū-l-Huḏayl in einer Liste mit häretischen Führern, doch von Wāṣil spricht er nie[10].

Das bislang untersuchte Material weist eine Meinungsverschiedenheit darüber auf, ob ʿAmr oder Wāṣil der Führer war. Andere Erwägungen jedoch legen den Schluß nahe, daß der Urheber der Sekte in der Form, in der sie berühmt wurde, keiner dieser beiden Männer war, sondern Abū-l-Huḏayl und seine Generation. Es gibt keinerlei Beweise dafür, daß Wāṣil oder ʿAmr überhaupt in griechischen Denkvorstellungen oder Argumentationsmethoden beschlagen waren, die ja den Kern der eigenständigen muʿtazilitischen Position ausmachten. In al-Ašʿarīs *Maqālāt* finden sich die einzigen Hinweise auf Wāṣil und ʿAmr dort, wo es von ihnen heißt, sie verträten über die *muḥkamāt* und *mutašābihāt* genannten Koranverse eine eigene Meinung, und wo ein Dichter von zweitrangiger Bedeutung sagt, daß er sich von den Ḫāriǧiten, vor allem dem Ġazzāl und Ibn-Bāb (d.h. Wāṣil und ʿAmr), distanziere[11]. Selbst der Muʿtazilit al-Ḫayyāṭ berichtet wenig mehr als das. Die schon erwähnten Argumente für die Zwischenstellung können von Wāṣil selbst stammen. Er soll auch die Auffassung vertreten haben, daß der Entschluß, einen Gefährten des Propheten zu töten, Unglaube sei[12]. Auf zwei andere Äußerungen über Wāṣil sowie ʿAmr werden wir gleich zu sprechen kommen – eine über politische Einstellungen und eine historische. Zusammen mit Bišrs Gedicht über ʿAmr ist das alles, was al-Ḫayyāṭ uns über die beiden Männer mitzuteilen hat. Diese frühen Werke von einem Muʿtaziliten und einem ehemaligen Muʿtaziliten geben also keine Auskunft, die erklären würde, wie einer

7 Al-Ḫayyāṭ, 134.
8 Ibn-Saʿd, vii/2.33; ders. 27 spricht von den Muʿtazila und greift Ibn-ʿAwn an (einen Mann, der von ʿAmr in einer berühmten Geschichte kritisiert wird, z.B. Ibn-Qutayba, Taʾwīl, 101).
9 Ibn-Qutayba, Maʿārif, 243.
10 *Laoust*, Profession, 169.
11 Aš., i. 222, 16; der Begriff Ḫariǧiten wird wahrscheinlich deshalb auf sie angewendet, weil sie betonten, daß Gott seine Strafandrohungen ausführe; vgl. Geschichte über ʿAmr, ibid., 148 Anm.

der beiden Männer eine starke intellektuelle Bewegung ins Leben hätte rufen können.

b) Eine revidierte Darstellung

Das bisher betrachtete Material führt zu der negativen Folgerung, daß die Geschichte von der Namensgebung in all ihren Formen eine spätere Erfindung ist. Aber deswegen ist die Geschichte noch nicht wertlos. Abgesehen davon, daß sie eine nicht abfällige Interpretation des Namens bestätigt, weist sie auf irgendeine Verbindung mit den Anhängern al-Ḥasan al-Baṣrīs hin. Wenn die Geschichte also abgelehnt wird, eröffnet sich die Möglichkeit, die relativ sicheren Einzelinformationen über diese Angelegenheit zusammenzustückeln.

Im frühen achten Jahrhundert konzentrierte sich der größte Teil des geistigen Lebens in Basra um al-Ḥasan und seine Schüler. Nach seinem Tode verkehrten die Gelehrten aus seiner Gefolgschaft eine Zeitlang noch freundschaftlich miteinander, selbst wenn ihre Ansichten voneinander abwichen. Die oben erwähnten Geschichten über ʿAmr-ibn-ʿUbayd (S. 102f.) zeigen, wie er zur Zielscheibe von Angriffen auf die qadaritische Doktrin wurde, aber sie geben auch einen Hinweis darauf, daß die einander gegenüberstehenden Gruppen noch einen gewissen Kontakt miteinander pflegten. Diese Sachlage hat nach al-Ḥasans Tod im Jahr 728 vielleicht vierzig Jahre oder länger weiterbestanden, d. h. bis nach dem Tode Wāṣils und ʿAmrs 748 bzw. 761. Wenn der Begriff Muʿtazila zu dieser Zeit verwendet wurde, war die Gruppe, auf die er angewendet wurde, vom Rest der Gelehrten nicht scharf abgegrenzt, wie durch die Tatsache bewiesen wird, daß gegen Ende des Jahrhunderts Ḍirār als Muʿtazilit bezeichnet werden konnte. Zu diesem Zeitpunkt können auch die fünf Prinzipien des Muʿtazilismus noch nicht ausformuliert gewesen sein – höchstens in vagen Ansätzen. Das Prinzip von *ʿadl*, ‚(Gottes) Gerechtigkeit', wurde in der Gestalt der Qadar-Doktrin akzeptiert. *Tawḥīd* wurde im Sinne von der Behauptung der Einheit Gottes gegen manichäische und andere Formen des Dualismus vertreten, aber fast mit Sicherheit nicht im Sinne der Behauptung der inneren Einheit Gottes, da die Diskussion über die Attribute bis zur Regierung al-Ma'mūns wahrscheinlich kein ernsthaftes Thema war. Die Doktrin von der *manzila* wurde vermutlich in gewisser Hinsicht vertreten, und auch das Prinzip von ‚der Verheißung und der Drohung' *(al-waʿd wa-l-waʿīd)* oder das Beharren darauf, daß Gott seine Verheißungen und Drohungen von ewiger Belohnung und Bestrafung wahrmachen müsse. Das fünfte Prinzip, *al-amr bi-l-maʿrūf wa-n-nahy ʿan al-munkar*, ‚Auffordern zum Billigen und Abhalten vom Verwerflichen' – d. h. sich zur Anwendung von Gewalt gegen Ungerechtigkeit verbünden oder an Aufständen gegen ungerechte Herrscher teilnehmen –, dieses fünfte Prinzip also drückt eine Einstellung aus, die zwar von al-Ḥasan scheel angesehen wurde, aber unter den Umayyaden üblicherweise mit dem Qadarismus assoziiert worden war. Zweifellos variierte seine genaue Anwendung gelegentlich, und es kann gut sein, daß Menschen, die den anderen vier Prinzipien zustimmten, über dieses eine uneins waren. Also können die fünf muʿtazilitischen Prinzipien bestenfalls erst in einer elementaren Form vertreten worden sein, und diejenigen, die einige von ihnen verfochten, verfochten nicht unbedingt alle.

Es ist gut möglich, daß Wāṣil während seines späteren Lebens einer der Gelehrten von Basra gewesen ist, doch es gibt nur spärliche Nachrichten über ihn, und aus diesen ist zu schließen, daß er, zumindest als Gelehrter, nicht so prominent war wie ʿAmr. Was erwähnt wird, ist, daß er ein berühmter Redner und Prediger war, und daß er mit großer Kunstfertigkeit Wörter mit einem R vermied, um so die Tatsache zu verbergen, daß er diesen Laut nicht richtig aussprechen konnte. Den meisten späteren Darstellungen seiner theologischen Auffassungen sollte mit Argwohn begegnet und nur teilweise Glauben geschenkt werden. Zweifellos vertrat er die muʿtazilitischen Prinzipien in irgendeiner solchen keimhaften Gestalt, wie sie soeben beschrieben wurde, und möglicherweise hat er die Phrase *al-manzila bayn al-manzilatayn* erfunden und die Argumente für die Konzeption nach den von al-Ḫayyāṭ vorgegebenen Grundsätzen erarbeitet. Aber keine frühen Belege geben Anhaltspunkte dafür, ihn für einen anerkannten Führer eines erlesenen Gelehrtenzirkels zu halten. Es ist sogar ungewiß, ob ʿAmr der ergebene Anhänger von Wāṣil war, als der er in einigen Geschichten dargestellt wird. Beide sollen 699 geboren worden sein, und von den Büchern, die Wāṣil zugeschrieben werden, handelt eines von dem, „was zwischen ihm und ʿAmr ibn-ʿUbayd vorfiel“[13]. Daß Wāṣil mit einer Schwester ʿAmrs verheiratet war, beweist gerade nur soviel, daß die beiden Männer einander kannten.

Der oben erwähnte Vers eines frühen Dichters, in dem Wāṣil und ʿAmr als Ḫāriǧiten bezeichnet werden, ist seit al-Baġdādī von mehreren Gelehrten bemerkt worden, hat aber nicht die Aufmerksamkeit erhalten, die er verdient[14]. Es lohnt sich, al-Baġdādīs Bericht zu zitieren:

> Wāṣil und ʿAmr stimmten mit den Ḫawāriǧ überein, wenn sie glaubten, daß die Bestrafung des großen Sünders in der Hölle kein Ende hatte, obwohl sie auch meinten, daß er ein *muwaḥḥid* (Monotheist), kein *mušrik* oder *kāfir* (Polytheist, Ungläubiger) sei; aus diesem Grunde wurden die Muʿtazila die Weichlinge *(maḫānīṯ)* der Ḫawāriǧ genannt, da die Ḫawāriǧ, die glauben, daß Sünder auf ewig in der Hölle seien, sie Ungläubige nennen und sie bekämpfen, während die Muʿtaziliten, die glauben, daß sie auf ewig in der Hölle seien, es nicht wagen, sie Ungläubige zu nennen, und nicht wagen,

13 *Houtsma* in Wiener Zeitschrift für die Kunde des Morgenlandes, iv (1889), 217–235, ad. init.; etc. Vgl. auch Ibn-al-Murtaḍā, 36.12–37.3.

14 Al-Ǧaḥiẓ, Al-Bayān wa-t-Tabyīn, i. 37f.; zitiert in Ibn-al-Murtaḍā, Munya, 32 Anm. Baġ., 98f.; s. auch *Watt*, „Was Wāṣil a Khārijite?“ in Islamwissenschaftliche Abhandlungen (Fritz Meier Festschrift), Hrsg. *R. Gramlich*, Wiesbaden 1974, 306–311.

irgendeine ihrer Sekten zu bekämpfen, geschweige denn, all ihre Gegner zu bekämpfen. Aus diesem Grunde ordnete Iṣḥāq ibn-Suwayd al-ʿAdawī Wāṣil und ʿAmr ibn-ʿUbayd den Ḫāriǧiten zu, weil sie insofern mit ihnen einer Meinung waren, als sie die Strafe für die Sünder ewig sein ließen, und er sagte in einem seiner Gedichte ...

Dieser Passus zeigt, daß al-Baġdādī weit davon entfernt war, die Zuschreibung des Wāṣil und ʿAmr zu den Ḫāriǧiten zu leugnen, und daß er dazu neigte, sie zu bestätigen. Bei näherer Überlegung zeigt sich auch, daß die Doktrin von der *manzila* zwar unter einem Blickwinkel eine Neuheit war, unter einem anderen aber als einer von mehreren Versuchen der gemäßigten Ḫāriǧiten von Basra betrachtet werden konnte, ihre Entscheidungen zu rechtfertigen, unter einem nichtḫāriǧitischen Herrscher in Frieden zu leben (s. oben S. 22). Es sieht ferner so aus, daß gemäßigte Ḫāriǧiten gegen keines der fünf muʿtazilitischen Prinzipien in der rudimentären Gestalt etwas gehabt hätten, in der sie, wie angedeutet, von Wāṣil und ʿAmr vertreten wurden. Mit anderen Worten: Während Wāṣil und ʿAmr ihren eigenen Standpunkt hatten, unterschied er sich nicht sehr von dem verschiedener Gruppen gemäßigter Ḫāriǧiten, so daß die beiden leicht als Ḫāriǧiten angesehen werden konnten. Der Unterschied zwischen ihnen und den Ḫāriǧiten wurde wahrscheinlich erst dann betont, als die Muʿtazila unter Abū-l-Huḏayl bei der Entwicklung von Kalām die Führung übernahmen.

Diese Verwandtschaft zum Ḫāriǧismus hilft auch, die Verse über Wāṣil zu erklären, die davon berichten, daß er Emissäre entsandte. Die Verse und die entsprechende Namensliste bildeten die Grundlage für H. S. Nybergs Hypothese, wonach die Muʿtaziliten in der Zeit vor 750 Propagandisten für die ʿAbbāsiden waren. Die in diesem Kapitel gelieferte Darstellung Wāṣils und ʿAmrs und der politischen Einstellungen der früheren Muʿtaziliten bildet einen triftigen Grund dafür, diese Hypothese zurückzuweisen. Was das Aussenden von Emissären anbelangt, so ist zu beachten, daß ein ibāḍitischer Führer, Abū-ʿUbayda Muslim ibn-Abī-Karīma at-Tamīmī, der etwa zur gleichen Zeit wie Wāṣil oder ein wenig später in Basra aktiv war, gruppenweise Emissäre in den Maghreb, den Jemen, Hadramawt, sowie nach Oman und Chorasan sandte. In der Liste mit Wāṣils Emissären (die von Abū-l-Huḏayl stammt) heißt es von diesen, sie seien in den Maghreb, nach Chorasan, in den Jemen, die Dschasira (ungefähr Nordirak und Nordostsyrien), nach Kufa und Armenien gezogen. Vernünftigerweise kann daher angenommen werden, daß sowohl Ibāḍiten als auch Wāṣiliten etwas predigten, was in erster Linie eine religiöse Botschaft war, mit der Zeit allerdings politische Implikationen haben sollte. Die soeben erwähnten Verse sprechen von Wāṣils Emissären als von eifrigen, frommen und in der Redekunst geschulten Männern, und aus diesen Versen geht hervor, daß ihre Botschaft eine religiöse war. Eine Ähnlichkeit zwischen Wāṣiliten und Ibāḍiten wird auch durch die Tatsache wahrscheinlich gemacht, daß es in der Nähe von Tahert (Westalgerien) eine Zeitlang eine Gruppe von Wāṣiliyya gegeben hat, die der Mittelpunkt eines ibāḍitischen Staates war[14a].

Die aus all dem zu ziehende Schlußfolgerung ist, daß es zu Wāṣils und ʿAmrs Lebzeiten keine Gruppe von Leuten gab, die Muʿtaziliten genannt wurden und die den Muʿtaziliten des Kalifats al-Ma'mūns auch nur entfernt ähnelten. Wenn sie Muʿtaziliten genannt wurden, so hatte der Name eine gewisse pejorative Bedeutung und nicht die, die er später bekam. Obwohl viele von jenen, die sich mit Kalām beschäftigten, mit der Zeit auch Muʿtaziliten genannt wurden, war der Muʿtazilismus, selbst in seinem weitesten Sinn, niemals mit der Praxis von Kalām oder der Anwendung griechischer Ideen identisch. Der grundlegende Wandel in der Bedeutung von Muʿtazilit fand wahrscheinlich dann statt, als einige von jenen, denen dieser Name als Spottname gegeben worden war, eine gute oder neutrale Bedeutung dafür fanden und ihn als auf sich selbst passend akzeptierten. Als nächstes wurde – zweifellos nach geraumer Zeit – diese positive Bedeutung genauer definiert, und zwar durch die Aufzählung der fünf Prinzipien, und man hob hervor, die einzig wahren Muʿtaziliten seien diejenigen, die alle fünf Prinzipien akzeptierten. Ein weiterer Schritt bestand noch in der Behauptung, Wāṣil sei der Begründer des Muʿtazilismus. Der wichtigste Beleg für diese zuletzt genannten Punkte ist der Passus, in dem al-Ḫayyāṭ die Annahme Ibn-ar-Rāwandīs widerlegt, daß Ḍirār und einige Männer mit ähnlichen Anschauungen Muʿtaziliten seien[15]. Es wird klar festgestellt, daß das unterscheidende Merkmal des Muʿtazilismus das Festhalten an den fünf Prinzipien ist. In derselben Passage aber wird Bišr ibn-al-Muʿtamir zitiert, wie er sich selbst einen Anhänger ʿAmrs, nicht Wāṣils, nennt, obwohl Ibn-ar-Rāwandī an anderer Stelle Wāṣil als die ‚Wurzel' *(aṣl)* der Muʿtazila anerkennt[16]. Es ist unwahrscheinlich, daß al-Ḫayyāṭ als erster auf den fünf Prinzipien als einem Kriterium bestand, aber man hat vielleicht nicht lange vor seiner Zeit darauf bestanden. Andererseits ist es wahrscheinlich, daß Abū-l-Huḏayl die Verbindung mit Wāṣil postuliert haben kann, da er die Quelle für die Information über Wāṣils Emissäre ist[17]. Wāṣil wurde möglicherweise deshalb bevorzugt, weil er weniger oft und weniger heftig angegriffen wurde als ʿAmr, oder weil seine politische Einstellung für annehmbarer gehalten wurde.

c) Die Bedeutung des Namens

Wenn die übliche Geschichte über den Namen als früheste Darstellung zurückgewiesen wird, bleiben verschiedene andere Möglichkeiten. Ignaz Goldziher war

14a Al-Bakrī, Al-Masālik, Hrsg. *De Slane*, Algier 1857, 72, spricht von al-Wāṣiliyya al-Ibāḍiyya (zitiert nach EI², iii. 658B, Art. Ibāḍiyya/Doctrine).
15 Al-Ḫayyāṭ, 133f.
16 Ibid., 170.
17 Ibn-al-Murtaḍā, Munya, 32.5.

fest davon überzeugt, daß die Anfänge der Bewegung auf „fromme, zum Teil weltflüchtige Leute, *muʿtazila*, d.h. auf sich Zurückziehende (Büßer)" zurückgingen, oder, mit anderen Worten, einzelgängerische Asketen[18]. Selbstverständlich hatte Goldziher recht, wenn er meinte, daß das Wort sich oft auf den ‚Rückzug' asketischer oder monastischer Art beziehe und auch, daß es unter den frühen Muʿtaziliten eine Reihe von Asketen gegeben hat. Aber dies erklärte weder die politische Seite der Bewegung, noch das Fehlen jeglicher Anspielung auf Askese in den fünf Prinzipien, während es im Widerspruch zu der großen Wahrscheinlichkeit steht, daß die ursprüngliche Bedeutung pejorativ war.

Eindrucksvolle Kritik an Goldziher übte Carlo Nallino, der eine alternative Bedeutung vorschlug, nämlich: „die Bedeutung von ‚Neutrale', von ‚Nichtanhänger einer der beiden widerstreitenden Parteien (Orthodoxe, Ḫāriǧiten)' in der schwerwiegenden politisch-religiösen Frage, auf welche Weise der *fāsiq* zu betrachten sei"[19]. Für diese Bedeutung von „Rückzug" im Sinne von „neutral bleiben", „es mit keiner der beiden Parteien halten" gibt es viele Belege, aber die Vorstellung von Neutralität kann auf verschiedenerlei Weise angewendet werden, und Nallino scheint die korrekte Verwendung nicht getroffen zu haben. Die ursprüngliche Verwendung findet sich fast mit Sicherheit in einer Passage von an-Nawbaḫtī (die zu der Zeit, als Goldziher und Nallino schrieben, nicht gedruckt vorlag). An-Nawbaḫtī zufolge gab es nach dem Tod ʿUṯmāns drei Parteien: Die erste waren die Anhänger ʿAlīs und die dritte seine Gegner, während die zweite eine Partei war,

> die sich zusammen mit Saʿd ibn-Abī-Waqqāṣ, ʿAbd-Allāh ibn-ʿUmar, Muḥammad ibn-Maslama und Usāma ibn-Zayd zurückzog *(iʿtazalat)*; diese zogen sich von ʿAlī zurück und enthielten sich des Kriegsführens gegen ihn und des Kriegsführens mit ihm, nachdem sie ihm den Treueid geleistet hatten. Sie werden die *muʿtazila* genannt und sind bis zum Ende der Zeit die Vorläufer der Muʿtazila. Sie glauben, daß es nicht rechtens sei, gegen ʿAlī oder mit ihm zu kämpfen[20].

Dieser Passus sagt nicht unbedingt etwas über den Gebrauch des Wortes *muʿtazila* im Jahr 656 aus; denn es ist wohlbekannt, daß die Schiiten die Geschichte im Lichte der späteren Verhältnisse neu schrieben. Was diese Passage zeigt, ist, daß an-Nawbaḫtī selbst (und zweifellos auch seine unmittelbaren Quellen)

18 Vorlesungen, 94, 326 Anm. 63; Isl., vii (1918), 207–209 (Gesammelte Schriften, v. 410–412). *Massignons* „solitude volontaire *(iʿtizāl)* du cœur" scheint etwas anderes zu sein.

19 „Sull'origine del nome dei Muʿtaziliti", RSO vii (1916–1919), 429–454, insbes. 447.

20 Nawb., 5.2–8 (Namen abgekürzt), auf den sich *H. S. Nyberg* bezieht, Art. „Muʿtazila" in EI[1]. Für einen offenbar entgegengesetzten Gebrauch von Muʿtazila vgl. *van Ess*, Das Kitāb an-Nakṯ des Naẓẓām, Göttingen 1972, 119–125.

glaubten, daß die *Muʿtazila* des neunten Jahrhunderts im Hinblick auf ʿAlī in gewisser Hinsicht neutral waren.

Auf dieser Grundlage läßt sich mit einiger Zuversicht die Ansicht äußern, daß der Name Muʿtazila ursprünglich auf jene angewendet wurde, die im Hinblick auf ʿAlī neutral waren, und daß es Protoschiiten waren, die ihn auf sie anwendeten. Dies steht im Einklang mit verschiedenen anderen Einzelheiten aus frühem Material. So spricht Ibn-ar-Rāwandī (*apud* al-Ḫayyāṭ) von Ḍirār als von einem Muʿtaziliten, aber nicht von dem Rāfiḍiten Hišām ibn-al-Ḥakam, obschon die beiden ein ähnliches Interesse für das griechische Denken hatten. Wenn Ibn-Saʿd ʿAmr ibn-ʿUbayd als Muʿtaziliten bezeichnet, dann vielleicht deswegen, weil er sich weigerte, darüber zu entscheiden, ob ʿAlī oder ʿUṯmān im Recht war. Dagegen sehen wir, daß an-Nawbaḫtī ʿAmr, Ḍirār und Wāṣil (in dieser Reihenfolge) als ‚Wurzeln' *(uṣūl)* der Muʿtazila bezeichnet[21].

Nachdem Ibn-an-Nadīm festgestellt hat, daß Qatāda jene, die sich mit ʿAmr zurückgezogen hatten, die Muʿtazila nannte, führt er eine Teilinformation über ʿAmr an, die möglicherweise authentisch ist. ʿAmr, so sagt er, akzeptierte die Bezeichnung, und sie gefiel ihm, wobei er bemerkte: „Rückzug *(iʿtizāl)* ist eine Qualität, die Gott in seinem Buche lobt"[22]. Es wird keine Koranstelle zitiert, aber der Hinweis muß sich auf die beiden Passagen beziehen, wo Abraham und die Leute der Höhle sich vor ihren Widersachern und vor dem, was sie außer Gott anbeteten, zurückzogen, und sie daraufhin angemessen belohnt werden[23]. Es ist wahrscheinlich, daß so eine Feststellung tatsächlich getroffen wurde, und sie würde zu Menschen passen, die gegen die Manichäer kämpften, doch sie fand keinen Anklang. Gewiß akzeptierten die Muʿtazila den Namen; aber sie waren bereit, ihm die unverbindliche Bedeutung von „Rückzug" aus dem Kreise al-Ḥasans oder Qatādas zu geben. Meistenteils waren sie dann bereit, ʿAmr oder Wāṣil für den Begründer des Muʿtazilismus zu halten. Aber es lohnt sich vielleicht anzumerken, daß Ibn-an-Nadīm einen Bericht von Zurqān, einem frühen Historiker der Muʿtazila, zitiert. Dieser beinhaltet, daß Abū-l-Huḏayl ihm erzählt habe, er hätte „die Doktrin von der Gerechtigkeit und Einheit" (Muʿtazilismus) von ʿUṯmān aṭ-Ṭawīl erhalten und dieser hätte ihm gesagt, er habe sie von Wāṣil erhalten, der sie von Abū-Hāšim ibn-Muḥammad ibn-al-Ḥanafiyya hatte, der sie von seinem Vater Muḥammad ibn-al-Ḥanafiyya hatte, der sie von ʿAlī hatte, der sie von dem Gesandten Gottes hatte, dem Gabriel sie von Gott gebracht hatte[24].

21 Nawb., 11.16f.
22 *Arberry*, New Material on the Kitāb al-Fihrist, 30 unten.
23 19.48f. M 18.16. Andere Verwendungen: 2.222 (Menstruation); 4.90f. (im Kampf); 44.21 (Pharao befahl den Rückzug).
24 *Arberry*, New Material on the Kitāb al-Fihrist, 31.

2. *Die Schulen von Basra und Bagdad*

Wie auch immer die genauen Fakten hinsichtlich der Entstehungszeit ausgesehen haben mögen, fest steht, daß der Muʿtazilismus als herausragende geistige Bewegung nicht vor der Regierung Hārūn ar-Rašīds – als ungefähren zeitlichen Rahmen – in Erscheinung trat. Etwa um diese Zeit nahmen die Schulen von Basra und Bagdad unter der Führung Abū-l-Huḏayls bzw. Bišr ibn-al-Muʿtamirs Gestalt an, und es waren diese und andere Männer aus ihrer Generation, die den Muʿtazilismus zu einem der großen formativen Einflüsse in der Entwicklung des islamischen Denkens machten. Im folgenden werden die meisten der über diese Männer und ihre unmittelbaren Nachfolger verfügbaren biographischen Notizen zusammengestellt, wobei die Generation al-Ǧubbāʾīs und Abū-Hāšims für ein späteres Kapitel aufgehoben wird.

a) Die Schule von Basra

Der Ehrenplatz gebührt der muʿtazilitischen Schule von Basra, deren Ursprünge zumindest bis auf al-Ḥasan al-Baṣrī zurückverfolgt werden können. Ein Aspekt seiner Lehre wurde von ʿAmr ibn-ʿUbayd und seinen Freunden weitergepflegt. Dann begannen unter den Intellektuellen von Basra die griechischen Ideen Wirkungen zu zeitigen, und hierbei spielte, wie im vorangegangenen Kapitel beschrieben wurde, Ḍirār ibn-ʿAmr die zentrale Rolle. Ḍirār wurde oft als Muʿtazilit bezeichnet, und er könnte als der wichtigste „Professor des Kalām" betitelt werden, doch der eigentliche Muʿtazilismus (d.h., wie man ihn später begriff) beginnt vielmehr mit seinem Nachfolger auf diesen „Professorenstuhl", Abū-l-Huḏayl.

1) Abū-l-Huḏayl[25]. Abū-l-Huḏayl Muḥammad (oder Ḥamdān) ibn-al-Huḏayl al-ʿAllāf al-ʿAbdī wurde zwischen 748 und 753 in Basra geboren, und er starb zwischen 840 und 850 in Bagdad. Er war ein *mawlā* aus dem Stamm des ʿAbd-al-Qays. Das Todesdatum 842 hat als frühen Gewährsmann al-Ḫayyāṭ (bei aš-Šahrastānī), aber es wird auch berichtet, daß er in seinen späteren Lebensjahren gebrechlich gewesen sei, und für die Zeit nach etwa 820 gibt es keine Belege für irgendeine öffentliche Tätigkeit. Der größte Teil seines schöpferischen Werkes wurde wahrscheinlich vor 800 vollendet. Keines seiner Bücher ist erhalten geblieben, doch es sind viele Titel überliefert, und aus ihnen kann geschlossen werden, daß er sowohl gegen die Magier und Dualisten als auch gegen die Juden und Christen argumentierte. Mehrere Autoren wiederholen die Geschichte, der zufolge er verbal über den *zindīq* Ṣāliḥ ibn-ʿAbd-al-Quddūs triumphierte, der 783

25 Al-Ḫayyāṭ, Index; *Houtsma* in Wiener Zeitschrift für die Kunde des Morgenlandes; *Arberry*, New Material on the Kitāb al-Fihrist, 32; Baġ., 102–113; Šahr., 34–37 (i. 66–71); Ibn-al-Murtaḍā, Munya, 44–49; Ibn-Ḫallikān, ii. 667–669; EI², Art. von *H. S. Nyberg*; GALS, i. 338; *Tritton*, Muslim Theology, 83–89.

hingerichtet wurde. Es gibt auch einen Bericht über ein Streitgespräch mit Hišām ibn-al-Ḥakam, und beide Männer waren auch bei der Diskussion über die Liebe im Salon Yaḥyās des Barmakiden anwesend[26]. Diese Diskussion muß stattgefunden haben, als er zu einem kurzen Besuch nach Bagdad gekommen war, doch ungefähr 818 ließ er sich auf Dauer dort nieder und wurde von Ṯumāma al-Ma'mūn vorgestellt.

2) An-Naẓẓām[27]. Abū-Isḥāq Ibrāhīm ibn-Sayyār an-Naẓẓām wurde in Basra geboren und erzogen, aber er starb 836 (oder 845) in Bagdad, wohin er ca. 818 von al-Ma'mūn berufen worden war. Wahrscheinlich war er ein wenig jünger als Abū-l-Huḏayl, und manchmal heißt es, er sei dessen Schüler gewesen. Er hatte unter dem großen Philologen Ḫalīl ibn-Aḥmad (gest. 776/91) studiert und war für seine Beherrschung des Arabischen gelobt worden. Ein anderer Philologe, Quṭrub (gest. 821), war, wahrscheinlich im Kalām, sein Schüler gewesen, und da Quṭrub eine Zeitlang der Erzieher al-Amīns (geb. 787; Kalif 809–813) war, muß an-Naẓẓām alt genug gewesen sein, um nicht später als 795 zu lehren. Deshalb muß er etwa 760 oder 765 geboren sein[28]. Ein ähnliches Datum ist aus der Tatsache zu schließen, daß er an der Diskussion Yaḥyās des Barmakiden über die Liebe teilnahm. Mehr als Abū-l-Huḏayl war er an der naturwissenschaftlichen Seite der griechischen Philosophie interessiert, und darin scheint er von Hišām ibn-al-Ḥakam beeinflußt gewesen zu sein, dessen Vorlesungen er besucht haben soll. Er studierte wahrscheinlich auch bei Ḍirār, war aber ziemlich anderer Meinung als dieser. Zu seinen Büchern zählt eines über seine Uneinigkeit mit Abū-l-Huḏayl, andere sind gegen den Materialismus (die Dahriyya) und den Dualismus gerichtet. Sein berühmter Schüler al-Ǧāḥiẓ bezieht sich häufig auf ihn.

3) Muʿammar[29]. Über Muʿammar ibn-ʿAbbād as-Sulamī ist wenig bekannt, und

26 Al-Masʿūdī, vii. 232; vi. 369f.; vgl. viii. 301.

27 Al-Ḫayyāṭ, Index; *Houtsma* in Wiener Zeitschrift für die Kunde des Morgenlandes, 220f.; *Arberry*, New Material on the Kitāb al-Fihrist, 33; Baġ., 113–136; Šahr., 37–41 (i. 72–82); al-Masʿūdī, vi. 371f.; viii. 35, 301; Ibn-al-Murtaḍā, Munya, 49–52; EI[1], Art. von *H. S. Nyberg; J. van Ess*, „Ḍirār" (Kap. 7, Anm. 38), insbes. §§ 1, 2; *R. Paret*, „An-Naẓẓām als Experimentator", Isl., xxv (1939), 228–233; GALS, i. 339; *Tritton*, 89–95 (aber der Bericht, daß er im Alter von sechsunddreißig Jahren starb, muß falsch sein); *J. van Ess*, Das Kitāb an-Nakṯ des Naẓẓām.

28 Yāqūt, Iršād, vii. 105; GAL, i. 101f.

29 Al-Ḫayyāṭ, Index; *Arberry*, Fihrist, 33; Baġ., 136–141 (über die Identität vgl. 141.9); Šahr. 46–48 (i. 89–92); Ibn-al-Murtaḍā, Munya, 54–56; *Anwar G. Chejne*, „Muʿammar ibn-ʿAbbād al-Sulamī, a leading Muʿtazilite of the eighth-ninth Centuries", Muslim World, li (1961), 311–320; *Tritton*, 100–103; GAS, i. 616; *H. Daiber*, Das theologisch-philosophische System des Muʿammar b. ʿAbbād as-Sulamī, (Beiruter Texte u. Studien, 19), 1975. Ein von ihm entwickeltes Konzept wird erörtert von *Harry A. Wolfson* in „Muʿammar's Theory of *Maʿnā*", Arabic and Islamic Studies in honour of Hamilton A. R. Gibb, Hrsg. *G. Makdisi*, Leiden 1965, 673–688.

Die Muʿtazila: Hauptlinien der Anhängerschaft

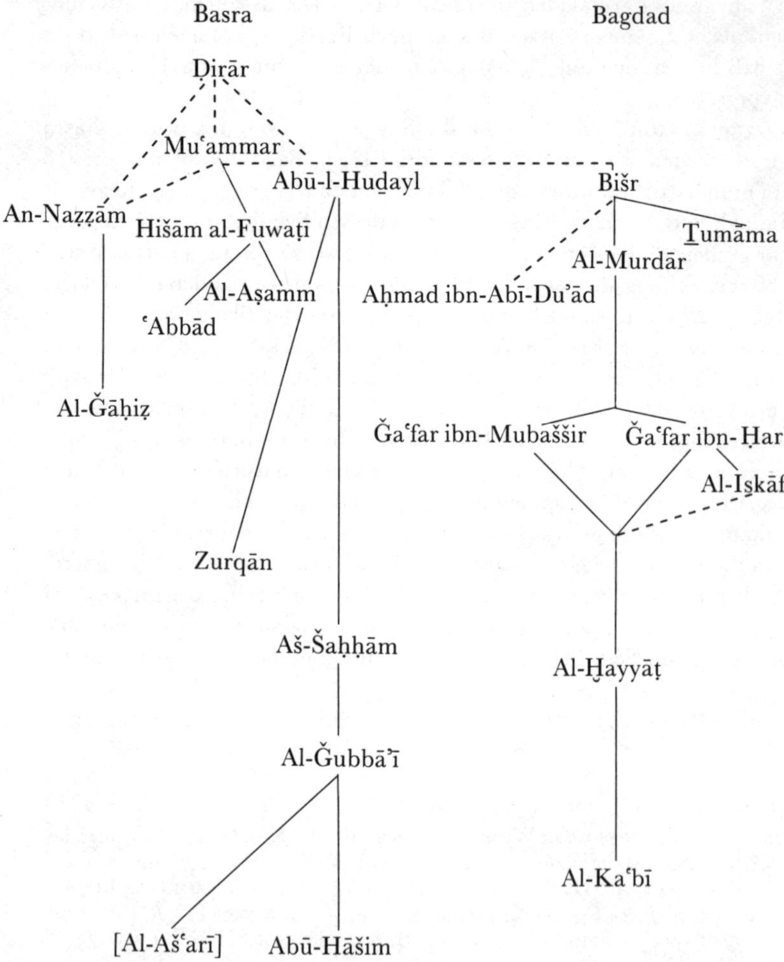

über seinen vollen Namen besteht Unsicherheit[30]. Er scheint in Basra als ein *mawlā* des Sulaym-Stammes geboren zu sein. Er soll 830 gestorben sein, muß aber sehr alt gewesen sein, da er auch der Lehrer des Bišr ibn-al-Muʿtamir und des

30 *Chejne*, „Muʿammar ibn ʿAbbād al-Sulamī, a leading Muʿtazilite of the eighth-ninth Centuries", 311.f., wo die Identität mit Maʿmar Abū-l-Ašʿaṯ halbwegs akzeptiert wird; anders *van Ess* in Isl., xliv. 45f. *Trittons* Vokalisierung des Namens wird nicht allgemein akzeptiert.

Hišām al-Fuwaṭī gewesen sein soll, und für Ḍirār war er schon zu einem frühen Zeitpunkt prominent genug, um eine Widerlegung seiner Ansichten zu verfassen. Die Geschichte (in der *Munya*), daß er von ar-Rašīd zu einem indischen König gesandt wurde, um gegen dessen Gelehrte mit Argumenten vorzugehen, scheint in den Bereich der Legende zu gehören. Aber er traf mit indischen Ärzten zusammen, die von den Barmakiden nach Bagdad geholt worden waren, und irgendwann (vielleicht nach dem Fall der Barmakiden) wurde er von ar-Rašīd eingekerkert. Nachdem er von anderen Muʿtaziliten denunziert worden war, soll er auch aus Basra geflohen und in seinem Versteck in Bagdad gestorben sein.

4) Al-Aṣamm. Über das Leben des Abū-Bakr ʿAbd-ar-Raḥmān ibn-Kaysān ist nicht viel überliefert. Manchmal heißt es von ihm, er sei 850 gestorben, aber das von Ibn-an-Nadīm angegebene Datum 816/8 erscheint angesichts der Tatsache, daß er mit Hišām ibn-al-Ḥakam diskutiert hat, wahrscheinlicher[31]. Das Datum läßt es auch zweifelhaft erscheinen, ob er (wie von aš-Šahrastānī behauptet) ein Schüler Hišām al-Fuwaṭīs war, aber die Ähnlichkeit in den erörterten Problemen und den Ausdrucksformen zeigt, daß zwischen den beiden Männern eine bestimmte Verbindung bestand, auch wenn Hišām ein Buch verfaßte, das ihn widerlegte[32]. Ein weiteres Argument für ein frühes Datum ist die Tatsache, daß an-Naẓẓām seinen Korankommentar al-Ǧāḥiẓ empfahl[33].

5) Hišām al-Fuwaṭī[34]. Auch über das Leben des Hišām ibn-ʿAmr al-Fuwaṭī aš-Šaybānī ist wenig bekannt. *Fuwaṭī* soll soviel wie Verkäufer jener Stoffstücke bedeuten, die *fuwaṭ* genannt werden[35]. Bei einer Gelegenheit heißt es von ihm, er sei ein Schüler des Abū-l-Huḏayl gewesen, ein anderes Mal heißt es, er sei ein Schüler an-Naẓẓāms gewesen. Fest steht jedoch, daß er ein Buch gegen Abū-l-Huḏayl verfaßte. Er zog schließlich nach Bagdad und wurde von al-Maʾmūn bei Hofe akzeptiert. Er soll vor 833 gestorben sein.

6) ʿAbbād[36]. ʿAbbād ibn-Sulaymān (oder Salmān) aṣ-Ṣaymarī war Schüler Hišām al-Fuwaṭīs und führte Streitgespräche mit Ibn-Kullāb. Über seine

31 *Arberry*, Fihrist, 33; Ibn-al-Murtaḍā, Munya, 56f. Er ist fast mit Sicherheit nicht der Richter al-Aṣamm unter al-Muʿtaṣim in al-Masʿūdī, Tanbīh, 356; vgl. *Tritton*, 126f.

32 Šahr., 19, 51, 53; EI², Art. Hishām al-Fuwaṭī *(Ch. Pellat)*; die beiden Männer stehen im Mittelpunkt von *Goldzihers* Artikel, „Hellenistischer Einfluß auf muʿtazilitische Chalifats-Theorien", Isl. vi (1916), 173–177 (= Gesammelte Schriften, v. 318–322).

33 *Goldziher*, Koranauslegung, 111f.; vgl. 108 Anm., 113. Vgl. Fihrist, 34.2, 15. Die geheimnisvolle Passage in Fihrist, 100.29 wird diskutiert von *van Ess*, Isl., xliv, 25f. (Anm. 30 oben). *Sezgin* macht in GAS i. 614f. al-Aṣamm älter als Abū-l-Huḏayl, nennt aber keine Quelle hierfür; in Ibn-al-Murtaḍā, Munya, führten die beiden ein Streitgespräch.

34 Al-Ḫayyāṭ, Index; *Arberry*, Fihrist, 33; Šahr., 19, 50f.; Baġ., 145–151; al-Masʿūdī, Tanbīh, 395 unten; EI², Art. von *Ch. Pellat*; *Tritton*, 113–115; vgl. *Goldziher*; Isl. vi. 173–177 (wie in Anm. 32 oben).

35 Vgl. as-Samʿānī, Ansāb (*apud* al-Ḫayyāṭ, 192); as-Suyūṭī, Lubb al-lubāb, s. v.

36 Al-Ḫayyāṭ, 90f., 203 Anm.; *Arberry*, Fihrist, 34; Baġ., 147f., 261f.; Šahr., 51; Ibn-al-Murtaḍā, Munya, 77; *Tritton*, 115–117; EI², Art. *(Watt)*.

charakteristischen Anschauungen gibt es ausführliche Berichte. Abū-Hāšim hat ein Buch gegen ihn verfaßt.

7) Al-Ǧāḥiẓ[37]. Obwohl seine Beiträge zum Muʿtazilismus nur einen geringen Teil seiner literarischen Produktion ausmachen, muß Abū-ʿUṯmān ʿAmr ibn-Baḥr hier kurz erwähnt werden, der als al-Ǧāḥiẓ, ‚der Glotzäugige', bekannt ist, und der ungefähr 776 geboren wurde und im Alter von über neunzig Jahren im Dezember 869 starb. Er war dunkelhäutig und wahrscheinlich abessinischer Abstammung, aber aufgrund seiner erstaunlichen Begabungen wurde er zum „genialsten Schriftsteller des Zeitalters, wenn nicht der gesamten arabischen Literatur"[38]. Im Gegensatz zu den eben erwähnten Männern ist über sein Leben eine Fülle von Material vorhanden, und zugleich sind von seinem Werk viele Bände erhalten geblieben. Er studierte unter den führenden Lehrern von Basra arabische Philologie und Dichtung und erhielt Zutritt zu den muʿtazilitischen Kalām-Diskussionen, da er in erster Linie als Anhänger an-Naẓẓāms galt. Obwohl einige seiner Schriften um 815 von al-Ma'mūn positiv aufgenommen wurden, und obwohl er mit einigen der führenden Männer des öffentlichen Lebens bekannt war, hatte er niemals eine feste Stellung bei Hofe, sondern scheint seinen Lebensunterhalt aus seiner schriftstellerischen Tätigkeit bestritten zu haben. Eine Zeitlang war er dem Wesir Ibn-az-Zayyāt (bis zu dessen Fall 847) zugetan, und dann wurde er ein paar Jahre lang von dem Ober*qāḍī* Aḥmad ibn-Abī-Du'ād und dessen Sohn Muḥammad gefördert. Obwohl al-Baġdādī und aš-Šahrastānī ihn zum Führer einer eigenen Subsekte der Muʿtazila machen, vertrat er besondere Meinungen hauptsächlich auf religiös-politischem, nichttheologischem Gebiet.

8) Aš-Šaḥḥām[39]. Abū-Yaʿqūb Yūsuf ibn-ʿAbd-Allāh aš-Šaḥḥām war der jüngste von den Schülern Abū-l-Huḏayls und soll auch von Muʿammar beeinflußt worden sein. Unter dem Kalifen al-Wāṯiq erhielt er von Ibn-Abī-Du'ād einen offiziellen Posten. Nach dem Tode Abū-l-Huḏayls wurde er allmählich als Oberhaupt der muʿtazilitischen Schule in Basra anerkannt; in dieser Position folgte ihm sein Schüler al-Ǧubbā'ī nach. Für ihn werden keine Daten erwähnt, doch wenn der Bericht stimmt, dem zufolge er achtzig Jahre alt wurde, dann muß er von etwa 800 bis 880 gelebt haben. Während der Regentschaft al-Muwaffaqs (870–891) soll er der *zandaqa* bezichtigt worden sein.

37 Al-Ḫayyāṭ, Index (als ʿAmr b. Baḥr); al-Masʿūdī, iii. 22–25; vi. 55–58; vii. 222–228; viii. 33–36; etc.; *Arberry*, Fihrist, 35–45; Baġ., 160–163; Šahr., 52f.; Ibn-al-Murtaḍā, Munya, 67–70; Yāqūt, Iršād, vi. 56–80; *Ch. Pellat*, Milieu; Ders., Life and Works of Jāḥiẓ; Ders. Art. „al-Djāḥiẓ" in EI²; GAL, i. 158–160 (S., 239–247).

38 *H. A. R. Gibb*, Arabic Literature², Oxford 1963, 75.

39 Al-Ḫayyāṭ, 53, 191; Baġ., 163; Šahr., 18,37; Ibn-al-Murtaḍā, Munya, 71f.; über die Beschuldigung von *zandaqa*, vgl. *Massignon*, Passion, 192.

b) Die Schule von Bagdad

Das typische Merkmal der muʿtazilitischen Schule von Bagdad besteht darin, daß den größten Teil der Regierungszeit al-Ma'mūns und die ganze Regierungszeit seiner beiden Nachfolger, al-Wāṯiq und al-Muʿtaṣim, hindurch die Kalifen und ihre führenden Beamten Männer mit muʿtazilitischen Sympathien waren, so daß der Muʿtazilismus bei der Festlegung der Politik des Reiches eine bedeutende Rolle spielte. Das deutlichste Beispiel dafür ist die Politik der Inquisition im Hinblick auf das Geschaffensein des Koran. Kurz nachdem al-Mutawakkil Kalif geworden war, verloren die Muʿtaziliten ihren Einfluß, den sie nie wieder erlangen sollten.

1) Bišr ibn-al-Muʿtamir[40]. Der Begründer der Schule von Bagdad war Abū-Sahl Bišr ibn-al-Muʿtamir al-Hilālī. Er wurde wahrscheinlich in Kufa geboren, aber seine Eltern müssen bald nach der Gründung der Stadt nach Bagdad gezogen sein, als er noch ein Kind war. Der Ursprung seines Muʿtazilismus ist nicht bekannt, aber vielleicht hat er in Basra unter Muʿammar studiert. Zu den Männern, gegen die er in Versform Widerlegungen verfaßte – mit deren Werken er also vertraut gewesen sein muß –, gehörten Abū-l-Huḏayl, an-Naẓẓām, Ḍirār, Ḥafṣ-al-Fard, Hišām ibn-al-Ḥakam, Al-Aṣamm und die Anhänger Abū-Ḥanīfas. Zuerst tritt er zusammen mit Hišām ibn-al-Ḥakam, Abū-l-Huḏayl, an-Naẓẓām und anderen als Teilnehmer an dem barmakidischen Symposium über die Liebe in Erscheinung. Es war vermutlich nach dem Fall der Barmakiden, daß er von ar-Rašīd wegen angeblicher rāfiḍitischer Sympathien gefangengenommen wurde. Es ist nicht sicher, ob er jemals im engen Sinne ein Rāfiḍit war, aber gewiß hatte er eine positive Meinung über ʿAlī. Es überrascht daher nicht, daß er bei al-Ma'mūn rasch Gnade fand und 817 in Merw zu den Unterzeichnern jenes Dokumentes gehörte, das ʿAlī ar-Riḍā zum Erben des Kalifats erklärte[41]. Vermutlich kehrte er mit al-Ma'mūn nach Bagdad zurück und starb dort 825.

2) Ṯumāma[42]. Abū-Maʿn Ṯumāma ibn-Ašras an-Numayrī gilt als Schüler des Bišr ibn-al-Muʿtamir und wird von Ibn-al-Murtaḍā der nachfolgenden *ṭabaqa*, ‚Generation', zugeordnet. Aber wahrscheinlich besaß er von allen Muʿtaziliten die meiste politische Macht. Offensichtlich lehnte er zweimal das ihm von al-Ma'mūn angebotene Wesiramt ab, während er weiterhin einen erheblichen Einfluß auf den Kalifen ausübte[43]. Er soll mit Bedacht die Gunst ar-Rašīds gesucht haben und gewann sie auch für eine Weile. Aber er war auch ein

40 Al-Ḫayyāṭ, Index; al-Masʿūdī, vi. 373; Fihrist, 162.12–21; *Arberry*, Fihrist, 32; Baġ., 141–145; Šahr. 44f.; Ibn-al-Murtaḍā, Munya, 52–54; EI², Art. *(A. N. Nader)*; *Tritton*, Muslim Theology, 95–98; GAS, i. 615.

41 *Sourdel*, REI, xxx (1962), 33.

42 Al-Ḫayyāṭ, Index; Ibn-Qutayba, Ta'wīl, 60; al-Masʿūdī, vi, 373f.; *Houtsma*, Fihrist, 2f.; Baġ., 157–160; Šahr., 49f.; Ibn-al-Murtaḍā, Munya, 54.7 (Schüler des Bišr), 62–67; GAS, i. 615f.; *Tritton*, Muslim Theology, 98–100.

43 *Sourdel*, Vizirat, i. 220, 238f., 241; vgl. aṭ-Ṭabarī, iii. 1040, 1067.

Bewunderer von Ǧaʿfar dem Barmakiden, und um die Zeit des Falls der Barmakiden wurde er wegen einer angeblichen Kritik am Kalifen eingesperrt[44]. Als nächstes treffen wir ihn am Hofe al-Ma'mūns in Merw an, wo er dasselbe Dokument wie Bišr unterzeichnete. Und er war es auch, der Abū-l-Huḏayl dem Kalifen vorstellte[45]. Er war ein Meister des geistreichen Wortgefechtes, der seine Gegner aus der Fassung brachte, und er wird als die Quelle einer Reihe guter Hofgeschichten zitiert[46]. Seine theologischen Auffassungen hingegen scheinen nicht die Aufmerksamkeit zu verdienen, die ihnen von seiten al-Baġdādīs und aš-Šahrastānīs zuteil wurde. Sein Todesdatum ist höchstwahrscheinlich 828.

3) Ibn-Abī-Du'ād[47]. Abū-ʿAbd-Allāh Aḥmad ibn-Abī-Du'ād al-Iyādī (geb. 776, gest. 854) war ebenfalls in erster Linie eine politische Figur. Am Hofe al-Ma'mūns stand er in hohen Ehren und wurde von al-Muʿtaṣim kurz nach dessen Machtantritt 833 zum Ober*qāḍī* ernannt. In dieser Stellung, die er bis 851 behielt, war er für die Leitung der Inquisition verantwortlich. Sein Einfluß beim Kalifen war ebenso groß wie der des Wesirs, und er benutzte ihn u. a. dazu, willkürlich zum Tode verurteilte Menschen zu retten. Seine Entlassung im Jahr 851 hing vermutlich mit der Änderung der Politik zusammen, die etwa um diese Zeit stattfand.

4) Al-Murdār[48]. Abū-Mūsā ʿĪsā ibn-Ṣubayḥ al-Murdār (gest. 840) war ein Schüler des Bišr ibn-al-Muʿtamir. Seine Meinungen wichen nur geringfügig von denen Bišrs und anderer aus der Schule von Bagdad ab. Wegen seiner Askese wurde er „der Mönch der Muʿtazila" genannt. Er neigte dazu, diejenigen, die anderer Ansicht waren als er, Ungläubige zu nennen, und im Spaß wurde ihm gegenüber geäußert, daß man im Himmel nur ihn und drei seiner Freunde antreffen werde. Er schrieb ein Buch, in dem Abū-l-Huḏayl kritisiert wurde, aber es heißt auch, daß Abū-l-Huḏayl einmal bei seinem *maǧlis* anwesend war und bemerkte, er habe dergleichen nicht erlebt, seit er als junger Mann den *maǧlis* ihrer alten *šayḫ*, der Anhänger des Wāṣil und des ʿAmr, besucht habe.

5) Ǧaʿfar ibn-Ḥarb[49]. Abū-l-Faḍl Ǧaʿfar ibn-Ḥarb (gest. 850) kam unter al-Murdārs Einfluß und folgte diesem in der Askese so weit, daß er all seine Besitztümer verschenkte. Er soll auch unter Abū-l-Huḏayl und an-Naẓẓām studiert haben, obwohl nicht klar ist, wie dies zu interpretieren ist; denn er steht

44 *Sourdel*, i. 149, Anm. 8, 169, Anm. 3; aṭ-Ṭabarī, iii. 651.

45 *Sourdel*, REI, xxx. 33, 42 Anm.; vgl. *Houtsma*, Fihrist, erwähnt Abū-l-Huḏayl als seinen *ustāḏ* für 30 Jahre.

46 Al-Masʿūdī, iii. 107; v. 81; vii. 10–22.

47 Al-Ḫayyāṭ, 149, 224f.; *Houtsma*, Fihrist, 3f.; Ibn-al-Murtaḍā, Munya, 62.2, 125.16, 126.4 (48.10 ist falsch); al-Masʿūdī, Index; Ibn-Ḫallikān, i. 61–74; EI², Art. *Zetterstéen/Pellat; Sourdel*, Vizirat, i. 245 Anm., Index.

48 Al-Ḫayyāṭ, Index; *Arberry*, Fihrist, 33; Baġ., 102f.; Šahr., 48f.; Ibn-al-Murtaḍā, Munya, 70f.

49 Al-Ḫayyāṭ, Index; al-Masʿūdī, vii. 231; Arberry, Fihrist, 33; Baġ., 153–155; Šahr., 41, 49; Ibn-al-Murtaḍā, Munya, 73–76; EI², Art. „Djaʿfar b. Ḥarb" *(A. N. Nader)*; GAS, i. 619.

einigen Ansichten an-Naẓẓāms kritisch gegenüber und, wenn er nicht vor 793 geboren wurde (wie Sezgin erklärt), dann kann er Abū-l-Hudayl erst dann getroffen haben, als dieser ungefähr 818 nach Bagdad kam. Er befand sich am Hofe al-Wāṯiqs, wurde aber von Ibn-Abī-Du'ād überredet wegzugehen, weil dieser befürchtete, er könnte den Kalifen erzürnen.

6) Ǧaʿfar ibn-Mubaššir[50]. Abū-Muḥammad Ǧaʿfar ibn-Mubaššir aṯ-Ṯaqafī al-Qaṣabī (gest. 848) war in vielerlei Hinsicht Ǧaʿfar ibn-Ḥarb ähnlich, und Wissen und Askese der Ǧaʿfarān (‚die beiden Ǧaʿfars') wurden sprichwörtlich. Ihre Askese führte sie so weit, daß sie sämtliche Geldgeschenke vom Kalifen und auch Ernennungen zum *qāḍī* ablehnten. Ǧaʿfar ibn-Mubaššir soll die Leute von ʿĀnāt am Euphrat vom Zaydismus zum Muʿtazilismus bekehrt haben; die Interpretation dieser Tatsache wird aber erst im folgenden Abschnitt näher betrachtet werden[51]. Er war ein Schüler al-Murdārs und stand auch unter dem Einfluß an-Naẓẓāms.

7) Al-Iskāfī[52]. Ein naher Altersgenosse der beiden Ǧaʿfars, der oft zusammen mit ihnen erwähnt wird, war Abū-Ǧaʿfar Muḥammad ibn-ʿAbd-Allāh al-Iskāfī (gest. 854/5). Er war ein Schneider, und seine Familie war dagegen, daß er Zeit für das Studium aufwandte, bis Ǧaʿfar ibn-Ḥarb ihm zu Hilfe kam. Er wurde von al-Muʿtaṣim bewundert.

Die Männer, von denen soeben in kurzen Anmerkungen die Rede war, sind die wichtigsten Mitglieder der Muʿtazila während ihrer großen schöpferischen Zeit. Die Häresiographen al-Baġdādī und aš-Šahrastānī machten aus den meisten von ihnen Führer von Untersekten, aber das ist nichts anderes als eine Darstellungsmethode und ein Kunstgriff, um auf die Anzahl von zweiundsiebzig häretischen Sekten zu kommen (was in der Vorbemerkung erläutert wurde). Diese Untersekten waren niemals eigenständige Gruppierungen, die von Zeitgenossen anerkannt worden wären, wie z. B. aus dem Buch von al-Ḫayyāṭ ersichtlich wird. Die Geographie bewirkte zwar eine gewisse Trennung zwischen den Schulen von Basra und Bagdad, aber selbst zwischen diesen herrschte viel Kommen und Gehen. Deshalb ist es vernünftig, so vorzugehen, daß man von diesen muʿtazilitischen Denkern in erster Linie als von Individuen spricht. Die Übersicht auf S. 222 versucht, die Hauptlinien von Anhängerschaft und Einfluß aufzuzeigen.

50 Al-Ḫayyāṭ, Index; al-Masʿūdī, v. 443, vii. 231; *Arberry*, Fihrist, 33; Baġ., 153f.; Šahr., 41, 49; Ibn-al-Murtaḍā, Munya, 76f.; EI², Art. Djaʿfar b. Mubashshir *(Nader/Schacht)*.
51 Al-Ḫayyāṭ, 89; vgl. S. 165 oben.
52 Al-Ḫayyāṭ, Index; al-Masʿūdī, vii. *Arberry*, Fihrist, 33; Baġ., 155f.; Šahr. 41, 49, 51; Ibn-al-Murtaḍā, Munya, 78, 123.9; EI², Art. Iskāfī; GAS i. 619f.

3. *Politische Einstellungen*

Die Bedeutung von Feststellungen über ʿAlī, ʿUṯmān und andere frühe Muslime für die zeitgenössische Politik ist bereits allgemein erörtert worden, aber es ist noch Anlaß gegeben für eine Darstellung der Meinungen einzelner Muʿtaziliten, über die wir verhältnismäßig gut Bescheid wissen. Der größte Teil des Materials ist seit vierzig und mehr Jahren leicht zugänglich – einiges seit viel längerer Zeit –, doch die vor kurzem erfolgte Veröffentlichung zweier Werke von an-Nāšiʾ al-Akbar hat einige verwertbare Ergänzungen geliefert[53]. Ein Wort über diesen Autor und sein Werk wird deshalb hier nicht fehl am Platze sein.

Abū-l-ʿAbbās ʿAbd-Allāh ibn-Muḥammad al-Anbārī, manchmal Ibn-Širšīr genannt, aber am besten als an-Nāšiʾ al-Akbar bekannt, starb 906 in Ägypten, wohin er, vielleicht um 892, gezogen war. Doch den größten Teil seiner frühen Lebensjahre verbrachte er in Bagdad. Sein Geburtsdatum ist nicht bekannt, aber es lag wahrscheinlich zwischen 830 und 845. Er wurde zum „Sekretär" ausgebildet und verstand etwas von den griechischen Disziplinen, wenngleich er ihnen zuletzt kritisch gegenüberstand. Im allgemeinen teilte er die Ansichten der Muʿtaziliten von Bagdad, und er gilt als solcher, doch er hatte einen Hang zum Eklektizismus, den die anderen kritisierten[54].

Das erste der beiden von Josef van Ess herausgegebenen Werke ist der Abschnitt über das Imamat aus einem Buch, das wahrscheinlich den Titel *Kitāb uṣūl an-niḥal*, „Die Prinzipien der Sekten", trug. Eine vom Herausgeber bemerkte seltsame Tatsache ist, daß von den Muʿtaziliten keiner besonders erwähnt wird, der zu irgendeiner Generation nach der des Abū-l-Huḏayl gehört hätte (wie Ibn-al-Murtaḍā festgestellt hatte). Ähnlich erwähnt er in seinem Bericht über die Schiiten zwar das Imamat Alī ar-Riḍās, verliert aber kein Wort über die Dispute, die nach dessen Tod stattfanden. Hinsichtlich jener aber, die er Ḥašwiyya nennt, verweist er auf Aḥmad ibn-Ḥanbal (gest. 855) und al-Karābīsī (gest. 862). Es ist wohl berechtigt, wenn van Ess meint, an-Nāšiʾ habe Quellen benutzt, die aus einer früheren Zeit stammen als die, zu der er selbst schrieb. Es ist aber interessant, das, was an-Nāšiʾ über die Muʿtaziliten sagt, mit der Darstellung ihrer „politischen Einstellungen" zu vergleichen, die al-Ašʿarī in den *Maqālāt* (451–467) liefert. Al-Ašʿarī beschäftigt sich meistenteils mit denselben Namen. Die einzigen Muʿtaziliten aus späterer Zeit, die er erwähnt, sind ʿAbbād, al-Ǧubbāʾī und Ibn-ʿUbayda (ein Schüler al-Aṣamms); sie alle kommen aus der Schule von Basra. Es ist bemerkenswert, daß al-Ašʿarī an einer Stelle ʿAbbād, dem Schüler,

53 *Josef van Ess*, Frühe muʿtazilitische Häresiographie (zwei Werke des Nāšiʾ al-Akbar herausgegeben und eingeleitet), Beirut 1971.

54 Sein Leben und seine Werke werden beschrieben in *van Ess*, Frühe muʿtazilitische Häresiographie, 1–17; Quellen für seine Biographie werden S. 1 angeführt. Er wird zitiert in Aš., 184f., 500f., 539. Vgl. auch GAL, i. 128 (S., 188).

eine Meinung zuschreibt, die an-Nāšiʾ Hišām al-Fuwaṭī, dem Lehrer, zuweist[55]. Bei keiner der beiden wird irgend etwas über die politischen Ansichten der Schule von Bagdad nach Bišr ibn-al-Muʿtamir (und al-Murdār) ausgesagt[56]. Die einfache Erklärung dafür mag sein, daß die grundlegenden Positionen sich nicht änderten, obschon es viele unterschiedliche Argumente zu ihrer Untermauerung gab, so wie z. B. jene von al-Iskāfī gegen die ʿUṯmāniten[57].

Wie auch immer die merkwürdigen Züge in diesem Buch von an-Nāšiʾ sich erklären lassen mögen, es scheint frühes Material von erheblicher Bedeutung zu enthalten.

a) Einzelne Denker

Die Auffassungen der Schulen von Basra und Bagdad waren weitgehend von denen Abū-l-Huḏayls bzw. Bišr ibn-al-Muʿtamirs bestimmt. Andere Männer wie an-Naẓẓām, Muʿammar und al-Murdār werden zwar gelegentlich erwähnt, aber ihre Abweichungen sind geringfügig. Selbst al-Ǧāḥiẓ, über dessen politische Meinungen es umfangreiches Material gibt[58], unterscheidet sich nicht sehr stark von Abū-l-Huḏayl. Der eine Mann, der eine wirklich eigenständige Ansicht vertritt, ist al-Aṣamm. Die Darlegung hier wird deshalb auf einer Betrachtung seiner Auffassungen und denen der Begründer der beiden Schulen beruhen.

1) Abū-l-Huḏayl. Abū-l-Huḏayl war ein Gegner von Rāfiḍiten wie z. B. Hišām ibn-al-Ḥakam, die meinten, daß das Imamat durch Ernennung *(naṣṣ)* übertragen werde. Üblicherweise heißt es, die gegenteilige Auffassung gehe dahin, daß das Imamat durch die Wahl des Volkes *(iḫtiyār min al-umma)* übertragen werde[59]. Diejenigen, die die letztere Meinung vertraten, insbesondere unter den Muʿtaziliten, werden von an-Nāšiʾ unterteilt in jene, die glaubten, daß die Wahl immer auf den besten Mann *(afḍal)* fallen solle, und in jene, die glaubten, daß manchmal auch ein Geringerer *(mafḍūl)* gewählt werden dürfe. Die beiden Auffassungen werden als *imāmat al-fāḍil* bzw. *imāmat al-mafḍūl* bezeichnet. Bis zu einem gewissen Ausmaß mag dies eine Schematisierung von an-Nāšiʾ gewesen sein, aber sie entspricht dem, was sonst bekannt ist. In Übereinstimmung mit dieser Auffassung heißt es von Abū-l-Huḏayl, er habe Abū-Bakr für *afḍal* zu seiner Zeit gehalten, ebenso ʿUmar, und auch ʿUṯmān während der ersten sechs Jahre seiner Herrschaft, während ʿAlī, zumindest zu dem Zeitpunkt, als er an die Macht

55 Aš., 458; *van Ess*, Frühe muʿtazilitische Häresiographie, § 1/92 – Ṭalḥa und az-Zubayr führten nicht wirklich Krieg gegen ʿAlī.

56 Die Auffassung Ǧaʿfar b. Mubašširs (Aš., 464), daß sie in der „Sphäre der Sünde" *(dār fisq)* leben, ist schwerlich eine Ausnahme.

57 Gedruckt als ein Anhang zu Kitāb al-ʿUṯmāniyya von al-Ǧāḥiẓ, Kairo 1955; vgl. GAS, i. 620; *Pellat* in St. Isl., xv (1961), 31 Anm.

58 Vgl. *Charles Pellat*, „L'Imamat dans la doctrine de Gāḥiẓ", St. Isl., xv (1961), 23–52.

59 Al-Masʿūdī, vii. 234f.

gelangte, *afḍal* war. Diese Auffassungen waren nicht speziell die des Abū-l-Huḏayl, sondern scheinen in Basra weit verbreitet gewesen zu sein. An-Naẓẓām teilte sie und auch Abū-l-Huḏayls Vorgänger Ḍirār und dessen enger Vertrauter Ḥafṣ[60].

Andererseits ließ Abū-l-Huḏayl gewisse Fragen absichtlich unbeantwortet; er weigerte sich zu sagen, ob ʿUṯmān während der letzten sechs Jahre im Recht oder im Unrecht war, und ob ʿAlī oder seine Gegner bei der Kamelschlacht im Recht waren[61]. Auch diese unschlüssige Haltung war in Basra allgemein üblich, doch über die praktischen Folgen gab es einige Meinungsverschiedenheiten. An-Nāšiʾ zufolge hatten Wāṣil und ʿAmr ibn-ʿUbayd den Schluß gezogen, daß man sich mit jeder Partei getrennt, aber nicht mit beiden zusammen verbünden könne, da man ja nicht wüßte, welche Partei im Recht war, sondern nur, daß eine im Unrecht war. Ḍirār und Ḥafṣ aber hatten sich lieber aus der Angelegenheit herausgehalten, sich mit keiner von beiden verbündet und sich von keiner der beiden abgesondert[62]. Das paßt nicht ganz zu al-Ašʿarīs Behauptung über Ḍirār, Abū-l-Huḏayl und Muʿammar, aber der Widerspruch verändert den allgemeinen Eindruck nicht sehr. In Basra bestand eine Neigung, Neutralität zu üben und Entscheidungen aus dem Weg zu gehen, und wir werden gleich sehen, ob man glaubte, dies sei in der Einnahme der „Zwischenstellung" impliziert.
2) Al-Aṣamm. Über al-Aṣamm sind verschiedene Punkte bekannt, die sich schwerlich in ein einheitliches Bild einfügen lassen. Wenn al-Ašʿarī sagt, Recht oder Unrecht ʿAlīs, Ṭalḥas und Muʿāwiyas hingen von ihrem letztlichen Ziel beim Kampf ab, so scheint das weniger definitiv zu sein als die Feststellungen an-Nāšiʾs[63]. Seit al-Ašʿarī wird al-Aṣamm für die Auffassung bekannt, daß es nicht notwendig sei, einen Imam zu haben[64]. Doch an-Nāšiʾ rechnete ihn nicht jenen zu, die die Pflicht, einen Imam zu haben, leugneten, auch wenn er sagt, er habe behauptet, daß es in unruhigen Zeiten wirklich für niemanden möglich sei, als Imam zu fungieren, und daß es in der Tat mehrere Imame geben könne[65]. Der nichtobligatorische Charakter des Imamats erscheint also wie eine Schlußfolgerung aus irgendeiner Erklärung von al-Aṣamm und nicht wie ein Punkt, auf dem er mit Leidenschaft beharrte.

Mit Sicherheit gehört er zu den *aṣḥāb al-iḫtiyār*, und seine Anschauungen ähneln denen der übrigen Muʿtaziliten von Basra. Wie diese glaubte er, daß Abū-Bakr und ʿUmar *afḍal* waren, als sie Kalifen wurden, ebenso auch ʿUṯmān, nur daß er sagte, daß nach ʿUmars Tod ʿAbd-ar-Raḥmān ibn-ʿAwf *afḍal* war, aber auf das Kalifat verzichtete, und daß ʿUṯmān dann der nächste im Verdienst war. Ande-

60 *Van Ess*, Frühe muʿtazilitische Häresiographie, § 1/85, 87.
61 *Van Ess*, Frühe ..., § 1/88, 89; vgl. Aš., 455, 457.
62 *Van Ess*, Frühe ..., § 1/90, 91; im Gegensatz dazu: Aš., 457.
63 Aš., 457.13–458.2; *van Ess*, Frühe ..., § 1/102.
64 Aš., 460.10; vgl. *Goldziher*, wie in Anm. 32 oben.
65 *Van Ess*, Frühe ..., § 1/82f., 104.

rerseits war al-Aṣamm ein extremerer Gegner der Rāfiḍiten, weil er meinte, ʿAlī sei niemals Imam gewesen. An-Nāšiʾ zufolge deswegen, weil es keine *šūrā* oder Beratung gab, al-Ašʿarī zufolge aber deshalb, weil es über ihn keinen Konsens gab, vermutlich von seiten der Muslime als Gesamtheit[66]. An-Nāšiʾ klassifiziert al-Aṣamm als Verfechter „des Imamats des *mafḍūl*". Aber das ist ein Beispiel dafür, wie die Leidenschaft für die logische Klassifikation die Häresiographen dazu führte, unklare historische Zusammenhänge herzustellen. Alle anderen Verfechter des „Imamats des *mafḍūl*" – in der Hauptsache die Muʿtaziliten von Bagdad und einige Zayditen – glaubten, daß ʿAlī *afḍal* war, als Abū-Bakr Kalif wurde. Aber al-Aṣamm hielt, wie die Muʿtaziliten von Basra, Abū-Bakr für *afḍal*. Daß er von an-Nāšiʾ so klassifiziert wurde, liegt daran, daß er irgendwo gesagt hatte, eines Menschen *faḍl* oder ‚Vorzüglichkeit' könne von Zeit zu Zeit variieren, entweder zunehmen oder abnehmen. Folglich könne der eine Mensch, der dann, wenn er zum Imam gewählt wird, *afḍal* ist, in *faḍl* abnehmen und ein anderer zunehmen, mit dem Ergebnis, daß der Imam nicht mehr *afḍal*, sondern *mafḍūl* ist. Unter solchen Umständen, so sagte al-Aṣamm, wäre es falsch, den Imam zu wechseln, und so hat man einen Imam, der in der Tat *mafḍūl* ist. Schließlich behauptete er, in Übereinstimmung mit seiner Leugnung von ʿAlīs Imamat, daß Muʿāwiya mit seiner ganzen Art, wie er mit ʿAlī umging, im Recht war[67].
3) Bišr ibn-al-Muʿtamir. Wie soeben erwähnt, vertraten Bišr und die Muʿtaziliten von Bagdad „das Imamat des *mafḍūl*" in dem Sinne, daß sie zwar den ʿAlī des Jahres 632 für *afḍal* hielten, aber dennoch Abū-Bakr als den rechtmäßigen Imam ansahen, obschon er *mafḍūl* war. Sie unterschieden sich also von den Rāfiḍiten, für die Abū-Bakr überhaupt nie Imam war. Sie waren ferner der Ansicht, daß die Ernennung eines *mafḍūl* zum Imam durch irgendeinen Grund *(ʿilla)* gerechtfertigt sei, und darüber, welche Art von Grund eine solche Ernennung rechtfertigen könne, scheint es komplizierte Diskussionen gegeben zu haben. Bišrs Vorliebe für ʿAlī wurde auch durch die Tatsache bewiesen, daß er sich von ʿUṯmān in den letzten sechs Jahren distanzierte; denn dies implizierte, daß jene, die ʿUṯmān töteten, im Recht waren, und daß ʿAlī recht hatte, wenn er nicht gegen sie vorging. Ähnlich war ʿAlī gegenüber Ṭalḥa und seiner Partei im Recht[68]. Der Nachdruck, den Bišr auf die Vorzüglichkeit oder Vortrefflichkeit des Imam legt, läßt sich vielleicht – wenn al-Ašʿarīs Darstellung zutrifft – durch seine Behauptung aufwiegen, daß die beiden Schiedsrichter unrecht hatten, weil sie nicht gemäß der Schrift urteilten. Nicht alle von Bagdads Muʿtaziliten hegten eine so eindeutige Vorliebe für ʿAlī. Einige scheinen die Frage offengelassen zu haben, ob nun Abū-Bakr oder ʿAli *afḍal* war[69].

Von den drei beschriebenen individuellen Ansichten geht die von al-Aṣamm in

66 *Van Ess*, Frühe ..., § 1/101; Aš., 456.9–11.
67 *Van Ess*, Frühe ..., § 1/99–102.
68 *Van Ess*, Frühe ..., § 1/94–98; Aš., 453.7–10; 456.16f.
69 *Van Ess*, Frühe ..., § 1/98 ad. init.

ihrer Gegnerschaft zu ʿAlī am weitesten und ist zweifellos mit dem Muʿāwiya-Kult verknüpft[70]. Die beiden anderen Auffassungen können als zwei Bemühungen um Kompromiß und Versöhnung betrachtet werden, die die Herstellung einer möglichst umfassenden Einheit unter den Muslimen zum Ziel hatten. Eines der bemerkenswerten Kennzeichen von Abū-l-Huḏayls Auffassung besteht darin, daß er viele Fragen unbeantwortet läßt, und dies sieht nach einer Politik aus, die Spannung innerhalb der Gemeinschaft dadurch zu vermindern, daß man kleinere Ursachen für Reibungen aus dem Wege räumt. Die allgemeine Idee ist der der Murǧi'iten nicht unähnlich, aber die praktische Anwendung ist anders. Bišr hingegen scheint auf eine Aussöhnung abgezielt zu haben, indem er beiden Seiten ein gewisses Maß an Genugtuung verschaffte: Mit den Rāfiḍiten stimmte er insofern überein, als er ʿAlīs Vortrefflichkeit und Vorzüglichkeit anerkannte, doch bei der Leugnung seiner charismatischen Eigenschaften schloß er sich ihren Gegnern an. Und mit seiner Kritik an den Schiedsrichtern scheint er die Partei jener zu ergreifen, die wünschten, daß die Gemeinschaft auf inspirierten Texten beruhe. Im allgemeinen sind die Bišr zugeschriebenen Auffassungen jenen verwandt, die in der Politik al-Ma'mūns enthalten sind, wie z. B. seine Ernennung von ʿAli ar-Riḍā zum Erben. Dies erstaunt nicht, da seine Anhänger Ṯumāma und Ibn-Abī-Du'ād sich in Machtpositionen befanden und das Vertrauen des Kalifen besaßen. Wie in Kapitel 6 (S. 180) angedeutet wurde, gab es für die Ernennung ʿAlī ar-Riḍās ähnliche Gründe wie für die Einsetzung der Miḥna. Die Doktrin vom Geschaffensein des Koran war zwar für die Politik von Bedeutung, sie wird aber in diesem Kapitel in erster Linie von einem theologischen Standpunkt behandelt.

b) Die drei kleineren Prinzipien

Wie mehrmals erwähnt wurde, wurde die Bezeichnung Muʿtaziliten letztlich auf diejenigen beschränkt, die „die fünf Prinzipien“ akzeptierten. Auf diese Prinzipien wird meistens in Kurzform Bezug genommen: (1) *tawḥīd*, ‚Einheit‘; (2) *ʿadl*, ‚Gerechtigkeit‘; (3) *al-waʿd wa-l-waʿīd*, ‚die Verheißung und die Drohung‘; (4) *al-asmā' wa-l-aḥkām*, ‚Namen und Urteile‘ oder *al-manzila bayn al-manzilatayn*, ‚die Zwischenstellung‘; (5) *al-amr bi-l-maʿrūf wa-n-nahy ʿan al-munkar*, ‚Auffordern zum Billigen und Abhalten vom Verwerflichen‘[71]. Al-Ašʿarīs *Maqālāt* machen deutlich, daß die meisten Diskussionen im neunten Jahrhundert sich um Fragen drehten, die sich aus den beiden ersten Prinzipien ergaben, und mit diesen werden wir uns in den folgenden Abschnitten (4,5) befassen. Das dritte Prinzip ist zwar in der Hauptsache ein ethisches, kann aber hier gut zusammen mit den

70 Vgl. S. 171.
71 Al-Ḫayyāṭ, 126; As., 278; al-Masʿūdī, vi. 20–23; vgl. *van Ess*, Frühe ..., 97.

beiden letzten betrachtet werden, die wichtige politische Implikationen hatten. Die drei letzten sind wahrscheinlich historisch früher anzusetzen.

1) Die Verheißung und die Drohung. Al-Masʿūdī weitet das dritte Prinzip etwas aus. Es bedeutet: „Gott vergibt dem großen Sünder nur dann, wenn dieser bereut hat, und er bleibt seiner Verheißung und seiner Drohung treu und ändert sein Wort nicht." In diesem Prinzip offenbart sich der moralische Eifer, den die Muʿtaziliten von al-Ḥasan al-Baṣri geerbt hatten, sowie auch ihre Gegnerschaft zur scheinbaren moralischen Laxheit der Murǧi'iten. Der besondere Punkt war, daß Gott dort, wo er im Koran eine Belohnung verheißen bzw. eine Strafe angedroht hatte, diese wahrmachen mußte. Sie neigten zu der Auffassung, daß die Strafe für schwere Sünde vernünftigerweise obligatorisch war, und sie neigten ferner dazu hervorzuheben, daß Gott jeden in derselben Lage gleich behandeln müsse. Sie alle waren der Meinung, daß ein Mensch, der einmal in die Hölle geschickt worden war, auf ewig dort bleibe. Damit leugneten sie implizite die Möglichkeit, daß der Sünder der Gemeinschaft auf die Fürsprache des Gesandten hin letzten Endes aus der Hölle ins Paradies gebracht werden könne[72]. Der moralische Eifer, der diesen Auffassungen zugrunde liegt, ist die Voraussetzung für die politischen Einstellungen, die in den beiden anderen Prinzipien enthalten sind.

2) Die Zwischenstellung. Die Geschichte, wonach Wāṣil bzw. ʿAmr erklärte, der große Sünder befinde sich in einer Zwischenstellung, und sich daraufhin aus al-Ḥasans Kreis zurückzog, ist wahrscheinlich apokryph. Aber dennoch kommt darin vielleicht zum Ausdruck, welche Beziehung zwischen den politischen Einstellungen von Menschen wie Wāṣil und ʿAmr einerseits und denen der Ḫāriǧiten und Murǧi'iten andererseits bestand. Die strenge ḫāriǧitische Doktrin zu befolgen, und jeden großen Sünder aus der Gemeinschaft auszustoßen oder hinzurichten, war praktisch undurchführbar. Ihn aber – wie die Murǧi'iten es taten – als einen Gläubigen zu behandeln, schien die moralische Laxheit noch zu fördern. Es läßt sich jedoch schwer erkennen, inwiefern die Doktrin von der Zwischenstellung dazu führte, daß kriminelle Zeitgenossen anders behandelt wurden als von den Murǧi'iten. Verbrecher wurden nach wie vor bestraft. Wenn man sich andererseits vergegenwärtigt, daß Ḫāriǧismus und Murǧi'ismus in der Umayyadenzeit – und Wāṣil und ʿAmr lebten ja unter der Herrschaft der Umayyaden – politische Einstellungen implizierten, dann darf man auch von der Zwischenstellung erwarten, daß sie zu einer politischen Einstellung führte. Grob gesprochen: Glaubte man, ʿUṯmān sei ein großer Sünder und somit ein Ungläubiger, so führte das zur aktiven Opposition gegen die Umayyaden. Glaubte man aber, daß die Frage nach seinem Status als Gläubiger „zurückgestellt" sei, so führte dies dazu, daß man die Umayyaden entweder unterstützte oder sich zumindest mit ihrer Herrschaft abfand. Es ist daher wahrscheinlich, daß die Doktrin von der Zwischenstel-

72 Vgl. Aš., 274–278; Šahr., 33 (i. 65).

lung von Anfang an auf ʿUṯmān und die Ereignisse angewendet wurde, die unmittelbar auf seinen Tod folgten.

Diese allgemeinen Überlegungen werden durch die wenigen verfügbaren Fakten bestätigt. Über Wāṣil wird berichtet, daß er sich weigerte, darüber zu entscheiden, ob ʿAlī oder aber seine Gegner bei der Kamelschlacht im Recht waren[73]. Von ʿAmr heißt es manchmal, er habe dieselbe Auffassung vertreten; manchmal heißt es, seine Ansicht sei ein wenig anders gewesen. Und wir haben gesehen, daß Abū-l-Huḏayl diese sowie die Frage nach ʿUṯmān offenließ. Es sieht so aus, als ob es einen engen Zusammenhang gebe zwischen der Doktrin von der Zwischenstellung und der Neigung, gewisse Fragen unbeantwortet zu lassen. Wenn man sagt, man wisse nicht, ob ʿUṯmān in den letzten sechs Jahren seines Lebens recht oder unrecht hatte, ist es dasselbe, wie wenn man sagt, man wisse nicht, ob er ein Gläubiger oder ein Ungläubiger sei, und dies führt zu derselben politischen Einstellung, wie wenn man sagt, er befinde sich in einer Zwischenstellung. Weder identifiziert man sich ganz mit ihm (und mit dem, wofür er eintritt), noch distanziert man sich völlig von ihm. Dem liegt das Ziel zugrunde, daß die Muslime in gewisser Hinsicht die gesamte Geschichte des islamischen Staates akzeptieren und auf diese Weise vermeiden sollten, daß einige Leute sich mit einem Teil davon und andere mit einem anderen identifizierten. Es war eine Art des politischen Kompromisses, aber zu negativ, um befriedigend zu sein. In Wirklichkeit ist die Doktrin von der Zwischenstellung nicht weit vom murǧi'itischen Standpunkt entfernt, und es überrascht nicht, daß Ibn-al-Murtaḍā einige Männer in seine Muʿtazila-Liste aufnahm, die mit *irǧāʾ* sympathisierten[74].

Der alternative Name für dieses Prinzip, „Namen und Urteile", muß kaum erläutert werden. Die Kernfrage, um die es ging, ist, ob ein Mensch den „Namen" eines Gläubigen oder Frevlers *(fāsiq)* haben solle. Für *aḥkām*, das mit „Urteile" übersetzt wurde, gibt es kein passendes deutsches Äquivalent. Es meint in etwa die rechtlichen Folgen, die sich aus dem Urteil über den „Namen" ergeben. „Status" kommt der Bedeutung nahe; aber es kann leider nicht im Plural verwendet werden[75].

3) Auffordern zum Richtigen und Abhalten vom Verwerflichen. Dieses Prinzip wirft die Frage auf, inwiefern es eine Pflicht ist, darauf zu achten, daß andere Menschen das tun, was recht ist und nicht das, was unrecht ist. Die allgemeine Auffassung der Muʿtazila (und anderer) war, wie al-Ašʿarī es ausdrückte, „daß es eine Pflicht ist, zum Rechten aufzufordern und vom Verwerflichen abzuhalten, wo es Gelegenheit und Fähigkeit dazu gibt – durch Zunge, Hand und Schwert –,

73 Al-Ḫayyāṭ, 97f.; *van Ess*, Frühe ..., § 1/89.; Nawb., 11f.
74 Vgl. Ibn-al-Murtaḍā, Munya, 57.9; 58.10; 60.15; 71.8, 10; 72.16.
75 Aš., 266–270 erwähnt die Punkte, die unter dieser Rubrik im neunten Jahrhundert diskutiert wurden.

wie man es eben zu tun vermag"[76]. Dieses Prinzip zu vertreten, heißt also zu meinen, daß bewaffneter Aufruhr gegen einen ungerechten Herrscher dann berechtigt ist, wenn Aussicht auf Erfolg besteht. Auch moralische Ermahnung ist eine Pflicht, zumindest dann, wenn es nicht wahrscheinlich ist, daß damit eine ungünstige Wirkung erzielt wird. Andererseits kann man sagen, das Prinzip implizierte, daß es eine Pflicht sei, einen Herrscher zu unterstützen, der tatsächlich zum Rechten auffordert und vom Verwerflichen abhält, und dies mochte vermutlich so aufgefaßt werden, daß es die Unterstützung der ʿAbbāsiden einschlösse.

4. Das Prinzip „Gerechtigkeit"

Das Prinzip „Gerechtigkeit" *(ʿadl)* deckt als eines der fünf muʿtazilitischen Prinzipien zwar noch andere Dinge ab, steht aber schließlich in erster Linie für die Qadar-Doktrin oder die Doktrin von der Willensfreiheit, weil Gott ungerecht wäre, wenn er die Menschen für Taten bestrafte, für die sie nicht verantwortlich sind. Der Begriff Ahl al-ʿAdl oder ʿAdliyya hängt mit diesem Prinzip zusammen. Im *Kitāb al-intiṣār* wird Ibn-ar-Rāwandī zitiert, wie er sagte, daß die Sakaniyya (Sakkākiyya?), die Hišām ibn-al-Ḥakams Auffassung von Gottes Wissen vertraten, Muʿtazila seien, weil sie ʿAdliyya sind. Dagegen hebt al-Ḫayyāṭ hervor, daß nur diejenigen, die alle fünf Prinzipien vertreten, Muʿtaziliten seien. Impliziert wird dabei offensichtlich, daß die Sakaniyya *tašbīh* (Anthropomorphismus) statt *tawḥīd* (Einheit) vertraten[77]. An einer anderen Stelle sagt al-Ḫayyāṭ, daß jemand von den Ahl al-Tawḥīd entweder ein *muǧbir* oder ein *ʿadlī* sei[78]. Hier erwähnt er ihre abweichenden Ansichten über den Zweck der Schöpfung; diese aber leiten sich anscheinend von den allgemeinen Positionen der Muǧbira und Qadariten her. An-Nāšiʾ al-Akbars Gebrauch von ʿAdliyya scheint sich, wie van Ess nahelegt, auf eine Unterabteilung der Muʿtazila zu beziehen[79]. Da an-Nāšiʾ aber Muʿtazila in einem weiten Sinne benutzt, könnten seine ʿAdliyya tatsächlich die Muʿtazila in dem eingeengten Sinne von al-Ḫayyāṭ sein. In späteren Werken trifft man gelegentlich ʿAdliyya an, und das Wort wird hauptsächlich von Nicht-Muʿtaziliten für die Muʿtazila verwendet[80]. Ehe wir muʿtazilitische Aussagen betrachten, die sich besonders mit Gottes Gerechtigkeit befassen, wird es angebracht sein, von bestimmten anderen Dingen Kenntnis zu nehmen, die mit diesem Prinzip zusammenhängen.

76 Aš., 278; vgl. 451. Die Phrase stammt aus dem Koran; 3.104/0, 110/06, 114/0; 7.157/6/6; 9. (67/8), 71/2, 112/3; 22.41/2; 31.17/16.

77 Al-Ḫayyāṭ, 126; Sakaniyya, ansonsten unbekannt, sollte wahrscheinlich zu Sakkākiyya verbessert werden, die ähnliche Auffassung über Gottes Wissen vertreten haben sollen wie Hišām Ḥ. (Aš., 219.7; 490.13). Vgl. Anm. 31 in Kapitel 6.

78 Al-Ḫayyāṭ, 24f.

79 *Van Ess*, Frühe ..., § 2/107.

80 Al-Māturīdī, Šarḥ, 11; weitere Hinweise in *van Ess*, Frühe ..., 93.

a) Die Neuinterpretation prädestinatianischer Konzeptionen

Auf westliche Gelehrte des neunzehnten Jahrhunderts übten die Muʿtaziliten eine gewisse Anziehungskraft aus, weil ihre Anschauungen denen des zeitgenössischen Liberalismus verwandt zu sein schienen. Zum einen glaubten sie an die Willensfreiheit, und zum anderen schienen sie die Vernunft über die Offenbarung zu stellen. Wären muʿtazilitische Vorstellungen in der islamischen Welt dominierend geworden, wäre – so glaubte man –, die Kluft zwischen Muslimen und Christen viel geringer gewesen. Im zwanzigsten Jahrhundert jedoch stand viel mehr Material zur Verfügung, und die Ergebnisse weiterer Untersuchungen wurden veröffentlicht. Und dies führte dazu, daß die Einstellung sich änderte. Wie H. S. Nyberg es 1929 ausdrückte:

> Wo man früher aufgeklärte Philosophen sah, die aus uninteressierter Liebe zur Wahrheit ihre Paradoxen hinausschleuderten und große Systeme bauten, haben wir jetzt Theologen einzusetzen, die notgedrungen die großen geistigen Probleme ihrer Zeit aufgriffen, eben weil sie daran nicht vorbeikommen konnten, wenn sie ihren Islam der Umwelt gegenüber behaupten wollten; um es kurz zu sagen, wir haben es nicht mit philosophischen Freidenkern, auch nicht mit weltfremden Asketen, sondern mit streng theologisch orientierten, praktisch tätigen Apologeten und Missionaren zu tun[81].

Insbesondere muß man sich vergegenwärtigen, daß die Muʿtaziliten in einer Umgebung lebten, die von solchen Ideen beherrscht wurde, wie sie in den prädestinatianischen Ḥadīṯen (S. 98–101) und in der Zusammenfassung der Ansichten an-Naǧǧārs (S. 202–5) zum Ausdruck kommen. Dies bedeutete, daß es nicht in Frage kam, diese Ideen einfach abzulehnen oder zu übergehen. Man mußte eine positive Einstellung annehmen, d. h. die Ideen mußten, zumindest dort, wo dies möglich erschien, im Sinne der Willensfreiheit neu interpretiert werden. Eine solche Vorstellung war die von *aǧal* oder der vorherbestimmten Lebensfrist eines Menschen. Man diskutierte über das Problem eines Menschen, der durch Mord sein Leben verlor. Einige der weniger intelligenten Muʿtaziliten wollten sagen, die Frist dieses Menschen sei das Datum, zu dem Gott wisse, daß er gestorben wäre, wenn man ihn nicht ermordet hätte. Die Mehrheit aber erkannte, daß dies nicht genügte, und meinte, daß ein Mensch – gleichgültig auf welche Weise er auch den Tod finde –, zu seinem von Gott bestimmten Termin sterbe. Es überrascht etwas, daß Abū-l-Huḏayl von der Unabwendbarkeit des Datums so beeindruckt war, daß er von dem Ermordeten sagte, er wäre, hätte man ihn nicht

81 Orientalische Literatur-Zeitung, xxxii (1929), 427 in einer langen Rezension (S. 425–441) von *Michelangelo Guidi*s La lotta tra l'Islam e il manicheismo, mit dem Titel „Zum Kampf zwischen Islam und Manichäismus".

zu dem Termin ermordet, auf irgendeine andere Weise gestorben[82]. Daß ein solcher Mann die Konzeption von *aǧal* in dieser Weise akzeptierte, beweist, wie tiefverwurzelt sie war. Sie war nicht nur ein Bestandteil des Erbes aus dem vorislamischen Arabien, sie wurde auch vom Koran gestützt. Im Hinblick auf den *aǧal* scheint die Auffassung eines Gegners wie an-Naǧǧār (S. 204 § 15) der der Mehrheit der Muʿtaziliten sehr ähnlich zu sein. Der Hinweis der Muʿtaziliten auf Gottes Wissen aber hob den bloßen Determinismus auf, da sie es als Wissen darüber interpretierten, was die Menschen aufgrund ihrer eigenen Aktivität tatsächlich tun würden. Auch wenn Gott wüßte, daß ein Mensch nicht glauben wollte, befähigte er ihn dennoch zum Glauben[83].

Im Hinblick auf die damit verbundene Konzeption von *rizq* oder ‚Lebensunterhalt' waren die Muʿtaziliten hauptsächlich bestrebt zu vermeiden, Gott Böses zuzuschreiben. Deshalb behaupteten sie, daß ein Mensch dann, wenn er Lebensmittel stehle und sie esse, den Lebensunterhalt eines anderen aufzehre. Ein gerechter Gott liefert als Lebensunterhalt nicht gestohlene Güter, sondern nur rechtmäßige Nahrung und rechtmäßiges Eigentum[84]. Die gegenteilige Vorstellung, daß alles, was auch immer dem Unterhalt eines Menschen dient, von Gott gelieferter Lebensunterhalt sei, wurde weithin vertreten – z. B. von an-Naǧǧār (§ 16). Aber die Muʿtaziliten fühlten offensichtlich, daß sie die Konzeption vom Lebensunterhalt nicht so ernst zu nehmen brauchten wie die vom *aǧal*.

Zu den Konzeptionen, die sich im Koran finden und am schwersten im Sinne der Willensfreiheit zu interpretieren sind, gehört die, wonach Gott Siegel auf die Herzen der Menschen legt, die sie offensichtlich daran hindern, die Botschaft des Propheten zu verstehen und darauf zu reagieren. Eine solche Passage lautet:

> Denen, die ungläubig sind, ist es gleich,
> ob du sie warnst, oder nicht. Sie glauben (so oder so) nicht.
> Gott hat ihnen das Herz und das Gehör versiegelt,
> und ihr Gesicht verhüllt. Sie haben (dereinst)
> eine gewaltige Strafe zu erwarten[85].

Die allgemeine Vorstellung, die der Interpretation solcher Passagen zugrundelag, war, daß das Versiegeln der Herzen der Menschen durch Gott eine Folge ihres Unglaubens war und ihm nicht vorausging oder ihn verursachte. Einige hielten es für das Zeugnis und Urteil darüber, daß diese Menschen tatsächlich nicht glauben, und meinten, daß es sie nicht vom Glauben abhalte. Andere stimmten zwar zu, daß das Siegel einen Menschen nicht vom Glauben abhalte,

82 Aš., 256f.; Šahr. 36.
83 Aš., 243.15.
84 Aš., 257.
85 2.6f., *ḫatama ʿalā*; andere Wörter, die benutzt werden, sind *ṭabaʿa, aqfāl*; für eine Liste der Passagen s. *Rudi Paret*, Der Koran, Kommentar und Konkordanz, Stuttgart 1971, ad loc.

übernahmen aber die pittoreskere Interpretation, es sei das schwarze Mal, das auf das Herz eines Ungläubigen gesetzt wird, damit die Engel erkennen können, daß er einer von den „Feinden Gottes" und nicht einer von seinen „Freunden" ist[86].

Eine ähnliche Behandlung erfahren die Konzeptionen der Rechtleitung *(hudā)*, des Irreführens *(iḍlāl)*, des Beistands *(tawfīq)*, der Verlassenheit *(ḫiḏlān)* und dgl.[87]. Verschiedene Gedankenrichtungen können unterschieden werden: (1) Einige dieser Handlungen Gottes können als sein Nennen von Namen oder Urteilen interpretiert werden. Dies ist besonders leicht mit negativen Handlungen wie Irreführung und Im-Stich-Lassen. Das Verbum *aḍalla* (mit seinem Nomen *iḍlāl)* bedeutet normalerweise, ‚er führte irre' oder ‚er ließ irregehen'; aber die Analogie ähnlicher Formen von anderen Wurzeln gibt Anlaß zu der Behauptung, daß das Wort ‚er hielt für irre' oder ‚er betrachtete als irre' bedeutet. Bei dieser Interpretation erklärt Gott einfach, daß sie in der Tat vom rechten Weg abgekommen sind. (2) Man kann sagen, daß Gottes Rechtleitung und Beistand dadurch zu den Menschen kommen, daß er ihnen durch Propheten seine Religion offenbart, daß er sie zum Islam auffordert, ihnen das Paradies verheißt und sie vor der Hölle warnt, und auf ähnliche Weise. (3) Es ist eine Belohnung für ihren Glauben, wenn Gott den Gläubigen Gnaden erweist und ihnen Kraft zum Gehorsam oder zum Glauben gibt. Einige Denker meinten, er gewähre dem Menschen Hilfe und Schutz, von dem er wisse, daß er davon profitieren werde, und zwar als eine Art Belohnung vor der Handlung. (4) Andere glaubten, daß Gott seinen Schutz allen gleich angedeihen lasse, daß dieser aber auf unterschiedliche Menschen unterschiedliche Wirkung habe: Dem freiwillig Glaubenden werde geholfen, und der Ungläubige werde in seinem Unglauben bestärkt.

Diese Darstellung von muʿtazilitischen Auffassungen über solche Dinge wie das Todesdatum und das Irreführen zeigt, wie die intellektuelle Umgebung immer noch voller prädestinatianischer und deterministischer Vorstellungen war. Der Koran selbst bewahrt ein Gleichgewicht zwischen der Allmacht Gottes und der Verantwortung des Menschen. Die Muʿtaziliten aber neigen dazu, die erstere zu vernachlässigen und die letzteren zu überbetonen. Tatsächlich scheinen die Muʿtaziliten den Koran mitunter auf der Grundlage von Vorstellungen zu interpretieren, die der Gedankenwelt arabisch sprechender Muslime fremd war. Es nimmt nicht wunder, daß sie beim Volk keine große Unterstützung fanden.

b) Die Analyse menschlichen Tuns

Aus all dem, was bislang über die Qadar-Doktrin gesagt worden ist, wird deutlich, daß die Voraussetzungen, von denen aus muslimische Denker sie

86 Aš., 259.

87 S. vor allem Aš., 260–266, wo die meisten Anschauungen anonym gegeben werden.

erörterten, sich völlig von denen unterscheiden, unter denen westliche Philosophen über das Problem der Willensfreiheit diskutieren. An einer Stelle jedoch kommen die Muslime der Kantschen Formel „Sollte impliziert Kann" nahe. Das ist dort, wo sie aus der Tatsache, daß es von Gott ungerecht sei, Menschen für Handlungen zu bestrafen, für die sie nicht verantwortlich sind, den Schluß ziehen, daß dann, wenn Gott den Menschen beispielsweise zu glauben befiehlt, dies impliziere, daß sie zu glauben fähig sind (oder „das Vermögen" dazu haben). Die Aussage, „sie alle leugnen, daß Gott einem Menschen Pflichten auferlegt *(yukallifa)*, [die zu erfüllen] er nicht fähig ist *(yaqdiru)*"[88], könnte neu formuliert werden als „*taklīf* impliziert *qudra*", „Auferlegung von Pflicht impliziert Vermögen". Selbst „dem Menschen, von dem Gott weiß, daß er nicht glauben wird", wird befohlen, Glauben zu haben, und er ist dazu fähig, während Paralytikern und denjenigen, denen auf die Dauer die Fähigkeit abgeht, keine Pflichten auferlegt werden[89].

Die Konzeption von Vermögen, die in dieser Gedankenrichtung eine Rolle spielt, stand im Mittelpunkt weiterer Entwicklungen. Die Gegner der Muʿtazila waren bereit zuzugeben, daß eine Handlung durch ein Vermögen in einem Menschen zustande komme; aber sie beharrten darauf, daß dieses Vermögen von Gott geschaffen werde und lediglich das Vermögen sei, diese besondere Handlung zu vollbringen. Hišām ibn-al-Ḥakam zählte fünf Elemente im Handlungsvermögen *(istiṭāʿa)* auf, wie z. B. die Gesundheit des Körpers und das Vorhandensein eines Werkzeuges, wie der Hand oder der Nadel. Aber das wesentlichste Element, das was die Handlung bedingt, ist das, was er die ‚Ursache' *(sabab)* nennt, und dieses existiert offensichtlich nur zur Zeit *(ḥāl)* der Handlung[90]. Man sieht, daß die Ahl al-Iṯbāt die Phrasen „Vermögen zum Glauben", „Vermögen zum Unglauben" *(quwwat al-īmān, quwwat al-kufr)* in einer Weise benutzen, die nahelegt, daß dieses Vermögen – je nachdem – Glauben oder Unglauben bedingt[91]. Um diese Meinungen ihrer Gegner abzuwehren, mußten die Muʿtaziliten die Vorstellung vom Vermögen weiterentwickeln.

Beiläufig kann angemerkt werden, daß hier drei verschiedene Wörter allesamt mit „Vermögen" übersetzt werden, nämlich *qudra, quwwa* und *istiṭāʿa*. Obwohl die beiden ersteren oft mit „Macht" übersetzt werden, scheint es in al-Ašʿarīs Sprachgebrauch keinerlei Unterschiede zu geben, da er unter die Rubrik *istiṭāʿa* Passagen mit allen drei Wörtern einordnet[92]. Al-Ašʿarī selbst bevorzugt für die Menschen *istiṭāʿa* – wahrscheinlich, weil es von *ṭāʿa*, ‚gehorchen', abgeleitet ist, was es für die

88 Aš., 230.13f.
89 Aš., 243.15; 267.7.
90 Aš., 40f., 42f.
91 Aš., 259.9; 262.6; 263.6; 265.6.
92 Aš., 230.12; 231.14f.; 232.14f.; etc.

Menschen passender und auf Gott unanwendbar macht, für den gewöhnlich *qudra* verwendet wird[93].

Die allgemeine Meinung der Muʿtaziliten über diesen Punkt war, daß „das Vermögen *(istiṭāʿa)* vor der Handlung ist, und Vermögen *(qudra)* für die Handlung und deren Gegenteil ist, und die Handlung nicht bedingt *(ġayr mūǧiba li-l-fiʿl)*"[94]. Im Gegensatz dazu meinten die Gegner, daß das Vermögen nur „mit" der Handlung sei (wie an-Naǧǧār, § 3). Diese Unterscheidung entstand wahrscheinlich aus einer von Abū-l-Huḏayl eingeführten Konzeption.

> Der Mensch ist fähig *(qādir)*, im ersten (Augenblick) zu handeln, und er handelt im ersten (Augenblick), und die Handlung geschieht im zweiten; denn der erste Augenblick *(waqt)* ist der Augenblick von *yafʿalu*, und der zweite Augenblick ist der Augenblick von *faʿala*.
> Der Augenblick ist die Trennung *(farq)* zwischen Handlungen, und er erstreckt sich über den Zwischenraum zwischen Handlung und Handlung; und mit jedem Augenblick entsteht eine Handlung[95].

Grundlage dieser Unterscheidung ist die universelle menschliche Erfahrung des Abwägens, ob das oder jenes zu tun, oder ob etwas zu tun oder zu unterlassen sei. Eine Zeitlang stehen einem Menschen zwei oder mehr Möglichkeiten offen; dann wird eine von diesen in die Tat umgesetzt. Die traditionelle arabische Denkweise tat sich schwer, eine rein intellektuelle Operation zu begreifen, und daher bringt Abū-l-Huḏayl seine Unterscheidung mittels zweier Verbformen zum Ausdruck. Diese könnten übersetzt werden mit „er wird handeln" (oder „er handelt gerade") und „er hat gehandelt"; aber sie entsprechen unseren Tempora nur in etwa, da der Unterschied zwischen ihnen im Grunde der zwischen einer unvollendeten und einer vollendeten Handlung ist. Die Form *yafʿalu* (und mehr noch die mögliche Lesart *yafʿala*) weist auf eine Handlung hin, über die nachgedacht, die aber nicht durchgeführt wird – die entweder noch im Gange ist oder noch nicht in Angriff genommen wurde. Der erste Augenblick ist der des inneren Aspektes der Handlung, d. h. die Entscheidung, X und nicht Y zu tun, und die Erteilung von Befehlen an den Körper. Der zweite Augenblick ist der der Durchführung der Handlung in der äußeren oder physischen Sphäre. Aš-Šahrastānī versteht die Unterscheidung so und sagt: „Er unterschied zwischen Handlungen der Herzen und Handlungen der Gliedmaßen"[96].

An-Naẓẓām versucht offensichtlich, sich der Doppeldeutigkeit von *yafʿalu* zu entledigen, aus dem ja nicht klar wird, ob die Handlung bereits begonnen hat oder nicht.

93 Gottes Macht ist nicht *istiṭāʿa* – vgl. al-Bāqillānī, Kitāb al-inṣāf fī-mā yaǧib iʿtiqāduhu, Hrsg. al-Kawṯarī², Kairo 1963, I, § 28.
94 Aš., 230.12f.
95 Aš., 233, 443; vgl. Šahr., 35.
96 Šahr., 35.

> Der Mensch ist im ersten Augenblick fähig, im zweiten Augenblick zu handeln. Ehe der zweite Augenblick existiert, sagt man, daß die Handlung im zweiten Augenblick „durchgeführt werden wird" *(yufʿalu)*. Wenn der zweite Augenblick existiert, (sagt man), daß sie „durchgeführt worden ist *(fuʿila)*. Was ‚im zweiten Augenblick durchgeführt werden wird' wird ausgesagt, bevor die Existenz des zweiten Augenblicks mit dem, ‚was im zweiten Augenblick durchgeführt wurde', identisch ist und ausgesagt wird, wenn der zweite Augenblick stattgefunden hat.

Diese Meinung scheint zu implizieren, daß die wesentliche Handlung die äußere ist. Andererseits heißt es in den Diskussionen über den „Willen als zwingend" *(mūǧiba)* von denjenigen, die das Konzept von Augenblicken akzeptierten, sie hätten geglaubt, daß dort, wo das, was gewollt werde, unmittelbar nach der Willensäußerung geschieht, die Willensäußerung das gewollte Objekt zwinge[98]. In diesem Fall sind die inneren und äußeren Aspekte untrennbar miteinander verbunden.

Unter den Muʿtaziliten führte man die Diskussion über diese Dinge weiter und fügte verschiedene Verfeinerungen hinzu. Viele zerlegten die Handlung in drei Augenblicke, manche gar in vier[99]. In den meisten Fällen sieht es so aus, als ob sie durch gegnerische Argumente zu diesen Ausarbeitungen getrieben worden wären. Die meisten Muʿtaziliten scheinen an-Naẓẓāms Ansicht akzeptiert zu haben, wonach der Mensch im ersten Augenblick fähig ist (oder das Vermögen hat), im zweiten Augenblick zu handeln. Für diejenigen, die meinen, das Vermögen sei ein Vermögen zu wählen, ist die Behauptung wesentlich, daß es Vermögen im ersten Augenblick ist. Gegner aber können sich die Doppeldeutigkeit von „Vermögen" zunutze machen und annehmen, daß in dem Fall der Tötung eines Menschen durch Pfeilschuß zwischen dem Abschießen des Pfeiles und dem Auftreffen des Pfeiles auf dem anderen Mann der Bogenschütze selbst stirbt. Das Opfer würde also von einem toten Mann umgebracht. Selbst Abū-l-Huḏayl persönlich sah sich gezwungen, etwas Derartiges einzuräumen[100]. Dagegen ist nichts einzuwenden, wenn man an die Macht oder das Vermögen des Willens denkt, aber es gab eine Verwechslung zwischen diesem und dem physischen Vermögen, das auszuführen, was gewollt wird. Ein Passus bei Ibn-Qutayba gibt einen gewissen Aufschluß über die Art und Weise, mit der die Gegner versuchten, die Oberhand über die Muʿtaziliten zu gewinnen, indem sie sich die Doppeldeutigkeit zunutze machten[101].

Wahrscheinlich in einer frühen Phase der Diskussionen über das menschliche

97 Aš., 234.
98 Aš., 415–418.
99 Aš., 238f., 236, etc.
100 Aš., 232.
101 Ibn-Qutayba, Ta'wīl, 54f. (§ 46).

Handeln führte Bišr ibn-al-Muʿtamir die Konzeption von *tawallud* oder *al-fiʿl al-mutawallad* ein, was mit „sekundäre Erzeugnisse" übersetzt werden kann. Unter Verwendung dieser Konzeptionen behauptete Bišr, daß alles, was auch immer aus der Handlung eines Menschen erzeugt werde, ebenfalls seine Handlung sei[102]. Diese Doktrin ist vielleicht eine Gegenbehauptung zu einer Doktrin Muʿammars, unter dem Bišr wahrscheinlich studiert hatte. Muʿammar hatte gemeint, daß die Akzidentien, die einer Substanz innewohnen, die „Handlungen" der Substanz kraft ihrer „Natur" *(ṭabīʿa)* seien[103]. D. h. wenn A einen Stein wirft, damit B trifft und der getroffene Körperteil anschwillt, dann ist der Flug des Steines die „Handlung" des Steines, und der Schmerz und das Anschwellen sind die „Handlung" von Bs Körper. Im Gegensatz dazu war Bišr der Auffassung, daß all diese erzeugten Wirkungen As Handlungen seien.

In der Anwendung seiner Ideen ging Bišr bis zum Äußersten. Zu den Beispielen, die er verwendete, gehörten: der Geschmack von *falūḏaǧ* (einer Süßspeise) nach dem Vermischen der Zutaten; der Genuß daran, etwas zu essen; die Wahrnehmung nach dem Öffnen der Augen; das Brechen einer Hand oder eines Fußes nach einem Sturz; und ihre gesunde Verfassung, nachdem die Knochen in die richtige Lage gebracht worden sind. Außerdem ist Bs Erkenntnis, daß A ihn getroffen hat, As Handlung; Bs Wahrnehmung der Dinge, nachdem A Bs Augen geöffnet hat, ist As Handlung; Bs Blindheit ist, wenn er von A geblendet worden ist, As Handlung. Andere Muʿtaziliten akzeptierten zwar die Konzeption von den sekundären Erzeugnissen, versuchten aber, ihre Anwendung auf Farben, Genuß, Gesundheit des Körpers u. ä. zu vermeiden[104]. Abū-l-Huḏayl hingegen glaubte, daß nur jene sekundären Erzeugnisse, „deren Art *(kayfiyya)* der Handelnde kannte", in seine Handlung eingeschlossen seien – mit anderen Worten: die abzusehenden Folgen[105].

Die von Abū-l-Huḏayl und Bišr ibn-al-Muʿtamir aufgeworfenen Probleme wurden von den Muʿtaziliten und ihren Widersachern über Jahrhunderte hinweg weiterdiskutiert. Obwohl man Grobheiten unterband und eine viel größere Feinheit walten ließ, wurde das Gepräge der Argumente sehr stark von den ursprünglichen Formulierungen bestimmt. Die Fortschritte, die man erzielte, gingen nicht auf wissenschaftliche Neugierde zurück, sondern auf das eifrige Bestreben, die Gegner in der Argumentation zu schlagen. Da die Entwicklung ihrem Wesen nach also dialektisch war, wurden gewisse Schwächen in der Analyse niemals korrigiert, insbesondere nicht der Punkt, daß keine klare Vorstellungen von der Absicht des Handelnden bestand. Abū-l-Huḏayl sprach zwar von den abzusehenden Folgen einer Handlung, fragte aber nicht, inwiefern diese erwünscht seien. An-Naẓẓām hatte gesagt, daß für eine richtige Wahl ein Mensch zwei

102 Aš., 401f.
103 Aš., 331f., 405f.; Šahr, 46; vgl. *van Ess*, Isl. xliii. 259, etc.
104 Aš., 401–415; vgl. al-Ḫayyāṭ, 194f. (*Nybergs* Anmerkung zu S. 63).
105 Aš., 402f.

„Gedanken" oder „Anregungen" *(ḫāṭirayn)* vor seinem geistigen Auge haben müsse. Dieser Punkt wurde von Ǧaʿfar ibn-Ḥarb aufgegriffen, scheint aber danach aus dem Blickfeld verschwunden zu sein[106]. Al-Iskāfī ging so weit, „sekundäre Erzeugnisse" dahingehend zu definieren, daß das, was der Handelnde auch immer gewollt hatte, ausgeschlossen werde. Es gibt aber kein Anzeichen dafür, daß dies eine Diskussion über die Absicht um ihrer selbst willen ausgelöst hätte; denn Hauptgegenstand der Diskussion waren hier nach wie vor die „sekundären Erzeugnisse"[107].

Diese offensichtlich einseitige Entwicklung hängt wahrscheinlich mit der Schwierigkeit zusammen, die die Araber bei der Beobachtung der inneren oder geistigen Aspekte des menschlichen Lebens haben. Die äußeren Aspekte werden sicherlich immer hervorgehoben. Das läßt sich selbst in dem Verantwortungsbegriff erkennen, den die heutigen Araber von der Vergangenheit geerbt haben. Fügt ein Taxifahrer mit seinem Taxi einem Kind eine Verletzung zu, muß er eine Entschädigung zahlen, auch wenn alle sich darüber einig sind, daß die Schuld allein beim Kind liegt – das Kind wurde verletzt, und das Taxi „tat es". Es wird tatsächlich berichtet, daß einmal, als ein Zug einen auf den Schienen schlafenden Menschen tötete, das Gericht die Eisenbahngesellschaft verurteilte. Verantwortung wird als äußerlich und physisch und nicht als irgendwie „moralisch" begriffen. Bei der Betrachtung der muʿtazilitischen Analyse von „Handlung" lohnt es sich, das im Auge zu behalten.

c) Gott und das Böse

Mit dem Prinzip „Gerechtigkeit" wird nicht nur behauptet, daß Gott die Menschen nur für solche Handlungen bestraft, für die sie verantwortlich sind, es wird auch dahingehend aufgefaßt, daß Gott in verschiedener anderer Hinsicht nichts Böses tun kann.

Diejenigen Muslime, die an die absolute Allmacht Gottes glaubten, mußten zwangsläufig zugeben, daß er für alles Böse in der Welt verantwortlich sei. Vermutlich glaubten sie, dem Koran folgend, daß er im Wesen gut sei, und akzeptierten seine Verbindung mit dem Bösen als größtenteils unerklärlich. Für die Muʿtaziliten hingegen waren die Menschen für ein Großteil des Bösen in der Welt verantwortlich. Aber es gab eine Reihe von Punkten, bei denen Gott eine gewisse Verantwortung für das Böse zu haben schien, und diese veranlaßten die Muʿtaziliten zu komplizierten Anstrengungen, einige Mittel zu finden, mit deren Hilfe sie vermeiden könnten, „Gott Böses anzuheften". Nehmen wir den Fall eines Mannes, der im frühen Alter als Ungläubiger an einer Krankheit starb und in die Hölle kam: Hätte er länger gelebt, wäre er vielleicht gläubig geworden und

106 Aš., 427 unten, 239, 429, etc.
107 Aš., 409.

ins Paradies eingegangen. In gewisser Hinsicht ist also Gott an seiner gegenwärtigen schlimmen Lage schuld. Bišr ibn-al-Muʿtamir scheint versucht zu haben, solche Schwierigkeiten zu umgehen, indem er behauptete, Gott in seiner Allmacht könne immer etwas Besseres tun als das, was er getan hat. Diese Auffassung stützt er z. T. mit der Behauptung, daß Gott Geschenke und Gunstbeweise *(alṭāf,* Singular *luṭf)* bereithalte, so daß der Mensch dann, wenn Gott dieses Geschenk einem Ungläubigen verleiht, glauben und die Belohnung für den Glauben verdienen werde. Dafür, was so ein *luṭf* sein könnte, wird kein Beispiel angeführt. Wahrscheinlich darf er nicht mit dem christlichen Begriff von der Gnade gleichgesetzt werden, aber vielleicht gehörten dazu solche Handlungen wie die Verlängerung des Lebens eines Menschen, um ihm die Chance zum Glauben zu geben. Ǧaʿfar ibn-Ḥarb hingegen scheint ihn als eine Art innerer Stärkung verstanden zu haben; denn er meint, wenn ein Mensch dann glaubt, wenn er ein *luṭf* empfangen habe, dann sei sein Glauben weniger verdienstvoll, als wenn er ohne *luṭf* geblieben wäre[108].

Diese Anschauungen hängen mit den Diskussionen über „das Beste" *(al-aṣlaḥ)* zusammen, von denen gleich die Rede sein wird. Sie führten auch zu weiteren Überlegungen über die Beziehung zwischen Gott und dem Bösen, und in dieser Sache muß ʿAbbād ibn-Sulaymān von Basra besondere Beachtung geschenkt werden. Er versuchte, Gottes Beziehung zum Bösen mit Hilfe einer Unterscheidung zu erklären, die er offenbar von einem früheren Mitglied der Schule von Basra, Muʿammar, übernommen hatte[109]. Genauso wie ein Mann Macht darüber hat, ob seine Frau ein Kind von ihm empfängt, selbst aber keine Macht besitzt, ein Kind zu empfangen, so könne (meinte Muʿammar) Gott Macht über die Bewegung haben (und die Menschen veranlassen, sich zu bewegen), auch wenn er selbst nicht die Macht bzw. das Vermögen hat sich zu bewegen, und ebenso könne er Macht über das Böse (das böse Handeln der Menschen) haben, aber keine Macht bzw. Vermögen, [selbst] Böses zu tun. Aufgrund dieser Unterscheidung konnte ʿAbbād sowohl behaupten, Gott tue in keinerlei Hinsicht Böses, als auch, er sei allmächtig[110]. Er ließ sich auf etwas ein, was wie verbale Spitzfindigkeit aussieht, um nur ja in keiner Hinsicht sagen zu müssen, daß Gott Böses tue. Die meisten anderen Muʿtaziliten räumten ein, daß Gott den Glauben als gut und den Unglauben als böse eingesetzt habe (was vermutlich hieß, daß Gott die Quelle dieser moralischen Unterscheidung war), doch ʿAbbād stritt dies ab. Und während die anderen sagten, daß Gott den Ungläubigen schaffe, aber nicht als Ungläubigen, weigerte ʿAbbād sich zu sagen, daß Gott den Ungläubigen schaffe,

108 Aš., 246; vgl. 573–577.
109 Aš., 554; vgl. 548f. Die Unterscheidung wurde auch benutzt von Burġūṯ (553) und aš-Šaḥḥām (199, 549f.).
110 Aš., 200.

indem er behauptete, „Ungläubiger" setze sich aus „Mensch" und „Unglaube" zusammen, und Gott schaffe lediglich den Menschen[111].

Von allgemeinerem Interesse als diese Haarspalterei waren die Diskussionen darüber, ob Gott das tut, was für die Menschen am besten ist oder nicht. Diejenigen, die das bejahten, wurden manchmal Aṣḥāb al-Aṣlaḥ genannt, ‚Verteidiger des Besten (oder Geeignetsten)'[112]. Im Gegensatz zu Bišr ibn-al-Muʿtamir meinten sowohl Abū-l-Huḏayl als auch an-Naẓẓām, es stehe Gott nicht frei, irgend etwas Besseres *(aṣlaḥ)* zu tun als das, was er getan habe, wenn es ihm auch freistehe, auf alternative, gleich gute Weise zu handeln. Für den ersten sind diese alternativen Güter endlich in der Zahl, für die letzteren unendlich[113]. Worum es bei diesen Ansichten geht, würde vielleicht deutlicher, wenn wir *aṣlaḥ* mit ‚vollkommen' übersetzten; denn die Vollkommenheit hat für unser Empfinden etwas Absolutes, während es verschiedene Arten gibt, vollkommen zu sein. Im Hinblick auf diese Dinge stand Ǧaʿfar ibn-Ḥarb eher in der Tradition von Basra als in der von Bagdad, doch er legte seinen speziellen Nachdruck auf das Verdienst, Dinge aus eigener Kraft zu tun. Darunter, daß Gott das tut, was für den Menschen am besten ist, verstand er, ihn in das höchste Haus zu setzen, das „Haus der Belohnung", wo er der Gegenstand von Pflichten ist[114]. Mit anderen Worten: Es ist besser für einen Menschen, wenn ihm Pflichten auferlegt werden, er das Vermögen erhält, diese zu erfüllen, und er dann, wenn er das tut, mit dem Paradies belohnt wird, als wenn er durch unverdiente Gnade *(tafaḍḍul)* Gottes im Paradies geschaffen würde.

Insofern als die Leiden von Kindern und wilden Tieren nicht als Strafe für Sünden interpretiert werden konnten (weil Kinder unter einem bestimmten Alter nicht den Pflichten im islamischen Gesetz unterworfen sind), aber doch Gott zuzuschreiben waren, entstand der Eindruck, daß Gott Böses tue, und das schuf für die Muʿtaziliten Probleme. Bišr ibn-al-Muʿtamir (oder jemand mit ähnlichen Anschauungen) hatte eingeräumt, daß es für Kinder nicht so gut sei zu leiden und dann zur Entschädigung für ihre Leiden einen Schadenersatz zu erhalten (wie z. B. die Aufnahme ins Paradies), wie Freude ohne Schmerz zu erleben, doch Gott sei nicht verpflichtet, das zu tun, was am besten ist[115]. Eine Idee, die Bišr zugeschrieben wird, war, daß Gott Kinder nur deshalb bestrafe, weil sie, wenn sie heranwüchsen, Ungläubige würden und die Strafe verdienten[116]. Obschon diese Vorstellung unbefriedigend ist, spielte sie in den Diskussionen weiterhin eine Rolle. In späteren Zeiten war es eine weitverbreitete Ansicht, daß Gott das Leiden von Kindern zulasse, um die Erwachsenen zu warnen, und daß er sie dann

111 Aš., 227 f.; Šahr., 51; Baġ., 147.
112 Aš., 250.14; 575.16; vgl. Baġ., Uṣūl, 151 f.
113 Aš., 249, 576 f.
114 Aš., 246 f.; 248.11–15 ist anonym, aber sehr ähnlich.
115 Aš., 253.11 f.
116 Aš., 201.7.

entschädige, indem er ihnen Freude bereite; denn es wäre ungerecht, wenn er ihnen einfach auf diese Weise Schaden zufügte. Das warf jedoch weitere Probleme auf; denn wenn die Entschädigung die Aufnahme ins Paradies und ewigwährend war, und wenn das Paradies eine Belohnung war, die man sich aufgrund verantwortlicher Akte des Gehorsams verdiente, dann konnten sie, die Kinder, eine derartige Entschädigung nicht verdienen, sondern sie nur kraft Gottes Freigebigkeit *(tafaḍḍul)* erhalten[117]. Hier begann die Unfähigkeit des Verstandes, die Unterschiede in den Schicksalen der Menschen zu erklären, sich bemerkbar zu machen, und diese sollte später sogar noch offenkundiger werden.

Im Fall leidender Tiere ging die allgemeine muʿtazilitische Meinung dahin, daß sie für ihre Leiden eine Art Entschädigung erhalten sollten. Ihnen waren keine Pflichten auferlegt worden, und daher konnten sie nicht zu ewigwährender Strafe verurteilt werden. Einige Theologen meinten, wir könnten nur wissen, daß sie entschädigt würden, aber weder, wie das geschehe, noch ob in diesem Leben oder anderswo. Andere wagten Meinungen der Art, daß Weidetieren im Paradies in den besten Weidegegenden ewigwährender Genuß bereitet werde. Mit Raubtieren war es schwieriger: Ein Vorschlag ging dahin, daß sie am Halteplatz *(mawqif)*, einer Form von „Zwischenzustand", aneinander Vergeltung übten. Am ausgeklügeltsten aber war Ǧaʿfar ibn-Ḥarbs und al-Iskāfīs Idee, daß die Raubtiere nach Erhalt ihrer Entschädigung (entweder auf Erden oder auf dem Halteplatz) zur Bestrafung von Ungläubigen und Frevlern in die Hölle geschickt würden, obschon sie selbst dort nicht litten. Zweifellos sollte damit die Erwähnung von Tieren in der Hölle erklärt werden, was sonst, im Sinne einer Strafe, ungerecht wäre[118].

Diese Fragen über das Leiden von Kindern und Tieren werden zwar in einer typisch islamischen Form vorgebracht, aber zuvor waren sie schon in der christlichen Theologie und anderswo gestellt worden[119]. Es war den Muslimen auch bekannt, daß es in den Religionen der Manichäer und Brahmanen verboten war, Tiere zu quälen[120]. Die Konzeption von *al-aṣlaḥ*, „das Beste oder Geeignetste", hatte auch christliche und hellenistische Antezedenzien[121]. Es ist also klar, daß die Muʿtaziliten in diesen Punkten, wie in allgemeineren metaphysischen und wissenschaftlichen Fragen, Ideen übernahmen, die bereits in ihrer intellektuellen Umgebung existierten, und es wäre interessant zu versuchen, den Spuren dieser Ideen nachzugehen. Es ist jedoch noch wichtiger zu beobachten, wie die Muʿtaziliten sie ganz natürlich in einen Kontext des islamischen Denkens bringen, das

117 Aš., 253f.

118 Aš., 254f.; vgl. Baġ., Uṣūl, 236f.

119 Vgl. *G. H. Bousquet*, „Des animaux et de leur traitement selon le Judaïsme, le Christianisme et l'Islam", St. Isl., ix (1958), 31–48.

120 Vgl. al-Ḫayyāṭ, 155.14; *R. A. Nicholson*, Studies in Islamic Poetry, Cambridge 1921, 136 (al-Maʿarrī); *P. Kraus*, in RSO, xiv. 350.

großenteils durch politische Ereignisse innerhalb des islamischen Reiches bestimmt worden ist.

Schließlich soll angemerkt werden, wie die Bestrafung von Sündern in der Hölle – wiewohl sie mit der Gerechtigkeit in Einklang steht –, für diejenigen Probleme aufwirft, die glauben, daß Gott in keiner Form Böses zugeschrieben werden könne. Bestrafung in der Hölle ist, so wird natürlicherweise angenommen, für die Menschen schädlich, und sie ergibt sich aus der Art und Weise, in der Gott die Welt geschaffen hat sowie aus seiner Verurteilung der Sünder. Al-Iskāfī war sich dieser Schwierigkeit offensichtlich bewußt; denn er äußerte die Ansicht, daß die Höllenstrafe wirklich gut und nützlich und vernünftig und mitfühlend sei. Gott lasse gegen seine Diener Güte walten; denn während ihrer Strafe werden sie vom Unglauben abgehalten. Vielleicht dachte er daran, daß die Bestrafung einiger Sünder im Jenseits Ungläubige im Diesseits warnte und erschreckte[122]. Bei einer solchen Sichtweise erscheinen jene, die zur Warnung für andere dienen, ungerecht behandelt zu sein im Vergleich zu denen, die gewarnt werden. Sie impliziert auch, daß das ganze Universum für jene geschaffen ist, die schließlich ins Paradies eingehen. Eine solche Auffassung ist zwar nicht unhaltbar, doch das Scheitern des Versuchs, eine rationale Theodizee aufzustellen, läßt sich vorausahnen.

5. Das Prinzip „Einheit“

Das Prinzip „Einheit“ – genauer „Aus-(Gott)-Einen-Machen“ oder „(Gottes) Einheit Behaupten“ – stand bis zum frühen neunten Jahrhundert im Mittelpunkt der muʿtazilitischen Position und grenzte die Muʿtaziliten von anderen ab, wie z.B. gewissen Ḫāriǧiten, die mit ihnen über das Prinzip „Gerechtigkeit“ (einschließlich der Qadar-Doktrin) einer Meinung waren. Die hauptsächlichen Fragen, die unter dieses Prinzip fielen, waren das Leugnen des hypostatischen Charakters der Wesensattribute Gottes, z.B. Wissen, Macht und Rede; die Leugnung der Ewigkeit oder Ungeschaffenheit des Koran als der Rede Gottes, sowie die Leugnung jeglicher Ähnlichkeit zwischen Gott und seiner Schöpfung (Leugnung des Anthropomorphismus). Wensinck meinte, ihre Meinung über den Koran sei „nur eine logische Folge aus ihrer Leugnung der ewigen Eigenschaften sowie ihrer Leugnung des ewigen Gebotes“. An dieser Stelle besteht sicher ein logischer Zusammenhang, aber historisch ist es wahrscheinlicher, daß die konkreten Diskussionen über den Koran den abstrakten Erörterungen der Wesensattribute vorausgingen. Deshalb wird die Frage nach dem Koran zuerst diskutiert werden.

121 *J. Schacht*, in St. Isl., i (1953), 29.
122 Aš., 249, 537.

a) Das Geschaffensein des Koran

Der erste, der den Koran für geschaffen hielt, soll Ǧaʿd ibn-Dirham gewesen sein, aber über diesen Mann ist wenig bekannt. Die früheste Erwähnung von ihm findet sich im *Radd ʿalā l-Ǧahmiyya* von ad-Dārimī (gest. 895), wo es heißt, er sei von Ḫālid ibn-ʿAbd-Allāh al-Qasrī als eine Art von Opfer hingerichtet worden, weil er abstritt, daß Abraham „der Freund Gottes" war, und daß Gott zu Moses gesprochen hatte[123]. Dies geschah, als Ḫālid Gouverneur von Basra war. Das späte Datum dieses Berichtes und die Tatsache, daß ad-Dārimī Ḥanbalit war, lassen vermuten, daß es sich um einen Versuch handelt, die Verteidiger des Geschaffenseins des Koran dadurch zu diskreditieren, daß man sie mit einem übelbeleumdeten Mann in Verbindung brachte. Der Inhalt der gegen ihn erhobenen Anklage scheint eine Folgerung aus einer Sache zu sein, die er gesagt hatte. In der Tat besteht ein Zusammenhang zwischen der Doktrin vom Geschaffensein und der Behauptung, daß Gott nicht zu Moses gesprochen habe; denn zu einem späteren Zeitpunkt argumentierten Gegner so: Wenn die Worte, die aus dem Dornbusch an Moses gerichtet wurden, geschaffen waren, dann war es nicht Gott, sondern etwas Geschaffenes, das zu Moses sprach. Zwischen der Doktrin vom Geschaffensein und der Bemerkung über Abraham hingegen gibt es keine augenfällige Verbindung. Daher muß man den Schluß ziehen, daß die Aussage über al-Ǧaʿd kein Licht auf den Ursprung der Doktrin wirft.

Die Meinung Carl Heinrich Beckers, der zufolge die Muslime mit der Diskussion über das Geschaffensein des Koran begannen, nachdem die Christen mit ihnen über Christus als dem Wort Gottes argumentiert hatten, hilft ebenfalls nicht viel weiter. Da Christus im Koran als Wort Gottes bezeichnet wird, konnte der Christ den Muslim auffordern zu sagen, ob er geschaffen oder ungeschaffen sei. Das Dilemma implizierte einerseits, daß Gott eine Zeitlang ohne Wort war, und andererseits, daß Christus Gott ist[124]. Becker hat wahrscheinlich recht, wenn er meint, daß die Muslime dadurch auf die Idee verfielen, die Unterscheidung zwischen Geschaffen und Ungeschaffen zu benutzen, weil sie von Christen gegen sie verwendet worden war. Aber die Unterscheidung wurde erst dann in das islamische Denken aufgenommen, als man fand, sie passe in eine innerislamische Debatte (das geschah in etwa der gleichen Weise, wie griechische Konzeptionen von den frühen Mutakallimūn in im wesentlichen islamische Diskussionen integriert wurden). Becker argumentiert ferner, ein Passus bei Johannes Damaszenus (gest. 750) implizierte, daß das Geschaffensein des Koran zu seiner Zeit bei den Muslimen eine Häresie war. Darin scheint er sich jedoch geirrt zu haben; denn

123 Hrsg. *Vitestam* (vgl. S. 145 oben), 4. 97, 100; Fihrist, 337 f.; vgl. Art. „Ibn Dirham" *(G. Vajda)* in EI² mit weiteren Hinweisen. Für ad-Dārimī vgl. GAS, i. 600; aḏ-Ḏahabī, Ḥuffāẓ, ii. 621 f.

124 „Christliche Polemik und islamische Dogmenbildung", ZA, xxvi (1911), 175–195; Neudruck in Islamstudien, 1924, i. 432–449; insbes. 188 (= 443). Vgl. S. 91 oben.

die entscheidenden Worte lauten: „Solche Personen werden bei den Sarazenen unter die Häretiker gerechnet", und es wäre am natürlichsten, sie auf diejenigen anzuwenden, die sagen, daß Gott kein Wort oder keinen Geist habe – eine Auffassung, die sich von der unterscheidet, der zufolge der Koran geschaffen ist[125]. Da es keine eindeutigen Beweise dafür gibt, daß die Ansicht vom Geschaffensein des Koran um 750 geäußert, geschweige denn für häretisch erklärt war, dürfte der Passus – wenn Beckers Interpretation richtig ist –, nicht von Johannes selbst stammen, sondern von jemandem, der mindestens ein Jahrhundert später schrieb.

Sehr wahrscheinlich drehte sich die innerislamische Diskussion, in die die Unterscheidung hineinpaßte, um die Qadar-Doktrin. Im Koran finden sich viele Anspielungen auf historische Ereignisse. Aber es gibt auch Stellen, aus denen sich schließen läßt, daß der Koran auf einer himmlischen „Tafel" eine Art von Präexistenz führt (85.21 f.) und daß er in der *Laylat al-qadr* von dieser Tafel „herabgesandt" wird (97.1). Wenn diese Phrasen volkstümlich so interpretiert würden, daß der Koran präexistent, wenn auch nicht ungeschaffen ist, dann bestünde eine Wahrscheinlichkeit, daß die Ereignisse vorherbestimmt wären. Eine gewisse Bestätigung dieses Gedankens findet sich in der Tatsache, daß 20.99 von al-Ma'mūn als Argument benutzt wurde. Der Vers lautet: „So berichten wir dir Geschichten von dem, was schon früher geschehen ist" *(mā qad sabaqa)*, und es wird gefolgert, daß der Koran *nach* den Ereignissen entstand, welche in ihm dargestellt werden[126].

In den *Maqālāt* bringt al-Ašʿarī wenig über die muʿtazilitischen Meinungen über den Koran, wenngleich man aus seinen Gegenargumenten in der *Ibāna* und dem *Lumaʿ* eine gewisse Vorstellung von zeitgenössischen muʿtazilitischen Argumenten gewinnen kann. Eine Vorstellung von den Argumenten, welche zu einer früheren Zeit von den Muʿtaziliten benutzt wurden, läßt sich aus den Briefen al-Ma'mūns ableiten, die aṭ-Ṭabarī in seiner *Geschichte* aufbewahrt hat. Eine bevorzugte Methode war, Argumente aus jenen Versen heranzuziehen, in denen es heißt, daß Gott den Koran genauso behandele wie er Geschöpfe behandelt. Der am häufigsten zitierte Vers in dieser Kategorie ist 43.3: „Wir haben sie [die Schrift] zu einem arabischen Koran gemacht *(ǧaʿalnā-hu)*", und man argumentiert, daß *ǧaʿalnā* „erschaffen" implizierte, obwohl es vielleicht „verwandeln" oder

125 Vgl. Migne, Patrologia Graeca, xcvi. 1341 f. Der von *Vanna Cremonesi* vorgebrachte Einwand („Un antico documento ibāḍita sul Corano creato", Studi Magrebini, i [1966], 133–178, insbes. 135 Anm.) ist nicht ganz stichhaltig. (Die Seiten 137–146 fassen die Ansichten der Muʿtazila zusammen; das Dokument, übersetzt A. 160–178, stammt von dem rustamidischen Imam Abū-l-Yaqẓān Muḥammad, gest. 894, und folgt den Anschauungen von al-Ǧubbā'ī).

126 Aṭ-Ṭabarī, iii. 1113 unten; *Walter M. Patton*, Aḥmed ibn Ḥanbal and the Miḥna, 58. Vgl. oben S. 102, Nr. 3: auch das Sendschreiben ʿUmars II. und die Bemerkungen von *van Ess* in Abr-Nahrain, xii. 23.

„darstellen" näherkommt als „machen". Außerdem wird aufgrund der Tatsache, daß der Koran auf der „wohlverwahrten Tafel" (85.21 f.) ist, argumentiert, er sei endlich oder begrenzt, und Endlichkeit sei nur möglich im Falle von Geschaffenem. Ein ähnlicher Schluß wird aus 41.42 gezogen: „... an die weder von vorn noch von hinten herankommt, was unwahr ist"; denn die Möglichkeit, etwas vor oder hinter sich zu haben, impliziert Endlichkeit[127].

Diese verbalen Argumente passen selbstverständlich nicht zu der Art von Zusammenfassung, die al-Aš'arī in den *Maqālāt* liefert, und dies kann eine Erklärung dafür sein, daß es so wenige Hinweise auf Diskussionen über den Koran gibt. Die wenigen Referenzen, die er anführt[128], beziehen sich auf Punkte, wo der rätselhafte Charakter der Rede im allgemeinen Anlaß zu spekulativen Diskussionen gab. War der Koran eine Substanz oder ein Akzidens oder keines von beiden? Kann ein Mensch den Koran hören, der die Rede Gottes ist? Unterscheidet sich das Rezitieren vom Rezitierten? Und so weiter. Al-Aš'arī beginnt den Hauptteil seiner Darstellung mit der Erklärung, daß „die Mu'tazila, die Ḫawāriǧ, die meisten der Zaydiyya und der Murǧi'a und viele der Rawāfiḍ meinen, der Koran sei die Rede Gottes, und er sei von Gott geschaffen – er war nicht, dann war er". Das bestätigt wohl die Auffassung, wonach bis etwa zur Zeit Hārūn ar-Rašīds das Geschaffensein kein Diskussionsthema war. Da man aber wußte, daß er in der Zeit erschienen war, nahm man wahrscheinlich an, daß er geschaffen war[128a]. Einige versuchten zu sagen, er sei zwar zeitlich entstanden *(muḥdaṯ)*, aber nicht geschaffen. Die Frage nach dem Geschaffensein war zur Zeit des Hišām ibn-al-Ḥakam gestellt worden; denn er vertrat den Standpunkt, daß der Koran ein Attribut (*ṣifa* – d.h. Gottes) sei und als solches weder als geschaffen noch als ungeschaffen charakterisiert werden könne. Diejenigen, die von ihm als einem „Körper" sprachen, meinten damit wahrscheinlich bloß „selbständiges Wesen", da das theologische Vokabular sich in dieser frühen Zeit noch nicht stabilisiert hatte. Abū-l-Huḏayl behauptete, Gott habe den Koran auf der „wohlverwahrten Tafel" geschaffen, so daß er ein Attribut (der Tafel) sei, und er existiere auch an drei Stellen, nämlich dort, wo man ihn im Gedächtnis speicherte, dort, wo er aufgeschrieben war und dort, wo er rezitiert und gehört wurde[129]. Damit wurde der paradoxe Charakter jedes Stückes Literatur anerkannt. Es war wahrscheinlich erst nach seiner Zeit, daß dieser Aspekt zu den Doktrinen der Lafẓiyya und der Wāqifiyya führte[130].

127 Aṭ-Ṭabarī, iii. 1113, 1118f.; vgl. *Patton*, Aḥmed ibn Ḥanbal and the Miḥna, 58, 68.

128 Aš., 225f., 582–603.

128a Dies war offensichtlich die Ansicht des Abū-Ḥanīfā; vgl. *Madelung*, The Origins of the controversy about the creation of the Koran, Orientalia Hispanica, i/1, Leiden 1974, 504–525; insbes. 509.

129 Aš., 598.

130 S. S. 278–83 unten. Für eine ausführlichere Erörterung s. *Watt*, „Early Discussions about the Qur'ān", Muslim World, xl (1950), 27–40, 96–105 (§ 1 über die Ǧahmiyya erfordert eine gewisse Revision).

b) Die Attribute Gottes

Zwischen der Doktrin vom Geschaffensein des Koran und der muʿtazilitischen Doktrin von den Attributen Gottes gibt es einen logischen Zusammenhang. Oder vielleicht besteht die Verbindung eher zwischen den Auffassungen derjenigen, die diese beiden Doktrinen bekämpften. Für diese Gegner gab es gewissermaßen eine Vielheit in dem einen Gott, während die Muʿtaziliten auf seiner Einheit in einem absoluteren Sinne beharrten[131].

Die Schwierigkeit war, daß man dann, wenn man sagte, der Koran sei unerschaffen, offensichtlich die Existenz zweier ewiger Wesen behauptete, und das ist eine Leugnung des Monotheismus. Dies wurde offensichtlich zu einem frühen Zeitpunkt festgestellt; denn aš-Šahrastānī schreibt Wāṣil folgende Behauptung zu (die eine Übereinstimmung darüber voraussetzt, daß die Existenz von zwei ewigen Göttern unmöglich ist): „Wer immer eine ewige ‚Form' *(maʿnā)* oder ein Attribut bejaht, hat zwei Götter bestätigt"[132]. Wāṣil selbst kann das Wort *maʿnā* nicht benutzt haben; denn sein fachspezifischer Gebrauch entwickelte sich erst einige Zeit nach seinem Tod, so daß die Behauptung eine spätere Zusammenfassung sein muß. Aber aš-Šahrastānī räumt auch ein, daß die Doktrin erst nach dem Studium der Bücher der Philosophen entwickelt wurde. Das Attribut Wissen war als Verbindungsglied wichtig; denn was im Koran steht, gehört zu Gottes Wissen.

Aš-Šahrastānī fährt fort und sagt, daß die Muʿtaziliten die Attribute Gottes auf Wissen und Macht beschränkten, und diese beiden spielen in den von al-Ašʿarī aufgezeichneten Diskussionen sicher die herausragendste Rolle, aber sie scheinen über alle möglichen Attribute oder Namen Gottes gesprochen zu haben. Abū-l-Huḏayl meinte, daß Gott „durch ein Wissen wissend ist, das er ist; durch eine Macht mächtig ist, die er ist, und durch ein Leben lebendig ist, das er ist". Er brachte dies auch zum Ausdruck, indem er sagte: „Wenn ich sage, daß Gott wissend ist, bestätige ich ihm ein Wissen, das Gott ist; ich leugne von ihm Unwissenheit, und ich weise hin auf einen Gegenstand des Wissens *(maʿlūm)*, der existiert oder existieren wird"[133]. Die meisten Muʿtaziliten scheinen gefühlt zu haben, daß diese Meinung zu nahe an das Zugeständnis herankam, Gott habe ein Wissen, das gewissermaßen ein eigenständiges Wesen ist. Al-Ašʿarī zufolge glaubten nicht nur die meisten Muʿtaziliten und Ḫāriǧiten, sondern auch viele Murǧi'iten und einige Zayditen, daß „Gott durch sich selbst *(bi-nafs-hi)* wissend, mächtig und lebendig ist, und nicht durch Wissen, Macht und Leben", und die Phrase „Gott hat Wissen" ließen sie nur in dem Sinne gelten, daß er wissend

131 Für unterschiedliche Verwendungen von *wāḥid* vgl. *van Ess*, Frühe ..., § 2/60.
132 Šahr., 31.
133 Aš., 165. Für diesen Abschnitt vgl. *R. M. Frank*, „The Divine Attributes according to the Teaching of Abūl Hudhayl al-ʿAllāf" (Muséon, lxxxii [1966], 451–506).

sei[134]. An-Naẓẓām vermied anscheinend das Wort „Wissen"; denn er meinte: „Wenn man ‚wissend' sagt, bedeutet das die Bestätigung seiner Wesenheit *(ḏāt)* und die Leugnung, daß er Unwissenheit habe ... Die Attribute, die zur Wesenheit gehören, unterscheiden sich nur in dem, was von Gott geleugnet wird." Der negative Aspekt hier kam vermutlich unter Ḍirārs Einfluß zustande, der meinte, wenn man sagte, Gott sei wissend, mächtig und lebendig, bedeute das, er sei nicht unwissend, nicht machtlos und nicht tot[135].

Nach so vielen Jahrhunderten läßt sich schwer feststellen, warum gerade diese Frage nach den Attributen die Gemüter so stark erhitzte. Warum war es so wichtig zu leugnen, daß Gott ein Attribut von Wissen hatte? Vielleicht weil es zuzulassen bedeutete, ein Attribut der Rede und damit letztlich eines ungeschaffenen Koran zuzulassen? Oder könnte es Furcht vor einer Vermengung mit der christlichen Doktrin von der Dreieinigkeit gewesen sein? Aš-Šahrastānī macht eine interessante Bemerkung: „Abū-l-Huḏayls Bestätigung dieser Attribute als Aspekte der Wesenheit ist dasselbe wie die Hypostasen der Christen"[136]. Oder vielleicht kamen die sunnitischen Theologen deshalb auf den Glauben an die Attribute zurück, weil dieser der geistigen Ausrichtung des Durchschnittsmuslim näher war. Auf der bloßen Einheit Gottes zu bestehen, war eine saubere rationale Theorie, doch damit wurde man der Fülle religiöser Erfahrung nicht gerecht. Die negativen Aussagen Ḍirārs und an-Naẓẓāms sind für den gewöhnlichen Gottesdiener unbefriedigend; denn der Gegenstand des Gottesdienstes wird als unkennbar oder zumindest als unbeschreiblich gedacht.

c) Die Leugnung des Anthropomorphismus

An dieser Stelle dürfen wir den Anfang von al-Ašʿarīs Darstellung der Muʿtazila zitieren:

> Die Muʿtazila stimmen zu, daß Gott einer ist; es gibt nichts, was ihm gleich ist; er ist der Hörende, der Sehende; er ist kein Körper *(ǧism, šabaḥ, ǧuṯṯa)*, keine Form, kein Fleisch und Blut, keine Person *(šaḫṣ)*, weder Substanz noch Attribut; er hat weder Farbe noch Geschmack, Geruch, Gefühl, weder Hitze, Kälte, Feuchtigkeit noch Trockenheit, keine Länge, Breite oder Tiefe; weder Verbindung noch Trennung; keine Bewegung, Ruhe oder Teilung; er hat keine Abschnitte und keine Teile, weder Extremitäten noch Glieder; er ist keinen Richtungen, links, rechts, vorn, hinten, oben, unten unterworfen; kein Raum erfaßt ihn; keine Zeit eilt über ihn hinweg; Berühren, Getrenntsein und Füllen von Räumen sind für ihn unzulässig; er wird durch kein

134 Aš., 164. Vgl. Šahr., 55 unten, al-Ǧubbāʾī ähnlich, hatte aber *li-ḏāti-hi*.
135 Aš., 166f.; über Ḍirār vgl. 283; etc., und *van Ess*, Isl., xliii. 277.
136 Šahr., 34 unten.

Attribut von Geschöpfen charakterisiert, die auf deren Entstehung hinweisen, und auch nicht durch Endlichkeit, Ausdehnung, noch durch Bewegung in Richtungen; er ist nicht begrenzt; weder zeugend noch gezeugt; Größen erfassen ihn nicht, noch verhüllen ihn Schleier; die Sinne erreichen ihn nicht; er ist den Menschen nicht vergleichbar und kommt den Geschöpfen in keinerlei Hinsicht gleich; Schwächen und Leiden befallen ihn nicht; er ist anders als alles, was dem Verstand einfällt oder die Phantasie ausmalt; er ist unaufhörlich der Erste, der Vorhergehende, der den entstandenen Dingen vorangeht, der vor den geschaffenen Dingen existiert; er ist unaufhörlich wissend, mächtig und lebendig und wird nicht aufhören, dies zu sein; Augen sehen ihn nicht; die Sehkraft erreicht ihn nicht; die Einbildungskraft begreift ihn nicht; er wird nicht durch Hören gehört; (er ist) ein Ding, nicht wie die Dinge; (er ist) wissend, mächtig, lebendig, nicht wie die Wissenden, Mächtigen, Lebendigen (unter den Menschen); er ist allein ewig, und es ist kein Ewiger außer ihm, keine Gottheit außer ihm; er hat keinen Teilhaber an seiner Herrschaft, keinen Wesir, (der) sich in seine Gewalt (teilt); niemanden, der ihm half, als er hervorbrachte, was er hervorbrachte und schuf, was er schuf; er schuf die Geschöpfe nach keinem früheren Vorbild; ein Ding zu schaffen war für ihn nicht leichter und nicht schwerer als ein anderes Ding zu schaffen; er kann keinen Vor- oder Nachteil erleben, kein Glück und keine Freude, Verletzung oder Schmerz; er hat keine Grenze, die ihn endlich macht; er kann nicht aufhören zu existieren, noch kann er schwach oder arm werden; er ist zu heilig, um von Frauen berührt zu werden oder eine Gattin und Kinder zu haben[137].

In diesem Passus werden Gottes Anderssein und Transzendenz, die im islamischen Denken immer eine hervorragende Rolle gespielt haben, sehr gut zum Ausdruck gebracht. Dies hat selbstverständlich eine Grundlage im Koran, und in der Tat sind einige der Phrasen in der hier übersetzten Passage dem Koran entnommen: „Es gibt nichts, was ihm gleichkommen würde" (42.11); „Die Sehkraft erreicht ihn nicht" (6.103). Diejenigen, die in diesen Punkten von den Muʿtaziliten abwichen, wurden beschuldigt, die Irrlehren von *tašbīh*, „Anthropomorphismus", und *taǧsīm*, „Körperlichkeit", zu vertreten, und sie wurden auch Mušabbiha und Muǧassima genannt. In vielen Fällen können die Personen, auf die diese Spitznamen angewendet wurden, identifiziert werden, so daß keine Gefahr zu der Vermutung besteht, diese Namen stünden für Sekten. Der Begriff Muǧassima wurde auf Menschen angewendet, die glaubten, Gott sei ein *ǧism* ‚Körper', und zu diesen gehörten Hišām ibn-al-Ḥakam, Hišām al-Ǧawālīqī, Muqātil ibn-Sulaymān und andere[138]. Z. T. war dies ein Streit über die Terminologie. Als früher Mutakallim tastete Hišām ibn-al-Ḥakam sich auf ein adäquates

137 Aš., 155f.: Es ist nicht versucht worden, nahezu synonyme Begriffe zu unterscheiden.
138 Aš., 207–217; Šahr. benutzt das als eine bequeme Klassifizierung, 4, 8, 20, 80, 84.

philosophisches Vokabular im Arabischen hin, und unter *ǧism* verstand er nicht „physischer Körper“, sondern „Seiendes“, „Ding“ (oder „Wesen“), „Selbstbestehendes“ *(mawǧūd, šay', qā'im bi-nafsi-hi)*[139]. Man kann nicht sicher sein, daß all die anderen Personen, die al-Ašʿarī in seinem Bericht über die Muǧassima erwähnt, *ǧism* so verstanden; einige mögen naiver gedacht haben.

Der Kern der Schwierigkeiten lag darin, daß der Koran selbst anthropomorphische Begriffe verwendet. Kein Muslim konnte abstreiten, daß Gott eine Hand, ein Auge und ein Gesicht hatte, weil diese im Koran ausdrücklich erwähnt werden. Und wenn er schon eine Hand hatte, warum dann keinen Körper? Die Beschuldigung von *tašbīh* scheint sich in erster Linie gegen jene gerichtet zu haben, die die koranischen Begriffe naiv auffaßten und daraus Schlußfolgerungen ableiteten. Die meisten sunnitischen Theologen gingen schließlich zu einer differenzierten Behandlung der koranischen Anthropomorphismen über und lehnten die muʿtazilitische Haltung zu diesem Punkt nachdrücklich ab. Daher sind es hauptsächlich frühe Denker, die als Mušabbiha klassifiziert werden. Der Muʿtazilit al-Ḫayyāṭ scheint ihnen Muqātil ibn-Sulaymān, Dā'ūd al-Ǧawāribī, Ḍirār und Ḥafṣ al-Fard zuzurechnen[140]. Die Muʿtaziliten selbst behandelten die Anthropomorphismen mit der Methode des *ta'wīl*, ‚metaphysische Interpretation‘. Genauer gesagt bedeutete das, daß sie behaupteten, sie seien berechtigt, einzelne Wörter in einem koranischen Text nach einer sekundären oder metaphorischen Bedeutung zu interpretieren, die sich an anderer Stelle im Koran oder in der vorislamischen Dichtung findet. So sagten sie, daß in der Phrase (38.75), wo Gott „mit seinen Händen geschaffen hat“, Hände soviel wie ‚Gnade‘ *(niʿma)* bedeute, und sie rechtfertigten dies mit einem Sprachgebrauch, der etwa unserer umgangssprachlichen Wendung „ich gehe dir zur Hand“ entspricht. Ähnlich sollte *waǧh* normalerweise ‚Gesicht‘, „Wesenheit“ bedeuten. Verse, in denen davon die Rede ist, daß Gott im Jenseits geschaut werde, wurden im Lichte anderer Verse interpretiert, wo mit „sehen“ nicht das physische Sehen gemeint ist[141].

In mancher Hinsicht ist diese Interpretationsmethode gekünstelt. Doch sie veranlaßt die Denker, mit den Wurzeln der religiösen Erfahrung in Tuchfühlung zu bleiben und hält sie von einer abstrakten akademischen Diskussion über die Beziehungen zwischen Attributen und Wesenheit ab.

6. Die Bedeutung der großen Muʿtaziliten

Ob nun Wāṣil und ʿAmr ibn-ʿUbayd als Muʿtaziliten angesehen werden können oder nicht, fest steht, daß ihr Beitrag zur Entwicklung des islamischen

139 Aš., 304, 11f.; vgl. 44; auch *van Ess*, Isl., xliii. 257.
140 Al-Ḫayyāṭ, 22, 50, 67, 69, 133f.
141 Aš., 195, 218, etc.

Denkens, verglichen mit dem „der großen Muʿtaziliten", gering war, d. h. mit der Generation des Bišr ibn-al-Muʿtamir und des Abū-l-Huḏayl sowie der nachfolgenden Generation, unter Mitberücksichtigung vielleicht von al-Ǧubbāʾī, Abū-Hāšim und al-Kaʿbī. Selbst wenn wir diese Männer nicht mehr so sehr bewundern wie die Islamisten des neunzehnten Jahrhunderts, müssen wir doch zugeben, daß sie zur Entwicklung der islamischen Theologie einen Beitrag von tiefer Bedeutung leisteten. Spätere Muʿtaziliten haben die Einzigartigkeit dieser Männer vielleicht übertrieben und das Werk anderer früher Mutakallimūn herabgesetzt, und man darf nicht vergessen, daß unsere Informationen über solche Dinge meistenteils aus muʿtazilitischen Quellen stammen oder auch aus solchen, die von der Muʿtazila beeinflußt waren. Was hier in erster Linie über „die großen Muʿtaziliten" gesagt worden ist, trifft also bis zu einem gewissen Grad auch auf die anderen frühen Mutakallimūn zu.

Ihr hervorragender Dienst am islamischen Denken bestand in der Übernahme sehr vieler griechischer Vorstellungen und Argumentationsmethoden. Man ist geneigt, sich diese Männer vorzustellen, wie sie intellektuell von den Griechen fasziniert waren und mit Hingabe deren Bücher studierten. Aber es ist gut möglich, daß sie zunächst von der Nützlichkeit der griechischen Ideen für die Zwecke der Argumentation beeindruckt waren, und daß ihnen dies klar wurde, als ein Gegner diese Ideen gegen sie verwendete und sie unfähig waren, darauf zu erwidern. Sehr wahrscheinlich fanden auf diesem Weg christliche Einflüsse Eingang in die islamische Theologie; denn Muslime können christliche Bücher nicht gründlich studiert haben. Nachdem gewisse Vorstellungen, z. B. über die Ungeschaffenheit des Wortes Gottes, von einem Christen in einem Zusammenhang gegen sie verwendet worden waren, pflegten sie in einem anderen Zusammenhang ähnliche Vorstellungen gegen verschiedene Gegner ins Feld zu führen.

Die griechischen Ideen, die auf diese Weise von den Muʿtaziliten eingeführt wurden, beherrschten allmählich einen bedeutenden Flügel der islamischen Theologie, nämlich die rationale oder philosophische Theologie. Dies muß als etwas Gutes gewertet werden, auch wenn eine derartige Theologie letzten Endes zu rational wurde und sich von gewöhnlichen Leben zu weit entfernte. Da aber die Muʿtaziliten für die Sunniten als Häretiker galten, konnten ihre Ideen und Doktrinen nicht einfach übernommen werden, sondern sie übten indirekt Einfluß aus. Eine wichtige Rolle dabei spielte al-Ašʿarī, der zunächst als Muʿtazilit geschult worden war und dann zu einer Form der ḥanbalitischen Richtung „bekehrt" wurde. Es gab aber auch andere Kanäle, über die muʿtazilitische Ideen in den Hauptstrom gelangten. Viele von den Theologen, die gegen den Muʿtazilismus argumentierten, wurden im Verlauf der Argumentation gezwungen, bis zu einem gewissen Umfang muʿtazilitische Ideen zu übernehmen. Den Muʿtaziliten oblag es also, alle griechischen Ideen zu übernehmen, die der islamischen Doktrin auch nur im geringsten von Nutzen zu sein schienen. Es war dann anderen Männern überlassen, diese Ideen immer wieder neu zu prüfen, bis sie entdeckten, welche wirklich assimilierbar waren. Schließlich behielt man eine große Menge von Ideen bei, wenn auch nur selten genau in der Form, in der die Muʿtaziliten sie vorgestellt hatten.

Teil III

Der Triumph des Sunnismus. 850–945

Das zweite Jahrhundert der ʿAbbāsiden könnte auf verschiedenerlei Weise charakterisiert werden. Es war Zeuge eines starken Machtverfalls der ʿAbbāsidendynastie und auch des Auftretens selbständiger und halbautonomer Staaten auf dem Territorium des ehemaligen islamischen Reiches. Doch vom Standpunkt der vorliegenden Studie betrachtet, besteht der hervorstechende Zug dieser Periode darin, daß der Sunnismus in der islamischen Gesellschaft eine Vorrangstellung erlangte und diese Position festigte. Dies wiederum bewirkte eine Neuorganisation des Schiismus, in deren Folge der imāmitische Schiismus zum erstenmal die Gestalt annahm, wie man sie später kennt. In gewisser Hinsicht beginnt sich eine Polarität zu entwickeln, doch der sunnitische Pol hat dabei viel größere Bedeutung als der schiitische. Um 945 hat sich der sunnitische Rahmen der islamischen Gesellschaft so fest etabliert, daß er sich selbst unter schiitischen Herrschern leicht behaupten ließ.

KAPITEL 9 DIE POLARITÄT VON SUNNISMUS UND SCHIISMUS

Im vorliegenden Kapitel werden zweierlei Ziele verfolgt: Zuerst wird versucht aufzuzeigen, wie die gesellschaftlichen Kräfte, die den Sunnismus stützten, allmählich im Kalifat akzeptiert wurden, wie der Sunnismus zur „etablierten" Religion wurde, die er zuvor nicht gewesen war, und wie dies in verschiedenen Aspekten des Geisteslebens zu einer Konsolidierung führte. Obwohl in dieser Entwicklung die Theologie eine zentrale Rolle spielt, wird es angebracht sein, ihre Betrachtung auf das Kapitel 10 aufzuschieben. Zweitens wird versucht zu zeigen, wie die Neugestaltung des Imāmismus um 900 das Selbstbewußtsein gemäßigter Schiiten wachsen ließ und vielleicht dazu beitrug, daß auch das Selbstbewußtsein der Sunniten gestärkt wurde.

1. Der politische Hintergrund

Unter dem für unser Thema bedeutsamsten Gesichtspunkt ist dieser Zeitabschnitt von den Historikern noch nicht ausreichend untersucht worden. Daher ist es am besten, wenn wir hier nur von den hervorstechenden Tendenzen Notiz nehmen und eine versuchsweise Interpretation ihrer Bedeutung anbieten.

Als erstes ist die Änderung der Regierungspolitik zu erwähnen, zu der es in den ersten Jahren der Regierung al-Mutawakkils, d. h. um 850, kam. Sie schloß auch die Aufgabe der muʿtazilitischen Bemühung um einen Kompromiß ein sowie das Ende der Miḥna. Noch im Amt befindliche Muʿtaziliten wurden nach und nach abgelöst. Es gab sogar einige anti-ʿalidische Maßnahmen wie z. B. die Zerstörung von Ḥusayns Grab in Kerbela und das Verbot der Wallfahrt zu diesem Ort. All das scheint darauf hinzudeuten, daß man den muʿtazilitischen Kompromiß für praktisch undurchführbar hielt und beschlossen hatte, in erster Linie Unterstützung für das zu suchen, was als „konstitutionalistischer" Block bezeichnet wurde. Obwohl man sich zu Beginn der Regierungszeit al-Mutawakkils für diese Politik entschieden hatte, war der Kampf damit nicht zu Ende. Die Wirren in den Jahren zwischen der Ermordung al-Mutawakkils 861 und dem Machtantritt al-Muʿtamids 870 müssen wahrscheinlich als ein Wiederaufflackern des alten Kampfes betrachtet werden. Mit der Regierung al-Muʿtamids jedoch scheint die Politik des Vertrauens auf die „konstitutionalistischen" Elemente in der Bevölkerung sich als erfolgreich erwiesen zu haben, und von dieser Zeit an scheinen selbst andere Elemente in der Bevölkerung die Tatsache akzeptiert zu haben, daß Staat und Gesellschaft im wesentlichen „sunnitisch" sein würden. (Die genaue Bedeutung dieses Begriffes wird im nächsten Abschnitt [S. 260–8] behandelt werden.)

Auch daß al-Muʿtaṣim 836 den Regierungssitz in die neue Stadt Samarra verlegte und türkische Offiziere in seine Leibwache aufnahm, hängt wahrscheinlich mit der Balance zwischen den Blöcken zusammen. Das einfache Volk von Bagdad stellte eine starke Kraft auf der „konstitutionalistischen" Seite dar, und man hat möglicherweise gehofft, der Umzug nach Samarra würde dessen Macht vermindern. Das war vielleicht auch der Fall; aber wenn dies zutrifft, so wurde dieser Vorteil nach einiger Zeit durch den Nachteil aufgewogen, daß die türkischen Truppen sehr an Macht gewannen. Hauptziel der Wiedererhebung Bagdads in den Rang einer Hauptstadt im Jahr 883[1] war vermutlich, die Macht der Türken zu beschneiden. Sie stand auch in Einklang mit der neuen Politik, auf die Unterstützung der „konstitutionalistischen" Elemente zu bauen.

Das zweite wichtige Merkmal der Periode war die Art und Weise, in der die Kontrolle über das Geschehen in die Hände militärischer Führer oder Männer mit sicherer militärischer Unterstützung überging. Im Zentrum des Kalifats waren es türkische Generäle, die die Kalifen ein- und absetzten. Bis zum Jahr 936

1 *Sourdel*, Vizirat, 320f.

aber hatten Rivalitäten im Zentrum den Kalifen so geschwächt, daß er die meisten Funktionen einem fremden militärischen Führer, Ibn-Rā'iq, übertrug, der den Titel eines *amīr al-umarā'* erhielt. 945 zog ein Angehöriger der Buwayhidenfamilie, Muʿizz-ad-Dawla, an der Spitze seiner Armee in Bagdad ein und trat das Amt des *amīr al-umarā'* an. Die Buwayhiden waren dann volle hundert Jahre lang die *de-facto* Herrscher des Irak und mehrerer östlicher Provinzen. Zu einem frühen Zeitpunkt waren bestimmte Provinzgouverneure als halbautonom anerkannt worden, und der Kalif hatte die Nachfolge eines Sohnes oder eines anderen Verwandten auf den Gouverneursposten gutgeheißen. Zu ihnen gehörten die Ṭāhiriden in Chorasan (821–873), die Ṣaffāriden in Sistan von 867 und die Aġlabiden in Tunesien (800–909) usw. Die Entwicklung des islamischen Denkens wurde durch diese Autonomie von Provinzen in erster Linie dadurch beeinflußt, daß diese die Ausdehnung der islamischen Gelehrsamkeit auf die Provinzhauptstädte förderte.

Auf all jene Leute, die soeben erwähnt wurden – sowohl auf jene, die im Zentrum herrschten, als auch auf jene, die in den Provinzen regierten –, läßt sich gut der Begriff „Kriegsherr" anwenden. Dieser Terminus weist darauf hin, daß ihre Macht allein auf militärischer Stärke beruhte und keine eigene ideenbildende Grundlage besaß. Die einzige Idee dahinter war, daß sie vom Kalifen ernannt worden waren. Dies traf sogar auf die Buwayhiden zu, die dem imāmitischen Schiismus nahestanden; denn um 945 war jene Form des Glaubens zu einer akzeptierten Variante innerhalb des sunnitischen Kalifats geworden. Die Herrschaft der Kriegsherrn, die sich nicht auf ein bestimmtes Konzept gründete, stand im krassen Gegensatz zu der Position der Fāṭimiden, die ab 909 in Tunesien und ab 969 in Ägypten regierten; denn sie behaupteten auf der Grundlage ismāʿīlitischer Vorstellungen, die rechtmäßigen Herrscher der ganzen islamischen Welt zu sein. Natürlich konnte ein Kriegsherr sich dann, wenn er – wie in Bagdad – auf zwei rivalisierende Parteien stieß, mit der einen verbünden; aber die Ideologie von einer sunnitischen oder beinahe-sunnitischen Partei konnte die Herrschaft eines Kriegsherrn nur insofern rechtfertigen, als er diese sunnitische Ideologie akzeptierte. Das bedeutete, daß er die Šarīʿa akzeptierte, sozusagen ein Diener der Šarīʿa wurde, und auf die Möglichkeit verzichtete, rechtliche Änderungen in jenen Bereichen vorzunehmen, wo die Šarīʿa generell befolgt wurde. Die Tatsache, daß die Kriegsherrn sich in dieser Hinsicht der sunnitischen Ideologie unterordneten, überrascht nicht, wenn man beachtet, daß die Fāṭimiden, und später im Maghreb die Almohaden, trotz eigener Ideologie unfähig waren, die Struktur der Gesellschaft spürbar zu beeinflussen. Ihr Scheitern kann man vielleicht auf einen Mangel an intellektueller Kraft zurückführen. Ein Anzeichen dafür war ihre Unfähigkeit, unter allen gesellschaftlichen Klassen Anhänger zu gewinnen[2]. Andererseits ist es am wahrscheinlichsten, daß eine

2 Vgl. *Watt*, „The Decline of the Almohads; reflections on the viability of religious movement", History of Religions, iv (1964), 23–29.

Ideologie dann Einfluß auf das ganze Leben der Gesellschaft bekommt, wenn ihre Funktion darin besteht, mit der Zeit eine kleine Gemeinschaft von ihren Nachbarn abzugrenzen, obgleich sie ursprünglich ein Reformprogramm für das ganze Reich war. Das war der Fall mit dem Ḫāriǧismus der Rustamiden (die von 777 bis 909 in Westalgerien regierten) und mit dem Zaydismus des Jemen.

Ein drittes wichtiges Kennzeichen dieser Periode besteht darin, daß mit dem Verfall der politischen Macht des Kalifen eine Zunahme jenes Aspektes seiner Autorität einherging, den man „religiös" nennen könnte. Das Kalifat scheint tatsächlich einige der Eigenschaften erworben zu haben, die die Schiiten den Imamen zuschreiben. In einer späteren Zeit (um 1100) meint al-Ġazālī, daß alle administrativen Akte und alle richterlichen Akte, wie z. B. Eheschließungen, ungültig wären, wenn es keinen Imam-Kalifen gebe[3]. Das heißt, daß das Kalifat für die Validierung offizieller, auf der Šarīʿa beruhender Akte notwendig ist. Obwohl der Kalif erst am Ende des hier betrachteten Zeitabschnittes politisch völlig machtlos war, gibt es undeutliche frühere Anzeichen dafür, daß seine „religiöse" Autorität im Wachsen begriffen war, und dies geschah trotz der Leichtigkeit, mit der türkische Offiziere Kalifen ein- und absetzten.

Schließlich sei angemerkt, daß der Erfolg dieser Bewegung in dem Maße zu weiteren Schritten in dieselbe Richtung ermunterte, in dem die verschiedenen Ereignisse stattfanden, die zusammengenommen als „die Etablierung des Sunnismus" bezeichnet werden. Hintergrund des Ganzen war die Unsicherheit, die durch den Parteienhader und durch Aufstände in vielen Gebieten ausgelöst wurde. Da die Menschen fühlten, daß die Etablierung des Sunnismus ihnen Sicherheit gab, wünschten sie die weitere Konsolidierung der verschiedenen Aspekte des Sunnismus.

2. Die Herausbildung des sunnitischen Selbstbewußtseins

Das Wort „sunnitisch" ist eine Übersetzung des arabischen *sunnī*, der adjektivischen Form von *sunna*, und wird allermeist auf die Leute angewendet, die der *sunna* (des Propheten) gehorchen bzw. die *Ahl as-Sunna*. Die Grundbedeutung des Wortes *sunna* ist ‚übliche Praxis' oder ‚normale und normative Gepflogenheit'. In vorislamischen Zeiten konnte man von der *sunna* eines Stammes sprechen. Der Koran spricht von *sunnat Allāh* und *sunnat al-awwalīn*; in beiden Fällen ist offensichtlich Gottes Strafe für frühere irrende Völker gemeint[4]. *Sunna* war also eine tief in der arabischen Mentalität verwurzelte Vorstellung. Daher war es für die frühen Muslime nur natürlich, in den Jahren nach 632 auf die *sunna* des Propheten

3 *Iqtiṣād, quṭb* 4, *bāb* 3, *ṭaraf* 2. Vgl. Transactions of the Glasgow University Oriental Society, xxi (1966), 21.

4 Vgl. *Rudi Paret*, Kommentar, zu 8.38.

und ein wenig später auch auf die *sunna* der vier rechtgeleiteten Kalifen zurückzublicken. Das Wort *sunna* konnte also auf verschiedenerlei Art und Weise verwendet werden. Obwohl es heute fast wie ein Widerspruch in sich selbst anmutet, konnte es eine schiitische *sunna* geben, nämlich *sunnat ahl al-bayt*, ‚die Praxis der Prophetenfamilie'[5].

a) Aspekte der sunnitischen Konsolidierung

Während des zweiten Jahrhunderts der ʿAbbāsidenherrschaft nahm der sunnitische Islam eine klarer umrissene Form an, als er zuvor gehabt hatte. Die hauptsächlichen Punkte sind in Band I (S. 183) beschrieben worden, und hier mag ein kurzer Hinweis genügen.

Einen wichtigen Meilenstein im Bereich der Koranstudien bildete die Veröffentlichung von Ibn-Muǧāhids (gest. 935) Buch über die sieben Lesungen sowie die Durchsetzung seiner Ansichten kraft richterlicher Entscheidungen[6]. Man kann auch sagen, daß in der Exegese oder Interpretation des Koran, vor allem nach der Veröffentlichung des umfangreichen Korankommentars von aṭ-Ṭabarī (gest. 923), ein gewisses Maß an Stabilität erreicht worden war. Dieser zitiert (mit einem *isnād)* alle bekannteren Meinungen früherer Kommentatoren und führt dann seine eigenen scharfsinnigen Schlußfolgerungen an. Zu dieser Zeit hatte man sich über die methodologischen Prinzipien der Exegese mehr oder weniger geeinigt; der Spielraum für Uneinigkeit war kleiner geworden und die kühneren Ideen der vorangegangenen Jahrhunderte aus dem Wege geräumt worden[7].

Ungefähr um dieselbe Zeit nahm der Kanon der Ḥadīṯe Gestalt an; er begann mit den Ḥadīṯsammlungen von al-Buḫārī (gest. 870) und Muslim (gest. 875) und endete mit der von an-Nasāʾī (gest. 915). Die „sechs Bücher" galten mit der Zeit als besonders zuverlässig und autoritativ, wenngleich es keine Gesetzgebung gab, die sie für „kanonisch" im westlichen Sinne erklärt hätte[8]. Dennoch erfüllten sie die Konzeption von der *sunna* des Propheten endgültig mit Inhalt.

Um dieselbe Zeit oder etwas früher erhielten die Rechtsschulen *(maḏahib)* eine klar umrissene Gestalt. Der wesentliche Anstoß ging von dem Werk aš-Šāfiʿīs (gest. 820) über „die Prinzipien der Rechtswissenschaft" *(uṣūl al-fiqh)* aus. Ein Ergebnis davon war, daß die verschiedenen Schulen sich durch ihre Einstellung zu diesen Grundsätzen definierten[9]. Da die Rechtswissenschaft im Mittelpunkt der höheren islamischen Bildung stand, kam es zwischen den Rechtsschulen und den theologischen Schulen zu einer gewissen Wechselwirkung.

5 *Goldziher*, ZDMG, xxxvi (1882), 279 (= Gesammelte Schriften, ii. 121).
6 Vgl. Band I, S. 182f.
7 Vgl. Band I, S. 228.
8 Vgl. Band I, S. 235f.
9 Vgl. Band I, S. 241–250.

Ein weiterer Aspekt des islamischen Geisteslebens war der Ṣūfismus oder die Mystik *(taṣawwuf)*; davon wird in Band III die Rede sein. Um 950 hatte er nicht die Stabilität der Rechtsschulen erreicht, doch einige Gelehrte behaupten, daß al-Ǧunayd (gest. 910) mit seinem umfassenden Überblick über die Leistung der Ṣūfī bis zu diesem Zeitpunkt die Grundlage für die nachfolgenden Entwicklungen lieferte[10].

b) Die Natur des Problems

Das hier zu erörternde Problem stellt sich in der Form nur dann, wenn der Begriff der Entwicklung ernst genommen wird. Für den traditionellen muslimischen Gelehrten gibt es hier kein Problem: Der Islam ist immer sunnitisch gewesen; der sunnitische Islam hat immer existiert. Das ist natürlich in dem Sinne zutreffend, daß die Elemente des Sunnismus immer existierten. Ebenso ist aber richtig, daß andere Elemente existierten, die im Gegensatz zum Sunnismus standen, und daß es nicht klar und deutlich geworden war, daß der gute Muslim die sunnitischen Elemente und Interpretationen vorzog und die anderen ablehnte. Z. B. gab es im Korantext Elemente, aus denen mit einer Spur von Plausibilität geschlossen werden könnte, daß der Koran geschaffen sei, und andere, aus denen ähnlich geschlossen werden könnte, daß er ungeschaffen sei. Soweit sich das sagen läßt, zogen vernünftige muslimische Gelehrte mehr als ein Jahrhundert lang weder die eine noch die andere Schlußfolgerung, wenngleich sie alle Elemente als Teil des Korantextes akzeptierten. Erst nachdem die Sache in der Öffentlichkeit erörtert und die Schlußfolgerungen und andere Argumente in der Diskussion erforscht worden waren, waren die Gelehrten und die Gemeinschaft allgemein in der Lage zu entscheiden, die Meinung, der zufolge der Koran die ungeschaffene Rede Gottes sei, als „richtig" zu akzeptieren.

Das durch die Konzeption von Entwicklung aufgeworfene Problem hat verschiedene Aspekte. Ein wichtiger Teil der Aufgabe besteht in dem Versuch herauszufinden, *wann* der Großteil der Muslime die verschiedenen Doktrinen und Praktiken, die den sunnitischen Islam ausmachen, *ausdrücklich* akzeptierte. Es gibt auch die gesonderte Frage danach, *wann* die Muslime begannen, sich selbst als Sunniten – im Gegensatz zu den Schiiten – zu begreifen, und warum sie dazu übergingen, den Begriff *sunnī* zu benutzen. Bei der Frage nach der Entstehung des sunnitischen Selbstbewußtseins ist dies der Kernpunkt; denn es hängt mit der Herausbildung der Polarität zwischen Sunnismus und Schiismus zusammen. Um hinsichtlich dieser Dinge Klarheit zu gewinnen, ist es hilfreich, zuallererst zwei Fragen zu stellen: (1) Inwiefern hatten die Sunniten gemeinsame Glaubensvorstellungen? Und (2) inwieweit akzeptierten sie einander als zusammengehörig?

10 Vgl. Band III.

Im Hinblick auf theologische oder dogmatische Glaubensvorstellungen bestand (wie im nächsten Kapitel ausführlich dargelegt werden wird) sicherlich eine Annäherung, aber niemals herrschte völlige Übereinstimmung. Selbst ein einfaches Glaubensbekenntnis wie *Al-fiqh al-akbar I*, das Abū-Ḥanīfa zugeschrieben wird, wurde keineswegs allgemein gebilligt. Artikel 5, z. B., wo es heißt, „die Frage nach ʿUṯmān und ʿAlī überlassen wir Gott", ist im Ton eindeutig murǧi'itisch (wenn auch nicht häretisch) und wäre von anderen Meinungsrichtungen innerhalb der allgemeinen religiösen Bewegung verworfen worden[11]. Über diese besondere Frage erzielte man schließlich eine Einigung, und diese war eine der Grundlagen des Sunnismus. Doch die Übereinstimmung ging dahin, daß die Reihenfolge der Vorzüglichkeit der ersten vier Kalifen der chronologischen Reihenfolge entsprach. Mit anderen Worten: ʿUṯmān wurde über ʿAlī gestellt. Wie aber (z. B. S. 66) bemerkt wurde, gab es eine Zeit, als viele, die Abū-Bakr und ʿUmar akzeptierten, ʿAlī über ʿUṯmān stellten. Die grundlegende Streitfrage war das Ausmaß, in dem Muslime des neunten oder zehnten Jahrhunderts sich selbst mit der Vergangenheit der Gemeinschaft identifizierten. Wenn man ʿAlī zum dritten machte, so war das eine teilweise Ablehnung ʿUṯmāns, und das war für viele, die zur Hauptrichtung der Muslime gehörten, nicht zu tolerieren. Im späteren neunten Jahrhundert war klar geworden, daß für den Großteil der Muslime die einzig zufriedenstellende Identität eine Identität mit der gesamten Vergangenheit des Islam war (oder zumindest mit seiner ganzen frühen Geschichte), und daß dies bedeutete: Man akzeptierte, daß Uṯmān zu der Zeit, als er Kalif wurde, am besten für die Herrschaft geeignet war. Daher der Artikel in den Glaubensbekenntnissen, der die ersten vier Kalifen in der chronologischen Reihenfolge akzeptiert[12].

Andere Glaubensvorstellungen, die unter Sunniten im späten neunten Jahrhundert in hohem Maße akzeptiert wurden, waren die Existenz der Sunna des Propheten, wie sie durch einwandfreie Ḥadīṯe definiert wurde, die allgemeine Methode der „Wurzeln des Rechts", die Prinzipien der Koranauslegung und viele der detaillierten Interpretationen und (im neunten Jahrhundert) die Koranlesarten. Wie oben angedeutet, gab es auf all diesen Gebieten noch immer Streitpunkte; deren Bedeutung aber war gering im Vergleich zu der weitgehenden Übereinstimmung hinsichtlich allgemeiner Prinzipien. Insbesondere akzeptierten im späten neunten Jahrhundert die meisten Mitglieder der allgemeinen religiösen Bewegung die Vorstellung von einer auf den Ḥadīṯen beruhenden Sunna. Dies implizierte, daß man die Ehrlichkeit aller Prophetengefährten akzeptierte. Wie es in *Al-fiqh al-akbar I* (§ 4) heißt: „Wir rücken von keinem der

11 *Wensinck*, Muslim Creed, 104; seine Annahme (109f.), daß dies „die Einstellung des orthodoxen Islam" zum Ausdruck bringt, ist falsch, obwohl man sagen könnte, daß darin „die katholischen Tendenzen" des Murǧi'ismus zutage treten.

12 Waṣiyya, § 10; Al-fiqh al-akbar II, § 10; Aš., Maqālāt, § 36; Ibāna, § 33 (in *McCarthy*, Theology, 246f.).

Gefährten des Gesandten Gottes ab, noch tun wir uns eher mit dem einem als mit dem anderen zusammen." Das stand in direktem Gegensatz zur schiitischen Position; denn die Schiiten hoben einen der Gefährten in einen besonderen Rang – nämlich ʿAlī, und sie distanzierten sich von allen, die Abū-Bakr als rechtmäßigen Kalifen anerkannt hatten.

Die Glaubenspunkte also, über die bei den Sunniten volle Übereinstimmung herrschte, waren das Akzeptieren der allgemeinen Konzeption der Sunna sowie das Akzeptieren der ersten vier Kalifen in der chronologischen Reihenfolge. Im Gegensatz dazu meinten die Schiiten, daß ʿAlī der rechtmäßige Nachfolger Mohammeds war, und daß die Überlieferungen in den „sechs Büchern" von zweifelhafter Gültigkeit – wenn nicht gar eindeutig falsch – waren. Mit Ausnahme der Zayditen hielten alle Schiiten die ersten drei Kalifen für Usurpatoren.

Auf die Frage nach der gegenseitigen Toleranz verschiedener sunnitischer Gruppen läßt sich schwerer eine klare Antwort geben. Menschen mit abweichenden Auffassungen wurden vielleicht am ehesten im Bereich der Ḥadīṯen, weniger aber in den koranischen Disziplinen anerkannt. In der Rechtswissenschaft gab es in der Diskussion über die „Wurzeln des Rechts" eine gemeinsame Grundlage. Aber offensichtlich dauerte es einige Jahrhunderte, ehe die Rechtsschulen einander vollständig anerkannten. In der Theologie gab es 945 noch mindestens drei Gruppen: die rationalistischen Ašʿariten und Māturīditen (Ḥanafiten) und die antirationalistischen Ḥanbaliten, und diese übten scharfe Kritik aneinander. Noch zwei Jahrhunderte später klagte al-Ġazālī (gest. 1111) (in seinem *Fayṣal at-tafriqa*) darüber, daß die Theologen eine viel zu große Neigung hätten, einander zu Ungläubigen zu erklären. Etwa um dieselbe Zeit aber sprach al-Pazdawī (gest. 1099) von dem *maḏhab* der Ahl as-Sunna wa-l-Ǧamāʿa als von dem „der Rechts- und Schriftgelehrten, der Ṣūfiyya und der Aṣḥāb al-Ḥadīṯ", und er akzeptierte offensichtlich die Behauptung der Ašʿariyya und der Kullābiyya, zu dieser Gruppe zu gehören; denn er bemerkte, daß „zwischen ‚uns' und ihnen kein Unterschied besteht mit Ausnahme einer begrenzten Anzahl von (zweitrangigen) Dingen"[13].

Andererseits muß man als große Leistung anerkennen, daß die Muslime bereit waren, innerhalb eines gemeinsamen Rahmens gewisse Unterschiede zu akzeptieren, zuallererst vielleicht die sieben *aḥruf* oder *qirā'āt*, und später dann die Rechtsschulen. Zusammen mit der Annahme begrenzter Variationen und dem schrittweisen Ausschalten abweichender Sekten muß diese Konvergenz zum Teil dem starken Gefühl für die Einheit der Gemeinschaft zugeschrieben werden, die man bei vielen Muslimen antrifft. Auf dieses Gefühl wird wahrscheinlich mit dem Gebrauch des Wortes *ǧamāʿa* in der Bezeichnung „Ahl as-Sunna wa-l-Ǧamāʿa"

13 Al-Pazdawī, Kitāb uṣūl ad-dīn, Hrsg. *Hans Peter Linss*, Kairo 1963, 242.10–16. Vgl. Ibn-Quṭlūbuġā, Tāǧ at-tarāǧim, Nr. 198; Ibn-Abī-l-Wafā', ii. 270; GALS, i. 637, Bruder.

angespielt. Vielleicht läßt sich das Gefühl auch auf den Glauben zurückführen, daß die islamische Gemeinschaft eine charismatische Gemeinschaft ist[14]. Zu einem frühen Zeitpunkt waren die Murǧi'iten herausragende Vertreter der katholisierenden und umfassenden Tendenz im Islam, die sich in Artikel 7 von *Al-fiqh al-akbar I* niederzuschlagen scheint: „Verschiedenheit in der Gemeinde ist eine Gnade" *(iḫtilāf al-umma raḥma)*.

Die Annäherung von Glaube und Praxis im sunnitischen Islam geht kaum oder überhaupt nicht auf einen Druck von seiten der Regierung zurück. Zu Beginn der ʿAbbāsidenzeit drängte Ibn-al-Muqaffaʿ den Kalifen al-Manṣūr, auf eine Einigung über die Rechtsprinzipien unter den verschiedenen „alten Schulen" hinzuwirken, und dies kann eine geringfügige Wirkung gehabt haben. Die Inquisition bezüglich der Geschaffenheit des Koran, die al-Ma'mūn eingeleitet hatte, war ein nicht sehr erfolgreicher Versuch, mit Hilfe „offizieller" Maßnahmen eine Einheitlichkeit in der Doktrin zu erzielen. In seinem Bericht über den Prozeß und die Verurteilung von al-Ḥallāǧ betont Louis Massignon, daß der *takfīr* oder die Erklärung, daß jemand ein Ungläubiger ist, für sich genommen nicht zu Maßnahmen der weltlichen Macht führte. Ehe die Regierung handelte, mußte eine Beschuldigung von *zandaqa* vorliegen; die Bedeutung dieses Wortes war vom „manichäischen Dualismus" zum „die Sicherheit des Staates bedrohenden Irrtum in der Doktrin" erweitert worden[15]. In den oben erwähnten Fällen von 934 und 935, als Menschen wegen ihrer Auffassungen über Fragen des Korantextes verurteilt wurden, nahmen die Machthaber wahrscheinlich an, daß dies zu Störungen der öffentlichen Ordnung führen könnte (obwohl es selbstverständlich nicht *zandaqa* war)[16]. Im sunnitischen Islam konnte die weltliche Macht – Kalif, Sultan oder Untergeordnete – niemals irgendeine Doktrin zur offiziellen erklären, da dies das Vorrecht der Ulema war. Al-Ma'mūns Inquisition muß in Verbindung mit seinen zayditischen (schiitischen) Sympathien gesehen werden. Andererseits konnte nur selten – wenn überhaupt – ein Konsens allein der sunnitischen Ulema hergestellt werden. Folgerichtig gab es kein Verfahren, das eine Doktrin für offiziell oder orthodox erklärt hätte, so daß wir dann, wenn von diesen Dingen die Rede ist, Wendungen benutzen müssen wie „die Auffassung des Hauptstromes" (d.h. der Sunniten) oder manchmal „die sunnitische Auffassung". Wir dürfen auch nie vergessen, daß es abweichende Ansichten geben kann, die in keinem eindeutigen Sinne häretisch sind; denn auch die Häresie hängt vom Konsens ab.

14 S. *Watt*, Integration, Index.
15 *Massignon*, Passion[1], 182–189.
16 Vgl. Ibn-Ḫallikān, iii. 16–18 (Ibn-Šannabūḏ).

c) Die Evidenz aus den Namen

In späteren Zeiten war Ahl as-Sunna wa-l-Ǧamāʿa ein für die Sunniten üblicher Name. Er findet sich in *Šarḥ al-fiqh al-akbar*, wahrscheinlich einem Werk des Abū-l-Layṯ as-Samarqandī (gest. 983 oder später). Aḥmad ibn-Ḥanbal verwendete ihn in der Form Ahl as-Sunna wa-l-Ǧamāʿa wa-l-Āṯār[17]. Bei Ibn-Qutayba (gest. 889) kommt Ahl as-Sunna mindestens einmal vor[18]. Obwohl dies in einer Feststellung steht, daß al-Ǧāḥiẓ einmal gegen die ʿUṯmāniten und Ahl as-Sunna für den Zaydismus argumentierte, stammt der Begriff wahrscheinlich von Ibn-Qutayba und nicht von al-Ǧāḥiẓ. Aber es ist klar, daß die Idee in Ibn-Qutaybas Denken keine hervorragende Rolle spielt.

Der ausführlichste frühe Beleg findet sich in al-Ašʿarīs *Maqālāt*. Das dort zitierte Glaubensbekenntnis soll das der Ahl al-Ḥadīṯ wa-s-Sunna sein (290 im Text; 298), während den Ahl as-Sunna wa-Aṣḥāb al-Ḥadīṯ die Ansicht (211) zugeschrieben wird, daß Gott kein *ǧism* (Körper, Substanz) sei und *ašyāʾ* (Dingen) nicht ähnele. Der gängigste Begriff jedoch ist Ahl as-Sunna wa-l-Istiqāma. Er kommt sechsmal vor und handelt von den Vorstellungen, daß ʿUṯmān richtig handelte und zu Unrecht getötet worden war und daß er folgerichtig der dritte der vier Rāšidūn war; ferner, daß es ein Becken im Paradies gibt, aus dem Mohammed seiner Gemeinde zu trinken erlauben wird, daß der Prophet zur Fürsprache *(šafāʿa)* berechtigt ist, daß die Gläubigen nicht auf ewig in der Hölle sein werden, und daß Himmel und Hölle bereits existieren[19]. In einem Passus (473) heißt es von den Ahl al-Istiqāma, daß sie das Befragen der Toten im Grabe durch die Engel Munkar und Nakīr bestätigen, und in einem anderen (*Lumaʿ* 76, § 184) heißt es von ihnen, sie hätten früher als Wāṣil eine vermittelnde Meinung über den großen Sünder vertreten. Einen Hinweis (454) auf die Ahl al-Ǧamāʿa gibt es, dem zufolge diese glaubten, ʿUṯmān sei bis zu seiner Ermordung Imam gewesen und zu Unrecht getötet worden, und es gibt eine Anspielung (471) auf die Ahl as-Sunna wa-l-Ǧamāʿa, der zufolge diese glaubten, „die Zehn" Gefährten, denen das Paradies versprochen worden war, seien mit Sicherheit dort. Schließlich sei darauf hingewiesen, daß das Glaubensbekenntnis in der *Ibāna* das der Ahl al-Ḥaqq wa-s-Sunna gewesen sein soll.

17 Al-Māturīdī, Šarḥ, Kommentar zu Art. 3; Ibn-Abī-Yaʿlā, i. 31 (als Titel von ʿAqida I). *Van Ess*, Die Erkenntnislehre des ʿAḍudaddīn al-Īcī, Wiesbaden 1966, 48, meint, daß dieser Name um 1050 hauptsächlich auf die Māturīdiyya angewandt wurde; aber um 1040 wird er in dem hauptsächlich ḥanbalitischen Glaubensbekenntnis des Kalifen al-Qādir verwendet (*George Makdisi*, Ibn ʿAqīl et la resurgence de l'Islam traditionaliste au XIe siècle, Damaskus 1963, 308f.). Vgl auch *Allard*, Attributs, 32 (Vater des Imām al-Ḥaramayn), 82, und die Rezension von *van Ess*, Isl. xliv. 259.

18 Ibn-Qutayba, Ta'wīl, 71; in einem Sendschreiben (aṭ-Ṭabarī, lii. 1114) kritisiert al-Ma'mūn Menschen, die *nasabū anfusa-hum ilā s-sunna* und behaupteten, *ahl al-ḥaqq wa-d-dīn wa-l-ǧamāʿa* zu sein.

19 Aš., i. 3; ii. 455, 473–475.

Von den hier benutzten Begriffen weckt *ǧamāʿa* die Vorstellung einer alles umfassenden Gemeinschaft, und das ist in der Tat die „Tendenz" der erwähnten Doktrinen. *Istiqāma* bezieht sich zweifellos auf den „geraden Weg" der Fātiḥa (Vers 6). *Ḥaqq* oder ‚Wahrheit' ist selbstverständlich mehrdeutig, da ja jede Sekte behauptet, ihre Doktrin sei wahr. Al-Ašʿarīs Phrase wird von al-Barbahārī (gest. 940) wiederholt, und Ibn-Baṭṭa (gest. 997) spricht von Ahl al-Ḥaqq[20]. Im Gegensatz dazu nennt an-Nāšiʾ die Muʿtaziliten Ahl al-Ḥaqq[21].

Es sei angemerkt, daß der Begriff Ahl al-Ḥadīṯ oder Aṣḥāb al-Ḥadīṯ manchmal eine Bedeutung hat, die Ahl as-Sunna nicht unähnlich ist, doch die genaue Konnotation variiert von Autor zu Autor. Für al-Ḫayyāṭ sind sie, zusammen mit den Šiʿa, den Ḫawāriǧ, den Murǧiʾa und den Muʿtazila, eine der fünf Sekten der Gemeinschaft. Und er verteidigt sie gegen Ibn-ar-Rāwandī und betont, daß sie alle Prophetengefährten akzeptieren[22]. An-Nāšiʾ liefert eine interessante Darstellung ihrer Meinungen über das Imamat. Darin unterteilt er sie in vier Gruppen: die Kufer, die Anhänger des Ismāʿīl al-Ǧawzī, die Anhänger des Walīd al-Karābīsī und die Basrer[23]. Al-Ašʿarī benutzt den Begriff gelegentlich. Die Leute, auf die er ihn anwendet, sind ziemlich konservativ, aber etliche sind offensichtlich bereit, über einige Fragen, die an Kalām angrenzen, zu diskutieren, sowie darüber, ob etwas Bekanntes bekannt ist, ehe es existiert[24]. Ibn-Qutayba verwendet den Begriff Ahl al-Ḥadīṯ in einem ziemlich umfassenden Sinn; offensichtlich sind damit alle oder beinahe alle gemeint, die Ḥadīṯe übermitteln[25]. Der Gebrauch des Begriffes Ahl al-Ḥadīṯ wirft also keinerlei Licht auf das Anwachsen des sunnitischen Selbstbewußtseins, auch wenn er veranschaulicht, wie aus dem Studium der Ḥadīṯe eine akzeptierte Disziplin geworden war. Ähnlich läßt sich auch nichts aus Spitznamen wie z. B. Ḥašwiyya[26] und Nābita[27] herauslesen, die von Muʿtaziliten und anderen auf einige oder alle Traditionarier angewendet wurden.

Louis Massignon bezieht sich auf eine Feststellung von al-Aṣmaʿī (gest. 828/31), einem Grammatiker aus Basra, der zufolge die Ahl as-Sunna wa-l-Ǧamāʿa

20 *Laoust*, Profession, 11 Anm., 166 (Text 90).

21 *Van Ess*, Frühe muʿtazilitische Häresiographie ..., § 2/60, 2/178; vgl. S. 90.

22 Al-Ḫayyāṭ, 139, 143; vgl. Index.

23 *Van Ess*, Frühe ..., § 1/110–114.

24 Aš., 504.11 (der annimmt, auch in 399, daß Ḥawādiṯ die gleichen Leute sind); vgl. 586; andere Hinweise, 5, 172, 211, 217, 290 ff. (Glaubensbekenntnis), 434, 451 f., 602.

25 Ibn-Qutayba, Taʾwīl, passim.

26 Ibn-Qutayba, Taʾwīl, 96 (von Opponenten verliehener Name); al-Ḫayyāṭ, 74, 132; Nawb., 6 f., 14 f.; *M. Th. Houtsma* in ZA, xxvi (1911), 196–202; *A. S. Halkin* in JAOS, liv (1934), 1–28; Art. „Ḥaš̱wiyya" in EI².

27 Ibn-Qutayba, Taʾwīl, 96; al-Ḫayyāṭ, Index; *G. van Vloten*, in Actes du XIe Congrès international des Orientalistes, iii. 99 ff.; *Houtsma* in ZA, xxvi. 201 f.; *Massignon*, Essai, 219; *A. S. Tritton*, in JRAS, 1932, 137, schlägt vor, Fihrist, 179 zu „Nābitat al-Ḥašwiyya" (wie *Massignon*) zu korrigieren; *Ch. Pellat*, „La Nābita de Djahiz", Annales de l'Institut d'Etudes Orientales de l'Université d'Alger, x (1952), 302–325; vgl. *Pellat*, Life and Works of Jāḥiẓ, 82–86.

auf vier Männer zurückgingen, auf Yūnus ibn-ʿUbayd al-Qaysī (gest. 756), ʿAbd-Allāh ibn-ʿAwn ibn-Arṭabān (gest. 768), Ayyūb as-Siḫtiyānī (gest. 748) und Sulaymān at-Taymī (gest. 760)[28]. Dies ist eine Gruppe von Gelehrten aus Basra. Als Ḥammād ibn-Zayd (gest. 795) sagte: „Unsere *fuqahāʾ* sind Ayyūb, Ibn-ʿAwn und Yūnus", sagte Sufyān aṯ-Ṯawrī (gest. 777), der Mann, mit dem er gerade sprach: „Die unsrigen sind Ibn-Abī-Laylā (gest. 765) und Ibn-Šubruma" (aus etwa derselben Zeiten stammend), beide Gelehrte aus Kufa[29]. Das letztere ist ein Ausdruck der Rivalität zwischen Basra und Kufa und berechtigt ein wenig zu der Annahme, daß die Erklärung al-Aṣmaʿīs ebenfalls ein Ausdruck dieser Rivalität ist. Aber ohne die Quelle der Aussage zu kennen, tut man sich mit einem sicheren Urteil schwer.

Aus den allgemeinen, oben angeführten Überlegungen und aus dieser Rückschau auf frühe Erwähnungen der Namen ist der Schluß zu ziehen, daß die Voraussetzungen, die dem Sunnismus eine deutliche Gestalt verliehen, im frühen zehnten Jahrhundert bestanden. Die Politik der Herrscher trug seit al-Mutawakkil bisweilen zum Prozeß der Etablierung des Sunnismus bei, doch sie war nicht ausschlaggebend. Aber selbst dann, als die Tatsachen geschaffen waren, d. h. das hohe Maß an Übereinstimmung in verschiedenen Bereichen erzielt war, begannen die Menschen nur ganz allmählich, sich selbst als Sunniten zu begreifen. Der Name Ahl as-Sunna wird – allein oder in Verbindungen – vom neunten Jahrhundert an verwendet, obwohl man das Adjektiv *sunnī* zum erstenmal bei Ibn-Baṭṭa (gest. 997) registriert hat[30]. Im *Kitāb al-Tawḥīd* wird für al-Māturīdīs eigene Partei kein besonderer Name benutzt. Die alten Rivalitäten, insbesondere in Fragen der Doktrin und des Dogmas, erloschen außerdem nur langsam über die Jahrhunderte hinweg. Dennoch gibt es gute Gründe für die Annahme, daß der Prozeß der Polarisierung des Islam in einen sunnitischen und einen schiitischen Zweig im wesentlichen im frühen zehnten Jahrhundert vollzogen wurde. Dieser Punkt wird nach einer Untersuchung auch des damaligen Schiismus deutlicher zutage treten.

3. Die Neugestaltung des Schiismus

In den Jahren nach 850 präsentiert sich der Schiismus als tief gespaltene Bewegung. 874, nach dem Tod al-Ḥasan al-ʿAskarīs, gab es unter seinen Anhängern – an-Nawbaḫtī zufolge – vierzehn verschiedene Gruppen und al-Masʿūdī

28 *Massignon*, Essai², 168, ohne einen Literaturhinweis; die vier werden als „unsere Freunde" von ʿAmr b. ʿUbayd erwähnt, der sie kritisiert, und zwar in Ibn-Qutayba, Maʿārif, 243 (483); und Taʾwīl, 101; *van Ess*, Traditionistische Polemik, § 15.

29 Ibn-Saʿd, vii/2.15.

30 Al-Fārābī (gest. 950), Fuṣūl al-madanī, Hrsg. *D. M. Dunlop*, Cambridge 1961, 54, spricht von *malik as-sunna* und *mulk sunnī*.

zufolge zwanzig[31]. Hinzu kamen noch ismāʿīlitische und zayditische Gruppen. Ein halbes Jahrhundert nach al-Ḥasans Tod aber waren nahezu alle Nachkommen seiner Anhänger und andere gemäßigte Schiiten zu einer einzigen imāmitischen Sekte vereinigt worden. Durch die Fāṭimidendynastie waren die Ismāʿīliten in den Besitz eines Staates gelangt, dessen Zentrum in Tunesien lag, und durch die Karmaten (Qarāmiṭa) in den eines weiteren Staates mit dem Mittelpunkt Bahrain. Die Zayditen hatten die Stellung, die sie bereits im Jemen innegehabt hatten, gefestigt. Wenn man diese Gruppen untersucht, ist eine wichtige Frage, die man nicht vergessen darf, die, ob sie hofften, die ganze islamische Welt zu ihren spezifischen Doktrinen zu bekehren, oder ob sie in Wirklichkeit jede derartige Hoffnung aufgegeben hatten und sich damit zufriedengaben, eine kleine Gruppe zu sein, die sich von der übrigen Gemeinschaft der Muslime abgrenzte. Diese Frage hängt mit der weiteren, für die vorliegende Untersuchung besonders wichtigen Frage nach dem Ausmaß zusammen, in dem sie einen Beitrag zum Hauptstrom des islamischen Denkens leisteten und diesen beeinflußten.

a) Die Ismāʿīliten

Die Ismāʿīliten leiten ihren Namen von ihrer Meinung her, daß „der Imam" nach Ǧaʿfar aṣ-Ṣādiq (gest. 765) dessen Sohn Ismāʿīl war und nicht Mūsā al-Kāẓim, wie die Imāmiten sagen. Sie werden manchmal die Sabʿiyya oder „Siebener" genannt. Da die Bewegung von etwa 765 bis zum Ende des neunten Jahrhunderts im Untergrund lebte, ist ihre frühe Geschichte in ziemliches Dunkel gehüllt. Diejenigen, die Ismāʿīl anerkannten, waren wahrscheinlich mit ihm verbündete revolutionäre Extremisten, während die politisch Gemäßigten Mūsā den Vorzug gaben. Als Untergrundbewegung hielt sich der Ismāʿīlismus dadurch am Leben, daß er eine hierarchische Organisation oder vielmehr mehrere solcher Organisationen aufbaute, über deren Beziehung zueinander wir wenig Informationen besitzen. Außer dem Imam, der während der Zeit, als die Bewegung im Untergrund war, verborgen blieb, gab es eine Gruppe von Agenten, von denen jeder den Titel eines *dāʿī*, ‚Propagandist', ‚Bote', trug und unter der Aufsicht eines Ober-*dāʿī* stand. Obwohl die Agenten oft im geheimen agierten, hatten sie gewisse Kontakte mit Personen außerhalb der Bewegung.

Zum ersten öffentlichen Erfolg der Bewegung kam es ungefähr 894, als Abū-Saʿīd al-Ḥasan al-Ǧannābī, der *dāʿī* jenes Zweiges bzw. jener Sekte, die als Karmaten bekannt sind, in Ostarabien eine Art Republik gründete, deren Zentrum in Bahrain lag. Von Bahrain aus brachten Emissäre die ismāʿīlitische Propaganda in verschiedene Gegenden des ʿAbbāsidenkalifats, und in der unruhigen Situation, die vorherrschte, stieß sie oft auf großen Widerhall. In den frühen Jahren des zehnten Jahrhunderts kam es in der syrischen Wüste zu einem

31 Nawb., 79ff.; al-Masʿūdī, viii. 40.

Karmatenaufstand, der nur mühsam unterdrückt wurde. In Ostarabien existierte der Karmatenstaat zumindest bis zum Ende des elften Jahrhunderts.

Kurz nachdem die Karmaten öffentlich in Erscheinung getreten waren, wurde in Tunesien von denjenigen, die wahrscheinlich den Kern der Bewegung bildeten, ein letzten Endes bedeutsamer Sieg errungen. Die *duʿā* hatten dort so erfolgreich gewirkt, daß der verborgene Imam sich zeigen konnte, und zwar in der Person von ʿUbayd-Allāh mit dem Titel al-Mahdī. Der auf diese Weise im Jahr 909 gegründete Staat stürzte schon sehr bald die halbautonome Aġlabidendynastie in Tunesien und die ḫāriǧitische Rustamidendynastie in Westalgerien. Außerdem wurde Sizilien besetzt. 969 eroberten sie Ägypten und gründeten Kairo, das sie zur Hauptstadt machten. Unter den Fāṭimiden, wie die ismāʿīlitische Dynastie mit der Zeit genannt wurde, erlebte Ägypten eine Blütezeit und war ein Zentrum hoher Kultur[32].

b) Der Zaydismus in den Randgebieten

An einer früheren Stelle wurde behauptet, daß die Doktrin, der al-Ma'mūn und einige seiner wichtigsten Beamten anhingen, eine Form von Zaydismus oder etwas ihm sehr Ähnliches war. Vielleicht ist diese Zeit gemeint, wenn Ibn-Qutayba behauptete, al-Ǧāḥiẓ habe manchmal die Zaydiyya gegen die ʿUṯmāniyya und die Ahl as-Sunna verteidigt[33]. Nach der Zeit von al-Ǧāḥiẓ hört man im Irak wenig über die Zayditen, und das Zentrum des Interesses am Zaydismus verlagert sich an zwei Punkte, die an der Peripherie des Kalifats lagen: in die Region südlich des Kaspischen Meeres und in den Jemen, wo kleine zayditische Staaten gegründet wurden. Der bedeutendste geistige Führer des nördlichen Staates war al-Uṭrūš (gest. 917)[34]. Wegen gewisser Eigentümlichkeiten in Doktrin und Praxis rechnete man die nördlichen Zayditen der Sekte der Nāṣiriyya zu (von einem Ehrennamen, den al-Uṭrūš erhalten hatte: an-Nāṣir li-l-Ḥaqq). Im Jemen wurde eine größere intellektuelle Aktivität entfaltet, und die bedeutendsten Denker und Schriftsteller waren die Imame al-Qāsim ibn-Ibrāhīm ar-Rassī (gest. 860) und dessen Enkel, der als al-Hādī ilā l-Ḥaqq (gest. 911) bekannt ist[35]. Die jemenitischen Zayditen sind von al-Qāsim her als die Qāsimiyya bekannt. Ihre Doktrinen waren, wie oben erwähnt, denen der Muʿtaziliten ähnlich, jedoch nicht mit ihnen identisch. Im folgenden ist hauptsächlich von den Jemeniten die Rede.

Während die Zayditen meinten, ihre Doktrinen enthielten die Wahrheit für

32 Ein nützlicher allgemeiner Abriß des Ismāʿīlismus wird gegeben von *Bernard Lewis* in The Assassins: A Radical Sect in Islam, London 1967, Kap. 2, mit einer weiteren Bibliographie S. 144f. Vgl. auch EI², Art. „Ismāʿīliyya".

33 Ibn-Qutayba, Ta'wīl, 71 (Französ. Übers. 65).

34 Vgl. GAS, i. 567.

35 Vgl. GAS, 561–566.

alle Muslime, unternahmen sie keine missionarischen Anstrengungen, die mit denen der Fāṭimiden zu vergleichen gewesen wären. Nachdem sie sich einmal in ihren kleinen Staaten etabliert hatten, waren sie bereit, in fast völliger Isolation vom Rest der islamischen Welt zu verharren. Unter diesen Umständen übernahm der Zaydismus eine zweifache Aufgabe. Zum einen lieferte er dem Staat seine Existenzberechtigung, seine Konzeption für das, was er war und wofür er stand, und zum anderen grenzte er ihn von anderen Staaten ab. Zumindest im Hinblick auf diese zweite Funktion unterschied er sich beispielsweise von dem Zaydismus al-Ǧāḥiẓ', der eine Doktrin für die ganze islamische Welt war. Trotz seines hohen intellektuellen Niveaus leistete der jemenitische Zaydismus aufgrund seiner Isolation praktisch keinen Beitrag zum Hauptstrom des islamischen Denkens. Aš-Šahrastānī z. B. erwähnt al-Qāsim ar-Rassī gar nicht, wenn von den Gelehrten der Zayditen die Rede ist. Da al-Qāsim und seine Anhänger nicht an der Entwicklung des islamischen Denkens teilhatten, und da Wilferd Madelung sehr ausführlich über ihn geschrieben hat[36], muß hier nicht mehr über ihn gesagt werden.

Die in der vorliegenden Untersuchung (vor allem in Kapitel 6) geäußerte Meinung über den Zaydismus ist wichtig in bezug auf die Kontroverse über die Authentizität und die Datierung des *Corpus iuris*, das Zayd ibn-ʿAlī (nach dem der Zaydismus benannt ist) zugeschrieben wird. Die Untersuchung der Doktrin führt zu der Auffassung, wonach der Zaydismus viele verschiedene Bedeutungen hat, und daß keine notwendige Kontinuität besteht mit Zayd selbst bzw. zwischen den verschiedenen Bedeutungen und jenen, die sie übernehmen. Wenn man sich mit diesen Dingen befaßt, ist es immer am besten, soweit wie möglich nur von den Ansichten einzelner Personen zu sprechen. Diese Erwägungen haben auf die rechtliche Kontroverse in folgender Hinsicht Auswirkungen. Erstens ist es unwahrscheinlich, daß Rechtsfragen häufig von einem zayditischen Standpunkt erörtert wurden, ehe ein eigener zayditischer Staat existierte. Obwohl Muslime bisweilen *in vacuo* über rechtliche Angelegenheiten diskutierten, ist sicher, daß man, falls die Zayditen z. B. in dem Kreis al-Ma'mūns rechtliche Angelegenheiten erörtert hätten, in den Werken zeitgenössischer Juristen etwas darüber erfahren würde. Zweitens, wenn das zayditische Corpus echtes Material aus dem achten Jahrhundert (oder aus früherer Zeit) enthielte, könnte es nicht mit einer engmaschig strukturierten zayditischen Sekte in Verbindung stehen, da diese noch nicht existierte, sondern müßte von jemandem stammen, der an den allgemeinen juristischen Diskussionen teilnahm und die meisten Auffassungen seiner Zeitgenossen teilte. Gleich wird gezeigt, daß sich in der Entwicklung des imāmitischen Rechts eine gewisse Parallele findet. Sagte man mehr als das über die

36 *Madelung*, Zaiditen; er hat auch eine Reihe von Artikeln zu ähnlichen Themen verfaßt.

Rechtskontroverse, würde uns das von den Hauptzielen der vorliegenden Arbeit ablenken[37].

c) Die Entwicklung des Imāmismus

Spätere schiitische Autoren bezeichnen Leute wie Hišām ibn-al-Ḥakam und seine Zeitgenossen gewöhnlich als Imāmiten, aber es ist nicht sicher, ob diese für sich selbst diesen Namen verwendeten. Wie in Kapitel 6 erwähnt wurde, nannten ihre Gegner sie meistens Rāfiḍiten. Im *Kitāb al-intiṣār* wird der Name Ahl (oder Aṣḥāb) al-Imāma benutzt, und zwar sowohl in den Zitaten aus Ibn-ar-Rāwandī als auch in al-Ḫayyāṭs Erwiderungen[38]. In den *Maqālāt* verwendet al-Ašʿarī Imāmiyya zweimal, Aṣḥāb al-Imāma einmal und die Phrase „diejenigen, die *yaqūlūn bi-l-iʿtizāl wa-l-imāma*“ zweimal[39]. An-Nawbaḫtī scheint Imāmiyya dreimal zu benutzen, vor allem als Namen der von ihm beschriebenen zwölften Gruppe von jenen, die nach dem Tod des Elften Imam existierten. Am Ende seiner Darstellung sagt er: „Dies ist der Weg der *imāma* und der klare obligatorische Pfad, dem die wahre imāmitische Šīʿa immer folgen werden *(lam tazal at-tašayyuʿ ʿalayhi)*“[40]. Der Name war also um das Jahr 900 oder kurze Zeit später in Gebrauch.

An-Nawbaḫtīs Bericht ist hier von besonderem Wert; denn er muß aus der Zeit vor 922 datieren, dem Jahr seines Todes, und er ist das Werk eines Mannes, der sich selbst als Imāmiten betrachtete. Selbstverständlich ist er keine Erklärung der gesamten imāmitischen Doktrin, sondern nur von jenen Punkten, in denen die Imāmiten von anderen schiitischen Gruppen abwichen. Man kann ihn wie folgt zusammenfassen: (1) Gott hat auf Erden eine *ḥuǧǧa*, ‚Beweis‘, unter den Söhnen al-Ḥasan ibn-ʿAlīs (des Elften Imam), und er ist ein *waṣī*, ‚Erbe‘, seines Vaters; (2) das Imamat darf nach al-Ḥasan und al-Ḥusayn nicht an zwei Brüder fallen; (3) das Imamat verbleibt bei den Nachkommen al-Ḥasan ibn-ʿAlīs (XI); (4) wenn es nur zwei Menschen auf Erden gäbe, würde einer *ḥuǧǧa* sein, und wenn einer stürbe, würde der hinterbliebene *ḥuǧǧa* sein; dies gilt solange, wie Gottes Gebote und Verbote für seine Geschöpfe gelten; (5) das Imamat darf nicht in der Nachkommenschaft eines Menschen sein, der zu Lebzeiten seines Vaters starb, dessen Imamat nicht etabliert wurde und der nicht *ḥuǧǧa* war; damit wird die ismāʿīlitische *(Mubārakī)* Ansicht ausgeschlossen, der zufolge nach Ǧaʿfar aṣ-Ṣādiq (VI) Muḥammad ibn-Ismāʿīl ibn-Ǧaʿfar der Imam war; (6) die Erde darf nicht ohne *ḥuǧǧa* sein; wir erkennen das Imamat und den Tod (al-Ḥasan ibn-ʿAlīs) an und behaupten, daß ein Nachkomme aus seinen Lenden stammt, der

37 Neuere Punkte in der Kontroverse sind: *Madelung*, Zaiditen, 54–57 und GAS, i. 552–556, mit Literaturhinweisen auf die früheren Diskussionen.
38 Al-Ḫayyāṭ, 132, 134, 164, 172 *(aṣḥāb)*.
39 Aš., 31.9; 64.5; 31.10; 41.8; 42.4.
40 Nawb., 84; 90.5; 93.3.

nach ihm der Imam ist und der erscheinen und sein Imamat öffentlich beanspruchen wird. Es ist an Gott, die Zeit des Auftretens und des Verborgenbleibens festzulegen, und für die Menschen ist es Sünde, solche Dinge zu erforschen; (7) es steht keinem Gläubigen zu, einen Imam durch rationale Überlegung *(ra'y)* oder durch Wahl *(iḫtiyār)* zu wählen; Gott bestimmt ihn für uns; (8) es ist berechtigt, die Identität des Imam zu verheimlichen, und er wird erst dann bekannt sein, wenn er auftritt[41].

Der Eindruck, den man gewinnt, ist, daß die imāmitische Doktrin in der ersten Hälfte des zehnten Jahrhunderts von gemäßigten Schiiten weithin akzeptiert wurde, so daß die meisten der rivalisierenden Gruppen aufhörten zu existieren. Dieser Eindruck mag in erster Linie auf einen Mangel an Information zurückgehen, und die anderen Gruppen haben vielleicht noch weiterexistiert. Gewiß, als die Buwayhiden 945 in Bagdad die Macht übernahmen, förderten sie den Imāmismus. Aber wann auch immer die anderen Gruppen verschwunden sein mögen – das Werk, das zur Einigung des nichtrevolutionären Schiismus führte, war zum größten Teil vor 925 abgeschlossen. Dies belegen die historischen Einzelinformationen, die Louis Massignon zusammengetragen hat[42]. Nach dem Tod des Elften Imam war sein *wakīl* oder Hauptvertreter Abū-Ǧaʿfar Muḥammad ibn-ʿUṯmān al-ʿUmarī, aber zwei oder drei andere Männer bestritten seinen Anspruch auf diese Stellung. Den Sunniten zufolge brachte seine Sklavin Ṣaqīl nach seinem Tode ein männliches Kind zur Welt und erhob sieben Jahre lang Anspruch auf das Eigentum des Imam, bis die Gerichte es schließlich seinem Bruder Ǧaʿfar zusprachen. Die Ungewißheit über einen Sohn wird teilweise durch die Tat eines schiitischen Dissidenten bestätigt. Die Schiiten andererseits behaupten, daß dem Elften Imam am 25. Juli 870 ein Sohn namens Muḥammad geboren wurde, der 878 wie durch ein Wunder verschwand. Das Todesdatum des Elften Imam wird mit dem 1. Januar 874 angegeben[43].

Einem von Massignon zitierten Bericht zufolge hatte der *wakīl* Muḥammad al-ʿUmarī den Elften Imam sagen hören, daß der Imam und die *ḥuǧǧa* nach ihm sein Sohn Muḥammad sein werde, der nach einer Abwesenheit schließlich wiedererscheinen werde. Er gehörte also zur imāmitischen Gruppe, und vor seinem Tod (offenbar im Jahr 917) ordnete er an, daß Ibn-Rūḥ an-Nawbaḫtī *wakīl* und Mittelsmann zwischen dem Imam und seinen Anhängern sein solle. Dieser Mann entstammte der mächtigen Nawbaḫt-Familie, deren Einfluß bei der Bildung des Imāmismus zu dieser Zeit wahrscheinlich am bedeutendsten war. Der Staatsmann, der dem Imāmismus auch sein intellektuelles Gepräge gab, war Abū-Sahl Ismāʿīl ibn-ʿAlī an-Nawbaḫtī (gest. 923)[44]. Mehr philosophisch orientiert war al-

41 Nawb., 90–93.
42 *Massignon*, Passion¹, 144–150.
43 EI², Art. „Ḥasan al-ʿAskarī" *(J. Eliash)*.
44 *Massignon*, Passion¹, 146–150; Fihrist, 176f., 191 oben, 238, 244; *Tusy*, Fihrist, 57f. (Nr. 109).

Ḥasan ibn-Mūsā an-Nawbaḫtī (gest. ca. 922), der Verfasser des *Kitāb firaq aš-Šīʿa*[45]. Andererseits ist es verwirrend zu sehen, daß 893 noch ein anderes Mitglied der Familie, das den Spitznamen Šaylama trug, eine Verschwörung gegen den ʿAbbāsidenkalifen im Namen eines ʿAliden anführte, den beim Namen zu nennen er sich weigerte, und in der Folge durch Verbrennen hingerichtet wurde[46]. Vielleicht war es nach diesem Fehlschlag, daß der Rest der Familie die friedfertigere Politik der neuen Imāmiten übernahm.

Was war die praktische Bedeutung des Imāmismus, wie er sich nun darstellte? In welcher Beziehung stand er zum Sunnismus und zum ʿAbbāsidenkalifat? Die Imāmiten des zehnten Jahrhunderts behaupteten, Männer wie Hišām ibn-al-Ḥakam, die ein Jahrhundert früher gelebt hatten, seien ebenfalls Imāmiten gewesen. Sicherlich gab es in gewisser Hinsicht eine Kontinuität. In Punkt 7 von an-Nawbaḫtīs Bericht z.B., in dem behauptet wird, die Menschen könnten den Imam nicht bestimmen, sondern nur Gott, wird erneut betont, daß der Imam seine Autorität von oben und nicht von unten herleite. Zudem versuchte der neue Imāmismus nicht, wie der ältere Rāfiḍismus, an die Stelle der ʿAbbāsidendynastie in absehbarer Zukunft eine ʿAlidendynastie zu setzen. Man kann auch vermuten, daß er die gleiche kritische Einstellung wie die Rāfiḍiten zur Vertrauenswürdigkeit der meisten Prophetengefährten übernommen hatte, auf die die Sunniten ihre Ḥadīṯe gründeten. Dieser Punkt wird von an-Nawbaḫtī nicht erwähnt, aber der etwas spätere Beleg des Ibn-Bābawayh, der als aš-Šayḫ aṣ-Ṣadūq (gest. 991) bekannt ist, in seinen *Risālāt al-iʿtiqādāt* verdeutlicht wahrscheinlich die Position am Anfang des achten Jahrhunderts[47]. In Kapitel 45, das sich mit Ḥadīṯen befaßt, sagt Ibn-Bābawayh, daß es vier Arten von Quellen (oder ursprünglichen Übermittlern) gebe: Heuchler, solche mit ungenauem Erinnerungsvermögen, solche, die die Fragen der Abrogation nicht kennen, und solche, die diese Fehler nicht aufweisen. Die meisten der Gefährten, denen die Sunniten Vertrauen schenkten, gehörten vermutlich in die drei ersten Kategorien, und es wird deutlich gemacht, daß nur oder in erster Linie den Berichten von den Imamen voll vertraut werden dürfe.

Während die Imāmiten des zehnten Jahrhunderts also den sunnitischen Ulema mit ihrem Vertrauen auf die Gefährten und ihre eigene intellektuelle Aktivität weiterhin ihre alte feindselige Haltung entgegenbrachten, gab es auch gewisse Unterschiede. Am sichtbarsten ist die Übernahme des Glaubens, wonach der Imam sich in einem Zustand der Verborgenheit oder Verdeckung *(ġayba, ḫifāʾ)* befinde. Man unterschied zwischen der kleineren *(ṣuġrā)* von 878 bis 940 (wäh-

45 Fihrist, 177; *Tusy,* Fihrist, 98 (Nr. 208); GAS, i. 539; al-Masʿūdī, i. 156.

46 *Massignon,* Passion[1], 145 Anm.; al-Masʿūdī, viii. 141f.; Fihrist, 127.

47 Englische Übersetzung von *Asaf A. A. Fyzee,* A Shiʿite Creed (Islamic Research Association Series, 9), London 1942; vgl. EI[2], Art. „Ibn Bābawayh(i)" *(Fyzee)*; GALS, i. 322 (7) spricht irrtümlicherweise von einer Übersetzung im Jahr 1932, und ihm folgt darin GAS, i. 548.

rend der der Kontakt durch einen *wakīl* aufrechterhalten wurde) und der größeren *(kubra)* von 940 (als es keinen Kontakt gab). Dieser Glaube war nicht völlig neu; denn die Wāqifa (der Šīʿa), deren Sprecher aṭ-Ṭaṭarī (gest. ca. 835) war, hatten hinsichtlich des Siebten Imams, Mūsā al-Kāẓim, eine ähnliche Auffassung vertreten. Obwohl die Zwölf eine besondere Zahl ist, hatte die Idee zuvor nicht bestanden, daß die Zahl der Imame auf zwölf begrenzt wäre. So zielte ein wichtiger Teil des Argumentes von Abū-Sahl an-Nawbaḫtī darauf ab nachzuweisen, daß die Reihe tatsächlich mit dem Zwölften Imam, Muḥammad, dem Sohn al-Ḥasan al-ʿAskarīs, geendet hatte. Dies gelang ihm, indem er sich die Tatsache zunutze machte, daß Muḥammad angeblich auf geheimnisvolle Weise, ja auf wunderbare Weise, verschwunden war. Er argumentierte auch gegen einige zugunsten von Ǧaʿfar, dem Bruder des Elften Imam, erhobene Ansprüche, gegen den Standpunkt aṭ-Ṭaṭarīs sowie gegen verschiedene andere Auffassungen. Die intellektuellen Argumente für die neue imāmitische Position und das politische Geschick jener, die sie übernahmen, führten am Ende dazu, daß er zu jener Form der Doktrin wurde, der beinahe alle gemäßigten Schiiten anhingen.

Man darf auch nicht vergessen, daß die politische Situation sich seit dem frühen neunten Jahrhundert sehr stark verändert hatte. Al-Ma'mūn hatte ungeheure Macht ausgeübt, doch ein Jahrhundert später standen seine Nachfolger im Begriff, ihre gesamte politische Macht zu verlieren. Daher hätte es wenig Sinn gehabt, wenn man lediglich versucht hätte, die ʿAbbāsiden durch ʿAliden zu ersetzen. Was man sich wünschte, war eine andere Art von Herrscher. Es war jetzt unrealistisch zu versuchen, das Kalifenamt in einem absolutistischeren Sinne interpretieren zu lassen. So handelten die Imāmiten vermutlich getreu ihrem Prinzip von *taqiyya* oder Verheimlichung der eigenen tatsächlichen Ansichten, akzeptierten die Kalifen und Sultane als *de-facto* Herrscher, wenn diese Macht besaßen, und übten dann, wo immer sie nur konnten, Druck auf sie aus. Der Glaube an einen verborgenen Imam war, selbst wenn er zum Ausdruck gebracht wurde, keine ernsthafte Gefahr für das Regime. Aber dadurch, daß mit ihm ein soziales und politisches Ideal verfochten wurde, implizierte er eine Kritik an den tatsächlichen Verhältnissen. Ernst zu nehmender als diese Kritik aber war die Tatsache, daß die Imāmiten sich aufgrund ihrer Doktrinen von großen Teilen der islamischen Gemeinschaft absonderten. Die Sunniten strebten danach, umfassend zu sein, und sie akzeptierten die vier rechtgeleiteten Kalifen und machten die Reihenfolge der Vorzüglichkeit chronologisch. Die Imāmiten hingegen weigerten sich mit ihrer Ablehnung der ersten drei Kalifen und vieler Gefährten, sich mit der islamischen Gemeinschaft in ihrer Ganzheit zu identifizieren und hielten sich selbst der ‚Allgemeinheit' *(ʿāmma)* gegenüber, wie sie die Sunniten nannten, für überlegen[48]. Anscheinend waren sie bereit, eine Art permanenter Opposition zu sein. Da das, was sie von den Sunniten abgrenzte, in einem hohen Maße auch

48 Vgl. *Goldziher*, ZDMG, xxxvi (1882), 279 (= Gesammelte Schriften, ii. 121).

ihre theologischen Ansichten waren (wie aus dem Glaubensbekenntnis des Ibn-Bābawayh ersichtlich wird), läßt sich vielleicht von ihnen sagen, daß sie der modernen Auffassung von Religion als einer im wesentlichen privaten, und nicht gemeinschaftlichen Angelegenheit nahekamen.

Während an-Nawbaḫtī und andere die politische und theologische Position der Imāmiten ausarbeiteten, legte ein anderer Gelehrter, al-Kulīnī (gest. 939), die Grundlagen für das imāmitische oder iṯnāʿašaritische Recht in seinem Buch *Al-kāfī fī ʿilm ad-dīn* („Was genügend ist für die Wissenschaft von der Religion")[49]. Dies ist eine Sammlung von über 15000 Ḥadīṯen. Jede ist mit einem *isnād* versehen. Doch für die Schiiten ist der wesentliche Namen in einem *isnād* immer der eines Imam, selbst dann, wenn der Imam das Ḥadīṯ von einem früheren Gelehrten gehört hatte. Daß die Imāmiten von Ḥadīṯen (wenngleich von anderen als die Sunniten) Gebrauch machen und ihre eigenen Sammlungen erstellen sollten, scheint eine Anpassung an die zentrale imāmitische Position von einer sunnitischen Praxis zu sein – ein Hinweis darauf, welch hervorragende Rolle sunnitische (oder vielleicht arabische) Konzeptionen im islamischen Denken spielten. In mancher Hinsicht war das imāmitische Recht einem weiteren sunnitischen Ritus oder *maḏhab* nicht unähnlich, aber die Doktrin hielt die Imāmiten getrennt. Zweifellos trug der Erfolg des Imāmismus dazu bei, daß sich das Selbstbewußtsein unter den Sunniten vermehrte.

KAPITEL 10 DER REIFEPROZESS DER SUNNITISCHEN THEOLOGIE

1. Sunnitische Theologen des neunten Jahrhunderts

Das meiste von dem, was bis zum Zweiten Weltkrieg von Europäern über die frühe islamische Theologie geschrieben wurde, vermittelt den Eindruck, daß es eine rationalistische Bewegung (die Muʿtaziliten) und eine antirationalistische Partei (Männer wie Aḥmad ibn-Ḥanbal) gab, aber sonst praktisch nichts anderes, bis al-Ašʿarī dann die Doktrinen der letzteren mit den Methoden der ersteren kombinierte. Die seit 1945 erschienene Literatur hat deutlich gezeigt, wie ungenau dieser Eindruck war. Einerseits umfaßte – wie in Kapitel 7 zu sehen war –, die rationalistische Kalām-Bewegung mehr als nur die muʿtazilitische Sekte im engen Sinne. Zum anderen gab es das neunte Jahrhundert hindurch eine Reihe

49 Vgl. *Dwight M. Donaldson*, The Shi'ite Religion, London 1933, 284–290; GALS, i. 320; GAS, i. 540–542; *G. Vajda*, „Aperçu sur le K. at-Tawḥīd d'al-Kulīnī", Acta Orientalia Hungarica, xii (1961), 231–234; *E. Kohlberg*, From Imāmiyya to Ithnā-ʿashariyya, BSOAS, xxxix (1976), 535–551.

von Verfechtern eines konservativen doktrinären Standpunktes, die sich bis zu einem gewissen Grade mit Kalām beschäftigten. Selbst ein früher Mutakallim wie Ḍirār nahm gegenüber der Qadar-Doktrin eine konservative Haltung ein, und es gab, wie gleich zu sehen sein wird, im neunten Jahrhundert noch andere Mutakallimūn, die dem Standard-Sunnismus noch näherkamen. Der ungenaue Eindruck wurde wahrscheinlich dadurch bewirkt, daß man sich fast ausschließlich auf muʿtazilitische und ašʿaritische Quellen stützte und nicht erkannte, daß diese sich nicht mit der Entwicklung von Ideen befaßten. Tatsächlich brachte al-Baġdādī in seinen *Uṣūl ad-dīn* einen Abschnitt über die Mutakallimūn der Ahl as-Sunna sowie eine kurze Liste (die, wenn auch für einen anderen Zweck, von Wensinck zitiert wurde) von frühen Mutakallimūn der Ahl al-Ḥadīṯ[1].

Das vorliegende Kapitel beschäftigt sich mit denjenigen, die in dem Sinne Theologen waren, daß sie Ansichten über Fragen der Doktrin äußerten, und es beschränkt sich nicht auf rationalistische Theologen oder Mutakallimūn. Es ist tatsächlich schwierig, Kalām genau zu definieren. Ein Ergebnis der langen Debatte für und wider den Gebrauch von Argumentation bestand darin, daß spätere Theologen alle möglichen Personen als Vorläufer reklamierten. Zu den Namen, die al-Baġdādī in seine Darstellung der Mutakallimūn der Ahl as-Sunna aufgenommen hat, gehören ʿAlī ibn-Abī-Ṭālib, ʿAbd-Allāh ibn-ʿUmar, ʿUmar ibn-ʿAbd-al-ʿAzīz, al-Ḥasan al-Baṣrī, az-Zuhrī, aš-Šaʿbī und Ǧaʿfar aṣ-Ṣādiq. Abū-Ḥanīfa und aš-Šāfiʿī wurden auf der Grundlage bestimmter, von ihnen stammender Bücher aufgenommen, wobei eines von aš-Šāfiʿī die Existenz des Prophetentums gegen die Barāhima verteidigt und ein anderes „die Leute der Phantasie" widerlegt. Auf den nachfolgenden Seiten findet sich eine kurze Darstellung derjenigen, die mit ihren Beiträgen zur Formulierung der sunnitischen Doktrin am einflußreichsten zu sein scheinen, ungeachtet der Tatsache, ob sie nun als Mutakallimūn bezeichnet werden oder nicht. Es wird ein ausgewogenes Bild, und nicht eine erschöpfende Darstellung angestrebt. Das letztere ist gegenwärtig in der Tat nicht möglich; denn es gibt eine große Fülle von Material, das noch nicht unter dem Aspekt der Entwicklung untersucht worden ist. Das neunte Jahrhundert wird hier so weit gefaßt, daß jene dazugerechnet werden, die in ihm aufwuchsen und vor 950 Jahren starben.

a) Die Nachwirkungen der Miḥna

Offenbar aufgrund der Miḥna oder Inquisition und der Frage nach der Ungeschaffenheit des Koran befreundeten sich viele konservative Theologen mit dem Gebrauch von Kalām. Wir wissen, daß die Männer in al-Baġdādīs Liste früher sunnitischer Mutakallimūn an Diskussionen über den Koran beteiligt waren. Dies ist selbstverständlich nicht verwunderlich, da der Koran von etwa 825 bis

1 Baġ., Uṣūl, 307–310, 254; *Wensinck*, Muslim Creed, 136.

mindestens 875 im Mittelpunkt theologischer Erörterungen gestanden haben muß.

Einer der frühesten war ʿAbd-al-ʿAzīz al-Makkī (gest. 849/54), der u. a. von aš-Šāfiʿī Ḥadīṯe gehört hatte[2]. 824 führte er mit Bišr al-Marīsī in Anwesenheit al-Ma'mūns ein Streitgespräch über den Koran, offensichtlich mit ziemlichem Erfolg. Er hatte die Kalām-Methoden etwas studiert, und später wurde es so hingestellt, als habe er die Ahl al-Ḥadīṯ vergeblich ermahnt, sich mit den Instrumenten vertraut zu machen, die ihnen eines Tages in ihrem Kampf gegen ihre Feinde helfen würden[3]. Al-Makkī hatte einen berühmten Schüler, al-Ḥusayn ibn-al-Faḍl al-Bağalī (Abū-ʿAlī), der das Interesse an Kalām weiterpflegte. Sein Todesdatum ist nicht überliefert – fraglos deshalb, weil er von ʿAbd-Allāh ibn-Ṭāhir (gest. 844), dem Gouverneur von Chorasan, überredet worden war, sich in Nīšāpūr niederzulassen. Er war vor allem als Korankommentator und Koranexeget bekannt, und es hieß, mit ihm sei die Gelehrsamkeit des Irak nach Chorasan gezogen. Seine politischen Anschauungen ähnelten denen al-Ma'mūns; denn er hielt ʿAlī für überlegen, ließ aber das Imamat des Geringeren *(mafḍūl)* gelten[4].

Zu Beginn der Herrschaft al-Mutawakkils hatten viele Leute die endlosen haarspalterischen Diskussionen über den Koran weidlich satt. Al-Mutawakkil wurde dazu bewogen, solche Diskussionen zu verbieten – *al-ğidāl* (v.l. *al-kalām*) *fī l-Qur'ān*[5]. Diese Einstellung konnte man unter Hinweis auf frühere Gelehrte rechtfertigen, die durch Frömmigkeit und Gewissenhaftigkeit zu der Ansicht gelangt waren, daß solche Diskussionen „Neuerung" seien. Einer der ersten, der diese Auffassung übernahm, scheint al-Ḫuraybī (ʿAbd-Allāh ibn-Dāwūd; gest. 828) gewesen zu sein[6]. Er wurde als Traditionarier allgemein akzeptiert, doch gleichzeitig vertrat er Anschauungen, die denen des Abū-Ḥanīfa und der Aṣḥāb ar-Ra'y ähnelten. Zu den Zeitgenossen al-Mutawakkils, die sein Verbot, über den Koran zu diskutieren, verteidigten, gehörten Yaʿqūb ibn-Šayba (gest. 873/5)[7] und Isḥāq ibn-Abī-Isrā'īl (gest. 859)[8]. Beide erhielten vom Kalifen Ämter, genau wie Bišr ibn-al-Walīd al-Kindī (gest. 852), der sich unter al-Ma'mūn und al-Muʿtaṣim geweigert hatte zu erklären, daß der Koran geschaffen war, und der einiges durchgemacht hatte, der aber jetzt offensichtlich bereit war, das Diskus-

2 Auch genannt al-Kinānī; GALS, i. 340; GAS, i. 617; as-Subkī, i. 265; *van Ess*, Oriens, xviii/xix. 101.

3 Al-Ḫaṭīb al-Baġdādī, Ta'rīḫ Baġdād, 14 Bände, Kairo 1931, viii. 53 (nach *M. O. Abusaq*, The Politics of the Miḥna under al-Ma'mūn and his Successors, unveröffentlichte Dissertation der Universität Edinburgh, 1971, Kap. 1, Anm. 47); Ibn-ʿAsākir, 352–354.

4 Baġ., Uṣūl, 293, 304; andere Hinweise, 166, 249, 254, 295, 306, 309.

5 Yaʿqūbī, Ta'rīḫ, ii. 484 unten; vgl. *Abusaq*, Politics, 4/Anm. 4.

6 Ibn-Saʿd, vii/2.49; Ibn-Ḥağar, v. 200; Ibn-Abī-l-Wafā', i. 275f.; aḏ-Ḏahabī, Ḥuffāẓ, i. 337f.; *Abusaq*, Politics, 7/Anm. 1–6.

7 Aḏ-Ḏahabī, Ḥuffāẓ, ii. 577; *Abusaq*, Politics, 7/Anm. 11–16.

8 Aḏ-Ḏahabī, Ḥuffāẓ, ii. 484–486; *Abusaq*, Politics, 7/Anm. 17–23.

sionsverbot gutzuheißen[9]. Wegen ihres *waqf* (oder *wuqūf*), ‚Offenlassen der Entscheidung', waren diese Männer manchmal als Wāqifa (d. h. im Hinblick auf den Koran) bekannt.

Die soeben erwähnten Männer waren in erster Linie Traditionarier und Rechtsgelehrte. Sie müssen von einer anderen Gruppe unterschieden werden, die bisweilen ebenfalls Wāqifa genannt[10], genauer jedoch als Lafẓiyya bezeichnet wird, und die eher an der Theologie interessiert ist. Die besondere Auffassung der Lafẓiyya ging dahin, daß der Koran zwar ungeschaffen, der *lafẓ*, ‚Aussprache', des Menschen dann, wenn er ihn rezitiere, aber geschaffen sei[11]. Ähnliches läßt sich feststellen, wenn ein Mensch den Koran im Gedächtnis speichert, und – noch eindeutiger –, wenn er ihn niederschreibt; denn Tinte und Papier müssen erschaffen sein. Aber der *lafẓ* rückte in das Zentrum der Aufmerksamkeit. Die Frage ist vielleicht durch die Diskussion darüber entstanden, ob die Worte, die Gott an Moses richtete, seine ewige Rede waren, oder ob diese spontan zustande gekommen sein könnten. Auf jeden Fall hat Sprechen oder Schreiben etwas Paradoxes an sich. Wenn ich einen Brief von einem Freund lese, spricht dann mein Freund zu mir und teilt sich mir mit? Teilt sich ein schon lange verstorbener Autor wie al-Ašʿarī mir mit, wenn ich sein Buch lese? Wenn ich eine Schallplatte mit einer Rede von Sir Winston Churchill abspiele, höre ich dann ihn sprechen? Dieses Paradoxon wollten die Lafẓiyya dazu benutzen, den Argumenten der Muʿtazila und ihresgleichen zu begegnen und sie beiseitezufegen. Es sollte ihnen auch dazu dienen, anderen Konservativen zu zeigen, daß das Studium von Koran und Ḥadīṯen Fragen aufkommen ließ, die nur dann behandelt werden konnten, wenn man Worte und Begriffe verwendete, die weder im Koran noch in den Ḥadīṯen vorkommen.

Aḥmad ibn-Ḥanbal war ein erbitterter Gegner der Lafẓiyya, die er als „Ǧahmiten" brandmarkte, die noch schädlicher seien als jene, die nur sagten, der Koran sei geschaffen[12]. Sein Zorn richtete sich vor allem gegen den Mann, den er für den Urheber der Doktrin hielt, nämlich al-Ḥusayn ibn-ʿAlī al-Karābīsī (gest. 859/62)[13]. Al-Karābīsī war ein Jurist, der ursprünglich zu den Ahl ar-Ra'y gehört hatte, zuletzt aber ein Anhänger aš-Šāfiʿīs war. Seine Lehre vom *lafẓ* des Koran beweist, daß er zumindest in dem Ausmaß ein Mutakallim war, als er über das Spektrum der Fragen hinausging, die ausdrücklich im Koran und im Ḥadīṯ erwähnt werden. Er spielte bei der Entwicklung der Ḥadīṯ-Kritik eine Rolle und

9 Ibn-Abī-l-Wafā', i. 166f. (Nr. 374); *Abusaq*, Politics, i/Anm. 52–62.
10 Ibn-Abī-Yaʿlā, i. 32.
11 Aš., 602.10.
12 Ibn-Abī-Yaʿlā, i. 62; vgl. 142 (oben, unten).
13 Ibn-Abī-Yaʿlā, i. 41, 75, 111, 120. Allgemeine Hinweise: Aš., 95 (Quelle von Berichten über Ḫawāriǧ; vgl. Šahr., 96), 457, 602; Baġ., 265; Ders., Uṣūl, 254, 308; Fihrist, 181 („von Muġbira", schrieb ein Buch gegen ʿAlī, auch K. al-mudallisīn), 207 (Kritik am letzteren durch aṭ-Ṭaḥāwī); as-Subkī, i. 251–256; Ibn-Ḫallikān, i. 416f.; GAS, i. 599f.; *Massignon*, Passion[1], 467 Anm., 592; *van Ess*, Oriens, xviii. 102, 109.

verfaßte auch einen Bericht über häretische Sekten. Er war also, trotz seines Spitznamens „Ǧahmit", nicht weit vom Hauptstrom der sunnitischen Gelehrsamkeit entfernt.

Ungefähr das gleiche gilt für al-Muḥāsibī (al-Ḥāriṯ ibn-Asad; gest. 857), nur daß dessen einflußreichste Werke in den Bereich der Mystik und Askese gehören[14]. Er war ein Rechtsgelehrter der šāfiʿitischen Schule und ein Traditionarier sowie ein Mutakallim, der eine *Widerlegung der Muʿtazila* verfaßte. Bisweilen heißt es von ihm, er habe die *lafẓ*-Doktrin vertreten, doch in seinem *Kitāb ar-riʿāya* rückt er in einem Passus von den Doktrinen vom geschaffenen Koran, vom *waqf* und *lafẓ* ab[15]. Obwohl er von Aḥmad ibn-Ḥanbal scharf attackiert wurde, geschah dies deshalb, weil er die Kalām-Methoden im allgemeinen akzeptierte, und *lafẓ* scheint nicht besonders erwähnt zu werden[16]. Die Heftigkeit des Angriffs war zweifellos auf die Tatsache zurückzuführen, daß al-Muḥāsibīs Ansichten, abgesehen vom „ǧahmitischen Kalām" – für Aḥmad die Quelle allen Übels – seinen eigenen ähnelten.

Ganz anders war ein anderer Mann, der manchmal zusammen mit al-Karābīsī als Mitbegründer der Lafẓiyya genannt wird: (Muḥammad ibn-Šuǧāʿ) Ibn-aṯ-Ṯalǧī (gest. 869/79)[17]. Er war ḥanafitischer Rechtsgelehrter und stand mit verschiedenen Personen, die in die Miḥna verwickelt waren, auf gutem Fuß, z. B. mit dem Oberrichter Ibn-Abī-Du'ād und dem Gouverneur von Bagdad in den Jahren 821 bis 850, Iṣḥāq ibn-Ibrāhīm al-Muṣʿabī. Er war ein aktiver Gegner des Aḥmad ibn-Ḥanbal. Obschon es von ihm heißt, er habe dem Muʿtazilismus zugeneigt, ging er nicht so weit zu sagen, der Koran sei geschaffen, sondern er sagte lediglich, er sei *muḥdaṯ*, ‚entstanden in der Zeit', d. h. *kāna baʿd an lam yakun*, ‚er existierte, nachdem er nicht existiert hatte'. Da er das Wort „geschaffen" vermied, wird er den Wāqifa zugerechnet, scheint sich aber von den oben erwähnten zu unterscheiden[18]. Dies steht nicht im Widerspruch dazu, daß er die *lafẓ*-Doktrin vertrat.

Der große Traditionarier al-Buḫārī (gest. 870) wurde in ernsthafte Auseinandersetzungen über *lafẓ* hineingezogen. Als er nach seiner Niederlassung in Nīšāpūr beschuldigt wurde, Verfechter dieser Doktrin zu sein, antwortete er wider

14 Fihrist, 184; Aš., 546; Baġ., Uṣūl, 189, 222, 254, 308, 341; as-Subkī, ii. 37–42; Šahr., 20, 65; al-Ġazālī, Munqiḏ, Damaskus 1939, 109f.; GAS, i. 639–642; *Margaret Smith*, An Early Mystic of Baghdad, London 1935; *van Ess*, Die Gedankenwelt des Ḥāriṯ al-Muḥāsibī, Bonn 1961, 205f.

15 *Van Ess:* Gedankenwelt, 205f.; Kitāb ar-Riʿāya, Hrsg. *M. Smith*, London 1940, 244 oben.

16 Ibn-Abī-Yaʿlā, i. 62 unten.

17 Fihrist, 206f.; Ibn-Abī-l-Wafā', ii. 61; Ibn-Quṭlūbuġā, Nr. 161; aḏ-Ḏahabī, Ḥuffāẓ, ii. 629 (nur Todesdatum wie 266); GAS, i. 436. „Ṯalǧī" kann zu „Balḫī" entstellt worden sein in Aš., 582.12 und 602.5, und Fihrist, 206.2; Ibn-Abī-l-Wafā' sagt „Ṯalǧī oder Balḫī"; vgl. S. 207 oben und Anm. 115.

18 Aš., 583.3; vgl. 586.11.

Willen, seine Meinung sei, daß „der Koran die ungeschaffene Rede Gottes ist, die Handlungen der Menschen geschaffen sind und Inquisition *(imtiḥān)* Häresie ist". Unter „Inquisition" verstand er vielleicht nichts anderes als die weitere Erforschung des Gegenstandes[19]. Die Geschichte klingt wahr. Formal ist sie einwandfrei und vermeidet die Verstrickung in die Paradoxa der Rede. Doch einem neidischen Rivalen gibt sie (wie Verteidiger al-Buḫārīs nahelegten) ein wenig Berechtigung zu der Behauptung, er habe die Doktrin der Lafẓiyya vertreten. Die Beschuldigung, Verfechter der *lafẓ*-Doktrin zu sein, wurde, wenngleich nicht so öffentlich, auch gegen einen berühmten šāfiʿitischen Rechtsgelehrten und Traditionarier erhoben, nämlich gegen Muḥammad ibn-Naṣr al-Marwazī (gest. 906)[20]. Es ist vielleicht von Bedeutung, daß dieser zwar viele andere Lehrer hatte, aber eine Zeitlang bei al-Buḫārī studierte und sich mit al-Ḥāriṯ al-Muḥāsibī zusammengetan hatte. Daß sogar Männer wie al-Buḫārī und Muḥammad ibn-Naṣr sich der *lafẓ*-Doktrin annähern sollten, ist ein Hinweis darauf, daß viele Traditionarier und Rechtsgelehrte begonnen hatten, Kalām in gewissem Umfang zu akzeptieren – trotz des Versuchs des Aḥmad ibn-Ḥanbal, mit seiner Opposition die Notbremse zu ziehen.

Man erkennt, worauf Aḥmad ibn-Ḥanbal bestand. Wenn ein Mensch den Koran rezitiert hört, ist das, was er hört, „das Wort Gottes". Aḥmad zitierte einen Koranvers (9.6), der von einem Menschen spricht, dem Schutz gewährt wird, „damit er das Wort Gottes hören kann"[21]. Andererseits ist offenkundig, daß das Rezitieren des Koran eine zeitliche menschliche Handlung ist und somit – ḥanbalitischer Auffassung zufolge – geschaffen, und Tinte und Papier eines geschriebenen Koran sind geschaffen. Es gab zahlreiche Versuche, für diese Probleme eine Lösung zu finden. Einige nicht mit Namen genannte Muʿtaziliten unterschieden zwischen ‚dem Rezitieren' *(al-qirāʾa)* und dem, ‚was rezitiert wird' *(al-maqrūʾ)*; dabei machten sie aus dem ersten eine menschliche Handlung und aus dem zweiten eine göttliche[22]. Das paßt zu der muʿtazilitischen Auffassung, der zufolge der Koran geschaffen ist, doch die passiven Konnotationen von „rezitiert" stehen eher im Widerspruch zu der sunnitischen Vorstellung, daß im Koran „Gott spricht", und die Unterscheidung wurde nicht häufig verwendet.

Von anderen Muʿtaziliten, die die Frage erörterten, trugen die beiden Ǧaʿfars eine interessante Meinung vor. Sie stimmten zu, daß das, was geschrieben, memoriert und (wenn jemand rezitiert) gehört wird, tatsächlich der Koran sei, und sie rechtfertigten die Behauptung mit dem üblichen Sprachgebrauch (wie wir von unserer Schallplatte sagen könnten: „Das *ist* Sir Winston, wie er bei dem und dem Anlaß sprach"). Darauf aber behaupteten sie, daß das, was gehört

19 As-Subkī, ii. 12 oben: Allgemeine Hinweise: as-Subkī, ii. 2–19; aḏ-Ḏahabī, Ḥuffāẓ, ii. 555–557; GAS, i. 115–134 mit weiteren Hinweisen; EI², Art. von *James Robson*.

20 As-Subkī, i. 252 – die Beschuldigung; s. GAS, i. 494 für weitere Hinweise.

21 Ibn-Abī-Yaʿlā, i. 75.

22 Aš., 602.3.

werde, in dem Sinne „der Koran *ist*, daß es eine *ḥikāya*, ‚Imitation', oder vielmehr ‚Reproduktion' des Koran, und ein *miṯl*, vielleicht ein ‚Äquivalent' davon ist[23]. Ibn-Kullāb (von dem gleich die Rede sein wird), ungefähr ein Altersgenosse der beiden Ǧaʿfars, vertrat eine ähnliche Ansicht, doch er sagte, daß die Rede Gottes eine ‚einzige Bedeutung' *(maʿnā wāḥid)* sei, die in ihm existiere, und daß die Laute und Buchstaben eine ‚Kopie' oder eine ‚Spur' *(rasm)* und ein ‚Ausdruck' *(ʿibāra)* davon seien[24]. Dieselbe Feststellung wird in dem anonymen ḥanafitischen Dokument getroffen, das als *Waṣiyyat Abī-Ḥanīfa* bekannt ist. Dieses vermeidet jegliche Erwähnung von *lafẓ*, räumt aber ein, daß Feder, Papier und Schrift geschaffen sind. Zugleich behauptet es, daß Schrift, Buchstaben, Wörter und Verse eine *dalāla*, ‚Hinweis' oder ‚Manifestation', des Koran sind, um menschliche Bedürfnissen zu befriedigen[25]. Dies macht es wahrscheinlich, daß die Waṣiyya die Ansichten der ḥanafitischen Zeitgenossen der soeben genannten Männer widerspiegelt. Im Gegensatz dazu erwähnt ein eher späteres ḥanafitische Dokument, *Al-fiqh al-akbar II*, nichts von *ḥikāya* oder *dalāla*, sondern räumt ohne Zögern ein: „Unser *lafẓ* des Koran ist geschaffen, seine Niederschrift durch uns ist geschaffen, und sein Rezitieren durch uns ist geschaffen, während der Koran [selbst] nicht geschaffen ist"[26].

Diese Bereitschaft, Kalām und die Schlußfolgerungen, zu denen er führt, zu akzeptieren, war nur für einen Teil der ḥanafitischen Schule charakteristisch. Der Gegensatz wird in dem Glaubensbekenntnis von aṭ-Ṭaḥāwī (gest. 933) klar ersichtlich. Wie die Wāqifa ist er nicht bereit, über die Begriffe hinauszugehen, die im Koran und im Ḥadīṯ benutzt werden. So sagt er lediglich (§ 9):

> Wir diskutieren nicht über den Koran, sondern wissen, daß er die Rede des Herrn der Welten ist; der Getreue Geist brachte ihn herab und lehrte ihn Mohammed, dem Fürsten der ersten und der letzten. Der Rede Gottes kommt keine Rede von Geschöpfen gleich. Wir sagen nicht (d. h. wir leugnen), daß er geschaffen ist, und wir stehen nicht gegen die Masse der Muslime[27].

Obwohl al-Ašʿarī Kalām akzeptierte, widerstrebte es ihm, die Frage des *lafẓ* in Betracht zu ziehen – zweifellos wegen seiner Bewunderung für Aḥmad ibn-Ḥanbal. Im Glaubensbekenntnis in der *Ibāna* (§ 23) sagt er lediglich, daß der Koran die ungeschaffene Rede Gottes sei. Im Glaubensbekenntnis in den *Maqālāt* (§ 22) geht er ein wenig weiter, aber er legt sich immer noch nicht fest:

23 Aš., 600.
24 Aš., 584f., 601f.
25 § 9; *Wensinck*, Muslim Creed, 127.
26 § 39; *Wensinck*, Muslim Creed, 189; für die typischen Hervorhebungen dieses Glaubensbekenntnisses vgl. *Watt*, MW, xl (1950), 98f.
27 Bayān as-sunna wa-l-ǧamāʿa, Aleppo 1344 (1925), 7.

Sie (die Ahl al-Ḥadīṯ wa-s-Sunna) meinen, der Koran sei die ungeschaffene Rede Gottes. Was die Diskussion *(kalām)* über *waqf* (Offenlassen der Entscheidung) und *lafẓ* anlangt, so ist in ihren Augen derjenige ein Häretiker, der an *lafẓ* oder *waqf* glaubt. Man sagt nicht, daß der *lafẓ* des Koran geschaffen sei, und nicht, daß er ungeschaffen sei[28].

Trotz dieser Vorsicht von seiten al-Ašʿarīs selbst sieht man, daß seine Anhänger die von Ibn-Kullāb und seinesgleichen eingeführte Denkrichtung vertraten. Al-Bāqillānī (gest. 1013) definierte Rede als „einen in der Seele *(nafs)* existierenden Sinngehalt *(maʿnā)*", während für al-Ǧuwaynī „die Behauptung von der in der Seele existierenden Rede" ein Punkt war, in dem er gegen die Muʿtaziliten war[29]; sie verwenden auch solche Begriffe wie *ʿibāra* und *dalāla*. Michel Allard hält diese Konzeption von *kalām nafsī* für eine Folge von al-Ašʿarīs Beharren auf der Einheit des Koran (ein Punkt, in dem er von den Ḥanbaliten abwich) und nicht für einen neuen Anfang[30].

b) Die Ḥanafiten

Es ist angebracht, von den Ḥanafiten als von einer eigenen Gruppe oder Schule zu sprechen, obwohl es zunächst – wahrscheinlich bis nach 850 – keine klare Grenzlinie gab. Band I, S. 241–249 wurde bemerkt, daß eine ähnliche Unklarheit über den Begriff Ahl ar-Raʾy herrschte, der ebenfalls auf die Anhänger Abū-Ḥanīfas angewendet wurde. Von den früheren Gelehrten, denen Ibn-Abī-l-Wafāʾ in *Al-ǧawāhir al-muḍīʾa fī ṭabaqāt al-Ḥanafiyya* Beachtung schenkt, scheinen einige zwar ähnliche Ansichten wie Abū-Ḥanīfa zu vertreten, aber nicht unter ihm oder seinen unmittelbaren Schülern studiert zu haben. Bis zu der Zeit, als die šāfiʿitische Schule Gestalt annahm, wurden die meisten Gelehrten des Irak, die – wenn auch nur in geringem Umfang – rationale Methoden benutzten, wahrscheinlich für Ḥanafiten gehalten. Folgerichtig gab es unter den Ḥanafiten unterschiedliche, ja sogar entgegengesetzte Denkrichtungen. Unglücklicherweise ist die Entwicklung der ḥanafitischen Schule noch nicht erschöpfend untersucht worden, und die biographischen Hinweise sind zwar zahlreich, aber höchst unzureichend. Deshalb lassen sich hier nur einige kurze Andeutungen geben.

Die Ausarbeitung der ḥanafitischen Rechtswissenschaft ist größtenteils bestimmten Schülern des Meisters zu verdanken, hauptsächlich Abū-Yūsuf (gest. 798) und Muḥammad ibn-al-Ḥasan aš-Šaybānī (gest. 805 oder später) und, in geringerem Ausmaß, al-Luʾluʾī (gest. 819). Jeder dieser Männer scheint seine

28 Aš., 292. 9–11; die Zählung der Artikel ist die von *McCarthy*, Theology, 241.

29 Kitāb at-Tamhīd, Hrsg. *McCarthy*, Beirut 1957, 251.5f.; Kitāb al-iršād, Hrsg. *Luciani*, Paris 1938, 60.14 (Französische Übersetzung, 102).

30 *Allard*, Attributs, 413–416; ausführliche Diskussionen, 239, 310, 391f., 398. Vgl. Ibāna, 71.4; Übers. 60.8.

eigenen Schüler gehabt zu haben, doch es kam zu einer gewissen „gegenseitigen Befruchtung", und die Linien der „geistigen Abstammung" sind nicht klar zu ziehen. Auf jeden Fall deckt sich die Einstellung zum Kalām und zur Miḥna – den Dingen, die uns im vorliegenden Zusammenhang in erster Linie interessieren – nicht mit der Gruppenzugehörigkeit im Bereich der Rechtswissenschaft. So zog Bišr al-Marīsī den Zorn seines Lehrers Abū-Yūsuf auf sich, weil er sich mit Kalām beschäftigte und an die Geschaffenheit des Koran glaubte (s. S. 201). Da die Ḥanafiten Verfechter von *ra'y* sind, erstaunt es nicht zu sehen, daß in der Miḥna viele von ihnen die Partei der Kalifenregierung ergriffen, selbst soweitgehend, daß sie dabei eine aktive Rolle übernahmen. Erstaunlicher ist es, einige zu finden, die die offizielle Doktrin heftig bekämpften. Zu den letzteren gehörten Bišr ibn-al-Walīd al-Kindī (gest. 852), von dem oben die Rede war (S. 278), Abū-Ḥassān az-Ziyādī (gest. 856)[31], al-Ḥasan ibn-Ḥammād as-Saǧǧāda[32] sowie Nu'aym ibn-Ḥammād (gest. 842/3)[33]. Von den Richtern hingegen, die die Miḥna durchführten, wird der Ober*qāḍī* Aḥmad ibn-Abī-Du'ād als Ḥanafit angesehen[34], ebenso 'Abd-ar-Raḥmān ibn-Iṣḥāq[35], Ibn-Abī-l-Layṯ[36], Muḥammad ibn-Sammā'a[37], 'Ubayd-Allāh ibn-Aḥmad[38], al-Ḥasan ibn-'Alī ibn-al-Ǧa'd[39] und 'Abd-Allāh ibn-Muḥammad al-Ḫalīǧī[40]. Ein Enkel Abū-Ḥanīfas, Ismā'īl ibn-Ḥammād, ebenfalls ein Richter, akzeptierte die Doktrin vom geschaffenen Koran kurz vor seinem Tode 827[41].

Vom Standpunkt der vorliegenden Studie findet sich das interessanteste Material über die Ḥanafiten in den Aussagen in den Glaubensbekenntnissen, die im letzten Unterabschnitt und in Kapitel 5 erwähnt wurden. Von aṭ-Ṭaḥāwī kann man sagen, daß er an Auffassungen solcher Männer wie Bišr ibn-al-Walīd al-Kindī festhielt. Die beiden anonymen Glaubensbekenntnisse hingegen stammen aus Kreisen, die eher Kalām zuneigten. Die *Waṣiyya* ist wohl den Jahren rund um 860 zuzuordnen, doch anhand des gegenwärtig verfügbaren Materials wäre es gewagt, den Namen seines Autors zu erraten. In Anbetracht des geänderten Nachdrucks im Artikel über den Koran und die ausgearbeitete Doktrin von den Attributen Gottes stammt *Al-fiqh al-akbar II* aus späterer Zeit. Zwischen be-

31 Ibn-Abī-l-Wafā', i. 197 (Nr. 479); *Abusaq*, Politics, 1/Anm. 52, 2/Anm. 2.
32 Ibn-Abī-l-Wafā', i. 191 (Nr. 444); *Patton*, Miḥna (s. Anm. 91 in Kapitel 6), Index.
33 Ibn-Abī-l-Wafā', ii. 202 (Nr. 630); für weitere Hinweise vgl. S. 146 Anm. 82.
34 Ibn-Abī-l-Wafā', i. 56f. (Nr. 72).
35 Ibn-Abī-l-Wafā', i. 299f. (Nr. 795); *Patton*, Miḥna, Index (Der Text des Abū-Nu'aym S. 102 spricht nicht von diesem Mann, sondern von Abū-'Abd-ar-Raḥmān aš-Šāfi'ī, vermutlich Aḥmad b. Yaḥyā; vgl. al-Ḫayyāṭ, Index).
36 *Abusaq*, Politics, 2/Anm. 9, 15.
37 Ibn-Abī-l-Wafā', ii. 58f. (Nr. 189); GAS, i. 435.
38 Ibn-Abī-l-Wafā', i. 337 (Nr. 920); *Abusaq*, Politics, 6/Anm. 43*.
39 Ibn-Abī-l-Wafā', i. 198 (Nr. 484).
40 Ibn-Abī-l-Wafā', i. 290 (Nr. 764).
41 Ibn-Abī-l-Wafā', i. 148f. (Nr. 329); *Abusaq*, Politics, 1/Anm. 8.

stimmten Artikeln und Passagen in al-Māturīdīs *Kitāb at-tawḥīd* bestehen zwar Ähnlichkeiten[42], doch sie sind keine genauen Parallelen, und zwischen diesem Glaubensbekenntnis und anderen Werken, die al-Māturīdī zugeschrieben werden, gibt es Unterschiede.

c) Ibn-Kullāb und al-Qalānisī

Der einflußreichste der Mutakallimūn der Miḥna-Zeit war möglicherweise Ibn-Kullāb (ʿAbd-Allāh ibn-Saʿīd), der kurz nach 854 starb und dessen genauer Name etwas umstritten ist[43]. Er wird als Šāfiʿit angesehen, obwohl seine Lehrer nicht mit Namen genannt werden. Al-Baġdādī sagt, daß ʿAbd-al-ʿAzīz al-Makkī sein Schüler war[44], aber das scheint zweifelhaft, weil die beiden ungefähre Altersgenossen waren. Er ist aber vielleicht von Ibn-Kullāb beeinflußt worden, da beide am Hofe al-Ma'mūns gegen die Muʿtaziliten argumentiert haben sollen. Ibn-Kullāb argumentierte insbesondere gegen ʿAbbād ibn-Sulaymān. Es mag bedeutsam sein, daß al-Ašʿarī in den *Maqālāt* Sulaymān ibn-Ǧarīr den Zayditen mehrmals in unmittelbarer Nähe von Ibn-Kullāb[45] erwähnt, und daß sein Kollege al-Qalānisī die besondere zayditische Doktrin vom „Imamat des Geringeren" *(mafḍūl)* guthieß[46]. Ibn-Kullābs Hauptbeitrag zu Kalām war jedoch seine Entwicklung der Doktrin von den Attributen *(ṣifāt)* Gottes. Er behauptete, daß es für jeden Namen wie „mächtig", „wissend", „ewig" ein Attribut „Macht", „Wissen" bzw. „Ewigkeit" gebe. Als Alternative zu *ṣifa* benutzen einige Berichte den Terminus *maʿnā* (der vielleicht mit „hypostatische Qualität" übersetzt werden könnte); aber es läßt sich nicht mit Sicherheit behaupten, daß Ibn-Kullāb selbst diesen Begriff verwendete. Diese Attribute waren „weder Gott noch anderes als Gott". Unter ihnen scheint er zwischen „aktiven" und „wesentlichen" Attributen *(ṣifāt al-fiʿl; ṣifāt an-nafs* oder *aḏ-ḏāt)* unterschieden zu haben[47]. Ibn-Kullāb faßte diese so weit wie möglich, obwohl er nicht bereit war zu sagen, Gott sei durch ‚Existenz' ‚existent' *(wuǧūd, mawǧūd)*. Andere hörten plötzlich auf zu sagen, Gott sei ‚andauernd' durch ‚Dauer' *(bāqin, baqā')*, ‚ewig' durch ‚Ewigkeit' u. dgl. Aber schließlich herrschte unter Ašʿariten und anderen weitgehende Übereinstimmung darüber, daß es sieben Wesensattribute gibt: Wissen, Macht, Wille, Leben, Sprechen, Hören und Sehen. Man kann sagen, daß dieser Aspekt des sunnitischen Dogmas größtenteils auf Ibn-Kullāb zurückgeht.

42 Z.B. in Tawḥīd, 59, wird Sure 4.164/2 (Gott spricht zu Moses) zitiert wie in § 3 (*Wensinck*, Muslim Creed, 189).

43 As-Subkī, ii. 51f.; Fihrist, 180; al-Ḫayyāṭ, 111; Aš., 169–173, 177–180, 298f., etc.; GAS, i. 599, 550; *J. van Ess*, „Ibn Kullāb und die Miḥna", Oriens, xviii/xix (1967), 92–142; *Allard*, Attributs, 146–153.

44 Uṣūl, 309.

45 Aš., 171, 514, 522, 547, 582.

46 Baġ., Uṣūl, 293.

47 Aš., 179, 517, 582.

In mehreren Passagen spricht al-Ašʿarī von „den Verbündeten des Ibn-Kullāb", nennt aber keine Namen. In al-Baġdādīs *Uṣūl* aber wird der Name al-Qalānisī (bzw. Abū-l-ʿAbbās al-Qalānisī) des öfteren mit dem von Ibn-Kullāb in Verbindung gebracht, und zwar als Vertreter derselben oder sehr ähnlicher Ansichten[48]. Es sind mehrere Männer namens al-Qalānisī bekannt, aber man hat nachgewiesen, daß der Mann, dessen Auffassungen denen Ibn-Kullābs ähnelten, Aḥmad ibn-ʿAbd ar-Raḥmān ibn-Ḫālid sein muß, ein ungefährer Zeitgenosse von al-Ašʿarī[49]. Der Mann, mit dem wir uns befassen, ist vielleicht sogar ein wenig älter als al-Ašʿarī gewesen; denn es wird berichtet, daß er zur Zeit eines Abū-ʿAlī at-Taqafī, der 939 starb, „der Imam der Ahl as-Sunna" war[50]. Für den späteren Ašʿariten Ibn-Fūrak (gest. 1015) war er wichtig genug, um ein Buch mit dem Titel „Der Unterschied zwischen den beiden Meistern (šayḫ), al-Qalānisī und al-Ašʿarī" zu verfassen[51]. Al-Baġdādī spricht mit großer Hochachtung von ihm als „unser *šayḫ*"[52], und sogar als offensichtlichem Führer einer Gruppe von Ašʿariten – „al-Qalānisī und jene unserer Freunde, die ihm folgten"[53].

Diese Tatsachen werfen ein interessantes Licht auf die geistige Entwicklung al-Ašʿarīs und seiner Schule. Außerdem beleuchten sie zwei wichtige Feststellungen über die „Bekehrung" al-Ašʿarīs:

> ... bis es zu ʿAbd-Allāh ibn-Saʿīd al-Kullābī, Abū-l-ʿAbbās al-Qalānisī und al-Ḥāriṯ ibn-Asad al-Muḥāsibī kam. Diese waren von der ‚alten Schule' *(ǧumlat as-salaf)*, aber sie beschäftigten sich mit der Wissenschaft des Kalām und verteidigten die Doktrinen der alten Schule durch Argumente aufgrund von Kalām und durch Beweise aufgrund von Fundamentalia *(barāhīn uṣūliyya)*. So fuhren sie mit dem Schreiben und dem Lehren fort, bis es einen Disput zwischen Abū-l-Ḥasan al-Ašʿarī und seinem Lehrer gab über die Frage nach „dem Guten und dem Besten" (d. h. ob Gott das tut, was für die Menschen am besten ist, usw.). Die beiden wurden Feinde, und al-Ašʿarī schloß sich dieser Gruppe an und unterstützte ihre Auffassung durch die

48 Beide erwähnt: Uṣūl, 89, 90, 97, 109, 113, 123, 132, 222; Ibn-Kullāb allein: ibid., 104, 146, 249; al-Qalānisī allein: ibid., 10, 29, 40, 45, 46, 67, 87, 111, 230f., 234, 256, 281, 293, 304. In Listen: ibid., 254, 309f.

49 Wie Ibn-Asākir, 398. Der Punkt wird ausführlich erörtert von *J. van Ess*, Ibn Kullāb, in Oriens, xviii. 100. *Tritton*, Muslim Theology, 182, folgt irrtümlich as-Sayyid al-Murtaḍā, Itḥāf as-sāda (Kairo 1311/1893), ii. 5f., wenn er diesen Mann identifiziert mit Aḥmad b. Ibrāhīm, einem Zeitgenossen des Ibn-Fūrak (gest. 1015). (Der Vater dieses Mannes war Augenzeuge von al-Ḥallāǧs Kreuzigung – *Massignon*, Passion[1], 305.)

50 Baġ., Uṣūl, 310; vgl. *van Ess*, Oriens, xviii. 100. In Baġ., Uṣūl, 254, ist er einer der *mutaqaddimūn*.

51 As-Sayyid al-Murtaḍā, Itḥāf as-sāda, ii. 5 unten.

52 Farq, 145 oben; Uṣūl, 230.

53 Uṣūl, 256, 281; vgl. al-Pazdawī (s. S. 264 Anm. 13), 188, „al-Qalānisī von den Ašʿariyya".

Methoden von Kalām, und das wurde ein *madhab* (? akzeptable „Schule") für die Ahl as-Sunna wa-l-Ǧamāʿa[54].
(Al-Ašʿarī) war ein Ḥanafit im (Rechts-)*madhab* und ein Muʿtazilit in Kalām. Er war der Pflegesohn des Abū-ʿAlī al-Ǧubbāʾī, und dieser erzog ihn und unterrichtete ihn in der Jurisprudenz und in Kalām. Nachher trennte er sich von Abū-ʿAlī wegen irgendeiner Sache, die zwischen ihnen vorfiel; er wurde zu Ibn-Kullāb und seinesgleichen hingezogen, gab die Prinzipien der Muʿtazila auf und übernahm einen eigenen *madhab*[55].

Es scheint also so zu sein, daß Ibn-Kullāb in der Bewegung unter dem Großteil der Sunniten, die für die Annahme von Kalām waren, eine zentrale Rolle spielte. Al-Muḥāsibī hatte möglicherweise mehr Einfluß als aus dem hier in die Betrachtung einbezogenen Material hervorgeht[56]. Die Auffassungen dieser Männer wurden dann weiterhin in einer Gruppe vertreten, deren Führer al-Qalānisī war, und zweifellos war es diese Gruppe, der al-Ašʿarī sich anschloß, als er die Muʿtaziliten verließ. Wenn man von der Hypothese ausgeht, daß im ersten Band der *Maqālāt* die Auffassungen des Autors aus der Zeit vor seiner „Bekehrung" vertreten werden, dann war er schon damals mit einigen Doktrinen dieser Gruppe bekannt. Ein Mann seines intellektuellen Formates jedoch konnte sich nicht lange Zeit damit zufriedengeben, anderen zu folgen, und bezüglich verschiedener Punkte nahm er einen eigenen Standpunkt ein. Mit der Gruppe der sunnitischen Mutakallimūn muß er aber auf freundschaftlichem Fuß geblieben sein und als einer der Ihren gegolten haben. Wahrscheinlich ist es dem oben erwähnten Buch des Ibn-Fūrak zuzuschreiben, daß die sunnitischen Mutakallimūn des Irak sich selbst eher als Anhänger al-Ašʿarīs als die al-Qalānisīs betrachteten. Obwohl al-Baġdādī etwa zwanzig Jahre nach Ibn-Fūrak starb, folgt er also noch einer älteren Linie, wenn er al-Qalānisī als einen ihrer Šayḫe betrachtet. Ein Großteil unserer Informationen über al-Ašʿarī und die frühen Mutakallimūn scheint aus einem verlorengegangenen Werk des Ibn-Fūrak zu stammen, das *Ṭabaqāt al-mutakallimīn* hieß[57].

Unter anderen Gelehrten, die vielleicht zu dieser Gruppe gehörten, waren Dāwūd ibn-ʿAlī al-Iṣbahānī (gest. 884), der Begründer der ẓāhiritischen Rechtsschule[58] und al-Ǧunayd (gest. 910), der bedeutende Ṣūfī[59]. Der letztere leistete,

54 Šahr., 65; vgl. *Allard*, Attributs, 134. Die Vorstellungen von der Chronologie bei Šahr. sind ungenau.

55 Ibn-Abī-l-Wafāʾ, ii. 247f. (Nr. 55); vgl. i. 353f. (Nr. 978). Die Quelle ist Masʿūd b. Šayba, Kitāb at-taʿlīm (vgl. GALS, ii. 953.58a), der vielleicht z. T. Šahr., 65, folgt. Die Erwähnung von *fiqh* kann ein Irrtum sein – in i. 354 ist es weggelassen; und al-Ǧubbāʾī soll ein Mālikite gewesen sein – *Massignon*, Passion[1], 246.

56 Er wird in Verbindung gebracht mit Ibn-Kullāb und al-Qalānisī in Baġ., Uṣūl, 22.

57 Vgl. EI[2], Art. „Ibn Fūrak".

58 Baġ., Uṣūl, 308. 14.

59 Ibid., 309.14; Art. „al-Djunayd" *(A. J. Arberry)* in EI[2]. *Ali Hassan Abdel-Kader*, The Life,

was auch immer seine genaue Einstellung zu Kalām gewesen sein mag, in diesem Bereich mit Sicherheit keinen besonderen Beitrag. Dāwūd ibn-ʿAlī widmete die meisten seiner Werke Rechtsfragen; aber ihm wird eine Kritik an Ibn-Kullābs Attributendoktrin zugeschrieben. Er war dagegen zu sagen, daß Gott durch ein hypostasiertes „Hören" und „Sehen" höre und sehe, da der Koran ja lediglich sage, Gott „hört" und „sieht", während das andere nicht erwähnt werde[60].

d) Ibn-Karrām

In den östlich des Irak gelegenen Gebieten spielte in der Entwicklung der Theologie Ibn-Karrām (Abū-ʿAbd-Allāh Muḥammad) eine wichtige Rolle[61]. (Die korrekte Schreibweise ist möglicherweise Karām oder sogar Kirām, aber hier wird die übliche Form beibehalten.) Er studierte in Nišapur, Balḫ, Merw und Herat und dann fünf Jahre lang in Mekka. Um 844 war er in Jerusalem, wo er ein *ḫānqāh* (Kloster) errichtete[62]. Nach seiner Rückkehr in den Osten führte er als Prediger eine Missionierungskampagne durch, die ihm viele Anhänger einbrachte, doch von einigen Herrschern so bekämpft wurde, daß er acht Jahre im Gefängnis zubrachte (857–865). Nach seiner Entlassung reiste er wieder nach Jerusalem, wo er 869 starb. Er hatte zahlreiche Anhänger in verschiedenen Regionen, insbesondere in jenen Teilen Chorasans, die Nīšāpūr als ihre geistige Hauptstadt betrachteten. In diesem zuletzt genannten Gebiet war die karrāmitische Bewegung im Volk verwurzelt und war in der zweiten Hälfte des zehnten Jahrhunderts zu einer politischen Kraft von einigem Gewicht geworden. In dieser Zeit spielten die Karrāmiten bei verschiedenen Ereignissen, von denen in allgemeinen Geschichtswerken die Rede ist, eine Rolle. Die karrāmitische Doktrin erfuhr durch Sultan Maḥmūd von Ghazni (998–1030) offizielle Unterstützung. Um das Jahr 1100 hatten die Karrāmiten den größten Teil ihres politischen Einflusses verloren, aber die Sekte existierte zumindest bis in das dreizehnte Jahrhundert hinein.

Das Material über die Doktrinen der Karrāmiten stammt von Opponenten

Personality and Writings of al-Junayd, London (Gibb Memorial Series, N. S. 22) 1962, 6f. führt Anekdoten an, aus denen seine Gegnerschaft zu Kalām hervorgeht (aber diese können sich nur auf bestimmte Auffassungen beziehen). *Massignon*, Essai², 305 und Passion¹, 535, meint, daß Ǧunayd Kalām in al-Muḥāsibī verurteilte, mit dem er sich angefreundet hatte, bemerkt aber eine gewisse Verbindung zu Ibn-Kullāb (Passion¹, 37).

60 Ibn-Ḥazm, ii. 140f.; vgl. *Goldziher*, Ẓāhiriten, 135 Anm.

61 Aš., 141, 143; Baġ., 202–214; Baġ., Uṣūl, 5, 29–31, 73, 77, 88, 93, 95f., 103, 106, 112, 118, 122, 143, 150f., 154, 167f., 176, 189f., 217f., 250f., 290, 298; Šahr., 79–85; as-Subkī, ii. 53f. (in Art. ʿUṯmān ad-Dārimī); EI², Art. Karrāmiyya *(C. E. Bosworth); Massignon*, Essai², 255–272, 318f.; *Allard*, Attributs, 321–326, etc.; *C. E. Bosworth*, The Ghaznavids, Edinburgh 1963, 185–189, etc.; Ders., „The Rise of the Karāmiyyah in Khurasan", MW, 50 (1960), 5–14.

62 *Massignon*, Essai², 157.

und ist schwer zu interpretieren. Es ist auch schwer zu erfahren, wieviel auf Ibn-Karrām selbst und wieviel auf Schüler einer späteren Zeit zurückgeht. Massignon sagt, daß der Karrāmismus Anziehungskraft auf die Ḥanafiten ausübte, die gegen die muʿtazilitische Lehre eingestellt waren[63], und die Muʿtaziliten und Ašʿariten hielten ihn für eine Form von *taǧsīm* und *tašbīh* (Korporealismus, Anthropomorphismus). Ibn-Karrām hat *ǧism* für Gott wohl in etwa demselben Sinne benutzt wie Hišām ibn-al-Ḥakam (S. 190), und die Karrāmiten sollen von ihren Anhängern aus den Reihen der einfachen Leute gezwungen worden sein, an diesem Begriff festzuhalten, auch wenn ihre Gelehrten *ǧawhar* vorgezogen hätten. Es wird auch über lange Diskussionen über die anthropomorphen Ausdrücke im Koran berichtet, insbesondere über Gottes Sitzen auf dem Thron. Aber das Ziel der Karrāmiten bei diesen Diskussionen ist nicht klar. Daß andere Ḥanafiten die Karrāmiten bekämpften, z. B. Abū-Bakr as-Samarqandī (gest. 881; von ihm heißt es aber auch, er gehöre zur Generation al-Māturīdīs)[64], geschah wahrscheinlich wegen solcher Punkte. Wie Allard meint, verdankte die ḥanafitische intellektuelle Entwicklung, die in al-Māturīdī gipfelte, der Opposition der Karrāmiten wahrscheinlich viel. Ibn-Karrām wird im *Kitāb at-tawḥīd* zwar nicht namentlich erwähnt, aber seine *īmān*-Doktrin wird kritisiert[65].

Trotz der Zugeständnisse, die sie der konservativen Grundhaltung der einfachen Menschen machten, befaßten die Karrāmiten sich mit einigen Fragen des Kalām. Im Rahmen der Diskussion über die Attribute Gottes mühten sie sich vor allem mit dem Problem der Beziehung zwischen dem Zeitlichen und dem Ewigen ab. Wo andere zwischen wesentlichen und aktiven Attributen unterschieden und meinten, die letzteren seien nicht ewig (da Gott z. B. nicht eigentlich Schöpfer genannt werden konnte, ehe er tatsächlich geschaffen hatte), meinten die Karrāmiten, auch die Tatattribute müßten ewig sein. Sie argumentierten, daß Gott den Namen ‚Schöpfer' *(ḫāliq)* selbst dann trug, als die ‚Schöpfung' (oder ‚Geschöpfe' – *ḫalq*) nicht existierte(n), und daß dies auf ein Attribut der ‚Schöpferkeit' (oder ‚Kreativität' – *ḫāliqiyya*) zurückzuführen sei, die die ‚Macht über die Schöpfung' *(qudra ʿalā l-ḫalq)* war. Sie betonten außerdem, daß die Schöpfung jedes Körpers die Entstehung oder das Vorkommen *(ḥudūṯ)* von mehreren Akzidentien *(aʿrāḍ)* im Wesen Gottes erfordere, wie der Wille zum Entstehen jenes entstandenen Dinges *(ḥādiṯ)* und sein Zu-ihm-Sagen: „Sei!"[66] Aus den kurzen Hinweisen ist es schwer, alle Implikationen dieser Theorie zu erkennen, doch sie scheint eine gewisse Kohärenz zu besitzen.

Einer der interessantesten Teile von Massignons tiefgründiger Darstellung Ibn-Karrāms und seiner Schule ist die neue Deutung der Begriffe *ǧabr*, *irǧāʾ* und

63 Essai², 266; die meisten der Namen, die er anführt, finden sich in den Ṭabaqāt al-ḥanafiyya nicht.
64 Vgl. GAS, i. 600; etc.
65 Al-Māturīdī, Tawḥīd, 373.
66 Baġ., 206, 204; Baġ., Uṣūl, 122; vgl. *Massignon*, Passion¹, 611.

šakk durch Ibn-Karrām[67]. Aus Massignons Erklärungen (die Originalquellen sind schwer zugänglich) geht hervor, daß Ibn-Karrām die ihm und ähnlich orientierten Gelehrten gegebenen Spitznamen, nämlich Muġbira, Murǧi'a und Šukkāk (S. 140), zurückweist. *Ǧabr*, ‚Determinismus', wird dahingehend definiert, daß das Vermögen *(istiṭāʿa)* erst im Augenblick der Handlung eingebracht wird – eine Auffassung, die schließlich vom Sunnismus akzeptiert wurde. Dies war eine Art Mittelweg zwischen der muʿtazilitischen Ansicht, *ǧabr* sei „zu sagen, daß Gott unsere Handlungen schafft, und Übel in den göttlichen *qadar* einzuschließen", und der Meinung der Ahl al-Ḥadīṯ, *ǧabr* sei „Einführung der Gnade *vor* der Handlung" (wie die Muʿtaziliten glaubten). Ibn-Karrām selbst meinte, daß es außer dem formellen Akzeptieren des Glaubens an Gott (was für ihn *īmān* war) einen Zustand der Gnade *(ṭuma'nīna)* gebe, der auf die Bindung an diesen Glauben folge. Die Häresie des *irǧā'* zog „die äußerliche Durchführung einer Handlung nicht in Betracht" und stand ebenfalls zwischen der Auffassung der Muʿtazila und der der Ahl al-Ḥadīṯ. Dies implizierte, daß Ibn-Karrām kein Murǧi'it war; denn den ganzen Nachdruck legte er auf das äußerliche Glaubensbekenntnis. *Šakk*, ‚Skepsis', definierte er als „im Hinblick auf seinen eigenen Glauben *istiṯnā'* machen" (d. h. zu sagen: „So Gott will, bin ich ein Gläubiger"), und das ist genau das, was die Ḥanbaliten taten. Diese Punkte belegen, daß zwischen den Karrāmiten und den Ḥanafiten ein beträchtliches Maß an Übereinstimmung herrschte und ein bestimmter Gegensatz zwischen Karrāmiten und Ḥanbaliten bestand. Für die Vertreibung Ibn-Karrāms aus Herat soll ʿUṯmān ad-Dārimī (gest. 895) verantwortlich gewesen sein[68], und dieser war ein enger Vertrauter des Aḥmad ibn-Ḥanbal.

Während man von den Karrāmiten nicht sagen kann, daß sie einen größeren Beitrag zur Entwicklung des islamischen Denkens leisteten, waren sie doch ein bedeutender, mit anderen verflochtener Strang im geistigen Leben des östlichen Kalifats.

e) Aḥmad ibn-Ḥanbal und andere Gegner des Kalām

Um das ganze Spektrum des islamischen Denkens im neunten Jahrhundert richtig würdigen zu können, müssen wir auch jene in die Betrachtung mit einbeziehen, die zwar gegen Kalām waren, aber die theologische Doktrin ausformulierten. Im allgemeinen gehörten solche Männer zu der Gruppe, die in den Quellen Ahl al-Ḥadīṯ genannt wird. Die bekannteste Persönlichkeit unter ihnen ist Aḥmad ibn-Ḥanbal, der bereits in verschiedenen Zusammenhängen erwähnt wurde.

α) Aḥmad ibn-Ḥanbal, mit vollem Namen Abū-ʿAbd-Allāh Aḥmad ibn-Muḥam-

67 Essai², 265.
68 As-Subkī, ii. 23.

mad ibn-Ḥanbal aš-Šaybānī, wurde 780 in Bagdad geboren und starb dort im Jahre 855[69]. Er studierte in Bagdad Rechtswissenschaft und Ḥadīṯ und unternahm auch Reisen nach Kufa, Basra, in den Hidschas, den Jemen und nach Syrien. Es war bereits die Rede davon, daß er betonte, der Koran sei die ungeschaffene Rede Gottes, und daß er während der Zeit der Inquisition der offiziellen Politik Widerstand entgegensetzte. Nach der Abkehr von der Politik der Miḥna versuchte al-Mutawakkil, seine Unterstützung zu gewinnen, aber er scheint zu alt gewesen zu sein, um in der Politik noch eine aktive Rolle zu übernehmen. Obwohl er die rationalen Methoden der Mutakallimūn ablehnte und darauf bestand, religiöse Doktrinen und Rechtsvorschriften einzig aus dem Koran und dem Ḥadīṯ abzuleiten, war er unverkennbar ein Mann von gewaltigem Intellekt, der imstande war, in sehr vielschichtigen Angelegenheiten eine kohärente Auffassung zu vertreten. Weil er prinzipiell gegen eine Systematisierung war, sind seine Meinungen in bezug auf die Doktrin uns in verschiedenen Formen erhalten geblieben. Um eine gewisse Vorstellung von seiner Position zu geben, folgt hier eine verkürzte Übersetzung jenes Textes, der von Henri Laoust *ʿAqīda I* genannt wird[70].

1) *Īmān* ist Wort und Handlung und Absicht und Festhalten an der Sunna. *Īmān* nimmt zu und nimmt ab. Im Hinblick auf *īmān* gibt es *istiṯnāʾ* (d. h. zu sagen: „Ich bin gläubig, so Gott will"), aber das *istiṯnāʾ* ist nicht Zweifel, sondern nur ein alter Brauch *(sunna māḍiya)* unter Gelehrten ...

2) Der Qadar (die Bestimmung), das Gute davon und das Böse davon, das Wenige davon und das Viele davon ... kommt von Gott; ... niemand widersetzt sich Gottes Willen, noch überschreitet er seine Entscheidung *(qaḍāʾ)*, aber alle (Menschen) werden zu dem, wozu er sie erschaffen hat ... Dies ist Gerechtigkeit von seiner Seite. Ehebruch, Diebstahl, Weingenuß, Mord, Verbrauch unrechtmäßigen Reichtums, Götzendienerei und alle Sünden bestehen aufgrund von Gottes Entscheidung und Bestimmung ...

3) Wir legen für niemanden von den Leuten der Qibla Zeugnis ab, daß er in der Hölle ist für etwas Böses, das er getan hat, ehe es nicht ein Ḥadīṯ darüber gibt ...; wir legen kein Zeugnis ab für jemanden, daß er im Paradies ist für etwas Gutes, das er getan hat, solange es kein Ḥadīṯ darüber gibt ...

4) Das Kalifat liegt, solange es zwei (lebende) Menschen gibt, bei Qurayš ... Der Ǧihād ist rechtmäßig bei den Imamen, ob sie nun gerecht oder böse handeln ... Der Freitagsgottesdienst, die (Feier der) beiden Feste und die Wallfahrt (werden) mit der Obrigkeit *(sulṭān)* (befolgt), selbst wenn diese nicht aufrichtig, gerecht und gottesfürchtig ist. Steuern *(ṣadaqāt, ḫarāǧ* usw.) werden den Führern *(umarāʾ)* gezahlt, ob sie nun gerecht oder sündhaft handeln ... Denjenigen, denen Gott

69 *Henri Laoust*, Art. „Aḥmad b. Ḥanbal" in EI²; Ders., Profession, vii–xx; *Patton*, Miḥna (Anm. 91 in Kapitel 6); *Allard*, Attributs, 98–101; GAS, i. 502–509.

70 Vgl. Profession, xv; Text in Ibn-Abī-Yaʿlā, i. 24–31, wobei die Kritik an den häretischen Sekten ausgelassen wurde, S. 31–36.

eure Angelegenheiten anvertraut hat, muß Gehorsam geleistet werden ..., und sie dürfen nicht von eurem Schwert bekämpft werden ... Sich (von beiden Seiten) im Bürgerkrieg *(fitna)* fernzuhalten, ist ein alter Brauch, dessen Befolgung verbindlich ist.

5) Hütet euch vor einem Zeugnis gegen die Leute der Qibla und nennt keinen von ihnen einer Sünde wegen einen Ungläubigen ..., solange es kein Ḥadīṯ darüber gibt.

6) Der einäugige Daǧǧāl wird unzweifelhaft auftreten ... Die Grabesstrafe ist eine Tatsache ... und das Bassin *(ḥawḍ)* Mohammeds ... und die Brücke *(ṣirāt)* ... und die Waage *(mīzān)* ... und die Posaune *(ṣūr)* ... und die wohlverwahrte Tafel *(al-lawḥ al-maḥfūẓ)* ... und die Feder *(qalam)*.

7) Die Fürsprache *(šafāʿa)* am Tag der Auferstehung ist eine Tatsache. Die Leute *(qawm)* werden Fürbitten einlegen für andere, und sie werden nicht in die Hölle kommen. Einige werden aufgrund von Fürsprache aus der Hölle herauskommen. Einige werden aus der Hölle herauskommen, nachdem sie sie betreten und die Zeit dort verbracht haben, die Gott wollte ... Einige werden auf ewig dort sein, nämlich die Polytheisten und jene, die Gott leugnen und nicht an ihn glauben ...

8) Paradies und Hölle und das, was sie enthalten, sind bereits geschaffen. Gott erschuf sie und schuf Geschöpfe für sie. Weder sie noch das, was in ihnen ist, wird jemals verschwinden.

9) Er erschuf sieben Himmel ... und sieben Erden ... und den Thron *(ʿarš)* ... und den Sessel *(kursī)* ...

10) Der Koran ist die Rede Gottes, durch die er spricht. Er ist nicht geschaffen. Derjenige, der meint, daß der Koran geschaffen sei, ist ein Ǧahmit und ein Ungläubiger. Derjenige, der meint, daß der Koran die Rede Gottes sei, und der das Urteil offenläßt *(waqafa)* und nicht „ungeschaffen" sagt, ist schlimmer als der erste. Derjenige, der meint, unsere Äußerung *(lafẓ)* und unser Rezitieren (des Koran) seien geschaffen, während der Koran die Rede Gottes sei, ist ein Ǧahmit ...

11) Die Traumschau kommt von Gott und ist eine Realität. Wenn der Empfänger etwas in einem Traum sieht, was keine Wirrnis ist, und erzählt es wahrheitsgetreu einem Gelehrten, und der Gelehrte interpretiert es ohne Verdrehung aufgrund des richtigen Prinzips, dann ist der Traum eine Realität ...

12) Die guten Eigenschaften *(maḥāsin)* der Gefährten des Gesandten Gottes sollen alle zusammen erwähnt werden, und ihre schlechten Eigenschaften sollen nicht erwähnt werden ...

13) Der beste *(ḫayr)* der Gemeinschaft nach dem Propheten ist Abū-Bakr, dann ʿUmar, dann ʿUṯmān, dann ʿAlī. Einige lassen das Urteil über ʿUṯmān offen ... Nach diesen vier sind die Gefährten des Gesandten Gottes die besten der Menschen. Keiner darf ihre schlechten Eigenschaften erwähnen, noch irgendeinen von ihnen irgendeiner Schändlichkeit oder eines Mangels beschuldigen. Derjenige, der das tut, muß von der Regierung *(sulṭān)* bestraft werden ...

14) Man anerkennt, daß die Araber Rechte und Vorzüglichkeit und Vorrang (? im Islam) haben, und man liebt sie ... und folgt nicht der Meinung der Šuʿūbiten ...
15) Derjenige, der Gewinn und Handel verbietet ..., ist unwissend und im Irrtum ...
16) Religion ist nur das Buch Gottes, die *āṯār* (Sprüche oder Taten frommer Männer), die *sunan* (übliche Gepflogenheiten) und einwandfreie Erzählungen von zuverlässigen Menschen über anerkannte, einwandfreie und gültige Überlieferungen *(aḫbār)*, die einander bestätigen ..., die bis zum Gesandten Gottes als letztem Glied führen oder zu seinen Gefährten und Anhängern und den Anhängern der Anhänger, und nach ihnen den anerkannten Imamen (d.h. Gelehrten), die als Vorbilder genommen werden, die die Sunna befolgen und an den *āṯār* festhalten, die keine Häresie anerkennen und nicht der Falschheit oder Abweichung (voneinander) beschuldigt werden. Sie sind nicht Verfechter von *qiyās* (analoge Beweisführung) und *raʾy*; denn *qiyās* in der Religion ist wertlos, und *raʾy* ist das gleiche und schlimmer. Die Verfechter von *raʾy* und *qiyās* in der Religion sind häretisch und im Irrtum befindlich, außer dort, wo es ein *aṯar* von irgendeinem der früheren zuverlässigen Imame gibt.
17) Derjenige, der annimmt, daß *taqlīd* (das Befolgen einer Autorität) nicht gebilligt wird, und daß niemand in seiner Religion anderen folgen soll ..., möchte nur den *aṯar* ungültig machen und das Wissen und die Sunna schwächen und isoliert dastehen in *raʾy* und Kalām und Häresie und Abweichung (von anderen).

Mehrere dieser Artikel sind Ergebnisse der größeren Diskussionen, die in vorhergehenden Kapiteln beschrieben wurden, und erfordern daher keinen weiteren Kommentar, z.B. § 1 *(īmān)*, § 2 (Qadar), § 3 (? die *irǧāʾ*-Frage), § 5 (antiḫāriǧitisch), § 7 (Fürsprache), § 10 (der Koran) und § 13 (die Reihenfolge der Vorzüglichkeit). Die Gesetzestreue (§ 4) war lange Zeit ein Merkmal der „allgemeinen religiösen Bewegung" gewesen, aus der die Ahl al-Ḥadīṯ hervorgingen, ebenso auch das Akzeptieren volkstümlicher eschatologischer Glaubensvorstellungen (§ 6). Der Artikel über Paradies und Hölle (§ 8) richtet sich gegen gewisse „ǧahmitische" Auffassungen[71]. Es ist ungewöhnlich, in einem Glaubensbekenntnis einen antišuʿūbitischen Artikel wie § 14 zu finden. Übertriebene Askese, die in § 15 angegriffen wird, wird auch von al-Ašʿarī erwähnt[72]. Das Bestehen auf der Achtung vor allen Prophetengefährten (§§ 12, 13) richtet sich gegen jene Formen des Schiismus, die meinten, daß die meisten der Prophetengefährten gegen Mohammed ungehorsam waren, als sie ʿAlī nicht als seinen Nachfolger akzeptierten; die Zuverlässigkeit der Gefährten war ein notwendiger Bestandteil der

71 Noch nicht geschaffen: Ḫušayš *apud* al-Malaṭī, Tanbīh, 76f., 104. Werden zu einem Ende kommen: ibid., 76f., 106; Aš., 148f., 163, 279, 474, 542. Über Abū-l-Huḏayls Sympathie für diese Anschauung vgl. Aš., 163; Šahr., 35 (fünfter Punkt).

72 Aš., 467f.

Struktur des Ḥadīṯ. Es ist bemerkenswert, daß Aḥmad ibn-Ḥanbal den anerkannten herausragenden Gelehrten späterer Generationen einen Platz einräumt, indem er in §§ 16, 17 auf die *āṯār* (Sg. *aṯar*) verweist; mit diesem Wort sind hier offensichtlich Geschichten über andere Muslime als Mohammed gemeint[73], so daß die Artikel Nachdruck auf die wachsende Übereinstimmung der Gemeinschaft legen, die durch die Ansichten der führenden Ulema bezeugt wird.

Ein besonderes wichtiges Kennzeichen dieses Glaubensbekenntnisses besteht in seiner Erörterung methodologischer Fragen in §§ 16, 17. Die Gründe dafür, daß Aḥmad ibn-Ḥanbal *qiyās* und *ra'y* ablehnte, werden in Michel Allards Untersuchung über die Gründe für die Opposition gegen al-Ašʿarī durch zeitgenössische Ḥanbaliten aufgedeckt[74]. In der Rechtswissenschaft geht die Argumentation von einer „positiven Hierarchie der Fakten" aus, nämlich von akzeptierten Regeln und Ḥadīṯen, und der Mutakallim neigt dazu, aus einer Analogie zwischen Gott und geschaffenen Wesen heraus zu argumentieren. Aus der Tatsache, daß intelligent konstruierte menschliche Kunstwerke ein Wissen ihres Urhebers voraussetzen, schließt al-Ašʿarī z. B. auf eine ähnliche Beziehung zwischen der Welt und dem Wissen Gottes[75]. Für die Ḥanbaliten ist dieses Verfahren *tašbīh*, ‚Anthropomorphismus'. (Die gegen sie selbst vorgebrachte Beschuldigung von *tašbīh* weisen sie mit der Behauptung zurück, die anthropomorphischen Begriffe im Koran seien *bi lā kayf* oder ‚amodal' zu verstehen.) Kurz gesagt, der ašʿaritische Kalām ist in zwei Punkten zu verurteilen: Er verfällt dem *tašbīh*, und er gibt den Vorrang von Koran und Ḥadīṯ auf, zusammen mit dem Bestand von deren akzeptierten Interpretationen. Von den Ḥanbaliten läßt sich sagen, daß sie in beiden Punkten die Objektivität gegen eine wachsende Subjektivität verteidigten. In Übereinstimmung mit der Einstellung gegenüber Kalām findet sich in diesem Glaubensbekenntnis keine Erörterung der vielen Fragen über die Attribute Gottes, die die Mutakallimūn beschäftigen (auch wenn es einige dürre Feststellungen über das gibt, was er weiß, sowie über seine Rede)[76]. Die Frage nach der Aussprache *(lafẓ, qirā'a)* des Koran geht zwar über die koranischen Begriffe hinaus in die Richtung von Kalām, beinhaltet aber kein *tašbīh*.

β) Ibn-Qutayba (Abū-Muḥammad ʿAbd-Allāh ibn-Muslim ibn-Qutayba ad-Dīnawarī), mehr Literat als Theologe, wurde 828 in Kufa geboren und starb 889 in Bagdad[77]. Von 851 bis 870 war er *qāḍī* von Dīnawar in Kurdistan, aber von 871 bis zu seinem Tode widmete er sich dem Unterricht. Seine Auffassungen, die

73 *Goldziher*, Muhammedanische Studien, ii. 26, Anm. 3.

74 „En quoi consiste l'opposition faite à al-Ashʿarī par ses contemporains hanbalites?", REI, xxviii (1960), 93–105.

75 *McCarthy*, Theology, Text S. 12 (§ 18).

76 Die Erklärungen in ʿAqīda I sind praktisch zusammengestellt von *Allard*, Attributs, 99–101.

77 GAL, i. 124–127 (S., i. 184–187); *Gérard Lecomte*, Ibn Qutayba, L'homme, son œuvre, ses idées, Damaskus 1965; Ders., Art. „Ibn Ḳutayba" in EI². Außer den Werken, die im Literaturverzeichnis unter Ibn-Qutayba angeführt werden, verfaßte er „Die Mei-

denen des Aḥmad ibn-Ḥanbal ähnelten, waren nach der Änderung der Politik am Beginn der Regierung al-Mutawakkils regierungsfreundlich. Doch er hielt sich nicht für einen Schüler des Aḥmad ibn-Ḥanbal und war bei der Frage nach dem *lafẓ* des Koran weniger strikt. Er betrachtete sich selbst als zu den Aṣḥāb al-Ḥadīṯ gehörig, und Aḥmad ibn-Ḥanbal war für ihn nur einer von mindestens einem Dutzend berühmter Gelehrter dieser Partei[78]. Er ist daher als Vertreter der Anschauungen der Gruppe aus einer Zeit interessant, als Aḥmad ibn-Ḥanbals vorherrschende Stellung noch nicht allgemein anerkannt war.

An einer Stelle macht er eine kurze Angabe über das Glaubensbekenntnis der Aṣḥāb al-Ḥadīṯ[79]:

Alle Aṣḥāb al-Ḥadīṯ stimmen darin überein:

> 1) Das, was Gott will, wird, und das, was er nicht will, wird nicht.
> 2) Er ist der Schöpfer von Gut und Böse.
> 3) Der Koran ist die nicht-geschaffene Rede Gottes.
> 4) Gott wird am Tag der Auferstehung geschaut.
> 5) Die beiden šayḫ (Abū-Bakr und ʿUmar) haben Vorrang.
> 6) Die Grabesstrafe ist wirklich.
>
> In diesen Prinzipien unterscheiden sie sich nicht. Wer immer in einem dieser Punkte von ihnen abweicht, den verschmähen und hassen sie, sehen ihn als Häretiker an und halten sich von ihm fern. Sie unterscheiden sich nur im Hinblick auf die Aussprache des Koran, weil hier Unklarheit herrscht. Sie alle stimmen überein, daß
>
> 7) Der Koran unter allen Umständen – rezitiert, geschrieben, gehört, erinntert – ungeschaffen ist.
>
> Dies ist der Konsens *(iǧmāʿ)*.

Ein längeres Glaubensbekenntnis, das zwar ähnlich ist, aber ein paar Variationen aufweist, findet sich in einem Werk, das *Waṣiyya* oder ‚Testament' genannt und Ibn-Qutayba zugeschrieben wird. Fast mit Sicherheit stammt das Werk nicht von ihm, kann aber von seinem Sohn oder Enkel stammen. Außer dem Glaubensbekenntnis enthält es eine Ṣūfī-Predigt, und in der Erörterung des Glaubensbekenntnisses finden sich sogar Spuren von Ṣūfī-Ideen[80]. Auch wenn das Werk nicht authentisch ist, ist es Beweismaterial für die Einstellungen einiger von den Ahl al-Ḥadīṯ im frühen zehnten Jahrhundert.

Ibn-Qutayba wurde von al-Bayhaqī (gest. 1066) bezichtigt, Karrāmit zu sein, aber eine Überprüfung seiner Werke bietet hinreichend Grund für die Zurück-

nungsverschiedenheiten über den Lafẓ" und „Die Widerlegung der Ǧahmiyya und Mušabbiha".

78 Ibn-Qutayba, Ta'wīl, 19f. (§§ 27f.).

79 Ibid., 19 (§ 37).

80 Vgl. *G. Lecomte*, „La Waṣiyya (testament spirituel) attribuée à ... b. Qutayba", REI, xxviii (1960), 73–92.

weisung dieser Beschuldigung[81]. So verdeutlicht ein Hinweis auf *īmān* in seinem Buch über widersprüchliche Ḥadīṯe, daß er ihn nicht – wie Ibn-Karrām – auf das äußerliche Bekenntnis beschränkte[82].

γ) Andere Ḥanbaliten in dem Zeitabschnitt bis 950 sind (Abū-Bakr Aḥmad ibn-Muḥammad) al-Ḫallāl (gest. 923)[83] und (Abū-Muḥammad al-Ḥasan ibn-ʿAlī) al-Barbahārī (gest. 941)[84]. Das charakteristische Merkmal des Glaubensbekenntnisses von al-Ḫallāl, wie es sich in seinem *Kitāb al-ǧāmiʿ* findet, ist, daß er dem politischen Aspekt besondere Aufmerksamkeit schenkt. Al-Barbahārī hatte ein hitziges Temperament und etwas von einem Demagogen, und hinter einigen der damaligen Bürgerunruhen in Bagdad ist sein Einfluß zu vermuten. Seine Auffassungen sind in seinem *Kitāb as-sunna* erhalten, das sich in Ibn-Abī-Yaʿlās *Ṭabaqāt* findet, und sie ähneln denen seines Lehrers[85].

δ) Der große Historiker und Korankommentator (Abū-Ǧaʿfar Muḥammad ibn-Ǧarīr ibn-Yazīd) aṭ-Ṭabarī (gest. 923)[86] gilt nicht als Ḥanbalit, doch in seinem Glaubensbekenntnis vertritt er ausdrücklich Aḥmad ibn-Ḥanbals Meinung über den *lafẓ*[87]. Andererseits wurde er ungefähr in seinem letzten Lebensjahr von einigen Ḥanbaliten erbittert bekämpft, vielleicht weil er in seinem Korankommentar ein paar Zugeständnisse an muʿtazilitische Auffassungen gemacht hatte. Es steht fest, daß einige Leute meinten, er hege Sympathien für den Schiismus, aber die Beschuldigung scheint unzutreffend zu sein[88], auch wenn ihr die Existenz eines imāmitischen Gelehrten mit fast gleichem Namen, nämlich Abū-Ǧaʿfar Muḥammad ibn-Ǧarīr ibn-Rustam aṭ-Ṭabarī, eine gewisse Wahrscheinlichkeit verleiht[89].

81 *Lecomte*, Ibn Qutayba, 333–336; vgl. *Massignon*, Essai², 318.

82 Ibn-Qutayba, Ta'wīl, 212 (§ 196).

83 *Laoust*, Profession, xxivf. Anm. 52; GAS, i. 511f.

84 *Laoust*, Profession, xxvii–xli; GAS, i. 312.

85 *Laoust* (Profession, 84 Anm. 4) interpretiert einen Satz in Ibn-Abī-Yaʿlā, ii. 30, dahingehend, daß al-Barbahārī meinte, des Menschen *lafẓ* sei unerschaffen, aber vorzuziehen ist wohl die Bedeutung, daß er die Wāqifa sowie die Lafẓiyya verurteilte. Vgl. die Darstellung von Ibn-Ḥanbals Auffassungen durch aṭ-Ṭabarī in REI, xxxvi (1968), 198 (und 192).

86 GAL, i. 148f., (S., i. 217f.); GAS, i. 323–328.

87 *Dominique Sourdel*, „Une profession de foi de l'historien al-Ṭabarī", xxxvi (1968), 177–199, insbes. 198 (und 192).

88 In einer unveröffentlichten Dissertation der Universität Edinburgh untersucht al-Ḥibr Yūsuf Nūr-ad-dā'im die wesentlichen Passagen im Tafsīr, wo die Auffassungen der Sunniten und Schiiten voneinander abweichen, und er weist nach, daß aṭ-Ṭabarī immer die schiitische Interpretation bekämpft. Obwohl er das Ḥadīṯ des Ġadīr Ḫumm akzeptierte, interpretiert er es anders.

89 Vgl. GAS, i. 540; Fihrist, 235.4 schreibt Kitāb al-Mustaršid irrtümlich dem Historiker zu.

ε) Eine ähnliche Ansicht wie aṭ-Ṭabarī vertrat (Muḥammad ibn-Iṣḥāq) ibn-Ḫuzayma (gest. 924), dessen *Kitāb at-Tawḥīd* veröffentlicht worden ist[90].

Die Gelehrten, die bislang in diesem Kapitel beschrieben wurden, sind alle sunnitische Theologen der Zeit bis 950. Sie veranschaulichen die Vielfalt und den Mangel an Homogenität, die den Sunnismus zu dieser Zeit kennzeichneten, und auch das Ausmaß, in dem es vor al-Ašʿarī sunnitische Mutakallimūn gab.

2. Das Silberne Zeitalter des Muʿtazilismus

Das Goldene Zeitalter des Muʿtazilismus war die Zeit der großen Muʿtaziliten (die in einem früheren Kapitel untersucht wurden) und die sich unmittelbar daran anschließenden Jahre, als die Regierung des Kalifats zumindest einige Aspekte der muʿtazilitischen Doktrin offiziell übernahm. Im Gegensatz dazu ist der Zeitabschnitt bis zum Tode des Abū-Hāšim 933 ein Silbernes Zeitalter, in dem die Leidenschaft und Erregung der Zeit davor verlorengegangen waren, und in dem die Denker, anstatt neue Bereiche auszuforschen, versuchten, die Antworten auf alte Fragen weiter zu verfeinern. Es wird genügen, sich nur ein paar führende Muʿtaziliten dieser Epoche anzusehen.

a) Al-Ǧubbāʾī

Abū-ʿAlī Muḥammad ibn-ʿAbd-al-Wahhāb al-Ǧubbāʾī wurde in Ǧubbā in Chusistan geboren und studierte in Basra unter dem dortigen Oberhaupt der Muʿtazila, aš-Šaḥḥām[91], der die Nachfolge seines Lehrers Abū-l-Huḏayl angetreten hatte. Nach dem Tode aš-Šaḥḥāms ungefähr 880 oder 890 folgte diesem wiederum al-Ǧubbāʾī nach. Von al-Ǧubbāʾī ist kein Werk erhalten, aber al-Ašʿarī und andere Autoren haben über seine Anschauungen berichtet. Er starb 915[92].

Ein Aspekt von al-Ǧubbāʾīs Denken ist die Neigung zur Wiederherstellung der ursprünglichen Vorstellung von Gottes Allmacht und Unerforschlichkeit. Gott wird nicht durch menschliche Vorstellungen von Gerechtigkeit und Ungerechtigkeit beengt, sondern nur durch das, was in seiner eigenen Weisheit inbegriffen ist, nämlich, daß seine Handlungen nicht in sich selbst widersprüchlich sein sollten.

90 Vgl. GAS, i. 601. Die Ansicht, daß er ein Karrāmite war, muß zurückgewiesen werden (*Massignon*, Essai², 318 im Widerspruch zu 266).

91 Aš., 162, 199, 277, 415, 504ff., 549f.; al-Ḫayyāṭ, 53, 191; Baġ., 163; Šahr., 18, 37; Ibn-al-Murtaḍā, Munya, 71f. Lebte wahrscheinlich von 800/810 bis 880/890; *Tritton*, Muslim Theology, 140f.; *Massignon*, Passion¹, i. 192.

92 Aš., Index; Baġ., 167–169; Šahr., 54–59; *Tritton*, Muslim Theology, 141–148; *Massignon*, Passion¹, 246 (sagt Mālikī in *fiqh*); *Allard*, Attributs, 113–133; Art. „(al-) Djubbāʾī", EI² *(L. Gardet)*.

Al-Ǧubbāʾīs Auffassung zufolge ist Gott also nicht verpflichtet, das zu tun, was in jeder Hinsicht für die Menschen am besten *(aṣlaḥ)* ist, sondern nur das, was im Hinblick auf die Religion am besten ist. Hierin stand er im Gegensatz zu jenen Muʿtaziliten von Bagdad, die meinten, daß Gott immer das tue, was für die Menschen am besten ist[93]. Er tut, was für sie in der Religion am besten ist, weil er ihnen geboten hat, einen Glauben zu haben, und sein Gebot wäre sinnlos, würde er nicht solche Dinge tun, wie Propheten zu ihnen zu senden.

Damit hängt die Konzeption von einer ‚Gunst' oder ‚Gnade' *(luṭf,* manchmal *laṭīfa)* zusammen, die Gott ihnen erweisen kann. Al-Ǧubbāʾī glaubt, daß Gott solche „Gnaden" hat; aber eine „Gnade" wäre nicht wirksam im Fall eines Menschen, von dem Gott wisse, daß er niemals glauben werde – vermutlich, weil in diesem Fall das Erweisen seiner „Gnade" im Widerspruch zu Gottes eigenem Wissen stünde. Im Fall des Menschen hingegen, von dem Gott weiß, daß er fähig ist, ohne „Gnade" zu glauben, würde die Tatsache, daß ihm „Gnade" erwiesen wird, die Belohnung vermindern, da er jetzt ohne Anstrengung glauben würde. Doch al-Ǧubbāʾī dachte, es sei hier für Gott angemessen, „Gnade" zu erweisen und diesen Menschen dadurch einem anderen gleichzustellen, von dem bekannt sei, daß er ohne „Gnade" niemals glauben würde[94]. Diese Denkrichtung scheint mit der Geschichte von den „drei Brüdern" zusammenzuhängen, die im Bericht über die Bekehrung al-Ašʿarīs erwähnt werden wird. Mit anderen Worten, al-Ǧubbāʾī entfernt sich von der älteren muʿtazilitischen (und ḫāriǧitischen) Denkweise, der zufolge es ein starres System von künftigen Belohnungen und Bestrafungen gibt und, da alle Menschen gleiche Chancen haben, das endgültige Schicksal eines Menschen vom Umfang seiner eigenen moralischen Anstrengung abhängt. Al-Ǧubbāʾī sah ein, daß die Einzelheiten von Gottes Umgang mit den Menschen nicht rational erklärt werden kann. Die Logik erfordert, daß Gott bestimmte gute Dinge für die Menschen tun sollte. Doch über das hinaus, was er in jeder Hinsicht zu tun verpflichtet ist, beweist er den Menschen gegenüber große Güte. Dies ist von seiner Seite *tafaḍḍul* – eine Konzeption, die al-Ǧubbāʾī hervorhebt –, d. h. unverdiente Milde und Großzügigkeit. Dies impliziert ferner eine Anerkennung der Schwäche des Menschen und seiner Unfähigkeit, durch sein Bemühen die Belohnung des Paradieses voll zu verdienen.

Zu den vollständigsten von al-Ašʿarī erhaltenen Berichten gehören jene über al-Ǧubbāʾīs Ansichten über die Attribute Gottes. Wo Abū-l-Huḏayl gesagt hatte: „Gott ist mit einem Wissen wissend, das sein Wesen ist", erhob al-Ǧubbāʾī hier Einwände gegen den Begriff „Wissen" und sagte nur, Gott sei durch sein Wesen wissend. Mit den anderen Wesensattributen verfuhr er ähnlich. Er akzeptierte die Unterscheidung zwischen wesentlichen und aktiven Attributen *(ṣifāt aḏ-ḏāt, ṣifāt al-fiʿl* bzw. *al-afʿāl)*, wobei die letzteren die Attribute oder Namen waren, die

93 Aš., 247 f., 575.

94 Beruht auf dem unklaren Passus, Šahr., 57, in den letzten fünf Zeilen (= i. 108 unten), wo es Textprobleme gibt.

mit Gottes zeitlicher Aktivität verknüpft sind. Er versuchte außerdem, die Unterscheidung genauer festzulegen und von den beiden Kategorien exakte Definitionen zu erarbeiten. Als er darüber nachdachte, ob verschiedene Namen auf Gott anwendbar waren oder nicht, machte er nicht ihr Vorkommen im Koran zu einem Kriterium, sondern beurteilte die Frage aus rationaler und philosophischer Sicht. So meinte er, das Wort *ʿāqil*, ‚intelligent' (von *ʿaql*, ‚Intelligenz'), könne nicht gut auf Gott angewendet werden, weil die Wurzel auf ein Hindernis oder eine Hemmung hindeute, wie in *ʿiqāl*, ‚Halteseil eines Kamels', und Gott keinem Hindernis oder Hemmnis unterworfen sei[95].

Diese Darstellung der Attribute hat die eine allgemein negative Wirkung, den Menschen von jedem wirklichen Wissen über Gott auszuschließen. Obwohl die menschliche Vernunft jedes Attribut oder jeden Namen als von den anderen unterschieden erfaßt, folgt daraus nicht, daß es in Gott irgendeinen Unterschied gibt, und deshalb sagen uns die Namen lediglich, daß Gott ist. Dies scheint die Interpretation von al-Ǧubbāʾīs Behauptung zu sein, daß „der *waṣf* die *ṣifa* ist, und die *tasmiya* der *ism*", d.h. „das Beschreiben ist das ‚Attribut', und das Namengeben ist der ‚Name'"[96]. Die Diskussion darüber, welche Namen angemessen auf Gott angewendet werden, bezieht sich nicht auf die Realität Gottes, sondern auf die Kohärenz der auf Gott angewendeten menschlichen Sprache. Nachdem Michel Allard die Schärfe der Beweisführung in dieser Darstellung und ihre Nichtanerkennung der Autorität des Koran besonders hervorgehoben hat, bemerkt er:

> Der vorherrschende Eindruck, den man gewinnt, wenn man die dem Problem der göttlichen Attribute gewidmeten Seiten al-Ǧubbāʾīs liest, ist, daß der Autor sich auf diesen Seiten nicht an irgend jemanden richtet, und daß er nicht zu überzeugen, sonden zu beweisen versucht. Unvermeidlich entsteht der Eindruck, daß die Realität sowohl Gottes als auch des Menschen so saft- und kraftlos geworden ist, daß sie schließlich ein Material wurde, das sich für alle Arten von rationalen Operationen eignete ... auf den Seiten, die von al-Ašʿarī unter dem Namen seines Lehrers erhalten sind, schwingt etwas Dekadentes mit[97].

b) Abū-Hāšim

Abū-Hāšim ʿAbd-as-Salām ibn-Muḥammad al-Ǧubbāʾī, der Sohn des soeben beschriebenen Mannes, trat als Oberhaupt der Muʿtaziliten von Basra die Nach-

95 Aš., 526; was hier über die Attribute gesagt wird, beruht auf *Allard*, Attributs, 113–133. Aš., 522–537 handeln fast ausschließlich von al-Ǧubbāʾī.
96 Aš., 529f., vgl. *Allard*, Attributs, 120–122, und *Massignon*, Passion[1], 568.
97 *Allard*, Attributs, 132f.

folge seines Vaters an und starb 933[98]. Sein Geburtsdatum wird einmal mit 861, ein andermal mit 890 angegeben. Im zweiten Fall wäre er etwas zu jung gewesen, um 915 schon seinem Vater nachzufolgen, und er hätte nicht unter al-Mubarrad studieren können, dem großen Philologen von Basra, der 898 starb, nachdem er seine letzten Lebensjahre in Bagdad verbracht hatte. Die Anhänger Abū-Hāšims sind als Bahšamiyya bekannt.

In fast jeder Beziehung waren Abū-Hāšims Ansichten denen seines Vaters ähnlich. Aber hinsichtlich der Frage nach den Unterschieden im menschlichen Schicksal neigte er dazu, zu dem alten rationalen Schema zurückzukehren und die Fähigkeit des Menschen, sein Heil zu verdienen, hervorzuheben, und er neigte auch dazu zu betonen, daß es Gottes Pflicht sei, der (menschlichen) Vernunft gemäß zu handeln. Im Zusammenhang mit der Doktrin von Gottes Attributen führte er die wichtigste Neuheit im muʿtazilitischen Denken während des Silbernen Zeitalters ein, nämlich die Theorie von den *aḥwāl* (Sgl. *ḥāl*), den ‚Modi' oder ‚Zuständen'. Der Begriff scheint sich vom grammatischen Gebrauch herzuleiten. In einem Satz wie ‚Zayd kam reitend' *(ǧāʾa Zaydun rākiban)* steht das Wort *rākiban* im Akkusativ, und man sagt, dies sei so, damit der *ḥāl* ausgedrückt werde, d.h. Zustand oder Lage oder Umstände des Subjekts (oder Objekts) der Handlung zu dem Zeitpunkt, als die Handlung gerade stattfand. Wenn wir sagen: „Gott ist wissend", drückt „wissend" – Abū-Hāšims Theorie zufolge – den *ḥāl* oder ‚Zustand' von Gottes Wesen aus, der sich von jenem Wesen unterscheidet. Kernpunkt der Theorie scheint zu sein, daß wir nicht sagen können, „reitend" sei unabhängig von Zayd existent oder nicht existent, und daß wir ebensowenig sagen können, „wissend" sei unabhängig von Gott existent oder nichtexistent. Mit anderen Worten: Die Theorie vermeidet den im Wort *ṣifa* und Substantiven wie z.B. ‚Wissen' *(ʿilm)* enthaltenen Eindruck, daß diese eine quasisubstantivische und teilweise unabhängige Existenz innerhalb von Gottes Wesen oder Sein hätten. In gewisser Hinsicht wurde diese Konzeption von *aḥwāl* von späteren ašʿaritischen Theologen akzeptiert, insbesondere von al-Bāqillānī (gest. 1013) und al-Ǧuwaynī (gest. 1085).

c) Al-Kaʿbī

Abū-l-Qāsim ʿAbd-Allāh ibn-Aḥmad al-Kaʿbī al-Balḫī (gest. 929/31) ist manchmal als al-Kaʿbī und manchmal als Abū-l-Qāsim al-Balḫī bekannt, obwohl der einzige Name, der seinen Anhängern gegeben wurde, Kaʿbiyya ist[99]. Er

98 Baġ., Farq, 169–189; Šahr., 55–59; Ders. Nihāyat al-iqdām (Hrsg. *Guillaume*, London 1934), 131–149; al-Bāqillānī, Tamhīd (Hrsg. Abū-Rīda und al-Ḫuḍayrī, Kairo 1947), 152–160; Ders. (Hrsg. *R. J. McCarthy*, Beirut 1957), 198–212; Ibn-al-Murtaḍā, Munya, 94–96; Ibn-Ḫallikān, ii. 132f. (sagt, er sei 861 geboren); GAS, i. 623 (nennt Geburtsjahr 890); EI², Art. „(al-) Djubbāʾī".

99 Aš., 230–232, 358, 557, 602; Baġ., Farq, 165–167; Šahr., 53f.; Ders., Nihāyat al-iqdām,

war ein Anhänger von al-Ḫayyāṭ[100] und war als Oberhaupt der Muʿtaziliten von Bagdad dessen Nachfolger, auch wenn er die letzten Jahre seines Lebens im heimatlichen Balḫ verbrachte.

Im allgemeinen stimmten seine Anschauungen mit denen der Muʿtaziliten von Bagdad überein. Er glaubte, daß Gott verpflichtet sei, das zu tun, was für die Menschen am besten ist, zumindest in dem, was er ihnen befiehlt. In bezug auf das Problem der Attribute vertrat er eine Auffassung, die sich sowohl von der al-Ǧubbāʾīs als auch der Abū-Hāšims unterschied: Er versuchte, die große Vielzahl von Namen Gottes auf ein paar wenige, grundlegende zu beschränken. So meinte er, zu sagen, „Gott ist ‚wollend'", bedeute nur, daß er „wissend" und „schaffend" sei, und wenn man sage, er sei „hörend" und „sehend", sei nur gemeint, daß er „wissend" ist, wenn auch mit einer Beschränkung auf das, was hör- und sichtbar ist. In seinen *Uṣūl* bemerkt al-Baġdādī an verschiedenen Stellen, daß al-Kaʿbīs Meinungen denen al-Ašʿarīs ähneln[101]. Al-Ašʿarī selbst scheint in den *Maqālāt* am meisten an al-Kaʿbīs atomistischen Tendenzen interessiert zu sein, insbesondere an seiner Behauptung, Akzidentien dauerten nicht zwei Augenblicke lang an[102].

Die atomistische Naturauffassung, deren herausragendster Repräsentant unter den Muʿtaziliten al-Kaʿbī ist, hatte zu bestimmten Zeiten eine Vorrangstellung im islamischen Denken, nicht zuletzt unter den Ašʿariten der ersten paar Jahrhunderte. Die Vorstellung von der kausalen Kontinuität in der Natur, die in den griechischen naturwissenschaftlichen und philosophischen Werken impliziert war, mit welchen die Muslime sich beschäftigt hatten, diese Vorstellung wurde bald aus den islamischen Formulierungen ausgeklammert, wenn auch die Falāsifa selbstverständlich daran festhielten. Vielleicht prädisponierte die Erfahrung der Nomaden in den Wüsten Arabiens, wo die Unregelmäßigkeit der Natur offenkundiger als die Regelmäßigkeit sein kann, die Araber dazu, Geschehnisse als isolierte Einheiten zu behandeln, denen jeweils etwas anderes folgen kann. Auf das Loslassen der Bogensehne muß nicht unbedingt der Abflug des Pfeiles folgen; der Stein, der in einem Augenblick weiß ist, kann im nächsten schon schwarz sein. Jedes Ereignis wird als direkt oder unmittelbar von Gott geschaffen angesehen, und seine Allmacht bedeutet, daß er tun kann, was er mag, ohne irgendeine Art von fester Regel. Diese Ansicht muß zweifellos mit der Vorstellung in Verbindung gebracht werden, daß der mächtigste menschliche Herrscher derjenige ist, der die

Index; GAS, i. 622f.; EI², Art. „al-Balkhī (Abū l-Ḳāsim)" (*A. N. Nader;* mit mehreren falschen Hinweisen). Er verfaßte ein Kitāb al-maqālāt, dessen Manuskript gefunden, aber noch nicht veröffentlicht wurde. In Aš., 582.12 und 602.5 kann es eine Verwechslung zwischen Balḫī und Ṯalǧī geben (vgl. S. 280 Anm. 17). Offensichtlich ein Ḥanafite: Ibn-Abī-l-Wafāʾ, i. 271 (Nr. 720); Ibn-Quṭlūbuġā, Nr. 89.

100 Abū-l-Ḥusayn ʿAbd-ar-Raḥīm b. Muḥammad al-Ḫayyāṭ: Baġ., Farq, 163–165; Šahr., 53f.; GAS, i. 621. Ein anderer Muʿtazilit aus etwa derselben Zeit war an-Nāšiʾ (vgl. oben S. 228 und Anm. 53 und 54).

101 Baġ., Uṣūl, 42, 50, 87, 116, 231, 234.

102 Aš., 230, 232, 358 (immer noch Abū-l-Qāsim al-Balḫī).

größte Machtfülle besitzt, um jede flüchtige Laune in die Tat umzusetzen. Auch der islamische Sultan hält den größten Teil der Macht in seinen Händen. Das gilt ähnlich für die Meinungen des Theologen, auch wenn er bisweilen die Vorstellung vom *tafwīḍ* erwähnt (nämlich Gottes Delegieren der Verantwortung an den Menschen und das Ihm-Überlassen seiner eigenen Handlungen); aber dieser Idee räumt er niemals einen hervorragenden Platz in seinem Denken ein. Ein anderer Faktor, der zum islamischen Atomismus beiträgt, ist vielleicht das arabische Interesse für Sprache und die Wissenschaft von der Grammatik. Dieses Interesse macht empfänglicher für die Unterschiede und das Verhältnis von Dingen zu Wörtern als für die Verwandtschaft und die kausalen Beziehungen zwischen Dingen.

d) Die Umgestaltung der Muʿtazila

Die Schule der Muʿtaziliten ging aus den Versuchen hervor, eine begrenzte Menge griechischer Ideen und Argumentationsmethoden auf islamische Glaubensvorstellungen anzuwenden. D. h. es waren Versuche, die griechische rationalistische Ausrichtung mit dem fundamentalen religiösen (in erster Linie koranischen) Denken einfacher Menschen zu verschmelzen. Das war in der Tat das Ziel des ganzen Kalām, doch eine Zeitlang gaben die Muʿtaziliten den Ton an. Während der Regierungszeit al-Ma'mūns erkannte man, daß gewisse Doktrinen der Muʿtazila mit gewissen politischen Zielen von Personen in der politischen Institution weitgehend übereinstimmten, und eine Zeitlang hatten (wie zu sehen war) einige Muʿtaziliten politische Machtpositionen inne. Dies gab der muʿtazilitischen Theologie zwar einen Anstoß, doch in ihrer Entwicklung entfernte sie sich immer weiter vom Durchschnittsmuslim, bis dieser schließlich von Mitgliedern der allgemeinen religiösen Bewegung vertreten wurde, hauptsächlich von jenen, die nunmehr Ahl al-Ḥadīṯ genannt werden können. Der politische Kurswechsel um das Jahr 850 und der Verlust der Muʿtaziliten an politischer Macht waren auch Hinweise darauf, daß es ihnen nicht gelungen war, breite Unterstützung im Volk zu finden. In diesem Augenblick hätte man von den Muʿtaziliten erwarten können, daß sie entweder versuchten, dem Durchschnittsmuslim wieder näherzukommen, oder aber nach neuen griechischen Ideen zu suchen. Doch sie taten weder das eine noch das andere. Sie überließen es Männern wie Ibn-Kullāb und al-Ašʿarī, den ersten Weg einzuschlagen, während al-Fārābī und andere Falāsifa den zweiten wählten.

Nach 850 entwickelten die Muʿtaziliten sich immer mehr zu einem kleinen erlesenen Zirkel akademischer Theologen, die von den Massen des Volkes abgeschnitten waren und auf die weitere Entwicklung des islamischen Denkens wenig Einfluß ausübten. Die Männer, die von al-Ašʿarī zitiert und mit Argumenten bekämpft wurden, einschließlich seines Altersgenossen Abū-Hāšim, wurden noch jahrhundertelang zitiert. Aber spätere Muʿtaziliten wurden von sunnitischen Theologen zunehmend vernachlässigt oder zumindest nicht namentlich erwähnt[103]. Es ist eine Ausnahme, daß aš-Šahrastānī vom Qāḍī ʿAbd-al-Ǧabbār und von Abū-l-Ḥusayn al-Baṣrī spricht[104].

Es lohnt sich, folgendes in Erinnerung zu rufen: Während die Muʿtaziliten sich nicht weiter vorwagen wollten, waren bestimmte Gruppen in der islamischen Welt noch aktiv damit beschäftigt, sich die griechische Naturwissenschaft und Philosophie anzueignen; davon wird weiter unten ausführlicher die Rede sein[105]. Die folgenden zählen zu den herausragenderen Persönlichkeiten unter den Zeitgenossen al-Ǧubbāʾīs und Abū-Hāšims. Zu jenen, die in erster Linie Übersetzer waren, gehörten Qusṭā ibn-Lūqā (wahrscheinlich gest. ca. 912), Iṣḥāq, der Sohn des großen Ḥunayn (gest. 910/11), andere Schüler Ḥunayns, einschließlich seines Neffen Ḥubayš, und Abū-Bišr Mattā (gest. 940), der auch als Logiker bekannt war[106]. Zu jenen, die hauptsächlich als Mathematiker oder Astronomen anzusehen sind, zählen Ṯābit ibn-Qurra der Ṣābier (gest. 901) und sein Sohn Sinān (gest. 942), der Euklid-Experte an-Nayrizī (gest. ca. 921), der in Europa als Anaritius bekannt war, der hervorragende Astronom Abū-Maʿšar (lateinisch Albumasar), der ursprünglich ein Traditionarier gewesen war und der 886 im hohen Alter starb, sowie ein anderer berühmter Astronom, al-Battānī oder Albategnius (gest. 929), der von der ṣābianischen Religion zum Islam übergetreten war[107]. Ar-Rāzī (Muḥammad ibn-Zakarīyā) oder Rhazes (gest. 923/32) ist am meisten wegen seiner Beiträge zur Medizin bekannt, aber er interessierte sich auch für Chemie und war in gewisser Hinsicht ein Philosoph[108]. Der spanische Muslim Ibn-Masarra (gest. 931) war ein Philosoph der empedokledischen Richtung und auch ein Mystiker[109], während einer der drei größten islamischen Philosophen, al-Fārābī, aus etwas späterer Zeit stammte[110].

3. Die Leistung al-Ašʿarīs

Als europäische Gelehrte im neunzehnten Jahrhundert allmählich begannen, sich ein gewisses Bild von der Entwicklung des islamsichen Denkens zu machen, erkannten sie, daß die Theologie al-Ašʿarīs einen Wendepunkt darstellte. Bis zu seiner Zeit schien es nur die Streitereien von Sekten gegeben zu haben, während mit ihm eine rationalistische Form der sunnitischen Theologie ins Leben gerufen wurde, die seither immer fortbestand. Doch als die Werke al-Ašʿarīs leicht

103 S. S. 426 unten.
104 S. S. 427f. unten.
105 S. S. 323–30 unten.
106 GAL, i. 222–228.
107 GAL, i. 241–253 (S., i. 384–397).
108 GAL, i. 267–271 (S., i. 417–421).
109 GALS, i. 378f.; Art. „Ibn Masarra" in EI² *(R. Arnaldez)*.
110 GAL, i. 232–236 (S., i. 375–377).

verfügbar waren und sorgsam überprüft wurden, gerieten die Gelehrten mehr und mehr ins Staunen. Arent Jan Wensinck, der das Thema einen großen Schritt vorwärtsbrachte, als er in *The Muslim Creed* (1932) die Aufmerksamkeit auf drei frühe ḥanafitische Dokumente lenkte, reagierte mit Erstaunen und Bestürzung, als er die *Ibāna* tatsächlich las. Ihre Argumente waren keineswegs rationalistisch und schienen ihm in erster Linie Zitate aus dem Koran und dem Ḥadīṯ zu sein, und er rief aus: „Is this the al-Ashʿarī whose spiritual descendants were cursed by the Ḥanbalites and who is detested by Ibn Ḥazm? Or is al-Ashʿarī a man with two faces?“[111] Seit diese Worte niedergeschrieben wurden, hat die Arbeit europäischer und amerikanischer Gelehrter, insbesondere Louis Gardets (in Zusammenarbeit mit G.-C. Anawati), Richard J. McCarthys und Michel Allards, die Beurteilung der islamischen Theologie im allgemeinen und der von al-Ašʿarī im besonderen erleichtert. Michel Allards sorgfältige und detaillierte Untersuchung in *Le problème des attributs divins dans la doctrine d'al-Ashʿarī* ... macht eine ausführliche Beschäftigung mit seinem Denken an dieser Stelle überflüssig. Daher besteht das Ziel des vorliegenden Abschnittes lediglich darin aufzuzeigen, wie die Meinung, al-Ašʿarī sei eine Schlüsselfigur, zu verstehen und zu rechtfertigen ist.

a) Sein Leben, seine Bekehrung und seine Hauptwerke[112]

Abū-l-Ḥasan ʿAlī ibn-Ismāʿīl al-Ašʿarī wurde 873 in Basra geboren. Er war ein Nachkomme des Abū-Mūsā al-Ašʿarī, einer der beiden Schiedsrichter nach der Schlacht von Ṣiffīn. Vermutlich widmete er sich, wie alle jungen Männer der damaligen Zeit, eine Weile den Rechtsstudien, und in der Tat wird er sowohl von den Ḥanafiten als auch den Šāfiʿiten als einer der Ihren betrachtet[113]. Seine Ausbildung bestand aber hauptsächlich aus dem Studium der muʿtazilitischen Theologie unter al-Ǧubbāʾī. Er war ein vielversprechender Schüler, der gelegentlich sogar den Platz seines Lehrers einnahm, und es ist denkbar, daß er seine Nachfolge angetreten hätte. Als er etwa vierzig war, wurde er jedoch vom Muʿtazilismus zu den Doktrinen der Ahl al-Ḥadīṯ wa-s-Sunna bekehrt, und für den Rest seines Lebens widmete er sich der Verteidigung dieser Doktrinen und der Kritik am Muʿtazilismus. Gegen Ende seines Lebens zog er nach Bagdad und starb dort 935.

Von der Geschichte seiner Bekehrung existieren mehrere Versionen. Diese

111 *Wensinck*, Muslim Creed, 91.

112 GAL, i. 206–208 (S., i. 345 f.); GAS, i. 602–604; *McCarthy*, Theology; *Allard*, Attributs; *George Makdisi*, „Ashʿarī and the Ashʿarites in Islamic Religious History“, St. Isl., xvii (1962), 37–80; xviii (1963), 19–39; Ibn-ʿAsākir, Tabyīn; as-Subkī, ii. 245–301 (von 254 meistens über Anhänger); Ibn-Ḫallikān, ii. 227 f.

113 Vgl. Anm. 55 in Kapitel 10. As-Subkī, ii. 248, leugnet, daß er ein Mālikī war, und sagt, er sei ein Schüler des Abū-Isḥāq al-Marwazī, bringt aber keine Information über diesen Mann.

bringen sie meistens mit drei Träumen in Verbindung, die er während des Monats Ramaḍān hatte und die vermutlich drei Stufen in seiner Glaubenskrise darstellen. In jedem der Träume erschien ihm der Prophet Mohammed. Im ersten (in einer Version) befahl der Prophet ihm, die von ihm (in Ḥadīṯen) überlieferten Doktrinen zu verteidigen, und im zweiten fragte er dann, wie er seine Aufgabe erfüllt hätte. Andere Versionen sprechen davon, daß er Ḥadīṯe über die Gottesschau, über die Fürsprache und über das Sehen des Propheten in Träumen nachlas, (weil er die Realität seines Erlebnisses anzweifelte). Meistens heißt es von al-Ašʿarī, er habe irgendwann Kalām aufgegeben, um sich ganz den Ḥadīṯen und ähnlichen Studien zu widmen. Im dritten Traum wurde unmißverständlich die neue theologische Richtung angedeutet, der er folgen sollte; denn der Prophet sagte zornig, er hätte ihm befohlen, den von ihm überlieferten Doktrinen zu folgen, hätte ihm aber nicht befohlen, Kalām aufzugeben[114]. Es sieht so aus, daß diese Geschichten symbolisch wahr sind und vielleicht sogar ein Stückchen Tatsachenwahrheit enthalten.

Dasselbe Vertrauen läßt sich keinesfalls in das setzen, was „die Geschichte von den drei Brüdern" genannt werden kann (auch wenn die betreffenden Personen nicht immer so bezeichnet werden). Der Kern der Geschichte handelt von drei Knaben, von denen einer fromm und gläubig wurde, einer sündig und ungläubig, während einer im Kindesalter starb. Der Ansicht einiger Muʿtaziliten zufolge ist nun das Paradies jenen vorbehalten, die es aufgrund ihres tugendhaften Verhaltens verdienen, und daher wird der erste von den dreien im Paradies sein. Der Ausschluß des dritten scheint also ungerecht zu sein, da Gott seinen Tod herbeiführte, noch ehe er Gelegenheit hatte, gottesfürchtig und gläubig zu werden. Versucht man nun, seinen frühen Tod damit zu erklären, daß man sagt, Gott wußte, er wäre, wenn er weitergelebt hätte, sündig geworden, so ist der Weg frei für die Erwiderung, daß Gott dann den zweiten fairerweise hätte sterben lassen sollen, ehe dieser sündig wurde. Diese Geschichte wird in der Form eines Dialoges zwischen as-Ašʿarī und al-Ǧubbāʾī erzählt und soll der Grund dafür sein, daß er von den Muʿtazila abrückte[115]. Ein Grund, diese Geschichte anzuzweifeln, ist, daß die angegriffene muʿtazilitische Auffassung wohl die einiger Muʿtaziliten von Bagdad, aber nicht die al-Ǧubbāʾīs ist. Der letztere war vielleicht bereit gewesen, die Geschichte gegen die Schule von Bagdad zu verwenden, da er (wie oben angedeutet) daran glaubte, daß Gott aus *tafaḍḍul* handeln könne, d.h. er kann mehr Güte zeigen, als die Menschen verdient haben. Ein anderer Punkt ist, daß

114 Ibn-ʿAsākir, Tabyīn, 40–43 (zusammengefaßt in *McCarthy*, Theology, 152–155); *Wilhelm Spitta*, Zur Geschichte Abu'l-Hasan al-Asʿari's, Leipzig 1876, 47–49. (Die Quelle der Version in Ibn-ʿAsākir, Tabyīn, 42, ist ein Gefährte al-Bāqillānīs, und das ist ungefähr die früheste Information über al-Ašʿarī.)

115 As-Subkī, ii. 250f.; *Spitta*, Zur Geschichte ..., 41ff.; Ibn-Ḫallikān, ii. 669f.; at-Taftazānī (gest. 1389), A Commentary on the Creed of Islam, übers. *E. E. Elder*, New York 1950, 9.

die Geschichte erst spät auftaucht. Sie wird nicht bei Ibn-ʿAsākir (gest. 1176) erwähnt, sondern kommt bei as-Subkī (gest. 1370) vor, der seinen Lehrer aḏ-Ḏahabī (gest. 1347) zitiert. Andererseits wird praktisch dieselbe Geschichte von al-Ġazālī (gest. 1111) als eine Kritik an muʿtazilitischen Anschauungen verwendet, wenngleich ohne irgendeinen Hinweis darauf, daß sie zuvor schon von al-Ašʿarī benutzt worden sei[116].

Zwei andere kurze Anekdoten stehen mit der Geschichte von den Träumen nicht in Widerspruch. Eine erzählt, daß al-Ašʿarī al-Ǧubbāʾī oft in öffentlichen Debatten vertrat und bei einer Gelegenheit von einem Gegner in der Argumentation geschlagen wurde und daraufhin seine Auffassungen änderte[117]. Wir wüßten gern, ob der Gegner aus der Schule Ibn-Kullābs oder der al-Qalānisīs kam. Die andere Anekdote ist der Bericht darüber, daß er nach seiner Bekehrung fünfzehn Tage in der Zurückgezogenheit blieb und dann von der Kanzel der Moschee öffentlich seinen Sinneswandel verkündete und mit folgenden Worten schloß: „Ich streife alles ab, woran ich geglaubt habe, genauso, wie ich diesen Mantel abstreife", und er tat, wie er sagte[118].

Es ist auch angebracht, darüber nachzudenken, ob andere Faktoren in al-Ašʿarīs Lebenssituation zu seiner Bekehrung beigetragen haben könnten. Wahrscheinlich gab es eine Rivalität zwischen dem Lieblingsschüler des Meisters und dessen hochintelligentem Sohn, Abū-Hāšim; doch die Vermutung läßt sich nicht beweisen. Eine andere Möglichkeit ist, daß al-Ašʿarī sich über die unruhigen politischen Verhältnisse der Zeit Sorgen machte: Nicht weit von Basra stellten karmatische Rebellen eine Gefahr dar, und im Zentrum des Kalifats herrschte Verwirrung. Diese Möglichkeit läßt sich aber nicht herausstreichen; denn das genaue Datum der Bekehrung muß zweifelhaft bleiben. Die Aussage, wonach sie um 912 (das islamische Jahr 300) stattfand, scheint eine Mutmaßung zu sein, die vielleicht angestellt wurde, um die Behauptung zu untermauern, daß al-Ašʿarī der *muǧaddid* oder ‚Erneuerer der Religion' sei, der zu Beginn des vierten Jahrhunderts zu erwarten war[119]. All diese Dinge müssen Vermutungen bleiben. Es ist jedoch einigermaßen sicher, daß die muʿtazilitische Schule sich in sich selbst zurückzog und auf ihre Erfolge in der Vergangenheit zurückblickte, und deshalb ist es wahrscheinlich, daß al-Ašʿarī das irgendwie erkannte und anderswo ernsthaftere Versuche antraf, sich mit den drängenden Problemen des Tages zu befassen.

116 Iḥyāʾ, Buch 2 (Risāla Qudsiyya), *rukn* 3, *aṣl* 7; Iqtiṣād (Hrsg. Çubukçu und Atay, Ankara 1962), 184f. Das späte Datum der Quellen wurde von *Michael Schwarz* in einer Dissertation der Universität Oxford bemerkt. Vgl. auch *McCarthy*, Theology, 156 Anm.

117 Ibn-ʿAsākir, Tabyīn, 91; *McCarthy*, Theology, 156 Anm.

118 Ibn-ʿAsākir, Tabyīn, 39; *McCarthy*, 151. Es ist jedoch unwahrscheinlich, daß er bereits Bücher abgeschlossen hatte, die den Muʿtazilismus verwarfen.

119 Ibn-ʿAsākir, Tabyīn, 51–55; *McCarthy*, 157.

Die noch existierenden Werke al-Aš'arīs werden am zutreffendsten von Michel Allard erörtert, und an dieser Stelle wird es genügen, seine wichtigsten Schlußfolgerungen zu wiederholen[120]. Den *Luma'* akzeptiert er ohne Einschränkung als authentisch, wobei er den Konklusionen Richard McCarthys folgte, nachdem dieser sie in *The Theology of al-Ash'arī* herausgegeben und übersetzt hatte. Ebenso akzeptiert er die viel schwächere Verteidigung des Kalām mit dem Titel *Risāla fī stiḥsān al-ḫawḍ fī 'ilm al-kalām*. Hinsichtlich der *Ibāna* ist die Position komplizierter. Allard meint, sie sei authentisch, aber später von al-Aš'arī nochmals überarbeitet worden; damit habe er beabsichtigt, den kritischen Einwänden gegen seinen neuen Standpunkt von seiten al-Barbahārīs und anderer Ḥanbaliten zu begegnen. Im Hinblick auf die *Maqālāt* vertrat Allard die Ansicht, daß sie aus drei ursprünglich verschiedenen Werken bestünden: (a) aus den eigentlichen *Maqālāt*, die aus dem ersten Band in Hellmut Ritters Edition bestehen: eine objektive Darstellung der Auffassungen islamischer Sekten; (b) aus einem Buch über „Die feinen Spitzen des Kalām"; es befaßt sich mit Dingen, die sich aus Kalām ergeben; es ist aber nicht strikt theologisch und enthält auch die Auffassungen von Christen, Philosophen und anderen Nicht-Muslimen (ii. 301–482); und (c) aus einem Buch über „Die Namen und Attribute", in dem auf objektive Aussagen über Meinungen (wie im ersten Teil) kurze, aber beißende Kritiken folgen (ii. 483–611). Er meint, die beiden ersten Teile seien zu al-Aš'arīs mu'tazilitischer Zeit verfaßt und nach seiner Bekehrung geringfügig abgeändert worden. Das Glaubensbekenntnis ḥanbalitischen Typs am Ende des ersten Teils (i. 290–297) ist vielleicht Teil der ursprünglichen objektiven Feststellung gewesen, ohne Zusatz über die letzten Worte hinaus, wo es heißt, daß er selbst diese Doktrinen akzeptiere.

b) Seine rationalen Methoden

Den von Wensinck gegen al-Aš'arī erhobenen Beschuldigungen, seine Argumente bestünden hauptsächlich aus Zitaten aus dem Koran und dem Ḥadīṯ, ging eine Untersuchung über gewisse Abschnitte der *Ibāna* voraus, insbesondere über jene, die sich mit der Gottesschau im Paradies befassen[121]. Eine genaue Überprüfung des Textes ergibt jedoch, daß Wensincks Schlußfolgerung ungerechtfertigt ist. Die Beschuldigung, durch Zitieren argumentiert zu haben, konnte man gerechterweise gegen Männer wie Ḫušayš (gest. 867) vorbringen, dessen *Istiqāma* teilweise in al-Malaṭīs (gest. 987) *Tanbīh* enthalten ist, und Ibn-Ḫuzayma (gest. 924), von dem oben kurz die Rede war, und dessen *Tawḥīd* noch existiert. Wenn man al-Aš'arī mit diesen Männern vergleicht, wird deutlich, daß er selbst dann,

120 *Allard*, Attributs, 48–72. *George Makdisi* nimmt seine Gliederung der Maqālāt vorweg (St. Isl., xviii. 26–30), gelangt aber in anderer Hinsicht zu anderen Schlußfolgerungen.

121 *Wensinck*, Muslim Creed, 88–91; Aš., Ibāna, 13–23 (Übers. 56–65).

wenn er aufgrund von Koranversen argumentiert, nicht einfach zitiert, sondern um die Verse herum ein bemerkenswertes Gebäude rationaler Argumentation errichtet. Bei der Erörterung des Verses: „An jenem Tag wird es strahlende Gesichter geben, die auf ihren Herrn schauen *(nāẓira)*" (75.22f.) weist er beispielsweise drei metaphorische Bedeutungen zurück, obwohl sie an anderer Stelle im Koran vorkommen, und zwar mit Begründungen, die in einem weiten Sinne „rational" sind. „*Nāẓira*" kann hier nicht ‚betrachten', ‚nachdenken über' bedeuten, da es dort, wo Gesichter erwähnt werden, nicht hinpaßt. Es kann nicht ‚erwarten' bedeuten, da Erwartung einen negativen Aspekt hat, der nicht zur Seligkeit des Paradieses paßt, und es kann nicht ‚mit Sympathie blicken' bedeuten, da es für den Menschen unangemessen ist, mit Sympathie auf Gott zu blicken.

Eine ähnliche Methode ist zu beobachten, wenn er das Argument der Gegner von der oberflächlichen Bedeutung von 6.103 verwirft: „Die Sehkraft erreicht ihn nicht." In diesem Fall stellt er allgemein fest, daß der Koran sich nicht selbst widerspricht *(kitāb Allāh yuṣaddiq baʿḍu-hu baʿḍ)*, und auf dieser Grundlage behauptet er, der Vers müsse entweder bedeuten, daß die menschliche Sehkraft Gott in dieser Welt nicht erreicht, oder daß die Sehkraft der Ungläubigen Gott nicht erreicht[122]. In einer späteren Phase werden von beiden Seiten verschiedene Verfeinerungen in die Erörterungen dieses Verses eingeführt, aber hinsichtlich der Methode gab es nichts Neues. Die Behauptung von der Widerspruchsfreiheit des Koran hingegen hält Allard (s.o.) für einen wichtigen Fortschritt.

Von den acht Argumenten zu dieser Frage, wie sie von Wensinck aufgezählt werden, beruhen nur fünf auf Zitaten. Das sechste ist ein rein rationales Argument, dessen Kern lautet: „Was immer existiert, kann Gott uns zeigen; Gott existiert, und deshalb ist es nicht unmöglich, daß er sich selbst uns zeigen sollte." Das siebte Argument ist in seiner Grundlage ähnlich: „Derjenige, der sich selbst nicht sieht, sieht Dinge nicht; Gott sieht Dinge, und folglich muß er sich selbst sehen, und folglich muß er fähig sein, uns sich selbst zu zeigen"[123]. Das achte Argument geht von der Übereinstimmung der Muslime aus, daß das Leben im Paradies vollkommene Seligkeit ist, und behauptet, Gott werde, da die Gottesschau die höchste der Wonnen ist, nicht damit zurückhalten. Am Ende des Absatzes steht eine für Kalām typische Bemerkung des Inhalts, daß das Sehen nicht das gesehene Objekt betreffe, sondern nur das sehende Subjekt. Keines von diesen drei letzten Argumenten würde von den Ḥanbaliten hingenommen werden. Sie zeigen klar das neue Element bei al-Ašʿarī.

Ein Vergleich mit dem entsprechenden Abschnitt des *Lumaʿ* ist aufschlußreich. Die Diskussion über das „Ihren-Herrn-Schauen" wird nach derselben Argumentationsweise wiederholt, und einige der anderen Koranverse, wie z.B. „Die

122 Aš., Ibāna, 17 (Übers. 60).
123 Aš., Ibāna, 18f. (Übers. 61f.).

Sehkraft erreicht ihn nicht“ werden kurz diskutiert. In den Vordergrund jedoch wurde ein rationales Argument gerückt, um zu beweisen, daß die Gottesschau vom Standpunkt der Vernunft aus möglich ist. Es kommt keiner der Faktoren vor, der sie für Gott unmöglich machen könnte, wie z. B. Verwicklung in die Zeitlichkeit oder Ähnlichkeit mit Geschöpfen oder Ungerechtigkeit. Am Ende des Abschnittes finden sich Erwiderungen auf Einwände, die von rational-orientierten Opponenten vorgebracht worden waren: Wenn Gott gesehen werden könne, dann könne er berührt, geschmeckt und gerochen werden; was auch immer gesehen werde, sei begrenzt[124]. Eigentümlicherweise werden das sechste, siebte und achte Argument der *Ibāna* im *Lumaʿ* nicht wiederholt. Vielleicht weil die ganze Behandlung des Themas etwas kürzer ausfällt. Die Ergebnisse, die dieser knappe Vergleich erbringt, stimmen aber mit Allards Auffassung von der Beziehung der beiden Bücher überein. Der *Lumaʿ* scheint sich an Muʿtaziliten und andere Mutakallimūn zu richten, während die Beweisführung in der *Ibāna* mehr nach dem Geschmack der Ḥanbaliten war.

Die Verwunderung, die Wensinck und andere Gelehrte angesichts der Art und Weise empfanden, in der al-Ašʿarī seine Argumente auf den Koran gründet, ging teilweise darauf zurück, daß man das Ausmaß verkannt hatte, in dem auch die Muʿtaziliten ihre Argumente auf den Koran gründeten. Lange Zeit mußten europäische Gelehrte ihr Wissen über die Muʿtaziliten aus Werken wie der Häresiographie von aš-Šahrastānī beziehen, die zwar eine Zusammenfassung sektiererischer Anschauungen lieferte, doch ohne irgendwelche detaillierten Argumente. Dies, zusammen mit der Bewunderung für die rationalistische Anschauung der Muʿtazila, veranlaßte Gelehrte zu der Vermutung, daß deren sämtliche Argumente rein rational seien. Dieser Eindruck kann nunmehr anhand von tatsächlichen muʿtazilitischen Texten und Zitaten in Werken wie al-Ašʿarīs *Lumaʿ* korrigiert werden (wo viele der Einwände, auf die er erwidert, muʿtazilitisch gewesen sein müssen). Al-Maʾmūns Argumente für das Geschaffensein des Koran (die wahrscheinlich muʿtazilitisch inspiriert waren) beruhen also auf Koranversen, während al-Ḫayyāṭs Verteidigung der Doktrin von der Zwischenstellung zum großen Teil ebenfalls aus Koranzitaten besteht[125]. Bei näherer Überlegung erkennt man, daß solche Hinweise auf den Koran geradezu zu erwarten sind; denn der Text des Koran war die echte Grundlage, die den Muʿtaziliten und den anderen Muslimen, die sie zu überzeugen suchten, gemeinsam war. Daß es keine muʿtazilitischen Argumente aufgrund der Ḥadīṯe gibt, ist möglicherweise auf die Tatsache zurückzuführen, daß die Auffassungen der Schule zu einer Zeit Gestalt angenommen hatten, als die Ḥadīṯe noch nicht allgemein als Grundlage für die Argumentation akzeptiert waren[126]. Auf jeden

124 *McCarthy*, Theology, §§ 68–81.
125 Al-Ḫayyāṭ, 164–168.
126 In *van Ess*, Naẓẓām (S. 221, Anm. 27), 118, wird an-Naẓẓām von al-Ǧāḥiẓ als einer der *ḥuffāẓ al-ḥadīṯ* beschrieben.

Fall aber waren die Ḥadīṯe wahrscheinlich den Muʿtaziliten weniger dienlich als einem Mann wie al-Ašʿarī. Es ist vielleicht von Bedeutung, daß al-Ašʿarī im *Lumaʿ* keine Ḥadīṯe anführt; doch in der *Ibāna* bringt er zur Untermauerung der Argumente aus Kalām mehrere Ḥadīṯe und *āṯār*, die sich auf die Ungeschaffenheit des Koran und auf eschatologische Dinge beziehen.

Eine Überprüfung der Argumente aufgrund von Koranversen beweist, welch großen Ideenreichtum al-Ašʿarī beim Auffinden von Versen und Phrasen entfaltete, um verschiedene Gesichtspunkte zu stützen. Es lohnt sich, in diesem Zusammenhang die Aufmerksamkeit auf ein Argument zu lenken, das al-Ašʿarī benutzt, um zu beweisen, daß Gott in seiner Allmacht zwar die bösen Taten der Menschen wolle, deshalb aber selbst nicht böse sei. Er bezieht sich auf den Vers (5.28f.), in welchem ein Sohn Adams zu dem anderen sagt: „Wenn du deine Hand nach mir ausstreckst, um mich zu töten, so werde ich meine Hand nicht nach dir ausstrekken, um dich zu töten; ... Ich möchte, daß du meine und deine Sünde auf dich lädst und so einer von den Insassen des Höllenfeuers sein wirst." Dann erläutert er, daß der erste Bruder, als er dies sagte, die Sünde, selbst einen Mord zu begehen, vermeiden möchte und mit Absicht einen Handlungsverlauf wünscht, der seine eigene Ermordung mit einschließt (wenn der zweite Bruder durch die Erwähnung Gottes nicht zurückgehalten wird), und er doch nicht des Mordes für schuldig gehalten werden kann. Ähnlich entgegnete Joseph, nachdem er wiederholt den Belästigungen der Frau seines Herrn widerstanden hatte, auf ihre Drohungen mit dem Gefängnis so: „Gefangen gesetzt zu werden, ist mir lieber als das, wozu sie mich auffordern" (12.33). Auf diese Weise will Joseph seine eigene Gefangennahme, die wegen ihrer Ungerechtigkeit für den, der sie anordnet, eine Sünde ist, aber er selbst ist deswegen in keinem Sinne sündig. Daraus schließt al-Ašʿarī, daß Gott Sündhaftigkeit und Torheit wollen kann, ohne selbst sündhaft oder töricht zu sein[127].

Neu ist hier, daß eine Analogie aus der Beziehung der menschlichen Willensakte untereinander hergestellt wird, um das Problem von der Beziehung zwischen göttlicher Allmacht und menschlicher Verantwortung zu erhellen. Diese Denkrichtung verspricht mehr als die Heranziehung materieller oder physischer Analogien; dennoch scheint sie von späteren Autoren nicht viel benutzt worden zu sein. Die genaue Form dieser Argumente stammt zweifellos von al-Ašʿarī selbst; doch die allgemeine Denkrichtung kann von christlichen Autoren beeinflußt worden sein; denn al-Ašʿarī hat ja bekanntlich das Christentum genügend studiert, um zwei Bücher darüber zu schreiben, in denen er es erläutert und kritisiert[128]. So findet sich in der Apologie des nestorianischen Patriarchen Timotheos eine diesbezügliche Passage, in der über eine Debatte mit dem Kalifen al-Mahdī um 781 berichtet wird. Auf den Einwand, Jesus sei entweder zu schwach gewesen,

127 Aš., Ibāna, 64f. (Übers. 104).
128 Ibn-ʿAsākir, Tabyīn, 135; *McCarthy*, Theology, 227, Nr. 84, 86).

um seine Kreuzigung zu verhindern, oder habe sie sonst gewollt, damit die Juden nicht verantwortlich seien, erwidert Timotheos, indem er Vergleiche anstellt mit dem Sturz Satans aus dem Himmel, der Vertreibung Adams aus dem Paradies und dem Töten von Muslimen, die auf dem Wege Gottes kämpfen, durch Ungläubige. Er argumentiert dann weiter: „Die Tatsache, daß Gott gewollt hat, Satan solle aus dem Himmel stürzen und Adam aus dem Paradies gehen, spricht Satan und Adam nicht von Schimpf und Tadel los“, und er sagt, die Totschläger muslimischer Martyrer seien auch dann anzuklagen, wenn sie nur den Wunsch der Opfer erfüllten; denn sie töteten sie nicht, um ihnen den Eingang in den Himmel zu erleichtern[129]. Die Bibel liefert ein ähnliches Beispiel in den Worten, die zu David gesprochen werden: „Den Hethiter Urija hast du mit dem Schwert der Ammoniter umbringen lassen“[130].

Die Doktrinen, die al-Ašʿarī mit seinen rationalen Methoden verteidigt, sind in etwa die des Aḥmad ibn-Ḥanbal. Der Hauptunterschied ist, daß al-Ašʿarī die Frage nach Gottes Attributen, die die Muʿtaziliten aufgeworfen hatten, erörterte und endgültig dazu Stellung nahm. Darüber wird in dem Vergleich von al-Ašʿarīs Ansichten mit denen al-Māturīdīs etwas gesagt werden.

c) Sein Einfluß

In einem 1953 veröffentlichten Artikel warf Joseph Schacht die Frage nach der Bedeutung al-Ašʿarīs auf; er fragte auch danach, welche Bedeutung er in den Augen seiner Zeitgenossen und der nachfolgenden Generationen hatte[131]. Ein Teil seiner These war, daß al-Ašʿarī keineswegs als erster konservative Doktrinen mit muʿtazilitischen Methoden verteidigte. Diese sehr allgemein gehaltene Feststellung muß akzeptiert werden, und in der Tat wird im ersten Teil dieses Kapitels der Punkt insofern ausgearbeitet, als die Namen der berühmtesten dieser Vorgänger genannt werden – soweit uns diese bekannt sind. Ein anderer Punkt ist, daß al-Ašʿarī erst zu einem späteren Zeitpunkt zum Eponym der theologischen Schule wurde. Auch dies kann, zumindest teilweise, akzeptiert und mit Hilfe zusätzlicher Informationen weitergeführt werden. Al-Ašʿarī stand nicht allein, sondern gehörte zu einer Gruppe oder Schule. Im *Lumaʿ* nimmt er mehrmals Bezug auf „unsere Gefährten“ *(aṣḥābu-nā)*, und er tut das auf eine Art und Weise, die zu verstehen gibt, daß zwischen ihnen ein gewisser Meinungsunterschied bestand[132]. Im Lichte oben zitierter Aussagen (S. 287f.) muß dies eine Gruppe gewesen sein, die sich aus den Anhängern Ibn-Kullābs zusammensetzte,

129 Die Apology ist hrsg. und übers. von *A. Mingana* in Woodbrooke Studies, II (Cambridge 1928), 1–162; s. insbes. 43–46.

130 2 Samuel, 12.9.

131 „New Sources for the History of Muhammadan Theology“, St. Isl., i (1953), 23–42, insbes. 33–36.

132 *McCarthy*, Theology, Arab. Text, 33.8, 13, 18; 46.3; 47.2, 11.

und dieser Punkt wird durch eine Feststellung des Geographen al-Maqdisī bestätigt. Er schrieb im Jahr 985 und spricht von den Kullābiyya als von einer der theologischen Sekten (zusammen mit den Muʿtazila, den Naǧǧāriyya und den Sālimiyya); aber ein wenig weiter unten sagt er, sie seien in den Ašʿariyya aufgegangen (so wie die Naǧǧāriyya in den Ǧahmiyya aufgegangen seien)[133]. Zu seinen Lebzeiten war al-Ašʿarī in der Gruppe wahrscheinlich nicht bedeutender als al-Qalānisī. Ein wichtiger Beitrag dazu, daß der Name al-Ašʿarīs eine Vorrangstellung erhielt, ist vielleicht von Ibn-Fūrak (gest. 1015) geleistet worden, dessen *Ṭabaqāt al-mutakallimīn* die primäre historische Quelle über das Leben al-Ašʿarīs und seiner ersten Anhänger sind, und er schrieb auch ein Buch, in welchem al-Ašʿarī und al-Qalānisī miteinander verglichen werden[134]. Der Häresiograph al-Baġdādī (gest. 1037) hält sich selbst für einen Anhänger al-Ašʿarīs, obwohl er auch von al-Qalānisī als von „unserem *šayḫ*" spricht.

Es ist heute auch klar, daß die früheren europäischen Gelehrten zu wenig Sympathie für al-Ašʿarīs Doktrinen und Methoden empfanden, um ganz zu erfassen, worum es ihm ging, und um die hervorstechenden Qualitäten seines Werkes zu begreifen. Dank der Bemühungen ihrer Nachfolger sind wir in der Lage, uns ein gerechteres Bild von dem intellektuellen Format al-Ašʿarīs zu machen. Es besteht kein Grund, daran zu zweifeln, daß er deshalb eher als Ibn-Kullāb oder al-Qalānisī zum Eponym gewählt wurde, weil die Mitglieder der Schule ihre Inspiration hauptsächlich aus seinen Werken schöpften. Insbesondere drei Männer werden als seine unmittelbaren Schüler und die Lehrer der nachfolgenden Generation genannt: Abū-Sahl aṣ-Ṣuʿlūkī von Nīšāpūr (gest. 979); Abū-l-Ḥasan al-Bāhilī von Basra; Abū-ʿAbd-Allāh ibn-Muǧāhid von Basra und Bagdad (gest. 980)[135]. Die drei führenden Ašʿariten der nächstfolgenden Generation, al-Bāqillānī, Ibn-Fūrak und al-Isfarāyinī, waren Schüler des zweiten, während al-Bāqillānī auch unter dem dritten und Ibn-Fūrak unter dem ersten studierten.

Aus all dem kann geschlossen werden, daß das Dunkel, in das al-Ašʿarī und seine unmittelbaren Nachfolger gehüllt sind, nicht völlig undurchdringbar ist und nicht dazu berechtigt, die schöpferische Bedeutung seines Denkens in Abrede zu stellen.

133 Al-Maqdisī (Muqaddasī), Aḥsan at-taqāsīm, Leiden 1885, 37; übers. *G. S. A. Ranking* und *R. F. Azoo* (Bibliotheca Indica, 137), Kalkutta 1897, etc., 52, 54. Das Jahr 985 war das des ersten Entwurfes, aber dieser Passus könnte zu der Revision gehören, die einige Jahre darauf vorgenommen wurde. Al-Pazdawī, Kitāb uṣūl ad-dīn, Hrsg. *Hans Peter Linss*, Kairo 1963, 242 (vgl. 2 und Index s. v. – Qaṭṭān) erweckt den Anschein, als ob es Kullābiyya noch im späteren elften Jahrhundert gegeben hätte.

134 Ibn-ʿAsākir, Tabyīn, 125, 398 Anm.

135 Ibn-ʿAsākir, Tabyīn, 177, 178, 183–188; vgl. *McCarthy*, Theology, 429.

4. Al-Māturīdīs Verhältnis zu al-Aš'arī

a) Das Unbekannte an al-Māturīdī

Über al-Māturīdīs Karriere und das Vorleben ist sogar noch weniger bekannt[136] als über das al-Aš'arīs. Seine *nisba* kommt von Māturīd oder Māturīt, einem kleinen Ort am Rande von Samarkand, wo er geboren wurde. In Samarkand studierte er Rechtswissenschaft nach der ḥanafitischen Schule, und Kalām soll einen Teil seiner Studien gebildet haben. Wir kennen den Namen seines wichtigsten Lehrers sowie den der wichtigsten Lehrer des letzteren, und über diese und über verschiedene andere ḥanafitische Gelehrte der damaligen Zeit besitzen wir biographische Angaben. Aber selbst diese spärlichen Materialien sind noch nicht angemessen untersucht worden, und alles, was wir wissen, ist, daß an vielen Orten in der östlichen Hälfte des Kalifats irgendwann Schulen ḥanafitischer Rechtswissenschaft entstanden. Da al-Māturīdī 944 starb, dürfte er um 870 geboren sein. Ein paar wenige seiner Werke sind erhalten, von denen das populärste die „Interpretationen *(Ta'wīlāt)* des Koran" ist. Für die Zwecke der vorliegenden Untersuchung ist das *Kitāb al-tawḥīd* am wichtigsten, das 1970 von Fathalla Kholeif herausgegeben wurde. Es existieren auch eine Reihe von Manuskripten mit dem Titel „Al-Māturīdīs Glaubensbekenntnis *('Aqīda)*"; aber es wird gründliche Untersuchungen erfordern, um zu entscheiden, ob diese (von denen einige sich erheblich von anderen unterscheiden) die Ansichten des Meisters selbst darstellen, oder ob es sich um eine spätere Ausformulierung seiner Auffassungen durch seine Schüler handelt[137].

Die Unklarheit setzt sich in nachfolgenden Generationen fort. Man hat beobachtet, daß er in vielen Büchern, wo man hätte erwarten können, daß er erwähnt würde, mit Stillschweigen übergangen wurde, z.B. in Ibn-an-Nadīms *Fihrist* (geschrieben 988), in der Schilderung der Ṣifātiyya von aš-Šahrastānī (gest. 1153), im biographischen Wörterbuch des Ibn-Ḫallikān (gest. 1282), in Ibn-Ḫaldūns (gest. 1406) Darstellung des Kalām in seiner *Muqaddima* und in as-Suyūṭīs (gest. 1505) Wörterbuch der Korankommentatoren. Andererseits überliefert Faḫr-ad-dīn ar-Rāzī (gest. 1210), daß er in Transoxanien Anhänger von al-Māturīdī traf und mit ihnen argumentierte[138], und eine besondere von ihm vertretene Auffassung wird kurz in at-Taftazānīs (gest. 1389) Kommentar zum Glaubensbekenntnis as-Nasafīs erwähnt. Bald darauf tauchen Behauptungen auf, er

136 Ibn-Abī-l-Wafā', ii. 130f.; Ibn-Quṭlūbuġā, Nr. 173; EI[1] Art. „al-Māturīdī" *(D. B. Macdonald)*; as-Sayyid al-Murtaḍā (gest. 1791), Itḥāf as-sāda (Kairo 1893), ii. 5–15; GAS, i. 604–606; GALS, i. 346; *Vajda*, vgl. S. 188, Anm. 19.

137 Vgl. GAS. So bringt Laleli 2411/12 (Foll. 16–31) einen Hinweis auf „Aš'ariyya" (Fol. 19v.), der auf ein nicht früher liegendes Datum als 1000 u. Z. schließen läßt.

138 *Fathalla Kholeif*, A Study on Fakhr al-Dīn al-Rāzī and his Controversies in Transoxiana (Recherches, xxxi), Beirut 1966, § 140 des Textes.

habe Ähnlichkeit mit al-Ašʿarī. In *Miftāḥ as-saʿāda* schreibt Ṭāšköprīzāde (gest. 1560), daß „an der Spitze der Wissenschaft vom Kalām unter den Ahl as-Sunna wa-l-Ǧamāʿa zwei Männer standen, der eine Ḥanafit und der andere ein Šāfiʿit", nämlich al-Māturīdī und al-Ašʿarī. Die Idee von der Ähnlichkeit zwischen Māturīditen und Ašʿariten – und damit von den Eponymen – findet sich in *Ar-rawḍa al-bahiyya*, das nach 1713 von einem sonst unbekannten Gelehrten Abū-ʿUḏba verfaßt wurde, der offensichtlich Nūr-ad-dīn aš-Šīrāzīs Kommentar zu einem Gedicht von as-Subkī (gest. 1370) plagiierte; dieser Kommentar wurde um 1356 auf Wunsch des Autors verfaßt[139]. Zweifellos gibt es viele andere Hinweise auf al-Māturīdī in Werken, die aus ähnlicher Zeit stammen wie die erwähnten; doch die angeführten Hinweise reichen aus, um aufzuzeigen, daß die Gestalt al-Māturīdīs um das vierzehnte Jahrhundert herum allmählich aus dem Dunkel hervortrat und sich geradewegs auf den Brennpunkt des Interesses zubewegte. Wie läßt sich das erklären?

Ein Grund für seine ursprüngliche Unbekanntheit liegt darin, daß al-Māturīdī in einer Provinz lebte und arbeitete, die weit vom Zentrum des Kalifats entfernt lag. Die Gelehrten von Bagdad interessierten sich nicht für das, was in Samarkand vor sich ging, obwohl die māturīditischen Theologen noch vor dem Jahr 1000 kritische Bemerkungen über die Ašʿariten in ihre Werke aufnahmen – vielleicht wegen ašʿaritischer Schulen in Orten wie Nīšāpūr. Es ist auch wahrscheinlich, daß die Ḥanafiten dem Studium der Häresiographie und den Biographien der führenden Mitglieder ihrer Schule allgemein weniger Aufmerksamkeit schenkten als die Ašʿariten. Trotz der Unbekanntheit ist es aber eine Tatsache, daß die Theologie mit al-Māturīdī ein hohes Niveau erreicht und unter den Ḥanafiten in den östlichen Provinzen weiter betrieben wurde, obschon sie sich selbst vielleicht nicht als Anhänger al-Māturīdīs bezeichnet haben. Er scheint aus dem Dunkel hervorgetreten zu sein, nachdem die Ḥanafiten in den islamischen Kerngebieten an Bedeutung gewonnen hatten, weil sie von den Seldschuken und Osmanen unterstützt wurden. Man mutmaßt, daß sie im vierzehnten Jahrhundert oder schon früher begannen, mit Bedacht nach einem Eponym Ausschau zu halten, dessen Gewicht dem al-Ašʿarīs vergleichbar war.

Es sieht so aus, als ob europäische Vorstellungen über die Beziehung zwischen al-Māturīdī und al-Ašʿarī möglicherweise durch diese späten Aussagen verzerrt wurden, und insbesondere durch das eben erwähnte Buch, *Ar-rawḍa al-bahiyya fī-mā bayn al-Ašāʿira wa-l-Māturīdiyya*. Darin wird behauptet, daß die beiden Schulen sich in dreizehn Punkten unterschieden, von denen sieben verbal *(lafẓī)* und der Rest *maʿnawī*, vielleicht ‚echt' oder ‚substantielle Punkte', sind. Ehe das Werk 1904 (1322) in Hyderabad veröffentlicht wurde, wurde es von Wilhelm Spitta

139 Vgl. GALS, i. 346 unten, der *J. Spiro*, Proceedings of 13th International Congress of Orientalists (Leiden 1904), 292–295, zitiert. Der größte Teil des übrigen Materials wird zitiert in *Kholeif*s Einführung zu al-Māturīdī, Tawḥīd, 7* – 9*. Das Problem wird erörtert von *Louis Gardet* in St. Isl., xxxii (1970), 135–139.

verwendet, der 1876 eine etwas ungenaue Zusammenfassung der dreizehn Punkte vorlegte[140]. Diese scheint von Goldziher und anderen Gelehrten benutzt worden zu sein, bis durch Jean Spiro ihr plagiatorischer Charakter aufgedeckt wurde, ja sogar noch danach. Obwohl die dreizehn Punkte vielleicht die Beziehungen zwischen den beiden Schulen zu der Zeit aufzeigen, als die Liste erstellt wurde, werden die Ansichten der beiden Eponyme jedenfalls nicht korrekt festgehalten. Jetzt, da es genügend veröffentlichte bzw. ohne weiteres verfügbare Originaltexte gibt, sollte es möglich sein, alle Verzerrungen zu beseitigen, die diese Liste bewirkt hatte.

Der folgende Abschnitt soll keine Darlegung oder Kritik der dreizehn Punkte sein – von denen die meisten tatsächlich vernachlässigt werden können, weil sie sich mit geringfügigeren Dingen befassen oder mit Fragen, die zu einem späteren Zeitpunkt aufgeworfen wurden. Vielmehr soll versucht werden, die Hauptunterschiede zwischen al-Ašʿarīs Standpunkt und dem al-Māturīdīs und anderer Ḥanafiten des zehnten Jahrhunderts deutlich zu machen. Aus dem soeben Gesagten geht klar hervor, daß das Werk al-Māturīdīs als einer Einzelperson zur Entwicklung des islamischen Denkens wenig beitrug, zumindest in den Kerngebieten, wo die Hauptrichtung vertreten war. Obwohl die Māturīditen von den Ašʿariten wußten, vielleicht größtenteils wegen der Schule von Nīšāpūr, stammt der früheste bislang bekannte Hinweis auf al-Māturīdī aus dem vierzehnten Jahrhundert, und zwar von at-Taftazānī. Andererseits waren die Ašʿariten sich seit al-Ašʿarī selbst der eigenständigen ḥanafitischen Position bewußt, und so vertritt al-Māturīdī zusammen mit anderen eine lebendige Strömung nahe dem Zentrum des islamischen Denkens.

b) Die Hauptunterschiede

Die Hauptunterschiede zwischen der ašʿaritischen und der māturīditisch-ḥanafitischen Position können nach vier Themen gegliedert betrachtet werden. Von mehreren Punkten war schon in den vorangegangenen Kapiteln die Rede. Im Brennpunkt der Aufmerksamkeit steht das Denken der beiden Führer während der ersten Hälfte des zehnten Jahrhunderts; aber an gewissen Stellen empfiehlt es sich, andere Erklärungen aus den jeweiligen Schulen heranzuziehen.

1) *Glaube* (oder *īmān*). In dieser Hinsicht gibt es einen grundlegenden Unterschied. Für al-Ašʿarī und seine Anhänger besteht *īmān* – wie für die Ḥanbaliten – aus Wort und Tat, d. h. aus dem förmlichen Glaubensbekenntnis und der Erfüllung der Pflichten, die in der Šarīʿa festgelegt sind. Da die Menschen ihre Pflicht in unterschiedlichem Ausmaß erfüllen, geht diese Konzeption von *īmān* mit der

140 *Spitta*, Zur Geschichte Abu'l-Hasan al-Asʿari's, Leipzig 1876; wiederholt von *Klein*, Einführung zur Übersetzung der Ibāna, 37. Vgl. *Max Horten*, Die philosophischen Systeme der spekulativen Theologen im Islam, Bonn 1912, 531.

Doktrin einher, daß *īmān* zu- und abnehme. Die ḥanafitische Position hingegen ist, daß *īmān* allein aus dem Wort besteht, oder, wie sie es gewöhnlich ausdrücken, zum Herzen und zur Zunge gehört, d.h. *īmān* ist die innere Zustimmung oder Überzeugung, die das förmliche Glaubensbekenntnis begleitet[141].
2) Die Qadar-Doktrin. Al-Māturīdī nähert sich hier bis zu einem gewissen Grad dem muʿtazilitischen Standpunkt, während al-Ašʿarī strikt dagegen ist. Al-Ašʿarī behauptet in seinem Glaubensbekenntnis, daß menschliche Taten von Gott geschaffen seien, und daß der Mensch kein Vermögen habe zu handeln, ehe er tatsächlich handelt – eine nicht-fachphilosophische Art festzustellen, daß „das Vermögen mit dem Tun zusammen" *(al-istiṭāʿa maʿa l-fiʿl)* ist, im Gegensatz zu der muʿtazilitischen Auffassung, daß „das Vermögen vor dem Tun" sei[142]. Al-Māturīdī hingegen hebt die ‚Wahl' *(iḫtiyār)* des Menschen hervor und stimmt mit den Muʿtazila überein, wenn er meint, der Mensch habe das Vermögen zu zwei gegensätzlichen Handlungen *(al-istiṭāʿa li-ḍiddayn)*[143]. Andere Ḥanafiten waren al-Ašʿarī näher. Der Verfasser der *Waṣiyya* meint, menschliche Taten seien von Gott geschaffen (§ 11), und das Vermögen sei „mit dem Tun zusammen" (§ 15). Der Autor von *Al-fiqh al-akbar II* hingegen betont, daß *īmān* oder *kufr* das Tun des Menschen sei, und daß Gott ihn weder zu dem einen noch zu dem anderen zwinge, wenngleich er ihm zum ersten verhelfen und ihn dem zweiten anheimfallen lassen könne (§ 6). Gott hat alles aufgeschrieben, was geschehen wird, aber dieses Aufschreiben ist deskriptiv *(bi-l-waṣf)*, nicht determinativ (§ 5). Die verwandte Konzeption von *kasb* oder ‚Erwerb' spielt eine merkwürdige Rolle. Sie wurde von al-Ašʿarī akzeptiert, wenn er sie auch nicht in den Glaubensbekenntnissen erwähnt[144], und sie wurde auch in *Al-fiqh al-akbar II* akzeptiert (§ 6). Al-Māturīdī jedoch hält *kasb* für eine muʿtazilitische Doktrin[145]. Die Auffassungen über das *istiṯnāʾ* – (Darf ein Mensch sagen: „Ich bin gläubig" oder muß er hinzufügen: „So Gott will"?) – folgen denen über *īmān* und *kufr*. Al-Māturīdī attackiert die ḥanbalitische Doktrin von der Notwendigkeit von *istiṯnāʿ* im Hinblick auf *īmān*[146]. Während einige spätere Ašʿariten die ḥanbalitische Position

141 Vgl. oben 131f.; al-Māturīdī, Tawḥīd, 373–379. Auch *Manfred Götz*, „Māturīdī und sein Kitāb Taʾwīlāt al-Qurʾān", Isl., xli (1965), 27–70, insbes. 57–63.

142 Art. 17/18, 16/17 (aus Maqālāt/Ibāna, wie numeriert von *McCarthy*, Theology, 236–254); für Muʿtazila vgl. 239 oben.

143 Tawḥīd, 239, 263; vgl. *Götz*, „Māturīdī und sein Kitāb Taʾwīlāt al-Qurʾān", Isl., xli (1965), 52–57. Für die Ähnlichkeit mit den Muʿtazila vgl. al-Pazdawī, Uṣūl ad-dīn (S. 264 Anm. 13), 207, 210 (Hinweise aus *van Ess*, Erkenntnislehre [S. 266, Anm. 17], 327).

144 Aš., 542.8f., seine eigene Definition; vgl. oben 194f.

145 Tawḥīd, 91; vgl. 235, 369.

146 Tawḥīd, 388–392; implizit wird sie abgeleugnet in Fiqh akbar, § 6. Über die Ḥanbaliten etc., vgl. oben 139.

übernahmen, scheint der Meister selbst sie nicht ausdrücklich geäußert zu haben[147].

3) Die Bestrafung von Sünden. Al-Māturīdī vertritt eine Meinung, die mit den alten „murǧi'itischen" Auffassungen Abū-Ḥanīfas übereinstimmt. Selbst die schwere Sünde entfernt einen Menschen nicht von *īmān*, und wo es *īmān* gibt, kann ein Mensch nicht auf ewig in der Hölle sein[148]. Wie oben bemerkt wurde, vertraten andere Ḥanafiten ähnliche Auffassungen. In der Waṣiyya (§ 25) wird behauptet, daß auf die Fürsprache *(šafāʿa)* des Propheten hin solche Muslime, die schwerer Sünden schuldig sind, zu den Leuten des Paradieses gehören werden, und im Glaubensbekenntnis von aṭ-Ṭaḥāwī (§ 13) und in *Al-fiqh al-akbar II* (§ 14) werden ähnliche Meinungen zum Ausdruck gebracht. Das letztere läßt sogar reuelose muslimische Sünder ins Paradies eingehen. Al-Ašʿarīs Position ist dieser nicht unähnlich; doch er ist nicht bereit zu behaupten, daß kein *mu'min* auf ewig in der Hölle sein werde. Er räumt ein, daß einige große Sünder, die Muslime sind, auf die Fürsprache des Propheten hin aus der Hölle genommen werden, aber er betont, daß die endgültige Entscheidung bei Gott liege, und er könne, wenn er wolle, einige Sünder – auf ewig, so scheint es – in der Hölle bestrafen[149].

4) Gottes aktive Attribute. Al-Ašʿarī wie auch al-Māturīdī meinen, daß Gott Attribute *(ṣifāt)* wie z. B. Wissen besitze, und daß er aufgrund dieses Attributs des Wissens wisse. Hierin unterscheiden sie sich von den Muʿtaziliten, die sagen, Gott wisse durch sein Wesen[150]. Ferner akzeptieren sie die muʿtazilitische Unterscheidung zwischen aktiven und wesentlichen Attributen *(ṣifāt al-fiʿl, aḏ-ḏāt* oder *fiʿliyya, ḏātiyya)*[151]. Doch während al-Māturīdī sagte, alle Attribute seien ewig[152], meinte al-Ašʿarī, zumindest indirekt, die aktiven Attribute seien nicht ewig. Da Gott nicht ‚erschaffend' *(ḫāliq)* oder „versorgend" sein kann, ehe Geschöpfe existieren, lassen – seinem Bericht zufolge – „die meisten Ahl al-Kalām" nicht zu, daß man sagt: „Gott hat nicht aufgehört zu erschaffen (oder er „schafft ewig")"[153], und diese Ansicht teilt er wahrscheinlich. Wir sehen, daß al-Baġdādī zu einem späteren Zeitpunkt ausdrücklich behauptet, die aktiven Attribute seien nicht ewig, wenngleich er als Gegner nicht Ḥanafiten, sondern nur Karrāmiten erwähnt[154]. Die Ašʿariten werden wegen dieser Auffassung in dem māturīditi-

147 Baġ., Uṣūl, 253; vgl. *McCarthy*, Theology, 92 (§ 155); *Louis Gardet*, Dieu et la destinée de l'homme, Paris 1967, 388–390.
148 Tawḥīd, 325; vgl. oben 138f.
149 Glaubensbekenntnisse (wie Anm. 142), §§ 32/29a, 27/29b, 31/28.
150 Tawḥīd, 220.5; 44–49. Lumaʿ (in Theology), §§ 18–26, etc.
151 Aš., 508; daß diese Unterscheidung Ǧahm oder den Ǧahmiyya zugeschrieben wird (*Laoust*, Ibn-Taymiyya, 158), ist zweifellos eine ḥanbalitische Art und Weise, dasselbe zu sagen.
152 Tawḥīd, 47; *Götz* (S. 316, Anm. 141), 49–51; vgl. Fiqh akbar II, §§ 2, 16.
153 Aš., 16.
154 Baġ., 327; vgl. 207 und Uṣūl, 122. Vgl. al-Bāqillānī, Tamhīd (S. 283, Anm. 29), 263 oben.

schen Werk *Šarḥ al-fiqh al-akbar* generell auf der Grundlage kritisiert, daß sie einen Unterschied zwischen Gottes Wesen und Attributen oder einen Wandel in seinen Attributen impliziere[155].

Diese Darstellung zeigt, daß die Unterschiede zwischen al-Ašʿarī und al-Māturīdī tiefreichende Implikationen hatten, obwohl sie anscheinend geringfügig waren, und daß sie von der ašʿaritischen bzw. ḥanafitischen Schule weitgehend geteilt wurden. Al-Māturīdī hält sich in vielerlei Hinsicht an die übliche ḥanafitische Linie, aber einige Punkte seiner Doktrin sind im Gegensatz zu seinen besonderen Widersachern in Zentralasien entwickelt worden, wie z. B. den Karrāmiten. In ähnlicher Weise sind al-Ašʿarī und seine Schüler vom intellektuellen Milieu Bagdads beeinflußt.

5. Das Ende der formativen Periode

Um ungefähr 950 war die formative Periode des islamischen Denkens abgeschlossen. Dieses Datum ist eine runde praktische Zahl und liegt in der Nähe des Todesdatums von al-Ašʿarī und anderen bedeutenden Denkern, sowie der Machtergreifung durch die Buwayhidendynastie in Bagdad. Diese äußeren Ereignisse kennzeichnen keinen Stillstand in der geistigen Entwicklung, sondern einen Wandel in ihrem Wesen. Wie im letzten Teil des Buches zu sehen sein wird, stellten sich nach wie vor neue theologische Probleme. Diese Probleme führten jedoch nicht zu einer Revision der zentralen Inhalte des islamischen Dogmas, wie es bei vorangegangenen Diskussionen der Fall gewesen war. Zu al-Ašʿarīs Zeit hatten die Doktrinen des Glaubensbekenntnisses mehr oder weniger ihre endgültige Gestalt angenommen, und zwar nicht nur für die Sunniten, sondern auch für die imāmitischen und ismāʿīlitischen Schiiten. Zur gleichen Zeit hatten, wie zu sehen war, die Rechtsschulen ihr endgültiges Gesicht erhalten; der Kanon der Ḥadīṯe war festgelegt worden, und über den Text des Koran hatte man eine Einigung erzielt. Ein Beweis für die Stabilität dieses ganzen sunnitischen Systems und der auf ihm beruhenden Gesellschaft ist die Tatsache, daß diese Stabilität während der Zeit, als die höchste Macht in den Händen der imāmitischen Buwayhiden lag, praktisch nicht gestört wurde.

In einer wichtigen Hinsicht war der formative Prozeß des sunnitischen Denkens natürlich noch nicht abgeschlossen. Es gab noch keine allgemein anerkannte Bezeichnung für „Sunniten"; und es gab immer noch eine starke Rivalität zwischen bestimmten juristischen und theologischen Schulen. Noch mehr als zwei Jahrhunderte später kritisierte al-Ġazālī seine Theologen-Kollegen, weil sie wegen einiger geringfügiger Meinungsunterschiede Gegner als „Ungläubige" brandmarkten. Doch trotz dieser fortgesetzten Rivalitäten herrschte um 950 in

155 21 f.

der tatsächlichen Praxis weitgehende Übereinstimmung. Es waren solch praktische Dinge, die dem geistigen Gefüge seine Stabilität verliehen. Dieser weitgehenden Übereinstimmung entsprach auch eine tief unter der Oberfläche liegende Loyalität gegenüber der Gemeinschaft des Islam – eine Loyalität, der selten explizit Ausdruck gegeben wurde, die aber ein starker, für Einheit und Homogenität sorgender Faktor gewesen sein muß.

Bisweilen hat der Leser vielleicht den Eindruck gewonnen, daß die intellektuellen Diskussionen, von denen in dieser Untersuchung die Rede war, sich mit Nebensächlichkeiten befaßten. Doch dieser Eindruck täuscht. Das Endprodukt der Erörterungen war die Formulierung eines Kernbestandes an Doktrin oder Dogma, der für ein weiteres Jahrtausend die Grundlagen für eine große Zivilisation lieferte. Die Formulierung des Dogmas stellt nicht die Quelle der Lebenskraft einer Gesellschaft dar, sondern vielmehr eine Analyse einer bereits erfahrenen vitalisierenden Erneuerung. Doch ein gefestigtes Dogma ermöglicht die Bewahrung der Lebenskraft, die in einer Gemeinschaft vorhanden ist, und deren Weitergabe an nachfolgende Generationen.

Teil IV
Die islamische Philosophie des Mittelalters

EINFÜHRUNG

Es gibt verschiedene Möglichkeiten, sich der islamischen Philosophie[1] anzunähern. Oft betrachtet man sie als Verbindungsglied zwischen der griechischen Philosophie und der lateinischen Scholastik des Mittelalters. Dabei werden ihre Rolle als Übermittlerin griechischen Gedankenguts und der Einfluß, den einige islamische Philosophen auf europäische Denker ausübten, hervorgehoben. Andererseits ist die islamische Philosophie oft vor allem als kulturelles Phänomen begriffen worden, wenn es dem Historiker darum geht, ihren Platz in der islamischen Zivilisation zu bestimmen und zu verstehen. In diesen Fällen wird die islamische Philosophie nicht um ihrer selbst willen betrachtet. Es gibt aber eine dritte Annäherungsmöglichkeit, die eher dazu angetan ist, ihr Gerechtigkeit widerfahren zu lassen. Man kann sie nämlich zum Teil als eine Fortsetzung der griechischen Philosophie betrachten, d.h. als eine Fortsetzung jener Suche nach Wahrheit und Weisheit, die ihre Ursprünge im alten Griechenland hat. „Zweck der Philosophie ist" – so drückte es Avicenna aus, indem er al-Kindī einfach wiederholte –, „die wahre Natur aller Dinge in dem Ausmaß zu erkennen, in welchem der Mensch des Erkennens fähig ist"[2]. Bei dieser Aussage ist das Ideal griechisch und die Sprache aristotelisch.

Wie die große Anzahl ihrer Kommentare zur griechischen Philosophie bezeugt, hielten sich die islamischen Philosophen für die Hüter der Wahrheiten, zu denen die Alten *(al-qudamā')* gelangt waren. Zugleich gaben sie zu, daß das Erlangen der philosophischen Wahrheit schwierig ist und daß es dazu der ge-

1 In dem Ausdruck „islamische Philosophie" benutzen wir das Wort „islamisch" in seinem weiten, kulturellen Sinn. Die Philosophen, von denen hier die Rede ist, behaupteten zwar, dem „Islam" im religiösen Sinn anzugehören. Aber, wie zu zeigen sein wird, wurde dieser Anspruch im Fall vieler von ihren Kritikern in Zweifel gezogen.

2 Ibn Sīnā (Avicenna), *al-Šifā' (Heilung): al-Manṭiq (Logik) I; al-Madḫal (Isagoge)*, herausgegeben von M. Ḫudayrī, G. Anawatī, F. Ahwānī; revidiert und mit einer Einleitung versehen von I. Madkūr (Kairo, 1953), I, 2, S. 12. Dieses Werk wird mit *Madḫal* abgekürzt. S.a. al-Kindī, *„Fī al-Falsafa al-Ūlā* (Über die erste Philosophie", *Rasā' il al-Kindī al-Falsafiyya*, hrsg. v. A. A. Abū Rīda, S. 95.

meinsamen Anstrengungen jetziger und früherer Generationen bedarf[3]. Deshalb wiederholten sie nicht einfach das, was ihre griechischen Lehrer gesagt hatten. Sie kritisierten und überprüften, verfeinerten und arbeiteten aus, verglichen und wählten aus, untersuchten und trafen neue Unterscheidungen. Die islamischen Philosophen gestalteten Konzepte um, indem sie neue metaphysische Synthesen entwickelten, die von den Einsichten und den Visionen ihrer verschiedenen Schöpfer geprägt waren. Sie taten dies aber in einer Kultur, die man vielleicht am besten als „koranozentrisch" bezeichnet. Daher waren sie bemüht, eine koranische Auffassung von Gott und seiner Schöpfung mit einer philosophischen Sichtweise in Einklang zu bringen, die sich letztlich von Platon, Aristoteles und Plotin herleitete. Dadurch kamen viele von ihnen zu einer Theorie der Schriftinterpretation, die zu einer im wesentlichen platonischen politischen Theorie gehörte, die sie ihren Bedürfnissen anpaßten und weiterentwickelten.

Auf welche Weise versuchten diese Philosophen nun, eine philosophische Auffassung von Gott und der Welt mit dem Koran in Einklang zu bringen? Hier beobachtet man unterschiedliche Ansätze. Der erste islamische Philosoph, al-Kindī (gest. ca. 866), argumentierte zum Beispiel lange, um die Erschaffung der Welt *ex nihilo* zu beweisen, woran die meisten Muslime – der Lehre des Koran entsprechend – glaubten. Darüber hinaus verteidigte er die Lehre von der Auferstehung des Leibes, und einem mittelalterlichen Bericht zufolge argumentierte er, daß Gott alle Einzeldinge in ihrer Besonderheit kenne[4]. Zumindest in diesen Fällen liefert al-Kindī Argumente, die mit dem Koran übereinstimmen. Das heißt, er hält es nicht für notwendig, den Koran neu zu interpretieren, um ihn in seine Philosophie einzupassen[5]. Bei den beiden größten neuplatonischen Nachfolgern al-Kindīs hingegen, al-Fārābī (gest. 950) und Avicenna (Ibn Sīnā) (gest. 1037), scheint der Ansatz im großen und ganzen ein völlig anderer zu sein.

Al-Fārābī und Avicenna vertraten die aristotelische Theorie von der Ewigkeit der Welt und leugneten die Lehre von der Auferstehung des Leibes. Avicenna war darüber hinaus für seine Behauptung bekannt, daß Gott Einzelheiten nur „auf eine allgemeine Weise" kenne. Was geschieht dann, wenn das geoffenbarte Wort, wortwörtlich genommen, das Gegenteil von einer dieser Theorien bestätigt? Die Antwort dieser Philosophen war, daß die Sprache der Offenbarung in solchen

3 Al-Kindī, *Rasāʾil*, S. 109.

4 In *al-Muntaḫab min Ṣiwān al-Ḥikma* von al-Siǧistānī, zitiert in C. N. Atiyeh, *al-Kindi: The Philosopher of the Arabs* (Rawalpindi, 1966), S. 217–218 (arabischer Text) und S. 239–240 (englische Übersetzung von A. S. Bazmī Anṣārī).

5 Andererseits liefert al-Kindī eine philosophische Interpretation des Verses: „Die Sterne und Bäume verneigen sich [vor Gott]" (Koran 55.6), und zwar in der Abhandlung „*Fī al-Ibāna ʿan Suǧūd al-Ǧirm al-Aqṣā* (Zur Erläuterung der Prostration des äußersten Körpers [des Universums vor Gott])", *Rasāʾil*, S. 238–261. Obwohl sich die Interpretation der Kategorien der griechischen Astronomie bedient, ist nichts daran, was zur Vorstellung von einem allmächtigen, wollenden und weisen Gott im Widerspruch stünde.

Fällen mit Absicht figurativ sei, damit sie von der nichtphilosophischen Mehrheit der Menschen verstanden werden könne. Richtig interpretiert – und nur der Philosoph kann sie so interpretieren – befindet sie sich in vollkommener Übereinstimmung mit der philosophischen Wahrheit. Mit anderen Worten: Für diese Philosophen ist es die Sprache der Offenbarung, die sich der Philosophie anpassen muß, und nicht umgekehrt. Eine derartige Lösung ist für ihren theologischen Erzkritiker, den Aš'ariten al-Ġazālī (gest. 1111), schwerlich akzeptabel. In seiner Kritik an ihrer Philosophie, in seinem *Tahāfut al-Falāsifa* (Destructio philosophorum. Der innere Widerspruch der Philosophen), griff er die Theorie von der Ewigkeit der Welt heraus sowie die Theorie, daß Gott Einzelheiten „auf eine allgemeine Weise" kenne, und die von der Unsterblichkeit der Seele, die die Auferstehung des Leibes leugnet, und er sagt, diese Theorien stünden im Gegensatz zum Koran. Die Verfechter dieser Theorien bezichtigte er des islamischen Unglaubens, *kufr*.

Al-Ġazālīs Kritik an der islamischen Philosophie stellt einen Wendepunkt in ihrer Geschichte dar. Einerseits machte seine Kritik deutlich, daß es beim Konflikt zwischen den islamischen Theologen und solchen Philosophen wie al-Fārābī und Avicenna um die Natur der Gottheit ging. Al-Ġazālī stellte die Aufrichtigkeit dieser Philosophen nicht in Frage, wenn sie ihren Glauben an den einen Gott und an das Prophetentum Mohammeds bekräftigten. Vielmehr stellte er ihr Konzept von dem einen Gott und dem Prophetentum in Frage. Ehe er diese Philosophen als Ungläubige verurteilte, argumentierte al-Ġazālī zweitens aus rationalen Gründen, daß sie, im Gegensatz zu ihren Behauptungen, keine ihrer metaphysischen Theorien bewiesen hätten. Wären diese Theorien bewiesen worden, und wäre daher erwiesen, daß sie notwendigerweise wahr sind, hätte er sie akzeptiert. So lautete im wesentlichen seine Argumentation. Obwohl das Motiv für seine Attacke auf diese Philosophen theologisch war, waren seine Argumente also „philosophisch". Im *Tahāfut* findet sich in der Tat ein Reichtum an Gedanken und scharfen Argumenten, die von wirklichem philosophischen Interesse sind, und die die Entwicklung der islamischen Philosophie (und Theologie) – auch das mittelalterliche Denken im allgemeinen – weitgehend beeinflußten.

Eine Hauptwirkung von al-Ġazālīs *Tahāfut* waren die Erwiderungen, die er im islamischen Spanien provozierte. Die Philosophen Avempace (Ibn Bāǧǧa) (gest. 1138) und Ibn Ṭufayl (gest. 1185) reagierten mit sanften Stichen auf den Angreifer. Die umfassendste Entgegnung aber kam von dem mittelalterlichen Aristoteliker *par excellence*, Averroes (Ibn Rušd) (gest. 1198), der al-Ġazālī sowohl auf der juristischen als auch auf der philosophischen Ebene antwortete. Die juristische Verteidigung, *Faṣl al-Maqāl* (Die entscheidende Abhandlung), ein kurzes Werk, befaßte sich in erster Linie mit der Beschuldigung al-Ġazālīs, al-Fārābī und Avicenna seien Ungläubige. Die detailliertere philosophische Erwiderung war sein *Tahāfut al-Tahāfut* (Destructio destructionis). Darin zitiert er fast den ganzen *Tahāfut* von al-Ġazālī, indem er ihn Abschnitt für Abschnitt kritisch kommentiert.

Dieses Werk, ein in sich geschlossener philosophischer Klassiker, und keineswegs Averroes' einziger Beitrag zur Philosophie, erinnert uns daran, daß al-Ġazālīs Tadel an al-Fārābī und Avicenna nicht das Ende der philosophischen Aktivität in der islamischen Welt bedeutete.

In Spanien und im islamischen Afrika folgten andere Philosophen auf Averroes, namentlich Ibn Sabʿīn (gest. 1270) und der Historiker und Philosoph Ibn Ḫaldūn aus Tunis (gest. 1406). Ebenfalls erwähnt werden muß der Mystiker und Denker Ibn ʿArabī (gest. 1240), der großen Einfluß auf das spätere religiöse und philosophische Denken ausübte. Dieser Einfluß läßt sich insbesondere bei den Philosophen der persischen *išrāqī*-Schule („Erleuchtung") erkennen, deren philosophische Grundlagen avicennisch sind, die aber Avicennas Konzepte überarbeiteten und neu überdachten, um neue metaphysische Systeme zu formulieren. Der erste von ihnen, al-Suhrawardī (gest. 1191), griff in seinem Denken auf die alten Religionen Persiens zurück. Ihm folgte eine Anzahl von Philosophen, namentlich solche Persönlichkeiten wie Mīr Dāmād (gest. 1631), Mulla Ṣadrā (gest. 1640) und sein Kommentator aus dem 19. Jahrhundert, Sabzawārī (gest. 1866).

Im vorliegenden Überblick befassen wir uns jedoch in erster Linie mit dem Zeitabschnitt zwischen al-Kindī und Averroes; denn in einer Hinsicht handelt es sich um eine Parallele zur formativen Periode des islamischen religiösen und theologischen Denkens, die von Professor Watt erörtert wurde. Zudem liefert diese Zeit die Grundlagen und die Substanz, ohne die die späteren Entwicklungen in der islamischen Philosophie nicht richtig verstanden werden können.

KAPITEL I. DIE PERIODE DER ÜBERSETZUNGEN

Die Übersetzer griechischer naturwissenschaftlicher und philosophischer Texte ins Arabische waren hauptsächlich syrischsprechende christliche Gelehrte, zumeist Nestorianer und Jakobiten. Übersetzungen stammen auch von Gelehrten aus der Stadt Ḥarrān, die der sabäischen Sekte anhingen, deren Religion die Sternverehrung einschloß, aber eine griechische philosophische Grundlage hatte. Ibn al-Nadīm (gest. 995), unsere älteste und unschätzbare Quelle für die Geschichte der Weitergabe griechischer Gelehrsamkeit an die Araber, weist darauf hin, daß einige Übersetzungen in der Umayyadenzeit angefertigt wurden; dennoch gehört die eigentliche Übersetzungsbewegung zur ʿAbbāsidenzeit.

Sie begann in der zweiten Hälfte des 8. Jahrhunderts sporadisch, erhielt dann Auftrieb und wurde im 9. und 10. Jahrhundert – in ihrer Blütezeit – gut organisiert und von fachkundigen Gelehrten geführt. Diese Gelehrten gaben frühere Übersetzungen heraus und revidierten sie, kommentierten griechische Werke und verfaßten manchmal selbst naturwissenschaftliche und philosophische Abhandlungen. Sie waren entweder direkt oder durch ihre Schriften die Lehrer der islamischen Philosophen. Ihre Leistung war bemerkenswert, nicht nur wegen der großen Anzahl von Werken, die ein breites Spektrum umfaßten und die sie in einer verhältnismäßig kurzen Zeitspanne übersetzten, sondern auch wegen des hohen wissenschaftlichen Niveaus, das zu halten sie bestrebt waren. Ein Ergebnis ihrer Bemühungen war es, daß das Arabische, die Sprache des Koran, der verschiedenen islamischen religiösen Wissenschaften, der *belles lettres* und von Disziplinen wie Grammatik, Philologie und Geschichte, nun auch die Sprache der Naturwissenschaft und der Philosophie wurde.

Auch den ʿAbbāsidenkalifen, manchmal ihren Wesiren oder den einflußreichen Familien, die zu ihrem Hof gehörten, gebührt wegen der Förderung dieser Bewegung unsere Anerkennung. Der zweite ʿAbbāsidenkalif, al-Manṣūr (gest. 775), der Gründer der Stadt Bagdad, zeigte ein ausgeprägtes Interesse für Astronomie (und Astrologie) und Medizin. Einer der frühesten Übersetzer medizinischer und astronomischer Werke im Dienst von al-Manṣūr war al-Biṭrīq, der Vater von Yaḥyā Ibn al-Biṭrīq (gest. ca. 830), dem bekannteren Übersetzer naturwissenschaftlicher, logischer und philosophischer Werke[1]. Die beiden unmittelbaren Nachfolger al-Manṣūrs zeigten sich an griechischer Naturwissenschaft und Philosophie wenig interessiert, aber sein Enkel, Hārūn al-Rašīd (gest. 809) war ein Förderer von Übersetzungen. Es war aber Hārūns Sohn, der Kalif al-Ma'mūn, der von 813 bis 833 herrschte, der der Periode der Übersetzungen ihren wirklichen Impetus gab.

Al-Ma'mūn ist in der islamischen Geistesgeschichte für seine Unterstützung der muʿtazilitischne Theologie bekannt sowie für die Gründung des Hauses der Weisheit, *Bayt al-Ḥikma*, eines Zentrums für wissenschaftliche Aktivitäten und die Übersetzung griechischer naturwissenschaftlicher und philosophischer Werke. Diese beiden Interessen spiegeln sich in einer Geschichte wider, die von Ibn al-Nadīm erzählt wird[2]. Einer der Gründe für die Verbreitung philosophischer Bücher war – so berichtet Ibn al-Nadīm –, daß al-Ma'mūn in einem Traum Aristoteles sah. In Ibn al-Nadīms Bericht beschreibt al-Ma'mūn die Begegnung mit Aristoteles und dann das folgende Gespräch mit eigenen Worten so[3]:

> Ich sagte: „Oh Weiser, kann ich dir eine Frage stellen?" Er sagte: „Frage!" Ich sagte: „Was ist das Gute?" Er antwortete: „Das, was die Vernunft für gut hält"[4]. „Was kommt als nächstes?" fragte ich. Er antwortete: „Das, was das religiöse Gesetz für gut hält." Ich sagte: „Was dann?" Er sagte: „Das, was in

1 D. M. Dunlop, „The Translations of al-Biṭrīq and Yaḥyā (Yūḥannā) b. al-Biṭrīq", *Journal of the Royal Asiatic Society* (1969), S. 140–150. S. a. C. Petraitis *The Arabic Version of Aristotle's Meteorology* (Beirut, 1967), S. 27–70 (der Einleitung).

2 Ibn al-Nadīm, *Fihrist*, hrsg. v. C. Flügel (Leipzig, 1871), S. 243.

3 Ibid.

4 *Mā ḥasuna fī al-ʿaql*, wörtlich: „das, was im Geist gut ist".

der Meinung des einfachen Volkes gut ist". Ich fragte dann: „Was kommt als nächstes?" Er antwortete: „Danach kommt nichts".

Das Interessante an diesem Gespräch ist, daß es in gemeinverständlicher Form eine im wesentlichen muʿtazilitische ethische Ansicht widerspiegelt. Genauer gesagt, es wiederholt die Theorie der Muʿtazaliten von den moralischen Handlungen, eine Theorie, die mit einem ihrer beiden Hauptprinzipien in enger Verbindung steht, nämlich mit dem der göttlichen Gerechtigkeit *(al-ʿadl)*. Mit Ausnahme jener Handlungen des Rituals und der Verehrung, die vom religiösen Gesetz vorgeschrieben werden, sind dieser Theorie zufolge „Güte" *(al-ḥusn)* und „Schlechtigkeit" *(al-qubḥ)* objektive Qualitäten moralischer Handlungen. Als solche erkennt die Vernunft diese moralischen Qualitäten unabhängig von der Offenbarung. Das religiöse Gesetz gebietet bzw. verbietet diese Handlungen, weil sie zuerst in sich selbst gut bzw. schlecht sind. Eine Handlung ist nicht einfach gut, weil das religiöse Gesetz sie gebietet; das religiöse Gesetz gebietet sie vielmehr, weil sie in sich selbst gut ist.

Daß Aristoteles bei dieser Begegnung einen muʿtazilitischen Standpunkt vertritt, geht ferner aus einer anderen Version dieser Geschichte hervor, die ebenfalls von Ibn al-Nadīm berichtet wird. Darin wird das zweite muʿtazilitische Hauptprinzip angesprochen, das der Einheit Gottes *(al-tawḥīd)*. In dieser zweiten Fassung stellt al-Ma'mūn Aristoteles zusätzliche Fragen, und in seiner Antwort beschwört der Philosoph den Kalifen, an der Lehre von der Einheit Gottes festzuhalten. Ibn al-Nadīm stellt dann fest: „Dieser Traum war einer der ausschlaggebenden Gründe für die Abfassung philosophischer Bücher". Er berichtet dann weiter, daß al-Ma'mūn Gelehrte nach Byzanz sandte (u. a. Ibn al-Biṭrīq), die naturwissenschaftliche und philosophische Bücher suchen sollten, und daß solche Bücher zurückgebracht und übersetzt wurden.

Ob die Geschichte von al-Ma'mūns Traum nun wahr oder erdichtet ist, sie ist nicht ohne symbolische Bedeutung. Sie deutet an, daß sehr wahrscheinlich ein dogmatisches Motiv hinter seiner Förderung der Übersetzung griechischer Werke ins Arabische stand. Durch die Förderung von Naturwissenschaft und Philosophie nämlich würde er generell den rationalistischen Tenor der muʿtazilitischen Theologie unterstützen. Obschon das ein wahrscheinliches Motiv ist, muß es nicht das einzige Motiv al-Ma'mūns oder seiner beiden Nachfolger gewesen sein, die seine pro-muʿtazilitische Politik fortsetzten. Es kann auch nicht das Motiv aller Förderer gewesen sein, vor allem deshalb nicht, weil der Übersetzungstätigkeit nicht die Unterstützung entzogen wurde, als die Muʿtaziliten ihre politische Macht verloren. Es muß verschiedene Motive gegeben haben. Von Anfang an läßt sich ein sehr praktisches Interesse erkennen. Die ältesten Übersetzungen wurden hautpsächlich von medizinischen, astronomischen und astrologischen Werken angefertigt (selbst ein Rationalist wie al-Ma'mūn hatte seinen Hofastrologen). Medizin und Astrologie waren jedoch nicht von der Philosophie gelöst.

Ohne die Kontroverse im späten Altertum zu untersuchen, ob die Logik Teil der Philosophie oder nur ihr Werkzeug sei, umfaßte das Studium der Medizin in den nestorianischen Schulen zum Beispiel das Studium der Logik; dies steht in Einklang mit der Empfehlung Galens[5]. Astronomie und Kosmologie waren eng miteinander verbunden. Wahrscheinlich war auch Prestigedenken ein Motiv, der Wunsch, Byzanz zu übertreffen, und den islamischen Bereich zum wahren Erben hellenischer Weisheit zu machen. Als Motiv sollte man auch nicht ausschließen, daß einige Förderer echtes Interesse für Naturwissenschaft und Philosophie um ihrer selbst willen hatten, war dies doch eine Zeit intellektueller Unruhe und Wißbegier.

Abgesehen vom Wirken der sabäischen Gelehrten von Ḥarrān war die Periode der Übersetzungen weitgehend von zwei wichtigen Traditionen der griechischen Kultur bestimmt: Die eine war die medizinische und philosophische Schule von Alexandria, die um 718 nach Antiochia zog. In der Mitte des 9. Jahrhunderts übersiedelte sie nach Ḥarrān und von dort nach Bagdad[6]. Die andere Tradition war die nestorianische Akademie von Ǧundišāpūr in Persien, die als Schule der Medizin und für ihr Spital bekannt ist. Ǧundišāpūr war ursprünglich ein Lager für römische Gefangene, das im 3. Jahrhundert vom Sassanidenkönig Šāpūr I. gebaut worden war. Im 5. Jahrhundert – nach der Absetzung des Patriarchen Nestorius beim Konzil von Ephesus im Jahr 431 – wurde Ǧundišāpūr zur Zufluchtstätte für nestorianische Gelehrte. In der Sassanidenzeit erlebte es eine Blüte und muß in der Umayyadenzeit weitergewirkt haben, auch wenn die historischen Daten hierüber spärlich sind. Mit dem Aufstieg der ʿAbbāsiden wurde Ǧundišāpūr sehr bedeutend. Aus seiner Baḫtišūʿ-Familie stammten zum Beispiel von 765 bis 870 die Ärzte an den ʿAbbāsidenhöfen von Bagdad und Samarra. Das erste Krankenhaus in Bagdad, erbaut von Hārūn al-Rašīd, nahm das Spital von Ǧundišāpūr zum Vorbild.

Ein interessanter Hinweis auf die „Leute von Ǧundišāpūr" findet sich in einer Anekdote, die der Belletrist al-Ǧāḥiẓ (gest. 869) über einen gewissen muslimischen Arzt namens Ibn al-Ǧānī erzählt. Der Arzt beklagt sich darüber, daß im Bagdad des 9. Jahrhunderts die Christen im medizinischen Beruf dominieren[7]:

> [Asad Ibn Ǧānī] war ein Arzt. Einmal aber hatte er überhaupt keine Patienten mehr. Da sagte jemand zu ihm: „Es gibt viel Pest in diesem Jahr, und Krankheiten sind weit verbreitet. Du bist ein gebildeter Mann, bekannt

5 N. Rescher, *The Development of Arabic Logic* (Pittsburgh, 1964), S. 16, 19–20.

6 M. Meyerhof, „Von Alexandria nach Baghdad", *Sitzungsberichte der Preussischen Akademie der Wissenschaften; philosophisch-historische Klasse*, Bd. 23 (1930), S. 388–429.

7 Al-Jāḥiẓ, *Kitāb al-Bukhalā'*, hrsg. v. G. Van Vloten (Leiden, 1900), S. 109–110. In diesem Zusammenhang berichtet Ibn Ǧulǧul, ein spanischer Araber aus dem 10. Jahrhundert, daß bis zur Herrschaft ʿAbd al-Raḥmāns II. (822–852) im islamischen Spanien alle Ärzte Christen waren. Ibn Ǧulǧul, *Ṭabaqāt al-Aṭibbā' wa al-Ḥukamā'*, hrsg. v. F. Sayyid (Kairo, 1955), S. 101.

für deine Geduld und deine Bereitschaft zu dienen, für deine Urteilsfähigkeit und dein Wissen. Wie kommt es dann, daß dein Gewerbe keine Kundschaft findet?"

Er antwortete: „Zum einen: Für die Leute bin ich ein Muslim. Bevor ich überhaupt Medizin studierte, nein, bevor ich geboren wurde, waren die Leute davon überzeugt, daß Muslime in der Medizin keinen Erfolg haben. Außerdem heiße ich Asad, aber ich sollte Ṣalībā, Yūḥannā oder Pīrā heißen. Mein Beiname ist Abū al-Ḥāriṯ, dabei sollte er Abū ʿĪsā, Abū Zakariyyā' oder Abū Ibrāhīm lauten. Zudem habe ich ein weißes Baumwollgewand, aber es sollte ein Kleid aus schwarzer Seide sein. Schließlich ist meine Aussprache die eines Arabers, aber mein Akzent sollte der der Leute von Ǧundišāpūr sein".

Wenden wir uns nun den einzelnen Übersetzern zu. Der bekannteste und einflußreichste war der große nestorianische Arzt und Gelehrte Ḥunayn Ibn Isḥāq (gest. 873). Er war ein Schüler von Yaḥyā Ibn Māsawayh (gest. 857), der ebenfalls Arzt und Übersetzer war und als erster al-Ma'mūns Haus der Weisheit leitete. Ḥunayn folgte seinem Lehrer eine Zeitlang als Leiter dieses Zentrums nach. Er diente als Hofarzt und wurde auch von den Banū Mūsā gefördert, einer wohlhabenden Familie, die die Wissenschaft und Philosophie patronisierte. Anders als frühere und einige spätere Gelehrte, die nur aus dem Syrischen übersetzten, konnte Ḥunayn Griechisch und hatte ein System, griechische Manuskripte zu kollationieren, ehe er sie übersetzte[8]. Er verfügte auch über ein Team von hervorragenden Übersetzern. Unter ihnen befand sich sein Sohn Isḥāq (gest. 910), sein Neffe Ḥubayš (gest. 890) und ʿĪsā Ibn Yaḥyā (gest. 910). Obwohl Ḥunayn sich bei medizinischen Übersetzungen hervortat, übersetzte und überwachte er auch Übersetzungen logischer und philosophischer Werke.

Wir haben auch erwähnt, daß die Sabäer von Ḥarrān einen Beitrag zur Übersetzungsbewegung leisteten. Der bedeutendste von ihnen war der große Gelehrte Ṯābit Ibn Qurra (gest. 901), der ebenfalls von der Familie der Banū Mūsā gefördert wurde. Er war nicht nur Übersetzer, sondern schrieb auch einen Kommentar zur *Physik* des Aristoteles sowie eine Reihe selbständiger Abhandlungen über Mathematik und Astrologie. Er diente dem Kalifen al-Muʿtaḍid (gest. 902) als Hofastrologe. Ein anderer bedeutender Übersetzer – diesmal ein orthodoxer (melchitischer) Christ –, der Ibn al-Nadīms Ansicht nach Ḥunayn ebenbürtig war, war Qusṭā Ibn Lūqā (gest. ca. 912). Er war in Baʿalbek, Libanon, geboren und wahrscheinlich griechischer Abstammung. Er revidierte ältere Übersetzungen, fertigte neue an und schrieb selbständige philosophische Abhandlungen, u.a. das einflußreiche Werk *Der Unterschied zwischen Seele und Geist*. Ein wichtiger Übersetzer und Zeitgenosse Qusṭās war Abū ʿUṯmān al-Dimašqī

8 G. B. Bergsträsser, *Ḥunayn Ibn Isḥāq über die Syrischen und Arabischen Galen-Übersetzungen* (Leipzig, 1925), S. 5 (arabischer Text).

(gest. 900), der viele Übersetzungen von den syrischen Übersetzungen Ḥunayns und dessen Sohnes Isḥāq anfertigte.

Zu den späteren Übersetzern gehörte Abū Bišr Mattā (gest. 940), der nestorianische Arzt und Logiker und Lehrer al-Fārābīs; Yaḥyā Ibn ʿAdī (gest. 974), der jakobitische Christ und bekannte Logiker, der selbständige Abhandlungen über Ethik und zur Verteidigung des Christentums verfaßte; Abū ʿAlī Ibn Zurʿa, ein anderer jakobitisch-christlicher Theologe; sowie Ibn al-Ḫammār (oder Ibn Suwār) (gest. 1020), ebenfalls ein jakobitischer Christ und selbst ein Theologe.

Wie bereits erwähnt, fertigten Ḥunayn und seine Zeitgenossen und Nachfolger nicht nur neue Übersetzungen aus dem Griechischen oder Syrischen an, sondern revidierten und verbesserten auch frühere arabische Versionen. Sie waren um Genauigkeit und Klarheit bemüht und vereinheitlichten den Fachwortschatz der verschiedenen Disziplinen. Ihre Leistung aber beruhte auf den grundlegenden Arbeiten, die solche früheren Gelehrten wie der bereits erwähnte Ibn al-Biṭrīq geleistet hatten. Zwei andere frühe Gelehrte müssen ebenfalls genannt werden. Der erste, ein gewisser Asṭāt (Eustathius), über den sehr wenig bekannt ist, fertigte eine vollständige Übersetzung von Aristoteles' *Metaphysik*[9] an, ein Werk, das dem Philosophen al-Kindī zugänglich war. Der zweite war der jakobitisch-christliche Gelehrte Ibn Nāʿima al-Ḥimṣī (gest. 835), der für al-Kindī das sehr einflußreiche apokryphe Werk *Die Theologie des Aristoteles* übersetzte.

Obwohl wir uns hier hauptsächlich mit Philosophie (und Logik) befassen, muß wiederholt werden, daß die Übersetzungen einen wesentlichen Teil der griechischen medizinischen, mathematischen und naturwissenschaftlichen Schriften umfaßten, zu denen Schlüsselwerke wie die *Elemente* von Euklid und der *Almagest* von Ptolemäus gehörten. Die übersetzten philosophischen Werke standen hauptsächlich in der Tradition platonischen, aristotelischen und neuplatonischen Denkens. Abgesehen von seinen medizinischen Werken waren Galens philosophische Schriften außerordentlich einflußreich, insbesondere deswegen, weil sie für die Muslime des Mittelalters eine Hauptquelle für die Kenntnis Platons darstellten. Nicht weniger bedeutsam war die Übersetzung einer Sammlung von griechischen Kommentaren – in erster Linie zu Aristoteles – von Männern wie Themistios und Alexander von Aphrodisias.

Platons Einfluß auf die islamische Philosophie war im Bereich der politischen Philosophie am größten, wenn auch seine Kosmologie bei einigen Philosophen ihre Spuren hinterlassen hat, u. a. bei al-Rāzī (gest. 925). Ibn al-Nadīm erwähnt, daß viele von Platons Werken übersetzt worden waren, u. a. *Politeia, Nomoi, Parmenides* und sogar die *Briefe*[10]. Diese scheinen jedoch eher Summarien und Paraphrasen als Übersetzungen der Originaltexte gewesen zu sein. Die bekannteste Darstellung des *Timaios* fand sich wahrscheinlich in Galens *Synopse der platoni-*

9 Ibn al-Nadīm, *Fihrist*, S. 251–252.
10 *Ibid.*, S. 246.

schen Dialoge[11]. Al-Fārābī liefert ein Resümee der *Nomoi*, aber ohne Buch 10. In seiner *Philosophie Platons* faßt er die *Dialoge* zusammen. All diese scheinen jedoch wiederum auf Resümees und Paraphrasen zu beruhen. Von Interesse ist Ibn al-Nadīms Erwähnung des *Parmenides*. Es gibt Anzeichen dafür, daß dieses Werk recht früh in Form einer Paraphrase bekannt war. Wie zu zeigen ist, benutzt al-Kindī seine dialektische Methode und einige seiner Argumente, wenn auch mit einem anderen Ziel als Platon. Man muß auch daran erinnern, daß Aristoteles' Darstellung und Kritik der Ideenlehre in der *Metaphysik* den Arabern bekannt war. Im großen und ganzen verstanden die islamischen Philosophen diese Theorie so wie Aristoteles und nannten bei ihrer Widerlegung parallele Argumente.

Mit Aristoteles' Werken ist die Sache anders. Fast das gesamte Korpus von Aristoteles' Werken wurde übersetzt; verschiedene Werke wurden mehrmals übersetzt und/oder revidiert. Die *Politik* war aber anscheinend nicht übersetzt worden, und das Buch K der *Metaphysik* war wohl unbekannt. Das ganze *Organon* wurde übersetzt und, dem syrischen Vorbild entsprechend, waren *Rhetorik* und *Poetik* miteingeschlossen. Diese Einbeziehung trug zur mittelalterlichen islamischen Erörterung des epistemologischen Status der Prämissen bei, die bei der Beweisführung benutzt wurden (demonstrativ, dialektisch, rhetorisch und poetisch). Sie wurde auch für die politische Theorie relevant. Die Bürger wurden in demonstrative, dialektische und rhetorische Stände aufgeteilt. Der Herrscher mußte sich dieser Theorie zufolge an jeden Stand mit der entsprechenden Art von Argumentation wenden. Es sollte auch angemerkt werden, daß den arabischen Logikern die Satz-Logik der Stoiker bekannt war, und daß sie oft Erörterungen darüber in ihre Paraphrasen oder Erläuterungen zu *Analytica priora* aufnahmen.

Das neuplatonische Denken war hauptsächlich, aber nicht ausschließlich, durch zwei Werke bekannt. Das erste ist die bereits erwähnte *Theologie des Aristoteles*, die man für einen Kommentar Porphyrios' zu Aristoteles hielt. Dieses Werk war eine Paraphrase der Bücher IV, V und VI von Plotins *Enneaden*, und es ist nicht unwahrscheinlich, daß es auf Porphyrios zurückgeht. Es wurde im frühen 9. Jahrhundert von Ibn Nāʿima für den Philosophen al-Kindī übersetzt und war außerordentlich einflußreich. Das zweite Werk, das zwar weniger einflußreich, aber dennoch sehr wichtig war, war das Buch, das im Arabischen als *Fī Maḥd al-Ḫayr*, „Über das Reine Gute", und in seiner lateinischen Übersetzung aus dem Arabischen als *Liber de Causis* bekannt ist[12]. Fast mit Sicherheit handelt es sich um eine Übersetzung von Proklos' *Elemente der Theologie*. Es wurde nach der *Theologie des Aristoteles* übersetzt, möglicherweise von Abū ʿUṯmān al-Dimašqī.

Es ist eine Ironie, daß Plotin, der einen so immensen Einfluß auf die Entwicklung der islamischen Philosophie ausübte, den Muslimen des Mittelalters nicht dem Namen nach bekannt war. Die arabische Form von Plotin(us), Flūṭinus,

11 *Ǧawāmiʿ* in Bergsträsser, op. cit., S. 50 des arabischen Textes.
12 S. M. M. Anawati, *Étude de Philosophie Musulman* (Paris, 1974), Teil II, Kapitel 1 und 2.

wird zwar beiläufig erwähnt, aber der Name bezieht sich auf ihn als Kommentator zu Aristoteles, nicht als Verfasser der *Enneaden*. Er wurde auch als *Al-Šayḫ al-Yūnānī*, „der weise Grieche“[13], bezeichnet.

KAPITEL II. AL-KINDĪ

Der erste islamische Philosoph, Abū Yusūf Yaʿqūb Ibn Isḥāq al-Kindī, wurde um das Jahr 800 in der Stadt Kufa geboren. Dort war sein Vater Gouverneur[1]. Er gehörte dem südarabischen Stamm der Kinda an – daher sein Name, „al-Kindī“, d.h. „der Kindite“. Die mittelalterlichen Quellen berichten, daß er seine Ausbildung in Kufa, Basra und Bagdad erhielt, aber über seine Lehrer sagen sie nichts. Wie schon früher erwähnt, stand er in enger Verbindung mit der Übersetzungsbewegung. Die drei muʿtazilitischen Kalifen, al-Ma'mūn (gest. 833), al-Muʿtaṣim (gest. 842) und al-Wāṯiq (gest. 847), waren seine Mäzene, und er war der Lehrer eines Sohnes von al-Muʿtaṣim. Aus nicht ganz geklärten Gründen fiel er aber beim Kalifen al-Mutawakkil (gest. 861) in Ungnade. Eine Folge war, daß seine Bibliothek beschlagnahmt wurde. Sie wurde ihm aber später zurückgegeben. Er starb nach dem Jahr 866, wahrscheinlich um 870.

Al-Kindī war der erste in einer Reihe von islamischen Philosophen, die zugleich auch Ärzte und Naturwissenschaftler waren. Ibn al-Nadīm nennt etwa zweihundertvierzig Titel seiner Werke. Was einen bei dieser Aufzählung am meisten beeindruckt, ist nicht so sehr die Anzahl seiner Werke, die sie umfaßt – einige der angeführten, noch vorhandenen Abhandlungen bestehen aus sehr kurzen Briefen und Aufsätzen –, sondern vielmehr das breite Spektrum seiner Themen. Auf der Liste finden sich nämlich Werke aus den Gebieten Philosophie, Theologie, Logik, Astronomie, Astrologie, Alchimie, Arithmetik, Geometrie, Musik und aus anderen verwandten Gebieten. Außerdem betritt al-Kindī nicht als zögernder Neuling die philosophische Szene. Aus seinen philosophischen Schriften erkennt man Zuversicht, Energie und ein beträchtliches Wissen und Argumentationstalent sowie einen wirklich philosophischen Geist. Zugleich spürt man darin das Bestreben, für die griechischen philosophischen Begriffe passende arabische Äquivalente zu finden. Damit trug er bewußt zur Entwicklung eines arabischen philosophischen Wortschatzes bei, wie in seiner Abhandlung über Definitionen deutlich wird[2].

Sein bedeutendstes philosophisches Werk, das uns erhalten blieb, ist seine

13 F. Rosenthal, *„As-Shaykh al-Yūnānī and the Arabic Plotinus Source“*, Orientalia, XXI (1952), S. 461–529; XXII (1953), S. 370–400; XXIV (1955), S. 42–66.

1 Al-Qifṭī, *Ta'rīḫ al-Ḥukamā'* (Leipzig, 1903), S. 347.

2 Al-Kindī, *Rasā'il*, S. 163–179.

Abhandlung *Über die erste Philosophie*, die dem Kalifen al-Muʿtaṣim gewidmet ist[3]. Es ist jedoch nicht sicher, ob sie vollständig erhalten ist, oder ob sie noch einen anderen Teil hatte, der verlorenging. An sich handelt es sich um eine in sich geschlossene Abhandlung, in der eine kohärente Auffassung von der Schöpfung und ihrem Schöpfer beschrieben wird. Sie besteht aus vier Teilen oder Kapiteln und ist ein bemerkenswertes Beispiel für eine eindringliche und gleichmäßig durchgehaltene Argumentation. Die Zutaten sind sicherlich platonisch, aristotelisch und neuplatonisch, aber das Endprodukt ist eine metaphysische Sicht, die mit ihrem eigenen, spezifischen Charakter etwas anderes ist als nur die Summe ihrer Teile. Ihr philosophischer Grundton wird im Eingangskapitel angestimmt, vor allem dort, wo al-Kindī seine Leser ermahnt, sie sollten sich nicht schämen, die Wahrheit anzuerkennen und zu übernehmen „aus jeder beliebigen Quelle, sogar, wenn sie von früheren Generationen und anderen Völkern stammt". In diesem, dem kürzesten der vier Kapitel, preist er die Philosophie und definiert sie als das „Erkennen der wahren Natur der Dinge, soweit der Mensch dessen fähig ist". Die erste Philosophie oder Metaphysik, so stellt er dann fest, ist das Erkennen der „ersten Wahrheit, die die Ursache jeder Wahrheit ist". Sie ist die edelste Erkenntnis, da die Erkenntnis der Ursache höher und edler ist als die Erkenntnis der Wirkung.

Kapitel II befaßt sich weitgehend mit dem Beweis, daß die Welt in einem bestimmten jetzt vergangenen Moment augenblicklich geschaffen wurde, und zwar *ex nihilo*, aus nichts. Al-Kindī beginnt damit, daß er zwischen der Welt, die von den Sinnen wahrgenommen wird, den Einzeldingen, die im Fluß sind, und der Welt, die vom Geist wahrgenommen wird, unterscheidet, der Welt der Universalien und solch notwendiger Wahrheiten wie dem Prinzip des Nicht-Widerspruchs. Obwohl al-Kindīs Sprache an die platonische Unterscheidung zwischen der Welt des Werdens (Fluß) – der von ihm benutzte arabische Ausdruck ist *sayalān* – und der Welt des Seins erinnert, wird ganz deutlich, daß er nicht einer platonischen Theorie der Formen zustimmt, die unabhängig von den Einzelheiten der Sinne und jeden Geistes existieren. Die Universalien, die Gattungen und die Arten existieren ihm zufolge nur im Geiste[4]. Ein sinnlich wahrnehmbares Ding hat ein Abbild *(miṯāl)* in der Seele. Bei den rein rationalen und metaphysischen Gegenständen der Erkenntnis ist das nicht der Fall. So erklärt er zum Beispiel, daß wir kein Abbild von der Vorstellung davon haben können, daß es jenseits des Raums weder Raum noch Leere gibt. Dieses Beispiel steht im Zusammenhang mit der Geschichte der islamischen politischen Philosophie. Avicenna beispielsweise behauptet, es sei sowohl nutzlos als auch falsch zu versuchen, die Massen solche Konzepte zu lehren; denn die Massen seien nur der

3 Al-Kindī, „*Fī al-Falsafa al-Ūlā* (Über die erste Philosophie)", *Rasāʾil*, S. 81–162; englische Übersetzung mit Einleitung und Kommentar von A. L. Ivry, *Al-Kindi's Metaphysics* (Albany, New York, 1974).

4 *Rasāʾil*, S. 107, 108.

„bildhaften" Erkenntnis fähig – um mit al-Kindī zu sprechen –, aber keiner Abstraktionen[5].

Al-Kindī beginnt seinen Beweis, daß die Welt *ex nihilo* erschaffen wurde, mit einem Argument, das zeigen soll, daß ein Körper nicht unendlich sein kann. Er behauptet, die Annahme eines unendlichen Körpers müsse notwendigerweise zu der widersprüchlichen Konsequenz führen, daß ein Unendliches größer sei als das andere. Denn, so argumentiert er, wenn wir von einem unendlichen Körper ausgehen, können wir im Prinzip von ihm immer einen endlichen Teil wegnehmen und einen Rest zurücklassen, der unendlich ist. Aber sicherlich würde das restliche Unendliche dann weniger sein als das ursprüngliche Unendliche, und zwar um einen Teil, der dem endlichen Teil entspricht, den man weggenommen hat. Wir hätten also zwei ungleich große Unendlichkeiten, und das ist ein Widerspruch. In späteren islamischen philosophischen Schriften finden sich verschiedene Versionen dieser Beweisführung.

Soweit argumentierte al-Kindī für die Endlichkeit eines Körpers, und er zog daraus einen Hauptschluß, nämlich, daß der Körper des Universums endlich sein müsse. Ehe wir mit den weiteren Schritten von al-Kindīs Argumentation fortfahren, wo er versucht nachzuweisen, daß Zeit und Bewegung ebenfalls endlich sein müssen, ist es vielleicht angebracht, innezuhalten und anzudeuten, inwiefern sein Konzept vom Unendlichen von den späteren islamischen Philosophen wie Avicenna und Averroes abweicht, die die Lehre von der Ewigkeit der Welt vertraten. Alle, al-Kindī, Avicenna und Averroes, glaubten, daß das aktuelle Unendliche unmöglich sei. Sie waren aber darüber unterschiedlicher Meinung, was die Aktualität eines solchen hypothetischen Unendlichen ausmachen würde. Für Avicenna und Averroes, die Aristoteles folgten, ist eine Größe aktuell, wenn ihre konstituierenden Teile koexistieren. Also wäre der Körper des Universums eine Größe, deren Teile koexistieren. Eine Reihe von Ursachen und Wirkungen, die gleichzeitig sind, würden ebenfalls eine solche Größe bilden. In beiden Fällen ist die Unendlichkeit der Größe unmöglich.

Man käme zu der Art von Widerspruch, die von al-Kindī nachgewiesen wurde. Wenn andererseits die Reihe existierender Dinge nicht koexistiert, weil diese zeitlich aufeinander folgen, dann ist die Unendlichkeit einer solchen Reihe möglich. Deshalb behaupteten sie, Ereignisse in der Vergangenheit seien unendlich gewesen und weitere Ereignisse würden in der Zukunft unbegrenzt stattfinden. Al-Kindī stimmt zwar damit überein, daß koexistierende Ereignisse nicht unendlich sein können, und daß künftige Ereignisse (die ja noch nicht wirklich stattgefunden haben) auf unbestimmte Zeit weiter stattfinden mögen[6], aber er bestritt, daß die Ereignisse in der Vergangenheit unendlich gewesen sein können. Für ihn

5 Ibn Sīnā (Avicenna), *al-Šifā* (Heilung), *al-Ilāhiyyāt* (Metaphysik), hrsg. von C. Anawātī, S. Dunyā, S. Zāyid, revidiert und mit einer Einleitung versehen von I. Madkūr (Kairo, 1960), X, 2, S. 442. Dieses Werk wird mit *Ilāhiyyāt* abgekürzt.

6 *Rasāʾil*, S. 116.

haben diese nämlich existiert, und deshalb waren sie aktuell: Eine Reihe solcher Ereignisse würde eine Reihe von Aktualitäten darstellen und könne daher nicht unendlich sein[7]. Wie wir sehen werden, ähnelt seine Position hierin auf bemerkenswerte Weise der des Theologen und größten Kritikers von Avicenna, al-Ġazālī.

Um zu der Argumentation zurückzukehren: Nachdem er gezeigt hat, daß der Körper endlich sein muß, und daß der Körper des Universums folglich endlich sein muß, fährt al-Kindī fort zu argumentieren, daß Zeit endlich sei, weil sie Quantität ist. Quantität prädiziert den Körper, und da der Körper endlich ist, ist alles, was ihn prädiziert, endlich. Dies gilt auch für die Bewegung. Zeit und Bewegung sind von gleicher Dauer, wobei die Zeit die Zahl oder das Maß der Bewegung ist (wie Aristoteles behauptete) und beide existieren notwendigerweise nur mit Körpern. Aber zu behaupten, Bewegung und Zeit könnten als Prädikabilien des Körpers nur existieren, wenn Körper existieren, heißt nicht unbedingt, daß der Körper, wenn er existiert, in Bewegung und Zeit sein muß. Dies muß bewiesen werden. Al-Kindī versucht also zu zeigen, daß der Körper des Universums als Ganzes genommen Bewegung haben muß. Seine Argumentation hier ist nicht ohne Doppeldeutigkeit und kann verschieden interpretiert werden. Sie scheint die folgende zu sein:

Im Fall irgendeines bestimmten Körpers, den wir um uns herum antreffen, muß es in ihm entweder Bewegung oder keine Bewegung geben. Wenn es keine Bewegung gibt, dann entweder deswegen, weil sie absolut und notwendigerweise fehlt, oder nur deswegen, weil sie zufällig nicht da ist, aber da sein könnte. Wenn nun die Abwesenheit von Bewegung in irgendeinem Körper absolut und notwendig ist, dann existiert sie in überhaupt keinem Körper. Die Implikation hier ist – auch wenn al-Kindī dies nicht deutlich macht –, daß das Fehlen von Bewegung in einem Körper ein bestimmtes Kennzeichen des Körpers wäre. Von einem sich bewegenden Körper zu sprechen, wäre dann ein begrifflicher Widerspruch. Die Abwesenheit von Bewegung in irgendeinem Körper kann es aber nicht in diesem absoluten und notwendigen Sinn geben; denn dann könnte in keinem Körper Bewegung sein. Es ist aber eine Erfahrungstatsache, daß Bewegung in Körpern existiert. Daher hat ein Körper, der zufällig nicht in Bewegung ist, die Möglichkeit, in Bewegung zu sein. Aber wenn Bewegung die Möglichkeit hat, in einem Körper zu existieren, dann muß sie tatsächlich in einem anderen existieren. Dies ist so, weil „möglich sein" soviel wie potentiell existieren heißt, und wir können nicht sagen, etwas existiere potentiell in einem Fall, wenn es nicht aktuell in einem anderen existiert. So behauptet al-Kindī, wir könnten nur sagen, daß der

7 Al-Kindī, „*Mā'iyyat mā lā Yumkin an Yakūn lā Nihāya lahū wa al-ladhī Yuqāl lā Nihāya lahū* (Über die Natur dessen, was nicht unendlich sein kann und dessen, von dem es heißt: ‚es ist unendlich')", *Rasā'il*, S. 195.

und der[8], der zufällig ein Analphabet ist, die Möglichkeit zu schreiben habe, weil andere Menschen diese Fähigkeit tatsächlich haben.

Al-Kindī fährt fort: Wenn Bewegung nun in irgendeinem Körper existiert, der Teil des Körpers des Universums wäre, dann existiert sie in dem Körper des Universums. Von dort kommt er zur Schlußfolgerung der Argumentation: Wenn der Körper des Universums Bewegung haben muß, und wenn Bewegung notwendigerweise endlich ist, dann kann das Universum nicht in unendlich vergangener Zeit existieren. Es muß einen Anfang in der Zeit (genauer: mit der Zeit) haben[9]. Al-Kindī verdeutlicht dann, daß die Theorie, die davon ausgeht, daß die Welt statisch gewesen und dann in einem bestimmten Augenblick in der Vergangenheit aus der Gegenwart heraus in Bewegung gesetzt worden sei, ebenfalls widersprüchlich ist; denn Körper, Bewegung und Zeit können nicht ohne einander existieren. Daher bedeutet der endliche Beginn der Welt ihre Erschaffung *ex nihilo*. Mit anderen Worten: Für al-Kindī ist die *creatio ex nihilo* nicht einfach eine mögliche Theorie vom Ursprung der Welt. Sie ist eine notwendige Theorie. Eine Welt, die in ihrer vergangenen Existenz ewig ist, ist eine Unmöglichkeit. Al-Kindī vertritt als einziger unter den größeren islamischen Philosophen diesen Standpunkt. Wie zu zeigen sein wird, kommt ihm al-Rāzī, dessen Lehre nicht die von der *creatio ex nihilo* ist, hierin am nächsten.

Das dritte und vierte Kapitel von al-Kindīs Abhandlung beschäftigen sich mit dem Beweis der Existenz Gottes, des wahren Einen. Darin wird die Natur seiner Einheit und ihre Beziehung zur Schöpfung untersucht. Der Beweis, der im dritten Kapitel geliefert wird, ist eine Version der kausalen Argumentation, obwohl sein Ausgangspunkt nicht die Erfahrung von Bewegung, Wandel, Kontingenz oder Absicht in der Welt um uns ist[10]. Zur Existenz Gottes kommt er durch eine Überprüfung des Phänomens der Vielheit in der Welt. Al-Kindī liefert zunächst eine abgekürzte Form dieses Beweises: Wenn wir die Prädikabilien[11] oder die Kategorien der Existenz um uns prüfen, sehen wir, daß jede von ihnen an Einheit

8 *Rasā'il*, S. 118. Al-Kindī benutzt den Namen „Muḥammad". Aber ob das ein Hinweis auf den Propheten Mohammed ist (wie Irvy, *Al-Kindi's Metaphysics*, S. 156 meint), oder einfach als Name benutzt wird, der für jede Person gilt, steht nicht fest. Die traditionelle Invokation „Mögen Gottes Gebete und Frieden mit ihm sein", die der Erwähnung des Propheten Mohammed folgt, kommt in dem Text nicht vor.

9 Da die Welt, die Bewegung und die Zeit zusammen erschaffen wurden.

10 Die üblicheren kausalen Argumente finden sich an anderer Stelle; das Argument aus der Absicht zum Beispiel in „*al-Ibāna ʿan al-ʿIlla al-fāʿila al-Qarība li al-Kawn wa al-fasād* (Darlegung zur aktiven nächsten Ursache von Entstehen und Vergehen)" *Rasā'il*, S. 216.

11 Diese umfassen die fünf Prädikabilien des Porphyrios: Gattung, Art, artbildender Unterschied, wesentliches Merkmal, unwesentliches Merkmal – aber außerdem noch solche Kategorien wie „individuell", „ganz", „Teil", „alles" und „einiges". Zu einer ausführlichen Diskussion des ganzen Beweises, einschließlich Kommentare zu ihrer besonderern Terminologie, s. M. E. Marmura und J. Rist, „Al-Kindi's Discussion of Divine Existence and Oneness", *Mediaeval Studies*, XXV, 1963, S. 338–354.

und Vielheit teilhat. Da Einheit das Gegenteil von Vielheit ist, müßte sie, wenn sie in jeder der Kategorien essentiell, d.h. als bestimmendes Kennzeichen, existieren sollte, die Existenz von Vielheit ausschließen. Al-Kindī untersucht jede der Kategorien und weist nach, daß Vielheit nicht von ihnen ausgeschlossen werden kann. Daher kann die Einheit in ihnen nicht essentiell, sondern nur akzidentiell existieren. Dann stellt er eine Prämisse auf. Diese Prämisse, die einen aristotelischen Hintergrund hat, kann wie folgt ausgedrückt werden[12]: Wenn etwas in einem Seienden A akzidentiell existiert, muß es essentiell in irgendeinem anderen Seienden B existieren. Außerdem ist seine essentielle Existenz in B die Ursache für seine akzidentielle Existenz in A. Daraus schließt er, daß Einheit, die in jeder der Kategorien akzidentiell existiert, in einer anderen essentiell existiert. Dieses andere ist ein Seiendes, das essentiell eins ist, nämlich das wahre Eine, die Ursache der akzidentiellen Einheit, die wir in den Dingen finden.

Al-Kindī bietet dann eine detailliertere und ausgefeiltere Version des Beweises an, eine Version, die von der argumentativen Methode und den Argumenten von Platons *Parmenides* beeinflußt ist (auch wenn Kontext und Zweck anders sind). Er versucht zu zeigen, daß die Kategorien oder Prädikabilien sowohl an der Einheit als auch an der Vielheit teilhaben müssen, und daß Einheit daher in ihnen nicht essentiell existieren kann. Er versucht, dies durch eine Reihe von Antinomien zu beweisen. Die erste wollen wir als Beispiel anführen[13]:

> Wenn die Natur jeder der Prädikabilien nur Vielheit ist, dann kann es keine Teilhabe an einem Zustand oder einer Idee geben. Aber so etwas, ich meine, die Teilhabe an einem Zustand oder einer Idee, existiert. Einheit existiert also mit Vielheit. Aber wir haben angenommen, Einheit existiere nicht. Einheit existiert also, und sie existiert nicht – und das ist ein unhaltbarer Widerspruch.

Alternativ argumentiert al-Kindī dann, wenn wir die Existenz von Einheit mit Vielheit in den Prädikabilien annehmen, dann könne es weder Gegensätzlichkeit noch Anderssein geben, da diese als Minimum zwei Dinge voraussetzen. Aber Widerspruch und Anderssein existieren tatsächlich. Deshalb existieren beide, Vielheit und Einheit, in den Kategorien, und als solche kann Einheit in ihnen nicht essentiell existieren[14].

Wenn aber Einheit und Vielheit in den Kategorien koexistieren müssen – so fährt al-Kindī fort –, dann ist dafür eine Erklärung nötig. Das kann nicht auf

12 Diese Prämisse verwendet auch Avicenna in seinem *Beweis der Prophezeiungen*, s. M. E. Marmura, „Avicenna's Psychological Proof of Prophecy", *Journal of Near Eastern Studies*, XXII, 1. (Jan. 1963), S. 53, 55. Diese Prämisse scheint auf Aristoteles, *Metaphysik*, II, 1 993b, 19–25 zurückzugehen, wo Aristoteles von dem spricht, was derivative Wahrheiten verursacht, die wahrsten zu sein.

13 *Rasā'il*, S. 133.

14 Ibid., S. 140.

Zufall zurückzuführen sein; denn dann wären Einheit und Vielheit voneinander getrennt und unabhängig, während sie das in Wirklichkeit nicht sind. Also muß das auf eine Ursache zurückgehen. Aber um was für eine Ursache handelt es sich? Ist sie eine der Prädikabilien, oder besteht sie außerhalb von ihnen? Sie kann nicht eine der Prädikabilien sein, weil sie dann sowohl an der Einheit als auch an der Vielheit teilhaben müßte.

Folglich muß die Ursache außerhalb von ihnen liegen. Die transzendente Ursache wiederum müßte entweder Einheit, Vielheit oder beides sein. Sie kann nicht Vielheit sein, da Vielheit aus Einheiten besteht. Wenn sie beides ist, wären Einheit und Vielheit die Ursache von Einheit und Vielheit. Damit wäre sie die Ursache von sich selbst, was unmöglich ist. Daher muß die Ursache die absolute Einheit sein, d.h. das wahre Eine.

Das Konzept vom wahren Einen ist neuplatonisch. Dies wird im vierten Kapitel deutlich, wo al-Kindī systematisch argumentiert, daß der Begriff „eins“, wenn er sich auf das „wahre Eine“ bezieht (im Gegensatz zu solchen Begriffen wie „groß“ und „klein“), nicht relativ sei; daß er zwar die Basis jeder Zahl, aber weder quantitativ noch Zahl sei; daß das wahre Eine weder Gattung noch Art sei; daß es sich nicht aus Form und Materie zusammensetze, und daß es nicht prädikabel sei; daß es bewegungs- und zeitlos sei; daß es weder Seele noch Intellekt sei; daß der Begriff „das wahre Eine“ weder synonym noch im doppelten Sinn gebraucht werde, und daß das wahre Eine die Ursache des Daseins *ex nihilo* aller individuell seiender Dinge sei.

Al-Kindī endet mit dem Argument, daß ein Ding als ein identifizierbares Individuum durch Einheit existiert. Erst die Einheit gibt ihm individuelle Existenz *(al-tahawwī)*, und diese Einheit ist eine Emanation *(fayḍ)* aus dem wahren Einen. Der Verleiher von Einheit ist der Verleiher von Existenz. Da ein Ding ohne Einheit nicht existieren kann, ist der Verleiher von Einheiten der Schöpfer der Dinge *ex nihilo*. Weil ein Ding ohne Einheit nicht weiterexistieren kann, ist es das unaufhörliche Verleihen von Einheit, das ein Ding erhält. Das wahre Eine ist daher beides, der Schöpfer der Welt *ex nihilo* und ihr Erhalter.

Wie erschafft dann das wahre Eine nach al-Kindīs Philosophie die Welt? Nicht aus Zwang; denn dann müßte das wahre Eine, das unveränderlich ist, immer handeln, und die Welt müßte ewig sein. Aber für al-Kindī ist sie das ja nicht. Darin unterscheidet sich seine Philosophie von der des Plotin und solchen islamischen Neuplatonikern wie al-Fārābī und Avicenna. Wenn sie jedoch in der Zeit erschaffen wurde, muß der Urheber dieser Schöpfung freiwillig handeln, muß er das Attribut des Willens haben. Aber wenn das wahre Eine absolut einfach ist, wo ist sein Wille? Das ist eine der Fragen, die al-Kindī nicht beantwortet, zumindest nicht in den Werken, die erhalten sind.

Obwohl al-Kindī in dieser Abhandlung den Begriff „Gott“ nicht benutzt, ist klar, daß das wahre Eine der eine Gott ist. Seine Argumentation für die absolute Einfachheit der Natur Gottes steht nicht im Widerspruch zur Lehre der muʿtazilitischen Theologen von der göttlichen Einheit. Aber sein genaues Verhältnis zur Muʿtazila läßt sich aufgrund der erhältlichen Daten schwer feststellen[15]. Was vielleicht wichtiger ist, ist, wie sich sein Denken zur geoffenbarten Religion, dem Islam, verhält. Von den großen islamischen Philosophen scheint seine Philosophie diejenige zu sein, die am meisten mit der Offenbarung in Einklang steht. Sein Festhalten an der *creatio ex nihilo* ist ein Beispiel dafür. Aber in einer anderen Abhandlung von ihm findet sich eine unmißverständlich philosophische Verteidigung der Lehre von der Auferstehung des Leibes[16]. Außerdem zitiert al-Siğistānī (gest. 1000) ihn und sagt, er behaupte, Gott kenne die Einzelheiten einer Schöpfung in ihrer Besonderheit[17]. Der Stil der Feststellung ist der al-Kindīs, so daß es wenig Grund gibt, an ihrer Authentizität zu zweifeln.

Man kann nicht sagen, al-Kindī habe eine Schule gehabt, obwohl es Philosophen wie al-Saraḫsī (gest. 899) gab, die ihm folgten. Aber in der Geschichte der islamischen Philosophie war er ein Pionier, der den Weg für andere ebnete. Die meisten der Fragen, die von seinen Nachfolgern erörtert werden, finden sich in seinen Schriften, wenn auch oft nur in embryonaler Form. Selbst wenn die grundlegenden Lehren seiner Philosophie nicht im Widerspruch zum geoffenbarten Wort stehen, bietet er, wenn notwendig, philosophische Interpretationen der religiösen Sprache an. Seine Abhandlung *Fī al-Ibāna ʿan Suğūd al-Ğirm al-Aqṣā* (Zur Erläuterung der Prostration des äußersten Körpers [des Universums vor Gott])[18] ist ein Klassiker dieser Art.

KAPITEL III. AL-RĀZĪ

Der zweite bedeutende islamische Philosoph ist auch in der Geschichte der Medizin eine überragende Gestalt. Abū Bakr Muḥammad Ibn Zakariyyāʾ al-Rāzī – der „Rhazes" des lateinischen Abendlandes des Mittelalters – übte einen gewaltigen Einfluß auf die Entwicklung sowohl der islamischen als auch der westlichen Medizin aus. Im Abendland blieb er bis weit ins 17. Jahrhundert hinein eine führende medizinische Autorität. Zu seinem umfangreichen medizinischen Werk gehört das enzyklopädische *al-Ğāmiʿ al-Kabīr* (Das umfassende Werk) – manchmal irrtümlich mit *al-Ḥāwī*, dem *Continens* der lateinischen Version,

15 Eine enge Verbindung zwischen al-Kindī und den muʿtazilitischen Theologen nehmen Abū Rīda und Walzer an, während Ivry sie bezweifelt. S. Ivry S. 22–34.

16 Al-Kindī, „*Fī Kammiyyat Kutub Arisṭūṭālīs* (Über die Menge der Bücher des Aristoteles)", *Rasāʾil*, S. 373–374.

17 S. Einführung, Anm. 4.

18 S. Einführung, Anm. 5.

identifiziert[1] – sowie der berühmte Traktat über die Pocken und die Masern, in dem zum erstenmal in der Geschichte der Unterschied zwischen diesen beiden Krankheiten definiert wird. Al-Rāzī war als Arzt, wie seine gewissenhaften Aufzeichnungen von Anamnesen beweisen, ganz Empiriker, und obwohl er Galen als medizinische Autorität verehrte, kritisierte er ihn auch. Er leistete mit einer sorgsamen Klassifizierung der ihm bekannten Substanzen einen Beitrag zur Alchimie, und er war einer der ersten Wissenschaftler im Islam, die mithalfen, die Pharmazie als eine zwar mit der Medizin verwandte, aber von ihr unabhängige Disziplin zu etablieren. Seine Vielseitigkeit und sein unabhängiger Geist kommen in seiner Philosophie sehr klar zum Ausdruck.

Aber über al-Rāzīs Leben ist sehr wenig bekannt. Er wurde im Jahre 865 in der persischen Stadt Rayy geboren, wo er anscheinend zunächst Mathematik, Astronomie, Philosophie und arabische *belles-lettres* studiert hat (seine Neigung zur Medizin scheint aus etwas späterer Zeit zu stammen). Ibn al-Nadīm erwähnt einen gewissen al-Balḫī, der einer seiner Lehrer gewesen sein soll, während der ismāʿīlitische Theologe des 11. Jahrhunderts und scharfe Kritiker al-Rāzīs, Nāṣir-i-Ḫusraw, behauptet, er verdanke seine philosophischen Ideen Īrānšahrī, einem unbekannten früheren Denker, dem unorthodoxe Ansichten nachgesagt werden. Al-Rāzī diente als Arzt in einem neu erbauten Spital in Rayy und später in einem anderen Krankenhaus, das in Bagdad errichtet worden war. Sein Ruf als bedeutendster Arzt seiner Zeit ließ ihn bei den Mächtigen zum gesuchten Mann werden. Er starb entweder 925 oder 932. In seinem Werk *Die philosophische Lebensweise* berichtet er, seine Sehkraft sei in den fünfzehn Jahren, die er mit dem Schreiben seines *al-Ǧāmiʿ* zubrachte, sehr schwach geworden. Es wird auch berichtet, daß er kurz vor seinem Tod einen Star bekommen habe; er habe sich aber geweigert, sich operieren zu lassen, und ausgerufen: „Ich habe so viel von dieser Welt gesehen, daß ich ihrer überdrüssig bin".

Seine philosophischen Schriften umfassen Logik, Metaphysik, Ethik und Kritik an theologischen Positionen sowie Antworten auf Kritiken. Abgesehen von Werken wie dem ethischen *al-Ṭibb al-Rūḥānī* (Die geistige Heilkunde), der Apologie *al-Sīra al-Falsafiyya* (Die philosophische Lebenswesie), der kurzen *Risāla fī mā Baʿd al-Ṭabīʿa* (Eine Abhandlung über die Metaphysik), deren Authentizität als al-Rāzīs Werk jedoch nicht ganz sicher ist[2], und dem kurzen, populären, politischen Aufsatz *Fī Amārāt al-Iqbāl wa al-Dawla* (Zeichen des weltlichen Fortschritts

1 Über die Unterscheidung zwischen *al-Ḥāwī, Kitāb al-Ḥāwī* und *al-Ǧāmiʿ*, s. A. Z. Iskandar, „The Medical Biography of al-Rāzī", *Essays in Islamic Philosophy and Science*, hrsg. v. G. F. Hourani (Albany, New York, 1975), S. 41ff.

2 Sowohl P. Kraus als auch S. Pines neigen dazu, ihre Authentizität zu akzeptieren. S. P. Kraus, *al-Razi's Opera Philosophica* (Kairo, 1939), S. 114ff.; S. Pines, *Beiträge zur islamischen Atomenlehre* (Berlin, 1936). Diese beiden Werke werden mit *Opera Philosophica* bzw. *Beiträge* abgekürzt.

und der Macht)[3] sind die meisten seiner philosophischen Werke verlorengegangen. Es gibt eine Reihe von Zitaten, Berichten, Kommentaren und Kritiken – manchmal, wie z. B. bei Maimonides, kurz aber treffend – medizinischer Gelehrter, die informativ sind. Die meisten von diesen tendieren zwar dazu, al-Rāzī gegenüber sehr kritisch zu sein und im Gegensatz zu ihm zu stehen, und darüber hinaus wurde das meiste – außer dem Bericht des ismāʿīlitischen Theologen Abū Ḥātim al-Rāzī (gest. 932) – nach seinem Tod geschrieben. Dennoch ergänzen die Berichte sich gegenseitig und liefern eine ganz bestimmte philosophische Position und eine erkennbare Kosmologie. Einige der wichtigeren späteren Berichte sind die von Nāṣir-i-Ḫusraw (gest. ca. 1070), al-Bīrūnī (gest. 1048), Ibn Ḥazm (gest. 1069), Faḫr al-Dīn al-Rāzī (gest. 1209) und al-Qazwīnī al-Kātibī (gest. 1276).

Al-Rāzīs Kosmologie beruht auf seiner metaphysischen Lehre von den fünf ewigen Prinzipien *(al-qudamāʾ al-ḫamsa)*. Seine Eschatologie, Ethik und seine Ablehnung des Bedürfnisses nach Propheten und geoffenbarten Religionen stehen mit seiner Kosmologie im Zusammenhang. Es sollte angefügt werden, daß mittelalterliche arabische Quellen die Lehre der fünf ewigen Prinzipien manchmal den Sabäern von Ḥarrān zuschreiben, die bald als Ḥarrānianer, bald als Ḥarnānianer[4] bezeichnet werden. Aber die historische Gültigkeit dieser Zuschreibung ist bezweifelt worden, und es wird allgemein anerkannt, daß al-Rāzī in erster Linie und unmittelbar von den Lehren des *Timaios* von Platon (bekannt durch Galens Zusammenfassung) und die griechischen Atomisten beeinflußt wurde[5]. Die fünf ewigen Prinzipien sind Materie, Raum, Zeit, die universelle Seele und der Schöpfer. Diese sind, wie Bīrūnī in seinem Bericht sagt, für al-Rāzī „notwendig"[6]:

> [Al-Rāzī] stellte fest, daß die fünf [ewigen Prinzipien] in dieser „existierenden Existenz" *(al-wuǧud al-mawǧud)* notwendig sind. Was also in [dem Existierenden] durch die Sinne wahrgenommen wird, ist Materie *(hyle)*, die die durch Zusammensetzung [d. h. die Anordnung ihrer atomischen Teile] Form angenommen hat. Sie nimmt Raum ein; daher muß es Raum geben. Die Änderungen im Zustand, die [das Existierende] erlebt, sind notwendige Begleitumstände der Zeit; denn einige von diesen [Zuständen] sind früher, die anderen später. Und durch die Zeit weiß man, was vor-ewig ist, was verursacht wird, was früher ist, was neuer ist und was gleichzeitig ist. Daher muß es [Zeit] geben.

3 All diese Werke sowie die mittelalterlichen Berichte, die unten erwähnt werden, wurden von Kraus in *Opera Philosophica* herausgegeben.

4 Nach einem angeblichen Begründer dieser Philosophie, einem gewissen Ḥarnān; s. al-Kātibī in *Opera Philosophica*, S. 313 und Ibn al-Nadīm, *Fihrist*, S. 318.

5 S. Kraus in *Opera Philosophica*, S. 191–194; *Beiträge*, S. 42ff.; M. Fakhry, „A Tenth Century Arabic Interpretation of Plato's Cosmology", *Journal of the History of Ideas*, VI (1968), S. 15–17.

6 *Opera Philosophica*, S. 190.

Zudem: Was existierend ist, schließt lebende Wesen ein. Daher muß es die Seele geben. Unter diesen [lebenden Wesen] gibt es rationale Wesen. Außerdem: Die Art der Verfertigung [der Welt] ist von äußerster Vollkommenheit. Daher muß es den weisen, wissenden, vervollkommnenden Schöpfer geben, der die Dinge soweit wie möglich zurechtrückt, und der die Emanation der Vernunft aus Ihm selbst [auf den Menschen] zum Zwecke der Rettung [des Menschen] verursacht.

In der obigen Passage bemerken wir, daß das, was von den Sinnen wahrgenommen wird, Materie ist, die bereits „Form" hat. Die Sprache erinnert unmittelbar an Aristoteles. Aber das ist irreführend. Zwischen al-Rāzīs Konzept von Materie und dem des Aristoteles bestehen fundamentale, unüberbrückbare Unterschiede. Anders als Aristoteles, der meinte, daß Materie die Möglichkeit habe, unendlich teilbar zu sein, war al-Rāzī Atomist. Sein Atomismus geht zudem auf Demokrit und die Epikureer zurück[7]. Al-Rāzīs Atome sind ewig. Aber neben diesem demokritischen atomistischen Konzept wurde eine im wesentlichen platonische Lehre von der Schöpfung eingeführt. Schöpfung besteht für al-Rāzī darin, daß den Atomen Ordnung auferlegt und somit das materielle Universum gebildet wurde, wie wir es kennen. Während nun die Atome ewig existieren, geschah dieser (göttliche) schöpferische Akt, ihnen Ordnung aufzuerlegen und ihnen Form zu geben, al-Rāzī zufolge in einem endlichen Augenblick in der Zeit. Vor diesem Augenblick hatten die Atome, die als erste Materie bezeichnet werden können, Existenz. Damit kommen wir zu einem anderen fundamentalen Unterschied zwischen al-Rāzī und Aristoteles. Die erste Materie, die Substrata aller materiellen Dinge, ist für Aristoteles eine Potenz, die nicht ohne Form existieren kann. Nur Materie, die Form hat, existiert aktuell. Und für Aristoteles ist die geformte Materie, das physische Universum, ewig. Wie erwähnt, existierte für al-Rāzī die erste Materie, die Atome, bevor sie Form annehmen, bevor sie das uns bekannte, geordnete Universum werden, aktuell; und in einem endlichen Augenblick in der Zeit nahm sie Form an.

Aber wie steht es mit dieser Form, die al-Rāzīs Atome annehmen? Dies führt uns zu einem weiteren grundlegenden Unterschied zwischen al-Rāzī und Aristoteles. Al-Rāzī lehnte Aristoteles' Auffassung, Leere sei unmöglich, ab. Die Atome sind durch die Leere voneinander getrennt. Die Formen und Eigenschaften, die die Kombination von Atomen, die materielle Körper bilden, annehmen, sind in Wirklichkeit verschiedene Beziehungen zwischen den Atomen. Daher können Konglomerate von Atomen dichter sein als andere, wobei die Dichte vom Ausmaß der Leere zwischen den Atomen bestimmt wird. Es sind die positionellen Beziehungen der Atome zueinander, ihre Anordnungen und das Ausmaß der leeren Räume zwischen ihnen, die solche Eigenschaften wie Festigkeit, Weichheit, Schwere und Leichtigkeit bestimmen. Da die Dichte der Atome in verschie-

7 *Beiträge*, S. 76ff.

denen Körpern ihre Schwere bzw. Leichtigkeit bestimmt, wies al-Rāzī Aristoteles' Theorie zurück, daß von den vier Elementen einige sich – je nach ihrem natürlichen Ort – nach oben und einige nach unten bewegten. Al-Rāzī meinte, alle Körper hätten eine innere Bewegung, die sie veranlasse, sich auf den Mittelpunkt der Erde hinzubewegen[8].

Al-Rāzīs Raumtheorie steht im engen Zusammenhang mit seiner Auffassung von Materie. Da Materie Raum einnimmt, so argumentiert er, muß es einen Raum geben, der von der Materie unabhängig ist. Er unterschied zwischen zwei Arten von Raum, dem universellen absoluten Raum – einem der fünf ewigen Prinzipien – und dem besonderen Raum. Obwohl er für die Existenz des absoluten Raumes und der Leere argumentierte, finden sich in einigen der Berichte auch Anzeichen dafür, daß er meinte, unsere Kenntnis des absoluten Raums (und der absoluten Zeit) sei primitiv und intuitiv. Der absolute Raum ist von Körpern unabhängig. Deshalb behauptet er, außerhalb unseres Universums gebe es leeren Raum *(al-faḍā')*. Der besondere Raum hingegen kann nicht ohne Körper existieren, und zumindest in dieser Hinsicht ist seine Raumlehre mit Aristoteles' Auffassung von Raum verwandt, der ihn als Oberflächengrenze begreift, innerhalb derer ein Körper enthalten ist. Für al-Rāzī aber ist der besondere Raum die Ausdehnung von Körpern in ihren Dimensionen und ist mit der Materie koextensiv. Obwohl also eine Ähnlichkeit zwischen Aristoteles' Konzept von Raum und al-Rāzīs Konzept von besonderem Raum besteht, sind die beiden Konzepte nicht identisch. Für al-Rāzī hat die Materie schon durch ihre Beschaffenheit eine Ausdehnung und ist daher räumlich.

Außerdem unterscheidet al-Rāzī zwischen absoluter universeller Zeit und besonderer Zeit. Die absolute Zeit, eines der fünf ewigen Prinzipien, ist unendlich und von Bewegung unabhängig. Sie ist nicht der Zählung unterworfen, die, al-Rāzī zufolge, nur auf das anzuwenden ist, was endlich ist. Die besondere Zeit hingegen ist von Körpern und ihrer Bewegung abhängig. Sie unterliegt der Zählung und ist endlich[9]. Al-Rāzī scheint der Meinung zu sein, daß diese Endlichkeit sowohl auf den Beginn dieser besonderen Zeit und ihr Ende zutrifft, und daß die Welt, die aus prä-existierender, unorganisierter Materie entstand, enden wird, wenn diese Materie wieder einmal unorganisiert werden wird. Darin weicht er von Platon ab, dem zufolge die Welt zwar einen Anfang in der Zeit hat, aber nicht vergänglich ist.

Wie wir gesehen haben, meint al-Rāzī, die Materie sei ewig, aber die Schöpfung der Welt, d.h. die Organisation der Materie zu dem uns bekannten Universum, habe einen endlichen Beginn in der Zeit gehabt. Er lehnt das Konzept der *creatio ex nihilo* ab. Sein Argument für die Ewigkeit der Materie und für seine Verwerfung der *creatio ex nihilo* hat eine empirische Grundlage. So behauptet er, wir nähmen

8 *Opera Philosophica*, S. 222–224, 227–228, 250ff.
9 *Ibid.*, S. 190.

immer wahr, daß neue Dinge neue Anordnungen von prä-existierenden Dingen sind[10]. Daher müsse es also immer eine prä-existierende Materie geben. Ferner argumentiert er, daß der Schöpfer, wenn er Dinge *ex nihilo* hervorbringen könne, alle Dinge auf diese – einfachste und schnellste – Weise verursacht hätte. Da wir aber um uns herum Schöpfungsprozesse beobachten, würden diese nach und nach in der Zeit vollendet. Beim Menschen zum Beispiel dauere es vierzig Jahre, bis er voll ausgereift sei[11].

Das vierte und fünfte ewige Prinzip, die Seele und der Schöpfer, werden in erster Linie im Hinblick auf al-Rāzīs Schöpfungsmythos erörtert, der seine Wurzeln wiederum im *Timaios* hat. Al-Rāzīs Kritiker und Kommentatoren berichten im Grunde dasselbe von dem Mythos, auch wenn es Unterschiede in der Emphase und im Detail gibt. Aus diesen Berichten lassen sich zwei sich wiederholende Hauptfragen isolieren. Die erste ist: Warum erschuf Gott die Welt überhaupt? Die zweite lautet: Warum wurde die Welt in einem bestimmten Augenblick in der Zeit erschaffen – und nicht früher oder später?

Diesen Fragen liegt eine grundlegende Streitfrage des mittelalterlichen theologischen und philosophischen Denkens zugrunde, nämlich die Frage, ob Gott freiwillig oder durch irgendeinen Zwang in seiner Natur handelt. In Nāṣir-i-Ḫusraws Bericht wird der Mythos nach einem Argument eingeführt, das al-Rāzī anführt, um zu zeigen, (a), daß die Welt nur freiwillig geschaffen werden konnte und (b), daß diese Erschaffung durch die Existenz eines anderen ewigen Prinzips, der Seele, veranlaßt wurde[12]. Die Welt, die für al-Rāzī in der Zeit erschaffen wurde, kann nicht durch einen Zwang der göttlichen Natur geschaffen worden sein; denn dann würde die notwendige Folge, die Welt, die in ihrer zeitlichen Dauer endlich ist, eine Ursache voraussetzen, die in der zeitlichen Dauer ebenfalls endlich ist. Mit anderen Worten: Gott wäre in der Zeit und endlich. Daher muß Gott die Welt freiwillig erschaffen haben. Aber in der Dauer vor ihrer Erschaffung, als die Materie formlos war, muß er gewollt haben, daß sie formlos sei. Was veranlaßte ihn dann, sie zu erschaffen? Al-Rāzī behauptete diesem Bericht zufolge, daß der Veranlasser nur ein anderes ewiges Prinzip, nämlich die Seele, sein könne. Die Geschichte dieses „Veranlassens" lautet folgendermaßen[13]:

Die Seele, die unwissend ist, wurde von der Materie betört. Die Seele versuchte, sich mit der Materie zu vereinigen, und bemühte sich, ihr Form zu geben, die sie benötigte, um diese Vereinigung und den damit einhergehenden körperlichen Genuß zu erlangen. Die Materie widerstand jedoch dieser formgebenden Aktivi-

10 Ibid., S. 225, Nāṣir-i-Ḫusraws Bericht. Es gibt ein zusätzliches Argument, das als *a priori* betrachtet werden kann, nämlich, daß der Geist die Behauptung zurückweist, daß diese *ex nihilo* erschaffen wurden. *Ibid.*, S. 221.

11 *Ibid.*, S. 224–225.

12 *Ibid.*, S. 282–284.

13 *Ibid.*, S. 284–286.

tät der Seele und ließ diese in großer Qual zurück. Dann mußte[14] der Schöpfer, der sowohl mächtig *(qādir)* als auch barmherzig *(raḥīm)* ist, eingreifen und der Seele in ihrer schlimmen Lage helfen. Seine intervenierende Handlung war die Erschaffung der Welt, d. h., die Materie wurde mit der Form ausgestattet, die die Seele begehrt hatte. (Ein Hauptmotiv für Gottes Erschaffung der Welt ist also in al-Rāzīs Mythos das Erbarmen Gottes, wobei die Emphase und der Kontext etwas von *Timaios* (30) abweichen, wo Gott die Welt erschafft, weil er gut ist, keine Eifersucht kennt und wünscht, daß alle Dinge ihm so ähnlich wie möglich sein sollten). Darüber hinaus begabte Gott in seiner Gnade den Menschen mit Vernunft, einer Emanation aus seinem innersten Wesen, um so die Seele aus ihrem körperlichen Schlummer zu wecken und sie zu veranlassen, ihre wirkliche, ewige Heimat zu suchen. Diese Erlösung ist nur durch die Ausübung von Vernunft, durch Philosophie, möglich. Wenn die Seelen aller Menschen zu einer bestimmten Zeit in der Zukunft durch die Philosophie dazu erweckt werden, den Körper zu meiden und ihre wahre Heimat zu ersehnen, dann kehrt die Seele in ihren ursprünglichen Zustand als ewiges Prinzip zurück, das mit dem Schöpfer existiert. Auch die Materie kehrt in ihren ursprünglichen, formlosen Zustand zurück. Das wäre dann das Ende der geschaffenen Welt[15].

Aber warum versucht die Seele, sich mit der Materie in einem bestimmten Augenblick in der Zeit zu vereinigen und nicht in einem anderen? Oder nochmals: Warum erschuf Gott die Welt zu einem bestimmten Zeitpunkt – und nicht früher und nicht später? Die Antwort, die einige der Berichte über diese Theorie suggerieren, ist, daß ein willkürlicher Zeitpunkt gewählt wurde, eben weil die Handlungen der Seele und die Gottes freiwillig sind[16]. Wenn nämlich, wie einige Philosophen fest behaupten, für das Treffen der Wahl eine Präponderanz *(muraǧǧiḥ)* nötig gewesen wäre, dann hätte es sich in Wirklichkeit gar nicht um eine Wahl, sondern um einen determinierten Akt gehandelt. Mit anderen Worten: Die Willkür bei der Wahl eines bestimmten Augenblicks in der Zeit, in dem die Schöpfung geschehen sollte, ist die Manifestation der Freiheit, die sowohl die Seele als auch der Schöpfer bei ihren Handlungen haben. Eine andere Frage, die von den Kritikern aufgeworfen wurde, lautete: Warum erlaubte und ermöglichte Gott es der Seele, sich mit der Materie zu vereinigen, wenn er doch sehr wohl wußte, daß dies zu ihrem Nachteil war? Al-Rāzīs Antwort ist, daß der Schöpfer dies tat, weil er wünschte, die Seele würde selbst die Wahrheit über ihr wirkliches Schicksal erkennen[17]. In dieser Antwort wird die Auffassung deutlich, daß eine

14 In diesen Bericht ist ein Element von Zwang eingebracht: Gott, der von Natur aus barmherzig ist, ist gezwungen, der Seele zu Hilfe zu kommen.

15 *Ibid.*, S. 286.

16 Insbesondere im Bericht von Faḫr al-Dīn al-Rāzī und al-Kātibīs Kommentar dazu (*Opera Philosophica*, S. 202–212).

17 Das wird in Abū Ḥātim al-Rāzīs Bericht in seinen *al-Munāẓarāt* (*Opera Philosophica*, S. 309–310) am ausführlichsten behandelt. Zu einer interessanten Interpretation von al-

Welt, in der die Seele frei handelt – selbst wenn dies Schmerz bedeutet – besser sei als eine Welt, in der sie willkürlich eingeschränkt und gelenkt werde. In den verschiedenen uns bekannten Berichten gibt es Hinweise darauf, daß al-Rāzī glaubte, diese Welt sei unter den obwaltenden Umständen die beste aller möglichen erschaffenen Welten[18]. Das bedeutet jedoch nicht, daß er hinsichtlich dieser erschaffenen, vergänglichen Welt ein Optimist war. Im Gegenteil, wie Maimonides' Kritik zeigt, war er ein metaphysischer Pessimist, der behauptete, daß in dieser erschaffenen Welt die Übel das Gute überwögen[19].

Eng verwandt mit al-Rāzīs Schöpfungsmythos ist sein Seelenwanderungsglaube. Die menschlichen Seelen, die dem Ruf der Vernunft nicht folgen und den körperlichen Trieben verhaftet bleiben, nehmen nach dem Tod eine niedrigere Lebensform an. Es gibt auch eine Aufwärtsbewegung der Seelen von niedrigeren zu höheren Lebensformen, wenn auch Einzelheiten von al-Rāzīs Ansichten darüber nicht erhältlich sind und wir nur aus einigen seiner Aussagen über das Töten von Tieren einen allgemeinen Hinweis erhalten. Da Gott barmherzig ist – so argumentiert al-Rāzī – sucht er niemals das, was für den Menschen schädlich ist, und der Mensch seinerseits soll keinem fühlenden Wesen Leid zufügen[20]. Al-Rāzī war gegen Tierquälerei und folgerte, daß die Schlachtung von Tieren nur dann zulässig sei, wenn sie notwendig ist. Das Töten von Tieren (in notwendigen Fällen) wird teilweise damit gerechtfertigt, daß dies ihre Seelen befreien würde und sie die Möglichkeit erhielten, höhere Lebensformen zu erreichen[21].

Al-Rāzīs Ethik und seine Ansichten zur Religion sind ebenfalls mit seiner Schöpfungstheorie verwandt. Erlösung ist, wie wir sahen, nur durch Philosophie zu erlangen. Al-Rāzīs Ethik dreht sich daher um die rationale Kontrolle der Leidenschaften. Er empfahl Mitleid, Gerechtigkeit und Mäßigung sowie die Pflege jener intellektueller Übungen, die zur Erlösung helfen. Dies bedeutet aber nicht, daß al-Rāzī alle Freuden ablehnte. Zunächst ist Lust für al-Rāzī etwas Negatives. Er vertrat die Ansicht, die einen platonischen – möglicherweise auch einen epikureischen – Hintergrund hat, Lust sei die flüchtige Erfahrung, die wir haben, wenn wir in einen natürlichen Zustand zurückkehren, nachdem wir von ihm abgelenkt waren. Dann argumentierte er, der Schöpfer wünsche in seinem Erbarmen für uns nicht, daß wir uns selbst schadeten. Und der Verzicht auf jede Lust könne schädlich sein. Al-Rāzī stand der Askese sehr kritisch gegenüber und lehnte sie ab[22]. Seine Abhandlung *Die philosophische Lebensweise* beginnt mit der Kritik, die manche Leute gegen al-Rāzī vorbrachten, d.h., er sei nicht der

Rāzīs Mythos s. L. E. Goodman, „Razi's Myth of the Fall of the Soul; Its Function in Philosophy", *Essays on Islamic Philosophy and Science*, hrsg. v. G. F. Hourani, S. 25–40.

18 *Opera Philosophica*, S. 195, 206, 209 u.a.

19 *Ibid.*, S. 179–180.

20 *Ibid.*, S. 103.

21 *Ibid.*, S. 105.

22 *Ibid.*, S. 105–116.

asketischen Lebensweise seines „Führers“ *(imām)* Sokrates gefolgt (in den populären arabischen Quellen des Mittelalters wurde dieser mit Diogenes dem Kyniker verwechselt). In seiner Entgegnung behauptet al-Rāzī, daß es zwar richtig sei, daß Sokrates in seinem frühen Leben ein Asket war, daß er dies aber aufgegeben habe, „so daß er starb, nachdem er Mädchen für eine Nachkommenschaft zurückgelassen, den Feind bekämpft, festliche Gastmähler besucht und köstliche Speisen – ausgenommen Fleisch – und im sehr geringen Maß Wein zu sich genommen hatte“[23].

Al-Rāzīs Einstellung zum Prophetentum war vielleicht das, womit er am meisten Widerspruch auf sich zog. Da Erlösung nur durch die Philosophie erlangt wird, brauche man keine Propheten, behauptete er. Darüber hinaus vertrat er die egalitaristische Ansicht, daß alle Menschen fähig seien, dem philosophischen Pfad zu folgen, obschon es die meisten absichtlich unterließen. Falls der Schöpfer seine Wahrheit den Menschen offenbaren sollte, würde er sie allen Menschen offenbaren. Ein gerechter, barmherziger Gott würde nicht einen einzelnen und ein bestimmtes Volk durch seine Offenbarung bevorzugen. Die Folgen des Irrglaubens, er habe dies getan, seien Konflikte und Kriege. Al-Rāzī meinte, die meisten Kriege seien auf „Religion“ zurückzuführen.

In seiner Schöpfungstheorie suchte al-Rāzī einen Mittelweg zwischen jenen, die eine Lehre von der *creatio ex nihilo* verteidigten, und jenen, die an die Ewigkeit der Welt glaubten. Seine Vorstellung vom Schöpfer ist die eines barmherzigen Weltgestalters, der sich um die Seelen der Menschen kümmert. Die meisten von al-Rāzīs metaphysischen Ansichten sind uns jedoch durch die Berichte anderer erhalten, die ihm gewöhnlich feindlich gegenüberstanden. Selbst wenn man Verdrehungen annimmt oder wenigstens soviel einräumt, daß sie außerhalb ihres vollen Kontextes diskutiert wurden, so bleibt das, was uns erhalten ist, von tiefstem philosophischen Interesse. Darüber hinaus regten seine Gedanken die Diskussion an, und die Reaktionen seiner Gegner auf ihn sind ebenfalls von philosophischem Interesse. Aber abgesehen von seinem Einfluß ist al-Rāzī ein Symbol für die Unabhängigkeit des Denkens und den Mut zu äußerst unpopulären Ansichten. Wie vorherzusagen war, gründete er keine philosophische Schule. Aber im mittelalterlichen Islam fanden sich verwandte Geister. Der blinde Pessimist und philosophische Dichter al-Maʿarrī (gest. 1057) war in vielerlei Hinsicht al-Rāzīs geistiger Erbe.

23 *Ibid.*, S. 98.

KAPITEL IV AL-FĀRĀBĪ

Wenn al-Kindī und al-Rāzī für den Einsatz der Philosophie im Islam des Mittelalters bahnbrechend wirkten, so wies Al-Fārābī der islamischen Philosophie die Richtung. Er formulierte eine neuplatonische emanative Kosmologie, deren grundlegende Umrisse von einer Mehrheit der späteren islamischen Philosophen übernommen wurden. Er war auch der Begründer und Hauptexponent einer platonischen Staatstheorie, die bei seinen Nachfolgern eine herausragende Rolle spielte. In dieser Theorie werden Prophetentum, Offenbarung, islamische religiöse Wissenschaften und islamische Institutionen innerhalb eines Rahmens interpretiert, der letztlich auf Platons *Politeia* und seine *Nomoi* zurückgeht. Al-Fārābī war auch der herausragendste Logiker seiner Zeit, ein hervorragender Kommentator des Aristoteles und ein Musiktheoretiker ersten Ranges. Seine Schriften beeindrucken wegen ihrer umfassenden Ausarbeitung, ihrer philosophischen Reife und ihres kritischen methodischen Ansatzes. Man nannte ihn „den zweiten Lehrer" nach Aristoteles, dem ersten.

Abū Naṣr Muḥammad Ibn Tarḫān Ibn Uzluġ al-Fārābī war türkischer Abstammung und wurde kurz nach 870 in der Stadt Fārāb in Transoxanien geboren. Er studierte und lehrte in Bagdad, wo er bis 942 lebte. In Bagdad stand er mit christlichen Gelehrten in Verbindung, die die Tradition der medizinischen und philosophischen Gelehrsamkeit von Alexandrien fortsetzten. Diese bereits erwähnte Schule war um 718 nach Antiochien und dann im 9. Jahrhundert nach Ḥarrān und Bagdad gezogen. Die beiden nestorianischen Logiker, Yūḥannā Ibn Ḥaylān (gest. 910) und Abū Bišr Mattā Ibn Yūnus (gest. 940), werden von mittelalterlichen Quellen als seine Lehrer genannt[1]. Er studierte auch bei Ibn al-Sarrāǧ, dem führenden Grammatiker seiner Zeit, die arabische Grammatik: Al-Fārābī interessierte sich sehr für den Ursprung der Sprache und ihr Verhältnis zur Philosophie und Logik[2]. Er war auch der größte Musiktheoretiker des mittelalterlichen Islam und galt auch als talentierter Instrumentalist; doch über seine musikalische Ausbildung ist sehr wenig bekannt. 942 zog er von Bagdad nach Syrien, und zwar zuerst an den Hof des schiitischen Ḥamdānidenfürsten Sayf al-Dawla in Aleppo und später dann nach Damaskus[3]. Er starb 950.

Außer Kommentaren zum Werk des Aristoteles, die das ganze logische *Organon*

1 Ibn Ḫallikān, *Wafayāt al-Aʿyān wa Anbāʾ Ahl al-Zamān*, hrsg. von Iḥsān ʿAbbās (7 Bände: Beirut, 1969–1971), Bd. V, S. 153–154. Ibn Abī Uṣaybiʿa erwähnt hingegen nur, daß al-Fārābī behauptete, Ibn Ḥaylān habe ihn unterrichtet; Ibn Abī Uṣaybiʿa *ʿUyūn al-Anbāʾ fī Ṭabaqāt al-Aṭibbāʾ*, hrsg. v. N. Riḍā (Beirut, 1965), S. 605.

2 S. M. Mahdi, *Alfarabi's Book of Letters* (Beirut, 1970), S. 44–49 der arabischen Einleitung; Ibn Abī Uṣaybiʿa, *ʿUyūn*, S. 606. *Ibid.*, S. 603, 604.

3 Ibn Ḫallikān, *op. cit.* Es gibt aber chronologische Unsicherheiten darüber, wohin al-Fārābī sich begab, nachdem er Bagdad verlassen hatte.

umfassen, sowie zu Werken anderer (z. B. Ptolemäus und Alexander von Aphrodisias) schrieb al-Fārābī eine Einführung und eine Zusammenfassung von Platons *Nomoi* und sehr kurze Resümees der übrigen Dialoge in seiner Trilogie *Die Philosophie Platons und Aristoteles'*.[4] Er schrieb auch Abhandlungen, in denen er Galen, Johannes Philoponus[5], dem islamischen Freidenker Ibn al-Rāwandī (gest. ca. 910) und al-Rāzī antwortete. Von seinen Schriften über die Musik ist das autoritative *Kitāb al-Mūsīqā al-Kabīr* (Das große Buch über die Musik) am bedeutendsten. Seine eigene Philosophie entwickelte er in Werken wie *Taḥṣīl al-Saʿāda* (Die Erlangung des Glücks), dem ersten Teil der oben erwähnten Trilogie; *Iḥṣāʾ al-ʿUlūm* (Die Aufzählung der Wissenschaften); *Kitāb al-Milla* (Das Buch der Religionen); *al-Siyāsa al-Madaniyya* (Über die Staatsleitung); *Ārāʾ Ahl al-Madīna al-Fāḍila* (Die Ansichten der Bürger der idealen Stadt).

Es sollte festgehalten werden, daß sich die neuplatonische emanative Philosophie in jenen Werken findet, in denen al-Fārābī seine eigene Philosophie präsentiert. Mit einer bemerkenswerten Ausnahme fehlt in seinen Berichten vom Denken Platons und Aristoteles' (einschließlich der veröffentlichten Kommentare) der Neuplatonismus völlig. Die Ausnahme ist das als *Kitāb al-Ǧamʿ bayn Raʾyay al-Ḥakīmayn Aflāṭūn al-Ilāhī wa Arisṭūṭālīs* (Die Harmonisierung zwischen den beiden Philosophen, dem göttlichen Platon und Aristoteles) bekannte Werk, das im allgemeinen al-Fārābī zugeschrieben wird. In diesem Werk wird die Aussöhnung zwischen Platon und Aristoteles zum Teil dadurch bewirkt, daß die neuplatonische *Theologie des Aristoteles* ausdrücklich als echt akzeptiert wird. *Die Harmonisierung* ist jedoch ein problematisches Werk. Ihr arabischer Stil und ihre Argumentationsweise sind nicht typisch fārābianisch, und wenn es wirklich ein Werk von al-Fārābī ist, dann war es wohl ein populäres Werk, das nicht seine tatsächlichen Ansichten wiedergeben sollte. Jedenfalls steht es im krassen Gegensatz zu seinem wirklich grundlegenden Werk *Die Philosophie Platons und Aristoteles'*[6]. In dieser Trilogie gibt al-Fārābī drei Darstellungen der Philosophie, die erste in seinem eigenen Namen, die zweite und dritte im Namen Platons bzw. Aristoteles'. Obwohl er uns sagt, Platon und Aristoteles hätten dasselbe Ziel in der Philosophie gehabt, nämlich die Vervollkommnung des Menschen, versucht er nicht, ihre Auffassungen auf der metaphysischen Ebene zu harmonisieren. Darüber hinaus fehlt – wie gesagt – in seiner Darlegung ihrer Philosophie der Neuplatonismus völlig. Die einzige Stelle in der Trilogie, wo sich anscheinend eine Andeutung

4 S. M. Mahdi, *Alfarabi's Philosophy of Plato and Aristotle* (Übersetzung, Einleitung und Anmerkungen) (New York, 1962).

5 Al-Fārābīs Traktat gegen Johannes Philoponus ist von M. Mahdi diskutiert und übersetzt (*Journal of Near East Studies*, XXVI, 4 (Oktober 1967), S. 233–260) und später von Mahdi herausgegeben und in S. Hanna (Hrsg.), *Middle East Studies: In Honor of Aziz S. Atiyya* (Leiden, 1972), S. 268–284 aufgenommen.

6 S. Einleitung zu M. Mahdi, *Alfarabi's Philosophy of Plato and Aristotle*, S. 3ff. S.a. M. Galston, „A Re-examination of al-Fārābī's Neoplatonism", *Journal of the History of Philosophy*, XV, (Januar 1976), S. 15ff.

von Neuplatonismus findet, ist im ersten Teil[7]. Aber das ist der Teil, in welchem al-Fārābī seine eigenen Ansichten präsentiert. Aus dieser Trilogie geht zumindest soviel hervor, daß al-Fārābī zögerte, die neuplatonische *Theologie des Aristoteles* als echtes Werk Aristoteles' zu akzeptieren.

Wenden wir uns al-Fārābīs Philosophie zu. Seine Metaphysik, Kosmologie, Psychologie und Erkenntnistheorie stehen in engem Zusammenhang mit seinem politischen Denken. Wir hoffen, zeigen zu können, daß ohne die erstere seine politische Theorie nicht richtig verstanden werden kann. Zunächst definiert al-Fārābī – Aristoteles folgend – die Metaphysik als Erkenntnis des Seienden, insofern als es ist. Diese Definition wurde, daran muß erinnert werden, von Aristoteles in Unterscheidung zur Mathematik formuliert, die sich insofern mit dem Seienden befaßt, als es quantifizierbar ist, sowie im Unterschied zur Physik, die sich damit befaßt, sofern es in Bewegung ist. Al-Fārābīs Definition der Metaphysik liegt eine Lehre vom wirklichen Sein zugrunde, wonach die Dinge eine spezifische Natur haben, die objektiv zu ihnen gehört. Wir werden sehen, daß die Führer einer Gemeinschaft entweder durch Irrtum – d. h. dadurch, daß sie die spezifische Natur eines Dinges mit einer anderen verwechseln – oder durch völlige Unkenntnis der spezifischen Natur des Seienden (oder manchmal durch absichtliche Verdrehung der Wahrheit) dafür verantwortlich sind, wenn ihre Gesellschaften das Ideal nicht erreichen[8].

Al-Fārābīs Kosmologie hängt mit der geozentrischen, astronomischen Sichtweise des Mittelalters zusammen: Um die Erde drehten sich die himmlischen Sphären. Uns am nächsten war die Sphäre des Mondes, dann die Sphäre des Merkur, der Venus, der Sonne, des Mars, des Jupiter bzw. die des Saturn. Jenseits des Saturn war die Sphäre der Fixsterne; schließlich gab es eine äußerste Sphäre ohne Sterne, die die meisten islamischen Astronomen des Mittelalters annahmen. Nun hatte Aristoteles behauptet, die ewige Bewegung der Sphären werde durch Beweger verursacht, die die mittelalterlichen Muslime als Vernunftwesen oder Intelligenzen bezeichneten. Aber Aristoteles bezifferte diese mit Ausnahme des höchsten und ersten Bewegers, Gott, mit etwa vierundfünfzig. Das Verhältnis der übrigen Sphärenbeweger zu Gott war bei Aristoteles aber nicht deutlich gemacht. Hier führte al-Fārābī eine neuplatonische Synthese ein. Zuallererst setzte er das Eine des Plotin mit dem Gott des Aristoteles gleich und behauptet, dieser sei derselbe wie der Gott der Offenbarung. Zweitens begrenzte er die Anzahl der himmlischen Intelligenzen auf die Zahl der Sphären und machte beide, diese Intelligenzen und ihre Sphären, zu Emanationen von Gott. Gott ist nicht nur einfach dadurch die *prima causa*, daß er die Ursache von Bewegung ist, sondern er ist auch in dem Sinn die Ursache, daß alle anderen Seienden von ihm ausgehen.

7 *Alfarabi's Philosophy of Plato and Aristotle*, S. 23–24 (Abschnitt 19 und 20).

8 Al-Fārābī, *Kitāb al-Madīna al-Fāḍila*, hrsg. v. A. Nader (Beirut, 1959), S. 126–131, 141–148. Dieses Werk wird mit *Ārā'* abgekürzt.

Die Welt geht, al-Fārābī zufolge, so von Gott aus: Erstens emaniert aus Gott eine erste Intelligenz. Diese Intelligenz erlebt dann zwei Erkenntnisakte, die mit der Emanation zweier Dinge aus ihr enden. Der erste Akt ist der der Gotteserkenntnis; als Ergebnis strömt eine andere Intelligenz aus ihr aus. Der zweite Akt ist ein Akt der Selbsterkenntnis; als Ergebnis emaniert aus ihr ein Körper, nämlich die äußerste Sphäre der Welt. Die zweite Intelligenz macht einen ähnlichen Erkenntnisprozeß durch, der in der Emanation einer dritten Intelligenz und der Sphäre der Fixsterne aus ihr resultiert. Der Prozeß wird von der dritten und den nachfolgenden Intelligenzen wiederholt, die die Existenz der Planeten, der Sonne, des Mondes und zuletzt der Erde – der Welt des Entstehens und Vergehens – bewirken. Die Erde ist eine Emanation aus der letzten der himmlischen Intelligenzen, dem wirkenden Intellekt. Es sollte bemerkt werden, daß al-Fārābī in seinem *Über die Staatsleitung* ganz deutlich macht, daß der emanative Prozeß dyadisch verläuft. Aus der ersten Intelligenz emanieren eine weitere Intelligenz und ein Körper. Es gibt wirklich keine „Seele" außer der Vernunft-Seele, der Intelligenz[9]. Dies stellt eine gewisse Abweichung vom neuplatonischen Modell dar, wo die Seele aus dem Geist emaniert.

In der Welt des Entstehens und Vergehens steht der Mensch aufgrund der Tatsache, daß er mit einer rationalen Seele ausgestattet ist, in der Werteskala am höchsten. Diese Vernunft-Seele ist zunächst einfach eine Potentialität, eine Disposition, tatsächlich rational zu werden. Als Potentialität ist sie materiell. Der Aktualisierungsprozeß beginnt mit der Sinneswahrnehmung, wenn die Seele materielle Bilder empfängt. Diese Bilder können jedoch durch das erleuchtende Werk des wirkenden Intellekts umgesetzt und abstrahiert werden. Al-Fārābī benutzt das aristotelische Beispiel von der Wirkung des Lichts auf die Farben, das diese erst sichtbar macht. Indem sie also aktualisiert wird, gelangt die Vernunft-Seele zu einem immateriellen Zustand und wird fähig, sich selbst zu erkennen. Nachdem sie immateriell geworden ist, wird die Vernunft-Seele nach dem Tode vom Körper trennbar. „Gute" Vernunft-Seelen trennen sich, um ein ewiges, seliges Leben in geistiger Kontemplation zu leben. Dieses „Glück" wird dadurch verstärkt, daß die guten einzelnen Seelen sich aneinander binden. Aus al-Fārābīs Sprache geht hervor, daß sie mit dieser Bindung ihre Individualität nicht verlieren. Was das Los der anderen Seelen anlangt, die ihre rationalen Potentialitäten nicht richtig aktualisiert haben, so hängt ihr Schicksal im Leben nach dem Tode – wie zu zeigen sein wird – von der Art des politischen Status ab, zu dem sie in ihrem irdischen Dasein gehörten.

Wenn nach Ansicht al-Fārābīs der Mensch in der Werteskala am höchsten unter den Seienden in der Welt des Entstehens und Vergehens steht, so deswegen, weil die ganze Kette des Seins, die aus Gott emaniert, eine normative Hierarchie

9 Al-Fārābī, *al-Siyāsa al-Madaniyya*, hrsg. v. F. M. Najjār (Beirut, 1964), S. 34, Zeile 6 bis 8. Dieses Werk wird mit *Siyāsa* abgekürzt.

darstellt, in der jene Seienden, die näher zu Gott sind, einen höheren Wert haben. Diese Hierarchie umfaßt auch die Individuen der Gattung Mensch, deren Platz in der Werteskala durch ihre intellektuellen und imaginativen Begabungen und das Ausmaß bestimmt wird, in welchem sie ihr Potential aktualisieren. Am höchsten in dieser Skala steht der Philosoph-Prophet. Wie zu sehen sein wird, ist für al-Fārābī jeder Prophet ein Philosoph, aber nicht umgekehrt. Der Philosoph-Prophet nun, der sich von demjenigen unterscheidet, der nur ein Philosoph ist, ist mit einer außergewöhnlich starken imaginativen Fähigkeit begabt, durch die er vom wirkenden Intellekt die „Offenbarung", empfängt. Aber was versteht al-Fārābī unter „Offenbarung" und wie erklärt er die Art ihrer Rezeption? Um dies zu beantworten, ist es angebracht, sein aristotelisches Konzept von der Teilung der Vernunft-Seele in eine theoretische und praktische sowie das Konzept von der Funktion der imaginativen Fähigkeit kurz zu kommentieren[10].

Die Funktion der theoretischen, rationalen Fähigkeit ist es, abstrakte, allgemeine Erkenntnis zu erlangen. Die praktische, rationale Fähigkeit hingegen versetzt den Menschen in die Lage, sein Handeln an Urteilen über besondere Ereignisse auszurichten. Sie ist im wesentlichen eine deliberative Fähigkeit, die sich mit der Erkenntnis von Einzeldingen befaßt und in Begriffen von konkreten, besonderen, gegenwärtigen oder zukünftigen Ereignissen denkt. Die imaginative Fähigkeit nimmt eine Zwischenposition zwischen der Sinneswahrnehmung und der Vernunft-Seele ein und dient beiden. Abgesehen von ihrer Funktion, aus ihrem Speicher von Bildern neue Kombinationen zu erstellen, ist sie die einzige Fähigkeit der Seele, die die Eigenheit besitzt, die Aktivitäten der anderen Teile der Seele imitieren zu können. Obwohl sie zum Beispiel als nicht-intellektuelle Fähigkeit keine abstrakten allgemeinen Begriffe lernen kann, kann sie dennoch abstrakte begriffliche Erkenntnis imitieren, und zwar indem sie besondere Bilder formt, die sie symbolisieren oder einzelne Fälle davon repräsentieren. Durch das – direkte oder indirekte – Werk des wirkenden Intellekts bringt sie symbolische Repräsentationen oder besondere Fälle rationaler Erkenntnis hervor – sowohl theoretische als auch praktische.

Wenden wir uns zuerst der praktischen Erkenntnis zu. Al-Fārābī argumentiert, daß der wirkende Intellekt ebenso, wie er durch sein erleuchtendes Werk die materiellen Bilder zu abstrakten allgemeinen Begriffen macht, die nur von der theoretischen Fähigkeit erfaßt werden, er auch sie erleuchten kann, so daß sie auf die praktische Vernunft-Seele wirken[11]. Die imaginative Fähigkeit präsentiert symbolische Bilder oder besondere Beispiele für ein richtiges praktisches Urteil ohne den Einsatz von Überlegung. Mit anderen Worten: Diese Urteile und Vorhersagen kommen intuitiv zum Propheten. Das ist ein Aspekt von „Offenbarung".

10 Al-Fārābī, *Risālā fī al-ʿAql*, hrsg. v. M. Bouyges (Beirut, 1938), S. 12ff.; *Ārāʾ*, S. 70ff.; *Siyāsa* S. 79–80.

11 *Ārā*, S. 91–92, 94.

Der zweite Aspekt hat mit der theoretischen Fähigkeit zu tun, genauer, mit al-Fārābīs Theorie vom „erworbenen Intellekt" *(al-ʿaql al-mustafād)*. Wie wir gesehen haben, wird al-Fārābī zufolge der passive oder potentielle Intellekt des Menschen durch das erleuchtende Werk des wirkenden Intellekts aktualisiert. Eine höhere Stufe in diesem Aktualisierungsprozeß wird erreicht, wenn der Intellekt, nunmehr aktuell, (a) zum Objekt seiner eigenen Konzeption wird und (b) fähig ist, die reinen Intelligibilien im wirkenden Intellekt direkt zu erfassen – Formen, die nicht mit der Materie verbunden sind[12]. Diese höhere Stufe der Aktualisierung ist „der erworbene Intellekt" und stellt die höchste Form intellektueller Erkenntnis dar, deren nur einige Menschen fähig sind. Wenn der Philosoph, der diese Erkenntnis erlangt, zufällig auch ein Prophet ist, dann wirkt diese begriffliche Erkenntnis gleichsam auf seine imaginative Fähigkeit ein und erhält in der Form bildlicher Imitationen einen Ausdruck davon – in einer Sprache, die der Nicht-Philosoph verstehen kann. Das ist Offenbarung. Sie ist eine Kopie der philosophischen abstrakten Erkenntnis. Al-Fārābī bezeichnet die wirkende Intelligenz, die die Quelle dieser Offenbarung ist, als „den Heiligen Geist" und „den treuen Geist"[13].

Der Kosmos ist für al-Fārābī harmonisch und rational. Jede Sphäre wird von einer Intelligenz, und das ganze System von seinem Schöpfer, Gott, bewegt. Der Mensch unterscheidet sich in der Welt des Entstehens und Vergehens sowohl von den himmlischen Wesen als auch von den niedrigeren Lebewesen. Die besondere Natur der himmlischen Wesen nämlich ist es, rational und harmonisch zu agieren. Es ist auch die besondere Natur der Tiere, ihre Potentiale instinktiv zu aktualisieren. Der Mensch hingegen ist mit dem Willen, der Vernunft und der Kraft der Überlegung ausgestattet und muß diese Fähigkeiten anwenden, um seine Perfektion zu aktualisieren. Er muß sein Leben und seine Gesellschaft selbst ordnen, um mit der Ordnung des Universums in Einklang zu sein. Nur auf diese Weise kann er in dieser Welt und in der nächsten Glück erlangen. Die Erlangung des Glücks ist der Leitgedanke von al-Fārābīs politischem Denken, ja seiner ganzen Philosophie.

Der Mensch ist ein kleines Universum. Genau wie das ganze Universum von einem höchsten Vernunftwesen, Gott, und jede Sphäre von einer Intelligenz regiert werden, so sollte der Mensch sich selbst rational regieren und damit seine Perfektion aktualisieren und Glück erlangen. Das Individuum kann dies jedoch nicht allein tun; denn der Mensch ist, wie Aristoteles erklärte, ein *zoon politikon*. Das ist eine grundlegende Prämisse von al-Fārābīs politischer Philosophie. Aber die Fähigkeiten der Menschen sind verschieden. Die ideale Stadt oder der ideale Staat muß deshalb hierarchisch sein, ein Kosmos, der die Struktur des Universums imitiert. Sie bzw. er sollte von der Vernunft regiert werden, idealerweise von

12 *Ibid.*, S. 103–104; *Siyāsa*, S. 70–80.
13 *Siyāsa*, S. 32, Zeile 11.

einem Staatsmann-Philosophen, und jede Ebene der Gesellschaft in einer Hierarchie organisiert sein, wo jede ihre Potentiale aktualisiert; und so würde das ganze System harmonisch funktionieren.

Zur Errichtung eines idealen Staates ist es unbedingt erforderlich, daß sein erster Herrscher ein Philosophen-König ist, der auch Prophet ist, der das göttliche Gesetz offenbart. Spätere Herrscher müssen nicht immer Propheten oder – einer von al-Fārābīs Abhandlungen zufolge[14] – Philosophen sein. Aber warum muß der Prophet, der das Gesetz offenbart, auch ein Philosoph sein? Darauf gibt es eine zweifache Antwort. Der Prophet muß zuallererst ein „perfektes" theoretisches Wissen von dem Besonderen der Dinge, ihrem Zweck, haben sowie von der ganzen Struktur des Universums, damit er die kosmische Ordnung bei der Organisation der idealen Gesellschaft nachahmen kann[15]. Al-Fārābī betont die Analogie zwischen dem Kosmos, der idealen Stadt, der menschlichen Psyche und dem menschlichen Organismus. Zweitens empfängt der Prophet, wie wir gesehen haben, die Offenbarung vom himmlischen Reich durch seine imaginative Fähigkeit in Form besonderer Bilder, die allgemeine theoretische Erkenntnis symbolisieren und manchmal einzelne Beispiele dafür repräsentieren. Aber das Bild, das durch das Werk des wirkenden Intellekts verursacht wird, kann manchmal leicht mit irdischen Bildern verwechselt werden, die nicht die wahre Erkenntnis widerspiegeln. Daher muß der Prophet ein Philosoph sein, der das theoretische Wissen besitzt, um zwischen himmlischen und irdischen Bildern unterscheiden zu können[16]. Eine Folge davon ist, daß nur der Philosoph den Symbolismus der Offenbarung in beweisenden, theoretischen Begriffen interpretieren kann.

Zwischen Religion und Philosophie gibt es daher keinen Konflikt. Die Religion, so erfahren wir, ist die Nachahmung der Philosophie[17], eine Kopie davon in anschaulich dargestellter, symbolischer Form. Da Sprachen und Sitten sich je nach der Gegend voneinander unterscheiden, neigt der religiöse Symbolismus auch dazu, sich zu unterscheiden. Al-Fārābī räumt die Möglichkeit ein, daß die Unterschiede zwischen einigen Religionen nur Unterschiede in der Symbolik seinen, sich aber nicht in dem unterschieden, was symbolisiert wird[18]. Die religiöse Sprache stellt die philosophische Wahrheit in Symbolen dar, die alle Schichten der Gesellschaft verstehen können. An den Nicht-Philosophen – und dies ist, wie wir festgestellt haben, ein Hauptprinzip al-Fārābis – sollte man sich nicht mit philosophischen Begriffen wenden. Zusätzlich zu einem höheren theoretischen Intellekt muß der Prophet-Philosoph auch mit einer hervorragenden praktischen Fähigkeit begabt sein; denn er hat die Aufgabe, den moralischen

14 Al-Fārābī, *Kitāb al-Milla*, hrsg. v. M. Mahdi (Beirut, 1968), S. 56, 60.
15 *Ibid.*, S. 61–66.
16 M. Mahdi, „Alfarabi", L. Strauss und J. Cropsy (Hrsg.) *History of Political Philosophy* (Chicago, 1963), S. 168–170.
17 *Alfarabi's Philosophy of Plato and Aristotle*, S. 44.
18 *Siyāsa*, S. 85–86.

Charakter der Jugend und der Masse zu formen, wobei er „die Methode der Überzeugung und der Imagination" anwenden und die theoretische Kommunikation auf die philosophische Elite beschränken muß[19]. Er muß ein kluger Staatsmann sein, der die nicht-philosophische Mehrheit mit angemessenen Mitteln von Überredungskunst und vorbildlichem Handeln steuert. In seinem *Die Philosophie Platons und Aristoteles'* interpretiert al-Fārābī Platon dahingehend, daß dieser behauptete, Sokrates verkörpere die theoretische Methode und Thrasymachos die persuasive[20]. Dieser Interpretation zufolge – die mehr über al-Fārābī aussagt als über Platon – war Thrasymachos mit seiner Methode eher befähigt als Sokrates, den Charakter der Jugend zu formen und die Masse zu lehren. Sokrates' Methode ist nur etwas für die Auserwählten.

Der Philosoph-Herrscher muß beide Methoden anwenden können. Während für al-Fārābī jeder Prophet ein Philosoph ist, ist das Umgekehrte nicht der Fall. Darüber hinaus ist nicht jeder Philosoph mit dem praktischen Talent begabt, Alleinherrscher zu sein. In den *Ansichten der Bürger der tugendhaften Stadt*[21] besteht al-Fārābī darauf, daß die Philosophie immer in der Führerschaft des idealen Staates repräsentiert sein muß. Ein praktischer Herrscher, dem die philosophische Erkenntnis abgeht, muß seine Herrschaft mit einem Philosophen teilen, der eine geringere praktische Fähigkeit hat. Wenn die Attribute eines Philosophen-Königs in einer Person fehlen, aber auf viele verteilt sind, dann müssen eben die vielen herrschen. In seinem Werk *Die ideale Religion* sagt er allerdings etwas anderes. Hier spricht er von rechtmäßiger Menschenführung, *al-riʾāsa al-sunnīya*[22]. Wenn ein Philosoph-Prophet einmal das Gesetz geoffenbart und einen tugendhaften Staat errichtet hat, dann können ihm praktische Herrscher nachfolgen, die weder Propheten noch Philosophen sind, sondern die sich an das religiöse Gesetz halten und es mittels analoger Argumentationen auf neue Verhältnisse anwenden. Daher al-Fārābīs Betonung der Bedeutung der Klasse der Juristen im Staat, deren Funktion es ist, das geoffenbarte Gesetz zu interpretieren und anzuwenden[23].

Man sollte beachten, daß al-Fārābī die Bedingungen nennt, die herrschen müssen, wenn ein tugendhafter Staat existieren soll. Er liefert auch eine Diagnose davon, wenn es nicht-tugendhafte Staaten gibt, sowie eine Diagnose ihrer verschiedenen Typen. Al-Fārābī ist sich der schwierigen Lage des tugendhaften Menschen oder Philosophen, der unter einer nicht-tugendhaften Herrschaft lebt, lebhaft bewußt und schreibt[24]:

19 *Alfarabi's Philosophy of Plato and Aristotle*, S. 42.
20 *Ibid.*, S. 66; L. Strauss, „How Farabi read Plato's Laws", *Mélanges Louis Massignon*, III (1957), S. 241 ff.
21 *Ārā'*, S. 105–108.
22 S. Anm. 14 oben. Es gibt auch einen kurzen Hinweis auf den „rechtmäßigen König", *Malik al-Sunna*, in *Siyāsa*, S. 81.
23 *Kitāb al-Milla*, S. 50, 75.
24 Al-Fārābī, *Fuṣūl Muntazaʿa*, hrsg. v. F. M. Najjār (Beirut, 1971), S. 95; s. a. Milla, S. 56.

> Ein tugendhafter Mensch sollte nicht in schlechten politischen Vereinigungen leben, und er sollte in tugendhafte Städte emigrieren, wenn solche zu seiner Zeit existieren. Wenn diese nicht existieren, dann ist der tugendhafte Mensch ein Fremder in der Welt. Er lebt schlecht in ihr, und der Tod ist besser für ihn als das Leben.

Al-Fārābī wendet sich dann der Ursache für die Existenz von nicht-tugendhaften Städten zu und erörtert verschiedene Typen politischer Gefüge, die er als „unwissend" bezeichnet: den unerläßlichen, den niederträchtigen, den timokratischen, den despotischen und den demokratischen Staat[25]. Er behandelt auch die unmoralischen Staaten, die sich irrenden Staaten und auch das, was er „das Unkraut" in einer tugendhaften Stadt nennt. Im Fall der unwissenden Staaten besitzt die Führerschaft kein Wissen von der spezifischen, wirklichen Natur der Dinge und daher auch nicht von der Natur des wahren Glücks. Deshalb verwechselt sie bloßes Überleben, Reichtum, Vergnügen, Ehre, Macht und Freiheit mit dem wahren Glück. Im Fall der unmoralischen politischen Staaten wissen sowohl der Führer als auch die Bürger, was wahres Glück ist, aber sie geben es absichtlich auf gegen Vergnügen, Macht usw. Die sich irrenden Städte sind jene, in denen allein der Führer weiß, was das wahre Glück ist, die Bürger aber davon abhält, so daß sie es nicht erkennen. Das Unkraut hingegen sind jene Einwohner einer tugendhaften Stadt, die nicht wirklich in sie integriert sind, die entweder aus tieferen Beweggründen nur vorgeben, ihre Normen gutzuheißen, oder die sonst irgendwie von Natur aus unfähig sind, so zu handeln.

Diese Theorie von den verschiedenen Typen nicht-tugendhafter Staaten, die ihren Hintergrund eindeutig in Platons *Politeia* hat, rückt in al-Fārābīs Eschatologie in den Mittelpunkt[26]. Wie wir sahen, trennen sich die guten Seelen vom Körper, um ewig in geistiger Seligkeit zu leben. Die Seelen der Bürger der unwissenden Städte jedoch trennen sich nicht, sondern lösen sich nach dem Tod einfach auf. Für sie gibt es kein Leben nach dem Tod. Dafür gibt es zwei Gründe. Zum einen erreichten sie, da sie ihren potentiellen Intellekt niemals wirklich aktualisierten, nie einen nicht-materiellen Zustand, der ihre Trennung vom Körperlichen und Materiellen ermöglichen würde. Der zweite Grund ist, auch wenn al-Fārābī es nicht ausdrücklich sagt, ein implizites Prinzip der Gerechtigkeit, das auch im Fall der anderen Typen nicht-tugendhafter Staaten wirksam ist. In al-Fārābīs Erörterung ist nämlich das Prinzip impliziert, es sei ungerecht, Mitglieder dieser Gesellschaften dafür zu bestrafen, daß sie nicht dem Pfad des wahren Glücks folgten, wenn sie doch von der Natur dieses Glücks nichts wußten. Sie werden nur dann bestraft, wenn sie die Natur des Glücks kennen, aber seinem Pfad nicht folgen. Dies ist bei den Einwohnern der unmoralischen Städte der Fall. Das sind Leute, die die Natur des wahren Glücks kannten und begannen, seinem

25 *Siyāsa*, S. 87ff.; *Ārā'*, S. 140ff.
26 *Ārā'*, S. 118ff.

Pfad zu folgen, die ihn aber später absichtlich niedriger Dinge wegen verließen. Die Seelen solcher Leute überleben zwar den Tod, leben aber in ewiger Qual weiter. Im Fall der Einwohner der sich irrenden Städte wird hingegen nur ihr Führer bestraft; denn er allein kannte die wahre Natur des Glücks, führte aber sein Volk von ihm weg. Seine Untertanen befinden sich in Wirklichkeit in einem Zustand der Unwissenheit, und ihr Schicksal ähnelt deshalb dem der Leute der unwissenden Städte: Ihre Seelen werden, wie alle materiellen Formen, Teil des Prozesses von Entstehen und Vergehen. Tugendhafte Menschen, die in schlechten Staaten leben und gezwungen werden, vom Pfad des wahren Glücks abzuweichen, werden nicht bestraft. Ihre Seelen sind unsterblich und leben in ewiger Seligkeit. Die logische Grundlage dafür ist, daß Zwang die Seele nicht mit einer permanenten Disposition ausstattet.

Al-Fārābīs Eschatologie ist ein gutes Beispiel für die Verbindung seiner Metaphysik – die weitgehend neuplatonisch und aristotelisch ist – mit seiner Staatstheorie, die im wesentlichen platonisch ist. Ihr platonischer Charakter wird vielleicht im Konzept vom Philosophen-Propheten am deutlichsten, der Platons Philosophen-König in islamischem Gewand ist. In diesem Zusammenhang bemerkt man, daß al-Fārābī den Philosophen-König sowohl als „König" als auch als Imām, ‚islamischer Führer', bezeichnet. Dennoch gibt es aus verständlichen historischen Gründen einen klaren Unterschied der Haltung zwischen Platon und al-Fārābī im politischen Denken. Er wird in al-Fārābīs Neigung zu einem Universalismus deutlich, der Platon fremd ist. Bei der Erörterung der Typen von vollständigen oder „perfekten" menschlichen Gesellschaften unterscheidet al-Fārābī zwischen der Stadt, der Nation, die aus vielen Städten besteht, und den vielen Nationen, die in der Welt leben. Von diesen dreien ist die letzte die absolut perfekte[27]. Al-Fārābī entwickelt das nicht weiter, und seine Ausdrucksweise läßt manche Frage offen. Die universalistische Richtung seines Denken ist jedoch ganz unverkennbar.

KAPITEL V AVICENNA

Mit Avicenna erreicht das islamische metaphysische Denken einen Höhepunkt in seiner Entwicklung. Dieses Denken wurzelt zwar in al-Fārābīs metaphysischem System und stellt eine Erweiterung davon dar. Diese Erweiterung ist aber extensiv und bewirkte Modifizierungen, die die beiden Philosophien, die zwar miteinander verwandt sind, ganz klar voneinander unterscheiden. Dies trifft auf Avicennas Theorien vom Ursprung der rationalen Seele des Menschen, von der

27 *Ibid.*, S. 96; *Siyāsa*, S. 69–70.

Art, wie sie Erkenntnis erlangt und von ihrem Schicksal im Leben nach dem Tode zu. Wiewohl diese Theorien mit al-Fārābīs Theorie verwandt sind, sind sie doch gewiß ganz anders. Avicenna hält an den grundlegenden Prinzipien von al-Fārābīs Staatstheorie fest, behandelt sie jedoch – mit einer bemerkenswerten Ausnahme – viel weniger ausführlich. Die Ausnahme ist seine epistemologische Darlegung darüber, wie die prophetische Offenbarung rezipiert wird; sie ist detaillierter, unterscheidet sich aber wiederum von al-Fārābīs Theorie. Zwei ergänzende Aspekte sind für Avicennas philosophischen Ansatz sehr charakteristisch. Zum einen ist er für seine nüchternen Versuche bekannt, philosophische Probleme zu lösen, zu analysieren, Unterscheidungen zu treffen, und – in der Logik – zu experimentieren. Zum anderen ist er für seine synthetische Problemannäherung und seinen Versuch bekannt, ein rational kohärentes metaphysisches System aufzustellen. Ein anderes Wesensmerkmal seiner Philosophie ist die unverkennbar mystische Neigung, die sich in einigen seiner Schriften findet.

Abū ʿAlī al-Ḥusayn Ibn ʿAbd-Allāh Ibn Sīnā, der auch einer der größten islamischen Ärzte des Mittelalters war, wurde 980 in der Nähe von Buchara geboren, damals die Hauptstadt des persischen Samanidenstaates. Als frühreifes Kind hatte er mit zehn Jahren bereits den Koran und viele Werke der Literatur studiert. Eine kurze Zeitlang wurde er von einem gewissen al-Nātilī in Mathematik, Logik und Astronomie unterwiesen. Im großen und ganzen aber war er ein Autodidakt. In seiner Autobiographie berichtet er, er habe Aristoteles' *Metaphysik* ungefähr vierzigmal gelesen und sie erst dann begriffen, als er zufällig einen Kommentar von al-Fārābī dazu gelesen hatte[1]. Als sehr junger Mann wurde er als Arzt an den Samanidenhof berufen, wo er seine Studien an der dortigen großartigen Bibliothek verstärkt betrieb. Die Samanidenherrschaft in Buchara endete aber 999. Dies war eine Zeit politischer Unruhe in den östlichen Provinzen der islamischen Welt, die den Aufstieg der türkischen Ghaznawidendynastie zur Macht erlebte. Zwischen 999 und 1015 diente Avicenna mehreren lokalen Herrschern. Von 1015 bis kurz nach 1022 diente er den Herrschern der Stadt Hamadān, und zwar sowohl als Arzt als auch als Wesir. Aber nachdem er vorübergehend gefangengenommen und wieder freigelassen worden war, übersiedelte er heimlich nach Iṣfahān, wo er den Rest seines Lebens im Dienste des dortigen Herrschers, ʿAlāʾ al-Dawla, verbrachte. Dieser sonst relativ friedliche Abschnitt in Avicennas Leben wurde 1030 unterbrochen, als ghaznawidische Truppen die Stadt angriffen und einige seiner Bücher erbeuteten. Avicenna starb 1037, als er seinen Wohltäter auf einem Feldzug gegen Hamadān begleitete.

Von Avicennas Werken blieben mehr als hundert erhalten. Diese reichen von der enzyklöpädischen Abhandlung bis zum kurzen Sendschreiben. Einige von

1 W. E. Gohlman, The Life of Ibn Sina: A Critical Edition and Annotated Translation (Albany, New York, 1974), S. 32–24. Der Kommentar zur *Metaphysik* ist wahrscheinlich al-Fārābīs *Kitāb al-Ḥurūf (Buch der Buchstaben)*, das von M. Mahdi herausgegeben wurde (Beirut, 1969).

ihnen sind in persischer Sprache verfaßt. Davon ist *Dānišnāme-yi ʿAlāʾī* (Das Buch der Wissenschaft, gewidmet dem ʿAlāʾ al-Dawla) am bedeutendsten. Die meisten seiner Werke aber sind auf Arabisch geschrieben. Zu ihnen gehört sein größtes medizinisches Werk *al-Qānūn fī al-Ṭibb* (Der Kanon der Medizin) sowie sein philosophisches *magnum opus*, das umfangreiche *al-Šifāʾ* (Heilung). In *al-Naǧāt* (Die Befreiung) werden einige der wichtigsten Gedanken aus *al-Šifāʾ* zusammengefaßt und wiedergegeben, obwohl es kleinere Abweichungen gibt. Die Quintessenz seiner Philosophie findet sich in seinem Werk *al-Išārāt wa al-Tanbīhāt* (Anweisungen und Bemerkungen), in deren letzten Abschnitten er seinen mystischen Ideen in einem bewegenden, poetischen Stil Ausdruck verleiht. Seine Mystik bringt er auch in Form symbolischer Erzählungen zum Ausdruck. Bei der Einführung in *al-Šifāʾ* bezieht er sich auf ein Buch, von dem er sagt, er habe es geschrieben, nämlich *al-Falsafa al-Mašriqiyya* (Die Philosophie des Ostens). Darin präsentiert er die Philosophie so, wie sie einem natürlich kommt, im Gegensatz zu der peripatetischen Methode der Erforschung, die in *al-Šifāʾ* befolgt wird[2]. Nur ein kurzer Abschnitt über „Logik" ist von einem Werk erhalten, das diesen Titel trägt.

Metaphysik

Avicennas Metaphysik beruht auf einer von ihm betonten, grundlegenden Unterscheidung zwischen der Wesenheit oder Quiddität eines Dinges und seiner Existenz. In einer Schlüsselpassage in der *Isagoge* der *Logik* von *al-Šifāʾ* schreibt er[3]:

> Die Quiddität der Dinge kann in konkreten Dingen[4] und im Geist existieren. Sie werden also drei Aspekte haben: [(1)] die Berücksichtigung dieser Quiddität insofern, als sie Quiddität ist, ohne mit einer der beiden Arten von Existenz verbunden zu sein, und was mit ihr als solcher zusammenhängt; [(2)] eine Berücksichtigung davon insofern, als sie im Konkreten ist, wo Akzidenzien mit ihr zusammenhängen, die dieser [Art von] Existenz eigen sind; [(3)] eine Berücksichtigung davon insofern, als sie in der Vorstellung ist, wo mit ihr dann Akzidenzien zusammenhängen werden, die dieser Existenz eigen sind, die zum Beispiel ein Subjekt, Prädikation, und wie Universalität und Besonderheit in der Prädikation, Essentialität und Akzidentialität in der Prädikation sind, und andere Dinge, die du [in diesem Buch] erfahren wirst...

2 *Madḫal* (die vollständigen Angaben zu diesem Werk finden sich in der Einführung, Anm. 2), I, 1, S. 10.
3 *Ibid.*, S. 15, Zeile 1 bis 7.
4 *Fī al-aʿyān.*

Um zu illustrieren, was Avicenna meint, zitieren wir eines seiner Beispiele: die Quiddität, die Wesenheit oder die Natur von „Ein-Pferd-Sein" oder „Pferdigkeit" *(al-farasiyya)*. Die Quiddität „Pferdigkeit" existiert in der äußeren Wirklichkeit in besonderen Pferden, und sie exisitert in der Vorstellung als Bestandteil des allgemeinen Begriffs „Pferd", der viele Pferde prädiziert. (Die allgemeine Quiddität „Pferd" kann – im Gegensatz zur reinen Quiddität, „Pferdigkeit", – für Avicenna nur in der Vorstellung existieren). Nun kann der Verstand die Pferdigkeit folgendermaßen betrachten: (a) getrennt von den besonderen Verhältnissen in der äußeren Wirklichkeit, die sie individualisieren, und (b) getrennt von der Universalität, Prädikation usw., die sich in der Vorstellung damit verbinden. Mit anderen Worten: Die Vorstellung kann „Pferdigkeit" einfach nur als das erfassen, was sie ist, nämlich „Pferdigkeit". Wenn sie das tut, dann erhebt sich die Frage nach der Existenz, oder genauer, nach dem, was Avicenna als „affirmative Existenz" *(al-wuǧūd al-iṯbātī)*[5] bezeichnet, nicht. Denn die Existenz ist keine Bedingung der Wesenheit eines Dinges. Aus dem, was ein Ding ist, können wir nicht folgern, daß es existiert. Alles, was die Quiddität uns sagen kann, wenn wir annehmen, daß sie innerlich konsistent und daher nicht in sich selbst widersprüchlich[6] ist, ist, daß seine Existenz möglich ist.

Auf der Grundlage dieser Unterscheidung zwischen Wesenheit und Dasein konstruiert Avicenna seinen Kontingenzbeweis der Existenz Gottes. Es gibt komplementäre, wenn auch unterschiedliche Versionen dieses Beweises in Avicennas Schriften. Die umfangreichste Version, die zwar in verschiedenen Teilen des Werkes verstreut ist und daher rekonstruiert werden muß, findet sich in der *Metaphysik* von *al-Šifā'*[7]. Die Beweisführung kann folgendermaßen paraphrasiert werden:

Alle seienden Dinge – außer Gott – sind in sich selbst nur möglich; denn, wie wir gesehen haben, ist die Existenz kein Bestandteil ihrer Wesenheit. In ihrer eigenen Natur können sie sein oder nicht sein. Aber – und darauf zielt Avicennas Beobachtung in erster Linie ab – Dinge, die in sich selbst nur möglich sind, d.h. kontingente Dinge, existieren ja tatsächlich. Wenn es in ihrer eigenen Natur nichts gibt, was für diese Existenz verantwortlich ist, dann muß irgend etwas außerhalb ihrer Natur sie eher mit Existenz als mit Nicht-Existenz „spezifiziert" haben. Nehmen wir zum Beispiel ein Seiendes „A", das in sich selbst bloß möglich ist, dann muß etwas außerhalb Liegendes es mit Existenz „spezifiziert"

5 *Ilāhiyyāt* (vollständige Angaben s. Kapitel II, Anm. 5) I, 5, S. 31, Zeile 5 bis 8. Dort heißt es: „Alles hat eine Realität, kraft deren es ist, was es ist. So hat das Dreieck darin eine Realität, daß es ein Dreieck ist, und die Weiße hat eine Realität darin, daß sie Weiße ist. Es ist das, was wir vielleicht ‚besondere Existenz' nennen sollten; darunter versteht man nicht die Bedeutung, die der affirmativen Existenz zugewiesen wird".

6 Das wird zwar nicht explizit von Avicenna behauptet, ist aber in dem, was er sagt, impliziert.

7 *Ilāhiyyāt*, I, 6, S. 37–42; VIII S. 377 ff.

haben. Dieses Etwas ist, Avicenna zufolge, seine unmittelbare Ursache. Wir wollen diese unmittelbare Ursache „B“ nennen.

Avicenna argumentiert, daß „A“, obzwar es in sich selbst nur möglich ist, durch „B“ und „in bezug darauf“ notwendig werden muß; denn, so fährt er fort, wenn es nicht durch „B“ notwendig wäre, würde „A“ mit der Existenz von „B“ und in bezug darauf in sich selbst möglich bleiben. Seine Existenz oder Nicht-Existenz würde gleichbleiben. Aber da es in der Tat existiert, muß irgendeine andere Ursache „C“ angenommen werden, die „A“ mit Existenz – und nicht mit Nicht-Existenz – spezifiziert. Wenn aber „A“ nicht durch „C“ notwendig gemacht wird, dann müßten wir eine andere Ursache „D“ annehmen und so weiter *ad infinitum*. Aber eine Unendlichkeit solcher Ursachen wird – selbst wenn sie möglich wäre – „A“ nicht mit Existenz spezifizieren. Da aber „A“ existiert und mit Existenz spezifiziert wurde, muß seine unmittelbare Ursache es notwendig gemacht haben. Wenn daher irgend etwas in sich selbst nur möglich ist, und wenn es existiert, dann ist seine Existenz durch seine unmittelbare Ursache notwendig gemacht worden. Mit anderen Worten ist es ein grundlegender Schritt in dem Beweis, aufzuzeigen, daß jedes Seiende, das in sich selbst nur möglich ist, durch ein anderes notwendig ist.

Aber wie steht es mit dieser unmittelbaren Ursache, die das Seiende notwendig macht? Sie muß ihrerseits ebenfalls eine unmittelbare Ursache haben, die ihr zur Existenz verhilft, da sie ja auch ein Seiendes ist, das in sich selbst nur möglich ist. Daher muß die zweite Ursache durch eine andere notwendig gemacht sein, und die letztere durch wieder eine andere usw., so daß sich eine Kette von Ursachen und Wirkungen bildet. Nun ist für Avicenna eine Ursache, die ihre Wirkung notwendig macht, ein essentielles Attribut *(ʿaraḍ ḏātiyy)* des Agenten[8]. Sie ist das, was Avicenna als essentielle Ursache bezeichnet. Eine essentielle Ursache ko-existiert, anders als die akzidentielle Ursache, die der Wirkung zeitlich vorausgeht, mit ihrer Wirkung. Eine Kette von ko-existierenden Ursachen und ihren Wirkungen kann nicht unendlich sein; denn sie würde dann ein aktuelles Unendliches bilden, was für Avicenna, ebenso wie für al-Kindī, unmöglich ist. Die Kette von Ursachen und Wirkungen muß endlich sein und in eine Existenz enden, die die Notwendigkeit ihrer Existenz nicht von außen, von einer anderen, ableitet, sondern die in ihrer eigenen Wesenheit notwendig ist. Und dies ist der notwendig Seiende, Gott.

Avicennas Konzept vom notwendig Seienden ist dasselbe wie al-Fārābīs Konzept von Gott[9]. Noch einmal wird das Eine des Plotin mit dem Gott des Aristoteles gleichgesetzt, und es wird behauptet, es sei dies dasselbe wie der Gott des Koran. Avicenna argumentiert ausführlich für die äußerste Einfachheit des

8 Ibn Sīnā (Avicenna), *al-Šifāʾ (Heilung); Logik V; Demonstration (al-Burhān)* hrsg. v. A. E. Affīfī, revidiert und mit einer Einleitung versehen von I. Madkur (Kairo, 1956), S. 140.

9 Das Konzept von Gott als einem notwendig Seienden wird von Al-Fārābī in *Ārāʾ*, S. 23, formuliert, wo er behauptet, daß „es für Gott unmöglich ist, nicht zu existieren“.

Wesens Gottes und versucht, eine Darstellung von der Schöpfung der Vielfalt, der Welt, zu liefern, ohne dabei dem Konzept von der Einheit Gottes zu widersprechen. Bei diesem Versuch folgt er al-Fārābīs emanativem Schema, führt aber wichtige Modifizierungen ein. Bei al-Fārābī gibt es nach der Emanation der ersten Intelligenz die Emanation von Dyaden, von Paaren, die jeweils aus einer Intelligenz und einem Himmelskörper bestehen. Bei Avicenna hingegen sind die Seienden, die aus der ersten Intelligenz emanieren, Triaden, von denen jede aus einer weiteren Intelligenz, einer Seele und einem Himmelskörper besteht. Darüber hinaus versucht Avicenna zu erklären, weshalb eine Triade emaniert. Und obwohl diese Erklärung ernsthafter Kritik kaum standhält (wie al-Ġazālī zeigen sollte), machte sie sein Schema immerhin etwas weniger willkürlich als es das von al-Fārābī gewesen war.

Nach Avicenna erkennt sich Gott, der Seiende, der in seiner eigenen Wesenheit notwendig ist, selbst. Dieser Akt der Selbsterkenntnis ist ein schöpferischer Akt, der in seiner Existenz von einem Wesen allein, nämlich der ersten Intelligenz, abhängt. Die Vielheit geht von dieser Intelligenz aus, nicht direkt von Gott. Diese Intelligenz unterscheidet sich von Gott dadurch, daß sie durch eine andere (Gott) notwendig ist, da sie in sich selbst bloß möglich ist. Die erste Intelligenz trifft daher auf drei Fakten des Seins: (1) Gottes Existenz als in sich selbst notwendig; (2) ihre eigene Existenz als durch eine andere notwendig; (3) ihre eigene Existenz als in sich selbst nur möglich. Ihr Akt, diese drei Fakten zu erkennen, beruht darauf, daß aus ihr jeweils drei Dinge emanieren, eine weitere Intelligenz, eine Seele und ein Körper, der äußerste Körper der Welt. Die zweite Intelligenz wiederum hält Gott für in sich selbst notwendig, sich selbst für ein notwendig gemachtes Wesen und sich selbst für ein mögliches Wesen, das eine andere Intelligenz, eine andere Seele und die Sphäre der Fixsterne hervorbringt. Der Prozeß wiederholt sich durch jede nachfolgende Intelligenz, bis die Mondsphäre erreicht ist. Die letzte Intelligenz, der wirkende Intellekt, bringt die Welt des Entstehens und Vergehens hervor.

In diesem Schema wirkt die Intelligenz jeder Triade als die letzte Ursache der Triade. Die Seele, die etwas der praktischen Seele im Menschen Analoges ist, begehrt die Intelligenz und, indem sie sie begehrt, verursacht sie die Kreisbewegung der Sphäre. Da die besonderen Ereignisse in der Welt des Entstehens und Vergehens durch die Bewegung der Sphären verursacht werden, erkennen die Ursachen dieser Bewegung, die Seelen der Sphären, also diese Einzeldinge in ihrer Besonderheit. Darin unterscheiden sie sich von den Intelligenzen. Die himmlische Intelligenz ist, wie Gott, reiner Geist, dessen Erkenntnis begrifflich ist, und, wie Gott, kennt sie Einzeldinge nur „auf eine allgemeine Weise". Gott kennt die allgemeine Eigenschaft jedes Einzeldings bis in ihr kleinstes Detail. Im Fall der himmlischen Einzeldinge kann dies Kenntnis dieser Einzeldinge als Einzeldinge bedeuten; denn Avicenna zufolge bildet in dem triadischen Schema jedes der himmlischen Wesen in jeder der Triaden den einzigen Grund seiner

Gattung. Daher erkennt Gott dadurch, daß er die universelle Gattung kennt, in gewissem Sinne auch den konkreten Grund. Diese Verhältnisse sind aber im Bereich des Entstehens und Vergehens ganz anders. Hier ist die Triade aus Intelligenz, Seele und Körper nur eine Triade von Arten, nicht von Individuen; denn in der irdischen Welt gibt es Vielheiten von Intelligenzen, Seelen und Körpern. Die Tatsache jedoch, daß Gott die allgemeinen Charakteristika dieser irdischen Individuen begrifflich erkennt – wie detailliert und winzig sie auch sein mögen –, bedeutet nicht, daß er sie als Individuen erkennt. Mit anderen Worten: Avicennas Gott kennt weder individuelle Menschen noch ihre individuellen Handlungen[10].

Die menschliche Seele

Die menschliche Seele ist eine Emanation aus dem wirkenden Intellekt. Sie ist zunächst eine immaterielle Substanz. Im Gegensatz zu al-Fārābīs Konzept von der Seele ist sie also keine materielle Disposition, die einen immateriellen Zustand erwirbt, wenn sie vom wirkenden Intellekt erleuchtet wird. Obwohl die Seele zunächst eine immaterielle Substanz ist, wird sie, Avicenna zufolge, erst dann individualisiert, wenn sie mit dem Körper geschaffen wird. Avicennas Motiv für diese Behauptung beruht zum Teil darauf, daß er jede Möglichkeit einer Seelenwanderung ausschalten wollte. Denn wenn die Seele, ehe sie sich dem Körper anschließt, als individuelle Substanz existierte, dann bestünde die Möglichkeit, daß sie in einem anderen Körper existiert hat. Die Seele beginnt mit dem Körper zu existieren, wird durch den Körper individualisiert und behält diese Individualität nach der Trennung von ihm bei. Avicenna nennt sowohl für die Immaterialität der Seele als auch für deren Individualität ein Argument, das im lateinischen Abendland sehr bekannt wurde. Er argumentierte so: Angenommen, ein Mensch würde unmittelbar reif und vernünftig auf die Welt kommen, aber so existierend, daß er sich seines eigenen Körpers nicht bewußt wird. Dieser Mensch wäre sich – für Avicenna – immer noch einer Sache bewußt, nämlich seiner eigenen Existenz als ein individuelles Selbst.

Für Avicenna ist theoretische Erkenntnis eine Emanation. Sie schließt die Rezeption zweier Arten von Intelligiblen aus dem wirkenden Intellekt ein. Zuerst gibt es die primären Intelligiblen, die aus so grundlegenden Konzepten wie dem Begriff des Seienden und den selbstverständlichen logischen Wahrheiten bestehen[11]. Diese werden, wie Avicenna behauptet, von allen Menschen „direkt" rezipiert. Damit meint er, daß für ihre Rezeption keine vorbereitenden Aktivitä-

10 Für eine vollständige Diskussion hierüber, s. M. E. Marmura, „Some Aspects von Avicenna's Theory of God's Knowledge of Particulars", *Journal of the American Oriental Society*, LXXXII, 3 (Juli-September, 1962), S. 299–312.

11 *Ilāhiyyāt*, I, 5, S. 29; Ibn Sīnā (Avicenna) *Risāla fī Iṯbāt al-Nubuwwāt*, hrsg. v. M. E. Marmura (Beirut, 1968), S. 44ff.

ten der Seele notwendig sind. Die sekundären Intelligiblen, das sind komplexere Konzepte und logische Folgerungen, erfordern normalerweise zuallererst den Erwerb der primären Intelligiblen und dazu noch gewisse vorbereitende Aktivitäten der Seele auf den sinnlichen, imaginativen und besonderen Ebenen – Sinneswahrnehmung, Imagination und Reflexion oder Denken z. B. im Hinblick auf besondere Bilder. Nur Menschen, die der demonstrativen und abstrakten Erkenntnis fähig sind, nehmen die sekundären Intelligiblen auf. Dazu gehören jene, die die vorbereitenden Aktivitäten der Seele und die damit verbundenen Lernprozesse nicht brauchen. Wie wir sehen werden, sind dies die Propheten.

Die menschliche rationale Seele ist, ehe sie durch die Rezeption von Intelligiblen aus dem wirkenden Intellekt aktiviert wird, eine Potentialität, und Avicenna nennt sie manchmal „den materiellen Intellekt". Dies ist aber nur eine Redewendung; damit soll nicht abgeleugnet werden, daß die Vernunft-Seele sich bei der Geburt als immaterielle Substanz dem Körper anschließt. Wenn die Vernunft-Seele die primären Intelligiblen aufnimmt, wird sie durch positive Disposition *(al-ʿaql bi al-malaka)* zum Intellekt, und wenn sie dabei ist, die sekundären Intelligiblen aufzunehmen, wird sie zum „erworbenen Intellekt" *(al-ʿaql al-mustafād)*. Ein Intellekt, der die sekundären Intelligiblen rezipiert hat, sich aber nicht im Akt der Rezeption befindet, wird als „aktueller Intellekt" *(al-ʿaql bi al-fiʿl)* bezeichnet.

Das letzte Ziel der Vernunft-Seele ist es, sich selbst zu aktualisieren, Erkenntnis zu erlangen und im künftigen Leben in ihre himmlische Heimat zurückzukehren. Deshalb muß sie die animalischen Leidenschaften beherrschen und lenken, die sie vom rechten Weg abhalten. Wenn ihr das gelingt, indem sie sich selbst von den Lastern unbefleckt erhält, die mit der animalischen Leidenschaft verbunden sind, trennt sie sich nach dem Tode vom Körper, um in ewiger Seligkeit, in Anschauung der himmlischen Wesen und Gottes, zu weilen. Jene, die in ihrer irdischen Existenz nicht mit der Fähigkeit begabt sind, philosophisches Wissen zu erwerben, können immer noch das Heil im Leben nach dem Tode erlangen, wenn sie in diesem Leben den Geboten des geoffenbarten Gesetzes gehorchen. Wie bei al-Fārābī ist nämlich das geoffenbarte Gesetz nichts anderes als die symbolische Widerspiegelung, manchmal das besondere Beispiel, der philosophischen Wahrheit. Jene Seelen hingegen, die irrationalen Begierden nachgeben, sind auf ewig verurteilt, weil sie ihre Fähigkeit verloren haben, Erkenntnis über die himmlische Welt zu erlangen. Sie werden immer umsonst nach diesem Wissen und den nicht mehr existierenden physischen Fähigkeiten suchen, die, so wie die Sinneswahrnehmung und die Imagination, bekanntlich dazu nötig sind, um die Seele auf den Erwerb der sekundären Intelligiblen vorzubereiten.

Prophetentum und Mystik

Avicenna erörtert zwei Hauptarten des Prophetentums, das imaginative und das intellektuelle Prophetentum[12]. Im ersten Fall erhält der Prophet durch seine imaginative Fähigkeit besonderes Wissen in Form besonderer Bilder, die Symbole oder Beispiele des universellen Wissens sind. Er empfängt diese von den himmlischen Seelen, die Avicenna „die wirkenden Engel" nennt – im Unterschied zu den himmlischen Intelligenzen, die er als „die Cherubim" bezeichnet. Im zweiten Fall, einer höheren Form des Prophetentums, empfängt er die Intelligiblen im wirkenden Intellekt intuitiv ohne die vorbereitenden Aktivitäten der Seele und die damit verbundenen Lernprozesse. Außerdem empfängt er alle, oder die meisten, der Intelligiblen im wirkenden Intellekt sofort. Diese Erkenntnis (die auch in Form besonderer symbolischer Bilder automatisch zu der imaginativen Fähigkeit des Propheten herabkommen kann), wird dann der Öffentlichkeit in der Sprache von Bildern und Symbolen übermittelt, die der Nicht-Philosoph verstehen kann. Avicenna folgt al-Fārābīs Definition der Religion als der Nachahmung der Philosophie.

Der Prophet ist dadurch, daß er mit der himmlischen Welt in direktem Kontakt steht, auch ein Mystiker. Aber während alle Propheten Mystiker sind, sind nicht alle Mystiker Propheten; denn was den Propheten unterscheidet, ist, daß er mit der Verkündung des göttlichen Gesetzes beauftragt ist. In einigen seiner Schriften liefert Avicenna eine kurze Beschreibung des mystischen Pfades: Die Reise des Mystikers schließt spirituelle Übungen ein, die ihn zunächst zu unzusammenhängendem Aufschimmern der „Wahrheit" führen. Wenn er weiter strebt, gelangt er zu dauerhafteren Erfahrungen des Göttlichen und schließlich zur vollständigen Anschauung Gottes. Die vom Körper gefangene Seele sehnt sich immer nach ihrer wahren himmlischen Heimat. Die mystischen Erfahrungen stellen vorübergehende Befreiungen der Seele, flüchtige Besuche der Heimat, dar, bevor die Seele mit dem Tod des Körpers endlich befreit wird. Avicenna verleiht der Sehnsucht der Seele nach Befreiung und Rückkehr in ihre wahre Heimat in symbolischen Geschichten und in einem wohlbekannten arabischen Gedicht über die Seele literarischen Ausdruck.

Einfluß

Avicennas metaphysisches System ist mit seinem Zug ins Mystische äußerst umfassend und hat einen Schwung, der den Einfluß erklärt, den es – trotz der

12 Ibn Sīnā, *Aḥwāl al-Nafs*, hrsg. v. F. Ahwānī (Kairo, 1952), S. 114–126; *Avicenna's De Anima*, hrsg. F. Rahman (London, 1959), S. 173ff., 248–250; *Ishārāt*, S. 125–127, 207–222.

Schwierigkeit seines Stils und Denkens – nicht nur auf islamische Denker, sondern auch auf die lateinische Philosophie des Mittelalters hatte. In seinen Schriften über Naturphilosophie und Metaphysik finden sich zudem zahlreiche Analysen (z.B. vom Konzept der Ursache und der Universalien), die von tiefstem philosophischen Interesse bleiben, und die die spätere islamische und lateinische Philosophie entscheidend beeinflußten. Es sollte auch bemerkt werden, daß seine metaphysischen Erörterungen wichtige Kritiken einschließen – zum Beispiel an der platonischen Theorie der Formen und am Atomismus. Er war einer der größten islamischen Logiker des Mittelalters und für seine geistige Unabhängigkeit, seine Bereitschaft zum Experiment und für seine Ansichten zur wissenschaftlichen Methode bekannt[13]. Er ragte auch in der Geschichte der mittelalterlichen Medizin hervor, und sein Einfluß erstreckte sich über den islamischen Bereich bis nach Europa.

In der Geschichte der religiösen Doktrin setzte er al-Fārābīs Werk fort, den Islam philosophisch zu interpretieren. Er untermauerte philosophisch solche fundamentalen religiösen Lehren des Islam wie die von der Einheit Gottes, dem Glauben an seine Engel und seine Propheten sowie an die individuelle Belohnung und Bestrafung im Leben nach dem Tode. Diese Interpretation wurde aber aus Gründen, die wir gleich kennenlernen werden, von Avicennas Erzkritiker, dem Theologen, Juristen und Mystiker al-Ġazālī, als unbefriedigend empfunden.

KAPITEL VI
AL-ĠAZĀLĪS KRITIK AN DER ISLAMISCHEN PHILOSOPHIE

Das Leben und die Schriften Abū Ḥāmid al-Ġazālīs markieren einen Höhepunkt in der religiösen Geschichte des mittelalterlichen Islam. Er wurde 1058 in Ṭūs geboren und erhielt zunächst eine Ausbildung (in Ṭūs und später in Ǧurǧān) im islamischen Recht. In Nīšāpūr wurde er von dem berühmten ašʿaritischen Theologen al-Ǧuwaynī (gest. 1085) in die islamische dogmatische Theologie *(kalām)* eingeführt. Zwischen 1091 und 1095 hatte al-Ġazālī den sehr prestigereichen Lehrstuhl für islamisches Recht an der Niẓāmiyya in Bagdad inne. Dies war eines der Kollegien, die diesen Namen trugen und die vom Wesir des Seldschukensultans Niẓām al-Mulk (gest. 1092) für den Unterricht im islamischen Recht

13 S. N. Shehaby, *The Propositional Logic of Avicenna (A Translation from Al-Shifā'; al-Qiyās)* (Dordrecht/Holland und Boston, Mass., 1973), S. 1–28; Nicholas Rescher, Studies in Arabic Logic (Pittsburgh, 1965), S. 76–86, 91–105. Zu einer Diskussion einiger Aspekte von Avicannas Beweis-Logik s. mein Artikel „Ghazali and Demonstrative Science", *Journal of the History of Philosophy*, III, 2 (Oktober, 1965), Teil II und III, S. 184–193.

nach der Schule al-Šāfiʿīs (gest. 820) gegründet worden waren[1]. Während dieser Zeit nahm al-Ġazālī allein ein Studium der islamischen Philosophie auf, insbesondere der Schriften von Avicenna, und er schrieb seine scharfe Kritik, *Tahāfut al-Falāsifa* (Destructio philosophorum. Der innere Widerspruch der Philosophen)[2] und andere, damit verwandte Werke.

1095 erlebte al-Ġazālī eine geistige Krise, die damit endete, daß er sein Lehramt aufgab, um wie ein Ṣūfī (islamischer Mystiker) zu leben. Wie aus seiner Autobiographie hervorgeht, wurde die Krise teilweise durch eine tiefe Unzufriedenheit mit der rein doktrinären und rationalen Annäherung an die Religion ausgelöst, die für ihn am Kern der Sache, der direkten Erfahrung, dem *ḏawq*, wörtlich ‚Geschmack', vorbeiging, von dem die Ṣūfī sprachen. Im Juli dieses Jahres spitzte sich die Krise zu, als er eine Zeitlang seine Sprechfähigkeit verlor. Dann verließ er Bagdad und führte ungefähr zehn Jahre das Leben eines Mystikers. Er reiste nach Syrien, Palästina, wahrscheinlich nach Ägypten und in den Hidschas. Die seldschukische Obrigkeit drängte ihn, die juristische Lehrtätigkeit wieder aufzunehmen, und er kehrte 1006 zuerst nach Nīšāpūr und dann nach Ṭūs zurück, wo er bis zu seinem Tod im Jahr 1111 lehrte.

Al-Ġazālīs zahlreiche Schriften[3] – über Recht, Logik, Philosophie, Theologie und Mystik – enthalten eine Autobiographie[4] sowie Kritiken an islamischen Sekten, insbesondere am Schiismus in seiner ismāʿīlitischen Ausprägung. Sein *magnum opus* ist das umfangreiche *Iḥyāʾ ʿUlūm al-Dīn* (Die Neubelebung der Religionswissenschaften), das in der Zeit seiner Wanderschaft geschrieben wurde, nachdem er Bagdad verlassen hatte. Es ist ein vieldimensionales Werk, das u.a. bestrebt ist, traditionelle islamische Glaubensvorstellungen und Praktiken mit dem Ṣūfismus in Einklang zu bringen. Es bietet auch eine Synthese von islamischen theologischen ethischen Prinzipien, der aristotelischen Lehre von der Mitte und der Ṣūfī-Tugenden, deren höchste die Gottesliebe ist. Das Werk mit dem unmittelbarsten Bezug auf die Geschichte der islamischen Philosophie jedoch ist der *Tahāfut*. Bevor wir uns aber ihm zuwenden, werden wir sehr kurz die drei anderen, eng damit zusammenhängenden Werke kommentieren, die aus derselben Periode seines Schaffens stammen.

1 S. G. Makdisi, „Muslim Institutions of Learning in Eleventh Century Baghdad", *Bulletin of the School of Oriental Studies*, XXIV, 1 (1961), S. 1–56.

2 Al-Ġazālī, *Tahāfut al-Falāsifa*, hrsg. v. M. Bouyges (Beirut, 1927). Verweise auf dieses Werk werden mit „TF" abgekürzt.

3 S. G. F. Hourani, „The Chronology of Ghazali's Writings", *Journal of the American Oriental Society*, LXXIX, 4 (Oktober-Dezember, 1959), S. 225–233; M. Bougyes, *Essai de Chronologie des Oeuvres de al-Ghazali*, und auf den letzten Stand gebracht von M. Allard (Beirut, 1959); W. Montgomery Watt, „The Authenticity of the Work Attributes to al-Ghazali", *Journal of the Royal Asiatic Society* (1952), S. 24–45.

4 Al-Ġazālī, *al-Munqiḏ min al-Ḍalāl*, arabische Ausgabe und französische Übersetzung von F. Jabre (Beirut, 1959); übersetzt von W. M. Watt als *The Faith and Practice of Ghazali* (London, 1953).

Das erste ist *Maqāṣid al-Falāsifa* (Die Ziele der Philosophen). Es ist ein Werk ausschließlich referierenden Charakters. Bei seiner Einführung und ganz am Ende sagt al-Ġazālī, daß er in diesem Werk die Theorien der Philosophen nur als Vorspiel zu seiner Kritik an ihnen im *Tahāfut* erklärt. (Es ist aber merkwürdig, daß al-Ġazālī im *Tahāfut* kein einziges Mal auf dieses Werk verweist oder anspielt)[5]. In den *Maqāṣid* wird der Kern von Avicennas Logik, Metaphysik und Physik in klarer Sprache zusammengefaßt. Die Darlegung ist meisterhaft und erfüllt ihren Zweck, Avicennas Denken den islamischen Gelehrten des Mittelalters verständlich zu machen, die keine Philosophen waren. Das zweite Werk ist die logische Abhandlung *Miʿyār al-ʿIlm* (Der Maßstab des Wissens), die als Anhang zum *Tahāfut* geschrieben wurde. Dies ist zwar nicht die einzige Erläuterung von Avicennas Logik, die al-Ġazālī schrieb, aber sie ist die umfassendste. Sie ist auch von philosophischem Interesse, vor allem deshalb, weil al-Ġazālī darin andeutet, wie er die aristotelische Schluß-Theorie, untermauert durch das Prinzip der essentiellen Verursachung, in rein okkasionalistischen Begriffen interpretieren würde. Damit möchte er es den ašʿaritischen Theologen ermöglichen, Aristoteles' Beweis-Logik zu akzeptieren, ohne der Lehre von den natürlich wirkenden Ursachen zustimmen zu müssen, die sie ablehnen[6]. Das dritte Werk, *al-Iqtiṣād fī al-Iʿtiqād* (Die Goldene Mitte im Glauben), ist ein ašʿaritisches theologisches Werk, das den *Tahāfut* ergänzt (und manchmal seine Argumente wiederholt). Wie zu sehen sein wird, ist es al-Ġazālīs ausdrückliches Ziel im *Tahāfut*, die islamischen Philosophen zu widerlegen und nicht, Lehrmeinungen aufzustellen oder zur Geltung zu verhelfen. Bestätigung und Entwicklung theologischer Doktrin finden sich am vollständigsten im *Iqtiṣād* und – in geringerem Umfang – in dem viel kürzeren ašʿaritischen Werk *Qawāʿid al-ʿAqāʾid* (Die Prinzipien des Glaubens), das als ein Abschnitt in das *Iḥyāʾ* aufgenommen wurde.

Wenden wir uns dem *Tahāfut* zu. Seine Ziele werden in einem religiösen Vorwort und in vier kurzen Einleitungen angegeben. Al-Ġazālī greift für seine Kritik al-Fārābī und Avicenna als die besten Repräsentanten des Aristotelismus im Islam heraus. Er sagt, er befasse sich mit jenen ihrer Theorien, die im Widerspruch zu „den Prinzipien der Religion" stehen. Im Gegensatz zur Behauptung der Philosophen seien diese Theorien – wie er nachweisen werde –, nicht bewiesen und nicht frei von inneren Widersprüchen. Diesem Ansatz liegt ein rationales Kriterium zugrunde, das auch Teil seiner Theorie von der Interpretation der Schrift ist[7]. Es ist das Kriterium der Beweisbarkeit. Eine Theorie, die bewiesen wurde, und die daher notwendigerweise wahr ist, muß akzeptiert

5 Die Aussagen, die sich auf den *Tahāfut* beziehen und an den Anfang und das Ende des Werkes gestellt sind, könnten nach der Veröffentlichung des *Tahāfut* hinzugefügt worden sein. Das ist aber eine Vermutung.

6 S. M. E. Marmura, „Ghazali and Demonstrative Science", *op. cit.*

7 Al-Ġazālī, *Fayṣal al-Tafriqa Bayn al-Islām wa al-Zandaqa*, hrsg. v. S. Dunyā (Kairo, 1961), S. 175ff.

werden. Wenn eine solche Theorie zufällig dem wörtlichen Sinn einer Aussage der Schrift widerspricht, dann muß die betreffende Aussage eben metaphorisch aufgefaßt werden. Wenn andererseits eine Theorie, die nicht als rational wahr bewiesen wurde, dem wörtlichen Sinn einer Aussage in der Schrift widerspricht, dann muß eine solche Theorie als falsch verworfen werden.

Al-Ġazālī nimmt sich vor, zwanzig philosophische Theorien zu widerlegen, die seiner Ansicht nach im Widerspruch zu religiösen Prinzipien stehen. Siebzehn davon erklärt er zu innovatorischen Abweichungen *(bidaʿ)* vom wahren islamischen Glauben. Diese Theorien zu billigen, stellt aber nicht islamischen Unglauben *(kufr)* dar, da solche Theorien von der einen oder anderen islamischen Sekte vertreten werden, die bislang nicht als ungläubig verurteilt wurde. Drei dieser Theorien der Philosophen stehen jedoch im völligen Widerspruch zu den religiösen Prinzipien. Sie zu vertreten, stellt islamischen Unglauben dar. Es sind dies die Theorien von der Vor-Ewigkeit der Welt, von Gottes Kenntnis der Einzeldinge in einer universellen Weise und von der individuellen Unsterblichkeit der Seele, die die Auferstehung des Leibes leugnet. Al-Ġazālīs Verwerfung dieser drei Theorien muß im Sinn des islamischen religiösen Gesetzes verstanden werden. Sie ist eine juristische Anklage, und, wie wir sehen werden, sie wurde von Averroes auf juristischer Grundlage angegriffen.

Die meisten der zwanzig attackierten Theorien sind metaphysisch – aber nicht alle. Avicennas Theorie von der Seele gehört (im aristotelischen Schema der Dinge) zur Naturphilosophie ebenso wie die Frage nach den Wundern, die in der 17. Diskussion erörtert wird. Die 17. Diskussion befaßt sich mit der Frage der natürlichen Verursachung. Al-Ġazālī macht ganz deutlich, daß er nichts an der Mathematik und an Wissenschaften wie der Astronomie auszusetzen hat und auch nicht an der Logik, die diese Philosophen betrieben. Er bleibt dabei, daß die Logik der Philosophen ein neutrales Instrument der Erkenntnis sei, daß sie im Grund dieselbe sei wie die Logik, die in der islamischen Theologie und Rechtswissenschaft angewendet wird, wobei sie sich von der letzteren nur durch die Terminologie sowie durch ihre größere Genauigkeit und Feinheit unterscheide. Im *Tahāfut*, so stellt er fest, werde er die Logik der Philosophen und deren Terminologie benutzen, um ihre Theorien zu widerlegen. Er erklärt auch, daß er an sein Werk eine Erklärung ihrer Logik (den *Miʿyār*) anhängen werde[8]. Wie bereits erwähnt, schrieb al-Ġazālī eine Anzahl von Erläuterungen der Logik Avicennas und drängte seine Kollegen, Theologen und Juristen, diese zu übernehmen.

Etwas anderes, das al-Ġazālī in der Einleitung des *Tahāfut* erklärt, ist, daß sein Ziel nur darin bestehe, den Gegner zu widerlegen, und nicht eine selbständige Doktrin zu entwickeln. Er erklärt, daß er in seinen Widerlegungen also nicht unbedingt aus irgendeiner doktrinären Position heraus argumentieren werde,

8 Al-Ġazālī, *Miʿyār al-ʿIlm*, hrsg. v. S. Dunyā (Kairo, 1961).

sondern Argumente gegen sie benutzen werde, die die Positionen verschiedener islamischer Sekten widerspiegelten. Und es trifft zu, daß es im *Tahāfut* Stellen gibt, wo al-Ġazālī für Positionen eintritt, die von denen der aš'aritischen theologischen Schule abweichen, der er angehörte; er tat dies nicht unbedingt aus Überzeugung, sondern er benutzte dies einfach als ein Mittel zur Widerlegung seiner Gegner[9]. Zum größten Teil jedoch sind die Gegenbehauptungen und -argumente, die er benutzt, ganz und gar aš'aritisch, wie Averroes uns in seiner Entgegnung auf den *Tahāfut* wiederholt ins Gedächtnis ruft[10]. Der Konflikt im *Tahāfut* besteht im wesentlichen zwischen zwei Auffassungen von Gott und seiner Schöpfung, nämlich der von Avicenna und der der Aš'ariten. Daher ist, bevor wir uns al-Ġazālīs Argumenten zuwenden, ein kurzer Überblick über die aš'aritische Weltanschauung nötig.

Die Aš'ariten leugneten das Konzept von der natürlichen Verursachung, d. h., daß es Handlungen gibt, die vom innersten Wesen oder der Essenz eines Seienden ausgehen. Diese Leugnung steht im engen Zusammenhang mit ihrer Lehre von den göttlichen Attributen, die behauptete, die ewigen Attribute seien zusätzlich, und nicht mit der göttlichen Wesenheit identisch. Sie argumentierten so: Wenn z. B. die göttlichen Attribute des Willens und der Macht mit der göttlichen Wesenheit identisch wären, dann würde das göttliche Handeln ein essentielles Handeln. Das würde bedeuten, daß das Handeln notwendigerweise als eine Konsequenz der göttlichen Wesenheit ausgeht. Mit anderen Worten: Gott wird durch sein innerstes Wesen gezwungen, so zu handeln, wie er handelt, und er hat keine Macht, sich einer solchen Handlung zu enthalten. Wenn man also Willen und Macht mit der göttlichen Wesenheit identifiziert, leugnet man in Wirklichkeit diese Eigenschaften. Nur wenn diese Eigenschaften Zusätze zur göttlichen Wesenheit sind, ist das göttliche Handeln wirklich frei. Die Aš'ariten leugneten, daß das göttliche Handeln eine essentielle oder natürliche Handlung sei, und erklärten weiter, daß alles Handeln nur von lebenden, wollenden Seienden ausginge. Dem Unbelebten sei kein Handeln eigen. Sie führten dies weiter, um die okkasionalistische Lehre zu verkünden, alle Ereignisse im Universum – einschließlich der menschlichen Taten – seien die direkte Schöpfung Gottes. Mit diesem Okkasionalismus verwandt ist der Atomismus, den sie von den Mu'tazili-

9 Zum Beispiel in der 20. Diskussion (*TF*, S. 363, Zeile 8ff.) verteidigt al-Ġazālī sehr heftig eine Theorie von der Auferstehung des Fleisches, die von den Philosophen abgelehnt worden war. Dieser Theorie zufolge ist die Seele eine sich selbst erhaltende Substanz, die den Tod überdauert, um sich einem Körper anzuschließen, der aus irgendeiner Ansammlung von Erde – nicht unbedingt den Überresten des ursprünglichen Körpers – neu geformt wurde. In seinem *Iqtiṣād* jedoch erklärt er ganz ausdrücklich, daß er diese Theorie nur aus Opposition zu den Philosophen verteidigte, und nicht, weil er sie akzeptiert. Al-Ġazālī, *al-Iqtiṣād fī al-I'tiqād*, hrsg. v. I. A. Çubukçu und H. Atay (Ankara, 1962), S. 215, Zeile 1 bis 5.

10 Zu den zahlreichen Hinweisen s. unter *Ash'ariyya* im Index von Averroes' *Tahāfut:* Ibn Rushd, *Tahāfut al-Tahāfut*, hrsg. v. M. Bouyges (Beirut, 1930), S. 602.

ten übernahmen. Die Welt besteht aus Atomen und Akzidenzien, die ihnen innewohnen. Diese werden *ex nihilo* erschaffen, zu Körpern kombiniert und durch direktes göttliches Handeln in zeitlich begrenzten Existenzspannen erhalten. Die Ordnung und Einheitlichkeit, die wir im Universum erleben, geht nicht auf irgendeine inhärente, notwendig kausale Beziehung zwischen diesen Atomen und den Akzidenzien zurück. Die Ordnung geht auf die willkürliche Anweisung des göttlichen Willens zurück. Der göttliche Wille kann diese Ordnung zerschlagen und damit das Wunder verursachen.

Der *Tahāfut* besteht aus zwei Hauptteilen. Der erste (bestehend aus den Diskussionen 1 bis 16) beschäftigt sich mit metaphysischen Theorien, der zweite Teil (Diskussion 17–20) mit Naturphilosophie. Zwei der Theorien, die als gänzlich unreligiös verworfen werden, nämlich die Lehre von der Vor-Ewigkeit der Welt und die von Gottes Kenntnis der Einzeldinge, gehören zum ersten Teil. Die Theorie von der Vor-Ewigkeit der Welt wird in der ersten Diskussion erörtert, der längsten und kompliziertesten des ganzen Werkes. Hier verteidigt al-Ġazālī im wesentlichen das ašʿaritische Konzept von Gott als dem Verursacher, als dem Schöpfer der Welt; denn eine der Hauptprämissen der Theorie der Philosophen von einer ewigen Welt ist, daß Gott durch den Zwang seiner Natur handele. Da Gott nicht anders kann als zu handeln, als die Welt zu erschaffen, und da er ewig ist, müssen sein Handeln und das Produkt seines Handelns dementsprechend ewig sein. Al-Ġazālī versucht zu zeigen, daß diese Theorie – die für ihn den göttlichen Willen leugnet – nicht nur unbewiesen, sondern auch falsch ist. Sie ist unbewiesen, weil ihr Gegensatz, die Lehre, daß ein ewiger Wille die Welt in einem Augenblick der Zeit geschaffen habe, nicht als falsch erwiesen werden kann. Sie ist falsch, weil sie zu dem Widerspruch führt, es gäbe ungleiche Unendlichkeiten; denn, wenn die Welt ewig ist, dann müßten jedem Augenblick in der Gegenwart unendliche Bewegungen und unendliche Zeiten vorausgegangen sein. Da diese Bewegungen und Zeiten in der Tat existiert haben, wäre das von ihnen gebildete Unendliche aktuell und daher unmöglich[11]. Aber ein Gegner kann argumentieren, daß al-Ġazālīs eigene Doktrin von einer in der Zeit erschaffenen Welt zum Widerspruch führe. Wenn sie nämlich in der Zeit erschaffen wurde, dann müßte ihrer Erschaffung unendliche Zeit und die Möglichkeit unendlicher Bewegung vorausgegangen sein. Al-Ġazālīs Antwort darauf erinnert an den heiligen Augustinus: Die Zeit und die Welt seien zusammen erschaffen worden; „vor" der Erschaffung der Welt habe es keine Zeit gegeben, und Gott gehe der Welt in einem nicht-zeitlichen Sinn von „vor" voraus[12].

Die zweite Diskussion befaßt sich mit der Theorie von der künftigen Ewigkeit der Welt. Hier argumentiert al-Ġazālī nicht für die Unmöglichkeit einer solchen Theorie. Die Ewigkeit der Welt in der Zukunft ist für ihn möglich, weil künftige Bewegungen und Zeiten – im Gegensatz zu vergangenen Bewegungen und ver-

11 *TF.*, S. 33.
12 *Ibid.*, S. 52–53.

gangener Zeit – noch nicht-seiend, noch nicht aktuell sind. Aber sie ist nicht, wie die Philosophen meinen, notwendig. Gott könne, wenn er es wolle, die Welt in fortwährender Existenz erhalten. In gewisser Hinsicht liegt in der dritten Diskussion ein Schlüssel zum ganzen *Tahāfut;* denn darin weist al-Ġazālī die Ansicht der Philosophen zurück, es könne unbelebte Ursachen geben, sowie ihre Auffassung, man könne die Welt als Gottes Schöpfung betrachten, selbst wenn sie ewig sei. Vor allem aber entwickelt er eine detaillierte und scharfe Kritik an Avicennas neuplatonischem emanativen Schema. Im ersten, dem metaphysischen Teil des *Tahāfut* erklärt al-Ġazālī Avicennas Theorie, daß Gott Einzeldinge nur auf eine universelle Weise kenne, und argumentiert, daß eine derartige Theorie nicht bewiesen sei, und daß sie darüber hinaus einen Verstoß gegen das Konzept von einem allwissenden Gott darstelle, der sich um die einzelnen Menschen und ihr Schicksal kümmert[13].

Wenden wir uns dem zweiten Teil des *Tahāfut* zu. Er besteht aus den Diskussionen 17–20. In den drei letzten Diskussionen findet sich eine detaillierte Darlegung und Kritik an Avicennas Lehre von der immateriellen menschlichen Seele und ihrer individuellen Unsterblichkeit. Diese Theorie von der Unsterblichkeit leugnet nämlich die Auferstehung des Leibes; diese Leugnung steht, al-Ġazālī zufolge, im vollkommenen Widerspruch zur islamischen Lehre. Die 17. Diskussion ist aber vielleicht philosophisch am interessantesten. Al-Ġazālī argumentiert hier dagegen, daß die Philosophen gewisse Wunder verwarfen, über die im Koran und in der islamischen Überlieferung berichtet wird. Die Philosophen weisen diese Wunder als unmöglich zurück und argumentieren, daß die Sprache der Schrift, die sie bestätigt, metaphorisch verstanden werden müsse. Sie behaupten, diese Wunder seien unmöglich, weil sie der Theorie von der essentiellen, natürlichen Verursachung entgegenstehen. In Erwiderung darauf liefert al-Ġazālī seine berühmte Kritik am notwendigen Kausalzusammenhang. Nicht daß das Argument von ihm stammte – es wurde von früheren Aš'ariten vorgebracht. Aber die Art, wie al-Ġazālī es präsentiert, ist am eindringlichsten und umfassendsten.

Um al-Ġazālīs Position zu verstehen, sollte bemerkt werden, daß er nicht das Prinzip ableugnet, jedes zeitliche Ereignis müsse eine Ursache haben. Alle zeitlichen Ereignisse müssen eine Ursache haben, nämlich Gott. Was er abstreitet, ist die Vorstellung, daß, was auch immer verursacht wird, notwendigerweise verursacht werde. Außerdem streitet al-Ġazālī nicht ab, daß zwischen Seienden notwendige Beziehungen bestehen. So setzt zum Beispiel unter den Attributen – ob göttlich oder menschlich – das Attribut von Macht das Attribut des Lebens voraus. Leben ist eine notwendige Voraussetzung für Macht, Wille, Erkenntnis usw.[14]. Ferner gibt es notwendige räumliche Beziehungen. Wenn A links von B

13 *Ibid.*, S. 223–238 (13. Diskussion).

14 *TF.*, S. 223, Zeile 9 bis 10, wo al-Ġazālī erklärt, daß „der Wille notwendigerweise Erkenntnis nach sich zieht" und *Iqtiṣād*, S. 97, 223, wo er davon spricht, daß ein

ist, ist B notwendigerweise rechts von A[15]. Wenn man aber solche Beziehungen beiseite läßt und an jene Dinge denkt, die gewöhnlich für Ursachen und Wirkungen gehalten werden, finden wir keinen Grund zur Annahme, daß die Existenz des einen die Existenz des anderen nach sich zieht. So schreibt er[16]:

> Der Zusammenhang zwischen dem, was man gewöhnlich für die Ursache hält und dem, was man gewöhnlich für die Wirkung hält, ist für uns nicht notwendig. Aber im Fall von zwei Dingen, von denen keines das andere ist, und wo weder die Affirmation noch die Negation des einen die Affirmation oder die Negation des anderen nach sich zieht, macht die Existenz oder Nicht-Existenz des einen nicht die Existenz oder Nicht-Existenz des anderen notwendig; z.B. das Löschen des Durstes und das Trinken, Sattheit und Essen, Brennen und Kontakt mit Feuer, Licht und das Erscheinen der Sonne, Tod und Enthauptung, Genesung und das Einnehmen von Medizin, die Entleerung des Darmes und das Einnehmen eines Abführmittels und so weiter unter Einbeziehung aller in der Medizin, Astronomie, in den Künsten und Handwerken beobachteten Zusammenhänge.

Der Zusammenhang zwischen diesen Dingen, so fährt al-Ġazālī fort, gehe auf Gottes vorherige Anweisung zurück, der sie nebeneinander erschafft. Er geht nicht auf irgendeinen, diesen Dingen inhärenten Zwang zurück, der ihre Trennung unmöglich machen würde. Ein notwendiger kausaler Zusammenhang – so argumentiert er dann –, sei in der Natur nicht zu beobachten. Er nimmt als Beispiel ein Stück Watte, das brennt, wenn es mit Feuer in Berührung kommt, und argumentiert, die Beobachtung zeige lediglich, daß das Brennen zur Zeit der Berührung stattfindet, nicht durch oder mittels *(bi)* des Feuers. „Der eine, der das Brennen bewirkt, indem er Schwärze in der Watte und die Auflösung in ihre Bestandteile verursacht und sie zu Zunder bzw. Asche macht, ist Gott, der Erhabene, entweder mit oder ohne Vermittlung seiner Engel"[17].

Obwohl al-Ġazālī diese ašʿaritische Kausaltheorie kategorisch bekräftigt und verteidigt, möchte er in der 17. Diskussion in erster Linie beweisen, wie jene Wunder, die von den Philosophen als unmöglich abgelehnt wurden, möglich sind. Im Laufe seiner Beweisführung für diese Möglichkeit entwickelt er daher eine alternative Kausaltheorie, die natürlichen Dingen nicht das kausale Wirken abspricht[18]. Dieser zweiten Theorie zufolge wäre z.B. das Feuer so beschaffen, daß es durch seine eigentliche Natur Verbrennung verursacht. Er fährt fort, Gott

Attribut eine notwendige Voraussetzung – aber keine Ursache – eines anderen ist (das Attribut des Lebens ist zum Beispiel eine notwendige Voraussetzung für die Attribute Willen und Erkenntnis).

15 *Iqtiṣād*, S. 222.
16 *TF.*, S. 277–278.
17 *Ibid.*, S. 278, Zeile 13 bis S. 279, Zeile 2.
18 *Ibid.*, S. 286ff.

könne aber, wenn er es wollte, das Wunder verursachen, entweder indem er das natürliche Wirken des Feuers hemmt, oder eine Substanz schafft, die einen brennbaren Gegenstand davor bewahren würde, verbrannt zu werden. Al-Ġazālī sagt im *Tahāfut*, daß diese beiden Theorien gleich möglich seien, auch wenn er nicht sagt, sie seien gleichzeitig möglich[19]. Im *Iqtiṣād*, dem theologischen Werk, das den *Tahāfut* ergänzt, stellt er jedoch ganz explizit fest, daß die aš'aritische Kausaltheorie die einzig wahre sei[20].

Daß al-Ġazālī die aš'aritische Kausaltheorie bestätigt, bedeutet jedoch nicht, daß er die aristotelische beweisende Wissenschaft und ihren Anspruch, eine gewisse Erkenntnis zu erlangen, verwirft. Sowohl im *Tahāfut* als im *Mi'yār* macht er ganz deutlich, wie er die aristotelische Schluß-Theorie in okkasionalistischen Begriffen reinterpretieren würde. Bedeutsam ist, daß al-Ġazālī ein Argument verwendet, das Avicenna benutzte, um das Prinzip von der Einheitlichkeit der Natur zu rechtfertigen; allerdings zog er daraus andere Schlüsse. Avicenna hatte behauptet, daß die bloße Beobachtung von regelmäßigen Abfolgen in der Natur nur Begleitumstände beweise, nicht einen notwendigen Kausalzusammenhang. Die Beobachtung dieser Regelmäßigkeiten, so argumentierte er, müsse mit einem „versteckten Syllogismus" des Inhalts verbunden werden, daß sich die vergangenen Regelmäßigkeiten, wenn sie akzidentiell oder koinzidentiell gewesen wären, nicht immer – oder meistens nicht – zugetragen hätten. Er schloß daraus, daß die Regelmäßigkeiten aus den den Dingen innewohnenden kausalen Eigenheiten herkommen müßten. Al-Ġazālī stützte die Prämissen dieses Arguments, kam aber zu einem anderen Schluß, nämlich, daß diese Regelmäßigkeiten auf die Anweisung eines wohlwollenden göttlichen Willens zurückzuführen seien. Al-Ġazālīs Versuch, die Wissenschaft eher in bezug auf das göttliche Handeln als auf irgendeine inhärente kausale Notwendigkeit in der Natur zu rechtfertigen, ist nicht unproblematisch[21]. Aber philosophisch ist es ein interessanter Versuch.

Worin bestand dann der Einfluß, den al-Ġazālīs Kritik an der Philosophie und seine Verwerfung gewisser Theorien auf die spätere Entwicklung der islamischen Philosophie hatte? Diese Frage ist nicht leicht zu beantworten. Es kann wenig Zweifel daran geben, daß seine Wirkung die Philosophie mehr als zuvor in die Defensive drängte. Gleichzeitig aber trug sie dazu bei, daß sich das philosophische Wissen in der islamischen Welt verbreitete. Um Avicenna zu verwerfen, mußte al-Ġazālī ihn nämlich zuerst einmal erklären. Seine klaren Darlegungen und Erläuterungen machten Avicennas Denken jenen zugänglicher, die nicht in Philosophie gebildet waren. Es ist richtig, daß vor al-Ġazālī schon dessen Lehrer al-Ǧuwaynī die Philosophie kritisiert hatte. Aber er tat es nicht in derselben umfassenden Weise. Erst mit al-Ġazālī beginnt wirklich die Tradition,

19 *Ibid.*, S. 369.
20 *Iqtiṣād*, S. 244, Zeile 8.
21 M. E. Marmura, „Ghazali and Demonstrative Science", S. 204.

philosophische Theorien in der theologischen *(kalām)* Literatur zu erörtern und zu kritisieren. Das bedeutet nicht nur, daß diese Ideen viel bekannter wurden, sondern auch, daß sie das theologische Denken beeinflußten, das allmählich philosophischer wurde. Ferner akzeptierte al-Ġazālī, wie wir erwähnt haben, Avicennas Logik und war darum bemüht, daß seine Kollegen, die Theologen, sie akzeptierten. Er billigte die Schlußverfahren des Aristoteles und ihren Anspruch, eine gewisse Erkenntnis der natürlichen Ordnung zu erlangen, indem er diesen Anspruch – wie wir gesehen haben – unter Anwendung der okkasionalistischen Methode rechtfertigte. Seine Darlegungen und seine Kritik an der Philosophie und Logik waren also nicht völlig negativ. Wie im nächsten Kapitel zu zeigen sein wird, provozierten seine Kritiken darüber hinaus Erwiderungen, insbesondere seitens Averroes', die sicherlich die islamische Philosophie bereicherten. Ohne al-Ġazālīs *Tahāfut* hätten wir Averroes' *Tahāfut* nicht, und wir wären in zweifacher Hinsicht wirklich sehr viel ärmer.

KAPITEL VII DIE ISLAMISCHE PHILOSOPHIE IN SPANIEN

I. Einführung

Der erste Philosoph im islamischen Spanien oder „al-Andalus", wie die Araber es nannten, war Ibn Masarra al-Ǧabalī, der 931 starb. Von seiner Philosophie ist aber sehr wenig bekannt, und er hinterließ keine bedeutsame philosophische Tradition. Der erste größere arabisch-andalusische Philosoph war Ibn Bāǧǧa, der 1138, also etwa zweihundert Jahre nach Ibn Masarra, starb. In der Kulturgeschichte von al-Andalus stellt die Philosophie folglich eine späte Entwicklung dar. Dies kann zum Teil auf zwei miteinander verwandte Fakten in der frühen Geschichte von al-Andalus zurückgeführt werden. Zum einen entwickelte sich, wie wir bereits gezeigt haben, im islamischen Orient die Philosophie aus der Tätigkeit der Übersetzer, hauptsächlich syrischsprechender Gelehrter, meist Christen der nestorianischen und jakobitischen östlichen Kirche. Spanien hatte keinen vergleichbaren Stamm von Gelehrten und lag geographisch sehr weit von dem hellenisierenden Wirken dieser Übersetzer entfernt. Außerdem wurde die Übersetzungsbewegung von den ʿAbbāsiden, den ideologischen und politischen Feinden der spanischen Umayyaden, gefördert. In der Vorstellung der andalusischen Muslime waren Philosophie und weltliche Wissenschaften „Innovationen", die von den „häretischen" ʿAbbāsiden eingeführt worden waren. Die Stimmung im umayyadischen Spanien neigte, insbesondere im ersten Jahrhundert nach der Machtergreifung durch die ʿAbbāsiden, zum religiösen Konservatismus. Dieser manifestierte sich in der Beschäftigung mit dem islamischen

Recht, genauer gesagt, mit dem islamischen Recht nach der Schule von Mālik Ibn Anas (gest. 796)[1].

Veränderungen aber konnten nicht ausbleiben. Trotz des Gegensatzes zwischen Umayyaden und ʿAbbāsiden gab es zwischen dem islamischen Osten und dem islamischen Westen Verkehr, und damit auch einen Austausch von Ideen. Sosehr al-Andalus auch gegen den Osten grollte, es suchte dort nach Vorbildern in der Literatur, den Künsten und den Wissenschaften. Ja, mehr noch, al-Andalus brauchte das medizinische, astronomische und mathematische Wissen, das im Orient weit verbreitet war. Es gab auch auf dem Gebiet der Theologie Kontakte. Bekanntlich lebten im 9. und 10. Jahrhundert Muʿtaziliten in Spanien und reisten Andalusier in den Orient, um muʿtazilitische Theologie zu studieren. Es ist bezeichnend, daß der Vater des ersten islamischen Philosophen in Spanien, Ibn Masarra, ein Muʿtazilit war. Wie wir bereits feststellten, ist sehr wenig über Ibn Masarras Philosophie bekannt. Aber dem zufolge, was aus späteren Berichten herausgelesen werden kann, hatte seine Philosophie mit den Muʿtazila und dem Denken anderer Schulen des frühen *kalām* Ähnlichkeit. Er scheint auch neuplatonische Ideen, Ṣūfī-Ideen und eine Lehre der esoterischen Erkenntnis vertreten zu haben[2].

Während der Herrschaft ʿAbd al-Raḥmāns III. (gest. 961) und noch mehr unter der seines Sohnes al-Ḥakam II. (gest. 976) erlebte al-Andalus eine kulturelle Renaissance, in der die weltlichen Wissenschaften gefördert wurden. Die kulturelle Entwicklung mußte allerdings in der Zeit unmittelbar danach einen Rückschlag hinnehmen, als es unter dem Kanzler Ibn Abī ʿĀmir (al-Manṣūr) (gest. 1002) und dessen Sohn, al-Muẓaffar (gest. 1008), eine repressive Diktatur gab. Viele der Bücher, die al-Ḥakam II. in einer großartigen Bibliothek zusammengetragen hatte, wurden verbrannt. Es folgte eine Periode der politischen Unruhe, die 1031 die Umayyadenherrschaft beendete. Al-Andalus wurde politisch in eine Reihe kleiner Königreiche aufgespalten; diese Aufsplitterung dauerte bis 1090, bis die Berberdynastie der Almorawiden in Spanien einfiel und die Macht übernahm.

Politischer Niedergang bedeutete aber nicht kulturellen Verfall. Dieser unruhigen Zeit entstammt einer der bemerkenswertesten Andalusier, der Theologe, Jurist, Historiker und Literat Ibn Ḥazm (gest. 1064). Ebenfalls aus dieser Zeit stammt einer der bedeutendsten jüdischen Philosophen Spaniens, Ibn Gabirol (gest. 1070), der Avicebron der Lateiner, der auf Arabisch schrieb. In dieser Zeit kamen viele der Werke al-Fārābīs und Avicennas nach Spanien, und es gab in der Mathematik, Astronomie und Medizin Fortschritte. Aber erst in der Periode unter zwei Berberdynastien – den Almorawiden, die von 1090 bis 1147 herrsch-

1 S. G. F. Hourani, „The Early Growth of the Secular Sciences in Andalusia", *Studia Islamica*, XXXII (1970), S. 144–145; W. Montgomery Watt, *A History of Islamic Spain* (Edinburgh, 1965), S. 61 ff.

2 R. Arnaldez, „Ibn Masarra", *Encyclopedia of Islam*, 2. Aufl., III, Sp. 868 b–873 a.

ten, und den Almohaden, die an ihre Stelle traten und bis kurz nach 1223 in Spanien blieben –, lebten die drei größten andalusisch-islamischen Philosophen, nämlich Ibn Bāǧǧa, Ibn Ṭufayl und Ibn Rušd (Averroes).

II. Ibn Bāǧǧa und Ibn Ṭufayl

Abū Bakr Ibn Yaḥyā al-Ṣā'iġ, bekannter als Ibn Bāǧǧa (der Avempace der mittelalterlichen Lateiner) wurde am Ende des 11. Jahrhunderts geboren und starb 1138 in Fes. Sein größtes philosophisches Werk ist die Abhandlung *Tadbīr al-Mutawaḥḥid* (Die Leitung des Einsamen)[3]. Der größte Teil dieser Abhandlung befaßt sich mit Psychologie, Erkenntnistheorie, Ethik und Metaphysik. Sie beschreibt den Pfad, dem der einsame Philosoph *(al-mutawaḥḥid)* folgen muß, um das höchste Gut zu erlangen, nämlich den Zustand mystischer Vereinigung mit dem wirkenden Intellekt, der letzten der Reihe von Intelligenzen, die aus Gott emanieren. Hier arbeitete Ibn Bāǧǧa ein fārābianisches Thema aus, nämlich die Situation des tugendhaften Philosophen in einem korrupten politischen Staat. Das ganze Buch übernimmt eine platonische und fārābianische Staatstheorie und erwähnt die verschiedenen Typen von Städten, die von diesen beiden Philosophen diskutiert wurden, ohne daß es sich auf eine detaillierte Erklärung einläßt. Ibn Bāǧǧa vertritt aber zumindest einen Standpunkt, in dem er sich von al-Fārābī unterscheidet. Al-Fārābī hatte behauptet, daß es selbst in einer tugendhaften Stadt unerwünschte Elemente geben könne, das „Unkraut", *al-nawābit*, wie er sie nennt. Für Ibn Bāǧǧa kann es in einer idealen, tugendhaften Stadt solche nicht geben[4]. Er greift auch auf Platons *Politeia* zurück, um zu bekräftigen, daß der ideale Staat weder Ärzte noch Richter haben werde, da man sie nicht brauche. Darüber hinaus gibt er dem Begriff „Unkraut" eine generellere Bedeutung, wenn damit jede dissidierende Minderheit in jeder Art von sozialer Organisation gemeint ist. Deshalb wird der tugendhafte Philosoph in einem korrupten Staat zum „Unkraut"[5].

In unvollkommenen Gesellschaften sind die Philosophen also Unkraut und Fremdlinge. „Diese sind diejenigen", schreibt Ibn Bāǧǧa, „die die Ṣūfī mit ihrem Ausdruck ‚Fremdlinge' meinen; denn selbst wenn sie sich in ihrem Heimatland unter ihren Gefährten und Nachbarn befinden, sind sie ihren Ansichten Fremde, die in ihren Gedanken zu anderen Gefilden gereist sind, die für sie wie die Heimat sind"[6]. Ein Philosoph muß die Gesellschaft anderer Philosophen suchen. Wenn es diese in seiner Stadt nicht gibt, muß er in eine andere reisen, wo es sie gibt. Wenn es zu seiner Zeit keine solche Stadt gibt, in der Philosophen wohnen, dann

3 Ibn Bājja, *Rasā'il Ibn Bāǧǧa al-Falsafiyya*, hrsg. v. M. Fakhry (Beirut, 1968).
4 *Ibid.*, S. 41 ff.
5 *Ibid.*, S. 42.
6 *Ibid.*, S. 43.

muß er sich völlig von den anderen Menschen abkapseln und sich nur zu ihnen gesellen, wenn die Notwendigkeit es erfordert[7]. In all dem führt Ibn Bāǧǧa al-Fārābī weiter. Wir bemerken jedoch, daß er al-Fārābīs pessimistische Äußerung nicht wiederholt, für den Philosophen, der keinen Zugang zu einem tugendhaften Staat habe, sei der Tod besser als das Leben[8]. Aber wenn der Philosoph, der keine Philosophen-Gefährten hat, sich selbst von den anderen Menschen abkapseln muß, wäre das nicht ein Verstoß gegen das Prinzip, daß der Mensch von Natur aus ein soziales oder politisches Lebewesen ist? Wäre eine solche Isolation nicht ein Übel? Ibn Bāǧǧa stellt diese Frage selber und antwortet, daß sie zwar an sich oder im wesentlichen ein Übel sei, aber unter diesen besonderen Umständen akzidentiell ein Gutes sei[9].

In Ibn Bāǧǧas Abhandlung ist vielleicht die Behauptung am anregendsten, daß das Unkraut, die Philosophen in einem unvollkommenen Staat, die Ursache für das Entstehen der „vollkommenen Stadt" seien[10]. Ibn Bāǧǧa arbeitet das nicht aus und behauptet, dies sei an anderer Stelle erörtert worden. Aber wo diese „andere Stelle" ist – in seinen eigenen Schriften oder in den Schriften anderer –, wird nicht erwähnt. Ziemlich sicher ist, daß eine solche Diskussion ihren Hintergrund im fünften Buch von Platons *Politeia* hat, wo die Frage nach der Realisierung des idealen Staates erhoben wird. Sagt Ibn Bāǧǧa dann, daß es Zeiten gibt, in denen der isolierte Philosoph in einem unvollkommenen Staat handeln und politische Macht übernehmen muß, um ein tugendhaftes Regime zu errichten? Dies scheint eine naheliegende und vernünftige Weise zu sein, ihn zu interpretieren, und diese Interpretation läßt einen Hauch von Optimismus in seinem politischen Denken ahnen.

Ibn Bāǧǧa hatte beträchtlichen Einfluß auf seine beiden Nachfolger, Ibn Ṭufayl und Averroes. Es trifft zu, daß Ibn Ṭufayl ihn kritisierte; aber seine Kritik beweist, daß er mit seinem Denken recht vertraut war. Averroes war insbesondere von seiner Psychologie und seiner Lehre von der Vereinigung des menschlichen Geistes mit dem wirkenden Intellekt beeinflußt[11]. Für beide, Ibn Bāǧǧa und Ibn Rušd, war diese Vereinigung ein intellektueller Akt, der als Vorbereitung zuerst das Erlangen von theoretischer Erkenntnis voraussetzte[12]. Mit anderen Worten: Die Philosophie ist eine Vorbedingung der mystischen Erfahrung. Auf dieser Grundlage verwarfen Ibn Bāǧǧa und Averroes die nicht-philosophischen Ansprüche der Ṣūfī auf mystische Erkenntnis als falsch. Bezeichnenderweise verweist Ibn Bāǧǧa bei der Äußerung dieser Kritik auf al-Ġazālī als einen typischen Ṣūfī.

7 *Ibid.*, S. 90.
8 S. Kapitel IV, Anm. 24.
9 Ibn Bājja, *Rasā'il*, S. 90.
10 *Ibid.*, S. 43.
11 Ibn Rushd, *Talḫīṣ Kitāb al-Nāfs*, hrsg. v. F. Ahwani (Kairo, 1950), S. 90–95.
12 *Ibid.*, S. 95; Ibn Bājja, *Rasā'il*, S. 55, 121.

Der zweite bedeutende andalusisch-islamische Philosoph war Abū Bakr Ibn Ṭufayl, der in der lateinischen Welt des Mittelalters als Abubacer bekannt war. Er wurde 1105 in dem Dorf Wādī Āš in der Nähe von Granada geboren und starb 1185. Als Astronom, Arzt und Philosoph hatte er einen hohen Verwaltungsposten am Hofe des wirklich philosophischen Almohadenherrschers Abū Ya'qūb Yūsuf (1163–1184) und dessen Sohnes, al-Manṣūr. Ibn Ṭufayl soll viele naturwissenschaftliche und philosophische Werke geschrieben haben. Sein einziges philosophisches Werk aber, das erhalten blieb, ist sein literarisches Meisterwerk, der kurze Roman *Ḥayy Ibn Yaqẓān*[13]. Ibn Ṭufayl beginnt mit einer Einführung, in der er auseinandersetzt, wozu er seine philosophische Geschichte erzählt, und in der er einen kurzen Überblick über die Geschichte der Philosophie in al-Andalus gibt und Kritik an Ibn Bāǧǧa, al-Fārābī und al-Ġazālī übt. Das Werk ist in der Form einer Antwort an einen Freund geschrieben, der Ibn Ṭufayl gebeten hatte, ihm die Geheimnisse von Avicennas erleuchtender mystischer Philosophie zu enthüllen. Ibn Ṭufayl antwortet, er könne, da diese mystische Erfahrung unbeschreiblich sei, in der Tat gerade nur das andeuten, was erforderlich ist, wenn man sie anstrebt; deshalb erzähle er die Geschichte von Ḥayy Ibn Yaqẓān. Er kritisiert Ibn Bāǧǧas Lehre von der Vereinigung mit dem wirkenden Intellekt, weil sie eine Ebene der Erkenntnis darstelle, die zwar gültig sei, aber dem wahren Zustand mystischer Erfahrung nicht entspreche. Er stellt al-Fārābī wegen seiner zwiespältigen Position zur Rede, die er in verschiedenen Werken zur individuellen Unsterblichkeit der Seele vertrat, und kritisiert al-Ġazālī dafür, daß er in verschiedenen Werken verschiedene Standpunkte einnahm. Bezeichnend ist jedoch, daß er al-Ġazālīs Behauptung billigt, eine echte mystische Erfahrung erreicht zu haben.

Wenden wir uns der Geschichte selbst zu. Ḥayy Ibn Yaqẓān, wörtlich ‚der Lebende, Sohn des Wachen', ist der Name ihres Helden. Auf einer tropischen Insel in der gemäßigtsten aller Zonen, die nur von zahmen Tieren und Geflügel bewohnt ist, wird ein männlicher Säugling gefunden. (Der Verfasser erwähnt zwei Möglichkeiten, wie er dorthin kam). Das Baby wird von einer Gazelle entdeckt, die ihn säugt und aufzieht. Der Erzähler berichtet dann über Ḥayys natürliche Selbsterziehung. Ḥayy lernt, sich selbst zu kleiden, zu bewaffnen und mit anderen Lebewesen bei der Suche nach Nahrung zu wetteifern. Als seine Mutter, die Gazelle, älter und schwächer wird, pflegt er sie. Schließlich stirbt sie. Ihr Tod stellt einen Wendepunkt in seinem Leben dar. In seiner Qual sucht der Knabe eine mechanische Erklärung für ihren Tod und zerteilt sie, um das Hindernis fortzunehmen, das dazu geführt hatte, daß sie zu leben aufhörte. So will er sie ins Leben zurückholen. Sein Experiment scheitert, und er erkennt, daß die Ursache ihres Lebens der Geist ist, und daß seine wirkliche Mutter nicht die körperliche Gazelle, sondern der Geist war, der ihren Körper belebte und der sich nun von ihm getrennt hatte.

13 Ibn Ṭufayl, *Ḥayy Ibn Yaqẓān*, hrsg. v. L. Gauthier (2. Ausg., Beirut, 1936).

Von da an nimmt seine Selbsterziehung eine reflektive, philosophische und letztlich religiöse Richtung. Er untersucht die Natur, wird sich der Einheit und Vielheit bewußt, der Besonderheit der Dinge und ihrer universellen Natur, des Prinzips, daß jedes Vorkommnis eine Ursache haben muß, daß eine koexistierende Unendlichkeit von Ursachen logisch möglich ist, und daß es daher eine erste Ursache geben muß, die Quelle und den Schöpfer aller anderen Seienden. Daraus zieht er den Schluß, daß diese Ursache notwendig sei, ob die Welt nun ewig ist oder in der Zeit entstand. Daher wird es nun sein Bestreben, die erste Ursache, Gott, zu erkennen. Durch Kontemplation, asketische Selbstdisziplin und geistige Übung erreicht er sein mystisches Ziel, die direkte Schau Gottes. Zuerst verfällt er in den Irrtum, seine eigene Wesenheit mit der Gottes gleichzusetzen, aber durch die Gnade Gottes erkennt er seinen Fehler. Darüber hinaus sind seine Visionen Gottes zuerst nur ein seltenes Aufschimmern; aber durch fortgesetzte Meditation werden sie häufiger, dauerhafter und leichter zu erreichen. In seiner Vision erkennt er das ganze emanative kosmische System durch Intuition und sieht dann die Einheit aller Dinge. Der Leser erwartet, daß die Geschichte mit diesem Höhepunkt endet. Aber Ibn Ṭufayl bringt dann einen Epilog:

Auf einer nahegelegenen Insel war eine Gemeinschaft zu einer monotheistischen Religion bekehrt worden, die einem der alten Propheten offenbart worden war – eine Religion, die die philosophische Wahrheit in bildhafter, symbolischer Form darstellt. Diese Gemeinschaft neigte jedoch dazu, diese Religion wörtlich zu nehmen. Zwei Freunde, Absāl und Salāmān, beide fromme und strenge Befolger des religiösen Gesetzes, waren von unterschiedlichem Charakter. Salāmān war ein Buchstabengetreuer. Absāl pflegte tief in die innere, verborgene Bedeutung der Offenbarung einzudringen. Da er niemanden auf der Insel findet, der ähnlich veranlagt ist, entschließt er sich, auf eine verlassene Insel zu ziehen, um dort ein isoliertes, kontemplatives Leben zu führen. Er geht auf Ḥayys Insel, in der Meinung, sie sei vollkommen unbewohnt. Dort begegnet er Ḥayy. Absāl lehrt Ḥayy die Sprache, und er entdeckt, daß Ḥayy tatsächlich einer der philosophischen Heiligen ist, der ohne Hilfestellung die höchste Wahrheit erlangt hat, von der Absāls Religion nur eine bildhafte Nachahmung ist. Ḥayy seinerseits anerkennt Absāls Religion als wahr und findet nichts, was dem widersprochen hätte, was er erfahren hatte. Er glaubt an ihre Propheten und verpflichtet sich, ihre äußeren Manifestationen, Rituale und Vorschriften zu befolgen. Überwältigt von Mitleid und dem Wunsch, die Leute von Absāls Insel zu einem höheren Verständnis dieser Religion zu bewegen, überredet Ḥayy Absāl, der sich anfänglich dagegen sträubt, daß sie beide dorthin gehen. Sie landen auf Absāls Insel und werden gut aufgenommen. Ḥayy beginnt sie die innere Bedeutung ihrer Religion zu lehren. Aber bald wird er sich schmerzlich bewußt, daß sie ihn überhaupt nicht verstehen können, und daß sie ihn innerlich ablehnen. Er ist enttäuscht. Dann verabschiedet er sich von ihnen und beschwört sie, auf nichts zu achten, was er ihnen gesagt habe und fortzufahren, den Schriften in ihrem wörtlichen

Sinn zu glauben. Er und Absāl kehren auf ihre verlassene Insel zurück und führen bis zum Ende ihrer Tage das Leben asketischer Philosophen und Mystiker.

Die Geschichte kann vielfältig interpretiert werden. Zum Beispiel kann man sie als Erweiterung und Variation von Ibn Bāǧǧas Thema vom einsamen Philosophen betrachten[14]. Der Nachdruck scheint jedoch auf Ḥayys Selbsterziehung zu liegen[15], die auf der weltlichen Ebene abgerundet wird, als er der menschlichen Gesellschaft begegnet. Ibn Ṭufayls Geschichte von dieser Begegnung weist unverkennbar fārābianische Elemente auf. Die Religion von Absāls Insel spiegelt die philosophische Wahrheit in symbolischen Begriffen wider, die die gewöhnlichen Menschen verstehen können. Dies ist eine fundamentale Lehre von al-Fārābīs religiöser und politischer Philosophie. Ḥayys Isolation auf seiner Insel und seine Begegnung mit Absāl sind (zum Teil) ersonnen, um damit zu illustrieren, wie er diese Lehre von der Harmonie von Religion und Philosophie eigenständig entdeckt. Seine Reise zu Absāls Insel lehrt ihn ein anderes fārābianisches Hauptprinzip, nämlich, daß der Nicht-Philosoph nicht in philosophischer Sprache angesprochen werden sollte. Auch dies ist eine Wahrheit, die er selbst erkennt.

Ibn Ṭufayls Berühmtheit gründet auf diesem literarischen und philosophischen Werk. Er ist aber auch dafür bekannt, daß er Averroes, den berühmtesten der andalusisch-islamischen Philosophen, am Almohadenhof einführte.

III. Averroes

Leben und Werke

Averroes (Abū al-Walīd Muḥammad Ibn Aḥmad Ibn Rušd) wurde 1126 als Sohn und Enkel hervorragender cordobeser Richter in Córdoba geboren. Neben seinem Studium der Medizin und der Philosophie war er auch in den religiösen islamischen Wissenschaften, insbesondere im Recht und in der Theologie *(kalām)* sowie in arabischer Grammatik und Literatur bewandert[16]. Außer seinen zahlreichen philosophischen Werken umfassen seine Schriften wichtige Beiträge zum islamischen Recht und zur Medizin. 1169 stellte ihn Ibn Ṭufayl dem Almohadenherrscher Abū Yaʿqūb Yusūf vor, der jemanden suchte, der für ihn Kommentare

14 So liefert z. B. Moses Narboni in seinem hebräischen Kommentar zu *Ḥayy Ibn Yaqẓān* eine Zusammenfassung von Ibn Bāǧǧas Abhandlung.

15 S. G. F. Hourani, „The Principle Subject of Ḥayy Ibn Yaqẓān", *Journal of Near Eastern Studies*, XV, 1 (Januar 1956), S. 40–46; S. Hawi, *Islamic Naturalism: A Philosophical Study of Ibn Tufayl's Hayy Bin Yaqzan* (Leiden, 1974). M. Meyerhoff und J. Schacht scheinen derselben Interpretation wie Hourani, *The Theologus Autodidactus of Ibn al-Nafis* (Oxford, 1969), S. 29, zu folgen.

16 Ibn al-Abbār, *Kitāb al-Takmila li Kitāb al-Ṣila*, hrsg. v. F. Codera, Bibliotheca Arabica-Hispano, V–VI (Madrid, 1887–1889), S. 269–270.

zu Aristoteles schrieb. Ibn Ṭufayl empfahl Averroes für diese Aufgabe. Averroes' erste offizielle Pflichten lagen jedoch auf dem Gebiet des Rechtes. Er wurde 1169 zum Richter in Sevilla und 1171 zum Oberrichter in Córdoba ernannt. Später war er mit dem Almohadenhof verbunden: 1182 folgte er dem betagten Ibn Ṭufayl als Hofarzt nach und diente Abū Yaʿqūb bis zu dessen Tod im Jahre 1184. Averroes diente dann etwa zehn Jahre lang Abū Yaʿqūbs Sohn und Nachfolger, al-Manṣūr. Aber er fiel in Ungnade und wurde verbannt. Seine Bücher wurden verbrannt. Öffentlicher Druck von seiten konservativer religiöser Gelehrter scheint dabei die entscheidende Rolle gespielt zu haben[17]. Kurze Zeit später aber wurde Averroes wiedereingesetzt, und er diente den Almohaden bis zu seinem Tod 1198 weiter.

In der Geschichte der abendländischen Philosophie ist Averroes vor allem wegen seiner Aristoteles-Kommentare bekannt. Wie von den Historikern allgemein anerkannt wird, bestimmten diese nicht nur die Entwicklung des Aristotelismus im mittelalterlichen Europa, sondern auch im Italien der Renaissance[18]. Seine Kommentare umfassen Kritik an früheren (islamischen und griechischen) Aristoteles-Interpretationen und Erläuterungen, die oft beträchtlich über Aristoteles hinausgehen. Diese Erläuterungen, die Averroes' eigene Einsichten und sein analytisches Denken offenbaren, sind von tiefstem philosophischen Interesse und helfen zum Teil, den großen Einfluß zu erklären, den seine Kommentare auf das europäische Denken hatten. Averroes schrieb auch einen Kommentar zu Platons *Politeia*, zu Porphyrios' *Isagoge*[19], zu einem Traktat über den Intellekt von Alexander von Aphrodisias, sowie einen kurzen Kommentar zu Ptolemäus' *Almagest*. Averroes schrieb auch einige Abhandlungen, in denen er Aspekte der Schriften al-Fārābīs und Avicennas kritisierte. Diese Werke sind jedoch nur dem Titel nach bekannt, auf die in mittelalterlichen arabischen Quellen verwiesen wird. Was sie beinhalten, kann man aus seiner häufigen Kritik an diesen beiden Philosophen – insbesondere an Avicenna – ahnen, die sich in seinen noch existierenden Schriften in unterschiedlichen Kontexten findet.

17 M. Fakhry, *Ibn Rushd* (Beirut, 1960), S. 11; L. Gauthier, *Ibn Rochd (Averroes)* (Paris, 1948), S. 10.

18 S. J. H. Randall, Jr., „Development of Scientific Method in the School of Padua", *Journal of the History of Ideas*, I (1940), S. 177–206; W. F. Edwards, „Randall on the Development of Scientific Method in the School of Padua – a Continuing Reappraisal", *Naturalism and Historical Understanding: Essays on the Philosophy of John Herman Randall, Jr.*, Hrsg. John P. Anton, S. 53–68.

19 Es gibt englische Übersetzungen der Kommentare zur *Politeia* und zur *Isagoge*, die auf hebräischen und lateinischen Versionen beruhen. Averroes *Commentary on Plato's Republic*, hrsg. mit einer Einführung und Anmerkungen von E. I. J. Rosenthal (Cambridge, 1956; Neudruck: 1965); *Averroes on Plato's Republic*, übersetzt und mit einer Einleitung und Anmerkungen versehen von R. Lerner (Ithaca, N.Y., 1974). Averroes *Middle Commentary on Porphyry's Isagoge*, ins Englische übersetzt aus den hebräischen und lateinischen Versionen und mit einer Einleitung und mit Anmerkungen versehen von Herbert A. Davidson (Cambridge, Mss., 1969).

Aber die Werke, in denen sein individuelles Denken und seine philosophische Persönlichkeit vielleicht unmittelbarer deutlich werden, sind jene, die er als Reaktion auf den theologischen Angriff der Aš'ariten auf die Philosophie schrieb. Es sind dies auch die Werke, die für die Geschichte der islamischen Philosophie von größter Bedeutung sind. Sie umfassen zwei verhältnismäßig kurze Abhandlungen und ein großes Werk. Die erste der kurzen Abhandlungen ist *Faṣl al-Maqāl* (Die entscheidende Abhandlung) mit ihrem kurzen, aber wichtigen Anhang[20]. Im wesentlichen handelt es sich hierbei um eine juristische Verteidigung der Philosophie. Das zweite kurze Werk ist *al-Kašf 'an Manāhiğ al-Adilla fī 'Aqā'id al-Milla* (Die Erklärung der Beweismethoden hinsichtlich der Glaubensvorstellungen der [islamischen] Religion)[21]. Dieses Werk stellt eine Ergänzung zum *Faṣl* dar und ist in erster Linie eine Kritik an der aš'aritischen Theologie, vor allem am Denken al-Ğuwaynīs, des Lehrers von al-Ġazālī. Sein großes Werk ist der *Tahāfut al-Tahāfut* (Destructio destructionis. Der innere Widerspruch von „Der innere Widerspruch"), Averroes' ausführliche Erwiderung auf al-Ġazālīs *Tahāfut*, in der fast das ganze Werk des letzteren zitiert wird, indem er es Abschnitt für Abschnitt kommentiert[22].

Philosophie und religiöses Gesetz

Während Averroes in der Metaphysik, in den Naturwissenschaften und in der Logik der aristotelischste der islamischen Philosophen war, folgte er in seinem politischen Denken und in der Theorie von der Interpretation der Schrift, die Teil davon ist, den Spuren von al-Fārābīs Platonismus. Dieser Fārābianismus läßt sich in seinem Kommentar zur *Politeia* erkennen, in den letzten Abschnitten des *Tahāfut*, aber vielleicht am interessantesten in seiner juristischen Verteidigung der Philosophie, *Faṣl al-Maqāl:*

Wie bereits erwähnt, hatte al-Ġazālī in seinem *Tahāfut* eine detaillierte logische Kritik an den Theorien der islamischen Philosophen geübt, die sich mit religiösen Fragen befassen, und er hatte sie dann wegen drei ihrer Lehren (von der Vor-Ewigkeit der Welt, von Gottes Kenntnis der Einzeldinge und von der Unsterblichkeit der Seele) als Ungläubige verurteilt. Die Bezichtigung des Unglaubens *(kufr)*, die er gegen sie erhob, ist eine juristische Anklage (eines Vergehens, das mit dem Tod zu bestrafen ist)[23]; es ist eben diese juristische Anklage, die Averroes

20 Der üblicherweise verwendete Titel dieses Appendix ist *Ḍamīma;* er ist in Houranis Ausgabe des *Faṣl* aufgenommen: Ibn Rushd (Averroes) *Kitāb Faṣl al-Maqāl with its Appendix (Ḍamīma) and an Extract from Kitāb al-Kašf 'an Manāhij al-Adilla*, hrsg. v. G. F. Hourani (Leiden, 1959). In Verweisen wird dieses Werk mit *Faṣl* abekürzt.

21 Mitaufgenommen in *Falsafat Ibn Rushd* (Kairo, o.J.). In Verweisen wird dieses Werk mit *Manāhiğ* abgekürzt.

22 Ibn Rušd (Averroes), *Tahāfut al-Tahāfut*, hrsg. v. M. Bouyges (Beirut, 1930). In Verweisen wird dieses Werk „*TT*" abgekürzt.

23 S. oben, Kapitel VI. Al-Ġazālī macht dies ganz deutlich: *TF*, S. 376–377.

in *Faṣl* zurückweisen möchte. Er beginnt aber, indem er eine umfassendere Frage aufwirft, nämlich, ob das Studium der Philosophie durch das islamische religiöse Gesetz erlaubt, verboten, empfohlen oder obligatorisch sei. Bei der Frage bedient er sich also der Kategorien *(al-aḥkām)* des islamischen Rechts. Averroes argumentiert dann, daß die Philosophie vom Gesetz nicht nur empfohlen werde, sondern eine Pflicht sei. Sie sei aber nur für jene obligatorisch, die die Fähigkeit haben und die Ausbildung erhalten haben, sie zu betreiben.

Averroes stützt diese Entscheidung auf gewisse koranische Aussagen. So wird – Averroes zufolge – die Anwendung logischer Argumentation sowohl im Recht als auch in der Philosophie von dem koranischen Satz befohlen: „Denkt (darüber) nach, (ihr alle) die ihr Einsicht habt!" (Koran 59.2). Er zitiert auch andere Passagen aus dem Koran, wo auf die Natur als eine Manifestation göttlicher Macht hingewiesen wird. Aus solchen Passagen schließt er, daß das Studium der Natur eine für alle Menschen bindende Verpflichtung sei. Die Philosophie sei nichts anderes als die Erforschung der Welt insofern, als sie das Produkt ihres „Schöpfers" ist. Sie liefere die vollkommenste Methode dafür, diesen ausdrücklichen Befehl Gottes zu erfüllen, nämlich das Schlußverfahren, das das Unbekannte von dem Bekannten ableitet, und so zur Erkenntnis Gottes führe. Die Philosophie ist also vom religiösen Gesetz befohlen.

Aber nicht alle Menschen sind der beweisenden Argumentation fähig; denn die intellektuellen Fähigkeiten der Menschen sind verschieden. Deshalb muß, wie Averroes argumentiert, jeder Muslim seiner intellektuellen Fähigkeit entsprechend die Manifestationen der Macht Gottes in der Natur studieren. Die Mehrheit der Menschen transzendiert in ihrer Argumentationskraft die rhetorische Ebene nicht und sollte den ausdrücklichen Befehl Gottes auf dieser Ebene erfüllen. Ähnlich sollten jene, deren Argumentationskraft das dialektische Niveau nicht transzendiert – dies ist eine kleinere Gruppe, die von Averroes mit den Theologen *(al-mutakallimūn)* identifiziert wird – ihr Studium auf dieser Ebene betreiben. Die Methode logischer Schlüsse sollte nur von den wenigen mit philosophischer Begabung angewendet werden, die fähig sind, sie zu benutzen[24].

Da das göttliche Gesetz nun das Studium der Philosophie befiehlt – obwohl dieser Befehl auf die dazu befähigte Gruppe beschränkt ist – kann es keinen Konflikt zwischen Philosophie und Religion geben; denn, wie Averroes es ausdrückt: „Die Wahrheit widerspricht nicht der Wahrheit, sondern steht mit ihr in Einklang und bekräftigt sie"[25]. Wo immer es einen Konflikt zwischen dem wörtlichen Sinn einer Schriftpassage und einer bewiesenen philosophischen Wahrheit gibt, ist der Konflikt nur scheinbar, und er ist dadurch lösbar, daß man die Sprache der Schrift für metaphorisch hält. Ihre philosophische Interpretation ist jedoch nur der dazu befähigten Gruppe der Menschen, der philosophischen

24 *Faṣl*, S. 25.
25 *Ibid.*, S. 13.

Elite, möglich, die von Averroes mit jenen im Koran Erwähnten gleichgesetzt werden, „die ein gründliches Wissen haben“[26]. Sie allein sind die Leute, die zur philosophischen Interpretation solcher Schriftpassagen befähigt sind. Allen anderen Muslimen wird untersagt, dies zu tun. In all dem bestätigt Averroes die fārābianische Lehre, daß die Offenbarung die philosophische Wahrheit in der Sprache von Bild, Symbol und Parabel darstellt, die die Mehrheit der Menschen verstehen kann, und daß die Allgemeinheit nicht in philosophischer Sprache angesprochen werden sollte.

Aber wie steht es mit der Frage nach dem islamischen Unglauben *(kufr)*, wenn es um theoretische Dinge geht? In Fragen der Praxis ist es der Meinungskonsens islamischer Gelehrter *(al-iǧmāʿ)*, der gilt, gleichgültig, ob eine Handlung *kufr* darstellt oder nicht. In theoretischen Dingen, so argumentiert Averroes dann, sei ein solcher Konsensus niemals erreichbar, und zwar deshalb nicht, weil man niemals wissen könne, ob im riesigen islamischen Bereich alle Gelehrten zu jeder Zeit zu einer solchen theoretischen Frage ihre Meinung abgegeben hätten, und weil man niemals wissen könne, ob jene, die eine Meinung geäußert haben, auch das ausgedrückt hätten, was sie tatsächlich glaubten. Damit ist nicht gemeint, daß es in theoretischen Dingen, die mit den Schriften zu tun haben, und bei philosophischen Interpretationen der Sprache der Schrift keinen Irrtum geben könne. Bei seiner Behandlung dieses Problems entwickelt Averroes eine Theorie der Textinterpretation.

Averroes zufolge gliedern sich die Texte der Schrift in drei Kategorien. In der ersten Kategorie kann die Bedeutung durch drei Textannäherungen auf dieselbe Weise verstanden werden: die rhetorische, die dialektische und die beweisende. Folgerichtig müssen solche Texte von den drei Gruppen der Menschen wörtlich genommen werden – von der rhetorischen, der dialektischen und der beweisenden. Jede Interpretation, die diesen wörtlichen Sinn leugnet, ist verboten. Die zweite Kategorie von Texten ist von Natur aus schwer verständlich; diese sollte mit Hilfe der beweisenden Methode verstanden werden. Aber nur der qualifizierte Gelehrte, der Philosoph, sollte es auf sich nehmen, der demonstrativen Methode zu folgen, um die Texte zu verstehen. Dem Nicht-Qualifizierten sollte man es nicht erlauben. Dann gibt es eine dritte Kategorie von Texten, deren Klassifikation in bezug auf die beiden anderen nicht sicher ist. Sie werden von einigen allegorisch interpretiert, während sie von anderen in ihrem Wortsinn genommen werden. Jedenfalls sollte nur der qualifizierte Gelehrte entscheiden, ob sie allegorisch zu nehmen sind oder nicht.

Sollte sich der qualifizierte Gelehrte bei der Behandlung der zweiten Kategorie von Äußerungen in seinem Verständnis des Textes durch Beweisverfahren irren, und sollte er bei der Behandlung des dritten Texttyps irren, indem er das

26 *Koran* 3, 7. Über Kommentare zu Averroes' Interpretation dieses Verses s. G. F. Houranis Übersetzung von *Faṣl, Averroes on the Harmony of Religion and Philosophy* (London, 1961), S. 52, Anm. 74 und S. 54, Anm. 87.

allegorisch nimmt, was er hätte wörtlich nehmen sollen, so ist in beiden Fällen Irrtum zulässig. Er stellt keinen islamischen Unglauben *(kufr)* dar[27]. Averroes kommt so auf die drei Lehren zu sprechen, derentwegen al-Ġazālī die islamischen Philosophen als Ungläubige verurteilt, und antwortet, daß – selbst wenn sie sich darin irrten – ihr Irrtum zulässig sei und daher keinen Unglauben darstelle. Nachdem er sie auf dieser breiten theoretischen Grundlage verteidigt hat, betrachtet Averroes dann jede dieser Theorien für sich.

Im Fall der Lehre der Philosophen von einer ewigen Welt ist der Unterschied zwischen ihnen und der ašʿaritischen Position – so versucht Averroes zu zeigen –, nicht so groß, als daß man damit die Bezichtigung des Unglaubens rechtfertigen könne. Darüber hinaus führt er aus, daß eine Lehre von der Schöpfung *ex nihilo* im Koran nicht erwähnt wird, und daß sich die Sprache, die die Erschaffung der Welt beschreibt, auf zuvor existierendes Material bezieht. Weder die Ašʿariten noch die Philosophen haben diese Sprache wörtlich genommen; jede Gruppe interpretierte sie im Hinblick auf ihre eigenen Theorien. Averroes meint, keine der beiden Theorien sollte deshalb als irreligiöse Lehre verurteilt werden. Averroes wendet sich al-Ġazālīs Verwerfung der Theorie der Philosophen von Gottes Wissen zu und argumentiert, daß die Verurteilung auf einem Mißverständnis der Position der Peripatetiker beruhe. Diese Philosophen leugnen nämlich nicht ab, daß Gott Einzeldinge kennt. Sie leugnen nur ab, daß Gott die Einzeldinge so kennt wie die Menschen; denn im Fall des menschlichen Wissens ist die Einzelheit die Ursache dieses Wissens, während im Fall des göttlichen Wissens es das Wissen Gottes ist, das die Existenz des Einzeldinges überhaupt erst verursacht. – Im Hinblick auf die Frage nach der Unsterblichkeit der Seele schließlich gehören jene Passagen der Schrift, die von der Auferstehung sprechen, zu der Kategorie von Texten, bei der es unsicher ist, ob ihre Sprache wörtlich zu nehmen ist oder durch die qualifizierten Gelehrten philosophisch interpretiert werden muß. Averroes argumentierte so: Wenn sich die islamischen Philosophen zufällig geirrt haben, entweder dadurch, daß sie diese Sprache philosophisch nahmen, oder durch ihre philosophische Interpretation dieser Sprache, dann ist ihr Irrtum zulässig.

Dies sind einige Hauptpunkte von Averroes' juristischer Verteidigung der Philosophie im *Faṣl*. Sie werden durch die theologische Verteidigung der Philosophie, *al-Kašf*, ergänzt, auf die wir kurz eingehen wollen. Die detailliertere philosophische Verteidigung der Philosophie stellt aber der *Tahāfut* dar, wo die Frage nach der Natur der Kausalität – göttlich oder irdisch – im Mittelpunkt des Buches steht. Aber ehe wir uns dieser Frage zuwenden, müssen wir ein zentrales Problem bei der Interpretation von Averroes kommentieren, nämlich seine Einstellung zum Leben nach dem Tode. Glaubt er an eine persönliche Unsterblichkeit?

27 *Faṣl*, S. 25–26.

Das Leben nach dem Tode und Averroes' Lehre vom Intellekt

Wie schon erwähnt, werden im *Faṣl* koranische Texte, in denen vom Leben nach dem Tode die Rede ist, in eine besondere interpretative Kategorie eingeordnet. Sie werden zusammen mit jenen Texten eingereiht, in denen die Frage, ob sie wörtlich zu nehmen seien oder nicht, nicht sicher ist. Wenn also entweder dadurch ein Fehler begangen wird, daß man sie philosophisch nimmt, oder – wenn ihre philosophische Interpretation zulässig ist – durch die Art und Weise, wie sie interpretiert werden, dann ist ein solcher Irrtum zulässig und stellt nicht *kufr* dar. In *al-Kašf*, einer, wie wir bereits feststellten, im wesentlichen theologischen Kritik an der Ašʿariyya, wird die Frage des Lebens nach dem Tode ausführlicher diskutiert, wobei sich der letzte Teil des Werkes ausschließlich mit dieser Frage befaßt. Dieser Teil beginnt mit der folgenden Aussage[28]:

> Die Auferstehung ist eines der Dinge, über deren Existenz [alle] Religionen übereinstimmen und für das es unter den Gelehrten schlüssige Beweise gegeben hat. Die Religionen haben sich nur hinsichtlich der Natur ihrer Existenz unterschieden, obwohl sie sich in Wirklichkeit nicht [so sehr] im Hinblick auf die Natur ihrer Existenz unterscheiden [wie] angesichts der [von ihnen verwendeten] beobachtbaren Dinge, die diesen ungesehenen Zustand symbolisieren sollen.

Averroes argumentiert sowohl auf philosophischer Grundlage als auch auf der Grundlage der Schrift für den Glauben an ein Leben nach dem Tode. Ihm zufolge ist der Glaube an die Auferstehung für alle Muslime eine Verpflichtung. Aber es ist auch die Pflicht des Gläubigen, Texte der Schrift zu interpretieren, die sich auf die Auferstehung beziehen, je nachdem, wohin ihn seine eigene Überlegung führt. Diese Überlegung sollte mit seiner individuellen intellektuellen Fähigkeit in Einklang stehen. Averroes behauptet, die Muslime hätten die Auferstehung tatsächlich auf drei verschiedene Weisen interpretiert. Einige meinten, sie sei körperlich, und das Leben im Jenseits sei seinem Charakter nach mit dem irdischen Leben identisch und unterscheide sich nur durch seine Dauer. Andere glaubten, das Leben nach dem Tode sei zwar körperlich, aber sowohl seiner Art als auch der Permanenz nach anders als das irdische Leben. Eine dritte Gruppe habe hingegen die Auferstehung des Leibes geleugnet und behauptet, nur einzelne Seelen würden überleben.

Al-Kašf scheint, wenn man es wörtlich nimmt, eine Lehre von der individuellen Unsterblichkeit im Jenseits zu bestätigen, ob damit nun die Auferstehung des Leibes oder nur das Überleben der Seelen gemeint ist. Dies stellt eine Hauptschwierigkeit bei der Interpretation von Averroes dar. Die Theorie vom Intellekt nämlich, die er bei der Kommentierung von Aristoteles' *De Anima* entwickelt, schließt jede Form individueller Unsterblichkeit aus. Wir begegnen diesem Pro-

28 *Kašf*, S. 118.

blem auch im *Tahāfut*. Im abschließenden Kapitel dieses Werkes bestätigt Averroes eine Lehre von der Auferstehung des Leibes und argumentiert, daß die Philosophen sie nicht ableugnen, daß sie sie auch als notwendiges Mittel zur Lenkung der Massen befürworten[29]. An anderen Stellen im *Tahāfut* hingegen, wo die Diskussion dazu tendiert, fachphilosophischer zu sein, weist er Avicennas Theorie von der individuellen Unsterblichkeit der Seele aus zwei Hauptgründen zurück. Einer dieser Gründe schließt (für Averroes) die Möglichkeit einer Auferstehung des Leibes aus. Wir wollen uns nun seiner Kritik an Avicenna im *Tahāfut*[30] und dann seiner Theorie vom Intellekt zuwenden.

Averroes verwirft im *Tahāfut* Avicennas Theorie von der individuellen Unsterblichkeit der Seele, weil sie zunächst zur Konsequenz führt, daß es eine aktuelle Unendlichkeit der Seelen gibt. Dabei ist das aktuelle Unendliche unmöglich zu beweisen. Sie führt zu dieser aktuellen Unendlichkeit, weil Avicenna – wie Averroes – die Lehre von der Ewigkeit der Welt und vom Prozeß des Entstehens und Vergehens in der irdischen Sphäre verteidigt. Menschen lebten und starben die ganze vergangene unendliche Zeit hindurch. Wenn ihre Seelen, wie Avicenna meint, sie überleben und ihre Individualität beibehalten, dann müßte die Zahl dieser Seelen unendlich sein. Da diese Seelen unsterblich sind, wäre das Unendliche, das sie bilden, aktuell. (Diese Beweisführung schließt auch die Möglichkeit der Auferstehung des Leibes aus, da die auferstandenen Körper ebenfalls ein aktuelles Unendliches bilden würden). – Der zweite Grund für Averroes' Verwerfung von Avicennas Theorie ist, daß sie im Widerspruch zu der Lehre steht, wonach die Materie das Prinzip der Individuation ist. Wenn die Seele einmal vom Körper, der Form, getrennt ist, kann sie ihre Individualität nicht beibehalten.

Dieses Abstreiten der individuellen Unsterblichkeit ist in Averroes' Theorie vom Intellekt enthalten, die er in seinen Kommentaren entwickelte[31]. Diese Theorie stellt eine wichtige Entwicklung im Aristotelismus dar, die in der Geschichte des abendländischen Denkens im Mittelalter und in der Renaissance einen beträchtlichen Widerhall fand[32]. Aber es gibt Unsicherheiten im Hinblick darauf, was Averroes für den Status des „materiellen Intellekts" hält; ob er zum Beispiel reine Potentialität ist oder nicht. Aber diese Frage hat sehr wenig mit der individuellen, persönlichen Unsterblichkeit zu tun. Averroes' grundlegende

29 *TT*, S. 580ff.

30 *Ibid.*, S. 26–28; s.a. M. E. Marmura, „Avicenna and the Problem of the Infinite Number of Souls", *Mediaeval Studies*, XXII (1960), S. 232–239.

31 Das arabische Original des Großen Kommentars existiert nicht mehr. Über eine Studie über Averroes' Theorie von der Seele, die auf der lateinischen Version beruht, s. J. Riordan, *Form and Intellect in Averroes*, Dissertation, University of Toronto, 1960. Zu Averroes' kürzeren Kommentaren s. Anm. 33 unten.

32 Averroes' Theorie wurde zum Beispiel vom Hl. Thomas von Aquin und in der italienischen Renaisance von Pietro Pomponazzi in seinem *De Immortalitate Animae* scharf kritisiert.

Ideen finden sich in dem veröffentlichten arabischen Text eines seiner Kommentare, einer Epitome[33]. Das Kapitel darin, das sich mit der rationalen Fähigkeit befaßt, enthält eine verschlungene Argumentation und weist wieder einige Ungewißheit im Hinblick auf das auf, was er über den Status des materiellen Intellekts zu sagen hat. Hier können wir nur den Kern dessen herausschälen, was sein Hauptargument zu sein scheint.

Die menschliche rationale Fähigkeit teilt sich in die praktische und die theoretische auf. Die praktische nimmt kontingente Konzepte auf, die der Mensch manipulieren kann, und ist vollkommen auf Bilder angewiesen (die durch die Sinne wahrgenommen werden), die dem Entstehen und dem Vergehen unterworfen sind, und deshalb ist die praktische Fähigkeit dem Entstehen und Vergehen unterworfen. Die theoretische Fähigkeit ist ebenfalls auf besondere Bilder angewiesen. Ihre Funktion ist es, die Form von den Einzeldingen der Sinneswahrnehmung zu abstrahieren. Wenn sie abstrahiert ist, wird diese Form zum allgemeinen Begriff. Auch wenn die zu einem Begriff abstrahierte Form sich von der Form in der äußeren Wirklichkeit durch eine Reihe von Modalitäten unterscheidet – von denen laut Averroes keine für die Platoniker den Beweis für die eigenständige Existenz von Universalien liefert[34] –, ähnelt sie ihr insofern, als sie ebenfalls dem Entstehen und Vergehen unterworfen ist. Aber was auch immer dem Entstehen und Vergehen unterliegt, muß etwas haben, das an die Stelle der Form und etwas, das an die Stelle der Materie tritt.

Averroes argumentiert dann, daß das, was im Begriff an die Stelle der Form tritt, ewig sein muß. Weiter argumentiert er, daß es „der Beweger" sei, der aus dem potentiellen Begriff eine Aktualität macht. Dies ist ein ewiger Intellekt, ein eigenes Prinzip, das die theoretische Fähigkeit des Menschen aktiviert. Er ist nicht etwas, das individuell zu individuellen Menschen gehört, und daher schließt seine Ewigkeit nicht individuelle, persönliche Unsterblichkeit ein. Da dieser wirkende, ewige Intellekt Form ist, kann er aber von einigen Menschen erfaßt werden. Wenn dies geschieht, wird der Zustand der „Kontinuierlichkeit", *al-ittiṣāl*, oder „[Zwei-Naturen]verbindung", *al-ittiḥād*[35], erreicht. Das ist die höchste Form menschlicher Erkenntnis.

Averroes wendet sich dem materiellen Aspekt des Begriffs zu. Seine Beweisführung lautet so: Da der Begriff dem Entstehen und Vergehen unterliegt, muß ihm

33 Veröffentlicht und von F. Ahwani herausgegeben – irrtümlich als *talḫīṣ* oder „mittlerer Kommentar"; Angaben s. Anm. 11 oben. In Wirklichkeit handelt es sich um eine Epitome, und deshalb werden wir auf Ahwanis Text mit *Epitome* verweisen. S. A. L. Ivry, „Averroes on Intellection and Conjunction", *Journal of the American Oriental society*, LXXXVI, 2 (Juni, 1966), S. 76–85. Die Untersuchung beruht auf einem Manuskript des arabischen Textes in hebräischer Schrift von Averroes' Mittlerem Kommentar, *Talḫīṣ Kitāb al-Nafs li Arisṭū*.

34 *Epitome*, S. 75–79.

35 *Ibid.*, S. 89.

eine „Aufnahmefähigkeit", *istiʿdād*, vorausgegangen sein, die in einem Subjekt existieren muß[36]. So ein Subjekt – argumentiert er –, kann weder Körper noch Intellekt, sondern muß Seele sein. Die Kräfte der Seele, die sich zur Erfüllung dieser Funktion am meisten eignet, seien die Formen in der imaginativen Fähigkeit. Aber dies stellt uns vor eine Schwierigkeit; denn die imaginierte Bedeutung und die konzipierte Bedeutung sind identisch. Dies würde bedeuten, daß das, was potentiell ist, zugleich auch aktuell ist, und das ist ein Widerspruch.

Er weist dann darauf hin, daß dieses Subjekt, wie Aristoteles sagte, eine Substanz sein könne, die potentiell alle Begriffe ist, die aber in sich selbst nichts ist – ähnlich wie die erste Materie, die alle Formen rezipiert; denn, wenn dieser „materielle Intellekt" in sich selbst etwas ist, kann er nicht alle Dinge konzipieren. Averroes fährt fort, daß dem Anschein nach die Begriffe in ihrem materiellen Aspekt mit zwei Dingen verwandt sind, mit jener Potentialität, die ewig ist, sowie mit etwas, das dem Entstehen und Vergehen unterliegt, nämlich, den Formen der imaginativen Fähigkeit. In diesem Teil der Diskussion bestehen angesichts des Status des „materiellen Intellekts" Unschlüssigkeit und Unsicherheit. Diese Ungewißheit jedoch hat sehr wenig mit der Frage nach der individuellen Unsterblichkeit zu tun; denn wenn ein Aspekt des materiellen Intellekts aus den imaginären Formen besteht, unterliegen diese dem Entstehen und Vergehen. Der zweite Aspekt, die ewige Potentialität, rettet die persönliche Unsterblichkeit nicht vor dem Verderben; denn diese Potentialität ist allen Menschen gemeinsam; sie ist eine Aufnahmefähigkeit, die der ersten Materie vergleichbar ist. Es ist nichts Individuelles daran.

Es steht also fest, daß es in Averroes' Äußerungen, die sich auf das Leben nach dem Tode beziehen, Widersprüche gibt. Eine Unterscheidung zwischen jenen seiner Aussagen, die für den Muslim mit guter Allgemeinbildung gedacht sind, der nicht eigentlich Philosoph ist, und jenen Aussagen, die im eigentlichen Sinn philosophisch sind, könnte eine mögliche Erklärung dafür bieten. Damit würde er sowohl sich selbst absichern als auch der fārābianischen Ansicht entsprechen, daß nur der Philosoph in philosophischer Sprache angesprochen werden sollte.

Kausalität

In seinem *Tahāfut* lanciert Averroes einen wirklichen Gegenangriff auf die ašʿaritische Kausallehre. Seine Kritik an dieser Lehre durchzieht seinen *Tahāfut*, aber manifestiert sich vor allem in Argumenten, die sich auf das Problem des Ursprungs der Welt beziehen, sowie in der 17. Diskussion, die ganz der Frage der Kausalität gewidmet ist.

Ein großer Teil der Argumentation in der ersten Diskussion, die sich mit der Frage nach der Vor-Ewigkeit der Welt befaßt, dreht sich um die Beschaffenheit

36 *Ibid.*, S. 86.

des göttlichen Willens[37]. Averroes liefert eine detaillierte Kritik an verschiedenen Aspekten von al-Ġazālīs Konzept vom göttlichen Willen und von der göttlichen Kausalität. Al-Ġazālīs Hauptthese, daß die Welt durch den willkürlichen Entschluß des göttlichen ewigen Willens in einem bestimmten Augenblick in der Vergangenheit augenblicklich erschaffen sein könnte, stellt er zu Anfang in Frage und verwirft sie. Seine Einwände sind klar begründet und detailliert; sie zielen in erster Linie darauf ab zu zeigen, daß al-Ġazālīs These zu der unmöglichen Folgerung führen muß, daß eine Wirkung nach einer Ursache hinausgezögert wird, wenn es kein Hindernis geben kann, das für die Verzögerung verantwortlich wäre. Darin unterstützt Averroes die Theorie der islamischen Philosophen, daß beim Vorliegen sämtlicher kausaler Bedingungen (einschließlich der Abwesenheit von Hindernissen) die Wirkung zwangsläufig erfolgt. Die Verzögerung einer solchen Wirkung ist undenkbar.

Das bedeutet nicht, daß Averroes mit seinen islamischen Philosophen-Vorgängern über kausale Fragen völlig übereinstimmte. Im *Tahāfut* unterscheidet er sich zum Beispiel von Avicenna bezüglich der Frage, woraus die Wirkung göttlichen kausalen Handelns besteht[38]. Ist es nur die ewige Bewegung der Himmel und – folgerichtig – des ewigen Prozesses des Entstehens und Vergehens, wie Aristoteles glaubte, oder ist die Welt noch zusätzlich eine Wirkung in dem Sinn, daß sie eine Emanation aus Gott ist? Averroes kritisiert Avicennas neuplatonische emanative Philosophie sehr scharf, und seine Haltung ist – zumindest im *Tahāfut*[39] – unverkennbar die eines aristotelischen Puristen. Auch wenn sie nicht darin übereinstimmen, was die Wirkung von Gottes ewigem kreativen Handeln ist, so stimmen sie doch darin überein, daß diese Wirkung als die notwendige Konsequenz der göttlichen Kausalität folgt. Averroes' Argumentation liegt seine Unterstützung der Theorie zugrunde, daß die Ursache ein notwendiges Attribut der Wesenheit des Handelnden ist. Dies wird in seiner Erwiderung auf al-Ġazālīs Kritik an der natürlichen Kausalität in der 17. Diskussion deutlicher.

Wie wir sahen, argumentiert al-Ġazālī so: Ein notwendiger Kausalzusammenhang zwischen dem, was man bei beobachtbaren Dingen gewöhnlich für Ursache und Wirkung hält, kann weder logisch noch empirisch nachgewiesen werden. Wir können also ohne Widerspruch die „gewöhnliche" Ursache bejahen und die „gewöhnliche" Wirkung verneinen. Die Erfahrung beweist nur ein Zusammenbestehen, nicht unbedingt einen kausalen Zusammenhang. In der Tat gibt es

37 *TT*, S. 7–8, 35–36.

38 Avicennas emanative Schöpfungstheorie wird von Averroes u.a. in folgenden Passagen angegriffen: *TT*, S. 179–180, 184–194, 245–246, 259–262.

39 In einem früheren Werk, *Talḫīṣ mā Baʿd al-Ṭabīʿa* vertrat Averroes eine emanative metaphysische Ansicht, distanzierte sich aber bewußt davon. Dies wurde von B. S. Kogan in seiner Dissertation *Averroes' Doctrine of Causal Efficacy*, University of Toronto, 1977, untersucht.

keine natürlichen Ursachen. Averroes beginnt seine Erwiderung auf al-Ġazālī so[40]:

> Die Existenz von wirksamen Ursachen, die in wahrnehmbaren Dingen beobachtet werden, abzuleugnen, ist sophistisches Geschwätz. Wer so spricht, leugnet entweder mit seiner Zunge, was er in seinem Herzen glaubt, oder wird sonst von einem sophistischen Zweifel in die Irre geführt.

Die Quelle dieses Zweifels, erklärt Averroes dann, ist die eingestandene Tatsache, daß es Ursachen gibt, die nicht unmittelbar beobachtet werden. Daraus zu schließen, daß es keine natürlichen Ursachen gibt, die beobachtet werden, ist aber bloße Sophisterei. Nachdem er diesen Punkt ausgeführt hat, formuliert er das Hauptargument und die Hauptprämisse seiner Position[41]:

> Und was würden die Ašʿariten über essentielle Ursachen sagen, deren Verständnis allein das Seiende verstehen läßt? Denn es ist offensichtlich, daß Dinge Wesenheiten und Eigenschaften haben, die das besondere Handeln jedes Seienden bestimmen, und durch die die Wesenheiten, Namen und die Definition der Dinge unterschieden werden.
>
> Wenn nicht jedes Seiende eine besondere Aktivität hätte, hätte es nicht eine besondere Natur, und wenn es nicht eine besondere Natur hätte, hätte es nicht einen besonderen Namen und eine Definition. Alle Dinge würden dann eines und nicht eines werden. Denn [wenn es eines wäre] könnte es über dieses eine gefragt werden, ob es ein besonderes Handeln oder eine besondere Empfänglichkeit für das Handeln hat oder nicht. Wenn ja, dann haben wir hier im wesentlichen besondere Handlungen, die von besonderen Naturen ausgehen. Wenn nein, dann ist das eine nicht mehr eines. Aber wenn die Natur des Eins-Seins weggenommen ist, ist die Natur der Existenz weggenommen, und die notwendige Folge ist die Nicht-Existenz.

Diese metaphysische Beweisführung beruht auf einer Bestätigung einer Lehre von der wirklichen Wesenheit, die die Wesenheit in enge Beziehung zur kausalen Handlung setzt. Averroes greift al-Ġazālīs Beispiel von dem Stück Baumwolle auf, das mit Feuer in Berührung gebracht wird. Kann eine solche Berührung stattfinden, ohne daß die Baumwolle brennt? Nur wenn es ein natürliches Hindernis gibt, entgegnet Averroes. Aber dies entzieht dem Feuer solange nicht die Eigenschaft, Entzündung hervorzurufen, als es „den Namen und die Definition von Feuer beibehält“[42]. Mit anderen Worten: Für Averroes muß das Feuer die kausale Eigenschaft besitzen, etwas zu verbrennen, um Feuer zu sein. Dies abzuleugnen ist sowohl eine Leugnung dessen, was objektiv wahr ist, als auch ein

40 *TT*, S. 519.
41 *Ibid.*, S. 520–521.
42 *Ibid.*, S. 521.

Verstoß gegen die übliche Art, Dinge zu sagen. Es sollte hinzugefügt werden, daß al-Ġazālī und Averroes in der dritten Diskussion ihres jeweiligen *Tahāfut*[43] die Frage erörterten, ob Verben des Handelns wie zum Beispiel „[etwas] verbrennen" im Arabischen korrekt gebraucht werden, um das Handeln eines unbelebten Dinges zu beschreiben. Al-Ġazālīs Antwort war, daß dies zwar korrekter Gebrauch sei, aber nur „metaphorisch" korrekt, weil unbelebte Dinge in Wirklichkeit nicht handeln können. Averroes vertritt energisch eine andere Meinung und sagt, diese Sprache werde im wörtlichen Sinn korrekt benutzt. Er fügt lakonisch an: Wenn jemand dadurch getötet wird, daß er in ein Feuer fällt (ohne Einwirkung von Menschen), sagt man nicht, die Person sei „metaphorisch" verbrannt worden[44].

In der 17. Diskussion erhebt Averroes eine Reihe anderer Einwände gegen al-Ġazālī[45]. Er fragt zum Beispiel, wie die Ašʿariten das Prinzip vertreten können, daß jedes Ereignis eine Ursache haben muß – das Prinzip, auf das sie ihren Beweis für die Existenz Gottes aufbauen – wenn sie behaupten, daß wirkliche Ursachen in der Natur nicht beobachtet würden? Er behauptet auch, die Leugnung natürlicher Ursachen sei eine Leugnung der beweisenden Wissenschaft. Wenn das so ist, kann es keine notwendige Erkenntnis geben, nur eine Meinung. Aber dann kann die Behauptung, es gebe keine notwendige Erkenntnis, selbst keine notwendige Erkenntnis darstellen. Ferner fragt er die Ašʿariten, was sie wohl damit meinten, wenn sie von der Einheitlichkeit der Natur als von einer Gewohnheit sprechen. Ist sie Gottes Gewohnheit? Aber „Gewohnheit" ist eine Disposition, die die Lebewesen erwerben, und sie Gott zuzuschreiben heißt, ihm die Vollkommenheit abzusprechen. Ist sie dann die Gewohnheit in unbelebten Dingen? Aber das wäre ein falscher Gebrauch des Begriffs; denn das, was unbelebte Dinge besitzen, sind Eigenschaften und Naturen, und wenn es das wäre, was die Theologen meinen, dann würden sie stillschweigend zugeben, daß Dinge Naturen haben, die ihre planmäßige Aktivität vorschreiben. Wenn hingegen diese Gewohnheit in uns ist, das heißt, wenn es unsere Gewohnheit ist, natürliche Ordnung zu erkennen, dann ist sie das, was die Philosophen unter Vernunft verstehen.

Es wäre vielleicht zuviel zu behaupten, Averroes habe al-Ġazālīs Argumente, die natürliche Ursachen ableugnen, zurückgewiesen. Aber er hat ernsthafte Schwächen in der allgemeinen ašʿaritischen okkasionalistischen Position aufgedeckt. Seine Erörterung der Kausalität im *Tahāfut* stellt einen wichtigen Beitrag zu der ewigen Frage dar, ob es in der Natur in irgendeinem wirklichen Sinn Ursachen gibt oder einfach nur durchlaufende Gleichförmigkeiten.

43 *TF*, S. 76ff.; *TF.*, S. 156ff.
44 *TT*, S. 100.
45 *Ibid.*, S. 519, 522ff.

Averroes' Platz in der Geschichte der Philosophie

Wie wir früher bemerkten, hat Averroes auf die Entwicklung des europäischen Denkens des Mittelalters und der Renaissance einen bestimmenden Einfluß. Dieser Einfluß erstreckte sich auch auf die jüdische Philosophie und war nicht auf das christliche Denken beschränkt. Averroes bleibt aber im wesentlichen ein „islamischer" Philosoph, d.h. „islamisch" in kultureller Hinsicht. Die Frage, ob seine Philosophie (wie er behauptete) mit dem „Islam", der Religion, in Einklang steht, ist nämlich – je nach der Perspektive des Betrachters – strittig. Von den islamischen Philosophen war er vielleicht derjenige, der sich den islamischen religiösen Problemen am deutlichsten zuwandte. Er war gelernter Jurist und drückte, wie wir gesehen haben, im wesentlichen fārābianische Ideen, die sich mit der Beziehung von Philosophie und Religion befaßten, in islamisch legalistischer Terminologie neu aus. Averroes war vielleicht in arabischer Literatur nicht weniger beschlagen als im Aristoteles. Dies wird durch die unzähligen Zitate aus der arabischen Dichtung deutlich, seiner Wahl von Beispielen und seiner Beobachtungen über sie, die sich in seinen Kommentaren zur *Poetik* und zur *Rhetorik* finden. Dies wird auch von islamischen Autoren des Mittelalters bezeugt.

Er war natürlich der aristotelischste der islamischen Philosophen. Er strebte nicht nur die korrekte Interpretation von Aristoteles an, sondern er versuchte auch, am aristotelischen Ideal von der Erkenntnis, die durch eine beweisende Methode erlangt wird, festzuhalten. Dieser Versuch manifestiert sich in der Sorgfalt, Breite und Sachlichkeit seiner Analysen und Kritiken. Er war ein Philosoph der Philosophen und ein Kritiker *par excellence* – und zwar nicht nur der Ašʿariten, sondern auch seiner islamischen und griechischen Philosophen-Vorgänger.

Teil V
Die islamische Theologie 950–1850

Kapitel 1. Die Weiterentwicklung der ašʿaritischen Theologie, 950–1250

a) Eine Überprüfung der Quellen

Beim Studium der islamischen Theologie in der Zeit bis 950 mußte man ständig mit der Möglichkeit rechnen, in den benutzten Quellen auf Vorurteile und andere Mängel zu stoßen. Für die Zeit nach 950 trifft dies weniger zu, weil die wesentlichen Quellen einen anderen Charakter haben. Zugleich muß aber eingeräumt werden, daß westliche Orientalisten die Bedeutung der ašʿaritischen Schule etwas hochgespielt haben.

In der Zeit von 950 bis 1850 bilden sich kaum irgendwelche neue Sekten, und die meisten alten Sektenteile verschwinden. Die Theologie der imāmitischen Schiiten wird hier kurz beschrieben werden, aber die der anderen Sekten, die heute noch bestehen, wird erst im nächsten Band behandelt werden. Anstelle von Sekten haben wir jetzt theologische Schulen, und statt Häresiographen haben wir nun sehr weitschweifige theologische Abhandlungen. Viele von diesen sind bereits in gedruckten Ausgaben zugänglich, während noch hunderte nur in Handschriften in Dutzenden von Bibliotheken lagern. Doch auch die letzteren sind durch die Entwicklung der Fotokopie jetzt zugänglicher als im 19. Jahrhundert. Mit der größeren Zugänglichkeit theologischer Werke änderten sich auch die Methoden und Interessen. Die Gelehrten des 19. Jahrhunderts zeigten sich an der islamischen Theologie nach 950 wenig interessiert und waren bereit, ihre Darstellung der Unterschiede zwischen der ašʿaritischen und der māturīditischen Schule auf eine Kompilation aus dem 18. Jahrhundert zu gründen[1]. Auf einer Suche nach Material über al-Ḥallāǧ las Louis Massignon sehr viele theologische Abhandlungen, doch die erste Untersuchung, die hauptsächlich auf solchen Werken beruhte, war Louis Gardets und M.-M. Anawatis *Introduction à la théologie musulmane* (Paris, 1948), obschon es eine frühere Monographie über einen einzelnen Theologen gegeben hatte, nämlich Henri Laousts Essai über Ibn-Taymiyya (Kairo, 1939). Heute gibt es zwar viele leicht verfügbare Werke, aber wenige sind

1 Siehe oben, S. 314. Für Studien über die spätere Theologie bis zum Jahre 1920, s. *G. Pfannmüller*, Handbuch der Islam-Literatur, Berlin, 1923, 255–264.

gründlich untersucht worden. Die Darstellung, die auf den nachfolgenden Seiten zu geben sein wird, sollte daher lediglich als ein vorläufiger Abriß betrachtet werden.

Diese Überlegungen über die Quellen führen zu der Frage, ob das Bild der aš'aritischen Schule, das westliche Orientalisten zu Beginn dieses Jahrhunderts hatten, zutraf. Der Aš'arismus war mit der Zeit mit theologischer Orthodoxie im Islam gleichgesetzt worden. Man vermutete, daß er nach verschiedenen Auseinandersetzungen mit Opponenten in der Zeit al-Ġazālīs den Sieg davongetragen und danach seine Vorrangstellung über mehrere Jahrhunderte behalten habe. Einer der ersten Texte von al-Aš'arī, der zugänglich wurde, war die *Ibāna*, und diese schien mehreren Gelehrten mit dem Aš'arismus, wie sie ihn verstanden hatten, völlig unvereinbar zu sein(s. oben S. 304).

Die Ursprünge der ungenauen Vorstellung vom Aš'arismus hat George Makdisi in einem Artikel „Ash'arī and the Ash'arites in Islamic Religious History" untersucht, der 1962 veröffentlicht wurde[2]. Er wies nach, daß die Orientalisten sich fast ausschließlich auf aš'aritische Quellen verlassen hatten. Das häresiographische Werk eines Aš'ariten, aš-Šahrastānī, nämlich *Kitāb al-milal wa-n-nihal*, wurde in zwei Bänden (1842, 1846) in London veröffentlicht und von Theodor Haarbrücker unter dem Titel „Religionspartheien und Philosophenschulen (Halle, 1850/51) ins Deutsche übersetzt. Es wurde als unvoreingenommene Darstellung der früheren Theologen akzeptiert und übte auf das westliche Denken über den Islam einen großen Einfluß aus. Obwohl es ein ausgewogenes, gelehrtes Werk ist, geht es doch (wie oben S. xv–xx bemerkt) von bestimmten Annahmen aus. Gegen Ende des 19. Jahrhunderts wurden zwei weitere Werke als Quellen für die spätere Geschichte des Aš'arismus benutzt: Ibn-'Asākir, *Tabyīn kaḏib al-muftarī fī-mā nusiba ilā l-imām Abī-l-Ḥasan al-Aš'arī*, „Die Darlegung der Lügen des Verleumders über das, was dem Imam Abu-l-Hasan al-Aš'arī zugeschrieben wird" und as-Subkī, *Ṭabaqāt aš-Šāfi'īyya*, „Die Klassen (oder Generationen) der Šāfi'iten". In seinem Artikel wies Makdisi darauf hin, daß diese beiden trotz eines Anscheins von Objektivität – das erste besteht teilweise und das zweite vollständig aus einer Sammlung biographischer Notizen – in Wirklichkeit scharfsinnige apologetische Werke sind, die darauf abzielen, dem Aš'arismus eine Existenzberechtigung innerhalb der šāfi'itischen Rechtsschule zu verschaffen. Unter den Šāfi'iten gab es wie in den anderen Rechtsschulen „traditionalistische" Mehrheiten, die Kalām oder die rationale Theologie erbittert bekämpften. Der Artikel kam zu dem Schluß, daß die Bedeutung des Aš'arismus für die Entwicklung hochgespielt und die der opponierenden „traditionalistischen" Schulen unverhältnismäßig vernachlässigt worden war.

Diese Schlußfolgerung muß im allgemeinen akzeptiert werden, auch wenn das Problem in mancher Hinsicht übertrieben wird. In der vorliegenden Untersu-

2 Oben, S. 304, Anm. 112.

chung wird versucht, ein angemessenes Gleichgewicht zwischen den Aš'ariten und anderen Schulen zu bewahren, obwohl es tatsächlich sehr wenig Material gibt, auf das man eine Einschätzung ihrer relativen Stärke gründen könnte. Nicht nur der aš'aritischen Schule messen Orientalisten eine übertriebene Bedeutung bei, sondern auch innerhalb dieser Schule einem einzigen Manne: al-Ġazālī. Die Orientalisten beschäftigten sich mit ihm insbesonders als Theologen und Mystiker. Doch für seine Zeitgenossen und Nachfolger lag seine Bedeutung nicht hierin. Wenn muslimische Autoren in den beiden Jahrhunderten nach seinem Tod auf seine Werke verwiesen, dann bezogen sie sich überwiegend auf seine rechtswissenschaftlichen Werke. Hier wird ein weiteres Mißverständnis deutlich – die Annahme, der Theologie käme im Islam der gleiche Rang zu wie im Christentum. Die zentrale Disziplin in der höheren islamischen Bildung war nicht die Theologie, sondern die Rechtswissenschaft. Die *madrasa*, das Kollegium, war im wesentlichen ein Ort, wo Jurisprudenz gelehrt wurde, und an ihrer Spitze stand der Professor für Rechtswissenschaft[3]. Daher war es wichtig, die Rechtsschulen dazu zu bewegen, Kalām als zulässiges Studium anzuerkennen.

b) Al-Bāqillānī[4]

Die erste bedeutende Persönlichkeit in der aš'aritischen Schule nach dem Meister selbst ist al-Bāqillānī. Ibn-Ḫaldūn zufolge[5] war er es, der die Methodologie der Schule vervollkommnete, und obwohl man weiß, daß der Atomismus, der ihm von Ibn-Ḫaldūn zugeschrieben wird, aus früherer Zeit stammt, nahm die Schule wahrscheinlich zu seiner Zeit und weitgehend aufgrund seines Wirkens ihre endgültige Gestalt an. Wie oben erwähnt (286f.), schloß al-Aš'arī sich nach seiner „Bekehrung" den Anhängern des Ibn-Kullāb an, deren bedeutendster Denker zu dieser Zeit al-Qalānisī war. Es erscheint unwahrscheinlich, daß al-Aš'arī höher als al-Qalānisī geschätzt wurde, aber vielleicht hat man die beiden als ungefähr gleichrangig betrachtet. Oben ist angedeutet worden, daß al-Aš'arī auf Betreiben eines Altersgenossen von al-Bāqillānī, Ibn-Fūrak, als Eponym der Schule akzeptiert wurde. Unter den neunzehn Männern, die Ibn-'Asākir in seiner ersten „Klasse", d.h. der Generation von al-Aš'arīs unmittelbaren Schülern,

3 Vgl. *George Makdisi*, „Madrasa and University in the Middle Ages", Studia Islamica, xxxii (1970), 255–264; „Law and Traditionalism in the Institutions of Medieval Islam", in *G. von Grunebaum* (Hrsg.), Theology and Law in Islam, Wiesbaden 1971, 75–88, insbes. 79.

4 GAS, i. 608–610; EI², Art., „Bāḳillānī" *(R. J. McCarthy); Allard*, Attributs, 290–312; *Armand Abel*, „Le chapitre sur le christianisme dans le *Tamhīd* d'al-Bāqillānī", in Études d'orientalisme dédiées à la mémoire de Lévi-Provençal, Paris 1962, i. 1–11; *R. Brunschvig*, „L'argumentation d'un théologien musulman contre le judaïsme", in Hommage à Millàs-Vallicrosa, Barcelona 1954, i. 225–244.

5 The Muqaddimah, übersetzt von *Franz Rosenthal*, London 1958, iii. 50f. (Arab. iii. 40).

nennt, scheinen die drei oben (S. 312) erwähnten sich hervorgetan zu haben, und unter zweien dieser Männer studierte al-Bāqillānī.

Über al-Bāqillānīs Leben ist nicht viel überliefert. Sein Name wird mit Abū-Bakr Muḥammad b. aṭ-Ṭayyib b. al-Bāqillānī angegeben. Der Zeitpunkt seiner Geburt wird nicht genannt, doch er lag wahrscheinlich um 940. Er wurde in Basra geboren und verbrachte seine früheren Jahre dort. Von Basra wurde er zur Teilnahme an den theologischen Diskussionen am Hofe des Buwayhiden-Emirs, ʿAḍud-ad-dawla, berufen, der sich damals in Schiras befand. Das war wahrscheinlich um 970. Er scheint dann mit ʿAḍud-ad-dawla nach Bagdad gezogen zu sein; denn 982 wurde er auf eine offizielle diplomatische Mission nach Konstantinopel gesandt[6]. Es ist nicht weiter die Rede davon, daß er mit dem Hof zu tun hatte, wahrscheinlich weil seine Leitung der Mission nicht ganz zufriedenstellend war. Den Rest seines Lebens verbrachte er bis zu seinem Tode im Juni 1013 in Bagdad; nur vorübergehend war er an irgendeinem anderen Ort als Bagdad *qāḍī* (Richter). In der Rechtswissenschaft gehörte er zur mālikitischen Schule, die sich nach Nordafrika ausgebreitet hatte, und al-Bāqillānīs Einfluß trug dazu bei, daß der Ašʿarismus sich dort verbreitete[7]. Die meisten der bekannten Ašʿariten gehörten zur šāfiʿitischen Schule, einige aber auch zu den Ḥanafiten.

Es bietet sich an, eine Darstellung der Werke al-Bāqillānīs mit dem *Kitāb at-tamhīd*, „Das Buch der Einleitung", zu beginnen. Dieses gehört zu einer Kategorie langer und umfassender theologischer Abhandlungen, die man *summae theologicae* nennen könnte, und von denen mehrere im nachfolgenden erwähnt werden. Es ist in der Tat das älteste dieser Werke, von dessen Existenz man Kenntnis hat. Der Text wurde zum erstenmal 1947 von Maḥmūd al-Ḫuḍayrī und Muḥammad Abū-Rīda in Kairo publiziert und zwar auf der Grundlage eines Pariser Manuskripts. Später entdeckte man, daß zwei Manuskripte in Istanbul einen großen Abschnitt des Textes enthielten, der im Pariser Manuskript weggelassen war. 1957 veröffentlichte Richard J. McCarthy den vollständigen Text in Beirut, nur daß er den letzten Abschnitt des Buches nicht wiederholte, in dem die Frage nach dem Imamat behandelt wird (160–239 der ägyptischen Ausgabe). Die Gliederung des Buches ist aufschlußreich und kann folgendermaßen dargelegt werden:

1. Prolegomena, die von der Natur der Erkenntnis und ihrer Objekte sowie von der Existenz und den Namen Gottes handeln (6–34, McC.).
2. Widerlegung anderer Religionen, einschließlich der Zoroastrianer, Christen, „Barāhima" und Juden (34–190).
3. Widerlegung gewisser abweichender muslimischer Gruppen: Korporeali-

6 Miskawayh, Taǧārib al-umam, Oxford 1921, iii. 28–38 (Engl. Übers. von *H. F. Amedroz* und *D. S. Margoliouth*, „The Eclipse of the ʿAbbasid Caliphate", vi. 22–35).

7 Vgl. *H. R. Idris*, „Essai sur la diffusion de l'ašʿarisme en Ifrīqīya", Cahiers de Tunisie, i (1953). 126–140.

sten, Muǧassima (191–196); Muʿtaziliten (197–377); Schiiten (160–239 ägyptische Ausgabe).

Der erste Punkt, der in diesem Zusammenhang zu beachten ist, ist, daß die Wahl der Themen für die augenblickliche Situation in Bagdad nicht ohne Belang ist. Dort herrschte seit 945 die Buwayhidendynastie, die zwar fast in jeder Hinsicht bestrebt war, zwischen den verschiedenen Sekten und Schulen neutral zu bleiben, die aber mit den imāmitischen Schiiten sympathisierte und sie in gewissem Umfang unterstützte. Infolgedessen rückten einige der sunnitischen Gruppen, wie z.B. Ašʿariten und die Ḥanbaliten, angesichts der gemeinsamen Bedrohung wieder näher zueinander. Daher wird im *Tamhīd* die „traditionalistische" sunnitische Position, wie sie von vielen Ḥanbaliten vertreten wurde, nicht angegriffen, sondern lediglich fünf Seiten sind gegen die Muǧassima gerichtet (womit möglicherweise die Karrāmiten gemeint sind), die darauf bestanden, den Begriff *ǧism*, Körper, auf Gott anzuwenden[8]. Die Länge des Abschnittes gegen die Muʿtaziliten ist wahrscheinlich auf die Tatsache zurückzuführen, daß sie und die Imāmiten viele Doktrinen gemeinsam hatten und sich in die Gunst der Buwayhiden teilten. Der Abschnitt, der von anderen Religionen handelt, spiegelt die Tatsache wider, daß es in Bagdad Zoroastrianer, Christen und Juden gab; die Barāhima (von „Brahmin" abgeleitet), wahrscheinlich indischer Herkunft, waren als Gruppe bekannt, die keine Propheten anerkannte[9].

Vieles von dem, was al-Bāqillānī sagt, folgt den Grundsätzen der Lehre al-Ašʿarīs, wie man sie aus seinem *Lumaʿ* und seiner *Ibāna* kennt. Michel Allard, der seine Ansichten über die Attribute Gottes untersuchte, fand heraus, daß seine Eigenständigkeit hauptsächlich darin bestand, daß er die Realität der Attribute betonte und eine Sprachtheorie entwickelte[10]. Diese letztere scheint ihm dadurch aufgenötigt worden zu sein, daß seine muʿtazilitischen Gegner unmißverständlich behaupteten, der „Name" *(ism)* unterscheide sich von „dem Genannten" *(al-musammā)* und auch von „dem Nennen" *(tasmiya)*, während einige aus seiner eigenen Partei, zweifellos unter dem Einfluß alter semitischer Vorstellungen, Namen und Genanntes gleichsetzen wollten. Die Sache wurde dadurch kompliziert, daß das mit „Attribut" übersetzte Wort *ṣifa* von einer Wurzel *waṣafa*, ‚beschreiben', herstammt, die uns das Nomen *wasf*, ‚das Beschreiben', und *al-mawṣūf*, ‚das Beschriebene', liefert. Al-Bāqillānī bestand vor allem darauf, daß eine *ṣifa* wie „Wissen" oder „Macht" sich von dem *ism*, „wissend", „mächtig", unterscheide, zugleich aber zu Gott gehöre. (Die adjektivischen „Namen" spielen im Koran und in der Volksfrömmigkeit eine hervorragende Rolle.)

Zwei andere Werke al-Bāqillānīs sollen erwähnt werden, da sie sich mit Themen befassen, die erst nach der Zeit al-Ašʿarīs selbst die Aufmerksamkeit der

8 Vgl. 252f.
9 Vgl. EI², „Barāhima".
10 Attributs, 312.

Theologen erregt hatten. Eines davon ist *Iʿǧāz al-Qurʾān*, „Der wunderbare Charakter des Koran", d. h. seine Unnachahmlichkeit, insbesondere im Hinblick auf den literarischen Stil. Darin sind einige Diskussionen über die Dichtkunst enthalten, und diese wurden von Gustav E. von Grunebaum – mit Kommentar – ins Englische übersetzt, unter dem Titel *A Tenth-Century Document of Arab Literary Theory and Criticism* (Chicago, 1950). Das andere Werk ist *Kitāb al-bayān ʿan al-farq bayn al-muʿǧizāt wa-l-karamāt wa-l-ḥiyal wa-l-kahāna wa-s-siḥr wa-n-naranǧiyyāt*, das von R. J. McCarthy herausgegeben wurde, und zwar unter dem ins Englische übertragenen Titel „Miracle and Magic: a Treatise on the nature of the apologetic miracle and its differentiation from charisms, trickery, divination, magic and spells" (Beirut, 1958). Die beiden Werke hängen inhaltlich zusammen. Der Begriff *muʿǧiza*, der mit „apologetic or evidentiary miracle" übersetzt wird, ist ein von dem Verbum *aʿǧaza*, d. h. ‚unfähig machen', abgeleitetes Partizip und wird nicht für irgendein wunderbares Ereignis benutzt, sondern nur für diejenigen, die „were granted (by God) to the Prophets... to prove their vocation and their sincerity, in such a way that their opponents are silenced"[11]. Das Wort *iʿǧāz* ist das von demselben Verbum abgeleitete Verbalnomen, nomen verbi.

Mit dem zugrundeliegenden Problem waren die Muslime schon seit Mohammeds Zeiten konfrontiert, und es überrascht nicht, daß es nun die rationalen Theologen bedrängte. Die Juden Medinas hatten im wesentlichen dahingehend argumentiert, daß Mohammeds Ansprüche, ein in der biblischen Tradition stehender Prophet zu sein, falsch sein müßten, da einige seiner Offenbarungen im Widerspruch zur Bibel stünden. Daher wurde die Frage erhoben, wie man sicher sein könne, daß Mohammed ein Prophet war. Als die Muslime Syrien, den Irak und Ägypten eroberten, hatten sie ständigen Verkehr mit Christen und anderen, die Mohammeds Prophetentum leugneten. Für den Volksgebrauch entdeckten oder ersannen die Prediger Wunder für Mohammed, doch die ernsthafteren Theologen zogen es vor, den Standpunkt zu vertreten, daß das Wunder, das Mohammeds Prophetsein beweise, der Koran selbst sei. Einige Verse des Koran hatten seine Gegner dazu herausgefordert, vergleichbare Suren hervorzubringen, und das war ihnen nicht gelungen[12]. Der wunderbare Charakter des Ganzen wurde durch die Interpretation des Wortes *ummī* gesteigert; es bedeutete nämlich, daß Mohammed nicht lesen konnte.

Das Problem wurde drängender, nachdem der Mystiker al-Ḥallāǧ (gest. 922) behauptete, gewisse wunderbare Ereignisse bewiesen, daß seine Darstellung spiritueller Erfahrungen wahr sei. Gegner behaupteten, diese Ereignisse gingen auf Betrug oder Zauberei zurück[13]. Al-Bāqillānī bestand darauf, daß das apologetische Wunder etwas sein müsse, was nur Gott bewirken könne, und das er tatsächlich bewirke, nachdem ein Prophet geweissagt hatte, Gott würde dies tun,

11 *Wensinck*, Muslim Creed, 224.
12 2.23; 10.38; 11.13.
13 Vgl. Bayān, 56, 74, 76; *Massignon*, Passion², i. 338–340; ii. 46–49 (erörtert Bayān).

um sein Prophetentum zu bestätigen. Der Anspruch und die Weissagung des Propheten schlössen bloße Hexerei aus. Um absichtlichen Betrug und Täuschung auszuschließen, argumentierte al-Bāqillānī, daß das Ereignis dem normalen Verlauf der Dinge widersprechen und so sein müsse, daß nur Gott die Macht habe, es zu bewirken. Für diese Theorie gab es eine Grundlage in den Berichten im Koran (7.103–136; usw.), die davon handeln, wie Pharao von Moses ein Zeichen verlangte, damit er beweise, daß seine Behauptung, er bringe eine Botschaft von Gott, wahr sei. Moses warf einen Stab zu Boden, der sich in eine Schlange verwandelte und diejenigen Schlangen verschlang, die aus jenen Stäben entstanden waren, die Pharaos Zauberer ebenfalls niedergeworfen hatten. Die Argumente über das Wesen der *mu'ǧiza* sind generell für alle Propheten gültig, und sie werden durch die Behauptung ergänzt, daß das wunderbare Wesen des Koran in seiner Beredsamkeit oder seiner sublimen literarischen Qualität liege. Dies wird im *Bayān* kurz und im *I'ǧāz* ausführlicher erläutert.

Ein anderes Buch mit einem Abschnitt über den Koran soll kurz erwähnt werden. Es handelt sich um *al-Inṣāf fī-mā yaǧib i'tiqādu-hu wa-lā yaǧūz al-ǧahl bi-hi*, „Gerechte Behandlung im Hinblick auf das, was man glauben und wissen muß“[14]. Von Rudi Parets Darstellung her zu urteilen, enthält es (S. 61–126) eine längere Fassung des Abschnittes des *Tamhīd*, der von der Ungeschaffenheit des Koran handelt (S. 237–251, Beirut). Hinsichtlich der an die Juden und Christen ergangenen Offenbarungen gelangt al-Bāqillānī zu einer interessanten Schlußfolgerung. Sich auf Koran 14.4 stützend, sagt er: „Das eigentliche Wort (Gottes) ist der Sinngehalt *(al-ma'nā)*, der sich im (göttlichen) Selbst befindet“. Gottes Wort, wie es im Koran, in der Tora und im Evangelium offenbart wurde, war auf Arabisch, Hebräisch bzw. Syrisch. „Aber das Wort Gottes, das ewig ist und im (göttlichen) Selbst beruht, ist ein und dasselbe und nicht unterschiedlich und veränderlich“[15].

c) Die Aš'ariten von Nīšāpūr

Während es in Bagdad und anderen Orten nach wie vor Vertreter der aš'aritischen Theologie gab, stehen die bekanntesten Aš'ariten des 11. Jahrhunderts mit Nīšāpūr in Verbindung. Nīšāpūr ist im Osten des heutigen Iran gelegen und war im 10. Jahrhundert eine große und dichtbevölkerte Stadt, bisweilen Sitz des lokalen Herrschers. Den größten Teil des 10. Jahrhunderts hindurch war die führende Macht im östlichen Iran und in den noch weiter östlich gelegenen Gebieten die Sāmānidendynastie, autonome Fürsten, die nominell Untertanen

14 Hrsg. M. Z. al-Kawṯarī, Kairo 1950, 1963. Vgl. *Rudi Paret*, „Der Standpunkt al-Bāqillānīs in der Lehre vom Koran“, in Studi Orientalistici in onore di Giorgio Levi della Vida, Rom 1956, ii. 294–303; auch *Paret*, Der Koran (Wege der Forschung), Darmstadt 1975, 417–425.

15 Übersetzung von *Paret*, Der Koran (Wege der Forschung), 424f. (= *Inṣāf*, S. 94).

des ʿAbbāsidenkalifen in Bagdad waren. Sie förderten sowohl die traditionelle arabische und islamische Gelehrsamkeit als auch die neupersische Literatur, die sich gerade entwickelte. So wurde aus Nīšāpūr ein bedeutendes geistiges Zentrum, das nicht weit hinter Bagdad zurückstand, das ungefähr eine Zweimonatsreise weiter westlich gelegen war.

Ein bemerkenswerter Zug des Geisteslebens von Nīšāpūr bestand darin, daß die karrāmitische Sekte dort stark war[16]. Es wurde bereits (S. 317f.) kurz berichtet, was von ihren Auffassungen bekannt ist. Sie förderten asketische und pietistische Praktiken und hatten im Volk eine große Anhängerschaft. Ihre Führer im späteren 10. Jahrhundert, die Familie der Banū Maḥmašād, wurde eine Zeitlang vom sāmānidischen Gouverneur Sebüktigin unterstützt und dann von dessen Sohn, dem autonomen Sultan Maḥmūd von Ghazni, doch diese Unterstützung verloren sie um das Jahr 1011. Es wird überliefert, daß sie sich 1095 und 1096 am Kampf gegen die Ḥanafiten und Šāfiʿiten sowohl in Nīšāpūr als auch in Bayhaq beteiligten. Es ist nicht klar, warum die Rechtsschulen und die theologischen Schulen sie so erbittert bekämpften. Der am häufigsten erwähnte Punkt ist, daß sie den Begriff *ǧism*, Körper, in bezug auf Gott benutzten; aber sie scheinen auch Gegner der Muʿtaziliten gewesen zu sein. Abgesehen von den Karrāmiten scheinen die religiösen Neigungen der Leute von Nīšāpūr gleichermaßen zwischen Ḥanafiten und Šāfiʿiten geteilt gewesen zu sein.

1. Ibn-Fūrak[17]

Abū-Bakr Muḥammad ibn-al-Ḥasan ibn-Fūrak al-Iṣbahānī wurde um 941 geboren, möglicherweise in Iṣfahān, doch er studierte sowohl in Basra als auch in Bagdad. Bewunderer in Nīšāpūr überredeten den sāmānidischen Emir Ibn-Sīmǧūr 982 oder 983, ihn als Lehrer dorthin zu berufen. Eine *madrasa*, ein Kollegium, wurde für ihn erbaut und mit dem älteren *ḫānqāh*, ‚Kloster', des Ṣūfī al-Būšanǧī (gest. 959) vereinigt. Es heißt, seine Anwesenheit in Nīšāpūr habe dazu geführt, daß verschiedene Studienzweige dort eine Blüte erlebten, und das blieb auch so, als die Herrschaft von den Sāmāniden auf die Ghaznawiden überging. Als er 1015 von Ghazni, wohin er von Sultan Maḥmūd berufen worden war, nach Nīšāpūr zurückkehrte, wurde er vergiftet. Wahrscheinlich waren es Karrāmiten, die ihn vergifteten, nachdem er sie im Streitgespräch besiegt hatte, auch wenn Ibn-Ḥazm, der ihn scharf kritisierte, behauptete, er sei auf Befehl Maḥmūds vergiftet worden, und zwar wegen einer Meinung, die er in bezug auf das Prophetentum Mohammeds geäußert habe[18]. Wie oben (S. 286f., 312) erwähnt, schrieb er ein Buch über „Die Klassen der Theologen", das zwar nicht

16 Vgl. 288–90; EI², Art. „Karrāmiyya" *(C. E. Bosworth)*.
17 GAS, i. 610f.; *Brockelmann*, GAL, i. 175f.; S, i. 277f.; *Allard*, Attributs, 314f., 326–329; EI², Art. „Ibn Fūrak" *(W. M. Watt)*.
18 Ibn-Ḥazm, Fiṣal, iv. 215.

mehr existiert, das aber die Hauptquelle für die frühe Geschichte des Aš'arismus gewesen zu sein scheint. Ein weiteres Buch, das ebenfalls nicht mehr existiert, handelte von den jeweiligen Verdiensten al-Qalānisīs und al-Aš'arīs und hat vielleicht dazu geführt, daß al-Aš'arī als Eponym der Schule gewählt wurde.

In den Augen späterer Generationen war sein Hauptwerk eines, dessen Titel in verschiedenen Formen auftaucht, die die Phrase *Muškil al-ḥadīṯ*, „Was schwierig im Ḥadīṯ ist", enthalten. Darin untersucht er jene Ḥadīṯe, die anthropomorphische Begriffe für Gott benutzen, und argumentiert gegen die Karrāmiten, daß diese allegorisch interpretiert werden müßten. Er erklärt es zu einem allgemeinen Prinzip, daß es besser sei, diese Texte in Übereinstimmung mit der Konzeption von Gott als transzendentem Wesen zu interpretieren, für die die Offenbarung auch eine eindeutige Grundlage liefere, als die Konzeption von Gottes Transzendenz durch die wörtliche Interpretation von Texten zu gefährden, die nicht ganz verstanden worden sind. Es ist möglich, daß Ibn-Fūrak hierin sogar über die Ansichten al-Aš'arīs hinausging.

2. *Al-Isfarāyinī*[19]

Kurz erwähnt werden sollte ein Studienfreund al-Bāqillānīs und Ibn-Fūraks, nämlich Abū-Isḥāq Ibrāhīm ibn-Muḥammad al-Isfarāyinī (gest. 1027). Auch er wurde nach Nīšāpūr berufen und hatte eine *madrasa* für sich erbaut bekommen. Er war als Lehrer sowohl der aš'aritischen Theologie als auch der šāfi'itischen Rechtswissenschaft bekannt. Keines seiner Werke existiert noch, aber Berichten läßt sich entnehmen, daß er den Mu'taziliten näherkam als manche Aš'ariten seiner Zeit.

3. *Al-Baġdādī*[20]

Abū-Manṣūr 'Abd-al-Qāhir ibn-Ṭāhir al-Baġdādī wurde wahrscheinlich im Irak geboren[21]. Einige Zeit vor 975 kam er mit seinem Vater, einem wohlhabenden Mann und Gelehrten, nach Nīšāpūr[22] und studierte unter den dortigen Lehrern. Es hieß, er habe siebzehn verschiedene Disziplinen beherrscht, und sein Buch über Arithmetik wurde hochgelobt. Anscheinend war er in seinen späteren Jahren der herausragende Lehrer in Nīšāpūr, doch über sein Leben ist wenig bekannt. In seinem Buch über die Sekten spricht er in dem Kapitel über die Karrāmiten davon, persönlich mit ihnen Streitgespräche geführt zu haben, ein-

19 *Brockelmann*, GALS, i. 667; EI², Art. „Isfarāyīnī" *(Wilferd Madelung)*.
20 *Brockelmann*, GALS, i. 666; EI², Art. „Baghdādī" *(A. S. Tritton); Allard*, Attributs, 316f.; 329–342.
21 Ṭāhir b. Muḥammad al-Baġdādī wird bei as-Subkī ii. 228 'Irāqī genannt.
22 Er hat bei Abū-'Amr ibn-Nuǧayd studiert, der 975/365 gestorben ist (as-Subkī, ii. 189).

mal (980) in Gegenwart des Emir Ibn-Sīmǧūr[23]. 1037 veranlaßte ihn eine turkmenische Invasion, Nīšāpūr zu verlassen und nach Isfarāyin zu gehen, aber er starb fast unmittelbar danach und wurde neben al-Isfarāyinī bestattet.

Von seinem Buch *Al-Farq bayn al-firaq*, „Die Unterschiede zwischen den Sekten", war in der Vorbemerkung zum ersten Teil des vorliegenden Bandes die Rede, und an dieser Stelle muß nicht viel mehr gesagt werden. Das Werk ist sowohl polemisch als auch deskriptiv. Al-Baġdādī liefert zwar Informationen über die verschiedenen Sekten, doch er tut dies gewöhnlich eher in seiner eigenen Terminologie als in der der Männer, deren Ansichten er beschreibt, und er neigt dazu, die Auffassungen hervorzuheben, die er für häretisch oder zweifelhaft hält. Im Falle einiger der bedeutenderen Sekten, wie z. B. der Unterabteilungen der Muʿtaziliten, erstellt er eine Liste mit den hauptsächlichen Irrtümern jeder einzelnen. Schließlich liefert er (auf ungefähr vierzig Seiten) eine Darstellung der fünfzehn grundlegenden Prinzipien des Islam, die jeder erwachsene Muslim kennen und akzeptieren sollte.

Dieser letzte Abschnitt ist eigentlich eine Zusammenfassung eines anderen Buches, *Uṣūl ad-dīn*, „Die Prinzipien der Religion", das von Allard eher als erweitertes Glaubensbekenntnis denn als theologisches Werk charakterisiert wurde. Das Buch ist in fünfzehn Kapitel gegliedert, von denen jedes einem der im *Farq* erwähnten Grundprinzipien entspricht und in jeweils fünfzehn Abschnitte unterteilt ist. Während er den Auffassungen, die „unsere Freunde" *(aṣḥābu-nā)* vertreten, den Vorrang einräumt, erwähnt er auch kurz viele der Meinungen, die von Muʿtaziliten, Karrāmiten und anderen Sekten vertreten werden. Gelegentlich erwähnt er Meinungsverschiedenheiten unter „unseren Freunden" oder anderen Männern, die er im allgemeinen billigt, aber er meint, daß diese Unterschiede in Detailfragen die Annahme der fünfzehn Grundprinzipien nicht beeinträchtigten. Viele der Positionen, die er vertritt, ähneln denen al-Bāqillānīs, während er hinsichtlich der Frage nach der Interpretation anthropomorphischer Begriffe nicht weit von Ibn-Fūrak entfernt ist.

4. Al-Bayhaqī[24]

Abū-Bakr Aḥmad ibn-al-Ḥusayn al-Bayhaqī wurde 994 in einer kleinen Stadt im Bezirk Bayhaq, etwa 100 km westlich von Nīšāpūr, geboren. Abgesehen von mehreren Studienreisen verbrachte er den größten Teil seines Lebens dort, bis er 1049 von den führenden Ašʿariten Nīšāpūrs gebeten wurde, dorthin zu kommen. Er teilte das Exil dieser Ašʿariten im Hidschas, aber dies war vielleicht nach 1057, da er in jenem Jahr in Nīšāpūr gewesen sein soll. Er befand sich vermutlich in der Gesellschaft von al-Qušayrī und al-Ǧuwaynī, als diese 1064 nach Nīšāpūr zu-

23 Farq, 213; vgl. 207.
24 EI², Art. „Bayhaḳī" *(J. Robson); Brockelmann*, GAL, i. 446f. und GALS, i. 618f.; as-Subkī, iii. 3–7; Ibn-ʿAsākir, Tabyīn, 265–267; *Allard,* Attributs, 342–372.

rückkehrten, und er starb 1066 dort. Er war hauptsächlich als Ḥadīṯsammler und Ḥadīṯgelehrter bekannt, war aber in der Rechtswissenschaft nach der šāfiʿitischen Schule gleichfalls eine Autorität. Er schrieb auch zumindest ein Werk über die ašʿaritische Dogmatik, nämlich *Kitāb al-asmāʾ wa-ṣ-ṣifāt*, „Das Buch der Namen und Attribute“.

Al-Bayhaqīs Übersiedlung nach Nīšāpūr hängt mit der Ašʿaritenverfolgung durch al-Kundurī zusammen, dem Wesir des Seldschukensultans Ṭuġril Beg, der seit 1040 von Nīšāpūr aus regiert hatte. Der Grund für al-Kundurīs Attacke gegen die Ašʿariten ist unbekannt, aber wahrscheinlich ging sie auf die Rivalität zurück, zu der es um die Position des Wesirs mit Abū-Sahl ibn-al-Muwaffaq, dem Chef der Stadtverwaltung von Nīšāpūr, gekommen war, der der Rechtsschule nach ein Šāfiʿit war; al-Kundurī hingegen war Ḥanafit[25]. Es wäre schwierig gewesen, die šāfiʿitische Rechtsschule als solche anzugreifen, aber viele Šāfiʿiten waren auch Ašʿariten in der Theologie, und der Ašʿarismus hatte viele Kritiker. Um 1048 wurden zwei berühmte Ašʿariten, Abū-l-Qāsim al-Qušayrī und al-Ǧuwaynī, aus den Moscheen ausgeschlossen, und vom Sultan erging ein Befehl, sie zusammen mit Abū-Sahl ibn-al-Muwaffaq und anderen festzunehmen. Am Ende verließen al-Qušayrī und al-Ǧuwaynī Nīšāpūr und gingen in den Hidschas. In der Zwischenzeit hatte al-Bayhaqī al-Kundurī einen langen Brief geschrieben, der erhalten ist, in dem er die Ašʿariten verteidigte und nachwies, daß sie über jeden Verdacht der Häresie erhaben waren, und in dem er um die Einstellung der Verfolgung bat. Etwa ein Jahr später ging al-Bayhaqī nach Nīšāpūr, und er hat vielleicht etliche Jahre dort verbracht, ehe er in den Hidschas ging. Die Verbannten kehrten nach al-Kundurīs Verhaftung und seinem darauf erfolgten Tod ungefähr 1063 oder 1064 nach Nīšāpūr zurück.

Al-Bayhaqī unterscheidet sich insofern von den bislang betrachteten Ašʿariten, als er in erster Linie ein Ḥadīṯgelehrter und kein spekulativer Denker war. Dies machte seine Verteidigung des Ašʿarismus besonders wertvoll; denn im Bereich des Ḥadīṯ wurde er allgemein als Autorität akzeptiert. Sein „Buch der Namen und Attribute“ besteht in großem Umfang aus Zitaten aus dem Koran und dem Ḥadīṯ, aus Quellen, die dazu berechtigen, Gott die verschiedenen Namen und Attribute zuzuschreiben. Wie Michel Allard in seiner sorgfältigen Untersuchung nachgewiesen hat, liegen dieser Behandlung jedoch gewisse rationale Prinzipien zugrunde, und das macht aus dem Buch ein theologisches Werk. In der ašʿaritischen Tradition akzeptierte er die Unterscheidung zwischen wesentlichen und aktiven Attributen[26], doch vor allem schlug er einen Mittelweg ein zwischen dem *taʿṭīl* (Leugnung unterschiedlicher Attribute) der Muʿtaziliten und dem *tašbīh* (Anthropomorphismus) der Karrāmiten. Mit anderen Worten: Er behauptete, daß jene Namen, die in den Quellen angemessen verbürgt sind, für wirkliche

25 Vgl. *Allard*, 350.
26 Vgl. oben S. 317.

Attribute Gottes stünden, wie z. B. der Name *ʿālim*, ‚wissend', und das Attribut *ʿilm*, ‚Wissen'; aber sie sollten weder in einem wörtlichen materiellen Sinne, noch in einem rein metaphorischen Sinne verstanden werden. All das träfe sogar auf solche Begriffe wie „Hand", „Gesicht" und „Auge" zu, wenn sie auf Gott angewendet würden. Al-Bayhaqī war keineswegs der einzige Ašʿarit, der dieser nichtspekulativen Richtung folgte, doch er ist ihr bemerkenswertester Vertreter.

5. Al-Qušayrī[27]

Abū-l-Qāsim ʿAbd-al-Karīm ibn-Hawāzin al-Qušayrī wurde 986 in einem Dorf in der Nähe Nīšāpūrs geboren und starb am letzten Tag des Jahres 1072 in der Stadt Nīšāpūr. Als junger Student in Nišapur fühlte er sich zum Ṣūfismus hingezogen, und zwar aufgrund der Lehren des führenden Lehrers jener Zeit, ad-Daqqāq, dessen Tochter er heiratete. Er zeichnete sich in allen religiösen Disziplinen aus, insbesondere in der Theologie, der Koranexegese und im Ḥadīṭstudium. In der Rechtswissenschaft war er Šāfiʿit und in der Theologie Ašʿarit; seine Lehrer waren dabei Ibn-Fūrak und, nach dessen Tod 1015, al-Isfarāyinī. Bei einer Gelegenheit soll der Letztgenannte ihn getadelt haben, weil er sich von den Vorlesungen keine Notizen machte, doch als al-Qušayrī nachwies, daß er sich an die Vorlesungen genau erinnerte, faßte al-Isfarāyinī Zuneigung zu ihm und sagte, es würde für ihn genügen, wenn er seine Bücher privatim lese und mit ihm darüber diskutierte. Wie bereits erwähnt, litt er, zusammen mit anderen Ašʿariten, unter der Verfolgung durch al-Kundurī, und eine Zeitlang lehrte er Ḥadīṭ in Bagdad. Sein berühmtestes Werk ist seine *Risāla* oder „Sendschreiben", eine klare Darstellung des frühen Ṣūfismus, die viel gelesen und studiert worden ist. Der theologische Aspekt von al-Qušayrīs Werk ist noch nicht richtig untersucht worden, aber Louis Massignon hat darauf hingewiesen, daß er ašʿaritische Prinzipien verwendete, um den Ṣūfismus gegen Beschuldigungen der Häresie in Schutz zu nehmen.

6. Al-Ǧuwaynī[28]

Abū-l-Maʿālī ʿAbd-al-Malik ibn-ʿAbd-Allāh al-Ǧuwaynī, bekannt als Imām al-Ḥaramayn, war der Sohn eines berühmten Rechtsgelehrten, Abū-Muḥammad al-Ǧuwaynī, und kam 1028 in der Umgebung von Nīšāpūr zur Welt. Er war ein

27 Ibn-ʿAsākir, Tabyīn, 271–276; as-Subkī, iii. 243–248; Ibn-Ḫallikān, ii. 152–154; GAL, i. 556f.; GALS, i. 770–772; EI², Art. „Ḳushayrī, Abū l-Ḳāsim"; *R. Hartmann*, Al-Ḳuschairis Darstellung des Ṣûfîtums, Berlin 1914; *Massignon*, Passion², ii. 110f.; *Schimmel*, Mystical Dimensions, 88. (Deutsche Ausgabe, S. 96).

28 EI², Art. „Djuwaynī" *(C. Brockelmann/L. Gardet); Brockelmann*, GAL, i. 486–488 und GALS, i. 671–673; as-Subkī, iii. 249–282; Ibn-ʿAsākir, Tabyīn, 278–285; *Allard*, Attributs, 372–404.

sehr eifriger Student und folgte seinem Vater nach dessen Tod im Jahr 1046 auf den Lehrstuhl für Rechtswissenschaft. Das Jahr 1048 aber erlebte den Beginn der Aš'aritenverfolgung durch den Wesir al-Kundurī, von der bereits die Rede war. Es heißt, daß al-Ǧuwaynī gerade dann aus Nīšāpūr floh, als die Polizei des Sultans ein Dokument veröffentlichte, in welchem er verurteilt wurde. Obwohl aus einigen Quellen hervorgeht, daß er sofort in den Hidschas zog, ist es wahrscheinlicher, daß er zunächst in das Lager des Ṭuġril Beg ging (das zugleich ein Hof war) und auch eine Zeitlang in Bagdad war, ehe er schließlich vier Jahre in Mekka und Medina verbrachte. Von dieser Zeit der Lehre in den Heiligen Städten erhielt er den Ehrentitel des *Imām al-Ḥaramayn*, „Imam der beiden Heiligtümer". Nachdem al-Kundurī 1063 die Macht verloren hatte und als Wesir durch Niẓām-al-mulk abgelöst worden war, verkehrte dieser die Politik der Aš'aritenverfolgung in ihr Gegenteil und gab diesem von seiten der Regierung eine gewisse Unterstützung, indem er eine Reihe von Kollegien gründete, von denen jedes als *madrasa Niẓāmiyya* bekannt ist. Eines der ersten war das von Nīšāpūr, und al-Ǧuwaynī wurde zum Professor ernannt. Er lehrte dort bis zu seinem Tod 1085.

Wie viele andere islamische Theologen tat sich auch al-Ǧuwaynī als Rechtsgelehrter hervor, und seine Werke über die Prinzipien der Rechtswissenschaft *(uṣūl al-fiqh)* genossen großes Ansehen. Was seine theologischen Meinungen anbelangt, so sind vier Werke, die leicht zugänglich sind, von Michel Allard in seinem Buch über die göttlichen Attribute teilweise untersucht worden, aber es ist klar, daß noch viel mehr Arbeit geleistet werden muß, ehe die Gelehrten eine deutliche Vorstellung von al-Ǧuwaynīs Denken gewinnen. Sein Hauptwerk ist der *Iršād* – ausführlicher: *al-Iršād ilā qawāṭi' al-adilla fī uṣūl al-i'tiqād*, „Leitung zu den entscheidenden Beweisen für die Prinzipien des Glaubensbekenntnisses". Dieses Werk ist zweimal herausgegeben worden, einmal von J. D. Luciani mit einer französischen Übersetzung, und einmal von zwei ägyptischen Wissenschaftlern[29]. Am Ende des *Iršād* verspricht al-Ǧuwaynī, eine ausführlichere Darstellung des Themas in einem anderen Buch zu verfassen, das *aš-Šāmil*, „das umfassende (Buch)" heißt, und es scheint zumindest ein Teil davon zu existieren, auch wenn es bezüglich der Identifizierung einige Probleme gibt[30]. Das dritte Werk, das von Allard untersucht wurde, ist *al-Luma' fī qawā'id ahl as-sunna wa-l-ǧamā'a*, „Die Blitzstrahlen im Hinblick auf die Grundlagen der Ahl as-Sunna wa-l-Ǧamā'a". Er kam zu dem Schluß, daß es authentisch sei, aber nicht mehr als eine vereinfachte Zusammenfassung des *Iršād*. Viertens gibt es das kurze Werk, das als *al-'Aqīda an-Niẓāmiyya*, „das niẓāmische Glaubensbekenntnis", bekannt ist; einer der Übermittler dieses Glaubensbekenntnisses war al-Ġazālī. Dieses scheint echt zu sein, auch wenn die

29 Paris 1938 (Verbesserungen in der Besprechung von *G. Vajda* in Journal Asiatique, 1938, 149–153); Kairo 1950.

30 Vgl. GALS, i. 672, und *Allard*, Attributs, 380. Inhaltsverzeichnis der Kairoer Handschrift Kalām 1290, in *Gardet-Anawati*, Introduction, 181–184.

darin geäußerten Auffassungen sich in mancher Hinsicht von denen des *Iršād* unterscheiden.

Der allgemein von al-Ǧuwaynī im *Iršād* vertretene Standpunkt ähnelt dem al-Bāqillānīs, aber die Argumente sind ausgefeilter und berücksichtigen die zahlreichen Diskussionen mit Opponenten, die in der dazwischenliegenden Zeit stattgefunden haben. Man bemerkt sofort ein größeres Interesse an den philosophischen Präliminarien zur Theologie, ein Interesse, das in dem unvollständigen Kairoer Manuskript des *Šāmil* sogar noch ausgeprägter ist. Wahrscheinlich war es al-Ǧuwaynī, der al-Ġazālī zum Philosophiestudium ermunterte, aber er selbst beweist geringe Kenntnis der Einzelheiten im Denken von al-Fārābī und Ibn-Sīnā (Avicenna). Abgesehen von diesem Punkt finden sich im *Iršād* einige Hinweise auf ein leichtes Abrücken von al-Ašʿarīs persönlicher Position. Ein solcher Hinweis ist, daß al-Bāqillānī, wahrscheinlich in Anlehnung an ein Werk al-Ašʿarīs, Abū-Hāšims Theorie von den *aḥwāl* oder „Modi" verworfen hatte, während al-Ǧuwaynī bereit ist, den Begriff zu übernehmen und die „Modi" mit den Attributen im Sinne der Ašʿariten gleichzusetzen. Zugleich gab er die Unterscheidung zwischen wesentlichen und aktiven Attributen auf und unterschied statt dessen zwischen ‚wesentlichen', *nafsiyya*, und ‚entitativen', *maʿnāwiyya*, Attributen. Die ersteren waren jene, die zum *nafs*, ‚Wesen' oder ‚Selbst', gehören und davon nicht zu trennen sind, während die letzteren jene waren, die von einer in Gott existierenden ‚Ursache', *ʿilla*, abgeleitet sind. Das Attribut „wissend" ist von dem „Wissen" abgeleitet, dem *maʿnā*, ‚quasi-unabhängiges Wesen', das in Gott existiert. Ähnlich unterscheidet er, wenn er auf die „Modi" zu sprechen kommt, zwischen denjenigen, die verursacht sind, und jenen, die in diesem besonderen Sinne nicht verursacht sind. Daher vermeidet er trotz seiner Verwendung des Begriffes „Modi" alles von der Art des muʿtazilitischen *taʿṭīl*, Leugnung der Attribute, und bleibt in der ašʿaritischen Tradition.

Wie einige seiner Vorgänger in Nīšāpūr entfernte er sich auch insofern von al-Ašʿarī, als er die ‚metaphorische Interpretation', *taʾwīl*, gewisser anthropomorphischer Begriffe zuließ, die im Koran und im Ḥadīṯ auf Gott angewendet werden. Al-Ašʿarī war den Ḥanbaliten gefolgt und hatte gemeint, daß ein Begriff wie „Hand", wenn er auf Gott angewendet werde, weder wörtlich noch metaphorisch zu verstehen sei, sondern *bi-lā kayf*, ‚ohne (zu fragen) wie' oder ‚amodal'. Al-Ǧuwaynī hingegen argumentierte, die wörtliche oder körperliche Bedeutung des Begriffes sei im Fall Gottes unmöglich und er müsse daher im Sinne von „Macht" verstanden werden.

Nachdem er die Wahrheit selbst in Büchern gesucht hatte, die die strengen Theologen mißbilligten, kehrte er am Ende seines Lebens zu einer Art Kinderglauben zurück und faßte die Ergebnisse seiner gesamten Lebenserfahrung in dem Ratschlag zusammen: „Halte dich an die Religion der alten Frauen!"

d) Al-Ġazālī[31]

1. Allgemeine Überlegungen. In einem gewissen Sinne gehört al-Ġazālī zur aš'aritischen Schule von Nīšāpūr. Er studierte dort unter al-Ǧuwaynī, und seine letzte akademische Position war die Professur am dortigen Niẓāmiyya-Kollegium, wo er selbst studiert hatte. Den wesentlichen Abschnitt seines Lebens dagegen verbrachte er nicht dort. Seine Werke aber sind viel gründlicher studiert worden als die der bislang beschriebenen Theologen, und über ihn ist soviel geschrieben worden, daß wir uns mit ihm zwangsläufig ausführlicher befassen müssen. Es gibt auch einige Schwierigkeiten, die speziell im Zusammenhang mit dem Studium al-Ġazālīs auftreten.

Erstens ist al-Ġazālī ein äußerst produktiver Autor. Erhalten sind die Namen von ungefähr vierhundert Werken, die ihm zugeschrieben werden. Von diesen existieren Carl Brockelmanns Listen zufolge noch etwa siebzig, und zweifellos werden in orientalischen Bibliotheken noch mehr entdeckt werden. Auch sein bedeutendstes Werk, *Iḥyā' 'ulūm ad-dīn*, „Die Wiederbelebung der Wissenschaften von der Religion", besteht aus vierzig Büchern oder Kapiteln, von denen jedes in der Übersetzung in eine europäische Sprache einen kleinen Band bildet. Obwohl einige der anderen Werke ganz kurz sind, findet sich für jeden, der eine eingehende Untersuchung über diesen Autor abfassen möchte, immer noch eine ungeheure Fülle an Material. Abgesehen von der bloßen Menge seiner Schriften gibt es auch ein Problem der Authentizität. Wissenschaftler vertreten heute allgemein den Standpunkt, daß ihm eine Reihe von Werken irrtümlich zugeschrieben wurden, aber man stimmt nur teilweise darin überein, welche Werke zu dieser Gruppe zählen[32]. Da viele der Werke zweifelhafter Authentizität heterodoxe oder häretische Werke der ṣūfischen Lehre sind, wandelt sich, wenn man sie als echt akzeptiert, das allgemeine Bild von al-Ġazālī. Will man diese chronologisch in seine echten Schriften einreihen, dann kann man folgendes annehmen: Entweder

31 Ibn-'Asākir, Tabyīn, 291–306; as-Subkī, iv. 101–182; Ibn-Ḫallikān, ii. 621–624; GAL, i. 535–546; GALS, i. 744–756; EI², Art. „(al-) Ghazālī" *(Watt)*; *D. B. Macdonald*, The Life of al-Ghazzālī with especial reference to his Religious Experiences and Opinions", Journal of the American Oriental Society, xx (1899), 70–132; *J. Obermann*, Der philosophische und religiöse Subjektivismus Ghazalis, Wien 1921; *A. J. Wensinck*, La Pensée de Ghazzālī; *Farid Jabre*, „La Biographie et l'œuvre de Ghazali reconsidérées à la lumière des Ṭabaqāt de Sobki", Mélanges de l'Institut Dominicain d'Études Orientales du Caire, i (1954), 73–102; Ders., La Notion de certitude selon Ghazali, Paris 1958; Ders., La Notion de la Ma'rifa chez Ghazali, Beirut 1958; *W. M. Watt*, Muslim Intellectual, a study of al-Ghazali, Edinburgh 1963; *Hava Lazarus-Yafeh*, Studies in al-Ghazzali, Jerusalem 1975; *Richard J. McCarthy*, Freedom and Fulfilment, Boston 1980.

32 *Maurice Bouyges*, Essai de chronologie des œuvres de al-Ghazali, édité et mis à jour par *Michel Allard*, Beirut 1959 (bereits 1924 abgeschlossen); *Watt*, „The Authenticity of the Works attributed to al-Ghazālī", JRAS, 1952, 24–45; *G. F. Hourani*, „The Chronology of Ghazālī's Writings", Journal of the American Oriental Society, 79 (1959), 225–233; *Lazarus-Yafeh*, Studies in al-Ghazzali.

vertrat er neben der exoterischen Lehre, die er allen vermittelte, eine esoterische Lehre, die er nur ein paar wenigen Auserwählten mitteilte, oder er änderte gegen Ende seines Lebens seine Meinung vollständig und hörte auf, den dogmatischen Standpunkt der ašʿaritischen Schule zu vertreten. Daß dieser zweite Gedanke unmöglich ist, wird durch die Entdeckung eines frühen Manuskripts eines kleinen Werkes mit ašʿaritischer Tendenz bewiesen, von dem beweisbar ist, daß al-Ġazālī es weniger als zwei Wochen vor seinem Tod vollendet hatte (sowohl nach Hourani als auch nach Bouyges). Es ist auch sehr unwahrscheinlich, daß ein klarer Denker wie al-Ġazālī privatim Auffassungen hätte vertreten und lehren können, die im Widerspruch zu denen standen, die er öffentlich verkündete. Beim gegenwärtigen Stand der Wissenschaft ist es am klügsten, jegliche Darstellung al-Ġazālīs einzig auf die Werke zu gründen, die allgemein als echt akzeptiert werden, und diese umfassen alle wichtigen, mit Ausnahme einiger ṣūfischer Schriften. (Selbstverständlich sind diese letzteren auch dann, wenn sie nicht von al-Ġazālī stammen, ein Beleg für einen Trend im Ṣūfismus).

Eine andersgeartete Schwierigkeit ergibt sich dadurch, daß al-Ġazālī so große Aufmerksamkeit zuteil wurde, zuerst von seiten westlicher, dann auch muslimischer Gelehrter. Seit dem späten 19. Jahrhundert fühlten die Europäer sich zu ihm hingezogen, und zwar zweifellos wegen des autobiographischen Berichtes über seine inneren Kämpfe, den er in *al-Munqiḏ min aḍ-ḍalāl*, „Der Befreier vom Irrtum“, liefert. Diese Darstellung ließ ihn so erscheinen, als ob er ähnlich orientiert sei wie sie selbst und ihre Zeitgenossen, und das machte ihn ihnen sehr sympathisch. Teile des umfangreichen *Iḥyāʾ* erwiesen sich ebenfalls als attraktiv. Ein Blick auf Bibliographien wie den *Index Islamicus* zeigt, daß seit dem Beginn dieses Jahrhunderts bis ungefähr 1970 über al-Ġazālī ungefähr ebenso viele Artikel verfaßt wurden, wie über alle anderen muslimischen Theologen zusammen. Die augenblicklichen Meinungen über al-Ġazālī spiegeln sich im folgenden Zitat von Philip Hitti wieder, der als Allgemeinhistoriker im Bereich der Theologie auf andere angewiesen ist:

> (He was) unquestionably the greatest theologian of Islam and one of its noblest and most original thinkers... This „father of the church in Islam“ has since become the final authority for Sunnite orthodoxy. Moslems say that if there could have been a prophet after Muḥammad, al-Ghazzāli would have been the man[33].

Wenn dieses Zitat kommentiert wird, so darf man behaupten, daß es verschiedene andere islamische Theologen gibt, die mindestens ebenso ausgezeichnet sind wie al-Ġazālī, und daß er mit Sicherheit nicht „the final authority for Sunnite orthodoxy“ war, wenngleich man einräumen kann, daß er ein edler und eigenwilliger Denker war. Seine originelleren theologischen Spekulationen, wie seine

33 History of the Arabs³, London 1943, 431 (1. Ausgabe 1937).

Konzeption von *ḏawq*, ‚Schmecken', d.h. ‚persönliche Erfahrung', übten auf seine Nachfolger kaum Einfluß aus. Was er jedoch bewirkte, war die Einführung gewisser neuer philosophischer Konzeptionen und Methoden in die Theologie (was gleich erklärt werden wird), und damit leitete er zwar eine neue Phase in der Entwicklung der rationalen Theologie im Islam ein, übte aber offensichtlich auf antirationalistische Theologen wie die Ḥanbaliten keinen Einfluß aus. Er arbeitete auch ein vollständiges Konzept der Ṣūfī-Praxis aus, das mit dem Sunnismus in Einklang stand. Das letztere scheint, zusammen mit seinen Schriften zur Rechtswissenschaft, den größten Einfluß auf die Gelehrten der nachfolgenden zwei oder drei Jahrhunderte gehabt zu haben. Rationale Theologen akzeptierten zwar die philosophischen Konzeptionen und Methoden, denen nunmehr in ihrer Disziplin das *droit de cité* gegeben wurde, aber sie bezogen sich nicht spezifisch auf die Schriften al-Ġazālīs. Die Übertreibungen in dem Zitat von Hitti rühren daher, daß westliche Gelehrte sich allgemein unverhältnismäßig stark auf al-Ġazālī konzentrierten und andere vergleichbare Theologen nahezu völlig außer acht ließen. Dieser Mangel an Unausgewogenheit in der westlichen Erforschung der islamischen Theologie ist noch nicht völlig behoben, und daher muß man Vorsicht walten lassen, wenn man versucht, ein Gesamtbild zu entwerfen.

Ġazālī ist im Arabischen *nisba*, ‚Verwandtschaftsname' oder ‚attributiver Name'; aber es ist viele Jahrhunderte lang umstritten gewesen, ob die korrekte Form nun Ġazālī oder Ġazzālī sei. Im letzteren Fall wäre damit ein Nachkomme des *ġazzāl*, ‚Spinner (oder Garnverkäufer)' gemeint, während es sich im ersteren Falle um das von einem Dorf oder einer Frau namens Ġazāla abgeleitete Adjektiv handeln würde; doch über einen Vorfahren, der ein Spinner war, gibt es keine Sicherheit, und das Dorf oder die Frau ist ansonsten unbekannt[34]. Hier kann lediglich festgestellt werden, daß aufgrund des Prinzips *difficilior lectio potius* die Form Ġazālī vorzuziehen ist.

2. Leben. Abū-Ḥāmid Muḥammad ibn-Muḥammad ibn-Muḥammad al-Ġazālī wurde 1058 in Ṭūs geboren, einer Stadt in der Nähe des heutigen Meschhed im nordöstlichen Iran. Der Bericht, wonach sein Vater ein *ġazzāl* war, mag nichts weiter sein als ein Versuch, die Schreibweise Ġazzālī zu rechtfertigen. Dieser starb, als der Theologe und sein Bruder Aḥmad (der ein berühmter Rechtsgelehrter und Mystiker wurde) noch Kinder waren, und er hinterlegte bei einem befreundeten Ṣūfī etwas Geld für ihre Ausbildung. Als das Geld aufgebraucht war, ermöglichte der Freund ihnen die Aufnahme in eine *madrasa*, ein ‚Kollegium', wo sie freie Kost und Unterkunft sowie Unterricht erhielten. Erwähnt wird auch ein Großonkel (oder – weniger wahrscheinlich – Onkel), der ebenfalls Abū-Ḥāmid al-Ġazālī hieß und der ein Gelehrter in Ṭūs war. Al-Ġazālī stammte also aus einer Familie, die bereits Frömmigkeit und Gelehrsamkeit miteinander vereinigt hatte.

34 Vgl. *Watt*, Muslim Intellectual, 181–183.

Seine frühe Unterweisung erhielt er in Ṭūs selbst, abgesehen davon, daß er Gurgan (Ǧurǧān), in etwa 500 km Entfernung an der Südostecke des Kaspischen Meeres gelegen, einen Besuch unbestimmter Dauer abstattete. Dieser Besuch kann nicht später als 1074 erfolgt sein, da er nach seiner Rückkehr nach Ṭūs drei Jahre dort verbracht haben soll, um all das dem Gedächtnis einzuprägen, was er bis dahin gelernt hatte. 1077 ging er dann ans Niẓāmiyya-Kollegium in Nīšāpūr (ungefähr 80 km von Ṭūs entfernt gelegen), um unter al-Ǧuwaynī zu studieren. Dort blieb er bis zum Tode al-Ǧuwaynīs im August 1085. Wie in der ganzen höheren islamischen Bildung spielte die Rechtswissenschaft in seinen Studien vermutlich eine zentrale Rolle, aber al-Ǧuwaynī muß ihn auch in aš'aritischer Theologie unterrichtet haben und ihn vielleicht auch zum Lesen der Werke der Philosophen al-Fārābī und Avicenna ermuntert haben. In seinen späteren Jahren in Nīšāpūr half er beim Unterricht aus und wurde als aufstrebender Gelehrter anerkannt, und deshalb berief der Großwesir Niẓām-al-mulk ihn nach dem Tode al-Ǧuwaynīs 1085 an seinen Hof, der zugleich ein Lager war und von Ort zu Ort zog. Es wird nicht überliefert, daß er diesen Hof verlassen habe, ehe er im Juli 1091 seine Stelle als Professor am Niẓāmiyya-Kollegium in Bagdad antrat. Er gelangte also schon als junger Mann von 33 Jahren auf die vielleicht führende akademische Position in der sunnitisch-islamischen Welt.

An dieser Stelle kann man sich seinem eigenen Werk „Der Befreier vom Irrtum" zuwenden. Obwohl dies in gewisser Hinsicht eine Autobiographie ist, könnte man es genauer als eine *apologia pro vita sua* bezeichnen. Darin befaßt er sich mit der Rechtfertigung der Tatsache, daß er die Lehre 1095 aufgab und im Jahr 1106 zu ihr zurückkehrte; aber er tut das insofern in einem grob gesteckten autobiographischen Rahmen, als er sein geistiges Leben wie folgt beschreibt: Es habe mit einer Periode völliger Skepsis begonnen und dann aus einer Überprüfung und einer Begegnung mit den vier hauptsächlichen „Klassen von Suchenden" seiner Zeit bestanden, nämlich mit den aš'aritischen Theologen, den neuplatonischen Philosophen, den Ismā'īliten (die er Ta'līmiten nennt) und den Ṣūfī. Es ist jedoch zu beachten, daß er zwar von jeder Begegnung mit einer Gruppe als von einer chronologisch getrennten Phase spricht, diese Phasen sich aber in einem erheblichen Ausmaß überschnitten haben müssen. So steht praktisch fest, daß er vor 1077 mit dem Studium des Ṣūfismus in Ṭūs und Nīšāpūr begann, während es sehr wahrscheinlich ist, daß er mit dem Studium der Philosophie unter der Leitung al-Ǧuwaynīs anfing. Es ist auch wahrscheinlich, daß die Periode der Skepsis, die zwar eine tatsächliche Erfahrung war und „fast zwei Monate" dauerte, kam, ehe er mit der Philosophie einigermaßen vertraut war; denn in seinem Bericht darüber werden philosophische Reflexionen erwähnt. So ist der Bericht über seine intellektuelle Suche im Interesse der literarischen Darstellung etwas schematisiert worden.

Die genaue Datierung der meisten bedeutenden echten Werke al-Ġazālīs bereitet gewisse Schwierigkeiten, aber er verweist manchmal auf Bücher, die er bereits geschrieben hat, oder auf Bücher, die zu schreiben er beabsichtigt, und dadurch läßt sich eine gewisse Reihenfolge erkennen. Seine frühesten Schriften befaßten sich fast mit Sicherheit mit dem Gebiet der Rechtswissenschaft und waren größtenteils vollendet, ehe er nach Bagdad zog. Im Mittelpunkt seiner Vorlesungen in Bagdad stand vermutlich die Jurisprudenz. Sein Hauptwerk der aš'aritischen Theologie jedoch kann nicht aus früherer Zeit stammen als dem Ende der Bagdader Zeit, da es sein Philosophiestudium voraussetzt; aber das sog. „Jerusalem-Sendschreiben" *(ar-Risāla al-Qudsiyya)*, eine kurze Darlegung der aš'aritischen Doktrin, die später in das Buch 2 des *Iḥyā'* aufgenommen wurde, ist vielleicht vor 1091 verfaßt worden. Er selbst teilt uns im *Munqiḏ* (85) mit, daß er einen großen Teil seiner Zeit in Bagdad zwischen 1091 und 1095 dem Studium der Philosophie widmete, nachdem er dreihundert Studenten unterrichtet und einiges geschrieben hatte. Weil es für einen Menschen in seiner Position schwierig gewesen sein mag, einen Lehrer für Philosophie zu haben (da die Philosophen Häretiker waren), bestand seine Studienmethode darin, die Bücher privatim zu lesen. Die Skepsis lag darin, daß er zweifelte, ob es für einen Menschen möglich sei, überhaupt irgendein bestimmtes Wissen zu haben, und sie wurde nicht durch irgendein Argument beendet, sondern dadurch, daß „Gott ein Licht in sein Herz warf", d.h. die Erkenntnis, daß es Grundwahrheiten gibt, die nicht bewiesen werden können, sondern einfach akzeptiert werden müssen. Dem Infragestellen allen Wissens muß eine gewisse Bekanntschaft mit der Philosophie vorangegangen sein, doch das gründliche Philosophiestudium in Bagdad legt es nahe, daß die Periode der Skepsis kurz vor oder nach dem Juli des Jahres 1091 stattfand.

Die erste Begegnung auf seiner Suche nach Wahrheit war, dem Konzept des *Munqiḏ* zufolge, die mit den rationalen Theologen *(mutakallimūn)*. Dies sind eigentlich die Aš'ariten, denen er sowohl in Nīšāpūr als auch am Hofe des Niẓām-al-mulk zugerechnet wurde. Von seinem neuen Standpunkt aus gesehen meint er, daß diese Theologen auf der Grundlage gewisser Annahmen oder Voraussetzungen wirkten, die sie nicht erörtern, sondern für selbstverständlich halten, während es genau diese Annahmen und Voraussetzungen sind, für die er nunmehr eine rationale Rechtfertigung wünscht. Da die aš'aritische Theologie diese Rechtfertigung nicht liefern kann, wendet er sich der Philosophie zu.

Die zweite Begegnung, die mit der Philosophie, hängt mit al-Ġazālīs größten Leistungen auf intellektuellem Gebiet zusammen und wird im nachfolgenden beschrieben werden. Die dritte Begegnung war von etwas anderer Art. Es war die mit denjenigen, die im *Munqiḏ* Ta'līmiten genannt werden, die Partei des *ta'līm*, ‚unfehlbare Unterweisung'. Diese waren eigentlich die Anhänger des Ismā'īlismus, der zu dieser Zeit die offizielle Religion des von der Fāṭimidendynastie beherrschten Ägypten war; in den Provinzen, die den 'Abbāsidenkalifen anerkannten, war der Ismā'īlismus auch eine geheime revolutionäre Bewegung. Der Punkt, auf den al-Ġazālī sich konzentriert, ist der ismā'īlitische Anspruch, daß man dann, wenn man über irgendeinen Punkt etwas erfahren wolle, den unfehlbaren Imam befragen müsse. Als Gelehrter beschäftigte al-Ġazālī sich mit dieser Auffassung, die infolge der fāṭimidischen Propaganda unter seinen Zeitgenossen diskutiert wurde, und als der Kalif ihm befahl, eine Verwerfung dieser Meinungsrichtung zu verfassen, gehorchte er bereitwillig. Nichts aber weist darauf hin, daß er von dieser Begegnung persönlich so tief beeindruckt war wie von der zweiten und vierten, obwohl er über das Thema mindestens fünf Bücher verfaßte.

Die vierte Begegnung war die mit dem Ṣūfismus (der Mystik). Al-Ġazālī war am Ende von der Philosophie enttäuscht worden, als er erkannte, daß es für das Wissen, das durch rationale Methoden zu erlangen ist, eine Grenze gibt. Deshalb entschloß er sich, den Ṣūfismus gründlicher zu studieren, als er es bis dahin getan hatte. Er selbst drückt es im *Munqiḏ* (126) so aus:

> Ich erkannte..., daß ich auf dem Wege der Erkenntnis schon so weit wie möglich fortgeschritten war. Was für mich übrigblieb, war nicht durch Unterricht und Studium zu erreichen, sondern nur durch die unmittelbare Erfahrung und die Lebensweise eines Ṣūfī.

Gleichzeitig begann ihm die Art seines Lebens in Bagdad zu mißfallen. Er erkannte, daß er eher von persönlichem Ehrgeiz motiviert wurde als von dem Wunsch, Gott zu dienen, und er dachte, es bestehe die Gefahr, daß er in die Hölle komme. Schließlich hatten im Juli 1095 seine inneren Kämpfe und Verwirrungen etwas zur Folge, was man heute als eine psychosomatische Krankheit ansehen würde. Seine Zunge trocknete aus, und er war unfähig, Vorlesungen zu halten, ja sogar zu essen. Die Ärzte konnten nichts tun. Eine Besserung trat erst ein, als er beschloß, die akademische Tätigkeit ganz aufzugeben und das Leben eines Ṣūfī zu führen. Er traf Vorkehrungen für seine Familie und deren Erziehung und verschenkte den Rest seines Besitzes. Dann gab er bekannt, daß er vorhabe, die Wallfahrt nach Mekka zu machen, und im November 1095 verließ er Bagdad. Doch damit sollte nur unterbunden werden, daß er an der Ausführung seiner tatsächlichen Absicht, ein Ṣūfī zu werden, gehindert würde. In Wirklichkeit reiste er nur bis Damaskus und ließ sich dort für einige Monate nieder.

Die Angaben im *Munqiḏ* über die nächsten zehn Jahre sind nicht ganz klar und haben dazu geführt, daß es darüber, was er damals tat, verschiedene Berichte gibt. Aber wenn man sie durch andere Quellen vervollständigt, ergibt sich das folgende Bild. Von Damaskus aus ging er im Novermber und Dezember 1096 über Jerusalem und Hebron auf die Wallfahrt nach Mekka. Manchmal heißt es, er habe zu dieser Zeit Ägypten besucht, doch das ist unwahrscheinlich. Von Damaskus kehrte er spätestens im Juni 1097 nach Bagdad zurück; aber wahrscheinlich blieb er nicht lange dort, sondern reiste über Hamaḏān in seine Geburtsstadt Ṭūs weiter. In Ṭūs gründete er ein *ḫānqāh* (eine Herberge oder ein Kloster), wohin junge Männer kamen und sich ihm anschlossen, um als Gemeinschaft das Ṣūfī-Leben zu führen. Die Aufrichtigkeit seiner Bekehrung zum Ṣūfismus ist bisweilen in Zweifel gezogen worden, und man hat z. B. darauf hingedeutet, daß sein Leben irgendwie bedroht gewesen sein mag, nachdem Anfang 1095 der Seldschukenfürst Barkiyāruq an die Macht gekommen war, und das war nach dem Tod von dessen Rivalen Tutuš, den al-Ġazālī mit unterstützt hatte. Dieser oder andere politische Faktoren haben vielleicht eine Rolle gespielt, doch al-Ġazālī selbst scheint über das Problem hauptsächlich in religiösen Kategorien gedacht zu haben.

1105 oder Anfang 1106 überredete Faḫr-al-mulk, der Sohn des Niẓām-al-mulk und nunmehrige Wesir des Seldschukenfürsten, der Chorasan beherrschte, al-Ġazālī, die Professur am Niẓāmiyya-Kollegium in Nīšāpūr anzunehmen. Er selbst erwähnt einen der Faktoren, die ihn bewogen, seine frühere Entscheidung, die Lehre aufzugeben, umzustoßen. Es gab ein Ḥadīṯ des Inhalts, daß Gott zum Beginn jedes Jahrhunderts einen *muǧaddid*, ‚Erneuerer', seiner Religion senden würde (und das islamische Jahr 500 begann am 2. September 1106), und viele von jenen, die er um Rat fragte, versicherten ihm, daß er zweifellos der *muǧaddid* für das sechste Jahrhundert sei. Er hat vielleicht auch gefühlt, daß er imstande sein würde, die Lehre in Nīšāpūr mit den meisten der ṣūfischen Praktiken zu kombinieren, zu denen er sich in Ṭūs verpflichtet hatte und die vermutlich dieselben waren, die er in seinem Buch *Bidāyat al-hidāya*, „Der Beginn der Rechtleitung", beschreibt[35]. Er trat im Juli oder August 1106 sein Amt in Nīšāpūr an und lehrte zumindest bis zum August des Jahres 1109. Irgendwann nach diesem Zeitpunkt zog er sich nach Ṭūs zurück, möglicherweise wegen seines schlechten Gesundheitszustandes, und er starb dort am 18. Dezember 1111. Sein Bruder Aḥmad berichtet, daß er am Tage seines Todes nach Verrichtung seiner Waschungen und des Morgengebetes nach seinem Leichentuch verlangte, es küßte, auf seine Augen legte und sagte: „Gehorsam trete ich in des Königs Gegenwart ein"; das Gesicht nach Mekka gewandt, streckte er daraufhin seine Füße aus und war noch vor Sonnenaufgang tot.

3. Sein Studium der Philosophie. Al-Ġazālīs Entschluß, nach seiner skeptischen Phase die Philosophie, oder besser, die „Wissenschaften" der Philosophen, tief und eingehend zu studieren, muß im Zusammenhang mit der Geistesgeschichte der vorangegangenen drei Jahrhunderte verstanden werden. Man muß auch sehen, daß er nicht die Philosophie in irgendeinem engen Sinn meinte, sondern das gesamte Spektrum hellenistischer Gelehrsamkeit, wie sie von einigen seiner Zeitgenossen betrieben wurde. Im *Munqiḏ* nennt und erörtert er sechs Hauptzweige dieser „Wissenschaften", nämlich Mathematik, Logik, Naturwissenschaft (oder Physik), Theologie (oder Metaphysik), Politik und Ethik. In den Abschnitten (S. 183–208) über die Anfänge des Kalām und dessen frühe Vertreter wurde erläutert, wie zu dieser Zeit (etwa um das Jahr 800) bestimmte griechische Vorstellungen in den Kalām, die islamische rationale Theologie, aufgenommen

35 Englische Übersetzung in *Watt*, The Faith and Practice of al-Ghazālī, London 1953, 86–152.

wurden. Bald darauf aber wurden Kalām und hellenistische Gelehrsamkeit noch einmal getrennt und unterschieden und von Gruppen betrieben, die keine intellektuellen Beziehungen miteinander pflegten[35a]. Für die Theologen waren diejenigen, die sich mit den griechischen Disziplinen befaßten, auch dann Häretiker und Ungläubige, wenn sie sich zum Islam bekannten. Trotzdem verbreitete sich unter den gebildeten Männern außerhalb der Reihen der islamischen religiösen Gelehrten eine gewisse Kenntnis griechischer Gelehrsamkeit, und sowohl Kalām als auch das islamische Dogma wurden kritisiert. In dieser Situation hielten die Theologen und andere religiöse Gelehrte alle griechischen Wissenschaften als etwas Fremdes und Gefährliches von sich fern oder versuchten, sie ohne irgendein angemessenes Verständnis der Probleme anzugreifen, womit sie den Spott der Philosophen auf sich zogen.

Auch wenn al-Ġazālīs Entscheidung, Philosophie zu studieren, in gewisser Hinsicht aus seinen eigenen intellektuellen Problemen heraus entstanden war, wußte er auch, daß die Theologie wegen ihrer Unfähigkeit, auf bestimmte Kritiken zu antworten, allgemein in einer schwachen Position war. Er machte sich unvoreingenommen an seine Aufgabe und war bereit, jedem Argument zu folgen, wohin auch immer es ihn führen mochte. Aber er versuchte auch, eine Antwort auf die Frage zu finden, inwiefern die Ergebnisse der griechischen Wissenschaften mit den Glaubensvorstellungen der Muslime in Einklang zu bringen seien. Er erkannte bald, daß es in der Mathematik, der Logik und der Physik nichts gab, was gegen das islamische Dogma verstieß. Doch er hielt es für einen Nachteil, daß die Klarheit und Gewißheit mathematischer Argumente einige Leute zu der Annahme führten, alle Argumente der Philosophen hätten dieselbe Klarheit und Gewißheit, sowie dazu, daß sie ihre metaphysischen Behauptungen ohne jeden Zweifel akzeptierten. Nachdem er „weniger als zwei Jahre" mit diesem Studium verbracht hatte, beschäftigte al-Ġazālī sich ein weiteres Jahr damit, über das nachzudenken, was er gelesen hatte. Auf diese Weise erfaßte er die Philosophie al-Fārābīs und Ibn-Sīnās so gut, daß man von deren Darstellung in seinen *Maqāṣid al-falāsifa*, „Die Ziele der Philosophen" (hauptsächlich in der Folge Ibn-Sīnās), gewöhnlich sagt, sie sei klarer und konziser als sämtliche Darstellungen, die die Philosophen selbst verfaßt hatten. Für al-Ġazālī war dies aber nur eine Vorstufe zu einem anderen Werk, das die Schwächen ihrer metaphysischen Ansichten kritisierte und den Titel *Tahāfut al-falāsifa*, „Destructio philosophorum", trug. Darin erörtert er mit großem Scharfsinn zwanzig Lehrsätze, bei denen er meint, die Philosophen befänden sich im Irrtum und hätten sich auch in Widersprüche verwickelt. Siebzehn dieser Auffassungen hält er für häretisch, doch die restlichen drei sind schwerwiegender und müssen als „Unglaube" bezeichnet werden. Damit werden diejenigen, die diese Ansichten vertreten, außerhalb der Gemeinschaft der Muslime gestellt. Die in Frage stehenden Doktrinen sind die folgenden:

35a Dies sind die Philosophen, von denen oben (S. 320–92) die Rede ist.

Daß es für die Körper keine Auferstehung gebe, sondern nur für reine Geister; daß Gott zwar die Universalien kenne, aber keine Einzelheiten; und daß die Welt von aller Ewigkeit an existiert habe (und somit nicht geschaffen sei).

Al-Ġazālīs Studium der Philosophie hatte zweifellos weitreichende Folgen. Was man als positive Folgen bezeichnen könnte, ist sehr leicht zu beschreiben. Indem er den Beweis dafür liefert, daß die mit der Philosophie verbundenen Disziplinen im Hinblick auf die islamische Doktrin weitgehend neutral sind, machte er es – zumindest den rationaler orientierten Theologen – möglich, deren Lehre großenteils zu akzeptieren. Dazu gehörten andere metaphysische Konzeptionen als die zwanzig Punkte, die er kritisiert hatte; aber noch mehr gehörte die aristotelische Logik dazu. Er selbst war von den logischen Werken des Aristoteles stark beeindruckt, und zwar insbesondere von denen über den Syllogismus. Frühere muslimische Theologen und Rechtsgelehrte hatten Argumente verschiedener Art verwendet, die zwar für diejenigen Gültigkeit besaßen, die die Prämissen akzeptierten, die aber etwas ungezielt benutzt wurden. Für einen Mann wie al-Ġazālī lag die Anziehungskraft dieser Logik möglicherweise nicht im einzelnen Syllogismus, sondern darin, eine Reihe von Argumenten so zu ordnen, daß die Konklusion aus einem Syllogismus zur Prämisse eines weiteren wurde. In seinen *Maqāṣid al-falāsifa* widmete er der Logik etwa 70 Seiten, und über die aristotelische Logik verfaßte er zwei kurze Abhandlungen, die für Leute mit traditioneller islamischer Bildung gedacht waren; denn die Beispiele sind aus den Materialien ausgewählt, mit denen sie vertraut waren. Schließlich benutzte er die syllogistische Beweisführung in seiner Darlegung der islamischen Doktrin, *Al-Iqtiṣād fī-l-i'tiqād*, „Das rechte Mittel im Glaubensbekenntnis".

Als eine Folge aus all dem läßt sich erkennen, daß die rationalen Theologen im Islam dazu neigen, ihrer Theologie immer mehr eine philosophische Grundlage zu geben. Dies wird im nachfolgenden deutlich und wurde vor langer Zeit schon von Ibn-Ḫaldūn bemerkt[36]. Parallel dazu fand die Entwicklung der Logik zu einer eigenen Disziplin statt, aber nun handelt es sich bei den Vertretern dieser Disziplin um Personen, die ihre Ausbildung im Rahmen der islamischen Disziplinen erhalten hatten. Dies wird klar, wenn man Nicholas Reschers Geschichte der arabischen Logik durchliest. Vor kurzem ist nachgewiesen worden, daß ein Großteil eines ethischen Werkes von al-Ġazālī, *Mīzān al-'amal*, „Das Kriterium des Handelns", sich eng an einen unbekannten Philosophen des frühen 11. Jahrhunderts, ar-Rāġib al-Iṣfahānī, anlehnt. Nach weiterer Untersuchung der Implikationen dieser Tatsache lassen sich vielleicht interessante Ergebnisse erzielen; doch es ist wohl unwahrscheinlich, daß al-Ġazālīs Einfluß auf die Ethik sich als ebenso bedeutend erweisen wird wie der auf die Logik[37]. Soviel zu den positiven Erkenntnissen von al-Ġazālīs Studium der Philosophie.

36 Muqaddima, iii. 41 (englische Übersetzung, iii. 51); vgl. *Gardet* und *Anawati*, Introduction, 72–76.

37 The Development of Arabic Logic, Pittsburgh 1964, insbes. 59–63; *W. Madelung*, „Ar-

Unter negativen Resultaten ist zu verstehen, daß sein Angriff auf die philosophische Bewegung in seinem *Tahāfut* eine Schwächung derselben bewirkte. Da es in den östlichen Provinzen nach seiner Zeit keine rein philosophischen Werke mehr gibt, wäre es einfach, den Schluß zu ziehen, seine Attacke auf die Philosophen sei so verheerend gewesen, daß die Philosophie allmählich verschwand; doch das wäre eine viel zu übereilte Verallgemeinerung. Es trifft zu, daß es nach 1100 im Osten keine herausragenden reinen Philosophen gab –, vorausgesetzt, man versteht unter „reinen Philosophen" jene, die in erster Linie in der aristotelischen und neuplatonischen Tradition standen. Es trifft aber auch zu, daß der letzte große Philosoph im Osten, Avicenna, 1037 gestorben war, d.h. zwanzig Jahre, bevor al-Ġazālī geboren wurde. Es ist also möglich, daß der Niedergang dieser philosophischen Tradition bereits eingesetzt hatte, ehe er seinen *Tahāfut* verfaßte. Auch in der westlichen islamischen Welt konnte Averroes zwar eine Kritik des *Tahāfut* schreiben, doch mit ihm kam die Tradition eigentlich zu einem Ende. Aber wenn man vom Niedergang und Ende einer bestimmten philosophischen Tradition spricht, so heißt das nicht, daß es mit allen philosophischen Studien zu Ende war. Was man jedoch sagen könnte, ist, daß ihr Charakter sich änderte. Im *Munqiḏ* erwähnt al-Ġazālī selbst Zeitgenossen, die die Theologen von einem philosophischen Standpunkt aus kritisierten, und ungefähr hundert Jahre später fand der Reisende Ibn-Ǧubayr (gest. 1217) Leute, die bekannten, Anhänger von Avicenna und al-Fārābī zu sein[38]. Das wesentliche Studium der Philosophie floß aber nun in zwei Kanälen. Wie bereits bemerkt, wurden viele philosophische Konzeptionen und Methoden von den rationalen Theologen des Islam übernommen, insbesondere von den Ašʿariten. Dies war hauptsächlich bei sunnitischen Muslimen der Fall. Andere zogen es vor, die Philosophie mit schiitischen Vorstellungen oder mit nicht-islamischen mystischen Ideen zu verschmelzen. In dem Jahrhundert nach al-Ġazālī wurde die Philosophie, oder vielleicht eher Theosophie, des *Išrāq*, „Erleuchtende Weisheit", durch Šihāb-ad-dīn as-Suhrawardī entwickelt, der auch als *Suhrawardī Maqtūl*, „der getötete Suhrawardī" (gest. 1191), bekannt ist[39]. Diese Philosophie übte und übt immer noch Einfluß aus, vor allem im Bereich der persischen Welt.

Es scheint also klar zu sein, daß al-Ġazālīs Kritik an der Philosophie dem Philosophieren keineswegs ein Ende bereitete, auch wenn sie vielleicht dazu beigetragen hat, daß sie sich wandelte. Sicherlich ermunterte sie die sunnitischen

Rāġib al-Iṣfahānī und die Ethik al-Ġazālīs", in Islamwissenschaftliche Abhandlungen, Hrsg. *R. Gramlich* (Fritz Meier zum sechzigsten Geburtstag), Wiesbaden 1974, 152–163.

38 Zitiert von *A. S. Tritton*, Materials on Muslim Education in the Middle Ages, London 1957, 172.

39 Vgl. *Henri Corbin*, Sohrawardi d'Alep, fondateur de la doctrine illuminative (ishrāqī), Paris 1939; *R. Arnaldez*, Art. "Ishrāḳ, Ishrāḳiyya", EI²; *A. Schimmel*, Mystical Dimensions, 259–263, und RdM, Der Islam III.

Theologen dazu, sich mehr philosophisch zu orientieren. Aber allein mit ihrem Angriff auf Avicenna hat sie möglicherweise jene, die noch für die avicennische Metaphysik waren, veranlaßt, diese mit einer spezifischen Form des mystischen Glaubens und der mystischen Praxis zu kombinieren. Wie jede Polemik und Apologetik muß auch der *Tahāfut* den Personen in seinem eigenen Lager geholfen haben, die von Zweifeln, die die Philosophen geäußert hatten, geplagt wurden.

4. Seine Praxis des Ṣūfismus. Da der Ṣūfismus im nächsten Band abgehandelt werden soll, ist hier lediglich zu erwähnen, in welchem Verhältnis al-Ġazālīs Ṣūfī-Praxis zu seiner Theologie stand. In den vorangegangenen Jahrhunderten hatte man die Ṣūfī bisweilen häretischer Glaubensvorstellungen und der Nachlässigkeit bei der Befolgung der für die Muslime üblichen Pfichten verdächtigt. Es hatte Männer wie al-Ḥallāǧ gegeben, die dem Anschein nach Gott gelästert hatten, indem sie mit den Worten *anā l-ḥaqq:* „Ich bin die absolute Wahrheit", Einheit mit Gott behauptet hatten. Andere hatten gefühlt, daß ihre mystischen Erfahrungen sie von der Notwendigkeit, die fünf täglichen Gebete zu verrichten, entbanden. Deshalb war der Ṣūfismus allgemein für viele Rechtsgelehrte und Theologen suspekt geworden, obwohl es auch andere Rechtsgelehrte und Theologen wie al-Qušayrī (s. o. 404) gegeben hatte, die selbst Ṣūfī waren. In seinem größten Werk, dem *Iḥyā'* (und in seiner etwas kürzeren persischen Fassung, *Kīmiyā' as-sa'āda*, „Das Elixir der Glückseligkeit")[40], zielt al-Ġazālī in der Hauptsache darauf ab nachzuweisen, daß eine peinlich genaue Erfüllung der Pflichten, die durch die Šarī'a auferlegt waren, die Grundlage eines echten mystischen oder Ṣūfī-Lebens sein konnte. In einem viel kürzeren Werk, *Bidāyat al-hidāya*, „Der Beginn der Rechtleitung"[41], wird die Lebensregel beschrieben, die sich aus den Prinzipien ergibt, die im *Iḥyā'* ausführlich erklärt werden, und vermutlich war dies die Regel, die man in dem *ḫānqāh* befolgte, das er in Ṭūs gründete, und das eine Art Kombination von Kloster und Kollegium war.

Im *Munqiḏ* spricht al-Ġazālī von den Mängeln, die er bei den Theologen antraf, aber nichts weist darauf hin, daß er irgendwann einmal die aš'aritische Doktrin aufgab. Nach seinem Studium der Philosophie verfaßte er sein Hauptwerk über die theologische Doktrin, *al-Iqtiṣād*, und während er in Nīšāpūr lehrte, schrieb er (von einem šāfi'itischen Standpunkt) ein wichtiges Buch über die Prinzipien der Rechtswissenschaft, *Al-Mustaṣfā*, „Die reine Lehre". Schließlich vollendete er, wie bereits bemerkt, einige Tage vor seinem Tod ein kurzes Werk (das mehr oder weniger in den Bereich der Rechtswissenschaft fällt), in dem er behauptete, daß es falsch sei, gewöhnlichen Menschen die Feinheiten rationaler Theologie mitzu-

40 Vgl. Al Ghasali, das Elixir der Glückseligkeit, aus dem Persischen und Arabischen in Auswahl übertragen von *Hellmut Ritter*, Jena 1923 (Religiöse Stimmen der Völker, Die Religion des Islam, Band 3); 2. Aufl., Köln 1980.

41 Deutsche Übersetzung von *Joseph Hell* in Von Mohammed bis Ghasali (VII.–XII. Jahrhundert), Jena 1915 (Religiöse Stimmen der Völker, Die Religion des Islam, Band 1). Englische Übersetzung in *Watt*, The Faith and Practice of al-Ghazālī, 86–152.

teilen. Aus diesen Fakten scheint klar ersichtlich zu werden, daß al-Ġazālī bis zu seinem Lebensende Šāfiʿit und Ašʿarit blieb, auch wenn er nunmehr philosophische Methoden benutze, um die ašʿaritische Doktrin zu verteidigen. Infolgedessen müssen die ihm zugeschriebenen Werke, die nahelegen, daß er die sunnitische Doktrin vor seinem Tode aufgab und eine Art Monismus übernahm, als nicht authentisch zurückgewiesen werden. Als er Ṣūfī wurde, hörte er nicht auf, ein Šāfiʿit und Ašʿarit zu sein, und auf diese Weise erleichterte er es den späteren Generationen von Šāfiʿiten und Ašʿariten, den Ṣūfismus zu praktizieren.

e) Die Nachfolger al-Ġazālīs

Die bedeutendsten Ašʿariten des 11. Jahrhunderts standen zwar mit Nīšāpūr in Verbindung, doch das bedeutete nicht, daß es anderswo keine Ašʿariten gegeben hätte. Es gibt eine wichtige Apologie für den Ašʿarismus, die dem Wesen nach allerdings eher historisch als theologisch ist, und die *Tabyīn kaḏib al-muftarī*, „Die Darlegung der Lügen des Verleumders", heißt. Der Verfasser dieses Werkes, Ibn-ʿAsākir (gest. 1176), ist vor allem für seine Geschichte von Damaskus bekannt, wo er den größten Teil seines Lebens verbrachte, obwohl er auch in Bagdad studierte[42]. Im *Tabyīn* lieferte er kurze biographische Notizen über die wichtigsten Ašʿariten bis zu seinen Tagen; dazu gehörten dreizehn, deren Todesdatum zwischen 1111 und 1148 lag (und von denen einige noch vor al-Ġazālī geboren waren). Mehrere von diesen Männern lebten in Nīšāpūr und andere überwiegend oder teilweise in Bagdad, doch es gab einige, die in erster Linie mit Damaskus, Jerusalem, Iṣfahān bzw. Kirmān verbunden sind. In Iṣfahān, wo Niẓām-al-mulk eine Zeitlang seinen Hof hatte, gab es ein Niẓāmiyya-Kollegium, wo neben anderen Fächern auch Ašʿarismus gelehrt und studiert wurde. Diese biographischen Notizen verdeutlichen, mit welcher Leichtigkeit diese Männer zu anderen Orten der Gelehrsamkeit reisten, und wie sie aufgrund ihrer Reputation als Gelehrte oft begeistert empfangen wurden. Trotz dieses weitverbreiteten Studiums der ašʿaritischen Theologie gibt es aber in den eineinhalb Jahrhunderten nach al-Ġazālī nur zwei bedeutende Namen, nämlich aš-Šahrastānī und Faḫr-ad-dīn ar-Rāzī.

1. Aš-Šahrastānī (Tāǧ-ad-dīn Muḥammad ibn-ʿAbd-al-Karīm) wurde 1086 (oder 1076) in Šahrastān, dem wichtigsten Teil der im Ostiran gelegenen Stadt Ǧurǧān, geboren. Seine Ausbildung nahm zweifellos hier ihren Anfang, wurde aber in Nīšāpūr abgeschlossen, wo einer seiner Lehrer der Ašʿarit Abū-l-Qāsim al-Anṣārī (gest. 1118) war. Er muß entweder kurz vor oder kurz nach der Zeit in Nīšāpūr gewesen sein, als al-Ġazālī dort lehrte; denn es wird nicht erwähnt, daß er von ihm unterrichtet worden wäre. 1116 machte er die Wallfahrt nach Mekka,

42 GAL, i. 403f.; GALS, i. 566f. Gekürzte Übersetzung des Tabyīn in *McCarthy*, Theology of al-Ashʿarī, 143–207.

und vor seiner Rückkehr nach Nīšāpūr verbrachte er drei Jahre in Bagdad und hielt in der dortigen Niẓāmiyya Vorlesungen und Predigten. Den Rest seines Lebens bis zu seinem Tode 1153 verbrachte er in Nīšāpūr und Šahrastān[43]. Sowohl in der islamischen Welt als auch im Westen ist er am bekanntesten wegen seines Buches der Sekten und Parteien, das schließlich als das grundlegende Werk über dieses Thema anerkannt wurde und auf das wir weiter vorne in diesem Band häufig Bezug genommen haben[44]. Obwohl es in dem Sinne objektiv ist, daß es nicht polemisch ist, erkennt man heute, daß es fest in der mu'tazilitisch-aš'aritischen Tradition der Häresiographie verankert und in gewisser Hinsicht voreingenommen ist[45].

Vermutlich in Nīšāpūr machte aš-Šahrastānī Bekanntschaft mit der Philosophie, und er wandte sich mit Begeisterung diesem Fach zu. Fast ein Drittel seines Buches der Sekten und Parteien befaßt sich mit einer Darlegung der Philosophie des Avicenna, und zwar in einer Art und Weise, die al-Ġazālīs *Maqāṣid* vergleichbar ist. Er verfaßte auch – vielleicht nach dem Vorbild des *Tahāfut* – eine Verwerfung des Avicenna, die den Titel *Muṣāra'at al-falāsifa*, „Das Ringen mit den Philosophen", trägt[46]. Er greift weniger Punkte heraus als der *Tahāfut*, schließt aber die wichtigsten ein und behandelt sie in ähnlicher Weise. Sein Hauptwerk als aš'aritischer Theologe ist *Nihāyat al-iqdām fī 'ilm al-kalām*, „Die äußerste Kühnheit in der Wissenschaft des Kalām"[47]. Obwohl der Herausgeber und Übersetzer davon als von einer *Summa Philosophiae* spricht, handelt es sich im wesentlichen um ein Werk des Kalām, und die Themen werden in ungefähr derselben Reihenfolge abgehandelt wie in den vergleichbaren Werken al-Ǧuwaynīs und al-Ġazālīs. Das Eindringen der Philosophie in die Theologie wird jedoch dadurch ausgedrückt, daß Auffassungen des Avicenna und anderer Philosophen zusammen mit denen der theologischen Sektierer zu den diskutierten Themen zählen. Die Behandlung wird überall durch neue philosophische Konzeptionen und Methoden gekennzeichnet. Ja, aš-Šahrastānī formuliert – wie in dem *Buch der Sekten und Parteien* – die Meinungen älterer Autoren unter dem Aspekt der neuen Konzeptionen so neuartig, daß diese Männer, wenn sie ihn gelesen hätten, Schwierigkeiten gehabt hätten, ihre eigenen Ideen wiederzuerkennen.

Angeblich wurde von Ibn-as-Sam'ānī (gest. 1167) berichtet, daß aš-Sahrastānī verdächtigt wurde, eine Neigung zum Ismā'īlismus gehabt zu haben und sogar

43 GAL, i. 550f.; GALS, i. 762f.; Ibn-Ḫallikān, ii. 675f.; as-Subkī, iv. 78f.

44 Kitāb al-milal wa-n-niḥal, Hrsg. *W. Cureton*, 2 Bände, London 1846; deutsche Übersetzung von *Th. Haarbrücker*, Religionspartheien und Philosophenschulen, 2 Bände, Halle 1850–1851.

45 Vgl. oben xv–xx.

46 Vgl. *W. Madelung*, „Aš-Šahrastānīs Streitschrift gegen Avicenna und ihre Widerlegung durch Naṣīr ad-Dīn aṭ-Ṭusī", Akten des VII. Kongresses für Arabistik und Islamwissenschaft (1974), Göttingen 1976, 250–259.

47 Hrsg. mit gekürzter englischer Übersetzung von *Alfred Guillaume* als The Summa Philosophiae of al-Shahrastānī, London 1934.

für diese Doktrin ein Propagandist gewesen zu sein[48]. Vor kürzerer Zeit haben zwei iranische Gelehrte versucht, nachzuweisen, daß dieser Verdacht gerechtfertigt sei, und bis zu einem gewissen Grad sind ihre Auffassungen von Wilferd Madelung bestätigt worden[49]. Etwas früher äußerte Hellmut Ritter die Meinung, die Bezichtigung, er sei Ismāʿīlit gewesen, könnte auf die Tatsache zurückgehen, daß all seine Bücher für einen Gönner verfaßt waren, nämlich den *naqīb al-ašrāf* oder Vorsteher der Nachkommen ʿAlīs in Tirmiḏ[50]. Es ist auch möglich, daß die Anklage auf eine Feindseligkeit gegenüber der Philosophie und jenen Theologen zurückging, die sich selbst damit befaßten. Nach Madelungs Artikel wird aber eine weitergehende Untersuchung unumgänglich sein. Alles, was bis jetzt bewiesen wurde, ist, daß es Parallelen gibt zwischen einigen Erklärungen, die von aš-Šahrastānī gemacht wurden, und den Auffassungen ismāʿīlitischer Autoren. Diese Parallelen scheinen sich aber z. B. nicht in seinen Hauptargumenten gegen Avicenna zu finden, sondern in zweitrangigen Problemen. Doch selbst wenn man die Parallelen nachgewiesen hat, bleibt noch die Frage, was sie bedeuten. Möglicherweise waren sie Ausdrucksformen, die allgemein in den Kreisen benutzt wurden, in denen aš-Šahrastānī sich bewegte, und implizierten nicht, daß er ein Sektierer war; oder sie wurden vielleicht eingeführt, um seinem Gönner gefällig zu sein, ohne allgemein auf irgendeine Bindung an den Ismāʿīlismus hinzuweisen. Bislang ist in der Diskussion kein zwingender Grund zu der Annahme aufgezeigt worden, daß aš-Šahrastānī etwas anderes gewesen sei als ein unbeirrbarer Ašʿarit und Šāfiʿit.

2. Faḫr-ad-dīn ar-Rāzī, auch als Ibn-al-Ḫaṭīb bekannt[51], wurde 1149 (oder 1150) in Rayy (nahe dem heutigen Teheran) geboren und starb 1210 in Herat (im heutigen Afghanistan)[52]. Sein Vater, Ḍiyā'-ad-dīn Abū-l-Qāsim ar-Rāzī, war der *ḫaṭīb* oder offizielle Redner von Rayy und war selbst ein gelehrter Mann, der in Nīšāpūr studiert hatte. Sein Lehrer für ašʿaritische Theologie war jener Abū-l-Qāsim al-Anṣārī gewesen, der auch aš-Šahrastānī unterrichtet hatte. Der junge Faḫr-ad-dīn studierte das ganze Spektrum von Fächern, die in Rayy gelehrt wurden, und zwar teilweise bei seinem Vater, teilweise bei anderen Lehrern. Der Name seines Philosophielehrers wird mit al-Maǧd al-Ǧīlī angegeben (über ihn ist offenkundig nichts bekannt), und er soll ihm nach Marāġa in Aserbaidschan nachgefolgt sein.

Kurz nachdem er seine Studien abgeschlossen hatte, ging er in das Gebiet von Choresmien (südlich des Aralsees) und führte Streitgespräche mit den muʿtazili-

48 As-Subkī, iv. 79.
49 S. Anm. 46 oben.
50 In Isl., xviii (1929), 48–50.
51 GAL, i. 666–670; S., i. 920–924; as-Subkī, v. 33–40; EI², „Fakhr al-Dīn al-Rāzī" *(G. C. Anawati); I. Goldziher*, „Aus der Theologie des Fachr al-Dīn al-Rāzī", Isl. iii (1912), 213–247 (Gesammelte Schriften, v. 237–271).
52 Das genaue Datum (29. März 1210) in Ibn-Ḫallikān, ii. 655.

tischen Theologen, die sich dort niedergelassen hatten; doch ihre feindselige Haltung zwang ihn, nach Buchara und Samarkand auszuweichen. Später zog er sich nach Rayy zurück, wo er die Heirat zweier seiner Söhne mit den beiden Töchtern eines vermögenden Arztes arrangieren konnte. Nach dem Tode des letzteren konnte Faḫr-ad-dīn über den größten Teil seines Reichtums verfügen, und aus dem einst armen Mann wurde ein sehr wohlhabender, der in der Lage war, manchmal sogar örtlichen Herrschern finanzielle Hilfe zu gewähren. Zu den Herrschern, von deren Gönnerschaft und Unterstützung er profitierte, gehörten Šihāb-ad-dīn al-Ġūrī (Sultan von Ghazna, 1173–1206) und ʿAlāʾ-ad-dīn Tekiš (Ḫwārizm-šāh, Sultan eines Teils von Chorasan, 1172–1200). Schließlich ließ er sich, nach Reisen nach Zentralasien und Indien, in Herat nieder, wo ein anderer Ġūridenherrscher, Ġiyāṯ-ad-dīn, ihm gestattete, innerhalb des Königspalastes eine Schule zu gründen. Er starb im März 1210 in Herat.

Ibn-Ḫaldūn betrachtete ihn als jemanden, der, zusammen mit al-Ġazālī, am meisten dazu beitrug, einen neuen philosophischen Ansatz zu Kalām einzuführen, ohne jedoch die Probleme der Philosophie und des Kalām zu vermengen[53]. Von seinem ersten Philosophielehrer war oben die Rede, aber er wurde auch von einem anderen Philosophen tief beeindruckt, der hier dargestellt werden soll, da er nicht zu denen gehört, mit denen wir uns an anderer Stelle in diesem Werk befassen. Es war dies Abū-l-Barakāt al-Baġdādī, auch als Ibn-Malkā bekannt. Um 1077 wurde er als Jude in der Nähe von Mossul geboren, wurde im späteren Leben Muslim und starb offensichtlich nach 1164 in Bagdad.[54]. Er war in der Philosophie des Avicenna gründlich bewandert, stand aber der traditionellen jüdischen und muslimischen theologischen Doktrin näher, wobei er besonderen Nachdruck auf die Existenz von Engeln legte. Er neigte also zu einer kritischen Einstellung gegenüber Avicenna, und es heißt, daß die avicennische Tradition unter seinen Angriffen und jenen des Faḫr-ad-dīn ar-Rāzī beinahe zusammengebrochen sei, ehe sie von Naṣīr-ad-dīn aṭ-Ṭūsī neu belebt wurde. Faḫr-ad-dīns Kritik an Avicenna tritt vor allem in seinem großen Werk *Al-Mabāḥiṯ al-mašriqiyya*, „Die orientalischen Untersuchungen“, in Erscheinung, aber es ist auch ein Kommentar über sowie eine Zusammenfassung von Avicennas *Išārāt*, „Hinweise“, veröffentlicht worden.

Das bedeutendste theologische Werk des Faḫr-ad-dīn ar-Rāzī ist sein umfangreicher Korankommentar mit dem Titel *Mafātīḥ al-ġayb*, „Die Schlüssel zum Unsichtbaren“. Moderne Ausgaben umfassen zwischen 5000 und 8000 Seiten. Kritiker wie Ibn-Taymiyya beanstandeten, daß dieses Werk alles enthalte nur keinen *tafsīr* (Kommentar); aber Bewunderer hielten dem entgegen, daß es sowohl *tafsīr* als auch alles andere enthalte. Sicherlich gelingt es ihm, viele

53 Muqaddima, iii. 41, 43 (engl. Übers., iii., 52, 54).
54 EI², Art. „Abu ʾl-Barakāt“ *(S. Pines)*; *H. Corbin*, Histoire de la philosophie islamique, Paris 1964, i. 247–251; *N. Rescher*, Development of Arabic Logic, Pittsburgh 1964, 169f.

philosophische Diskussionen einzuführen. Von seinen Werken, die sich besonders mit der theologischen Doktrin befassen, ist der *Muḥaṣṣal* am wichtigsten, dessen vollständiger Titel übersetzt werden könnte mit „Die Zusammenfassung der Ideen der alten und modernen Gelehrten, Philosophen und Theologen". Dieses Werk zeigt klar, wie die Philosophie als Grundlage der Theologie an Bedeutung gewinnt. Es ist in vier ungefähr gleiche Teile unterteilt: Der erste Teil behandelt logische und epistemologische Präliminarien und der zweite die Objekte der Erkenntnis (das Existierende, das Mögliche, das Notwendige usw.); darin geht er weit über al-Ǧuwaynī, ja selbst über al-Ġazālī hinaus. Im dritten Teil befaßt er sich mit der Gotteslehre und im vierten mit dem Prophetentum, der Eschatologie und ähnlichen Dingen. In diesen beiden letzten Teilen ist er im Grunde ein Aš'arit.

In einem langen Artikel über Faḫr-ad-dīn ar-Rāzī, der 1912 veröffentlicht wurde, lenkte Ignaz Goldziher die Aufmerksamkeit auf bestimmte Punkte, in denen seine Auffassungen denen der Mu'taziliten nahe waren, ungeachtet der scharfen Kritik, die er in Choresmien und anderswo an diesen geübt hatte. Zu den erwähnten Punkten gehörten: die „metaphorische Interpretation", *ta'wīl*, auf Gott angewendeter anthropomorphischer Begriffe, Gebrauch und Zuverlässigkeit von *āḥād*-Ḥadīṯen (jener, die nur eine Überlieferungslinie hatten) sowie die Sündlosigkeit (*'iṣma*) der Propheten. Diese Punkte sind stichhaltig aber zweitrangig, und es ist gut möglich, daß Faḫr-ad-dīns Auffassungen auf andere Einflüsse als die Mu'taziliten zurückgingen. Goldziher erkannte, daß einige frühere Aš'ariten immer mehr dazu neigten, *ta'wīl* zu akzeptieren (wie oben im Fall al-Ǧuwaynīs festgestellt wurde). Viel mehr ist über die Werke Faḫr-ad-dīns selbst und über den ganzen intellektuellen Hintergrund bekannt (auch wenn es in unserem Wissen noch große Lücken gibt), und es scheint klar, daß seine geistige Bildung im Hinblick auf solche Fragen in erster Linie auf sein Studium der Philosophie und aš'aritischer Argumente gegen den Mu'tazilismus zurückging. Es ist jedoch möglich, daß er zu einem späteren Zeitpunkt im Laufe seiner Kontroversen mit den Mu'taziliten etwas dazulernte.

Obwohl Faḫr-ad-dīn ar-Rāzī sich mehr der Philosophie bediente als al-Ġazālī, war er in Fragen des Dogmas konservativer und fand weniger Gefallen am freien Spekulieren. Beispielsweise war unter Theologen die Frage viel diskutiert worden, ob Gott eine *ṣūra*, ‚Form' oder ‚Bild', habe. Mohammed soll einmal gesagt haben, Gott habe „Adam nach seiner *ṣūra*" geschaffen, und es gab auch noch andere Ḥadīṯe. In dem einen zitierten scheint Genesis 1.26 sich widerzuspiegeln, aber einige muslimische Gelehrte nahmen zu verschiedenen klugen Kunstgriffen Zuflucht, um zu vermeiden, daß das Pronomen „sein" auf Gott bezogen werde; denn man meinte, daß jegliche Ähnlichkeit zwischen Gott und dem Menschen in Widerspruch zu Gottes Transzendenz stehe[55]. Al-Ġazālī aber war nahe daran,

55 Vgl. oben S. 253.

die Idee zu akzeptieren, daß der Mensch nach Gottes *ṣūra* geschaffen sei, während Faḫr-ad-dīn einen Weg fand, „sein" zwar auf Gott zu beziehen, doch das Ganze umzudrehen und zu sagen, es handele sich allein um eine Behauptung über Adam und sage nichts über eine Ähnlichkeit mit Gott aus[56]. Diese Kombination von Philosophie und Konservatismus war bezeichnend für die Richtung, in die der Kalām sich entwickeln sollte.

Faḫr-ad-dīn ar-Rāzī war keineswegs der letzte Aš'arit, aber nach ihm gab es etwa ein Jahrhundert lang in keiner theologischen Schule eine bedeutende Persönlichkeit, und deshalb bietet sich die Mitte des 13. Jahrhunderts als ein Punkt an, an dem man innehalten kann. Das Fehlen herausragender Theologen ist zweifellos z.T. auf die sehr verworrenen politischen Verhältnisse in den iranischen Provinzen und im Irak zurückzuführen, insbesondere nach den Mongoleneinfällen, die in der Plünderung Bagdads 1258 und dem Ende der Kalifendynastie der 'Abbāsiden gipfelten.

Kapitel 2. Andere sunnitische Theologen, 950–1250

Auf den nachfolgenden Seiten wird versucht, eine gewisse Vorstellung von der theologischen Arbeit zu vermitteln, die abgesehen von der unter den Aš'ariten, unter sunnitischen Muslimen in der Zeit von al-Aš'arīs Tod bis zum Sturz der 'Abbāsidendynastie vorherrschte. Das Thema wird zwangsläufig unzureichend abgehandelt; denn über jeden der hier erwähnten Männer gibt es nur wenige Untersuchungen.

a) Die Māturīditen

Daß über al-Māturīdī und seine Anhänger nicht viel bekannt ist, ist bereits gesagt worden. Die Māturīditen werden fast mit den ḥanafitischen Schulen der Rechtswissenschaft identifiziert, und obwohl es biographische Wörterbücher von Ḥanafiten gibt, insbesondere die von Ibn-Quṭlūbuġā und Ibn-Abī-l-Wafā' al-Qurašī[1], sind die darin vermittelten Informationen spärlich.

1. Al-Ḥakīm as-Samarqandī (Abū-l-Qāsim Isḥāq) war ein Schüler al-Māturīdīs – wenngleich er vielleicht nicht sehr viel jünger war –, der *qāḍī* von Samarkand wurde und 953 starb[2]. Er war Verfasser eines theologischen Werkes, dessen

56 Vgl. *Watt*, „Created in His Image", Transactions of the Glasgow University Oriental Society, xviii (1961), 39–49.

1 Siehe Literaturverzeichnis.

2 GALS, i. 295; GAS, i. 606; Ibn-Abī-l-Wafā', i. 139. In einer noch nicht in Druck

kurzer Titel *As-Sawād al-Aʿẓam,* „Die große Menge", lautet. Dieser Titel ist einer Fassung des Ḥadīṯ über die dreiundsiebzig Sekten entnommen (s. oben S. xvi), in der an die Stelle von *al-firqa an-nāǧiya*, „die gerettete Sekte", *as-sawād al-aʿẓam* tritt. In dem Buch behauptet al-Ḥakīm, daß es zweiundsiebzig Glaubensartikel gebe, die von allen, die zu *as-sawād al-aʿẓam* gehören, akzeptiert werden müssen, und er erläutert diese dann. Dieses Buch folgt der Lehre al-Māturīdīs und gilt als das älteste noch existierende Werk der Schule.

2. Abū-l-Layṯ as-Samarqandī (Naṣr ibn-Muḥammad) studierte bei seinem Vater in Samarkand und bei anderen Lehrern sowohl dort als auch in Balḫ[3]. Er lehrte auch an beiden Orten. Sein Tod wird auf verschiedene Jahre zwischen 983 und 1003 datiert. Ungefähr zwei Dutzend seiner Werke existieren noch, einige davon in zahlreichen Manuskripten – eine Tatsache, die sein hohes Ansehen beweist. Zu diesen Werken gehören ein Korankommentar und verschiedene Bücher juristischen oder paränetischen Charakters. Eine kurze *ʿAqīda*, ‚Glaubensbekenntnis', in der Form von Frage und Antwort verfaßt, wird bis zum heutigen Tag in der ganzen islamischen Welt allgemein verwendet, vor allem in Malaya und Indonesien. Möglicherweise ist er auch der Verfasser von *Šarḥ al-fiqh al-akbar*, d.i. ein Kommentar zu dem kurzen Glaubensbekenntnis, das Abū-Ḥanīfa zugeschrieben wird und als *Al-Fiqh al-Akbar I* bekannt ist. In einigen Manuskripten wird dieses al-Māturīdī zugeschrieben, in anderen Abū-l-Layṯ. Es liegt eindeutig auf al-Māturīdīs Linie, kann aber nicht von ihm stammen, da es mehrmals die Ašʿariten als eine Gruppe erwähnt. Wenn (wie oben angedeutet) al-Ašʿarī aufgrund eines Buches von Ibn-Fūrak (gest. 1015) als Eponym der Schule akzeptiert wurde, dann würde dies eher die Autorschaft eines Schülers des Abū-l-Layṯ nahelegen als die des Meisters selbst, vor allem weil an einer Stelle Abū-l-Layṯ namentlich erwähnt wird und seinem Namen die Worte: „Gott erbarme sich seiner", folgen, was impliziert, daß er kurz zuvor gestorben war. (Dieser letzte Punkt sollte allerdings nicht überbewertet werden; denn es ist auch möglich, daß ein Schüler die Vorlesungen des Meisters wiederholte.)

3. Abū-l-Yusr al-Pazdawī (Muḥammad ibn-Muḥammad ibn-al-Ḥusayn ibn-ʿAbd-al-Karīm) gehörte zu einer Familie von Gelehrten: Sein Urgroßvater ʿAbd-al-Karīm war ein Schüler al-Māturīdīs gewesen, und seine ersten Studien absolvierte er unter seinem Vater; sein Bruder war ebenfalls berühmt[4]. Abū-l-Yusr wurde wahrscheinlich um 1030 in Buchara geboren und verbrachte den größten Teil seines Lebens dort, war aber um 1088 herum eine Zeitlang *qāḍī* von Samar-

vorliegenden Dissertation der Universität Edinburgh (von *Farouq ʿOmar ʿAbdallāh al-ʿOmar*, 1974), findet sich eine englische Übersetzung von As-Sawād al-Aʿẓām.

3 GAL, i. 210f.; S., i. 347f.; EI², Art. „Abu 'l-Layth al-S." *(J. Schacht);* Ibn-Abī-l-Wafā', ii. 196; Ibn-Quṭlūbuǧā, s. v. Naṣr b. Muḥammad.

4 Ibn-Abī-l-Wafā', ii. 270; Ibn-Quṭlūbuǧā, s. v. Muḥd. b. Muḥd. Kommt in GAL nicht vor. Sein Bruder ist Abū-l-Ḥasan ʿAlī al-Pazdawī: Ibn-Abī-l-Wafā', i. S. 372, Nr. 1024; Ibn-Quṭlūbuǧā, s. v. ʿAlī b. Muḥd.; GALS, i. 637f.

kand. Hier wird er hauptsächlich wegen seines 1963 in Kairo veröffentlichten Werkes *Uṣūl ad-dīn* erwähnt. Der Hauptteil dieses Buches besteht aus einer Erörterung von 96 Lehrsätzen. Darin wird bei jedem Punkt der ḥanafitisch-māturīditische Standpunkt sowie eine Reihe divergierender Auffassungen dargelegt, und zwar zusammen mit Widerlegungen dieser Meinungen. Es handelt sich um Ansichten der Muʿtaziliten und anderer der „klassischen" Zeit vor al-Ašʿarī, und um jene al-Ašʿarīs selbst, die der Ašʿariten, Karrāmiten und „Philosophen". Im Fall dieser drei Gruppen jedoch werden keine besonderen Namen genannt. Es ist bemerkenswert, daß die Falāsifa erwähnt werden und daß gegen sie argumentiert wird, doch al-Ġazālī hätte die gegen sie ins Feld geführten Argumente zweifellos für unzureichend gehalten.

4. Abū-Muʿīn an-Nasafī al-Makḥūlī (Maymūn ibn-Muḥammad) starb siebzigjährig im Mai 1115, doch ansonsten ist nichts über sein Leben bekannt. Eines seiner Werke, *Baḥr al-kalām*, „Das Meer der Theologie", ist ins Englische übersetzt worden[5].

5. Naǧm-ad-dīn Abū-Ḥafṣ an-Nasafī (ʿUmar ibn-Muḥammad) wurde 1068 geboren und starb 1142[6]. Er war u.a. ein Schüler des Abū-l-Yusr al-Pazdawī. Seine Altersgenossen und Anhänger bewunderten vor allem seine große Ḥadīṯkenntnis und die Vortrefflichkeit seines Korankommentars. In späteren Zeiten ist sein kurzes Glaubensbekenntnis, genannt *Al-ʿAqāʾid*, „Die Doktrinen", Gegenstand unzähliger Kommentare und Superkommentare gewesen und in mehrere Sprachen übersetzt worden. Seine Popularität ist vermutlich darauf zurückzuführen, daß es sowohl vollständig als auch konzis ist, und dabei doch klar im Ausdruck.

6. Al-Ūšī (Sirāǧ-ad-dīn ʿAlī ibn-ʿUṯmān), ein Gelehrter, der in der Region Farġāna (am Jaxartes) in Verbindung gebracht wird, ist hauptsächlich deswegen bekannt, weil er um 1173 ein gereimtes Glaubensbekenntnis von sechsundsechzig Zeilen verfaßte, das, wie das von Naǧm-ad-dīn an-Nasafī, oft kommentiert wurde[7].

Aus diesen kurzen Beschreibungen einiger Māturīditen in den drei Jahrhunderten nach dem Tod ihres Begründers entsteht der Eindruck, daß sie, trotz ihres Interesses an der rationalen Argumentation in der Theologie, nichts erreichten, was der Akzeptanz philosophischer Ideen und Methoden vergleichbar gewesen wäre, die man unter den Ašʿariten angetroffen hatte.

5 *A. Jeffery*, A Reader on Islam, Den Haag 1962, 365–456. Vgl. Ibn-Abī-l-Wafāʾ, ii. 189; Ibn-Quṭlūbuġā, s. v. Maymūn; EI(H), s. v. „Nasafī" (I), *A. J. Wensinck*.

6 GAL, i. 548–550; S, i. 758–762; Ibn-Abī-l-Wafāʾ, i. 394; EI(H), Art. „Nasafī" (II), *A. J. Wensinck*.

7 GAL, i. 552f.; S, i. 764f.

b) Die Muʿtaziliten

Es ist oben darauf hingewiesen worden (S. 302), daß die Muʿtaziliten nach 850 akademische Theologen wurden, die mit den gewöhnlichen Muslimen nichts mehr zu tun hatten. Doch mehrere Jahrhunderte lang gab es nach wie vor Lehrer der muʿtazilitischen Doktrin, und zwar nicht nur in Basra und Bagdad, sondern auch in anderen Teilen der islamischen Welt, obschon nur wenige in irgendeiner Weise hervorragten. Eine gewisse Vorstellung von der Geschichte des Muʿtazilismus bis ungefähr 1050 läßt sich aus einem Werk gewinnen, das als *Ṭabaqāt al-Muʿtazila*, Die Klassen der Muʿtaziliten, publiziert wurde. Es stammt von Ibn-al-Murtaḍā (gest. 1437), der kurze Zeit zayditischer Imam im Jemen war[8]. Der Verfasser setzt Abū-Hāšim in die neunte Klasse, seine Schüler und jüngeren Kollegen in die zehnte, den Qāḍī ʿAbd-al-Ǧabbār und seine Zeitgenossen in die elfte und die Schüler des Qāḍī, wie z. B. Abū-Rašīd, in die zwölfte. Es ist nicht klar, warum er sich auf zwölf Klassen beschränkt, obwohl es sein kann, daß seine Quellen nur so weit reichten.

Die Art und Weise, in der der Muʿtazilismus sich nach 850 entwickelte, hat vielleicht auch etwas mit der politischen Situation zu tun. Die Änderungen, zu denen es um diese Zeit kam, führten dazu, daß der Sunnismus innerhalb des ʿAbbāsidenkalifats vorherrschte. Das bewirkte eine schärfere Polarisierung von Sunnismus und Schiismus, da der letztere ebenfalls endgültigere Formen annahm, nämlich dadurch, daß der imāmitische Schiismus innerhalb des Kalifats in der Zeit um 900 neu gestaltet wurde und die Fāṭimiden 909 in Tunesien und 969 in Ägypten ein rivalisierendes Kalifat errichteten. Vor 850 hatten viele – vielleicht die meisten – Muʿtaziliten in unterschiedlichem Ausmaß schiitische Sympathien gehabt. Nach ihrer Entstehung waren Ašʿarismus und Māturīdismus eng mit dem sunnitischen „Establishment“ verbunden, und dies mag die schiitische Tendenz unter den Muʿtaziliten verstärkt haben. Es muß auch daran erinnert werden, daß man von der Buwayhidendynastie, die von etwa 945 bis 1055 über den Irak und Westpersien herrschte, allgemein annahm, sie seien Imāmiten, und sie scheinen die Muʿtaziliten begünstigt zu haben – zumindest in solchen Fällen wie dem folgenden.

1. Der Ṣāḥib Ibn-ʿAbbād[9]. Abū-l-Qāsim Ismāʿīl ibn-ʿAbbād, von dem man oft einfach nur als aṣ-Ṣāḥib, ‚dem Gefährten', spricht, war der Sohn eines buwayhidischen Beamten, und er selbst verbrachte sein Leben im Dienste verschiedener Buwayhidenfürsten und stieg (um 979) in Rayy zum Wesir für die umliegende Region auf. Er starb 995. Obwohl er diese administrative Pflichten übernommen hatte, tat er sich auch als Gelehrter sowie als Belletrist hervor. Seine zahlreichen Bücher reichen von Dichtung und Schöner Literatur zu Theologie, Geschichte, Philosophie und Literaturkritik; außerdem war er auch Förderer von Kunst und

8 Hrsg. von *Susanna Diwald-Walzer*, Wiesbaden 1961 (Bibliotheca Islamica, 21).
9 GAL, i. 136 f.; S, i. 198 f.; EI², Art. „Ibn ʿAbbād“, *(Cl. Cahen; Ch. Pellat)*.

Literatur. In seinen theologischen Büchern erläutert er die muʿtazilitische Doktrin auf der Grundlage der fünf Prinzipien (vgl. oben S. 232). Die fünf Prinzipien hatten ursprünglich alle irgendeine politische Relevanz gehabt, doch mit der Etablierung des Sunnismus war diese weitgehend verschwunden, und der Muʿtazilismus scheint eine rein theologische Doktrin geworden zu sein, die sowohl von der Politik als auch von der Rechtswissenschaft abgetrennt war. So konnte ein Mann Muʿtazilit in der Theologie sein und gleichzeitig Imāmit (oder Zaydit) in der Politik und Ḥanafit (oder Šāfiʿit) im Recht. Spätere Imāmiten behaupteten, daß der Ṣāḥib einer der Ihren sei, und Qāḍī ʿAbd-al-Ǧabbār behauptet, er sei ein Rāfiḍit gewesen (was auf dasselbe hinausläuft), und dies wird durch einige seiner Äußerungen bestätigt. Und es würde nicht überraschen, da er für imāmitische Herren arbeitete. Andere seiner Erklärungen weisen darauf hin, daß er ein Zaydit war, und auch dies kann eine Zeitlang zugetroffen haben. Beide Standpunkte aber sind damit vereinbar, daß man in der reinen Theologie ein Muʿtazilit war. Daß man zugleich Muʿtazilit und Mitglied in einer sunnitischen Rechtsschule sein konnte, wird am Beispiel des nächsten Gelehrten deutlich.

2. Der Qāḍī ʿAbd-al-Ǧabbār (Abū-l-Ḥasan ibn-Aḥmad al-Hamaḏānī), der von etwa 935 bis 1025 lebte, war der führende Muʿtazilit seiner Zeit[10]. Obwohl er bei seinen Zeitgenossen hohes Ansehen genoß, wurde ihm von modernen Gelehrten wenig Aufmerksamkeit zuteil, bis 1950–1951 ein Team ägyptischer Gelehrter in einer Moschee in Ṣanʿā (Jemen) den größeren Teil seines gewaltigen dogmatischen Werkes entdeckte: *Al-Muġnī fī abwāb at-tawḥīd wa-l-ʿadl*, „Summa über die Themen, die von (Gottes) Einheit und Gerechtigkeit (handeln)". Diese Entdekkung des Werkes, nach der die meisten der fehlenden Teile ebenfalls noch aufgefunden wurden, hat ein weitverbreitetes Interesse am Denken ʿAbd-al-Ǧabbārs ausgelöst[11]. Nach dem Studium in Hamaḏān ging er nach Basra, wo er unter den Einfluß des Muʿtaziliten Abū-Isḥāq al-Ayyāš[12] gelangte, und so kam er vom Ašʿarismus, zu dem er sich bis dahin bekannt hatte, zum Muʿtazilismus, obwohl er im Recht ein Šāfiʿit blieb. Er setzte seine muʿtazilitischen Studien in

10 As-Subkī, iii. 219f.; Ibn-al-Murtaḍā, Muʿtaziliten, 112f.; EI², Art. „ʿAbd al-Djabbār" *(S. M. Stern)*; GALS, i. 343; GAS, i. 624–626.

11 *G. C. Anawati, R. Caspar* und *M. el-Khodeiri*, „Une somme inédite de théologie moʿtazilite: Le Moghni du Qāḍī ʿAbd al-Jabbār", Mélanges de l'Institut Dominicain des Études Orientales (Kairo), 4 (1957), 281–316. ʿAbd-al-Karīm ʿUṯmān: Qāḍī l-Quḍāt ʿAbd-al-Ǧabbār...; Naẓiriyyāt at-taklīf... (Rechtliche Forschungen), Beirut, 1967, 1971. *George F. Hourani*, Islamic Rationalism: the Ethics of ʿAbd al-Jabbār (Oxford, 1971). *J. R. T. M. Peters,* God's Created Speech, Leiden 1976. *Marie Bernard*, „L'iǧmāʿ chez ʿAbd al-Ǧabbār...", Studia Islamica, xxx (1969), 27–38. *Robert Brunschvig*, „Rationalité et tradition dans l'analogie juridico-religieuse chez le muʿtazilite ʿAbd al-Ǧabbār", Arabica, xix (1972), 213–221. *Michael Schwarz*, „The Qāḍī ʿAbd-al-Ǧabbār's Refutation of the Ašʿarite doctrine of ‚acquisition' (kasb)", Israel Oriental Studies, vi (1976), 229–263.

12 Ibn-al-Murtaḍā, Muʿtaziliten, 107.

Bagdad unter Abū-ʿAbd-Allāh al-Ḥusayn ibn-ʿAlī fort[13]. Zu dieser Änderung seiner theologischen Zuordnung mögen politische Faktoren beigetragen haben, insbesondere die Tatsache, daß die Buwayhidensultane dazu neigten, Muʿtaziliten zu begünstigen. Zu irgendeinem Zeitpunkt nach 970 forderte ihn der Ṣāḥib auf, eine Stellung in Rayy zu übernehmen (wo er Wesir geworden war), und um 978 beförderte er ihn zum Oberqāḍī der Region mit dem Titel *qāḍī l-quḍāt* (wörtlich: „Richter der Richter"). Nach dem Tod des Ṣāḥib verlor er – zumindest für eine Weile – seine Position. Doch nach diesem Zeitpunkt ist über sein Leben nichts bekannt, außer daß er im Januar 1025 starb.

Seit der Entdeckung und Veröffentlichung des *Muġnī* sind andere seiner (zuvor bekannten) Werke veröffentlicht worden, vor allem *Šarḥ al-uṣūl al-ḫamsa*, „Die Darlegung der fünf Prinzipien", ein einbändiges Kompendium der muʿtazilitischen Theologie. Der große Wert dieser Abhandlungen des ʿAbd-al-Ǧabbār besteht darin, daß sie die frühesten bekannten vollständigen Abhandlungen der muʿtazilitischen Theologie sind. Die Gelehrten waren zwar bereits mit den Hauptzügen der muʿtazilitischen Doktrin vertraut, aber nun erhielten sie sie in ausführlicherer Form und können die Argumente würdigen, mit denen sie untermauert wurde. George F. Hourani beispielsweise hat gezeigt, daß ʿAbd-al-Ǧabbār die philosophische Ethik nicht für ein Studienfach hielt; doch er und seine Vorgänger hatten über solche Probleme nachgedacht, so daß aus seinen Werken ein ziemlich vollständiges System konstruiert werden kann, das dem modernen britischen Intuitionismus nicht unähnlich ist[14]. Jetzt sind auch viel ausführlichere Darstellungen der Anschauungen früherer Mitglieder der muʿtazilitischen Schule, insbesondere Abū-ʿAlī al-Ǧubbāʾīs und Abū-Hāšims, verfügbar. Der allgemeine Charakter der Werke des ʿAbd-al-Ǧabbār und sein Argumentationsstil ähneln denen der Ašʿariten wie al-Bāqillānī und al-Ǧuwaynī. Glaubensvorstellungen, die von denen des Autors abweichen, werden erwähnt und mit Argumenten bekämpft. Manchmal werden die Auffassungen anonym vorgestellt, aber häufig sind sie die früherer Muʿtaziliten, die namentlich genannt werden, während andere Opponenten nur gelegentlich mit ihrem Namen genannt werden. Al-Ašʿarī wird namentlich erwähnt, aber nur selten, während die Gruppe, die Ansichten einer ašʿaritischen Prägung vertraten, gewöhnlich als Kullābiten bezeichnet werden. Das scheint darauf hinzudeuten, daß al-Ašʿarī noch nicht überall als Eponym der Gruppe anerkannt war[15]. Gelegentlich erwähnt ʿAbd-al-Ǧabbār die Falāsifa, doch es gibt keine Anzeichen dafür, daß über das hinaus, was die Ašʿariten vor al-Ġazālī getan hatten, irgendwelche philosophischen Ideen übernommen wurden. Hier handelt es sich selbstverständlich nur um vorläufige Feststellungen, da noch viele weitere Untersuchungen erforderlich sind.

13 Ibn-al-Murtaḍā, Muʿtaziliten, 105–107.
14 S. Anm. 11.
15 S. oben S. 281.

3. Abū-l-Ḥasan al-Baṣrī (Muḥammad ibn-ʿAlī) war ein Schüler des Qāḍī ʿAbd-al-Ǧabbār in Bagdad und lehrte dort bis zu seinem Tod im Jahr 1044[16]. Sein bedeutendstes Buch ist eines über die Prinzipien der Rechtswissenschaft (das vermutlich unter einem ḥanafitischen Blickwinkel verfaßt ist, da man ihn für einen Ḥanafiten hält), aber er schrieb auch über theologische Belange. Er kritisierte die Anhänger des Abū-Hāšim und auch die Imāmiten, und einige seiner Kollegen betrachteten ihn wegen dieser Kritiken und seines Interesses für Philosophie und Naturwissenschaften mit Argwohn.

4. Abū-Rašīd (Saʿīd ibn-Muḥammad an-Nīsābūrī) war ein Mitglied der muʿtazilitischen Schule von Bagdad und schloß sich dort dem Qāḍī ʿAbd-al-Ǧabbār an[17]. Eine Zeitlang unterhielt er in Nīšāpūr einen „Zirkel" *(ḥalqa)* für Fragen des Kalām. Als der Qāḍī starb bzw. sich zurückzog, trat er als Oberhaupt der dortigen muʿtazilitischen Schule dessen Nachfolge an. Sein Todesdatum ist mit 1068 angegeben worden, aber die Belege dafür sind nicht klar, und es ist gut möglich, daß er auch früher gestorben ist. Sein Hauptwerk befaßte sich mit den Streitfragen zwischen der muʿtazilitischen Schule von Basra und der von Bagdad, aber darin waren Erörterungen philosophischer Konzeptionen enthalten, und diese stellten um den Beginn dieses Jahrhunderts einen Reiz für einige westliche Gelehrte dar[18]. Aber sein Studium der Philosophie war nicht so gründlich wie das al-Ġazālīs. Er soll ursprünglich in der Theologie Ašʿarit gewesen sein.

5. Az-Zamaḫšarī (Abū-l-Qāsim Maḥmūd ibn-ʿUmar) leitet seinen Namen von der kleinen Stadt Zamaḫšar in der Provinz Choresmien ab, wo er 1075 zur Welt kam[19]. Eine Studienreise führte ihn u.a. nach Bagdad und Mekka; in Mekka verbrachte er mehrere Jahre, so daß er schließlich als Ǧār-Allāh, „der (geschützte) Nachbar Gottes", bekannt wurde. Er kehrte später nach Choresmien zurück und starb 1144 in dem Hauptort al-Ǧurǧaniyya. Wenngleich persischer Herkunft, wurde er in den meisten der philologischen Disziplinen, die mit der arabischen Sprache verbunden waren, zur höchsten Autorität seiner Zeit und verfaßte eine Reihe bedeutender Bücher. Sein Hauptwerk jedoch ist sein Korankommentar, *Al-Kaššāf ʿan ḥaqāʾiq at-tanzīl*, „Der Enthüller der Wahrheiten der Offenbarung". Wegen der Tiefe und des Ausmaßes seines philologischen Wissens bleibt dieses Werk einer der herausragenden Korankommentare. In der Theologie akzeptierte er die muʿtazilitischen Auffassungen, die zu jener Zeit in Choresmien vorherrschten, und diese beeinflußten seine Koraninterpretationen, wenn auch nur bei einigen wenigen Versen. Einige Sunniten der Hauptrichtung ver-

16 GAL, i. 600; S, i. 829; GAS, i. 627; Ibn-Ḫallikān, ii. 672; Ibn-Abī-l-Wafāʾ, ii. 93f.; Ibn-al-Murtaḍā, Muʿtaziliten, 118f.

17 GALS, i. 344; GAS, i. 626; Ibn-al-Murtaḍā, 116.

18 Insbes. *Max Horten*, Die Philosophie des Abu Raschid, Bonn 1910.

19 GAL, i. 344–350; S, i. 507–513; EI(H), Art. „Zamakhsharī" *(C. Brockelmann);* Ibn-Ḫallikān, iii. 321–328; Yāqūt, Iršād, vii. 147–151; Ibn-Quṭlūbuġā, s. v. Maḥmūd b. ʿUmar; Ibn-Abī-l-Wafāʾ, ii. 160f.; *I. Goldziher*, Koranauslegung, 117–177.

mieden deshalb den *Kaššāf*, aber die philologische Qualität des Werkes war so vortrefflich, daß es weithin studiert und in mancher Hinsicht sogar von jenen anerkannt wurde, die die muʿtazilitischen Anschauungen nicht guthießen. Es ist auch heute noch von größtem Wert. Im Hinblick auf Fragen des Rechts erhebt die ḥanafitische Schule Anspruch auf ihn.

Abschließende Bewertung. Nachdem wir die herausragenderen der späteren Muʿtaziliten betrachtet haben, muß die Frage erwogen werden, ob diese eine neue schöpferische Periode in der Geschichte der Schule und des islamischen Denkens vertraten, ober ob es richtig ist, wenn man meint, die „klassische" Periode ende mit Abū-Hāšim und diese seien eigentlich „Epigonen". Viele westliche Gelehrte des 19. Jahrhunderts glaubten – vielleicht aufgrund von Unwissenheit –, die Schule sei nach Abū-Hāšim im Aussterben begriffen gewesen. Als einer der ersten wies Goldziher in seinem Bericht über den Einfluß der Muʿtaziliten auf Faḫr-ad-dīn ar-Rāzī nach, daß dies nicht der Fall war[20]. George Hourani ist sogar noch weiter gegangen, und in dem oben erwähnten Buch behauptet er, das Werk ʿAbd-al-Ǧabbārs zeige, daß der Muʿtazilismus „still a living and slightly growing school" war[21]. Obwohl es kreative Aspekte im Denken ʿAbd-al-Ǧabbārs gibt, ist es doch zweifelhaft, ob er im allgemeinen einen großen Beitrag zum islamischen Denken leistete. Nicht nur moderne westliche Gelehrte haben die Muʿtaziliten nach Abū-Hāšim vernachlässigt. Im 12. Jahrhundert spricht aš-Šahrastānī von ʿAbd-al-Ǧabbār und Abū-l-Ḥusayn al-Baṣrī als von *muta'aḫḫirīn*, „Epigonen", der Muʿtaziliten; er scheint ihre Auffassungen für nicht eigenständig genug zu halten, als daß sie eine eigene Erörterung erforderten (obwohl er in seiner *Summa* bei fünf Gelegenheiten Ansichten des Abū-l-Ḥusayn erwähnt). Im ganzen gesehen ist man also berechtigt, die Zeit bis Abū-Hāšim als die „klassische" Periode des Muʿtazilismus und des islamischen Denkens im allgemeinen anzusehen.

Seit seinen Anfängen hatte der Muʿtazilismus aufgrund seiner Doktrin von der Zwischenstellung *(al-manzila bayn al-manzilatayn)* eine gewisse Verbindung mit der Politik gehabt, und zur Zeit al-Ma'mūns wurde seine Doktrin vom Geschaffensein des Koran politisch hochbedeutsam. Während des 9. Jahrhunderts aber verloren seine zentralen Doktrinen immer mehr jegliche unmittelbare Bedeutung für die zeitgenössische Politik, und er wurde in diesem Sinne eine akademische Schule, und zwar eine rein theologische. Dies hieß, daß man unter den Mitgliedern der Schule (oben Kapitel 8, 3) abweichende Einstellungen antraf, und auch, daß nach der Etablierung der Rechtsschulen jemand, der in der Theologie ein Muʿtazilit war, zur gleichen Zeit in der Rechtswissenschaft ein Anhänger einer der vier sunnitischen Schulen war. Die politischen Entscheidungen, die um 850 von der Kalifenregierung getroffen, und die oben als „die Etablierung des Sunnismus" (s. S. 261) beschrieben wurden, bewirkten eine sehr starke Änderung der

20 Isl, iii. 213–223 (Gesammelte Schriften, v. 237–247).
21 S. 142f.

Position der Muʿtaziliten. Im wesentlichen hatte die Regierung beschlossen, auf den „konstitutionalistischen" Block zu bauen, und dies bedeutete, den Ulema und der religiösen Institution mehr Macht einzuräumen und ihre Ansicht zu akzeptieren, wonach der Koran die ungeschaffene Rede Gottes war. Das war ein Hinweis auf seine essentielle Existenz und darauf, daß er daher von keinem Herrscher verändert werden könne. Es bedeutete ferner, daß die muʿtazilitische Doktrin vom Geschaffensein des Koran durch den Staat auf eine solche Weise offiziell zurückgewiesen worden war, daß die Debatte über Geschaffenheit und Ungeschaffenheit ihre Bedeutung verloren hatte. Und davon war der größte Teil dessen betroffen, was die Muʿtaziliten unter dem Begriff des Prinzips *tawḥīd*, ‚Einheit', diskutiert hatten. Ebenfalls betroffen war ihr Prinzip *ʿadl*, ‚Gerechtigkeit', mit seiner Implikation von der Freiheit des Willens eines Menschen, obwohl nicht feststeht, inwiefern es mit der politischen Situation zusammenhing. Vielleicht ließe sich darauf hinweisen, daß die Leugnung menschlicher Freiheit mit einem allgemein vorherrschenden Wunsch zusammenhängt, der Verantwortung aus dem Wege zu gehen. Die Psychologen sagen uns, daß die Leugnung der eigenen Macht oder Wertigkeit oft aus Angst vor der Verantwortung entsteht, und wenn Gott die Handlungen des Menschen erschafft, dann ist der Mensch nicht verantwortlich.

Im Grunde war das, was die Muʿtaziliten nach 850 taten, nur eine Ausarbeitung von Argumenten, um Doktrinen zu verteidigen, die die muslimische Gemeinschaft insgesamt entschieden abgelehnt hatte, und die wahrscheinlich nie wieder akzeptiert würden. In ihren Argumenten legten sie große Feinsinnigkeit und Spitzfindigkeit an den Tag, doch sie machten wenig Eindruck. Die anderen Sunniten schenkten ihnen wenig Aufmerksamkeit, und selbst dann, wenn sie theologische Fragen erörterten, bezogen sie sich selten auf Muʿtaziliten nach Abū-Hāšim. Die einzigen, die Interesse für den Muʿtazilismus zeigten, waren die imāmitischen und zayditischen Schiiten. Es ist jedoch schwer in Erfahrung zu bringen, was diese Doktrinen in bezug auf die zeitgenössische Politik bedeuteten. Die Imāmiten erwarteten gewiß nicht die bevorstehende Rückkehr des „verborgenen Imam". Die Buwayhiden waren zwar dem Imāmismus wohlgesonnen, doch sie hätten sich in großer Verlegenheit befunden, wenn ein ʿalidischer Bewerber um das Imamat aufgetreten wäre; denn ihnen war klar: „An einen ʿAbbāsidenkalifen glaubt niemand ernsthaft, und keiner würde Einwände erheben, wenn ihr seine Hinrichtung befehlen würdet; aber daß ein ʿAlidenkalif von Gott inspiriert sei, würden die Menschen glauben, und sie würden *ihm* gehorchen, wenn er *eure* Hinrichtung anordnete"[22]. Höchstwahrscheinlich implizierte sowohl unter den Buwayhiden als auch unter den Seldschuken das Bekenntnis zum Imāmismus oder Zaydismus, die gegenwärtige Regierung zu akzeptieren, während man die Freiheit behielt, sie zu kritisieren. Mit anderen Worten: Es war eine Art von

22 Vgl. *Watt*, The Majesty that was Islam, London 1974, 213.

Protest gegen die Starrheit des sunnitischen Establishments. Was auch immer diese Doktrinen genau bedeuteten, beider Kernstück war die Doktrin vom Imamat; doch obwohl sie darüber hinaus Glaubensvorstellungen vertraten, waren diese nicht in einer systematischen rationalen Weise ausgearbeitet worden, wie das im Muʿtazilismus und Ašʿarismus der Fall gewesen war. Da die muʿtazilitische Doktrin vom geschaffenen Koran es im Grunde möglich machte, den Imam über den Koran (und seine Interpreten, die Ulema) zu stellen, paßte dies gut zum Kern des schiitischen Glaubens. Aus diesem Grunde hatten die Muʿtaziliten einen erheblichen Einfluß auf die Imāmiten und Zayditen, aber als die schiitischen Theologen mit den Methoden des Kalām vertraut wurden, verloren die Muʿtaziliten einen Großteil ihrer *raison d'être* und starben allmählich aus. Vielleicht lag die bedeutendste Leistung der Epigonen darin, daß sie Kalām in einer solchen Form bewahrten, daß er von den Imāmiten und Zayditen akzeptiert werden konnte.

c) Die Ḥanbaliten

Unsere Kenntnisse über die Ḥanbaliten sind im Laufe der letzten drei oder vier Jahrzehnte aufgrund der Arbeiten von Henri Laoust und seinen Schülern sehr stark erweitert worden. Am Anfang stand ein monumentales Werk über Ibn-Taymiyya, das 1939 veröffentlicht wurde. Im 19. Jahrhundert hatten die westlichen Gelehrten wenig Verständnis für den Ḥanbalismus gezeigt und waren geneigt, ihn mit wissenschaftsfeindlicher Theologie und der Gewalttätigkeit des Pöbels in Verbindung zu bringen. Jetzt sieht man ein, daß die Ḥanbaliten zwar in mancher Hinsicht antirationalistisch waren, aber zur Entwicklung des islamischen Denkens im allgemeinen bedeutende Beiträge leisteten. Von Aḥmad ibn-Ḥanbal selbst ist in diesem Werk bereits viele Male die Rede gewesen, sowohl als dem Begründer der ḥanbalitischen Rechtsschule als von einem Theologen, der mit seinem Beharren auf der Ungeschaffenheit des Koran so weit ging, daß er dem Kalifen al-Ma'mūn in der Miḥna Widerstand entgegensetzte[23]. In der früheren Periode mochte es so aussehen, als ob jene, die Aḥmad im Recht folgten, ihm auch in der Theologie folgten, so daß die ḥanbalitische Schule sowohl juristisch als auch theologisch war. Die Ḥanbaliten haben überwiegend diesen dualen Charakter beibehalten, es ist aber zu beachten, daß wir, insbesondere in der Zeit zwischen 950 und 1250, einer Reihe von Männern begegnen, die in der Theologie ḥanbalitisch, in der Rechtswissenschaft aber šāfiʿitisch waren, und es gab auch unter den Ḥanbaliten bezüglich der Einstellung gegenüber dem Ṣūfismus Unterschiede.

Ein eigenständiger Zug des größten Teils der ḥanbalitischen Theologie ist ihre

23 *Laoust*, „Le hanbalisme sous le califat de Bagdad", REI, xxvii (1959), 67–128; Ders. EI², Art. „Ḥanābila". Zur Miḥna s. Der Islam I, 248, 254, und oben 180, 277, etc.

Opposition gegen den Kalām, d. h. gegen die rationale Argumentation in Angelegenheiten des Dogmas. Im Glaubensbekenntnis des Aḥmad ibn-Ḥanbal (Übersetzung oben S. 291–3) wird betont, daß die wahre Religion aus dem Akzeptieren des Koran und der Sunna bestehe sowie aus dem Befolgen der anerkannten herausragenden Gelehrten der späteren Generationen, während bestimmte Formen der Argumentation, die die *mutakallimūn* benutzten, abgelehnt werden. Dies bedeutet, daß darauf Nachdruck gelegt wird, die Dogmen des Islam in einer einfachen und konkreten Form zu formulieren; auf diese Weise ist die allgemeine Haltung des Ḥanbalismus der nicht unähnlich, die als „Fundamentalismus" bezeichnet wird. Es überrascht nicht, daß die Ḥanbaliten sich bei einfachen Menschen, insbesondere beim Volk von Bagdad, einer großen Unterstützung erfreuten.

Gleichzeitig muß klar gesehen werden, daß die führenden Ḥanbaliten nicht nur sachverständige Gelehrte, sondern auch außerordentlich intelligente Menschen waren, die ihre Gegnerschaft gegen Kalām tiefsinnig begründen konnten. Es wurde S. 294 dargelegt, wie sie des *tašbīh*, ‚Anthropomorphismus', beschuldigt wurden, und wie sie mit dem Nachweis reagierten, daß auch der Aš'arismus ein Element von *tašbīh* habe. Dort, wo die Mu'taziliten und die späteren Aš'ariten die anthropomorphischen Begriffe im Koran metaphorisch interpretierten, behaupteten die Ḥanbaliten von sich, sie weder wörtlich noch metaphorisch, sondern „amodal" zu akzeptieren. Die benutzte Phrase war *bi-lā kayf*, „ohne wie", und bedeutete, daß sie nicht fragten, *wie* oder auf welche Weise/in welchem Modus die Begriffe zu verstehen seien; und die Doktrin wird die der *balkafiyya*, ‚Amodalismus', genannt. Man kann also von den Ḥanbaliten sagen, sie hätten den übertriebenen Intellektualismus, der sich unter den *mutakallimūn* breitmachte, vermieden und die wesentlichen Elemente des Islam für die gewöhnlichen Menschen bewahrt.

1. Die Zeit der Buwayhiden, 945–1055

Als die buwayhidischen Sultane oder Kriegsherren Herrscher über den Irak, den Iran und andere Provinzen des islamischen Reiches wurden, ließen sie dem imāmitischen Schiismus eine gewisse Unterstützung angedeihen und versuchten, die Bindung der Mehrheit ihrer Untertanen an den Sunnismus zu schwächen, ohne jedoch irgendwelche extreme Maßnahmen zu ergreifen. In dieser Situation scheinen ḥanbalitische Theologen und Prediger bei der Propagierung und Stärkung des Sunnismus eine bedeutende Rolle gespielt zu haben, und sie und andere hatten soviel Erfolg, daß sich etwa seit dem Beginn des 11. Jahrhunderts von einer Restauration des Sunnismus sprechen läßt. Von den meisten Ḥanbaliten dieser Zeit weiß man wenig mehr als die Namen. Erwähnt werden muß al-Ağurrī (Abū-Bakr Muḥammad ibn-al-Ḥusayn), der in Bagdad zur Welt kam, dort seine Bildung erhielt, Ḥadīṯ und šāfi'itische Rechtswissenschaft lehrte, bis er 941 nach

Mekka ging, um in der Abgeschiedenheit zu leben. Er starb 970[24]. Ein wenig später kam Ibn-Samʿūn (Abū-l-Ḥusayn Muḥammad), der 912 in Bagdad geboren wurde und 997 dort starb[25]. Er war in erster Linie ein Ṣūfī und wurde von den einfachen Leuten Bagdads als Prediger sehr bewundert. Abgesehen davon ist es schwierig, ihn irgendwo einzuordnen, denn sowohl die Ḥanbaliten als auch die Ašʿariten reklamieren ihn für sich, was fast ein Widerspruch in sich selbst zu sein scheint.

Eine etwas ausführlichere Darstellung läßt sich von Ibn-Baṭṭa al-ʿUkbarī (917–997)[26] geben, da Henri Laoust eines seiner Werke herausgegeben, ins Französische übersetzt und mit einer langen und wichtigen Einführung über die Entwicklung der Glaubenssätze in der ḥanbalitischen Schule versehen hat. Das Buch trägt den Titel *La Profession de foi d'Ibn Baṭṭa* (Damaskus 1958) und ist eigentlich ein langes Glaubensbekenntnis oder eine Darlegung doktrinärer Glaubensvorstellungen. Im Arabischen ist es allgemein als die *Ibāna ṣaġīra*, die „Kurze Darlegung", bekannt, obgleich die französische Übersetzung, zusammen mit ihren ausführlichen Anmerkungen, 170 Seiten umfaßt. Ibn-Baṭṭa wurde in ʿUkbarā am Ostufer des Tigris, etwa 60 km nördlich von Bagdad, geboren. Seine frühe Erziehung erhielt er in Bagdad, wo sein Vater Kaufmann war; später aber ging er auf der Suche nach Kenntnissen im Ḥadīṯ auf ausgedehnte Reisen und besuchte dabei unter anderen Orten Mekka, Basra und Damaskus. In Mekka schloß er Freundschaft mit al-Aǧurrī. Als er ungefähr vierzig Jahre alt war, kehrte er nach ʿUkbarā zurück, um dort ein Leben in Abgeschiedenheit zu führen, und er widmete seine Zeit dem Fasten, der Meditation und dem Studium.

Die *Ibāna ṣaġīra* war als eine einfache Erklärung des islamischen Glaubens gedacht, die vor allem für junge Männer und Nichtaraber geeignet war, um diejenigen zur Nachfolge des Propheten zurückzuführen, die dazu neigten, in ihrem Glauben zu schwanken. Im ersten Teil spricht er über die Einheit der Gemeinschaft der Muslime und von der Notwendigkeit, ihr gegenüber loyal zu sein. Als die Grundlagen des wahren Glaubens nennt er nicht nur den Koran und die Sunna, sondern auch das *iǧmāʿ*, ‚Konsensus', und darunter versteht er in erster Linie den Konsens der Prophetengefährten, der ergänzt oder verstärkt wird durch den Konsens der frommen und würdigen Gelehrten, die ihrem Beispiel gefolgt waren. Der zweite Teil beschäftigt sich ausführlich mit den einzelnen Doktrinen und unterstützt sie mit Zitaten aus dem Koran und dem Ḥadīṯ. Die Reihenfolge der Themen unterscheidet sich auf diese Weise bemerkenswert von der in den ašʿaritischen doktrinären Abhandlungen: In den Vordergrund wird nicht die Doktrin von Gott und seinen Attributen gerückt, sondern Fragen des Glaubens *(īmān)*. Dies ist möglicherweise eine bessere Reihenfolge – zumindest

24 REI, xxvii, 88; EI², Art. „Ḥanābila", iii. 159 (engl.); GAL, i. 173; GAS, i. 194.
25 REI, xxvii, 91; EI², ibid.; GALS, i. 360; GAS, i. 667.
26 GALS, i. 311; GAS, i. 514f.

für die Leser, für die Ibn-Baṭṭa schrieb. Im verhältnismäßig kurzen dritten Abschnitt wird genau festgestellt, woraus im Hinblick auf verschiedene Aspekte des Rituals und der sozialen Beziehungen „das Befolgen der Sunna" besteht. Der vierte Teil erwähnt die wichtigsten Häresien, denen man aus dem Weg gehen sollte, und zählt die gefährlichsten Exponenten dieser häretischen Anschauungen auf. Im Rahmen des ersten Abschnittes hatte Ibn-Baṭṭa bereits die Sekten namentlich genannt, die die Einheit der Gemeinschaft störten und die er bekämpfte, wie z. B. die Rāfiḍiten und Qadariten. So sieht also das Glaubensbekenntnis des Ibn-Baṭṭa aus, in dem Louis Gardet eine Art von Scharnier zwischen den früheren, etwas formlosen ḥanbalitischen Glaubensbekenntnissen und den späteren, sorgfältig ausgeformten erblickt[27].

Das Lehren und Predigen von Männern wie Ibn-Baṭṭa führte am Beginn des 11. (= 4. Hiǧrī) Jahrhunderts zu dem, was Laoust „la restauration sunnite" genannt hat. Die Prediger hatten in vielen gewöhnlichen Menschen ein größeres Bewußtsein ihrer Position als Sunniten geweckt, und dies führte zu einer populären Agitation gegen die mit ihnen rivalisierenden Gruppen der Schiiten. Kleine Vorfälle konnten gewalttätige Zusammenstöße auslösen, wie z. B. 998 und dann wieder 1007. In der Zwischenzeit wurde die Postiion des ʿAbbāsidenkalifats – von 991 bis 1031 war al-Qādir der Kalif – dadurch sehr gestärkt, daß 997 im Osten ein junger Mann, der bald als Sultan Maḥmūd von Ghazna Berühmtheit erlangen sollte, die Nachfolge seines Vaters antrat, und zwar übernahm er einen Teil von dessen sāmānidischen Gouverneursamt. Die Sāmāniden waren autonome Herrscher über Ostpersien und die angrenzenden Gebiete, aber nominell waren sie im Namen der ʿAbbāsidenkalifen Gouverneure dieser Provinzen. Die Dynastie war im Niedergang begriffen. Innerhalb weniger Jahre hatte Maḥmūd sich zum *de-facto*-Herrscher über einen großen Teil der sāmānidischen Herrschaftsgebiete sowie über die Region von Ghazna in Afghanistan aufgeschwungen, und er schickte sich an, seine Macht weit nach Nordindien hinein auszudehnen[28]. Trotz seiner großen Macht sah Maḥmūd ein, daß es zu seinem Vorteil sei, wenn er den Kalifen al-Qādir als seinen nominellen Souverän anerkannte, und er nannte sich auch „Verteidiger des Sunnismus".

Ermuntert durch die Unterstützung von seiten Maḥmūds und auch des sunnitischen Volkes von Bagdad und anderer Städte, begann al-Qādir eine Politik zu verfolgen, die darauf abzielte, seine eigenen Macht und Autorität zu mehren und die Macht und Autorität des Buwayhidensultans, der von Bagdad aus regierte, zu schwächen. 1003 verhinderte er mit Erfolg die Berufung eines Schiiten zum Oberqāḍī. 1011 ließ er eine Widerlegung der Behauptung der Fāṭimidendynastie von Ägypten publizieren, sie stammte von al-Ḥusayn, dem Sohn von ʿAlī und

27 *Louis Gardet*, Arabica, vi, 225–232, „L'importance historique du Ḥanbalisme d'après un livre recent", insbes. 229.

28 Vgl. *C. E. Bosworth*, The Ghaznavids, their empire in Afghanistan and eastern Iran, 994–1040, Edinburgh 1963, 28, 44.

Fāṭima, ab. 1017 forderte er Maḥmūd auf, sich ihm im Kampf gegen die Muʿtaziliten und Ismāʿīliten (zu denen ja auch die Fāṭimiden gehörten) anzuschließen. Dann ließ er 1018 ein Glaubensbekenntnis formell proklamieren, das wahrscheinlich mit dem Glaubensbekenntnis gleichzusetzen ist, das als Qādiriyya bekannt ist (oder dieses einschloß), und das nicht mit der Qadariyya oder qadaritischen Sekte verwechselt werden darf. 1029 ließ al-Qādir bei drei verschiedenen Anlässen drei weitere Sendschreiben ähnlichen Tenors formell verlesen. Die Methode, Glaubensbekenntnisse formell zu proklamieren, wurde von dem Kalifen al-Qā'im (1031–1075), dem Sohn al-Qādirs, fortgesetzt, und es wird ausdrücklich festgestellt, daß das, was verlesen wurde, die Qādiriyya war, d. h. al-Qādirs Glaubensbekenntnis, dessen Text noch existiert[29].

In der Qādiriyya wird eindeutig die ḥanbalitische Doktrin zum Ausdruck gebracht. Ihre Formulierungen ähneln denen des Bekenntnisses von Ibn-Baṭṭa, auch wenn sie sich an eine andere Reihenfolge hält. Von sich selbst sagt sie, sie vertrete die Doktrin der Ahl as-Sunna wa-l-Ǧamāʿa, d. h. der Sunniten, und sie tut das in einer positiven Weise, doch die Doktrinen sind so formuliert, daß häretische Auffassungen der Gegner der Ḥanbaliten klar zurückgewiesen werden. Zu diesen Opponenten gehörten Anthropomorphisten (Mušabbiha), Karrāmiten, Imāmiten, Ismāʿīliten, Muʿtaziliten und Ašʿariten[30]. Al-Qādir war selbstverständlich nicht selbst in ḥanbalitischer Theologie geschult, aber er stand mit einem der berühmtesten ḥanbalitischen Gelehrten seiner Tage, Ibn-Ḥāmid (Abū-ʿAbd-Allāh al-Ḥasan al-Warrāq), der 1012 starb, in freundschaftlicher Beziehung[31], und dieser übte seinen Einfluß auf ihn aus. Zweifellos erkannte al-Qādir auch, daß ein Glaubensbekenntnis ḥanbalitischen Typs für die Stärkung sunnitischer Anschauungen bei den Massen am wirkungsvollsten sein würde; außer den förmlichen Verlesungen im Kalifenpalast gab es häufige Lesungen in den Moscheen.

Der herausragendste Schüler Ibn-Ḥāmids war der Qāḍī Abū-Yaʿlā ibn-al-Farrā' (gest. 1066)[32]. Er verfaßte eine Anzahl bedeutender Werke, aber kaum eines von diesen ist erhalten geblieben. Er war auch ein enger Mitarbeiter des Kalifen al-Qā'im bei dessen Werk der „sunnitischen Restauration" und war bei den formellen Verlesungen der Qādiriyya 1041 und 1053 anwesend. Eine jüngere Untersuchung, die auf der Ausgabe seines *Muʿtamad*, „Der Vertrauenswürdige", beruht und sich mit *uṣūl ad-dīn*, „den Prinzipien der Religion", befaßt, veranlaßt uns zu der Vermutung, daß die Ḥanbaliten seit Abū-Yaʿlā einen Teil der Kalām-

29 *G. Makdisi*, Ibn ʿAqīl, 299–310, mit französischer Übersetzung der Qādiriyya, 304–308; deutsche Übersetzung in *A. Mez*, Die Renaissance des Islam, Heidelberg 1922, 198–201. Vgl. *Laoust*, Profession de foi d'Ibn Baṭṭa, Introduction, xcii-xcix; und REI, xxvii, 94.

30 *Makdisi*, 309.

31 GALS, i. 311; GAS, i. 515; *Makdisi*, Ibn-ʿAqīl, 227–230: REI, xxvii, 93f.

32 GALS, i. 686; EI², Art. „Ḥanābila", ii. 159; *Makdisi*, 232–236.

Methodologie akzeptierten[33]. Diese Ansicht, die wohlbegründet zu sein scheint, sollte mit der Zeit zu einer gewissen Aufwertung der Entwicklung des Ḥanbalismus im 11. und 12. Jahrhundert führen, auch wenn schon bekannt war, daß Ibn-Taymiyya Argumentationsformen benutzte, die weit über die frühen Ḥanbaliten hinausgingen.

2. Die Zeit der Groß-Seldschuken, 1055–1157

Das Jahr 1055, in dem seldschukische Truppen zum erstenmal Bagdad besetzten, kann als der Zeitpunkt angesehen werden, an dem die Macht von den Buwayhiden auf die Seldschuken überging, obgleich die Buwayhiden sich bereits eine Weile im Niedergang befunden hatten und die Seldschuken später noch Rückschläge hinnehmen mußten. Für die Ḥanbaliten stellten die Seldschuken eine viel geringere Bedrohung dar, da sie den Sunnismus unterstützten. Anfänglich begünstigten die Seldschuken freilich die Ḥanafiten, und dann versuchte der Wesir Niẓām-al-mulk, die Aš'ariten zu stärken; aber diese waren zumindest alle Sunniten. Inmitten dieses Zeitabschnittes tauchten die Kreuzfahrer in Syrien auf und eroberten Jerusalem; doch trotz ihrer großen Bedeutung für das westliche Europa verursachten diese Ereignisse in Bagdad kaum irgendwelche Wirkungen.

Eine farbenreiche Persönlichkeit am Beginn dieser Zeit war der Šarīf Abū-Ǧa'far[34]. Zu dieser Zeit bedeutet der Titel Šarīf, daß er zu jenem Teil von Mohammeds Hāšim-Klan gehörte, der von al-'Abbās und Abū-Ṭālib abstammte. Wahrscheinlich war er zu seiner Zeit in Bagdad der führende Vertreter der ḥanbalitischen Rechtswissenschaft, und er lehrte an mehreren Moscheen, denen Kollegien angeschlossen waren. Berühmt – oder vielleicht eher berüchtigt – wurde er aber, weil er eine starke Opposition gegen gegnerische Sekten wie die Mu'taziliten, die Aš'ariten und die Ṣūfī anführte. 1068 befand er sich z. B. an der Spitze einer Volkskundgebung, auf der gegen die Erneuerung der mu'tazilitischen Lehre protestiert wurde[35]. Im darauffolgenden Jahr und erneut 1072 griff er einen jungen Ḥanbaliten, Ibn-'Aqīl, an, über den gleich noch berichtet wird, er habe mu'tazilitische Auffassungen akzeptiert und sei ein Anhänger des verurteilten Mystikers al-Ḥallāǧ[36]. Schließlich führte er eine ungefähr fünf Monate an-

33 *Daniel Gimaret*, „Théories de l'acte humain dans l'école ḥanbalite", Bulletin d'études orientales (Institut Français de Damas), xxix (1977), 157–178, insbes. 161–165. Vgl. *Laoust*, REI, xxvii, 97: „(son œuvre) se proposait, tout en empruntant au *kalām* sa terminologie et ses cadres, de préciser et de défendre la doctrine hanbalite face aux grandes écoles contemporaines"; *J. van Ess*, Besprechung des Kitāb al-Mu'tamad (Hrsg. *Wadi Ḥaddād*), Isl., liii (1976), 289–291.

34 GALS, i. 687; *Makdisi*, Ibn 'Aqīl, 240–248; REI, xxvii, 100–102.

35 *Makdisi*, Ibn 'Aqīl, 337–340.

36 *Makdisi*, Ibn 'Aqīl, 426–439.

dauernde Protestbewegung an, die sich dagegen richtete, daß ein Gastprofessor, Abū-Naṣr al-Qušayrī, der Sohn des oben erwähnten Ṣūfī und Theologen, im Niẓāmiyya-Kollegium öffentlich einige aš'aritische Doktrinen predigte. Es kam zu mehreren Zwischenfällen, und der Friede zwischen den rivalisierenden Parteien wurde erst dann wiederhergestellt, als al-Qušayrī von Niẓām-al-mulk nach Nīšāpūr zurückberufen wurde und der Šarīf starb (im September 1077)[37].

Es gab andere berühmte ḥanbalitische Gelehrte in Bagdad, die viel weniger kämpferisch waren als der Šarīf Abū-Ǧa'far, aber über sie kann nicht viel berichtet werden. Daher konzentrieren wir uns auf Ibn-'Aqīl, den Gegenstand einer eingehenden Untersuchung durch George Makdisi[38]. Ibn-'Aqīl (Abū-l-Wafā' 'Alī aẓ-Ẓafarī) wurde 1040 in Bagdad geboren und starb 1119 dort. Seine Familie gehörte wahrscheinlich zur ḥanafitischen Schule, aber nach den Unruhen, die auf die seldschukische Eroberung von 1055 folgten, wurde er Ḥanbalit. Dies war offensichtlich ein Ergebnis der Wohltaten, die ihm der einflußreiche ḥanbalitische Kaufmann Abū-Manṣūr ibn-Yūsuf erwiesen hatte[39]. Sein wichtigster Lehrer in der ḥanbalitischen Rechtswissenschaft war Abū-Ya'lā (s. oben), bei dem er bis zu dessen Tod 1066 seine Studien fortsetzte. Der begabte junge Mann hatte allerdings sehr breitgefächerte Interessen und zählt zweiundzwanzig andere Lehrer auf, unter denen er eine Vielzahl verschiedener Fächer studierte; nur einer dieser Lehrer war ein Ḥanbalit. Eine Zeitlang fühlte er sich – vielleicht wegen seines ḥanafitischen Hintergrundes – zum Mu'tazilismus hingezogen; denn viele, die in der Rechtswissenschaft Ḥanafiten waren, neigten in der Theologie zum Mu'tazilismus. Er legte auch ein gewisses Interesse an dem umstrittenen Ṣūfī al-Ḥallāǧ an den Tag[40].

Nach dem Tod Abū-Ya'lās 1066 trug Abū-Manṣūr dazu bei, daß Ibn-'Aqīl auf den rechtswissenschaftlichen Lehrstuhl in der *ǧāmi'*, Hauptmoschee, berufen wurde. Diese Ernennung im frühen Alter von 26 Jahren stieß bei anderen Gelehrten, nicht zuletzt beim Šarīf Abū-Ǧa'far, auf Ablehnung, und ungefähr zwei Jahre nach dem Tod Abū-Manṣūrs beschuldigte der Šarīf Ibn-'Aqīl, einige häretische mu'tazilitische Auffassungen zu vertreten und zur Verteidigung al-Ḥallāǧs zu schreiben. Glücklicherweise fand Ibn-'Aqīl in einem anderen ḥanbalitischen Kaufmann einen Beschützer, mußte aber einige Jahre lang Auftritte in der Öffentlichkeit vermeiden. Dann wurde die Sache im September 1072 unter ungeklärt gebliebenen Umständen wieder aufgerührt, und Ibn-'Aqīl wurde gezwungen, vor dem Šarīf Abū-Ǧa'far und fünf anderen offiziellen Zeugen öffentlich zu widerrufen. Die Jahrhunderte hindurch ist über die Aufrichtigkeit dieses Widerrufes viel debattiert worden. Hinsichtlich des Mu'tazilismus war Ibn-'Aqīl

37 *Makdisi*, Ibn 'Aqīl, 350–366.
38 S. Literaturverzeichnis; vgl. GAL, i. 502; S. i. 687; REI, xxvii, 104f.
39 *Makdisi*, Ibn 'Aqīl, 274–276, 432–438.
40 S. o. S. 265 und Band 3. Vgl. *Massignon*, Passion^2, ii. 166–169; *Makdisi*, Ibn 'Aqīl, 425–441.

wahrscheinlich vollkommen aufrichtig; denn es gibt keinen Beweis dafür, daß er irgendwelche muʿtazilitischen Doktrinen übernahm. Andererseits war er vom muʿtazilitischen Geist der freien Forschung und vielleicht auch von der Methodologie beeinflußt. Dieser letzte Punkt wird durch die kürzlich erfolgte Entdeckung von Kalām-Elementen in den Schriften seines Lehrers Abū-Yaʿlā etwas erhärtet. Aber es ist schwierig, sicher zu sein, da Ibn-ʿAqīls Werke über Theologie verlorengegangen sind. Im Hinblick auf al-Ḥallāǧ ist die Position weniger klar; vor allem weil die ḥanabalitische Schule als Ganze al-Ḥallāǧ nicht verurteilte, und weil die Schriften von Ibn-ʿAqīl über ihn wahrscheinlich nicht zerstört wurden.

Selbst nach seiner Aussöhnung mit dem Šarīf lebte er in der Stille bis zum Tod des letzteren im Jahr 1077, wenn man vielleicht einmal von ein paar Predigten in seiner eigenen Moschee absieht. Dann scheint er allmählich die Lehre wieder aufgenommen zu haben, und von mehreren seiner Schüler sind die Namen überliefert. Es ist nicht bekannt, ob er bis zu seinem Lebensende weiterlehrte. Er selbst jedoch beschrieb sein Gefühl, daß er keine großen Gelehrten hinterlassen werde, und dies betrübte ihn sehr. Sein Schmerz wurde durch den Tod seiner Söhne vermehrt: Der ältere starb 1095 im Alter von 14 Jahren und der jüngere 1116 im Alter von 29 Jahren. Er beklagte sich nicht, sehnte sich aber nach dem Tod und meditierte unablässig über das Leben im Jenseits.

Das wichtigste seiner noch existierenden Werke ist der einzige erhaltene Band des *Kitāb al-Funūn*[41], eines gewaltigen Werkes, das hundert oder gar Hunderte von Bänden umfaßt haben soll. Der Titel bedeutet: „Das Buch (aller) Arten (von Wissen)", und das Werk besteht aus den Gedanken des Verfassers über eine reiche Vielfalt von Themen aus all den Wissensgebieten, für die er sich interessierte. Er schrieb seine Gedanken offensichtlich so nieder, wie sie ihm kamen, und nicht in irgendeiner Ordnung, doch er führte eine anmutige Feder, ob das Thema nun ein paar Zeilen füllt oder sich über eine oder zwei Seiten erstreckt. Er war unzweifelhaft ein sehr begabter Mann, von dem man mit Fug und Recht sagen darf, daß er „an der Spitze einer progressiven Bewegung innerhalb des sunnitischen Traditionalismus stand"[42].

Etwa ein halbes Jahrhundert nach Ibn-ʿAqīl traten zwei ḥanbalitische Gelehrte hervor. Der eine war Ibn-Hubayra (gest. 1165), der als Wesir der Kalifen al-Muqtafī (1136–1160) und al-Mustanǧid (1160–1170) zur „restauration sunnite" beitrug. Er gründete auch in Bagdad eine *madrasa* zur Unterweisung in der ḥanbalitischen Rechtswissenschaft[43]. Der andere, ʿAbd-al-Qādir al-Ǧīlī oder al-Ǧīlānī (gest. 1166)[44], ist als Ṣūfī-Heiliger am besten bekannt, und als solcher wird er im nächsten Band behandelt. Er war aber auch ein Theologe, und sein

41 Hrsg. *G. Makdisi*, The Notebooks of Ibn ʿAqīl: Kitāb al-Funūn, 2 Bände, Beirut o.J. (1970, 1971).
42 EI², Art. „Ibn ʿAqīl" (Abu 'l-Wafā') *(Makdisi)*.
43 REI, xxvii, 109; EI², iii. 160; GALS, i. 687f.
44 REI, xxvii, 111; EI², Art. „ʿAbd al-Ḳādir al-Djīlānī" *(W. Braune)*.

Hauptwerk *Al-Ġunya*, „Die Genügsamkeit“, umfaßt eine theologische Abhandlung und ein kurzes Glaubensbekenntnis.

3. *Das letzte Jahrhundert der ʿAbbāsiden, 1157–1258*

Vor dem Tode Sanǧars, des letzten der Groß-Seldschuken, im Jahr 1157 hatte die Dynastie die tatsächliche Kontrolle über den größten Teil des Irak verloren, und eine Reihe kleinerer Dynastien teilte sich die Regierung. Für den Historiker des islamischen Denkens war das wichtigste politische Ereignis der Zeit vielleicht das Ende der Macht der Fāṭimiden in Ägypten 1171, zusammen mit der Wiederherstellung der Anerkennung des ʿAbbāsidenkalifen im offiziellen Freitagsgottesdienst. Dies war das Werk des großen Saladin (Ṣalāḥ ad-dīn), der auf diese Weise die Ayyūbidendynastie begründete. Das Fehlen eines starken Herrschers im Irak ermöglichte es den ʿAbbāsidenkalifen, wieder ein gewisses Maß an Macht und Einfluß zurückzugewinnen, und viele Ḥanbaliten waren mit den Kalifen im Bunde. Der Ḥanbalismus erlebte also in Bagdad eine Blüte, doch in der Theologie gibt es keinen herausragenden Namen. Diese Ära endete unvermittelt mit der Eroberung und Plünderung Bagdads durch die Mongolen im Jahr 1258. Die Mongolen hielten Damaskus eine Zeitlang besetzt, wurden aber von den neuen Herren Ägyptens, den Mamluken, vertrieben.

Der Gelehrte, der hier der Erwähnung am ehesten wert ist, ist der Polyhistor Ibn-al-Ǧawzī (Abū-l-Faraǧ ʿAbd-ar-Raḥmān ibn-al-Ḥasan), der von 1116 bis 1200, überwiegend in Bagdad, lebte[45]. Mehr als hundert seiner Werke sind erhalten, wobei einige zugegebenermaßen ganz kurz sind, und er soll noch ein paar hundert mehr verfaßt haben. Er wurde vom Wesir Ibn-Hubayra in den Dienst der Kalifen gestellt und trat unter al-Mustanǧid und mehr noch unter dessen Nachfolger al-Mustaḍīʾ (1170–1180) als Prediger hervor. Eine Zeitlang war er auch der dienstälteste Professor an fünf *madrasa*. Der nachfolgende Kalif, an-Nāṣir (1180–1225), stand in weniger enger Verbindung zu den Ḥanbaliten, und 1194 wurde Ibn-al-Ǧawzī, der seine Politik kritisierte, nach Wāsiṭ verbannt, wo er fünf Jahre lang unter Hausarrest blieb und erst kurz vor seinem Tode freigelassen wurde. Als seine bedeutendsten Werke gelten eine Geschichte und eine Reihe lobender Biographien bekannter religiöser Gestalten im frühen Islam. In der Theologie ist er für ein polemisches Werk mit dem Titel *Talbīs Iblīs*, „Satans Verführung“, bekannt, in welchem er nicht nur Sekten wie die Ḫāriǧiten und die verschiedenen Zweige des Schiismus angriff, sondern auch Schulen und Persönlichkeiten innerhalb des Sunnismus, von denen er meinte, sie verträten häretische Auffassungen, wie die Ašʿariten (einschließlich al-Ġazālīs) und die Ṣūfī. Einer seiner Söhne, Muḥyī-d-dīn Ibn-al-Ǧawzī, der bei der Plünderung

45 GAL, i. 659–666; S., i. 914–920; EI², Art. „Ibn al-Djawzī (ʿAbd al-Raḥmān)“ *(Laoust)*; REI, xxvii, 112–116.

Bagdads durch die Mongolen ums Leben kam, war ein berühmter Gelehrter sowie der Begründer einer ḥanbalitischen *madrasa* in Damaskus, der Ǧawziyya. Ein Enkel, der Sohn einer Tochter, der als Sibṭ Ibn-al-Ǧawzī (gest. 1256), „der Enkel von Ibn-al-Ǧawzī", bekannt ist, ließ sich in Damaskus nieder und erlangte als Prediger und Historiker große Bekanntheit, gab aber den Ḥanbalismus zugunsten des Ḥanafismus auf.

Lange Zeit vor 1258 hatte der Ḥanbalismus sich außerhalb Bagdads auch in anderen Zentren etabliert. In Iṣfahān gab es eine Gruppe, zu deren prominenten Mitgliedern ein Vater und sein Sohn gehörten, die beide als Ibn-Manda bekannt waren; sie starben 1005 bzw. 1077. Selbst so weit im Osten wie in Herat in Afghanistan gab es Ḥanbaliten, obwohl der berühmteste dort, ʿAbd-Allāh al-Anṣārī al-Harawī (1005–1089), seine Berühmtheit durch ein Werk über den Ṣūfismus erlangte. Doch vor allem in Damaskus schlug der Ḥanbalismus Wurzeln. Es scheint dort schon vor 945 einen ḥanbalitischen Professor gegeben zu haben, aber besonders im späteren 11. Jahrhundert etablierte die Schule sich in Syrien und Palästina aufgrund der Bemühungen des Abū-l-Faraǧ aš-Šīrāzī (gest. 1093), der in Bagdad ein Schüler Abū-Yaʿlās gewesen war. Er hatte einen Sohn, der auch ein Gelehrter war und eine Widerlegung des Ašʿarismus verfaßte; aber am ehesten bekannt ist er als Begründer der ersten ḥanbalitischen *madrasa* in Damaskus, die als Ḥanbaliyya bekannt ist[46]. Aus zwei anderen Damaszener Familien gingen ebenfalls eine Reihe von Gelehrten hervor, und zwar aus den Banū Munaǧǧā und den Banū Qudāma. Am bekanntesten von diesen war möglicherweise Muwaffaq-ad-dīn ibn-Qudāma (gest. 1223), der eine lange Abhandlung über die Rechtswissenschaft verfaßte, die viel kommentiert wurde und noch heute hochgeschätzt wird[47]. Er schrieb auch ein Buch, das manchmal eine Widerlegung Ibn-ʿAqīls genannt wird und von dem es eine Ausgabe und englische Übersetzung von George Makdisi mit dem Titel „Ibn Qudāma's Censure of Speculative Theology" (d. h. des Kalām) gibt.

Die Tatsache, daß in Damaskus diese starke Gruppe von Ḥanbaliten existierte, bedeutete, daß die Führung der ḥanbalitischen Schule an die Gelehrten von Damaskus überging, nachdem Bagdad so sehr unter den Mongolen gelitten hatte.

d) Die Theologie im islamischen Westen

Mit „islamischer Westen" lassen sich gut das islamische Spanien und Nordafrika bezeichen –, d. h. die Gebiete, die im Arabischen Maġrib oder „Westen" genannt werden. Beinahe das gesamte Spanien wurde im frühen achten Jahrhundert von den Arabern erobert und zu einer Provinz des Umayyadenkalifats. Ein

46 REI, xxvii, 105–107, 121–126; EI², Art. „Ḥanābila", 161.
47 GAL, i. 502–504; S., i. 688 f.; REI, xxvii, 124.

paar Jahre, nachdem die Umayyaden zugunsten der ʿAbbāsiden gestürzt worden waren, wurde ein junger Umayyadenprinz, dem es gelungen war zu entkommen, unabhängiger Herrscher der Provinz al-Andalus oder Spanien. Die Umayyaden behaupteten ihre Herrschaft in Spanien bis 1031, aber seit 1008 war ihre Autorität zusammengebrochen, und im Land herrschten chaotische Zustände. Zwischen 1031 und 1090 gab es nicht einen einzigen Herrscher, der behauptete, Herr des ganzen Landes zu sein, aber es gab über ein Dutzend kleiner Dynastien, von denen jede ein kleines Territorium unter ihrer Kontrolle hatte und die einander bisweilen bekämpften. Diese sind im Arabischen als *mulūk aṭ-ṭawāʾif*, im Spanischen als *reyes de taifas* bekannt. (Im frühen 10. Jahrhundert hatten die Umayyaden den Titel „Kalif" angenommen, den zu benutzen sie sich bis dahin geweigert hatten, obwohl sie niemals die ʿAbbāsiden anerkannt hatten. Sie nahmen den Titel nunmehr an, um den Ansprüchen der Fāṭimiden in Tunesien entgegenzutreten.)

Das islamische Nordwestafrika (das heutige Marokko und Algerien) hat eine komplexe Geschichte mit verschiedenen kleineren Dynastien zu verschiedenen Zeiten. Nachdem die Fāṭimiden 909 Tunesien erobert hatten, dehnten sie ihre Macht bald bis zum Atlantik aus, aber nachdem sie 969 Ägypten erobert und Kairo zu ihrer Hauptstadt gemacht hatten, lockerte sich ihr Griff um die westlichen Provinzen. Von der Mitte des 11. bis zur Mitte des 13. Jahrhunderts wurden die Geschicke im islamischen Westen nacheinander von zwei großen Reichen gelenkt, die von Berberdynastien regiert wurden: den Almorawiden und den Almohaden (auf Arabisch al-Murābiṭūn und al-Muwaḥḥidūn). Beide begannen als Bewegungen der religiösen Erneuerung oder Reform unter jungen Menschen, die schließlich politische Macht erlangten. Im Augenblick seiner größten Ausdehnung erstreckte das Almorawidenreich sich vom Süden des Senegalflusses bis nach Algier, und von 1090 an umfaßte es beinahe das ganze islamische Spanien, das die Almorawiden um Hilfe gegen die christliche Reconquista gebeten hatte. Zwischen 1120 und 1150 eroberten die Almohaden den größten Teil des Reiches und dehnten es sogar bis einschließlich Tunesien aus, obwohl ihre Herrschaft sich nicht so weit nach Süden erstreckte wie die der Almorawiden. Als die Almohaden sich ihrerseits im Niedergang befanden, eroberten die Christen den größten Teil Spaniens, bis auf das kleine Sultanat Granada, zurück. Die Almohadendynastie erlosch 1269.

1. Ibn-Ḥazm. Der eine herausragende Theologe des islamischen Spanien war Ibn-Ḥazm (Abū-Muḥammad ʿAlī ibn-Aḥmad), der 993 oder 994 in einer Vorstadt von Córdoba geboren wurde[48]. Lateinischschreibende Gelehrte des Mittelalters

48 GAL, i. 505f.; S., i. 692–697; EI², Art. „Ibn Ḥazm" *(R. Arnaldez)*, iii. 790–799 (engl.). *Roger Arnaldez*, Grammaire et théologie chez Ibn Ḥazm de Cordoue: Essai sur la structure et les conditions de la pensée musulmane, Paris 1956; – Controverses théologiques chez Ibn Ḥazm de Cordoue et Ghazali, Mardis de Dar el-Salam, 1953, 207–248; – La profession de foi d'Ibn Ḥazm, Congreso de arabistas e islamistas,

nennen ihn manchmal Abenhazam. Er soll einer alten spanisch-christlichen Familie entstammen, die zum Islam übergetreten war. Sein Vater Aḥmad stieg zur Position des Wesirs auf, aber dadurch wurde er in die Schwierigkeiten hineingezogen, die sich aus dem Zusammenbruch der Regierung im Jahr 1008 ergaben, und er starb 1012. Der junge Ibn-Ḥazm litt unter den Wirren dieser Jahre, doch das hinderte ihn nicht daran, eine Laufbahn in der Verwaltung einzuschlagen und für zwei oder sogar drei der ziemlich machtlosen und kurzlebigen Umayyadenkalifen Wesir zu werden. Er war mehrmals im Gefängnis. Nach dem Verschwinden des letzten Umayyaden 1031 zog er sich mehr oder weniger zurück und befaßte sich mit geistiger Arbeit. Er starb 1064 in dem Dorf, aus dem seine Familie ursprünglich stammte. Er hatte in Córdoba eine umfassende Bildung in vielen Disziplinen erworben und fühlte sich besonders zu denen hingezogen, die mit Sprache und Literatur zu tun hatten. Er mußte selbstverständlich Jurisprudenz studieren, aber die mālikitische Schule, die in al-Andalus die stärkste war, stellte ihn nicht zufrieden, und nachdem er eine Zeitlang der šāfiʿitischen Schule angehangen hatte, fand er seine geistige Heimat schließlich in der ẓāhiritischen Schule (s. Band I, S. 250).

Die ẓāhiritische Rechtswissenschaft beruhte auf dem Prinzip, daß die Aussagen des Koran und des Ḥadīṯ in ihrem wörtlichen oder äußerlichen Sinne *(ẓāhir)* zu verstehen seien und nicht in einem innerlichen oder esoterischen Sinne *(bāṭin)*. Vorhergehende Ẓāhiriten hatten das Prinzip nur auf Rechtsfragen angewendet und in der Theologie unterschiedliche Auffassungen vertreten. Ibn-Ḥazm versuchte nun, das Prinzip auf Belange des Dogmas anzuwenden und auf diese Weise Recht und Theologie in ein einziges intellektuelles Gefüge einzubinden. Seine kohärente Methodologie umfaßte in der Tat auch Grammatik, wie in der sorgfältigen und detaillierten Untersuchung über sein Denken belegt wurde, die Roger Arnaldez 1956 veröffentlichte. Ibn-Ḥazm wußte sehr wohl um die Art und Weise, in der die subjektiven Motivationen der Menschen dazu führen, daß ihre Feststellungen und Interpretationen von der strengen Wahrheit abweichen. Man könnte sagen, daß sein Hauptziel darin bestand, eine Sicht des ganzen menschlichen Lebens vorzustellen, die einzig auf der objektiven göttlichen Offenbarung, dem *ẓāhir*, gründete, und alles Subjektive ausschloß. Dies war die kohärente Ausarbeitung einer religiösen Intuition, die tief in der muslimischen Seele wurzelt – die Intuition, die in der traditionellen Auffassung ihren Ausdruck findet, daß der Koran in keiner Weise von Mohammeds Persönlichkeit beeinflußt war, sondern ihm durch einen Engel von außerhalb seiner selbst (von Gott) gebracht wurde. Etwas von derselben Objektivität findet sich in dem Akt, der den Höhepunkt des muslimischen Gottesdienstes darstellt –, der Akt des *suǧūd* oder des

Córdoba, 1962, Actas, 137–161. *M. Asin Palacios*, Abenházam de Córdoba y su historia de la ideas religiosas, Madrid 1927. *I. Goldziher*, Die Zâhiriten, ihr Lehrsystem und ihre Geschichte, Leipzig 1884, insbes. 116–170.

Berührens des Bodens mit der Stirne bei den formellen Gebeten, in der völligen Unterwerfung der eigenen menschlichen Natur unter die Allmacht Gottes. Es ist deshalb nicht erstaunlich, daß Ibn-Ḥazm einen beträchtlichen Einfluß im islamischen Westen ausübte, auch wenn er keine Schüler hatte. Seine theologischen Anschauungen wurden von anderen Ẓāhiriten nicht anerkannt, und in der Tat verschwand die Schule. Doch von seiner Ausrichtung findet sich etwas bei späteren Autoren dieser Region, selbst wenn ihre allgemeine Position sich sehr stark von der seinen unterscheidet.

Seine Auffassungen über die theologische Doktrin waren einfach und denen der Ḥanbaliten nicht unähnlich. Wie sie griff er *qiyās*, „Argumentation aufgrund von Analogie", an und beharrte darauf, daß die Wahl der Grundlage des Vergleiches, auf der die Analogie beruhte, notwendigerweise subjektiv sei. Eine kurze Erklärung seiner doktrinären Glaubensvorstellungen hat er in einem Kapitel über *tawḥīd*, ‚Einheit (Gottes)', geliefert, und zwar am Anfang eines Rechtswerkes mit dem Titel *Kitāb al-Muḥallā*, „Das Buch des Geschmückten". Sein bedeutendstes theologisches Werk ist nicht eine umfassende Abhandlung nach Art der Aš'ariten und Māturīditen, sondern nimmt die Gestalt einer „kritischen Geschichte religiöser Ideen" an. Der kurze Titel lautet *Kitāb al-fiṣal*, „Das Buch der Unterscheidungen". Es ist z.T. eine islamische Häresiographie, aber es schildert in knapper Form die Ansichten der Sekten und legt dann ausführlich die Gründe für die Ablehnung dieser Anschauungen dar. Es beschäftigt sich in gleicher Weise auch mit anderen Religionen, insbesondere mit dem Christentum. Dieser letzte Punkt, der den spanischen Islamisten Miguel Asin Palacios veranlaßte, Ibn-Ḥazm „den ersten Historiker religiöser Ideen" zu nennen, läßt sich vielleicht auf den interreligiösen Kontakt im islamischen Spanien zurückführen. Besonders scharf war er in seinen Angriffen auf die Aš'ariten und ihre Doktrin von den göttlichen Attributen; denn er betrachtete ihren Gebrauch der „analogen Beweisführung" im Hinblick auf dieses Thema als ein subjektives Element. Er scheint sie strenger behandelt zu haben als die Mu'taziliten. Seine eigene Position war ein Versuch, sowohl den Anthropomorphismus als auch die metaphorische Interpretation zu vermeiden, und darin näherte er sich der ḥanbalitischen Konzeption von *balkafiyya*, „Amodalität", an. Bei der Erörterung verschiedener Punkte in den Beschreibungen von Himmel und Hölle sagte er: „Wir glauben an sie, aber wir wissen nicht, *wie* sie sind *(kayfa)*".

Das Wesen dieses Werkes wurde von einem der ersten westlichen Gelehrten, der es studierte, Israel Friedlaender, gut erfaßt. Er schrieb:

> „...in jedem Falle ergibt sich aus der genauern Untersuchung der Komposition des Milal wa 'n-Nihal das interessante Resultat, daß dieses berühmte Buch des Ibn Ḥazm zunächst als ein vornehmlich dogmatisches Werk gedacht war, das die gesamte Dogmatik des Islam vom spezifischen Standpunkt der Ẓahiriten aus beleuchten sollte, und dieser dogmatischen Tendenz

gegenüber die Darstellung der Religionen und Sekten in den Hintergrund trat"[49].

Während man sich hier auf Ibn-Ḥazms theologisches Denken konzentriert, muß betont werden, daß er ein vielseitiger Mann war, der auch Bücher aus den Gebieten der Rechtswissenschaft, der Ethik und Askese, bis hin zur Belletristik, Geschichte und sogar Philosophie verfaßte. Sein in Europa bekanntestes Werk, das in fünf europäische Sprachen übersetzt wurde, ist *Ṭawq al-ḥamāma fī-l-ulf wa-l-ullāf*, „Das Halsband der Taube über die Liebe und die Liebenden"[50]. Dies war sein erstes Prosawerk, das wahrscheinlich um 1022 geschrieben wurde, und es gehört zu einem in der arabischen Literatur bereits etablierten Genre. Dennoch gelang es Ibn-Ḥazm, Originalität zu entwickeln. Arnaldez meint, die Abfassung habe sich über einen langen Zeitraum erstreckt; denn das Werk werde fortschreitend ernster und mit moralischen und religiösen Reflexionen angefüllt.

2. Abū-Bakr ibn-al-ʿArabī (Muḥammad ibn-ʿAbd-Allāh al-Išbīlī)[51] verdient zumindest eine kurze Erwähnung. Er wurde 1076 in Sevilla geboren, unternahm 1092 mit seinem Vater eine Reise in den Orient, studierte in Damaskus und Bagdad, machte im November-Dezember 1096 die Wallfahrt nach Mekka, kehrte nach Bagdad zurück und ging dann mit seinem Vater nach Ägypten, um in Kairo und Alexandria Ḥadīṯ zu studieren. Nach dem Tod seines Vaters 1099 kehrte er nach Sevilla zurück, wo er große Verehrung genoß, vielleicht in erster Linie wegen seiner Ḥadīṯ-Kenntnisse. Er besuchte, wahrscheinlich zwischen 1093 und 1095, die Vorlesungen al-Ġazālīs, ehe dieser seine Professur aufgab, aber er berichtet auch, er habe ihn im Mai-Juni 1097 in Bagdad wiedergesehen. Erst vor kurzer Zeit sind die Gelehrten sich seiner Ansichten über Kalām bewußt geworden, als sie erkannten, daß er, und nicht Muḥyī-d-dīn ibn-ʿArabī, der Verfasser von *ʿAwāṣim al-Qawāṣim*, „Die wohlverteidigten Bollwerke der Zerstörenden" ist. In diesem Werk folgt er in etwa der ašʿaritischen Schule und führt insbesondere eine scharfe Attacke gegen Ibn-Ḥazm[52]. Eine Zeitlang war er Oberqāḍī von Sevilla, doch nach der Einnahme Sevillas durch die Almohaden 1145 wurde er nach Marrakesch deportiert und gefangengehalten. Er wurde zwar freigelassen, starb aber 1148 auf einer Reise nach Fes und wurde dort begraben.

3. Ibn-Tūmart. Die Theologie des Ibn-Tūmart[53] wäre der Aufmerksamkeit kaum wert, wäre sie nicht die offizielle Theologie des Almohadenreiches gewor-

49 „Zur Komposition von Ibn Ḥazm's Milal wa 'n-Niḥal", Orientalische Studien Th. Nöldeke gewidmet..., Gießen 1906, i. 267–277, insbes. 276.

50 Deutsche Übersetzung von *M. Weisweiler*, Leiden 1941.

51 GAL, i. 525; S., i. 632f., 732f.; EI², Art. „Ibn al-ʿArabī (Abū Bakr...)" *(J. Robson)*; Ibn-Ḫaldūn, iii. 12–14.

52 ʿAwāṣim al-Qawāṣim, hrsg. von ʿAmmār Ṭālibi (Talbi), Band 2 des folgenden; Ders., Arā' Abī-Bakr ibn-al-ʿArabī al-Kalāmiyya, Algier, ohne Jahr (?1974).

53 GAL, i. 506f.; S., i. 69; Ibn-Ḫallikān, iii. 205–217; EI², Art. „Ibn Tūmart" *(J. F. P. Hopkins)*.

den. Ibn-Tūmart (Muḥammad ibn-ʿAbd-Allāh) war berberischer Herkunft und wurde zwischen 1078 und 1081 in Nordafrika geboren. Ungefähr 1106 oder 1107 ging er nach Córdoba und studierte dort ein Jahr lang. Dann zog er in den Orient, nach Alexandria, Mekka und Bagdad. Um seine Begegnung mit al-Ġazālī ranken sich manche Geschichten, aber diese sind beinahe mit Sicherheit apokryph, da al-Ġazālī im Juli 1106 die Lehre in Nīšāpūr wieder aufgenommen hatte – zu der Zeit also, als Ibn-Tūmart nach Córdoba ging, oder sogar noch früher. Er geriet jedoch unter ašʿaritischen Einfluß, und möglicherweise verdankte er sein Interesse an der Philosophie zu einem Teil al-Ġazālī. Als er in Spanien war, geriet er wahrscheinlich auch indirekt unter den Einfluß von Ibn-Ḥazm. Es heißt oft von ihm, er habe ašʿaritische Auffassungen im Westen verbreitet, aber er war kein konsequenter Ašʿarit und offensichtlich in der Hauptsache damit beschäftigt, den Anthropomorphismus anzugreifen. Sein Gottesbegriff scheint mehr auf der Philosophie als auf der Offenbarung gegründet zu sein; denn durch die Hervorhebung von *tawḥīd*, ‚Einheit', – das Nomen, das dem Partizip Muwaḥḥidūn entspricht –, schrieb er Gott eine rein abstrakte Einheit zu. Es ist merkwürdig, daß er in diesem Punkt einer Meinung mit Ibn-Ḥazm zu sein scheint, da er die ašʿaritische Auffassung von den göttlichen Attributen zurückweist.

Sein Besuch im Orient soll ihn dazu inspiriert haben, die religiöse Reform des Westens zu planen, so daß er auf seiner Heimreise (etwa 1116 oder 1117) schon auf dem Schiff mit dem Predigen begann. Er mußte allerdings von Ort zu Ort ziehen, weil er aufgrund seines Temperaments dazu neigte, Opposition zu entfachen. Schließlich fand er unter den Berbern des Stammes Maṣmūda und anderen Stämmen Anhänger und begann mit einer Erhebung gegen die Almorawiden; denn es war hauptsächlich deren rechtliches und theologisches System, das er reformieren wollte. Um 1121 behauptete er öffentlich, der Mahdī, der „rechtgeleitete (Führer)", zu sein, der als eine Art Messias alles zurechtrücken würde. Obwohl er viele Anhänger gewann, war seiner Bewegung gegen die Almorawiden bis zur Zeit seines Todes (ungefähr 1130) wenig Erfolg beschieden. Doch 1132 übernahm ʿAbd-al-Muʾmin, ein Mann mit großen administrativen und militärischen Fähigkeiten, der Ibn-Tūmart in Bougie (im Osten Algeriens) auf dessen Rückweg aus dem Osten getroffen und sich ihm angeschlossen hatte, die Führung der almohadischen Bewegung. Bis 1147 hatte er die almorawidische Macht in Nordafrika zerstört, und bald danach dehnte er seinen Einfluß über das islamische Spanien aus, wo er sogar noch einige Gebiete von den Christen zurückeroberte.

Ein gewichtiger Faktor bei der Ablösung der Almorawiden durch die Almohaden war zweifellos die Feindseligkeit einiger Berberstämme gegenüber den Berberstämmen, die die Almorawiden unterstützten. Aber diese Feindseligkeit wurde erst durch die religiöse Lehre Ibn-Tūmarts geschürt, auch wenn er selbst in erster Linie an religiöser Reform interessiert war. Die Idee vom Mahdī steht in engem Zusammenhang mit dem Schiismus, aber sie findet sich von einer frühen

Zeit an auch bei Sunniten. Daß sie allerdings in der almohadischen Bewegung so bereitwillig akzeptiert wurde und eine so wichtige Rolle spielte, hängt mit dem angeborenen Bedürfnis der Berber nach einem von Gott inspirierten oder sonst irgendwie übermenschlichen Führer zusammen – wie es in dem volkstümlichen Kult der Marabuts oder heiligen Männer seinen Ausdruck findet. Die Almorawiden bezeichnete Ibn-Tūmart als Anthropomorphisten und den Kampf gegen sie als *ǧihād*, ‚heiliger Krieg'. Es ist interessant, daß er für seine Anhänger auch Lehrbücher in der Berbersprache benutzte; ebenso verwendete er diese auch im Gebetsruf.

Während die Almohadenbewegung selbst nicht viel zur allgemeinen Entwicklung des islamischen Denkens beitrug, stellte sie die tolerante Atmosphäre her, die im islamischen Spanien in den Personen des Ibn-Ṭufayl und des Averroes eine große Blüte des Philosophie ermöglichte.

4. Muḥyī-d-dīn ibn-al-ʿArabī. Viel mehr Einfluß als Ibn-Tūmart besaß Muhyī-d-dīn ibn-al-ʿArabī, aber er war in erster Linie ein Ṣūfī, und eine Darstellung seines Lebens und Denkens findet sich in dem Teil über den Ṣūfismus. Er interessierte sich für theologische Fragen und erarbeitete ein spekulatives intellektuelles Konzept, das vielleicht am besten als Theosophie bezeichnet wird. Er wurde in Murcia geboren und studierte in Sevilla und anderen Städten des islamischen Spanien und Nordafrika bis zum Jahr 1202, als er sich auf die Wallfahrt nach Mekka begab. Danach blieb er im Orient, hauptsächlich in Konya und Damaskus, wo er 1240 starb[54]. Von westlichen Gelehrten ist er oft „Ibn-ʿArabī" genannt worden, um ihn von dem Qāḍī Abū-Bakr (2 oben) zu unterscheiden, aber „Ibn-al-ʿArabī" scheint die korrekte Form zu sein.

e) Kleinere Schulen

1. Karrāmiten. Über die Ansichten des Begründers der karrāmitischen Schule, Ibn-Karrām, ist bereits etwas berichtet worden (S. 288). Abgesehen von Zentren in Jerusalem und Fusṭāṭ (Alt-Kairo), traf man vom 10. bis zum 12. Jahrhundert die Karrāmiten hauptsächlich im östlichen Iran und in Afghanistan an. Die Häresiographen erwähnen eine Reihe von Unterabteilungen, aber über diese ist bis auf die Namen eigentlich nichts bekannt. Von den Werken der Karrāmiten ist offensichtlich nur ein weniger bedeutendes erhalten geblieben, und daher hat man ihre Ansichten (und die ihres Begründers) anhand der Aussagen ihrer Gegner rekonstruiert. In den Zentren, wo sie stark vertreten waren, entfachten sie oft gewalttätige Opposition. Wie oben erwähnt (S. 400), wurden sie eine Zeitlang vom Sultan Maḥmūd von Ghazna unterstützt, aber dieser entzog ihnen um 1012 seine Unterstützung. Die ausführlichste Information über sie stammt aus Nīšāpūr, wo sie unter der Führerschaft der Familie der Banū (Söhne des) Maḥmašāḏ

54 GAL, i. 571–582; S., i. 790–802; EI², Art. „Ibn al-ʿArabī", Muḥyi 'l-Dīn" *(A. Ateş)*.

viele Anhänger hatten[55]. Unser Wissen über die Karrāmiten ist also zwar begrenzt, aber sie scheinen bei der Verbreitung einer gemäßigten Form des sunnitischen Kalām im östlichen Teil des ʿAbbāsidenkalifats eine bedeutende Rolle gespielt zu haben.

2. Sālimiten. Die Sālimiten (Sālimiyya) leiten ihren Namen von ihrem Begründer Ibn-Sālim (Abū-l-Ḥasan oder Abū-l-Ḥusayn Aḥmad ibn-Muḥammad al-Baṣrī) ab, der ein Anhänger des Ṣūfī Sahl at-Tustarī (gest. 896) war und von 880 bis 967 lebte[56]. Zu den späteren Mitgliedern der Schule gehörten der Ṣūfī Abū-Ṭālib al-Makkī (gest. 990), der Verfasser des einflußreichen Werkes *Qūt al-qulūb*, „Die Nahrung der Herzen"[57], und Ibn-Barraǧān (gest. 1141), dessen Ṣūfī-Kommentar zum Koran noch in Teilen existiert[58]. Möglicherweise sind die häretischen Behauptungen aus *Qūt al-qulūb* herausgenommen worden; jedenfalls ist es schwer, aus einem Werk wie diesem oder dem Korankommentar des Ibn-Barraǧān theologische Dogmen abzuleiten, und deshalb müssen die Hauptzüge der theologischen Anschauungen der Sālimiten anhand von Erklärungen ihrer Gegner rekonstruiert werden, die in der Hauptsache Ḥanbaliten gewesen zu sein scheinen. Abū-Yaʿlā führt in einem seiner Werke eine Liste mit sechzehn Irrlehren an, denen sie anhingen[59], und ʿAbd-al-Qādir al-Ǧīlānī wiederholt zehn von diesen[60]. Der erste, der die Aufmerksamkeit auf sie lenken sollte, war Ignaz Goldziher[61], und danach wurden sie ziemlich eingehend von Louis Massignon untersucht, weil sie zu den ersten gehörten, die glaubten, daß al-Ḥallāǧ kein Häretiker war. Henri Laoust hat erkannt, daß sie über Abū-Ṭālib al-Makkī Einfluß auf Ibn-Taymiyya ausgeübt hatten[62].

Einige der von Abū-Yaʿlā aufgezählten Behauptungen scheinen unerheblich zu sein: Iblīs (Satan) warf sich vor Adam bei der zweiten Gelegenheit nieder, als er aufgefordert wurde, das zu tun; Moses rühmte sich, von Gott angesprochen zu sein, und dann wurden ihm hundert Berge gezeigt, auf denen sich je ein Moses befand. Diese ergeben aber mehr Sinn, wenn man sie im Kontext, und nicht isoliert betrachtet. Die verständlicheren Behauptungen sind die folgenden: Gott erschafft unaufhörlich, und folglich ist er überall gleichmäßig gegenwärtig. Wenn jemand den Koran zitiert, ist es Gott, den man sprechen hört. Gott hat einen Willen *(mašīʾa)*, der unerschaffen ist, während seine besonderen Beschlüsse *(irādāt)* erschaffen sind. Seine Beschlüsse, die die Verfehlungen der Geschöpfe betref-

55 EI², Art. „Karrāmiyya" *(C. E. Bosworth)*.
56 *Massignon*, Passion², i. 631, ii. 140f.; *M.* korrigiert hier seine Behauptungen in Passion¹, i. 301 und EI¹ bzw. EI(H), Art. „Sālimīya".
57 EI², Art. „Abū Ṭālib al-Makkī" *(Massignon)*.
58 GAL, i. 559.
59 Wiedergegeben in *Massignon*, Essai², 298–300.
60 Ġunya, i. 83f. (bzw. 106f.).
61 „Die dogmatische Partei der Sālimijja", ZDMG, lxi (1907), 73–80 (= Gesammelte Schriften, v. 76–83); *Massignon*, Essai², 294–300; Passion², Index.
62 Ibn Taimīya, s. Index.

fen, sehen die Verfehlungen als in ihnen liegend *(bi-him)* voraus, nicht als von ihnen herrührend *(min-hum)*. Am Tage des Gerichts wird Gott sich allen Geschöpfen, Dschinn, Menschen, Engeln und Tieren zeigen, und zwar in einer Gestalt, die jedem angemessen ist, so daß jeder seine Bedeutung anerkennen wird. Gott hat ein Geheimnis *(sirr)* oder eine geheime Natur, und dasselbe gilt für Propheten und Gelehrte, ja für jeden: „Für den Gläubigen besteht die mystische Vereinigung darin, seiner Persönlichkeit, seines göttlichen „Ich", bewußt zu werden in dem Maße, in dem es ihm von aller Ewigkeit her verliehen worden ist *(sirr ar-rubūbiyya)*"[63]. In der Zeit zwischen dem Tode und dem Jüngsten Tag existiert die Seele des Menschen weiter.

Die Sālimiten waren von der konservativen und traditionellen Orthodoxie nicht sehr weit entfernt, aber auf der Grundlage ihrer mystischen Erlebnisse nahmen sie sich eine gewisse Freiheit bei ihren theologischen Spekulationen. Und es war diese Freiheit, die Opposition auslöste und die ihnen auch Einfluß verlieh.

Kapitel 3. Die Geschichte des Schiismus bis 1250

a) die Imāmiten

Es ist oben dargelegt worden, wie der Imāmismus als die Doktrin von den Zwölf Imamen in den Jahren nach dem Tode des Elften Imam 874, hauptsächlich aufgrund der Bemühungen der Banū Nawbaḫt, gestaltet und organisiert wurde. Es handelt sich bei diesen um eine weitverzweigte Familie. Viele ihrer Mitglieder besaßen großes politisches Geschick und überwanden am Ende eine beträchtliche Opposition. Louis Massignons jüngste Behandlung des Themas zeigt, wie vielschichtig der Prozeß war[1]. Der Zeitraum von ungefähr siebzig Jahren nach dem Verschwinden des Zwölften Imam ist als die „kleinere Abwesenheit" bekannt, da es während dieser Zeit immer einen Vertreter *(wakīl, safīr)* gab, der angeblich mit dem Imam in Kontakt stand. Es gab vier solche „offiziellen" Vertreter sowie einige rivalisierende Bewerber. Als 941 der vierte „offizielle" Vertreter starb, soll er sich geweigert haben, einen Nachfolger zu bestimmen. Einer der rivalisierenden Bewerber, der 945, als die Buwayhiden an die Macht gelangten, noch am Leben war, wurde ins Gefängnis geworfen. Trotz ihrer schiitischen Sympathien wollten die Buwayhiden ihre Autorität nicht einmal von dem Vertreter eines unfehlbaren Imam bedrohen lassen. Wie auch immer die genauen Einzelheiten ausgesehen haben mögen, die Vertreterreihe endete, und es begann die „größere Abwesenheit", die immer noch fortbesteht und in der es

63 EI(H), Art. Sālimīya *(L. Massignon)*.
1 Passion², i. 354–368.

keinen Kontakt mit dem Imam gibt, obwohl er am Leben und auf Erden sein soll. Zu dieser Zeit war die Existenz oder Nichtexistenz eines „offiziellen" Vertreters eine Angelegenheit von geringer Bedeutung, da die tatsächliche politische Wirkung der imāmitischen Glaubensvorstellungen darin bestand, dazu anzuhalten, diejenige Regierung zu akzeptieren, die sich gerade an der Macht befand, ohne sie aufrichtig zu unterstützen.

Ehe die Buwayhiden in Bagdad die Macht übernahmen, hatte der Gelehrte al-Kulīnī (gest. 939) begonnen, das Fundament des imāmitischen Rechtes zu legen. Doch die systematische Ausarbeitung des imāmitischen Glaubens ist das Werk einer Reihe von Gelehrten, das sich ungefähr über das nachfolgende Jahrhundert erstreckte. Die bedeutendsten von ihnen waren: 1. Aš-Šayḫ aṣ-Ṣadūq, auch als Ibn-Bābawayh (oder -Bābūya) al-Qummī (gest. 991) bekannt, der Sohn des Šayḫ der Imāmiten in Qumm, der einige Zeit in Bagdad verbrachte und sich schließlich in Rayy niederließ, das damals dem Wesir aṣ-Ṣāḥib ibn-ʿAbbād unterstand[2]. 2. Aš-Šayḫ al-Mufīd (947–1022) war zuletzt das Oberhaupt der Schule von Bagdad und stand Ibn-Bābawayh etwas kritisch gegenüber[3]. 3. Aš-Šarīf al-Murtaḍā ʿAlam-al-hudā (967–1044) war ein Nachkomme des Siebten Imam und wurde *naqīb*, „Oberhaupt", der ʿAliden. Er hatte unter aš-Šayḫ al-Mufīd studiert und wurde nach dem Tod des letzteren, Oberhaupt der Schule in Bagdad. Er hatte jedoch auch unter nichtschiitischen Lehrern studiert, einschließlich des Qāḍī ʿAbd-al-Ǧabbār des Muʿtaziliten, und seine Anschauungen waren dem Muʿtazilismus näher als die von al-Mufīd[4]. 4. Aš-Šayḫ aṭ-Ṭūsī (Abū-Ǧaʿfar Muḥammad ibn-Ḥusayn, auch bekannt als Šayḫ aṭ-Ṭāʾifa) wurde 995 in Ṭūs geboren und studierte in Bagdad unter aš-Šayḫ al-Mufīd und aš-Šarīf al-Murtaḍā. Nach der Vertreibung der Buwayhiden aus Bagdad 1055 ging er nach Neǧef und starb dort 1067[5]. 5. Al-Faḍl aṭ-Ṭabarsī (gest. 1153 oder 1157) galt als der führende Theologe seiner Zeit, aber man erinnert sich seiner hauptsächlich wegen seines großen Korankommentars[6].

Der charakteristische Zug der schiitischen Theologie ist der Glaube an das Imamat. Nach dem imāmitischen Glauben ist das Imamat eine Art Fortsetzung des Prophetentums. Der Prophet erfüllte die Funktionen eines Imam, empfing aber zusätzlich die Offenbarungen, auf denen die äußere religiöse Ordnung der Gemeinschaft beruht. Man glaubt, der Imam habe dreierlei Aufgaben: Er ist der Herrscher der Gemeinschaft, dem Gehorsam gebührt; er ist die Quelle der religiösen Lehre der Gemeinschaft, die aus der Offenbarung abgeleitet ist, und er ist der Führer, von dem die Menschen die innere Bedeutung der Dinge lernen

2 GAL, i. 209; S., i. 321; GAS, i. 544–549; EI², Art. „Ibn Bābawayh(i)" *(A. A. A. Fyzee)*.
3 GAL, i. 201; S., i. 322; GAS, i. 549–551; *Martin J. McDermott*, The Theology of Al-Shaikh Al-Mufīd, Beirut 1978.
4 GAL, i. 510–512; S., i. 704–706.
5 GAL, i. 512f.; S., i. 706f.
6 GAL, i. 513f.; S., i. 708f.

können[7]. Ein Mensch wird nur dann imstande sein, diese Aufgaben zu erfüllen, wenn er von Gott bestimmt und nicht von Menschen gewählt ist. In Wirklichkeit bedeutet das, daß er von dem vorhergehenden Imam ernannt werden muß, und die Schiiten glauben, daß eine Ernennung *(naṣṣ)* ʿAlīs durch den Propheten erfolgt sei. Jeder der Imame wurde von Gott vor Sünde und Irrtum bewahrt *(maʿṣūm)*. Der Zweite Imam ernannte seinen Bruder, aber abgesehen davon ging das Imamat vom Vater auf den Sohn über. Die Zwölf Imame sind:

1. ʿAlī ibn-Abī-Ṭālib (gest. 661)
2. al-Ḥasan ibn-ʿAlī (gest. 669)
3. al-Ḥusayn ibn-ʿAlī (gest. 680)
4. ʿAlī Zayn-al-ʿĀbidīn (gest. 714)
5. Muḥammad al-Bāqir (gest. 733)
6. Ǧaʿfar aṣ-Ṣādiq (gest. 765)
7. Mūsā al-Kāẓim (gest. 799)
8. ʿAlī ar-Riḍā (gest. 818)
9. Muḥammad al-Ǧawād (gest. 835)
10. ʿAlī al-Hādī (gest. 868)
11. al-Ḥasan al-ʿAskarī (gest. 874)
12. Muḥammad al-Mahdī

Wie bereits erklärt, soll der Zwölfte Imam noch am Leben sein, aber in der Verborgenheit. Er wird auch al-Qā'im, „der Verteidiger (des Gesetzes Gottes)", und al-Muntaẓar, „der Erwartete", genannt. Er wird zur rechten Zeit zurückkehren und „die Erde mit Gerechtigkeit und Billigkeit erfüllen, wie sie jetzt erfüllt ist von Unterdrückung und Sünde"[8]. (Der Neunte Imam ist auch als at-Taqī und der Zehnte als an-Naqī bekannt.)

Abgesehen von dem Problem des Imamats ähneln die Glaubensvorstellungen, bis auf geringfügige Einzelheiten, denen der Sunniten. Ignaz Goldziher hob hervor, daß selbst die Sunna oder das Vorbild des Propheten bei den Imāmiten von großer Bedeutung war[9]. Doch zugleich waren sie der Ansicht, daß die meisten der Prophetengenossen, die von den Sunniten bewundert werden (und die auch die ersten Ḥadīṯübermittler waren), unzuverlässig waren, da sie nicht akzeptiert hatten, daß Mohammed ʿAlī zu seinem Nachfolger als Imam bestimmt habe. Daher legten sie ihre eigenen Ḥadīṯsammlungen an, und diese trugen gewöhnlich den Namen eines der Imame oder der hochgeachteten schiitischen

7 *Asaf A. A. Fyzee*, A Shīʿite Creed (London 1942), engl. Übersetzung eines Sendschreibens über Dogmenlehre von Ibn-Bābawayh, 96. EI², Art. „Ithnāʿashariyya" *(S. H. Nasr)*, ad fin. ʿAllāmah Sayyid M. H. Ṭabāṭabāʾī, Shīʿite Islam, translated from the Persian and edited with an Introduction and Notes by *Seyyed Hossein Nasr*, London 1975, 184–186.

8 A Shīʿite Creed, 98.

9 Vorlesungen², 230–232.

Gelehrten in der Übermittlerkette *(isnād)*. Schließlich wurde das, was als „die Vier Bücher" bekannt ist, als kanonisch betrachtet. Es sind dies: *al-Kāfī fī ʿilm ad-dīn*, „Was in der Religionswissenschaft genügt", von al-Kulīnī; *Man lā yaḥduru-hu l-faqīh*, „Derjenige, der keinen Anwalt dahat" von Ibn-Bābawayh; *Tahḏīb al-aḥkām*, „Die Kritik von Urteilssprüchen" von aš-Šayḫ aṭ-Ṭūsī, und ebenfalls von diesem *al-Istibṣār fī-mā ḫtalafa fī-hi l-aḫbār*, „Überprüfung der Unterschiede im Ḥadīṯ".

Viele der Ḥadīṯe der Imāmiten ähneln denen der Sunniten, und folglich ähneln sich auch viele ihrer religiösen Praktiken. Und aufgrund derselben Prinzipien der Rechtswissenschaft, nämlich Koran, Sunna (= Ḥadīṯ), Konsens *(iğmāʿ)* und Analogie *(qiyās)*, werden auch detallierte Gesetze ausgearbeitet, doch der Konsens muß mit den Auffassungen der Imame gekoppelt werden. Mehr Spielraum erhält der Analogieschluß bei den Imāmiten; denn die führenden Rechtsgelehrten haben zu jeder Zeit das Recht des *iğtihād*, d. h. das Recht, die Grundprinzipien in einer neuen Art und Weise auf ein zeitgenössisches Problem anzuwenden, ohne sklavisch dem Präzedenzfall zu folgen. Ein Rechtsgelehrter mit diesem Recht ist ein *muğtahid*.

Die früheste vollständige Erklärung des doktrinären Glaubens ist die *Risālat al-iʿtiqādāt al-imāmiyya*, „Sendschreiben über die imāmitischen Dogmenlehren", des Ibn-Bābawayh[10]. Der Aufbau dieser *Risāla* ist dem sunnitischer Glaubensbekenntnisse nicht unähnlich, und sie kann in fünf Abschnitte eingeteilt werden: Gott und seine Attribute (S. 25–48); Eschatologie (S. 48–82); Offenbarung und Koran (S. 82–89); das Imamat (S. 89–116); verschiedene methodologische Fragen (S. 116–128). Im ersten Abschnitt wird Gottes Einheit hervorgehoben, und die Unterscheidung zwischen wesentlichen und aktiven Attributen *(ṣifāt aḏ-ḏāt, ṣifāt al-fiʿl)* wird akzeptiert, auch wenn die letzteren für *muḥdaṯ*, „erzeugt oder entstanden in der Zeit" gehalten werden. Grundlage für diesen letzten Punkt ist, daß Gott z. B. nicht Versorger *(rāziq)* sein kann, ehe es ein Geschöpf gibt, das er mit Lebensunterhalt *(rizq)* versorgt. Die auf Gott angewendeten anthropomorphischen Begriffe werden metaphorisch interpretiert. So interpretiert er in dem Vers: „Alles ist dem Untergang geweiht, nur sein Antlitz nicht" (28.88 wörtlich) „Antlitz" *(wağh)* als „Religion". Im zweiten Abschnitt werden die allgemeinen muslimischen eschatologischen Glaubensvorstellungen akzeptiert; allerdings werden einige von ihnen metaphorisch interpretiert. Im dritten Abschnitt ist als Hauptpunkt zu beachten, daß von Gott sowohl als dem Schöpfer des Koran als auch seinem Äußerer oder Sprecher die Rede ist. Wie oben bemerkt wurde (S. 182), ist der Koran dann, wenn er geschaffen ist, nicht unbedingt der Ausdruck von Gottes Wesen und kann deshalb durch einen Imam modifiziert werden.

In Ibn-Bābawayhs Glaubensbekenntnis kommen die Auffassungen des Autors in bestimmten Punkten denen der Muʿtaziliten nahe, und eines der interessanten

10 S. Anm. 7.

Merkmale der Entwicklung imāmitischer Theologie ist ihr zunehmendes Akzeptieren muʿtazilitischer Konzeptionen und Prinzipien. Dies wurde von Wilferd Madelung in einem Artikel über „Imamism and Muʿtazilite Theology" recht gut verdeutlicht[11]. Obwohl einige der Ansichten des Ibn-Bābawayh denen der Muʿtaziliten entsprachen, war seine Methode der der Ḥanbaliten verwandter, und er mißbilligte Kalām. Aš-Šayḫ al-Mufīd hingegen kritisierte Ibn-Bābawayh in verschiedenen Punkten, einschließlich seiner Zurückweisung des Kalām und hielt sich selbst für einen *mutakallim*. Er meinte jedoch, daß Imāmiten wie er selbst sich in zweierlei Hinsicht von den Muʿtaziliten unterschieden: Erstens vertraten sie die Auffassung, daß der Gebrauch der Vernunft in der Theologie eine Grundlage im Koran und im Ḥadīṯ erfordere, während die Muʿtaziliten sich allein auf die Vernunft verließen, und zweitens glaubten sie an das Imamat ʿAlīs seit der Zeit des Todes des Propheten, während die Muʿtaziliten die Doktrin von der „Zwischenstellung" akzeptierten[12]. Aš-Šarīf al-Murtaḍā war dem Muʿtazilismus sogar noch näher, indem er den ersten soeben erwähnten Unterschied fallenließ und meinte, die Wahrheiten der Religion seien von der Vernunft allein festzulegen. Es ist interessant, daß dort, wo al-Mufīd gedacht hatte, die muʿtazilitische Schule von Bagdad sei dem Imāmismus verwandt, al-Murtaḍā der Schule von Basra den Vorzug gab.

Von dieser Zeit an hat es zwei entgegengesetzte Tendenzen im Imāmismus gegeben; eine bediente sich der Vernunft und beschäftigte sich mit Kalām, und die andere beschränkte sich hauptsächlich auf den Koran und das Ḥadīṯ und kritisierte den Gebrauch der Vernunft. Der Gegensatz zwischen diesen Tendenzen trat in der safawidischen Zeit in den Vordergrund.

b) Die Ismāʿīliten

Die Ursprünge des Ismāʿīlismus sind im Zusammenhang mit der Etablierung der Fāṭimidendynastie in Tunesien 909 und ihrer Eroberung Ägyptens 969 oben (S. 270) beschrieben worden. Von Ägypten dehnten sie ihre Herrschaft nach Syrien hinein aus, und es gelang ihnen, sich bis 1171 zu halten, als Saladin (Ṣalāḥ-ad-dīn) sich selbst zum Herrn von Syrien und Ägypten aufgeschwungen hatte. Von Anfang an hatten die Ismāʿīliten besondere Glaubensvorstellungen, vor allem im Hinblick auf das Imamat; aber erst nach ihrer Niederlassung in Ägypten erfuhren ihre Glaubensvorstellungen als Ganzes eine intellektuelle Ausarbeitung. Doch vor einer Beschreibung der Glaubensvorstellungen muß betont werden, daß die Fāṭimiden keineswegs die einzigen Ismāʿīliten sind. So hatte um 894 eine Gruppe von Männern, die als die Karmaten (Qarāmiṭa) bekannt sind, in Bah-

11 Le Shīʿisme Imāmite, hrsg. v. Centre d'Études Superieures Specialisé d'Histoire des Religions de Strasbourg, Paris 1970, 13–30.

12 S. o. S. 117, 232–4.

rain an der Ostküste Arabiens ein halbautonomes Fürstentum gegründet, und dieses stand zumindest bis zum Ende des 11. Jahrhunderts in Blüte. Die Beziehungen der Karmaten zu den Fāṭimiden sind unklar; sie scheinen bisweilen ihre Suzeränität anerkannt zu haben, aber zu anderen Zeiten kämpften sie wieder gegen sie[13]. Die Fāṭimiden schickten ihre Missionare oder Propagandisten (Sgl. *dāʿī*) durch jene Provinzen, die die ʿAbbāsiden anerkannten und gewannen in verschiedenen Orten die Anhängerschaft von vielen Gruppen unzufriedener Menschen. Da die Fāṭimiden behauptet hatten, die rechtmäßigen Herrscher der ganzen islamischen Welt zu sein, stellte ihre Propaganda eine revolutionäre Untergrundbewegung dar.

Für die Fāṭimiden war die Zeit der größten Blüte wahrscheinlich die lange Regierungszeit des Kalifen al-Mustanṣir (1036–1094), auch wenn sie zu dieser Zeit die nordafrikanischen Provinzen verloren hatten, wo sie nur wenige Menschen zum Ismāʿīlismus bekehrt hatten. Nach dem Tode al-Mustanṣirs im Jahr 1094 kam es zu einer folgenschweren Spaltung in der ismāʿīlitischen Bewegung. Dem Wesir al-Afḍal (ibn-Badr al-Ǧamālī), dem tatsächlichen Herrscher Ägyptens, gelang es, an die Stelle des designierten Erben, Nizār, einen jüngeren Sohn, al-Mustaʿlī, setzen zu lassen, von dem er annahm, er sei von ihm abhängiger. Die persischen und syrischen Ismāʿīliten, die bereits begonnen hatten, die Hoffnung aufzugeben, daß die Fāṭimiden jemals in ʿabbāsidische Herrschaftsgebiete eindringen würden, machten sich dieses Ereignis zunutze und brachen ihre Verbindung zu den Fāṭimiden ab, indem sie sich zu Anhängern des Nizār erklärten. Nizār selbst verschwand, nachdem er besiegt und in Alexandria gefangengenommen worden war; wahrscheinlich wurde er ermordet. Aber der Führer in Asien, Ḥasan-i Ṣabbāḥ, behauptete, er stehe mit Nizār in Verbindung, der sich lediglich versteckt halte. Tatsächlich behauptete noch 1164 ein Nachfolger des Ḥasan-i Ṣabbāḥ, von dem sich versteckt haltenden Imam zwei Briefe erhalten zu haben. Eine weitere Spaltung fand nach dem Tod des Kalifen al-Āmir bi-aḥkām Allāh 1130 unter den Mustaʿlianern statt. Seines minderjährigen Sohnes aṭ-Ṭayyib entledigte man sich auf geheimnisvolle Weise, und nach Kämpfen wurde sein Vetter ʿAbd-al-Maǧīd 1132 Kalif mit dem Titel al-Ḥāfiẓ. Die meisten der Mustaʿlianer in Ägypten und Syrien wurden Ḥāfiẓiten (oder Maǧīditen), aber nach dem Sturz der Fāṭimiden erlitten sie Verfolgungen, und um 1250 hatten sie beinahe aufgehört, als Gemeinschaft zu existieren. Die Ṭayyibiten hingegen waren um 1250 in Ägypten und Syrien, wo sie immer weniger zahlreich als die Ḥāfiẓiten gewesen waren, nahezu ausgestorben. Aber im Jemen und in Indien gibt es sie noch heute.

1090, vor dem Tod al-Mustanṣirs, hatten die Ismāʿīliten Persiens unter der Führung des Ḥasan-i Ṣabbāḥ einen offenen Aufstand gegen die sunnitischen Seldschukenherrscher unternommen und die Bergfestung Alamūt erobert. In den folgenden Jahren nahmen sie noch andere Festungen und Städte ein. Ihre Politik bestand z. T. darin, auffallende politische Morde zu verüben, wie z. B. den an dem seldschukischen Wesir Niẓām al-mulk im Jahre 1092. Von dieser Praxis haben das Englische und andere Sprachen das Wort „assassin" = ‚(Meuchel)mörder' abgeleitet. Es steht offenbar für ein arabisches Wort, das soviel bedeutet wie „diejenigen, die die Droge *ḥašīš* verwenden" – wahrscheinlich *ḥaššāšīn* oder *ḥašīšiyyīn;* aber man weiß nicht mit Gewißheit, warum sie so genannt wurden[14]. Die Kreuzfahrer in Syrien kannten viele farbige Erzählungen über sie und ihren Anführer, den sie „den alten Mann vom Berge" *(šayḫ al-ǧabal)* nannten. Nach 1094 waren die meisten der syrischen Ismāʿīliten Nizāriten geworden und hatten die Herrschaft des Ḥasan-i Ṣabbāḥ anerkannt. Das Schicksal der Nizāriten war von Zeit zu Zeit und von Region zu Region verschieden, aber die Nachkommen des Ḥasan-i Ṣabbāḥ behaupteten sich als Herren von Alamūt, bis die Festung 1256 von den Mongolen eingenommen wurde, und selbst dann wurden die Nizāriten nicht ausgerottet[15].

Aus dieser vereinfachten Darstellung des Ismāʿīlismus bis 1250 wird man etwas über den Charakter dieser Bewegung erfahren haben. Einige sunnitische Autoren versuchten sie mit einem Wiederaufleben der alten vorislamischen Religionen zu erklären, und frühere europäische Gelehrte neigten dazu, in ihr eine persische nationale oder rassistische Bewegung zu sehen. Die zuletzt genannte Vorstellung ist eindeutig falsch, da viele Nichtperser Ismāʿīliten waren, während die persischen herrschenden Schichten überwiegend Sunniten wurden. In jüngerer Zeit geht die Meinung der Gelehrten schließlich dahin, den Ismāʿīlismus im wesentlichen als eine Reihe revolutionärer Bewegungen unter Arbeitern, Handwerkern und anderen niederen Schichten anzusehen. Unzufriedenheit mit der bestehenden Lage der Dinge löste wahrscheinlich in vielen Orten eine aufrührerische Stimmung aus. Es war das Organisationstalent einiger ismāʿīlitischer Führer, das sie befähigte, den zahlreichen ungleichartigen Gruppen, die über ein großes Gebiet verstreut waren, einen Anschein von Einheit zu verleihen und zu bestimmten Zeiten eine revolutionäre Untergrundbewegung mit einer nicht allzu genau definierten doktrinären Grundlage ins Leben zu rufen. Ein zentraler Punkt war der Gehorsam gegenüber seinen Übergeordneten in der Bewegung, zusammen mit dem Glauben, daß die Befehle jener, die einem übergeordnet waren, letzten Endes vom Imam persönlich kämen und unfehlbar seien. Großer Nachdruck wurde auf die missionarische oder propagandistische Aktivität der Bewegung, ihre *daʿwa*, gelegt, und im Mittelpunkt ihrer Organisation stand der *dāʿī*,

13 EI², Art. „Ḳarmaṭī" *(Madelung)*.

14 EI², Art. „Ḥashīshiyya" *(B. Lewis);* Ders., The Assassins, London 1967.

15 Literatur zu den Ismāʿīliten, allgemein: EI², Art. „Ismāʿīliyya" *(Madelung)*, insbes. auch die Artikel „Alamūt", „Ḥasan-i Ṣabbāḥ" *(M. G. S. Hodgson);* „al-Afḍal b. Badr al-Djamālī" *(G. Wiet);* „al-Afḍal Kutayfāt", „al-Āmir" *(S. M. Stern); B. Lewis*, The Origins of Ismāʿīlism, Cambridge 1940; *W. Ivanow*, Ismaili Tradition concerning the Rise of the Fatimids, London 1942; Ders., A Creed of the Fatimids, Bombay 1936; Ders., Brief Survey of the Evolution of Ismailism, Leiden 1952; *M. G. S. Hodgson*, The Order of Assassins, Den Haag 1955.

Missionar oder Propagandist. Der *dāʿī* hatte, als offizieller Vertreter des Imam, oft beträchtliche Macht. So war Ḥasan-i Ṣabbāḥ eine Zeitlang der *dāʿī*, der mit der ganzen fāṭimidischen *daʿwa* im Iran beauftragt war.

Es gibt Berichte, die darauf hindeuten, daß die ismāʿīlitische Propaganda sorgfältig abgestuft war. Auf der untersten Ebene wurde das, was gesagt wurde, der Position gewöhnlicher Menschen und den Glaubensvorstellungen angepaßt, die sie bis dahin vertreten hatten. Nachdem sie eine höhere Ebene erreicht hatten, wurden sie offenbar belehrt, daß in den positiven Religionen die Wahrheit immer relativ sei, und daß die Wahrheit, die es in diesen gebe, in den Ismāʿīlismus aufgenommen worden sei. Zweifellos fand so etwas in einigen Regionen zu bestimmten Zeiten statt, aber es ist schwer zu sagen, bis zu welchem Umfang es das übliche Vorgehen war. Gewiß machten die Ismāʿīliten beim Umgang mit Muslimen häufig Gebrauch von der Unterscheidung zwischen dem Äußeren *(ẓāhir)* und dem Inneren *(bāṭin)*. Sie behaupteten, daß der Koran nicht nur seine äußere oder offenkundige Bedeutung habe, sondern auch eine innere, verborgene oder esoterische, und daß man diese innere Bedeutung nur vom Imam oder von seinem Vertreter (wie z. B. einem *dāʿī)* erfahren könne. Wegen dieses Punktes in ihrer Lehre werden sie manchmal Bāṭiniten genannt. Das, was von dem Imam und seinen Vertretern erteilt wurde, bezeichneten sie auch als *taʿlīm*, wörtlich ‚Lehre', aber mit der Konnotation von „autoritative Unterweisung", und deshalb werden sie auch Taʿlīmiten genannt, wie z. B. in al-Ġazālīs *Munqiḏ*.

Die typische Glaubensvorstellung der Ismāʿīliten war ihre Doktrin vom Imamat. Sie sind manchmal als Sabʿiyya, „Siebener-Šīʿa", bekannt, im Gegensatz zu der Imāmiyya, die die Iṯnā-ʿašariyya, „Zwölfer-Šīʿa", sind. Aber die Annahme ist irrig, daß der Hauptunterschied zwischen den beiden in der Anzahl der Imame liege. Der förmliche Unterschied ist selbstverständlich der, daß sie zwar in der Anerkennung des Ǧaʿfar aṣ-Ṣādiq als dem Sechsten Imam übereinstimmen, die Imāmiten jedoch meinen, daß der Siebente dessen Sohn Mūsā sei, während die Ismāʿīliten sagen, es sei ein anderer Sohn, eben Ismāʿīl. Der grundlegendere Unterschied allerdings ist, daß die Imāmiten sich damit begnügen, einen Imam zu haben, der sich in vollkommener Abwesenheit befindet, während die Ismāʿīliten dazu neigen, einen Imam zu suchen, der gegenwärtig in der Welt aktiv ist. Die Ismāʿīliten haben zwar bisweilen einen verborgenen Imam anerkannt, wenn das vorübergehend von Vorteil war, aber der verborgene Imam machte bei jeder Gelegenheit schon bald einem tatsächlich gegenwärtigen Imam Platz. So ernannte Ḥasan-i Ṣabbāḥ (gest. 1124) einen seiner Generäle, Buzurg-ummīd, zu seinem Nachfolger als *dāʿī*, und ihm folgten ein Sohn und ein Enkel nach. Der letztere, Ḥasan II. (bekannt als Ḥasan ʿalā ḏikri-hi s-salām), der von 1162 bis 1166 regierte, erhob offen Anspruch auf den Titel des Kalifen und nicht ganz so offen auf den des Imam. Der Sohn, der seine Nachfolge antrat, und die späteren ismāʿīlitischen Herrscher von Alamūt wurden alle als Imame und Nachfahren in gerader Linie von Nizār betrachtet. Etwas Ähnliches geschah in mehreren anderen Fällen. Diese Konzeption des Imam trug die Spaltung in die ismāʿīlitische Bewegung hinein, und außer den bereits erwähnten Spaltungen kam es später noch zu verschiedenen anderen.

Über andere Aspekte des ismāʿīlitischen Glaubens läßt sich auch etwas aus den Glaubenssätzen erfahren, die erhalten geblieben sind. Einer findet sich im ersten Kapitel von *Daʿāʾim al-Islām*, „Die Säulen des Islam", dem grundlegenden Werk über die ismāʿīlitische Rechtswissenschaft, das unter den Fāṭimiden von dem Qāḍī an-Nuʿmān (gest. 974) verfaßt wurde. Das Grund-Credo enthält nur neun einfache Artikel, von denen die beiden ersten in einer leicht erweiterten Form die beiden Artikel der Šahāda wiederholen: „Es gibt keine Gottheit außer Gott; Mohammed ist sein Gesandter". Vier befassen sich mit Eschatologie, und der Rest mit der Autorität der Propheten und Imame. Der Qāḍī ist auch der Verfasser eines Buches mit dem Titel *Asās at-taʾwīl*, „Die Grundlagen der (autoritativen) Interpretation", in dem er die innere oder esoterische Bedeutung einer großen Anzahl von Koranversen erläutert, die er nach sechs der sieben Zeitalter anordnet, die von früheren Ismāʿīliten anerkannt wurden: Jedes Zeitalter wird von einem *nāṭiq*, „Verkündender (Prophet)", eingeleitet, nämlich von Adam, Noah, Abraham, Moses, Jesus und Mohammed, während der *nāṭiq* des siebten Zeitalters der Mahdī ist[16].

Eine Zusammenfassung eines viel umfangreicheren Glaubensbekenntnisses, *Tāǧ al-ʿaqāʾid*, „Die Krone der Glaubenslehren", wurde 1936 in englischer Sprache von W. Ivanow unter dem Titel *A Creed of the Fatimids* veröffentlicht. Der Verfasser ist ʿAlī ibn-Muḥammad ibn-al-Walīd (gest. 1215), der fünfte ṭayyibitische *dāʿī muṭlaq*, „absoluter *dāʿī*", im Jemen[17]. Das Buch enthält hundert Glaubensartikel, und Ivanow schätzte, daß eine gedruckte Ausgabe ungefähr 300 Seiten umfassen würde. Einige der Artikel befassen sich eher mit der religiösen Praxis als mit der Doktrin, und die Anordnung ist etwas willkürlich. Fast zwanzig Artikel handeln vom Glauben an Gott, sind aber weitgehend negativ formuliert: Er ist kein Körper, keine Substanz und auch keine Materie; er hat keine Namen, keine Attribute, keine Grenzen und ist weder im Raum noch in der Zeit. Wie zu erwarten wäre, gibt es Artikel über das Prophetentum und das Imamat, aber die Behandlung der Eschatologie ist abstrakt, d. h.: Während die Wirklichkeit ewiger Belohnung oder Bestrafung behauptet wird, werden die farbigeren Glaubensvorstellungen, die sich vom Koran und dem Ḥadīṯ herleiten, mit Stillschweigen übergangen. Die Ismāʿīliten pflegten diese selbstverständlich nicht abzuleugnen, interpretierten sie aber symbolisch. Das Werk ist im wesentlichen eine positive Präsentation des Ismāʿīlismus, und es gibt kein ausdrückliches Argument gegen andere Sekten; aber der Verfasser hat seine Behauptungen so formuliert, daß

16 GAS, i. 575–578.
17 GALS, i. 715.

sunnitische und andere nicht-ismāʿīlitische Doktrinen unmißverständlich abgelehnt werden.

Dieses Werk und ähnliche veranschaulichen einen weiteren Zug des Ismāʿīlismus. Obwohl die Autoren als philosophisch orientiert beschrieben werden können und mit einigen der Konzeptionen des sunnitischen und imāmitischen Kalām vertraut gewesen zu sein scheinen, können sie mit diesen nicht in eine öffentliche Diskussion eingetreten sein und entwickelten keine eigene philosophische Theologie. Dies war fraglos der Fall, weil die Ismāʿīliten meinten, daß die ganze Wahrheit nicht erlangt werden könne, da die menschliche Vernunft Grenzen hat; sie könne nur vom Propheten oder einem der Imame erhalten werden. Was wir aber unter ismāʿīlitischen Werken finden, sind verfeinerte halbphilosophische gnostische Kosmologien. Zu deren Verfassern gehören: Abū-Yaʿqūb as-Siǧzī (gest. nach 971?)[18], Ḥamīd-ad-dīn al-Kirmānī (gest. ca. 1021)[19], Ibrāhīm al-Ḥāmidī (gest. 1162)[20] und der persischschreibende Dichter Nāṣir-i Ḫusraw (gest. ca. 1080)[21]. Die Kosmologien sind nicht Theologie im üblichen Sinne und werden deshalb hier nicht ausführlich behandelt. Eine gewisse Vorstellung von den Spekulationen, die sie enthalten, läßt sich aus verschiedenen Büchern und Artikeln in europäischen Sprachen gewinnen[22].

An dieser Stelle muß ein Wort über das gesagt werden, was fast mit Sicherheit eine andere literarische Produktion der ismāʿīlitischen Bewegung ist, nämlich „Die Sendschreiben der lauteren Brüder", *Rasāʾil Iḫwān aṣ-ṣafā*[23]. Die Verfasser waren ein kleiner erlesener Kreis von Philosophen und Naturwissenschaftlern, die gegen Ende des 10. Jahrhunderts in Basra lebten. Europäische Gelehrte des 19. Jahrhunderts waren von den zweiundfünfzig Sendschreiben tief beeindruckt und hielten sie für eine Art Enzyklopädie der damaligen Wissenschaften. Weitere Untersuchungen haben jedoch ergeben, daß ihre Gelehrsamkeit etwas oberflächlich ist, und ein Gelehrter hat sie sogar als eine „als wissenschaftliche Aufklärung verkleidete Revolution" charakterisiert[24]. Diese Kritik geht zu weit, aber die lauteren Brüder waren alle Ismāʿīliten und verfolgten politische Ziele. Ihre allgemeine Einstellung war auch eklektisch mit einem Hang zum mystischen Neopythagoreismus und Hermetizismus, und man könnte meinen, daß dies an Pseudo-Wissenschaft grenzt. Wie die meisten Ismāʿīliten neigten sie zu der

18 GAS, i. 574f.; EI², Art. „Abū Yaʿḳūb" *(S. M. Stern).*

19 GAS, i. 580–582; vgl. *J. van Ess*, „Zur Chronologie der Werke des Ḥamīdaddīn al-Kirmānī", Die Welt des Orients, ix (1978). 255–261.

20 GALS, i. 714; EI², Art. „Ḥāmidī" (1) *(Madelung).*

21 *E. G. Browne*, A Literary History of Persia, London 1906, ii. 217–246.

22 *W. Madelung*, Art. „Ismāʿīliyya", in EI²; *E. G. Browne*, A Literary History of Persia, i, 405–415; *Henry Corbin*, Histoire de la philosophie islamique, i. 110–151, und andere Werke.

23 GAL, i. 236–238; S., i. 379–381; EI², Art. „Ikhwān aṣ-Ṣafā" *(Y. Marquet).*

24 *A. J. Arberry* in *G. M. Wickens* (Hrsg.), Avicenna: Scientist and Philosopher, London 1952, 12.

Auffassung, die positiven Religionen, einschließlich des Islam, seien im Besitz nur der relativen Wahrheit. Die ausgewogenste Meinung der Brüder ist möglicherweise die, auf die Wilferd Madelung hingewiesen hat, nämlich, daß sie versuchten, eine doktrinäre Grundlage zu finden, auf der sie nichtfāṭimidische Ismāʿīliten vereinigen konnten, die Gegner der intellektuellen Propaganda der Fāṭimiden gewesen waren[25]. Dies würde mit der Tatsache in Einklang stehen, daß Ibrāhīm al-Ḥāmidī, der oben erwähnte ṭayyibitische *dāʿī*, die *Rasāʾil* akzeptierte und benutzte.

An dieser Stelle kann man die Existenz zweier Sekten erwähnen, die aus dem Ismāʿīlismus hervorgegangen sind, aber dermaßen extrem wurden, daß es zweifelhaft ist, ob man von ihnen noch sagen darf, die gehörten zum Islam:
1. Die Drusen. Die Religion der Drusen (die überwiegend in den Bergen des Libanon, des Hauran und rund um Damaskus leben) entwickelte sich aus dem Ismāʿīlismus heraus; sie akzeptierten den Fāṭimidenkalifen al-Ḥākim (*regnabat* 996–1021) als die letzte Verkörperung der Gottheit, integrierten aber auch andere alte vorderorientalische Vorstellungen[26].
2. Die Nuṣayriten. Die Nuṣayriten oder ʿAlawiten (französisch Alaouites), die verschiedene Teile Syriens bewohnen und die in kleinen Gruppen verstreut in anderen Teilen des Vorderen Orients leben, leiten ihre Glaubensvorstellungen weitgehend vom Ismāʿīlismus her. Einer der typischsten Punkte ist, daß sie ʿAlī für eine Inkarnation der Gottheit halten, die Mohammed überlegen ist[27].

c) Die Zayditen

Dem, was in einem vorhergehenden Kapitel (S. 270–2) über den Zaydismus gesagt worden ist, ist wenig hinzuzufügen. Von ungefähr 870 bis 1126 gab es in verschiedenen Regionen südlich des Kaspischen Meeres einen kleinen zayditischen Staat. Einem weiteren Staat, der vor 900 im Jemen gegründet wurde, gelang es, in der einen oder anderen Form bis in das gegenwärtige Jahrhundert hinein unter den zayditischen Imamen von Ṣanʿāʾ fortzubestehen. Hier von Staaten zu sprechen, läßt vielleicht einen falschen Eindruck entstehen, und „Gemeinden" könnte ein besseres Wort sein. Manchmal trat ein Sohn die Nachfolge seines Vaters an, aber zu anderen Zeiten scheint es einige Jahre lang eine Art Interregnum gegeben zu haben. Das zayditische Prinzip war, daß man jeden angemessen qualifizierten Nachkommen al-Ḥasans oder al-Ḥusayns, der sich selbst öffentlich als Imam hervortat, akzeptieren und anerkennen solle. Es scheint jedoch Fälle gegeben zu haben, wo ein Mann als Imam akzeptiert wurde, ohne daß er der tatsächliche Herrscher irgendeines Gebietes war. Alles in allem ist die

25 EI², Art. „Ḳarmaṭī" (S. 663 engl.).
26 Vgl. EI², Art. „Durūz" *(M. Tayyib Gökbilgin)*.
27 Vgl. EI¹, EI(H), Art. „Nuṣairī" *(L. Massignon)*.

Geschichte dieser zayditischen Gemeinden so vielschichtig, daß man schwer verallgemeinern kann.

Was aber klar ist, ist, daß bei den Zayditen eine weitreichende intellektuelle Aktivität vorherrschte, und es sind eine relativ große Anzahl von Büchern erhalten geblieben. Eine der Voraussetzungen für das Imamat war die religiöse Gelehrsamkeit, und unter den zayditischen Autoren sind viele Imame. Ein Teil der geistigen Aktivität war auf die Ausarbeitung der zayditischen Rechtswissenschaft gerichtet, und diese wird hier außer Betracht gelassen; aber in den meisten der religiösen Disziplinen gab es Gelehrte, und einige erlangten Berühmtheit. In einer Darstellung der zayditischen Theologie ist aber der interessanteste Punkt der ihres Verhältnisses zum Muʿtazilismus[28]. Dies ist ein Problem, das bis auf die Regierungszeit des Kalifen al-Ma'mūn zurückgeht, doch das Problem nimmt nach der Etablierung der zayditischen Staaten andere Züge an. Der Imam al-Qāsim ibn-Ibrāhīm wurde von muʿtazilitischen Doktrinen beeinflußt (s. S. 166f.), aber ein wenig später hat der Führer im Norden al-Uṭrūš „eine heftige Polemik gegen die Muʿtaziliten geführt"[29]. Gegen Ende des 10. Jahrhunderts jedoch waren einige zayditische Gelehrte eng mit der muʿtazilitischen Schule in Rayy unter dem Patronat von aṣ-Ṣāḥib ibn-ʿAbbād verbunden und studierten sogar unter dem Qāḍī ʿAbd-al-Ǧabbār, so z. B. der Imam al-Mu'ayyad (944–1020) und einige seiner Anhänger[30]. In der Tat identifizierten gewisse Zayditen sich vollständig mit den Muʿtaziliten, zumindest in der Theologie – z. B. der Imam an-Nāṭiq bi-l-ḥaqq Abū-Ṭālib (951–1033) und Mānekdīm (Abū-l-Ḥusayn Aḥmad) (gest. 1034).

Die bisher erwähnten Männer stammen alle aus der nördlichen zayditischen Gemeinde rund um das Kaspische Meer. Manchmal wurden ihre Imame von der Gemeinde im Jemen als Imame anerkannt, und manchmal nicht, und dasselbe galt für die Imame im Jemen. Neben den Imamen gab es Prätendenten, die einen Anspruch auf das Imamat erhoben, aber nicht mehr als lokale Anerkennung gewannen. Obwohl einige der früheren Imame im Jemen Bücher hinterlassen haben, sind die bedeutenderen Werke aus dem Jemen späteren Datums. Der Beginn der Blüte der intellektuellen Studien im Jemen kann auf das Imamat von al-Mutawakkil-ʿalā-llāh Abū-l-Ḥasan Aḥmad (*regnabat* 1137–1170) datiert werden. Er wollte alle Zayditen vereinigen – der Staat im Norden hatte 1126 aufgehört zu existieren – und verfaßte ein Buch, in dem er die nördlichen Imame anerkannte und auch versuchte, die geringfügigen Unterschiede zwischen den Nördlichen und den Jemeniten einzuebnen. Seine Bemühungen wurden von dem Qāḍī Ǧaʿfar (Šams-ad-dīn Abū-l-Faḍl) (gest. 1177) tatkräftig unterstützt[31]. Diesem folgten mehrere Gelehrte aus der Familie von ar-Raṣṣāṣ. Zu den Aufgaben,

28 *Madelung*, Zaiditen, 153–222, „Die Rezeption der muʿtazilitischen Schullehre".
29 *Madelung*, Zaiditen, 161.
30 GALS, i. 317; GAS, i. 570; *Madelung*, Zaiditen, 177–186.

vor denen solche Gelehrte standen, gehörte die Verteidigung des Zaydismus nicht nur gegen häretische Gruppen im Inneren (die Ḥusayniten, die erwarteten, daß ein „verborgener Imam" als Mahdī zurückkehrte, und die Muṭarrifiten, die eine Naturphilosophie und verschiedene merkwürdige Anschauungen übernommen hatten), sondern auch gegen die Bāṭiniten oder Ismāʿīliten, die sich nunmehr im Jemen niedergelassen hatten. Vater und Bruder des Qāḍī Ǧaʿfar waren tatsächlich ismāʿīlitische Intellektuelle gewesen.

Die muʿtazilitischen theologischen Doktrinen, in denen die zayditischen Gelehrten sich voneinander und von den eigentlichen Muʿtaziliten unterschieden, waren zumeist unbedeutend. Es gab auch zwischen den muʿtazilitischen Schulen von Bagdad und Basra einige Fälle von Abweichungen und eine gewisse Rivalität, und einige Zayditen waren der einen näher, und einige der anderen. Ein haarspalterischer Unterschied, der sehr hochgespielt wurde, bezog sich auf Gottes Schöpferwillen[32]. Obwohl die Zayditen einen großen Teil der muʿtazilitischen Theologie akzeptierten, scheinen sie für sich selbst eine von den Muʿtaziliten getrennte Identität angenommen zu haben. Manchmal brachten sie dies dadurch zum Ausdruck, daß sie sagten, sie selbst beschränkten das Imamat auf die Nachfahren von al-Ḥasan und al-Ḥusayn, während die Muʿtaziliten meinten, es stehe jedem qualifizierten Manne aus dem Qurayš-Stamme offen[33]. Das, was hier als muʿtazilitische Auffassung dargestellt wurde, kann mit der Frage nach der Anerkennung des Kalifats von Abū-Bakr und ʿUmar in Verbindung gebracht werden. Einige frühe Zayditen hatten sie anerkannt und sprachen von ihm als dem „Imamat des Geringeren", da sie ʿAlī für den Vorzüglichsten *(afḍal)* hielten; aber einige spätere Zayditen anerkannten sie nicht. Es ist jedoch denkbar, daß auch die Anerkennung der ʿAbbāsiden als ein anderes „Imamat des Geringeren" etwas damit zu tun hatte, da lokale zayditische Führer, im Gegensatz zu den Fāṭimiden, nicht den Anspruch erhoben, die rechtmäßigen Herrscher der gesamten islamischen Welt zu sein.

Aus all dem scheint hervorzugehen, daß die Funktion des muʿtazilitisch-zayditischen theologischen Systems eine Umgestaltung durchgemacht hat. Es hat aufgehört, ein Versuch zu sein, mit den intellektuellen Problemen fertig zu werden, vor denen alle Muslime standen, und ist statt dessen zur Grundlage der Identität einer kleinen Gemeinschaft geworden, die ihre Trennung von der großen Gemeinschaft um sie herum aufrechterhalten wollte.

31 GALS, i. 699 (2a, 5a); *Madelung*, Zaiditen, 210–216.
32 *Madelung*, Zaiditen, 165f.
33 *Madelung*, Zaiditen, 184, 186, 189.

Kapitel 4. Das islamische Spätmittelalter, 1250–1850

Der europäische Historiker wäre entsetzt bei dem Gedanken daran, daß das Mittelalter als bis ins 19. Jahrhundert hinein andauernd betrachtet werden könnte, aber in einem islamischen Kontext ist diese Vorstellung angebracht. Dort hatte sich drei oder vier Jahrhunderte lang wenig verändert, und erst im 19. Jahrhundert erlangten die intellektuellen und kulturellen Reaktionen auf die Herausforderung der Begegnung mit Europa und dem Westen vorrangige Bedeutung. Ansonsten ist die Zeit schwer zu charakterisieren. Sie kann eine Zeit der Finsternis oder eine Periode der Stagnation genannt werden, doch dies wird einigen Aspekten ihres Lebens nicht gerecht, wie aus dem nachfolgenden deutlich werden wird.

Im früheren Teil des Zeitabschnittes, d. h. bis ungefähr 1500, gab es in Ägypten unter den Mamluken einen starken Staat, und dieser kontrollierte zumeist auch Syrien. Im Osten herrschten die Mongolen weiterhin über Transoxanien. Timur-Leng (Tamerlan), der behauptete, ein Nachfahre Dschingis-Khans zu sein, dehnte seine Herrschaft nach Westen aus. Iran wurde seinem Herrschaftsbereich angegliedert, und Irak, Syrien und Anatolien erlebten zeitweilige Invasionen. Zwischen Ägypten-Syrien und Transoxanien bewahrten mehrere kleinere Dynastien über kleinere oder größere Gebiete ein gewisses Maß an Frieden. Die bedeutendste dieser Dynastien war die (mongolische) der Īl-Ḫāne Irans. Mit der Auslöschung des ʿAbbāsidenkalifats 1258 war Bagdad zu einer Provinzstadt geworden – der Irak war eine Provinz Irans –, aber von seinem alten kulturellen Leben dauerte etwas bis zu den Invasionen Timurs fort, durch die es praktisch zerstört wurde. Bis zu dieser Zeit hatten sich aber in Iran, Zentralasien, Afghanistan und Indien Zentren islamischer Gelehrsamkeit herausgebildet. Daher verursachten die weitreichenden politischen Umwälzungen weniger Verwirrung im intellektuellen Leben und in der Sozialstruktur, als hätte erwartet werden können. Es gab zwar große Veränderungen, aber überraschenderweise konnte vieles den Sturm überleben.

Für die vier Jahrhunderte von 1450 oder 1500 bis 1850 bietet sich ein viel einfacheres Bild dar. Es entwickelten sich drei Reiche: Das der osmanischen Türken, dessen Hauptstadt von 1453 an Konstantinopel (Istanbul) war, und das seine Herrschaft schließlich über Syrien und Ägypten, große Teile Nordafrikas – und sogar auch eine Zeitlang über weite Teile Europas ausdehnte. Um 1800 war seine Macht im Niedergang begriffen, aber es bestand bis nach dem Ersten Weltkrieg fort. Iran war durch die Safawidendynastie vereinigt worden, deren Begründer Šāh Ismāʿīl (1501–1524) war, und ihm wurden bisweilen Teile des Irak angegliedert. Er hat als ein einziger Staat weiterbestanden, obwohl die Herrscher wechselten. Bagdad lag nunmehr an der Grenze zwischen diesen beiden Reichen, und es wechselte mehrmals den Besitzer. Das dritte Reich war das der Moguln in Indien, dessen tatsächlicher Begründer Akbar (1556–1605) war. Es war kurzlebiger als die beiden anderen Reiche; denn sein Niedergang setzte schon vor dem anderer indischer Staaten um etwa 1700 ein, und als die British East India Company vorwärtsrückte, verlor es seine Macht, bis es 1857 ausgelöscht wurde. Diese Reiche verliehen der islamischen Welt eine gewisse äußere Stabilität.

Während der Zeit von 1250 bis 1850 verbreitete der Islam sich auch in Gegenden hinein, die niemals Teil der Kalifate von Damaskus, Bagdad oder Istanbul gewesen waren. Muslimgemeinden entstanden allmählich in Ost- und Westafrika, in Malaya und Indonesien und in anderen Randgebieten. Kollegien für das Studium der islamischen Rechtswissenschaft und Theologie wurden dort gegründet – z. B. in Timbuktu und Kano, und es begann eine langsame Islamisierung der lokalen Kulturen. Doch ehe dieser Prozeß der Islamisierung abgeschlossen war, begann der Einfluß Europas sich in diesen Ländern bemerkbar zu machen, und das islamische Mittelalter war zu Ende.

a) Die Stagnation der rationalen oder philosophischen Theologie

Während der zu besprechenden Jahrhunderte nahm das theologische Denken wahrscheinlich quantitativ zu, aber man ist gewöhnlich der Auffassung, daß seine Qualität – insbesondere im Bereich des Kalām (rationale Theologie), dem wir uns jetzt zuwenden – abnahm. Eines der Anzeichen dieses Verfalls ist der Mangel an Originalität. Statt neuer Werke wie jener von al-Ǧuwaynī und Faḫr-ad-dīn ar-Rāzī scheinen die Theologen hauptsächlich bestrebt gewesen zu sein, Kommentare, Superkommentare und Glossen zu früheren Werken zu verfassen. Ein bemerkenswertes Beispiel dafür ist das kurze Glaubensbekenntnis des Naǧm-ad-dīn an-Nasafī (der oben erwähnt wurde), für das etwa ein Dutzend Kommentare, ungefähr dreißig Glossen (zum Kommentar von at-Taftāzānī) und an die zwanzig Superglossen zu einer dieser Glossen aufgezählt werden[1]. Die meisten solcher Werke waren auf Arabisch abgefaßt, das in der gesamten islamischen Welt die Sprache der Gelehrsamkeit blieb. Aber es entstand auch eine islamische religiöse Literatur in Türkisch, Persisch, Urdu und in anderen Sprachen. Einige originelle Werke wurden zwar immer noch verfaßt, aber diese waren hauptsächlich in der Form von Glaubensbekenntnissen unterschiedlicher Länge und wahrscheinlich als Grundlage für Kommentare gedacht. Das Abfassen von Kommentaren mag dadurch gefördert worden sein, daß Vorlesungen gewöhnlich aus Kommentaren zu einem Text bestanden. Selbstverständlich schließt eine solche Praxis an sich noch nicht Originalität aus. Der Philosoph Immanuel Kant z. B. hielt seine Vorlesungen in dieser Weise, wie sie zu seiner Zeit in Deutschland üblich war; doch das hinderte ihn nicht daran, ein höchst originelles Werk

1 GAL, i. 548–550; S, i. 758–762; Ibn-Abī-l-Wafā', i. 394.

hervorzubringen. Der Mangel an Eigenständigkeit in der islamischen Theologie dieser Zeit muß also einige weitere Ursachen haben. Gardet und Anawati charakterisieren die Periode als eine des „conservatisme figé“ oder „ankylose“[2].

Diese theologische Starrheit oder Rigidität und dieser Mangel an Originalität können als ein Aspekt des allgemeinen kulturellen Niedergangs und Verfalls angesehen werden, und viele Gelehrte – muslimische wie auch westliche – haben Gründe für das niedrige Niveau der kulturellen Leistung vorgetragen. Eine Auffassung geht dahin, daß die Ursache in den Mongoleneinfällen und der von ihnen angerichteten Verwüstung gesucht werden müsse. Dies hat sicher viel mit dem relativen Niedergang einiger Orte und Regionen, wie z.B. Bagdad, zu tun. Ägypten hingegen wurde niemals von den Mongolen überfallen, und deshalb können die Mongolen nicht die alleinige Ursache sein. Auch die osmanische Herrschaft hat man als eine Ursache genannt, und dieser Gedanke fand bei Autoren arabischer Nationalität Anklang. Für die arabischsprechende Welt, deren größter Teil unter osmanische Herrschaft kam, mag in dieser Vorstellung eine gewisse Wahrheit liegen; aber es ist zweifelhaft, ob es selbst in diesen Regionen die ganze Wahrheit sein kann, da kultureller Niedergang auch in solchen Gegenden angetroffen wird, die niemals unter osmanischen Einfluß gerieten. Die weitere Vorstellung, daß der Niedergang von Anfang an in der islamischen Religion im Keime angelegt war, scheint Ausdruck antiislamischen Vorurteils und keiner ernsthaften Erwägung wert zu sein.

Selbstverständlich sollte nicht angenommen werden, daß die theologische Starre einfach zu verurteilen sei, da sie beinahe mit Sicherheit irgendeine soziale Funktion hat. Es ist wohlbekannt, daß die christlichen Glaubensbekenntnisse etwa fünf Jahrhunderte nach der Entstehung des Christentums in gewissem Umfang festgelegt wurden, und es gibt vielleicht einen verborgenen Grund dafür, daß im Islam nach etwa demselben Zeitraum eine vergleichbare Fixierung auftrat. Ein Unterschied läßt sich allerdings zwischen dem Erhalten eines endgültigen Glaubensbekenntnisses und der theologischen Erörterung von Glaubensartikeln machen. Ein fixiertes Glaubensbekenntnis trägt dazu bei, einer religiösen Gemeinde Stabilität zu verleihen, und es ist denkbar, daß in den verworrenen politischen Verhältnissen der islamischen Welt für einige der betreffenden Jahrhunderte Rigidität in der Theologie half, die Sozialstruktur zu stabilisieren und vielleicht den Verlust politischer Einheit auszugleichen. Es ist auch möglich, daß die Starre dem westlichen Wissenschaftler größer erscheint als sie tatsächlich ist; denn für ihn, den die Wiederholung beinahe identischer Argumente, deren Inhalt er nicht schätzt, langweilt, ist es leicht, aus seiner eigenen Langeweile ein Kennzeichen des Materials zu machen.

2 Introduction à la théologie musulmane, Paris 1948, 76–78; *Gardet*, „De quelle manière s'est ankylosée la pensée religieuse de l'Islam“, in Classicisme et Déclin dans l'Histoire de l'Islam (Hrsg. *R. Brunschwig* und *G. von Grunebaum*), Paris 1957, 93–108.

In dieser Erörterung der theologischen Rigidität ist es auch wichtig, das Ausmaß zu beachten, in dem die Ulema von den Regierungen oder Herrschern abhängig geworden waren[3]. Die unter dem Kalifen al-Ma'mūn eingeleitete Inquisition (s. S. 180) hatte deutlich gemacht, daß die Klasse der Ulema der Macht der Regierung unterstand. Nicht das tapfere Ausharren des Aḥmad ibn-Ḥanbal brachte die Inquisition zu einem Ende, sondern Gründe der Staatsräson, die nichts mit der Einstellung und dem Verhalten der Ulema zu tun hatten. Im Grunde lagen die wichtigsten Berufungen in der Laufbahn, auf die ein Gelehrter hoffen konnte, in der Hand der verschiedenen Regierungen, und die meisten Gelehrten waren zu weltlich gesinnt, um die Aussicht auf ein gutes Einkommen um des religiösen Prinzips willen aufzugeben. Es gab Ausnahmen, wie al-Ġazālī und Ibn-Taymiyya, aber die allgemeine Haltung gegenüber den Herrschern war von Unterwürfigkeit gekennzeichnet. Andererseits muß anerkannt werden, daß es ein weites Feld gab, auf dem die Ulema den Übergriffen der Herrscher Widerstand entgegensetzten. Sowohl in der Rechtswissenschaft als auch in der Theologie stärkte diese Rigidität diejenigen, die bereit waren, sich dem Druck der Regierung zu widersetzen, die Gesetze in ihrem Interesse zu „beugen". Sie verhinderte auch einen Verrat an den Rechten der Ulema im allgemeinen durch solche, die den Verlockungen von seiten der Regierung erlegen waren. Die starre geistige Struktur setzte die Grenzen des individuellen Ermessens sehr weit herab und machte es möglich, sich den unrechtmäßigen Forderungen derer zu widersetzen, die an der Macht waren. Dieses Akzeptieren von Rigidität durch die Ulema hatte damit zwar bisweilen eine positive Funktion, unter anderen Umständen aber Nachteile. Insbesondere hat es den Ulema die Anpassung der Rechtswissenschaft und der Theologie an die zeitgenössische Welt erschwert.

Auch ein anderes Merkmal der Ausrichtung der Ulema, das „die Entmutigung der zeitgenössischen Argumentation" genannt werden könnte, ist von Bedeutung. Die Geschichte von dem Kalifen ʿUmar und der Bibliothek von Alexandria (S. xiv) illustriert die tiefsitzende Abneigung der Araber, den Ansichten, die man für falsch hält, Aufmerksamkeit zu schenken. Anstatt falsche Auffassungen zu studieren, um sie um so besser verwerfen zu können, zieht man es vor, sie mit Stillschweigen zu übergehen. Als al-Muḥāsibī eine *Verwerfung der Muʿtaziliten* schrieb, protestierte Aḥmad ibn-Ḥanbal dagegen, daß er ihre Anschauungen ausführlich darlegte und schob als Grund vor, daß mancher Leser die Darlegung der muʿtazilitischen Auffassungen, und nicht deren Widerlegung lesen könnte[4]. In den meisten der theologischen Werke, die auf den vorangegangenen Seiten erwähnt worden sind, sieht man, daß die einander widersprechenden Meinungen sehr knapp erklärt werden. Man findet auch, insbesondere bei den späteren Autoren, daß sie z. B. nicht über die Ansichten zeitgenössischer muʿtazilitischer

3 Vgl. *Watt*, Integration, 238–251.
4 Al-Ġazālī, Munqiḏ, 110.

Autoren diskutieren, sondern nur über die der großen Muʿtaziliten der „klassischen" Zeit, wie Abū-l-Hudayl und an-Naẓẓām. Im ersten ʿabbāsidischen Jahrhundert pflegten Kalifen und Wesire theologische Diskussionen in ihren Salonen zu arrangieren, und im 11. Jahrhundert hat Niẓām-al-mulk vielleicht dasselbe getan – zumindest für Gelehrte bestimmter Gruppen. Aber al-Ġazālī war offensichtlich nicht imstande, mit Philosophen zusammenzukommen, um lebhafte Streitgespräche mit ihnen zu führen. Die Praxis scheint so ausgesehen zu haben, daß man nicht gegen seine eigenen zeitgenössischen Gegner argumentierte; denn dies hätte dazu beigetragen, ihre irrigen Ansichten zu verbreiten. Man argumentierte nur gegen ähnliche Meinungen, die ältere Gelehrte vertraten. Es kann auch sein, daß das Ḥadīṯ über die dreiundsiebzig Sekten (s.o. S. xiv) davon abhielt, Zeitgenossen als eine neue Sekte anzusehen, da die zweiundsiebzig häretischen Sekten bereits von der Häresiographie beschrieben worden waren. Was auch immer der Grund dafür sein mag, dieses Vermeiden von Streitgesprächen mit zeitgenössischen Häretikern oder Abweichlern muß dazu beigetragen haben, daß die Theologie im negativen Sinne „akademisch" wurde, und damit die Rigidität weiter zunahm.

Die Ulema stehen nicht nur mit Regierungen, sondern auch mit dem einfachen Volk in Beziehung, und es muß gefragt werden, ob in diesen Jahrhunderten nicht die Tendenz bestand, daß sie keine Beziehung zum einfachen Volk mehr hatten. Im 13. Jahrhundert begannen Derwischorden in Erscheinung zu treten, und viele gewöhnliche Menschen fanden mit der Zeit ihre religiösen Bedürfnisse durch den Gottesdienst der Orden (den *ḏikr*) vollkommener befriedigt als durch den der offiziellen Religion (die *ṣalāt*), dem die Ulema vorstanden. Ehe man aber behaupten kann, daß dies zu einer Spaltung führte, gibt es für die Gelehrten viele Fragen zu beantworten. Ersetzte der Gottesdienst der Orden tatsächlich den der Šarīʿa, oder war er eine Ergänzung zu ihm? Hatten die ḥanbalitischen Theologen eine engere Beziehung zum einfachen Volk als die rationalen Theologen? Die letzteren scheinen – ob sie sich nun Ašʿariten nannten oder nicht – aufgrund ihres Interesses für die Philosophie und ihrer Methode der Textkommentierung weitgehend von den wirklichen Quellen des geistigen Lebens abgeschnitten gewesen zu sein. Ob die Ḥanbaliten sich in einer besseren Position befanden, wird gleich in Betracht gezogen werden. Doch die philosophischen Theologen hatten trotz dieser Schwäche einen großen Anteil an dem Verdienst, daß die Ulema insgesamt eine bedeutende positive Leistung vollbrachten. Dieser Anteil bestand in der Bewahrung eines äußerlichen Verhaltens und eines intellektuellen Dogmas, in dessen Rahmen die Menschen die Möglichkeit erhielten, ein Leben in moralischer Rechtschaffenheit und wahrer religiöser Hingabe zu leben.

Sehr wenig Aufmerksamkeit wurde sowohl von seiten westlicher als auch muslimischer Gelehrter der Geschichte der Theologie während der sechs Jahrhunderte nach 1250 zuteil, und dies macht es in einem Überblick wie diesem unmöglich, eine angemessene Darstellung der verschiedenen Tendenzen zu liefern. Anstelle einer solchen Darstellung werden kurze Hinweise auf die bekanntesten rationalen Theologen gegeben, und der Leser wird rechtzeitig darauf hingewiesen, daß es eine große Fülle an Material gibt, überwiegend noch in Handschriften, das noch kein Fachgelehrter der islamischen Theologie sich angesehen hat.

1. Al-Bayḍāwī wurde in Bayḍā in der Nähe von Schiras in Iran geboren. In verschiedenen Orten bekleidete er die Stelle eines Qāḍī, u. a. für kurze Zeit in Schiras, und schließlich lebte er zurückgezogen in Täbris. Er starb wahrscheinlich 1308 oder 1316, obwohl auch frühere Daten erwähnt werden. Er genoß wegen seiner Frömmigkeit und Askese Ansehen, aber seine hervorragende Begabung bestand in der Fähigkeit, das auszuwählen, was in den Werken vorhergehender Gelehrter am besten war, und es in annehmbarer Form zusammenzufassen. Sein bedeutendstes Werk war sein Korankommentar, der noch heute als maßgeblich gilt (beschrieben Bd. I, S. 229). Dieser beruhte in der Hauptsache auf dem von az-Zamaḫšarī, korrigierte aber die muʿtazilitischen Interpretationen dieses Autors. Al-Bayḍāwī verfaßte auch Bücher in verschiedenen anderen religiösen Disziplinen. Im Kalām ist eine umfassende Darlegung seiner Auffassungen in etwa demselben Umfang wie al-Ġazālīs *Iqtiṣād*, „Das Rechte Mittel", auf Arabisch veröffentlicht worden. Darin folgt er ungefähr der Reihenfolge der Themen im *Muḥaṣṣal* des Faḫr-ad-dīn ar-Rāzī, ist aber etwas philosophischer. In der Rechtswissenschaft war er ein Šāfiʿit[5].

2. Ḥāfiẓ-ad-dīn Abū-l-Barakāt an-Nasafī (gest. 1301 oder 1310) wurde in der Nähe von Buchara geboren und studierte dort offensichtlich unter einem Lehrer, der 1244 starb. Er selbst wurde Lehrer und lehrte hauptsächlich die Rechtswissenschaft nach der ḥanafitischen Schule, und zwar in Kirman im südlichen Iran. Er soll auf dem Rückweg von einem Besuch in Bagdad gestorben sein (das sich zu dieser Zeit von dem ersten Mongoleneinfall erholt hatte). Seine Rechtswerke wurden allgemein benutzt und häufig kommentiert. Zu seinen kleineren Schriften gehört *Al-ʿUmda fī uṣūl ad-dīn*, „Die Säule des Glaubensbekenntnisses", zusammen mit seinem eigenen Kommentar dazu. Seine Doktrinen ähneln denen der „Glaubensartikel" des Naǧm-ad-dīn an-Nasafī, das Werk ist aber viermal so umfangreich. Es ist jedoch insofern bemerkenswert, als es weniger über Epistemologie sagt als das kürzere Glaubensbekenntnis, vielleicht weil der Autor das Gefühl hatte, daß in einem Glaubensbekenntnis philosophische Erörterungen fehl am Platze seien[6].

3. Al-Īǧī, mit dem Ehrentitel ʿAḍud-ad-dīn, wurde um 1281 in Īǧ, östlich von

5 GAL, i. 530–534; S, i. 738–743; *Gardet-Anawati*, 164 f.; EI², Art. „Bayḍāwī" *(J. Robson); J. van Ess*, „Das Todesdatum des Baiḍāwī", Die Welt des Orients, ix (1978), 261–270. Das Kalāmwerk ist in Kairo 1323 (1905) gedruckt worden.

6 GAL, ii. 250–253; S, ii. 263–268; EI(H), Art. „Nasafī" (3) *(W. Heffening)*. Al-ʿUmda wurde von *W. Cureton* (London 1843) herausgegeben.

Schiras, geboren und erhielt seine Ausbildung in Schiras, und zwar unter einem Schüler eines Schülers von al-Bayḍāwī. Das beweist, daß die šāfiʿitische und ašʿaritische Lehre in Schiras fortlebte. Den größten Teil seines Lebens soll al-Īǧī als ein Qāḍī in der kurz zuvor erbauten Hauptstadt der Īl-Ḫāne, Sultaniyya, zugebracht haben. Aber in seinen späteren Jahren befand er sich wieder in der Nähe von Schiras, und es heißt, daß er dort Qāḍī war. Als ein bedeutender Mann war er in die unruhige und verworrene Politik der damaligen Zeit verwickelt und soll 1355 im Gefängnis in Īǧ gestorben sein; aber die genauen Umstände sind unbekannt. In der Theologie ist er hauptsächlich wegen zweier Werke bekannt. Das eine ist ein Glaubensbekenntnis, das gewöhnlich als die *ʿAḍudiyya* bekannt ist; es ist kurz und enthält keine philosophischen Artikel. Das andere ist *Mawāqif*, „Stationen", ein umfassendes Werk, das als systematisches Handbuch für den Gebrauch bei Vorlesungen gedacht war. Es ist ungefähr in derselben Art und Weise angeordnet wie ar-Rāzīs *Muḥaṣṣal*, aber den philosophischen Präliminarien wird mehr Platz eingeräumt – zwei Drittel gegenüber einer Hälfte[7]. Der erste Teil ist von Josef van Ess unter dem Titel *Die Erkenntnislehre des ʿAḍudaddīn al-Īcī* ins Deutsche übersetzt und auch kommentiert worden[8].

4. At-Taftāzānī (1322–1389 oder 1390) wurde in Chorasan geboren und soll ein Schüler al-Īǧīs gewesen sein. Man weiß, daß er in Herat und auch an einem der kleineren Höfe der Mongolen gewesen ist. Als diese ganze Region unter Timur-Lengs Herrschaft kam, lebte at-Taftāzānī eine Zeitlang in Sarachs im Herzen Chorasans und dann zog er an den Hof in Samarkand. Er ist der Verfasser einer theologischen Abhandlung, die al-Īǧīs *Mawāqif* nicht unähnlich ist, aber am bekanntesten ist er wegen seines Kommentars zu „Die Glaubensartikel" des Naǧm-ad-dīn an-Nasafī, der für Jahrhunderte eines der wichtigsten Lehrbücher der Theologie war. Obwohl das Glaubensbekenntnis māturīditisch ist, heißt es von at-Taftāzānī gewöhnlich, er sei ein Ašʿarit gewesen, aber dieser Punkt ist keineswegs sicher. Seine Textwahl könnte auf die Tatsache zurückgehen, daß er in einer Gegend lehrte, wo māturīditische Auffassungen vorherrschten. Er drückt sich vorsichtig aus, aber es gibt eine Reihe von Punkten, wo klar ist, daß er nicht mit dem Text übereinstimmte, den er kommentierte[9].

5. Ibn-Ḫaldūn (1332–1406) wurde in Tunis geboren und erzogen. Seine Familie behauptete, arabischer Abstammung zu sein und war im frühen 13. Jahrhundert aus Spanien weggezogen, noch ehe Sevilla an die Christen fiel. Die Männer hatten hohe Regierungsposten bekleidet oder sich der Wissenschaft gewidmet. Im Alter zwischen 20 und 46 Jahren hatte Ibn-Ḫaldūn selbst hauptsächlich in der

7 GAL, ii. 267–271; S, ii. 287–293; EI², Art. „Īdjī" *(J. van Ess); Gardet-Anawati*, 165–169; *J. van Ess*, „Neue Materialien zur Biographie des ʿAḍudaddīn al-Īǧī", Die Welt des Orients, ix (1978), 270–283.

8 Wiesbaden, 1966.

9 GAL, ii. 278–280; S, ii. 301–304; EI¹, Art. „Taftāzānī"; *E. E. Elder*, A Commentary on the Creed of Islam (engl. Übers. mit Einleitung), New York 1950.

Regierungsverwaltung in Fes, Granada, Tunis und in anderen Orten gearbeitet, obwohl er auch Zeit für das Studium und die Schriftstellerei fand. 1378 zog er nach Ägypten und war bald Professor, bald Qāḍī. Obwohl er sehr unter den damaligen verworrenen politischen Verhältnissen litt, verfaßte er eine vielbändige Weltgeschichte. Seine Berühmtheit beruht in der Hauptsache auf der *Muqaddima*, „Einführung", zu seiner Geschichte, die in der Übersetzung allein drei dicke Bände füllt. Sie ist ein sehr eigenwilliger Forschungsbeitrag in den Bereichen der Geschichtsphilosophie und Soziologie. Im vorliegenden Kontext befassen wir uns aber nur mit seiner Theologie. Die *Muqaddima* enthält ein scharfsinniges Kapitel über die Entwicklung der rationalen Theologie im Islam, und nach diesem ist es nicht überraschend zu sehen, daß seine Kompetenz in aš'aritischer Theologie so groß war, daß er als junger Mann ein Buch auf diesem Feld verfaßte. Das Buch ist im wesentlichen eine Zusammenfassung von Faḫr-ad-dīn ar-Rāzīs *Muḥaṣṣal*. In der Rechtswissenschaft war er ein Mālikit[10].

6. Al-Ǧurǧānī, bekannt als as-Sayyid aš-Šarīf (1340–1413), wurde in Gurgan, an der südöstlichen Ecke des Kaspischen Meeres, geboren und studierte in Herat, Kirman (in Südiran) und in Ägypten. Außerdem besuchte er Konstantinopel. Er war ein Freund at-Taftāzānīs, und durch ihn erhielt er 1377 eine Professur in Schiras. Nach der Eroberung von Schiras ging er an den Hof des Timur-Leng in Samarkand, und in einer berühmten Debatte zeigte er sich – zumindest der Ansicht der meisten zufolge – at-Taftāzānī überlegen. Nach Timurs Tod kehrte er 1405 nach Schiras zurück. Er verfaßte viele Werke aus vielen Wissensgebieten. Theologisch am bedeutendsten war sein Kommentar zu al-Īǧīs *Mawāqif*, wo er seinem Interesse an philosophischen Fragen freien Lauf ließ[11].

7. As-Sanūsī (gest. 1486 oder 1490, im Alter von 63 Jahren) wurde in Tlemcen im Osten Algeriens geboren und verbrachte dort den größten Teil seines Lebens. Zu seinen Lehrern gehörte zumindest einer, der in Granada studiert und gelehrt hatte und der weggezogen war, als die Aussichten für die Muslime sich dort verdüsterten. Er war ein Ṣūfī und genoß wegen seiner Frömmigkeit und seines asketischen Lebenswandels ein solches Ansehen, daß einige in ihm den „Erneuerer" *(muǧaddid)* des Islam für das zehnte islamische Jahrhundert (das 1494 begann) sahen. In der Rechtswissenschaft ist er Mālikit, und in der Theologie gilt er als Aš'arit, obwohl er zugleich sehr stark an Philosophie interessiert war. Er schrieb mehrere Werke über Kalām, aber ein kurzes von ihm verfaßtes Glaubensbekenntnis, das als die Sanūsiyya bekannt ist, hat mehr Beachtung gefunden. Es ist bei Muslimen sowohl in Nord- als auch in Westafrika populär gewesen und auch ins Französische und Deutsche übersetzt worden. Es ist viel philosophischer als das kurze Glaubensbekenntnis al-Īǧīs und beginnt z. B. mit der Behauptung,

10 GAL, ii. 314–317; S, i. 923 (22b), ii. 342–344; EI², Art. „Ibn Khaldūn" *(M. Talbi)*. Englische Übersetzung der *Muqaddima*, von *Franz Rosenthal*, 3 Bände, London 1958. Zum Kalāmwerk s. *Rosenthal*, i. xlv.

11 GAL, ii. 280f.; S, ii. 305f.; EI², Art. „Djurdjānī ('Alī b. Muḥammad)" *(A. S. Tritton)*.

daß jeder Gläubige zwanzig Attribute kennen müsse, die im Hinblick auf Gott notwendig sind, und zwanzig Attribute, die für ihn unmöglich sind. Da es unter den zwanzig Attributen, die für Gott notwendig sind, sieben „Attribute der Formen" gibt, die von sieben sehr ähnlichen „zu Formen gehörigen Attributen" unterschieden werden müssen, wird klar, daß vom durchschnittlichen Gläubigen erwartet wird, ein Philosoph zu sein. Es ist merkwürdig, daß ein Mann, der eindeutig fromm war und auch allgemein geachtet wurde, so großen Nachdruck auf abstrakte Philosophie gelegt hat[12]. (Dieser Theologe ist zu unterscheiden von Sīdī-Muḥammad ibn-ʿAlī as-Sanūsī oder Senoussi, gest. 1859, dem Begründer des Sanūsiyya-Ordens und Vorfahren der einstigen Sanūsī-Dynastie von Libyen.)

8. Ad-Dawānī (oder ad-Dawwānī) (1427–1502), mit dem Ehrennamen Ǧalāl-ad-dīn, und auch aṣ-Ṣiddīqī genannt, weil er behauptete, von dem ersten Kalifen Abū-Bakr aṣ-Ṣiddīq abzustammen, kam aus einer etwa achtzig Kilometer westlich von Schiras gelegenen Gegend. Er beendete später seine Studien in Schiras und wurde dort Professor und Qāḍī. Kurz vor seinem Tode floh er wegen einer politischen Umwälzung aus Schiras in die Gegend, in der er geboren war. Er verfaßte sehr viele Bücher, hauptsächlich aus den Bereichen Ṣūfismus, Philosophie und Theologie. Sein bekanntestes Werk, das in persischer Sprache abgefaßt ist, wird gewöhnlich *Aḫlāq-i Ǧalālī*, „die ǧalālianische Ethik", genannt und wurde von W. F. Thompson unter dem Titel „The Practical Philosophy of the Muhammedan People" (London 1839) ins Englische übersetzt. Dies war eine Adaptation von Naṣīr-ad-dīn aṭ-Ṭūsīs *Aḫlāq-i Nāṣirī* (ein Werk, das von Ethik, Wirtschaft und Politik handelt) und brachte die darin geäußerten Ideen in größeren Einklang mit der geistigen Ausrichtung der sunnitischen Muslime. Ad-Dawānī hob vor allem hervor, daß die Titel „Kalif" und „Imam" angemessen nur einem rechtgeleiteten Herrscher verliehen werden könnten, der gerecht und in Übereinstimmung mit der Šarīʿa regierte[13]. In der Theologie war ad-Dawānī Ašʿarit, und er verfaßte Kommentare zu dem kurzen Glaubensbekenntnis al-Īǧīs, der *ʿAḍudiyya*, sowie zu al-Ǧurǧānīs Kommentar zu den *Mawāqif*. Damit setzte er das fort, was als Schule von Schiras bezeichnet werden könnte. Bei der Feststellung Brockelmanns, daß er sich „zur Zwölferšīʿa" (den Imāmiten) bekannte, scheint es sich um ein Mißverständnis zu handeln. Es paßt nicht zu dem, was eben über seine Werke gesagt worden ist, und in seinem Kommentar zur *ʿAḍudiyya* akzeptiert er kritiklos den Artikel über das Imamat Abū-Bakrs[14].

9. Birgevi oder Birgili (1522–1573) war ein türkischer Gelehrter aus Südwestana-

12 GAL, ii. 323–326; S, ii. 352–356; EI(H), Art. „Sanūsī (Abū ʿAbd-Allāh)" *N. Ben Cheneb); Gardet-Anawati*, 169–171, 381–384.

13 *H. A. R. Gibb*, „Some Considerations on the Sunni Theory of the Caliphate", in Studies on the Civilization of Islam, London 1962, 141–150, insbes. 145. Vgl. *E. I. J. Rosenthal*, Political Thought in Medieval Islam, Cambridge 1958, 210–223.

14 GAL, ii. 281–284; ii. 306–309; EI², Art. „Dawānī" *(Ann K. S. Lambton)*.

tolien. Er absolvierte seine Ausbildung in Istanbul und unterrichtete schließlich an einem Kollegium in der kleinen Stadt Birgi in der Provinz Smyrna. Er trat unmißverständlich für die strikte und getreue Befolgung der Šarīʿa ein und war z. B. der Auffassung, daß es unrecht sei, den Koran gegen Bezahlung zu lehren. Seine unerschütterliche Redlichkeit und die Popularität seiner Predigt brachte ihm unter dem einfachen Volk eine zahlreiche Anhängerschaft ein, aber einige führende Gelehrte der damaligen Zeit bekämpften ihn erbittert. Viele seiner Werke in arabischer Sprache sind erhalten, u. a. Lehrbücher und Traktate über Verhaltensfragen. Sein bekanntestes Werk ist ein Glaubensbekenntnis bzw. eine Darlegung der Prinzipien der Religion in türkischer Sprache, das weite Verbreitung fand und zu dem viele Kommentare geschrieben wurden. Wegen dieses Glaubensbekenntnisses (und weil seine Rechtsschule die ḥanafitische war) wird er hier mit berücksichtigt, obwohl er enger an den Ḥanbaliten ausgerichtet war als an den rationalen Theologen[15].

10. Al-Laqānī (Ibrāhīm Burhān-ad-dīn) war Professor an der al-Azhar-Universität in Kairo und gehörte zur mālikitischen Rechtsschule. Er ist erwähnenswert wegen eines in Versen abgefaßten Glaubensbekenntnisses, *Al-Ǧawhara*, „Das Juwel", das Grundlage einiger wohlbekannter Kommentare gewesen ist und in der Form dem kurzen Glaubensbekenntnis as-Sanūsīs ähnelt. Er starb 1631 auf seiner Rückkehr von der Wallfahrt nach Mekka, und seine Nachfolge als Professor trat sein Sohn ʿAbd-as-Salām al-Laqānī (gest. 1668) an, der auch einen Kommentar zu *al-Ǧawhara* verfaßte[16].

11. As-Siyālkūtī, „der Mann aus Sialkot" (ʿAbd-al-Ḥakīm) (gest. 1657), war Ratgeber am Hofe des Mogulherrschers Schah Dschahan (*regnabat* 1628–1658). Er verfaßte Kommentare und Glossen zu einigen jener theologischen Werke, die in Iran und Ägypten normalerweise studiert wurden, wie z. B. at-Taftāzānīs Kommentar zu an-Nasafīs Glaubensbekenntnis. Seine Werke wurden so hoch geschätzt, daß sie selbst mit der Zeit als Lehrbücher benutzt wurden[17].

12. Al-Faḍālī (oder -Fuḍālī oder -Faḍḍālī) war ein Ägypter aus dem Delta und Professor an der al-Azhar-Universität in Kairo; er starb 1821. Er verfaßte eine Darlegung des islamischen Glaubens von mittlerer Länge mit dem Titel *Kifāyat al-ʿawāmm fī-mā yaǧib ʿalay-him min ʿilm al-kalām*, „Was den normalen Menschen von der Kalām-Wissenschaft zu wissen nottut". Von seinen fünfzig Artikeln handeln einundvierzig von den Attributen, die in bezug auf Gott notwendig, unmöglich oder möglich sind, und neun befassen sich mit denen, die sich auf die Propheten beziehen. Das Werk ähnelt dem Inhalt nach der *Sanūsiyya*, ist aber viel

15 GAL, ii. 583–586; S, ii. 654–658; EI², Art. „Birgewi" *(K. Kufrevi)*. Französische Übersetzung des Glaubensbekenntnisses von *Garcin de Tassy*, in Exposition de la foi musulmane, Paris 1822.

16 GAL, ii. 412 f.; S, ii. 436 f.

17 GAL, ii. 550; S, ii. 613.

länger. Der Autor erwartet, daß der gewöhnliche Muslim die fünfzig Artikel und einen allgemeinen Beleg für jeden einzelnen kennt[18].
13. Al-Bāǧūrī oder al-Bayǧūrī (1783–1860) aus der ägyptischen Provinz Menouf wurde Professor an der al-Azhar-Universität und zuletzt Rektor *(šayḫ al-Azhar)*. Wie al-Faḍālī, der einer seiner Lehrer war, war er im Recht Šāfiʿit. Zu seiner Zeit tat er sich hervor, doch sein Werk bestand in der Hauptsache aus Kommentaren und Glossen, u.a. aus Kommentaren über die *Sanūsiyya* und über die *Kifāya* von al-Faḍālī und einer Glosse zu einem Kommentar zu al-Laqānīs *Ǧawhara*[19].

Diese Bemerkungen über einzelne Theologen sind weit davon entfernt, eine adäquate Geschichte der Theologie während dieser Zeit darzustellen, aber sie geben zumindest einen allgemeinen Hinweis auf gewisse Tendenzen. Das Studium des Kalām hatte eindeutig seinen „internationalen" Charakter beibehalten, aber ein oder zwei Zentren, wie Schiras und Kairo, waren – zumindest für eine gewisse Zeit – von besonderer Bedeutung. Nach 1258 begaben die Gelehrten sich zwar immer noch auf Reisen, wenn auch offensichtlich auf weniger ausgedehnte als vor diesem Zeitpunkt; aber die wichtigsten Werke waren in der ganzen islamischen Welt allgemein bekannt, bis zu einem gewissen Grad selbst unter Schiiten. Die meisten der hier erwähnten Männer scheinen sich selbst für Ašʿariten gehalten zu haben, aber man wird bemerkt haben, daß nach dem 15. Jahrhundert die Philosophie selbst in die kurzen Glaubenserklärungen Einzug gefunden hatte. Der einzige Māturīdit ist Ḥāfiẓ-ad-dīn an-Nasafī (2), und es ist schwer, in Erfahrung zu bringen, was mit der māturīditischen Schule nach ihm geschah. Sie bestand vermutlich in Verbindung mit der ḥanafitischen Rechtswissenschaft weiter fort, die die offizielle Schule des Osmanischen Reiches war. In seinem Glaubensbekenntnis erwähnt al-Faḍālī die māturīditische Auffassung, daß eines der Attribute Gottes *takwīn*, „entstehen lassen", sei. Was geschehen zu sein scheint, ist, daß die māturīditischen Theologen sich damit begnügten, Kommentare und Glossen zu verfassen, und kein neues theologisches Werk von irgendwelcher Bedeutung schufen.

b) Die Lebenskraft des Ḥanbalismus

Unter den Ḥanbaliten in Bagdad hatte im 11. Jahrhundert eine Energie vorgeherrscht, die allerdings mit Fanatismus gefärbt war. Zu dieser Zeit scheint Bagdad ihr Hauptzentrum gewesen zu sein, obwohl es auch – wie oben erwähnt wurde – an anderen Orten, wie z.B. in Iṣfahān und Herat, Ḥanbaliten gab. Vor

18 GAL, ii. 641; S, ii. 744; EI³, Art. „Faḍḍālī" *(J. Schacht)*. Deutsche Übersetzung der *Kifāya* von *Max Horten*, Muhammedanische Glaubenslehre, Bonn 1916, 5–45; engl. Übersetzung, *D. B. Macdonald*, Development, New York 1903, 315–351.
19 GAL, ii. 639; S, ii. 741; EI², Art. „Badjūri" *(Th. W. Juynboll)*.

1100 gab es ḥanbalitische Schulen in Jerusalem und Damaskus, doch diese wurden schließlich in Damaskus konzentriert, nachdem die Rechtsgelehrten von Jerusalem vor den Kreuzfahrern (die 1099 Jerusalem eroberten) hatten fliehen müssen. Die Ḥanbaliten von Damaskus erhielten weitere Verstärkung durch andere Flüchtlinge aus den unruhigen östlichen und zentralen Provinzen, wie z. B. die Familie der Banū-Qudāma, von der ein Mitglied, Muwaffaq-ad-dīn ibn-Qudāma (gest. 1223), bereits erwähnt worden ist. Diese Familie kam 1156 an. Ein ganzes Jahrhundert später, 1269, traf eine andere Gelehrtenfamilie aus Ḥarrān ein, die einen etwa fünfjährigen Knaben mitbrachte, aus dem der größte Ḥanbalit nach Aḥmad ibn-Ḥanbal werden sollte.

Es war dies Ibn-Taymiyya (mit vollem Namen: Taqī-d-dīn Aḥmad ibn-Taymiyya), der im Januar 1263 geboren wurde und im September 1328 starb. Über ihn gelangte Henri Laoust zur Erforschung des Ḥanbalismus, und daher wissen wir über ihn weit mehr als über die Ašʿariten derselben Periode[20]. Das folgende beruht auf Laousts Ergebnissen.

Ibn-Taymiyyas Karriere läßt sich am besten dann verstehen, wenn man davon ausgeht, daß sein Hauptproblem dasselbe war wie das al-Ġazālīs – nämlich die Korruption der Ulema oder religiösen Gelehrten. Als Klasse waren sie beinahe alle in erster Linie an ihrem eigenen Fortkommen in der akademischen oder richterlichen Laufbahn interessiert, und da das Fortkommen in den Händen der Herrscher lag, waren sie diesen sklavisch gehorsam. Ibn-Taymiyya, der in der Tradition Ibn-Ḥanbals stand, trat für das ein, was er für richtig hielt, ungeachtet des Leidens, das es ihm persönlich verursachen mochte. Seine geistige Brillanz soll ihn instand gesetzt haben, im Alter von siebzehn Jahren offizielle Rechtsgutachten abzugeben, und im Alter von einundzwanzig trat er die Nachfolge seines Vaters als führender Professor an der Sukkariyya *madrasa* an (1284). Dieser folgten andere Stellen als Lehrer. 1293 nahm er öffentlich im Falle eines Christen, der den Propheten geschmäht hatte, eine unnachgiebige Haltung ein und wurde für kurze Zeit eingesperrt. In Erwiderung einer Bitte des Volkes von Hama um Unterweisung über die Attribute Gottes und ihre Beziehung zu seinem Wesen faßte er dann um 1298 seine dogmatische Position in einer Feststellung zusammen, die als *Al-Ḥamawiyya al-kubrā*, „das große (Glaubensbekenntnis) von Hama" bekannt ist; in dieser äußerte er heftige Kritik am Kalām und am Ašʿarismus. Er hatte viele Feinde, die sich über seine Angriffe auf den Ašʿarismus und auf die Astrologie ärgerten und sein gutes Verhältnis zum Gouverneur von Damaskus

20 GAL, ii. 125–127; S, ii. 119–126; EI², Art. „Ibn Taymiyya" *(H. Laoust)*. *H. Laoust*, Essai sur les doctrines sociales et politiques de Taḳī-d-dīn Aḥmad b. Taimīya, Kairo 1939; Ders., „Le hanbalisme sous les Mamlūks Baḥriyya", REI, xxviii (1960), 1–71; Ders., „L'influence d'Ibn-Taymiyya" in *Welch-Cachia,* Islam, 15–33; *Cl. Wein*, Die islamische Glaubenslehre (ʿAqīda) des Ibn Taimīya, Bonn 1973 (mit Übersetzung der Wāsiṭiyya).

argwöhnisch beäugten. Einige von diesen nahmen nun die *Ḥamawiyya* als Grundlage für eine Anklage gegen Ibn-Taymiyya, wonach er die Häresie des Anthropomorphismus verträte. Sie ließen sogar einen Ausrufer durch die Stadt ziehen, damit er verkünde, daß Ibn-Taymiyya ein Häretiker sei, und der Gouverneur mußte eingreifen, um die Ordnung aufrechtzuerhalten. Er ließ Rechtsgelehrte das Glaubensbekenntnis gründlich überprüfen, und sie berichteten, daß sich darin nichts Anstößiges finde. Damit war der Fall erledigt.

Zu dieser Zeit war Syrien mit Ägypten unter der Herrschaft der Mamluken vereinigt, deren Hauptstadt Kairo war. Die Mamluken waren keine Dynastie, sondern eine herrschende Elite bestgeschulter Sklaven, die dadurch fortbestand, daß sie weitere Sklaven, hauptsächlich aus Südrußland und dem Kaukasus, einführte, und diesen eine strikte Ausbildung in der Militär- und Zivilverwaltung zuteil werden ließ. Sie traten die Nachfolge der Ayyūbiden in Ägypten ungefähr 1250 an und in Syrien um 1260. Eine ihrer Neuerungen in beiden Provinzen bestand darin, den vier hauptsächlichen Rechtsschulen, der šāfiʿitischen, der ḥanafitischen, der mālikitischen und der ḥanbalitischen, eine offizielle Organisation zu geben. Wie in Band I ausgeführt wurde, waren diese nicht nur theoretische Schule. Sie werden manchmal vorzugsweise „Riten" genannt, da jeder gewöhnliche Muslim zu einer von ihnen gehörte und seine rechtlichen Angelegenheiten (z. B. Erbschaft) in Übereinstimmung mit ihren Prinzipien beurteilen lassen mußte. Sowohl in Kairo als auch in Damaskus setzten die Mamluken für jede der Schulen einen eigenen Oberqāḍī ein, und diese rangierten in der oben angegebenen Reihenfolge, und diese wiederum folgte der Anzahl der jeweiligen Anhänger. Die Šāfiʿiten nahmen das übel; denn zuvor hatten nur sie einen Oberqāḍī gehabt. Es kam zwischen den vier Gruppen von Rechtsgelehrten zu gewissen Reibereien. Und dies war der Rahmen der Karriere Ibn-Taymiyyas.

In den Jahren nach 1299 nahm er am öffentlichen Leben von Damaskus teil, war Mitglied diplomatischer Missionen und schloß sich einer Expedition gegen aufständische nuṣayritische Häretiker an. Nach der Unterwerfung der Nuṣayriten wurde er vom Sultan wegen deren Behandlung konsultiert. Gegen Ende des Jahres 1305 jedoch befand er sich wieder einmal in Schwierigkeiten. Er griff den Ṣūfī-Orden der Aḥmadiyya (oder Rifāʿiyya) öffentlich an, weil dieser sich auf verschiedene Praktiken eingelassen hatte, die im Widerspruch zur Šarīʿa standen. Das Oberhaupt des Aḥmadiyya-Ordens stand aber mit mehreren einflußreichen Personen in Kairo auf freundschaftlichem Fuß, und Anfang 1306 erfuhr Ibn-Taymiyya von seiner Vorladung dorthin. Nach einem kurzen Prozeß zweifelhafter Gültigkeit wurde er ins Gefängnis gesperrt und bis September 1307 dort festgehalten. Nach seiner Freilassung wurde ihm die Rückkehr nach Syrien nicht gestattet; deshalb etablierte er sich als Professor und hielt Vorlesungen, doch seine Angriffe auf den „Pantheismus" vieler Ṣūfī brachten ihn bald wieder ins Gefängnis, zuerst nach Kairo und später nach Alexandria, weil dort die Gefahr geringer war, daß er Besuche erhielt. Ein Regierungswechsel führte im März 1310 zu seiner Freilassung, und dann verbrachte er beinahe drei Jahre in Kairo, ehe er nach Damaskus zurückkehrte.

Den Rest seines Lebens verlebte er in Damaskus, wo er allgemein verehrt und geachtet wurde und viele Schüler und sonstige Anhänger hatte. Im großen und ganzen wurde er weniger in öffentliche Ereignisse verwickelt, aber sein Angriff auf den Heiligenkult führte im Juli 1326 zu seiner Festsetzung in der Zitadelle sowie zu einer gewissen Verfolgung seiner Anhänger. Er wurde unter immer härter werdenden Bedingungen bis zu seinem Tod im September 1328 gefangengehalten.

Nach Laousts Auffassung gipfelte Ibn-Taymiyyas Denken in einer „politischen Soziologie", die aber auf einer theologischen Position gründete. Den zentralen Punkt seiner Theologie sieht er als eine Entwicklung der alten islamischen Vorstellung von der absoluten Verschiedenartigkeit von Gott und Mensch. Aus ihr schloß Ibn-Taymiyya, daß es für den Menschen unmöglich sei, Wissen über Gott durch rationale Methoden – sei es durch die der Philosophie, sei es durch die des Kalām – zu erlangen. Ebenso unmöglich sei das Ṣūfī-Ziel einer Vereinigung mit Gott zu erreichen. Er war jedoch kein Obskurantist; denn er hatte die wichtigsten arabischen Philosophen sowie Theologen wie al-Ġazālī und Faḫr-addīn ar-Rāzī sorgfältig studiert. Seine kritischen Bemerkungen über die Philosophen sind äußerst klarsichtig und wohlbegründet, insbesondere in seinem *Radd ʿalā l-manṭiqiyyīn*, „Widerlegung der Logiker". Ar-Rāzī bekämpfte er heftig, weil er glaubte, er habe viele fremde Elemente aus der Philosophie und anderen Quellen in die Theologie eingebracht; aber in der allgemeinen Richtung seines Denkens war er von ar-Rāzī beeinflußt, wenn auch nur auf dem Wege über die Reaktion. Von al-Ġazālī, dem er mehr Sympathien entgegenbrachte, scheint er viel gelernt zu haben.

Seine Einstellung gegenüber dem Ṣūfismus ist vielschichtig. Er verwirft alles, was der „Vereinigung mit Gott" als dem höchsten Ziel für das menschliche Leben ähnelt. Er hatte das Gefühl, daß das Aufgehen in dem Einen oder selbst die Kontemplation Gottes des Erhabenen nicht im Einklang mit der Šarīʿa stehe. Für ihn bestand das höchste Ziel in der Anbetung oder im Dienst an Gott *(ʿibāda)*, und Grundlage dafür war die Befolgung der Vorschriften der Šarīʿa. Andererseits war in seinem eigenen Charakter etwas vom Ṣūfī, und ausgehend vom Standpunkt seiner Konzeption von *ʿibāda* gab er vielen der von den Ṣūfī mit einer besonderen Bedeutung angewendeten Begriffen einen anderen Sinn, wie z. B. Gottesfurcht, Vertrauen in Gott, Demut, Liebe zu Gott. Er sah sogar in der vollkommenen Erfüllung der Šarīʿa eine Art „Annihilation" *(fanāʾ)*, gleichbedeutend mit der, von der die Ṣūfī sprechen.

Dieses Hervorheben der Befolgung der Šarīʿa war zweifellos einer der Faktoren hinter einem sehr bedeutenden Werk, *Minhāǧ as-sunna an-nabawiyya*, „Der Weg der prophetischen Sunna", in welchem er den imāmitischen Theologen al-ʿAllāma al-Ḥillī kritisiert (von dem gleich noch die Rede sein wird). Sowohl al-Ḥillīs Theorie vom Imamat als auch sein Gebrauch der Kalām-Methoden sowie das Akzeptieren muʿtazilitischer Thesen waren für Ibn-Taymiyya Anathema.

Ibn-Taymiyyas Angriffe auf die Heiligenverehrung waren verknüpft mit seinem Nachdruck darauf, an den Urformen des Islam festzuhalten. Ebenso waren seine Angriffe auf philosophische Konzeptionen mit seiner Verwerfung fremder Elemente gekoppelt. All dies erwuchs seiner Erkenntnis, daß die konkrete, „poetische“ oder „symbolische“ Sprache des Koran die Menschen näher bei den tiefen Quellen religiöser Lebenskraft halte als die Abstraktionen des philosophischen Denkens. Von einer frühen Phase seines Lebens an muß er spirituelle Erfahrungen von ausreichender Tiefe gehabt haben, die ihm die Sicherheit gaben, gegenüber seinen Lehrern und Lehrbüchern eine unabhängige und kritische Haltung einzunehmen. Er hatte unzweifelhaft in einer ihm entsprechenden Form die Quelle des wahren Lebens und der wahren Kraft gefunden, und zwar im einfachen, aber keineswegs naiven Akzeptieren des islamischen Dogmas in seiner koranischen Ausformulierung. Dem Akzeptieren dieses Materials folgte die unablässige Meditation darüber sowie das Bemühen, sein Verhalten in Einklang mit seinen Glaubensvorstellungen zu bringen.

Ibn-Taymiyya gelang es, etwas von dieser geistigen Ausrichtung und Einstellung seinen Anhängern zu übermitteln, auch wenn keiner herausragte und keiner seine innere Unabhängigkeit voll teilte. Dennoch bewirkte er eine tiefgreifende Kursänderung des theologischen Denkens im Islam, und sein Einfluß ist auch noch für die Zukunft bedeutsam. Er hatte den Vorteil, zu einer Zeit zu leben, als Kairo gerade anstelle von Bagdad zu einem der kulturellen Zentren des Islam wurde. Kairo war die wichtigste Hauptstadt des verhältnismäßig stabilen Mamlukenstaates, der den Mongolenstürmen entgangen war, und in Kairo residierte der Mann, der – zumindest dem Namen nach, auch wenn er keine wirkliche Macht besaß – der sunnitische Kalif war. Auch Damaskus nahm als zweite Hauptstadt der Mamluken an Bedeutung zu. Das Ansehen Ibn-Taymiyyas und die Anzahl seiner Schüler sorgten also dafür, daß der Ḥanbalismus in der neuen Phase des islamischen Denkens, die durch den Ortswechsel eingeleitet worden war, gut vertreten war. Der Ḥanbalismus hatte hier eine feste Grundlage, von der aus er in späteren Jahrhunderten Einfluß ausüben konnte.

Es sind die Namen vieler Ḥanbaliten bekannt, die unmittelbare Schüler Ibn-Taymiyyas waren, und die Namen anderer, die während der nachfolgenden Jahrhunderte lebten, ihn bewunderten und bis zu einem gewissen Ausmaß von ihm beeinflußt waren, und diese fanden sich nicht nur in Damaskus, sondern auch in Bagdad, Jerusalem und Kairo[21]. Die meisten waren in erster Linie Rechtsgelehrte. Der einzige, von dem sich sagen läßt, er habe einen gewissen Beitrag zur Theologie geleistet, war Ibn-Qayyim-al-Ǧawziyya (1292–1350). Der

21 Vgl. *Laoust*, Essai, 477–505; id. in REI, xxviii, 55–71; id. in *Welch-Cachia,* Islam, 23–33.

Name, unter dem er allgemein bekannt ist, ist etwas merkwürdig, da er soviel bedeutet wie „der Sohn der *qayyim* (Pförtner/Oberaufseher) des Ǧawziyya-Kollegiums". (Die einzige zulässige Abkürzung ist „Ibn-al-qayyim".) Er wurde 1313 nach der Rückkehr Ibn-Taymiyyas aus Ägypten ein enger Anhänger des Meisters, und man hielt ihn für bedeutend genug, um ihn 1326, gleichzeitig mit Ibn-Taymiyya – wenn auch von ihm getrennt –, in der Zitadelle festzusetzen. Er wurde erst 1328, nach dem Tod des Meisters, freigelassen. Von 1342 bis zu seinem Tode lehrte er an der Ṣadriyya *madrasa.* Er hatte sich alle Auffassungen Ibn-Taymiyyas angeeignet und handelte als eine Art literarischer Testamentsvollstrecker, aber er fühlte sich stärker zum Ṣūfismus hingezogen, und man glaubt bisweilen, er habe die späteren Werke seines Lehrers nicht nur im Hinblick auf die Sprache, sondern auch im Hinblick auf die Einstellung geändert. Durch die Weitervermittlung der Werke Ibn-Taymiyyas und durch die Veröffentlichung seiner Ideen in seinen eigenen Werken in einem einwandfreien Stil, tat er aber fraglos viel, um ihren Einfluß zu verbreiten und überdauern zu lassen[22].

Es wird allgemein angenommen, daß die Lebenskraft, die Ibn-Taymiyya dem Ḥanbalismus verlieh, dazu geführt hat, daß im 18. Jahrhundert die wahhābitische Bewegung in Erscheinung trat. Der theologische Begründer dieser Bewegung, Muḥammad ibn-ʿAbd-al-Wahhāb (1703–1792), kam, wie viele andere Theologen, aus einer Familie, die bereits viele Gelehrte hervorgebracht hatte. Diese besondere Familie hatte in verschiedenen kleinen Städten im Neǧd (Zentralarabien) Ämter bekleidet. Nach vorbereitenden Studien unter seinem Vater in der Oase al-ʿUyayna und in Mekka verbrachte er als Student eine Zeitlang in Medina, und später zog er in seinem Wissensdurst weiter nach Basra, Bagdad, Hamaḏān, Iṣfahān, Damaskus und Kairo. Offensichtlich in Medina erkannte er zum erstenmal vom Gesichtspunkt seiner eigenen Interessen Bedeutung und Relevanz von Ibn-Taymiyyas Denken. Von einem frühen Alter an hatte er den Niedergang der Volksreligion in Arabien und das Bedürfnis nach einer durchgreifenden Reform gesehen. Seine ersten Bemühungen um eine Reform nach seiner Rückkehr aus Arabien stießen auf Widerstand; aber 1744 gelang es ihm, eine Übereinkunft mit dem Emir (einem Angehörigen der Familie der Suʿūd) der kleinen Stadt Darʿiyya zu erzielen. Infolge dieser Übereinkunft und teilweise durch sie erlebte die Dynastie der Suʿūd einen gewaltigen Aufschwung, und im frühen 19. Jahrhundert, als sie bereits Herrscher über einen großen Teil von Arabien waren, besetzten sie auch Mekka und Medina. Doch die Besetzung der Heiligen Städte durch eine Dynastie, die sich zu wahhābitischen Doktrinen bekannte, versetzte viele Sunniten in Unruhe, und auf Befehl des osmanischen Sultans fiel eine ägyptische Armee in Arabien ein (1813–1818) und bereitete dem suʿūditischen Fürstentum vorübergehend ein Ende. Die Wechselfälle des Glücks

22 GAL, ii. 127–129; S, ii. 126–128; EI², Art. „Ibn Ḳayyim al-Djawziyya" *(Laoust).*

der Dynastie blieben bis zur Gründung des Königreiches Saudi- (Suʿūdī) Arabien im Jahr 1930 mit dem Wahhābismus gekoppelt, und das heutige Königreich ist im wesentlichen ein wahhābitischer Staat.

Die Theologie der Wahhābiten wird von Laoust eher als „une réédition des doctrines ḥanbalites et de l'agnosticisme prudent de la foi traditionelle" charakterisiert denn als eine Ausarbeitung der besonderen Ideen des Ibn-Taymiyya[23]. Am deutlichsten von ihm abhängig ist sie in ihrem Angriff auf den Heiligenkult und in ihrem allgemeinen Beharren auf eine Rückkehr zur Reinheit des ursprünglichen Islam. Zumeist befaßt sie sich – wie ein großer Teil des islamischen religiösen Denkens – weitgehend mit Äußerlichkeiten. Sie zeigt kein Interesse für die Methodologie Ibn-Taymiyyas, die er ersann, um der Rigidität der scholastischen Methoden zu entrinnen und eine Anpassung der islamischen Wahrheit an zeitgenössische Bedingungen zu ermöglichen.

Über die Welt der Araber hinaus übte der Wahhābismus im frühen 19. Jahrhundert auf gewisse indische Muslime Einfluß aus. Die sog. Wahhābiten Indiens stehen im Zusammenhang mit einer bewaffneten Bewegung unter Sayyid Aḥmad (1786–1831) gegen die Sikhs und die Briten. In ihren Ursprüngen ging die Bewegung auf innerindische Ursachen zurück, aber 1823 geriet Sayyid Aḥmad auf der Wallfahrt nach Mekka unter wahhābitischen Einfluß, und danach bestand er auf einer Reform und Läuterung des Islam gemäß den wahhābitischen Vorstellungen. Von dem wahhābitischen Geist ist etwas in dem bedeutenden theologischen Seminar von Deoband erhalten geblieben, aber im Gegensatz zu Ibn-Taymiyya ist es sehr streng konservativ.

Die neue Lebenskraft im Ḥanbalismus, die auf die Person Ibn-Taymiyyas zurückgeht, setzt sich bis in die Gegenwart hinein fort. Sein Nachdruck auf die Beibehaltung bzw. Rückkehr zur Reinheit des ursprünglichen Islam weist den islamischen Denkern von heute – ob sie nun Theologen von Beruf sind oder nicht – den sichersten Weg, eine Lösung für ihre Probleme zu finden. Einige sind tatsächlich große Bewunderer Ibn-Taymiyyas und vor allem seiner Methodologie geworden.

c) Die Umgestaltung des Schiismus

In dem Zeitabschnitt zwischen 1250 und 1850 machten die beiden Hauptformen des Schiismus, die imāmitische und die ismāʿīlitische, eine vollständige Verwandlung durch. Ihre wesentliche dogmatische Position blieb zwar die gleiche, doch im Hinblick auf ihre Funktion im Leben der islamischen Gemeinschaft als ganzer vollzog sich ein großer Wandel. Die zayditische Gemeinde im Jemen hat sich behauptet, obwohl ihr Imamat vom Ende des 13. Jahrhunderts bis zum

23 Essai, 514, Zur Wahhābitenbewegung vgl. *Laoust*, Essai, 506–540; EI(H), Art. „Wahhābīya" *(D. S. Margoliouth)*.

Ende des 16. in schlechtem Rufe stand. Sie brachte nach wie vor einiges an Literatur hervor, aber offenbar nichts von theologischer Bedeutung.
1. Die Imāmiten. Bis zum Jahr 1501 waren die Imāmiten einfach eine theologische Partei, die mit den Sunniten in einer einzigen Gemeinde von Muslimen vermischt war. Es gab Städte, wo die Imāmiten vorherrschten, und andere, wo sie kaum vertreten waren; aber im großen und ganzen trifft es zu, wenn man sagt, daß Imāmiten und Sunniten Seite an Seite lebten. Es ist bereits bemerkt worden, daß zumindest einige ihrer Theologen sich im Hauptstrom des islamischen Denkens befanden, mit Sicherheit davon beeinflußt waren und vielleicht bis zu einem gewissen Grad ihn auch selbst beeinflußten. Es ist daher nicht verwunderlich, daß in diesem Zeitraum von sechs Jahrhunderten die imāmitische Theologie viele Grundzüge mit der sunnitischen Theologie gemeinsam hat – die Abfassung kurzer Glaubensbekenntnisse und das Verfassen weitschweifiger Kommentare zu ihnen sowie das Einbringen von viel Philosophie in die Theologie.

Der hervorragende imāmitische Denker des 13. Jahrhunderts war Naṣīr-ad-dīn aṭ-Ṭūsī (1201–1274)[24]. Er hatte auch einige Verbindungen zum Ismāʿīlismus, da er vor 1256 mehrere Jahre Beamter im Dienste des ismāʿīlitischen Herrschers von Quhistan (eine Region in Ostiran, südlich von Chorasan gelegen) war und später in der ismāʿīlitischen „Hauptstadt", der Festung Alamūt (nördlich von Teheran), lebte. Wie er zu den Ismāʿīliten stand, ist nicht klar. Vielleicht hat er ihren Auffassungen ein gewisses Wohlwollen entgegengebracht, und andererseits hatte Alamūt in den Jahren vor seiner Zerstörung im Rufe gestanden, „eine breitgefächerte islamische Perspektive" zu kultivieren. Er wird aber bezichtigt, dem ismāʿīlitischen Führer 1256 geraten zu haben, Alamūt den Mongolen zu übergeben – und nach der Kapitulation wurde der Führer hingerichtet und seine Anhänger niedergemetzelt. Doch dies kann – ebenso wie die Geschichte, der zufolge er Hulagu, dem Mongolengeneral, geraten habe, den ʿAbbāsidenkalifen 1258 hinzurichten –, eine Verleumdung durch seine Gegner sein. Was jedoch feststeht, ist, daß er für den Rest seines Lebens mehrere hohe Posten in der mongolischen Administration innehatte. Dies mag z. T. auf seine Kenntnisse als Astrologe zurückzuführen sein; denn die Mongolen scheinen ihn wegen glückverheißender Daten für wichtige Gelegenheiten um Rat gefragt zu haben.

Naṣīr-ad-dīn aṭ-Ṭūsī war mehr Philosoph als Theologe. Tatsächlich war er in allen griechischen Wissenschaften, insbesondere in Mathematik und Astronomie, gut beschlagen. Seine Philosophie war nicht die reine Philosophie eines Avicenna, sondern angeblich eine Vorstufe zur Theologie. Er lebte in etwa derselben Gedankenwelt wie Faḫr-ad-dīn ar-Rāzī (gest. 1209), zu dessen *Muḥaṣṣal* er einen Kommentar verfaßte, der zwar größtenteils positiv und erläuternd war, aber dort, wo es notwendig war, seine Mißbilligung deutlich machte. Dieses und andere seiner Werke wurden von philosophisch-orientierten Sunniten gerne

24 GAL, i. 670–676; S, i. 924–933 (nur arabische Werke, aber es gibt auch persische).

studiert. Wie oben erwähnt, wurde sein ethisches Werk in persischer Sprache, *Aḫlāq-i Nāṣirī*, „Die nāṣirische Ethik", von ad-Dawānī revidiert und für Sunniten aufbereitet.

In der Zeit bis 1500 war ein anderer bedeutender imāmitischer Theologe ein Schüler des Naṣīr-ad-dīn; er hieß Ibn-al-Muṭahhar al-Ḥillī und war als al-ʿAllāma al-Ḥillī (in seiner persischen Form ʿAllāma-i Ḥillī) (1250–1325) bekannt[25]. Ḥilla, eine Stadt ungefähr 110 km südlich von Bagdad, war jahrhundertelang ein wichtiges imāmitisches Zentrum und brachte viele bekannte Gelehrte hervor, von denen Ibn-al-Muṭahhar einer der berühmtesten war. An den mehr philosophischen Aspekten der Theologie war er nicht sehr interessiert, auch wenn er einige philosophische Konzeptionen benutzte. Ein kurzes Glaubensbekenntnis von ihm ist ins Englische übersetzt worden, zusammen mit einem Kommentar aus dem 15. Jahrhundert mit dem Titel *Al-Bābu 'l-Ḥādī ʿAšar*, „Das elfte Kapitel (eines längeren Werkes)"[26]. Es wird von den Imāmiten immer noch als einer ihrer Standardtexte betrachtet, ebenso wie sein Kommentar zu Naṣīr-ad-dīns *Taǧrīd al-ʿaqā'id*, „Die Zusammenfassung der Doktrinen". Eines seiner weniger bekannten Werke ist *Minhāǧ al-karāma*, „Der Weg der Ehre". Es geriet in die Hände Ibn-Taymiyyas und übte beträchtlichen Einfluß auf ihn aus. Es ist in erster Linie eine Verteidigung der imāmitischen Theorie vom Imamat; aber es schließt auch eine Kritik an der sunnitischen Rechtswissenschaft ein, und auf diese beiden Dinge ging Ibn-Taymiyya in seinem *Minhāǧ as-sunna* nachdrücklich ein.

Etwa ein halbes Jahrhundert später wurde eine andere Art von schiitischer Theologie von Sayyid Ḥaydar al-Āmulī vertreten, der 1320 in Āmul, in der Nähe des Kaspischen Meeres, geboren wurde. Um 1350 machte er die Wallfahrt nach Mekka. Mindestens bis 1385 lebte er in verschiedenen Städten Irans und des Irak; sein Todesdatum ist jedoch unbekannt. Der eigenständige Charakter von al-Āmulīs Denken entspringt der Tatsache, daß er sich zum Ṣūfismus hingezogen fühlte, wie er insbesondere in den Schriften des Muḥyī-d-dīn ibn-al-ʿArabī erläutert wird. Er schrieb mindestens zu einem Werk dieses Verfassers einen Kommentar. Peter Antes, der eines seiner Bücher sorgfältig untersucht hat, meint, daß seine philosophisch-theologische Betrachtungsweise eng mit der ṣūfischen Meditation verbunden sei: „Solches Philosophieren trägt eher die Züge gläubiger Meditation über einen bereits vorgegebenen Inhalt als die der reinen Spekulation"[27].

Die Transformation der imāmitischen Sekte begann 1501, als Schah Ismāʿīl, der Begründer der Safawidendynastie, zur gleichen Zeit, als er in Täbris zum

25 GAL, ii. 211 f.; S, ii. 206–209; EI², Art. „Ḥillī" (1) *(S. H. M. Jafri); H. Laoust*, „La Critique du sunnisme dans la doctrine d'al-Ḥillī", REI, xxxiv (1966), 35–60.

26 Von *W. McE. Miller*, London 1928.

27 *Peter Antes*, Zur Theologie der Schiʿa: Eine Untersuchung des Ǧāmiʿ al-asrār wamanbaʿ al-anwār von Sayyid Ḥaidar Āmolī, Freiburg im Breisgau, 1971.

König Irans gekrönt wurde, Maßnahmen ergriff, um aus dem imāmitischen Schiismus die offizielle Religion seines Reiches machen zu lassen. Er hatte noch einen großen Teil Irans zu erobern, aber das gelang ihm schon bald. Mit dem Schwung, den ihm seine politischen Erfolge verliehen hatten, wurde der imāmitische Glaube schließlich nicht nur zur Staatsreligion, sondern im wesentlichen zur einzig tolerierten Religion. Doch 1501 war der Imāmismus keineswegs die vorherrschende Religion: In Täbris z.B. sollen zwei Drittel der Bevölkerung Sunniten gewesen sein, und in Iran selbst gab es offenbar wenige religiöse Lehrer für Recht und Theologie, obwohl es anderswo, in imāmitischen Zentren wie Ḥilla, Bahrain und am Berg ʿĀmila (Libanon), einige solcher gab. Man erkennt heute, daß das Problem der Schiitisierung Irans, zusammen mit der Ausarbeitung des imāmitischen Rechtes und der imāmitischen Theologie, vielschichtig ist, aber die Gelehrten haben begonnen, ihm ihre Aufmerksamkeit zuzuwenden, und im Laufe der Zeit werden die Dinge deutlicher zu Tage treten[28].

Einer der Hauptunterschiede zwischen imāmitischer (oder ǧaʿfaritischer) und sunnitischer Rechtswissenschaft besteht darin, daß bei den Imāmiten angemessen qualifizierte Rechtsgelehrte Entscheidungen fällen, die direkt (d.h. aufgrund ihrer eigenen Argumente) auf den allgemeinen Prinzipien beruhen, die im Koran und im Ḥadīṯ enthalten sind, während bei den Sunniten bis zum 16. Jahrhundert allgemein angenommen wurde, daß selbst der gelehrteste Jurist seine Entscheidungen auf die Entscheidungen früherer Rechtsgelehrter gründen müsse. Jene, die diese Auffassung nicht teilten, waren in der Hauptsache Ḥanbaliten. Das Fällen unabhängiger Entscheidungen war als *iǧtihād* bekannt, und die Person, die qualifiziert war, das zu tun, war ein *muǧtahid*. Die hauptsächliche sunnitische Position wurde mit der Zeit (aber vielleicht nicht vor dem 19. Jahrhundert) dadurch zum Ausdruck gebracht, daß man sagte: „Die Pforte des *iǧtihād* ist geschlossen" (vgl. Band I, 256f.). Der imāmitische Glaube an das fortbestehende Recht von *iǧtihād* trug vermutlich dazu bei, daß das bestehende Rechtssystem den Bedürfnissen des neuen Staates angepaßt wurde. Aber im letzten Jahrhundert sind die Imāmiten bei der Anpassung ihrer Vorschriften an moderne Verhältnisse nicht merklich erfolgreicher gewesen als die Sunniten.

Die *iǧtihād*-Frage führte zu einer Spaltung innerhalb des Imāmismus, die im 17. Jahrhundert allmählich ernstzunehmende Ausmaße annahm, obwohl es schon früher Anzeichen dafür gibt[29]. Muḥammad Amīn al-Astarābādī (gest. 1624)[30] gilt als der führende Kopf des Angriffs auf die *muǧtahid* und diejenigen, die an *iǧtihad* glaubten, und er gilt als der Begründer der Unterabteilung der Imāmiten, die als Aḫbāriten bekannt sind. Ihre Auffassung ging dahin, daß Rechtsgutach-

28 *Erika Glassen*, „Schah Ismāʿīl I und die Theologen seiner Zeit", Isl. xlviii (1971), 254–268: *Jean Aubin*, „La politique religieuse des Safavides", in Le Shīʿisme Imāmite (vgl. Anm. 11 zu Kapitel 3), 235–244.

29 EI², Art. „(al-) ʿĀmilī".

30 GALS, ii. 590; *Browne*, Literary History, iv. 374.

ten allein auf *aḫbār* (d.h. *ḥadīṯ*) gegründet sein sollten, und nicht durch analoge oder sonstige Beweisführung von allgemeinen Prinzipien *(uṣūl)* hergeleitet werden sollten. Diese Sekte hat eine gewisse Ähnlichkeit mit dem Ḥanbalismus, aber es ist zweifelhaft, ob irgendein tatsächlicher Einfluß nachgewiesen werden kann. Die Vertreter der üblicheren imāmitischen Anschauungen waren als Uṣūliten und Muǧtahiditen bekannt. Die Aḫbāriten scheinen nach eineinhalb Jahrhunderten der Aktivität dahingeschwunden und ausgestorben zu sein.

Ein beachtenswerter Zug des Iran des 16. und 17. Jahrhunderts war ein Ausbruch intellektueller Aktivität in den Bereichen der Theologie und Philosophie. Außerhalb imāmitischer Kreise hat dies nicht viel Interesse erweckt, auch wenn Henry Corbin in den letzten Jahrzehnten versucht hat, das Augenmerk westlicher Wissenschaftler darauf zu lenken.

Einer der frühesten Theologen dieser Art war Bahā'-ad-dīn al-ʿĀmilī (1546–1622), im Iran meistens als Šayḫ-i-Bahā'ī bekannt. Der Name al-ʿĀmilī weist darauf hin, daß er vom Berg ʿĀmila in Syrien kam, und sein Vater war einer jener syrischen imāmitischen Gelehrten, die aus dem Osmanischen Reich hatten fliehen müssen, weil das sunnitische Regime alle Imāmiten für eine „fünfte Kolonne" hielt, die im Interesse der Safawiden handelte. Unter seinen Lehrern im Iran war einer, der ein Schüler ad-Dawānīs gewesen war. Er war ein produktiver Autor, der sowohl auf Arabisch als auch auf Persisch über viele Themen schrieb, und er war nicht nur für Werke aus der Rechtswissenschaft und der Theologie bekannt, sondern auch für solche aus der Astronomie und Mathematik sowie für eine literarische Anthologie[31].

Mīr Dāmād, mit vollem Namen Mīr Muḥammad Bāqir b. Muḥammad-i-Dāmād (gest. 1630), wurde in Astarābāḏ geboren, studierte in Meschhed und verbrachte den größten Teil seines Lebens in Iṣfahān, wo auch al-ʿĀmilī tätig war. Wie der letztere schrieb auch er in vielen Bereichen auf Arabisch, einschließlich der Logik und der Metaphysik, aber er verfaßte auch Gedichte in persischer Sprache[32].

Ein Schüler dieser beiden Gelehrten und ein Schwiegersohn des letzteren war Ṣadr-ad-dīn Muḥammad ibn-Ibrāhīm aš-Šīrāzī, zumeist als Mullā Ṣadrā (gest. 1640) bekannt. Er kam in Schiras zur Welt, ging zum Studium nach Iṣfahān, zog sich dann in die Nähe von Qumm zurück, um in der Abgeschiedenheit zu leben. Er widmete seine Schriften hauptsächlich der Philosophie, und aus diesem Grund zog er heftige Kritik von seiten der Theologen auf sich. Er soll Mīr Dāmād in einem Traum gesehen und darüber geklagt haben, daß ihre Ansichten sich zwar ähnelten, er allein aber als Ungläubiger angegriffen werde. Er soll daraufhin die Erklärung erhalten haben, daß er klar schreibe, so daß alle ihn verstehen könnten, während sein Lehrer so schreibe, daß nur die Philosophen, aber nicht die Theolo-

31 GAL, ii. 546; S, ii. 595–597; EI², Art. „ʿĀmilī".
32 GALS, ii. 579f.; EI², Art. „Dāmād" *(A. S. Bazmee Ansari)*.

gen, es verstehen könnten. Den Bemühungen Max Hortens, der ihn „Schirazi" nannte, westliche Gelehrte für seine Philosophie zu interessieren, war kein großer Erfolg beschieden. Der Grund dafür mag sein, daß man das Gefühl hatte, der theosophische Aspekt von Mullā Ṣadrās Denken halte sein Werk davon ab, Philosophie im strengen Sinne zu sein. Mullā Ṣadrā scheint erheblich von der Theosophie as-Suhrawardī al-Maqtūls (gest. 1191) beeinflußt gewesen zu sein, die er selbst *ḥikmat al-išrāq*, „die Philosophie der Erleuchtung", nannte, und die unten in dem Teil über den Ṣūfismus beschrieben werden wird. Einen ähnlichen Einfluß auf ihn dürfte Muḥyī-d-dīn ibn-al-ʿArabī (gest. 1240) gehabt haben, aber weitere Untersuchungen sind erforderlich, um die relative Bedeutung dieser beiden Einflüsse zu ermitteln[33].

Das mystische Element, das man bei Mullā Ṣadrā antrifft, findet sich in noch größerem Ausmaße in den Schriften des Mullā Muḥsin-i-Fayḍ al-Kāšī oder al-Kāšānī (gest. 1679)[34]. Er war zwar Schüler und Schwiegersohn des Mullā Ṣadrā, legte aber viel weniger Interesse für Philosophie an den Tag als für Mystik. Im Gegensatz zu ihm folgte ein anderer Schüler und Schwiegersohn des Mullā Ṣadrā diesem eher in philosophischer Hinsicht. Es war dies al-Lāhīǧī (Mullā ʿAbd-ar-Razzāq), dessen Todesdatum zwischen 1640 und 1670 variiert. Max Horten schrieb einen Artikel über eines seiner Werke, in welchem er *Taǧrīd al-ʿaqāʾid* des Naṣīr-ad-dīn aṭ-Ṭūsī kommentiert[35].

Diese Blütezeit der theosophischen Philosophie ging etwa an diesem Punkt zu Ende. Üblicherweise wird aber angenommen, daß die Tradition des Mullā Ṣadrā ungefähr zwei Jahrhunderte später durch einen anderen Denker, Ḥaǧǧī Mullā Hādī as-Sabzawārī (1797–1878), wiederbelebt wurde. In einer neueren wissenschaftlichen Ausgabe eines seiner Werke, *Šarḥ-i Manẓūma fī-l-ḥikma*, „Kommentar zu der (von ihm selbst) in Versen abgefaßten Abhandlung über die Philosophie", herausgegeben von M. Mohaghegh und T. Izutsu, gibt der zuletzt genannte Wissenschaftler eine lange Einführung in englischer Sprache zu „The Fundamental Structure of Sabzawari's Metaphysics"[36].

Mullā Ṣadrās Denken übte auch in einer etwas anderen Richtung Einfluß aus, nämlich bei der Entwicklung des Šayḫismus. Dies war die Bewegung, die von Šayḫ Aḥmad al-Aḥsāʾī (1753–1826), einem Araber aus al-Aḥsāʾ, gegründet wurde, der den größten Teil seines Lebens im Irak und in Iran verbrachte. Er wurde allgemein als religiöser Gelehrter geachtet, aber gegen Ende seines Lebens von den imāmitischen *muǧtahid* kritisiert und exkommuniziert, und zwar offensicht-

33 GAL, ii. 544; S, ii. 588f.; *Browne*, Literary History, iv. 408, 429–432; *M. Horten*, Die Gottesbeweise bei Schirazī, Bonn 1912; Das philosophische System von Schirazī, Straßburg 1913.

34 GAL, ii. 543; S, ii. 584f.; *Browne*, Literary History, 407, 432–435.

35 GALS, ii. 590; *M. Horten*, „Die philosophischen und theologischen Ansichten von Lahiǧi (um 1670)", Isl., iii (1912), 91–131.

36 GALS, ii. 832f.; *Browne*, Literary History, iv. 436f.

lich deshalb, weil er angeblich an eine rein spirituelle und unkörperliche Auferstehung geglaubt hatte. Er maß den Imamen so große metaphysische Bedeutung bei, daß sie als Hypostasen des Höchsten Wesens betrachtet werden konnten[37]. Am Ende wurde der Šayḫismus ganz etwas anderes als die Philosophie des Mullā Ṣadrā und trug zur Entstehung von Bābismus und Bahā'ismus bei, die sich in eigene Religionen entwickelten.

Der interessanteste Aspekt des imāmitischen Denkens in den letzten Jahrhunderten ist zweifellos die philosophische Bewegung um Mullā Ṣadrā, aber es ist schwer, sie objektiv zu bewerten. Iranische Wissenschaftler haben, mit der Unterstützung solcher Enthusiasten wie Henry Corbin, versucht, die Welt von der Bedeutung des nationalen iranischen Beitrags zur Weltphilosophie zu überzeugen; doch die Welt ist noch nicht überzeugt worden. Wie Josef van Ess es ausdrückt: „...ist doch, im Gegensatz zur arabischen Welt, in Iran Metaphysik bis in die Gegenwart ohne Unterbrechung lebendig geblieben. Metaphysik zwar nicht so sehr im Sinne aristotelischer Philosophie als vielmehr einer *sapientia* spätantiker Prägung, einer Theosophie wie bei Proklos und Jamblich"[38]. Die enge Verbindung zwischen dieser Philosophie und Theosophie und der imāmitischen Theologie hat die Philosophen von einer Beschäftigung mit ihnen abgeschreckt. In Zukunft aber, wenn – wie es nicht unmöglich ist –, die Begriffe Inkarnation und Christologie die Aufmerksamkeit der allgemein orientierten Philosophen auf sich ziehen werden, dann werden sie erkennen, daß es hilfreiche Parallelen und Ähnlichkeiten in der Imamologie der imāmitischen „Philosophen" gibt[39].

Ein anderer erwähnenswerter Theologe ist Āqā Muḥammad Bāqir Bihbihānī (1705–1803) – die Person, die in der Hauptsache für die Formulierung der Theorie von der Macht und Autorität des *muǧtahid* verantwortlich war. Die Safawidendynastie hatte, da sie stark und fest etabliert war und Anspruch auf Abstammung von einem der Zwölf Imame erhob, kein besonderes Bedürfnis nach Unterstützung durch die Ulema. Nach ihrem Fall 1722 gab es eine Art Interregnum, bis 1796 die Qaǧar-Dynastie an die Macht kam, und diese Dynastie war, da sie weniger gesichert war als die Safawiden, im allgemeinen froh, die Unterstützung der Ulema zu haben, und akzeptierte daher – zumindest theoretisch – ihre Konzeption von *iǧtihad*. Während der Abwesenheit des Verborgenen Imam, so behaupteten die Ulema, müsse jeder für sich selbst einen qualifizierten *muǧtahid* auswählen und seiner Leitung folgen. Dieses Folgen der Leitung war als *taqlīd*, ‚Nachahmung', bekannt, und die Person, der man folgte, war *marǧaʿ-i taqlīd*, ‚die Quelle der Nachahmung'. Selbst der tatsächliche Herrscher eines

37 GALS, ii. 844; EI², Art. „Aḥsā'ī" *(A. Bausani);* EI¹, EI(H), Art. „Shaikhī" *(Cl. Huart).*
38 Besprechung von En Islam Iranien *(H. Corbin)* (vgl. Literaturverzeichnis) in Die Welt des Orients, ix (1978), 324.
39 Vgl. *Corbin*, „Imāmologie et philosophie", in Le Shīʿisme imāmite, Paris 1970, 143–174.

Landes war nur legitim, wenn er auf diese Weise einem *muǧtahid* folgte, und bisweilen scheinen die Qağaren gesagt zu haben, daß sie nur der vollstreckende Arm der *muǧtahid* seien, auch wenn sie in Wirklichkeit große Unabhängigkeit an den Tag legten[40].

2. Die Ismāʿīliten. Dieser Zweig des Schiismus wurde zwar ebenfalls transformiert, kann aber kürzer abgehandelt werden. Alamūt fiel 1256 an die Mongolen, und darauf folgten Massaker; viele Ismāʿīliten jedoch überlebten, und der Sohn des letzten Imam wurde in Sicherheit gebracht und versteckt. Die nachfolgende Geschichte ist kompliziert und in allgemeinen Umrissen hinreichend bekannt, aber sie ist eher politisch als theologisch, und aus diesem Grund muß sie im vorliegenden Zusammenhang nicht im Detail behandelt werden. Die 1094 erfolgte und bereits erwähnte Spaltung in die Anhänger des Nizār und die al-Mustaʿlīs, hat fortbestanden, und jeder Zweig hat sich weiter unterteilt, wenn auch verschiedene der Unterabteilungen nunmehr von geringer Bedeutung sind und Verschmelzungen stattgefunden haben. Die Mustaʿlianer verschwanden aus Ägypten und hatten ihren Hauptstützpunkt schließlich im Jemen und dann in Gudscherat. Die Nizāriten behaupteten sich zwar in Syrien und in Iran, doch am stärksten wurden sie schließlich in Indien (wo die ismāʿīlitische Propaganda im 9. Jahrhundert begonnen hatte). Der Großteil der Nizāriten ist jetzt die Gemeinde der Khoja (Ḫōǧa), die den Aga Khan (Aġa Ḫān) zum Oberhaupt hat[41]. Der größte Teil der theologischen Literatur ist das Werk der Imame gewesen. Eine gewisse Vorstellung von der Qualität und dem Inhalt dieser Literatur läßt sich aus einer kurzen persischen Abhandlung gewinnen, die von einem Sohn des 47. Imam verfaßt wurde, der 1885 vorzeitig starb, und die mit einer englischen Übersetzung von W. Ivanow veröffentlicht wurde[42].

An den nizāritischen Ismāʿīliten ist vielleicht das Interessanteste die Transformation ihrer Gemeinde. Aus dem Ismāʿīlismus, einst der Glaube aufständischer Bergbewohner, ist das Glaubensbekenntnis einer festverbundenen und wohlhabenden Gemeinde von Kaufleuten und Menschen in anderen städtischen oder industriellen Berufen geworden. Unter der Führerschaft moderner Imame haben sie anderen Muslimen ein Beispiel dafür geliefert, wie der islamische Glaube der modernen Welt angepaßt werden und zu einem erfolgreichen Wirken in eben dieser Welt führen kann.

40 *Hamid Algar*, Religion and State in Iran, 1785–1906: The Role of the Ulama in the Qajar Period, Berkeley and Los Angeles, 1969, 34–36; Ders., „The Oppositional Role of the Ulama in Twentieth-Century Iran", in *Nikki R. Keddie* (Hrsg.), Scholars, Saints and Sufis; Muslim Religious Institutions since 1500, Berkeley and Los Angeles, 1972, 231–256, insbes. 235.

41 EI², Art. „Agha Khān" *(H. A. R. Gibb)*, „Bohorās" *(A. A. A. Fyzee)*, „Ismāʿīliyya" *(Madelung)*, „Khōdja" *(Madelung)*.

42 True Meaning of Religion (Risala dar Haqiqati Din), von Shihabu 'd-din Shah al-Husayni, Bombay (Islamic Research Association, No. 3), 1933.

d) Die Theologie in den Randgebieten

Mit ein paar wenigen geringen Ausnahmen hat sich alles, was oben über die islamische Theologie gesagt worden ist, auf die Länder zwischen Iran und Ägypten bezogen, mit Ausnahme einer kurzen Exkursion in den islamischen Westen. Doch schon vor 1250 hatte der Islam sich nach Ost- und Westafrika und in den indischen Subkontinent ausgebreitet, und zu diesem Zeitpunkt begann er, sich nach Malaysia und Indonesien hinein zu verbreiten. Unter solchen Umständen erwartet man nicht, daß sofort bedeutende theologische Werke in den frisch bekehrten Gemeinden entstehen, aber nach ein oder zwei Jahrhunderten darf auf etwas gehofft werden. Alles, was hier versucht wurde, ist nur ein Hinweis darauf, daß die islamischen Randgebiete nicht gänzlich des theologischen Denkens beraubt waren.

Der indische Subkontinent ist die Gegend außerhalb der Kernländer, wo der Islam am tiefsten verwurzelt ist. In Delhi und in anderen Orten gab es im 13. und 14. Jahrhundert mächtige Sultane – lange bevor der Mogulherrscher Akbar der Große 1556 den Thron bestieg, und die politische Macht stärkte zweifellos die Entwicklung der islamischen Kultur. Vom 11. Jahrhundert an sind die Namen muslimischer Gelehrter bekannt, die in Indien lebten, aber im allgemeinen waren sie auf die Gelehrsamkeit der Kerngebiete angewiesen und leisteten keine eigenständigen Beiträge.

In Indien wirkten mehrere Ṣūfī-Orden, und in ihrer indischen Phase machten einige von ihnen bedeutende Fortschritte. Sie hatten ihrerseits Einfluß auf die Kerngebiete; dies trifft insbesondere auf den Naqšbandiyya-Orden zu. In der Theologie ist der Einfluß des Wahhābismus bereits erwähnt worden. Der größte Theologe Indiens (bis 1850) war Šāh Walī-Allāh von Delhi (1703–1762), ein ungefährer Zeitgenosse des Muḥammad ibn-ʿAbd-al-Wahhāb. Er hatte im Hidschas unter einer Reihe berühmter Lehrer studiert, z. T. bei denselben wie jener. Seine Orientierung wird insofern als „fundamentalistisch“ beschrieben, als er sich eng an den Koran und das Ḥadīṯ hielt, aber er war für die intellektuellen Bedürfnisse Indiens seiner Zeit aufgeschlossen, und seine Lehre trug diesen Bedürfnissen Rechnung. Mit seinen auf Arabisch verfaßten Werken hat er das islamische Denken in Indien bis auf den heutigen Tag beeinflußt, und sein Einfluß ist auch dadurch perpetuiert worden, daß er eine Tradition religiöser Gelehrsamkeit begründete, die ihren Mittelpunkt in einer „Schule von Delhi“ hatte[43]. Das Oberhaupt der indischen Wahhābiten, Sayyid Aḥmad, war ein Schüler von Šāh Walī-Allāhs Sohn, der ihm als Oberhaupt der Schule nachfolgte.

43 GAL, ii. 550; S, ii. 614f.; *Aziz Ahmad,* Studies in Islamic Culture in the Indian Environment, Oxford 1964, 201–217; *Wilfred Cantwell Smith,* Islam in Modern History, Princeton 1957, 44–47; *S. A. A. Rizvi,* in The Cambridge History of Islam, Hrsg. *Holt, Lambton, Lewis,* Cambridge 1970, ii. 71–75; *A. Schimmel,* Islam in the Indian Subcontinent, Leiden 1980; *J. M. S. Baljon,* A Mystical Interpretation of Prophetic Tales by an Indian Muslim, Leiden 1973.

Es ist aber schwer, in Erfahrung zu bringen, inwiefern die indische wahhābitische Bewegung sich unter den lokalen Bedingungen natürlich aus der Lehre des Šāh Walī-Allāh entwickelte, und inwiefern sie vom arabischen Wahhābismus beeinflußt war. Bislang ist das Denken des Šāh Walī-Allāh in dem gesellschaftlichen und politischen Kontext seiner Zeit noch nicht gründlich untersucht worden, und zwischen den wenigen Gelehrten, die kurz über ihn geschrieben haben, gibt es Unterschiede in der Interpretation und Einschätzung seiner Leistung.

Westafrika – insbesondere das Steppengebiet zwischen der Sahara-Wüste und dem Äquatorialwald entlang der Küste – war eine weitere Gegend, in der der Islam zu einem ziemlich frühen Zeitpunkt Wurzeln schlug. Timbuktu, nahe dem nördlichsten Punkt des Niger und am Ende der Handelsrouten gelegen, die quer durch die Sahara führen, war spätestens im 14. Jahrhundert ein Zentrum muslimischer Gelehrsamkeit. Wie in Band I bemerkt wurde, entwickelten sich im 18. und 19. Jahrhundert in Westafrika religiöse Erweckungsbewegungen eines besonderen Typs und riefen Staaten einer Form ins Leben, die als „Theokratien" bekannt sind. Die bedeutendste der westafrikanischen Theokratien war das Sultanat von Sokoto, das auf der Grundlage der religiösen Erweckung gegründet wurde, die von Usuman dan-Fodio (1754–1817) initiiert worden war. Der sudanesische mahdistische Staat des späteren 19. Jahrhunderts war zwar in einer anderen Region gelegen, aber ebenfalls eine Theokratie, die aus einer religiösen Erweckungsbewegung hervorging. In jedem Fall hatte die religiöse Erweckung ihre theologische Grundlage, die in der mündlichen Lehre, in der Dichtung oder den Schriften des Begründers geliefert wurde. Eine große Anzahl von Büchern und Broschüren in arabischer Sprache von Usuman dan-Fodio existieren noch, und noch mehr Material von seinen Schülern[44]. Wie bei Muslimen üblich, handeln sie von Recht und Ritual sowie von Theologie; aber obwohl diese Werke einen großen Bereich abdecken, ist die Dogmenlehre relativ einfach, und es ist unwahrscheinlich, daß sie auf die intellektuelleren Muslime der Kernländer große Anziehung ausübte. Außerdem ist sie den lokalen oder regionalen Bedürfnissen angepaßt.

Ein Teil dieser Theologie aus den Randgebieten verdient – nach einer gründlicheren Untersuchung – eindeutig einen Platz in einer allgemeinen Geschichte der islamischen Theologie. Es ist jedoch zu beachten, daß diese westafrikanischen Bewegungen zumindest teilweise eine Reaktion auf den Bruch in der afrikanischen Gesellschaft zu sein scheinen, der durch den Zusammenstoß mit den Europäern bewirkt wurde, und es ist möglich, daß etwas Ähnliches auch für eine indische Erweckungsbewegung, wie die des Šāh Walī-Allāh, zutrifft. Insofern als dies der Fall ist, gehört das Studium solcher Bewegungen zu der Geschichte muslimischer Reaktionen auf den Zusammenstoß mit Europa und dem Westen, über den in Band III mehr gesagt werden wird.

44 Vgl. *Murray Last*, The Sokoto Caliphate, London 1967, 237–254 (Bibliographie).

Namen- und Sachregister

Bei der Anordnung der Stichworte blieb der arabische Artikel (al-, an-, ar-, usw.) unberücksichtigt.

Literaturverzeichnis

Abū-l-Farağ al-Isfahānī, Kitāb al-Aġānī, 20 Bände, Bulaq 1868, 1970.

Allard, Michel, Le problème des attributs divins dans la doctrine d'al-Aš'arī et de ses premiers grands disciples, Beirut 1965.

Anawati, G. C., Études de Philosophie Musulmane, Paris 1974.

Arnaldez, Roger, Grammaire et théologie chez Ibn-Ḥazm de Cordoue: Essai sur la structure et les conditions de la pensée musulmane, Paris 1956.

al-Aš'arī, Kitāb al-Ibāna 'an uṣūl ad-diyāna, Hyderabad 1321/1903; engl. Übers. von *W. C. Klein,* The Elucidation of Islam's Foundation, New Haven 1940.

–, Kitāb al-Luma', Texte und Übers. in *McCarthy,* Theology.

–, Maqālāt al-islāmiyyīn, zwei Bände, hrsg. von *H. Ritter,* Istanbul 1929–30.

Atiyeh, C. N., al-Kindi: The Philosopher of the Arabs, Rawalpindi 1966.

al-Baġdādī, Al-Farq bayn al-firaq, hrsg. von *M. Badr,* Cairo 1328/1910; engl. Übersetzung: *Kate C. Seelye,* Moslem Schisms and Sects, Part I, New York 1920 etc.: *A. S. Halkin,* Moslem Schisms and Sects, Part II, Tel Aviv 1935.

–, Uṣūl ad-dīn, Istanbul 1928.

Bouyges, C. B., Essai de Chronologie des Oeuvres des al-Ghazali und auf den letzten Stand gebracht von *M. Allard,* Beirut 1959.

Brockelmann, Carl, Geschichte der arabischen Literatur, zwei Bände, 2. Auflage, Leiden 1943, 1949 (GAL).

–, Supplementbände dazu, drei Bände, Leiden 1937, 1938, 1942 (GALS).

al-Buḫārī, Kitāb al-ğāmi' aṣ-ṣaḥīḥ, vier Bände, hrsg. von *L. Krehl* und *Th. W. Juynboll,* Leiden 1862–1908.

Centre d'Études Supérieures Specialisé d'Histoire des Religions de Strasbourg (Hrsg.), Le Shī'isme Imāmite, Paris 1970.

Corbin, Henry, Histoire de la philosophie islamique, I, Paris 1964.

aḏ-Ḏahabī, Taḏkirat al-ḥuffaẓ, vier Bände, Hyderabad 1955–8.

Donaldson, D. M., The Shī'ite Religion, London 1933.

Encyclopaedia of Islam, 1. Auflage (deutsch, englisch und französisch) Leiden 1915–43; 2. Auflage (englisch und französisch), Leiden (und London) 1960ff. s. auch Handwörterbuch.

Fakhri, M., A History of Islamic Philosophy, revised edition, New York 1983.

–, Islamic Occasionalism and its Critique by Averroes, Maimonides and Aqunias, London 1958.

Al-Fārābī:

Fuṣūl Muntaza'a, hrsg. von *F. M. Najjār,* Beirut 1971;

Kitāb al-Ǧam' bayn Ra'yayy al-Hakīmayn Aflātūn al-Ilāhī wa Arisṭūṭalis, hrsg. von *A. Nader,* Beirut 1960;

Kitāb al-Ḥurūf, hrsg. von *M. Mahdi,* Beirut 1969;

Kitāb Arā' Ahl al-Madīna al-Fāḍila, hrsg. von *A. Nader,* Beirut 1959;

Kitāb al-Milla, hrsg. von *M. Mahdi,* Beirut 1968;

Kitāb al-Mūsīqa al-Kabīr, hrsg. von *G. A. Hashaba,* Kairo 1967;

Risāla fī al-'aql, hrsg. von *M. Bouyges,* Beirut 1938;

al-Siyāsa al-Madaniyya, hrsg. von *F. M. Najjar,* Beirut 1964.

M. Mahdi, Alfarabi's Philosophy of Plato and Aristotle (Übersetzung), New York 1962.

Friedlaender, I., „The Heterodoxies of the Shī'ites in the presentation of Ibn Ḥazm", Journal of the Americal Oriental Society xxviii (1907), 1–80; xxix (1909), 1–183.

Gardet, Louis und Anawati, M. M., Introduction a la théologie musulmane, Paris 1948.

Gardet, Louis, Dieu et la destinée de l'homme, (Les grands poblèmes de la théologie musulmane), Paris 1967.

Gauthier, L., Ibn Rochd (Averroes), Paris 1948.

Al-Gazālī:
Fayṣal at-Tafriqa Bayn al-Islām wa az-Zandaqa, hrsg. von *S. Dunya,* Kairo 1961;
Al-Iqtiṣād fi al-Iʿtiqād, hrsg. von *I. A. Çuckçu* und *A. Atay,* Ankara 1962;
Miʿyār al-ʿIlm, hrsg. von *S. Dunya,* Kairo 1961;
al-Munqiḏ min aḍ-Ḍalāl, arabische Ausgabe und französische Übersetzung von *F. Jabre,* Beirut 1969;
Tahāfut al-Falāsifa, hrsg. von *M. Bouyges,* Beirut 1927.
W. Montgomery Watt, The Faith and Practice of Ghazali (Übersetzung), London 1953.
Gibb, H. A. R., Studies on the Civilization of Islam, London 1962.
Gimaret, Daniel, Théories de l'acte humain en théologie musulmane, Paris 1980.
Goldziher, Ignaz, Gesammelte Schriften, sechs Bände, hrsg. von *Joseph De Somogyi,* Hildesheim 1967–73.
–, Muhammedanische Studien, zwei Bände, Halle 1889–90; engl. Übers. von *S. M. Stern,* London 1967–71.
–, Die Richtungen der islamischen Koranauslegung, Leiden 1920.
–, Vorlesungen über den Islam. 2., umgearbeitete Auflage von *Franz Babinger,* Heidelberg 1925.
–, Die Ẓāhiriten, ihr Lehrsystem und ihre Geschichte, Leipzig 1884.
Handwörterbuch des Islam, Leiden 1941 (eine Zusammenstellung derjenigen Artikel der „Enzyklopaedie des Islam" (1. Auflage), welche sich besonders auf den Islam als Religion beziehen – mit Hinzufügungen, Kürzungen usw.
Hawi, S., Islamic Naturalism: A Philosophical Study of Ibn Ṭufayl's Ḥayy Ibn Yaqẓān, Leiden 1974.
al-Ḫayyāṭ, Kitāb al-intiṣār, hrsg. von *H. S. Nyberg,* Cairo 1925.
Hodgson, M. G. S., The Order of Assassins, 's-Gravenhage 1955.
Hourani, George F., Islamic Rationalism: the Ethics of ʿAbd al-Jabbār, Oxford 1971. – (Hrsg.). Essays on Islamic Philosophy and Science, Albany, New York 1975.
Ḥunayn Ibn Isḥāq:
G. B. Bergsträsser. Ḥunayn Ibn Isḥāq über die syrischen und arabischen Galen-Übersetzungen, Leipzig 1925.
Ibn al-Abbār:
Kitāb at-Takmila li Kitāb aṣ-Ṣila, hrsg. von *F. Codera,* Madrid 1887–1889.
Ibn Abī Uṣaybiʿa:
ʿUyūn al-Anbā' fī Ṭabaqāt al-Aṭibba', hrsg. von *N. Rida,* Beirut 1965.
Ibn-Abī-Yaʿlā (Abū-l-Ḥusayn ibn al-Farrā'), Ṭabaqāt al-Ḥanābila, zwei Bände, Kairo 1952.
Ibn-Abī-l-Wafā', Al-Ǧawāhir al-muḍī'a, zwei Bände, Hyderabad 1332/1913.
*Ibn-*ʿAsākir, Tabyīn kaḏib al-muftarī . . ., Damascus 1347/1928.
Ibn Baǧǧa:
Rasā'il Ibn Baǧǧa al-Falsafiyya, hrsg. von *M. Fakhry,* Beirut 1968.
Ibn Ǧulǧul:
Ṭabaqāt al-Aṭibbā' wa al-Ḥukamā', hrsg. v. *F. Sayyid,* Kairo 1955.
Ibn-Ḥaǧar, Tahḏīb at-tahḏīb, zwölf Bände, Hyderabad 1325/1907–9.
Ibn-Ḫallikān, Wafayāt al-aʿyān, engl. Übersetzung von Baron *MacGuckin de Slane,* vier Bände, Paris 1842–71.
–, Wafayāt al-Aʿyān wa Anbā' Ahl az-Zamān, hrsg. von *Iḥsān Abbās,* sieben Bände, Beirut 1961–1971.
Ibn-Ḥazm, Kitāb al-fiṣal . . ., fünf Bände, Kairo 1345/1926.
Ibn-al-ʿImād, Šaḏarāt aḏ-ḏahab, acht Bände, Kairo 1350–1/1931–2.
Ibn-al-Murtaḍā, Kitāb al-munya wa-l-amal, teilweise hrsg. von *Susanna Diwald-Wilzer* als „Die Klassen der Muʿtaziliten", Wiesbaden 1961.
Ibn-an-Nadīm, Fihrist, hrsg. von *G. Flügel,* Leipzig 1870–1.
Ibn-an-Nafīs:
M. Meyerhoff und J. Schacht, The Theologus Autodidactus of Ibn an-Nafīs, Oxford 1969.
Ibn-Qutayba, Kitāb al-Maʿārif, hrsg. von *F. Wüstenfeld* als „Handbuch der Geschichte", Göttingen 1850; auch von *T. ʿOkasha,* Kairo 1969.
–, Ta'wīl muḫtalif al-ḥadīṯ, Kairo 1326/1908; franz. Übers. von *G. Lecomte,* Le traité des divergences du ḥadīṯ, Damascus 1962.
Ibn-Quṭlūbuġā, Tāǧ at-tarāǧim, Bagdad 1962; auch hrsg. von *G. Flügel,* Leipzig 1862.

Ibn Rušd (Averroes):
Falsafat Ibn Rušd Kairo, n. d.;
Kitāb Faṣl al-Maqāl, hrsg. von *G. F. Hourani,* Leiden 1959;
Tahāfut at-Tahāfūt, hrsg. von *M. Bouyges,* Beirut 1930;
Talḫīs Kitāb an-Nafs, hrsg. von *F. Ahwani,* Kairo 1950;
Talḫis Kitāb Mā Baʿd al-Tabīʿa, hrsg. von *Uthman Amin,*Cairo 1958;
Averroes Middle Commentaries on Aristotle's Categories and De Interpretatione, Übersetzung von *C. E. Butterworth,* Princeton 1983;
Averroes Middle Commentary on Porphyry's Isagoge, Übersetzung von *H. A. Davidson,* Cambridge Mass. 1969;
Averroes Commentary on Plato's Republic, Übersetzung von *E. I. J. Rosenthal,* Cambridge 1956;
Averroes on Plato's Republic, Übersetzung von *R. Lerner,* Ithaca N. Y. 1974;
Averroes On the Harmony of Religion and Philosophy, Übersetzung von *G. F. Hourani,* London 1961.
S. Van Den Bergh, Die Epitome der Metaphysik des Averroes (Übersetzung), Leiden 1924.
Ibn-Saʿd, Tabaqāt, neun Bände, hrsg. von *E. Sachau,* Leiden 1904–40.
Ibn Sīnā (Avicenna):
Avicenna's De Anima, hrsg. von *F. Rahman,* London 1959;
Aḥwāl an-Nafs, hrsg. von F. Ahwani, Kairo 1952;
Risāla fi Iṯbāt an-Nubuwwāt, hrsg. von *M. E. Marmura,* Beirut 1968;
Aš-Šifāʾ:
al-Burhān, hrsg. von *A. E. Afifi,* Kairo 1956;
al-Ilāhiyyāt, *G. C. Anawati, S. Dunya* und *S. Zayid,* Kairo 1960;
al-Madḫal (Isagoge), hrsg. von *G. C. Anawati, F. Ahwani* und *M. Ḫudayri,* Kairo 1953;
revidiert von *I. Madkur.*
W. E. Gohlman, The Life of Ibn Sina: A Critical Edition and Annotated Translation, Albany, N. Y. 1974;
S. N. Shehaby, The Propositional Logic of Avicenna (A Translation from *al-Shifāʾ:* al-Qiyās), Dordrecht/Holland und Boston Mass. 1973.
Ibn Ṭufayl:
Ḥayy Ibn Yaqẓān, hrsg. von *L. Gauthier,* 2. Ausg., Beirut 1936.
Ivanow, W., A. Creed of the Fāṭimids, Bombay 1936.
Jafri, S. H. M., The Origins and Early Development of Shi'a Islam, London 1979.
Al-Jāhiẓ:
Kitāb al-Buḫalā', hrsg. von *G. van Vloten,* Leiden 1900.
Al-Kindī:
Rasā'il al-Kindī al-Falsafiyya, hrsg. von *A. A. Abu Rida,* Kairo 1950;
A. L. Ivry, Al-Kindī's Metaphysics Albany, New York 1974.
Lane, E. W., An Arabic-English Lexicon, London 1863–93.
Laoust, Henri, Essai sur les doctrines sociales et politiques de Taqī-d-dīn Aḥmad b. Taimīya . . ., Kairo 1939 (kurz: Ibn-Taymiyya).
–, La profession de foi d'Ibn-Baṭṭa, Damascus 1958.
–, Les schismes dans l'Islam: introduction a une étude de la religion musulmane, Paris 1965.
Lecomte, Gerard, Ibn Qutayba, l'homme, son oeuvre, ses idées, Damascus 1965.
Lewis, Bernard, The Origins of Ismāʿīlism, Cambridge 1940.
Madelung, Wilferd, Der Imām al-Qāsim ibn Ibrāhīm und die Glaubenslehre der Zaiditen, Berlin 1965 (kurz: Zaiditen).
Makdisi, George, Ibn ʿAqīl et la resurgence de l'islam traditionaliste au XIe siècle, Damascus 1963.
–, The Notebooks of Ibn ʿAqīl, Kitāb al-funūn, zwei Bände, Beirut o. J. (1970?).
al-Malaṭī, K. at-tanbīh wa-r-radd ʿalā ahl al-ahwā' wa-l-bidaʿ, hrsg. von *Sven Dedering,* Leipzig 1956.
Marmura, M. E. (Hrsg.), Islamic Theology and Philosophy: Studies in Honor of G. F. Hourani, Albany, New York 1984.
*al-Masʿ*ūdī, Nurūǧ aḏ-ḏahap, hrsg. mit franz. Übers. von *C. Barbler de Meynard* und *Pavet de Courteille,* neun Bände, Paris 1861–77.

Massignon, Louis, Essai sur les origines du lexique technique de la mystique musulmane, zweite Auflage, Paris 1954.
–, La passion . . . d'al-Ḥallāj, zwei Bände, Paris 1922; 2. Auflage, vier Bände, Paris 1975; engl. Übersetzung von *Herbert Mason,* vier Bände, Princeton 1982.
al-Māturīdī, K. at-tawḥīd, hrsg. von *Fathalla Kholeif,* Beirut 1970.
McCarthy, Richard J., The Theology of al-Ashʿarī, Beirut 1953.
McDermott, Martin J., The Theology of Al-Shaikh al-Mufīd, Beirut 1978.
Morewedge, P. Islamic Philosophy and Mysticism Oelmar, New York 1981.
an-Nāšiʾ s. *van Ess.*
an-Nawbaḫtī, K. firaq aš-šīʿa, hrsg. von *H. Ritter,* Leipzig 1931.
Obermann, J., Der philosophische und religiöse Subjectivismus Ghazālīs, Wien und Leipzig 1921.
O'Leary, De Lacy, Arabic Thought and its Place in History, London 1922.
Pellat, Charles, Le milieu baṣrien et la formation de Gaḥiẓ, Paris 1953.
–, (Hrsg.), The Life and Works of Jaḥiẓ, engl. Übers. von *D. H. Hawke, London 1969.*
Peters, F. E., Allah's Commonwealth: a History of Islam in the Near East 600–1100 A. D.
Peters, J. R. T. M., God's Created Speech: A Study in the Speculative Theology of the Muʿtazilī Qāḍī . . . ʿAbd al-Jabbār, Leiden 1976.
Petraits, C., The Arabic Version of Aristotle's Meteorology, Beirut 1967.
Pines, S., Beiträge zur islamischen Atomlehre, Berlin 1936.
Al-Qifṭī: Taʾriḫ al-Ḥukamāʾ, Leipzig 1903.
Ar-Razi (Rhazes):
Kraus, P., al-Rāzī's Opera Philosophica, Kairo 1939.
Rescher, N., The Development of Arabic Logic, Pittsburgh 1964.
aš-Šahrastānī, K. al-milal wa-n-niḥal, hrsg. von *W. Cureton,* London 1842; auch in drei Bänden, Kairo 1368/1948; deutsche Übers. von *Th. Haarbrücker,* „Religionsparteien und Philosophenschule", zwei Bände, Halle 1850–1.
Seale, Morris S., Muslim Theology, London 1964.
Shehadi, F., Ghazali's Unique Unknowable God, Leiden 1964.
Sezgin, Fuat, Geschichte des arabischen Schrifttums, viele Bände, Leiden 1967 ff. (GAS)
Shaykh al-Mufīd, K. al-irshād; the book of guidance into the lives of the twelve Imams; engl. Übers. von *I. K. A. Howard,* London 1981.
Sourdel, Dominique, Le vizirat ʿAbbāside de 749 a 936, zwei Bände, Damascus 1959.
as-Subkī, Ṭabaqāt aš-Šāfiʿiyya al kubra, sechs Bände, Kairo 1324/1906.
Stern, S. M., Hourani, A. und Brown, V. (Hrsg.), Islamic Philosophy and the Classical Tradition: Essays in Honor of R. Walzer, Columbia, North Carolina 1972.
aṭ-Ṭabarī, Ǧāmiʿ al-bayān fī tafsīr al-Qurʾān, dreißig (zehn) Bände, Kairo 1321/1903 (kurz: Tafsīr).
–, Taʾrīḫ, hrsg. von *M. J. de Goeje* usw., Leiden 1879–1901.
Tritton, A. S., Muslim Theology, London 1947.
aṭ-Ṭūsī, aš-Šayḫ, Fihrist kutub aš-šīʿa, hrsg. von *A. Sprenger* usw., Calcutta 1853–5 als „Tusy's List of Shy'a Books".
van Ess, Josef, Anfänge muslimischer Theologie: zwei antiqadaritische Traktate . . ., Beirut 1977.
–, Frühe muʿtazilitische Häresiographie (zwei Werke des Nāšiʾ al-Akbar herausgegeben und eingeleitet), Beirut 1971.
–, Traditionistische Polemik gegen ʿAmr b. ʿUbaid . . ., Beirut 1967.
–, Zwischen Ḥadīṯ und Theologie: Studien zum Entstehen prädestinatianischer Überlieferung, Berlin 1975.
Walzer, R., From Greek to Arabic, Oxford 1962.
Watt, W. Montgomery, The Faith and Practice of al-Ghazālī, London 1953.
–, The Formative Period of Islamic Thought, Edinburgh 1973 (hier mit Verbesserungen übersetzt, S. XV–XX, 1–319).
–, Islam and the Integration of Society, London 1961.
–, Islamic Philosophy and Theology, Edinburgh 1962 (2. revidierte Auflage im Druck).
–, Islamic Political Thought, Edinburgh 1968.
–, Muslim Intellectual, a Study of al-Ghazali, Edinburgh 1963.
Welch, Alford T. und *Cachia, Pierre* (Hrsg.), Islam: Past Influence and Present Challenge, Edinburgh 1979.

Wellhausen, Julius, Das arabische Reich und sein Sturz, Berlin 1902.
–, Die religiös-politischen Oppositionsparteien im alten Islam. Göttingen 1901.
Wensinck, A. J.: The Muslim Creed, Cambridge 1932.
–, u. a. (Hrsg.), Concordance et indices de la tradition musulmane, sieben Bände, Leiden 1936–69.
Yāqūt, Iršād al-arīb, hrsg. von *D. S. Margoliouth,* sieben Bände, London 1908–27.
–, Muʿǧam al-buldān, hrsg. von *F. Wüstenfeld,* sechs Bände, Leipzig 1866–73.

Die Religionen der Menschheit

Begründet von Christel Matthias Schröder
Fortgeführt und herausgegeben von Hubert Cancik, Peter Eicher, Burkhard Gladigow und Martin Greschat

1. **Erscheinungsformen und Wesen der Religion**
von Friedrich Heiler † (Marburg)
1961. ²1979. XVI und 605 Seiten.

2. **Die Religionen in vorgeschichtlicher Zeit**
von Karl J. Narr (Münster i. W.)

3. **Die Religionen Nordeurasiens und der amerikanischen Arktis**
von Ivar Paulson † (Stockholm), Åke Hultkrantz (Stockholm), Karl Jettmar (Heidelberg)
1962. XI und 425 Seiten

4,1. **Die Religionen des Hindukusch**
von Karl Jettmar (Heidelberg) mit Beiträgen von Schuyler Jones (Oxford) und Max Klimburg (Kabul)
1975, 525 Seiten

4,2. **Die Religionen des Himalaya**
von Bernhard Kölver (Kiel), Alexander W. Macdonald (Paris) u. a.

4,3. **Die älteren Religionen Mittelasiens**
von Ulla Johansen (Köln), B. A. Litvinskij (Moskau), O. A. Sucharewa (Moskau) und Karl Jettmar (Heidelberg)

4,4. **Die Religionen des Kaukasus**
von Georges Charachidzé (Paris)

5,1. **Die Religionen Indonesiens**
von Waldemar Stöhr (Köln) und Piet Zoetmulder (Jogjakarta/Indonesien)
1965. VIII und 354 Seiten

5,2. **Die Religionen der Südsee und Australiens**
von Hans Nevermann (Berlin), Ernest A. Worms † (Manly/Australien), Helmut Petri (Köln)
1968. VII und 329 Seiten

6. **Die Religionen Afrikas**
von Ernst Dammann (Marburg/Lahn)
1963. XVI und 302 Seiten

7. **Die Religionen des alten Amerika**
von Walter Krickeberg † (Berlin), Hermann Trimborn (Bonn), Werner Müller (Tübingen), Otto Zerries (München)
1961. XII und 397 Seiten

8. **Ägyptische Religion**
von Siegfried Morenz † (Leipzig)
1960. ²1977. XVI und 309 Seiten

9,1. **Sumerische Religion**
von J. J. A. van Dijk (Rom)

9,2. **Babylonisch-assyrische Religion**

10,1. **Die Religionen des alten Kleinasien**
von Hans M. Kümmel (Hamburg)

10,2. **Die Religionen Altsyriens, Altarabiens und der Mandäer**
von Hartmut Gese (Tübingen), Maria Höfner (Graz), Kurt Rudolph (Santa Barbara)
1970, VIII und 491 Seiten

11. **Die Religionen Indiens I. Veda und älterer Hinduismus**
von Jan Gonda (Utrecht)
1960. ²1978. XVI und 409 Seiten

12. **Die Religionen Indiens II. Der jüngere Hinduismus**
von Jan Gonda (Utrecht)
1963. XV und 366 Seiten

13. **Die Religionen Indiens III. Buddhismus, Jinismus, Primitivvölker**
von André Bareau (Paris), Walther Schubring † (Hamburg), Christoph v. Fürer-Haimendorf (London)
1964. VI und 302 Seiten

14. **Die Religionen Irans**
von Geo Widengren (Uppsala)
1965. XVI und 393 Seiten

15. **Griechische Religion der archaischen und klassischen Epoche**
von Walter Burkert (Zürich)
1977. 512 Seiten.

16,1. **Die nichtrömischen Religionen des alten Italien**
von Hubert Cancik (Tübingen) und Burkhard Gladigow (Tübingen) u. a.

16,2. **Römische Religion**
von Hubert Cancik (Tübingen) und Burkhard Gladigow (Tübingen)

17. **Die Religionen des Hellenismus in Griechenland und Vorderasien bis zum Ausgang der Antike**
von Carsten Colpe (Berlin)

18. **Keltische Religion**
von Jan de Vries † (Utrecht)
1961. XI und 270 Seiten

19,1. **Germanische und Baltische Religion**
von Åke V. Ström (Lund) und Haralds Biezais (Åbo/Finnland)
1975. 391 Seiten

19,2. **Slawische Religion**
von Aleksander Gieysztor (Warschau)

20. **Die Religionen Tibets und der Mongolei**
von Giuseppe Tucci (Rom) und Walter Heissig (Bonn)
1970. VIII und 448 Seiten

21. **Die Religionen Chinas**
von Werner Eichhorn (Tübingen)
1973. 424 Seiten

22,1. **Die Religionen Koreas**
von Frits Vos (Leiden)
1977. 264 Seiten

22,2. **Die Religionen Japans**

23. **Die Religionen Südostasiens**
von András Höfer (Heidelberg), Gernot Prunner (Hamburg), Erika Kaneko (Kamakura/Japan), Louis Bezacier † (Paris), Manuel Sarkisyanz (Heidelberg)
1975. 578 Seiten

24,1.2.3. **Der Buddhismus**
von Heinz Bechert (Göttingen), Oskar v. Hinüber (Freiburg), Frits Vos (Leiden), E. Zürcher (Leiden), Heinrich Dumoulin (Tokyo), Frank E. Reynolds (Chicago), K. Sagaster (Bonn) u. a.

25,1. **Der Islam I**
von W. Montgomery Watt (Edinburgh) und Alford T. Welch (East Lansing, Michigan)
1980. 371 Seiten

25,2. **Der Islam II**
von W. Montgomery Watt (Edinburgh) und Michael Marmura (Toronto)
1985. XXI und 502 Seiten

25,3. **Der Islam III**
von W. Montgomery Watt (Edinburgh), Annemarie Schimmel (Cambridge, Mass.) u. a.

26. **Israelitische Religion**
von Helmer Ringgren (Uppsala)
1963. [2]1982. XII und 346 Seiten

27,1.2. **Das Judentum**
von Michael Brocke (Duisburg), Michael Graetz (Jerusalem), Jakob J. Petuchowski (Cincinnati), Phillip Sigal (Pittsburgh) u. a.

28. **Das Urchristentum**
von Jürgen Roloff (Erlangen)

29,1.2. **Die Kirchen der alten Christenheit**
von Carl Andresen (Göttingen)
1971. XII und 760 Seiten

30. **Das Christentum des Ostens**
von Peter Kawerau (Marburg)
1972. 300 Seiten

31. **Abendländisches Christentum im Früh- und Hochmittelalter**

32. **Das katholische Christentum vom Spätmittelalter bis zur Neuzeit**
von Erwin Iserloh (Münster) u. a.

33. **Die protestantischen Kirchen im Reformationszeitalter**
von Gustav-Adolf Benrath (Mainz)

34. **Die protestantischen Kirchen der Neuzeit**

35,1.–5. **Neue religiöse Bewegungen**
von Gernot Prunner (Hamburg) u. a.